DO CRIME CONTINUADO

Dados Internacionais de Catalogação na Publicação (CIP)

F284d Fayet Júnior, Ney
Do crime continuado / Ney Fayet Júnior. 8. ed. rev., atual e ampl. – Porto Alegre: Livraria do Advogado Editora, 2018.
535 p.; 25cm.
ISBN 978-85-9590-010-3

1. Crime continuado. I. Título.

CDU – 343.238

Índice para o catálogo sistemático:
Crime continuado

(Bibliotecária responsável: Marta Roberto – CRB 10/652)

Ney Fayet Júnior

Advogado, doutor e professor do Programa de Pós-Graduação (mestrado e doutorado) em Ciências Criminais da PUCRS. Pós-doutor em Criminologia (Universitat Pompeu Fabra) e em História (UFRGS). É também conferencista e professor de Direito Penal (graduação e especialização), além de ser tradutor de livros de Criminologia e de artigos de Direito (Processual [Civil e]) Penal. Tem outros estudos e obras (tanto na área da Dogmática Penal como na da Criminologia e na da Política Criminal). É membro da Associação Internacional de Direito Penal e do Instituto Brasileiro de Ciências Criminais.

DO CRIME CONTINUADO

8ª EDIÇÃO
revista, atualizada e ampliada

livraria DO ADVOGADO *editora*

Porto Alegre, 2018

(edição finalizada em setembro/2017)

Capa, projeto gráfico e diagramação
Livraria do Advogado Editora

Pintura da Capa
Oskar Schlemmer
Esboço preliminar para o "Ballet Triádico" , 1919

Revisão
Rosane Marques Borba

Rua Riachuelo, 1300
90010-273 Porto Alegre RS
Fone: 0800-51-7522
editora@livrariadoadvogado.com.br
www.doadvogado.com.br

Impresso no Brasil / Printed in Brazil

À Marcela, escusas pelas incontáveis horas que este ensaio nos tirou; e, agora, ao João Jorge e ao Mathias Luiz, nossos filhos.

Aos meus alunos da Pontifícia Universidade Católica do Rio Grande do Sul (graduação, mestrado e doutorado), com quem sempre aprendi.

Gostaria de agradecer a alguns colaboradores que, de uma forma ou de outra, contribuíram com a pesquisa desta nova edição da obra: Ana Laura de Almeida Grando, Andressa de Bittencourt Siqueira Silva, Gustavo Rache Cardozo, Julia Werlang Colombo e Lucas Ramos; por esse modo, quero deixar-lhes consignado o meu profundo reconhecimento.

Las contradicciones que presenta la figura del delito continuado obligan a plantear la cuestión de la necesidad de una institución semejante. Para ello, debe averiguarse si el delito continuado tiene realmente sentido y cumple una función específica en el ámbito del derecho penal, o bien si puede prescindirse de tal figura y aplicar las normas generales sobre concurrencia de delitos a los supuestos que en la actualidad se califican de continuados.

María Teresa Castiñeira

Nota preliminar à 8ª edição

A unidade artificial (que se diferencia da unidade natural e da unidade típica) de ação, no crime continuado, se traduz em uma modalidade anômala de perfectibilização do fato punível a fim de atender a diretrizes político-criminais de inspiração humanitária (ou emocional); na base disso, existem duas ou mais ações típicas, homogêneas e sequenciais, e cada uma das quais demarca a perfeita realização de um ilícito penal. Desse modo, estabelece-se, entre as ações, um vínculo de continuidade (artifício legal), em face do qual emerge a unicidade de ação, ou seja, cada ação se constituiu e se esgota em um tipo penal, mas ressurge em outra ação em que houver a reprodução da mesma figura típica e das mesmas condições objetivas de cenário (tempo, lugar, modo e outras assemelhadas). Cuida-se de duas (ou mais) ações típicas separadas, porém vinculadas (não independentes, portanto), para as quais, em virtude da unidade (decorrente, insiste-se, de uma ficção legal) de ação, se lhes estabelece uma consequência punitiva mais branda.

As condições sob as quais se autoriza o reconhecimento da figura legal do delito continuado são extremamente polêmicas e incertas; e, no presente, contrariamente à teoria objetivo-subjetiva adotada pelo Código Penal, tem prevalência, no campo jurisprudencial, a teoria subjetiva, que consagra a noção segundo a qual o crime continuado exige, além da realização repetida do mesmo fato, a unidade do desígnio criminoso – *l'unité de résolution et de but chez l'agent* –, acentuando, como se observa, o elemento intelectivo como núcleo da disciplina legal do instituto em causa; assim, tratar-se-ia, cumulativamente, de dados objetivos e subjetivos, e o(s) crime(s) subsequente(s) entrelaçar-se-ia(m) como prolongamento do primeiro, em cuja hipótese haveria abrandamento das consequências punitivas. Na base dessa orientação, requer-se que os ilícitos – vinculados pelo possível nexo de continuidade – apresentem uma relação de dependência motivacional e se inscrevam como uma sucessão circunstancial de eventos, sob pena de desconfigurar-se a cadeia continuada de ilícitos; logo, deve haver um necessário desdobramento entre as ações delitivas, as quais se devem inserir em uma sucessiva e dinâmica cadeia de afirmação e renovação de desígnios subjetivos.

Além disso, no terreno jurisprudencial, têm florescido decisões que concebem – em manifesto ativismo judicial – a disciplina do crime continuado como mera faculdade do magistrado, não havendo, portanto, obrigatoriedade no reconhecimento do instituto.

Em outro sentido, são permanentes as críticas endereçadas a esta figura, quer pela falta de clareza (de algumas soluções), quer pelo exagerado benefício aos criminosos (de outras); todavia, tomo de empréstimo as palavras de Nilo Batista e Eugenio Raúl Zaffaroni, quando assinalam que "um conceito pouco estável e mesmo obscuro pode ser aperfeiçoado; ainda carente de aperfeiçoamento, é preferível ao poder punitivo irracional que sua supressão liberaria”.[1]

Essa pequena amostra já autoriza que se identifique, no modelo legal do *concursus continuatu*, um campo bastante fértil de pesquisa, diante do qual a atualização doutrinária e, sobretudo, jurisprudencial é incontornável.

Dando um passo à frente, espera-se que esta pesquisa seja útil, de algum modo, aos operadores jurídicos; e, especialmente, que se possa dar continuidade aos debates com os escritores de nossa disciplina.

Por derradeiro, no tocante às decisões jurisprudenciais pesquisadas, nesta edição optou-se, a fim de evitar extensões desnecessárias, na quase totalidade dos casos, pela indicação das informações essenciais (abreviatura do tribunal; abreviatura da modalidade de ação ou de recurso; número de resolução; dados do julgador e do órgão colegiado; e data do julgamento), mediante as quais o leitor, em o desejando, poderá, facilmente, ter acesso ao inteiro teor da decisão; excepcionalmente, quer pelo valor histórico, quer ainda pela importância, algumas decisões serão apresentadas com conteúdo mais extenso. Por outro lado, o mesmo critério não se mostraria possível em se tratando das citações doutrinárias, em decorrência da normal falta de acessibilidade a estes textos.

[1] ZAFFARONI, Eugenio Raúl; BATISTA, Nilo, 2017, p. 594.

Nota preliminar à 7ª edição

Nesta edição, em particular, além de proceder a uma revisão e atualização da literatura especializada e das decisões jurisprudenciais, pude acrescentar três novos pontos: (i.) a referência ao crime continuado na legislação francesa (direito comparado); (ii.) a análise da elaboração de cálculo diferenciado para fins de verificação dos benefícios penais (notadamente quanto à concessão de livramento condicional); e, ainda, (iii.) a correlação temática entre a acusação e a sentença.

O livro mantém o objetivo – perseguido desde a primeira edição – de apresentar o instituto do crime continuado em confronto com uma ampla gama de questões (históricas, político-criminais, penais e processuais, entre outras), para cujo escopo têm sido revisitados, tanto doutrinária como jurisprudencialmente, os pontos de interseção que se estabelecem entre a figura legal do delito continuado e o conjunto de temas. Também foram revisados certos conceitos-chaves do instituto em causa.

Diversos casos – muitos dos quais com repercussão internacional – tiveram o desfecho sentencial a partir da adoção da regra do concurso de crimes (exemplificativamente: em agosto de 2015, James Holmes [atirador que executou 12 pessoas em uma sala de cinema {durante a exibição do filme "Batman – O Cavaleiro das Trevas Ressurge"}, em Aurora, no Colorado] foi condenado à prisão perpétua, sem direito à liberdade condicional; também em agosto de 2015, morreu o general chileno Manuel Contreras Sepúlveda, militar que atuou durante a ditadura de Pinochet [criador e primeiro chefe da famigerada Dina {Direção de Inteligência Nacional} e um dos idealizadores das Operações Colombo e Condor, que envolveram, nos anos 1970 e 1980, os regimes ditatoriais latino-americanos em ações coordenadas para eliminar opositores], e que tinha sido condenado a 516 anos por crimes contra a humanidade [em face da acumulação de 58 sentenças definitivas pelos crimes pelos quais foi julgado]; em maio de 2015, Dzhokhar Tsarnaev [autor do atentado à maratona de Boston, no qual foram mortas 3 pessoas com a detonação de duas bombas caseiras] foi condenado à morte por um tribunal de Massachusetts; em janeiro de 2015, o coronel da polícia sul-africana Eugene de Kock recebeu liberdade condicional, após cumprir 20 anos da sentença que o condenara a duas prisões perpétuas e mais 212 anos de prisão por suas tarefas persecutórias à frente de uma unidade antiterrorista da polícia da África do Sul, que reprimia ativistas opostos ao regime segregacionista deste país; De Kock era coronel da polícia do *apartheid*, e ficou conhecido como o "assassino número um" do regime, diretamente responsável por inúmeros sequestros, fraudes, torturas e mortes de opositores, tendo, inclusive, reconhecido mais de cem crimes perante a Comissão para a Verdade e a Reconciliação, que foi formada, em 1995, para esclarecer os delitos praticados durante o período do *apartheid* [1948-1994]; recentemente, na Argentina, a Corte Suprema rechaçou o pedido de liberdade de Robledo Puch, considerado o maior assassino em série daquele país [conhecido como o "Ángel de la Muerte"], que se encontra preso há 43 anos, em cumprimento da pena perpétua [à qual foi condenado, em 1980, por onze homicídio, dezessete roubos e dois abusos sexuais,[1] todos cometido entre maio de 1971 e fevereiro de 1972]; em junho de 2015, no cenário nacional, Luiz Fernando da Costa, o "Fernandinho Beira-Mar", foi condenado a 120 anos de prisão pela morte de quatro presos rivais, no presídio de Bangu 1 [zona oeste do Rio de Janeiro], crimes ocorridos em 2002; somadas a suas outras condenações, Luiz Fernando ostenta 309 anos e dois meses de prisão, superando, com isso, os patamares punitivos de Marco Willians Herbas Camacho, o "Marcola", condenado a 240 anos, e de Francisco de Assis Pereira, o "Maníaco do Parque", sentenciado a 270 anos, mas sendo inferior ao de João Acácio Pereira da Costa, o "Bandido da Luz Vermelha", condenado a 351 anos), o que bem enfatiza a relevância temática da matéria em foco e, sobretudo, a necessidade de uma avaliação do modelo legal do crime continuado *en gros* e *en détail*.

---

[1] À época, delito de "abuso desonesto", que se traduzia na hipótese de qualquer abuso sexual sem penetração (tocar, acariciar); desde a mudança da lei (a seguir indicada), essa figura legal recebe o nome de "abuso sexual": "Ley Nacional 25.087 – Delitos contra la integridad sexual – CP. Modificación. – El Senado y Cámara de Diputados de la Nación Argentina reunidos en Congreso (…) sancionan con fuerza de Ley: Art. 1º.– 1. Sustitúyese la rúbrica del Título III del Libro Segundo del CP "Delitos contra la honestidad" por el de "Delitos contra la integridad sexual". 2. Deróganse las rúbricas de los capítulos II, III, IV y V del Título III del Libro Segundo del CP. Art. 2º.– Sustitúyese el art. 119 del CP, por el siguiente texto: 'Será reprimido con reclusión o prisión de seis meses a cuatro años el que abusare sexualmente de persona de uno u otro sexo cuando, ésta fuera menor de trece años o cuando mediare violencia, amenaza, abuso coactivo o intimidatorio de una relación de dependencia, de autoridad, o de poder, o aprovechándose de que la víctima por cualquier causa no haya podido consentir libremente la acción. La pena será de cuatro a diez años de reclusión o prisión cuando el abuso por su duración o circunstancias de su realización, hubiere configurado un sometimiento sexual gravemente ultrajante para la víctima. La pena será de seis a quince años de reclusión o prisión cuando mediando las circunstancias del primer § hubiere acceso carnal por cualquier vía. En los supuestos de los dos §§ anteriores, la pena será de ocho a veinte años de reclusión o prisión si: a) Resultare un grave daño en la salud física o mental de la víctima; b) El hecho fuere cometido por ascendiente, descendiente, afín en línea recta, hermano, tutor, curador, ministro de algún culto reconocido o no, encargado de la educación o de la guarda; c) El autor tuviere conocimiento de ser portador de una enfermedad de transmisión sexual grave, y hubiere existido peligro de contagio; d) El hecho fuere cometido por dos o más personas, o con armas; e) El hecho fuere cometido por personal perteneciente a las fuerzas policiales o de seguridad, en ocasión de sus funciones; f) El hecho fuere cometido contra un menor de dieciocho años, aprovechando la situación de convivencia preexistente con el mismo. En el supuesto del primer §, la pena será de tres a diez años de reclusión o prisión si concurren las circunstancias de los incs. a), b), d), e) o f).' Art. 3º.– Sustitúyese el art. 120 del CP, por el siguiente texto: 'Será reprimido con prisión o reclusión de tres a seis años el que realizare algunas de las acciones previstas en el segundo o en el tercer § del art. 119 con una persona menor de dieciséis años, aprovechándose de su inmadurez sexual, en razón de la mayoría de edad del autor, su relación de preeminencia respecto de la víctima, u otra circunstancia equivalente, siempre que no resultare un delito más severamente penado. La pena será de prisión o reclusión de seis a diez años si mediare alguna de las circunstancias previstas en los incs. a), b), c), e) o f) del cuarto § del art. 119.' Art. 4º.– Deróganse los arts. 121, 122 y 123 del CP. Art. 5º.– Sustitúyese el art. 125 del CP, por el siguiente texto: 'El que promoviere o facilitare la corrupción de menores de dieciocho años, aunque mediare el consentimiento de la víctima será reprimido con reclusión o prisión de tres a diez años. La pena será de seis a quince años de reclusión o prisión cuando la víctima fuera menor de trece años. Cualquiera que fuese la edad de la víctima, la pena será de reclusión o prisión de diez a quince años, cuando mediare engaño, violencia, amenaza, abuso de autoridad o cualquier otro medio de intimidación o coerción, como también si el autor fuera ascendiente, cónyuge, hermano, tutor o persona conviviente o encargada de su educación o guarda'."

Nota preambular à 6ª edição

É importante observar que a produção jurídica, na contemporaneidade, tem sido matizada, entre outros e também relevantes aspectos, pela necessidade de permanente atualização, pois – tal qual se desenvolve na própria sociedade – se vive na era da hiperaceleração (da pesquisa, do desenvolvimento tecnológico, das relações produtivas, entre outros e não menos significativos exemplos). Propõe-se, por conseguinte, na presente investigação, uma atualização de suas fontes – tanto as doutrinárias como as jurisprudenciais. Além disso, para esta 6ª edição, foram não só ampliados pontos já descritos (como no setor do erro jurídico-penal), como, igualmente, incorporados novos tópicos ao trabalho, como o limite máximo de apenamento e os sistemas de execução das penas privativas de liberdade; do mesmo modo, um breve exame da Lei 12.850/13 foi levado a efeito. Em outro ponto, construiu-se a categoria do "crime continuado de reprodução ampliada", e destacou-se a sua possível consequência jurídico-penal. Trata-se, à vista disso, de certos aperfeiçoamentos que sempre deve haver, mas, em última instância, a pesquisa mantém a sua estrutura fundamental. Incessantemente, a construção teórico-legal do crime continuado enseja debates, muitos dos quais relacionados à necessidade de um fator subjetivo a orientar as diferentes ações continuadas ou à restrição de seu emprego em se tratando de criminosos contumazes – que fazem do delito o seu *modus vivendi*. Observa-se, consequentemente, que a atualização do tema de pesquisa se impõe, até porque, por óbvio, se podem instaurar novas formas de compreensão sobre a figura jurídica da continuação. Com efeito, a opção feita neste trabalho tende, sempre que possível, a rejeitar as ideias de mármore, tal qual corresponde à adequada reflexão sobre os campos do conhecimento. Por fim, em breve nota de caráter pessoal, registro que, com o passar do tempo, todos nós, naturalmente, nos torna(re)mos mais calejados em despedidas e perdas; contudo, a morte de meu pai (que foi meu professor, colega e amigo) tem um considerável peso afetivo, e a sua ausência exige enormes esforços de superação emocional. "Nous allons avoir fort à faire pour vaincre tous les obstacles accumulés entre nos coeurs" (Marcel Proust).

Nota preambular à 5ª edição

A presente edição justifica-se, ainda uma vez, pela necessidade de permanente atualização (e, em certos pontos, ampliação) da pesquisa, tanto no plano doutrinário como, especialmente, no jurisprudencial. E os achados dessa pesquisa não podem ser estudados *in vacuo*, como se fossem um fenômeno estranho à realidade de produção de conhecimento representada pela ciência jurídica; nesse terreno, tal qual sempre se quis enfatizar, não existem teorias ou posturas científicas (ou dogmáticas) neutras ou descompromissadas com articulações ideológicas. Nem a dogmática jurídico-penal nem a jurisprudência podem prescindir da análise concreta, da repercussão social, do tipo de conhecimento que produzem em suas instâncias, na medida em que se trata de intervenções específicas no plano do real. Manteve-se, de tal arte, o compromisso de crítica em face da produção cientificada, muito precipuamente por contraste com as noções fundamentais da Política Criminal.

A mais disso, ampliou-se a pesquisa para o exame da legislação de outras nações, permitindo que se estendesse o espectro de análise sobre a temática em causa.

De resto, sempre se incorporam novas percepções acerca do estudo, derivadas, por óbvio, do enriquecimento do campo analítico; e isso faz com que haja acomodações, *de fond comme de forme*. Para o efeito, no curso natural da pesquisa, foi se mostrando, cada vez mais relevante, tratar, em separado, do princípio do (*non*) *bis in idem*, haja vista seus inegáveis traços de vinculação (proporcionalidade, racionalidade, obstáculo a penas exacerbadas) ao assunto desta obra, cuja tarefa mostrou-se, em grande medida, extremamente facilitada em virtude do aparecimento da publicação da excelente monografia da Professora Helena Regina Lobo da Costa (Direito penal econômico e direito administrativo sancionador: *ne bis in idem* como medida de política sancionadora integrada. São Paulo: Tese [Livre Docência]. Faculdade de Direito Penal/USP, 2013).

De outro giro, o tema do concurso de crimes sempre – e já se teve ocasião de isso afirmar – ostentou um espaço muito expressivo de indagações e incertezas jurídicas; recentemente, a propósito, o Supremo Tribunal Federal discutiu sobre a possibilidade de se dar início à execução da pena (definitiva) de modo fracionado, isto é, na hipótese de haver concurso material – e já haver sido consolidado o trânsito em julgado tão só em relação à parte dos crimes (em cumulação instrumental), porquanto a outra parte foi desafiada por meio do recurso (embargos infringentes) –, seria possível, de imediato, executar-se a pena no que tange àquele trecho da decisão já atingido pela coisa julgada (progressiva). No caso concreto, aliás, consignou-se, ainda, que essa solução se mostraria mais benéfica ao apenado, dado que ele começaria a cumprir a pena (da parte consolidada) em regime semiaberto; do contrário, se se devesse aguardar o trânsito total da decisão, em caso de o embargante não obter êxito em sua pretensão recursal, o regime (inicial de cumprimento de pena) seria o fechado. (Por simples ilustração: mediante a soma dos diferentes apenamentos, atingiu-se a condenação total de 10 anos [portanto, em regime fechado]; entretanto, encontrava-se consolidada, em termos definitivos, apenas a condenação de 7 anos [pois um delito – para o qual houve a determinação da pena de 3 anos – ensejou a interposição do recurso de embargos]; assim, o apenado começaria a cumprir a pena em regime semiaberto; se, *per contra*, fosse aguardar o total trânsito em julgado e se restasse vencido, teria de cumprir a condenação total de 10 anos, o que implicaria o regime fechado; eis o benefício concreto que se vislumbrou.) Assinalou-se, então, o entendimento de que poderia haver o cumprimento por capítulos (desde já, os atingidos pela coisa julgada) do conjunto da sentença criminal. Esse raciocínio arrancou da noção segundo a qual, na situação jurídica do concurso material, os crimes são, inegavelmente, autônomos e se traduzem, em termos práticos, em processos isolados contra o mesmo acusado, não obstaculizando, por via própria de consequência, que haja (e a expressão já fora utilizada neste mesmo processo) um "fatiamento" das sentenças criminais. Cuida-se, em última análise, do reconhecimento do trânsito em julgado parcial da decisão, pelo que se mostra possível o início do cumprimento da (parte da) pena já atingida pela coisa julgada; por esse modo, se se mantiver, ao depois, no julgamento do recurso, a culpa, a pena, que deflui deste julgamento, assomar-se-á à anterior (já em execução).[1]

Releva notar que, em vários países, o tema da cumulação de penas é denso e instigante; exemplificativamente (pinçados, aqui, *in transitu* alguns casos de grande repercussão na imprensa internacional), em outubro de 2012, um brasileiro (José Carlos Oliveira Coutinho, de 39 anos) foi condenado, por 12 jurados, nos Estados Unidos, por triplo homicídio (ocorrido, em 2009, em Omaha, Nebraska); e, em seguimento, a Justiça avaliou se lhe seria aplicada a pena perpétua ou a de morte, consignando-se, nesse andar, que a pena capital somente poderia ser definida caso houvesse unanimidade entre os juízes, o que não aconteceu, importando, assim, a condenação à prisão perpétua. Semelhantemente, Ariel Castro, de 53 anos, ex-motorista de ônibus escolar, que aprisionou três mulheres por uma década no porão de sua casa, em Cleveland, Ohio, por meio de acordo com a Justiça americana, declarou-se culpado (dos 937 crimes de que era acusado), evitando, por conta disso, a possibilidade de ser sentenciado à pena de morte, o que vinha sendo avaliado em seu caso. Por intermédio desse acordo (que abrangia, inclusive, a demolição da casa na qual as vítimas foram confinadas), então, Castro foi condenado à prisão perpétua, sem (direito à) liberdade condicional. Poucas semanas após o veredicto, o condenado foi encontrado morto em sua cela. Também Bradley Edward Manning, de 25 anos, soldado, foi – no dia 21 de agosto de 2013 – condenado, por uma corte militar, a 35 anos de prisão, por ter, em 2010, entregado documentos confidenciais diplomáticos e das Forças Armadas dos Estados Unidos ao *site* Wikileaks; ao divulgar tais informações, revelando segredos de Estado, o soldado incorreu em uma série de crimes militares (admitiu culpa em relação a 10 das 22 acusações que lhe foram imputadas; sendo, entretanto, significativo o fato de ter sido absolvido da acusação mais grave – a de colaborar com o inimigo –, o que poderia implicar, *in casu*, a pena de morte), restando condenado por 19 delitos. O soldado permaneceu durante três anos em prisão preventiva (sendo que, por cerca de dez

[1] STF, *HC* 678181, Rel. Min. Sepúlveda Pertence, 1ª T., j. 12.12.89.

meses, foi confinado em uma cela solitária) aguardando o julgamento. Um dia após a sua condenação, Bradley Manning revelou que desejaria ser considerado mulher e receber tratamento hormonal para alcançar a mudança de gênero. Também na Itália, em 1998, Erich Priebke, ex-oficial (capitão) nazista, foi condenado à prisão perpétua por participação no massacre das Fossas Ardeatinas, em Roma, em março de 1944, no qual 335 civis italianos foram mortos. O ataque alemão – ordenado pessoalmente por Hitler – foi uma represália ao atentado de um comando italiano (Grupo de Ação Patriótica – GAP) que matou 33 soldados alemães. Hitler determinou que, para cada alemão morto, deveria corresponder a execução de 10 italianos. Em 2013, o ex-oficial nazista, que contava com 100 anos de sua idade, veio a falecer. No Brasil, o fazendeiro Adriano Chafik Luedy foi condenado, em outubro de 2013, pela chacina de Felisburgo (MG), ocorrida em novembro de 2004 (na qual houve 5 mortos e 12 feridos) a 115 anos de prisão. Tratou-se de um ataque a um acampamento do Movimento dos Trabalhadores Rurais Sem Terra, sendo que, além dos disparos de armas de fogo, 27 casas e a escola dos filhos dos trabalhadores rurais foram incendiadas, naquilo que se considera como um dos mais densos episódios de violência fundiária, no país, dos últimos anos. Também Washington Agostinho da Silva, que era capataz de Chafik, foi condenado a 97 anos e 6 meses de prisão. A mais disso, em 2014, a Justiça Militar do Estado da Paraíba condenou, em 1º Grau, dois oficiais do Corpo de Bombeiros à pena de reclusão de 1533 anos e nove meses. Os dois oficiais foram condenados pelos crimes de peculato (caracterizado por desvio de dinheiro público) e falsidade ideológica. A soma foi alcançada pelo fato de as condutas terem sido praticadas em continuidade, havendo a acumulação das penas, de acordo com o previsto no Código Penal militar. Se o caso fosse julgado na Justiça Comum, não seria possível atingir uma pena tão elevada; de acordo com o Promotor do caso, é a mais alta sanção já aplicada no país.

Decerto, haveria ainda incontáveis exemplos de casos nos quais a solução punitiva se faz à luz da teoria do concurso de crimes; o que, no entanto, cumpre observar é que se verifica um encadeamento, cada vez mais evidente, entre modernos postulados de justiça e a doutrina do concurso delitivo, dentro da qual se localiza o tema em estudo. Daí que, neste campo, não são necessários exemplos de escola; longe disso, os da realidade sobejam, demonstrando, antes de tudo, que tanto a teoria (dogmática) como a práxis (jurisprudência) do direito penal se interpenetram – apesar de haver, por via de regra, distintos graus de acessibilidade – na concretização de suas experiências específicas, isto é, na elaboração de aparatos conceituais consistentes que se mostrem plausíveis para a resolução dos casos penais; e desta relação simbiótica, em termos gerais, a dogmática teórica se reorienta em face da ressonância alcançada na práxis, da mesma forma que a jurisprudência se consolida (e se legitima) ao se servir dos aparatos conceituais desenvolvidos pela dogmática. Enrique Bacigalupo confirma que "será deseable que la función de la ciencia del derecho no se limite a la crítica del legislador y también asuma la tarea de discutir, con criterios científicos, las soluciones de los Tribunales, apoyándolos, rechazándolos o proponiendo alternativas a las mismas".[2] Nesta via, a perfeita compreensão (e, em seguimento, interpretação) do instituto em análise é fundamental tanto para a sua consolidação em termos científicos como para a sua recepção em termos práticos.

---

[2] BACIGALUPO, Enrique, 2012, p. 19.

Nota preambular à 4ª edição

A revitalização que se incorpora à presente edição se assenta, fundamentalmente, ao plano jurisprudencial, no qual são postas à prova (e, o que é mais significativo, decididas) as construções dogmático-criminal que gravitam em torno da figura legal do delito continuado.

De outro plano, em face da ampla reforma do Código Penal (Projeto de Lei 236/12), vários institutos, possivelmente, serão modificados, suprimidos ou incorporados, o que implicou a necessidade de uma atualização e, sobretudo, discussão sobre os impactos dessas mudanças no quadro temático em relação ao qual este estudo foi realizado. Assim, uma visão revisional (de conjunto) da obra se mostrou inadiável, na medida em que novos debates se anunciaram nos setores doutrinário e jurisprudencial.[1] (A função e os limites da pena têm, no curso dos tempos, sido objeto de extremadas polêmicas doutrinárias, o que, em largos traços, pode, talvez, explicar a constante sucessão de reformas legais, muitas das quais orientadas a modificar a duração das punições, as condições de sua execução e, ainda, as suas modalidades alternativas.)

Deve-se, nestes termos, entender que esta atualização corresponde, em termos reais, à própria essência do fenômeno jurídico (penal) moderno (em sua dimensão prática), isto é, compreender (e, em um sentido de superação crítica, analisar) a decidibilidade de conflitos, que, *in casu*, envolve a matéria da cumulatividade delitiva.

Segue-se daí – e, por certo, trata-se de uma noção apreensível facilmente – que a jurisprudência tem maior valência na configuração das categorias penais, merecendo, por conseguinte, o papel e a posição já destacados ao longo da apresentação do instituto em causa e das matérias a ele correlatas.

No decurso das pesquisas realizadas, ainda se pôde agregar – no que tange ao sistema de comparação de legislações – algumas informações e decisões sobre a recepção do instituto do crime continuado em outros países (muito destacadamente os

[1] A tramitação do PL 236 – Projeto do Novo CP – está suspensa desde o mês de novembro de 2012, com vistas a ampliar os prazos para um melhor e mais cauteloso exame da matéria. A suspensão deveu-se à solicitação do (então) presidente nacional da OAB, Ophir Cavalcante, em ofício (então) ao presidente do Congresso, senador José Sarney, no qual foi requerido maior prazo para os debates. A medida atendeu à grande parte das críticas que vinha sendo dirigida ao Projeto. Nas palavras do dirigente da OAB, o apelo justifica-se pela necessidade de "uma maior e mais prudente discussão sobre um estatuto humano e social de longa duração e que afeta a vida, a liberdade, a segurança, o patrimônio e outros bens jurídicos de milhões de pessoas". Em 23 de dezembro de 2013, o PL foi enviado à Comissão de Constituição, Justiça e Cidadania; e aguardava designação de relator. Em 19 de fevereiro de 2014, o processo foi enviado ao gabinete do Relator, Senador Vital do Rêgo. Recentemente, em 14 de novembro de 2014, o PL foi encaminhado ao plenário do Senado Federal, em cuja instância aguarda leitura de requerimento de tramitação conjunta com o PL 141/03.

da América do Sul e da América Central); e, no que diz respeito aos demais aspectos temáticos gerais, alguns outros pontos sofreram ampliações tópicas, permitindo que se confrontem as noções já sedimentadas com novos exemplos e abordagens.

Indubitavelmente, não se descurou das fontes contribuições, que continuaram a merecer – como não poderia ser diferente – a atenção que a pesquisa sempre exigiu; por conseguinte, em diversos pontos específicos desta obra, foram utilizadas novas fontes de investigação.

Espera-se, ainda uma vez, possa o texto continuar merecendo a generosa acolhida do público, a qual permite, tanto quanto possível, a realização dos ajustes e a permanente atualização das decisões mais expressivas e inovadoras acerca desta figura legal, que, sob todos os títulos, deve ser considerada, na atualidade, como uma das mais importantes matérias de reflexão dogmático-criminal.

Nota preambular à 3ª edição

A diretriz utilizada para ampliar esta edição envolveu, em grande medida, a avaliação crítica das decisões jurisprudenciais, pois se parte da ideia básica segundo a qual a justiça criminal pode ser representada como um extraordinário laboratório, no qual as construções teóricas (mesmo as de vanguarda sob a angulação dogmática) são submetidas à (mais definitiva) experimentação, de cujo resultado se pode estimar, reflexamente, o grau de observância e de preservação dos direitos públicos subjetivos dos cidadãos em face do *jus puniendi* estatal.

Daí por que são, ainda uma vez, incorporadas ao texto (de modo preferencial as que foram construídas em nossas cortes superiores) inúmeras decisões jurisprudenciais, as quais estão organizadas sob diferentes perspectivas – facilmente identificáveis. Além disso, ênfase especial se concedeu ao processo de criação jurisprudencial, tentando apreender as suas lições – e, por que não, as suas *ruses de guerre* –, na medida em que o estudo e a compreensão do direito (criminal) adquirem uma particular importância quando se desprendem de seus programas rigidamente teóricos e são submetidos à realidade que lhes confere, por assim dizer, uma nova dimensão – a concretude.

Procurou-se também atualizar e ampliar a pesquisa doutrinária, especialmente a que se vincula a padrões garantistas (ou seja, a que combate a restrição intolerante da liberdade), pelo relevante papel que possui na edificação de um raciocínio jurídico comprometido com os direitos fundamentais.

Deve consignar-se que os novos pontos trazidos a esta edição mantiveram a mesma sistemática (que se espera didática), isto é, a apresentação geral de determinado instituto e, após, a sua vinculação com a figura legal do crime continuado; dando, ademais, conta da compreensão doutrinária e, precipuamente, da recepção jurisprudencial do tema. Entre os novos pontos que se incorporam ao texto destacam-se o das penas restritivas de direitos, o da quesitação no tribunal do júri e o da extradição.

Pretende-se que o leitor encontre, aqui, um espaço de reflexão, por meio do qual possa perceber que a construção teórico-penal do instituto do crime continuado se encontra (ainda) em permanente e dinâmico curso, apesar de sua longevidade.

Nota preambular à 2ª edição

Certamente a generosidade e a benevolência do público fizeram com que a edição *princeps* desta obra tivesse uma acolhida muito maior que os seus merecimentos.

Em razão disso, pôde-se – ao se publicar a segunda edição –, além de se proceder à revisão do livro, atualizá-lo e, sobretudo, ampliá-lo, com pontos que, à primeira vista, não se apresentavam como imprescindíveis para a estruturação do trabalho. (*Ad exemplum*, destaca-se a análise das relações que se apresentam entre o crime continuado e os seguintes institutos: o aditamento da denúncia, o crime falimentar, o *habeas corpus*, a revisão criminal, o princípio da insignificância e vários outros.) Houve, também, a oportunidade de debater o projeto que pretende modificar a redação legal do delito continuado. Além disso, foram inseridos ao texto gráficos representativos de vários institutos, na esperança de melhor auxiliar a compreensão do texto.

De outro curso, ressalta-se que, em muitos pontos que já tinham sido feridos na primeira edição, se encontrou a oportunidade de, a par de novas fontes de pesquisa, muitas das quais colhidas à doutrina estrangeira, aprofundar-se a discussão sobre o instituto do crime continuado, reafirmando uma das principais conclusões do trabalho, segundo a qual o *thema* se mostra possuidor de um campo muito amplo de polêmicas e questionamentos.

Sempre se teve em mente que este trabalho é um verdadeiro *work in process*, uma vez que as pesquisas, as sugestões, as novas reflexões, mas, seguramente, o próprio amadurecimento do pensamento, remetem a novas conclusões, a novos enfoques, os quais permitem uma ampliação dos horizontes inicialmente traçados.

A anatomização de um instituto tão verdadeiramente complexo encerra tarefa contínua de pesquisa, por meio da qual devem ser, de modo constante, repensados os posicionamentos e, sobretudo, revisitadas as conclusões.

No decorrer desta pesquisa, pretendeu abordar-se os mais significativos temas relativos ao crime continuado, para cuja tarefa se utilizou de compreensão e interpretação jurisprudenciais. Obviamente, o desenvolvimento das ciências depende da teoria, da abstração; todavia, não menos importante, de forma especial na ciência jurídica, se mostra a prática, a descrição dos institutos a partir de sua existência concreta. É um pouco do que o filósofo Ludwig Wittgenstein expressou por intermédio da seguinte proposição: “Devemos desembaraçar-nos do que é explicação a fim de deixar todo o espaço livre à descrição”.

Ainda uma vez queremos agradecer à *largesse* do público especializado e, muito particularmente, às valiosas observações que foram lançadas por colegas, as quais permitiram corrigir imperfeições presentes no texto inicial.

Almeja-se, assim, que o leitor possa ter uma visão ampla do instituto jurídico do crime continuado.

Prefácio

Savigny – na esteira de Vico – opôs-se, vigorosamente, à tese iluminista sobre a origem do Direito, isto é, à versão de um Direito natural deduzido exclusivamente da razão e por isso perene e universal. E também refutou, antecipadamente, a concepção soberba do positivismo, de um Direito exclusivamente proveniente da onipotência onisciente do legislador. É conhecido o curioso e inextricável liame dialético entre o racionalismo jusnaturalista e o legalismo positivista: ao processo direcionado à positivação do Direito natural, seguiu-se, historicamente, a propensão de fazer "natural" o Direito positivo, isto é, a torná-lo absoluto, exclusivo e imperecível.

Contrapondo-se a essas duas visões, pondera Savigny que o Direito, num primeiro momento, manifesta-se em atos simbólicos, usos e convicções, em que se exteriorizam os sentimentos e as estimativas espontâneas da coletividade. Sedimenta-se, depois, como costume, que Savigny chegou a denominar "Direito natural", numa utilização inusual dessa antiga locução. As regras emergentes dessa fonte natural (o *Volksgeist*, expressão que aparece por primeira vez na Escola Histórica através de J. F. Puchta), são depois percebidas e passam a influenciar nos pronunciamentos judiciais, seguindo-se a isso o trabalho técnico de extração dos conceitos e princípios subentendidos nessas normas, por fim submetidas a uma construção organizadora e sistematizadora (*Juristenrecht*). Só ao cabo desse processo é que estão criadas as condições para o aparecimento do Direito legislado.

Em abordagem similar, reportou-se Eugen Ehrlich ao que chamou "Direito livre" ou "Direito vivente" ("lebendes Recht"), expressão utilizada para aludir a um regramento social, anterior ao direito legislado, espontaneamente nascido das camadas mais profundas da vida coletiva e manifestando-se através de fatos e experiências do convívio humano.

Esse historicismo jurídico – parte, naturalmente, de um movimento espiritual mais amplo e complexo, por certo não adstrito ao campo do Direito – manifestou-se através de direções variadas, assinaláveis já em alguns escritores dos Sécs. XVII e XVIII.

É forçoso referir que, em alguns de seus setores, sofreu, também, esse historicismo, um flexuoso processo de formalização. O apreço entranhado ao Direito Romano, notadamente por suas densas raízes consuetudinárias, conduziu, por exemplo, muitos adeptos da Escola Histórica, a uma decidida atitude dogmática normativa. Mas não a um normativismo em termos de lei racional e abstrata, nos moldes, por exemplo, da Escola da Exegese, mas de regras consagradoras de usos e praxes lastreados no curso da história. De qualquer modo, o novo historicismo descura a apreciação direta e diacrônica das vicissitudes da vida social, como terreno em que vicejam as regras do Direito, para ser indagação voltada à história dos textos legais, com as decorrências hermenêuticas que daí se extraem. Essa nova orientação, notadamente presente na vertente da Escola Histórica conhecida como Escola dos Pandectistas, o que busca é fazer a interpretação histórica, no sentido de apreender os antecedentes dogmáticos da norma, para melhor conhecê-la, seguindo-se a isso o trabalho de construção conceitual e de sistematização da experiência jurídica, tudo culminando numa teoria do Direito. Passa esse novo historicismo a ser predominantemente de afirmação normativa e sincrônica, embora, na maioria de suas versões, sem esquecimento completo da base social onde as normas nascem e para onde refluem conformadoramente.

Mas aquelas visões iniciais acerca dos modos espontâneos de aparição do Direito, presentes nas primeiras expressões do historicismo social, são aqui recordadas porque encontram elas eloquente corroboração parcial nos registros disponíveis sobre o surgimento e a sedimentação teórica e prática de diversas categorias jurídico-penais, entre as quais a relativa ao crime continuado.

O crime continuado é o sugestivo tema investigado com sólida abordagem conceitual e segura utilização interpretativa, além de oportunas menções à *praxis* judiciária, no presente e valioso estudo do professor Ney Fayet de Souza Júnior.

Nas páginas concisas mas esclarecedoras que dedica ao estudo da gênese dessa categoria penal, refere o autor que suas origens aprofundam-se no tempo, sendo impossível datar com exatidão seu nascimento, o que certamente decorre de sua origem anônima e difusa, plantada no sentimento popular e no reconhecimento espontâneo e piedoso da necessidade de abrandar, humanitariamente, a dureza do *quod delicta tot poena*.

Já a apreensão mais nítida e explícita do perfil caracterizador do crime continuado, essa sim, pode ser identificada e atribuída – como também mostra o autor – aos pós-glosadores ou comentadores dos Sécs. XIV e XV, entre eles Baldo (*facta diversa pro uno computantur ratione continuationis*), intensificando-se, posteriormente, com os práticos italianos dos Sécs. XVI e XVII. Dentre estes últimos, que no dizer de Ferri, "iniciaram o desenvolvimento autônomo da doutrina criminal", lembra o autor os nomes do udinês Tibério Deciano, de Julio Claro, senador em Milão, e, especialmente, o do romano Prospero Farinácio. A este último atribui-se a seguinte afirmativa, que desenha o perfil do crime continuado: "não há vários furtos, mas um só, quando alguém subtrai de um só lugar e em tempos diferentes, mas continuada e sucessivamente, uma ou mais coisas".

O primeiro escrito monográfico sobre o crime continuado é o atribuído a Varnbüler (*Disputatio inauguralis de concursu delictorum* – Argentorati, 1657), e o conceito é depois acolhido em vários Códigos do Século XIX, como os da Baviera (1813), Baden (1845), o Toscano (1853) e o de Hamburgo (1869).

A categoria do crime continuado tem fortes contraditores. Eberhardt Schmidhäuser vê, nele, figura a ser recusada, "da sie mehr Nachteile als Vorteile für eine vernunftige Rechtsprechung bringt". E Stratenwerth, reportando-se a Geerds, diz que, ao conceito de crime continuado, associam-se *zahlreiche Zweifelsfragen*. Apontam-lhe, alguns, traços de contradição com o princípio da culpabilidade. Pensam outros que dele resultam privilégios indevidos ao autor do crime, inclusive nas manifestações de criminalidade profissional e organizada.

A procedência de muitas dessas observações é irrecusável. A imprecisão de diversos de seus pressupostos configuradores é real e ao exame cuidadoso de tais questões estão dedicadas algumas das mais significativas páginas do presente estudo. Mas a necessidade do conceito é elementar, e o abandono dele seria impensável, por considerações práticas e de justiça material.

Em torno do fundamento dessa categoria conceitual e legal aponta o autor três teorias: a da benignidade; a da utilidade processual e a da mitigação da culpabilidade.

Repele esta última sob o argumento – neste ponto talvez extremadamente objetivista e que interpenetra temas diferenciados, como aqueles relativos ao dolo conjunto e à culpabilidade – de que ela incorpora considerações de índole subjetiva, que devem permanecer estranhas à configuração dessa categoria unificadora de condutas.

Declina, claramente, seu especial apreço pela teoria da benignidade, que, de fato, é aquela que traduz a inspiração altruística do instituto e a que mais diretamente se liga às suas origens históricas.

Mas a necessidade de considerar tais acumulações de ações tipicamente independentes em forma "compendiadora do tipo" (*tatbestandszusammenfassend* – Maurach – Gössel – Zipf), como uma só ação resulta, hoje, sobretudo de razões processuais. Cabe, a propósito, lembrar, entre outras, a circunstância de que identificar, sempre, nesses casos, uma pluralidade de ações autônomas, conduziria à necessidade de reunir provas específicas a respeito de cada uma delas, dado como, no concurso de crimes, a culpabilidade deverá estribar-se, separadamente, em cada unidade de ilícito que compõe o conjunto.

Examina o autor com invulgar acuidade a difícil e controvertida questão atinente às relações entre o crime continuado e a coisa julgada. Só ela bastaria para evidenciar que, na temática do crime continuado – sem desmerecimento de sua dimensão mais eloquente de instrumento conceitual ensejador da benignidade da punição – avulta, crescentemente, a presença das questões processuais e de fixação da pena, sendo precisamente nesse campo que se trava a mais acesa discussão teórica e jurisprudencial a respeito dessa pluralidade unificada de crimes.

O jovem autor do presente trabalho tem conseguido conjugar, em síntese harmoniosa pouco frequente, as condições de advogado de carreira exitosa e ascensional e de professor de rara vocação, com consolidado e merecido prestígio no âmbito universitário. Envereda, agora, com amadurecida segurança, pelo caminho das letras jurídicas do País. O presente estudo, a que certamente se seguirão outros valiosos trabalhos e que a fidalguia do autor me proporciona o privilégio de prefaciar, é das mais eruditas, densas e úteis abordagens já produzidas, na bibliografia jurídica nacional, sobre o crime continuado.

Nele, a análise sobre as fontes e as bases históricas do crime continuado, sua regulação normativa em diferentes Países, sua natureza jurídica e elementos configuradores, seu perfil demarcatório com respeito ao concurso formal e ao concurso material de infrações, bem como as formas permanente, habitual e complexa do delito, a incidência punitiva, e diversas outras questões correlatas, desenvolve-se com rigor conceitual e em linguagem aprimorada, concisa e esclarecedora.

Questões candentes, como a concernente ao admissível reconhecimento da continuação delituosa, com respeito a condutas puníveis ofensivas de bens personalíssimos, que a reforma do texto legal trazido pela Lei 7.209/84 não logrou aplacar por inteiro;

como as relacionadas com a prescrição penal e a sucessão de leis, são enfrentadas com abordagens seguras, oferecendo orientações precisas e claras ao leitor. Particularmente oportunos são os tópicos do texto em que o autor se reporta às posições jurisprudenciais no tocante às circunstâncias mais polêmicas em torno do crime continuado. Recorda que a caracterização inevitavelmente aberta e vaga, que o Código Penal brasileiro, em seu artigo 71 e seu parágrafo único, oferece ao crime continuado, abre espaço amplo para a livre estimação judicial, o que, se por um lado propicia que ao instituto se dê emprego consentâneo com os motivos humanitários que historicamente inspiraram seu surgimento, de outra parte, caso trabalhado por uma jurisdição repressiva, severa e de índole autoritária, poderá redundar em restrições excessivas e em gravames iníquos aos acusados, de contenção e controle difíceis em função da largueza e ambiguidade dos coeficientes legais adotados para a definição da categoria jurídica analisada na dissertação.

O presente texto é a versão atualizada e ampliada do estudo monográfico com que seu autor obteve o grau de Mestre no programa de Pós-Graduação em Ciências Penais – Mestrado, da Pontifícia Universidade Católica do Rio Grande do Sul, alcançando, com inteira justiça, aprovação unânime da comissão examinadora, que lhe atribuiu nota dez, no reconhecimento eloquente do singular valor de sua contribuição à bibliografia especializada brasileira.

Tive a honrosa incumbência de atuar como orientador, em todas as etapas de elaboração e defesa do trabalho. Mas me apresso a proclamar que os elevados méritos que o estudo encerra, pertencem, inteira e exclusivamente, ao seu autor.

O professor Ney Fayet de Souza Júnior – como já se sabia que ocorreria – mostrou-se como um daqueles orientandos que não oneram com tarefas excessivas e com preocupações maiores a atividade do professor responsável. As entrevistas realizadas no transcurso do trabalho foram sempre oportunidades para amadurecidas trocas de ideias em torno do tema central da monografia, em que pude permanentemente apreciar a clarividência e a lucidez com que o professor Fayet Júnior percorreu o itinerário intelectual proposto, superando, com galhardia e sem sobressaltos, todas as etapas de um processo que, em mãos menos adestradas, poderia mostrar-se transido de graves e envolventes dificuldades.

Porto Alegre, maio de 2001.

Alberto Rufino Rosa Rodrigues de Sousa

Sumário

Lista de abreviaturas

Abr.	abril
Ac.	acórdão
Acc.	acórdão criminal
ACR	apelação criminal
AEX	agravo em execução
AF	Agente Fiscal
AG	agravo
AGE	agravo em execução
AGI	agravo de instrumento
Ago.	agosto
AGRAI	agravo regimental no agravo de instrumento
AGRRE	agravo regimental no recurso especial
AGRED	embargos de declaração no agravo regimental
AGREDRE	agravo regimental dos embargos declaratórios em recurso especial
AI	agravo de instrumento
ANTAQ	Agência Nacional de Transportes Aquaviários
ANTT	Agência Nacional de Transportes Terrestres
ANVISA	Agência Nacional de Vigilância Sanitária
A.P.	*Acuerdo Plenário*
AP	Autarquia Previdenciária
APCV	apelação cível
Apel.	Apelação
AR	agravo regimental
ARAG	agravo regimental no agravo
ARESP	agravo em recurso especial
AR*HC*	agravo regimental em *habeas corpus*
ARR*HC*	agravo regimental no recurso de *habeas corpus*
art./arts.	artigo(s)
BACEN	Banco Central
BMJTACSP	Boletim Mensal de Jurisprudência do Tribunal de Alçada Criminal de São Paulo
Bol. IBCcr	Boletim do IBCCrim – Publicação Oficial do Instituto Brasileiro de Ciências Criminais
Bol. IBCCrim.	Boletim do IBCCrim – Publicação Oficial do Instituto Brasileiro de Ciências Criminais
BSTJ	Biblioteca do Supremo Tribunal de Justiça
c.	colendo
C.	Câmara
CADE	Conselho Administrativo de Defesa Econômica
CAE	Câmara Especial
Câm.	Câmara

Cap.	Capítulo
Cass.	*Cour de Cassation (Chambre Criminelle)*
c/c	combinado com
CC	Código Civil
CC	Câmara Criminal
CCível	Câmara Cível
CCJ	Comissão de Constituição, Justiça e Cidadania
CCr	Código Criminal
CD	Câmara dos Deputados
CDC	Código de Defesa do Consumidor
CE	Código Eleitoral
CEC	Câmara Especial Criminal
Cf.	conforme
CF	Constituição Federal
CFLC	Conflito de competência
CIDH	Corte Interamericana de Direitos Humanos
Cit.	citado
CJ	Conflito de Jurisdição
CJPP	*Código Judicial de Proceso Penal*
CN	Congresso Nacional
COC	conflito de competência
COIP	*Código Orgánico Integral Penal* (República del Ecuador)
Coord.	coordenador
Cons.	conselheiro
Conv.	convocado
CP	Código Penal
CPA	Código Penal alemão
CPA	Código Penal argentino
CPB	Código Penal Brasileiro
CPC	Código de Processo Civil
CPCom	Código Penal comum
CPM	Código Penal militar
CPP	Código de Processo Penal
Crim.	criminal
CSC	*Corte Suprema de Chile*
CSJ	*Corte Suprema de Justicia*
CSJP	*Corte Suprema de Justicia de la República de Panamá*
CSJR	*Corte Suprema de Justicia de la República*
CTB	Código de Trânsito Brasileiro
CTN	Código de Trânsito Nacional
CTN	Código Tributário Nacional
CTPS	Carteira de Trabalho e Previdência Social
c/c	combinado com
Dec.-lei	Decreto-Lei
Dep.	Deputado
Des.	Desembargador
desig.	designado
dez.	dezembro
DJ	Diário de Justiça
DJe	Diário de Justiça Eletrônico

DJMG	Diário de Justiça de Minas Gerais
DJU	Diário de Justiça da União
DORJ	Diário Oficial do Rio de Janeiro
dp	data de publicação
Dr.	Doutor
e.	egrégio
ECA	Estatuto da Criança e do Adolescente
Ed.	edição
ED	embargos de declaração
EDAC	embargos de declaração em apelação criminal
EDARRESP	embargos de declaração no agravo regimental no recurso especial
EE	Estatuto do Estrangeiro
EIAC	embargos infringentes de apelação criminal
EIN	embargos infringentes
EINUL	embargos infringentes e de nulidade
EM	Exposição de Motivos
ER	Estatuto Repressor
etc.	*et cetera*
EUA	Estados Unidos da América
Exp.	Expediente
EXP	execução penal
Fasc.	fascículo
FAT	Fundo de Amparo ao Trabalhador
FBI	*Federal Bureau of Investigation*
FGTS	Fundo de Garantia por Tempo de Serviço
GC	Grupo Criminal
GCC	Grupo de Câmaras Criminais
GDC	Grupo de Direito Criminal
HC	*habeas corpus*
ICMS	Imposto sobre Circulação de Mercadoria e Prestação de Serviços
Inc.	inciso
INTERPOL	*International Criminal Police Organization*
IPI	Imposto sobre Produtos Industrializados
IRPF	Imposto de Renda de Pessoa Física
j.	julgado
jan.	janeiro
JCTM	Juízo Criminal Tribunal Matosinhos
JE	Juizado Especial
JEC	Juizado Especial Criminal
JEP	Juízo das Execuções Penais
JF	Justiça Federal
JG	*Juzgados de Garantía*
JM	Justiça Militar
JTACSP	Julgados do Tribunal de Alçada Criminal de São Paulo
JTARGS	Julgados do Tribunal de Alçada do Rio Grande do Sul
JTCrSP	Julgados do Tribunal Criminal de São Paulo
JTJ-Lex	Julgados do Tribunal de Justiça (antiga Revista de Jurisprudência do Tribunal de Justiça de São Paulo – RJTJESP)
Jul.	julho
Jun.	junho

JUTAC	Jurisprudência do Tribunal de Alçada Criminal
L.	Lei
LCP	Lei das Contravenções Penais
LEP	Lei de Execução Penal
LFRE	Lei de Falências e Recuperação de Empresas
LIA	Lei de Improbidade Administrativa
LLC	Lei de Licitações e Contratos
Mag. Pon.	*Magistrado Ponente*
Mai.	maio
Mar.	março
MDCD	Mesa Diretora da Câmara dos Deputados
Min.	Ministro
MJ	Ministro da Justiça
MP	Ministério Público
MPF	Ministério Público Federal
MPM	Ministério Público Militar
m.v.	maioria de votos
nº	número
NCIC	*National Crime Information Center*
Nov.	novembro
OAB	Ordem dos Advogados do Brasil
org.	organizador
Out.	outubro
p.	página(s)
PE	Parte Especial
PG	Parte Geral
PJ	*Pleno Jurisdiccional*
PL	Projeto de Lei
PO	Procedimento Ordinário
Pon.	*Ponente*
Pres.	Presidente
PROCADE	Procuradoria-Geral do Conselho Administrativo de Defesa Econômica
Proc. crim.	processo-crime
Prof.	professor
PS	Previdência Social
RAG	recurso de agravo
RBCC	Revista Brasileira de Ciências Criminais
Rc	recurso criminal
RC	*recurso de casación*
RCRIM	recurso criminal em sentido estrito
RE	recurso extraordinário
Rec.	recurso
RECC	reclamação criminal
Recte.	recorrente
Red.	redator
REFIS	Programa de Regularização Fiscal
Rel.	Relator
REPEPOS	*Reglamento del Procedimento para el Ejercicio de la Potestad Sancionadora*
RESP	recurso especial
REV	revisão

Rev.	revista
R*HC*	recurso de *habeas corpus*
RI	Regimento Interno
RICD	Regimento Interno da Câmara dos Deputados
RJD	Revista de Jurisprudência e Doutrina
RJE	Revista dos Juizados Especiais
RJTACSP	Revista de Jurisprudência do Tribunal de Alçada Criminal de São Paulo
RJTJRS	Revista de Jurisprudência do Tribunal de Justiça do Rio Grande do Sul
RJTJSP	Revista de Jurisprudência do Tribunal de Justiça de São Paulo
RO	recurso de ofício
ROMS	recurso ordinário em mandado de segurança
RSE	recurso em sentido estrito
RSTJ	Revista do Superior Tribunal de Justiça
RT	Revista dos Tribunais
RTJ	Revista Trimestral de Jurisprudência (STF)
RTJTACSP	Revista Trimestral de Jurisprudência do Tribunal de Alçada Criminal de São Paulo
RVC	revisão criminal
S.	Súmula
SC	Seção Criminal
SCP	*Sentencia Constitucional Plurinacional*
SD	*Sentencia distrital*
segs.	seguintes
Sem.	Seminário
Sen.	Senador
Sent.	*Sentencia*
Set.	setembro
SF	Senado Federal
SP	*Sala de lo Penal*
SPP	*Sala Penal Permanente*
STJ	Superior Tribunal de Justiça
STJP	Supremo Tribunal de Justiça de Portugal
STF	Supremo Tribunal Federal
STM	Superior Tribunal Militar
SUNAB	Superintendência Nacional de Abastecimento
s/e	sem editora
t.	tomo
T.	Turma
TA	Tribunal de Alçada
TAA	*Tribunal de Apelación de Asunción*
TACrim	Tribunal de Alçada Criminal
TACMG	Tribunal de Alçada Criminal de Minas Gerais
TACPR	Tribunal de Alçada Criminal do Paraná
TACSP	Tribunal de Alçada Criminal de São Paulo
TAP	*Tribunal de Apelaciones en lo Penal (Uruguai)*
TC	Turma Criminal
TCE	*Tribunal Constitucional español*
TCP	*Tribunal Constitucional del Perú*
TCPB	*Tribunal Constitucional Plurinacional da Bolivia*
TE	Turma Especial/Especializada
TJ	Tribunal de Justiça

TJES	Tribunal de Justiça do Espírito Santo
TJDFT	Tribunal de Justiça do Distrito Federal e Territórios
TJGO	Tribunal de Justiça de Goiás
TJMG	Tribunal de Justiça de Minas Gerais
TJMS	Tribunal de Justiça do Mato Grosso do Sul
TJOP	*Tribunal de Juicio Oral en lo Penal*
TJPE	Tribunal de Justiça de Pernambuco
TJPR	Tribunal de Justiça do Paraná
TJRJ	Tribunal de Justiça do Rio de Janeiro
TJRO	Tribunal de Justiça de Rondônia
TJRS	Tribunal de Justiça do Rio Grande do Sul
TJSC	Tribunal de Justiça de Santa Catarina
TJSE	Tribunal de Justiça de Sergipe
TJSP	Tribunal de Justiça de São Paulo
TP	Tribunal Pleno
TR	Tribunal Recursal
Trad.	Tradução
TRC	Tribunal da Relação de Coimbra
TRC	Turma Recursal Criminal
TRF	Tribunal Regional Federal
TRF1	Tribunal Regional Federal da Primeira Região
TRF2	Tribunal Regional Federal da Segunda Região
TRF3	Tribunal Regional Federal da Terceira Região
TRF4	Tribunal Regional Federal da Quarta Região
TRF5	Tribunal Regional Federal da Quinta Região
TRL	Tribunal da Relação de Lisboa
TS	*Tribunal de Sentencia*
TSE	*Tribunal Supremo de España*
TSF	*Tribunal Superior Federal (Bundesgerichtshof)*
TSJ	*Tribunal Supremo de Justicia*
UFPR	Universidade Federal do Paraná
Un.	unânime
v.	volume
VC ou VCr	Vara Criminal
VFD	Vara do Foro Distrital
v.g.	*verbi gratia*
VP	Vice-Presidência
vol.	volume
v.u.	votação unânime

Apresentação

Antes de tudo, destaca-se que a escolha do tema se deve, de modo fundamental, à necessidade de se proceder a uma atualização do instituto do delito continuado à luz dos novos fatores de interpretação recolhidos na doutrina e na jurisprudência, que modificaram, de maneira significativa, essa figura legal.

Cumpre o registro que a monografia – entre a doutrina criminal brasileira –, que goza de maior prestígio (a de Manoel Pedro Pimentel – "Do crime continuado"), já conta com quarenta e oito anos, sendo, por conseguinte, anterior à própria reforma da Parte Geral do Código Penal (introduzida pela Lei 7.209/84).

Em termos conceituais, anota-se que o crime continuado é, essencialmente, uma fantasia jurídica – por isso, sem existência real – que permite a unificação de diferentes condutas criminosas em um só crime, buscando resolver, de forma humanitária e baseada em princípios de Política Criminal, o desafiador e complexo problema de apenamentos excessivos (evitando-se, pois, a aplicação do princípio do cúmulo material) nas situações concretas em que o agente tenha, em sequência, realizado crimes objetivamente assemelhados. De quebra, visa a conceder efetividade ao princípio constitucional da proporcionalidade das penas,[1] segundo o qual a sanção fixada deve ser

[1] O princípio da proporcionalidade das penas pode ser encontrado em diversas passagens do texto constitucional, como, por exemplo, na previsão da necessidade de individualização da pena (art. 5º, XLVI), na exclusão de certos tipos de reprimendas (art. 5º, XLVII), na necessidade de mais rigor para casos de maior gravidade (art. 5º, XLII, XLIII e XLIV) e de moderação para os delitos menos graves (art. 98, I). Trata-se de uma das características da pena que busca compatibilizar os interesses do corpo social com a garantia individual do apenado em não suportar uma punição além da medida da lesão causada pelo ilícito criminal. Anota René Ariel Dotti (1985, p. 92) que "a proporcionalidade, portanto, deve constituir um fenômeno de equilíbrio possível: *poena commensurari debet delicto*". Como ressalta Alice Bianchini (2002, p. 119), "o princípio da proporcionalidade, quando enfocado seja sobre o prisma da adequação, seja no seu sentido estrito, exige uma justa medida entre os meios restritivos de que dispõe o Estado e os fins logrados com a limitação. Neste cálculo há que se levar em consideração o grau de importância do bem jurídico tutelado, assim como as consequências sociais que a interdição da conduta poderá causar e o grau de efetividade da interdição em relação aos fins do direito penal". Assinalam, ainda, Miguel Polaino Navarrete e Miguel Polaino-Orts (2004, p. 339) que esse princípio contém a exigência de dois traços fundamentais: "una proporcionalidad abstracta, en virtud de la cual no pueden existir conminaciones desproporcionadas en abstracto, esto es, en la letra del Código; y una proporcionalidad concreta, que prohíbe la imposición real y efectiva de una pena desproporcionada". Semelhantemente, Manuel de Rivacoba y Rivacoba (2011, p. 431-2) define o princípio nos seguintes termos: "la conjunción de las nociones de hombre y de Derecho hace que éste haya de tomar y tratar a los seres humanos en su identidad radical, sin hacer acepción de personas, mas, como, por otra parte, no se refiere exclusiva ni principalmente a realidades homogéneas, susceptibles de determinaciones iguales o en que unas sean partes de o mensurables por otras, es decir, de identidades o equiparaciones, de conmensuraciones y de magnitudes comprendidas o comprensibles matemáticamente unas en otras, sino que por lo común ha de referirse a entidades de carácter axiológico, entre las cuales se

cuentan de manera señalada los delitos y las penas y en las que sólo caben las equivalencias y las proporciones estimativas, no le queda otro recurso, en un esfuerzo o como medio para acercarse o asimilarse a la igualdad, que utilizarlas, y, cuando las primeras no sean del caso, servirse de las segundas, esto es, establecer relaciones de aprecio o estimación que expresen y compensen las diferencias de valor según criterios objetivos y estables y con la mayor exactitud o aproximación posible, siendo de reconocer la innegable y a menudo extrema dificultad de las tareas y los juicios valorativos. Con lo cual se hace presente, siempre con los consabidos rasgos constitutivo y limitador, el principio de proporcionalidad". Não pode desprezar-se, a mais disso, o possível atrelamento da figura legal do crime continuado ao princípio da humanidade, segundo o qual se deve entender proscritas certas penas ou medidas de segurança que, em decorrência de seu conteúdo (natureza ou tempo de duração, por exemplo) ou de suas condições objetivas de execução, impliquem lesão à dignidade dos seres humanos. Antonio García-Pablos de Molina (2012b, p. 588) agrega que dito princípio se projeta, também, ao processo penal, ao obstaculizar práticas atentatórias (tortura) à condição existencial dos seres humanos. Contudo, cumpre lembrar que ainda não dispomos de um conceito fechado, consensual, deste princípio, na medida em que existem significativas discrepâncias quanto ao seu conteúdo, tanto em relação à natureza (da pena) como à sua forma de execução. Assim, "se puede decir, en consecuencia, que estamos ante un principio ético reconocido, pero pendiente de una delimitación consistente", haja vista a polêmica acerca "de medidas de castración de delincuentes sexuales o de psicocirugía en psicopatas, sobre la persistencia de penas infamantes ligadas a los efectos mediáticos de estigmatización del delincuente, sobre la prolongación excesiva de las penas privativas de libertad, sobre la problemática relación con la prohibición de trabajos forzados de penas modernas como el trabajo en beneficio de la comunidad, sobre el resurgimento de la confiscación general de bienes en los delitos de tráfico de drogas y asimilados (...), sobre el ya tradicional debate de hasta dónde se puede llegar en la resocialización del delincuente, o sobre la medida en que el cumplimiento de la pena privativa de libertad lleva aparejados privaciones o límites a otros derechos fundamentales del condenado" (DÍEZ RIPOLLÉS, José Luis, 2003, p. 159). Finalmente, "como quiera que la noción de Derecho se halla subordinada a la de hombre, aquél ha de orientarse en todas sus manifestaciones a éste, o, expresado en términos más abstractos, a la humanidad, entendida, no como conjunto total de seres humanos, sino como representación constitutiva de carácter ideal. Por conseguiente, cuanto más la regulación de las conductas exteriorizadas e interindividuales, para organizarlas en un orden que precisamente las haga posibles y garantice su coexistencia, haya de restringir la libertad de los individuos y les formule y los someta a exclusiones más rigurosas (y, por su propia naturaleza y razón de ser no hay en el ordenamiento jurídico exigencias ni exclusiones más graves que las penales), menos podrá perder de vista y dejar de reconocer jamás que quien infringe sus prohibiciones, es decir, el delincuente, y haya de ser objeto de su sanción, o sea, el penado, es y no puede sino seguir siendo un hombre, sujeto siempre de dignidad, que vive en convivencia y se realiza en sociedad, y que como tal tiene que ser tratado; concepción que consagra en el Derecho punitivo el respeto al ser humano y elimina o proscribe de él cualquier disposicón o trato que mutile, desfigure o anule al hombre, sea en su personalidad física, sea en la moral o la social. Pero sería erróneo pensar que semejante orientación del Derecho penal venga impuesta o declarada por simples afecciones sensibles y filantrópicas ni por consideraciones humanitarias, pues se encuentra anclada en fundamentos más sólidos y se deriva de raíces más hondas según una inferencia estrictamente lógica, y, por otra parte, la relación con el delincuente y con el penado como hombre requiere de los demás ejercer y poner a contribución las capacidades que laten en todos los hombres para serlo de manera más plena y auténtica cada vez o, en otras palabras, responder a la idea de humanidad y regirse por la exigencia y aspiración de una comunidad o convivencia pura, o sea, absoluta. Así, enriqueciendo a uno y a otros, a todos se delinea y destaca el principio de humanidad, que, si ha de ser entendido correctamente, no se origina de ninguna previsión política o constitucional, sino que es previo a cualquiera de ellas, y que, de forma idéntica a los princípios anteriores, constituye y limita el Derecho penal, pero, al mismo tiempo, es el punto de convergencia ideal de todos en una unidad lógica y funcional. Y aquí es oportuno señalar que en la serie de los principios, deducidos conforme a un riguroso proceder lógico, el primero y el último ponen al Derecho penal en relación inmediata con las ideas, hablando con propriedad, de Derecho, respectivamente, la de seguridad jurídica y, todavía más plena y abarcante, la de humanidad. Al cabo de estas reflexiones, ya cabe definir los principios cardinales del Derecho penal como una serie de criterios abstractos, derivados directamente de las meras nociones de hombre y de Derecho, congruentes y complementarios entre sí, que informan ciertas disposiciones, secciones o instituciones punitivas y, por tanto, en su conjunto, también el ordenamiento penal, y que, en consecuencia, permiten su comprensión sistemática" (RIVACOBA Y RIVACOBA, Manuel de, p. 432-4). Sobre o desenvolvimento do princípio da proporcionalidade na Inglaterra e nos Estados Unidos, deve ser consultado o livro de HIRSCH, Andrew von, 1998.

medida de acordo com a gravidade do delito, isto é, a resposta estatal ao crime deve ser proporcional à lesão (ou à ameaça de lesão) gerada ao bem protegido pelo tipo penal.

É, em suma, a situação na qual o sujeito, mediante duas ou mais condutas, comete (nas mesmas circunstâncias de tempo, lugar e modo e ainda outras assemelhadas) dois ou mais crimes da mesma espécie, de forma tal que o(s) subsequentes(s) deva(m) ser considerado(s) continuação do primeiro.

Nesse breve conceito, já se pode perceber a introdução de elementos jurídicos que não se vinculam a categorias reais, na medida em que estabelece a sequencialidade e unicidade de condutas ilícitas. Esses aspectos são visceralmente relacionados à natureza jurídica do instituto, na qual se agasalhou – na legislação brasileira – a doutrina da ficção jurídica, que concebe o crime continuado como uma unidade jurídica tendo por base um artifício legal, sem possuir, dessa maneira, existência no plano concreto. Por esse motivo, os diferentes fatos que integram a cadeia continuada são, de *per se*, delitos – independentes e isolados –, os quais, entretanto, a partir da unificação que se lhes dá a fantasia legal em questão, passam a constituir, para os todos os efeitos (especialmente os relacionados à aplicação da pena), uma unidade. Dessa sorte, no (instituto legal do) delito continuado, encontram-se diversos atos criminosos, os quais a lei, contudo, declara como elementos configuradores de um só evento, ou seja, um só crime; e continuado. Com isso, a figura legal da continuidade delitiva desponta como alternativa concreta – a bem da verdade: como direito público subjetivo do apenado – para possibilitar o afastamento dos rigores punitivos advindos da regra do concurso material de crimes. (Reforça essa ideia Maria Ferreira da Cunha, quando acentua: "estamos perante um concurso de crimes, de acordo com as regras gerais, que é tratado normativamente como uma unidade criminosa".)[2]

A criação do delito continuado deve-se à necessidade de se afastar a regra do acúmulo de penas que, em muitos casos, se revelaria injusta e desumana. Essa foi a diretriz que inspirou a sua criação (notadamente no que se refere ao terceiro delito de furto, que era, segundo as leis medievais, punido com a pena de morte). A evolução histórica do instituto bem acusa a carga extremamente benéfica que inspirou a sua constituição (levada a efeito pelos práticos italianos, que modelaram e desenvolveram o instituto). Esse foi o início; sem embargo, a dogmática criminal e, alguns séculos depois, o próprio direito positivo alargaram bastante as fronteiras do conceito do crime continuado, projetando-o para todas as modalidades delitivas.

Além disso, assenta-se o crime continuado no campo do concurso de crimes, podendo ser, naturalmente, conceituado como uma espécie *sui generis* do concurso material de delitos (ou um "concurso material aparente"); daí por que, nesse ponto, foram analisadas, de modo um pouco mais detido, outras modalidades de concurso com as quais se vincula o instituto em debate. Desse modo, destacou-se que existem três espécies de concursos muito próximas em matéria penal: (i.) o concurso de crimes; (ii.) o concurso intertemporal de tipos; e o (iii.) concurso aparente de normas penais. No primeiro, estão presentes o concurso material (cuja regra determina sejam as penas – que correspondem à realização de diferentes condutas ilícitas – somadas à luz do sistema do cúmulo material) e o concurso formal (no qual a unicidade de comportamento recomenda a aplicação de uma norma apenas, de qualquer sorte, com a pena majorada em razão de existência de vários resultados típicos). Em outro prisma, no concurso

[2] CUNHA, Maria da Conceição Ferreira da, 2009, p. 325.

intertemporal de tipos – que ocorre na situação concreta da sucessão de leis penais no tempo –, em princípio, poder-se-ia cogitar da aplicação de duas normas em relação ao mesmo fato natural: a anterior e a posterior. Foram destacados, nesse particular, os princípios solucionadores do concurso intertemporal de normas: da retroatividade da *lex mitior*, irretroatividade da *lex gravior*, ultra-atividade da lei excepcional ou temporária, taxatividade e tipicidade, ressaltando-se, ainda, as hipóteses de conflito: *abolitio criminis*, *novatio legis* incriminadora, *novatio legis in pejus*, *novatio legis in melius*, *lex tertia* e modificação de complemento de norma penal em branco. Além disso, registrou-se a figura do concurso aparente de normas penais (abordando-se os princípios solucionadores dos conflitos: da especialidade, consunção, subsidiariedade e alternatividade). Nesses pontos, sempre foram remarcadas as notas de aproximação e de separação presentes entre os referidos concursos e o crime continuado. Por último, também se encaminhou o estudo – em separado, mas nos mesmos moldes, – do princípio do *non bis in idem*.

A figura do crime continuado é, nesta medida, construída a partir de vários elementos, todos os quais descritos no *caput* do artigo 71 do Código Penal (e, em modalidade especial, em seu parágrafo único); nesse estado de coisas, ao lado do crime continuado próprio (que tem assento no *caput*), existe a figura do crime continuado especial (que se constitui em variante de continuidade delitiva de índole mais severa, por ter aplicação nos casos em que, além dos requisitos do crime continuado comum ou próprio, forem verificadas também as seguintes condições: crimes dolosos, praticados contra vítimas diferentes por meio de violência ou grave ameaça à pessoa). A questão da reprimenda dessa modalidade específica do instituto do crime continuado também foi debatida, indicando-se, ainda, os motivos que inspiraram sua criação.

Outro aspecto ressaltado, nesta pesquisa, diz respeito ao consenso dogmático segundo o qual a matéria em causa se mostra de dificílima determinação. Sem exagero, chegou-se a ressaltar que o crime continuado era uma verdadeira cruz que os criminalistas insistiam em carregar às costas, em cujo tema reinava verdadeira anarquia de interpretações, e não raramente haveria *revirements* interpretativos. E por que assim o concebem os operadores jurídico-criminais? Porque o tema é materializado a partir de expressões legais cujo significado não encontra campo de concordância interpretativa – tanto na doutrina quanto na jurisprudência.

Nesse rumo, em um primeiro momento, procurou reproduzir-se a criação do instituto a partir das polêmicas existentes no âmbito da dogmática e da jurisprudência, em cujo debate, sempre que se apresentou a ocasião, se teve oportunidade de tomar posição em face das controvérsias. Para tanto, foram analisados, isoladamente, os elementos que condicionam a perfectibilização do crime continuado, avaliando-se a necessidade (ou não) de um fator subjetivo que unificasse as diferentes ações ilícito-típicas, a unicidade de comportamentos, os delitos da mesma espécie, a conexão temporal, as semelhanças de lugar, a maneira de execução e as demais condições marcadas pela semelhança. Após a análise de cada um desses elementos, pode concluir-se que as circunstâncias de conotação objetiva devem ser valoradas conjuntamente, e a ausência de qualquer uma não desfigura, *a priori*, a fantasia legal do delito continuado (salvo se se tratar de condição essencial, como é o caso da diversidade de condutas).

Procurou também estabelecer-se, mediante o cotejamento analítico, as principais diferenças existentes entre categorias conceituais afins ao crime continuado, notadamente aos delitos permanente, habitual e complexo, bem como aos institutos da reincidência e da *aberratio ictus* plurilesiva. Nesse quadro, foram apontadas as semelhanças entre o crime continuado e os delitos coletivo e qualificado com duplicidade de resultado, enfrentando-se, além disso, a questão (ainda sob o foco da aproximação conceitual dos institutos) do concurso aparente de normas penais coexistentes.

A presente pesquisa se assenta, em larga medida, nos domínios jurisprudenciais, em cujo cenário buscou discutir-se, criticamente, os meios e modos por intermédio dos quais se edifica a construção interpretativa das causas penais. Consignou-se, nesse passo, que a interpretação somente poderia ser legítima se procedida à luz dos princípios e garantias que estão postos na Constituição Federal, quer dizer, a dinâmica da interpretação deveria ter como norte a recepção dos princípios constitucionais, dado que a "criação jurídica dos juízes", sempre que não se apresentar bussolada pela Constituição, seria arbitrária; e, com isso, inconcebível no Estado democrático de Direito. A indicação da jurisprudência se prestou não somente à estruturação do tema, mas, sim e fundamentalmente, à demonstração das polêmicas que o cercam.

Na construção temática, teve-se ocasião de defender, de maneira mais aprofundada, alguns pontos que se mostraram significativamente controvertidos na doutrina e na jurisprudência: assim, sustentou-se a prescindibilidade de um elemento subjetivo que unificasse as diferentes condutas integrantes da cadeia criminal, demonstrando a possibilidade da existência da *fictio juris* em questão à ilharga de qualquer dado ou coeficiente subjetivo, perfilhando-se, pois, à teoria objetiva. Advogou-se, também, a possibilidade da imposição da ultra-atividade da lei penal mais favorável, na sucessão de normas no tempo relacionada com a cadeia continuada criminal, bem como em outros aspectos que serão debatidos ao longo do desenvolvimento do trabalho. De outra forma, cumpre, ainda, o registro de que sempre se concebeu a figura jurídica do delito continuado como uma construção arquitetada com vistas a produzir, no setor específico da punibilidade, um tratamento benéfico ao agente que executa, sucessivamente, ações ilícito-típicas homogêneas enfeixadas pelas mesmas condições (de tempo, lugar e modo) de índole objetiva. Não se descurou, além disso, da apresentação crítica do Projeto de Lei que pretende alterar, de maneira bastante expressiva, a figura jurídica em foco.[3]

É preciso salientar também que este texto corresponde, em seus traços fundamentais, à dissertação apresentada no curso de mestrado, sob a orientação do Professor Doutor Alberto Rufino Rosa Rodrigues de Sousa – ainda que com *improvements* extremamente significativos.

[3] Além da análise do PL 3.473/00 (que visava à modificação da PG do CP), a esta 8ª edição, ainda uma vez, incorporaram-se críticas relacionadas ao novo Projeto de reforma do CP (236/12). Obviamente, o avanço e a consolidação deste último Projeto vão pôr fim àquele; entretanto, pela construção das linhas críticas que se lançaram, opta-se pela preservação dos trechos analíticos produzidos. Segundo o novo Projeto de reforma, o texto – relativo ao crime continuado – passaria a ter a seguinte redação normativa: "Art. 76 – Quando o agente, mediante mais de uma ação ou omissão, pratica dois ou mais crimes da mesma espécie e, pelas condições de tempo, lugar, maneira de execução e outras semelhantes, devem os subsequentes ser havidos como continuação do primeiro, aplica-se-lhe a pena de um só dos crimes, se idênticas, ou a mais grave, se diversas, aumentada, em qualquer caso, de um sexto a dois terços. § 1º – Nos crimes dolosos, contra vítimas diferentes, cometidos com violência ou grave ameaça à pessoa, poderá o juiz, considerando a culpabilidade, os antecedentes, a conduta social e a personalidade do agente, bem como os motivos e as circunstâncias, aumentar a pena de um só dos crimes, se idênticas, ou a mais grave, se diversas, até o triplo, observadas as regras do concurso formal de crimes. § 2º – Aplicam-se cumulativamente as penas dos crimes dolosos que afetem a vida, bem como a do estupro".

Introdução

Muitos juristas criminais antes já se afadigaram no estudo deste tormentoso e instigante tema de nossa disciplina (em especial, entre a doutrina pátria, Manoel Pedro Pimentel,[4] cuja obra sobre o delito continuado se mostra, às inteiras, bastante atualizada e aprofundada; e, no panorama internacional, é digno de nota, entre tantos outros,[5] o estudo de María Teresa Castiñeira Palou,[6] levado a efeito antes de a legislação espanhola ter incorporado a figura jurídica da continuidade delitiva).

O instituto do delito continuado, entretanto, persiste em encerrar extraordinárias polêmicas doutrinárias que se projetam para a jurisprudência – que, de sua parte, se modifica dinamicamente –, e, por esse modo, novas interpretações são aventadas e aplicadas à solução de lides penais que envolvem a figura da continuação delitiva.[7]

Com efeito, o modelo legal do delito continuado vem de ser debatido há vários séculos pela ciência jurídico-criminal. Muitos são os pontos dessa figura penal que, desde seus primórdios conceituais, têm sido objeto de controvérsias doutrinárias (como, por exemplo, a prescindibilidade de um elemento subjetivo unificante, a exata conceituação de seus requisitos configuradores, a sua natureza jurídica, a sua razão de ser, a aplicabilidade em se tratando de bens jurídicos personalíssimos e outros de igual dimensão e importância), o que, a toda evidência, bem demonstra a complexidade do *thema*.

Em outro quadrante, já faz alguns anos, particularmente no tocante à jurisprudência criminal de nosso país, que a matéria tem sofrido significativas alterações, capitaneadas por segmentos das cortes superiores, que imprimiram à questão, pode-se assim dizê-lo, um maior rigor repressivo. A jurisprudência sobre o assunto sói ser vacilante, cambiante, sofrendo a influência de diferentes visões criminológicas que se embatem em nosso meio jurídico, no qual se extremam orientações conflitantes, as quais refle-

[4] PIMENTEL, Manoel Pedro, 1969.

[5] PUNZO, Massimo, 1951; CORREA, Pedro Ernesto, 1959; CHOCLÁN MONTALVO, José Antonio, 1997; RISTORI, Roberta, 1988; VARRASO, Gianluca; 2003; e POSADA MAYA, Ricardo, 2010.

[6] CASTIÑEIRA PALOU, María Teresa, 1977.

[7] Como atesta José Antón Oneca (2000, p. 177), "la consagración por la práctica, incluso donde no está representado en la ley, demuestra que la institución obedece a necesidades vitales. Sin embargo, el general consentimiento sobre su conveniencia contrasta con la diversidad de pareceres acerca de su naturaleza, elementos y efectos. Y el largo tiempo transcurrido en la animada polémica no ha producido unificación, ni siquiera acercamiento entre las distintas opiniones". Aponta Enrique Bacigalupo (1999, p. 584-5) que "a admisibilidad político-criminal de esta figura ha sido puesta seriamente en duda. El problema fundamental (...) consiste en que dogmáticamente se 'unifican' una serie de hechos que cumplen con todos los presupuestos de hechos punibles individuales que se deberían sancionar según las reglas del concurso real".

tem, inexoravelmente, o pensamento jurídico de um determinado momento histórico e dos respectivos agentes responsáveis pela produção das respostas punitivas.

Não bastasse isso, também no horizonte da literatura jurídico-criminal, a matéria, mais que qualquer outra, apresenta-se como sendo de difícil conceituação à luz das polêmicas que o cercam.

Diante de tais circunstâncias, o modelo legal do crime continuado constitui-se, verdadeiramente, em um dos problemas – como se expressa José Cirilo de Vargas – "mais tormentosos de nossa Disciplina, tanto no Direito Comparado, quanto na Doutrina e na prática dos Tribunais".[8] E não são poucas as vozes que se opõem, vivamente, ao instituto,[9] destacando, em síntese, a falta de clareza e precisão dessa figura jurídica, havida, ainda, como uma matéria enigmática de precária e permanente formação que, à diferença de outras construções dogmáticas, apenas encontra a sua estruturação pela técnica do "ensayo y error".[10]

Eugenio Raúl Zaffaroni entende que, verdadeiramente, as críticas que se baseiam na escassa clareza da construção teórico-legal do crime continuado são válidas; não obstante, "rechazar el concepto por este fundamento es equivalente a negar la fiebre cuando el termómetro no funciona. La necesidad del concepto es elemental: nadie puede aceptar como mínimamente razonable que quien hurta un juego de cartas a una

---

[8] VARGAS, José Cirilo de, 1998, p. 66. Eduardo Novoa Monreal (1964, p. 139), sobre o delito continuado, afirma: "no hay concepto penal más confuso y anárquico. Grandes diferencias en las legislaciones penales, enormes discrepancias de parte de los tratadistas y una apreciación muy inestable de parte de la jurisprudencia de casi todos los países, son las notas dominantes a su respecto".

[9] Günter Stratenwerth (1982, p. 353) refere-se ao crime continuado como sendo acentuadamente problemático: "esta figura carece de todo fundamento en la ley. Inclusive desde un punto de vista político-criminal, consiste en un fenómeno altamente problemático. Pero si a pesar de todo se ha impuesto con firmeza es como consecuencia de su efecto de alivio para los organismos de persecución penal en las grandes series de delitos de un mismo autor". Por seu turno, Enrico Ferri (1996, p. 537) opõe-se à ficção jurídica do crime continuado, mercê de suas dificuldades conceituais, ao dizer: "esta figura do crime continuado, que foi imaginada pelos práticos medievais para subtrair à pena de morte o ladrão pela terceira vez, é porém uma ficção de favor ao delinquente habitual ou de mister, ficção que não é admissível. À parte as questões para decidir quando é que, por ex., o ladrão – se, para roubar toda a mercadoria de um armazém, aí volta mais vezes para lhe tirar uma parte – executa realmente a 'mesma resolução' estabelecida desde o princípio ou não, antes modificada no decurso das operações, na realidade o crime continuado indica uma maior periculosidade criminal". Contudo, como apontam Eugenio Raúl Zaffaroni, Alejandro Alagia e Alejandro Slokar (2000, p. 825), "el rechazo del delito continuado no es nuevo. Schmidhäuser le atribuye más perjuicios que ventajas para una jurisprudencia racional, afirmando que para la pena del delito continuado se hace necesario el establecimiento de la prueba de cada uno de los actos particulares, y que nada obsta a que en el recurrente caso de los hurtos de la mucama se construya la pena única conforme a la regla del concurso real, estableciendo para todos los hechos una medida igual. Schultz afirma que esta figura debe ser rechazada, por contradecir el principio de culpabilidad y privilegiar indebidamente al autor del delito. Stratenwerth la critica por poco clara y Jescheck le reconoce su gran significado práctico, aunque destaca sus inconvenientes, por lo que afirma que no es de maravillar que aumenten las voces a favor del abandono de la acción continuada". De modo semelhante, José Antonio Choclán Montalvo (p. 15) afirma: "Si algo ha caracterizado la construcción de la acción continuada es la de su absoluta inseguridad jurídica". Destacando, ainda, as origens do instituto, prossegue o autor (p. 16): "si se tiene en cuenta que el delito continuado constituye en sus orígenes una construcción jurisprudencial no sólo sin base legal, sino, además, sin base dogmática, la inseguridad jurídica era la consecuencia necesaria".

[10] POSADA MAYA, Ricardo, 2010, p. 20. Para Jacobo López Barja de Quiroga (2010, p. 1144), o delito continuado "supone pluralidad de acciones que constituyen una unidad jurídica que es tratada como un concurso real, resuelto, en unos casos, con arreglo al sistema de absorción y, en otros casos, de acuerdo al principio de exasperación. En términos generales, hoy día su existencia no tiene fundamento".

carta diaria tenga una escala penal de un mes de mínimo hasta ochenta años de máximo (reducido a veinticinco como máximo de la especie de pena). No parece recomendable que cada vez que aparece un concepto poco estable u oscuro se lo elimine, y se acepte con ello un poder punitivo totalmente irracional. Cabe pensar que lo correcto es perfeccionar el concepto".[11]

Sem dúvida alguma, encontramo-nos em face de uma construção dogmático-legal que alberga, de forma expressiva, um espaço muito grande de influência da criação jurisprudencial,[12] devido ao fato de a figura do delito continuado se construir a partir

[11] ZAFFARONI, Eugenio Raúl; ALAGIA, Alejandro; SLOKAR, Alejandro, p. 825.

[12] A criação judicial é ponto de capital importância, pois – como bem destacou Ricardo Antunes Andreucci (1989, p. 64-73) – "a jurisprudência tornou-se o Direito ela mesma, o que resulta de uma verificação, principalmente nos países latinos, demonstrado pelo crescente prestígio dos ementários e resenhas de decisões dos Tribunais. (...) Colesanti observou que a jurisprudência é órgão da consciência social e que, no desenvolvimento de tal função, aí diz na esteira de Welzel, exerce 'Justiça substancial', a qual é o ponto de convergência entre a Jurisprudência prática e a Jurisprudência teórica, que tende a se aproximar de uma nova Jurisprudência". Esclarece, por sua vez, Alberto Spota (1985, p. 29-30), quando comenta a formação do Direito por intermédio da jurisprudência, que "se o direito deve ser considerado como algo vivo, fluente, flexível, ou seja, que não se cristaliza e não se separa da autêntica vida jurídica, então deverá aceitar-se que a jurisprudência constitui aquele meio pelo qual se evita que se crie um abismo entre esse direito e a lei. É certo que incumbe ao legislador preencher a lacuna que surgiria entre a lei e as exigências de um direito que se adapte à vida, às necessidades sociais e econômicas. Ainda mais: haveria que repetir o que expressou Kirchmann na conferência que pronunciou em Berlim no ano de 1847, ao sustentar que o direito carece de valor como ciência (*Die Wertlosigkeit der Jurisprudenz als Wissenschaft*): 'três palavras corretivas ou retificadoras do legislador e bibliotecas inteiras caem convertidas em papéis sem valor'. Porém, quem assim pensasse incorreria nestes erros: em primeiro lugar, pensaria que o legislador procede com suficiente previsão para dar solução às necessidades sociais e econômicas antes de que o fato se apresente; em segundo lugar, que o direito deve ser imutável, eterno, sem oferecer variabilidade alguma". Com efeito, a mutabilidade tópica das normas se apresenta como fenômeno incorporado ao funcionamento do universo jurídico, cujo sistema, em bloco, entretanto, não se altera, normalmente, de forma abrupta, evoluindo e adaptando-se, no mais das vezes, de modo gradual. Além disso, as grandes construções doutrinárias (bem como os métodos, os sistemas, as teorias) preservam-se por longos períodos; e verdadeiramente impõem-se às legislações (e ao próprio legislador) que as deve incorporar como realidade concreta de afirmação do Direito em determinados períodos e contextos históricos. Sobre essa famosa conferência pronunciada por Julius Hermann von Kirchmann, na Sociedade Jurídica de Berlim, é importante consultar-se o texto do Prof. Plauto Faraco de Azevedo ("O ataque de Kirchmann – cientismo e significado atual de sua mensagem" [1989, p. 32-7]). No mesmo caminho, o Prof. Alberto Rufino Rosa Rodrigues de Sousa (1985, p. 20-1) comenta a célebre assertiva de Blaise Pascal sobre a ciência do Direito (que indagou: "[...] plaisante justice qu'une rivière borne! Vérité au deçà des Pyrénnés, erreur au dela"), nos seguintes termos: "evidentemente, aqui é necessário que se faça uma distinção; quando se utiliza a expressão 'Direito', ela pode ser empregada numa acepção dual: o direito é a legislação, e é também o pensamento interpretativo sobre essa legislação, isto é, aquele sistema de conceitos e categorias que se vão construindo e edificando a partir da legislação. A legislação muda, mas esse cabedal de conceitos permanece, e é o nosso instrumento para o domínio mental do novo material legislativo que permanentemente nos vai chegando. Podemos, portanto, dizer que essa mudança radical de leis e de normas não vai pôr por terra toda a nossa teoria jurídico-penal. Mas, evidentemente, nos vai compelir a uma revisão geral desses princípios para verificarmos o que permanece, o que se amplia e o que se modifica". Definitivamente, o Direito é amplíssimo, na medida em que, para além de sua vigência (o que se denomina de o direito dos legisladores), se desenvolve tanto na interpretação que se lhe faz (o direito dos professores), como na sua concreta aplicação (o direito dos juízes), ou, ainda, na sua vivência (o direito praticado pelos atores jurídicos comuns). A mais disso, existe também no campo puramente especulativo, com aproximações à filosofia, à política ou mesmo à literatura. Como arremata Paulo Ferreira Cunha (1996, p. 36), "a diversidade do Direito – mesmo do direito natural, para alguns – segue a própria diversidade da natureza", por cuja realidade se pode afirmar que a eventual imprecisão do objeto (Direito Penal) não implica a acientificidade da dogmática jurídica, pois, como afirma Enrique Gimbernat Ordeig (2002, p. 98), "não basta fazer referência a que o objeto (o Direito) muda, mas se teria de demonstrar a

de várias locuções (pressupostos configuradores) legais que, isoladamente, devem ser interpretadas e explicadas, tornando-se a matéria dificilmente configurável.[13]

Considerações idênticas se poderiam adiantar no que tange à própria amplitude (ou significado) do delito continuado no sistema penal brasileiro, que – ao pretender contornar o excessivo punitivismo da acumulação de penas representado pelo regramento do concurso material[14] – se alargou, nas últimas décadas, de forma bastante considerável, seguindo, neste rumo, *pari passu* com concepções criminológicas e orientações político-criminais minimalistas, a tendência moderna segundo a qual reprimendas excessivamente alargadas devem ser reservadas apenas para situações-limite, nas quais não se possa decidir o conflito de forma menos traumática; do contrário, nas hipóteses efetivas nas quais se possa, concretamente, incidir no caso de modo menos invasivo – sem, é claro, menoscabo à obrigação constitucional de proteção dos valores mais essenciais de uma determinada sociedade (sob pena de o Estado faltar com as suas obrigações no domínio da *Daseinsvorsorge*)[15] –, essa deverá ser a opção preferencialmente adotada.

---

impossibilidade de chegar a conhecimento verdadeiros sobre o que vigora num dado momento sobre a base do Direito Positivo". Sob estas circunstâncias, à famosa frase de von Kirchmann (*Drei berichtigende Worte des Gesetzgebers und ganze Bibliotheken werden zu Makulatur*) se deve obtemperar que, por mais que se modifiquem as leis ou os códigos, uma verdadeira ciência – e o Direito o é – jamais será transformada *ipso facto* em descarte, porquanto o objeto temático dessa ciência é muito mais amplo que os diplomas legais; em verdade – como põe em relevo Hans Welzel (2004, p. 195), "se ha confiado a la ciencia la noble tarea de señalar en la materia jurídica aquellas estructuras lógico-objetivas que también están dadas de antemano al legislador y que, por consiguiente, pueden confirmar o rechazar la regulación de aquél. Aquí tiene la ciencia su punto fuerte frente al legislador. Esta relación con estructuras a las cuales el legislador también está atado, otorga a la ciencia una gran responsabilidad frente al Derecho y confiere seriedad y jerarquía a su actividad: es de esta manera protectora del Derecho frente al legislador".

[13] Reinhart Maurach, Karl Heinz Gössel e Heinz Zipf (1995, p. 540) defendem a existência de limitações interpretativas por meio das quais a relação de continuidade seria reservada às situações relativamente seguras para sua constatação; para além disso, entendem que os raciocínios político-criminais deveriam constituir o motivo suficiente para estabelecer, também de forma estrita, os casos de ação continuada. Indicam, ainda, a proposta de Schmoller (que atesta a inventividade dogmática no manejo desta temática), que pretende a introdução de "un sistema movible de criterios típicos, el cual debe ser complementado por los criterios ya reconocidos y movibles, a extraer de un análisis de la jurisprudencia". A seu turno, defende Maria Ferreira da Cunha (2009, p. 369-70), no mínimo, uma correção ao sistema de punição do crime continuado, além de excluir, expressamente, desta figura os crimes contra bens eminentemente pessoais, ou, ainda, indo mais longe, restringir a sua incidência tão somente "à pequena e média criminalidade ou, até, nesta linha de limitação do seu raio de aplicação, fazê-lo (de certo modo) remontar às 'origens', circunscrevendo-o à pequena criminalidade patrimonial (furtos simples, abusos de confiança simples, burlas simples)".

[14] FERRÉ OLIVÉ, Juan Carlos; e outros, 2017, p. 614.

[15] CUNHA, Maria da Conceição Ferreira da, 1995, p. 433. Para Gianpaolo Poggio Smanio e Humberto Barrionuevo Fabretti (2016, p. 177), o princípio da intervenção mínima "deve ser encarado como um postulado fundamental do Estado Democrático de Direito, orientado a garantir a paz social com maior liberdade individual possível, ou seja: busca-se a segurança pública com respeito ao cidadão. A ideia da Intervenção Mínima pode, em uma primeira leitura, sugerir que ao Estado Democrático de Direito interesse apenas a redução pura e simples da incriminação e da apenação. Isso, entretanto, não é verdade. Uma intervenção repressiva orientada pela ideologia do Estado Democrático de Direito importa na redução da incriminação e da apenação ao estritamente necessário. A utilização do Direito Punitivo deve ser sempre limitada e orientada pelos objetivos de realização dos interesses sociais maiores". Assim, diante da consagração de um Estado democrático de Direito – em cujo modelo se estabelece o processo por via do qual o poder público (e muito particularmente o poder punitivo) deve permanecer, de forma bastante acentuada, adstrito, de um lado, aos conteúdos penalmente relevantes e, de outro, às formas processualmente vinculantes –, tornam-se compreensíveis as razões da incorporação, por esse modelo, dos postulados da intervenção (penal) mínima;

À perfeita compreensão desse instituto criminal, cabe discutir *tout court* o papel criador da jurisprudência (também denominado de "criatividade jurídica da magistratura", que não se confunde com aquilo que se tem convencionado chamar de "ativismo judicial")[16] e seus limites – constitucionalmente aceitos, isto é, a sua legitimação democrática –, porquanto essa discussão também se mostra como uma análise indeclinável para o perfeito entendimento desse (e, deve reconhecer-se, de qualquer outro) tema da ciência jurídica.

Neste ponto, é importante observar que a mensagem hermenêutica tem enfatizado e valorizado o papel do intérprete, cuja atividade – essencialmente intelectual e intermediadora – se traduz em *vox* da sociedade sobre a qual irá recair a decisão, movimentando-se em um plano incompleto da regra abstrata, que somente poderá plenificar-se por meio do processo interpretativo, ou seja, (e se valhe, aqui, de uma imagem gadameriana) "no caso de textos, trata-se de 'manifestações vitais fixadas duradouramente, que devem ser entendidas, o que significa que um parceiro da conversação hermenêutica, o texto, só pode chegar a falar através de outro, o intérprete. Somente por ele se reconvertem os signos escritos de novo em sentido".[17]

Com igual intensidade, ao se valorizar o papel do intérprete – como intermediário e como instrumento de expressão da comunidade –, quer ampliar-se a busca efetiva de consensos sociais, que apenas podem ser alcançados no (altamente complexo) processo interpretativo, como passagem da previsão abstrata universal à aplicação concreta particular. Sob este ângulo, verificam-se, mais e mais, traços desta – nas palavras de Paolo Grossi – "agitação profunda", que envolve, na atualidade, a "própria atitude dos juízes comprometidos com uma obra que é criativa da ordem jurídica em diversos aspectos: tem-se um verdadeiro uso de meios supletivos em zonas não suficientemente ou não adequadamente disciplinadas pela lei, com adaptações à evolução econômico-social; têm-se antecipações de desenvolvimentos futuros dando vestes – de algum modo oficiais – a institutos experimentados em países estrangeiros ou na simples praxe cotidiana; elaboram-se princípios com a aplicação extensiva de 'cláusulas gerais'; apoia-se com desenvoltura no instrumento da equidade, que a dogmática burguesa pretendia que ficasse reservada ao legislador e negada ao juiz; usam-se sabidamente meios técnicos já corroborados pelos Antigos Romanos tais como 'presunções' e 'ficções'".[18]

Decerto, cabe ainda ter-se presente que, nos últimos tempos, uma parcela expressiva da literatura jurídico(-criminal) alcançou, em muitos casos, um patamar – consideravelmente fecundo – a partir do qual – de modo muito singular em virtude de amplas contribuições filosóficas e transdisciplinares[19] – conseguiu não apenas transcender e

---

e acresce a estas razões o enfrentamento a um direito arbitrário, muito à feição de Estados totalitários, em que os poderes públicos se tornam *legibus soluti* ou *totales*, ou seja, "não disciplinados pela lei e, portanto, carentes de limites e condições" (FALCÓN Y TELLA, María José; FALCÓN Y TELLA, Fernanda, 2008, p. 173).

[16] Sobre o tema, ver: BARROSO, Luís Roberto, 2015, p. 24-48.

[17] GADAMER, Hans-Georg, 1999, p. 565.

[18] GROSSI, Paolo, 2006, p. 100-1.

[19] Sob muitos aspectos, certos estudos críticos e abrangentes têm conseguido romper com o diagnóstico preciso levado a efeito por Agostinho Ramalho Marques Neto (2001, p. 214), segundo o qual "o jurista, ao contrário, sob o peso de uma formação dogmática que não o deixa sequer vislumbrar ciência alguma que constitua o referencial teórico de seu universo específico, limita-se a falar da lei, a procurar interpretá-la,

densificar a pesquisa, como também adquiriu um *status* significadamente relevante entre o conjunto da produção científica. Desse fato, já se pode inferir que a aposta em uma abordagem ampla, que permita a conjugação de diferentes planos da pesquisa, é, em grande medida, o caminho metodologicamente adequado ao desenvolvimento de análises densas, que busquem a compreensão crítica (e, sobretudo, inscrita na dinâmica social) do Direito.

---

mas raramente a critica em seus próprios pressupostos, pois sua formação mesma o induz a considerar a norma como algo perfeito perfeito e acabado, formalmente válido em si mesmo como produto do sistema do poder constituído. Daí o fato de o jurista estar a perder cada vez mais terreno na elaboração de conhecimentos teóricos sobre o social, e, enquanto jurista, no processo de tomada de decisões. Afinal, ele próprio se atribui principalmente todo o espaço relativo ao conteúdo para outros cientistas sociais, pois, no fim de contas, crê que a análise e a crítica do contéudo para outros sociais, pois, no fim de contas, crê que a analise e a crítica do conteúdo extrapolam os limites da ciência do Direito. É por isso que raramente um jurista é convidado a compor uma equipe interdisciplinar que se proponha elaborar conhecimentos novos sobre a realidade social e, quando tal acontece, sua participação consiste, no mais das vezes, em opinar sobre se tal ou qual procedimento contraria ou não a legislação vigente". Em escala histórico-universal, as sociedades democráticas encontram-se grandemente marcadas – entre outros e também significativos aspectos – por profundas divergências. Edgar Morin (ecoado por filósofos como Frei Betto, cientistas como José de Souza Silva e Chris Anderson ou políticos como Rafael Correa, presidente do Equador) já disse que "não vivemos uma época de mudanças, mas uma mudança de época", e as transformações trazidas por uma nova época acarretam inevitável polêmica. Nesse contexto, podem ser citados, por simples ilustração, a clonagem humana, os alimentos transgênicos, a importação de médicos, a liberação de [ao menos, certas] drogas, o aborto, as cotas universitárias, o casamento de pessoas do mesmo sexo, o controle da natalidade, o emprego de tortura em situações-limite, a (utilização de) vigilância eletrônica no processo penal etc., que antagonizam *Weltanschauung* ou mesmo, em certos casos, verdadeiros sistemas de justiça. Todos estes temas, portanto, oferecem a complexidade que, sob certo prisma, matiza a contemporaneidade, isto é, o espaço de tensionamento entre interesses em permanente conflito. Nas profícuas articulações do conhecimento – que visam à compreensão ampla dos fenômenos (sociais) –, é cada vez mais imprescindível que as grandes questões da humanidade possam ser debatidas, em um espaço comum, por diferentes atores sociais, em uma dimensão anterior e superior à da Política – palco precípuo de decidibilidade no quadro da democracia. E isso me vem a propósito do necessário revigoramento do papel da Universidade na edificação de um pensamento orgânico, como meio de responder às (questões propostas pelas) mudanças da sociedade contemporânea. Por óbvio, esse maior protagonismo do pensamento acadêmico passa pelo imenso esforço de formação de quadros, os quais devem estar comprometidos com o estudo de conhecimentos gerais da Filosofia, da História, da Literatura e de outros variegados campos, que àqueles podem conceder a ampla formação intelectual e humana: como diz Camille Paglia, "a educação é a pedra de toque de uma justiça social verdadeira". Só com essa formação completa o operador jurídico pode ser capaz de fazer face aos grandes desafios de agora e do porvir. Cabe destacar, assim, que um dos inegáveis méritos do Programa de Pós-Graduação em Ciências Criminais da PUCRS – em seus cursos de Mestrado e Doutorado e na produção científica de seus componentes docentes e discentes – é, a propósito, o de articular, em perfeita harmonia, as contribuições de diferentes campos do conhecimento, permitindo que o aluno possa estabelecer uma visão de conjunto acerca das estruturas sociais assentes, contruindo para a realização de trabalhos científicos sérios, que sejam fruto de um esforço transdisciplinar de pesquisa – eis, aí, os traços essenciais dessa Instituição: a preocupação humanista de nosso Programa de Ciências Criminais da Pontifícia Universidade Católica do Rio Grande do Sul, representante lídimo de uma longa tradição democrática e participativa de nosso Estado nos grandes temas que visam à vigência social plena.

1. Origens e precedentes históricos do instituto. A legislação comparada

Posto que exista, como fenômeno jurídico, há vários séculos, a construção teórico-penal do delito continuado não oferece certezas sobre o momento histórico de seu surgimento. Essa observação – posta à entrada deste capítulo – quer pôr em destaque as dificuldades com as quais se tem defrontado a pesquisa na abordagem da matéria, dado que a sua própria origem história se encontra envolta em polêmicas, implicando, com isso, uma carga maior de complexidade à sua perfeita compreensão.

Nessa mesma linha de concepção, coloca-se como de viva importância a análise de algumas legislações estrangeiras, em torno das quais emergem, como não poderia deixar de ser, pontos de aproximação com a nossa, tornando, dessa maneira, relevante, ainda que *en passant*, a sua apresentação.

1.1. DO SURGIMENTO DO INSTITUTO

Como se extrai da doutrina criminal, a origem do instituto do crime continuado não se conhece com precisão. Era a construção teórico-penal do crime continuado, para a maior parte dosdoutrinadores, desconhecida do direito romano,[20] bem como do direito bárbaro[21] e do direito canônico.[22]

[20] Como destacou Carlos Fontán Balestra (1970, p. 59), "no creemos que los pasajes del Digesto invocados por algunos autores para sostener que la previsión del delito continuado aparece ya en el Derecho romano, justifique la afirmación". Enfaticamente aponta Giulio Battaglini (1973, p. 572) que [o crime continuado] "não existe no Direito Romano (qualquer dúvida é afastada pela passagem: D. 47, 2, 57, onde se lê que em caso de furto de coisa já anteriormente furtada e tornada à posse do dono, ocorre uma *segunda ação de furto*)". Segundo Eduardo Henriques da Silva Correia (1963, p. 161), o entendimento de que a lei romana já tratava do crime continuado advém da expressão *propter continuationem*, que, na verdade, era usada para solucionar a dificuldade em se saber se a pena do furto deveria ser calculada pelo valor do escravo no momento em que ele fora roubado (*infans*) ou quando cessara sobre ele a posse por parte do ladrão, "afirmando que *propter continuationem furti* não se deveria estabelecer qualquer privilégio". Daí, então, se cuidar, em realidade, mais propriamente de um crime permanente. Nesse mesmo rumo, agrega Vladimiro Zagrebelsky (1970, p. 2-3) que "non v'è traccia di reato continuato, come sopra inteso, nel diritto romano. Il passo D. 47.2.68.2, che fece in passato sorgere dubbi, si riferisce, come ora si riconosce unanimemente, al problema della determinazione del valore base su cui calcolare la pena del doppio prevista, in diritto romano, per il furto, in una ipotesi in cui il trascorrere del tempo, permanendo la situazione di possesso da parte del ladro, aveva fatto mutare il valore della cosa sottratta; in tale passo l'espressione 'propter continuationem furti' deve essere riferita non alla continuazione in senso odierno, ma alla caratteristica di reato permanente o ad effetti permanenti propria del furto in diritto romano". Essa conclusão, além do mais, é bastante coerente com o rígido princípio *quot delicta tot poenae*, que se apresentava como basilar e imperativo no direito

A maioria dos escritores aponta o surgimento dessa figura jurídica com os práticos italianos,[23] os quais buscavam mitigar os efeitos muito graves de certas penas, especialmente a do furto,[24] crime punido com a morte (por meio do enforcamento) quando praticado pela terceira vez (ainda que simples ou meramente tentado;[25]

---

romano. Provavelmente, a desvirtuação do sentido real, que gerou dúvidas e (em certos momentos) desacordos, "terá ocorrido devido a meros erros interpretativos e/ou aos comentários e glosas de que os textos originais foram alvo, no decorrer do tempo" (MARTINS, Ana Rita Baptista, 2012, p. 6-7). Na mesma senda, Eugenio Cuello (1943, p. 543), quando menciona que a ideia do delito continuado era "desconocida en el derecho antiguo". Por outro lado, há quem sustente a existência, no direito romano antigo, apenas de "un incipiente germen de continuación", insuficiente, entretanto, para que se identificasse "los lineamientos del delito continuado" (CORREA, Pedro Ernesto, p. 14).

[21] "No respeitante ao concurso de crimes, este mantinha uma regra simples de absorção para os crimes punidos com penas mais severas e um critério de acumulação para os crimes aos quais correspondiam penas mais leves" (MARTINS, Ana Rita Baptista, p. 7); com isso, parece certo que houve a adoção do concurso sem entretanto se desenvolver o modelo do delito continuado.

[22] MANZINI, Vincenzo, 1948, p. 629. No direito canônico, a regra punitiva era a da acumulação material das penas, sendo, portanto, desconhecida a figura do delito continuado, tal qual o era para o direito romano.

[23] Manoel Pedro Pimentel (1969, p. 39-40), em capítulo denominado apropriadamente de 'A verdadeira origem do crime continuado', também afirma que se devem apontar nos práticos italianos os seus idealizadores, mas ressalva haver vozes discrepantes. Com efeito, apesar de existir, atualmente, certo consenso em se atribuir aos práticos italianos a construção dessa figura jurídica, parte da doutrina tem sustentado que se deve retroceder alguns séculos para a exata localização da origem do instituto do crime continuado. Conferir: CORREIA, Eduardo Henriques da Silva (p. 164), BATTAGLINI, Giulio (p. 572) e FONTÁN BALESTRA, Carlos (p. 59-61). Entre nós, Odin do Brasil Americano (1956, p. 11) defende: "verificado que o direito romano não disciplinou o crime continuado não se poderá, entretanto, dizer que só por obra dos práticos italianos tenha ele sido formulado (...). Se é verdade, como quer Manzini, que Farinacio, entre os práticos, dele cuidou, não se pode negar que em época anterior, os também praxistas, chamados glosadores e pós-glosadores, já tinham estabelecido as fórmulas básicas, sobre as quais o seu conceito se disseminou mais tarde".

[24] Francesco Carrara (1924, p. 436) sustentou que a origem do crime continuado se deve à "benignità dei pratici, i quali con ogni studio tentavano diradare la pena di morte inflitta al terzo furto". E, em nota de rodapé, prosseguiu: "I fondamenti di questa dottrina si gettarono dalla *Glossa* che distinse quando *furtum est unum*, come se molte cose si rubassero nella stessa azine; e quando *facta diversa pro uno cumputantur ratione continuationis*". Em igual sentido, Giuseppe Bettiol (1971, p. 312) remarcou que "a figura do crime continuado não é de data recente. As suas origens 'políticas' acham-se sem dúvida no *favor rei* que impeliu os juristas da Idade Média a considerar como furto único a pluralidade de furtos, para evitar as consequências draconianas que de modo diverso deveriam ter lugar: a pena de morte ao autor de três furtos, mesmo que de leve importância". É importante destacar-se o notável aporte que foi trazido por esses juristas, que muito contribuíram para o fortalecimento e desenvolvimento da doutrina penal. Em linhas gerais, a título de conceituação, pode-se dizer que, durante a denominada Idade Média, vamos encontrar, no que se relaciona ao Direito Criminal, a fusão de três realidades jurídicas: o direito romano, o direito canônico e o direito bárbaro, havendo, a bem da verdade, depois de muitos anos, um renascimento do primeiro. Sobre esse renascimento do direito romano, Jean-Marie Carbasse (2000, p. 111) afirma que, com efeito, "les grandes compilations effectuées à Byzance au VI siècle par Justinien – le Code, le Digeste, les Institutes et les Novelles – étaient restées inconnues en Occident. Or voici qu'au cours du XI siècle des manuscrits de ces compilations sont retrouvés en Italie du Nord. Vers 1070, un maître de l'école de Bologne, Irnérius, se met à en faire le commentaire devant sés eleves: c'est le début d'un vaste mouvement intellectuel qui va en quelques décennies toucher tout l'Occident. Les premiers romanistes enseignent le droit de Justinien selon la méthode de leur temps, c'est-à-dire par le commentaire mot à mot des textes: la glose – d'où le nom de glossateurs qu'on leur a donné". Esse período, que alguns denominam de intermediário, foi marcado pela atuação dos práticos. Em um primeiro momento (aproximadamente desde 1100 ao ano de 1250), encontramos os glosadores – assim denominados, como esclarece Edmundo Oliveira (1994, p. 47) – "porque o seu trabalho se limitava a tomar um texto, ou do Direito romano ou do Direito canônico, e fazer dele uma glosa, isto é, dizer aquilo por outras palavras, sem acrescentar nada de novo ao que aquele texto dizia. Era apenas para facilitar o trabalho do juiz, do escrivão, do acusador, do advogado, indicando como deveriam proceder

na vida forense". Cabe, ainda, assinalar que, por meio dos glosadores, se tornou acessível o direito romano aos juristas medievais, que o puderam estudar pelas glosas; e, além disso, os glosadores não tiveram antecessores, tendo, pois, de extrair de si os seus conhecimentos, cujo resultado ainda hoje se mostra relevante ao estudioso do direito romano e, especialmente, do direito privado moderno (MOREIRA ALVES, José Carlos, 2010, p. 60). Esses práticos ocupavam-se da interpretação e do esclarecimento do *Corpus Iuris* de Justiniano, bem como do direito canônico; e essa atividade se realizava, precipuamente, nas universidades italianas, sobretudo na de Bolonha. O fundador da escola foi Irnerio (1100). Em referência ao direito penal, dois nomes devem ser indicados como sendo os principais glosadores: Azo (morto em 1230 e autor da *Summa Codicis*) e Acursio (morto em 1260). Edmundo Mezger (1946, p. 48) informa que, entre os contemporâneos de Acursio, devem especialmente ser citados: "Godofredo (muerto em 1265), Juan de Blanosco y Guillerme de Durantis (muerto em 1296). El primer trabajo dedicado al Derecho Penal procede de Rolandino de Romanciis (muerto em 1284) y se titula 'De ordine maleficiorum'". Particularmente importante foi Azo, o qual ensinou na universidade de Bolonha; como descreve John Gilissen (1995, p. 344), "além de numerosas glosas, redigiu uma *Summa* sobre o Código e as Instituições, que ultrapassou a obra de todos os seus predecessores. Soube elevar-se para além da simples exegese. A sua obra teve uma grande influência, não somente em Itália, mas também em França e na Inglaterra (nomeadamente sobre Bracton). Acúrsio (cerca de 1182-1260) foi o último dos grandes glosadores. Discípulo de Azo, professor notável, que ensinou em Bolonha, reuniu as glosas de seus predecessores e as suas, e formou o que chamou de a *Glosa ordinária*, a 'Grande Glosa'; esta adquiriu rapidamente aos olhos dos glosadores o mesmo valor que o próprio *Corpus iuris civilis*". Acúrsio ostentava grande autoridade junto aos tribunais, os quais – como informa Hermes Lima (1983, p. 269) – "não admitiam mesmo textos sem glosa: *quod non agnoscit glossa, non agnoscit curia*". Em um segundo período (de 1250 a 1450), esses práticos foram denominados de *post-glosadores* ou, ainda, *comentaristas*, já se lhes reconhecendo um trabalho de maior alcance, de maior profundidade. Como pontifica José Carlos Moreira Alves (p. 61), "aos glosadores sucederam os pós-glosadores, que dominaram nos séculos XIV e XV. Entre as duas escolas, não há, propriamente, antagonismo, mas, sim, transição. Com efeito, embora o interesse dos glosadores, no estudo do Corpus Iuris Ciuilis, fosse de ordem prática, primeiro se fazia mister o conhecimento do direito romano pela interpretação da codificação de Justiniano. Aclarado, segundo a ciência da época, o sentido dos preceitos jurídicos romanos – obra dos glosadores –, surgia nova dificuldade: a de aplicar, na prática, o direito romano, adaptando-o às necessidades do tempo, e entrosando-o com as normas jurídicas então vigentes. Para esse fim convergiram os esforços dos pós-glosadores. Daí terem abandonado o estudo direto das fontes romanas e se utilizado dos preceitos trazidos à luz pelas glosas de seus antecessores". Ainda uma vez é John Gilissen (p. 345-7) quem descreve: "nos séculos XIV e XV, o centro de estudos jurídicos situa-se de novo na Itália. Reagindo contra o método demasiado analítico dos glosadores, alguns professores italianos vão, a partir da segunda metade do século XIII, procurar novos métodos de interpretação dos textos romanos. Seriam designados por Pós-glosadores ou Comentadores, ou ainda Bartolistas, nome derivado de seu principal representante. (...). O chefe da escola foi Bártolo (1313-1357), aluno de Cino. Depois de ter praticado o direito, ensinou em Perusa e em Pisa. Embora tenha morrido jovem, redigiu numerosos comentários e tratados relativos ao direito romano, nos quais segue o mesmo método que os seus predecessores, mas com muito mais subtileza. Foi deste modo que elaborou numerosas teorias engenhosas (...). Entre os seus discípulos, o mais célebre foi Baldo (Baldus de Ubaldis, cerca de 1327-1400), professor sucessivamente em cinco universidades italianas". Podemos destacar entre os seus maiores vultos: "*Gandinus*, no século XIII, *De Maleficcis*; *Bartolus*, século XIV; *Angelus Aretinus*, *Tractatus Maleficiis*, século XV; *Julius Clarus*, *Decianus*, *Prosperus Farinacius*, século XVI; *Covarruvias*, na Espanha; *Carpzov*, na Alemanha. Os práticos criaram as condições de recepção do Direito romano, através dos *Espelhos*, isto é, da consolidação das glosas" (MACHADO, Luiz Alberto, 1987, p. 23-4). José Carlos Moreira Alves (p. 61), após indicar – como o mais ilustre dos pós-glosadores – Bártolo (e, depois dele, seu discípulo, Baldo), arrola, ainda, os nomes de Paulo de Castro e Jasão. Ferrando Mantovani (2007, p. 23), a seu turno, destaca o relevante papel desses juristas, ao pontuar: "Nella storia della scienza penale un posto de primo piano spetta ai giureconsulti del Medio Evo, che continuarono il lavoro lasciato incompiuto dai giureconsulti romani e all'opera dei quali si deve la penetrazione e il dominio del diritto romano in molti paesi europei per vari secoli. Dopo il mille i *Glossatori* del *Corpus juris* giustinianeo iniziarono la annotazione di qualche rilievo della parte di diritto criminale (i c.d. *Libri terribiles*). Ma superando l'intento degli stessi autori di rendere più esplicito il significato letterale di un diritto che essi, per mancanza di prospettiva storica, ritenevano ancora vivo, la Glossa ebbe il merito di cogliere, nella molteplicità di regole desumibili dalla compilazione giustinianea, le linee essenziali di un diritto nuovo adeguantesi alle profonde transformazioni sociali intervenute. Tant'è che nei secoli XIV e XV i nuovi studiosi del diritto penale fecero oggetto immediato della loro indagine, più che i testi romani, la Glossa, rispondendo essa maggiormente ai nuovi tempi. Ed è proprio con questi studiosi, i c.d. *Commentatori* o *Pratici* (Bartolo da Sassoferrato, Baldo degli Ubaldi, Alberto da Gandino e poi, nei secoli XVI-XVII, Claro, Deciano, Farinacio, Carpzovio), che si gettarono le basi della conoscenza scientifica del diritto penale, delineandosene i principi fondamentali, e si passa dalla trattazione pratica alla costruzione dogmatica. Tra i principi che allora si formarono, diffondendosi nell'Europa continentale nel quadro della cultura europea unitaria del tempo, particolare menzione meritano i principi della personalità della responsabilità penale (dell'illecito e della pena) e del *nullum crimen sine culpa*, in antitesi con le primitive concezioni del diritto germanico, e dell'imputabilità quale presupposto della punibilità; della materialità del fatto contro talune tendenze del diritto canonico a punire la *nuda cogitatio* e della irrilevanza del reato putativo; della autonomia del tentativo come reato di minor gravità rispetto al reato consumato, punibile con l'inizio dell'esecuzione". Comentando a importância histórica da universidade de Bolonha, berço não só da Escola dos Glosadores, mas da própria dogmática jurídica, destacou Luiz Luisi (1993, p. 77-9) que "os glosadores, tendo como base o direito romano, por eles aceito e indiscutido no seu conteúdo, fazem uma análise de suas normas com uma técnica de abordagem caracterizada pela glosa gramatical e filológica, pela explicação do sentido, pela concordância, pela distinção. E, é com este tratamento explicativo das normas que os glosadores fundam a Ciência do Direito, com sua feição dogmática, isto é, como conhecimento de proposição dada e pré-determinada, que cumpre interpretar. A Escola dos Glosadores continua em Bolonha durante o século XII através de mestres ilustres, como Bulgaro, Godofredo e Azone. Mas é na obra de Accursio, a *Magna Glosa*, – que a Escola atinge o seu grande momento. Todavia ao lado da análise dos textos do *Corpus Juris*, Graziano, um monge beneditino, realiza em Bolonha uma obra de levantamento e compilação sistemática das normas do direito canônico, conhecida como *Decretum*, que veio a lume, mais ou menos, em 1140. Com base nestes textos surgem no 'Studium', de Bolonha, os chamados Decretistas, que se dedicam a glosar as leis da igreja. Dentre estes estudiosos, um deles, Rolando Bandinelli, chegou a ser Papa, Alexandre III, que ocupou o trono de São Pedro de 1159 a 1183. Mas os mais importantes decretistas foram Alano Anglico e Giovanni Teutonico. Este último foi autor da 'Glosa Ordinária' do *Decretum* de Graziano. A partir da metade do século XIII surgem os pós-glosadores, também conhecidos como Comentaristas. Não limitam eles os seus estudos a área dos textos romanos e das leis canônicas, mas trabalham também com o direito comum vigente, e com as normas costumeiras, e as práticas do Tribunais. Dentre os pós-glosadores o mais importante foi Bartolo di Sassoferato, sendo também de se lembrar seu discípulo Baldo di Perugia, e mais Alberto di Gandio e Angelo-Aretino. É dessa época a jurista e docente Novela D'Andrea, que lecionou no Studium de Bolonha, na primeira metade do século XIV. É certamente a primeira mulher na história da ciência e do magistério jurídico (...). No século XIV, surgem os chamados 'práticos', que tendo presente, além dos textos normativos, a experiência do quotidiano da aplicação do direito, realizam uma obra fecunda. Nessa linha é conhecida a obra de Julius Clarus, *Opera omnia sue pratica civiles atque criminalis*. Nessa orientação se situa Tibérius Decianus, que ensinou direito na Universidade de Padova a partir de 1549. Mas o mais notável dos 'práticos' foi Prospero Farinacio, autor, dentre outros trabalhos, da notável *Praxis et theorica criminalis*. Algumas de suas construções doutrinárias ainda estão presentes nas legislações modernas. É o caso do chamado crime continuado, que embora referido em Bartolo e Baldo, tem sua figura claramente delineada por Farinacio. A obra dos juristas italianos medievais e de princípios da era moderna, não ficaria confinada à Itália, mas se estenderia por boa parte da Europa. Seja pela presença dos Mestres peninsulares em outros países, como pelo conhecimento do texto de seus livros. Prospero Farinacio foi chamado por Felipe II à Espanha, onde viveu até sua morte em 1575. Andrea Aliciatus (1492-1550) foi Mestre dos Juristas franceses por sua atividade em Avignon e Bourges. Mas também contribuiu para o alastramento da dogmática em toda a Europa, a partir do século XVI, o surgimento de compilações de leis, de que são exemplos na Alemanha a *Constitutio Bambergensis* (1502), e principalmente a *Constitutio Carolina* (1532). Tais textos legais e o conhecimento da obra dos mestres italianos, faz nascer na Alemanha a ciência do direito por obra de Petrus Theodoricus, e principalmente de Benedit Carpsovio. Na França são de lembrar-se o nome e as obras de Pierre Ayrault e André Tiraqueau. Na Espanha a figura maior é a de Diego Cobarrubias, que procurou dar tratamento sistemático ao direito criminal. São notáveis as suas contribuições ao estudo do dolo, inclusive da vontade indireta, que hoje chamamos de dolo eventual". Inegavelmente, a ciência jurídica, nesses períodos históricos, se assume como ciência dogmática do direito (quer dizer, como Dogmática Jurídica), de cuja atividade "sobressai o caráter exegético dos seus propósitos e se mantém a forma dialético-retórica (no sentido aristotélico) do seu método" (FERRAZ JÚNIOR, Tercio, 1980, p. 22). O pensamento jurídico que, a partir da contribuição de todos os diferentes movimentos (*glosadores*, *post-glosadores* e práticos), foi hegemônico na ciência do direito até o século XVI começa a sofrer importantes críticas que conduziram à sua superação como experiência histórico-jurídica.

alías, na França, na época moderna, em regra, como confirma Jean-Marie Carbasse, "le premier petit vol est puni du fouet ou du pilori, ou les deus à la fois; la récidive donne lieu en plus à la marque et au bannissement; enfin une nouvelle rechute entraîne inévitablement la peine de mort"[26]); nesta via, mitigava-se o rigor excessivo da punição, "en la que el culpable habria incurrido por una pluralidad de maleficios tendientes – como se decía – *ad eundem finem*";[27] a ideia básica dessa construção pressupunha a existência de uma pluralidade de fatos – cada um dos quais se configurando de maneira completa e autônoma – que se unificavam em decorrência da unidade resolutiva, ainda quando a execução dessa unicidade de resolução se tenha desarticulado em várias ações sucessivas.[28]

Sustenta, sob certo critério, parte da doutrina, ter sido o prático italiano Prospero Farinacio o idealizador dessa figura jurídico-penal;[29] identicamente, Sebastián Soler é peremptório ao afirmar que a teoria do delito continuado foi formulada pela primeira vez por Prospero, e o motivo fundamental "de ser proviene del propósito de recusar la aplicación de penas extraordinariamente severas, en particular la de muerte, a ciertos casos de repetición del mismo hecho".[30]

Postas as coisas deste modo, não há lugar para dúvidas no sentido de que os práticos italianos da Idade Média modelaram o instituto ao desenvolverem tratamento punitivo menos rigoroso para algumas modalidades criminosas. Foram, também isto se afigura como certo, buscar inspiração nas construções dogmáticas de seus antecessores. Assim caminham as ciências; e a doutrina penal, nesse particular, não discreparia. Com poder de síntese, anota Walter Coelho: "a abordagem doutrinária dessa anômala espécie de continuidade delitiva deve-se à época dos pós-glosadores, iniciando-se com Bártolo, e firmando-se a partir dos práticos, nas lições de Farinacio".[31] No mesmo passo, Paulo José da Costa Júnior, quando explica: "a doutrina do crime continuado remonta aos glosadores e aos pós-glosadores. Bártolo de Sassoferrato, *lucerna juris*,

---

[25] Francesco Antolisei e Luigi Conti (2000, p. 282-3) sustentam que "la figura del reato continuato sorse per opera dei pratici italiani del Medioevo, i quali la escogitarono per mitigare il severissimo trattamento stabilito dalle legislazioni comunali per i delitti dello stesso tipo, ripetuti più volte". Giogio Marinucci e Emilio Dolcini (2006, p. 409) assinalam que "la *ratio* storica dell'istituto risiede nell'attenuazione delle pesanti conseguenze derivanti dal cumulo materiale delle pene". Para Tullio Padovani (2006, p. 384-5), "storicamente, del resto, il reato continuato è il frutto di una elaborazione dogmatica risalente ai pratici medievali che, attraverso la individuazione di un profilo unitario in talune ipotesi di concorso materiale, intendevano sottrarle al cumulo sanzionatorio che si esprimeva allora in forme di draconiano rigore (tre furti venivano, ad. es., puniti con la morte; precisava Farinaccio che la regola poteva applicarsi solo 'quando singula praedicta furta sunt distincta re et tempore', e non anche 'quando plures res eodem tempore quis furatur, quia tunc unicum reputatur furtum', ovvero 'quando quis ex uno loco, tempore tamen diverso, sed continuato et successivo unam rem sive plures furatur')".

[26] CARBASSE, Jean-Marie, p. 333.

[27] BAYARDO BENGOA, Fernando, 1970, p. 113.

[28] SOLER, Sebastián, 1992, p. 302.

[29] Para Luís Jiménez de Asúa (1995, p. 356), Prospero Farinacio criou esta figura "para evitar que fuese ahorcado el ladrón después del tercer hurto. Así, dice el práctico italiano: no hay varios hurtos, sino uno solo, cuando alguien robare de un solo lugar y en distintos tiempos, pero continuada y sucesivamente, una o más cosas". No mesmo sentido, Vincenzo Manzini (1948, p. 630), ao remarcar que "Farinaccio trattò la dottrina del reato continuato appunto in relazione al furto". Indiscrepante a lição de Sebastián Soler (1992, p. 354), quando descreve que "la teoría del delito continuado ha sido por primera vez formulada por Farinacio".

[30] SOLER, Sebastián, 1992, p. 307.

[31] COELHO, Walter, 1998, p. 124.

que viveu de 1314 a 1357, em vários pontos de sua obra lança as bases do instituto. Outro grande jurista da Idade Média, Baldo de Ubaldi (1327-1400), mostra não desconhecer o instituto; entretanto, é aos práticos italianos quinhentistas e seiscentistas, principalmente a Claro e Farináceo, que se deve a sistematização do crime continuado".[32] [33] Existem, por conseguinte, evidentes doses de acerto científico ao se atribuir precipuamente a Julio Claro e a Prospero Farinacio a construção mais avançada e acabada da figura teórico-penal; aliás, calha, aqui, perfeita e finalmente, a observação de José Antón Oneca, que soa como uma interessante advertência sobre esta discussão: "por imprecisos e imperfectos que sean los precedentes ofrecidos por los postglosadores y los prácticos, lo cierto es que las vacilaciones de la doctrina actual discutiendo incansablemente sobre la naturaleza y elementos de la institución, todavía no bien

[32] COSTA JÚNIOR, Paulo José da, 2007, p. 233. Vladimiro Zagrebelsky (p. 13), em face de diversos escritos de Baldo, afirma que "si può vedere un abbozzo di reato continuato e, chiarissimamente, la enunciazione del motivo de política criminale che lo giustifica, come deroga alle disposizioni relative al concorso de reati".

[33] Gustav Radbruch (1951, p. 103-4) descreve a importância dos pós-glosadores e, em especial, de Bártolo de Sassoferrato: "IV. Dejemos ahora vagar la mirada por lo que sucede, aproximadamente, un siglo más tarde, y tendremos la sensación de mirar a un mundo nuevo. Suele decirse que la escuela de los glosadores fué sustituida por la de los postglosadores; pero, en vez de este nombre inexpresivo, debiera dárseles el de *consultores*, pues lo que ahora sirve de centro a la literatura jurídica y lo que constituye, al mismo tiempo, el punto brillante de ésta son, en efecto, las consultas, los dictámenes. Esta actividad de dictaminadores obliga a los juristas a mantenerse continuamente en contacto con las nuevas concepciones jurídicas, con las nuevas relaciones y necesidades y, sobre todo, a adaptar el Derecho romano, para poner a contribución su sabiduría, a estas concepciones, relaciones y necesidades de los nuevos tiempos. Nació, así, una literatura que unas veces recurría para interpretar los textos a los principios formulados en las consultas y otras veces desarrollaba a base de los textos los principios necesarios para la redacción de aquellos dictámenes. El consultor más famoso de todos, y en justicia, es Bártolo da Sassoferrato, que vivió a mediados del siglo XIV y fué, sin ningún género de duda, el jurista más influyente de todos los tiempos. Otra cosa, es que fuera realmente el más grande de todos, como hoy afirman muchos, después de haberle tenido postergado durante largo tiempo; examinadas de cerca sus obras, se ve que en los pasajes decisivos de ellas aparece citado casi siempre el nombre de su maestro Cino da Pistoia, el famoso amigo de Dante y restaurador de la lírica italiana, uno de los muchos juristas versificadores, en el que se daba, además, la circunstancia, harto más rara, de que en él era tan grande el poeta como el jurista. Y al igual que introdujo en la lírica el *dolce stil nuovo*, en el que, como es sabido, se combinan la lírica amorosa del sur de Francia y la erudición escolástica de los italianos, estilo nuevo que habrá de recibir inmortal consagración en la *Divina Comedia* de Dante, personifica en el campo de la jurisprudencia la mediación entre la cultura francesa y la italiana. Sus obras acusan claramente la influencia verdaderamente decisiva de los juristas franceses, de los *doctores ultramontani* o *moderni*, como a la sazón se les llamaba. Los más importantes, entre ellos, eran Pierre de Belperche y Jacques de Revigny, algo anterior a él y que vivió a mediados del siglo XIII. Nada tiene esto de extraño, ya que Francia era, en el siglo a que nos referimos, el país más adelantado de Europa en materia de cultura; las condiciones sociales y económicas hallábanse en Francia, por aquel entonces, más desarrolladas que en Italia. Por otra parte, el Derecho romano y la escuela de los glosadores no habían penetrado allí tan profundamente como en Italia. Por último, Francia ha sido siempre el país del *bon sens*, del sentido práctico. Y, sobre todo, florecía en aquel país, a la sazón, la filosofía o la dialéctica, como entonces se la llamada; y, en este sentido, no deja de ser elocuente el que ya en la Edad Media se considerase a Jacques de Revigny como el introductor de la dialéctica en la jurisprudencia". Para Pedro Ernesto Correa (p. 16-7), "los ejemplos de Claro e Farinaccio aparecen como un desenvolvimiento de los elementos contenidos en las glosas y construcciones de los postglosadores, especialmente Baldo, todo lo cual nos hace pensar que la ejemplificación de los prácticos de siglo XVI y parte del XVII (Faricaccio publica su obra *Praxis et theoricae criminalis libris* de 1596 a 1607), no tuvo otra significación que la de un mero despliegue de una construcción anterior, complementándola con la indiscutible claridad y practicidad a que tendieron sus obras, teñidas en el último con el ambicioso proyecto de acumular el saber enciclopédico y omnicomprensivo en materia criminal. Esto es lo que nos hace pensar en la razón que muy probablemente les asiste a los autores que opinan sobre la ubicación histórica de los rudimentos del delito continuado en la época de los glosadores (...)".

dibujada, no nos permiten ser demasiado rigurosos en la selección de los antecedentes que puedan reconocerse a las concepciones contemporáneas".[34]

Na *démarche* histórica, o instituto do delito continuado somente alcança expressão legislativa a partir de Anselm von Feuerbach, que o insere em seu Código Penal da Baviera, de 1813, e, à vista disso, como se expressou Aníbal Bruno,[35] no direito positivo moderno. É o que bem ressalta Walter Coelho, quando assevera: "(...) é somente após a contribuição de Feuerbach que dito instituto ganhou sua primeira elaboração legislativa, inserida que foi no Código Penal da Baviera de 1813, seguindo-lhe os passos o Código Toscano e o Código Sardo".[36] Também o Código Penal de San Marino, de 1865, acompanhou esse mesmo caminho.[37]

Não pode descurar-se que, antes de tudo, a destinação benéfica do delito continuado se prendia ao delito de furto (em qualquer de suas modalidades); porém, a doutrina da continuação delituosa se foi estendendo, paulatinamente, aos demais ilícitos penais e, da mesma forma, se foi cristalizando nos Códigos Penais (Baviera, 1813; Würtemberg, 1839; Hannover, 1840; Braunschweig, 19840; Turingia, 1848-1849; Hessen, 1841; Sachsen, 1845; Baden, 1845; Toscana, 1853; Itália, 1889; Uruguai, 1889; Brasil, 1890; entre outros) das diferentes legislações mundiais, ainda que, por vezes, de forma imperfeita, indireta ou tácita.[38]

Posta a questão nesses termos, tem-se de ponderar, a boas luzes, no rumo de que tanto os glosadores quanto (principalmente) os pós-glosadores italianos contribuíram para a estruturação da figura jurídica do crime continuado, ao lançar as suas bases fundamentais,[39] que foram solidificadas, ao depois, pelos praxistas; e também se pode afirmar que o escopo que se lhes inspirou, ao desenvolverem o abrandamento do rigor penal por meio da unificação dos delitos, era, verdadeiramente, o *favor rei*,[40] para permitir àqueles delinquentes que tivessem praticado o terceiro delito de furto escaparem da pena de morte. Estava em consideração, portanto, o sentimento *pietatis causa*[41] que impedia a morte do autor do *tertium furtum*.

---

[34] ONECA, José Antón, 2000, p. 174.

[35] BRUNO, Aníbal, 1976, p. 163.

[36] COELHO, Walter, p. 124.

[37] CAMPOS, Virgílio, 1976, p. 196.

[38] "La fórmula alcanzó reconocimiento legislativo, en algunos casos, de manera expresa, en otros, de cierta manera indirecta y tácita, según ocurre en el CP argentino, cuyos textos son, en este punto, equivalentes a los de CP alemán" (SOLER, Sebastián, 1992, p. 308).

[39] Roberto Lyra (1942, p. 373) reforça: "os glosadores forneceram as luminosas antevisões de Bartolo (1313-1355), atendendo a um critério de fim, e Baldo (1327-1390), que se fundava no critério temporal. Se os post-glosadores trataram mais do crime complexo, os práticos, levados pelo sentimento de humanidade para salvar da pena de morte o culpado de terceiro furto, são percussores atilados, avultando Clarus e, sobretudo, Farinácio (1554-1618). *Potest pro tribus furtis quanvis minimus poena mortis imponi*".

[40] SILVA, Germano Marques Bitencourt da, 1998, p. 316. No mesmo curso, José Antonio Choclán Montalvo (p. 150), quando afirma que a corrente que vê na instituição do delito continuado razões de benignidade ou humanitárias "se encuentra en los prácticos italianos de los siglos XVI y XVII, señaladamente en Claro y Farinaccio, lo que permite hablar de un origen pietista de la figura". Também destacando o aspecto de humanidade, Carlos Fontán Balestra (p. 58), quando anota que o crime continuado foi "fundado en un sentimiento de humanidad", e que foi criado a partir dos "prácticos italianos de los siglos XV y XVI, citándose en particular a Julio Claro y a Próspero Farinaccio".

[41] Deve reconhecer-se que esta figura – tendo surgido, por certo, com um propósito exclusivo de *pietatis causa* –, na atualidade, representa "una institución distinta, que demanda refinar sus fundamentos y elementos estructurales esenciales. Resulta, pues, inaceptable la idea de permanecer fiel a la letra de la ley

Em linhas de conclusão, pode dizer-se que "ancora oggi la *ratio* della continuazione di reati è quella di introdurre un trattamento penale più mite per certi casi, nei quali la riprovevolezza complessiva dell'agente sembra minore che non nei normali casi de concorso materiale".[42]

1.2. O INSTITUTO NA LEGISLAÇÃO BRASILEIRA

No tocante à legislação penal brasileira, deve registrar-se que o Código Criminal do Império (de 1830)[43] não tratou do tema (embora a doutrina já fizesse alusão ao Código Penal da Baviera, de 1813, no qual o instituto houvera sido constituído legalmente),[44] seja como problema da dogmática, seja como mera questão prática de medida da aplicação da pena.[45]

Por seu turno, o Código Penal republicano de 1890 (Decreto 847, de 11 de outubro de 1890)[46] disciplinou o princípio do delito continuado, bem como normatizou as demais hipóteses concursais (concurso material e concurso formal).[47]

A introdução da regra da continuidade delitiva pelo Código Penal republicano expressou-se na seguinte norma: "quando o criminoso tiver de ser punido por mais de um crime da mesma natureza, cometidos em tempo e lugar diferentes, contra a mesma ou diversa pessoa, impor-se-lhe-á no grau máximo a pena de um só dos crimes com o aumento da sexta parte" (artigo 66, parágrafo 2º).[48]

---

y desconocer la función que cumplen los institutos jurídico-positivos en la realidad postmoderna que les precede" (POSADA MAYA, Ricardo, 2010, p. 28).

[42] PAGLIARO, Antonio, 1980, p. 590.

[43] "Proclamada a independência do Brasil e promulgada a primeira Carta Constitucional, foi aprovado, em dezembro de 1830, o Código Criminal do Império do Brasil, resultante do Projeto do Dep. Bernardo Pereira de Vasconcelos. Trazia as idéias do iluminismo e era considerada uma legislação liberal, baseada no princípio da utilidade pública, influenciado que foi pelas idéias de Jeremias Bentham. No entanto, mesmo sendo considerado um dos primeiros códigos do mundo a adotar tais idéias, traduzia a realidade escravocrata do Brasil, mantendo, dentre outras, as penas de morte pela forca e a de galés. O Código Criminal de 1830 não fazia menção ao concurso de crimes" (BÉZE, Patrícia Mothé Glioche, 2015, p. 55).

[44] René Ariel Dotti (1969, p. 174-5) acrescenta, entretanto, que, embora, no Brasil, o Código imperial não tenha tratado do crime continuado, pois adotava a regra da acumulação das penas, por meio do concurso material, "a jurisprudência da época reconhecia a continuidade, desde que os ilícitos cometidos pelo mesmo autor guardassem entre si a unidade de intenção e alguns requisitos objetivos como a sucessão temporal, proximidade de lugar e identidade de processo executivo, valendo como critério diretor o elemento subjetivo. Assim decidiu o STJ, em 8 de outubro de 1859, anulando julgamento que impôs tantas vezes a pena, quantas foram as ofensas físicas leves praticadas sucessivamente contra diversas pessoas".

[45] CAMPOS, Virgílio, p. 199.

[46] "A queda do império provocaria impacto imediato na legislação brasileira. No tocante ao Direito Penal, encontrou-a em fase de transformação. As idéias liberais, notadamente resultantes do vitorioso movimento abolicionista, reclamavam reforma imediata. Tanto assim que, em julho de 1889, o MJ encarregou ao conselheiro João Baptista Pereira, catedrático da Faculdade de Ciências Jurídicas e Sociais do Rio de Janeiro, de elaborar projeto de novo código. (...). A proclamação da república surpreendeu Baptista Pereira no desenvolvimento da honrosa tarefa. Isso, no entanto, não foi óbice à aceitação de seu trabalho, convertido em lei no dia 20 de setembro de 1890 (Decreto nº 774), antes portanto, da primeira Constituição republicana" (CERNICCHIARO, Luiz Vicente, 1976, p. 45-6).

[47] Em que pese a tais evoluções, o CP republicano não distinguia "a teoria do concurso da teoria da pena, mantendo-a inteiramente integrada no âmbito da segunda" (CAMPOS, Virgílio, p. 202).

[48] As decisões jurisprudenciais da época são muito eloquentes no sentido de que, sem qualquer sombra de dúvida, já se havia adotado, entre nós, os ditames do crime continuado, como se pode ver (em decisões in-

Convém destacar-se que essa redação sofreu, por parte dos especialistas e da própria jurisprudência da época, enormes críticas; sobretudo, pela imprecisão e pela omissão ao elemento subjetivo unificante.[49] Todavia, posto que houvesse imperfeições, ostentava o inegável mérito de ter sido o marco a partir do qual a doutrina pôde se desenvolver na busca do aprimoramento conceitual do instituto.

Tendo em vista a redação falha e as críticas desenvolvidas pelos escritores e pela jurisprudência da época, quanto à previsão normativa então existente, o legislador, por meio do Decreto-Lei 4.780, de 27 de dezembro de 1923, alterou o artigo 66, parágrafo 2º, do Código republicano de 1890,[50] restando ao dispositivo a seguinte escrita: "quando o criminoso tiver de ser punido por dois ou mais crimes da mesma natureza, resultantes de uma só resolução, contra a mesma ou diversas pessoas, embora cometidas em tempos diferentes, se lhe imporá a pena de um só dos crimes, mas com o aumento da sexta parte".[51]

Analisando-se esse texto legal, pode extrair-se a necessidade de alguns elementos para a configuração do delito continuado, a saber: (i.) pluralidade de ações (cada uma constituindo uma infração); (ii.) unidade de resolução; e (iii.) unidade de lei violada.[52]

Na sequência dessa linha de tempo, em 1932, houve a adoção, pelo Governo Provisório, de uma consolidação de Leis Penais (que consistia em uma conjugação

---

dicadas por FARIA, Bento de, 1913, p. 187): "ainda que vários tenham sido os fatos praticados pelo denunciado, não se lhe poderá imputar mais de um crime quando todos esses fatos, cada um dos quais podia, por si só, constituir um crime, foram realizados com um único fim, achando-se ligados por uma só deliberação criminosa (...)". Ainda outra: "ao réu convencido de haver passado moeda falsa em mais de uma localidade, aplica-se a pena correspondente e mais o aumento da sexta parte (...)".

[49] PIMENTEL, Manoel Pedro, 1969, p. 124.

[50] Informa Patricia Mothé Glioche Béze (p. 57-8) que, três anos depois do CP do Brasil de 1890, "já surgia um projeto de reforma, de autoria do Dep. João Vieira de Araújo. Outras iniciativas surgiram, movidas por uma safra de novos penalistas e, em 1913, foi lançado o projeto de autoria, dentre outros, de Galdino Siqueira, onde se exigia para o crime continuado a mesma resolução". Mas, alerta a autora que, entretanto, "o crime continuado foi efetivamente introduzido no Brasil com o art. 39 do Dec.-lei 4.780, de (...) 1923, por intermédio da emenda apresentada no CN pelo Dep. Maurício Lacerda".

[51] AMERICANO, Odin do Brasil, 1956, p. 25. Existem vozes entendendo que o Brasil conheceu o instituto do crime continuado, no plano legislativo, efetivamente, somente com o Dec.-lei 4.780, de (...) 1923 (e não com o Código republicano de 1890). Segundo o autor, houve tantas críticas à redação do § 2º do art. 66 que existiram "mesmo dúvidas quanto à disciplinação do crime continuado" no Código republicano. Nesse sentido, Roberto Lyra (p. 375), quando afirma: "o crime continuado foi, de fato, introduzido na legislação brasileira, com o art. 39 do Decreto 4.780, de 27.12.1923".

[52] COSTA JÚNIOR, Paulo José da, 2007, p. 234. Como teve oportunidade de sublinhar René Ariel Dotti (1969, p. 176), "o Decreto 4.780 de 27 de dezembro de 1923, artigo 39, emprestou nova fisionomia ao § 2º do artigo 66 do Código de 1890 para incluir o elemento subjetivo (unidade de resolução), excluindo o requisito do lugar". Com efeito, pode-se constatar em decisão de 1932, do STF, a então exigibilidade do elemento subjetivo: "na espécie sujeita, verificam-se os pressupostos do *crime continuado*: 1º) *dualidade ou pluralidade de ações*, cada uma das quais, representa, por si só, um crime; 2º) *unidade ou unicidade* da disposição de lei violada – art. 338, nº 5, do CP; 3º) *unidade ou unicidade da resolução criminosa genérica* (...). O pressuposto da *unidade ou unicidade da resolução criminosa genérica*, não significa *unidade ou unicidade de determinação*, mas, simplesmente, *unidade ou unicidade de designio*". Nesse mesmo voto, entendeu o Min. Relator *ad hoc* que não estaria presente, no caso, a unidade de intenção, e, por isso, não se fazia possível reconhecer o crime continuado no caso analisado: "penso, porém, que não se trata, no caso de crime continuado, porque falta, aí a unidade da intenção. Não se pode na hipótese, considerar um desígnio único de delinquir por uma certa forma (...). No caso, entretanto, depois de oito dias, o réu realizou um crime homólogo contra outras pessoas, e até parece que com outros cúmplices; não vejo, pois, que laço haja entre os dois fatos, que unidade entre os dois exista, de modo a gerar um crime só" (STF, *HC* 24.751, Rel. *ad hoc* Carvalho Mourão, j. 7.11.32 (decisão retirada de CONDÉ, Bertho, 1933, p. 536-40).

do Código Penal de 1890 com as leis posteriores), formulada por Vicente Piragibe.[53] Anota Valdir Sznick[54] que essa consolidação das Leis Penais (1932), em seu artigo 66, parágrafo 2º, repetiu *ipsis litteris* o artigo 39 do Decreto-Lei 4.780.[55]

Posteriormente, com o Código Penal de 1940,[56] em seu artigo 51, parágrafo 2º, o instituto consolidava-se nos seguintes termos: "quando o agente, mediante mais de uma ação ou omissão, pratica dois ou mais crimes da mesma espécie e, pelas condições de tempo, lugar, maneira de execução e outras semelhantes, devem os subsequentes ser havidos como continuação do primeiro, impõe-se-lhe a pena de um só dos crimes, se idênticas, ou a mais grave, se diversas, aumentada, em qualquer caso, de um sexto a dois terços".

O principal aspecto que se deve remarcar, a partir da construção legal do Estatuto Penal de 1940, é o abandono do critério subjetivo,[57] perfilhando-se o texto legal à teoria objetiva, descrita na Exposição de Motivos da seguinte forma: "a noção do crime continuado tem sido uma verdadeira *crux* para os criminalistas. Duas são as teorias que disputam a solução do problema: a objetivo-subjetiva e a puramente objetiva. Segundo a primeira, o crime continuado exige, para sua identificação, além de determinados elementos de natureza objetiva, outro de índole subjetiva, que é expresso de modos diferentes: unidade de dolo, unidade de resolução, unidade de desígnio. A teoria objetiva, entretanto, dispensa unidade de ideação (que, como observa Mezger, não passa de uma ficção) e deduz o conceito de ação continuada dos elementos constitutivos exteriores da homogeneidade. É a teoria que hoje prevalece e foi a adotada pelo projeto".

Diante disso, era por meio da análise de alguns pressupostos (a saber: tempo, lugar, maneira de execução e outras condições, bem como a pluralidade de condutas típicas semelhantes praticadas pelo mesmo agente) que se poderia identificar a presença do delito continuado. Como pontifica René Ariel Dotti, "a conjugação de tais índices opera o entendimento de que os crimes subsequentes devem ser havidos como continuação do primeiro (artigo 51, parágrafo 2º)".[58]

No atual Código Penal,[59] o instituto está disciplinado no artigo 71 (com a modificação operada com a introdução da Lei 7.209/84, que alterou, substancialmente, a Parte Geral do Código Penal).

---

[53] BÉZE, Patricia Mothé Glioche, p. 59.

[54] SZNICK, Valdir, 1994, p. 53.

[55] Conforme palestra Patricia Mothé Glioche Béze (p. 58-9), antes do Dec.-lei 4.780, houve, em 1927, Projeto de CP que tornava o concurso de crimes uma agravante. Entretanto, o Projeto não chegou a ser aprovado pelo Senado, pois, antes disso, sobreveio a instituição do Estado Novo, de cunho ditatorial.

[56] "Após a implantação do regime político da Constituição de 1937, o MJ, Francisco Campos, solicitou ao professor Alcântara Machado, da Faculdade de Direito de São Paulo a redação de projeto de CP. A tarefa foi composta em duas etapas: em maio de 1938, era entregue o conteúdo da PG e, em agosto do mesmo ano, o restante, cujo conjunto recebeu a denominação *Nova Redação do Projeto de Código Criminal do Brasil*" (CERNICCHIARO, Luiz Vicente, 1976, p. 53).

[57] Como descreveu Odin do Brasil Americano (1956, p. 25), "a comissão revisora, por sugestão de Costa e Silva, preferiu a nova definição que se contém no atual § 2º do artigo cinquenta e um, sob o fundamento de que a exigência do *mesmo desígnio*, para identificar a continuação, é insustentável teoricamente e na prática, sendo este, portanto, um requisito apenas fictício ou convencional".

[58] DOTTI, René Ariel, 1969, p. 177.

[59] Apenas por registro, o CP de 1969, que não entrou em vigor, estabelecia, para o crime continuado, as seguintes regras: Art. 65. Quando o agente, mediante uma só ou mais de uma ação ou omissão, pratica dois ou mais crimes, idênticos ou não, as penas privativas de liberdade devem ser unificadas. Se as penas são

O referido artigo 71 – conforme mencionou Luiz Vicente Cernicchiaro – "reproduz o artigo 51, parágrafo 2º, da redação de 1940. Quase literalmente. Só alterou 'impõe-se-lhe a pena' por 'aplica-se-lhe'".[60]

A nova disciplina legal – representada pela Lei 7.209/84 – também acrescentou um parágrafo único ao instituto que, expressamente, estendeu a regra da continuidade delitiva aos crimes dolosos violentos, praticados contra vítimas diferentes (buscando, evidentemente, pôr fim às enormes polêmicas doutrinárias e jurisprudenciais então existentes),[61] estabelecendo uma possível separação entre o "crime continuado comum" e o "crime continuado específico". Nesse quadro, o texto legal descreve o crime continuado comum desta forma: "quando o agente, mediante mais de uma ação ou

---

da mesma espécie, a pena única é a soma de todas; se de espécies diferentes, a pena única é a mais grave, mas com aumento correspondente à metade do tempo das menos graves, ressalvado o disposto no art. 37, § 1º. Art. 66. Aplica-se a regra do artigo anterior, quando o agente, mediante mais de uma ação ou omissão, pratica dois ou mais crimes da mesma espécie e, pelas condições de tempo, lugar, maneira de execução e outras semelhantes, devem os subsequentes ser considerados como continuação do primeiro. § único. Não há crime continuado quando se trata de fatos ofensivos de bens jurídicos inerentes à pessoa, salvo se as ações ou omissões sucessivas são dirigidas contra a mesma vítima. Informa Valdir Sznick (1994, p. 107) que o CP de 1969 "manteve a doutrina objetiva, ou seja, a continuação das condições de tempo, lugar, maneira de execução e outras semelhantes". Cotejando o Código de 1940 com o de 1969 no ponto específico, assinala Antônio José Fabrício Leiria (1973, p. 34-5) que: "no enfoque jurídico do crime continuado, o Código de 1940 contempla duas hipóteses. Na primeira, determina seja aplicada a pena de um só dos delitos, quando a lei estabelece penas idênticas para as diversas infrações cometidas. Na segunda hipótese, em se tratando de crimes para os quais são previstas sanções diversas, dever-se-á aplicar a pena mais grave. Nos dois casos, deverá a pena ser aumentada de um sexto a dois terços, consoante preconiza o sistema da exacerbação. O novo Código, em seu art. 66, empresta ao crime continuado o mesmo tratamento que dá ao concurso material e formal. Conjugados aparecem os sistemas da acumulação material e da exacerbação da pena. Determina-se a aplicação daquele, quando se tratar de penas de igual espécie, e, deste, quando diferentes forem as sanções cominadas aos delitos praticados. Pelo § único do artigo referenciado, inexistirá crime continuado quando os fatos criminosos lesarem bem jurídico inerente à pessoa, ressalvada a hipótese em que haja unidade de vítima. Assim, pois, excluídos ficam do âmbito do delito continuado os ilícitos penais que, atingindo pessoas diversas, lesam os mais altos valores tutelados pela lei, tais como a vida, a integridade corporal, a honra, a liberdade, além de outros. Neste ponto, o novo Código afasta-se da doutrina italiana, segundo a qual é irrelevante a unidade do sujeito passivo. Segue a doutrina germânica que nega a existência do crime continuado, quando se trata de lesões a bens jurídicos eminentemente pessoais. Esta inovação restritiva sintoniza plenamente com as ideias que nortearam a criação da figura do delito continuado, cujo fim último da ficção jurídica seria livrar da pena capital o autor do terceiro furto. Como se vê, o crime continuado assenta suas bases num sentimento de tolerância para com o delinquente que praticava três ou mais delitos contra o patrimônio. Assim, a restrição feita pelo nosso legislador, ajustando-se às origens históricas do crime continuado, busca dar uma maior proteção e segurança aos bens jurídicos inerentes à pessoa humana, quando exclui estes da faixa de incidência do benefício que é concedido ao réu, através da 'fictio juris', referente à pena. No art. 68, cuida o novo Código do criminoso habitual, cuja habilidade é reconhecida pelo Juiz, na forma estabelecida pelo art. 64, § 2º, letra 'b', com vistas à unificação da pena. Em tais casos, não haverá reconhecimento de crime em continuação, inaplicável sendo, como consequência, o disposto no art. 66. Este dispositivo legal não terá aplicação quando se tratar de agente que comete quatro ou mais crimes sucessivos de igual natureza, apenados com sanções privativas de liberdade, em período de tempo não superior a cinco anos, revelando, pelas circunstâncias que cercam os fatos criminosos, periculosidade e desajuste social. Não importa que, em tais casos, não tenha havido condenação anterior. A figura do crime continuado encerra um favor legal de onde o novo Código exclui o delinquente que, empedernido pelo crime, pelas circunstâncias de fato e condições de vida, revela acentuada periculosidade e difícil readaptação ao convívio em sociedade. Inexistindo no diploma penal de 1940 as figuras do criminoso habitual e por tendência, naturalmente, passa 'in albis' pelo mesmo a questão ora enfocada".

[60] CERNICCHIARO, Luiz Vicente, 1994, p. 88.

[61] Esta inovação legal será tratada em ponto específico (2.3.3.).

omissão, pratica dois ou mais crimes da mesma espécie e, pelas condições de tempo, lugar, maneira de execução e outras semelhantes, devem os subsequentes ser havidos como continuação do primeiro, aplica-se-lhe a pena de um só dos crimes, se idênticas, ou a mais grave, se diversas, aumentada, em qualquer caso, de um sexto a dois terços"; e, quanto ao crime continuado específico, a lei encontra-se vazada deste modo: "nos crimes dolosos, contra vítimas diferentes, cometidos com violência ou grave ameaça à pessoa, poderá o juiz, considerando a culpabilidade, os antecedentes, a conduta social e a personalidade do agente, bem como os motivos e as circunstâncias, aumentar a pena de um só dos crimes, se idênticas, ou a mais grave, se diversas, até o triplo, observadas as regras do parágrafo único do artigo 70 e do artigo 75 deste Código".

Finalmente, é importante destacar que tramita, no Congresso Nacional, uma proposta de mudança legislativa (Projeto de Lei 3.473/00) que visa a alterar a Parte Geral do Código Penal. Entre as modificações previstas, consta que o artigo 71 passaria a vigorar com a seguinte redação: "há crime continuado quando o agente, com ou sem unidade de desígnio, mediante mais de uma ação ou omissão, pratica dois ou mais crimes que ofendam o mesmo bem jurídico, e pelas condições de tempo, ou de lugar, ou de maneira de execução, ou de outras circunstâncias objetivas semelhantes, devem os subsequentes ser havidos como continuação do primeiro, aplica-se-lhe a pena de um só dos crimes, se idênticas, ou a mais grave, se diversas, aumentada, em qualquer caso, de um sexto a dois terços, considerando o disposto no artigo 59, bem como o número de infrações praticadas"; já a escrita do parágrafo único, se aprovado o Projeto nos termos em que proposto, restaria redigida da seguinte maneira: "nos crimes dolosos, contra vítimas diferentes, cometidos com violência ou grave ameaça à pessoa, deverá o juiz, considerando a culpabilidade, os antecedentes e a unidade de desígnio, bem como os motivos e as circunstâncias, aumentar a pena de um só dos crimes, se idênticas, ou a mais grave, se diversas, até o triplo, observadas as regras do parágrafo único do artigo 70 e do artigo 75".

Como se vê, o Projeto de Lei em trâmite no Congresso Nacional traz importantes alterações na regulamentação do crime continuado, as quais pretendem, em grande medida, obviar as controvérsias que circundam o instituto. (Ao longo do desenvolvimento deste trabalho, serão comentadas, em pontos específicos, essas inovações contidas no referido Projeto.)[62]

1.3. A COMPARAÇÃO DE DIREITOS

A comparação de direitos (*Rechtsvergleichung*) é – como aduz Carlos Ferreira de Almeida – "a disciplina jurídica que tem por objecto estabelecer sistematicamente semelhanças e diferenças entre ordens jurídicas".[63] Apesar de haver o (que se tem denominado de) particularismo territorial do direito penal,[64] o sistema, *en bloc*, se assenta sobre um conjunto de elementos fundamentais e de princípios ético-jurídicos que se mostram, em grande medida, comuns a uma quantidade expressiva de países. Sob outros

[62] Nesse sentido, Alcides da Fonseca Neto (2004, p. 28), para quem o "PL 3.473/00 (...) pretende pôr fim a um debate jurídico que apenas propicia um campo fértil para a manutenção de um permanente estado de insegurança jurídica, com evidentes prejuízos para as garantias individuais dos cidadãos".

[63] ALMEIDA, Carlos Ferreira, 1998, p. 9.

[64] ANCEL, Marc, 1970, p. 610.

aspectos, é justamente o direito penal que melhor se presta para a (aplicação da) investigação comparativa; nesse sentido, Marc Ancel assinala "que las adquisiciones de un sistema al otro son mucho más fáciles en materia penal que en materia civil".[65]

Sempre se apresenta como recomendável, em estudos sobre figuras jurídicas, a comparação, posto que breve, "de direitos", na medida em que, por óbvio, as legislações estrangeiras podem oferecer excelentes fontes de pesquisa e de compreensão do tema que se investiga;[66] até porque é cada vez mais perceptível a influência recíproca das legislações[67] e, além disso, é por meio da comparação – lembra Anabela Miranda

---

[65] ANCEL, Marc, p. 612.

[66] As vantagens que o direito comparado oferece podem, sucintamente, ser colocadas em três planos. O direito comparado é útil nas investigações históricas ou filosóficas referentes ao direito; é útil para conhecer melhor e aperfeiçoar o nosso direito nacional; é, finalmente, útil para compreender os povos estrangeiros e estabelecer um melhor regime para as relações da vida internacional" (DAVID, René, 1993, p. 03).

[67] Modernamente, até em relação entre as duas famílias (*common law* e *civil law*) se pode perceber uma tendência de aproximação, à medida que "o uso da codificação ao estilo romano-germânico vai-se difundindo em países como os Estados Unidos, mas nota-se igualmente, em países de *civil law*, alguma atracção pela técnica legislativa específica dos direitos anglo-saxónicos", conforme sintetizou Carlos de Almeida (p. 149). No mesmo sentido, a posição de Mauro Cappelletti (1993, p. 123-4), quando descreve: "resta, certamente, uma diferença *de grau*, mas esta também está desaparecendo e se atenuando. De vários anos a esta parte, ocorreu efetivamente um poderoso movimento de recíproco avizinhamento entre as duas grandes famílias jurídicas, cujos efeitos manifestam-se igualmente sobre o plano do ordenamento judiciário e do direito jurisprudencial". A propósito, pode fazer-se referência à recepção que se dá ao delito continuado nos Estados Unidos, onde, de acordo com a lição de Edmundo Hendler (1996, p. 123-4), "aunque no se halla un tratamiento específico del tema del delito continuado ni en los textos de Derecho Penal de fondo ni en los de Derecho Procesal Penal ni, en principio, en las leyes y Código de la materia, es indudable que la jurisprudencia de los tribunales se ha hecho cargo más de una vez de la cuestión. Tal como en el caso del concurso real el cuestionamiento surge sobre todo en forma de objeciones a la acusación y se lo plantea con invocación de la enmienda V de la Constitución federal por lo del doble riesgo (*double jeopardy*) y el único delito (*same offense*). Un caso significativo resuelto por la Corte Suprema de los Estados Unidos es el de la concurrencia de un delito de hurto de automotor con el de uso indebido de automotor (*Joyriding*). Se trataba del caso de quien habiéndose apoderado de un automóvil en un condado del Estado fue detenido días después en otro condado en el que se lo acusó del último de los dos delitos, cargo que el acusado aceptó y dio lugar a su condena. Posteriormente se lo acusó, en el primer condado, por el hurto del vehículo. La condena por este último hecho, confirmada en apelación, fue llevada a la Corte Suprema federal, invocándose transgresión a la enmienda V. Allí se discutió si se trataba o no del mismo delito y se advirtió que si no estaba permitido la imposición de sentencias acumuladas en tal supuesto, tampoco era lícito que se diera lugar a la acusación en un nuevo juicio. Al hacer lugar al recurso, el máximo tribunal se hizo cargo del criterio según el cual existe más de un delito cuando se trata de diferentes actos ocurridos con intervalo de tiempo, descartando su aplicación en el caso por considerar que se trataba de un único delito continuado (*only a single continuing offense*)". Interessante, ainda, anotar que o *double jeopardy* (previsto na 5ª emenda da Constituição: "Nor shall any person be subject for the same offense to be twice put in jeopardy of life or limb") é um instrumento típico da *common law*, implicando que uma pessoa não pode ser julgada, novamente, pela mesma ofensa, se já foi absolvida ou condenada no júri, cujo precedente foi o caso Blockburger *vs* United States, de 1932. Contudo, existem penas cumulativas em caso de ofensas adicionais (devidamente comprovadas pelo júri), ou nos casos nos quais o julgamento é passível de nulificação. Nos Estados Unidos, após séculos de debate, o presidente da Suprema Corte americana, William Rehnquist (1973-2005), tentou estabelecer, ao final dos anos 80 e início dos 90, uma série de testes para a configuração de *double jeopardy* nas cortes norte-americanas. Após cinco versões diferentes do teste, ele desistiu de tal empresa dado o seu fracasso. Assim, ainda hoje, o *double jeopardy* é um tema que desafia a Suprema Corte e os juristas estadunidenses. (A respeito do tema, ver: *Harvard Law Review*, Vol. 18, n. 3 [Jan., 1905], p. 216-7; *The American Journal of Legal History*, Vol. 7, n. 4 [Oct., 1963], p. 283-309; *The Yale Law Journal*, Vol. 106, n. 6 [Apr., 1997], p. 1807-48; e DONOFRIO, Anthony J. The Double Jeopardy Clause of the Fifth Amendment: The Supreme Court's Cursory Treatment of Underlying Conduct in Successive Prosecutions. *In Journal of Criminal Law and Criminology*, 83, [4], 1993, p. 773-803.)

Rodrigues – dos sistemas que a dogmática pode chegar à unificação e à eventual reforma do quadro positivo existente.[68] (Na sugestiva imagem de Ángel Latorre, enquanto a história jurídica se ocupa da evolução dos sistemas de Direito no tempo, o direito comparado serve para ampliar a visão do jurista no espaço.)[69] Aliás, Nélson Hungria descreveu, apropriadamente, o histórico, o objeto e a finalidade do "direito penal comparado", por cuja disciplina "os esforços da legislação penal comparada deviam colimar, preliminarmente, o encontro das idéias fundamentais uniformes, para, em seguida, ensejar o advento de uma superior legislação penal do futuro (...) e, já hoje, não pode negar-se a existência de todo um sistema de estudos (...) a reclamar (...) o título de 'ciência do direito penal comparado'. Consiste esta (...) não apenas em agrupar e tornar conhecidos os textos dos vários direitos positivos, mas, igualmente, em submetê-los a um processo de análise e de crítica, do qual se possam extrair, para fornecê-los à ciência pré-jurídica da política criminal, critérios de esclarecidas reformas legislativas, no sentido de conjurar, tanto quanto possível, os preconceitos de injustificado *nacionalismo* e imprimir à legislação penal um cunho de *melhorismo universalista*. Propõe-se (...) o intercâmbio de idéias e experiências para o advento de legislações afeiçoadas (...) a princípios fundamentais idênticos e formulados dentro da mesma técnica. Não somente quanto à 'parte geral' dos códigos penais, senão também quanto à 'parte especial', reservada à definição dos crimes e cominação das sanções. O mundo atual, com a facilidade e maior frequência de intercomunicação dos povos, e com a crescente necessidade de solidário esforço na debelação da criminalidade, já não comporta o anacronismo de legislações penais heterogêneas e reciprocamente ignoradas. (...). Já não se cuida, entre os penalistas contemporâneos, apenas da explicação e construção dogmática dos direitos legislados, mas, também, da exposição e fixação dos resultados da obra universalista. Não somente a ciência do direito penal nacional, mas, igualmente, ultrapassando-lhe os limites, a ciência do direito penal comparado, para pôr os seus produtos ao serviço dos legisladores de hoje e de amanhã. Salvo os critérios ditados por irredutíveis peculiaridades de cada país, já é uma realidade que, atualmente, os legisladores das reformas penais procurem (...) a identidade ou coincidência na solução dos problemas e formulação dos princípios. (...) o papel do direito penal comparado é, principalmente, como assinalava von Liszt, pesquisar e preparar o *novo direito penal do futuro*".[70] Por outros termos, importa averiguar, sob o império das circunstâncias históricas e culturais, a evolução da ciência penal em diferentes campos normativos, a fim de que as experiências e sucessos estrangeiros possam, eventualmente, incorporar-se ao nosso contexto normativo; e, em seguida, que também

---

[68] RODRIGUES, Anabela Miranda, 2008, p. 380. Como arremata Manuel Atienza (2012, p. 253-4), "a la comparación de Derechos se recurrió también, desde la segunda mitad del siglo XIX, como instrumento de política legislativa. El estudio de la legislación comparada debía servir (…) para proporcionar indicaciones y sugerencias útiles destinadas a la redacción de los nuevos códigos e leyes, y éste es el motivo de que la utilización del método comparativo quedase circunscrita (…) a los sistemas de una misma familia jurídica. En el siglo XX, el Derecho comparado (o, mejor, la comparación de Derechos) se ha desarrollado bajo el impulso de la unificación legislativa (piénsese en el caso de la Unión Europea) y de la armonización de los sistemas jurídicos, como consecuencia del aumento progresivo de las relaciones de interdependencia internacionales, sobre todo en materia económica y comercial. Pero el estudio del Derecho comparado cumple en sí mismo una función importante: la de ayudar a conocer mejor el propio Derecho, de la misma manera (…) que el conocimiento de otra lengua nos ayuda a conocer mejor la propia".

[69] LATORRE, Ángel, 2012, p. 202.

[70] HUNGRIA, Nélson; FRAGOSO, Heleno, 1977, p. 358-65.

a nossa legislação consiga oferecer inspiração e enriquecimento à de outros países, dado que "o direito penal comparado está vigilante para formular as suas conclusões no sentido de uma nova política criminal e uma retificação nas legislações do mundo civilizado".[71] Tais considerações, sem dúvida, levam a justificar o esforço de análise comparativa entre diferentes realidades normativas;[72] aliás, a comparação contrastada (como denominavam os antigos juristas soviéticos) envolve o estudo do quadro de mutabilidade das leis entre diferentes legislações positivas. E isso supõe, como enfatiza Marc Ancel, a investigação "del contenido de la ley penal, encarada desde el punto de vista criminológico y social, aparte de su formulación normativa y de su interpretación dogmática".[73]

Em vista disso, na ordem jurídica mundial, destaca Manoel Pedro Pimentel que "a figura do crime continuado foi adotada, principalmente, naqueles países onde o concurso material se conservou rígido, com a sanção penal acumulada".[74]

É preciso salientar, de outro modo, que o acolhimento do instituto do crime continuado, nos sistemas punitivos – quer em sede legal, quer (principalmente) em sede jurisprudencial[75] (porquanto, muitas vezes, a ausência de reconhecimento legal do instituto obriga a formas sub-reptícias de sua aparição) –,[76] se tem mostrado como uma tendência crescente,[77] cuja explicação se deve ao fato de as penas excessivamente

---

[71] HUNGRIA, Nélson; FRAGOSO, Heleno, 1977, p. 365.

[72] "Il a le double but, scientifique d'étudier les solutions étrangères et, pratique, d'en isoler des techniques susceptibles d'être introduites dans notre droit pour en améliorer l'efficacité. Le droit pénal comparé est l'une des branches les plus anciennes du droit comparé. Cela s'explique par le fait que la nécessité de lutter contre le phénomène criminel se présente d'une façon identique ou très voisine, au moins dans les pays de degré de civilisation comparable et d'orientation idéologique voisine, alors que les législations de pur droit privé sont souvent beaucoup plus dépendantes de considérations nationales liées l'histoire. Il a également bénéficié de la création d'associations internationales de pénalistes et de criminologues où les points de vue peuvent être échangés. En tant que source d'idées à introduire dans notre législation l'exemple étranger peut cependant connaître des limites pour les dispositions précisément liées au génie de chaque peuple, ce qui est particulièrement la cas de la procédure pénale, au moins pour le jugement des infractinos plus graves" (RASSAT, Michèle-Laure, 2014, p. 61-2).

[73] ANCEL, Marc, p. 619.

[74] PIMENTEL, Manoel Pedro, 1969, p. 54.

[75] A bem da verdade, o prestígio do instituto é mais patente no campo jurisprudencial, pois poucas são as legislações que o inserem, efetivamente, em seu corpo normativo. No particular enfocado, remarca Rocío Cantarero Bandrés (1990, p. 203), "la mayoría de los legisladores actuales no definen en el CP el concepto de delito continuado". É o que também informou Galdino Siqueira (1947, p. 631), quando asseverou: "poucos são os códigos que contém uma noção do crime continuado, notando-se entre os vigentes, o italiano, art. 81, o holandês, art. 56, o sueco, cap. IV, § 3, o finlandês, cap. VII, § 2, o peruano, art. 107, o chileno, art. 451, os nossos de 1890, art. 66, § 2º, e vigente, art. 51, § 2º". Convém, entretanto, consignar que nem todos os povos concedem à figura-legal do crime continuado um tratamento benéfico, como destaca Enrico Ambrosetti (1991, p. 19): "questo non esclude ovviamente che in altri ordinamenti il legislatore consideri la continuazione come indice di maggiore gravità del reato, per conseguentemente assoggettarla ad un piú rigoroso trattamento sanzionatorio. È questo, per l'appunto, il caso del CP polacco de 1969, che ha previsto per il reato continuato un regime di pena particolarmente severo". No mesmo sentido pronunciam-se Giovanni Fiandaca e Enzo Musco (2007, p. 656), quando sustentam: "si tratta tuttavia di un assunto politico-criminale non assolutamente pacifico: non mancano autori inclini a ravvisare proprio nela medesimezza del disegno criminoso una ragione di aggravamento, piuttosto che di attenuazione, della colpevolezza".

[76] ONECA, José, 2000, p. 177.

[77] É claro que essa tendência não se mostra absoluta, como descrevem Juan Ferré Olivé e outros (p. 615): "a doutrina alemã é contrária a uma regulação expressa sobre o crime continuado, preferindo sua construção doutrinária e jurisprudencial. Mas devemos destacar que atualmente, (...), o crime continuado é uma

alargadas estarem, segundo importantes segmentos da doutrina penal, sociológica e criminológica, em desarmonia com os modernos postulados de uma Política Criminal de índole democrática e liberal.[78]

Além disso, é por intermédio dessa abordagem comparativa que poderá avaliar-se, com maior exatidão, o real alcance e significado da figura jurídica em causa em nosso ordenamento, permitindo, por exemplo, a conclusão segundo a qual "o sistema penal brasileiro apresenta peculiaridades importantes que são consequências diretas da forma com a qual o legislador traçou a relação entre o concurso material e o crime continuado. Porque, diferentemente de outros sistemas que modelam a pena final correspondente ao concurso material de crimes por meio de uma acumulação jurídica, a solução oferecida pelo artigo 69 do Código Penal (soma aritmética) normalmente revela um punitivismo muito acentuado. Por esse motivo, é frequente e até mesmo necessário que se recorra ao crime continuado, que tem no Brasil uma amplitude maior do que a observada em outros sistemas de direito comparado".[79]

Por sob tudo isso, é importante evidenciar algumas das mais expressivas legislações americanas e europeias,[80] justificando-se, de tal sorte, este pequeno *excursus* sobre o direito penal comparado. (No entanto, cabe reconhecer que o confronto das legislações penais de diferentes países não pode restringir-se à mera análise de identidade das disposições legais, visto que o alcance desta abordagem deve ser maior, ou seja, deve abranger os princípios que disciplinam as ordens jurídicas em comparação, implicando efetivo enriquecimento do campo analítico-dogmático. Isso decerto se mostra de grande relevância, de modo especial, no que respeita à interpretação das leis; e muito destacadamente se se cuidar de legislações [penais] inseridas em um mesmo contexto sociocultural.)[81]

---

instituição em franco retrocesso, de aplicação muito excepcional. Prevalece a tendência de retorno às regras gerais do concurso material de delitos. O que fica claro é que a possível presença de um crime continuado está condicionada pela própria natureza do delito em questão, o que pressupõe uma análise que deve ser desenvolvida da ótica da PE".

[78] Sobre os principais movimentos de contestação do modelo penal e seus objetivos, métodos, estratégias e realizações, pode ser consultado: ELBERT, Carlos Alberto, 2009, p. 123-42.

[79] FERRÉ OLIVÉ, Juan; e outros, p. 616. Sobre o sistema da acumulação jurídica, pode-se indicar que se estabelece "uma média ponderada entre as várias penas previstas para os diversos crimes, impedindo que haja um excesso punitivo por meio da fixação de um teto. Assim, o montante de pena que ultrapassar esse teto será automaticamente extinto. É o sistema adotado na Espanha (art. 76 do CP espanhol). Exemplificativamente: caso o agente esteja sujeito a penas diversas (5+4+4+3+2), que somam 18 anos, notando-se que a mais grave delas atinge 5 anos, a pena não poderá ultrapassar 15 (o triplo da mais grave), julgando-se extinto o montante que ultrapassar esse teto, no caso, 3 anos" (NUCCI, Guilherme de Souza, 2017, p. 840).

[80] De acordo ao ensinamento de José Antón Oneca (2000, p. 175-6), "el delito continuado ha sido previsto en varios códigos sudamericanos modernos (Brasil, Colombia, Cuba, Perú, Uruguay, Venezuela, Paraguay, Costa Rica, Honduras, Panamá). No es regulado, en cambio, por la mayor parte de los europeos, aunque ello na ha sido obstáculo para su entrada en la jurisprudencia".

[81] CERNICCHIARO, Luiz Vicente, 1974, p. 154-5. Deve, ainda, ter-se presente que certas disciplinas têm, nas palavras de Paulo Ferreira Cunha (1996, p. 31), "uma vocação intrínseca para a comparação", como é o caso do direito constitucional, em geral, e da criminologia, em especial (chegando mesmo Lola Aniyar de Castro a afirmar, no prólogo ao livro de Denis Szabo [s/d, p. 7], cujo título é 'Criminología comparada: significación y tareas', que "Es claro, a estas alturas de la discusión criminológica, que la Criminología no tiene otras esperanzas de consolidarse como disciplina científica valedera si no es la luz de los estúdios comparados. Sólo ellos darán los marcos precisos donde debe encuadrarse el discurso entablado en torno al delito, al delincuente, a la delincuencia y a los mecanismos de control social, cualquiera que sea la posición escolástica del estudioso de la matéria y los modelos teóricos que ejercite en su interpretación"), ao

1.3.1. Na América do Sul

Neste ponto, é necessário observar que se trata das legislações mais expressivas no contexto sul-americano, podendo-se afirmar, em largos traços, que a maioria[82] adota a figura jurídico-legal do crime continuado, apesar de haver, em geral, uma falta de uniformidade na definição do instituto em análise. Todavia, seus postulados nucleares podem ser percebidos, ou seja: multiplicidade de condutas típicas homogêneas, que se desdobram no tempo e que afetam o mesmo bem jurídico; e, de regra, exige-se, além disso, a presença de um elemento subjetivo, representado por um dolo de conjunto.

Existem, por conseguinte, neste quadro, vários elementos que podem fornecer material de reflexão à melhor compreensão da doutrina do crime continuado, representados, a seguir, por alguns dos mais importantes países desta região.[83]

---

que se poderia agregar, *sans double*, pela força pragmática de intervenção nas relações sociais concretas em períodos históricos dados, a Política Criminal comparada – que reclama, concretamente, a avaliação do elemento relacional. A busca pelo entrelaçamento sistêmico de um direito (penal) interestadual (com a formação, por exemplo, de um CP modelo), como é emblemático no quadro europeu, sugere a importância de se investir na análise de diferentes contextos normativos (e não se pense que a construção jurídica comunitária virá a enfraquecer a soberania nacional, pois, como descreve Anabela Miranda Rodrigues [p. 33], deve-se assinalar "que esta noção, nos últimos anos, no quadro mais geral de uma crise progressiva, vem perdendo rigidez, podendo observar-se, na Europa [e não só], uma maior cooperação em matéria de política criminal", com o que "a reserva de soberania compreende domínios tanto mais estreitos quanto maior for a participação comum dos Estados nas esferas políticas, econômicas e jurídicas").

[82] À exceção eloquente – entre outras – da Bolívia, em cuja legislação não se encontra previsto o modelo teórico-legal do crime continuado, como se pode conferir: TCPB, SCP 283/13, Relª. Ligia Velásquez, 3ª S., j. 13.3.13.

[83] Relevante se mostra a observação de José Luis Díez Ripollés (2008, p. 486-7), segundo a qual "tiene ya una cierta tradición que la mayor parte de los países latinoamericanos tengan la suficiente agilidad política e inquietud intelectual como para acomodar su legislación penal a las últimas corrientes del pensamiento jurídico-penal; de ahí que sea común encontrar códigos penales, códigos de procedimiento penal y otra legislación básica que recojan acertadamente las más recientes propuestas doctrinales. Pero es asimismo frecuente que estas modificaciones legislativas no pasen del texto escrito, y coexistan con sistemas de aplicación de la ley o de administración de justicia inoperantes o sectarios. En consecuencia, comparto sin reservas la opinión de que en un número significativo de naciones iberoamericanas la prioridad no se encuentra en la legislación penal sino en su implementación, esto es, en asegurar la existencia de unos cuerpos policiales eficaces, honrados y no discriminatorios, una carrera judicial independiente, un proceso garantista y efectivo, y una ejecución penal humana y resocializadora. Resulta a este respecto muy revelador que en algunos países la desconfianza hacia los órganos de control penal haya llegado al extremo de que importantes sectores de la reflexión jurídico-penal han renunciado a pedir al sistema penal que se configure como um instrumento eficaz de prevención de la delincuencia, concentrando sus esfuerzos en asegurar que en su funcionamiento respete las garantías de los encausados. Pero no se puede ignorar la importancia de fomentar la racionalidad legislativa penal. Los nuevos modelos de intervención penal que se están configurando precisan transformar la realidad legislativa, sea para dirigir el control social hacia nuevos objetivos, sea para profundizar en un determinado empleo del control social. Y los agentes sociales que impulsan tales cambios se encuentran con frecuencia con las manos libres, dada la carencia de un mínimo control de racionalidad en la práctica legislativa. Si creemos que esa reciente evolución de la legislación penal puede emperar notablemente la actual realidad político-criminal, y queremos contrarrestarla, es menester que a los esfuerzos por lograr un más justo y eficaz funcionamiento de los órganos encargados de la aplicación y ejecución de las leyes penales, se unan actitudes decididas de promoción de las opciones legislativas adecuadas. Sólo así podremos impedir que los poderes públicos se sirvan de sus competencias legislativas para legitimar y reforzar la insostenible, en muchos casos, praxis penal existente, o para avanzar en direcciones que hagan más dificíl aún consolidar un sistema penal coherente con un Estado de Derecho".

1.3.1.1. A legislação uruguaia

No ordenamento jurídico uruguaio, o Código de 1889, em seu artigo 80 da Parte Geral, plasmou a definição conceitual do delito continuado, tomando-a, de modo expresso, do Projeto Mancini (art. 83, 2º); a seu turno, o Código de 1934, estatuiu sobre a figura jurídica em causa no artigo 58,[84] que é – como informa Milton Cairoli Martinez – "la última norma del capítulo correspondente al concurso de delitos".[85] A redação do texto legal apresenta-se assim insculpida: "Varias violaciones de la misma ley penal, cometidas en el mismo momento o en diversos momentos diferentes, en el mismo lugar o en lugares diferentes, contra la misma persona o contra distintas personas, como acciones ejecutivas de una misma resolución criminal, se considerarán como un solo delito continuado, y la continuación se apreciará como una circunstancia agravante".

Constam, na descrição legal do delito continuado, essencialmente, os elementos básicos para a configuração desse instituto jurídico (pluralidade de ações executórias[86] e identidade da norma penal[87] violada), exigindo-se, entretanto, além desses aspectos de conotação objetiva, ainda, a presença – "misma resolución criminal"[88] – de um destacado elemento de conotação subjetiva.[89] [90] De resto, devem levar-se, ainda, em linha

---

[84] BAYARDO BENGOA, Fernando, p. 114.

[85] CAIROLI MARTINEZ, Milton, 1988, p. 79.

[86] Trata-se, por óbvio, de ações diversas, constitutivas, *de per si*, do processo executório de um delito *in se*.

[87] Do contrário, a hipótese seria de "reiteración real, segundo el canon del art. 54 del CP" (BAYARDO BENGOA, Fernando, p. 120). Para o mesmo autor (p. 121), "la misma ley penal supone sustancialmente homogeneidad de figura básica, lo que no significa descartar del nexo de continuación, *figuras simples y figuras calificadas* (por ej., continuidad entre hurto no circunstanciado y hurto agravado especialmente por la destreza), ni puede – tampoco – importar a los efectos de la continuación delictuosa, la afirmación de que la *tentativa* constituya un título de delito diverso del delito *consumado*. En efecto, frente a la figura básica del hurto, la tentativa de hurto es una figura amplificada, por lo que no puede negarse que se ha violado la *misma ley penal*, sea intentando, sea consumando ese delito de hurto. Por ende, se tienen '...varias violaciones de la misma ley penal', ya sea en el supuesto de que los varios delitos de especie idéntica fueran *en parte consumados y en parte tentados*; claro está que siempre que se pueda comprobar en concreto la identidad de resolución criminal".

[88] "Quiere decir que la *unidad de resolución* del código uruguayo, integra el elemento psicológico del delito continuado componiendo un *acto psíquico* (*intelectual y voluntarístico*) con todos los caracteres de una *decisión formal* sobre la modalidad plural del delito; cuya decisión va cumpliéndose en cada caso al través de otras tantas decisiones concretas ratificatorias de la que aparece como *decisión formal rectora* (BAYARDO BENGOA, Fernando, p. 125-6).

[89] Em suas notas explicativas, José Irueta Goyena (1996, p. 214-5) destaca as linhas mestras do instituto em seu país: "para que exista el delito continuado se requiere: *pluralidad de acciones*, identidad de la ley *violada*; unidad de intención o '*resolución criminal*'. Ejemplo clásico: el criado que habiéndose propuesto sustraerle cien pesos al patrón, realiza su propósito en tres días diferentes mediante tres apoderamientos fraccionarios distintos. Se exige la pluralidad de acciones, porque si la acción fuera única, el delito sería simple. Se exige la identidad de la ley violada, porque si las leyes violadas fueren diferentes sería reiteración real o formal, según los casos. Se exige la unidad de intención o resolución criminal, porque si las resoluciones criminales fueran varias, nos hallaríamos ante un caso de reiteración real. De acuerdo con las doctrinas mejor recibidas, no se requiere ni la unidad de lugar ni la de tiempo ni la del sujeto pasivo o titular del derecho lesionado. Se discute, sin embargo, bastante, respecto de la última, naciendo la controversia, en mi concepto, de que la pluralidad del sujeto pasivo resulta unas veces *compatible y otras no, con la unidad* de la resolución o intención criminal. La pluralidad del sujeto pasivo apareja en ocasiones la pluralidad de intención, siendo en otras conciliable con la unidad de la misma. Si un sujeto resuelve matar a Diego y Pedro, no puede jurídicamente, sostener que su resolución fue única, aunque psicológicamente diga la verdad. En qué casos es posible la conciliación y en qué casos no, o en otros términos en qué circunstancias la pluralidad del sujeto pasivo traduce la pluralidad de resolución, es una cuestión que no ha sido ni

de consideração os demais elementos perfectibilizadores do instituto (tempo, lugar e sujeito passivo), que devem ser investigados em função de situações especiais.[91]

Como diretriz ampla, é nítida a intenção do legislador uruguaio em conceber, na figura jurídico-legal em foco, um crime único, isto é, o delito continuado seria um só delito executado em várias etapas; e não vários delitos unidos por meio de uma intenção genérica e abrangente de cometer uma pluralidade de crimes.[92]

É preciso ressaltar também outra nota diferenciadora que se estabelece a partir da consideração de a reprimenda do crime continuado ser classificada como, em vez de uma causa geral de aumento de pena (a exemplo do ordenamento brasileiro), uma circunstância agravante.[93]

1.3.1.2. A legislação argentina

No que concerne à legislação argentina, convém registrar que essa se mostra, *prima facie*, omissa na descrição do instituto.

---

podrá ser resuelta por un corte limpio. Sólo caben dos criterios de discriminación aproximativos, entre los cuales debe destacarse la entidad cualitativa del derecho lesionado. Existen delitos respecto de los cuales moralmente no entran en un mismo saco, la pluralidad del sujeto pasivo y la unidad de resolución criminal, como son en general las que implican un atentado contra las personas; existen otros, en que la conjunción es subjetivamente admisible, como ocurre en las agresiones simples, a la propiedad. Respecto de los primeros, la reiteración se sobrepone a la continuación; tratándose de los últimos, la continuación prima sobre la reiteración. La resolución no debe interpretarse ni con criterio muy amplio y holgado, ni con criterio muy estricto y ceñido; si se abusa de la amplitud, la reiteración se reabsorbe en la continuación; si se exagera la estrechez, la continuación se reabsorbe en la reiteración".

[90] TAP, sent. 113/86, 1er Turno, Rel. Alonso; TAP, Sent. 62/87, 2° Turno, Rel. Moliga; e TAP, sent. 32/87, 3er Turno, Rel. Borges.

[91] "*La unidad de tiempo* carece de verdadera importancia en nuestro formulismo legal; claro está que puede suceder que entre un hecho y otro, transcurra tanto tiempo que sea inconcebible que no se haya requerido una nueva resolución para proseguir el delito. Dicho de otra manera: el gran intervalo de tiempo, puede llegar a ser índice de la diversidad o pluralidad de resoluciones. El raciocinio es similar para cuanto concierne a la *unidad de lugar:* en efecto, la conducta puede cumplirse en el mismo lugar o en lugares diferentes, con lo que entra en crisis el viejo criterio de los *Prácticos* de que las cosas deben estar ubicadas necesariamente en el mismo lugar. Claro que a vezes la diversidad de los lugares puede suponer la eclósion de una nueva resolución criminal, si los medios de comisión del delito tuvieram que variar a mérito de la mentada diversidad de lugares. En cuanto a la cuestión de la *unidad del sujeto pasivo*, la ley se refiere a que la situación involucra a la misma persona o distintas personas. Y en rigor de verdad la tesitura expuesta es la correcta, ya que la identidad de resolución criminal puede subsistir incluso si es diversa la persona del sujeto pasivo; en efecto, la pluralidad del sujeto pasivo apareja en ocasiones la pluralidad de dolo, pero a veces puede ser conciliable con la unicidad de la resolución criminal. En general se ha ido imponiendo la tesitura que se inclina por considerar que para el delito continuado no es necesaria la unidad de sujeto pasivo salvo en los casos de delitos que ofendan bienes inherentes a la persona (vida, integridad física, honor, pudor, libertad); esta es la posición que sostiene en la *Nota explicativa,* Iureta Goyena, en cuanto afirma que no entran en un mismo saco la pluralidad de sujeto pasivo y la unidad de resolución en los delitos, '... que implican un atentado contra las personas'. Y bien; creemos que sobre el particular el juicio más exacto es el que propicia Manzini, al afirmar que la cuestión no puede resolverse *a priori*, dependiendo todo de comprobar –si en concreto– dadas las características, circunstanciais y desarrollo de la empresa delictuosa, el reo ha podido mantener la identidad de resolución criminosa" (BENGOA, Fernando Bayardo, p. 126).

[92] TAP, sent. 46/87, 3er Turno, Rel. Borges; e TAP, Sent. 23/88, 1er Turno, Rel. Guillot.

[93] TAP, sent. 69/86, 1er Turno, Rel. Alonso; e TAP, sent. 126/87, 1er Turno, Rel. Alonso. Em sentido contrário, entendendo que a continuação não seria propriamente uma circunstância agravante, mas, em verdade, uma modalidade delitiva, pode encontrar-se: TAP, sent. 173/89, 3er Turno, Rel. Panizza.

Não há, igualmente, previsão de penalidade para os episódios que envolvam a criminalidade continuada. Dessa forma, sustenta parte da doutrina criminal que "la teoría del delito continuado no ha sido recibida por nuestra ley, y que, en consecuencia, toda pluralidad homogénea de delitos debe ser considerada como concurso real".[94]

Outra parte dos doutrinadores pretende ver a recepção implícita do delito continuado no artigo 55 do Código Penal argentino, que estatui: "cuando concurrieren varios hechos independientes reprimidos con una misma especie de pena, la pena aplicable al reo en tal caso tendrá como mínimo el mínimo mayor, y como máximo la suma aritmética de las penas máximas correspondientes a los diversos hechos. Sin embargo, esta suma no podrá exceder de cincuenta años de reclusión o prisión".

A partir, portanto, desse comando legal, poder-se-ia reconhecer que o delito continuado se encontra, tacitamente, admitido, uma vez que, como se expressa Sebastián Soler: "el artículo 55, en efecto, se refiere a varios hechos *independientes*, con lo cual tácitamente está admitiendo como no regulado por él, además de la unidad de hecho (concurso ideal) los casos de *pluralidad de hechos no independientes*. Para esta doctrina, esa pluralidad de hechos no *independientes* se da en el caso de continuación o de delito continuado, según la designación tradicional".[95] Na mesma senda, indicam José F. Argibay Molina, Laura T. A. Damianovich, Jorge R. Moras Mom e Esteban R. Vergara que, na legislação argentina, se se tomar por base os artigos 54 e 55, no que diz respeito ao crime continuado, "los intérpretes han creído encontrar apoyo dogmático para aceptarlo en las disposiciones concernientes al concurso de delitos", sendo que "la circunstancia de que en el caso del delito continuado los hecho son varios, por una parte, y no son independientes, sino que reconocen un ligamen, por otro, parece constituir la razón decisiva para considerar fuera de los casos del concurso, y sometido al régimen del delito único".[96] Ainda nessa esteira de ensinamento, Carlos S. Caramuti menciona que "el concurso real tiene lugar cuando concurren varios hechos independientemente desvalorados por distintos tipos o por el mismo tipo. No así cuando, a pesar de la pluralidad de hechos, éstos son objeto de un desvalor normativo unitario que los hace recíprocamente dependientes. Es esto lo que ocurre con el 'delito continuado'".[97] Assim, existe, em verdade, uma pluralidade de atos que, apesar da diversidade material, implicam uma unidade delitiva, ou seja, a execução se fraciona em distintos atos, ou porque se aproveita a mesma oportunidade, ou porque facilita ou torna possível sua consumação, em virtude do caráter de unidade complexa do objeto do delito (tal como ocorre nos exemplos do caixa do banco que, em atos sucessivos, subtrai uma determinada soma de dinheiro; ou do agente que, para furtar uma máquina, desmonta-a e se vai apoderando, em momentos intercalados, da totalidade de suas partes).[98]

Nessa linha de intelecção, a referência a esse aspecto legal (*hechos independientes*) pode albergar, a *contrario sensu*, a possibilidade da existência de punição mais

[94] SOLER, Sebastián, 1992, p. 359.

[95] SOLER, Sebastián, 1992, p. 360. Como esclarece Eugenio Raúl Zaffanori (1988, p. 542), "El art. 55 del CP argentino proviene del art. 57 del código holandés, que a su vez se inspira en el art. 74 del código del imperio alemán. En todos ellos se exige que en el concurso real los hechos sean *independientes*. De este requisito del viejo código del *Reich* dedujo Max Ernst Mayer que cuando los hechos no son *independientes* no hay concurso real, sino *delito continuado*, como forma de concurso real *impropio* o *aparente*".

[96] ARGIBAY MOLINA, Jose; e outros, 1972a, p. 380.

[97] CARAMUTI, Carlos S., 2005, p. 274.

[98] D'ALESSIO, Andrés; DIVITO, Mauro A., 2009, p. 885-6.

benéfica ao agente para as hipóteses de ações não independentes, que seriam tratadas como se continuadas fossem.[99]

Por outro lado, não há maiores problemas em não se reconhecer, no campo legal, o instituto, desde que, no jurisprudencial, seja adotado para os casos especiais, com o que se segue, aliás, a trilha normal da maioria dos ordenamentos jurídicos. Contudo, importa referir que a aceitação da figura jurídica do crime continuado, tanto na doutrina como na jurisprudência argentinas, não é pacífica, o que é "alimentado por su actual imprevisión en la normativa de fondo".[100] Neste sentido, informa Miguel Ángel Arce Aggeo que "en nuestro medio legislativo no se ha incluido como instituto el delito continuado, debiendo atender primero al criterio jurisprudencial y luego al doctrinal para definir este aspecto".[101] Alberto Campos, ao descrever o concurso de leis, sustenta: "éste, como el delito continuado, no se halla expresamente legislado en nuestro Código, sino que se acepta por doctrina y jurisprudencia en virtud de una necesidad lógica, siendo esta disciplina, es bueno no olvidarlo, el sustractum que impregna en su vasta extensión a al ley penal".[102]

De qualquer forma, de um modo geral a doutrina argentina tem estruturado o crime continuado a partir da unidade de propósitos, lesão do mesmo bem jurídico e pluralidade de ações homogêneas, como se pode perceber na definição lançada por Alberto Campos, quando descreve os elementos do instituto: "en el primero hallaremos unidad de designio, que aparece como pluralizado ante una posible y eventual discontinuidad en el obrar, que no lo destruye, pues no lo hace variar, ya que el propósito será siempre el mismo, nada más que parcelado en aparentes voliciones independientes. (...) Hay un solo bien jurídico que se desea afectar y para lograrlo el sujeto consuma una y otra vez el mismo hecho descripto por el tipo penal. (...) En sus acciones hay homogeneidad o como con toda claridad se ha dicho: 'existe entre ellos un cierto ritmo'".[103]

Inequivocamente, exigem-se certos requisitos para se estabelecer essa unidade legal de imputação, tanto os de ordem subjetiva (unidade de desígnio ou de resolução, que se traduz em uma decisão delitiva sobre uma pluralidade, ou seja, que o agente execute um ato em forma subjetivamente vinculada à realização futura de atos semelhantes),[104] como os de ordem objetiva (relacionados, pois, à pluralidade de ações semelhantes e à unidade de lesão jurídica, além de haver equivalência na forma de comissão dos atos, isto é, que seja similar o modo de afetação dos bens jurídicos

---

[99] Miguel Ángel Arce Aggeo (2006, p. 503) pondera que, no delito continuado, "debe apreciarse por parte del juzgador que se encuentra frente a una pluralidad de hechos y encuadramientos que no son independientes entre sí, razón por la cual se excluye la posible aplicación del concurso real o material".

[100] D'ALESSIO, Andrés; DIVITO, Mauro A., p. 887.

[101] ARCE AGGEO, Miguel Ángel, 1996, p. 191.

[102] CAMPOS, Alberto, 1978, p. 73.

[103] CAMPOS, Alberto, p. 72-3.

[104] Andrés D'Alessio e Mauro A. Divito (p. 890) informam que os tribunais argentinos têm negado a existência do delito continuado quando, por exemplo, "no se probo cuál era la cantidad total de dinero de la que pensaba apropiarse el autor, ya que, al no estar acreditado el requisito de unidad de resolución o determinación, no se descartó que cada una de las apropiaciones realizadas no hayan correspondido a una determinación particular y concreta. En igual sentido, se dijo que no hay delito continuado cuando el autor no fraccionó la ejecución con miras a la seguridad o éxito de la consumación, sino que – por el contrario – repitió maniobras análogas alentado por la temporaria impunidad". Os mesmos autores (p. 891) ainda indicam a seguinte decisão: "no se trata de delito continuado, sino de reiteración de delitos si no aparece clara la predeterminación resolutória o dolo global".

["acciones objetivas homogêneas u homogeneidad en el *modus operandi*"]).[105] Para além disso, os diferentes atos postos na cadeia continuada devem encontrar-se temporalmente separados, produzindo consumações independentes, "y no ser prolongaciones de una misma consumación producida en el tiempo sin solución de continuidad, ya que este caso es la hipótesis del 'delito permanente'".[106]

No que concerne à punição, refere Carlos S. Caramuti que o reconhecimento do crime continuado acarretará "la aplicación de una sola pena: la correspondiente al delito en el cual encuadra la pluralidad de acciones o la pena mayor cuando algunas encuadren en un tipo simple y otras en uno calificado".[107]

1.3.1.3. A legislação chilena

Não existe, no direito penal chileno, disposição legal que reconheça e descreva[108] o crime continuado.[109]

Segundo Eduardo Novoa Monreal, "para la ley chilena, el que realiza varias acciones distintas que están legalmente tipificadas, comete varios delitos, a no ser que el propio tipo dé a entender claramente que la pluralidad de acciones integra una sola infracción penal. Esto ocurre no solamente en el caso de los de los delitos habituales sino también en otros casos en que para la ley es *indiferente* la unidad o repetición de la conducta tipificada. Creemos que son casos de esta última especie los que anteriormente señalamos en este párrafo y todos aquellos otros en que se aprecie una voluntad de la ley de admitir la posibilidad de una pluralidad que no altere la unidad del delito".[110] Ainda conforme o autor, atestaria a assertiva transcrita a regra do artigo 451 do Código Penal chileno, que dispõe: "en los casos de reiteración de hurto a una misma persona o en una misma casa a distintas personas, el tribunal hará la regulación de la pena tomando por base el importe total de los objetos sustraídos y la impondrá al delincuente en su grado superior".[111]

A jurisprudência chilena, por sua parte, tem se posicionado de maneira vacilante, imprecisa e contraditória, não contribuindo, por fim de contas, para que se pudesse, por

[105] D'ALESSIO, Andrés; DIVITO, Mauro A., p. 893.

[106] D'ALESSIO, Andrés; DIVITO, Mauro A., p. 894.

[107] CARAMUTI, Carlos S., p. 283-4. Andrés D'Alessio e Mauro A. Divito (p. 895) remarcam que, "cuando en un delito continuado concurran la tentativa y la consumación, aquél debe entenderse en grado de consumación, pero cuando la figura más leve (tipo simple) del deito fuera consumada, y la más grave (tipo calificado) sólo intentada, se afirma que debe estimarse como un concurso ideal".

[108] Apesar de não existir previsão normativa, a figura legal do crime continuado tem sido utilizada pela jurisprudência chilena: CSC, Rol nº 2863-03, redacción del Min. señor Enrique Cury Urzúa, 2ª Sala, j. 4.12.02. Aceitando a aplicação do instituto, porém de maneira excepcional, tem-se o seguinte julgado: TJOP-Rancagua, Rol 05006939548, redacción del Juez Díaz Muñoz, j. 16.10.06. Em sentido contrário, negando a aplicação do benefício, a seguinte decisão: JG-Antofagasta, Don Sáez Martin, Juez de Garantía de Antofagasta, j. 24.5.04.

[109] Para Enrique Cury Urzúa (2005, p. 659), "no es aconsejable introducir en la ley una regulación expresa para el delito continuado", pois seus preceitos implicam dificuldades hermenêuticas intransponíveis, sendo muito difícil oferecer uma fórmula precisa para "ejecutar valoraciones y extraer consecuencias".

[110] NOVOA MONREAL, Eduardo, 1964, p. 147-8.

[111] NOVOA MONREAL, Eduardo, 1964, p. 140. Segundo ainda o doutrinador, "han estimado algunos que en ese precepto se consagra el hurto continuado, lo que no parece admisible, atendido el tenor legal, que se limita a dar una regla de regulación de pena para lo que expresamente denomina 'reiteración de hurto'".

meio de decisões judiciais, fixar um critério uniforme em relação ao tema. Contudo, pode afirmar-se, as sentenças que vêm admitindo o delito continuado se têm filiado à doutrina que exige o elemento subjetivo, muito embora os tribunais se refiram de maneiras divergentes sobre o que seja esse elemento subjetivo.[112] A Corte Suprema, em regra, tem afastado o reconhecimento do instituto da continuidade delitiva.[113]

É de se salientar, além disso, que, no direito penal chileno, embora não haja previsão normativa específica do delito continuado, existe uma regra, contida no artigo 509 do Código de Processo Penal, que afasta a cumulação material de penas (e, logo, a agravação excessiva) quando se tratar de reiteração de delitos da mesma espécie.[114] Sob certos critérios, as várias realizações típicas (do mesmo delito) se apresentam como uma unidade; e, entre os mais importantes critérios, são dignos de nota os seguintes: "la unidad del bien jurídico afectado, la igual natureza del objeto material, la unidad temporal, la unidad de propósito, la consideración social del conjunto de los hechos, criterios de economía procesal derivados de la imposibilidad material de pesquisar el detalle de cada uno de los actos que componen el conjunto".[115]

Para Luis Cousiño Mac Iver, em remate, o delito continuado "no es una teorización *a priori*, sino que es un caso de unidad delictual debida al dominio de la voluntad sobre el hecho en procura de la realización del resultado típico, dominio que tiene la virtud de unificar la acción";[116] desse modo, em outras palavras, o delito continuado se caracteriza porque, apesar da "pluralidad de movimientos musculares y lesiones parciales del bien jurídico protegido, el hecho *per se* es singular como consecuencia de la unidad de voluntad".[117] Nesta via, exige-se, por imposição lógica, uma tríplice identidade: (i.) de sujeito ativo; (ii.) de norma violada; e (iii.) de mesmo propósito criminal. Para o efeito, afirma Gustavo Labatut Glena que o delito continuado "es aquel que se presenta en forma de pluralidad de acciones espaciadas en el tiempo, perpetradas por el mismo delincuente, que inciden en el mismo tipo – por lo que vulneran el mismo bien jurídico – y que éstan inspirada en el mismo propósito criminal".[118]

1.3.1.4. A legislação peruana

A figura do crime continuado, no Código Penal do Peru, está prevista no título III ("De las penas"), capítulo II ("Aplicación de la pena"), em seu artigo 49 ("Cuando varias violaciones de la misma ley penal o una de igual o semejante naturaleza hubieran sido cometidas en el momento de la acción o en momentos diversos, con actos ejecutivos de la misma resolución criminal, serán considerados como un solo delito continuado y se sancionarán con la pena correspondiente al más grave. Si con dichas

[112] Como descreve Enrique Cury Urzúa (2005, p. 659), "la jurisprudencia ha vacilado mucho en relación con el delito continuado. En una época se inclinó a desecharlo, porque no encontraba una norma expresa en la cual apoyar su construcción. Actualmente tiende a uniformarse para aceptar una concepción subjetiva y sostener la unidad del dolo (finalidad). A esto suelen agregarse consideraciones sobre la dificultad de probar el número de delitos por los que se debería castigar si se aplicaran las reglas del concurso real".

[113] NOVOA MONREAL, Eduardo, 1964, p. 151-3.

[114] NOVOA MONREAL, Eduardo, 1964, p. 149.

[115] POLITOFF, Sergio; MATUS, Jean Pierre; RAMÍREZ, María Cecilia, 2014, p. 453.

[116] COUSIÑO MAC IVER, Luis, 1975, p. 310.

[117] COUSIÑO MAC IVER, Luis, p. 310.

[118] LABATUT GLENA, Gustavo, 1972, p. 194.

violaciones, el agente hubiera perjudicado a una pluralidad de personas, la pena será aumentada en un tercio de la máxima prevista para el delito más grave. La aplicación de las anteriores disposiciones quedará excluida cuando resulten afectados bienes jurídicos de naturaleza eminentemente personal pertenecientes a sujetos distintos").

Em face dessa construção normativa, torna-se possível entender que o crime continuado se traduz na realização de várias condutas, produzidas em tempos distintos, mas de forma contínua e sucessiva, que lesam o mesmo tipo (ou tipos de natureza semelhante), unidas na base por uma unidade de resolução criminal[119] (elemento subjetivo unificante).[120] Para Alonso Raúl Peña Cabrera Freyre, o delito continuado "supone la concurrencia de una unidad de resolución criminal, cuya realización no se agota en un solo acto – de por sí típico –, pues se comprende de una prosecución de hechos – separados en el tiempo – y en el espacio, pero unidos secuencialmente bajo un dolo total".[121]

De outro prisma, o último parágrafo do artigo 49 do Código Penal peruano impede que se substancie o instituto *in examine* na hipótese de haver lesão (ou perigo de lesão) a bens jurídicos personalíssimos, isto é, aqueles que se compreendem na estrutura ontológica do ser humano, em sua própria intersubjetividade.[122] Não obstante, se se tratar de ataques a bens jurídicos personalíssimos (que permitam a repetitividade, como, por exemplo, em episódios de violações sexuais continuadas)[123] contra a mesma vítima, será possível o aparecimento da figura em questão. Ainda cabe referir que se encontra incorporada, na definição legal, a figura do *delito masa* ("Si con dichas violaciones, el agente hubiera perjudicado a una pluralidad de personas, la pena será aumentada en un tercio de la máxima prevista para el delito más grave"), que visa a estabelecer um tratamento punitivo diferenciado nas hipóteses em que o número de sujeitos passivos for consideravelmente elevado.[124]

No que diz respeito ao castigo penal, todas as ações ou omissões serão consideradas como um só delito continuado;[125] e serão punidas com a pena correspondente à mais grave.

Deve indicar-se, também, a modificação legislativa – estatuída pela Lei 28.730/06 – que alterou o sistema de aplicação da pena. Historicamente, nos casos de concurso real (artigo 50), sempre se aplicava a pena do delito mais grave (a do delito mais grave e com a maior pena), e as demais ficavam subsumidas naquela. Todavia, desenvolveu-se um novo sistema de punição, pelo qual haverá a acumulação de todas as penas no caso de concurso real: "cuando concurran varios hechos punibles que deban consi-

---

[119] PEÑA CABRERA FREYRE, Alonso Raúl, 2009, p. 642. O mesmo autor (p. 648-9) afirma que a particularidade subjetiva, que se desprende do delito continuado, impede sua admissão em se tratando de delitos culposos. O TC do Peru define a figura jurídica em foco: TCP, Exp. 02348-2010, PJ, j. 10.12.10.

[120] Juan Rosas Castañeda (2007, p. 117) agrega que se requer um "dolo global que abarque el resultado total del hecho en sus rasgos esenciales en cuanto al lugar, al tiempo, a la persona, a la víctima y a la forma de comisión. De tal modo, que los actos parciales no representen más que la realización sucesiva de la totalidad querida unitariamente".

[121] PEÑA CABRERA FREYRE, Alonso Raúl, p. 642-3.

[122] PEÑA CABRERA FREYRE, Alonso Raúl, p. 645.

[123] Nesse sentido, a seguinte decisão: Exp. n° 2697-99-Lima.

[124] Com mais detalhes: ver o ponto 4.8. Em termos jurisprudenciais: CSC, A.P. 8-2008/CJ, 116, V, PJ, j. 13.11.09.

[125] CSJR, Exp. 4844-2007, Relª. Pariona Pastrana, SPP, j. 22.8.08.

derarse como otros tantos delitos independientes, se sumarán las penas privativas de libertad que fije el juez para cada uno de ellos hasta un máximo del doble de la pena del delito más grave, no pudiendo exceder de 35 años. Si alguno de estos delitos se encuentra reprimido con cadena perpetua se aplicará únicamente ésta". Essa disposição legal, além de incorporar o sistema de acumulação de penas até 35 anos (e não aplicar a acumulação quando se tratar de prisão perpétua), introduziu a reincidência e a habitualidade como fatores de agravamento punitivo. Para José Urquizo Olaechea, "aquí, se deja ver la tendencia 'extrema' de aplicar el máximo de punición en los supuestos de concurso real y concurso real retrospectivo vía acumulación de penas",[126] o que se opõe "frontalmente al principio constitucional de rehabilitación, reinserción y reincorporación del penado, sancionado por la Constitución en el artículo 139 inciso 22".[127]

1.3.1.5. A legislação colombiana

No artigo 31 do Código Penal colombiano (Lei 599 de 2000), que descreve o concurso de condutas puníveis, veio de ser, ainda uma vez, incorporada à legislação a figura jurídica do crime continuado (que, como tal, não era tratado no Código Penal de 1980, mas o era no de 1936), nos seguintes termos: "el que con una sola acción u omisión o con varias acciones u omisiones infrinja varias disposiciones de la ley penal o varias veces la misma disposición, quedará sometido a la que establezca la pena más grave según su naturaleza, aumentada hasta en otro tanto, sin que fuere superior a la suma aritmética de las que correspondan a las respectivas conductas punibles debidamente dosificadas cada una de ellas. (Inciso modificado por el artículo 1 de la Ley 890 de 2004. El nuevo texto es el siguiente:) En ningún caso, en los eventos de concurso, la pena privativa de la libertad podrá exceder de sesenta (60) años. Cuando cualquiera de las conductas punibles concurrentes con la que tenga señalada la pena más grave contemplare sanciones distintas a las establecidas en ésta, dichas consecuencias jurídicas se tendrán en cuenta a efectos de hacer la tasación de la pena correspondiente. Paragrafo. En los eventos de los delitos continuados y masa se impondrá la pena correspondiente al tipo respectivo aumentada en una tercera parte".[128]

Percebe-se, assim, que a figura legal do crime continuado vem prevista (sem uma definição específica – e o mesmo se dá em relação ao delito massa –, salvo a que se estabelece, de forma genérica, na descrição do concurso de condutas puníveis), na legislação penal, com a advertência de que será punida com a pena correspondente ao tipo respectivo, aumentada em fração fixa (de um terço). A maior severidade punitiva – representada por esse fator de aumento – justificar-se-ia em razão de o crime continuado traduzir um grau maior de injusto e culpabilidade.[129]

---

126 URQUIZO OLAECHEA, José, 2008, p. 341.

127 URQUIZO OLAECHEA, José, p. 341.

128 Para Ricardo Posada Maya (2012, p. 20), a reforma teve por propósito adaptar o estatuto punitivo ao sistema processual penal colombiano de corte acusatório, modificando e adicionando diversas normas da PG do CP, entre as quais o art. 31 "que regula los temas de concurso de tipos y delito continuado".

129 Na direção empreendida pela reforma da legislação colombiana, materializou-se uma tendência preventivo-geral negativa, ao incrementar – em seus arts. 1° e 2° – a duração máxima da pena de prisão de 40 anos até 50 anos (para os delitos individuais) e 60 anos (no caso de concurso de tipos), desvinculando-se, portanto, de princípios político-criminais modernos, como o da humanização e da redução da pena privativa de liberdade. Sobre esse ponto, "es necesario recordar que el parágrafo del art. 31 del CP constituye una norma

Ainda quando não prevista a figura do delito continuado na legislação colombiana, a jurisprudência não deixou de desenvolver os traços essenciais do conceito (unidade de ação típica, conduta unitária com relevância jurídica – apesar de realizada por diferentes atos executivos –, plano global etc.).[130]

Com a incorporação da figura do delito continuado na legislação – em 2000; Lei 890/2004 –, a jurisprudência colombiana necessitou estabelecer os elementos de sua estruturação, visto que o Código Penal não os descrevera taxativamente. Dessa forma, no marco jurídico do novel dispositivo penal, indicam-se, a partir da fonte jurisprudencial, em grandes traços, quais são os elementos aperfeiçoadores do instituto: (i.) componente subjetivo – representado por um plano que é identificável pela finalidade do agente; (ii.) o desdobramento de uma pluralidade de condutas – ações ou omissões; e (iii.) a identidade de tipo afetado.[131]

1.3.1.6. A legislação equatoriana

Pode anotar-se, de início, que o instituto do delito continuado não se encontra, expressamente, reconhecido na legislação positiva equatoriana; existindo, entretanto, essa figura jurídica a partir de contribuições doutrinárias que são reconhecidas e incorporadas pela jurisprudência.

De um modo geral, o modelo penal em causa vai se apresentar quando houver várias ações típicas produzidas em tempos diversos, cada uma das quais independente das demais, cujo tratamento jurídico será a configuração de um só fato punível, em virtude da relação especial que se estabelece entre essas ações; a finalidade da adoção desse instituto – que não é previsto na lei, repita-se – deve-se a uma noção de Política Criminal para evitar penas excessivamente alargadas. Recentemente, a Assembleia Nacional da República do Equador discutiu e aprovou o Código Orgânico Integral Penal (em fevereiro de 2014),[132] em cujo texto legal não se faz referência ao instituto do delito continuado. No capítulo primeiro ("La pena en general"), existe, apenas, referência ao limite máximo de punição em face da acumulação de penas ("La acumulación de penas privativas de libertad procede hasta un máximo de cuarenta años" – artigo 55 do COIP), bem como à soma das penas de multa ("Las multas se acumulan hasta el doble de la máxima impuesta" – artigo 55 do COIP). Em seguimento, no capítulo segundo ("Clasificación de la pena"), ao se referir às penas privativas de liberdade, assinala-se

---

independiente – no una excepción – del sistema general de punibilidad previsto para el concurso de tipos, que acoge para la continuación delictiva el sistema de determinación de la pena previsto para los delitos individuales, atendida la natureza unitaria de la figura (en términos penológicos el delito continuado modifica el marco penal genérico del delito individual). Razón por la cual, el delito continuado no se somete inicialmente al límite máximo previsto para los casos de concurso del inc. 2° del art. 31 mod. L. 890/2004, art. 14 (60 años), sino que está vinculado al límite máximo de prisión previsto para los eventos de delitos individuales, según lo establece el art. 37, num. 1, es decir, 50 años de prisión, sin perjuicio de aplicar con posterioridad la norma concursal" (POSADA MAYA, Ricardo, 2010, p. 397).

[130] Neste sentido, as seguintes decisões da CSJ: Auto del 9/10/97, radicación 368, M.P. Dr. Mejía Escobar; e Auto del 16/12/99, radicación 16.554, M.P. Dr. Córdoba Poveda.

[131] Auto del 25/6/02, radicación 17.089, M.P. Dr. Edgar Lombana.

[132] Referido diploma legal tem como finalidade normatizar o poder punitivo do Estado, tipificar as infrações penais, estabelecer o procedimento para julgamento das pessoas com estrita observância do devido processo, além de promover a reabilitação social dos condenados e a reparação integral das vítimas (COIP, art. 1).

que essas sanções têm "una duración de hasta cuarenta años" (artigo 59 do COIP), e que, em caso de condenação, será observado o tempo ("efectivamente cumplido bajo medida cautelar de prisión preventiva o de arresto domiciliario") para fins de detração penal (artigo 59 do COIP).

1.3.1.7. A legislação venezuelana

Na República da Venezuela, encontra-se previsto, no artigo 99 do Código Penal, a figura do delito continuado, cuja inscrição positiva se estabelece nos seguintes termos: "Se considerarán como un solo hecho punible las varias violaciones de la misma disposición legal, aunque hayan sido cometidas en diferentes fechas, siempre que se hayan realizado con actos ejecutivos de la misma resolución, lo que produce un aumento de la pena correspondiente al hecho, de una sexta parte a la mitad".

Diante dessa configuração legal, os requisitos de procedência podem ser alinhados do seguinte modo: (i.) pluralidade de condutas (fisicamente diferenciáveis); (ii.) distanciamento temporal (possível, não necessário) entre as condutas; (iii.) que sejam imputáveis a um mesmo agente; (iv.) que se trate de violações de uma mesma disposição legal; e (v.) que a série – de atos ilícitos – seja realizada a partir de uma única resolução (ou designio), isto é, de uma única intencionalidade. Como consequência, haverá um delito único, com aumento (um sexto à metade) da pena, sempre que, no mesmo ou em diversos períodos, houver violações de uma norma penal idêntica; e o fator determinante dessa unificação se prende à consideração segundo a qual essas condutas constituem uma atuação repetida e constante, que reflete a unicidade de intenção (delito único).

Cuida-se, à vista disso, de uma ficção legal, graças à qual se transforma a pluralidade de condutas, no momento da punição, em uma unidade, ao se considerar que o crime continuado implica "una forma especial de delito único, donde la unicidad de los distintos hechos constitutivos de la infracción viene dada por la unidad de la intención del sujeto agente, sea que ésta venga dada por dolo, culpa o error".[133]

À luz do que fica exposto, no Código Penal venezuelano, a figura em debate é uma ficção legal, que tem por finalidade precípua o aumento punitivo de um delito considerado (em obediência àquela *fictio*) único, que se traduz na multiplicidade de condutas ilícitas, que se realizam no mesmo (ou em diverso) período temporal, atentatórias de uma mesma disposição legal, realizadas pelo mesmo agente, sendo, ainda, executadas em atenção a uma única intencionalidade, importando, como resultado, um aumento da pena.

1.3.1.8. A legislação paraguaia

O instituto jurídico do crime continuado encontra-se previsto no Código Penal paraguaio em seu artigo 70, ainda que de maneira peculiar ("medición de la pena en caso de varias lesiones de la ley; 1° Cuando el mismo hecho punible transgreda varias disposiciones penales o la misma disposición penal varias veces o cuando varios hechos punibles del mismo autor sean objeto de un procedimiento, el autor será con-

[133] TSJ, sentencia bajo el n° 01187, 23.11.10.

denado a una sola pena que será fijada en base a la disposición que prevea el marco penal más grave. Dicha pena no podrá ser inferior a la mínima prevista por los marcos penales de las otras disposiciones lesionadas"). Nota-se que o legislador paraguaio não faz alusão direta à figura da continuidade delitiva – repetindo-se, portanto, sob este aspecto, o que se verifica na legislação argentina, por exemplo.

Todavia, a análise da jurisprudência do país não deixa dúvidas da existência do instituto no ordenamento jurídico.[134]

Percebe-se que há clara oposição entre o concurso real de delitos e o crime continuado. A distinção que se faz, assim como no Brasil, é em uma necessária relação de tempo e espaço[135] entre os atos cometidos.[136] Ademais desta relação, a jurisprudência do

Paraguai exige também que estes diferentes atos infrinjam o mesmo bem jurídico, *strictu sensu*, defendido pelo tipo penal; ou, em outros termos, as várias condutas devem lesionar não apenas o mesmo bem jurídico, mas, também, ter o mesmo sujeito passivo.[137]

1.3.2. Na América Central

Na maioria dos países centro-americanos, existe a previsão do crime continuado – construído legalmente, em essência, como instrumento de contenção da drasticidade punitiva.

É digno de nota que alguns países restringem a matéria da continuidade delitiva tão somente à criminalidade patrimonial, bem como impedem-na em se cuidando de afetação de bens jurídicos personalíssimos. Não só. Os elementos nucleares de configuralidade também se encontram presentes; de modo singular, no que toca à necessidade de um plano criminal, graças ao qual se possa retratar ser a realização de atos parcelares sequenciados, em verdade, a execução sucessiva de um todo visado unitariamente.

Nessa dimensão, por haver elementos que discrepam de nossa legislação e de (grande parte de) nossa doutrina é que o confronto de construções legais adquire destacada importância e expressão, porquanto também pode ensejar esse cotejamento material para reflexão e, eventualmente, aprimoramento técnico-jurídico do instituto em causa.

1.3.2.1. A legislação cubana

No tocante à República de Cuba, a figura jurídico-legal do crime continuado está prevista no Capítulo III ("A unidade e a pluralidade de ações e delitos") do Livro I

[134] CSJ Par., Ay S. 421, Rel. Min. Rienzi Galeano, SP, j. 8.7.99; ou ainda: TAA, AyS 65, Mag. Pon. Dr. Rolón Fernández, SP 3, j. 13.9.10.

[135] Por comodidade, a decisão da Corte Suprema de Justiça paraguaia que não aceitou pedido de ocorrência de crime continuado em face da não irresignação do réu ao julgamento dos fatos em duas jurisdições diferentes: CSJ Par., Ay S. 1344, Rel. Min. Sindulfo Blanco, SP, j. 13.11.06.

[136] Sobre os critérios adotados pela jurisprudência paraguaia para a configuração de crime continuado: TAA, SD 90, Mag. Pon. Dr. José Fernández, SP 3, j. 23.11.09.

[137] Neste sentido, decisão da Corte Suprema de Justiça paraguaia: CSJ Par., Ay S. 1344, Rel. Min. Sindulfo Blanco, SP, j. 13.11.06.

("Parte Geral"), particularmente no artigo 11, segundo o qual (i.) "Se considera un solo delito de carácter continuado las diversas acciones delictivas cometidas por un mismo agente que ataquen el mismo bien jurídico, guarden similitud en la ejecución y tengan una adecuada proximidad en el tiempo. En este caso, se aumenta el límite mínimo de la sanción imponible en una cuarta parte y el máximo en la mitad". E acrescenta o mesmo dispositivo (ii.): "Cuando diferentes acciones delictivas tienen por objeto derechos inherentes a la persona misma, también tienen el carácter de continuadas y constituyen un solo delito, siempre que afecten a una sola víctima".

Em face disso, percebe-se que, em suma, se trata de uma construção legal muito similar à de outros modelos legislativos, admitido que se requer, como requisitos, as seguintes características: (i.) diversidade de ações típicas; (ii.) identidade plena de bem jurídico afetado; (iii.) similitude de forma de execução; e (iv.) proximidade temporal. No plano punitivo, incorpora-se, ao crime continuado, uma causa de majoração (variável); de outro modo, por disposição expressa, somente se admite a configurabilidade do crime continuado, no que respeita a bens personalíssimos, se as diferentes ações típicas afetarem apenas uma mesma vítima.

1.3.2.2. A legislação costa-riquenha

Na República da Costa Rica, o modelo legal do crime continuado está previsto na sessão VII ("Fijación de las penas" – "Modo de fijación" – "Penalidad del delito continuado"), especificamente no artigo 77 do Código Penal, cuja redação é a seguinte: "Cuando los delitos en concurso fueren de la misma especie y afecten bienes jurídicos patrimoniales, siempre que el agente persiga una misma finalidad, se aplicará la pena prevista para el más grave, aumentada hasta en otro tanto". Os elementos de configurabilidade do instituto são estabelecidos nos seguintes moldes: (i.) identidade do titular; (ii.) bens jurídicos patrimoniais; (iii.) pluralidade de ações, que podem ser, temporalmente, descontínuas, mas dependentes ou vinculadas entre si; e (iv.) finalidade do agente, que deve possuir conhecimento e vontade de realizar uma pluralidade de delitos da mesma espécie, ou seja, estar em consideração de uma sequência de atos parcelares que se produzem, sucessivamente, em obediência a uma mesma finalidade.

Deve conceber-se, então, que o delito continuado constitui uma modalidade especial de concurso material de delitos, dado que, naquele, a pluralidade de ações se realiza em decorrência de uma finalidade comum, por cuja orientação se lesionam os bens jurídicos patrimoniais pertencentes ao mesmo titular, ao passo que, neste, não se apresenta essa condução subjetiva coordenada.[138]

De outro giro, a identificação do crime continuado impede, em remate, a aplicação das consequências punitivas do concurso real (homogêneo ou heterogêneo) de crimes, podendo, mesmo, haver uma pluralidade de delitos continuados concorrendo materialmente.

A mais disso, a regra do crime continuado só tem cabida quando as ações em concurso sejam da mesma espécie e afetem bens jurídicos patrimoniais, motivo pelo qual não pode haver nexo de continuação "en los delitos que afecten bienes jurídicos distintos de los patrimoniales, aunque el agente persiga, en todos los delitos, una mis-

[138] Voto: 2007-01148. Sala 3ª de la CSJ. San José, 2007, Exp. nº único: 2-001865-0277-PE. Interno 1255-3/14-05.

ma finalidad".[139] Em obediência a esse plano criminal – como elemento subjetivo aglutinador das diferentes ações caracterizadoras do delito continuado –, parece evidente que o instituto em causa somente pode existir em se tratando de delitos dolosos, visto que o agente deve ter "conocimiento y voluntad de realizar una pluralidad de delitos de la misma especie, que afecten bienes jurídicos patrimoniales y que persigan una misma finalidad",[140] implicando, assim, que os atos parcelares sejam havidos como uma produção em escala de um todo maior, visado e pretendido unitariamente.

1.3.2.3. A legislação guatemalteca

Na República da Guatemala, a descrição do delito continuado é feita pelo artigo 71 do Código Penal (desde 1973), cuja redação é a seguinte: "se entenderá que hay delito continuado cuando varias acciones u omisiones se cometan en las circunstancias siguientes: 1°. Con un mismo propósito o resolución criminal. 2°. Con violación de normas que protejan un mismo bien jurídico de la misma o de distinta persona. 3°. En el mismo o en diferente lugar. 4°. En el mismo o distinto momento, con provechamiento la misma situación. 5°. De la misma o de distinta gravedad. En este caso se aplicará la sanción que corresponda al delito, aumentada en una tercera parte".

Desta forma, concebe-se a figura do crime continuado em face da presença de uma pluralidade de ações homogêneas (se houver tipos penais diferenciados, deverá haver identidade de núcleo típico), sendo que, a partir da realização da primeira ação, as posteriores são consideradas como uma continuação, dado que as ações têm, entre si, uma vinculação que as engloba em uma única desvaloração normativa, reduzindo-as a uma unidade delitiva.

Em síntese, para que se aperfeiçoe o instituto em causa são necessários: (i.) pluralidade de ações ou omissões; (ii.) unidade de bem jurídico afetado; (iii.) execução objetiva dos comportamentos a partir de uma mesma resolução criminal (unidade de propósito).

Não se permite, por outro lado, que se aplique o regramento do delito continuado às ofensas a bens jurídicos estritamente pessoais.

No modelo adotado, a legislação guatemalteca requer, para a sedimentação do delito continuado, um dolo global que envolva a unidade objetiva de tipos – realizados em condições assemelhadas de tempo, lugar e modo de execução –, cuja consequência será a reprimenda como se houvesse um delito único, com majoração (fixa) da pena.

Resta claro, também, que o Código Penal guatemalteco visa a dar um tratamento punitivo mais favorável ao réu, ao estabelecer uma pena menos grave que a correspondente a cada uma das infrações (se acumuladas), compaginando-se, aqui, o princípio do *favor libertatis* – aliás, previsto no artigo 14 do Código de Processo Penal deste país, ao consagrar que devem as disposições restritivas da liberdade ser interpretadas, por óbvio, a favor do réu.

1.3.2.4. A legislação hondurenha

Na República de Honduras, a figura legal do crime continuado encontra-se prevista no artigo 37 do Código Penal (Capítulo II, "concurso de delitos"), cuja redação é

[139] CASTILLO, Francisco, 1981, p. 91.

[140] CASTILLO, Francisco, p. 104.

vazada nos seguintes termos: "cuando se cometa un mismo delito contra la propiedad dos o más veces, bien sea en un solo momento o en momentos diversos, mediante acciones u omisiones ejecutadas en cumplimiento de un plan preconcebido o aprovechando idénticas o similares circunstancias, dichos delitos se considerarán como un solo continuado. En tal situación se aplicará al agente la pena más grave, aumentada en dos tercios. En caso de duda, se tendrá por más grave la pena que tenga señalado el máximo más alto. Lo dispuesto en el párrafo anterior no se aplicará si le resulta más favorable al reo la imposición de todas las penas aplicables a los delitos concurrentes. Lo prescrito en la última parte del segundo párrafo de este Artículo y en el párrafo anterior, será aplicable a lo estatuido en el artículo 36".[141]

Como se pode apreciar, o texto normativo hondurenho restringe a aplicação da regra do crime continuado aos bens jurídicos patrimoniais, exigindo, para além disso, que se apresente uma pluralidade de ações temporalmente descontínuas, mas dependentes entre si (na medida em que perseguem uma mesma finalidade), estabelecendo a aplicação da pena mais grave, aumentada em dois terços.[142]

1.3.2.5. A legislação salvadorenha

Na República de El Salvador, a construção legal do delito continuado localiza-se no título II ("Hecho punible y responsabilidad penal"), capítulo V ("Concurso de delitos"), no artigo 42 ("Hay delito continuado cuando con dos o más acciones u omisiones reveladoras del mismo propósito criminal y aprovechándose el agente de condiciones semejantes de tiempo, lugar y manera de ejecución, se cometen varias infracciones de la misma disposición legal que protege un mismo bien jurídico, aún cuando no fueren de distinta gravedad. No hay delito continuado en los delitos de homicídio y lesiones"), bem como no Título III ("Penas"), capítulo IV ("Adecuación de las penas"), artigo 72 ("Penalidad del delito continuado" – "En caso de delito continuado se sancionará al culpable por un único delito, con el máximo de la pena prevista para éste") do Código Penal.

Nesse andar, são requisitos do crime continuado: (i.) a pluralidade de ações ou omissões; (ii.) a unidade de propósito criminal; e (iii.) a homogeneidade de infração cometida. Por outra banda, não se permite a incidência do regramento do delito continuado em face de delitos de homicídio e lesões, porquanto protegem "bienes estrictamente personales como la vida o la integridad física, respecto a los cuales desde siempre se ha venido entendiendo en las distintas concepciones legales y doctrinales que, por su naturaleza excepcional, no podrían incluirse en las construcciones del delito continuado; tanto el reproche de la acción como la definición de la culpabilidad del sujeto están tan íntimamente ligados a cada ataque individual que cada acto delictivo debe ser valorado separadamente".[143]

A punição que se estabelece ao crime continuado é bastante simples (e particularmente atípica), porquanto determina a aplicação da pena correspondente ao delito em seu limite máximo. Mostra-se atípica essa regra na medida em que desatende à

---

[141] Art. 36. Las disposiciones del artículo anterior no se aplicarán en el caso de que un solo hecho constituya dos o más delitos o cuando uno de ellos sea medio necesario para cometer el otro.

[142] Sala 3ª de la Corte, nº 787-F del 13/12/96.

[143] MORENO CARRASCO, Francisco; RUEDA GARCÍA, Luis, 2002, p. 264-5.

noção de se permitir a dosagem de reprimenda, proporcional à gravidade do injusto, o que, certamente, poderá implicar consequências punitivas desproporcionais, violando, à vista disso, o princípio da proibição de excesso.[144]

1.3.2.6. A legislação panamenha

Na República do Panamá, o crime continuado está positivado no artigo 85 do Código Penal ("Se considera solo delito la infracción repetida de una misma disposición penal cuando revele ser ejecución del mismo propósito criminal. En este caso la pena se aumentará de un tercio a la mitad").

Em uma primeira leitura, pode perceber-se que o dispositivo legal traz – como elementos constitutivos do crime continuado – tanto o aspecto subjetivo (o mesmo propósito ao delinquir) como, ainda, dois outros elementos objetivos: a pluralidade de ações (ou omissões) e a homogeneidade de tipos penais.

Contudo, "para otros que es el consenso mayoritario, los elementos del delito continuado son 'objetivos y subjetivos', y los primeros comprenden la pluralidad de acciones, unidad de ley violada y unidad de sujeto pasivo y designio, mientras que los subjetivos, constituyen la unidad de identidad o de ocasión o conexión espacial o empleo".[145]

Importante ressaltar que o crime continuado se encontra inscrito na legislação (penal do país) desde 1922, com inspirações no Código Penal italiano de 1889, tendo, por via de consequência, adotado uma visão mais clássica do instituto.[146] Apesar disso, essa figura-legal enseja diversos debates doutrinários e jurisprudenciais, como, por exemplo, a proibição de reconhecimento da continuidade em se cuidando de determinados bens jurídicos, ou, mesmo, da real necessidade de correspondência do sujeito passivo (ou não) como elemento determinante para constituição do modelo legal do delito continuado.[147]

Para além dos elementos constitutivos do instituto, o direito panamenho ainda estatui regramento específico quanto à contagem de prazo para a apresentação, por parte do ofendido, de "querella" – em decorrência da qual se iniciará a investigação sumária –, em se tratando de delito continuado, isto é, o querelante dispõe de dois meses – sendo que tal prazo é contado a partir da realização do último ato.[148] Boris Barrios

---

[144] "Si una persona comete dos hechos constitutivos de un delito de hurto en tiempo y espacio diferente; por cuanto realiza unas sustracciones de un dinero que se encuentra en una gaveta y que es propiedad de una misma persona, esperando que esta última duerma su siesta para sustraer dicho bien mueble ajeno y apoderarse del mismo. Es obvio que se satisfacen los presupuestos del delito continuado, al haber concurrido al menos la ejecución de los tipos penales, realización bajo unas similares condiciones, unidad de dolo, afectación del mismo bien jurídico. La pena que debe dispensarse es la máxima para este delito, misma que sería de cinco años de prisión. Sin embargo si se impusiera la pena mínima por cada uno de los delitos, según la especial determinación que resultase de la pena, el resultado sería una pena de dos años de prisión por cada delito, cuestión que a su vez puede impactar en la suspensión de la ejecución de la pena" (MORENO CARRASCO, Francisco; RUEDA GARCÍA, Luis, p. 353-4).

[145] ARANGO DURLING, Virginia, 2003, p. 57.

[146] ARANGO DURLING, Virginia, p. 57.

[147] Por ilustração, este *decisum* da CSJP: CSJP, RC 200202, Mag. Pon. Pereira Burgos, SP, 25.2.02.

[148] Assim dispõe o CJPP de Panamá em seu art. 2035: "la querella se presentará dentro del término de dos meses, contados a partir de la comisión del hecho punible instantáneo o de la realización del último acto si se tratare de un delito continuado, salvo que la ley establezca un término distinto para casos especiales.

Gonzáles anota a que lei processual panamenha estabelece a particularidade de que o termo – dentro do qual se pode apresentar a "querella" – começa a se contar a partir da comissão do fato punível, e não da data em que o querelante teve conhecimento da infração, "fórmula ésta que contemplan otras legislaciones como la colombiana"[149] [e a brasileira]. Por isso, quanto à prescrição do direito de "querella", "se permite la impunidad del hecho punible si quien lo ejecuta es tan hábil como para mantenerlo oculto hasta el cumplimiento de los términos de prescripción y sin que el afectado tenga conocimiento de el".[150] A mais disso, de acordo com o artigo 2.000 do Livro de Procedimento Penal, nos crimes que exigem "querella" (e que são os de "violación carnal", "rapto", "sedución", "corrupción de menores", "ultraje al pudor", "apropiación indebida" [artículo 1.957 del Código Judicial], "calumnia e injuria" [artículo 10 de la Ley 1/88-artículo 1957], "incuplimiento de los deberes familiares" e "competencia desleal") para iniciar a investigação sumária, bastará que a vítima apresente, em face do funcionário da instrução, a solicitação para investigar e impor uma pena ao imputado, e que essa "solicitud puede hacerse verbalmente o por escrito, pero el interessado deberá acreditar en el mismo acto su legitimidad para actuar".[151]

1.3.3. Na Europa

No continente europeu, a unidade legal de imputação (do crime continuado) é, de um modo geral, incorporada às legislações, as quais preveem os traços característicos (e históricos) dessa figura legal, vale indicar: (i.) ostentar caráter punitivo benéfico; (ii.) exigir a pluralidade de comportamentos típicos homogeneamente concretizados; e, ainda, (iii.) requerer um dolo de conjunto.

Por conta disso, vai-se, a seguir, proceder ao exame dos textos normativos das principais nações europeias, tanto das que inscrevem, no direito positivo, a figura jurídico-penal em debate, como das que o não disciplinam.

1.3.3.1. A legislação portuguesa

No tocante ao direito português, o Código Penal de 1837 previa, para todas as espécies de concurso, o mesmo sistema de apenamento – o da absorção –, o que terminava por gerar um desinteresse doutrinário envolvendo as distinções entre as várias formas de concurso delitivo. Os Códigos de 1852 e 1884 trouxeram, para o concurso de crimes, a hipótese da absorção agravada.[152] Mas a polêmica doutrinária com relação ao crime continuado – informa Luís D'Almeida – "desenvolveu-se a partir do parágrafo 3º que o Decreto nº 20.146, de 1 de Agosto de 1931, acrescentara ao artigo 421º do Código Penal que então vigorava, apesar de reconhecer-se que essa particular disposição

Cuando el agraviado u ofendido se encontrare en el extranjero tendrá el término de un año para presentar su querella, en la forma indicada anteriormente".

149 BARRIOS GONZÁLEZ, Boris, 2011, p. 476.

150 BARRIOS GONZÁLEZ, Boris, p. 476.

151 BARRIOS GONZÁLEZ, Boris, p. 395.

152 FONSECA NETO, Alcides da, p. 15.

'nada tem que ver com o verdadeiro conceito do crime continuado'; e foi o Código Penal de 1982 o primeiro texto de lei a consagrar a figura".[153]

O Código Penal de 1982, após alteração (1998), passou a consagrar a seguinte disposição no nº 2 do artigo 30º: "constitui um só crime continuado a realização plúrima de mesmo ou de vários tipos de crime que fundamentalmente protejam o mesmo bem jurídico, executada por forma essencialmente homogênea e no quadro da solicitação de uma mesma situação exterior que diminua consideravelmente a culpa do agente". A revisão do Código Penal de 2007 acrescentou um n° 3, estabelecendo, expressamente, que a figura em palco "não abrange crimes praticados contra bens eminentemente pessoais, salvo tratando-se da mesma vítima".

Podem identificar-se, nesse modelo legal de descrição do delito continuado, os elementos básicos configuradores do instituto, de forma que o concurso de crimes – "realização plúrima do mesmo tipo de crime ou de vários tipos de crime" – recomenda a unificação dos diferentes tipos, em virtude de a lei visar à diminuição dos efeitos punitivos, "em atenção à identidade do bem jurídico protegido, à homogeneidade da execução e à diminuição considerável da culpa no caso concreto".[154] [155] Além disso, exigem-se a unidade de dolo (unidade do injusto pessoal da ação), isto é, que "as diversas resoluções devem conservar-se dentro de uma linha psicológica continuada",[156] e a persistência de uma situação exterior que propicie e enfraqueça, de modo significativo, a culpa do agente.[157] Nessa linha, no ordenamento jurídico português, o crime continuado é traduzido em uma "pluralidade de actos susceptíveis, cada um, de integrar várias vezes o mesmo tipo legal de crime ou tipos diferentes, se bem que análogos (em princípio, por isso, hipóteses de concurso efectivo) mas que, apesar disso, apresentem entre si uma conexão objectiva e subjectiva de certa ordem (...) que convide a tratar uma tal pluralidade ainda como um facto uno".[158] E essa unidade – consagradora de dados objetivos e subjetivos – seria perfectibilizada por intermédio de alguns elementos: (i.) conexão objetiva: (a.) violação de forma plúrima do mesmo (ou fundamentalmente o mesmo) bem jurídico; (b.) a execução continuada deve ser realizada por forma

---

[153] D'ALMEIDA, Luís Duarte, 2004, p. 108.

[154] SILVA, Germano Marques Bitencourt da, p. 320.

[155] Segundo Luís Duarte D'Almeida (p. 109), "o art. 30, nº 2, do CP, exige, com abundância de advérbios, que os crimes praticados 'fundamentalmente protejam o mesmo bem jurídico', e que sejam executados 'por forma essencialmente homogénea' e no quadro da 'mesma solicitação exterior que diminua consideravelmente a culpa'".

[156] TRC, Proc. 4/07.2TAPNH.C1, Des. Rel. Vasques Osório, j. 21.11.12.

[157] Exigindo, como requisito essencial para a configuração do instituto, que a renovação da conduta do agente tem de ser propiciada por uma situação exterior e não devida a condições criadas pelo próprio agente, as seguintes decisões: STJP, Proc. 175/06.5JELSB.S1, Rel. Manuel Braz, 5ª Secção, j. 18.3.10; STJP, Proc. 922/01.1GAABF.S1, Rel. Rodrigues Costa, 5ª Secção, j. 7.1.10; e STJP, Proc. 490/07.0TAVVD.S1, Rel. Raul Borges, 3ª Secção, j. 25.11.09. Doutrina Jorge Duarte (2003, p. 35) que, no crime de lenocínio (art. 170º do CP), se "tutela a liberdade sexual da pessoa, homem ou mulher, cujo exercício da prática da prostituição, ou actos sexuais de relevo, é fomentado, favorecido ou facilitado por outrem, nas condições descritas" no tipo. Como tal bem jurídico deve ser havido como pessoal, o sujeito deste ilícito "incorrerá, em concurso efectivo, na prática de tantos crimes quantas as pessoas vítimas da sua conduta, ainda que a sua conduta seja animada de um único desígnio criminoso de cometer actos subsumíveis à previsão típica". Por conta disso, mantém atual o entendimento (re)afirmado pelo STJ no sentido "de que 'é inadmissível a figura do crime continuado em relação a condutas em que se verifique a violação de bens jurídicos eminentemente pessoais', entre os quais se integra, manifestamente, a liberdade sexual".

[158] FIGUEIREDO DIAS, Jorge de, 2007, p. 1028.

essencialmente homogênea e no quadro de uma mesma situação exterior; e (c.) a continuação precisa desenvolver-se em uma unidade de contexto situacional; e (ii.) conexão subjetiva: exigindo que a continuação seja dominada por uma situação exterior que diminua consideravelmente a culpa do agente.[159]

No que diz respeito à punição do crime continuado (artigo 79º: o crime continuado é punido com a pena aplicável à conduta mais grave que integra a continuação; contudo, "a revisão de 2007 veio estabelecer uma 'excepção ao caso julgado' [também ela algo controversa]: 'se depois de uma condenação transitada em julgado, for conhecida uma conduta mais grave que integre a condenação, a pena que lhe for aplicável substitui a anterior' [artigo 79°, n° 2]"),[160] percebe-se a distinção em relação ao nosso ordenamento jurídico (que, além da unificação, estabelece um aumento da pena), uma vez que: "o efeito do tratamento do concurso de crimes que a lei unifica sob o conceito de crime continuado tem por efeito a punição do agente apenas por um dos crimes em concurso, pela pena que caberia ao crime mais grave que integra a continuação criminosa. (...). Isso significa que o tribunal terá de determinar qual a pena aplicável a cada uma das condutas unificadas na continuação criminosa e determinar depois a pena concreta dentro dos limites da pena aplicável".[161] E a causa, que determina esse regime punitivo de favor ao crime continuado, é a "diminuição (diminuição *considerável*) de culpa",[162] devido a uma conexão entre os crimes que pratica.[163] Sob outros aspectos, tal como ocorre na jurisprudência brasileira no que tange à reiteração criminosa, segmento judicial português avalia que, se o crime continuado deve ser entendido como a produção de várias ações criminosas que envolvem uma certa uniformidade e aproveitamento de um condicionalismo exterior que propicia a repetição, fazendo, por esse motivo, diminuir, consideravelmente, a culpa do agente (menor exigibilidade de comportamento conforme ao direito), as circunstâncias exteriores conscientemente procuradas e criadas pelo sujeito ativo – ao escopo de realizar o seu projeto criminoso – "não podem ser consideradas como facilitadoras da sua reiteração criminosa, mas antes como uma clara persistência criminosa, que afastam a diminuição da culpa".[164]

1.3.3.2. A legislação espanhola

Não havia, no ordenamento jurídico da Espanha, tratamento da figura do crime continuado, ficando a cargo da jurisprudência e da doutrina a tarefa de traçar os limites

[159] FIGUEIREDO DIAS, Jorge de, 2007, p. 1031.

[160] CUNHA, Maria da Conceição Ferreira da, 2009, p. 325.

[161] SILVA, Germano Marques Bitencourt da, p. 324-5.

[162] D'ALMEIDA, Luís Duarte, p. 109.

[163] Acrescenta Luís Duarte D'Almeida (p. 109) "que não se trata, nessa diminuição de culpa, de exigir-se *um dolo só*; os crimes que integram a continuação são diversos, e outras tantas vezes se afirmará o dolo do agente. Isso significa que essa diminuição respeita a uma qualquer *conexão* entre os crimes praticados, e não a uma degradação da vontade dolosa na prática de cada um deles".

[164] TRC, Proc. 1593/10. 0PBVIS.C1, Des. Rel. Alice Santos, j. 18.4.12. No mesmo sentido: TRL, Proc. 704/10.0GCMTJ.L1-5, Des. Rel. Neto de Moura, j. 3.7.12; ou ainda: TRL, Proc. 250/06.6PCLRS.L1-3, Des. Rel. Rui Gonçalves, j. 13.4.11.

do instituto, a fim de dar solução a situações surgidas na prática da justiça penal espanhola.[165]

A primeira referência, na legislação espanhola, ao crime continuado, deu-se no Código Penal de 1928, quando, estabelecendo regras de acumulação de penas, referia-se, no artigo 164: "tampoco serán aplicables cuando todos los hechos ejecutados, aunque constitutivos por sí mismos de otros tantos delitos o faltas, tengan entre sí tal conexión que deban ser apreciado, a juicio del Tribunal, como una sola acción continua". Mas, pode afirmar-se, a Lei Orgânica nº 8/83, de reforma urgente e parcial do Código Penal espanhol de 1983, foi que introduziu, no direito positivo, a figura do crime continuado.[166]

O Código Penal de 1995 manteve, em seu artigo 74, de forma praticamente idêntica, a figura do crime continuado.[167] Segundo José Antonio Choclán Montalvo, "el artículo 74 del Código apenas ha sufrido modificación en la configuración de sus presupuestos y en su esencia",[168] ou seja, não oferecendo modificações substanciais em relação às exigências anteriores para a configuração do instituto.

No texto legal (artigo 74), o crime continuado se perfaz para aquele que, "en ejecución de un plan preconcebido o aprovechando idéntica ocasión, realice una pluralidad de acciones u omisiones que ofendan a uno o varios sujetos e infrinjan el mismo precepto penal o preceptos de igual o semejante naturaleza, será castigado, como autor de un delito o falta continuados, con la pena señalada para la infracción más grave, que se impondrá en su mitad superior". O aproveitamento das mesmas ocasiões implicaria um atuar doloso, o que inviabilizaria, por via própria de consequência, a configuração do delito continuado em se cuidando de crimes culposos, pois se exige que o sujeito atue em função de um plano preconcebido.[169] Impede a legislação espanhola que se apresente o delito continuado em se tratando de "ofensas a bienes eminentemente personales, salvo las constitutivas de infracciones contra el honor y la libertad sexual";[170] nesses casos, "se atenderá a la naturaleza del hecho y del precepto infringido para aplicar o no la continuidad delictiva". Por conseguinte, "no es imaginable un delito continuado de homicidio o lesiones, pero podrá apreciarse un delito continuado de agresiones sexuales o de injurias".[171]

Relativamente aos requisitos objetivos e subjetivos configuradores do delito continuado, afirma Enrique Bacigalupo serem "producto de una elaboración dogmática que carece de todo apoyo en la ley".[172] Exige-se, para a configuração do instituto: a existência de uma pluralidade de fatos, unidade de desígnios,[173] unidade de preceito

---

165 VICENTE MARTÍNEZ, Rosario de, 2001, p. 184. Segundo José Tomas Tio (1987, p. 112-3), a verdadeira justificativa da aplicação da continuidade delitiva consistia na indeterminação processual, ou seja, na dificuldade (ou impossibilidade) de se individualizar as várias infrações praticadas.

166 CEREZO MIR, José, 2007, p. 1174. No mesmo sentido: TOMAS TIO, José, p. 116-24.

167 VICENTE MARTÍNEZ, Rosario de, p. 186.

168 CHOCLÁN MONTALVO, José Antonio, p. 46.

169 CEREZO MIR, José, 2007, p. 1174.

170 LANDROVE DÍAZ, Gerardo, 1996, p. 109.

171 LANDROVE DÍAZ, Gerardo, p. 109-10.

172 BACIGALUPO, Enrique, 1999, p. 585.

173 Enrique Bacigalupo (1999, p. 588), no tocante ao elemento subjetivo, aponta que, para a opinião dominante, "sólo se requiere un dolo de continuación, según el cual cada acto parcial sea una continuación de la 'misma línea psíquica' del dolo anterior". Joaquín Cuello Contreras (1984, p. 475) entende que "incluso la

penal violado,[174] homogeneidade de técnica operativa, identidade de sujeito ativo – não havendo necessidade de identidade de sujeitos passivos –, e, ainda, que os bens jurídicos atacados não sejam eminentemente pessoais (salvantes as exceções).[175] Houve, entretanto, no setor do apenamento do crime continuado, uma modificação importante em face da reforma penal, admitido que se reduziu "considerablemente el arbitrio judicial en la determinación de la pena, equiparando su tratamiento al del concurso ideal – sistema de absorción agravada –, coherentemente con la idea de que la acción continuada debe ser tratada como un caso de *unidad de acción*".[176] Por essse modo, "el efecto punitivo del delito continuado consiste en aplicar sólo la pena correspondiente a la infracción más grave de las cometidas, en su mitad superior (artículo 74.1, *in fine*). De manera que la pena de la infracción más grave absorbe el resto de las penas correspondientes a las demás infracciones".[177] Finalmente, é possível ainda destacar-se que o principal âmbito de aplicação do crime continuado é o de infrações patrimoniais.[178]

1.3.3.3. A legislação alemã

Na Alemanha, o estudo da figura do delito continuado – *fortgesetzte Handlung* – tem merecido os maiores interesses,[179] notadamente a partir da discussão entre Karl Joseph Anton Mittermaier e Paul Johann Anselm Ritter von Feuerbach,[180] na qual aquele analisou criticamente a configuração estrutural do instituto que fora inscrita na legislação penal do Código da Baviera (1813, artigo 110), criticando-lhe a "fórmula

---

exigencia de un único dolo, común a todos los actos que lo componen, sería una razón para agravar la pena, y no para atenuarla como se ha querido ver en el delito continuado".

[174] Enrique Bacigalupo (1999, p. 585) afirma que "los hechos individuales deben haber realizado el mismo tipo básico o tipos semejantes y haber lesionado el mismo bien jurídico. Al requerirse identidad de tipo básico se permite que las reglas del delito continuado sean aplicables aunque los hechos individuales puedan diferenciarse entre sí por la concurrencia de alguna circunstancia agravante o atenuante (...). Este punto de vista encuentra, (...), un límite: la realización del tipo debe atentar em todos los casos contra el mismo bien jurídico".

[175] QUINTERO OLIVARES, Gonzalo, e outros, 2001, p. 421. Enrique Bacigalupo (1999, p. 587) acrescenta que o TS da Espanha, com frequência, relativiza os requisitos objetivos exigidos, concluindo que "la relativización de las exigencias objetivas que con frecuencia se percibe en la jurisprudencia del TS tiene su origen en la acentuación que dispensa al elemento subjetivo, con lo que, en la práctica, el delito continuado dependerá esencialmente de lo que haya pensado el autor". Indica-se importante decisão que, expressamente, consigna os elementos estruturantes do instituto do crime continuado, além de reconhecer que esse modelo legal seria, em verdade, uma realidade jurídica, e não uma mera ficção jurídica: TSE, Sent. 505/2006, Pon. Gomez de la Torre, Sala II de lo Penal, j. 10.5.06.

[176] CHOCLÁN MONTALVO, José Antonio, p. 46.

[177] VICENTE MARTÍNEZ, Rosario de, p. 191.

[178] Agrega Horacio Roldán Barbero (2012, p. 165) que o TS "viene manteniendo que la continuidad delictiva en las injurias tan sólo resulta aplicable cuando las distintas expresiones contra el honor se muestran guiadas por una unidad de acción y desenvueltas en idéntica situación temporal y espacial (...). También en los delitos contra la libertad e indemnidad sexual ha sido apreciada a veces la continuidad delictiva (...), aunque tampoco han faltado los casos donde los tribunales rechazan sin más el delito continuado, optando por la aplicación del concurso real. Esta última opción es aconsejable en el contexto de las agresiones o abusos sexuales cometidos por el padre, el padrastro u otro familiar sobre una menor a lo largo de un cierto tiempo".

[179] CORREIA, Eduardo Henriques da Silva, p. 177.

[180] SZNICK, Valdir, 1994, p. 51.

excessivamente objetiva".[181] Karl Joseph Anton Mittermaier voltou a externar críticas à orientação objetivista (à qual se inclinara Paul Johann Anselm Ritter von Feuerbach), em 1937, nos *Annalen*, ao sustentar a imprescindibilidade do elemento subjetivo (unidade de resolução). Essa teoria, com o apoio de vários juristas (Karl Binding, Hans Welzel e ainda muitos outros) e da jurisprudência, obteve larga consagração, a ponto de o próprio *Reichsgericht* (Tribunal Superior do *Reich*) não mais deixar de exigir o elemento subjetivo unificante à configuração do delito continuado.[182]

Na doutrina alemã, o delito continuado, em grande medida, é entendido como uma forma especial de aparecimento da unidade jurídica de ação, cujos aspectos principais exigem "que os atos singulares se dirijam contra o mesmo bem jurídico, sejam idênticos no modo de comissão e sejam conduzidos por um 'dolo total', que englobe o fato concreto em seus traços essenciais, segundo o tempo, lugar e forma de cometimento, assim como da pessoa do ofendido".[183]

Max Ernst Mayer sublinhou o fato de que o reconhecimento da construção do delito continuado – apesar de não se aludir, no Código Penal alemão, a esse instituto – se deve a considerações de equidade e de conveniência prática.[184] A seu turno, Guillermo Sauer avaliou que a função do instituto era dupla: "a) punición de una sola vez de numerosos delitos pequeños de carácter jurídico análogo; b) el ahorro de la prueba de todos los casos singulares en su gran abundancia, si la punibilidad y la criminalidad total eran las mismas. Se incluyen simultáneamente, también por esa razón, los casos acaecidos pero que no han llegado a ser comprobados".[185]

A legislação alemã não "contempla o delito continuado, ficando tal mister a cargo da jurisprudência e doutrina".[186] Nos domínios da jurisprudência, principalmente em seu mais alto tribunal, acolhe-se, sem notas de discórdia, a necessidade da unidade de desígnio como fator de interligação das diferentes condutas. Conforme palestra Virgílio Campos, "o artífice dessa construção jurisprudencial foi von Buri, presidente do *Reichsgericht*, e baseou-se na unidade de dolo do agente, o qual deve compreender, de início, a vontade dirigida para o resultado total através de uma realização de maneira descontínua, ou seja, por ações separadas mas não independentes, todas dirigidas ao mesmo fim, concebido desde o princípio".[187]

---

[181] PIMENTEL, Manoel Pedro, 1969, p. 57.

[182] Com mais detalhes: CORREIA, Eduardo Henriques da Silva, p. 186. Edmundo Mezger (1949, p. 355), informava, exatamente, que, na mais alta Corte de Justiça alemã, se "exige en la acción continuada la existencia de acciones homogéneas (homogeneidad del bien jurídico lesionado y de los diversos actos que lo lesionam) y conexión en virtud de un dolo unitario", consagrando, pois, a adoção da teoria subjetivo-objetiva. (O autor, entretanto, encampava a teoria objetiva pura.)

[183] WESSELS, Johannes, 1976, p. 175-6. No mesmo sentido, Hans-Heinrich Jescheck e Thomas Weigend (2002, p. 771-2), para quem os elementos essenciais desse conceito são: "a) homogeneidad de la forma de comisión (unidad del injusto objetivo de la acción); [...] b) los actos individuales deben menoscabar al mismo bien jurídico (unidad del injusto del resultado); [...] c) para la delimitación del delito continuado es determinante el carácter unitario del dolo (unidad del injusto personal de acción)".

[184] MAYER, Max Ernst, 2007, p. 207.

[185] SAUER, Guillermo, 1956, p. 346.

[186] SZNICK, Valdir, 1994, p. 51. Também é o que informa Manoel Pedro Pimentel (1969, p. 59), para quem "ficou afastado do texto legislativo o crime continuado, o que não impede, como dissemos acima, que a jurisprudência do *Reichsgericht* prossiga admitindo a solução benigna nos casos concretos, em função dos ensinamentos doutrinários".

[187] CAMPOS, Virgílio, p. 198.

Desde 1994, com a decisão do TSF (*Bundesgerichtshof*), a figura do crime continuado foi praticamente abolida no sistema penal alemão;[188] à época, o Tribunal revisou suas próprias decisões anteriores e, contrariando a doutrina majoritária, relegou a aplicação da continuidade delitiva para tipos penais específicos. Tal decisão ainda não foi revisada; e, em casos mais recentes, foi enfaticamente confirmada pelo TSF (*Bundesgerichtshof*).

1.3.3.4. A legislação italiana

Na Itália, o modelo teórico do crime continuado tem o seu nascimento a partir da construção dogmática dos glosadores e pós-glosadores. Conforme sustentou Francesco Carrara, a criação de um benefício legal aos casos de crimes perpetrados de uma forma continuada, a partir da observância de determinados elementos objetivos e subjetivos, teve a sua origem lógica para obviar a aplicação da pena de morte aos condenados pelo terceiro furto, em homenagem ao princípio do *favor rei*: "ma se l'agente con ripetute violazioni offese sempre *una stessa* legge penale, il fine allora delle più violazioni sembra unificarsi; almeno sotto un punto di vista generico; e la unificazione del fine sembra dover portare ad unificare anche il reato. Ecco la teorica sottilissima della continuazione: che deve la sua origine alla benignità dei pratici, i quali con ogni studio tentavano diradare la pena di morte inflitta al terzo furto".[189]

Posteriormente, houve a inscrição do tema no ordenamento jurídico (Códigos toscano[190] – 1853 –, sardo[191] – 1859 –, surgindo, após, no Código italiano de 1889). Certo é que, de fato, o conceito de continuidade delitiva, com a estruturação que se conhece modernamente na doutrina penal, foi introduzido na ordem jurídica italiana a partir da redação do artigo 79 do Código de 1889, o qual dispunha: "Più violazione della stessa disposizione di legge, anche se commesse in tempi diversi, con atti esecutivi della medesima risoluzione, si considerano per un solo reato: ma la pena è aumentata da un sesto alla meta".

Sobre esse dispositivo legal escreveu Gianluca Varrasco: "fu l'articolo 79 del codice penale del 1889 ad introdurre, in modo completo anche sotto il profilo sanzionatorio, la figura del reato continuato".[192]

---

[188] Decisão do Pleno em matéria penal (*Großer Senat für Strafsachen*) do *Bundesgerichtshof* de 3.5.1994, publicada no repositório oficial sob o registro BGHSt 40,138. Com efeito, informa Helmut Frister (2011, p. 676) que, em 1994, "el TSF en pleno réprobo, en principio, el instituto jurídico del hecho continuado. Cierto es que, primeramente, no excluyó por completo que pudiera haber un motivo para seguir aplicando esta construcción en delitos particulares. Pero las razones exigidas para ello, 'razones referidas al tipo de especial peso', no han sido admitidas desde entonces en ningún caso en la jurisprudencia".

[189] CARRARA, Francesco, p. 436 (§ 514).

[190] Eduardo Henriques da Silva Correia (p. 166) consigna: "a primeira disposição legislativa deste país que se costuma apontar como consagrando o crime continuado, é a Lei de 30/8/1795 da Toscana, que considerava 'como furto continuado os factos de furto, ainda quando cometidos em tempo e por modos diversos e em prejuízo de várias pessoas, desde que a sua execução se efectivasse dentro de 20 horas'. O CP deste mesmo estado italiano de 1853 continha também uma disposição curiosa sobre o nosso problema. Era a do art. 80º, que estabelecia: 'várias violações da mesma lei penal cometidas no mesmo contexto de acção, ainda que em tempos diversos, como actos executivos da mesma resolução criminosa, consideram-se como um só delito continuado; mas a continuação agrava a pena dentro dos limites legais'".

[191] Como menciona Valdir Sznick (1994, p. 50), "o Código Sardo a ele (crime continuado) se referiu sem defini-lo. No art. 144 reza: 'nos delitos continuados a prescrição não ocorrerá a não ser do dia em que cessa a continuação'".

[192] VARRASO, Gianluca, 2003, p. 1-2.

Merece ser analisado, além disso, o estudo desenvolvido na doutrina italiana por Francesco Carrara, para quem, ao analisar o instituto do crime continuado, as características necessárias à construção dessa benesse legal seriam a violação da mesma lei (*stessa legge*) e a unidade de desígnios (*unicità di disegno*), além dos elementos de unidade de lugar e tempo das ações, sob pena de se trabalhar com os conceitos de pluralidade ou unidade de delito. Para ser possível a diferenciação entre crime continuado e pluralidade de delitos, referiu o professor italiano que "prima di tutto è necessario, per escludere la pluralitá, che si tratti di più violazione della stessa legge. La identità o unità di legge violata è dunque il primo requisito per escludere la pluralità dei reati".[193] Em sequência, argumentou que os delitos têm, em sua essência, um elemento moral (*intenzione*) e um elemento físico (*atto esterno*), esclarecendo que "quando si è trovata la pluralità di atti esterni violatori della stessa legge, si ha una moltiplicità di elemento fisico; ma per avere la pluralità di delitto si esige ancora la pluralità di elemento morale. Questa nel delitto continuato non si ha".[194] Por assim dizer, havendo um mesmo desiderato moral, além da presença de outros elementos configuradores da cadeia, a regra da pluralidade de crimes não será aplicada, dando lugar à construção fictícia mais benéfica, pois, da continuidade de ilícitos penais.[195]

Importante observar que dois projetos, o de 1921 e o de 1927, pretenderam a eliminação do instituto benéfico, como informa Manoel Pedro Pimentel: "não faltou quem desejasse suprimir a figura do crime continuado do texto legislativo, quando se projetava a reforma do Código Penal italiano",[196] sujeitando a figura do delito continuado às regras do concurso real. Da forma efetiva, o benefício foi abolido no projeto do Código de 1927, mas mereceu a reintrodução na versão definitiva do Código de 1930, no artigo 81, itens 2 e 3, no qual se previa a aplicação de uma regra especial aos seguintes casos, na transcrição feita por Gianluca Varrasco: "la disposizioni degli articoli precedenti [relative al concorso materiale di reati] non si applicano a chi com più azioni od omissioni, esecutive di un medesimo disegno criminoso, commette anche in tempi diversi più violazioni della stessa disposizione di legge, anche se di diversa gravità. In tal caso le diverse violazione si considerano come un solo reato e si applica la pena che sovrebbe infliggersi per la più grave delle violazioni commesse, aumentata fino al triplo".[197] Destaca-se a modificação em relação ao Código anterior, porquanto o Código Zanardelli, ao se referir ao elemento subjetivo, indicava a expressão *medesima risoluzione*, e o Código Rocco consignava a locução *medesimo disegno*.

A legislação italiana em vigor – justamente o referido Código de 1931 (*Rocco*), concebido sob a batuta do regime fascista[198] (e sustentado à base do *Progetto Ferri*,

---

193 CARRARA, Francesco, p. 444-5 (§ 522).

194 CARRARA, Francesco, p. 445 (§ 523).

195 Relevante apontamento é feito por Francesco Carrara, nesse tópico, ao alertar que, nem em todos os casos nos quais exista pluralidade de atos externos, dirigidos contra uma mesma lei e provenientes de uma mesma designação criminosa, se estará diante de uma figura de continuidade delitiva, e explica: "la regola, che è assoluta nel primo senso, non è assoluta in questo senso rovesco, perchè non sempre la pluralità di atti materiali porta a dover dire che si hanno più violazioni compenetrate in un delitto continuato. Spesso, malgrado la pluralità do atti materiali, si ha il diritto unico" (CARRARA, Francesco, p. 447, § 527). Referiu-se o jurisconsulto à possibilidade da existência do crime único, mesmo havendo pluralidade de ações.

196 PIMENTEL, Manoel Pedro, 1969, p. 56.

197 VARRASO, Gianluca, p. 2.

198 De acordo com Giuseppe Bettiol e Rodolfo Bettiol (2000, p. 55), "il facismo allora in Italia al potere voleva costituire e rappresentare I'l antitesi piú radicale della democrazia considerata come forma politica

1921) – já sofreu inúmeras alterações em suas mais diversas matérias, inclusive tendo recebido, em setembro de 1944, o primeiro decreto modificativo, o qual introduziu importantes disposições legais quanto à aplicação da pena.[199]

Entretanto, acerca da matéria do crime continuado, a grande modificação havida na legislação italiana ocorreu na reforma da Parte Geral do Código, em 1974, a partir das ideias aventadas no *Progetto Leone* (1968), conforme à referência descrita por Giuseppe Bettiol e Rodolfo Bettiol: "un progetto di riforma della parte generale del codice (Progetto Leone, 1968) dopo essere giunto ad un avanzato stadio di elaborazione non è piú venuto alla luce, ma è stato peró in parte utilizzato per la revisione, nel 1974, di alcuni istituti per i quali piú pressante e inderogabile si avvertiva l'esigenza di un intervento legislativo innovatore. Cosí è stata data una nuova disciplina al reato continuato".[200]

E essa reforma se deu, justamente, quanto à consolidação de uma teoria objetivo-subjetiva do crime continuado, arraigada no ordenamento jurídico italiano, segundo a qual, para o reconhecimento do benefício (nítida consideração do instituto como *favor rei*), mostra-se necessária a junção dos elementos subjetivos (*medesimo disegno criminoso*) e dos elementos objetivos (aqui representados, inclusive, em face da comissão de delitos distintos, sem a necessidade de que estejam dotados de características fundamentais comuns), definindo-se a existência do crime continuado, fundamentalmente, no momento da interpretação do requisito subjetivo – identidade de plano criminal –, que representa, no regime presente, o único elemento por meio do qual se podem unir, juridicamente, os diversos delitos em continuação.[201]

Apenas como referência doutrinária sobre esses pontos, leia-se a opinião de Gianluca Varrasco: "soprattutto dopo la riforma del 1974, che eliminò l'inciso iniziale del comma 3 dell'articolo 81 c.p. ed estese la possibilità di ricondurre al 'medesimo disegno' criminoso reati eterogenei, si precisò che, comunque, l'unificazione legislativa operasse 'quoad poenam' e negli altri casi individuati dalla legge in modo tassativo; dovendosi per tutti gli aspetti non disciplinati dalla stessa, verificare l'operatività o meno di tale unificazione alla luce del principio del 'favor rei' posto a fondamento dell'instituto. Si disse, inoltre, che sarebbe stato più correto parlare di continunazione di reati".[202]

Pode recordar-se, portanto, que a orientação jurídica italiana requer, para a configurabilidade do delito continuado, a presença de três requisitos: (i.) pluralidade de ações ou omissões (pluralidade de condutas autônomas); (ii.) pluralidade de normas violadas;[203] e (iii.) mesmo desígnio criminoso; a mais disso, entre esses elementos que

superata perché incapace di affrontare i compiti politici e sociali di uno Stato moderno che – come si affermava – si andava polverizzando nel quadro di una concezione edonistico-individualistica della società".

199 Sobre o tema, escreverem Giuseppe Bettiol e Rodolfo Bettiol (p. 58): "già nel settembre del 1944 è apparso il primo decreto di riforma del codice. Esso ha introdotto nuovamente nella codificazione talune disposizioni di estremo interesse e di grande significato".

200 BETTIOL, Giuseppe; BETTIOL, Rodolfo, p. 59.

201 FIANDACA, Giovanni; MUSCO, Enzo, 2007, p. 659.

202 VARRASO, Gianluca, p. 3.

203 Esse requisito – "pluralità delle disposizioni di legge violate" –, em virtude da reforma de 1974, sofreu uma extraordinária modificação, na medida em que, na maior parte dos ordenamentos jurídicos, ainda hoje, a figura legal do crime continuado se caracteriza pela homogeneidade dos delitos em continuação; entretanto, "il riformato art. 81 cpv. ammette infatti la configurabilità dell'istituto in esame anche in presenza della

antes foram recenseados, assume, preponderantemente, maior importância, o que se refere ao "mesmo desígnio criminoso", na medida em que se trata do elemento que permite a determinação dos alcances e dos limites do instituto do crime continuado.[204]

Derradeiramente, houve alteração legislativa, no que respeita ao cálculo da prescrição em se tratando da continuidade delitiva, dado que, agora, com a modificação do artigo 158, operada pela Lei 251 de 2005, "il termine decorre non più dalla cessazione della continuazione, come per l'originario articolo 158, ma dalla consumazione di ciascun singole reato".[205]

1.3.3.5. A legislação austríaca

O parágrafo 28 do Código Penal austríaco traz a previsão do "concurso de condutas típicas" (*Zusammentreffender strafbarer Handlungen*): "se por meio de uma conduta, ou várias condutas autônomas, alguém comete uma ou mais formas de condutas típicas, sendo concorrentemente imputado pelas condutas, havendo a previsão de pena privativa de liberdade ou pena de multa, deve-se limitar a imputação a apenas uma pena privativa de liberdade ou pena de multa".[206] Prossegue o dispositivo legal estipulando que a pena deve ser a mais alta entre as condutas típicas praticadas.[207]

A doutrina majoritária qualifica o delito continuado dentro do concurso aparente (*Scheinkonkurrenz*), com algumas discussões sobre temas laterais.[208]

---

commissione de reati diversi, non importa se dotati di 'caratteri fondamentali comuni' o, per contro, del tutto eterogenei tra di loro (ad es. omicidi, rapine, falsità, corruzione ecc.): sicché è forse più corretto oggi parlare, piuttosto che 'reato continuato', di 'continuazione di reati'" (FIANDACA, Giovanni; MUSCO, Enzo, p. 659).

[204] Sobre a compreensão hermenêutica desse elemento, contrapõem-se, basicamente, dois critérios, os quais permitem, respectivamente, ampliar ou restrigir o seu significado, como informam Giovanni Fiandaca e Enzo Musco (p. 659-60): "secondo un orientamento, il requisito in esame sarebbe stato assunto dal legislatore in un'accezione puramente *intellettiva*: 'stesso disegno criminoso' equivarrebbe ad una mera rappresentazione mentale anticipata dei singoli episodi delittuosi poi de fatto commessi dallo stesso agente. Anche a risolvere il concetto di unico disegno criminoso nella programmazione dei diversi delitti, ad integrare il requisito non sarebbero comunque sufficienti però né un programma generico di attività delinquenziale, né l'abitualità nel delitto, né l'esistenza di un medesimo impulso ad agire: sarebbe infatti pur sempre necessario un programma iniziale, che inglobi in sé i diversi reati nei loro elementi essenziali. Alla stregua del secondo indirizzo, l'unicità del disegno criminoso presuppone, oltre all'elemento intellettivo della rappresentazione anticipata, un ulteriore elemento 'finalistico' costituito dall'unicità dello scopo: in altri termini, per aversi reato continuato occorre che i diversi episodi delittuosi costituiscano attuazione di un preciso e concreto programma diretto alla realizzazione di un obiettivo unitario. Ne deriva che i diversi reati devono porsi in un rapporto de interdipendenza funzionale rispetto al conseguimento di un unico fine; e tale interdipendenza deve – a sua volta – obiettivarsi in una trama di segni esteriormente riconoscibili".

[205] MANTOVANI, Ferrando, p. 799.

[206] Veja-se o § 28 do CP austríaco (*Strafgesetzbuch*): § 28. (1) Hat jemand durch eine Tat oder durch mehrere selbständige Taten mehrere strafbare Handlungen derselben oder verschiedener Art begangen und wird über diese strafbaren Handlungen gleichzeitig erkannt, so ist, wenn die zusammentreffenden Gesetze nur Freiheitsstrafen oder nur Geldstrafen vorsehen, auf eine einzige Freiheitsstrafe oder Geldstrafe zu erkennen.

[207] § 28, segunda parte. Diese Strafe ist nach dem Gesetz zu bestimmen, das die höchste Strafe androht. Von der außerordentlichen Strafmilderung abgesehen, darf jedoch keine geringere Strafe als die höchste der in den zusammentreffenden Gesetzen vorgesehenen Mindeststrafen verhängt werden.

[208] Triffterer, Otto, 1994, p. 453 e segs.

Dogmaticamente, é classificado o instituto do delito continuado como uma verdadeira "conduta típica realizada em etapas";[209] da mesma forma, a doutrina criminal afirma que, nessa figura jurídico-penal, no lugar de uma "concorrência material (*Realkonkurrenz*) de vários atos típicos", há uma "unidade jurídica de atos". Tal classificação por etapas é alcançada quando o tipo penal é realizado por comportamentos ou condutas prévios e individualizáveis. A especificidade do delito continuado corresponde a que cada ato, que pode ser individualmente subsumido – pela interpretação literal – ao tipo penal, mas que, por efeito de uma interpretação sistemática e teleológica, é reconhecido como apenas uma conduta penalizável.

A seu turno, a jurisprudência tem entendido que haveria a possibilidade de tentativa de crime continuado, quando, por hipótese, apenas uma conduta típica fosse cometida pelo sujeito. De outro giro, há decisões no sentido de não ser aplicável a regra do crime continuado nos casos de negligência ou imprudência.[210]

Finalmente, as condutas somente serão consideradas conjuntas, isto é, como configuráveis do delito continuado, se forem previamente planejadas (*Vorsatzdelinquenz*), dando-se, pois, significativo peso ao fator subjetivo unificante das diversas ações sequencialmente realizadas.[211] [212]

1.3.3.6. A legislação holandesa

No Código Penal holandês (*wetboek van strafrecht*), a previsão da figura delitiva do crime continuado está contida no artigo 55 (*samenloop van strafbare feiten*). Segundo o dispositivo: "Diversos fatos, ainda que possam constituir crime ou delito individuais, nesse contexto, devem ser considerados uma ação única ou contínua, sendo

[209] Triffterer, Otto, p. 453 e segs.

[210] Verwaltungsgerichtshof (VwGH), nº 99/09/0219, j. 15.3.00.

[211] Verwaltungsgerichtshof (VwGH), nº 99/09/0219, j. 15.3.00.

[212] Em artigo sobre o CP da República da Áustria, Eugenio Zaffaroni (1995, 30), após afirmar que esse Código é produto unânime das correntes de opinião política da moderna democracia austríaca, fornece informações sobre o concurso de crimes e a (possibilidade de) unificação de penas (p. 39-40): "en cuanto a la concurrencia, no hace diferencia alguna entre la real y la ideal, sino que somete a ambas al principio de la absorción, aunque permite la acumulación de penas de diferente naturaleza, la que no siendo imperativa legalmente, queda a criterio del tribunal (§ 28). Interesante es la disposición sobre unificación de condenas en caso de concurso real, pero en que el primer hecho ya haya sido juzgado por otro tribunal. No permite aquí el Código de Austria (...) que el tribunal que conoce en segundo término dicte una pena única, haciendo ceder el principio de la cosa juzgada, sino que sólo admite que el segundo tribunal pueda imponer una adición a la pena anterior, que no podrá exceder, en conjunto, con la pena anteriormente impuesta, el máximo de la pena para el delito más grave, conforme al principio de la absorción que rige el concurso (§ 31). De cualquier manera, como el segundo tribunal entiende de la causa en la forma del concurso real, si considerase el segundo hecho, de haber sido juzgado conjuntamente con el primero, no hubiese alterado la cuantía anterior, puede prescindir de aplicar la adición prevista (así, § 40). Este es un interessante sistema que permite salvar el difícil escollo del juez natural como garantia procesal, cuando se deben unificar penas para hechos cuyo conocimiento corresponde a distintas competencias, especialmente en países federales. Con el sistema austríaco bien se puede hacer que lo que en sistema argentino se llama 'unificación' se practique por cualquiera de los fueros, puesto que adicionar la pena ya impuesta no importa tocar lo ya juzgado en forma que evita considerar la cuestión como intromisión en otro fuero en el que el segundo juez sería incompetente. No obstante, el § 40, al extender las reglas de la cuantificación penal del concurso a toda condena posterior, crea las mismas dudas que existen en el sistema argentino cuando se presente el caso de que la pena que se estuviera cumpliendo por un hecho juzgado con anterioridad a la comisión de otro, ya alcanzase la medida legal máxima admisible".

penalizados pela aplicação única da pena mais gravosa".[213] Dessa forma, ações seriadas (em continuidade) sofrerão o enquadramento em apenas um tipo penal (ação única ou contínua), tendo por critério aquele delito cuja pena for a mais gravosa, de acordo com o estabelecido pelo diploma penal.

Prevalece o entendimento, a partir da mesma disposição, de que a finalidade da regra reside em evitar a sobreposição de infrações, o que poderia implicar sancionamento penal elevado.

De acordo com orientação jurisprudencial específica, o critério para a escolha do crime continuado é o da simultaneidade das infrações que podem ser enquadradas na mesma cadeia de conduta, buscando-se a punição por intermédio da norma penal que corresponda ao mais elevado sancionamento, tendo em vista o critério de proteção do bem jurídico (a penalidade mais gravosa seria definida mediante o mesmo critério). A análise da prática delitiva continuada, pelo que enuncia a doutrina, leva em consideração a possibilidade de confluência de condutas para o enquadramento em um mesmo fato típico; inexistindo, contudo, a possibilidade de ligar-se uma conduta à outra, de forma inquebrantável, na mesma cadeia factual, o evento levará ao entendimento de que se trata de concurso material de crimes (artigos 57 e 58 do Código Penal holandês), e não de continuidade delitiva.[214] Neste sistema jurídico, prevalece a ideia – em relação ao tema da continuidade delitiva – de que uma disposição penal geral é acobertada por uma disposição penal especial, sendo que a segunda prevalecerá sobre a primeira, determinando-se, então, a tipicização e o sancionamento respectivos (pelo mesmo critério do bem jurídico e da gravidade da conduta).

O que determina, à vista disso, o enquadramento de uma ou mais condutas em um único tipo penal – em detrimento de outro –, em uma cadeia factual delitiva, é a aplicação da teoria da especialidade (legal ou sistemática), tendo por critério o da proteção do bem jurídico.

1.3.3.7. A legislação francesa

No tocante ao direito francês, em matéria de concurso de infrações, incide o princípio do *non-cumul* das penas de mesma natureza – regra que valerá também para as *infractions successives*. Originalmente, o Código Penal de 1810 estabelecia, em seu artigo 5º, o princípio do não acúmulo das penas;[215] porém, ao definir que a pena mais forte deveria ser a única pronunciada, demonstrava uma regra bastante vaga, tendo ensejado, à época, relevantes debates doutrinários. Para além disso, esse regramento se referia tão somente às penas de prisão, dado que, quanto às de multa, o acúmulo era permitido.[216]

Depois das reformas iniciadas em 1992, o novo Código Penal – em vigor desde 1994 – tornou-se mais detalhado e preciso em relação a essa matéria. A legislação

[213] No texto original: "staan meerdere feiten, ofschoon elk op zichzelf misdrijf of overtreding opleverende, in zodanig verband dat zij moeten worden beschouwd als één voortgezette handeling, dan wordt slechts één strafbepaling toegepast, bij verschil die waarbij de zwaarste hoofdstraf is gesteld".

[214] BLIECK, Luck, 2009, p. 75.

[215] Art. 5 (Créé par Loi 1810-02-12 promulguée le 22 février 1810): "en cas de conviction de plusieurs crimes ou délits, la peine la plus forte est seule prononcée".

[216] LEROY, Jacques, 2012, p. 464 e segs.

penal trouxe um capítulo específico para as penas aplicáveis em caso de concurso de infrações. No título III, em seu segundo capítulo, intitulado *Du régime des peines*, estão os dispositivos que tratam da matéria: artigos 132-2 a 132-7.

A definição do concurso de infrações – também denominado de *cumul réel d'infractions*[217] – está estatuída no artigo 132-2 do Código Penal.[218] Essa descrição está de acordo com a nossa. No entanto, na legislação penal francesa, a resposta à pergunta de como definir a reprimenda ao concurso de infrações é bastante peculiar.

O Código Penal francês trata distintamente a maneira de julgar o concurso de crimes a partir de duas regras básicas. Importa, aqui, tão somente, se as infrações foram julgadas por meio de um processo único (*règle applicable en cas d'unité de poursuites*) ou de processos separados (*règles applicables en cas de poursuites séparées*); eis o divisor de águas para tratar do cálculo de pena no sistema penal francês.

Quanto ao concurso de infrações na hipótese de um processo único, há dois princípios aplicáveis: (i.) acúmulo possível de penas de naturezas diferentes; e (ii.) acúmulo limitado de penas de natureza idêntica. Quando há um infrator reconhecidamente culpado de diversas infrações em concurso (sejam crimes ou delitos),[219] cada uma das penas incorridas – de natureza diferente – pode ser pronunciada à inteligência do disposto no artigo 132-3.[220] Assim, somente a pena de mesma natureza (pena privativa de liberdade) mais elevada pode ser pronunciada dentro do limite do máximo legal, restando evidente que o acúmulo de penas é possível, mas limitado, a cada vez, pelo máximo da pena prevista para a infração mais severamente punida de todas as que estiveram em causa.

Há, então, três proposições enunciadas no artigo 132-3, quais sejam: (i.) a natureza das penas suscetíveis de serem aplicadas (possibilidade de condenar a uma pena privativa de liberdade, a uma multa e a penas complementares previstas); (ii.) o *quantum* dessas penas a ser infligido (o acúmulo de penas é quantitativamente limitado ao máximo da pena mais elevada de cada categoria dentre as quais incorrem penas de diferentes naturezas); e, por fim, (iii.) o papel das penas pronunciadas.

A título de comparativo, na legislação francesa, tem-se que, no exame de uma única infração, se admite o acúmulo de diversas penas dentro de certa medida (pluralidade de penas para um mesmo delito). Por exemplo, a um condenado por um único furto não pode ser atribuída uma pena privativa de liberdade e uma pena de trabalho de interesse geral (*peine de travail d'intérêt général – article 131-9, al. 1, du Code Pénal*). Contudo, em se tratando de diversas infrações, o acúmulo autorizado tornar-se-ia bem mais alargado. Contrariamente, no caso de o juiz constatar que não houve apenas um

---

[217] BOULOC, Bernard, 2013, p. 567 e segs.

[218] Art. 132-2 du CP: "il y a concours d'infractions lorsqu'une infraction est commise par une personne avant que celle-ci ait été définitivement condamnée pour une autre infraction".

[219] O novo CP francês se vale da classificação tripartida das infrações: crimes, delitos e contravenções. Há, inclusive, diferenciação entre crimes e delitos. Crimes correspondem às infrações mais graves, enquanto, por sua vez, delitos, às infrações de gravidade média (DESPORTES, Frédéric; LE GUNEHEC, Francis, 2009, p. 67 e segs).

[220] Art. 132-3 du CP: "lorsque, à l'occasion d'une même procédure, la personne poursuivie est reconnue coupable de plusieurs infraction en concours, chacune des peines encourues peut être prononcée. Toutefois, lorsque plusieurs peines de même nature sont encourues, il ne peut être prononcée qu'une seule peine de cette nature dans la limite du maximum légal le plus élevé. Chaque peine prononcée est réputée commune aux infractions en concours dans la limite du maximum légal applicable à chacune d'entre elles".

furto, mas, sim, diversos furtos em sequência (julgados em um mesmo processo), ele pode impor para o primeiro furto uma pena privativa de liberdade; para o segundo, uma pena de trabalho de interesse geral; e para o terceiro, uma pena de multa.[221]

Todavia, no que diz respeito ao sistema da persecução criminal por meio de processos separados, incide outra regra. Conforme o disposto no artigo 132-4 do Código Penal francês,[222] na ocasião de um perseguido criminalmente ser considerado culpado de diversas infrações em concurso, as penas pronunciadas são executadas cumulativamente dentro do limite do máximo legal mais elevado. Apesar disso, a confusão total ou parcial das penas de mesma natureza pode ser ordenada seja pela última jurisdição convocada, seja pelas condições estabelecidas no *Code de Procédure Pénale.*

Não obstante, quanto ao instituto do crime continuado, há divergência dogmática, inclusive, quanto à terminologia aplicável. Cabe, ademais, advertir-se quanto ao fato de que não existe, no direito francês, uma tradução para o instituto que se conhece como crime continuado. Entretanto, a fim de bem elucidar tal conceito, cumpre realizar uma breve digressão sobre alguns institutos que se assemelham aos da nossa matéria penal.

É de rigor, antes de tudo, abordar conceitos da doutrina francesa acerca de infração simples e de infrações *compliquées.* Essas se vinculam a três tipos de infrações, enquanto que aquela se refere a uma infração atingida por um ato único que completa o tipo penal instantaneamente (matar alguém). No que tange às infrações consideradas *compliquées*, existem três modalidades: *infractions complexe, d'habitude et continue.* A infração complexa é aquela cuja realização material pressupõe o cometimento de diversas ações diferentes. O exemplo mais citado na doutrina é o do crime de fraude, pois necessita de um procedimento fraudulento suscetível para enganar a vítima; o que se realiza tão somente por meio de diferentes e sucessivos comportamentos. Por sua vez, a *infraction d'habitude* ou o *délit d'habitude* é constituído pela comissão de diversos atos. Bastante parecido com o nosso instituto, prevê que os atos constitutivos da habitualidade (bastam dois) devem ser semelhantes, mas, se isolados, podem não ser puníveis, porquanto é o conjunto e a repetição que definem a infração. Jacques Leroy considera exemplos de *délits d'habitude* o exercício ilegal da medicina ou, ainda, a ameaça de cometer um crime contra determinadas pessoas quando reiterada (*article 222-17 du Code Pénal*).[223] Tal autor considera que a prescrição nesse caso começa a correr apenas a partir do segundo ato que realiza a infração.[224] Nesta esteira, os autores Frédéric Desportes e Francis Le Gunehec[225] definem que as infrações habituais necessitam da realização de diversos atos idênticos que, analisados isoladamente, não são puníveis. Colocam, ainda, que, além do tipo do exercício ilegal da medicina (disposto

---

[221] SOYER, Jean-Claude, 2000, p. 196.

[222] Art. 132-4 du CP: "lorsque, à l'occasion de procédures séparées, la personne poursuivie a été reconnue coupable de plusieurs infractions en concours, les peines prononcées s'exécutent cumulativement dans la limite du maximum légal le plus élevé. Toutefois, la confusion totale ou partielle des peines de même nature peut être ordonnée soit par la dernière juridiction appelée à statuer, soit dans les conditions prévues par le code de procédure pénale".

[223] Art. 222-176 du CP: "la menace de commettre un crime ou un délit contre les personnes dont la tentative est punissable est punie de six mois d'emprisonnement et de 7 500 euros d'amende lorsqu'elle est, soit réitérée, soit matérialisée par un écrit, une image ou tout autre objet".

[224] LEROY, Jacques, p. 209.

[225] DESPORTES, Frédéric; LE GUNEHEC, Francis, p. 404 e segs.

no artigo 372 do Código de Saúde Pública), se enquadrariam, também, dois delitos instituídos pelo novo Código Penal, são eles os trotes telefônicos reiterados e as agressões sonoras que, da mesma forma, estão incriminadas quando reiteradas, dado que agridem a tranquilidade alheia (*article 222-16 du Code Pénal*). No que tange ao conceito de *l'infraction continue* (ou *infractions sucessives*), tem-se que se configura por uma ação ou omissão que se prolonga no tempo. Conforme destaca a doutrina francesa, a qualificação de *infractions successives* parece enganosa, principalmente porque a sua denominação no singular é incorreta – não faz sentido no mundo jurídico-penal.[226] Cabe salientar, ainda, que, embora haja essa confusão terminológica, não há confundir-se com a definição de *infraction continue*, que nada tem a ver com o crime continuado, mas, sim, com o permanente.

Além disso, veja-se o conceito do instituto que mais se aproxima da nossa definição de crime continuado: as *infractions successives*, as quais supõem uma pluralidade de infrações idênticas, cometidas em sequência e – no plano material – resultam em uma aparente unidade. Entretanto, como destaca Emmanuel Dreyer, referindo-se à aparente unidade que viria a ter tal conceito: "cependant, celle-ci ne trouve pas de traduction sur le plan juridique car chaque infraction conserve son autonomie par rapport aux precedentes et aux suivantes".[227] Observa-se, consequentemente, que o autor coloca a problemática de forma bastante simples: não há tradução, no plano jurídico-penal francês, suposto que o ordenamento prefere considerar que cada infração conserva sua autonomia em relação às precedentes e às seguintes; e explica o porquê: no direito penal francês, a regra do *non bis in idem* não se oporia ao fato de que diversas persecuções criminais possam ser desencadeadas e que diversas declarações de culpabilidade possam ser pronunciadas, com as penas sendo fixadas em total consonância e respeito às regras do *concours réel d'infractions* e do limite máximo legal da pena.[228]

Cabe destacar que os interesses da distinção dessa sorte de infração são puramente de ordem processual, uma vez que eles tratam da competência territorial e da prescrição penal da ação pública – contrariamente ao exercício que se faz para considerar um crime único para fins de aplicação da pena.

Conforme expõe Michèle-Laure Rassat, a persecução criminal de infrações *compliquées* apresenta, em relação à da infração simples, diversas diferenças que são ou comuns ou particulares da noção *d'infraction continue*.[229] Os interesses práticos de tal distinção estão, especificamente, em matéria de prescrição penal da ação pública. *A priori*, a prescrição começa a correr no momento em que é constituída a infração; no entanto, no que concerne às infrações *compliquées,* a contagem da prescrição restará retardada até o momento da consumação da infração quando se tratar *d'infractions complexes*; até o segundo ato, em matéria de *délit d'habitude*, independentemente de saber o lapso que o separa do primeiro ato; e até a cessação do estado delituoso em matéria de *infraction continue*.

Por outro lado, uma parte da doutrina francesa avançou em um conceito complementar, com o objetivo de favorecer a repressão penal, o qual intitulou-se *d'infraction*

[226] DREYER, Emmanuel, p. 444.

[227] DREYER, Emmanuel, p. 443.

[228] DREYER, Emmanuel, p. 445 e segs.

[229] RASSAT, Michèle-Laure, p. 307 e segs.

continuée.[230] Mas, Emmanuel Dreyer adverte: o conteúdo desse conceito resta incerto. Coloca duas aproximações para explicar o seu argumento: (i.) *l'infraction continuée en doctrine*; e (ii.) *l'infraction continuée en jurisprudence*.[231] No entanto, aponta que o excesso de *sophistication doctrinale* impede a consagração desse conceito na doutrina jurídico-penal francesa: enquanto conceito não existe, pois não haveria razão prática de ser, apenas introduziria uma complicação suplementar sem verdadeira aplicação. Porém, em suas palavras, a jurisprudência, menos ambiciosa, aceita que certas infrações sejam tratadas como se fossem *infractions continuées* quando necessário para fixar o ponto de partida da contagem da prescrição penal.

No que tange à jurisprudência francesa em relação ao crime continuado, há maior clarividência. Existem diversas manifestações *d'infraction continuée*, sendo, a que mais se aproxima da definição proposta doutrinariamente, a hipótese de reconhecer a ligação que se manteve entre as atividades delituosas para empurrar o ponto de partida do prazo de prescrição relativo a essas infrações sucessivas.

Cabe destaque, ainda, que a Alta Jurisdição francesa, em matéria de prescrição penal da ação pública, já admitiu, na esteira da jurisprudência dos tribunais inferiores,[232] a tendência a considerar que – no caso *d'infractions successives* – todas as infrações se constituiriam, em realidade, em apenas uma única, com relação à qual começaria a contar a prescrição a partir do último fato punível.[233] Aponta-se, ainda, que tais soluções testemunham uma preocupante flexibilização do princípio da legalidade e, em sua opinião, restam bastante discutíveis – comprovando a viva divergência sobre tal instituto no direito francês.

Há, inclusive, precedente da *Cour de Cassation* no sentido de reconhecer materialmente que, no crime de tráfico de influência ativo, o agente cometeu delitos sucessivos que se renovaram enquanto houve a reiteração das condutas fraudulentas. Sem embargo, contrariamente ao que poderia vir a decidir um tribunal pátrio se fosse reconhecer a unidade das condutas devido ao instituto do crime continuado, a Corte francesa aprovou a manutenção das diferentes persecuções criminais.[234]

1.3.3.8. A legislação reino-unidense

O Reino Unido possui três sistemas legais: o da Irlanda do Norte; o da Escócia; e o da Inglaterra e País de Gales – este último conhecido como *English Law*. Antes de mais nada, cabe explicar os dois tipos de sentença (em relação ao aprisionamento) existentes na Inglaterra e no País de Gales: *consecutive* e *concurrent*.

No primeiro (*consecutive*), haverá a soma das penas – equivalente, por certo, ao cúmulo material –; assim, por exemplo, foram prolatadas duas sentenças penais condenatórias contra o mesmo delinquente (por um determinado crime, uma pena de 4 anos

---

230 DREYER, Emmanuel, p. 459.

231 "Dans le but de favorises la répression, une partie de la doctrine a avancé un concept supplémentaire, celui d'infraction continuée. Son contenu reste néanmoins incertain" (DREYER, Emmanuel, 2012, p. 459).

232 Cass. crim., 16 mars 2011: Dr. pén. 2012, comm. 20, obs. M. Véron – acessado em <www.legifrance.gouv.fr>.

233 Cass. crim., 15 nov. 1973: *Bull. crim.* 1973, nº 422. – acessado em <www.legifrance.gouv.fr>.

234 V., Cass. crim., 15 mars 2000: Bull. Crim. 2000, nº 115, *Rev. sc. crim. 2000, p. 815, obs. B. Bouloc.* – acessado em <www.legifrance.gouv.fr>.

e, por outro, uma de 6 anos). Ele deverá cumprir a pena que corresponde ao primeiro crime e, depois, a do segundo, o que totalizaria 10 anos; portanto, nada mais que somar as penas dos crimes (cúmulo material). Quanto ao segundo (*concurrent*), seria equivalente ao sistema da absorção das penas, ou seja, o criminoso é condenado a 4 anos por um determinado crime e a 6 anos, por outro. Nesse caso, ele cumpre o total de 6 anos, porquanto cumprirá as penas concomitantemente, sendo que a pena imposta ao delito mais grave absorve a imposta ao menos grave.

Sob outro aspecto, existe a figura do *multiple offender*. Estes criminosos são sentenciados uma única vez por mais de um crime em algumas circunstâncias, nas quais, geralmente, os crimes estão ligados. Um exemplo dado pelo próprio *Sentencing Council* é o seguinte: uma série de furtos cometidos durante meses pelo empregado de uma empresa (equivalente à figura legal do crime continuado). Percebe-se que a ideia do crime continuado existe, sim, na Inglaterra, porém, o instituto em si não existe; no exemplo acima, tanto o crime continuado quanto o crime comum são tratados da mesma maneira, pelo princípio da totalidade. Em se tratando do *multiple offender*, há duas abordagens em relação a como sentenciar estes indivíduos: a primeira é analisar cada um dos crimes em separado e, então, aplicar uma pena a cada um deles, sendo que, ao final, se somam as penas – o que seria, de certa forma, comparado ao cúmulo material. Vale ressaltar que essa abordagem não é usada na prática, pois ela levaria a uma pena excessiva, desrespeitando, portanto, o princípio da proporcionalidade. A segunda abordagem é sentenciar pelo primeiro crime e, depois, apenas aumentar a pena. É o *bulk discount*, quer dizer, dar um desconto ao criminoso.

A teoria penal utilitarista defende essa segunda abordagem, na medida em que sustenta que não existe relação nenhuma entre penas de longo período e a prevenção de crimes. Ao aplicar a pena, o juiz decidirá pela pena consecutiva ou pela pena concorrente. Geralmente, aplica-se a pena concorrente quando os delitos pelos quais o criminoso está julgado forem cometidos concorrentemente e, então, formarem parte de uma única ação. Vale citar que a Corte reconheceu que a concorrência no tempo não é suficiente para a imposição de sentença concorrente. Ademais, este Órgão também decidiu que, em se tratando de uma série de roubos em diferentes lojas, estes delitos fazem parte de um mesmo crime, porém, embora cometidos concorrentemente, a eles se aplica a pena consecutiva.

De outra banda, se a pena cabível é a consecutiva, impõe-se o princípio da totalidade, que, na Inglaterra, está definido no *Criminal Justice Act 1991* ("nothing in the Act shall prevent the court ... in the case of an offender who is convicted of one or more other offences, from mitigating his sentence by applying any rule of law as to the totality of sentences"), e foi reconhecido no *Criminal Justice Act 2003*. Quando um indivíduo é indiciado por ter cometido mais de um crime, a Corte busca aplicar-lhe uma pena que seja compatível a todo seu comportamento criminoso e que, portanto, seja justa e proporcional.[235] A pena justa e proporcional é aquela compatível com a seriedade da conduta criminosa, analisada como um todo, bem como aquela que trará a punição ade-

[235] "In McGready the appellant was sentenced to three consecutive terms of two years' imprisonment for three offences of taking a vehicle without consent; the Court considered that although the sentences were properly made consecutive, the total of six years was 'excessive... the offences did not merit such a substantial term'". Neste caso, a pena foi diminuída para 3 anos.

quada ao criminoso, não prejudicando o seu desenvolvimento como pessoa.[236] Dessa maneira, o princípio da totalidade é utilizado para que seja analisado o crime como um todo; ora, sendo um crime só, não há motivo para se somarem as penas – isso ocorre porque seria injusto somar todas as penas quando houver de um só comportamento criminoso; de igual modo, em casos de múltiplos crimes, as penas não se somarão meramente em virtude de uma regra matemática, mas serão manejadas tendo em vista a proporcionalidade da conduta delitiva. Conforme explicado pelo próprio *Sentencing Council UK*, "It is necessary to address the offending behaviour as a whole".[237]

[236] "When cases of multiplicity of offences come before the court, the court must not content itself by doing the arithmetic and passing the sentence which the arithmetic produces. It must look at the totality of the criminal behaviour and ask itself what is the appropriate sentence for al the offences" (Judgement of Lawton L.J, 1974).

[237] sentencingcouncil.org.uk/guideline (link completo https://www.sentencingcouncil.org.uk/wp-content/uploads/public_guide_totality_for_web.pdf) -->.

2. A inserção do delito continuado no sistema penal

Importa agora referir-se que a construção teórico-dogmática do delito continuado, dentro do sistema penal, se localiza no setor específico do concurso de crimes,[238] a partir de seu enquadramento legal. E, nesse setor, pode ser concebido como uma espécie (de índole benéfica) do concurso material homogêneo, não se lhe restando, assim sendo, outra colocação possível senão à qual se encontra inserto.

Esse enquadramento, entretanto, implica certa resistência, na medida em que se hesita reconhecer o crime continuado como espécie do que é gênero o concurso de crimes, porque, conceitualmente, aquele é um delito único, não ensejando, portanto, o aparecimento de um *concursus delictorum* propriamente dito.[239]

Por causa disso, cumpre expender-se essa questão, adiantando-se, todavia, que, segundo se avalia, o instituto jurídico-legal do crime continuado deve ser catalogado como modalidade do concurso de crimes; até porque a unificação da cadeia criminosa, a partir da disciplina do crime continuado, tem como finalidade precípua a aplicação da pena, não deixando de possuir, em seu substrato, a pluralidade de fatos puníveis (dado que permite a sua inclusão na moldura conceitual do concurso de delitos).

2.1. DO CONCURSO DE CRIMES

No plano conceitual, pode dizer-se, a justo título, que o sistema do concurso de crimes – denominado pelos autores alemães de *Verbrechenseinheit und Mehrheit* – é a situação na qual um agente, mediante uma só ou mais de uma conduta, pratica dois ou mais fatos puníveis (traduzidos em tipos penais dolosos ou culposos, tentados ou con-

---

238 René Ariel Dotti (2013a, p. 672) sugere a nomenclatura "concurso de infrações", por entender que "o concurso poderá ocorrer entre crimes ou contravenções, isoladamente considerados ou entre crimes e contravenções. Daí a designação adotada pelo art. 76 do CP e não a de concurso de *crimes*". Entretanto, nas regências legais dos três institutos concursais (concurso material, formal e crime continuado), a norma se vale da expressão "crimes", não sendo, nesse sentido, desacertada a nomenclatura que se utiliza. (De qualquer modo, a questão da possível formação do nexo de continuidade entre o crime continuado e as contravenções penais será abordada em tópico específico, ao qual se remete o leitor: ponto 6.7.)

239 Eusébio Gómez (1939, p. 507) sustenta: "en sentido estricto no puede sostenerse, a pesar de la pluralidad de acciones que implica el delito continuado, que éste represente un concurso de delitos. El delito continuado es, en realidad, un delito único, porque, si bien cada una de las acciones que lo completan perfecciona el delito, como las preside un solo designio y todas son violatorias de una misma norma legal, se impone considerarlo como una sola entidad jurídica".

sumados, qualificados ou privilegiados, comissivos ou omissivos, formais, materiais ou de simples atividade, entre outras classificações possíveis). Postas as coisas deste modo, a concorrência de dois (ou de vários) crimes cometidos pelo mesmo autor representa, no enquadramento jurídico, uma modalidade específica de realização dos fatos puníveis; a mais disso, a concorrência pode espelhar tanto crimes independentes uns dos outros, como, igualmente, crimes relacionados entre si, o que, nesta última hipótese, poderia implicar unidade (natural ou jurídica) de conduta.[240]

Do mesmo modo que o crime pode ser praticado por uma (ou por mais de uma) pessoa (hipótese na qual se configura o concurso de pessoas – *concursus delinquentium* –, fenômeno também denominado de *concurso no delito*),[241] pode uma só (ou mais de uma) pessoa vir a cometer mais de um crime (hipótese em que se desenha o concurso de crimes).[242] Aníbal Bruno definiu, direta e precisamente, o instituto concursal nos seguintes termos: "dá-se o concurso de crimes quando o mesmo agente, por meio de uma só ou de várias ações, realiza duas ou mais figuras delituosas, idênticas ou diversas".[243]

Ainda nesse terreno, já se sustentou que o concurso de crimes seria o reverso da teoria do concurso de agentes, como informa José Salgado Martins: "costuma-se apresentar a teoria do concurso de delitos como sendo, de certo modo, o reverso da participação criminal. Nesta, os agentes se coligam para a produção de um delito; no concurso, a pluralidade de delitos aparece como atribuível a um só sujeito ativo".[244] Obviamente, isso não impede que o autor de vários crimes os tenha praticado, alguns com e outros sem a participação de outros autores, o que pressuporia, em diferentes palavras, a coexistência da coautoria em face do concurso de crimes. Diante de tais circunstâncias, disserta Paulo José da Costa Júnior: "mais que um instituto jurídico autônomo, o concurso de delitos é um *nomen juris* utilizado para indicar a atribuição de vários crimes a um

---

[240] BRUNO, Aníbal, 1969, p. 155.

[241] BATTAGLINI, Giulio, p. 552.

[242] Buscando indicar todas as formas de aparição de um fato punível que pode haver, aponta Guillermo J. Fierro (1964, p. 20-1) que "la alteración del orden jurídico por parte de una acción previamente reputada como delictiva, no siempre se da dentro del esquema 'un individuo cometiendo un delito'. Se nos plantea –a veces– el caso de un individuo que comete más de un delito. Tendremos entonces un problema de concurso de delitos, real o formal, y en último extremo de reincidencia, si entre la comisión de uno y otro media una sentencia condenatoria firme. Otras, la conducta delictuosa desplegada por él o los individuos, es objeto de diversos encuadramientos jurídico-penales erróneos, colisión que se obvia a través de la aplicación de las normas que rigen el llamado 'concurso aparente de leyes'. No tenemos tampoco el esquema de 'un individuo cometiendo un delito', cuando analizamos la tentativa en sus diversos aspectos. Podríamos decir que en esta hipótesis se presenta 'un individuo cometiendo parte de un delito' que, por circunstancias ajenas a la voluntad de su autor, no ha llegado a concretarse. Y la tercera forma especial de aparición de un hecho punible la encontramos, precisamente, en la teoría de la participación criminal. No se da en ella, al igual que en los casos anteriores, el consabido esquema; sino que tenemos 'dos o más individuos cometiendo uno o más delitos'". Da mesma forma, Alberto Campos (p. 66), quando afirma: "Así como un hecho puede ser cometido o tentado por una o más personas que aparecen ante la ley como posibles sujetos del reproche penal correspondiente, así también del mismo modo, uno o más individuos pueden concurrir individual o pluralmente la violación de diversas normas penales, contempladas en distintos tipos, como consecuencia de una acción o varias acciones independientes entre sí conceptual o fácticamente. Lo cual quiere decir que con una sola determinación o querer, y una sola actuación voluntaria, se puede producir el desencadenamiento de varios resultados dañosos previstos en tipos penales diferentes o con una múltiple decisión y movilización exterior, determinar la provocación de distintos hechos constitutivos independientemente de diversos delitos".

[243] BRUNO, Aníbal, 1984a, p. 287.

[244] MARTINS, José Salgado, 1974, p. 259.

único agente",[245] permitindo, em outro aspecto, o perfeito enquadramento para as situações nas quais "se venha a pôr em dúvida a unidade ou a pluralidade de crimes".[246]

Nesse prisma, em síntese, o concurso delinquencial se apresenta quando o agente (isolada ou associadamente) comete dois ou mais crimes, por meio de uma ou várias ações, havendo a necessidade, portanto, de se "contar ou enumerar infrações",[247] sendo a finalidade de toda a matéria do concurso de crimes a de "limitare l'entità della pena da applicare a chi deve essere giudicato per più reati".[248] Contudo, as soluções concretas da matéria do concurso de crimes ainda não se apresentam pacificadas nos campos legal, doutrinário ou jurisprudencial. De qualquer sorte, como assinala Aníbal Bruno, essas soluções "têm-se mostrado influenciadas pela preocupação de estender ao culpado, na medida justa, a retribuição que lhe cabia pelo seu comportamento punível, de julgar os crimes praticados no seu objetivismo de ação e de resultado ou no subjetivismo da cupabilidade do agente, sem que daí pudesse decorrer punição menor do que a merecida ou maior do que parecesse razoável ao sentimento de equidade".[249]

2.2. A EXATA LOCALIZAÇÃO DO CONCURSO DE CRIMES

A dogmática penal discute a exata localização que se deve oferecer, dentro do sistema jurídico-criminal, ao concurso de crimes. Então, vários são os posicionamentos, os quais, entretanto, *grosso modo*, poderiam ser polarizados da seguinte forma: o concurso de crimes pertenceria à teoria do crime ou à teoria da pena, exatamente porque toda a regulamentação do concurso apresenta dois pontos de apoio: os tipos concretizados e as penas nas quais se incorre.[250]

Há, ainda, uma posição intermediária, que o vislumbra na passagem entre as duas teorias.

Além disso, deve dar-se especial atenção à localização do crime continuado; nesta perspectiva, tem-se, posto que sucintamente, de examiná-los.

2.2.1. O concurso de crimes e a teoria do crime

A primeira orientação ancora-se no argumento segundo o qual o *locus* próprio do concurso de crimes é a teoria do delito, pois é a partir das noções concretas do tipo penal que se estabelecem as distinções entre a unidade e a pluralidade das condutas puníveis; sendo a pena tão somente a consequência que se obtém dessa anterior elaboração.

---

[245] COSTA JÚNIOR, Paulo José da, 2007, p. 225-6.

[246] COSTA JÚNIOR, Paulo José da, 2007, p. 226.

[247] Como descreve Antonio Cuerda Riezu (1991, p. 822), "el concurso de delitos o de infracciones se contrapone a la unidad de delito, de manera que a partir de una infracción – es decir: cuando haya dos o más – podremos hablar de concurso de infracciones. En definitiva, la teoría del concurso surge de la necesidad de contar o enumerar infracciones". Santiago Mir Puig (1987, p. 208) bem trabalhou a necessidade do tipo subjetivo no concurso de crimes: "la parte subjetiva del tipo de concurso de delitos puede requerir, pues, algo más que la suma de dos hechos dolosos aisladamente considerados: requiere el conocimiento de aquellos datos situacionales que permiten apreciar *conjuntamente* dos o más delitos; por ejemplo, el conocimiento de que son *distintas las víctimas* de un primer ataque frustrado y la posterior consumación".

[248] DELPINO, Luigi, 2009, p. 868.

[249] BRUNO, Aníbal, 1969, p. 155-6.

[250] COBO DEL ROSAL, Manuel; VIVES ANTÓN, Tomás, 1999, 776.

Como argumenta Aldo Moro, "ora se si guarda alla teoria del concorso nel suo complesso, non si può negare che essa tocchi in punti essenziali la stessa teoria del reato, alla quale perciò, già sotto questo profilo, a buon diritto appartiene. Determinare infatti quel che è unità, e correlativamente, quel che è pluralità di reati significa procedere, in un'interessantissima problematica, per la stessa via che percorriamo per giungere ad intendere l'essenza del reato. E si può parlare bene a ragione di una tipica forma di manifestaione del reato, sia con riferimento al presentarsi di reati con una tale struttura, da far dubitare del loro carattere unitario o plurimo, sia con riguardo al coesistere di più reati in quanto commessi dallo stesso soggetto e sottoposti ad un giudizio comune, cioè al fatto del concorso effettivo con il suo caratteristico elemento soggetivo di connessione".[251] Na doutrina brasileira, essa tem sido a posição substancialmente majoritária.[252]

2.2.2. O concurso de crimes e a teoria da pena

Por outro lado, também se sustenta que o concurso de crimes tem relação de pertinência exclusiva com o âmbito de determinação e aplicação da pena,[253] dado que, nessa fase, convergiria uma série de infrações sobre as quais já se teriam cumprido todos os requisitos dos juízos de desvalor e reprovação (constitutivos do crime), evitando-se, por conseguinte, as indesejáveis consequências da incidência do princípio *quot crimina tot poenae*.[254] Para René Ariel Dotti, "a reiteração de fatos puníveis, desde que as ações isoladas constituam delitos autônomos, não pode ser tratada através da teoria geral do crime, na tentativa de encontrar um conceito lógico-jurídico, mas junto à teoria geral da pena, como expressão de maior ou menor censurabilidade do agente".[255]

De acordo com esse entendimento, devem ser efetuados todos os esforços no sentido de se afastar o princípio *quot crimina tot poenae*, com o que assumem relevo consi-

---

[251] MORO, Aldo, 1959, p. 30.

[252] Nesse sentido, entendem alguns doutrinadores que o *concursus delictorum* é questão vinculada à teoria do crime, e não à aplicação da pena – com Edgard Magalhães Noronha (1999, p. 270) à frente –, para quem "o estudo do concurso de delitos é, hoje, um problema de dogmática do crime. Já o foi de aplicação da pena". Igualmente, a posição sustentada por Damásio de Jesus (2010a, p. 642), segundo a qual "a questão deveria ser tratada pelo Código na teoria geral do crime, pois são mais relevantes os problemas relacionados com o delito em geral que com a pena em geral. É mais importante estabelecer a forma dos fatos puníveis que estabelecer a quantidade da pena aplicável em caso de concurso, pois a pena pode variar em face de circunstâncias, enquanto a forma dos fatos puníveis é básica, tanto na determinação da figura típica quanto no tocante às condições que modificam a imputação e a responsabilidade. Se o Código determina a aplicação cumulativa das penas no concurso material é porque entende haver *concurso de crimes*. Então, o que é mais importante: o concurso de crimes ou a acumulação material das penas? As penas são somadas exatamente porque há concurso de crimes. Logo, a causa é mais relevante. O Código, porém, entendeu mais importante o efeito, inserindo a questão no Capítulo da 'aplicação da pena'". No mesmo sentido, Odin Americano (1956, p. 31-2), para quem: "que haja relação muito íntima entre o problema do concurso e o da pena ninguém pode negar, pois a pena é o resultado, a consequência indeclinável do crime. Mas o problema da pena depende da estrutura e da conceituação do crime, do qual ela é uma consequência. (...). Mais que de um problema de aplicação de pena, o assunto encarna questão mais profunda, ligada à estrutura do crime. Basta lembrar que o concurso não se alheia da ação, mas está entrosado nela, em que se resolve, em última análise, o crime".

[253] Nessa linha de raciocínio, a lição de Aníbal Bruno (1984a, p. 287), quando reconhece: "o concurso, antes de ser um problema da dogmática do crime, foi um problema prático de medida da pena".

[254] COBO DEL ROSAL, Manuel; VIVES ANTÓN, Tomás, p. 777.

[255] DOTTI, René Ariel, 1969, p. 181.

derações político-criminais relacionadas à aplicação da pena, graças às quais a solução do concurso dar-se-ia de forma justa e equânime.

2.2.3. A posição intermediária ou mista

Em linhas gerais, sustenta-se que o concurso de crimes se situa como verdadeira passagem entre a teoria (geral) do delito e as suas consequências jurídicas,[256] porquanto, de um lado, na teoria do crime, resolve-se a questão da unidade (ou pluralidade) de ação; e, por outro, na teoria da pena, impede-se a aplicação da regra *quot delicta tot poenae.*

Como descreve José Antonio Choclán Montalvo, "la doctrina, pues, ha establecido una relación entre la distinción unidad de acción-pluralidad de acciones, de un lado, y concurso ideal de delitos-concurso real de delitos, de otro, entendiendo que la distinción entre unidad y pluralidad de acciones son conceptos pertenecientes a la *teoría del tipo* de los que se hacen derivar unas consecuencias que afectan a la *determinación de la pena*, esfera en la que aquéllos se materializan en la forma de concurso ideal y real de delitos, respectivamente".[257]

Com isso, seria exatamente nesse trecho de passagem que se deve inserir a matéria atinente ao *concursus delictorum* (material e formal), uma vez que se estruturaria tanto no enquadramento típico (necessário à punição), quanto, por igual modo, como fator concreto de apenamento. Situar-se-ia, assim sendo, em um capítulo de transição entre o do crime e o da aplicação da pena,[258] de cujo ponto poderia trazer a definição, advinda do campo da tipicidade, para aplicá-la no da individualização punitiva.[259]

2.2.4. A localização do crime continuado

Deve, ainda, avaliar-se onde se situa, no plano sistemático, a figura legal da continuidade delitiva.

---

[256] Desse ponto de vista, remarca Ricardo Antunes Andreucci (1982, p. 68): "se se hesita quanto ao nome, hesita-se também quanto ao seu exato enquadramento doutrinário, procurando-se a sede precisa para o seu enquistamento dogmático. Vencida a tese de sua colocação como o reverso da teoria do concurso de agentes, vê-se a possibilidade de ficar jungido, simultaneamente, à dogmática do crime e à teoria da aplicação da pena. Fornecem esta opção Maurach e Bettiol, para os quais representa um momento intermediário entre as duas partes fundamentais do Direito Penal, decorrendo daí as suas mais sérias dificuldades". E, a seguir, arremata: "a solução parece correta, mesmo porque a nossa disciplina não apresenta compartimentos estanques, não podendo o concurso de crimes ficar reduzido ou à teoria do crime o ou à teoria da pena, soluções unilaterais e pouco satisfatórias" (ANDREUCCI, Ricardo Antunes, 1982, p. 69).

[257] CHOCLÁN MONTALVO, José Antonio, p. 51-2.

[258] COSTA JÚNIOR, Paulo José da, 1964, p. 107.

[259] José Paganella Boschi (2000, p. 334) afirma também que o ponto apresenta "singular importância pelas consequências que produz no campo da individualização da pena, muito embora seu estudo também seja objeto da teoria geral do delito". Essa também é a posição defendida por Giulio Battaglini (p. 553), quando afirma que "a questão do concurso de delitos pertence tanto à teoria do delito, quanto à da pena". Edmundo Mezger (1949, p. 344), a seu turno, cita a separação proposta por Eduardo Kohlrausch, por meio da qual o concurso formal seria tratado no setor do tipo, e o concurso material, no setor da pena, "así es que se impondría una división y distribución de la total teoría del concurso entre la teoría del delito y la teoría de la pena". Com isso, cada modalidade concursal teria uma localização sistemática própria. Todavia, para Edmundo Mezger (1949, p. 344-5), deve examinar-se "íntegralmente la teoría del concurso en la teoría del delito; pero con ello establecemos el tránsito a la subsiguiente teoría de la pena".

Logicamente, o crime continuado apresenta-se como modalidade do concurso de crimes e, como tal, também se coloca, em rigor, como passagem entre a teoria (geral) do crime e a teoria (geral) da pena. De um lado, tem pontos específicos de ligação com a teoria do crime (*in casu*, com a doutrina do tipo penal), pois a unidade ou pluralidade de condutas e a realização repetida de um tipo penal homogêneo têm relação direta com a tipicidade objetiva; e a existência de um dolo de continuação – para aqueles que o exigem –, com a tipicidade subjetiva.[260] De outro lado, a questão específica do marco penal que se lança à continuidade delitiva é um problema de determinação da pena, isto é, das consequências jurídicas do delito[261] – teoria (geral) de punibilidade.

Nesse trecho de passagem, por conseguinte, é que se deve inserir também a matéria referente ao crime continuado, por estabelecer, concretamente, uma ligação indissociável entre os pressupostos existenciais do crime (determinação típica) e suas consequências jurídicas (setor de apenamento).

2.3. AS MODALIDADES DE CONCURSO DE CRIMES

Cumpre apontar que a matéria do concurso delinquencial vem disciplinada, basicamente, nos artigos 69 *usque* 72 do Código Penal, os quais integram o Capítulo III (referente à aplicação da pena) do Título V. Nesse bloco, encontram-se os seguintes institutos: (i.) o concurso material; (ii.) o concurso formal; bem como (iii.) o crime continuado.

De modo resumido, pode conceituar-se que, se o agente concretizar apenas uma conduta de que resulte mais de um delito, se apresentará a figura do concurso formal; todavia, se o agente realizar dois ou mais delitos (existindo duas ou mais condutas), idênticos ou diversos, apresentar-se-á o concurso material.[262]

E, a mais disso, a configuração unitária do crime continuado, em obediência à qual o agente, mediante mais de uma ação ou omissão, "pratica dois ou mais crimes da mesma espécie, unidos pelo laço da continuidade".[263] (De fato, o delito continuado poderia ser comparado com "la figura geométrica del triángulo, pues a su izquierda limita con el concurso ideal, a su derecha con el real e, en su base, descansa con otros supuestos de unidad de acción como, p. ej.: el delito permanente o el habitual".)[264]

---

[260] CHOCLÁN MONTALVO, José Antonio, p. 53.

[261] CHOCLÁN MONTALVO, José Antonio, p. 52.

[262] Antonio Cuerda Riezu (p. 835-6), referindo posição de Ingeborg Puppe (*Idealkonkurrenz*, p. 11), assinala que "una de las razones que obligan a mantener separadas estas dos instituciones concursales, consiste en entender que el concurso ideal se fundamenta en la prohibición de la doble valoración de unas mismas circunstancias de hecho. Ahora bien, para entender el concepto de que resulta vedada una doble o múltiple consideración de circunstancias fácticas en el ámbito del concurso ideal, previamente es preciso hacer referencia a un principio general del Derecho más amplio y que engloba aquel concepto: el *non bis in idem*". Ainda, prossegue: "el concurso ideal representa siempre y por definición un menor contenido de injusto que el concurso real, en cuanto que una misma acción o hecho es común a varios tipos de injusto y en consecuencia no puede ser valorado varias veces en la determinación de la pena, porque lo impide el *non bis in idem* y el principio de proporcionalidad. De ello se deriva que la consecuencia jurídica que se prevea para el concurso ideal –sea cual sea ésta– ha de ser necesariamente de inferior gravedad a la que se determine para el concurso real – sea cual sea ésta".

[263] MARQUES, José Frederico, 1997, p. 446.

[264] POSADA MAYA, Ricardo, 2012, p. 24-5.

Cabe, agora, a análise, em primeiras linhas, dessas três figuras perfectibilizadoras do concurso de crimes.

2.3.1. Do concurso material

O concurso material ("real" [*Realkonkurrenz*], "pluralidade material de tipos", "concurso efetivo" – *wirkliches Zusammentreffen* – ou, ainda, "concurso sucessivo") – que preside, em grande medida, o sistema de apenamento das condutas punitivas (*quot delicta tot poenae*), e cuja realização se produz por intermédio de uma "pluralidade de ações com pluralidade de resultados, sejam estes homogêneos ou heterogêneos"[265] – é previsto no artigo 69 do Código Penal.[266] Nesta modalidade de concorrência de crimes, não pode conceber-se unidade de ação, dado que cada uma, *per se*, materializa um fato punível distinto, em vista do que "os crimes são múltiplos e a cada um deles caberá uma pena, vindo a pesar sobre o autor a soma de todas elas".[267] Verifica-se, assim, quando "un soggetto realizza, con più azioni od omissioni, più violazioni della stessa (concorso materiale c.d. omogeneo) o di diverse norme incriminatrici (concorso materiale c.d. eterogeneo)".[268] Diz-se homogêneo,[269] portanto, o concurso quando todas as ações ilícito-típicas "forem substancialmente idênticas (por exemplo, dois roubos, ambos com emprego de arma de fogo)";[270] e heterogêneo, quando diversas (por ilustração, estupro e roubo).[271] Como sublinham Christian Favre, Marc Pellet e Patrick Stoudmann, "le concours réel est le concours d'infractions proprement dit, soit la situation où l'auteur a commis plusieurs actes distincts, chacun d'entre eux étant une infraction";[272] nessa modalidade de concurso, um sujeito comete dois ou mais crimes; e "l'unico legame tra questi reati è dato dall'identità della persona dell'agente che ha posto in essere i reati".[273]

---

265 ANDREUCCI, Ricardo Antunes, 1982, p. 60.

266 O sistema do concurso material sofre severas críticas doutrinárias por contrastar, especialmente, o princípio da proporcionalidade, segundo o qual, como expõe Antonio García-Pablos de Molina (2012b, p. 579-80), "(...) rechaza el establecimiento de conminaciones legales (proporcionalidad en abstracto) y la imposición de penas (proporcionalidad en concreto) que carezcan de relación valorativa con el hecho cometido, contemplado éste en su significado global. Tiene, en consecuencia, un doble destinatario: el poder legislativo (que ha de establecer penas proporcionadas, en abstracto, a la gravedad del delito) y el judicial (las penas que los jueces impongan al autor del delito han de ser proporcionadas a la concreta gravedad de éste). Complementa, por tanto, las exigencias del principio de culpabilidad que, en sí mismo, no garantiza la necesaria proporción entre el delito y la pena. La exigencia de proporción se determina mediante un juicio de ponderación entre la 'carga coactiva' de la pena y el fin perseguido por la conminación legal".

267 BRUNO, Aníbal, 1969, p. 161-2.

268 FIANDACA, Giovanni; MUSCO, Enzo, p. 650.

269 Denomina-se o concurso material homogêneo, em alguns sistemas, de "reiteración", na medida em que "los distintos delitos son de la misma especie" (LABATUT GLENA, Gustavo, p. 203).

270 BOSCHI, José Antonio Paganella, 2000, p. 335.

271 Enrique Pessina (1936, p. 548) classifica essas modalidades em *iteratio* e *cumulatio*, ou seja, a primeira corresponde ao concurso de delitos homogêneos e segunda, ao heterogêneo, afirmando, ainda, que a "*iteratio* ha sido ya estudiada bajo el aspecto de una *consuetudo delinquendi* que principalmente tiene su influencia en la cuestión de la reincidencia; además puede ser revelación de una manía parcial, como la piromanía, la cleptomanía".

272 FAVRE, Christian; PELLET, Marc; STOUDMANN, Patrick, 2011, p. 178.

273 DELPINO, Luigi, 2009, p. 868.

Por conta disso, no concurso real existe, de um lado, de modo simultâneo ou sucessivo[274] (este último também denominado de reiteração),[275] dualidade ou pluralidade de ações autônomas e, de outro, unidade de agente (muito embora possa haver, em certos casos, a codelinquência, isto é, não se exige que cada fato punível tenha sido realizado por um único agente, admitido que pode haver autoria, coautoria ou participação); aliás, a regra do concurso real se impõe ainda que entre as diferentes condutas de um indivíduo não haja qualquer relação ou haja transcorrido um tempo expressivo entre elas.[276]

A dualidade (ou pluralidade) de delitos – que está à base do concurso material – corresponde, em linha de princípio, ao princípio *quot delicta tot poenae*.[277]

Graficamente, apresenta-se a estruturação do concurso material da seguinte maneira:

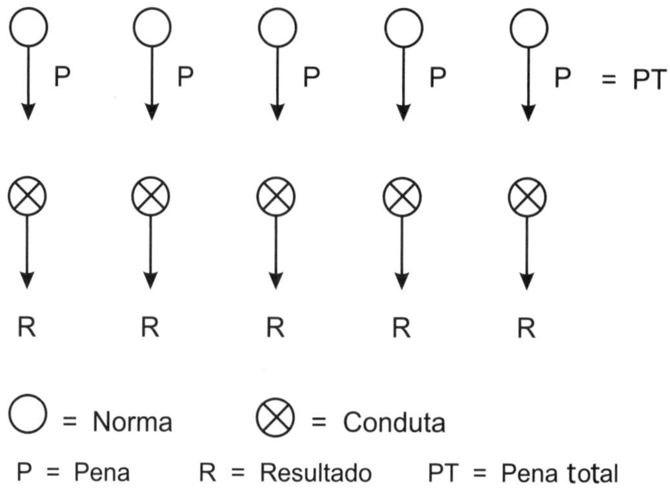

Além disso, a configuração do *Realkonkurrenz* se pode dar amplamente, de maneira que a combinação de apenamentos permite envolver delitos, por mera ilustração: dolosos; culposos;[278] dolosos e culposos; consumados; tentados; consumado e tentado;

---

[274] A distinção entre concurso material simultâneo e sucessivo não oferece maiores significados, na medida em que o tratamento punitivo será idêntico; não obstante, é oportuno referir-se que, no simultâneo, se apresenta um grau maior de vinculação entre os fatos puníveis, o que, em geral, não se verifica no sucessivo (ou na reiteração); aliás, nestes, "no tienen más vinculación que el hecho de ser realizados por la misma persona y su juzgamiento simultáneo en el mismo proceso o la unificación de sus penas en una única sentencia. (...) ello lleva a algunos autores a distinguir entre concurso real o material – propiamente dicho – y el mero 'concurso procesal', el que tendría lugar cuando entre los varios delitos no hay ninguna vinculación, fuera del hecho de ser atribuidos a un mismo sujeto en un mismo proceso. En el primer caso habría simultaneidad en la ejecución, en tanto en el segundo sólo respecto del juzgamiento" (CARAMUTI, Carlos S., p. 244).

[275] SOLER, Sebastián, 1992, p. 314.

[276] CARAMUTI, Carlos S., p. 235.

[277] SOLER, Sebastián, 1992, p. 314.

[278] Como disserta Juarez Tavares (2016, p. 518), "em relação aos crimes culposos, haverá concurso material quando o agente, mediante infração de duas ou mais normas de cuidado, tenha realizado dois ou mais delitos culposos. Mas o concurso material só deve ser afirmado quando os respectivos delitos tenham sido praticados por meio das respectivas infrações às normas de cuidado, tomadas separada e independentemente uma das outras, quer dizer, cada delito resultante deve corresponder a uma determinada violação do risco autorizado, sem que esta violação esteja em função de outra. Caso os delitos resultantes decorram de

comissivos; omissivos (próprios ou impróprios); comissivo e omissivo; ou, ainda, entre crime e contravenção.[279]

Não se afasta a existência do concurso pelo fato de os crimes serem objeto de uma só ou de várias ações penais, e, por via própria de consequência, de uma ou mais sentenças. Segue-se imediatamente daí que, se os delitos praticados em concurso material reunirem relação entre si, haverá conexão; e, nesse caso, deverão ser aplicadas as regras dos artigos 76 e seguintes do Código de Processo Penal.[280]

Os crimes cometidos por um único agente poderão apresentar um vínculo – cuja importância se inscreve para fins de qualificação ou agravação punitiva – ideológico (ou teleológico),[281] consequencial[282] ou mesmo ocasional.[283]

Deve, ainda, indicar-se que, em sendo aplicadas penas privativas de liberdade de categorias diversas (reclusão, detenção ou prisão simples), em conformidade com os artigos 69, *caput*, *in fine*, e 76 do Código Penal, e artigo 681 do Código de Processo Penal, em primeiro, executar-se-á a de reclusão; em seguida, a de detenção e, por último, a de prisão simples. Por certo, haverá a soma das penas tão somente quando os delitos ostentarem a mesma sanção (por hipótese: se houver dois ou mais crimes apenados com reclusão; ou, mesmo, dois ou mais crimes apenados com detenção); do contrário, se houver qualidades de sanções diversas (por hipótese: se houver crimes apenados com reclusão e detenção), não haverá a soma propriamente dita – em termos aritméticos –, com o que o magistrado estabelecerá as duas penas, sem, contudo, somá-las; e o condenado cumprirá, primeiramente, a pena de reclusão para, depois, cumprir a de detenção, à base dos artigos 69, *caput*, *in fine*, e 76 do Código Penal, e artigo 681 do Código de Processo Penal;[284] em obediência a isso, ao ser o condenado recolhido ao estabelecido

infrações às normas de cuidado, tomadas conjugadamente, não haverá concurso material, porque, então, a violação do risco de cada um deles, tomada em separado, não se materializou no resultado típico que lhe deveria corresponder. Poderia haver, conforme o caso, crime continuado ou até mesmo unidade de delito, caso se tratar de unidade jurídica de ação".

[279] COSTA JÚNIOR, Paulo José da, 2007, p. 229.

[280] MAGALHÃES NORONHA, Edgard, 1999, p. 271.

[281] Como exemplificam Artur Gueiros Souza e Carlos Japiassú (2012, p. 452), na conexão teleológica, pressupõe-se, geralmente, "o crime-fim ainda não cometido, mas que, para ocorrer, depende da realização do crime-meio. (...) a hipótese do agente que rouba um veículo (art. 157, do CP) com o objetivo de transportar pessoas, dentro do território nacional, para o exercício da prostituição ou outra forma de exploração sexual (art. 231, § 1°, do CP)".

[282] Para Artur Gueiros Souza e Carlos Japiassú (p. 403), na conexão consequencial, "pressupõe-se um delito já praticado. É, por exemplo, danificar (art. 163, do CP) o circuito interno de TV de uma joalheria que havia registrado o roubo anteriormente praticado (art. 157, do CP), assegurando, assim, a impunidade deste último".

[283] Na conexão ocasional, "um delito é cometido em virtude da oportunidade surgida pela prática de outro. É o caso do ladrão que resolve estuprar a vítima. Conquanto não prevista no Código como agravante ou qualificadora, subsiste o concurso material entre o crime-meio e o crime-fim" (BARROS, Flávio Augusto Monteiro de, 2011, p. 170).

[284] ESTEFAM, André; GONÇALVES, Victor Eduardo Rios, 2012, p. 567. Semelhantemente, Norberto Avena (2014, p. 219) registra: "e se fosse o caso de condenação por crimes apenados com reclusão e detenção em concurso material (art. 69, *caput*, do CP)? Ou de concurso material entre prisão simples? Muito embora o concurso material importe em soma de penas, é certo que as penas de reclusão, detenção e prisão simples, sendo de espécies diversas, não podem ser somadas diretamente para o fim de acarretar a imposição de apenas uma delas para todos os delitos em concurso. Em outras palavras, no caso de o juiz condenar o réu por infrações punidas com detenção e prisão simples, em concurso material, não pode estabelecer a prevalência da pena de detenção para ambos, impondo-se que mantenha a distinção: detenção para uma das infrações e prisão simples para outra. O mesmo ocorre se houver condenação por crimes punidos com re-

prisional, "devem ser executadas as penas na ordem decrescente de gravidade, independentemente das datas de recebimento das respectivas guias de recolhimento pelo juiz de execução, e nessa ordem deve ser elaborado o cálculo de liquidação destinado à retificação dos documentos".[285] Ora, em havendo duas ou mais sanções da mesma espécie (reclusão ou detenção ou, ainda, prisão simples), "a precedência deve ser determinada pelo critério cronológico de acordo com as datas do trânsito em julgado de cada sentença",[286] porquanto é em função desses marcos que a pena se torna apta a ser executada, e não das datas da expedição (ou recebimento) da guia de recolhimento. Cabe registar, todavia, que, na hipótese de existir ou sobrevir condenação por crime hediondo (ou equiparado), "deve a execução da pena aplicada no processo correspondente preceder às demais, independentemente da data do trânsito em julgado ou da duração da reprimenda",[287] visto que, aqui, se requer, para a progressão de regime, nos termos do artigo 2º, parágrafo 2º, da Lei 8.072/90, o cumprimento de dois quintos da sanção, se o condenado for primário, ou de três quintos, se reincidente. Caso se verifique o concurso entre crime e contravenção, "a pena privativa de liberdade do crime (reclusão ou detenção) será executada primeiramente e a da contravenção (prisão simples) depois".[288]

No tocante às penas de detenção e reclusão, mostra-se improfícuo o dispositivo legal, uma vez que, indiferentemente, ambas podem ser executadas em qualquer regime.[289]

Finalmente, o concurso real se amoldaria de modo significativo àquilo que alguns autores denominam uma forma de concurso "por defecto", ou seja, na ausência de uma combinação mais complexa, esta será a modalidade de concurso de delitos a ser aplicada.[290]

2.3.2. Do concurso formal

O concurso formal ("simultâneo" ou "ideal" ["unidade de ação com pluralidade de resultados, sejam estes homogêneos ou heterogêneos, com unidade ou pluralidade de

---

clusão e detenção em concurso material. Lembre-se de que a pena de reclusão é executada em primeiro lugar, na hipótese de condenação cumulativa do indivíduo a crimes punidos com reclusão e detenção (art. 69, *caput*, do CP). Ressalta-se, por oportuno, que o mesmo raciocínio tem lugar na hipótese de concurso formal impróprio (art. 70, 2ª parte, do CP) já que essa modalidade, assim como ocorre em relação ao concurso material, implica teoricamente na soma das penas impostas. E, como dissemos, não é possível essa soma quando se trata de crimes sujeitos a penas de natureza distintas (reclusão, detenção ou prisão simples)".

285 MIRABETE, Julio Fabbrini; FABBRINI, Renato N., 2017, p. 337.

286 MIRABETE, Julio Fabbrini; FABBRINI, Renato N., 2017, p. 337.

287 MIRABETE, Julio Fabbrini; FABBRINI, Renato N., 2017, p. 337.

288 DELMANTO, Celso; e outros, 2016, p. 311. Sobre o cumprimento da pena mais grave em primeiro lugar, ilustra Guilherme de Souza Nucci (2017, p. 879-80) que "o condenado deve cumprir suas penas não somente de forma progressiva, mas a pena mais grave em primeiro lugar. Isso significa que, cumprida a pena de reclusão, deveria passar à de detenção. É possível que o juiz tenha estipulado na sentença condenatória, por dois crimes (um estupro e um homicídio culposo), a pena de seis anos de reclusão, em regime fechado inicial, e um ano de detenção, no regime semiaberto. Para tanto, é preciso considerar o total de sete anos e verificar a possibilidade de progressão, para o semiaberto, quando o condenado atingir um sexto. Embora comece pela pena mais grave (reclusão), a somatória, para efeito de progressão de regime, com a pena de detenção torna-se viável".

289 BOSCHI, José Antonio Paganella, 2000, p. 335.

290 BERDUGO GÓMEZ DE LA TORRE, Ignacio; e outros, 2004, p. 394. Também Enrique Bacigalupo (1994, p. 286) afirma que a pluralidade de ações, como pressuposto básico do concurso real, se comprova de forma negativa: "habrá pluralidad de acciones si se descarta la unidad de acción".

designios"])[291] encontra-se previsto no artigo 70 do Código Penal. Revela-se, portanto, o concurso formal de crimes – como destacam Giovanni Fiandaca e Enzo Musco – "nei casi in cui uno stesso soggetto commette una pluralità di violazioni della legge penale con una sola azione od omissione".[292]

A indicação gráfica do instituto do concurso formal exibe a seguinte configuração:

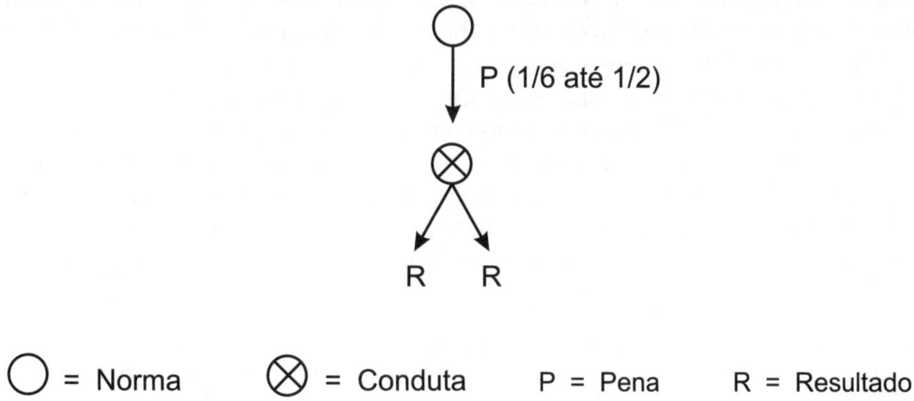

A nota característica dessa modalidade de concurso (*Idealkonkurrenz*) é a unicidade de ação (da qual, não obstante, sobrevem dualidade [ou pluralidade] de eventos típicos); esse é, fundamentalmente, o aspecto de distanciamento que se coloca em relação ao concurso material (que pressupõe, de modo impositivo, o cometimento de vários comportamentos ilícitos);[293] por conta disso, o concurso formal se aperfeiçoa por meio da unicidade de conduta (ação ou omissão) e da dualidade (ou pluralidade) de eventos típicos ("conduta única e tipicidade plural").[294] (Torna-se, certamente, importante referir que as atividades criminosas podem esgotar-se, por meio de uma só conduta, na violação de uma mesma norma jurídico-criminal; ou, por outra, pode ser o caso de haver condutas independentes que produzam diferentes violações às normas. Na primeira hipótese, apresentar-se-ia a unicidade e, na segunda, a dualidade ou pluralidade de comportamento. Agora, como consignou Eduardo Henriques da Silva Correia, "a vida criminosa não se oferece sempre com esta simplicidade".[295] E, na sequência desta pesquisa, vai-se melhor trabalhar os critérios mediantes os quais se busca diferenciar as hipóteses de unicidade, dualidade ou pluralidade de conduta.)

Remonta aos práticos do direito intermédio a distinção entre o concurso material e formal, segundo a qual a separação se deve estabelecer a partir da unidade (ou pluralidade) de ação praticada pelo agente;[296] e, no tocante ao elemento de aproximação ao concurso antes examinado, tem-se de destacar a dualidade ou pluralidade de eventos

[291] ANDREUCCI, Ricardo Antunes, 1982, p. 60.

[292] FIANDACA, Giovanni; MUSCO, Enzo, p. 652. Para Raúl Carrancá y Trujillo e Raúl Carrancá y Rivas (1999, p. 695-6), "la acción es, en estos casos también, una sola; los resultados, plurales. La sanción puede, por ello, ser agravada".

[293] *HC* 104.134, Rel. Min. Marco Aurélio, 1ª T., DJE de 6.12.11 (decisão citada na Coletânea temática de jurisprudência, 2013, p. 190); e TRF3, ACR 47593/SP, Rel. Des. Luiz Stefanini, 5ª T., j. 9.6.14.

[294] ZAFFARONI, Eugenio Raúl; BATISTA, Nilo, 2017, p. 604.

[295] CORREIA, Eduardo Henriques da Silva, p. 17.

[296] BRUNO, Aníbal, 1984a, p. 290.

jurídicos.[297] Sem embargo, como doutrina Edgard Magalhães Noronha, "essa distinção não tem razão de ser quando o agente, com uma só ação ou omissão, busca obter mais de um evento danoso. É o que resolve a parte final do artigo 70. O Código, não obstante a unidade de conduta do delinquente, trata o caso como concurso material. Não haveria despropósito algum se essa parte final integrasse o artigo 69, quando se definiu o concurso real".[298] Logo, o que se mostra indeclinável à configuração do concurso ideal próprio é a unidade do elemento subjetivo, porquanto, se o elemento subjetivo doloso se apresentar como plúrimo,[299] o concurso formal denominar-se-á de imperfeito (impróprio),[300] hipótese em que se somarão as penas (por exemplo, o agente enfileira as vítimas e as mata com um único tiro de uma arma possante ou com uma só palavra injuria várias pessoas [nesta hipótese do crime de injúria, em razão da desproporcionalidade que poderia existir entre a pena e o crime {isto é, no mundo real de crime e castigo}, inescapavelmente a solução endereçar-se-ia à adoção do concurso formal próprio e, com isso, à do critério punitivo exasperatório]; ou, ainda, na hipótese de delito de caráter coletivo ou transindividual).[301] [302] [303] Neste caso, portanto, se houver diversos desígnios, ou seja,

---

[297] Como destaca Eduardo Henriques da Silva Correia (p. 19), para "que se possa considerar existente o chamado concurso ideal – nota-se todavia – é necessário que a pluralidade de tipos legais de crime preenchidos por uma só conduta seja realmente efectiva". Em termos jurisprudenciais: TJMG, AC 1.0527.07.002056-7/001, Rel. Des. Jaubert Jaques, 6ª CC, j. 6.10.15.

[298] MAGALHÃES NORONHA, Edgard, 1999, p. 272.

[299] Como acentua Guilherme de Souza Nucci (2017, p. 845), é polêmica a determinação do que se deve entender sobre desígnios autônomos, podendo-se indicar duas orientações: "1ª) 'desígnios autônomos' significa ter agido o agente com *dolo direto* no tocante aos vários crimes praticados com uma única ação. Nesse sentido: 'entendeu o legislador que, havendo desígnios autônomos, ou seja, vontade deliberadamente dirigida aos diversos fins, não se justifica a diminuição da pena, porque subsiste íntegra a culpabilidade pelos fatos diversos. A expressão *desígnio* exclui o dolo eventual' (...). E mais: 'para a existência do concurso formal, não é exigida, em princípio, a *unidade de desígnio* ou de *intenção* (como no Código de 1890, art. 66, § 3º), podendo ser reconhecido até mesmo no caso de ação ou omissão culposa com pluralidade de eventos lesivos. É suficiente a unidade de ação ou omissão' (...). 2ª) 'desígnios autônomos' quer dizer qualquer forma de *dolo*, seja direto ou eventual. Por isso, quando o agente atua com dolo no que se refere aos delitos concorrentes, deve ser punido com base no concurso formal imperfeito, ou seja, a soma das penas. Nesse prisma: STF, RT 731/527".

[300] STJ, RESP 138.557/DF, Rel. Min. Gilson Dipp, 5ª T., j. 14.5.02; e STF, R*HC* 88404/RJ, Rel. Eros Grau, 2ª T., j. 20.6.06.

[301] STF, REX 351487/RR, TP, Rel. Cezar Peluso, j. 3.8.06. Neste precedente histórico, cuidou-se do genocídio de índios Ianomâmis, e veio a ser consolidado o entendimento segundo o qual o bem jurídico tutelado ostentaria caráter transindividual, cujo titular não seria a pessoa física, mas o próprio grupo (nacional, étnico, racial ou religioso), concebido como uma coletividade. Em virtude disso, posto que haja a pluralidade de condutas, existirá tão somente um delito de genocídio – tipo misto alternativo –, "em que o crime se consuma por qualquer das diferentes condutas, com maior ou menor gravidade da punição, conforme a conduta-meio" (JUNQUEIRA, Gustavo; FULLER, Paulo, 2010b, p. 136-7). Além dessa hipótese, não se colocaria, à luz do precedente, a possibilidade de absorção dos vários homicídios pelo crime de genocídio, na medida em que haveria, entre estes delitos, o concurso formal (com desígnios autônomos). E tal solução mostra-se adequada, pois, do contrário, seria "mais favorável ao genocida do que para quem comete dois homicídios em concurso material – o primeiro responderia exclusivamente pelo genocídio, o que encerraria um verdadeiro paradoxo" (JUNQUEIRA, Gustavo; FULLER, Paulo, 2010b, p. 137). De outro plano, em termos classificatórios, um setor da doutrina menciona que o genocídio pertenceria aos 'delitos com conceitos globais' ou 'descrições globais de ação' (*Delikte mit Sammelbegriffen* ou *pauschalierenden Handlungsbeschreibungen*), na medida em que se trataria de tipos que descrevem uma pluralidade indeterminada de atos individuais com um fato, cujo "suceso total se considera como una realización típica, ya que la totalidad de los actos particulares se reúnen en una unidad de valoración, sin exigir que los distintos actos estén en estrecha conexión espacio-temporal" (ESCUCHURI AISA, Estrella, 2004, p. 386). Assim, o

se o autor quiser, efetivamente, os vários resultados típicos (posto que haja forte divergência doutrinária, a melhor compreensão somente admite a equiparação dos desígnios autônomos à figura legal do dolo direito; assim, o agente deve visar, direta e efetivamente, à realização dual [ou plural] dos resultados típicos), a conduta – apesar de se traduzir em um comportamento externo objetivo – irá equivaler a várias condutas, implicando, como consequência punitiva, o acolhimento da regra do concurso material, muito embora se mantenha, em termos legais, a consideração (da existência) de um

---

comportamento delituoso se traduziria em uma intervenção quantitativamente indeterminada, isto é, constituiria "un solo delito de genocidio la realización de varias muertes de miembros del grupo con la intención de destruir ese grupo; igualmente se comete un solo delito de genocidio mediante la modalidad de agresiones sexuales cuando se agrede a miembros diferentes del grupo" (ESCUCHURI AISA, Estrella, 2004, p. 387). Nessa medida, em face dos tipos que incluem conceitos globais, haveria uma variedade de condutas puníveis de conteúdo semelhante que, entretanto, em virtude da estrutura típica, não atraria (ou configuraria) o delito continuado, implicando, apenas, a unidade de ilícito penal. Finalmente, convém o registro de que o sistema de penas da Lei 2.889/56 é absolutamente confuso, na medida em que faz "referência a tipos penais que não mantêm correspondência com ações tratadas como genocídio e que possuem objetividades jurídicas diversas" (CANÊDO, Carlos, 1999, p. 197), bem como remete a outras penas constantes do CP, ou a outros crimes, ou, ainda, um dispositivo da Lei 2.889/56 "faz referência a uma pena fixada em um outro artigo dela mesma" (CANÊDO, Carlos, p. 196). Podem diferenciar-se, ainda, os delitos de genocídio e o de constituição de milícia privada (art. 288-A), na medida em que, neste, muito embora haja referência, na ementa art. 4º da Lei 12.720/12, em eliminação de seres humanos, não existe a finalidade de eliminar (ou tentar a eliminação de) seres humanos ou de grupo nacional étnico, racial ou religioso, no todo ou em parte.

[302] Juarez Cirino dos Santos (2011, p. 229) denomina essa hipótese de "falso concurso formal, em que a pluralidade de resultados típicos é produzida por desígnios autônomos (pluralidade de fins), mas em unidade de ação dolosa, resolvida como concurso material (art. 70, segunda parte): movida pelo ciúme, C lança substância corrosiva para atingir, simultaneamente, os rostos de A e de B, produzindo dano estético permanente em ambas as vítimas". Hipótese de falso concurso formal – que, muito provavelmente, será objeto de discussão pela doutrina – ocorreu na noite de 25 de fevereiro de 2011, na Rua José do Patrocínio, em Porto Alegre, quando dezenas de ciclistas participavam de uma manifestação denominada "Massa Crítica" – que visava à conscientização da importância ecológica do uso de bicicletas, cujo *slogan* é: "Bicicleta! Um carro a menos!" – foram atropelados por um automóvel, causando ferimentos em, pelo menos, quinze pessoas. Em março de 2013, a 3ª CC do TJRS decidiu manter o julgamento do acusado pelo júri popular, determinando, assim, que o réu venha a ser julgado por onze tentativas de homicídio (simples) e cinco lesões corporais. (Na decisão de 1° Grau, o acusado havia sido pronunciado por dezessete tentativas de homicídio qualificado.) No que diz respeito ao concurso de crimes, entretanto, o TJRS optou pelo reconhecimento do concurso formal perfeito, na medida em que, de conformidade com a decisão, não teria havido desígnios autônomos, senão, apenas, a intenção de o acusado afastar-se do local, acelerando o veículo e arremetendo-o contra quem estivesse à sua frente – os ciclistas que participavam da manifestação. Daí, a avaliação de que se tratava de hipótese de um concurso formal próprio. Em outro caso – o da colocação de uma bomba que mata várias pessoas –, pondera-se que "si el autor del hecho 'quería' matar concretamente a cada una de esas cinco personas su acción es, desde el punto de vista valorativo, semejante a la de otro asesino que vaciara su cargador contra cada una de ellas, y en este último caso nadie hablaría de concurso ideal, sino real. Y ello, tanto si el dolo es directo como si es eventual. (...) cuando el autor se sirve de una sola acción para lograr su propósito múltiple, sabiendo que con ella le basta para alcanzar su fin, hay que entender que existe una pluralidad de delitos, porque respecto a cada uno de ellos se cumplimenta perfectamente tanto el tipo objetivo (la acción dirigida contra el bien jurídico) como el tipo subjetivo doloso (la intención de conseguir cada uno de los resultados). Por ello, cuando el TS, en sentencia 848/2004, de 2 de julio, ha analizado el 'Caso Hipercor', en el que miembros de ETA colocaron una bomba en ese hipermercado, matando a 21 personas y causando heridas a otras 31 personas, califica el hecho como concurso real de otros tantos delitos de asesinato y lesiones, sin aplicar la regla del art. 77. El dolo eventual sirve aquí para integrar la parte subjetiva del tipo en relación con cada uno de esos delitos" (BERDUGO GÓMEZ DE LA TORRE, Ignacio; e outros, p. 396).

[303] STJ, ARAG 888102/MG, Rel. Min. Napoleão Maia Filho, 5ª T., j. 26.10.10.

concurso formal (imperfeito).[304] Em suma, "a presença de dois ou mais desígnios distintos no querer do agente impede a aplicação de uma pena menos grave e força ao emprego do sistema de acumulação material. Objetivamente, há em casos tais um só movimento do agente no mundo exterior e múltiplas figuras típicas realizadas, o mesmo que acontence no concurso ideal perfeito. A pluralidade de desígnios, porém, desdobrando subjetivamente a ação, modifica essa maneira de apreciar os fatos, imputando ao agente uma pluralidade de crimes. Essa conclusão de que uma só atuação externa possa representar uma pluralidade de ações põe em particular relevo o 'querer interno do agente' (...). Na realidade há uma só ação carregada de múltiplos desígnios e na interpretação ordinariamente admitida cada um desses vem achar no único comportamento físico do agente o apoio necessário para constituir cada uma das infrações penais em ação típica, antijurídica e culpável".[305] Deve dizer-se, porém, que pode ser considerado um terreno movediço, em termos doutrinários ou jurisprudenciais, a exata separação entre o concurso formal perfeito e o imperfeito; aliás, não se tem um campo seguro sequer no que respeita à possibilidade de serem os desígnios autônomos compatíveis com a figura do dolo eventual.[306] Cabe lembrar, nesta ordem de consideração, que, na solução dos casos penais, a eventual dúvida – acerca da modalidade de concurso formal – deverá beneficiar o condenado.

Resumidamente, podem ser indicados: (i.) o concurso formal homogêneo, que se vai materializar quando uma conduta ensejar dois ou mais resultados típicos iguais (em um acidente de trânsito, várias são as vítimas fatais de uma só conduta delituosa;[307] com uma carta injuriosa, o agente ofende várias pessoas;[308] também seria possível um concurso formal homogêneo entre resultados típicos consumado e tentado);[309] (ii.) o concurso formal heterogêneo, que se irá perfectibilizar quando uma conduta ensejar dois

[304] TJMG, AC 1.0145.15.023736-3/002, 3ª CC, Rel. Des. Octavio Augusto de Nigris Boccalini, j. 4.7.17; e STJ, *HC* 195.623/RJ, Rel. Min. Ribeiro Dantas, 5ª T., j. 18.8.16. Em sentido contrário: "assim, um indivíduo, com uma bomba de alto poder explosivo, intencionando eliminar diversas pessoas, poderá causar todos os eventos desejados, mediante uma única ação, que se expressará pelo verbo lançar. Entretanto, esta unidade de ação é apenas aparente, visto que, no fato, consequência da ação, é que está a base unificadora, que irá orientar toda a pesquisa para a conclusão sobre as razões dos diversos resultados. Em tais condições, na hipótese enfocada, face à maneira como se apresenta o elemento subjetivo integrado no fato, não haverá concurso formal, mas um concurso real simultâneo típico. O fato, em cujo resultado a ação se exaure, é que informa da natureza do concurso, eis que é nele que se reúnem os elementos essenciais do delito na sua plenitude, permitindo sejam feitas a constatação e diferenciação das mencionadas formas de concurso. Em consequência, é no fato e não na ação que reside o fulcro do concurso ideal de crimes. (...). Embora a pluralidade de ações e de fatos seja regra no concurso material, poderá este existir por força de uma só ação do agente. Ação esta que está revestida de potencialidade capaz de produzir diversos resultados, os quais são desejados pelo autor. Em tais casos haverá fatos com independência objetiva e subjetiva. É a hipótese do concurso real sucessivo (...). Ao concurso real, normalmente, responde o princípio 'Quot Delicta, Tot Poenae', no que se refere à sanção" (LEIRIA, Antônio José Fabrício, 1973, p. 29-30).

[305] BRUNO, Aníbal, 1969, p. 160-1.

[306] "A incorporação à vontade do sujeito de um resultado apenas possível que poderia derivar dos meios por ele escolhido (dolo eventual) não equivale a um desígnio, e permite plenamente o concurso formal perfeito" (ZAFFARONI, Eugenio Raúl; BATISTA, Nilo, 2017, p. 606).

[307] "Il y a concours idéal homogène ('Gleichartige Idealkonkurrenz') et la peine doit être augmentée en conséquence quand le délinquant, par un seul acte, commet plusieurs fois le même délit en portant atteinte à deux ou plusieurs biens juridiques indépendants, à l'exemple de la mise en danger de la vie de deux personnes" (FAVRE, Christian; PELLET, Marc; STOUDMANN, Patrick, p. 179).

[308] SZNICK, Valdir, 1994, p. 37.

[309] WELZEL, Hans, 1993, p. 274.

ou mais resultados típicos diferentes (em um acidente de trânsito, uma só ação produz mortes e lesões corporais culposos; ou no caso de o agente arremessar uma pedra que destrói a vitrina e fere uma pessoa [*reato aberrante*]); (iii.) o concurso formal próprio ou perfeito (primeira parte do artigo 70 do Código Penal, aplicando-se a regra da exasperação); e, por último, (iv.) o concurso formal impróprio ou imperfeito (artigo 70, *in fine*, do Código Penal, para o qual se aplica a regra do cúmulo material).[310] No momento da estruturação da pena, deve, em face do concurso formal imperfeito, descobrir-se, concretamente, se algum dos eventos típicos caracteriza um crime mais grave, consolidando tão somente sobre este a responsabilidade, com o aumento correspondente. Em outra hipótese, no concurso formal perfeito, pode haver um crime mais grave que outro (por ilustração: um homicídio praticado contra o filho do agente seria mais grave que o produzido contra um estranho); com isso, nessa modalidade de concurso formal, a definição do crime de maior gravidade não poderá ser descoberta por meio da avaliação da tipicidade. Assim sendo, "deverá ocorrer a imputação objetiva de todos os resultados para que se possa proceder a juízos de culpabilidade distintos em relação a cada uma das infrações penais. Quando se tratar de delitos identificados pelo mesmo tipo, somente a variação da culpabilidade possibilitará identificar a infração mais grave. Se, por um lado, o juízo de culpabilidade indicar idêntica reprovação para mais de uma infração, a imputação objetiva consolidar-se-á em relação a qualquer deles. Se, por outro lado, for identificado um crime mais grave, a imputação objetiva consolidar-se-á apenas em relação a este, com aumento da pena que lhe é reservada".[311]

No caso do *concursus formalis*, haverá unicidade de ação,[312] ainda que esta se apresente desdobrada em vários atos;[313] ou, por outra, afete bens jurídicos distintos;[314] ou, ainda, implique lesão ao patrimônio de vítimas diversas.[315] Importa, para além disso, precisar que a unicidade de ação ou de omissão não deve confundir-se com a unidade de intenção, dado que com uma só intenção se podem cometer duas (ou

---

310 STJ, *HC* 134775/PE, Rel. Min. Gilson Dipp, 5ª T., j. 21.10.10; e STF, *HC* 92181, Rel. Min. Joaquim Barbosa, 2ª T., j. 3.6.08.

311 GALVÃO, Fernando, 2017, p. 928.

312 Estabelece diferenciação de enquadramento jurídico entre lesão a bens jurídicos personalíssimos e bens jurídicos patrimoniais, Juarez Tavares (2016, p. 519), quando afirma: "em relação a bens jurídicos patrimoniais a pluralidade de vítimas dentro de um contexto de unidade de ação não acarretará a existência de concurso formal, mas apenas delito único. Por exemplo, alguém adquire culposamente algumas coisas furtadas pertencentes a pessoas distintas. Haverá apenas um delito de receptação culposa".

313 STF, *HC* 91615/RS, Relª. Cármen Lúcia, 1ª T., j. 11.9.07; STJ, *HC* 73692/SP, Relª. Minª. Maria Thereza Moura, 6ª T., j. 21.5.09; STJ, RESP 1050270/RS, Rel. Min. Arnaldo Lima, 5ª T., j. 3.3.09; e STJ, *HC* 100848/MS, Relª. Minª. Jane Silva, 6ª T., j. 22.4.08. Luiz Câmara (1999, p. 18-20), ao destacar um dos pontos mais tormentosos da jurisprudência em se tratando do concurso formal, acentua: "na *praxis*, o ponto que maior polêmica causa vai se dar não em relação a outras figuras indicativas de pluralidade de infrações e, sim, em relação à unidade de crimes. Ganha destaque aí situação bastante comum na atualidade da prática de roubos contra diversas pessoas ao mesmo tempo (ex.: a subtração violenta que tem lugar no interior de um coletivo contra diversos passageiros ou no interior de uma agência bancária, sendo vítima, além desta, clientes que estão em fila de caixa). Umas poucas decisões de Tribunais Estaduais vêem aí situação de unidade de crime, enquanto a imensa maioria – destacadamente os Tribunais Superiores – vê caso de concurso formal".

314 *HC* 111.762, Relª. Minª. Cármen Lúcia, 2ª T., DJE de 4.12.12 (decisão citada na Coletânea temática de jurisprudência, p. 188).

315 *HC* 91.615, Relª. Minª. Cármen Lúcia, 1ª T., DJE de 28.9.07 (decisão citada na Coletânea temática de jurisprudência, p. 189).

mais) ações ou omissões.[316] Sobre o acréscimo punitivo (variável) do concurso formal, avalia-se o número de resultados (ou de vítimas) em decorrência da maior ou menor censurabilidade da conduta; além disso, como se trata de causa geral de aumento de pena, a regra do concurso formal incidirá, na estruturação dosimétrica da pena, na terceira fase (já acrescida, eventualmente, pelas qualificadoras ou causas especiais de aumento), e não sobre a pena-base. Assinala Álvaro Mayrink da Costa que o "aumento deverá ser procedido proporcionalmente ao número de crimes integrantes, em uma escala de 1/6 (um sexto) a1/2 (um meio), este a partir de mais de 6 (seis) crimes integrantes (...)".[317]

Em outro diapasão, desponta a regra do concurso material benéfico, prevista no parágrafo único do artigo 70 do Código Penal.[318]

A criação desse regramento se deve, no plano doutrinário, a Celso Delmanto; e foi transformada em comando legal quando da reforma da Parte Geral, operada pela Lei 7.209/84; por essa norma, a pena não deve ser superior à que seria aplicada em razão da incidência do concurso material de crimes. Em outras palavras: em certos casos (notadamente quando houver penas diversas, e uma das quais for muito mais elevada que a outra), da aplicação concreta do sistema exasperatório (concurso formal próprio e crime continuado) pode surgir uma punição superior à que existiria caso fosse aplicado o sistema cumulatório (concurso material e concurso formal impróprio); em tal hipótese, em decorrência desse comando legal (que preserva tanto o princípio da proporcionalidade como o da racionalidade), a pena aplicada não pode exceder à que seria obtida por meio do regramento acumulatório.[319]

A Exposição de Motivos do Código Penal disciplina a hipótese em análise: "a inovação contida no parágrafo único do artigo 70 visa a tornar explícito que a regra do concurso formal não poderá acarretar punição superior à que, nas mesmas circunstâncias, seria cabível pela aplicação do cúmulo material. Impede-se, assim, que numa hipótese de *aberratio ictus* (homicídio doloso mais lesões culposas), se aplique ao agente pena mais severa, em razão do concurso formal, do que a aplicável, no mesmo exemplo, pelo concurso material. Quem comete mais de um crime, com uma única ação, não pode sofrer pena mais grave do que a imposta ao agente que, reiteradamente, com mais de uma ação, comete os mesmos crimes".[320]

Em outra perspectiva, sobre a razão do instituto, apresenta-se como nítida a opção político-criminal do legislador em favor do acusado, ao estabelecer tratamento punitivo de menor impactação repressiva àquele que, nas situações concretas ensejadoras de vários resultados, *fecit quod non voluit*.[321] [322]

---

[316] MANZINI, Vincenzo, 1949, p. 407.

[317] COSTA, Álvaro Mayrink da, 2016, p. 125.

[318] TJSC, AC 2015.075773-4, Rel. Des. Volnei Tomazini, 2ª CC, j. 24.11.15; e STJ, *HC* 228151/RS, 5ª T., Relª. Minª. Laurita Vaz, j. 1.10.13.

[319] TJPR, ACR 1534471-5, 1ª CC, Rel. Des. Naor R. de Macedo Neto, j. 3.8.17.

[320] *HC* 88.253, Rel. Min. Eros Grau, 2ª T., DJ de 26.5.06 (decisão citada na Coletânea temática de jurisprudência, p. 190-1).

[321] COSTA JÚNIOR, Paulo José da, 2007, p. 233.

[322] Como ampliação da pesquisa, pode indicar-se aquilo que, sob diferentes nomenclaturas doutrinárias ("concurso ideal por enganche", "unidad de acción por abrazadera", "efecto de abrazamiento de un tercer hecho punible", "concurrencia ideal por enganche", "efecto enlace", "unidad de acción por efecto de abrazamiento"), se apresentaria quando duas condutas, *de per si* independentes (vale dizer: em forma de

2.3.3. Do crime continuado

O instituto do crime continuado,[323] previsto no artigo 71 do Código Penal, estabelece tratamento punitivo mais benéfico na hipótese de haver várias condutas delituosas da mesma espécie, praticadas nas mesmas condições de tempo, lugar, modo de execução e outras assemelhadas. Como descreve Basileu Garcia: "tal como no concurso material, encontram-se, na hipótese, diversos atos criminosos, mas a lei os declara constitutivos de um só acontecimento – um crime que continua".[324]

O desenho gráfico desse instituto pode ser apresentado do seguinte modo:

concorrência real), concorressem idealmente com uma terceira (com a qual cada uma dessas condutas teria uma fração parcial comum), que as engancharia (ou as enlaçaria), conectando-as. Hans-Heinrich Jescheck e Thomas Weigend (p. 777) descrevem que "la relación propia del concurso ideal puede surgir si dos acciones que en sí mismas son autónomas se encuentran, respectivamente, en concurrencia ideal con una tercera (unidad de acción por efecto de sujeción)". A jurisprudência alemã mantém, em linhas gerais, sua adesão à regra do efeito de enlaçamento fundante do concurso ideal pelo terceiro tipo, apesar de limitar, por meio de recursos argumentativos, a sua eficácia, sustentando que "el enlace no podia producirse cuando las tipicidades que se enganchaban eran más graves que la que operaba como *gancho*" (ZAFFARONI, Eugenio; ALAGIA, Alejandro; SLOKAR, Alejandro, p. 830). Assim, somente quando os dois tipos, que se colocam antes e depois do fato punível intermediário, sejam de maior gravidade que este, "sería justificado disolver la unidad de acción fundada por el hecho permanente o el hecho continuado y aceptar concurso real" (MAURACH, Reinhart; GÖSSEL, Karl Heinz; ZIPF, Heinz, p. 572). Nesse sentido, Santiago Mir Puig (2009, p. 648) afirma que "se deniega que el delito de conducción en estado de embriaguez pueda abrazar a los hechos más graves de homicidio imprudente y huida del lugar del accidente en tal estado". Esse fenômeno teria um acento destacadamente favorável em se tratando de delitos permanentes ou continuados. Exemplifica Carlos Caramuti (p. 137) cada uma das hipóteses: "Ejemplo de lo primero es lo que ocurriría con las lesiones, sin uso de arma, que se producen al consumar un secuestro, y las amenazas o la tenencia de arma de guerra que se utilizan luego para mantener la privación de libertad o evitar la huida de la víctima; de lo segundo es una estafa continuada en la cual uno de los actos parciales se identifica con uso de un documento falso, otro con un libramiento de cheques sin fondos y un tercero con circulación de moneda falsa, o con cualquier otro ardil que implique una tipicidad distinta, concurrente en forma ideal con la estafa. En el primer caso, las lesiones y las amenazas no tienen ningún vínculo entre sí, a no ser el que crea el efecto enlace que juega entre ellas el secuestro. En el segundo sucede lo mismo entre el uso del documento falso, el libramiento de cheques sin fondos y la circulación de moneda falsa, sólo relacionados entre sí por ser utilizados como medio ardiloso en los distintos actos parciales de la estafa continuada". A seu turno, Reinhart Maurach, Karl Heinz Gössel e Heinz Zipf (p. 572) criticam o uso desse mecanismo por considerarem que serve para privilegiar a criminalidade, sobretudo no âmbito do crime organizado, "lo que se manifiesta especialmente en el enjuiciamiento de delitos cometidos durante el período de pertenencia a una asociación criminal".

[323] Nomenclatura consagrada e autorizada pelo uso, embora haja outras, como se pode indicar: "unidad de acción por continuación", "acción continuada", "concurso continuado", "unidade continuada", "unidade continuada de fatos típicos". Também se indica "delito sucessivo". Na França, encontram-se as seguintes denominações: "l'infraction continuée"; "infraction collective" ou "collective par unité de but". Como arremata José Antón Oneca (1976, p. 449), "siendo el uso la autoridad suprema en materias de lenguaje, sería indiscreta pretensión sustituir ahora la denominación más utilizada por los cultivadores del Derecho penal".

[324] GARCIA, Basileu, 1956, p. 513. Como se expressa Nelson Pessoa (1996, p. 136): "concurso real y delito continuado son categorías opuestas, en sentido que en el primero hay pluralidad de hechos 'independientes' y en el segundo pluralidad de hechos 'dependientes'". Já no que toca à diferença com relação ao concurso formal, refere o autor que "en síntesis, en el concurso ideal de delitos hay 'dependencia entre los tipos penales', en el delito continuado hay 'dependencia' entre los actos".

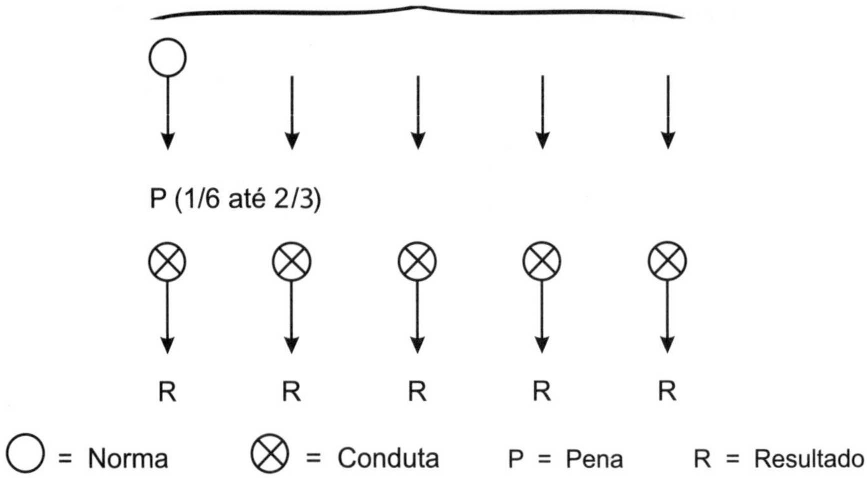

Esboçadamente, reforça-se que o conceito do delito continuado se traduz em uma pluralidade de ações assemelhadas sob o ponto de vista objetivo, que são alvo de uma valoração jurídica unitária.

Está em consideração uma modalidade jurídica que se caracteriza a partir da existência de dois ou mais comportamentos puníveis (que perfectibilizam tipos penais homogêneos), concretizados pelo agente em determinadas circunstâncias, "cada um realizando por si a figura de um crime, mas que se unem por determinadas circunstâncias, que fazem do conjunto, para efeito penal, a realização continuada de um crime só".[325]

Destaca-se a aproximação do crime continuado ao concurso material homogêneo, sendo que a diferença se estabelece em virtude de adquirir a ação continuada uma certa intensidade de realização,[326] ao passo que, na pluralidade homogênea de fatos, decisiva é a característica da autonomia das ações sucessivas.[327] Nessa perspectiva, a pluralidade das ações – como comentam Reinhart Maurach, Karl Heinz Gössel e Heinz Zipf – se distingue, em relação ao vínculo de continuidade, pelo fato de carecer de elementos que

---

[325] BRUNO, Aníbal, 1976, p. 162.

[326] Veja-se o que escreve Carlos Creus (1993, p. 89): "cuando en el concurso real homogéneo la homogeneidad alcanza una cierta intensidad (pertenencia del bien jurídico atacado en los distintos hechos al mismo titular, identidad o similitud de los objetos materiales, etc.), algunos derechos consagran la 'construcción jurídica' llamada delito continuado, en la cual los varios hechos independientes – cada uno de ellos típicos – son considerados como un solo delito a los fines de la punición". Para Enrique Pessina (p. 549), em função da *iteratio*, ocorre frequentemente que um agente, ao praticar uma pluralidade homogênea de delitos, realize, em verdade, "un solo hecho punible", na medida em que o delito continuado "es una repetición de actos criminosos constitutivos de delito y distintos entre sí, pero unidos en una sola conciencia delincuente, porque van dirigidos al cumplimiento de un mismo propósito criminoso".

[327] MAURACH, Reinhart; GÖSSEL, Karl Heinz; ZIPF, Heinz, p. 581. Para Nélson Hungria (1977, p. 337), a figura legal em causa "é uma pluralidade de crimes da mesma espécie, sem intercorrente punição, que a lei unifica em razão de sua homogeneidade objetiva, reconhecível pelas condições de tempo, de lugar, maneira de execução e outras semelhantes. É uma série de ações separadas no sentido natural, mas que, em virtude da homogeneidade exterior, é *juridicamente* considerada uma reação. Na verdade, trata-se de uma espécie de *concurso material*, e como tal deveria ser tratado, se a lei, colimando, principalmente, um fim de eqüidade e, secundariamente, um fim de utilidade (economía da atividade procesual), não entendesse de *fingir* a unidade, com fundamento da aludida homogeneidade considerada *ab externo*".

reúnam os atos parciais em uma unidade.[328] À vista disso, não seria demasiado afirmar-se que se apresenta, nessa relação, uma espécie de "conflito aparente de concurso de crimes", no qual o concurso material homogêneo seria a regra geral, e o crime continuado, a especial (adoção do princípio da especialidade).[329]

Então, é possível, em alguns casos, que se desenhe, abstratamente, a aplicação conjunta de ambos os institutos (concurso material homogêneo e crime continuado) para resolver a forma de apenamento; entretanto, como não poderia existir uma dupla punição (*Doppelverwertungsverbot*), a escolha da espécie de concurso de crimes obedeceria à mesma lógica que preside o concurso aparente de normas penais. Desse modo, em havendo uma pluralidade de tipos penais homogêneos, em linha de princípio, ter-se-ia o concurso material homogêneo; contudo, se essa pluralidade homogênea de tipos contivesse elementos especializantes (tais como: lugar, modo, tempo etc.), incidiriam *in casu* os ditames do crime continuado, como espécie que prefere ao gênero.

A unicidade delitiva – que se constrói a partir da estrutura do crime continuado – é essencialmente artificial, sem assento no plano da realidade, obedecendo a regras de inspiração benéfica, que visam a evitar a acumulação das penas, vale dizer, o crime continuado – como *fictio juris* – constitui exceção à regra do concurso material, segundo a qual *quot delicta tot poenae*.

É imprescindível haver, portanto, pluralidade de condutas sucessivas – ensejadoras de delitos da mesma espécie –, as quais são realizadas nas mesmas condições de tempo, lugar, modo e ainda outras que se apresentem como assemelhadas.

Esses são os dados configuradores[330] que autorizam a reunião, a partir de uma ficção legal e de uma avaliação objetiva desses mesmos dados, dos diferentes ilícitos em um crime único, a fim de conceder tratamento punitivo de menor rigor repressivo ao agente, ou seja: "em coerência com a concepção de que se trata de um crime só em desenvolvimento continuado, não se aplicam ao seu autor tantas penas quantos os fatos, mas a de um só dos crimes, quando são iguais, ou a mais grave, quando diferentes, aumentadas, em qualquer caso, de um sexto até dois terços".[331] Obviamente que blocos

---

[328] MAURACH, Reinhart; GÖSSEL, Karl Heinz; ZIPF, Heinz, p. 581.

[329] Com mais detalhes: capítulo 4, ponto 4.11.

[330] A discussão sobre os elementos perfectibilizadores da figura jurídica do crime continuado será levada a efeito em capítulo próprio (capítulo 5).

[331] BRUNO, Aníbal, 1976, p. 170. Note-se que, em verdade, a doutrina criminal sempre se houve no sentido de construir soluções que visem a impedir a existência do concurso real. Desse modo, o instituto do crime continuado é apenas um dos mecanismos legais por meio dos quais se pretende afastar o rigor (excessivo) do cúmulo material. Veja-se, a título de exemplo, a antiga discussão doutrinária sobre a compatibilidade entre o *falsum* e o estelionato, da qual se pode perceber, facilmente, os argumentos hermenêuticos que buscam, em essência, legitimar a exclusão do concurso material de delitos (Conrado Finzi, 1961, p. 56-7): "también Escobedo excluye el concurso real en todos los casos; este autor afirma que si la doctrina y la jurisprudencia niegan que se le puedan imputar a la misma persona el delito de falsificación de instrumento público y de uso de instrumento público falsificado, con mayor razón el que falsifica un instrumento público y lo usa con daño ajeno, sólo comete un delito, el de falsificación de instrumento público y no, además, el de estafa. Escobedo reconoce así, en la hipótesis en cuestión, unicidad de hecho y, en consecuencia, la aplicabilidad del art. 78 sobre concurso ideal. Por lo tanto, deberá castigarse tomando como base la disposición que establece la pena más grave. En cuanto al resultado práctico, Escobedo llega, con su teoría, a las mismas conclusiones de Impallomeni. Crítica de Tolomei: las acciones son varias y ocasionan la lesión de varios derechos y leyes, y varios son, por consiguiente, los delitos cometidos con las consecuencias penales correspondientes. Según otra teoría, más difundida y sostenida, entre otros, por Marchi y Stoppato, debe excluírse el concurso real en el único caso de la estafa cometida mediante falsedad en instrumento privado

de condutas reiteradas de tipos penais diferentes – em relação aos quais não haja possibilidade de reunião à luz do contexto da continuidade, exatamente por faltar, de modo absoluto, o requisito da homogeneidade típica (assim, por ilustração, a existência de vários delitos de homicídio e de estelionato praticados, de maneira sucessiva, pelo mesmo agente) – podem ensejar a formação de diversos "crimes continuados" que, entre si, se apresentariam como uma hipótese de concurso.[332]

Deve ser considerada, ainda, a figura do crime continuado específico (qualificado, especial ou impróprio), prevista no artigo 71, parágrafo único, do Código Penal, que prevê a possibilidade de se estabelecer, em casos especiais, presentes determinados requisitos (basicamente: pluralidade de comportamentos dolosos violentos praticados contra vítimas diferentes), punição com maior rigor repressivo.[333] A criação legal do crime con-

---

dado que su uso es, en este caso, elemento esencial del delito de falsedad, y debe aplicarse el art. 78, porque aquí tenemos una sola acción que lesiona varias disposiciones legales; se repite así el argumento de Escobedo a propósito de la estafa cometida en instrumento público. Otro argumento contra el concurso real de los dos delitos –falsedad en instrumento privado y estafa–, sostenido, por ejemplo, por Puglia, consiste en afirmar que el uso del instrumento privado falso es elemento constitutivo de la estafa. Tolomei no acepta este temperamento, en vista de que la ley (art. 413) no lo considera expresamente como tal y tampoco como circunstancia agravante. Distinto es el caso, por ejemplo, del delito de uso de instrumento falso que la ley considera elemento constitutivo del delito de falsedad en instrumento privado, no debiéndose, por lo tanto, imputarle al culpable los dos delitos por separado". Valdir Sznick (1979, p. 154-9) comenta que, para esse problema do falso e estelionato, a doutrina e a jurisprudência encontraram quatro soluções: "absorção do crime de estelionato pelo *crimen falsi*; absorção do *falsum* pelo estelionato; concurso formal e concurso material". Em seguida, complementa que "para os que defendem a tese do concurso (formal ou material) está excluído o conflito aparente de normas: no concurso tem-se dois fatos, e, sobre os mesmos, incidem duas normas penais; no conflito existe um fato que, único, é abrangido por duas ou mais normas penais. No concurso há dois crimes; no conflito, um crime sob duas disposições legais". Para o autor, a solução correta é enfocar "o caso como conflito aparente de normas", com o que "exclui-se, logicamente, a aplicação do concurso, em suas modalidades. Resta pois o estelionato ou o falso". E, dentro desse contexto, para o autor, deverá prevalecer o delito de falso, em razão dos critérios da especialidade e da pena mais grave. Marcelo Fortes Barbosa (1993, p. 126-7) combate em absoluto a tese de que o caso dos delitos de falsidade e estelionato seria concurso aparente de normas: "se considerarmos de início que os pressupostos da concorrência de normas, isto para todos autores que dela tratam, são: 1º a unidade do fato; 2º a pluralidade de normas identificando o mesmo fato como delituoso, veremos que não há que confundir-se a concorrência aparente de normas, com a conexão substancial de crimes já que os pressupostos desta última são, justamente, a pluralidade de crimes e o nexo causal objetivo-subjetivo que liga estes crimes. Ora, é indiscutível que na prática conjunta de falsidade e estelionato não se pode falar em unidade de fato ou pluralidade de normas incidindo sobre o mesmo fato. Trata-se de entidades delituosas diferentes, onde as objetividades jurídicas são diversas já que num delito, o estelionato, o patrimônio é o fim visado pelo agente, o patrimônio alheio, ao passo que noutro, o delito de falsidade, a fé pública é o bem jurídico penalmente tutelado. Como falar-se em absorção se não se trata de um só fato, mas sim de um concurso material de crimes agravado pela conexão teleológica expressamente prevista pelo art. 61, II, *b* do CP? (...) A não ser que desejemos reduzir o Direito Penal ao casuísmo, não podemos compreender como pode se falar em fim único na prática conjunta de falsidade e estelionato pelo agente, se estamos diante de objetividades jurídicas visadas, inteiramente diversas".

[332] CANTARERO BANDRÉS, Rocío, p. 164.

[333] Como informa Maurício Kuehne (p. 85), esta inovação foi criada para "atender o fim da prevenção geral e especial diante da violência urbana". No mesmo sentido, Francisco Araújo (1987, p. 251), para quem "a inovação agora trazida no § único do art. 71 veio atender, de certo modo, aos inúmeros alertas lançados pelos doutrinadores e pelos tribunais no sentido de que se fazia necessário um maior rigor jurídico contra o crime violento e organizado". Para Weber Martins Batista (1997, p. 181-2), "o *§ único do art. 71 do CP* – (...). A disposição veio tornar explícito o que parte da doutrina considerava implícito na norma do antigo § 2º do art. 51 do CP, ou seja, que é possível a continuidade delitiva mesmo quando se trata de bens jurídicos eminentemente pessoais e os crimes atingem sujeitos passivos diversos. Como se conclui da simples leitura da lei, a norma em estudo só se aplica quando os crimes são dolosos e atingem vítimas diferentes. Logo,

tinuado específico vincula-se, precipuamente, à necessidade de se fornecer, ao sistema penal, um mecanismo punitivo mais eficaz no combate à criminalidade violenta e organizada,[334] permitindo que se destine, ao delinquente profissional violento, um tratamento penal mais grave que o dispensado a criminosos ocasionais.[335] A aplicação da figura do

---

se os diversos segmentos do crime continuado atingirem a mesma vítima, qualquer que seja seu número e gravidade, a pena do agente não poderá sofrer aumento maior de dois terços. A mesma solução será dada se os diversos crimes forem culposos, ainda quando diversas as vítimas. Outra conclusão: a pena aumenta até o triplo não pode ser maior do que a que seria imposta ao agente, se respondesse pelos mesmos crimes em concurso material. Vejamos o exemplo: mediante violência, o réu pratica um roubo e duas tentativas de roubo, contra três pessoas diferentes, em continuação. Ainda que o juiz considere os fatos gravíssimos, não poderá aumentar a pena de um dos crimes – seria o consumado – do triplo, pois, se assim o fizesse, estaria impondo ao réu pena maior do que a soma das penas que seriam aplicadas se se tratasse de concurso material. Ainda: qualquer que seja o número e gravidade dos diversos crimes praticados, a pena imposta ao agente não poderá, com os aumentos, ultrapassar 30 anos, que é o máximo de tempo de cumprimento de pena previsto no Código (art. 75). Quando deve o juiz impor ao agente um aumento tão sensível? A EM faz referência expressa aos criminosos profissionais, aos réus que, antes da Lei 7.209/84, estariam sujeitos à medida de segurança detentiva, não mais prevista em lei. Inúmeras outras hipóteses ensejam a aplicação da norma em exame. Basta, por exemplo, que o agente pratique o crime com dolo intenso, incomum, ou cause às vítimas sofrimento maior do que o normal. Assim, embora primários, merecem o aumento da pena réus que praticam roubos seguidos, no interior de duas ou mais residências, aterrorizando as vítimas com repetidas ameaças de morte, ou agredindo-as, covarde e desnecessariamente, causando-lhes um sofrimento excedente do comum em tais situações". Por seu turno, destaca Francisco Araújo (p. 249) que, com a introdução deste comando legal, "ficaram pacificadas a doutrina e a jurisprudência sobre a matéria, pois anteriormente haviam-se estabelecido duas posições distintas a respeito: uma, liberal, com suporte no § 2º do art. 51 do CP, dispensava a homogeneidade de vítimas para a caracterização do crime continuado; outra, chamada ortodoxa, com alicerce na teoria alemã, entendia que só haveria possibilidade de 'continuidade delitiva' quando o crime fosse cometido contra a mesma vítima, e, tal não ocorrendo, então deveria ser observada a regra do concurso material ou real".

334 ARAÚJO, Francisco Fernandes de, p. 255.

335 SANTOS, Gérson Pereira dos, 1988, p. 114. Por outro lado, nem todos saudaram a inovação legal, como se pode ler: "a justiça penal brasileira está sofrendo de grave doença em certos aspectos, sendo um deles referente à admissão da continuidade delitiva em crimes graves, como roubos, estupros, etc., o que tem contribuído para maior descrédito da justiça e impunidade adequada dos criminosos" (NOGUEIRA, Paulo Lúcio, 1994, p. 175). Em sentido diametralmente oposto, coloca-se a vigorosa e lúcida observação de Everardo da Cunha Luna (1985, p. 341-2), de acordo com a qual "a disciplina da pena aplicável ao crime continuado – § único do art. 71 da nova lei penal – é o calcanhar de Aquiles do capítulo que trata da aplicação da pena. (...). Desnaturado ficou o instituto, que surge, agora, sob a sutil influência do CP de 1969 na parte da disciplina do criminoso por tendência e do criminoso habitual, frágil e duvidosa disciplina jurídica à luz de uma sadia política criminal. Melhor seria prescrevê-lo na nova lei penal. Como é que o crime continuado, que representa, precisamente, uma atenuação do concurso material, pode ser disciplinado da maneira como o faz a nova PG do CP? O legislador, diante da criminalidade violenta da nossa época, deixou-se dominar mais pelas paixões do que pela razão. Combatemos com energia, nos encontros de Goiânia e São Luiz do Maranhão, o parágrafo em questão, apelando até para as origens do instituto. O Dep. Egídio Lima, fundamentando-se no relatório da Comissão da OAB, Seccional de Pernambuco, apresentou emenda ao Projeto, na CD, deste modo: '15. Crime Continuado (art. 71, § único). Propõe-se a eliminação do § único do art. 71 – que possibilita ao juiz, no crime continuado, aumentar a pena do crime mais grave até o triplo – por constituir uma negação dos próprios fundamentos de política criminal que informaram a criação da figura do crime continuado. Trata-se, ademais, da atribuição de poderes excessivos ao juiz, que pode levar, inclusive, em casos concretos, a um tratamento mais severo do que aquele reservado ao concurso material de crimes'. A emenda foi rejeitada, porém. Resta somente a esperança de que numa futura reforma o crime continuado venha a ser disciplinado como o disciplina o CP, o que não enfraquecerá a repressão da criminalidade violenta da nossa época, porque a própria nova PG do CP dispõe de instrumento para tal fim. E o instrumento é precisamente o § único do art. 83, requisito na disciplina jurídico-penal do livramento condicional: 'Para o condenado por crime doloso, cometido com violência ou grave ameaça à pessoa, a concessão do livramento ficará também subordinada à constatação de condições pessoais que façam presumir que o liberado não

delito continuado específico – uma vez presentes os seus pressupostos – desponta como um critério impositivo, que não se subordina a qualquer juízo de conveniência.[336]

Nessa síntese, destaca-se que, a partir da reforma penal, introduzida pela Lei 7.209/84, passaram a existir duas modalidades de delitos continuados: uma, denominada comum ou simples, e outra, denominada qualificada ou específica, previstas, respectivamente, no *caput* e no parágrafo único do artigo 71 do Código Penal. Cada espécie possui uma forma própria de punição. Como disserta Juarez Cirino dos Santos, "a diferença entre as duas regras sobre *crime continuado* é a seguinte: o artigo 71, *caput*, abrange todas as hipóteses de *crime continuado*, menos a hipótese de crimes dolosos violentos contra vítimas diferentes; o artigo 71, parágrafo único, regula exclusivamente a relação de *continuação* em crimes dolosos violentos contra vítimas diferentes".[337] Obviamente, os crimes dolosos violentos praticados contra a mesma vítima seriam agasalhados pelo *caput* do artigo 71 (como vários atentados violentos ao pudor praticados contra a mesma vítima, presentes os demais elementos configuradores do delito continuado). A reforma, ao introduzir a figura do crime continuado específico, suplantou a jurisprudência do Supremo Tribunal Federal no "tocante ao teor do Verbete nº 605 da própria Súmula: 'Não se admite continuidade delitiva nos crimes contra a vida'. A razão é muito simples: o Verbete foi editado antes da reforma da parte geral do Código Penal, ocorrida por força da Lei nº 7.209/84".[338]

(Derradeiramente, o legislador oferece as formas legais em obediência às quais se disciplina a estruturação do apenamento em se cuidando do concurso delinquencial.)[339]

2.3.4. Do concurso medial

Certos ordenamentos jurídicos ostentam uma outra modalidade de concurso (é o caso, neste particular, do espanhol, em seu *artículo 77.1, segundo inciso*: "lo dispuesto en los dos artículos anteriores, no es aplicable en el caso de que un solo hecho constituya dos o más infracciones, *o cuando una de ellas sea medio necesario para cometer la otra*") –, denominado de concurso medial (ou, ainda, de concurso ideal impróprio), por cujo enunciado se exige uma relação de meio a fim entre os ilícitos concorrentes, ou seja, quando uma infração se converte em meio para atingir outra.

De conformidade com Estrella Escuchuri Aisa, "el origen histórico de esta figura se suele situar en los autores de la escuela clásica italiana, quienes consideraban que la intención unificaba ambas infracciones de manera que se entendía que el delito medio era absorbido en el delito fin".[340] Trata-se de uma modalidade similar ao concurso real

---

voltará a delinquir.' Diante do parágrafo transcrito, só nos resta confiar na prudência dos magistrados, que não se limitarão, sem dúvida, para a concessão do livramento, ao bom comportamento carcerário, sabido que os delinquentes mais temíveis têm o bom hábito de bem comportar-se na prisão".

336 TJ/SP, REC 293.553-3/8, Rel. Celso Limongi, j. 8.8.02. (Boletim do IBCCRIM – Ano II, nº 124 – mar. – 2003, p. 687.)

337 SANTOS, Juarez Cirino dos, 2017, p. 408.

338 RTJ/177, *HC* 77.786/RJ, Min. Marco Aurélio.

339 Ver tópico 2.4.

340 ESCUCHURI AISA, Estrella, 2004, p. 71. Santiago Mir Puig (2009, p. 648) agrega que "el fundamento de la equiparación del tratamiento legal sea análogo al del concurso ideal y responda a la concepción de los clásicos (como Carrara), que consideraban que constituiría una doble sanción de la misma voluntad castigar por separado los delitos unidos en el plan del autor".

que, no direito espanhol, é submetida à penalidade correspondente ao concurso ideal.[341] Majoritariamente, a doutrina avalia que, com efeito, se cuida de uma espécie de concurso real de delitos, à qual se estabelece um tratamento punitivo privilegiado (como se fosse um concurso formal), em virtude da relação de meio a fim que se apresenta entre as diferentes ações ilícitas; por óbvio, minoritariamente, há quem o entenda como uma modalidade de concurso ideal.

Parece ser correta a aproximação desse modelo ao concurso real, porque, em sua definição legal, não consta a referência de que haja "un solo hecho".

Por ilustração, desponta o caso típico da falsidade documental e do estelionato, na medida em que se falsifica um determinado documento para, por meio do engano, produzir um dano alheio; posto que não haja uma infração apenas, mas, sim, dois delitos diferenciados, dada a nítida vinculação objetiva entre eles, seriam, pela legislação espanhola, tratados como "un concurso ideal medial".[342]

É imperioso, para aplicar-se a figura do concurso medial, "la determinación de cuándo uno de los delitos es medio necesario para cometer el otro",[343] dado que "no siendo suficiente que las diversas acciones aparezcan concatenadas por un propósito delictivo penal, sino que resulta inexcusable que aparezcan ligadas por elementos lógicos, temporales y espaciales".[344]

A representação gráfica dessa figura pode ser assinalada da seguinte forma:

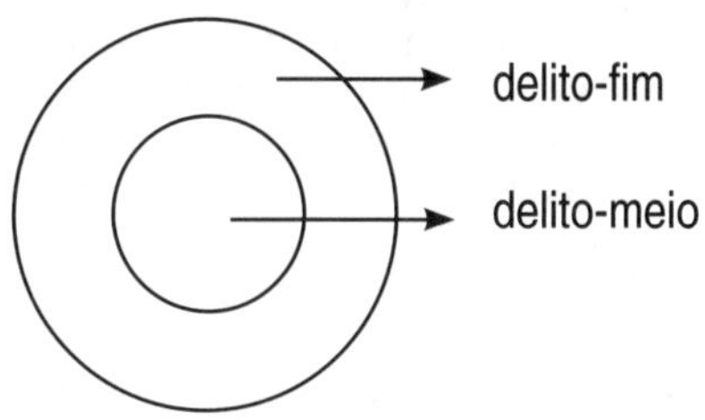

Em suma, quando houver o cometimento de dois delitos, e um dos quais tenha sido apenas o meio de praticar o outro, o legislador espanhol optou pelo tratamento punitivo de impor a pena do delito mais grave "en su mitad superior", despontando, dessa forma, a terceira modalidade de concurso delitivo – a medial (sendo as outras a ideal e a real).[345]

2.3.5. Da concorrência entre o concurso formal e o crime continuado

A título de ampliação da pesquisa, indicam-se alguns pontos que se relacionam ao concurso de crimes, notadamente no que se vincula à compatibilização punitiva entre o

[341] QUINTERO OLIVARES, Gonzalo, 2007, p. 754.

[342] ROLDÁN BARBERO, Horacio, p. 164.

[343] GIL GIL, Alicia; e outros, 2011, p. 725.

[344] GIL GIL, Alicia; e outros, p. 726. "En un princípio se entendió (así Pacheco) que ello sólo ocurre cuando el delito fin no puede cometerse *nunca*, por su propia naturaleza, sin el delito medio (*necesidad en abstracto*). Tal interpretación chocaba con la teoría del concurso de leyes, que, (...), impide la presencia de un concurso de delitos cuando uno de ellos ha de acompañar normalmente al otro (princípio de consunción). Hoy se interpreta la necesidad en un *sentido concreto*, requiriéndose sólo que en el caso concreto un delito no pudiera producirse sin el otro. Por supuesto, esta necesidad debe existir objectivamente, y no basta que el sujeto crea que se da – aunque, claro está, también es preciso el conocimiento de la necesidad objetiva" (MIR PUIG, Santiago, 2009, p. 649).

[345] PALMA HERRERA, José, 2004, p. 217.

concurso formal e o crime continuado.[346] (Antes, pode destacar-se que a diferença fundamental entre o concurso formal e o crime continuado se estabelece porque, naquele, uma conduta concreta duas ou mais figuras delitivas – ou seja: há unidade de fato e pluralidade de adequação típica –, ao passo que, neste, existe pluralidade de fatos.)[347]

Nesse ponto, não se oferece óbice para o reconhecimento da concorrência simultânea entre os institutos, desde que os crimes apresentem, entre si, os nexos formal e continuado.[348]

Revela notar, no entanto, que a discussão se posta quanto à possibilidade de haver a dupla valoração da reprimenda, isto é, se ambos os fatores de aumento punitivo podem incidir em determinado caso concreto, ou se somente um deles – (prevalentemente) o do crime continuado[349] – deveria impactar na composição dosimétrica da pena.[350] Discute-se sobre a possibilidade de aposição das causas de aumento de pena, representadas pela continuidade delitiva e pelo concurso formal.[351] Damásio de Jesus defende a aplicação exclusiva do aumento resultante da continuidade delitiva, remarcando: "os crimes par-

---

[346] Conforme descreve Weber Martins Batista (p. 181), "pode acontecer que o agente, em continuação, pratique dois ou três crimes (a hipótese é comum no roubo) em concurso formal. Exemplificando: o agente rouba as coisas de dois, três ou mais casais, em ações seguidas. (...). Essa não é, *data venia*, a melhor solução. O crime continuado, como forma especial de concurso de crimes, não é ontologicamente diferente do concurso formal. Assim, é perfeitamente possível admitir que se os diversos fatos podem ser unidos, para caracterizar a continuidade delitiva, quando praticados em duas ou mais ações, com mais razão devem sê-lo quando praticados em uma só ação. Com base nessas considerações, a grande maioria tem entendido que, nesses casos, caracteriza-se um só crime continuado, nele ficando absorvido o concurso formal de delitos. Nessas hipóteses, portanto, o juiz deverá fixar a pena-base (art. 59 do CP), aumentá-la ou diminuí-la por força das agravantes ou atenuantes (arts. 61-67) e, a seguir, em um só momento, aumentá-la uma só vez, de um sexto e dois terços, como o estabelece o art. 71 do CP. O maior ou menor número de fatos e de vítimas será considerado na escolha da quantidade do aumento, nos limites estabelecidos pelo referido art. 71".

[347] FONTÁN BALESTRA, Carlos, p. 62. Reforça Miguel Ángel Arce Aggeo (2006, p. 480-1) que "ello resulta lógico porque si existe unidad de hecho o conducta no vale preguntarse por la existencia de un posible delito continuado, dado que dicha pregunta sería innecesaria, puesto que las hipótesis de conductas o hechos únicos sólo pueden conducir a un único encuadre o tipificación (...). Ahora bien, si la aplicación del delito continuado obedece a una atenuación de la pena que podría aplicarse si se dejara el hecho como concurso real, dicha finalidad pierde su contenido si nos encontramos frente a un caso de unidad de hecho, dado que la unidad de hecho nunca podrá encuadrarse dentro de los postulados estatuídos por el art. 55 del CPA, y por lo tanto no habrá pena que limitar".

[348] TRF3, AC 11892SP00118928020064036108, Rel. Márcio Mesquita, 1ª T., j. 4.2.14.

[349] STJ, *HC* 162987/DF, 5ª T., Rel. Jorge Mussi, j. 1.10.13.

[350] Como aponta Paulo José da Costa Júnior (2010, p. 268): "concurso entre crime formal e continuado. (...). Não admitem o concurso os julgados publicados na RT, 603:456, 591:318 e 117:744. Admite: TACSP, Rev. 116.330".

[351] Informa a separação da jurisprudência Damásio de Jesus (2014, p. 313): "suponha-se que o sujeito cometa três delitos: os dois primeiros em concurso formal; os três, em continuação. A respeito da cumulação dos acréscimos (arts. 70, *caput*, e 71, *caput* e § único), há duas posições: 1ª) não admite a soma dos acréscimos: RTJ, 117:744; RT, 603:456, 591:318 e 579:351; JTACSP, 73:289, 76:61, 74:147, 78:29, 81:273 e 84:217; BMJTACSP, 8:7 e 16:1, incidindo somente o aumento da continuação (TJSP, ACR 87.330, *RT*, 658:273; TACSP, ACR 615.671, RT, 662:302 e RDJTACSP, 6:144; TACSP, AC 927.825, RJTACSP 26:51); 2ª) admite: JTACSP, 73:67 e 91:46; BMJTACSP, 51:1; TACSP, ACR 472.853, Julgados, 94:315; EI 400.811, Julgados, 94:385". José Paganella Boschi (2000, p. 341-2) indica: "se, em um dos crimes da série continuada, o agente violar bem jurídico de mais de uma vítima (por exemplo, crime culposo no trânsito, com três lesões, seguido de outro crime culposo no trânsito com lesões em duas outras vítimas), os tribunais recomendam *nova* exasperação da pena com base no artigo 70 (concurso formal), embora essa solução, aceita na doutrina, não seja pacífica, na medida em que afeta a magnanimidade ínsita em tal modalidade de concurso, sendo daí também repudiada em outros precedentes".

celares que compõem a continuação (...) são considerados, para efeito de pena, delito único. Se fôssemos manter o aumento do concurso formal estaríamos desvinculando os delitos".[352] O mesmo autor oferece outro argumento à inaplicabilidade da cumulação de fatores de aumento em se tratando de concurso formal na forma continuada: "seria realmente ilógico que, na espécie, cometendo o sujeito vários delitos da mesma espécie mediante condutas distintas, viesse a sofrer pena com um só acréscimo e, realizando-os com a interposição do concurso formal entre dois deles, incidisse em dois acréscimos. Se o benefício do nexo de continuidade é aplicável à entidade mais grave, a do concurso material, constituindo espécie abrandada da concorrência real, não se vê por que não possa também estender-se à mais leve, a do concurso ideal, quando venha a beneficiar o agente".[353] [354]

Não obstante, haveria, de acordo com entendimento oposto, situações fáticas nas quais se mostraria, em linha de princípio, plausível a compatibilidade das diferentes causas (a do concurso formal e a do crime continuado) de recrudescimento punitivo. As hipóteses haveriam de ser encontradas quando, na cadeia de ilícitos que informam a continuidade, todos se perfizessem à luz do concurso formal; assim, *ad exemplum*, casos de roubo múltiplo sequenciado; de acidentes de trânsito (cada um dos quais com pluralidade de vítimas); de acidentes de trabalho (cada um dos quais com diversos trabalhadores mortos ou feridos), entre outras hipóteses. Para essa forma de compreensão, se houver, por exemplo, dois fatos bem individualizados, autonomamente realizados, sendo que, no primeiro, o agente, por intermédio de uma única ação, realiza dois eventos típicos (o que impõe a incidência do concurso formal) e, após alguns dias, no segundo, em circunstâncias análogas às do crime anterior, também por meio da unicidade de conduta, produz dois eventos típicos (o que, ainda uma vez, impõe a incidência do concurso formal), agora, porém, em decorrência da linha de comportamento do agente, que se deve apresentar como um conjunto unificado, incidirá a exasperação própria do crime continuado. Com isso, se estiverem presentes os requisitos – tantos os que disciplinam o concurso formal como os que implicam o crime continuado –, a aplicação conjunta não se traduz em dupla punição, "até mesmo porque inexiste no ordenamento jurídico qualquer vedação nesse sentido".[355]

A jurisprudência sobre o tema é deveras vacilante; neste campo, o Supremo Tribunal Federal já reconheceu como plausível a sobreposição das causas de elevação de pena, permitindo, por conseguinte, a incidência cumulativa dos acréscimos dos artigos 70 (concurso formal) e 71 (crime continuado) do Código Penal;[356] por outro lado,

---

[352] JESUS, Damásio de, 1986, p. 120.

[353] JESUS, Damásio de, 1986, p. 121.

[354] No mesmo sentido: FERREIRA, Gilberto, 1995, p. 162. Como se expressam Eugenio Raúl Zaffaroni e José Henrique Pierangeli (2015, p. 708), a vedação constitucional da prisão de caráter perpétuo não pode ser concebida isoladamente, uma vez que deve ser conjugada "com o disposto no art. 5º, inc. XLIX: 'É assegurado aos presos o respeito à integridade física e moral'. Se tivermos em consideração que, hoje, é perfeitamente sabido e repetido que um prolongado recolhimento de uma pessoa numa prisão torna-se irreversivelmente deteriorante, entendemos que não só a pena perpétua, como também todas as penas privativas de liberdade demasiadamente prolongadas, são sanções arruinadoras".

[355] TJRS, AC 70072561426, 8ª CC, Relª. Desª. Fabianne Breton Baisch, j. 26.7.17.

[356] Informativo STF, nº 37, ag./96. Em decisão unânime, o STF (*HC* 73821/RJ, Rel. Min. Sydney Sanches, 1ª T) traduziu, a partir da tese da compatibilidade entre o concurso formal e o crime continuado, o *processus* de aplicação da reprimenda penal, nos seguintes termos: "assim, sobre a pena-base deve incidir o acréscimo pelo concurso formal, de modo a ficar a pena do delito mais grave (estelionato consumado) acrescida de,

no Superior Tribunal de Justiça, pode pontuar-se que, como regra geral, não se admite a dupla valoração dessas causas de aumento de pena (por se traduzir em caso de *bis in idem*),[357] salvo em situações bastante particulares.[358]

Do contrário, segundo se acredita, a figura do delito continuado (construída sobre uma ficção jurídica de inspiração benéfica) deve ser entendida como modalidade de concurso de crimes, notadamente de concurso material homogêneo com menor rigor repressivo, que se destina à aplicação da pena, partindo da ideia básica segundo a qual, em havendo delito único, existirá, tão somente, uma pena (de qualquer sorte, majorada). Dessa forma, o crime continuado deve ser considerado um só crime, pouco importando que o seja por uma *fictio juris*. Nessa perspectiva, realmente não se vislumbra qualquer sentido em se desmembrar a unicidade sobre a qual se constrói a figura da continuidade delitiva, a fim de proceder ao aumento da pena resultante do concurso formal (na situação concreta de haver alguns crimes em concurso formal que se relacionam, por meio da continuação, a outros, sem esta causa de majoração de pena),[359] devendo-se, portanto, entender que o concurso formal se deixaria absorver pelo crime continuado, por intermédio do princípio da consunção, incidindo apenas o aumento relativo a este, por ser o mais abrangente.[360]

---

pelo menos, um sexto até metade, pela co-existência do crime menos grave (art. 70). E como os delitos foram praticados em situação que configura a continuidade delitiva, também o acréscimo respectivo (art. 71) é de ser considerado". "Tráfico de entorpecentes. Dupla valoração das circunstâncias de aumento de pena. Crime hediondo. Crime organizado. A circunstância de o paciente ser funcionário público não exige que o crime seja necessariamente praticado em seu local de trabalho. Reconhecimento legítimo das duas majorantes na fixação da pena. (...). *HC* indeferido" (STF, *HC* 82966/SP, Rel. Min. Nelson Jobim, 2ª T., j. 20.5.03).

[357] TRF4, ACR 5000552-15.2016.404.7001, 7ª T., Relª. Desª. Bianca Georgia Cruz Arenhart, j. 8.8.17; TJDFT, AC 20140910258870, 2ª T., Rel. Jair Soares, j. 8.6.17; TRF4, ACR 5051213-65.2011.404.7100/RS, Rel. Des. Sebastião Ogê Muniz, 7ª T., j. 1.7.14; STJ, *HC* 178499, Relª. Minª. Laurita Vaz, 5ª T., j. 26.8.11; STJ, *HC* 70110/RS, Rel. Min. Gilson Dipp, 5ª T., j. 24.4.07; e STJ, *HC*, 36414RJ, Rel. Min. Nilson Naves, 6ª T., j. 18.10.04.

[358] TJMG, AC 1.0024.15.188098-6/001, 7ª CC, Rel. Des. Paulo Calmon Nogueira da Gama, j. 22.6.17; e STJ, RESP 1315619, Rel. Campos Marques, 5ª T., j. 15.8.13.

[359] No exemplo de Damásio de Jesus (1986, p. 120): "suponha-se que o sujeito, em dias seguidos, cometa três assaltos. Responde por três delitos de roubo ligados pela continuação. Considerada a pena mínima, teríamos quatro anos de reclusão, mais um sexto, perfazendo quatro anos e oito meses (pena mínima mais um só acréscimo). Imagine-se, entretanto, que realize os três roubos em duas fases: na primeira, num só contexto de fato, assalta duas pessoas; dias depois, a terceira. Teríamos concurso formal entre os dois primeiros roubos, com o primeiro acréscimo; continuação entre os dois fatos, com o segundo acréscimo. A pena mínima seria de cinco anos, cinco meses e dez dias de reclusão. Ora, considerando-se que o concurso formal é um *minus* em relação ao crime continuado em razão da unidade e da pluralidade de condutas que os informam, não é crível que a pena, quando presente o primeiro, seja maior da que seria imposta se a hipótese fosse de nexo de continuidade, de gravidade objetiva mais intensa. Se não fosse assim, como disse Dante Busana, a unidade de conduta e de desígnio que presidem o concurso formal no tocante ao primeiro fato, e que inspiraram ao legislador um regime mais benigno de cúmulo jurídico, acabaria por prejudicar o agente".

[360] Como pontificam Artur Souza e Carlos Japiassú (p. 452), "a pena deve ser calculada com a prevalência do crime continuado, restando absorvido o concurso formal. Isso porque a finalidade de ambos os institutos é o de mitigar a punição, por intermédio do sistema de exasperação, razão pela qual a norma que regula o crime continuado contém acréscimo mais abrangente do que a do concurso formal. Conforme decidido pelo STF, a regra do concurso formal foi concebida em favor do réu e só há de ser aplicada quando efetivamente lhe trouxer proveito. Desta maneira, havendo, entre os crimes, nexo de continuidade delitiva e concurso formal, apenas um aumento de pena – o do crime continuado – deve prevalecer". Em termos jurisprudenciais: TJDFT, AC 20080910237847, Rel. Des. Jesuino Rissato, 3ª TC, j. 21.5.15.

Diante desse quadro, tem-se, necessariamente, de considerar como inacumuláveis os acréscimos do concurso formal e do crime continuado[361] nas situações em que configuradas as duas hipóteses de aumento da pena (concernentes ao concurso formal e à continuidade delitiva), admitindo-se apenas uma exacerbação, qual seja, aquela relativa ao crime continuado, sob pena de *bis in idem*.

Convém, ainda, finalmente, a propósito da concomitância de acréscimos punitivos, destacar que se apresentaria, por evidente, uma flexibilização (*favor rei*) à regra implícita segunda a qual, no concurso de causas de aumento (ou de diminuição) previstas na Parte Geral do Código Penal, as majorantes (tanto quanto as minorantes) deveriam ter aplicação obrigatória (parágrafo único do artigo 68), na medida em que se poderia invocar a analogia *in bonam partem*, pois, se é permitido ao magistrado, no concurso de causas de aumento (ou de diminuição) previstas na Parte Especial, limitar-se a um só aumento (ou a uma só diminuição) – desde que prevaleça a que mais aumente (ou diminua) –, com idêntica noção será possível, no concurso entre causas de aumento da Parte Geral, a escolha de um só aumento – e o prevalente que é, *in casu*, exatamente, o do crime continuado.

A par disso, também se pode encampar, sem qualquer dificuldade, a tese (da existência, *in casu*) do *bis in idem* a fim de obstaculizar a dupla valoração das causas de aumento de pena, visto que os fatores de acréscimo recairiam sobre os mesmos dados, o que se mostraria, sob todos os aspectos, inadmissível.[362] Para além disso, o instituto jurídico do concurso formal deve ser aplicado sempre em benefício do réu, de modo que, se, em uma determinada situação concreta, também for reconhecida a relação de continuidade delitiva, a estruturação do apenamento contará tão somente com um fator de exasperação, e este será o do crime continuado,[363] por ser, a toda a evidência, o mais abrangente e representativo.

[361] TJMG, AC 1.0024.15.120069-8/001, 7ª CC, Rel. Des. Paulo Calmon Nogueira da Gama, j. 6.7.17; TJMG, AC 1.0027.16.000524-8/001, 6ª CC, Rel. Des. Jaubert Carneiro Jaques, j. 4.7.17; TJMG, AC 1.0702.15.083433-2/001, 7ª CC, Rel. Des. Cássio Salomé, j. 6.7.17; TJMG, AC 1.0148.16.001604-1/001, 7ª CC, Rel. Des. Paulo Calmon Nogueira da Gama, j. 6.7.17; TJMG, AC 1.0702.15.068448-9/001, 6ª CC, Rel. Des. Jaubert Carneiro Jaques, j. 4.7.17; TJSC, AC 0003865-96.2016.8.24.0011, 3ª CC, Rel. Des. Moacyr de Moraes Lima Filho, j. 4.7.17; TJDFT, AC 20160110000564, 1ª T., Rel. George Lopes, j. 22.6.17; TJDFT, AC 20171410019319, 1ª T., Relª. Sandra de Santis, j. 8.6.17; TJES, AC 48140039669, Rel. Des. Ney Coutinho, 1ª CC, j. 3.2.16; e TJDFT, AC 20121210006330, Rel. Des. Silvânio Santos, 2ª TC, j. 22.10.15. Gilberto Ferreira (p. 162) registra decisão do STF: "a absorção ou consunção da hipótese na compreensão da continuidade delitiva tem sua razão de ser na circunstância de que os crimes praticados em um primeiro momento e ação única, em concurso ideal, são homogêneos e da mesma espécie dos subsequentes, sendo de notar que mesmo não houvesse, nos primeiros, unidade de desígnio, e portanto não fossem beneficiados pelo art. 70 (concurso formal), nada impediria o reconhecimento da continuidade delitiva, segundo o critério objetivo (art. 71)". (RE 103.244-8-SP.) A seu turno, Guilherme de Souza Nucci (2017, p. 844) afirma: "concorrência de concursos: trata-se de hipótese admissível. (...) pode haver dois concursos formais em continuidade delitiva (um homicídio doloso e um culposo + um homicídio doloso e outro culposo). Nesse caso, há divergência quanto à aplicação da pena: a) aplicam-se os dois aumentos, ou seja, do concurso formal e do crime continuado; b) aplica-se somente o aumento do delito continuado, pois é o aspecto que predomina no contexto criminoso. Esta é a melhor posição". No mesmo sentido: TACSP, REV 120.042, Rel. Adalberto Spagnuolo, 2º GCC, j. 6.4.83 – un. (decisão citada por Mohamed Amaro, 2007, p. 389).

[362] TJMG, AC 1.0433.15.010409-2/001, Rel. Des. Cássio Salomé, 7ª CC, j. 5.5.16; TRF4, ACR 5001966-17.2013.404.7110, Rel. Sebastião Muniz, 7ª T., j. 30.6.15; TJDF, AP 20140310051144, 3ª TC, Rel. João Teixeira, j. 26.2.15; e TJDFT, ACR 20130910305722/DF, Rel. Des. Souza e Ávila, 2ª TC, j. 17.7.14.

[363] TJMG, AC 1.0024.11.323304-3/001, 6ª CC, Rel. Des. Rubens Gabriel Soares, j. 18.7.17.

2.3.6. Da concorrência entre o concurso material (homogêneo) e o crime continuado

Ainda como forma de alargar a pesquisa, coloca-se a possibilidade de vinculação entre o concurso material (homogêneo) e o crime continuado. (Previamente, reforça-se que a separação conceitual entre o concurso material homogêneo e o crime continuado se estabelece porque, posto que ambos ostentem em sua base uma pluralidade homogênea de tipos penais, no primeiro instituto, os ilícitos não mantêm – diferentemente do que ocorre no segundo – uma conexão continuada, que permite reunir, em uma unidade jurídica, as várias condutas praticadas.)

Não se apresentam, quer doutrinária quer jurisprudencialmente, quaisquer obstáculos à combinabilidade punitiva entre os institutos do concurso material e do crime continuado, nem mesmo entre – especificamente – o concurso material homogêneo e o crime continuado. Desse modo, se houver a realização de uma sequência de crimes, estruturada, por exemplo, (i.) em ilícitos penais homogêneos (vários crimes de roubo) e heterogêneos (estelionato, estupro e injúria), sendo que aqueles se deram em condições assemelhadas (em que se apresenta o nexo de continuidade), pode reconhecer-se que a punição se construirá com o apenamento correspondente ao crime continuado mais os dos ilícitos penais heterogêneos, somando-se essas penas à luz do critério da acumulação material; da mesma forma, se houver (ii.) sequências distintas de ilícitos penais homogêneos, em que se poderá aplicar, em uma primeira etapa, o aumento de pena relativo à continuidade para cada série delitiva e, em uma segunda etapa, somar as penas dessas condenações à luz do sistema do cúmulo material.[364]

2.4. OS SISTEMAS DE APLICAÇÃO DE PENA

Examinaram-se a importância da doutrina do concurso de infrações e sua visceral relação com a fixação da pena. Devem apreciar-se, agora, concretamente, os mecanismos jurídicos graças aos quais se implementa o sistema de apenamento.

A regra de punibilidade do concurso de crimes, em princípio e simplesmente, emergeria da orientação segundo a qual a cada fato punível deveria corresponder a uma sanção, nada importando as eventualmente irracionais ou contraproducentes consequências punitivas que disso poderia haver. Dessa forma, ao fim e ao cabo, a pena (a ser aplicada) seria aquela resultante da soma das diferentes sanções, correspondentes aos diferentes crimes que perfazem o concurso delituoso. A adoção exclusiva desse sistema de apenamento pode traduzir-se não apenas em excessivo rigor, mas também em situações verdadeiramente absurdas, como se verá a seguir.

Por força disso, a doutrina e a jurisprudência desenvolveram,[365] em se tratando do concurso de crimes, métodos punitivos mais aprimorados, que podem ser utilizados *pari passu* com o sistema básico da soma das penas, e que "miram dar maior certeza,

[364] STF, R*HC* 90724, Rel. Min. Joaquim Barbosa, 2ª T., j. 9.9.08.

[365] Segundo Patricia Mothé Glioche Béze (p. 46), "no Direito Romano, prevalecia a regra da soma das penas, sendo esta a regra no Direito Germânico e no Direito Canônico. A partir dos séculos XV e XVI houve o desenvolvimento da teoria do concurso de crimes. Nas primeiras codificações passou a existir, por exceção, quando não pudesse ser aplicado o cúmulo material o sistema da exasperação ou da absorção das penas".

efetividade e utilidade social na aplicação da pena".[366] De tal sorte que se definiu, a partir desses métodos de apenamento (alguns dos quais incorporados à legislação brasileira), a forma de se proceder à punição do agente nas hipóteses do *concursus delictorum*.

A dogmática jurídico-criminal aponta, fundamentalmente, quatro sistemas em atenção aos quais se estrutura a pena na concorrência de fatos puníveis: (i.) o sistema do cúmulo material; (ii.) o sistema do cúmulo jurídico; (iii.) o sistema da absorção; e, por último, (iv.) o sistema da exasperação. Lembre-se de que, como informa Aníbal Bruno, nenhum desses métodos ficou sem contraditores, o que bem destaca as polêmicas que cercam o problema;[367] todavia, como disserta Antônio José da Costa e Silva, "há um ponto em que eles não discrepam: é na aplicação do princípio da cumulação absoluta às penas pecuniárias".[368]

É importante assinalar que esses sistemas se apresentam, nas legislações modernas, essencialmente, de modo conjugado,[369] permitindo, à vista disso, que se possa alcançar, em tese, uma resposta punitiva, no concurso de crimes, mais adequada e racional.

2.4.1. O sistema do cúmulo material

O sistema do cúmulo material (também denominado de "sistema da acumulação material ou aritmética", ou de "cúmulo aritmético" ou, ainda, simplismentede "acumulação") se mostra como a regra geral que preside a aplicação da pena na hipótese do concurso de delitos. Em conformidade com esse método (*Häufungs-[Kumulations] prinzip*), haverá a soma das diferentes penas de cada uma das infrações integrantes do concurso. Por vias disso, é o critério que melhor se ajusta à teoria penal absoluta da retribuição,[370] bem como permite a plena aplicação da regra *quot delicta tot poenae*.[371]

Está em consideração, em verdade, o sistema mais antigo de apenamento,[372] em concordância com o qual as penas se acumulam aritmeticamente.[373] Francesco Antolisei

---

[366] CARVALHO, Ivan Lira de, 1999, p. 487.

[367] BRUNO, Aníbal, 1984a, p. 288. Daí (a razão) por que Fernando Velásquez (1997, p. 668) afirmou que "se está lejos de alcanzar un mecanismo perfecto para señalar la pena imponible en este ámbito, por lo cual, en definitiva, es el respectivo legislador quien debe elegir el más adecuado, dependiendo de los fines político-criminales que lo animen".

[368] COSTA E SILVA, Antônio José da, 1943, p. 299. A matéria, modernamente, sofreu profunda modificação a partir de orientação do STJ no sentido da inaplicabilidade do art. 72 do CP em se cuidando de crime continuado (ver, com mais detalhes, o ponto 6.3.).

[369] LEIRIA, Antônio José Fabrício, 1973, p. 28.

[370] CARAMUTI, Carlos S., p. 326.

[371] SOLER, Sebastián, 1992, p. 314.

[372] "Era el sistema seguido por los romanos, para quienes la concurrencia de delitos no era una razón para que alguno de ellos quedara sin castigo, pues pensaban que la pena de un delito no disminuía por haber cometido otro" (CARAMUTI, Carlos S., p. 326).

[373] Carlos S. Caramuti (p. 302-3) aponta que esse sistema admite duas variantes: a abstrata e a concreta: "conforme a la primera se suman los mínimos y los máximos de las escalas de los respectivos delitos para determinar una nueva escala penal aplicable al concurso de delitos o de infracciones. El mínimo de la escala del concurso lo constituye la suma de los mínimos, su máximo, la suma de los máximos. Según la segunda variante, se determina primero concreta y separadamente la pena aplicable a cada delito o infracción para sumarlas luego. Este es el más propio sistema de acumulación: con él se deben cumplir la totalidad de las penas que corresponden para cada delito. Conforme al otro (variante abstracta) no se acumulan realmente las penas, sino que se crea una nueva escala, aplicable al concurso de delitos, pero no necesariamente se acumulan las penas de los distintos delitos concretos ya que ni siquiera es necesario fijar la pena de cada

e Luigi Conti reforçam: "applicandosi il sistema del cumulo materiale il colpevole soggiace a tante pene quante sono le infrazioni commesse; delle varie pene, cioè, si fa la somma aritmetica".[374]

A doutrina censura esse critério (que se apresenta como injusto e ineficiente), dado que "essa simples operação aritmética pode resultar em uma pena muito longa, desproporcionada com a gravidade dos delitos, desnecessária e com amargos efeitos criminógenos. É possível que o agente atinja a ressocialização com pena menor",[375] evitando-se todo o desgaste (pessoal e social) que a prisão encerra. Reforça o argumento anterior Carlos Fontán Balestra, ao afirmar: "la acumulación matemática es psicológicamente injusta, pues la cantidad de mal se hace mucho mayor cuando se sufre todo junto; los males distanciados o distribuidos en el tiempo se los soporta más fácilmente".[376] No mesmo rumo leciona Ivan Lira de Carvalho: "a principal crítica dirigida a este sistema reside na inutilidade de uma pena muito longa, decorrente da adjunção das penas parcelares, fatalmente gerando efeitos prisionais e criminógenos muito severos, em descompasso com a finalidade ressocializadora do apenamento".[377]

Também se critica o sistema da cumulação, em outro quadrante, por não estabelecer a possibilidade concreta da imposição de todas as penas que foram, ao criminoso, aplicadas. Seria o caso, *ad exemplum*, de uma legislação que contivesse, em seu arcabouço punitivo, a previsão da pena capital, e viesse um determinado agente a ser condenado, absurdamente, a duas penas de morte; ou no caso de prisões perpétuas; ou, ainda, na hipótese de uma pena capital cominada com a de *ergàstolo*. De mais a mais, tratar-se-ia de sanções absurdas, gravadas por insuportável irracionalidade e perpetuadoras de um discurso penal tão omnipotente que investe contra leis biológicas.[378] Da mesma forma, as penas de longa duração, resultantes da acumulação, ensejariam dificuldades em efetivo cumprimento, se se considerasse a expectativa média de vida das pessoas, e assim por diante. Daí por que destacou, com inteira propriedade, Antônio José da Costa e Silva, que "a sua impraticabilidade em certos casos (na incompatibilidade das penas) e o seu excessivo rigor em outros lhe trouxeram o quase repúdio",[379] contribuindo, de tal sorte, para a criação de outros sistemas.

2.4.2. O sistema do cúmulo jurídico

O critério em exame (também denominado de "sistema da acumulação jurídica" ou "cúmulo material reduzido" – *reduzierte Strafhäufung* – ou, ainda, "cúmulo material

---

uno. Se fija directamente la pena a aplicar al autor por todos ellos en conjunto. Esto puede jugar tanto a favor como en contra del reo porque permite tanto aplicar una pena menor como mayor que la que resultaría de sumar las penas individuales que se impondría por cada delito si fuera juzgado separadamente".

[374] ANTOLISEI, Francesco; CONTI, Luigi, p. 278.

[375] BITENCOURT, Cezar Roberto, 2011, p. 680.

[376] FONTÁN BALESTRA, Carlos, p. 29-0.

[377] CARVALHO, Ivan Lira de, p. 488. Aduz, a seu turno, Valdir Sznick (2002, p. 489) que "esse sistema pode causar injustiça pois, por vários crimes leves, alguém poder ser punido mais severamente do que o autor de um crime só, mais grave".

[378] ZAFFARONI, Eugenio Raúl; BATISTA, Nilo, 2017, p. 578.

[379] COSTA E SILVA, Antônio da, p. 299. Eusébio Gómez (p. 509) complementa: "su aplicación comporta inútil y excesiva severidad. En efecto: ¿cómo hacerlo efectivo en el caso de concurso de delitos para los que la ley prescriba penas perpetuas? Y aunque se trate de penas temporales, ¿cómo hacerlo efectivo cuando de la acumulación de las mismas resulte un espacio de tiempo mayor que el de duración de la vida humana?"

temperado") determina que a sanção "aplicável não é a soma das concorrentes, mas é de tal severidade que atende à gravidade dos crimes cometidos",[380] de forma que a pena deve "ser maior do que a cominada a cada um dos delitos sem, no entanto, se chegar à soma delas".[381] Em outras palavras, o sistema consiste "en sumar las penas, pero fijando un límite máximo prudencial, del cual no puede exceder el juzgador";[382] com isso, a pena a ser imposta não corresponderá à soma das cominadas para os diversos ilícitos; porém, será aquela cujo patamar punitivo possa responder às expectativas de prevenção e reprovação ao delito, haja vista o conjunto de crimes praticados pelo agente.[383] Trata--se, por conta disso, em uma primeira etapa, da soma das penas, mas, em uma segunda etapa, haverá a redução proporcional desses apenamentos; assim, se a responsabilidade é única, as penas – ainda que decorrentes do concurso – também devem ser unificadas; ora, as hipóteses de dualidade (ou pluralidade) de delitos constituem-se, em última análise, em um problema de quantificação punitiva, as quais implicam uma elevação da responsabilidade única (e, sobretudo, inestendível) do acusado; e, por isso, a pena deve ser, em virtude da expressão numérica superior de delitos, aumentada, mas continuará a ser única.[384]

É curioso observar, portanto, que o resultado da operação não se traduz (como no sistema anterior) na soma das penas concorrentes, mas se apresenta como mais elevado que a prevista para cada um dos crimes pertencentes ao concurso.[385] Segundo Eusébio Gómez, esse sistema "responde al concepto de que es necesario, por razones de justicia y de orden práctico, atemperar los rigores de la acumulación material y de la benignidad injustificada del sistema de la absorción".[386]

A literatura criminal, por seu turno, censura esse critério punitivo, ao sustentar que enfraquece a eficácia da repressão, "transformando a concorrência de crimes em causa de menor punibilidade";[387] de todo modo, cuida-se de um redutor normativo que se endereça ao sistema do cúmulo material[388] a fim de obstar consequências punitivas excessivas e faltas de racionalidade.

---

380 JESUS, Damásio de, 2010a, p. 643.

381 BITENCOURT, Cezar Roberto, p. 680.

382 FONTÁN BALESTRA, Carlos, p. 30.

383 LEIRIA, Antônio José Fabrício, 1973, p. 27.

384 SOLER, Sebastián, 1992, p. 316.

385 Informa Valdir Sznick (2002, p. 489) que da acumulação jurídica "derivou o sistema de *pena progressiva única* – ainda que haja vários delitos, esses delitos se apresentam como causa concorrente de uma só incriminação. Sendo assim, a responsabilidade única não se acumula e a pena, também, é única, mas progressiva". A origem dessa variante se deve a Giovan Battista Impallomeni (1911, p. 430-1), que a descreve da seguinte forma: "per la nostra dottrina, come per il sistema del codice, vi ha, invece, una pena unica risultante dal calcolo di una responsabilità unica e crescente, una totalità, non una somma di pene, nella quale nessuno dei reati concorrenti si considera come fattore distinto di penlità, ma tutti i reati sono considerati sempre collegati fra loro nel soggetto delinquente: la sua denominazione vera è quella di una pena unica progressiva, e quanto sia giuridicamente importante la sua differenza da quella del cumulo giuridico, che non emana dal concetto della responsabilità unica, abbiamo già avuto occasione di rilevare".

386 GÓMEZ, Eusébio, p. 511.

387 BRUNO, Aníbal, 1984a, p. 289.

388 ZAFFARONI, Eugenio Raúl; BATISTA, Nilo, 2017, p. 578.

2.4.3. O sistema da absorção

Por esse regramento (*Absorptions prinzip*), no concurso de delitos, a pena do delito mais grave absorve a do menos grave, que restará impune (sendo, por via própria de consequência, desprezada); trata-se, ainda uma vez, de um sistema criado ao escopo de combater o excessivo rigor punitivo do sistema acumulatório. Nessa moldura, em harmonia com o critério da absorção – *poena major absorbet minorem* –, as penas menores se deixam absorver pela maior. Para Francesco Antolisei e Luigi Conti, "col sistema dell'assorbimento nel caso di una molteplicità di violazioni della legge penale commesse dalla medesima persona si applica la pena stabilita per l'infrazione più grave".[389] Historicamente, esse critério punitivo foi desenvolvido pelos antigos criminalistas italianos, que, em face das críticas dirigidas à excessiva gravidade da acumulação material de penas dos delitos concorrentes, introduziram o princípio da absorção das penas menores pela mais grave, "principio que también estableció el Código francés de 1791 para la pluralidade de crímenes, en reacción a la jurisprudência francesa del Antiguo Régimen".[390] (Sebastián Soler oferece uma ligeira variante desse sistema, segundo a qual seria tomada a pena correspondente ao delito de maior gravidade e as demais penas seriam incorporadas ao cálculo punitivo como circunstâncias agravantes, dentro da única escala penal que se aplica.)[391]

A doutrina, do mesmo modo, critica essa regra punitiva: "os vários crimes menores ficariam sempre impunes. Depois da prática de um crime grave, o criminoso ficaria impune para as demais infrações".[392] Ivan Lira de Carvalho, semelhantemente, o reprova: "a crítica mais severa voltada ao sistema da absorção é a de que ele possibilita que uma parte dos crimes componentes reste sem qualquer retribuição penal por parte do Estado, premiando, assim, o infrator".[393]

A adoção desse critério implicaria, por fim de contas, isenção punitiva, violando, a mais disso, o princípio *nullum delictum sine poena* e servindo de incentivo à prática de posteriores infrações de menor gravidade.[394] Em decorrência dessa crítica, foi estruturado o sistema exasperatório.

2.4.4. O sistema da exasperação

Ao se levar em linha de conta a deficiência do sistema anterior (no qual os crimes menores não seriam punidos), a doutrina penal criou uma variante do sistema da absorção, que foi pelos autores alemães denominada de *Asperation prinzip* ou *Strafschärfung*,[395] podendo ser, ainda, denominado de princípio da pena total ou global.[396]

---

[389] ANTOLISEI, Francesco; CONTI, Luigi, p. 277-8.

[390] CARAMUTI, Carlos S., p. 330.

[391] SOLER, Sebastián, 1992, p. 315.

[392] BITENCOURT, Cezar Roberto, p. 681.

[393] CARVALHO, Ivan Lira, p. 488.

[394] BATTAGLINI, Giulio, p. 554. Semelhantemente, destacam Raúl Carrancá y Trujillo e Raúl Carrancá y Rivas (p. 702) que "por este sistema se favorece y estimula al delincuente, cuya temibilidad es bien manifiesta (Garofalo), y que el solo hecho del concurso debe traducirse en agravación de la penalidad (Prins)".

[395] COSTA E SILVA, Antônio José da, p. 300.

[396] CARAMUTI, Carlos S., p. 332.

Tendo-se por norte esse princípio, no concurso de crimes, haverá uma só pena (correspondente à do delito mais grave), que, entretanto, sofrerá um aumento em razão da incidência de um determinado *quantum* (vinculado ao maior número de crimes ou de resultados produzidos) – estabelecido em quantidade fixa ou variável. Esse fator de aumento busca estabelecer a punição aos demais crimes integrantes do concurso.[397]

A crítica lançada pela dogmática criminal a esse sistema é a mesma que se dirige contra o da acumulação jurídica, ou seja, a de que conduziria a um enfraquecimento da eficácia punitiva, transformando a concorrência de crimes, paradoxalmente, em causa de menor punibilidade, obstaculizando, de tal sorte, que o autor receba, na dosagem concreta, a pena (que se mostraria) adequada.

2.4.5. A legislação brasileira

No tocante à legislação brasileira, adotam-se "somente dois desses sistemas: o do *cúmulo material* (concurso material e concurso formal impróprio) e o da *exasperação* (concurso formal próprio e crime continuado)".[398]

Como se extrai dos artigos 69, *caput* (concurso material), e 70, *caput*, segunda parte (concurso formal imperfeito), as penas dos vários delitos devem ser, aritmeticamente, somadas; e, no que diz respeito ao sistema da exasperação, no qual se aplica a pena do delito mais grave, acrescida de um determinado percentual, aponta-se o assento legal nos artigos 70 (concurso formal) e 71 (crime continuado) do Código Penal.

Está em jogo regra[399] lógica que estabelece, na estrutura da punição, o princípio do cúmulo material, no qual as penas – correspondentes aos diferentes delitos praticados – são simplesmente somadas. Como descreve Franz von Liszt, "la aplicación consecuente de la idea de que, en caso de comisión de varios delitos por el mismo autor, cada uno de esos delitos debe ser castigado con la pena que aisladamente le corresponde, y, por tanto, que la suma de esos actos debe ser penada con la suma de esas penas".[400]

Em verdade, apresenta-se aqui o cúmulo material temperado (*opportuni temperamenti*), uma vez que existe um limite para a duração do cumprimento das penas carcerárias (*in casu*, trinta anos, *ut* artigo 75 do Código Penal), que visa a impedir a existência do *ergàstolo* em nosso ordenamento jurídico (artigo 5º, inciso XLVII, alínea *b*, da Constituição Federal).[401]

---

[397] Carlos S. Caramuti (p. 306) explica que esse regramento punitivo "(...) parte también de la pena mayor o más grave, pero la eleva por encima de su límite superior. Por ejemplo aumentándola en un determinado porcentaje del máximo de la escala del delito más grave. Significa que la pena resultante es una agravación de la pena más grave, de forma que se encuentra en un marco penal superior al que correspondería al delito más grave de no encontrarse en concurso con otro".

[398] BITENCOURT, Cezar Roberto, p. 681.

[399] Como advertem Celso Delmanto e outros (p. 313), "são três as formas previstas: *concurso material* (ou real), *concurso formal* (ou ideal) e *crime continuado* (ou continuidade delitiva). A primeira forma é a regra, sendo as duas outras as suas exceções".

[400] LISZT, Franz von, 1999, p. 162.

[401] Segundo (hoje, praticamente) pacífica orientação jurisprudencial, o limite apresenta-se tão somente como o prazo máximo de efetivo cumprimento da pena, podendo, de tal sorte, ser ultrapassado, em sua fixação, mesmo em se cuidando de crime continuado, como se observa a partir da seguinte decisão: STJ, 2ª T., *HC* 69.330-0/MS, Rel. Francisco Rezek, j. 23.6.92 (decisão citada por: SOAVE, Antonio Carlos, 1996, p. 416). (Com mais detalhes, ver o ponto 6.2.5.) Torna-se indispensável observar, todavia, que existe, no presente, movimento legislativo no sentido de operar alteração quanto a esse limite máximo, elevando-o

2.5. A VINCULAÇÃO DO CONCURSO DE CRIMES E O GRAU DE CULPABILIDADE. NOVOS ENFOQUES

Todos os critérios antes analisados têm, sob vários aspectos, imperfeições (como se anotou a partir das críticas doutrinárias lançadas aos postulados de cada sistema de apenamento), impelindo os ordenamentos jurídicos, no plano mundial, a adotarem regras ecléticas de punição, compatibilizando os diferentes modos de apenamento à luz do grau de culpabilidade que determinadas condutas lesivas encerram.

Logicamente, a escolha – no plano legislativo, dentro do dinamismo da pena, por diferentes sistemas de punição – deve vincular-se, fundamentalmente, ao grau de culpabilidade demonstrado pelo agente na concreção dos injustos criminais. Isso tudo imporia que, em face das hipóteses de várias infrações a uma determinada lei ou de infração de várias leis penais, fossem estabelecidos requisitos de atrelamento aos índices (mais ou menos elevados) de culpabilidade, porquanto, como circunstanciadamente se indica, "la culpabilidad del acusado sólo puede ser abarcada correctamente mediante una consideración total de los hechos cometidos".[402]

Haveria, de tal sorte, um ponto de conexão – como se expressa René Ariel Dotti – entre o concurso de infrações e a culpabilidade, admitido que "o concurso material e o concurso formal imperfeito revelam formas mais acentuadas de culpabilidade, razão pela qual as penas privativas de liberdade em que haja incorrido o agente são cumuladas. Já o mesmo não se verifica quanto ao concurso formal perfeito e o crime continuado. Em tais situações, a reprovabilidade sobre a conduta humana é menor, salvo quando se tratar de crime continuado de natureza dolosa, contra vítimas diferentes e cometidos com violência ou grave ameaça à pessoa".[403]

A ideia da punição prende-se ao princípio da retribuição penal, segundo o qual a pena não é um *prius*, mas, sim, uma sanção retributiva, que tem como missões punir o delito – de forma proporcional, a partir do grau de culpabilidade com o qual se houve o agente na realização do evento lesivo – e contribuir para a ressocialização do condenado. O fundamento da proporcionalidade tem inspirado a tese de que a pena sempre deverá ser a menor possível, a fim de ser respeitado o condenado, uma vez que – como escreve Luigi Ferrajoli – "el valor de la persona humana impone una limitación

---

para 40 (quarenta) anos em decorrência de certas circunstâncias ou de certos ilícitos particularmente graves. Com efeito, "a comissão [de reforma do CP] aprovou a proposta que aumenta em dez anos o limite de cumprimento das penas de prisão caso o condenado pratique novo crime durante a detenção. O CP prevê, atualmente, que o cumprimento máximo de pena não pode ser superior a 30 anos. Portanto, se durante esse cumprimento, o culpado cometer outro crime e ocorrer uma nova condenação, ele tem as suas penas somadas e limitadas a 30 anos. Com a proposta, esse limite seria de 40 anos. – 'Se uma pessoa mata alguém no primeiro dia que está cumprindo essa pena de 30 anos, por exemplo, ela cumpriria só um dia de prisão. Com a mudança, ela poderia cumprir até 10 anos e um dia pelo novo crime, ou seja, o cumprimento máximo se estenderia para 40 anos' – explicou o relator da comissão, Luiz Carlos Gonçalves. Os juristas também aprovaram a possibilidade de aumentar a pena por crimes continuados – em que a pessoa pratica dois ou mais crimes nas mesmas condições de tempo, lugar e maneira de execução. Hoje, o juiz não pode somar todas as penas, somente triplicar a pena do crime mais grave. – 'Com a nova proposta, as penas para os crimes de estupro e crimes que causem morte ou atentem contra a vida poderão ser somadas. Se você praticou 20 crimes vai pegar a pena de cada um e somar' – explicou". (http://www12.senado.gov.br/jornal/edicoes/2012/05/14/limite-maximo-para-pena-de-prisao-pode-passar-de-30-para-40-anos.)

[402] FRISTER, Helmut, p. 663.

[403] DOTTI, René Ariel, 2013a, p. 672.

fundamental a la calidad y a la cantidad de la pena. Es éste el valor sobre el que se funda, irreductiblemente, el rechazo de la pena de muerte, de las penas corporales, de las penas infamantes y por otro lado de la cadenas perpetua y de las penas privativas de libertad excesivamente largas".[404] Nessa senda, o autor sustenta uma limitação às penas privativas de liberdade, que seria estabelecida em dez anos, qualquer que tenha sido o delito praticado.[405] Na mesma linha, porém baseando-se no princípio de ressocialização – segundo o qual a pena deve visar à reintegração do condenado à convivência social –, Juan Carlos Ferré Olivé, Miguel Ángel Núñez Paz, William Terra de Oliveira e Alexis Couto de Brito assinalam que vão de encontro ao princípio da readaptação social do condenado "as penas que, por sua natureza, o impossibilitam completamente (pena de morte ou prisão perpétua) ou aquelas que o tornam quase impossível (penas privativas de liberdade de longa duração). Em decorrência, temos que uma prisão deve sempre ter uma duração máxima razoável, entendendo-se que não deveria superar efetivamente os 20 anos".[406]

De forma concreta, "a experiência de dois séculos veio a demonstrar (...) o efeito devastador do confinamento sobre a personalidade humana e a contradição insolúvel entre as funções de custódia e de reabilitação",[407] de cujo quadro sobrelevam-se as consequências extremamente maléficas que o encarceramento (notadamente o de longa duração) tem produzido, de modo direto, nos presos, e, indiretamente, nas suas famílias e na própria sociedade. A prisão, como instituição total, conduz à deformação da personalidade do apenado, ajustando-o à subcultura prisional,[408] além de importar em severa estigmatização. Isso certamente destaca a inadequação dos mecanismos punitivos, cuja operatividade se traduz, sobretudo, em fator criminógeno.

É por essas razões que se deve repensar a(s) função(ões) da pena à luz da crise do sistema penal,[409] tal qual se devem repensar os critérios de apenamento. Cumpre evitar-se, nos crimes menos graves, sob todos os títulos, a prisão; e, nos mais severos, tornar o encarceramento o mais curto possível.

Nessa diretriz, a *cumulatio* das penas, à evidência, estaria banida do arcabouço punitivo, visto que "o direito penal desempenha papel limitado e certamente medíocre na prevenção da criminalidade. De nada vale cominar e impor penas demasiadamente rigorosas, na ilusão de que isso terá efeito preventivo".[410] Pragmaticamente, talvez o mais

---

404 FERRAJOLI, Luigi, 1997, p. 395-6.

405 FERRAJOLI, Luigi, p. 414 e segs.

406 FERRÉ OLIVÉ, Juan; e outros, p. 101.

407 FRAGOSO, Heleno, 1980b, p. 6.

408 FRAGOSO, Heleno, 1980b, p. 6.

409 Realmente, o sistema penal – cujos objetivos (ideologicamente representados) são, de um lado, estabelecer uma estratégia, voltada à segurança dos cidadãos, de contenção da função punitiva do Estado e, também, por visar assegurar as condições existenciais de sua organização social – encontra-se imerso em uma profunda crise, que atinge diferentes e multifacetários planos: primeira e fundamentalmente, inscreve-se a crise de legitimidade (discute-se a justificativa do recurso por parte do Estado aos instrumentos punitivos); secundariamente, apresenta-se a crise do próprio direito penal (que se mostra como uma verdadeira crise de identidade, com o questionamento do próprio modelo a adotar e sua autêntica utilidade social) e, ainda, a crise de legitimação epistemológica (de validade científica). Além disso, a operatividade do sistema penal não corresponde aos enunciados punitivos formais, e a estrutura de garantias, que sedimenta a racionalização do Estado de Direito em termos de um Estado Constitucional democrático, encontra-se fragilizada por um discurso crescentemente vindicativo.

410 FRAGOSO, Heleno, 1980b, p. 8.

adequado fosse a adoção, *sic et simpliciter*, do sistema da absorção, com o limite máximo de cumprimento da pena reduzido, de trinta, para dez anos (solução que se ancora tanto no princípio da proporcionalidade como nos da humanidade, intervenção mínima e culpabilidade, tomando, ainda, uma feição peremptória com outros que se integram na noção de princípios limitadores da força punitiva [*Strafgewalt*] – *mediating principles* ou *Begrenzungsprinzipien*).[411] Como assinala Luigi Ferrajoli, "la reducción de las penas legales en lugar de su substitución discrecional durante la ejecución permitirá, en suma, salvaguardar todos los elementos garantistas de la pena: su predeterminación legal, su determinación judicial, su certeza, su igualdad, su proporcionalidad a la gravedad del delito, la inmunidad de las conciencias frente a los modos y los tiempos de su ejecución. Y quizá, algún día, contaremos los países que conserven las penas de cadena perpetua y de varios decenios de duración, inevitablemente asociadas a los tratamientos diferenciados y a las distintas formas de beneficios discrecionales, del mismo modo que hoy se cuentan y se deploran los que todavía conservan la pena de muerte". Esse quadro bem demonstra a existência de um sistema cuja eticidade se encontra avassaladoramente destruída, e cujos horizontes não se lhe alcançam qualquer perspectiva de superação.

De qualquer modo, os caminhos para a racionalização do sistema punitivo, estratégica e inicialmente, se articulam segundo um método crítico, que procura elasticizar, de um lado, os compromissos garantidores das liberdades civis, e reduzir, de outro, os drásticos e deletérios efeitos do cárcere. Como bem disse Enrique Gimbernat Ordeig, "el que el Derecho penal sea imprescindible no significa, por supuesto, que sea imprescindible en su forma actual".[412]

2.6. DO LIMITE DAS PENAS

O sistema penal indica limites das penas tanto no que se refere aos crimes (artigo 75 do Código Penal)[413] como às contravenções penais (artigo 10 da Lei das Contravenções Penais). Destaca-se a essência da racionalidade *in nuce* nos marcos (máximos) punitivos, suposto que, no primeiro, se quer obstar o *ergàstolo* e, no segundo, reprimendas alongadas para ilícitos penais de pouca representatividade lesiva.

2.6.1. Do limite das penas em relação aos crimes

Em nosso sistema, as penas privativas de liberdade devem ser limitadas (daí porque se diz que se trata de penas sempre temporárias), a fim de que não ensejem a prisão perpétua;[414] e tal limite se estabelece em trinta anos. De conformidade ao texto legal

---

[411] YACOBUCCI, Guillermo, 2015, p. 230.

[412] GIMBERNAT ORDEIG, Enrique, 1990, p. 150.

[413] "O teto contido no art. 75 do Código foi inserido em nosso ordenamento jurídico-penal em 1940, quando da redação original da PG. Tencionou o legislador evitar que a pena privativa de liberdade possuísse duração capaz de torná-la perpétua. O valor escolhido baseou-se na expectativa de vida média do brasileiro nas décadas de 1930 e 1940 (em torno de quarenta anos)" (ESTEFAM, André, 2016, p. 353).

[414] Em termos comparativos, o sistema penal alemão contempla a pena de prisão perpétua, reservando-a, entretanto, para ilícitos particularmente graves (como, por ilustração, "preparação de guerra ofensiva" [§ 80]; "alta traição contra a pátria" [§ 81]; entre outros) ou nos quais ocorra a morte (como, por exemplo, "abuso sexual de crianças com resultado morte" [§ 176b]; "provocação de uma explosão por energia nuclear

(artigo 75, caput, do Código Penal), o tempo de cumprimento das penas privativas de liberdade não pode ser superior a trinta anos; todavia, nada impede que haja, em um ou em vários processos, condenações superiores a esse limite, ou seja, "a duração da execução da pena é que não pode ser superior a trinta anos".[415] Desse modo, em se cumprindo esse limite, esgota-se a pretensão executória estatal. O regramento se encasa tanto no que diz respeito à condenação única – cujo somatório, entretanto, exceda àquele limite – como, ainda, no que respeita a várias condenações derivadas de vários processos criminais – cuja soma, é claro, sobreleve o máximo punitivo previsto no artigo 75, *caput*, do Código Penal. Como ainda assinala Paulo Queiroz, "apesar de se referir à pena, o Supremo Tribunal Federal já teve oportunidade de decidir que o limite de trinta anos é também aplicável às medidas de segurança, diversamente do que dispõe o artigo 97, parágrafo 1°, do Código Penal, que prevê a indeterminação do prazo legal máximo".[416] Frente a tal conjuntura, ainda se cristalizou o entendimento segundo o qual o tempo de duração da medida de segurança não deve ultrapassar o limite máximo da pena abstratamente cominada ao delito praticado, agora consagrado na Súmula 537 do Superior Tribunal de Justiça,[417] limitado, ademais, ao período máximo de 30 (trinta) anos.[418] [390] (Isso pressupõe, em outras palavras, que as medidas de segurança [dado que de sanção penal se cuida] se aproximam das penas, por cuja razão se torna imperioso estabelecer uma limitação temporal àquelas, tal qual existe em relação a estas. Nessa ordem de preocupações, a limitação se deve inspirar tanto no princípio da proporcionalidade como, ainda e sobretudo, no da igualdade, uma vez que não se pode destinar ao agente perigoso uma consequência jurídico-penal mais severa que a endereçada ao agente culpável.)[419]

A jurisprudência dominante – de modo singular em decorrência da Súmula 715 do Supremo Tribunal Federal – sinaliza no sentido de que essa unificação não se projeta para quaisquer outros benefícios (como o livramento condicional ou regime mais favorável de execução), mas tão somente para limitar o tempo de cumprimento da pena na prisão.[420]

---

com resultado morte" [§ 307, 3, n° 1]; entre outros), muito embora haja a possibilidade de concessão de liberdade condicional (§§ 57a e 57b). Por outro lado, no que diz respeito às penas privativas de liberdade temporárias, o limite máximo de prisão (mesmo em face de penas cumulativas) é de quinze anos, que vem a ser, ademais, o "máximo previsto para qualquer pena privativa de liberdade de caráter temporário" no estatuto penal alemão (DECOMAIN, Pedro, 466, p. 57).

415 JESUS, Damásio de, 2016, p. 332.

416 QUEIROZ, Paulo, 2015, p. 505.

417 STJ, *HC* 285953, Relª. Minª. Laurita Vaz, 5ª T., j. 10.6.14; STJ, AR*HC* 160734, Rel. Min. Jorge Mussi, 5ª T., j. 1.10.13; STJ, *HC* 250717, Relª. Minª. Laurita Vaz, 5ª T., j. 11.6.13; e TJDF, 2ª T., AP 20120910171699, Rel. Roberval Casemiro Belinati, j. 14.5.15.

418 STF, *HC* 98360, Rel. Min. Ricardo Lewandowski, 1ª T., j. 4.8.09; e TJPR, AGE 1351995-0, Rel. Des. Francisco Oliveira, 3ª CC, j. 9.7.15).

419 FERRÉ OLIVÉ, Juan Carlos; e outros, p. 697.

420 Em sentido contrário, e absolutamente acertado, o posicionamento de: QUEIROZ, Paulo, p. 506. Eugenio Raúl Zaffaroni e José Henrique Pierangeli (p. 708), da mesma forma, oferecem outra interpretação, "mais conforme com o espírito da disposição constitucional contida no art. 5°, XLVII, *b*, *verbis*: 'Não haverá penas: (...). b) de caráter perpétuo'. (...). Esta disposição, já tradicional nas nossas constituições, deve ser examinada conjugadamente com o disposto no art. 5°, XLIX: 'É assegurado aos presos o respeito à integridade física e moral'. Se tivermos em consideração que, hoje, é perfeitamente sabido e repetido que um prolongado recolhimento de uma pessoa numa prisão torna-se irreversivelmente deteriorante, endendemos que não só a pena perpétua, como também todas as penas privativas de liberdade demasiadamente prolongadas, são sanções arruinadoras".

De outro curso, "unificadas as penas e sobrevindo nova condenação, deve ser realizada nova unificação, desprezando-se, para esse fim, o período de pena já cumprido" (artigo 75, parágrafo 2º, do Código Penal);[421] e essa unificação deve ser concebida como uma nova unificação da pena subsequente com o tempo restante da pena antes unificada.[422] A mais disso, não tem incidência esse comando legal se a nova condenação (a ser executada) promane de fato posterior ao do pleno cumprimento das penas anteriores.[423]

2.6.2. Do limite das penas em relação às contravenções penais

É importante ainda assinalar a forma pela qual se estabelecem os limites das penas em se tratando das contravenções penais; com efeito, de conformidade com o artigo 10 da Lei das Contravenções Penais (Decreto-Lei 3.688/41), a "duração da pena de prisão simples não pode, em caso algum, ser superior a 5 (cinco) anos, nem a importância das multas ultrapassar cinquenta contos de reis". Assim, o tempo de cumprimento da pena de prisão simples,[424] na hipótese de haver concurso de contravenções penais, não poderá exceder a cinco anos.[425] Para tanto, haverá a unificação das penas, ou seja, se houver mais de uma condenação – e, com isso, a soma implicar punição superior a esse patamar punitivo –, caberá ao juízo da execução unificá-las em obediência àquele marco máximo de apenamento.[426] Por outro lado, isso não acontecerá na hipótese de cumprimento anterior de pena, ou seja, se, por mera ilustração, um agente já tiver cumprido pena de

---

[421] MIRABETE, Julio Fabbrini; FABBRINI, Renato N., 2017, p. 209.

[422] "Sobre o momento da consideração da pena para o fim de unificação, não se pode olvidar a norma consagrada no art. 4º do CP, consagrando a teoria da atividade, que considera praticado o delito no momento da conduta. Sendo assim, toma-se o restante da pena ao tempo da conduta criminosa, adicionando-se a ela a nova condenação, respeitando-se o limite máximo de trinta anos, deduzindo-se ainda o tempo de pena cumprido após a prática do novo crime" (BARROS, Flávio Augusto Monteiro de, p. 554-5).

[423] Neste sentido, "não se aplica o art. 75 se existir um hiato entre a satisfação das penas anteriores cumpridas pelo sentenciado e o começo de novas penas, impostas após o cumprimento daquelas. A interpretação correta do dispositivo leva à conclusão de que o Estado somente abdica de seu direito de continuar a punir após o cumprimento de forma contínua de 30 anos de prisão. Assim, se, após o cumprimento de 30 anos de prisão, o condenado vier a cometer novo crime, terá de cumprir a nova pena que lhe for imposta. Não é pelo fato de já haver estado encarcerado por 30 anos que seus atos ficarão impunes. Também, pela mesma razão, veda-se que se some o tempo de duração das penas cumpridas àquele da pena imposta por crime praticado após a extinção das anteriores. A continuidade da permanência do sentenciado na prisão há de ser aferida em função dos anos de recolhimento efetivamente ocorridos no cumprimento das penas, não se computando a solução de continuidade na prisão, pela fuga ou livramento condicional (quando o tempo em liberdade não é computado na pena). Nessa hipótese, porém, não cabe considerar esse período de solução de continuidade como meio interruptivo do cumprimento da pena privativa de liberdade, com a consequência de acarretar novo cômputo do período de prisão, como se houvesse perda do tempo anteriormente cumprido. O tempo de partida para a unificação é, nessa hipótese, não a data em que o sentenciado é recapturado ou volta à prisão em decorrência da revogação do livramento condicional, mas a data em que ele iniciou efetivamente o cumprimento das penas" (MIRABETE, Julio Fabbrini; FABBRINI, Renato N., 2017, p. 208).

[424] A fixação da prisão simples não se limita ao marco temporal de 5 anos, que pode, em virtude do concurso de contravenções penais, ser ultrapassado; contudo, o cumprimento da reprimenda, sim, se subordina àquele limite legal (ANDREUCCI, Ricardo Antonio, 2017, p. 471).

[425] O limite da pena de prisão simples vale mesmo em caso de concurso de contravenções, isto é, ainda que, em razão do concurso, o acusado seja condenado a 8 anos de prisão simples pela prática de diversas contravenções, só será obrigado a cumprir 5 anos, pois este é o limite máximo estabelecido no texto legal (GONÇALVEZ, Victor; BALTAZAR JÚNIOR, José Paulo, 2015, p. 218).

[426] JESUS, Damásio de, 2015, p. 56.

quatro anos de prisão, poderá ser condenado, em face do cometimento de outras contravenções penais, a até cinco anos.

No que tange à pena de multa – estipulada, originariamente, em valores rígidos –, aplica-se, no presente, o sistema do "dias-multa" da Parte Geral do Código Penal.

2.7. DA EXECUÇÃO DAS PENAS PRIVATIVAS DE LIBERDADE

Atente-se, primeiramente, que a execução da pena tinha tão escassa relevância que era deixada ao livre arbítrio dos regulamentos administrativos e dos administradores das prisões, estes, verdadeiros "señores de vidas y haciendas de los penados";[427] todavia, com a necessidade histórica de conceder à punição um manejo utilitário, essa etapa da pena foi, pouco a pouco, adquirindo uma importância significativa, a tal ponto que foi impondo-se à ciência penal como um ramo científico separado e independente.[428]

Sob tal contexto, historicamente, vários foram os sistemas penitenciários ("filadélfico", "auburniano", "progressivo" e "reformatório") que procuraram estabelecer as diretrizes básicas da execução das penas privativas de liberdade, ou seja, a forma pela qual se executaria essa modalidade de pena para a consecução dos "resultados de ordem social e jurídica que dela se esperam".[429] Ora, em virtude dos objetivos de ressocialização e de retribuição, houve a necessidade de se disciplinar, no campo do sistema penitenciário, a maneira por meio da qual tais compromissos deveriam ser alcançados, e isso envolvia tanto o regime de disciplina carcerária como o das atividades que deveriam ser realizadas (trabalho, estudo, palestras, entre outras). Como modo de ampliar a pesquisa, portanto, indicam-se os mais expressivos modelos penitenciários, que não devem ser vistos, todavia, "como un conjunto de fases sucesivas o como varias etapas pertenecientes a otros tantos momentos históricos, sino como un grupo de tendências dispares que en muchos casos discurren de forma paralela por causa de las múltiples corrientes e intentos enfocados hacia esa humanización en la aplicación de las penas".[430]

É óbvio, porém, que esses sistemas punitivos não podem ser entendidos como desvinculados de sua base material concreta, como se lhes conduzissem, apenas, diretrizes éticas superestruturais; bem ao contrário disso, encontraram-se, historicamente, condicionados por forças do desenvolvimento econômico-social, que entrelaçam os diferentes regimes punitivos e os sistemas de produção sob os quais se desenvolvem.[431] Está em consideração, em última análise, aquilo que Michel Foucault denominava de "economia política do corpo", quer dizer, "ainda que não recorram a castigos violentos ou

---

[427] LEAL DE IBARRA, Francisco, 1904, p. 236.

[428] LEAL DE IBARRA, Francisco, p. 236.

[429] BRUNO, Aníbal, 1976, p. 57.

[430] LOPES BARJA DE QUIROGA, Jacobo, 1991, p. 33.

[431] "(...) assim, numa economia servil, os mecanismos punitivos teriam como papel trazer mão de obra suplementar – e constituir uma escravidão 'civil' ao lado da que é fornecida pelas guerras ou pelo comércio; com o feudalismo, e numa época em que a moeda e a produção estão pouco desenvolvidas, assistiríamos a um brusco crescimento dos castigos corporais – sendo o corpo na maior parte dos casos o único bem acessível; a casa de correção – o Hospital Geral, o Spinhuis ou Rasphuis – o trabalho obrigatório, a manufatura penal apareceriam com o desenvolvimento da economia de comércio. Mas como o sistema industrial exigia um mercado de mão de obra livre, a parte do trabalho obrigatório diminuiria no século XIX nos mecanismos de punição, e seria substituída por uma detenção com fim corretivo. Há sem dúvida muitas observações a fazer sobre essa correlação estrita" (FOUCAULT, Michel, 2014, p. 28-9).

sangrentos, mesmo quando utilizam métodos 'suaves' de trancar ou corrigir, é sempre do corpo que se trata – do corpo e de suas forças, da utilidade e da docilidade delas, de sua repartição e de sua submissão. É certamente legítimo fazer uma história dos castigos com base nas ideias morais ou nas estruturas jurídicas. Mas se pode fazê-la com base numa história dos corpos, uma vez que só visam à alma secreta dos criminosos?"[432]

Pode observar-se, também, que as organizações sociais – em diferentes estágios evolutivos – sempre se valeram de medidas privativas da liberdade para a reação ao crime (tenham-se presentes os trabalhos forçados, os cárceres subterrâneos, as penas de galés, entre outras). Contudo, a fundação, em 1555,[433] em Bridewell, e, em 1588, em Amsterdã, de uma prisão, como uma casa de educação (ou correção), constituiu, sob certo sentido, "uma novidade fundamental".[434] Deve levar-se em consideração, portanto, que a casa de correção se tornou, à época, prontamente, a raiz essencial das penas educativas, graças às quais se pretendia, *pari passu*, reprimir e prevenir o fenômeno delitivo, e cuja duração dependeria do atingimento desse objetivo corretivo.[435] De outro modo, "nos séculos XVII e XVIII, com o aumento crescente do número de 'casas de correção' para as quais, então, à falta de construções novas, foram usados velhos mosteiros e castelos, e com a admissão, cada vez maior, de grandes criminosos, perdeu-se o seu sentido inicial: executando-se neles penas, cuja duração era determinada pela sentença judicial, desapareceu a diferença que existia entre essas casas e o 'cárcere', e as 'casas de correção' tornaram-se estabelecimentos penais. A execução da pena efetuava-se, de novo, visando à realização do castigo determinado pelo tribunal (...). O estado das prisões baixou (...) de forma chocante. (...). Algumas tentativas, isoladas, dignas de

---

[432] FOUCAULT, Michel, p. 29.

[433] Durante o século XVI tem início a construção de prisões em outras cidades, como Oxford, Salisbury, Norwich e Gloucester. Além disso, na Itália, "la prisión seguía siendo un medio de guarda de delincuentes, durante los siglos XVI y XVII según los Estatutos de esa época" (TIEGHI, Osvaldo N., 2004, p. 573). De qualquer maneira, "a primeira prisão criada no planeta foi no centro de Londres, (...), como uma 'Vagabond House', origem das 'Houses of Corrections', obrigatórias em todos os condados em 1609, sendo que adegas, portarias e torres foram utilizadas como 'detention houses', em condições subhumanas. Inexistia qualquer espécie de classificação ou seleção de presos, primários ou reincidentes, jovens ou idosos, homens ou mulheres e doentes mentais, pois ficavam todos juntos nas 'Houses of Corrections'. Os encarcerados eram obrigados ao trabalho" (COSTA, Álvaro Mayrink da, 2016, p. 214-5). Apesar de ter sido a Inglaterra a precursora, foi na Holanda que se desenvolveu plenamente esse modelo; com efeito, "em fins do século XVI, a Holanda possuía o sistema capitalista mais desenvolvido da Europa, porém não dispunha da reserva de força de trabalho que existia na Inglaterra depois do fechamento dos campos. (...). Todos os esforços foram feitos para aproveitar a reserva de mão de obra disponível, não apenas para absorvê-la a atividades econômicas, mas, sobretudo, para 'ressocializá-la' de uma tal forma que futuramente ela entraria no mercado de trabalho espontaneamente. (...). A essência da casa de correção era uma combinação de princípios das casas de assistência aos pobres (*poorhouse*), oficinas de trabalho (*workhouse*) e instituição penal. Seu objetivo era transformar a força de trabalho dos indesejáveis, tornando-a socialmente útil. Através do trabalho forçado dentro da instituição, os prisioneiros formariam hábitos industriosos e, ao mesmo tempo, receberiam um treinamento profissional. Uma vez em liberdade, (...), eles procurariam o mercado de trabalho voluntariamente" (RUSCHE, Georg; KIRCHHEIMER, Otto, 1999, p. 62-3).

[434] SEELIG, Ernst, 1959, p. 189. Nesse terreno, "em 1597 foi instituída, para mulheres (especialmente para prostitutas e mendigas), uma 'Spinnhaus' (casa de fiação), na qual a obrigação de trabalhar também devia facilitar a readaptação à vida social. Em 1603 foi anexado a esta um departamento separado para os menores ('casa de correção secreta'). Em breve fundaram-se estabelecimentos idênticos em toda a Europa Central (Bremen, 1609; Lubeque, 1613; Hamburgo, 1622; Viena, 1670, etc.), para onde (em virtude da relutância, cada vez maior, contra as penas corporais) foram enviados pelos tribunais, em número crescente, ladrões, vadios e pedintes" (SEELIG, Ernst, p. 189).

[435] SEELIG, Ernst, p. 190.

interesse, para tomar em conta o pensamento reeducativo (...) não tiveram influência sobre a evolução geral. Durante o século XVIII a administração das prisões desmoralizou-se cada vez mais".[436] Em razão desse acervo de experiências fracassadas, houve numerosas tentativas de reforma, as quais partiram, fundamentalmente, da América e da Inglaterra;[437] nessa conjuntura, um capítulo importante, no estudo da disciplina punitiva,

---

[436] SEELIG, Ernst, p. 190-1.

[437] Em meados do século XVIII, vem a lume a importante publicação de John Howard (*State of prisons*), a qual buscava estabelecer um embasamento humanitário ao regime carcerário da época. John Howard (1726-1790) é, inegavelmente, uma das mais destacadas figuras das ciências penais de todos os tempos. Howard nasceu em Hackney, Inglaterra, e desde muito jovem se dedicava a empreender viagens pelo mundo. Era um homem de excelente posição social e econômica, um *country gentleman*, além de ser um calvinista fervoroso. Casou-se duas vezes, e teve apenas um filho, que morreu muito jovem. Viajante infatigável, teve a desventura de ser, em 1756, capturado por piratas (à época, estes empregavam, larga e lucrativamente, o sequestro de pessoas para diferentes finalidades) e levado a uma prisão francesa em Brest. Dessa forma, tomou contato, efetivamente, com a realidade carcerária. É liberado e retorna à Inglaterra, mas com uma enorme curiosidade pela situação das prisões. É nomeado, aos 47 anos, *sheriff* de Bedford (ou seja, juiz de paz), e nessa condição teve a possibilidade de estabelecer contato direto com delinquentes, dedicando-se a realizar visitas aos diferentes cárceres ingleses e, disso, nascem seus primeiros estudos sobre a situação penitenciária da Inglaterra. Dolorosamente impressionado pelo estado deplorável das prisões – tanto no que se refere às condições de salubridade e moralidade como no que respeita ao tratamento dispensado aos presos –, decidiu empreender viagens ao escopo de conhecer a realidade dos cárceres em outros países. Estima-se que tenha viajado 80.467,20 quilômetros estudando as prisões. Assim, depois de estudar profundamente o sistema prisional de vários países, estabeleceu diretrizes básicas de reforma: (i.) isolamento; (ii.) trabalho; (iii.) instrução; e (iv.) higiene e alimentação adequadas (outra preocupação inovadora é a que se refere à assistência médica da população carcerária). Cada uma dessas proposições cumpre uma função precípua no sistema carcerário. Muitas dessas proposições foram incorporadas, destacadamente a que se refere ao trabalho nas prisões (além disso, conseguiu banir uma espécie de imposto – *jailer's fees* – que se devia pagar aos agentes penitenciários, na medida em que estes não recebiam salário; com isso, pela primeira vez, o Estado pagou um salário aos carcereiros [que viviam de vender álcool, além do valor que recebiam dos "impostos"]) (RODRIGUEZ MANZANERA, Luis, 1999, p. 192). Interessante observar que, no que respeita às tendências gerais da investigação criminológica dos últimos dois séculos, a abordagem de Howard poderia ser concebida como um estágio pré-científico, ou seja, "nesta situação não se formulavam nem comprovavam hipóteses e não se fazia qualquer tentativa no sentido de o problema em questão ser abordado sem preconceitos, nem de estudar os factos tais como eles se apresentavam. Isto não quer significa que esses estudos não tenham valor. Pelo contrário, o progresso humanitário dos nossos sistemas penais baseia-se, em larga medida, em exemplos deste género, não obstante a maior parte da literatura penológica liberal do século XVIII e princípios do século XIX pertencer a esta categoria. Esses trabalhos eram fortemente emocionais e ideologicamente orientados, no melhor sentido da palavra, mas também bem adaptados às necessidades da época, podendo, por consequência, mais fácil e frequentemente atingir os seus objetivos do que o trabalho isolado de um universitário. Mesmo que fosse justificada a amável censura de Bentham de que John Howard, o seu venerável amigo, mais do que construir uma casa, se limitou a amontoar pedras, o certo é que as suas pedras poderiam, ao menos, ser usadas pelos seus seguidores para demolir e substituir as antiquadas masmorras do passado. E mesmo no que toca à investigação atual já deixámos explícito que ela pode, algumas vezes, fazer-se proveitosamente sem o recurso a uma hipótese" (MANNHEIM, Hermann, 1984, p. 136). Sob todos os títulos, o grande mérito de Howard foi ter atraído a atenção humanitária, científica e social até o homem delinquente, que se encontrava inteiramente abandonado (RODRIGUEZ MANZANERA, Luis, p. 193). Suas pertinentes críticas impulsionaram a criação dos denominados *Howar's Acts*, os quais beneficiaram os presos; e se lhe atribui, igualmente, a elaboração do projeto das *Penitenciary Houses*. Decididamente, foi, ao longo de sua vida, "um apóstolo pregando as ideias relacionadas com a humanização da prisão" (PIMENTEL, Manoel Pedro, 1983, p. 135). Outra destacada figura – que merece, portanto, algumas linhas de referência – é a do filósofo e jurista inglês (criador do utilitarismo) Jeremy Bentham (1748-1832), fundamentalmente pelas inovações no campo penológico. Em 1802, em Paris, publicou sua obra "Tratado da legislação civil e penal", a qual recebeu imediata acolhida. É importante observar que as ideias de Bentham exerceram decisiva influência na teoria da arquitetura penitenciária (o panóptico: "Si se hallara un medio de hacerse dueño de todo lo que puede suceder a un

é o que diz respeito à compreensão dessas tendências reformistas, a fim de que se possa melhor avaliar o florescimento do moderno pensamento penitenciário.

2.7.1. O sistema celular americano ou filadélfico

Este modelo penitenciário foi implantado na Filadélfia no início do século XIX, e se traduzia em um absoluto isolamento (*solitary confinement*) do encarcerado, dado que se considerava isso "moralmente benéfico, sendo completado pela educação e assistência oferecidas pelo 'visitador' do preso".[438] Cuidava-se, na essência, de um confinamento em celas individuais para orações (visando ao arrependimento)[439] e da proibição do trabalho (salvo pequenas tarefas manufatureiras);[440] escassas vantagens havia em comparação às enormes desvantagens que o sistema implicava.[441] (Sob esse critério, os presos deveriam permanecer afastados tanto do mundo exterior como uns dos outros; com isso, estariam protegidos de contaminações morais maléficas.) Pouquíssimos resultados foram alcançados graças a esse modelo, o qual, aliás, recebeu o influxo dos princípios e sentimentos religiosos dos *Quakers*.[442]

---

certo número de hombres, de disponer todo lo que les rodea, de modo que hiciese en ellos la impresión que se quiere producir, de asegurarse de sus acciones, conexiones, y de todas las circunstancias de su vida, de manera que nada pudiera ignorarse, ni contrariar el efecto deseado, no se puede dudar que un instrumento de esta especie, sería un instrumento muy enérgico y muy útil que los gobiernos podrían aplicar a diferentes objetos de la mayor importancia" [...]. "Aplicación de este principio general a todos los casos en que un gran número de hombres debe estar constantemente bajo la inspección de unos pocos, sea para el simple encierro de las personas acusadas, sea para el castigo de los culpados, sea para reformar a los malos, sea para forzar a los perezosos al trabajo, sea para facilitar la asistencia de los enfermos, o sea para hacer fácil la enseñanza, y llevar el poder de la educación a un punto inconcebible hasta el día. Establecimientos a que por consiguiente es aplicable: 1. casas de seguridade; 2. cárceles; 3. casas de corrección; 4. casas de trabajo; 5. hospitales; 6. manufacturas; 7. escuela" [BENTHAM, Jeremías, 1989, p. 33;80]), bem como inspirou uma boa parte da legislação liberal da Europa do século XIX. Bentham lança sobre as teorias penológica e criminológica os princípios reitores da filosofia utilitarista, isto é, *grosso modo*, a utilidade da pena deve ser a reforma e correção do delinquente (RODRIGUEZ MANZANERA, Luis, p. 194).

438 ZAFFARONI, Eugenio Raúl; PIERANGELI, José Henrique, p. 710.

439 "Aspira a producir la recuperación del condenado mediante la meditación en medio de su soledad. Esa concreción de finalidade puede ser ayadada mediante el consejo que le pueda proporcionar el administrador del penal en sus visitas periódicas, o religiosamente, el ministro del credo que se practique. Es por esta última razón que la única lectura que se permitía era la de la Bíblia" (ARGIBAY MOLINA, Jose; e outros, 1972b, p. 201).

440 "Los ideólogos del sistema pensaban que los presos no debían trabajar para evitar así distracciones en su obligación fundamental que era, claro está, arrepentirse, aunque existió en algunos casos un pequeño trabajo manufacturero" (LOPES BARJA DE QUIROGA, Jacobo, 1991, p. 34).

441 "Entre las *ventajas* que se atribuyen al régimen filadélfico merecen ser destacadas las siguientes: evita contagio entre los reclusos, de modo que los delincuentes profesionales no pervierten a los primerizos; imposibilita las evasiones y los movimentos colectivos; exige un número mínimo de funcionarios encargados de la custodia y mantenimiento del orden; produce un innegable efecto intimidatorio en la colectividad y en el preso; purifica el alma del sujeto por el dolor del arrepentimiento derivado de la meditación. Los *inconvenientes* del sistema son de considerable entidad: es incompatible con la naturaleza social del hombre; origina elevados gastos de mantenimiento; es perjudicial para la salud física y mental del recluso, la psicosis carcelaria es resultado del encierro y la absoluta y continuada soledad. Como afirma Neuman, 'la espantosa soledad de la celda, más que coadyuvar la reflexión, sólo sirve para aumentar los sufrimientos y disminuir las energías físicas y morales del recluso'. El hecho de que en un momento determinado se agregara un trabajo triste y monótono en la celda en nada humanizó al sistema: se otorgó a hombres reconcentrados el único aliciente de mover un mecanismo semejante durante horas, días y años" (LANDROVE DÍAZ, Gerardo, p. 50-1).

442 COSTA E SILVA, Antônio José da, p. 90.

2.7.2. O sistema auburniano

Também no início do século XIX, em Auburn, Estado de Nova Iorque, adotou-se um modelo diferenciado,[443] na medida em que, de um lado, se preservava o isolamento celular noturno, mas, de outro, se desenvolvia "trabalho diurno em comum, ainda que mantida a regra do absoluto silêncio",[444] sob ameça de severos castigos corporais ("sistema de Auburn").[445] Nesta estrutura, havia pequenas celas para dormir dispostas ao longo das paredes interiores, nas quais os reclusos passavam as noites, enquanto de dia estavam juntos, tanto no trabalho como nas refeições, não podendo, de qualquer modo, manter comunicação.[446] O silêncio, portanto, era absoluto, e a vigilância, permanente (os presos nem sequer poderiam trocar olhares, e somente poderiam dirigir-se aos guardas depois de autorizados e, ainda, em voz baixa; além disso, deviam caminhar em fila, em uma estrutura semimilitarizada).[447] Era um compromisso entre o regime celular absoluto (sistema filadélfico, cuja origem evidentemente é a regra monástica, que se julgava benéfica à meditação e ao arrependimento), que cada vez mais inspirava críticas e desconfianças, e o regime em comum, da mesma forma alvo de fundadas críticas. "Com isso se desenvolveram as possibilidades de trabalho, que dificilmente se podiam realizar na exiguidade e solidão das células".[448] Vale lembrar, a propósito, que esse modelo foi planejado e implantado pelo veterano diretor penitenciário Elam Lynds, que concebeu um regime severo, de normas rígidas, em total acordo "con lo que él pensaba de los condenados, en el sentido de que eran 'salvajes, cobardes e incorregibles', lo que

---

[443] "La característica fundamental de este sistema es la de aislamiento durante la noche, pero trabajo en comunidad durante el día bajo el régimen de silencio. Se mantiene, pues, el sistema celular, pero se incluye como innovación el que los presos trabajen, lo cual es imposible que lo hagan cada uno en su celda, por lo que ha de hacerse en comunidad; pero, para evitar cualquier tipo de contagio, se establece el trabajo bajo la absoluta y rígida regla del silencio. Como puede imaginarse, el mantenimiento de la disciplina y del silencio es mucho más difícil en este sistema que en el pensilvánico, por lo que este sistema va a ir unido a una férrea disciplina mantenida a base de crueles castigos corporales, como los azotes y el famoso 'gato de las nueve colas' (...). "El sistema de Auburn conjuga dos ideas: por una parte, aislamiento nocturno y régimen de silencio para impedir el contagio moral entre los presos, obtener el arrepentimiento y la sumisión voluntaria, y, por otra, el régimen de trabajo en comunidad, con lo que, al hacerse entre varias personas, ya puede organizarse un trabajo que económicamente produzca beneficios, que pueda explotarse empresarialmente" (LÓPEZ BARJA DE QUIROGA, Jacobo, 1991, p. 35-6).

[444] ZAFFARONI, Eugenio Raúl; PIERANGELI, José Henrique, p. 710. Elías Neuman (p. 129), com precisão, descreve: "los condenados trabajan juntos en los talleres y servicios pero tienen orden estricta de no comunicarse, aun por razones de la misma tarea. En las galerías, en los salones, en las puertas siempre un cartel indica imperiosamente la misma palabra: Silencio! De modo que los reclusos, con las cabezas rapadas y los trajes numerados, sólo escuchan los ruidos habituales de las máquinas, y de vez en cuando la voz del maestro para censurar".

[445] "Guardas andavam munidos de chibata e tinham o direito de castigar imediatamente, no mesmo lugar, o recluso que transgredisse a obrigação do silêncio" (COSTA E SILVA, Antônio José da, p. 91). Novamente Elías Neuman (p. 129) assinala que "tan o más inhumana que la norma del silencio total, eran los castigos corporais utilizados para sostenerla. (...) el 'gato de las nueve colas', formado por nueve finas y lacerantes correas, que 'hacían sangrar nueve veces en cada aplicación'. También se utilizo el 'flogging' o 'chicote', que revestía cierto simbolismo en su aplicación".

[446] SEELIG, Ernst, p. 192.

[447] CARVALHO FILHO, Luís, 2002, p. 25. Como pontifica Manoel Pedro Pimentel (1983, p. 138), aspecto "vulnerável desse sistema era a regra desumana do silêncio. Teria origem nessa regra o costume dos presos se comunicarem com as mãos, formando uma espécie de alfabeto, prática que até hoje se observa nas prisões de segurança máxima, onde a disciplina é mais rígida".

[448] BRUNO, Aníbal, 1984b, p. 69.

conducía a no tenerles contemplación y conferirles un trato severíssimo".[449] Diante de tal panorama, este regime – com variações e adequações devidas a cada tipo de estabelecimento –, em pouco tempo, se foi aplicando em penitenciárias norte-americanas que se tornariam famosas, como as de Sing Sing (Nova Iorque), San Quentin (Califórnia) e Canon City (Colorado).[450] Aníbal Bruno assinala que a prática "do absoluto silêncio, cruel e embrutecedora, terminou por fazer repudiar o sistema, e ambos, o filadélfico e o auburniano, em sua pureza original, desapareceram em menos de meio século".[451] De qualquer modo, a (relativa) vantagem do sistema auburniano em comparação ao filadélfico se encontra na possibilidade de o preso adaptar-se à rotina industrial, haja vista, à época, o processo de expansão das forças produtivas industriais (aliás, "na Filadélfia, o trabalho era artesanal e não remunerado; em Auburn, a organização do trabalho estava entregue a empresas"[452]). Cumpre, ainda, o registro que esse sistema implicava não só a proibição de visitas (mesmo a dos familiares), mas igualmente a abolição do lazer e dos exercícios físicos, bem como (e o mais relevante) "uma notória indiferença quanto à instrução e aprendizado ministrado aos presos".[453]

2.7.3. O sistema espanhol de Montesinos

Manuel Montesinos y Molina foi um importantíssimo percursor de um tratamento penal humanitário, tendo posto em marcha suas ideias a partir de 1834, quando assumiu (como diretor) o presídio de San Agustín, em Valência. (O coronel Manuel Montesinos, tal qual sucedeu com John Howard e William Penn, foi prisioneiro durante a guerra da independência [1809], sendo submetido, pelo período de três anos, a um severo encarceramento no arsenal militar de Toulon [França].)[454] Antes de tudo, Montesinos sustentava o sentido reeducativo e ressocializador da punição, desenvolvendo um sistema baseado na confiança e, sobretudo, no trabalho; para tanto, eliminou os castigos corporais e definiu regras de condutas carcerárias.[455] Havia três períodos neste sistema: (i.) grilhões;[456] (ii.) trabalho;[457] e (iii.) liberdade intermédia.[458] A liberdade definitiva se

---

449 ARGIBAY MOLINA, Jose; e outros, 1972b, p. 203-4.

450 ARGIBAY MOLINA, Jose; e outros, 1972b, p. 204.

451 BRUNO, Aníbal, 1984b, p. 69.

452 CARVALHO FILHO, Luís, p. 26.

453 PIMENTEL, Manoel Pedro, 1983, p. 138.

454 NEUMAN, Elías, p. 132.

455 PIMENTEL, Manoel Pedro, 1983, p. 139.

456 "Este período tiene una esencia simbólica y a la vez expiatoria que parte de la afirmación (...) según la cual 'el hierro no es el que sujeta a los confinados (...) sino el signo que les recuerda a cada paso que es su propio crimen que los ha convertido en esclavos'" (NEUMAN, Elías, p. 139).

457 "Quedan al penado dos alternativas: continuar en la situación reglamentaria, arrastrando sus hierros y realizando tareas más pesadas, o bien solicitar uno de los tantos trabajos que brinda el penal, inclinándose por una más productiva. Se intenta hacer nacer (...) la voluntad mediante esa elección" (NEUMAN, Elías, p. 139-40). A propósito, não se trata do antigo conceito de trabalhos forçados, na medida em que o preso era remunerado, e não explorado.

458 Esse terceiro período era destinado aos presos de boa conduta e trabalho que merecessem a total confiança por parte do diretor do presídio, para o qual se lhes submetia às denominadas "duras pruebas", isto é, "consistían en el empleo de estos penados en el exterior, sin mayor vigilancia, en trabajos tales como ordenanzas, assistentes o haciendo parte de la propia administración del establecimiento, en la intendencia, e incluso en la tesorería (...). En este período los reclusos podían hablar y discutir enre ellos sin impedimento alguno y sus familiares visitarlos assiduamente" (NEUMAN, Elías, p. 141).

alcançava ao final do período de liberdade condicional, sempre que o recluso mantivesse a boa conduta carcerária e a dedicação ao trabalho.

O sistema oferecia tanto o estudo religioso como o laico (leituras, cálculos, desenho), além de contar com uma eficaz assistência médica (formada por um médico clínico, vários enfermeiros e uma farmácia bem provida e higiênica). A comida era abundante e de ótima qualidade.[459]

2.7.4. O sistema irlandês ou progressivo

Neste modelo – implantado na ilha de Norfolk (próxima da Austrália) e, posteriormente, na Irlanda[460] –, havia diferentes estágios progressivos (do sistema celular ao

[459] NEUMAN, Elías, p. 142-3.

[460] "La primera manifestación de régimen progresivo se nos presenta con la organización que (...) impuso el capitán Alexander Maconochie, actuando como director del establecimiento penal allí instituido por Inglaterra, para el cumplimiento de la pena de transportación a colonias. (...) La creación de Maconochie fue luego, con modificaciones, trasladada a Irlanda por Walter Crofton, dando origen al llamado 'régimen irlandés o de Crofton'. (...) No menos famoso es el régimen, también progresivo, instituido, por el coronel Manuel Montesinos y Molina en el presidio de Valencia, en el que el tratamiento se iniciaba con una larga conversación mantenida por el recién ingresado con el propio Montesinos, al cabo de la cual éste tenía una impresión cabal y plena de la personalidad de aquél, lo que le permitía determinar el procedimiento de recuperación a seguir. Luego de esta primera experiencia el condenado era rapado, vestido con un uniforme común y no llamativo y luego se le engrillaba. Era este el 'período de los hierros'. Así era alojado en celda y sometido a trabajos pesados y duros. Se aspiraba que en la segregación y el trabajo el sujeto llegara a comprender la razón por la cual había sido condenado y que en un afán de elevación él mismo pidiera otro tipo de trabajo. Cuando este se cumplía, advenía la 'etapa del trabajo', la que ya estaba encaminada dentro de los cánones generales que a este tipo de régimen le hemos señalado. Desde luego, el coronamiento se producía con la etapa de 'libertad intermedia', la que luego cerraba con la definitiva" (ARGIBAY MOLINA, Jose; e outros, 1972b, p. 205-7). Convém, por necessário, lembrar que "las colonias son cárceles o campos de concentración gigantescos para seres inferiores. Aunque pareciera que esto nada tiene que ver con el poder punitivo, en realidad, ese sometimiento se obtuvo mediante la extensión del poder punitivo a otra entera sociedad, que debía ser sometida a ese poder en razón de su inferioridad y del peligro que supuestamente representaba para los civilizados, pues eran enemigos por extranjeros –extraños– es decir que por no ser semejantes eran inferiores peligrosos. El poder colonialista fue punitivo, porque *una colonia es una cárcel de contención y trabajo forzado, o sea, un gigantesco campo de concentración* donde se privaba a los prisioneros (colonizados) de su cultura, idioma, religión y tradiciones. Las prisiones europeas encerraban a sus inferiores nativos (parecidos a sus colonizados), mientras las colonias encerraban a los nativos foráneos porque todos ellos eran inferiores peligrosos (salvajes) que los amenazaban con su mera existencia" (ZAFFARONI, Eugenio Raúl, 2012, p. 73-4). Ainda deverá dizer-se, *en passant*, que, no presente, a prisão se apresenta como uma instituição em franca expansão: "the scale of imprisonment has increased in many European countries and the increase in the number of people incarcerated has been particularly pronounced in America. The question that arises is why this re-expansion of the prison occurred. American penologists have suggested that the increase in the use of incarceration during the 1980s and 1990s was largely the result of the 'war on drugs' that provided the justification for the deployment of harsher policies towards certain types of drug user. Michael Tonry (...), for example, has argued that it was the focus on crack cocaine that was the drug of choice amongst poor African-Americans living in the inner cities of America that fuelled the dramatic expansion in the use of imprisonment, and also resulted in the growing racial disproportionality amongst prison population. However, the increase in the scale of imprisonment in England and Wales and other European countries cannot be explained as a function of the 'war against drugs'. Although the number of people incarcerated for drug-related offences has increased in recente years this increase only accounts for a small proportion of the total increase in the number of people imprisoned. An alternative explanation for the growth in the use of imprisonment is the perceived increase in punitiveness. It is argued that both politicians and the public have become increasingly punitive in recente years, and that this punitiveness has been translated into longer prison sentences and the more widespread use of imprisonment (...). However, the evidence that has been presented to explain this apparent surge in punitiveness is less than convincing, and it would seem that the explanation of the growth

auburniano; deste, ao trabalho ao ar livre; e, finalmente, uma quarta etapa de liberdade condicional), cujo desenvolvimento dependia fundamentalmente do comportamento do apenado. Dessa maneira, à medida que sobe de grau, o condenado vai adquirindo maiores regalias e comodidades, quer dizer, vai melhorando, de um modo geral, as suas condições; tal sistema visa, em última instância, a "tornar o condenado apto para a vida em liberdade, fortalecendo-lhe o caráter e aumentando-lhe a capacidade de resistência. O trabalho assíduo e produtivo é o meio mais eficaz para a consecução desse objetivo".[461] Dessa forma, por meio da sua postura prisional e do rendimento do seu trabalho, ia o condenado obtendo vales ou marcas (*mark system*), que serviam para reduzir a duração da pena, isto é, "transformava-se a sentença de fixa em indeterminada e fazia-se depender a sua duração do próprio condenado, segundo o seu comportamento. O sistema estimulava cada preso a bem conduzir-se e encorajava o seu esforço para a libertação".[462] A noção básica que inspirava o sistema era a (busca da) recuperação social do delinquente, o que seria alcaçado mediante um tratamento individualizado, que levasse em linha de consideração as especificidades de cada preso e as causas do seu delito.[463] Em suma, esse sistema concebia positivamente o trabalho e negativamente as faltas, aplicando, com tirocínio, o que, depois, se conheceria como as leis do aprendizado e do reforço.[464] De certo modo, o sistema irlandês (ou progressivo) foi incorporado à legislação penal brasileira, com algumas modificações, sendo a mais destacada a que exclui a utilização dos vales ou marcas de acordo com os quais se progredia nas etapas da execução da pena privativa de liberdade.[465]

---

of imprisonment over the last two decades lies elsewhere" (MATTHEWS, Roger, 2009, p. 605). Sobre essas questões, é particularmente denso e elucidativo o estudo de Massimo Pavarini, 2010, p. 693-739.

[461] COSTA E SILVA, Antônio da, p. 95.

[462] BRUNO, Aníbal, 1984b, p. 70. "A colônia britânica da Austrália encaminhava delinquentes perigosos para a ilha Norfolk (entre a Nova Zelândia e a Nova Caledônia), e o diretor do presídio criou um regime denominado *mark system* ('marcas', ou 'vales'), em que o preso se beneficiava da quantidade de trabalho realizado no dia e era punido por atos de indisciplina que eventualmente praticasse, numa relação de 'débito-crédito' que, afinal, determinaria a duração da pena. Na ilha de Norfolk, a pena de prisão passou a ser cumprida em três fases: um período inicial de isolamento celular diurno e noturno (Filadélfia), com regime de trabalho duro e alimentação escassa; um período de trabalho em comum sob a regra do silêncio, com isolamento noturno (Auburn), no qual o preso iria adquirindo, paulatinamente, os vales (*tickets of leave*) que poderiam conduzi-lo ao terceiro estágio, o da liberdade condicional; e essa última fase, em que o preso ficava em relativa liberdade por prazo determinado e, se não desse causa à revogação do benefício, adquiria a liberdade definitiva. O regime, pelo estímulo ao bom comportamento, derrotou a tradição local de motins e seria transposto para a Inglaterra. O modelo progressivo foi aperfeiçoado na Irlanda, onde se incluiu, entre as fases estabelecidas na ilha Norfolk, um quarto estágio, a 'prisão intermediária', na qual, antes de adquirir a liberdade condicional, o preso trabalhava ao ar livre, em estabelecimento especiais, sem os rigores da prisão fechada. O modelo se espalhou pelo mundo" (CARVALHO FILHO, Luís, p. 27). Estima-se que, em 80 (oitenta) anos (entre 1788 e 1868), a Inglaterra povoou a Austrália com 162 (cento e sessenta e dois) mil prisioneiros. Tratava-se, por evidente, do exército industrial de reserva da Revolução Industrial. A grande maioria dos presos praticara crimes patrimoniais (basicamente o delito de furto). Diferentemente do Brasil, que importava escravos africanos, a Austrália transformou degredados em trabalhadores.

[463] BRUNO, Aníbal, 1976, p. 58. Em outras palavras, descreve Elías Neuman (1971, p. 16-7): "resulta verdad inconcusa que todo tratamiento resocializador tenga por base la individualización criminológica y penitenciaria, es decir, la integración o selección de grupos o series de delincuentes según los factores dinámicos de sus personalidades biosicosociales. Estos grupos o series requieren de establecimientos penales diferenciados donde pueda personalizarse la sanción y aplicárseles el tratamiento penitenciario adecuado por personal científica y técnicamente idóneo".

[464] TIEGHI, Osvaldo N., p. 580.

[465] PIMENTEL, Manoel Pedro, 1983, p. 141.

2.7.5. O sistema dos reformatórios

Este sistema se ancora no objetivo de reabilitar os delinquentes por meio (da ação positiva) da educação. Pertence, como acentuam Eugenio Raúl Zaffaroni e José Henrique Pierangeli, "mais ao direito do menor do que ao direito penal, já que seus principais destinatários eram preferentemente adolescentes e jovens adultos".[466] Estava em foco, portanto, a reeducação dos jovens infratores (fundamentalmente, menores de trinta anos e não reincidentes), aos quais se prescrevia um tratamento físico através da ginástica e da disciplina, bem como se investia na instrução cultural e na preparação para exercer um determinado ofício.[467] O sistema implica tempo indeterminado, dado que intentava reformar o interno e, assim, não se podia determinar, antecipadamente, o tempo que seria necessário para obter esta reforma, muito embora houvesse limites de tempo (mínimo e máximo) que não poderiam ser transgredidos.[468]

2.7.6. Os sistemas atuais

Além desses sistemas, houve o florescimento de muitos outros, entre os quais se destaca o da prisão de segurança mínima (ou aberta), sendo que essa nova fisionomia responde, favoravelmente, à sua utilização como estalecimento penitenciário adequado para determinados deliquentes.[469]

Bem vistas as coisas, a noção fundamental sobre a prisão – ao menos, a de setores acadêmicos e jurídicos liberais – é a de sua utilização ao mínimo irredutível;[470] e, ainda, nas situações especialmente graves, nas quais não haja alternativas.

---

[466] ZAFFARONI, Eugenio Raúl; PIERANGELI, José Henrique, p. 710.

[467] LÓPEZ BARJA DE QUIROGA, Jacobo, 1991, p. 39.

[468] LÓPEZ BARJA DE QUIROGA, Jacobo, 1991, p. 39. Nesse panorama, pode ser inscrito o modelo do *Elmira Reformatory* (Estado de New York, 1876), que pode ser havido como o primeiro reformatório. Por meio de suas diretrizes, o "apenado entrava no estabelecimento não para cumprir a sua pena, mas para melhorar. (...) a reação curativa contra a criminalidade se incorpora mais claramente na política penitenciária. (...) é introduzida a organização dos esportes *(baseball* ou *football)*, desenvolvendo-se relações de sociabilidade e companheirismo, pelos esportes coletivos, entre pessoas privadas de liberdade. (...). É em Elmira que se aplica pela primeira vez o sistema de penas indeterminadas (...). (...) o condenado (...) tinha uma entrevista com o diretor a fim de informar as causas de sua condenação, o ambiente social (...), seus hábitos, inclinações e objetivos futuros. (...). A primeira experiência temporária (...) de reformatório para mulheres foi em Greenfield, Massachusetts, em 1870 e, permanente, em 1873, em Indiana, abrigando prostitutas e furtadoras" (COSTA, Álvaro Mayrink da, 2016, p. 226).

[469] "Este régimen suprime los tradicionales medios físicos de retención (puertas sólidas, cerrojos, rejas en las ventanas, muros elevados, etc.), y aspira a crear en el penado la voluntad de permanecer en la prisión, para conseguir su reincorporación social. En algunos países el recluso puede salir de la prisión para trabajar como obrero libre y volver al establecimiento como a su domicilio, disfrutar de permisos de varios días, e incluso de vacaciones de cierta duración. Entre las *ventajas* que se atribuyen a estos establecimientos cabe mencionar que mejoran la salud física y moral de los presos; las condiciones de vida se aproximan más a la vida normal que la de los establecimientos cerrados; mejoran las relaciones entre los reclusos y el personal penitenciario; atenúan las tensiones de la privación de libertad; posibilitan la solución del problema sexual carcelario, son más económicos en su construcción y mantenimiento, etc. Los más señalados *inconvenientes* son: las grandes posibilidades de evasión; la facilidad de establecer nocivas relaciones con el exterior (uso de bebidas alcohólicas o lectura de libros y periódicos prohibidos a los presos); la debilitación de la función de prevención general de la pena, a causa de la libertad concedida al sujeto, etc. El régimen de prisión abierta ha logrado espectaculares éxitos en los últimos años, sobre todo en los países anglosajones y escandinavos. Existen establecimientos de esta naturaleza en Suecia, Finlandia, Noruega, Inglaterra, Argentina, Francia, Suiza, Brasil, España, algunos Estados de Norteamérica, etc." (LANDROVE DÍAZ, Gerardo, p. 55).

2.7.7. Da execução das penas privativas de liberdade no Brasil

A execução da pena privativa de liberdade conta com três regimes: (i.) o fechado; (ii.) o semiaberto; e (iii.) o aberto. De conformidade com o *caput* do artigo 33 do Código Penal, a pena de reclusão poderá ser cumprida em todos os regimes, mas a de detenção, apenas nos dois últimos (salvo na hipótese de o detento, por sua conduta carcerária, ensejar o regresso no sistema progressivo, com o que será transferido para o regime fechado).

As penas privativas de liberdade devem ser executadas em observância ao sistema progressivo (ou da progressivadade – parágrafo 2º do artigo 33 do Código Penal), sendo que o juiz, na sentença, à luz dos critérios do artigo 59 do Código Penal, deverá estabelecer tanto a pena aplicável como o regime de seu cumprimento;[471] desse ponto, haverá o manejo do sistema progressivo, que levará em consideração o mérito do condenado, alcançando, por tal motivo, a transição do regime mais grave para o mais brando ou, no caso de regressão, do menos para o mais severo. Neste curso, o regime fechado é o mais rigoroso, devendo o condenado cumprir a pena em estabelecimento de segurança máxima ou média (que, na linguagem da execução penal, são denominados de penitenciária); a seguir, o regime semiaberto, no qual o apenado poderá trabalhar, estudar ou exercer qualquer atividade autorizada durante o dia, permanecendo recolhido, à noite, no estabelecimento prisional (via de regra, em colônias agrícolas, industriais ou similares); finalmente, o regime aberto, que será cumprido em casas de albergado (albergues e similares), situadas em centro urbano, e caracterizadas pela ausência de obstáculos contra a fuga.

Na imposição do regime de cumprimento de pena, alguns fatores têm relevância, tais como a quantidade de pena e a reincidência,[472] sem prejuízo, ainda, da ressocialização do condenado[473] e da própria defesa social.[474] A opção por regime mais severo que o previsto em virtude da pena aplicada exige motivação idônea, não se prestando para tanto a opinião do julgador sobre a gravidade *in abstracto* do crime (de conformidade com as Súmulas 718 e 719 do Supremo Tribunal Federal).

Acerca da quantidade de pena, cumpre observar o artigo 111 da Lei de Execução Penal. Na hipótese de haver condenação por mais de um crime (no mesmo processo ou

---

[470] "A evolução da pena mostrou (...) ser necessária a redução ao máximo possível do período de encarceramento na prisão de segurança máxima" (PIMENTEL, Manoel Pedro, 1983, p. 141-2).

[471] "A pena definitiva é o resultado desse trabalho; poderá ser substituída por restritiva de direito ou por multa, ou ter sua execução suspensa condicionalmente, situações que devem ser enfrentadas na sentença sempre que presentes os requisitos objetivos (quantidade da pena ou natureza do crime). Para a pena privativa de liberdade deve haver, de logo, a fixação do regime inicial de cumprimento, ainda que ela venha a ser substituída, pois pode-se dar a conversão (art. 45)" (AGUIAR JÚNIOR, Ruy Rosado de, 2013, p. 111-2).

[472] Em conformidade com as alíneas "a", "b" e "c" do § 2º do art. 33 do CP. Especificamente quanto à reincidência, cumpre observar a Súmula 269 do STJ, segundo a qual "É admissível a adoção do regime semiaberto aos reincidentes condenados a pena igual ou inferior a 4 (quatro) anos se favoráveis as circunstâncias judiciais".

[473] Ver art. 33, § 3º, do CP.

[474] Nos termos do § 1º (com redação determinada pela Lei 11.464/07) do art. 2º da Lei 8.072/90, a pena por crime previsto neste artigo seria cumprida inicialmente em regime fechado. Contudo, em decisão incidental de inconstitucionalidade (levada a efeito em 27.6.12), o Plenário do STF "(...) declarou *incidenter tantum* a inconstitucionalidade do § 1º do art. 2º da Lei 8.072/90, com a redação dada pela Lei 11.464/07, o qual impõe que as penas pelos crimes descritos na cabeça do artigo serão cumpridas inicialmente em regime fechado" (STF, AI 779.444 AGRED/PR, 1ª T., Rel. Min. Dias Toffoli, j. 30.10.12).

em processos distintos), a determinação do regime levará em conta a soma (ou unificação) das penas concretizadas – observadas, *in casu*, as regras do artigo 33 do Código Penal e descontada, quando for o caso, a remição (pelo trabalho ou estudo) ou a detração.[475]

Deve assentar-se, assim, que, em face de ilícitos praticados em continuidade delitiva, a última operação dosimétrica (no cálculo punitivo) será a aplicação da causa (inautêntica) de aumento de pena representada pelo crime continuado (isto é, a passagem da estipulação das penas parcelares – singularmente aplicadas – à incidência do *quantum* de elevação punitiva),[476] com o que se alcançará a condenação total do apenado; além disso, essa pena integralizada orientará a definição do regime prisional a ser imposto. Em outras palavras, o regime prisional deverá espelhar a totalidade das penas aplicadas na(s) sentença(s), não prevalecendo, em linha de princípio,[477] o regime isolado de cada uma das condenações parcelares.[478]

---

[475] Nos termos do § 2º (acrescido pela Lei 12.736/12) do art. 387 do CPP, o tempo de prisão provisório, de prisão administrativa ou de internação, no Brasil ou no estrangeiro, será computado para fins de determinação do regime inicial de pena privativa de liberdade. Dessa forma, compete ao magistrado sentenciante, ao depois de encerrar a dosimetria punitiva, computar esse tempo, determinando, a seguir, o regime prisional em harmonia com o disposto no art. 33, §§ 2º e 3º, do CP. A título de exemplificação: "considere-se que um acusado de roubo, não reincidente, tenha permanecido sob prisão preventiva pelo período de 14 meses. Considere-se (...) que nesse interregno tenho o juiz proferido sentença, condenando-o a 5 anos de reclusão. Nesse caso, na própria sentença, deverá o magistrado, reconhecendo que o réu permaneceu 14 meses sob prisão cautelar, aplicar a detração, estabelecendo-lhe então o total de 3 anos e 10 meses de prisão. O regime de cumprimento da pena, por sua vez, deverá ser fixado não em atenção aos 5 anos inicialmente determinados (o que importaria em regime semiaberto), mas sim com base nos 3 anos e 10 meses, implicando, pois, o estabelecimento de regime aberto com base no art. 33, § 2º, alínea 'c', do CP" (AVENA, Norberto, 2014, p. 222).

[476] Para mais detalhes, ver o subponto 6.2.6.2.

[477] STJ, *HC* 28922/RS, 6ª T., j. 3.3.09. "(...) se o réu obteve condenações distintas, onde, em qualquer delas foi determinada a substituição da pena corporal por pena restritiva de direitos, não pode o juiz da execução, no momento da unificação, revogar a pena restritiva transformando-a em pena prisional (...). Em respeito à coisa julgada, não é viável a reversão, em sede executória, da substituição da pena privativa de liberdade por restritiva de direito antes determinada no processo de conhecimento. Forçoso considerar ainda que o art. 111 da LEP trata especificamente do regime prisional para cumprimento de penas privativas de liberdade (estando inclusive inserido no capítulo das penas privativas de liberdade), não se aplicando, portanto, às penas restritivas de direito" (ROIG, Rodrigo Duque Estrada, 2017, p. 337-8). Da mesma forma, "em havendo uma pena de reclusão e outra de detenção, não será imposto o regime mais gravoso se o quantitativo for alcançado com a pena de detenção. Se, por exemplo, o réu é condenado a sete anos de reclusão pelo crime de roubo e a um ano e dois meses de detenção pelo delito de lesão corporal leve, não se lhe impõe o regime fechado, mas o semiaberto, porque o quantitativo superior a oito anos só foi atingido graças à pena de detenção, que (...) não admite o regime fechado" (BARROS, Flávio Augusto Monteiro de, p. 456).

[478] "Pena crime 1 = 1 ano de detenção; pena crime 2 = 2 anos de reclusão; pena crime 3 = 1 ano de detenção; pena crime 4 = 6 anos de reclusão; pena crime 5 = 2 anos de reclusão; pena crime 6 = 3 anos de reclusão. Pena definitiva = 9 anos de reclusão (pena maior com aumento de 1/2 [existência de seis crimes]), regime: inicialmente fechado (art. 33, § 2º, 'a', do CP)" (SCHMITT, Ricardo, 2013, p. 373). Ou, ainda, esta outra hipótese: um réu sofreu quatro condenações transitadas em julgado, e em cada uma se lhe foi fixada pena de 3 anos de reclusão, em regime aberto. "(...) imagine-se que o juiz da execução constate que, a par da instauração de processos distintos, os crimes pelos quais condenado o réu foram cometidos em continuidade delitiva. Nesse caso, com lastro no art. 71 do CP, deverá o magistrado aplicar a pena de um só dos crimes (3 anos), pois idênticas, acrescida de um sexto até dois terços. Supondo-se que seja aplicada a exasperação do dois terços, resultará a pena final em 5 anos de reclusão, o que obrigará o juiz à fixação do regime semiaberto (presumindo-se que se trate de condenando não reincidente)" (AVENA, Norberto, p. 223).

3. Da natureza jurídica e da razão do instituto

Na ampla caracterização do instituto do crime continuado, dois debates têm sido considerados de muita importância para o seu adequado e perfeito entendimento: (i.) o de sua natureza jurídica; e (ii.) o de sua razão de ser.

Tais considerações, sem dúvida, levam a ampliar, agora, ambos os temas, fixando-se-lhes seus traços essenciais; e acresce a este objetivo a consideração de que, destacadamente em relação ao segundo ponto, se percebe, em termos dogmáticos, uma renovação de interesse para definir, com precisão, o porquê da existência de um modelo punitivo tão controverso e pautado por acerbas discussões doutrinárias.

3.1. DA NATUREZA JURÍDICA DO INSTITUTO

De acordo com os termos legais, o crime continuado consiste na prática de vários delitos da mesma espécie que, diante do mesmo cenário (tempo, lugar e modo) de realização, "são havidos como em continuação uns dos outros",[479] implicando, com isso, a aplicação de um só reproche penal. À partida, tem-se a impressão, por um lado, de que, à base do instituto em causa, existiria uma pluralidade de delitos; entretanto, por outro, quando se leva em consideração que a pena é a de um deles tão só, parece haver uma unidade delitiva.

Rigorosamente, mostra-se bastante controvertida a sua natureza jurídica, porquanto são diversos os posicionamentos sobre a unidade, ou não, do crime continuado.

A doutrina penal, fundamentalmente na Itália e na Alemanha,[480] concebe vários posicionamentos que procuram, a partir da determinação da natureza do instituto, conceituá-lo, a fim de estabelecer o delito continuado como uma ficção ou como uma realidade natural (cuida-se das duas vertentes doutrinárias mais significativas;[481] além dessas, existe um enquadramento intermediário). Para Ivan Lira de Carvalho, "a importância da adoção de teoria para justificar a inserção do crime continuado em determinado sistema

---

[479] AMERICANO, Odin do Brasil, 1956, p. 87.

[480] Trata-se, sem qualquer dúvida, dos países onde mais abundantemente foram produzidas obras sobre a matéria.

[481] Como descreve Vladimiro Zagrebelsky (p. 128), "operando il raggruppamento delle molte opinioni espresse dalla dottrina attorno ai dati fondamentali comuni, si può dire che le tesi di maggior rilievo che sono state avanzate in tema di natura giuridica della continuazione fanno capo ai concetti di 'unità reale' e di 'finzione'".

jurídico transcende a uma simples opção doutrinária, para ofertar efeitos bem distintos ao enfrentamento do problema".[482] Dessa forma, cabe, em breve resenha, apreciar as principais concepções que se embatem nessa conceituação.

Três são as teorias defendidas pela dogmática criminal: (i.) a teoria da ficção jurídica; (ii.) a teoria da unidade real; e (iii.) a teoria da unidade jurídica.[483] As duas primeiras se posicionam de forma diametralmente oposta, enquanto a terceira desponta como uma via intermediária.

3.1.1. A teoria da ficção jurídica

A doutrina da ficção jurídica (também conhecida como teoria da unidade fictícia limitada) sustenta que a unidade existente, no crime continuado, é resultante de uma criação legal para a imposição de uma pena quando, em verdade, existem vários crimes.[484] Como salienta Odin Americano, "Tratar-se-ia de uma pluralidade de crimes que, dadas as circunstâncias em que se perpetraram, são apenas fundidos para o fim específico da unificação das diversas penas correspondentes a cada um";[485] unifica-se, nesse estado de coisas, no plano legislativo, uma pluralidade de delitos em uma entidade fictícia, que não se apresentaria sem a intervenção do legislador.[486]

Diversos são os argumentos que embasam essa teoria. Primeiramente, recorre-se à própria origem do instituto, cuja criação se deveu a um sentimento humanitário, que visava à amenização do rigor das penas impostas.[487] Além disso, a própria literalidade da lei (*in casu*, na nossa legislação, como dispõe o artigo 71: "quando o agente, mediante mais de uma ação ou omissão, pratica dois ou mais crimes...") indicaria que, de forma efetiva, não se trata de um só crime, não podendo, por conseguinte, o intérprete querer contrariá-la. Ainda nesse aspecto, a frase do mesmo dispositivo "devem os subsequentes ser havidos como continuação do primeiro..." seria o fator da unificação (ou seja, a unificação se dá por um comando legal, pressupondo-se, logo, que existe uma pluralidade de delitos). Por último, o crime continuado teria como *sedes materiae* o concurso de crimes, implicando, com isso, o reconhecimento da multiplicidade de infrações penais.[488]

---

[482] CARVALHO, Ivan Lira de, p. 491.

[483] Além dessas três teorias, existem outras que, entretanto, não se apresentam como importantes em face de sua escassa repercussão doutrinária. Com mais detalhes: SZNICK, Valdir, 1994, p. 92-4.

[484] Gonçalo de Mesquitela (1949, p. 263) bem aponta que – a ficção jurídica – é "um processo legal ou jurisprudencial para transferir ao âmbito de uma norma factos ou efeitos jurídicos que normalmente se não verificariam".

[485] AMERICANO, Odin do Brasil, 1956, p. 89.

[486] NETTO, Alcides Munhoz, 1969, p. 141.

[487] O motivo da criação do instituto do crime continuado, conforme ensina Pedro Correa (p. 17-8), se deve a "la benignidad o carácter piadoso para soslayar la imposición de la pena capital al autor del tercer hurto, cuando los delitos, por las modalidades de su comisión y tiempo de ejecución, podían ser considerados como un solo (...)". Santiago Mir Puig (2009, p. 642) refere que a "teoría de la ficción, ampliamente aceptada en Italia (...) va ligada al origen histórico de la figura del delito continuado, que se debe fundamentalmente a los prácticos italianos de los siglos XVI y XVII, para evitar la pena de muerte que en el Antiguo Régimen se imponía al tercer hurto".

[488] AMERICANO, Odin do Brasil, 1956, p. 89-94. O autor (1956, p. 99-101) critica esses fundamentos da teoria da ficção jurídica, alegando que "o direito de hoje não se informa nas mesmas razões de ontem e os subsídios históricos não podem ser elevados à categoria de razão decisiva. (...). Pode-se reconhecer que os

Como observa Álvaro Mayrink da Costa, "não existiria uma realidade que pudesse ser qualificada de crime continuado, mas uma realidade delitiva plural, perante a qual o direito atua como se existisse um *crime único*".[489] No mesmo sentido, também se expressa María Teresa Castiñeira Palou, quando sustenta que a concepção (segundo a qual o delito continuado é uma ficção jurídica) "parte de la base de que se trata de varios *hechos delictivos* que por determinadas razones, variables en cada ordenamiento, *son tratados como si constituyeran un solo delito*. No existe, según esta concepción, una realidad que pueda calificarse de delito continuado, sino que ante una realidad delictiva plural el derecho actúa como si se hallara ante un delito único".[490] Nessa linha de raciocínio, aduzem Francisco Muñoz Conde e Mercedes García Arán: "el delito continuado se caracteriza porque cada una de las acciones que lo constituyen representa ya de por sí un delito consumado o intentado, pero todas ellas se valoran juntas como un solo delito".[491]

Não discrepa José Antonio Choclán Montalvo, para quem essa posição considera a continuidade como "una *unidad ficticia*, esto es, que no es tal en la realidad material, sino que sólo tiene la apariencia, se considera unidad, por el Derecho";[492] informa, ainda, o autor, que essa teoria é francamente dominante na Itália, "y se incorporó al Código

práticos sentiram a injustiça da aplicação do cúmulo de penas nos casos recordados e indicados como hipóteses de delitos continuados, porque tais hipóteses não eram idênticas às de concurso de crimes". Além disso, relativamente ao argumento gramatical, afirma que "tal conclusão perde muito de sua forma pelo caráter particularista, variável como é a linguagem, com a diversificação dos textos legislativos. (...). A palavra da lei nem sempre é o melhor subsídio para descobrir sua real vontade. Ao contrário, a interpretação gramatical, por ser a mais corriqueira, é, por isso mesmo, a menos hábil e idônea para decidir da verdadeira *mens legis*". Por fim, no tocante à localização do crime continuado (junto ao concurso de crimes), sustenta que, na verdade, "o capítulo onde está disposta a matéria regula a aplicação da pena". Essa teria sido a vontade do legislador. Referente à alegação histórica, reforça Pedro Ernesto Correa (p. 18) que "la construcción de los juristas nombrados no sólo tuvo por finalidad exclusiva evitar la imposición de la muerte al ladrón reincidente sino que ella obedeció, tal vez un poco intuitivamente, a pensar una verdadera realidad unitaria que la vida ofreció, confundida bajo la forma de una recidiva delictual". Virgílio Campos (p. 194-5) leciona: "a explicação de que o instituto do 'crime continuado' teve origem apenas nos sentimentos humanitários dos praxistas e glosadores, que com isso pretendiam evitar a aplicação da pena de morte naquele que havia furtado pela terceira vez, não nos satisfaz, parecendo-nos tratar-se de pura lenda sem nenhuma correspondência com a realidade histórico-penal. No direito os bons intuitos do legislador têm que estar subordinados aos princípios da lógica jurídica, a que não foge a própria política criminal, ainda mais no período da Idade Média, quando imperava sem restrições a inflexível lógica aristotélica e a piedade era muito pouco levada em conta por Barões, Reis, Papas, e até mesmo Santos, pois, o poder absoluto, aliado à inquisição, deixava campo muito restrito para as considerações de ordem puramente humanitária".

489 COSTA, Álvaro Mayrink da, 2015, p. 849.

490 CASTIÑEIRA PALOU, María Teresa, p. 17.

491 MUÑOZ CONDE, Francisco; GARCÍA ARÁN, Mercedes, 1998, p. 518. Odin do Brasil Americano (1956, p. 103-5) critica a tese da ficção jurídica, sob a argumentação de que é incorreta a fundamentação da teoria (no sentido de que se trata de vários crimes que a lei reconhece como um só): "inúmeros são os tipos que se compõem de dois ou mais crimes e que nem por isso são objeto de discussão quanto à sua unidade. O crime de constrangimento ilegal consiste em praticar violências ou em ameaçar alguém de um mal injusto e grave e, com esse meio, obrigar a vítima a não fazer alguma coisa que a lei manda, ou a fazer o que ela não manda. Ora, pode acontecer que sejam praticadas violências como crime autônomo, ou ameaças ou o seu conjunto, o constrangimento". (...). "O racionalismo jurídico evidencia-se na sua plenitude transportando para os seus quadros situações conceitualmente unitárias, cuja vida efetiva atende às valorações jurídicas". Nessa linha de raciocínio, exemplifica o autor, como caso de pluralidade de ações e unidade de delitos, o crime complexo (as suas semelhanças e diferenças com o crime continuado serão tratadas em capítulo próprio).

492 CHOCLÁN MONTALVO, José Antonio, p. 129.

Penal italiano con la finalidad de evitar la acumulación material de penas".[493] A seu turno, Roberta Ristori ainda acrescenta que "in questo orientamento si specifica spesso che la continuazione costituisce un istituto determinato dal *favor rei* che non incide sull'essenza, sulla identità ed autonomia delle singole violazioni per le quali vige la disciplina del concorso materiale dei reati".[494]

Por vias disso, aglutinar-se-iam, em decorrência de uma ficção jurídica,[495] dois ou mais delitos (idêntica, objetiva e sequencialmente cometidos) em um crime único, com a finalidade precípua de se suavizar a punição.[496]

3.1.2. A teoria da unidade real

Em outro plano, desponta a teoria da unidade real (ou natural), para a qual a continuidade delitiva se apresentaria, efetivamente, como crime único, em virtude de haver unidade de intenção e de lesividade, pouco importando haja multiplicidade de condutas.[497] Por isso, é possível dizer-se que essa tese "tem base nos postulados da teoria subjetivo-objetiva, que exige, além dos requisitos objetivos, uma unidade de vontades, ou seja, uma espécie de programa inicial para a realização encadeada dos atos criminosos".[498]

---

[493] CHOCLÁN MONTALVO, José Antonio, p. 129. Agrega Roberta Ristori (p. 91-2) que essa orientação é francamente prevalente na jurisprudência, "la quale afferma ormai uniformemente che l'unificazione di una pluralità di reati prevista dall'art. 81, comma 2°, cod. pen., è una finzione giuridica operante solo ai fini della pena cosicché i singoli episodi di continuazione debbono considerarsi autonomi e distinte (...). In questa prospettiva si precisa che 'il reato continuato è considerato dal legislatore come un'entità giuridica unitaria non soltanto e precipuamente *quoad poenam*, ma anche ad altri determinati effetti (ad esempio: prescrizione del reato, art. 158, comma 1°, cod. pen.; competenza territoriale, art. 39, comma 2°, cod. proc. pen.); tale unificazione non elimina, tuttavia, la realtà fenomenica inerente alla distinzione e autonomia delle violazioni singole, le quali restano reati plurimi, a sé stanti e perciò scindibili, a tutti quegli altri effetti in cui l'unificazione medesima (non venendo in considerazione *quoad poenam* ed essendo contraria all'anzidetta realtà fenomenica pluralistica) opererebbe soltanto ed illegittimamente a danno dell'imputato (come, di regola, per le cause che escludono il reato o per le cause estintive del medesimo, salvo eccezioni espressamente previste dalla legge, quale è appunto la prescrizione'". Essa teoria também não está isenta de críticas. Conforme ponderou Luiz Cernicchiaro, no julgamento do RESP 54834/SP, 6ª T., de sua relatoria, j. 26.10.92 (...), "Alguns autores, não obstante a impropriedade técnica, afirmam que o crime continuado é uma ficção jurídica. Definição normativa, entretanto, jamais é ficção. É realidade do Direito. A impropriedade decorre da concepção de o jurídico dever sempre reproduzir o naturalístico".

[494] RISTORI, Roberta, p. 92.

[495] Como descreve Angelos Tsarpalas (1967, p. 259), "la doctrine considere que l'infraction continuée est un agglomérat artificiel de plusieurs infractions distinctes, une fiction juridique. C'est en ce sens que l'on doit interpréter la pensée de MM. les Professeurs Vouin et Léauté quand ils écrivent au sujet de l'infraction continuée: 'l'ensemble des faits successifs *est considéré* et puni comme une infraction unique'. C'est en ce sens que se prononce aussi la majeure partie de la doctrine italienne".

[496] TJDFT, RAG 20170020044579, 1ª TC, Relª. Desª. Ana Maria Amarante, j. 13.7.17; e TJDFT, RAG 20170020114204, 1ª TC, Relª. Desª. Ana Maria Amarante, j. 8.6.17.

[497] Leciona Marcelo Barbosa (1973, p. 151) que a teoria da unidade real, "fundada em Bernardino Alimena, afiança ser o crime continuado uma unidade idealisticamente autônoma, sendo que os fatos que o compõe, interligados quer no terreno material objetivo, quer no terreno subjetivo, mediante a unidade de resolução ou de desígnio, perdem a sua autonomia e se realizam como uma nova entidade fático-jurídica independente das partes que a compõe. Esta também é a posição adotada por Giacomo Delitala".

[498] CARVALHO, Ivan Lira de, p. 491. Nesse mesmo sentido, afirma Alcides da Fonseca Neto (p. 43) que "a unidade do elemento subjetivo, como elemento unificante das várias ações, transforma-as em simples partes de uma única ação, na qual se pode identificar, de forma real, a unicidade de comportamento".

Sucede, porém, que "a pluralidade da conduta não gera, por si só, a pluralidade de crimes. O crime continuado, portanto, constitui um *ens reale*".[499] Para esse posicionamento, o delito continuado – como se expressa José Antonio Choclán Montalvo – não é uma ficção jurídica, "sino una *unidad real y natural*", onde "la unidad de dolo, necesaria en el delito continuado, determina la unidad de acción".[500] Por outras palavras, essa doutrina "niega el criterio de la teoría de la ficción jurídica del delito continuado, al afirmar que constituye una realidad que responde a la verdad de los hechos, que tienen en el sujeto un solo propósito criminal producir una lesión jurídica prevista por la Ley Penal".[501]

Segundo essa corrente, a unidade de elemento subjetivo (dolo), como elemento unificante das várias ações, transmuda-as em simples partes de uma ação única, em que se identificaria, real e naturalmente, a unicidade de comportamento.[502] Em síntese precisa, menciona Paulo Lúcio Nogueira: "a teoria da *unidade real* entende que cada ação sucessiva pode ser considerada como um crime, pois se a intenção é una pouco importa que múltiplas sejam as ações".[503]

Na verdade, de acordo com essa concepção, cabe apontar que o delito continuado é "un delito solo, revestido de una forma especial, por cuanto en él únicamente se observa la variación de un elemento secundario, el modo de comisión, subsistiendo los elementos primarios en su unidad, lo cual se opone a la multiplicación de los delitos, por el principio no *bis in idem*".[504] Roberto Lyra, ao adotar a teoria em foco, reforça: "Não é o legislador quem empresta essa unidade à continuação. Esta é que lhe impõe, pela evidência, o reconhecimento de que corresponde a uma verdadeira realidade psicológica e humana".[505] Segundo Alcidez Munhoz Netto, "corolário lógico desta posição, é a de que o crime continuado teria características próprias, possuindo ação, evento, momento consumativo e elemento psíquico diversos dos delitos que o compõem".[506] A seu turno, Gonçalo de Mesquitela é enfático ao rechaçar a doutrina em análise, porquanto "onde temos que reconhecer a realidade plural é no campo natural";[507] assim considerando, se se exige, de um lado, (à perfectibilização unificadora do instituto do crime continuado)

---

[499] COSTA JÚNIOR, Paulo José da, 2007, p. 234.

[500] CHOCLÁN MONTALVO, José Antonio, p. 132.

[501] BETANCOURT, Eduardo, 1999, p. 189.

[502] De acordo com Enrique Cury Urzúa (1959, p. 110-1), existe, relativamente à intenção do agente, "un momento ideativo y de un momento resolutivo, ambos necesarios para configurar al dolo en su perfección". Segundo o autor, no caso do crime continuado, "el momento ideativo es uno, pero son plúrimos los momentos resolutivos y, con ello, resulta que se dan tantos dolos distintos cuanto actos capaces de configurar un delito. (...). Por esto, en suma, parece imposible aceptar la unidad del dolo en que se funda la doctrina de la unidad real del delito continuado. No hay, en verdad, un dolo único que está en la base de todas las acciones constitutivas del delito continuado, sino que cada una de ellas posee su propio dolo, distinto e eficaz" (1959, p. 111). Ainda para Enrique Cury Urzúa (2005, p. 656), o delito continuado é "una pluralidad de acciones, cada una de las cuales satisface todas las características de un tipo legal, pero que han de ser valoradas conjuntamente, porque constituyen la violación, necesariamente fraccionada, de una misma norma de deber".

[503] NOGUEIRA, Paulo Lúcio, 1994, p. 173.

[504] SOLER, Sebastián, 2004, p. 62.

[505] LYRA, Roberto, p. 380.

[506] NETTO, Alcides Munhoz, 1969, p. 139. Acrescenta Ivan Carvalho (p. 491) que "os efeitos da adoção da teoria da unidade real são tão significativos que, por exemplo, a anistia, o indulto e a sentença condenatória abrangem os delitos praticados posteriormente à coisa julgada ou às duas causas extintivas de punibilidade aqui lembradas".

[507] MESQUITELA, Gonçalo de, p. 265.

tanto a pluralidade de ações (ou de omissões) como a pluralidade descontínua de eventos, não se pode, por outro, logicamente, considerar essa unidade como uma realidade natural.

3.1.3. A teoria da unidade jurídica

Por último, resta a teoria da unidade jurídica (ou mista),[508] que, na amplitude de seus termos, muito se assemelha à doutrina ficcionista.

Concebe que o crime continuado não é, *de facto*, uma unidade real, mas também não é apenas uma ficção de direito. Apresenta-se como "uma figura contemplada pelo legislador, mas tem uma existência própria e se destina a fins determinados; por isso, é uma realidade jurídica e não uma ficção".[509] Seria, segundo aponta essa escola, em concreto, "um terceiro crime, que é o próprio concurso",[510] "ontologicamente autônomo, constituindo uma realidade jurídica e não uma criação. Desconsiderada é a abordagem da unidade ou da pluralidade de delitos, diante do *tertius* modelo criminal, de concurso obrigatório, ainda que decorrente de lei".[511] Desponta, em tal sentido, o delito continuado como uma figura própria, legalmente reunida para o atendimento de determinadas finalidades.[512]

Nessa quadra, o delito continuado não se apresenta como uma unicidade real; contudo, igualmente, não se coloca como um simples artifício legal, sendo, *en dernière analyse*, uma realidade jurídica, produzida pelo legislador, cujo objetivo essencial se vincula à estrutura da punibilidade,[513] ou seja, não se apresentar nem como um crime

---

[508] Informa-nos Marcelo Barbosa (1973, p. 151) que a teoria da unidade jurídica "decorre da posição tomada por Emanuele Protto, em excelente monografia (...), onde se sustenta que os delitos componentes da unidade jurídica, embora percam sua autonomia, subsistem como entidades fáticas sequenciais, ligados entre si por vínculo subjetivo idêntico".

[509] PIMENTEL, Manoel Pedro, 1969, p. 79.

[510] MIRABETE, Julio; FABBRINI, Renato N., 2016, p. 310. No mesmo sentido, Edgard Magalhães Noronha (1999, p. 275), para quem a "teoria 'mista' nega a unidade ou pluralidade de violação, vendo antes um terceiro crime". Ainda nessa orientação, Paulo José da Costa Júnior (1964, p. 109): "o crime continuado, como já foi acentuado, não se situa nem no mundo da realidade, nem no da fantasia. Tem assento no mundo do direito, que se põe entre os horizontes daqueloutros. Constitui uma realidade jurídica. Esta poderá conter um instante fantasioso. Mas terá que deitar raízes fundas na realidade fenomênica. A realidade exterior, projetando-se sobre a realidade ontológica do espírito humano, poderá ser alterada, desde que lhe respeite uma parcela ao menos de sua substância. Esta parcela é a unidade psicológica. Em nome de uma realidade naturalística (identidade de desígnio), poder-se-á sentir autorizado o legislador a violentar a ontologia das condutas desconexas que compõem o crime continuado. Faz então das ações atos. Transmuda a conduta em segmentos. Mas não poderá jamais o legislador dispensar-lhe a unidade intelectiva, a menos que procure extirpar todo o embasamento realístico do instituto, rebaixando-o a mera ficção que, como tal, *nunquam convenit qum veritate* e não pode encontrar agasalho no direito. É esta unidade que irá enfeixar comportamentos desconexos. Conferindo-lhe continuidade naturalística. Autorizando o artifício legislativo".

[511] CARVALHO, Ivan Lira de, p. 492.

[512] Santiago Mir Puig (2009, p. 643) refere que "la teoría de la realidad jurídica, defendida en Alemania, admite que el delito continuado es una creación del Derecho, que cuando no se halla prevista por la ley (como en Alemania y antes en España) ha de fundarse en el Derecho consuetudinario. No requiere la unidad real ni precisa acudir a la idea de ficción basada en la unidad de desígnio, sino que cree suficiente su admisión jurídica (aunque sea consuetudinaria), debida a razones de utilidad práctica y con independencia de que beneficie al reo".

[513] Paulo José da Costa Júnior (1964, p. 107-8) já teve ocasião de sustentar esta teoria (hoje, entretanto, segue a da ficção jurídica), com palavras bastante enfáticas: "disporá o crime continuado apenas de unidade

único nem como um concurso de delitos, mas, sim, como uma categoria *sui generis* – um *tertius genus*.[514]

3.1.4. A posição brasileira

O regramento penal brasileiro adota a teoria da ficção jurídica para o efeito da aplicação da pena,[515] "determinando o sistema de exasperação da pena ao crime continuado, que é, formalmente, a reunião de vários delitos praticados nas mesmas condições".[516] (De igual sorte, o Projeto de Lei 3.473/00 preserva a adoção da teoria da ficção jurídica.)[517]

A unidade do crime continuado projeta-se tão só sobre a estruturação do apenamento, dado que, para os demais efeitos penais, cada um dos crimes componentes do elo de continuidade mantém a sua autonomia,[518] substancialmente no tocante à prescrição punitiva e à decadência, cuja análise é realizada em relação a cada crime,[519] ou, ainda, em matéria de *indulgentia principis*: "só os crimes abrangidos pela graça soberana têm extinto o direito de punir que, de sua prática, nasceu para o Estado".[520]

fictícia? Se for ele mera *fictio juris*, aparta-se por completo da realidade. Mas *ex nihilo, nihil*. E o direito não pode criar do nada. Então será real a unidade do delito continuado? Tampouco. A pluralidade do processo executivo, que poderá dispersar-se, numa continuidade descontínua, pelo tempo, ou inclusive pelo espaço, impede que se lhe confira grau de unidade naturalística. Entendemos com Massari (*Le dottrine generali*, p. 120), repetido por Maggiore (*Diritto Penale*, II, p. 605) e por Ranieri (*Il reato complesso*, p. 132), constituir o crime continuado uma realidade jurídica. Existe sempre no direito um momento de fantasia, como sustentou Ihering. Que haverá no entanto de trabalhar uma realidade preexistente, pois no direito não há lugar para meras abstrações. E o que irá emprestar unidade ao crime continuado é, afora a unidade do tipo, a identidade de desígnio (nesse sentido, Welzel, *Das Deutsche Strafrecht*, p. 188). A unidade, portanto, não deflui do aspecto exterior da conduta. O que cimenta os comportamentos desconexos não é a identidade espacial (*ex uno loco*), nem a temporal (*ex eodem tempore*), nem a executiva. A unidade deriva do fato de as ações dispersas tenderem a*d eundem finem*, como dizia Bártolo de Sassoferrato, *lucerna juris*".

[514] SILVA, Germano Marques Bitencourt da, p. 319.

[515] PRADO, Luiz Regis, 2011a, p. 275.

[516] MIRABETE, Julio Fabbrini; FABBRINI, Renato, 2016 p. 310. Segundo Marcelo Fortes Barbosa (1973, p. 151), a teoria da ficção jurídica "resulta em ser o crime continuado uma forma de atenuação da pena do chamado concurso material, (...) no qual os delitos componentes não perdem sua autonomia, sendo ligados entre si por elementos circunstanciais impostos". Ainda Marcelo Fortes Barbosa (1993, p. 124), ao dissertar sobre as espécies de conexão previstas no Direito Penal pátrio, concluiu: "desde que adotemos a teoria da ficção jurídica como aquela provida de maior validade, não podemos deixar de admitir a conexão continuativa como uma das formas de conexão substancial que deve ser, face ao nosso direito, naturalmente objetiva, tendo em vista que as condições fixadas pelo Código, no art. 71, são todas elas de natureza objetiva".

[517] FONSECA NETO, Alcides da, p. 44. Em termos jurisprudenciais: *HC* 98.647, Rel. Min. Ayres Britto, 1ª T., DJE de 20.11.09 (decisão citada na Coletânea temática de jurisprudência, p. 193).

[518] GOMES, Luiz Flávio; GARCÍA-PABLOS DE MOLINA, Antonio, 2007, p. 517.

[519] Para Flávio Augusto Monteiro de Barros (p. 547), "também para efeito de coisa julgada descaracteriza-se a ficção jurídica. Se, por exemplo, o agente é absolvido dos diversos furtos que lhe são imputados em continuidade delitiva no mesmo processo, descobrindo-se, após o trânsito em julgado, outros furtos integrantes da sequência delituosa, novo processo pode ser instaurado. Sobre esses novos fatos não se opera a coisa julgada, porque não foram objeto de decisão, ao passo que, se a unidade fosse real, a coisa julgada os atingiria".

[520] MARQUES, José Frederico, 1997, p. 461. No mesmo sentido: NETTO, Alcides Munhoz (1969, p. 141). Semelhantemente: STF, *HC* 49311/SP, Rel. Eloy da Rocha, 2ª T., j. 13.12.71.

Demais, ao se incorporar a teoria segundo a qual se apresenta um crime tão somente em desenvolvimento sequenciado, "não se aplicam ao seu autor tantas penas quantos os fatos, mas a de um só dos crimes, quando são iguais, ou a mais grave, quando diferentes, aumentada, em qualquer caso, de um sexto até dois terços",[521] ou até o triplo, se se cuidar de crimes dolosos, violentos e com diversidade de vítimas.

3.1.5. Considerações finais

Quanto à natureza jurídica do crime continuado, a posição mais razoável é a que o considera como uma ficção jurídica.[522] Segue-se imediatamente daí que, no mundo natural – e isto é inegável –, existem vários delitos independentes; entretanto, se houver certos requisitos (*in casu*, os de vínculo de continuidade), tais delitos serão tratados como se constituíssem um crime único.

Cuida-se, portanto, de um artifício jurídico que visa, principalmente, a amenizar o rigor do cúmulo material das penas.

Nesse passo, deve concluir-se que existem diversos ilícitos independentes (realidade delitiva plural) que são considerados pelo direito como um crime único (componentes de uma cadeia continuada); e, por essa razão, recebem tratamento diferenciado no setor da punibilidade.

Essa concepção está de acordo com a própria origem do instituto, uma vez que a sua criação se deveu a um sentimento humanitário, cujo objetivo era o de suavizar o rigor punitivo.

Essa unidade, criada e desenvolvida pela ordem jurídica, não pode, por outro lado, constituir-se em um verdadeiro ente uno e real, na medida em que se configura a partir de um artifício jurídico sem existência natural, possuindo vários elementos estruturadores que apresentam, uma vez operada a unificação, a característica da incindibilidade de seus componentes.

Pode, desde já, recordar-se que, no delito continuado, se encontram diversos atos criminosos, os quais a lei, entretanto, declara como elementos configuradores de um só evento, ou seja, um só crime; e continuado.

Concebe-se, nessa medida, o crime continuado como uma ficção legal que, inspirada em motivo de Política Criminal,[523] determina a unificação de várias condutas puníveis, praticadas nas mesmas condições de tempo, modo, lugar e outras assemelhadas, para repercutir, na aplicação da sanção penal, com menor rigor repressivo. Desse modo, a sucessão de crimes assemelhados é havida – para os efeitos punitivos, repita-se

---

[521] BRUNO, Aníbal, 1976, p. 170.

[522] Cumpre esclarecer o sentido de ficção legal: "temos uma ficção sempre que o legislador confere ao fato ou ao complexo de fatos a disciplina jurídica do fato ou do complexo de fatos diversos embora sabendo que entre eles não subsiste qualquer liame de correlação. O legislador, quando cria a ficção, está cônscio de exprimir regulamentação jurídica contrária àquela que é a realidade substancial dos fatos a regular. *Fictio numquam convenit cum veritate*" (BETTIOL, Giuseppe, 1971, p. 313-4). Em aditamente, cumpre lembrar que, no momento da interpretação, as construções normativas que operam com ficções jurídicas devem ser avaliadas com reservas e de modo estrito; neste sentido, a seguinte decisão jurisprudencial: *HC* 87.227, Relª. Minª. Ellen Gracie, 2ª T., DJ de 20.4.06 (decisão citada na Coletânea temática de jurisprudência, p. 120).

[523] *HC* 91.870, Relª. Minª. Ellen Gracie, 2ª T., DJE de 20.6.08 (decisão citada na Coletânea temática de jurisprudência, p. 194).

– como um fato unitário.[524] Como descreve Roberta Ristori, a continuação delitiva "costituisce un istituto determinato dal *favor rei* che non incide sull'essenza, sulla identità ed autonomia delle singole violazioni per le quali vige la disciplina del concorso materiale dei reati; si ritiene cioè che l'unificazione sia operante solo agli effetti della pena"; e, "in definitiva, la giurisprudenza pare oggi prevalentemente orientata per una soluzione articolata del problema in esame, secondo la quale il reato continuato deve considerarsi un solo reato a determinati effetti (*in primis*: la pena), mentre ad altri determinati effetti deve essere scisso nei vari episodi che lo compongono".[525]

Deve, então, reconhecer-se o delito continuado como uma unidade jurídica que desponta a partir de um artifício legal, sem, contudo, possuir existência no plano ontológico. E, como também visto, os diferentes fatos integrantes da cadeia continuada são, *de per si*, delitos – independentes e isolados –, mas, a partir da unificação que se lhes dá a ficção jurídica do delito continuado, passam a constituir, para a aplicação da sanção jurídico-criminal, uma unidade.[526]

Em suma, a reprodutibilidade de comportamentos típicos homogêneos, que se realizam tanto em um cenário (representativa e objetivamente) assemelhado como em intervalos temporais próximos, autoriza a aglutinação desses tipos penais em um bloco unitário indecomponível, por causa de um artifício legal que se destina a beneficiar o condenado, por meio de um reproche penal também unitário, ao se afastar, nesse andar, o sistema da acumulação e se encampar o da exasperação punitiva.

Decorre daí que, caso se apresente entre as condutas típicas sequenciadas o traço inequívoco da incontinuidade, ou seja, se lhes faltem os requisitos existenciais para o nexo de continuação, se adotará, em termos de punibilidade, a regra do cúmulo material, desprezando-se, assim, o instituto em causa; não obstante, entre esses dois polos – perfeita

---

[524] A seu turno, "a doutrina alemã é uniforme em proclamar a unidade do crime continuado, extraindo daí todas as consequências. Veja-se Graf zu Dohna (*Aufbau der Verbrechenslehre*, 1950, p. 66) ao afirmar que 'uma pluralidade de delitos da mesma natureza é tratada como unidade, no direito material e processual, embora cada um deles tenha sido concretizado como ação própria (mas não independente) '. Helmuth Mayer *(Strafrecht*, 1953, p. 408) também ensina que no crime continuado, uma série de atos independentes é considerada como fato unitário (*als eine einheitliche Tat behandelt*). No mesmo sentido, com a clareza habitual, von Liszt (*Lehrbuch*, 26ª ed., 1932, p. 352): 'Diversos fatos independentes devem aqui ser julgados juridicamente como unidade'. Na Alemanha, essa lição comum remonta às notas de Mittermaier à 14ª edição do Tratado, de Feuerbach (1847, p. 218), onde se diz que uma pluralidade de ações se torna um todo jurídico (*juristisches Ganzes*), de sorte que apenas um crime será considerado (*nur ein Verbrechen*). Parece claro, todavia, que a unidade do crime continuado tem como primeira e elementar consequência a incindibilidade de seus componentes. É o que diz Delitala (*Reato continuado e cosa giudicata*, Scuola Positiva, 1928, I, p. 118): 'o crime continuado constitui um título de delito por si, enquanto os delitos ficticiamente compostos em unidade, não podem mais recuperar, em caso algum, vida autônoma'. Impallomeni também ensinava que o crime continuado 'é único essencialmente, e não ficticiamente. A unidade do fato que o constitui é jurídica, e não natural, em razão justamente de sua unidade jurídica, não é cindível em partes'" (FRAGOSO, Heleno, 1971, p. 121).

[525] RISTORI, Roberta, 93.

[526] Como destaca Fernando Capez (2011, p. 551-2), a ficção jurídica, que presume a existência de um crime, incide apenas no que diz respeito à aplicação da pena, disso decorrendo outras consequências: "a) a coisa julgada se opera tão somente em relação aos delitos que foram julgados, não abraçando, assim, aqueles ulteriormente praticados, embora ligados aos demais pelos laços da continuação; b) no caso de anistia, graça ou indulto somente os crimes abrangidos pela graça soberana têm extinta a punibilidade." No mesmo sentido, Vincenzo Manzini (1949, p. 421), quando remarca: "puesto que el delito continuado, aunque se deba considerar como único respecto a la sanción, constituye en realidad una hipótesis de concurso de delitos, el mismo se lleva a cabo y se agota desde luego en el momento en que se verifica la consumación o la tentativa de la última violación, de ley, pero no unifica en absoluto en su esencia las violaciones singulares".

demonstração do laço de continuidade, de um lado, e a inexistência absoluta do vínculo de continuação, de outro – poderá desenhar-se um terreno nebuloso, em face do qual não se tem claro o tipo de concurso que deveria incidir sobre a pluralidade de condutas puníveis, o que será resolvido, processualmente, na entrega da prestação jurisdicional penal, a partir do comando (do princípio) do *in dubio pro reo*, admitido que se trata (o modelo-legal do crime continuado) de direito público subjetivo penal do condenado, e a dúvida, nesta fase, deve beneficiá-lo.[527] Em último remate, afastada a consideração de qualquer aspecto subjetivo (unidade de determinação criminal), a figura legal do delito continuado não se configura como uma unidade real – como se fora uma unidade naturalista –, senão como uma (e existem tantas outras, muito embora se trate de questões atinentes à técnica legislativa) ficção legal cuja inspiração se vincula a uma norma de Política Criminal. A mais disso, a diretriz essencial do modelo legal do crime continuado não se deve submeter a critérios rígidos, peremptórios, de aferição, admitido que se destina *favor rei*, a fim de obstaculizar as (quase sempre mais severas) consequências da adoção do sistema do cúmulo material. Por conta disso, terá cabida quando houver similitude objetiva na realização dual ou plúrima de injustos penais.

3.2. DA RAZÃO DO INSTITUTO

O fundamento teórico-dogmático do delito continuado também oferece controvérsia na doutrina.

Um exame atento permite identificar, basicamente, três correntes ou critérios justificadores da existência do instituto da continuidade delitiva, a saber: (i.) o critério da benignidade; (ii.) o critério da utilidade processual; e (iii.) o critério da diminuição da culpabilidade. Cristina Líbano Monteiro afirma que, "apesar dos esforços de construção (teóricos) que a acompanham, a continuação criminosa *hoc sensu* tem na sua génese uma dupla intencionalidade pragmática: nasceu virada para certos resultados a obter em sede de determinação da pena e de agilidade do processo".[528]

Confiram-se, em breve resenha, os principais postulados de cada uma das doutrinas.

---

[527] Sobre a abrangência do princípio do *in dubio pro reo*, Helmut Frister (p. 88) afirma que a alternativa mais favorável deve dar base à sentença; assim, "en caso de duda, en favor del acusado. Esto rige no sólo respecto de los hechos que lo incriminen, sino también respecto de los que lo exculpen. Si, p. ej., no se puede esclarecer si el acusado actuó en legítima defensa (§ 32, StGB) o si era incapaz de culpabilidad (§ 20, StGB), *in dubio pro reo*, debe ser absuelto". E, por óbvio, semelhante opção deverá ser encampada em face de eventual dúvida sobre a espécie de concurso que presidirá, em termos punitivos, a multiplicidade de injustos penais. Com efeito, o princípio em causa não se restringe tão somente às hipóteses (estreitas) de haver 'estado de dúvida' sobre a autoria e a participação criminais; bem ao contrário disso, poderá apresentar-se, de um lado, em se tratando de (dúvida em relação a) causas de eliminação do crime ou de isenção da pena, ou ainda de modalidades de punição, bem como, de outro, em virtude de uma prova dúbia, fraca, insubsistente, que recomendará (*rectius*, imporá) uma decisão favorável ao acusado. Sobre o tema: "no processo criminal, máxime para condenar, tudo deve ser claro como a luz, certo como a evidência, positivo como qualquer expressão algébrica. Condenação exige certeza absoluta, fundada em dados objetivos indiscutíveis, de caráter geral, que evidenciem o delito e a autoria, não bastando a alta probabilidade desta ou daquela. E não pode, portanto, ser a certeza subjetiva, formada na consciência do julgador, sob pena de se transformar o princípio do livre convencimento em arbítrio" (RT, 619/297, TJSP, Relª. Deaª. Silva Leme, 18.5.87). A mais disso, cabe lembrar que a formulação do (princípio do) *in dubio pro reo* apresenta, ainda, uma forte vinculação com o objetivo de tornar controláveis, racionais e previsíveis as decisões judiciais (SARRABAYROUSE, Eugenio C., 2001, p. 829-30).

[528] MONTEIRO, Cristina Líbano, 2009, p. 735.

3.2.1. A teoria da benignidade

Essa teoria se traduz na própria essência histórica[529] da constituição do instituto, que buscava, por intermédio da unificação dos crimes seriados, impedir a aplicação da pena capital (mitigação da severidade punitiva). Sob tal enfoque, visa a obstaculizar a aplicação de sanções criminais que importem punições exacerbadas aos delinquentes (impossibilitando, em razão da permanência de longos períodos no cárcere, a sua eventual ressocialização).[530]

Na base disso, ainda hoje se pode dizer que é uma "institución que pretende evitar las consecuencias de las reglas de acumulación de penas que se derivarían de la apreciación de un concurso real de delitos".[531] De qualquer sorte, como bem coloca José Antonio Choclán Montalvo, "invocar razones de benignidad importa esclarecer por qué razón se dispensa un tratamiento benévolo al autor de una pluralidad de realizaciones típicas".[532]

---

[529] Como observa Francesco Carrara (p. 348): "ciò è dimostrato dalla *storia* di questa teorica, e dalla *ragione* a cui si ispira, che è quella di trovare nei fatti continuati, non già più e diverse determinazioni criminose, ma una *sola*".

[530] A jurisprudência agasalha esse entendimento, como se pode ler na decisão citada por FRANCO, Alberto Silva, e outros (1999, p. 3462-3): "a unificação de penas é construção jurisprudencial com nítido caráter de Política Criminal objetivando-se, com a individualização executória, minorar o exagero punitivo do cúmulo material de penas, vez que o direito penal moderno busca, através de diversos institutos, abreviar a passagem do réu pelo cárcere e atingir a consecução do propósito de ressocialização do condenado, mitigando-se assim a imposição de cumprimento da pena pelo tempo fixado na sentença. Porém, a jurisprudência predominante repudia a aplicação da continuidade argumentando que seu reconhecimento requer a comprovação da unidade de desígnio e que a medida não se aplica a criminosos habituais, exigências estas, todavia, sem previsão legal. De fato, a condição subjetiva não era pesquisada sequer na vigência da PG do Código de 1940, cuja EM expressamente adotava a teoria puramente objetiva, deduzindo o conceito de continuidade dos elementos constitutivos exteriores da homogeneidade, mesmo porque, segundo se preleciona, procurar um desígnio unificador, ou mesmo plano de ação delituosa, constitui superfluidade ou estéril pesquisa de conteúdo e sentido do elemento subjetivo. Mesmo assim a matéria não se pacificou e, na oportunidade da reforma da PG do Código ocorrida em 1984, momento apropriado para dirimir definitivamente a questão, a nova redação simplesmente repetiu a anterior, com o legislador reafirmando o emprego do critério puramente objetivo que acreditou não revelar na prática maiores inconvenientes, a despeito das objeções adversas. Registre-se mesmo que o legislador de 1984 deu maior amplitude ao texto anterior, permitindo a continuidade inclusive em infrações ofensivas a bens personalíssimos e, apesar disso, o tema continuou suportando divergências e oscilações, baseadas nas exigências de unidade de desígnio e de inexistência de habitualidade criminosa, buscando-se desse modo, como assinalado pela doutrina, conceitos compatíveis com a teoria do crime, opondo-se requisitos não previstos na lei penal e resistindo-se a considerar a continuidade, simplesmente, como instituto de política criminal sujeito apenas às razões de oportunidade e conveniência. Como dispõe a corrente jurisprudencial minoritária, inexiste qualquer exigência que imponha, para fins de unificação de penas, a realização de quantidade máxima de ilícitos assim como seu reconhecimento independe de qualquer qualificação do sujeito do delito, pouco importando, por último, a contradição entre o fundamento benigno do instituto – culpabilidade atenuada – e a repetição, reiteração ou habitualidade criminosa, mesmo porque é vedado distinguir onde a lei não distingue" (TACSP, 10ª C., RA 990.919/9, j. 6.3.96, v.u., Rel. Márcio Bárloti).

[531] CHOCLÁN MONTALVO, José Antonio, p. 151.

[532] CHOCLÁN MONTALVO, José Antonio, p. 152. E prossegue o autor em causa: "desaparecido el sentido pietista – y práctico – de evitar la pena de muerte del reo, se invoca como justificación dogmática la pretendida *menor culpabilidad* del autor. La admisión de este fundamento requiere comprobar que la aplicación de las reglas de la pluralidad de hechos independientes no permiten comprender correctamente la culpabilidad del autor de una serie continuada de acciones" (CHOCLÁN MONTALVO, José Antonio, p. 152).

Por esse motivo, a teoria da benignidade se inscreve como opção político-criminal, em que se patenteia a ideia segundo a qual deve haver mecanismos jurídico-interpretativos que possam temperar o rigor do sistema do cúmulo material, concedendo, sim, um tratamento mais humanitário diante da possibilidade (remota, é bem verdade, mas desejável) de reinserção social do condenado, o que, em termos de apenamentos excessivos, se mostra dificilmente configurável.

De todo o modo, se faz necessário, para um entendimento mais amplo da questão, ter em mente também as outras teorias justificadoras do crime continuado.

3.2.2. A teoria da utilidade processual

A unificação dos crimes, à luz das regras que presidem a continuidade delitiva, teria como fundamento a conveniência prático-processual (ou, em outras palavras: a economia processual), de forma que se evitaria a existência de uma sobrecarga para a Justiça, instruindo e julgando fatos iguais.

Nessa medida, o fundamento processual do instituto põe em relevo que a unificação das diversas ações ilícitas permitiria a padronização decisória do processo penal, estabelecendo uma espécie de "unidade criminosa", mediante a qual o(s) crime(s) descoberto(s) ulteriormente – e que mantivessem a relação de continuidade – seria(m) incorporado(s) a essa "unidade", sem a necessidade de outro processo, "pois toda a unidade criminosa estará já abrangida por aquela decisão",[533] implicando, sob todos os títulos, economia processual.[534] Em outros termos, impedir-se-ia a existência de "novos processos (Leone) cada vez que se descubra novo ato compreendido na continuação".[535] Além disso, seria mais simples "punir, provar e processar quando todos os crimes são considerados continuados".[536] Rosario de Vicente Martínez entende que, "en la actualidad, ya no tiene esa función 'pietatis causa', sino que lo mismo puede beneficiar que perjudicar al reo. Son razones funcionales, de economía procesal sobre todo, las que explican su empleo constante por la práxis".[537] Em remate, é preciso salientar que se

---

[533] CUNHA, Maria da Conceição Ferreira da, 2009, p. 327.

[534] Para Maria da Conceição Ferreira da Cunha (2009, p. 367), "são inegáveis as vantagens de economia processual, sobretudo, exactamente, naqueles casos 'de verdadeiras massas de actos singulares', que imporiam ao Tribunal um 'trabalho esmagador', evitando-se 'processos gigantescos e morosos'. Abrangendo o 'ne bis in idem' toda a 'unidade criminosa', não haveria que comprovar cuidadosamente cada facto de *per si*, bastando considerar aquelas actividades 'capazes de dar uma ideia da gravidade do crime ... e que permitam fixar-lhe a pena correspondente', nem seriam necessários novos processos no caso de se virem a conhecer outros factos integrantes daquela relação de continuação criminosa".

[535] SZNICK, Valdir, 1994, p. 94.

[536] BÉZE, Patricia Mothé Glioche, p. 142. Entretanto, como ressalta Alcides Munhoz Netto (1969, p. 145), "é bem de ver, contudo, que o simples receio de exigir dos tribunais um trabalho mais árduo jamais legitimaria o instituto".

[537] VINCENTE MARTÍNEZ, Rosario de, p. 185. Refere José M. Tomas Tio (p. 112-3): "sin embargo, debemos hacer constar desde el primer momento que la aparición del delito continuado y su aplicación en la práctica a determinadas conductas que puedan ser constitutivas de delito venía a ser la solución de concretas dificultades procesales, especialmente probatorias (...). Es, por tanto, este requisito de la indeterminación procesal el que constituía la verdadera justificación de la apreciación y aplicación de ésta. Con ello las razones de benignidad o *pietatis causa* que historicamente sustentaron la institución, evitando los rigores del trifurato y obviando las consecuencias de las reglas de acumulación de penas previstas para el concurso, se transmutaron en razones de utilidad de difícil justificación cuando se enfrenta al principio de legalidad (...)".

quer contornar, tanto quanto possível, certas dificuldades práticas de comprovação judicial de cada um dos delitos parcelares e integrativos do nexo de continuidade; como, ainda, evitar novos julgamentos em relação a realizações típicas presas àquele nexo que não tenham sido, a tempo, conhecidas e, com isso, imputadas ao acusado.[538] Essa noção teria especial utilidade em se tratando (daquilo que se poderia denominar) de "crime continuado de reprodução ampliada", ou seja, da imensa e duradoura reprodutibilidade de comportamentos típicos homogêneos, os quais já se apresentariam, *ab origine* e consabidamente, impregnados pelo nexo de continuidade, dispensando, portanto, de modo excepcional, as rígidas (e quase sempre necessárias e imprescindíveis) demarcações individualizantes dos delitos parcelares.[539]

3.2.3. A teoria da mitigação da culpabilidade

Para essa teoria, o fundamento do delito continuado não se encontra no critério da benignidade com fins humanitários, mas, sim, em razão da presença de uma culpabilidade menos censurável, que pode apresentar-se no aproveitamento de uma mesma oportunidade.[540]

Convém referir-se que essa teoria se origina e se vincula à concepção psicológico-normativa da culpabilidade,[541] que apresenta, além dos elementos biológicos e

---

[538] FIGUEIREDO DIAS, Jorge de, 2007, p. 1028.

[539] No ponto 7.13. desta obra, existe um vigoroso exemplo daquilo que denomino de "crime continuado em larga escala".

[540] Como descreve Max Ernst Mayer (p. 206-7), "las varias acciones pierden, no obstante, su independencia exterior por una clase especial de correlación interna: el mismo motivo ha causado las muchas actuaciones voluntarias; aparece el mismo una y otra vez, y siempre de nuevo produce su efecto de la misma manera. Si partimos de la situación o del acontecimiento a que se refiere la representación motivadora, podemos decir que la misma oportunidad ha originado las muchas acciones. Por ello es que éstas han tomado el mismo aspecto; ellas se parecen en su manifestación exterior, justamente porque todas han surgido de la misma ocasión y conforman por esto un delito".

[541] De há muito a doutrina germânica (notadamente a chamada concepção normativa da culpabilidade, denominada, também, psicológico-normativa ou complexa) – com Reinhard Frank e James Goldschmidt à dianteira – tem por assente que somente será possível reprovar a conduta quando o sujeito se tenha comportado de um modo, quando devia e podia comportar-se diversamente (a ideia de que se deve limitar a reprovação – a exigibilidade de outra conduta adequada ao direito – foi a grande contribuição doutrinária de Berthold Freudenthal à dogmática penal. Para Sebástian Borges de Albuquerque Mello [2010, p. 146], "o sentimento de justiça do caso concreto desenvolvido por Freudenthal revela um humanismo e uma valoração da fragilidade humana diante de determinadas circunstâncias, de tal maneira que é manifesta e evidente a correlação entre sua concepção de culpabilidade e respeito aos direitos fundamentais do indivíduo. A inexigibilidade passa a ser um apanágio utilizado em benefício do acusado, moderando a intervenção penal. A margem discricionária do juiz no caso concreto e a busca em atender ao apelo popular são utilizadas sempre com o escopo de reduzir a potestade punitiva do Estado, e garantir a individualização da imputação, não apenas para reduzir a pena, mas também para impor um juízo de absolvição em nome da impossibilidade de se exigir um comportamento conforme o direito no caso concreto"). Essa concepção surge fundamentalmente em oposição aos antigos postulados da teoria psicológica da culpabilidade, segundo os quais dever-se-iam conceber os comportamentos dolosos ou culposos como as expressões da culpabilidade, isto é, o conceito genérico da culpabilidade expressar-se-ia por intermédio das espécies dolo (*Vorsatz*) ou culpa (*Fahrlässigkeit*). Reinhard Frank (2000, p. 37) explica a insuficiência da concepção tradicional ao se basear na falta "de consideración de los elementos individuales de la culpabilidad. Ella considera solamente el dolo y la imprudencia, pero no la imputabilidad ni tampoco las circunstancias bajo las cuales es llevado a cabo el hecho". Com isso, visa a demonstrar que situações haverá nas quais, posto que haja uma conduta dolosa ou culposa, não se apresentará a culpabilidade, na medida em que o processo de motivação do autor se tenha

psicológicos, outro elemento normativo, a saber: a exigibilidade de conduta conforme ao direito. Esse elemento normativo permite afirmar que a responsabilidade jurídico-penal do autor deveria ser aferida não só em decorrência de sua responsabilidade moral, mas, igualmente, a partir de contextos que lhe são externos, como, por exemplo, os motivos e as circunstâncias concomitantes ao fato que inspiraram a realização da conduta punível (os quais, muitas vezes, podem retirar dele a possibilidade de agir de modo diverso). É a ideia segundo a qual se qualquer pessoa comum – a partir da análise desses dados exteriores ao fato – fosse colocada nas mesmas circunstâncias em que se encontrava o agente no momento de sua ação, teria, de qualquer sorte, realizado o mesmo comportamento deste, a ordem jurídica não se sente autorizada a lançar-lhe uma nota de censurabilidade jurídico-criminal.[542] Desse ponto, como descreve Manoel Pedro Pimentel,

---

configurado em face de circunstâncias anormais, que se lhe afetaram, de modo considerável, a formação natural de seu poder decisório e volitivo. Como descrevem Hans-Heinrich Jescheck e Thomas Weigend (p. 541), tendo por base Freudenthal: "no merece pena criminal alguna quien, según las circunstancias del hecho, no puede evitar su comisión". Particularmente, para que se apresente o conceito de culpabilidade, vale dizer, para que a alguém se lhe possa reprovar o seu comportamento, deve haver três pressupostos à luz da concepção normativa da culpabilidade: a) a imputabilidade; b) a atuação dolosa ou culposa; e c) que se pudesse exigir um comportamento em conformidade ao Direito. Essa doutrina teve um enorme significado no desenvolvimento da dogmática penal, na medida em que, "al no agotar la culpabilidad en el dolo y la culpa, permitió un desplazamiento del dolo de hecho y de la infracción del deber de cuidado al ámbito de lo ilícito, como lo propuso la teoría finalista" (BACIGALUPO, Enrique, 1989, p. 74). Essa teoria normativa, em suma, não somente recriou a noção segundo a qual toda circunstância (ou, mesmo, fim) é importante para a avaliação da culpa penal, como, de igual modo, contribuiu, decisivamente, para a personalização da pena (VELO, Joe Tennyson, 1993, p. 45). Assim, se as circunstâncias se apresentarem de modo tal, que qualquer um teria agido como agiu o autor, não se faz qualquer reprovação de culpabilidade, uma vez que não se poderia esperar dele comportamento diverso do que desempenhou. Para que se possa formular o juízo de desvalor da *colpevolezza*, faz-se mister não só o comportamento desconforme ao direito, como ainda que o agente tenha decidido-se pelo ilícito, do qual tinha consciência, embora pudesse comportar-se conforme ao direito. É hipótese clara daquilo que a dogmática criminal tudesca batiza de *Däfur-können*, ou seja, "la disposición contraria a la norma se revela cuando el sujeto ha tenido la posibilidad 'exigible' de hacer algo distinto del injusto" (ZAFFARONI, Eugenio Raúl, 1987, p. 28). Ora, qualquer pessoa – lançada nas mesmas condições em que determinado fato se desdobrou e nas mesmas circunstâncias – teria agido do mesmo modo do que o acusado. Trata-se da dirimente inexigibilidade de conduta diversa. Nesse caso, não pode censurar-se o comportamento do agente, em razão de não ser possível dele se exigir um atuar diverso. A exata noção de aplicabilidade do significado dessa eximente é bem sintetizada por Alberto Rufino Rosa Rodrigues de Sousa (1979, p. 256): "não é culpado quem haja praticado o crime como meio único e absolutamente necessário para aplacar, em si ou em outrem, sério padecimento ou para afastar perigo grave e atual que ameaça bem próprio ou de terceiro, desde que, nas circunstâncias, não lhe é exigível conduta diversa". De outra banda, é pacífica, na doutrina penal, a admissão de causas de exclusão da culpabilidade nas hipóteses de não exigibilidade de outro comportamento. Por essa razão, por exemplo, se há ações tipicamente ilícitas reconhecidas lícitas por exceção – qualquer das causas legais de exclusão da antijuridicidade – expressamente, e outras não definidas declaradamente, por simetria, também pode ser reconhecida a existência de causas de não culpabilidade não tipificadas. São as compreendidas pela não exigibilidade de outro comportamento.

[542] Virgílio Campos (p. 211) teceu consideráveis críticas à teoria da menor culpabilidade decorrente da ideia de que o agente teria insistido na continuação do delito em razão da facilidade encontrada nas circunstâncias ocorrentes: "tal 'explicação' não explica os casos de continuidade em que o *perigo* para o agente estivesse sempre presente e em que a realização do delito não estivesse cercada de qualquer 'facilidade'. Todavia, para os ilustres defensores desse ponto de vista, a 'facilidade' ou 'banalidade' que passaria a revestir o delito na continuação, seria um mero modo de avaliação, pelo agente, da realidade fática. Ela existira apenas na imaginação do mesmo, o qual passaria a atribuir pouca importância à gravidade de sua infração. (...). A verdade, todavia, é que a prática do 'crime continuado' representa uma muito maior culpabilidade do agente".

"partiu a teoria da culpabilidade para explicar a benignidade do tratamento penal conferido ao autor de infrações continuadas em que, verificados certos outros pressupostos objetivos – realização do mesmo tipo fundamental de delito – se conclui do conjunto da situação que a reiteração de uma atividade foi levada a cabo por aproveitamento ou em virtude da mesma oportunidade. Esta relação psíquica justifica e torna compreensível uma punição atenuada das várias condutas, através da sua síntese numa unidade (continuação)".[543] Nesse sentido, bem pondera Alcides Munhoz Netto: "não é difícil concluir que o verdadeiro fundamento do favor penal deferido à continuação criminosa reside, precisamente, na diminuição da culpabilidade de seu autor. Após a prática do primeiro crime, amortecem-se e relaxam-se as inibidoras reações morais e jurídicas, superam-se o medo da descoberta do delito e o receio da pena, surgindo no autor a consciência de poder vencer os obstáculos objetivos à ação delituosa, além de tornarem-se mais intensas as solicitações para a reiteração, sobretudo quando as condições exteriores forem propícias. Em consequência desta maior facilidade para a repetição do delito praticado e do embotamento da sensibilidade do criminoso com a correlata dificuldade em reagir às circunstâncias e ocasiões favoráveis à reiteração, diminui-se a sua liberdade de decidir, fator que, em princípio, intervém para atenuar o juízo de censura e, portanto, para reduzir a culpabilidade".[544] Comunga desse entendimento Luiz Vicente Cernicchiaro, para quem, "em se levando em conta a imprescindibilidade do balanceamento das sanções, a culpabilidade repercute na pena (cominada e aplicada), conclui-se que o crime continuado, posto no contexto normativo do Código Penal, projeta a conduta definida no artigo 71, desde que revele significativa diminuição da censurabilidade. (...). Insista-se: a causa da redução é a culpabilidade menos intensa. (...). Repita-se: maior culpabilidade, maior sanção; menor culpabilidade, pena menor".[545]

Em síntese, poder-se-ia assinalar que, tendo o agente cometido o primeiro crime, se lhe torna muito mais fácil a realização de crimes sucessivos, o que, a toda evidência, ensejaria "uma diminuição na intensidade da resolução criminal, equivalente a uma sensível diminuição de culpabilidade",[546] a recomendar, por via própria de consequência,

---

543 PIMENTEL, Manoel Pedro, 1969, p. 102.

544 NETTO, Alcides Munhoz, 1969, p. 142.

545 CERNICCHIARO, Luiz, 1994, p. 85-92.

546 SZNICK, Valdir, 1994, p. 95. Lembra Alcides Munhoz Netto (1969, p. 142-3) que "há certas circunstâncias e situações exteriores que quase arrastam o delinquente à repetição da conduta criminosa. Nos crimes bilaterais de encontro, a inicial atividade criminosa geralmente faz nascer uma relação entre os co-réus, que facilita a repetição do delito. Assim, depois da primeira relação adulterina, estabelece-se entre os co--adúlteros uma disposição para novos convênios amorosos, a par de uma facilidade antes inexistente. Outras vezes, a renovação do crime decorre de haver-se repetido a mesma oportunidade anteriormente aproveitada, como no episódio clássico do caixeiro, que se vale das distrações do patrão para subtrair pequenas somas da caixa registradora. A permanência em poder do agente dos meios utilizados na primeira conduta delituosa também pode propiciar a fácil reiteração do crime, a exemplo do que sucederia com o falsário de moedas, que continuasse a fabricá-las, por prosseguir na posse dos petrechos a isto destinados". José Antón Oneca (2000, p. 196), com apoio em Eduardo Henriques da Silva Correia, enumera as seguintes situações ensejadoras da diminuição da culpabilidade: "*a)* La circunstância de haberse creado a través de la primera actuación una cierta relación entre los sujetos. Ejemplos: el adulterio y otros delitos sexuales. *b)* La verificación de la misma oportunidad. Ejemplo: el criado que hurta varios cigarros dejados a su fácil alcance. *c)* La persistencia de los medios aptos para realizar el delito, que se crearon o adquirieron con vistas a ejecutar la primera conducta delictiva. Ejemplo: el comerciante que una vez adquiridas las pesas o medidas viciadas, hace de ellas uso repetido". René Ariel Dotti (1969, p. 189), defendendo a adequação da sanção no delito continuado conforme a censurabilidade da conduta, coloca as seguintes situações (índices) em que se poderia verificar uma culpa menos acentuada: "a) Certa relação ou acordo entre os sujeitos, criada

uma mitigação do grau de censura.[547] Também Francesco Carrara, valendo-se de uma

através da primeira atividade criminosa (como ocorre no adultério); b) Repetição de circunstância oportuna favorável ao cometimento do crime, que já foi aproveitada ou que arrastou o agente para a primeira conduta criminosa (descoberta de uma porta falsa que dá acesso à casa e que se aproveita várias vezes para furtar objetos lá depositados); c) A circunstância da perduração do meio apto para realizar um delito, que se criou ou adquiriu com vista a executar a primeira conduta criminosa (o caso do moedeiro falso que, tendo adquirido ou construído a aparelhagem destinada a fabricar notas, se vê sempre de novo solicitado a utilizá-la); d) A circunstância de o agente, depois de executar a resolução que tomara, verificar que se lhe oferece a possibilidade de alargar o âmbito da sua atividade criminosa (o ladrão que entra num quarto para furtar uma jóia e, verificando depois que lá se encontra dinheiro, o subtrai)".

547 Existe, na doutrina, também, referência à menor periculosidade social do autor de uma série continuada de crimes: "il fondamento della figura viene individuato nella *minore pericolosità sociale* di colui il quale delinque per un unico impulso criminoso ed in vista di uno scopo unico, raggiunto il quale cesserà dal suo comportamento illecito, rispetto a chi, invece, commette *più reati autonimi* l'uno dall'altro" (DELPINO, Luigi, p. 876). Eduardo Henriques da Silva Correia (p. 210-1) expõe, em largos traços, a justificação desta concepção: "(...) a continuação criminosa encontrará justamente o seu fundamento na diminuição da culpa inerente à reiteração, que assim deriva em parte de se terem superado as reacções morais contra o crime e noutra parte de se terem preenchido certos elementos do delito com a prática anterior da mesma violação". Dada esta situação, prossegue o autor (p. 210), "o crime tem sempre a sua origem numa 'inclinação do agente'. Se, porém, a esta disposição se junta a existência de uma relação tal como a descrita, que *interior* e *exteriormente* facilita a execução do crime, a solicitação torna-se mais forte, a força de resistência mais fraca, e, portanto, menor terá de ser a gravidade do juízo de censura de que o agente se faz objecto. Sendo assim, quando se reitera o mesmo crime sob a influência de uma tal relação, deverá subtrair-se o seu tratamento às regras do concurso real e tomar em conta a culpa especialmente enfraquecida do agente, considerando o conjunto de sua actividade como *um crime continuado.* (...). É claro, escreve na verdade Kraushaar, que o afastamento dos obstáculos exteriores, o facto de que uma parte das actividades necessárias para a reiteração já foi realizada através da primeira conduta, diminuem, na medida em que a facilitam, a intensidade da resolução criminosa que preside àquela reiteração. Simplesmente, acrescenta, também as reacções de natureza moral, assim como a preocupação da descoberta do crime, têm neste passo um significado indiscutível: – numerosas observações mostram o papel decisivo da primeira falta no progredir na estrada do crime, revelam como ela enfraquece a força futura das reacções éticas do agente. Uma vez vencidas as objecções morais e jurídicas contra a prática de um delito pela sua comissão, a repetição da actividade criminosa torna-se mais fácil – e de tal maneira que muitas vezes, quando as condições exteriores se mostram propícias, uma força quase irresistível arrasta de novo o agente ao crime, anulando os seus melhores propósitos. Ora este embotamento da sensibilidade do criminoso não poderá deixar também de desempenhar um papel decisivo na explicação da diminuição da culpa sobre que se apoia a teoria do crime continuado" (p. 241). A seguir, o autor (p. 241-3) registra a fragilidade dessa construção teórica de Kraushaar: "(...) estas razões endógenas, que se aduzem em favor da especial diminuição da culpa no crime continuado, a serem exactas, não teriam nenhum significado específico para este problema, podendo-se afirmar que procedem de igual maneira para todas as hipóteses do concurso real e nomeadamente do concurso real da mesma espécie. Mas não é só isso. A consideração invocada assenta sobre um manifesto erro e sobre uma limitada visão das coisas. (...) qualquer 'disposição ou tendência herdada ou adquirida do agente para o crime, na medida em que pode diminuir a sua liberdade de determinação, deve conduzir a uma atenuação da culpa e da pena'. Simplesmente, também observámos que, ainda a justificar-se do ponto de vista ético tal atenuação, derivada de uma especial conformação da personalidade, seria ela de todo em todo incompatível com as necessidades de protecção e defesa que cumpre ao direito criminal satisfazer. Para obstar a uma consequência que considerava verdadeiramente catastrófica na luta contra a criminalidade, traçou Mezger (...) a sua teoria da pluridimensionalidade da culpa, que integrava a responsabilidade ético-jurídica com elementos da responsabilidade social. Por sua vez, uma evolução ulterior das coisas, através da descoberta da culpa pela não formação adequada da personalidade, veio permitir que um determinado modo de ser do delinquente se tornasse fundamento de censura ética, – e assim a agravação exigida pelo princípio que faz medir a pena pela maior ou menor adequação do facto à personalidade do seu autor, em vez de se explicar por considerações de prevenção especial, encontra já a sua razão na possibilidade de censura dirigida ao agente por não ter corrigido a sua personalidade de modo a manter-se dentro dos limites do direito. De qualquer maneira, pois, Kraushaar deixou-se iludir pela aparência da necessidade de atenuação da culpa derivada da circunstância de o agente, pela reiteração, ter já embotada a sua capacidade de reacção

complexa explicação, na qual trabalha com as (suas conhecidas) categorias: elemento moral (intenção) e elemento físico (ato externo), conclui que, no delito continuado, existe uma quantidade menor do elemento moral.[548]

No instituto do crime continuado, haveria um conjunto de crimes repetidos, vinculados por meio de uma característica específica: "a repetição dá-se porque, acompanhando a nova acção, se repete também (ou simplesmente permanece), uma circunstância exterior ao agente que a *facilita*. Essa circunstância que o agente aproveita e que de alguma maneira o puxa para o crime há-de ser tal que, se desaparecesse, a sucessão de crimes ver-se-ia provavelmente interrompida. Criada pelo autor com a primeira conduta ou surgida de modo casual, sem a sua intervenção, funciona como ocasião propícia ou *tentação*; em linguagem dogmática, como causa de diminuição da exigibilidade de uma conduta conforme ao direito; em último termo, como factor que afasta de forma significativa o comportamento em análise do grau 'típico' de culpa correspondente àquele crime (conjunto de crimes) e reflectido na sua consequência jurídico-penal".[549]

Seria, em remate, a materialização da (antiga) noção segundo a qual o caminho até o delito se apresentaria, na maioria das vezes, mais difícil que a sua ulterior continuação, com o que a (intensidade da) culpabilidade se reduziria à medida que se reduz de importância a decisão de alternativa de comportamento conforme ao direito.[550]

ético-jurídica, esquecendo a perigosidade que nisso se revela e em qualquer caso, portanto, as exigências de defesa social que sempre importa considerar. Com isso Kraushaar prejudicou irremediàvelmente o rigor e o interesse actual da sua teoria sobre o crime continuado. Tanto mais quanto é certo que, dessa maneira, ele denota não ter visto sequer que a consideração do momento interior, endógeno, em vez de servir de apoio, deverá justamente servir de limite ao conceito da continuação".

548 CARRARA, Francesco (p. 351). "Ma non basta la *unitá di legge*. Ogni delitto ha la sua essenza da un elemento *morale* (intenzione) e da un elemento *fisico* (atto esterno). Quando si è trovata la pluralità di atti esterni violatori della stessa legge, si ha una moltiplicità di elemento fisico; ma per avere la pluralitá di delitto si esige ancora la pluralità di elemento *morale*. Questa nel delitto continuato non si ha; e la ragione à intuitiva. Quando si è imputata la prima azione, si è imputato l'elemento físico *A*; più l'emento morale *B*, constituito dalla determinazione criminosa. Quando si procede ad imputare la seconda azione, s'imputa l'elemento físico *C*, distinto dall'elemento físico *A*; e s'imputa di nuovo l'elemento morale *B*, perchè essendo *única la determinazione*, l'elemento morale che si congiunge con gli elementi fisici *A* e *C*, è sempre l'*identico* elemento *B*. Dunque dando una imputazione integrale a ciascuna delle due azioni si cade nella ingiustizia, perchè si torna ad imputare *due volte* l'identico elemento morale di cui l'accusato ha già sofferto la prima imputazione".

549 MONTEIRO, Cristina Líbano, p. 741.

550 Maria da Conceição Ferreira da Cunha (2009, p. 344) examina, criticamente, esse fundamento do crime continuado: "encontra-se na presença, em toda a cadeia de actos (em toda a repetição criminosa), de uma mesma circunstância exterior apelativa, tentadora, facilitadora do crime. (...) o agente, colocado perante uma situação externa facilitadora (consideravelmente facilitadora) do crime, é tentado a delinquir e, perante a permanência de tal situação facilitadora, é tentado a repetir a conduta criminosa. A existência desta circunstância objetiva, exterior, facilitadora, tentadora, apelaria à repetição do crime, diminuindo a *liberdade* de decisão do agente e, assim, atenuando a sua *culpa*". Em prosseguimento, a autora – ao estabelecer o confronto desta postura com "as 'hipóteses típicas' de crime continuado" – afirma, entretanto, que (aqui, se trata de abusos sexuais com adolescentes): "não podemos concordar com a inserção deste caso no âmbito do crime continuado, tendo em consideração o grau de culpa do agente. E, de resto, no âmbito dos crimes pessoais, cremos que muito dificilmente se poderá verificar uma situação em que a repetição criminosa corresponda a uma 'diminuição considerável da culpa', no sentido delineado. Quando é que a repetição de abusos sexuais de crianças, ou de violações, ou de ofensas corporais ou tentativas de homicídio, ainda que em relação à mesma vítima e no quadro de um circunstancialismo exterior que facilite a repetição, corresponde a uma 'culpa consideravelmente diminuída'? Note-se que, geralmente, a circunstância exterior facilitadora, neste tipo de crimes, consiste na proximidade da vítima e/ou na sua vulnerabilidade, fragilidade, dependência; deverão estes factores influir no grau de culpa do agente, diminuindo-o (mais: diminuindo-o

3.2.4. A teoria da sanção adequada à *cibercriminalidade*

Modernamente, no horizonte dogmático-penal, outra concepção vem de ser esboçada, consignando que a *ratio* existencial da figura jurídica da continuação também deveria considerar os motivos da necessidade da sanção em face de novos comportamentos típicos (de lesividade difusa e abrangente).

Reconhece, portanto, ser o delito continuado uma unidade de conduta em sentido amplo, formada a partir de uma tipicidade homogênea relativa, como consequência da realização iterativa, progressiva e acumulada da lesão a um mesmo bem jurídico tutelado,[551] cujo resultado (punitivo) será o da unidade de pena (majorada) em decorrência do crime único. Assim, o delito continuado, perspectivado ontológico-normativamente, não pode ser entendido como um concurso de crimes (em sentido normativo), apesar de possuir elementos comuns (em sentido ontológico) com este.[552]

Nessa linha, a justificativa do crime continuado encontraria determinantes razões na necessidade da sanção diante de novas formas de realização de condutas puníveis, muito particularmente em virtude de a fenomenologia criminal ter variado como consequência do câmbio informático global (a denominada *cibercriminalidade*, cujos exemplos mais expressivos seriam: fraude informática com repercussões econômicas; falsificação massiva de documentos eletrônicos; falsificação de energia, telecomunicações etc.),[553] na medida em que "la dinámica de las figuras típicas tradicionales resulta cada vez menos eficaz para prevenir o someter formas de criminalidad masificadas, especializadas, continuas, lesivas, muy difíciles de descubrir, rastrear y criminalizar, todo ello por oposición a la progresiva vulnerabilidad de las víctimas y de las funciones protegidas por el Derecho penal",[554] com o que soaria "absurdo continuar planteando soluciones político criminales desde la perspectiva del concurso de delitos, en vez de fortalecer instituciones como el delito continuado y el delito masa".[555]

3.2.5. Críticas

O motivo do tratamento benigno ao autor de uma série continuada de delitos, apesar das discrepantes orientações doutrinárias,[556] ao que transparece, é o mesmo que

---

consideravelmente)? A repetição criminosa, em relação a bens jurídicos pessoais, da mesma vítima, não colocará esta vítima numa situação de 'sujeição', indiciando a 'especial propensão criminosa' do agente? Não serão estes os casos em que a repetição criminosa apenas corresponderá ao 'amolecimento' das inibições ou reações morais, que resultaria da prática do primeiro crime?" (CUNHA, Maria da Conceição Ferreira da, 2009, p. 354-5).

[551] POSADA MAYA, Ricardo, 2010, p. 432.

[552] POSADA MAYA, Ricardo, 2010, p. 432.

[553] POSADA MAYA, Ricardo, 2010, p. 432.

[554] POSADA MAYA, Ricardo, 2010, p. 432.

[555] POSADA MAYA, Ricardo, 2010, p. 432.

[556] Em termos doutrinários, tem preferência a combinação de dois fundamentos, ou seja, na opção de se evitar penas demasiado longas e desproporcionais, bem como na de estabelecer a economia processual. Nesse sentido, como aponta Maria da Conceição Ferreira da Cunha (2009, p. 362), duas seriam as razões fundamentais que conduziram à "invenção" do crime continuado: "o propósito de suavizar a responsabilização do agente quando entre os crimes praticados intercedesse uma determinada relação, evitando penas excessivas, desproporcionadas e o objectivo de promover a economia processual", apesar de que, para a autora (2009, p. 369), somente o segundo fundamento se manteria "válido e actual", na medida em que o

inspirou a criação do instituto pelos práticos italianos, isto é, destinar uma punição de menor impacto repressivo com vistas a impedir que houvesse, a partir da aplicação da regra do cúmulo material de delitos, penas excessivamente elevadas.

Essa é a razão que se estende, evidentemente, a uma tendência político-criminal[557] bussolada pelos princípios da mínima intervenção e da proporcionalidade.

De outro curso, a teoria da culpabilidade mitigada assenta-se, precipuamente, em aspectos de cunho subjetivo, não encampados pela legislação brasileira que consagra a teoria objetiva pura na sedimentação do instituto do crime continuado. Além disso, "há um outro ângulo do critério da culpabilidade mitigada que deve ser duramente criticado. É que a permanente alusão à 'periculosidade do agente' está diretamente associada à figura do 'delinquente habitual ou por tendência' e, (...), esta não passa de um repulsivo vestígio de um Direito Penal autoritário, que deita suas raízes na não menos repugnante culpabilidade pela condução de vida que, em tese, representa apenas uma fase ultrapassada da evolução da dogmática jurídico-penal, mas que, na prática, apresenta-se hodiernamente presente nos corações e mentes de muitos operadores do Direito".[558]

Finalmente, o pragmatismo funcional (da teoria da unidade processual) não pode colocar-se como *ratio* de fundo para a incorporação, nos planos normativo e da aplicação do Direito, do instituto do crime continuado, sendo, antes, apenas, a sua consequência, que tem uma função relativa em obediência à construção racional do sistema penal, que visa à edificação – à luz de uma dogmática garantista e democrática – de um conjunto de regras ativas da vida social que assegura o seu funcionamento por meio da proteção dos bens jurídicos mais importantes dos cidadãos, tendo por

---

objetivo de evitar penas muito severas "seria perfeitamente alcançado através de uma criteriosa aplicação das regras de punição do concurso de crimes". Além disso, aponta Cristina Líbano Monteiro (p. 735) que, "embora no início não tenha sido assim, as economias e vantagens processuais aparecem modernamente como determinantes da criação ou da manutenção da figura do crime continuado"; e, por ilustração, poderiam ser apontadas: "poupar, quer na acusação quer na sentença, a especificação de cada um dos factos que compõem a continuação, assim como a determinação individualizada das suas penas; ampliar o alcance do caso julgado, de modo a abranger também alguns factos que o tribunal tenha deixado, por desconhecimento, fora da condenação; limitar a necessidade de queixas suplementares".

[557] Rosario de Vicente Martínez (p. 185), relativamente ao desenvolvimento do tema no direito espanhol, coloca que, "para la jurisprudencia del TS, el concepto pasó por cuatro fases o etapas, claramente diferenciadas; en la primera de ellas, el 'concursus continuatus', obedece a motivaciones humanitarias o pietistas, de progenie medieval, no pudiéndose aplicar más que cuando favorezca al reo; en la segunda, se justifica la aplicación de la figura estudiada, acudiendo a razones de política criminal y con el fin de que no queden impunes conductas que se conocen en su total dimensión pero que son de imposible independización, aislamiento y singularización, en cuanto se refiere a fechas, cantidades y otros pormenores merced a no constar los datos precisos para una entera y cabal concreción; en la tercera, que alguna califica de 'inquietante', el fundamento radica en la evitación de que, comportamientos sumamente dañosos y graves si se les enjuicia en conjunto aglutinándolos o en contemplación unitaria, sean irrisoriamente sancionados cuando se les incrimina aisladamente y por separado, atendiendo solamente a la insular cuantía de cada uno y al perjuicio específico producido a los varios, e incluso numerosos, sujetos pasivos; y, finalmente, en la cuarta fase, que es la hoy día prevalente, se entiende que, el delito continuado, no es ficción 'pietatis causa' ni expediente de política criminal, ni modo de endurecer el ordenamiento jurídico castigando adecuadamente conductas que, en su aislamiento, son de índole venial, mientras que, contempladas unitaria y conjuntamente, revisten extraordinaria gravedad, sino ente jurídico de esencialidad real, dotado de existencia y 'nomen' propios y autónomos, y que, ontológicamente, tiene vida auténtica e independiente sin necesidad de acudir a ficciones o a entelequias".

[558] FONSECA NETO, Alcides da, p. 40-1

norte os princípios de necessidade,[559] proporcionalidade, legalidade e dignidade da pessoa humana.[560]

[559] "Já o *princípio da necessidade*, de outra parte, liga-se à demanda de intervenção mínima (*Gebot des Interventionsminimus*) – enquanto imperativo de *fragmentariedade* ou *subsidiariedade* do sistema penal. Cuida-se de uma das mais importantes diretrizes político-criminais de nosso tempo que, informada principalmente pelo saber criminológico, impõe ao Estado o dever ético-jurídico de buscar adotar, quando estritamente necessário, aquelas medidas abstratas ou concretas menos restritivas dos direitos fundamentais, otimizando-se, assim, e na medida do possível, o grau de eficácia material de tais direitos" (FLACH, Norberto, 2000, p. 86).

[560] BUSTOS RAMÍREZ, Juan José, 1994, p. 199.

4. Dos crimes e institutos jurídico-penais similares ao delito continuado

No plano penal, podem ser apontados alguns crimes e institutos com os quais o delito continuado mantém certa relação de proximidade conceitual, sendo, portanto, de rigor, se analisar os dados e elementos que permitem, a partir do cotejamento proposto, diferenciá-los, contribuindo para uma mais nítida definição da figura jurídica em causa.

Está em consideração a busca de um perfeito enquadramento categorial, haja vista as importantes diferenças conceituais que se apresentam em relação a cada um desses delitos ou institutos; com isso, essas demarcações abstratas aportam aspectos extremamente benéficos, uma vez que contribuem, inegavelmente, para que se destaquem, de maneira clara e precisa, as características que cada um desses modelos conceituais delitivos encerra.

Muitas vezes poderá o intérprete permanecer em dúvida em relação ao exato tratamento que deverá ser destinado à solução de algum episódio de índole penal, devendo (re)conhecer, por conseguinte, de um plano, os princípios e institutos que lhe são indicados pelo ordenamento jurídico; e, de outro, a sua perfeita compreensão, para que possa, a contento, bem solucionar o caso. É preciso salientar também que esses institutos (sob vários aspectos, inter-relacionados) têm efeitos práticos bastante significativos. Concretamente, tanto a pena como a aferição do prazo prescricional podem sofrer modificações por causa do enquadramento típico que se concede ao fato punível (por ilustração: o vínculo entre o crime continuado e o crime permanente); a seu turno, Horacio A. Carranza Tagle concebe a jurisprudência, em vários casos, como contraditória na definição dessa matéria, o que gera insegurança jurídica e vulnera o princípio da legalidade.[561]

4.1. DOS DELITOS PERMANENTE E INSTANTÂNEO

Devem apreender-se as características conceituais por meio das quais se pode diferenciar, de um lado, o delito permanente do instantâneo de efeitos permanentes, para, de outro, compará-los com o crime continuado.

[561] CARRANZA TAGLE, Horacio A., 1999, p. 56.

A separação conceitual entre crimes instantâneos e permanentes vincula-se diretamente à duração do momento consumativo do crime,[562] vale indicar, com a "determinação do instante ou fase em que o fato punível considera-se integralmente realizado".[563] A par disso, essa distinção tem várias implicações, tanto materiais como processuais – como o concurso intertemporal de tipos penais, a graduação da pena, a coautoria, o flagrante delito, a legítima defesa, a imputabilidade, a prescrição –, que se consubstanciam, em tese, em virtude de sua demarcação.[564]

4.1.1. Do delito permanente

Nessa categoria (*Dauerverbrechen*), o comportamento delituoso se alonga no tempo, gerando a contínua *perpetratio* do delito (alguns autores, com João Mestieri à frente, advogam a presença de um verdadeiro estado de consumação, pois permanece no tempo a *consumatio* do delito, "a partir do momento em que o tipo é realizado em todos os elementos, independentemente da prática de novos atos pelo agente").[565] O delito permanente caracteriza-se, à vista disso, pelo prolongamento, no tempo, determinado pela vontade do agente, da consumação delitiva,[566] ou seja, a "actividad criminosa persiste y, con ella, el estado de antijuridicidad que es su consecuencia";[567] em outras palavras, a característica fundamental dessa modalidade delitiva é que a ação típica prossegue de modo ininterrupto após a consumação.[568]

A doutrina especializada, quando aborda essa modalidade delitiva, cita, *en règle*, o crime de sequestro e cárcere privado (artigo 148 do Código Penal) para melhor exemplificar e demonstrar a característica ímpar desses crimes: o momento consumativo que

---

[562] BRANDÃO, Cláudio, 2001, p. 16.

[563] COELHO, Walter, p. 113. Na doutrina francesa, a divisão fundamental se estabelece entre "infractions instantanées et continues", como se pode ler em Jean-Claude Soyer (p. 48): "Les infractions instantanées sont celles qui s'exécutent en un instant plus ou moins long. Mais la durée d'exécution n'est pas incluse dans la définition légale juridique de l'infraction (par exemple l'escroquerie, art. 313-1 C.P.). Les infractions continues (dites encore successives) sont celles qui supposent, de par leur définition légale, une exécution qui s'étale dans le temps, et la persistance corrélative de la volonté coupable (par exemple la séquestration arbitraire, art. 224-1 suiv. C.P.)".

[564] Aponta para a importância da diferenciação Walter Coelho (p. 117), para quem: "a perfeita distinção entre crime instantâneo e permanente é de capital importância, refletindo-se, direta ou indiretamente, em inúmeras questões penais e processuais, tais como no conflito de leis no tempo, na prescrição, na legítima defesa, no flagrante etc.".

[565] MESTIERI, João, 1999, p. 243. Walter Coelho (p. 115) ainda divide os delitos permanentes em puros (em sentido lato) e híbridos (em sentido lato), citando a doutrina italiana que estabelece tal dicotomia à luz dos aspectos relacionados às formas (comissiva e omissiva) de realização da conduta.

[566] Paulo José da Costa Júnior (1965, p. 88) entende que essa dilação temporal da fase consumativa diz respeito ao evento do delito, e não da conduta do agente, assim resumindo a sua compreensão: "a essência, o 'proprium' do crime permanente está na protração do evento. Quando se fala em crime permanente pressupõe-se, entre o momento consumativo inicial e o termo final, uma 'distantia temporis'. No delito permanente, consequentemente, há um período consumativo, que se compõe de diversos momentos consumativos, aglutinados e subsequentes uns aos outros. No crime instantâneo, pelo contrário, há momento consumativo único. Sem protração. Sem arrrastar-se indefinido do evento".

[567] GÓMEZ, Eusébio, p. 429. A seu turno, Ferrando Mantovani (p. 418) conceitua essa modalidade delitiva nos seguintes termos: "sono *reati permanenti* quelli per la cui esistenza la legge richiede che *l'offesa* al bene giuridico *si protragga nel tempo* per effetto della persistente condotta volontaria del soggeto". Na expressão jurisprudencial: TRF3, AC 70439, 5ª T., Rel. Des. Fed. André Nekatschalow, j. 12.6.17.

[568] ESCUCHURI AISA, Estrella, 2004, p. 385.

se prolonga no tempo.[569] Aníbal Bruno, conceituando os crimes permanentes, já destacava essa nota diferencial: "nos *crimes permanentes*, o momento da consumação não se esgota num só instante, prolonga-se por um período mais ou menos dilatado. Em todo esse período o crime se encontra em estado de consumação".[570] A esse traço conceitual não se pode opor qualquer nota de contestabilidade, dado que os crimes permanentes apresentam, como característica, uma extensão temporal consumativa, fazendo com que a lesão ao direito tutelado se mantenha atual. Para além disso, e esta seria uma outra característica do delito permanente, a mantença do estado ilícito deve resultar de uma "*persistente condotta volontaria* del soggetto, per cui egli è in grado di porre fine a tale situazione offensiva",[571] isto é, a cessação do estado de consumação depende, em regra, da determinação da vontade do agente.[572] Como descreve Claus Roxin, "*delitos permanentes* son aquellos hechos en los que el delito no está concluido con la realización del tipo, sino que se mantiene por la voluntad delictiva del autor tanto tiempo como subsiste el estado antijurídico creado por el mismo".[573]

Sob outro ângulo, alguns autores acrescentam que o delito permanente apresentaria traços característicos especiais não somente atrelados à *consumatio* (que se estenderia no tempo), mas também em relação à conduta, que seria dupla: haveria uma conduta inicial comissiva, que instauraria a situação ilícita, e uma conduta subsequente omissiva, que manteria a situação ilícita produzida (*concezione bifasica*). Na doutrina brasileira, esse aspecto individualizador é adotado por Miguel Reale Júnior: "outro dado indicado como característico do crime permanente está na realização bifásica, havendo um momento inicial comissivo, instantâneo, e toda conduta comissiva é instantânea, a que se segue um comportamento omissivo que é essencialmente permanente. A conduta omissiva consiste em não fazer cessar a situação antijurídica criada, deixando perdurar a compressão sobre o bem jurídico tutelado, havendo preceito com dois comandos: o primeiro, que determina a não realização da conduta que dá início à situação de compressão do bem jurídico, o segundo, de remover esta situação antijurídica".[574] Acerca desse aspecto, acredita-se que a concepção bifásica pode ser adotada como regra geral, em relação à qual se apresentam exceções.[575]

---

[569] A consumação do crime deve ser bem definida em decorrência de vários institutos penais que a ela se encontram visceralmente ligados, como a tentativa, o exaurimento, a prescrição, entre outros. José Cirilo de Vargas (1997, p. 428-9) assim conceitua a fase da *consumatio* delitiva: "a consumação, sendo a última etapa do *iter criminis*, dá-se nas situações em que o agente consegue realizar integralmente o tipo, violando completamente o preceito normativo. A expressão 'reunir os elementos da definição legal' é uma engenhosa maneira de não se deixar frustrar a garantia do tipo, embora se saiba que o sucedido, causado pelo homem, pode ajustar-se ao esquema conceitual de formas diferentes".

[570] BRUNO, Aníbal, 1984a, p. 220-1.

[571] MANTOVANI, Ferrando, p. 418.

[572] *HC* 107.275, Rel. Min. Ayres Britto, 2ª T., DJE de 18.6.12; *HC* 111.130, Relª. Minª. Cármen Lúcia, 1ª T., DJE de 1º.8.12; *HC* 91.873, Rel. Min. Ricardo Lewandowski, 1ª T., DJE de 19.12.07; e *HC* 106.545, Relª. Minª. Cármen Lúcia, 1ª T., DJE de 13.4.11 (decisões citadas em Coletânea temática de jurisprudência, p. 420).

[573] ROXIN, Claus, 1997, p. 329.

[574] REALE JÚNIOR, Miguel, 2004a, p. 273. Semelhantemente conceitua Rocío Cantarero Bandrés (p. 50-1): "en el delito permanente se pone en funcionamiento una conducta típica que perdura en la medida en que también se mantiene el querer del sujeto y que asume dos consecuencias, descritas ya por la teoría bifástica del delito permanente, una, la que se produce en el momento de realizar el tipo del delito y otra, cuyo contenido consiste en no revertir aquella que se puso en marcha".

[575] José Frederico Marques (1997, p. 363) lembra da hipótese delitiva manter em 'cárcere privado' (art. 148 do CP), que pode ocorrer sem a conduta inicial comissiva do sequestro, como na situação em que se

Mauricio Antonio Lopes entende que o crime permanente se classifica em necessária ou eventualmente permanente. No primeiro, "o prolongamento da conduta está contido na norma como elemento do crime";[576] no segundo, "o crime, tipicamente instantâneo, prolonga a sua consumação, como no exercício abusivo de profissão".[577]

De outro prisma, o estado de permanência delitiva pode cessar, quer pela vontade do agente, quer pela intervenção de terceiros (como, por hipótese, a ação policial), quer, ainda, pela própria atuação da vítima.[578]

Sobre o elemento subjetivo, a permanência decorre de um *non facere quod debetur*, pelo que o omitente se encontra "desobedecendo a norma que o manda remover a situação antijurídica que criou".[579]

A seu turno, Roberto Lyra sustentou a possibilidade de conciliar os delitos continuado e permanente, ao exemplificar: "a permanência é conciliável com o crime continuado. Ter-se-á crime de sequestro continuado, por exemplo, no caso em que se priva alguém de liberdade, quando a vítima, tendo escapado, é novamente sequestrada, em condições semelhantes (artigo 148)".[580] Essa também é a lição de Vincenzo Manzini, quando aponta: "el delito necesaria o eventualmente permanente, en efecto, no excluye la continuación cuando, después de haber cesado el estado antijurídico que lo constituye, sea nuevamente cometido".[581] Por sob tudo isto, nada impediria a compatibilidade simultânea entre os institutos, em virtude da realização de vários crimes permanentes em continuação delitiva.[582]

Não há falar-se, no que concerne ao delito permanente, em concurso de delitos, porquanto, naquele, existe, apenas, "la prolongación indefinida de una actividad

---

mantenha, contra a sua vontade, paciente que fora internado de forma regular numa casa de saúde, apesar de já ter recebido a alta hospitalar. Nesse caso, "o delito do art. 148, desde o início, se caracteriza como exclusivamente omissivo". A seu turno, Everardo da Cunha Luna (1976, p. 104) também afirma que "não se trata de um misto de ação ou omissão, porque a conduta inicial tanto pode ser uma ação quanto uma omissão, e, às vezes, a permanência implica a continuação da atividade precedente". No mesmo sentido, Francesco Antolisei e Luigi Conti (2000, p. 143-4), quando afirmam que essa construção (*concezione bifasica*) não corresponde à realidade jurídica, tanto porque "sono non pochi reati permanenti che consistono in una pura omissione, e in tali reati, per necessità di cose, il perdurare della situazione antigiuridica è dovuto alla semplice continuazione dell'omissione che realizza la figura tipica", como, ademais, porque "anche nei reati permanenti di azine non sempre il mantenimento in vita dello stato dannoso o pericoloso si verifica mediante un'omissione, e cioè non compiendo quell'azione che avrebbe posto termine allo stato medesimo (la c.d. controazione). La conservazione dello stato, infatti, può effettuarsi pure con azione positive, come, ad es., con atti de vigilanza diretti ad impedire la fuga della vittima, con la reiterazione di violenze o minacce, ecc. e, quindi, neanche i reati permanenti di questa categoria sono misti di azione e di omissione".

[576] LOPES, Mauricio Antonio, 1999, p. 466.

[577] LOPES, Mauricio Antonio, p. 466.

[578] LUNA, Everardo da Cunha, 1976, p. 104.

[579] MARQUES, José Frederico, 1997, p. 366.

[580] LYRA, Roberto, p. 381. A propósito, Estrella Escuchuri Aisa (2004, p. 386) discute a hipótese de haver uma interrupção breve do estado antijurídico, ou seja, se, nesse caso, a unidade de ação seria mantida ou se, eventualmente, começaria um novo delito permanente: "en general, se estima que no se deshace la unidad de acción cuando se trata de interrupciones breves. En cambio, se invalida la unidad de acción (y, consecuentemente, habrá que admitir un nuevo delito) si el autor ha tomado una nueva decisión en razón de nuevas circunstancias externas que producen una evidente cesura en el suceso". Em termos jurisprudenciais: TJSC, AC 2014.079861-0, Relª. Desª. Cinthia Beatriz da S. Bittencourt Schaefer, 4ª CC, j. 16.7.15.

[581] MANZINI, Vincenzo, 1949, p. 426.

[582] TJRS, RVC 70051956555, Rel. Des. Jayme Weingartner Neto, j. 9.8.13; e TRF4, ACR 50273976320114047000, Rel. José Paulo Baltazar Junior, 7ª T., j. 16.7.13.

delictuosa",[583] isto é, materializa-se uma (hipótese de) unidade típica de ação, em face da qual se deve entender que "todos los actos que sirven para crear el estado antijurídico forman con los actos (u omisiones) que contribuyen al mantenimiento de ese estado una unidad de acción".[584] Em suma, resta claro que, no delito permanente, a norma penal incriminadora é atingida uma vez apenas, ao passo que, no delito continuado, as normas penais serão atingidas tantas vezes quantas forem as condutas realizadas. Como, obviamente, a noção do crime continuado se estratifica a partir da realização de várias ações ou omissões, que constituem delitos da mesma espécie e são realizadas em determinadas circunstâncias de tempo, lugar e modo, não se cogita sua existência quando a violação da lei se realizar por meio de uma só atividade criminosa ininterrupta,[585] e alongada no tempo.[586] Como descrevem Nélson Hungria e Heleno Fragoso, "difere o crime continuado do crime permanente, pois neste a atividade ou inatividade não se fragmenta, como naquele (o crime permanente é *naturalmente uno*, enquanto o continuado só *juridicamente* forma unidade)";[587] ilustrativamente, sendo o tráfico de drogas um delito de caráter permanente, cuja *consumatio* se estende no tempo, a comercialização de entorpecentes em momentos distintos não implica a existência de diversos crimes de tráfico de drogas (eventualmente entrelaçados pelo nexo de continuidade), mas, sim, a unicidade delitiva que se alongou indefinida e temporalmente.[588]

4.1.2. Do delito instantâneo

São delitos instantâneos aqueles nos quais a ofensa é imediata, consumando-se em um determinado momento, sem projeção do estado ilícito no tempo. Com isso, não têm tais crimes por característica o prolongamento temporal do momento consumativo, decorrendo daí que, uma vez perfectibilizada a ação punível, o estado antijurídico não se estenderá.

Sobre as principais características dos crimes instantâneos, valiosas são as lições de Walter Coelho, quando refere: "[o crime instantâneo] é aquele cuja consumação se realiza em momento preciso e perfeitamente delimitado no tempo. Tudo o que se segue

---

583 GÓMEZ, Eusébio, p. 507. "Outra categoria de crimes similar ao concurso de crimes, no que tange à unidade ou pluralidade de condutas é o permanente; neste, há a prática de vários atos que, no entanto, tem uma relação de prolongamento no tempo, causando apenas uma violação jurídica através da consumação que se protrai no tempo. Nos crimes permanentes há uma só conduta, composta de vários atos; no entanto, a consumação se prolonga no tempo de modo contínuo. A doutrina faz uma comparação gráfica do crime permanente e do concurso de crimes, principalmente no que toca ao crime continuado: o crime permanente seria uma linha contínua e o crime continuado uma linha composta de pontos" (BÉZE, Patricia Mothé Glioche, p. 41).

584 ESCUCHURI AISA, Estrella, 2004, p. 385.

585 A propósito, a seguinte decisão jurisprudencial que debatia a exata classificação do delito de 'abandono material', reconhecendo-se ser delito omissivo permanente, e não crime continuado: TACSP, ACR 1.325.269-1, 6ª CC, Rel. Des. Almeida Sampaio, j. 25.11.02, v.u. (*in Boletim IBCCRIM*, Ano 11, nº 134, março, 2003, p. 688). No mesmo sentido: TJMG, ACR 10084090124623001, Rel. Des. Agostinho de Azevedo, 7ª CC, j. 29.8.13.

586 Massimo Punzo (p. 166) afirma: "tuttavia il tipico carattere differenziale fra le due ipotesi è dato dalla discontinuità e reiterazione dell'azione nel reato continuato, mentre in quello permanente l'azione o l'omissione è unica e crea uno stato dannoso o pericoloso che si protrae nel tempo".

587 HUNGRIA, Nélson; FRAGOSO, Heleno, 1978, p. 46. Em termos jurisprudenciais: TRF4, ACR 0036521-39.2003.404.7000, 7ª T., Relª. Salise Monteiro Sanchotene, j. 29.10.13.

588 TJMG, AC 1.0686.16.002680-9/001, 3ª CC, Relª. Desª. Maria Luíza de Marilac, j. 11.7.17.

serão efeitos, temporários ou permanentes, do crime praticado, ou o total exaurimento da conduta delituosa. A consumação, porém, é instantânea; ocorre num exato ponto de percurso do *iter criminis* e aí se esgota, marcando o êxito da fase anterior executória".[589]

Vincenzo Manzini, em linhas gerais, conceitua e exemplifica os delitos instantâneos: "*a) [d]elitos instantáneos*. – Son aquellos en los que, en el momento mismo en el cual se concretan todos los elementos constitutivos del delito (consumación), se produce un efecto positivo y directo, material o moral, que puede desaparecer inmediatamente o sobrevivir a la cesación de la actividad o inactividad misma, y la consiguiente constitución de un estado subjetivo u objetivo antijurídico duradero (ejemplos: homicidio, lesiones personales, difamación e injuria, violencia carnal, hurto, daños, etc.)";[590] além desses, a doutrina e a jurisprudência, pacificamente, têm por instantâneo o crime de obtenção de financiamento mediante fraude (artigo 19, *caput*, da Lei 7.492/86), o qual se consuma com a celebração do contrato, sendo irrelevante, para a perfectibilização do tipo, o momento de liberação dos recursos; e, ainda, se houver aditamentos contratuais, estes traduzir-se-iam em mero exaurimento da ação criminosa.[591]

A distinção entre tais classificações parece ser simples; entretanto, existe uma subdivisão, dentro dos crimes instantâneos, que tem produzido certa confusão conceitual, especialmente com os delitos permanentes. Cuida-se dos crimes instantâneos de efeitos permanentes (*Zustandsverbrechen*). (Antes, no entanto, algumas noções devem ser marcadas.)

4.1.2.1. Do delito instantâneo de efeitos instantâneos, temporários ou permanentes

Nos crimes instantâneos, sob o ângulo da simples produção de um estado ilícito que se pode manter após a realização típica instantânea, torna-se possível a diferenciação em três categorias específicas: (i.) crimes instantâneos de efeitos instantâneos; (ii.) crimes instantâneos de efeitos temporários; e (iii.) crimes instantâneos de efeitos permanentes.

Nos crimes instantâneos de efeitos instantâneos, a consumação delitiva esgota integral e instantaneamente a lesão ao bem jurídico, não se verificando quaisquer outros efeitos para além daquela fase do *iter criminis*. Exemplos: no crime de omissão de socorro (artigo 135 do Código Penal), na medida em que, com a omissão, se consuma e se esgota a conduta delituosa; ou no crime de injúria que se realiza e se exaure em uma só palavra ofensiva.

Nos crimes instantâneos de efeitos temporários, após a consumação delitiva instantânea, haverá efeitos que se mantêm independentemente da vontade do agente, por um determinado período de tempo, os quais, entretanto, irão desaparecer, permitindo o retorno do bem jurídico a seu *statu quo ante*. Por ilustração: no crime de lesão corporal leve (artigo 129, *caput*, do Código Penal), cujas lesões desaparecem, inteiramente, após 20 dias, permitindo à vítima retornar às suas atividades normais, às suas ocupações habituais; ou, no crime de furto (artigo 155 do Código Penal), com a recuperação, depois de alguns dias, da *res furtiva*.

---

[589] COELHO, Walter, p. 113.

[590] MANZINI, Vincenzo, 1948, p. 103.

[591] TRF5, RC 204/PE, Pleno, Rel. Des. Fed. Janilson Bezerra de Siqueira, j. 5.7.17.

Nos crimes instantâneos de efeitos permanentes, também denominados de delitos de estado, o resultado consiste na criação de uma situação antijurídica, mas o delito se já esgotara e se consumara com a produção daquele resultado.[592] Como descreve Claus Roxin, nos crimes de estado, "los hechos que están concluidos con la provocación de un determinado estado (por regla general el resultado en el sentido de los delitos de resultado), y por tanto no son susceptibles de mantenimiento por el autor, ni lo necesitan".[593] Exemplos: os delitos de bigamia ou de falsificação de documento (artigos 235 e 297 do Código Penal, respectivamente).

Nessas hipóteses (com referência especial, por óbvio, às duas últimas), preserva-se o caráter instantâneo da conduta punível, apesar de os seus efeitos prolongarem-se de forma temporária ou permanentemente. Por vias disso, os delitos instantâneos (pouco importando a maior ou menor durabilidade de seus efeitos) devem ser havidos como produtores imediatos da fase consumativa do delito, encerrando-se, dessa sorte, integralmente, o *iter criminis*, cujos efeitos apenas poderão repercutir, em sendo o caso, na estruturação da reprimenda penal.

4.1.2.2. Da diferença em relação ao delito permanente

Para o estudo, têm ainda importância os delitos de estado[594] (da mesma forma que os instantâneos de efeitos temporários), haja vista as possíveis aproximações com os permanentes, na medida em que se coloca aqui o ponto de conflito entre as categorias.

Dessa forma, devem analisar-se as principais notas configuradoras dessas classificações para que não se confundam com os delitos permanentes, e se lhes dê tratamento adequado.

Tanto os delitos instantâneos de efeitos permanentes quanto os puramente instantâneos (como, ainda, os instantâneos de efeitos temporários) possuem o seu momento consumativo definido e delimitado, porque, como anota Aníbal Bruno, "é o momento da consumação que dá o caráter instantâneo ao fato criminoso. Pode a situação por ele criada prolongar-se depois da consumação, como acontece no furto. Mas aí o que é permanente é o efeito, não a fase da consumação".[595] Johannes Wessels, fazendo um paralelo entre os delitos de estado e os permanentes, frisou as principais diferenças nos seguintes moldes: "segundo a manutenção ou a simples produção de um estado contrário ao Direito, diferenciam-se os *delitos permanentes e os de estado*. a) Nos *delitos permanentes* a manutenção do estado ilícito depende da vontade do autor, assim que não somente a sua produção, mas também a sua duração realiza o tipo legal (exemplos: supressão de liberdade § 239, violação de domicílio § 123). O fato punível, que aqui se renova continuamente de certo modo, já está 'consumado' com a verificação do estado ilícito, mas somente estará 'acabado' com a abolição deste estado (importando para início da prescrição: § 78). b) Nos *delitos de estado* (por exemplo, lesão corporal § 223,

[592] JESCHECK, Hans-Heinrich; WEIGEND, Thomas, p. 281-2.

[593] ROXIN, Claus, 1997, p. 329.

[594] Pedro Krebs (2004, p. 104) definiu-os do seguinte modo: "os crimes de estado (ou *instantâneos de efeitos permanentes*) são aqueles cujo tipo penal prevê um resultado duradouro, mas, ao contrário dos *permanentes, não exige a sua manutenção*, estando consumado o delito quando do surgimento dessa antijuridicidade. Exemplo: bigamia (art. 235), falsificação de documentos (art. 297)".

[595] BRUNO, Aníbal, 1984a, p. 220.

dano § 303, falsa identidade § 169, bigamia § 171) o desvalor típico se esgota na *produção* do estado contrário ao direito; assim, o fato estará 'consumado' e 'acabado' com a verificação do resultado típico".[596]

Ainda sobre essa tênue distinção, são singularmente importantes as palavras de Santiago Mir Puig, para quem, "en cambio, en el *delito de estado*, aunque crea también un estado antijurídico duradero, la consumación cesa desde la aparición de éste, porque el tipo sólo describe la producción del estado y no su mantenimiento (*ejemplos*: falsificación de documentos, arts. 390 y ss., matrimonios ilegales, arts. 217 y ss.)".[597]

Nesse rumo, não se deve misturar o crime de estado com o permanente, pois, naquele, como visto, o crime é instantâneo, mas seus efeitos perduram sem que o agente os possa fazer desaparecer,[598] porquanto a lesão ao direito protegido não se projeta no tempo, esgotando-se em um único instante, perdurando apenas e tão somente os efeitos do crime. Por esse motivo, na hipótese do crime de lesão corporal gravíssima pela deformidade permanente, o dano estético duradouro seriam os efeitos permanentes do crime instantâneo; entretanto, a integridade física – como objeto de proteção abstrata da norma penal – não continuaria a sofrer violação no decorrer do tempo, dado que a ofensa ao bem jurídico já se concretizara, estendendo-se, tão somente, os seus efeitos.[599]

Em suma, não se pode embaraçar o estado consumativo que se estende no tempo (elemento configurador dos delitos permanentes) com os efeitos naturais de alguns crimes que, muitas vezes, podem perpetuar-se, temporária ou permanentemente, apesar de os crimes serem instantâneos.

4.1.3. Hipóteses concretas de debate dessas categorias

Vistos os conceitos por meio dos quais se pode estabelecer a separação entre as diferentes categorias, passa-se, agora, a título de mera exemplificação da importância do tema, à análise dos delitos de estelionato previdenciário (artigo 171, parágrafo 3º, do Código Penal), de poluição (artigo 54 da Lei 9.605/98) e de reingresso de estrangeiro expulso (artigo 338 do Código Penal), em face dos quais serão propostas soluções que se transparecem como consentâneas para equacionar a discussão (doutrinária e jurisprudencial) que os envolve.

4.1.3.1. Do estelionato previdenciário – artigo 171, parágrafo 3º, do Código Penal

Em obediência à qualidade especial do sujeito passivo (a Previdência Social), as penas do tipo penal básico do estelionato e dos tipos penais derivados são majoradas

---

[596] WESSELS, Johannes, p. 09.

[597] MIR PUIG, Santiago, 2009, p. 224.

[598] MARQUES, José Frederico, 1997, p. 366.

[599] PEDROSO, Fernando de Almeida, 2017, p. 164. No mesmo sentido, sobre a diferença entre as categorias, apontam Reinhart Maurach, Karl Heinz Gössel e Heinz Zipf (p. 534): "el elemento diferenciador de este último radica en el hecho de caractarizarse por una mantención del estado criminal dependiente de la voluntad del autor (...). Mientras el autor del delito de estado conduce su acción hasta la consumación, el autor de un delito permanente renueva una y otra vez la resolución de actuar (...), siendo normal que un hecho originalmente de comisión se transforme en uno de omisión".

em um terço. Neste sentido, o estelionato contra a Previdência implica, comumente, a percepção mensal e contínua de benefício obtido de modo irregular, com o que surge a necessidade de se aferir a exata classificação dessa hipótese: crime instantâneo, permanente ou, ainda, instantâneo de efeitos permanentes, pois tal enquadramento irá repercutir tanto na configuração do concurso de crimes e na prescrição penal, por um lado, como, ademais, na dosimetria da pena, por outro.

Apesar de haver uma contínua polêmica entre os seguidores das diferentes abordagens, entende-se como correta, à luz do procedimento categorial-classificatório, a que concebe o delito de estelionato previdenciário (com reiteração do recebimento de benefício indevido) como crime instantâneo, mas de efeitos permanentes, e não como um delito permanente ou duradouro.

Em primeiro lugar, quando a doutrina disseca o tipo fundamental do estelionato (artigo 171, *caput*, do Código Penal), de um modo geral, o classifica como um delito instantâneo, ou, dependendo da hipótese, instantâneo de efeitos permanentes. Esse é um dado bastante relevante, pois a causa de majoração de pena (parágrafo 3°) não apresenta qualquer *plus* capaz de alterar, de modo estruturalmente importante, a natureza ontológica do tipo básico. Com efeito, a causa de aumento de pena não oferece outros componentes, ao modelo incriminador fundamental, aptos para modificarem-lhe a essência; apenas acrescenta uma particularização sobre a vítima (ou seja: ser entidade pública). Não há, portanto, qualquer inovação na natureza do tipo por meio da qual se pudesse conceber a modificação classificatória do crime. (Somente haveria uma alteração, se o tipo derivado contivesse elementos vinculados, implícita ou explicitamente, à durabilidade consumativa por intermédio dos quais se conseguisse estabelecer uma nova feição conceitual àquele tipo.) Contudo, esse entendimento não se implementou, sendo, por todos os títulos, válida a interpretação segundo a qual a derivação típica *in casu* não se descolou da construção fundamental. Não existe, igualmente, outra forma de execução ou de consumação do crime estranha àquela prevista no *caput* do artigo 171 do Código Penal. Em segundo lugar, a causa especial de aumento de pena somente trouxe uma especialização para o sujeito passivo. O fato simplesmente de a vítima ser especial e, em função disso, haver uma causa de aumento de pena, não opera *ipso facto* qualquer alteração de substância na estrutura orgânica do tipo; não se ajuntou, na estrutura descritiva dessa majorante, qualquer fator relacionado à (maior ou menor) duração delitiva; nem se exigiu, como *conditio sine qua non* da perfectibilização típica, qualquer coeficiente temporal ou de perpetuação das condutas, de cujo quadro se poderia, em tese, extrair algum traço de permanência.

Dessa forma, não existem motivos lógicos ou dogmáticos para se sustentar que, em não tendo havido alteração de essência na construção típica, haja diferenças entre a figura delitiva fundamental e a derivada. Sendo esse o caso, por qual razão o estelionato do *caput* é considerado instantâneo, e a sua combinação com parágrafo 3°, permanente? Não há motivo plausível para que ocorra essa diferenciação no tratamento do estelionato praticado contra entidade de previdência social de caráter público. De outro curso, se se levar em linha de conta a própria essência dos delitos instantâneos, chegar-se-á à conclusão de que todos os seus requisitos se fazem presentes no que se vincula à figura típica do artigo 171, parágrafo 3°, do Código Penal, isto é, a consumação se dá de modo instantâneo, apesar de os efeitos poderem se perpetuar no tempo. A par disso, não restam configuradas duas características do delito permanente, quais sejam: a cessação do estado de consumação do delito é determinada pela vontade do agente e com o término da conduta do sujeito ativo ocorre o restabelecimento do bem lesado. Ora, nem uma nem outra se encontra presente no delito de estelionato previdenciário: primeiro, porque a cessação do recebimento das parcelas não depende, exclusivamente, do agente fraudador; segundo, porque, no momento em que a entidade lesada deixar de conferir o benefício ao agente, não se tem de pronto o restabelecimento do patrimônio desfalcado. Outra nota diferenciadora é a impossibilidade de o agente fraudador ser preso em flagrante após o recebimento da primeira parcela, pois, como se trata de fase posterior ao encerramento do *iter criminis*, não se está diante de uma situação de flagrante delito. Como se sabe, o exaurimento não é contemplado em lei processual como circunstância ensejadora dessa modalidade de prisão.

De outra perspectiva, não se coloca a figura do crime continuado,[600] porque os efeitos (temporários ou permanentes) dos crimes instantâneos são o seu esgotamento, motivo pelo qual não se apresentariam, à espécie, um dos elementos objetivos essenciais para a configuração do delito continuado (pluralidade de ações típicas homogêneas).[601] Trata-se apenas do exaurimento do crime, com reflexos, no máximo, no setor da punibilidade. Com isso, sendo o delito de estelionato previdenciário com repetição da obtenção da vantagem indevida um delito instantâneo, o crime ocorre com o recebimento da primeira parcela, sendo as subsequentes tão somente a fase de esgotamento da conduta típica. (Na jurisprudência mais recente e majoritária – capitaneada pelo Supremo Tribunal Federal –, adotou-se posicionamento binário, quer dizer, tratamento jurídico diferenciado entre o beneficiário e o intermediário; assim, ficou assentada a diferença de compreensão quer se trate do beneficiário [e somente este], quer se trate do servidor que concede o benefício – ou para quem atuou, de alguma forma, na consecução do delito: quanto ao primeiro, o crime será permanente [de ação contínua e indivisível, sendo, desse modo, incompatível com a figura legal do crime continuado];[602] quanto ao segundo, instantâneo de efeitos permanentes.[603] Apesar dessa orientação, indicam-se certas variações jurisprudenciais.)[604]

---

[600] Em sentido contrário: TRF4, ACR 5037731-16.2012.404.7100, Rel. p/a Victor Laus, 8ª T., j. 20.5.15; TRF3, EIN 200761020092436, Relª. Cecília Mello, 1ª S., j. 1.8.13; TRF5, ACR 10149PB, Rel. Des. Manoel Erhardt, 1ª T., j. 11.7.13; e ACR 1999.51.01.045304-5/RJ, 2ª TE do TRF2, Rel. Des. André Fontes, j. 16.5.06. Na doutrina, também encontramos alguns autores que se perfilam ao entendimento segundo o qual o recebimento de benefício previdenciário indevido tem característica de continuidade delitiva, porque, posto que instantâneo, se consuma a cada novo recebimento do benefício, atraindo, com isso, a incidência desse instituto. Nesse sentido, por todos, Leonardo Costa (2005, p. 252): "(...) que a hipótese é de crime continuado, em que o agente inicialmente induz a erro a entidade previdenciária e consuma o primeiro delito quando recebe o primeiro pagamento previdenciário. Após, o agente mantém em erro a entidade previdenciária e obtém novas vantagens, consumando novos crimes de estelionato. Partindo-se desta premissa, cada delito da série continuada possui o seu próprio termo *a quo* (art. 119, do CP), iniciando-se o prazo prescricional de cada delito a partir da obtenção da vantagem indevida, em prejuízo do INSS".

[601] Fernando Fragoso (2009, p. 220) afirma que, "no crime continuado, é indispensável uma pluralidade de ações. Quer dizer, a cada atividade continuada, é preciso que haja uma ação de unidade de conduta, com igualdade de comportamento, objeto, etc., todos aqueles requisitos do crime continuado. Nessa modalidade de estelionato, não existe continuidade delitiva; existe reiteração de resultados, que Assis Toledo chamava de permanência da consumação". Em sentido contrário, a seguinte decisão: TRF3, ACR 57242/SP, Rel. Des. José Lunardelli, 1ª T., j. 10.6.14.

[602] TRF1, ACR 0000725-83.2012.4.01.3304, 4ª T., Rel. Des. Fed. Néviton Guedes, j. 11.7.17.

[603] TRF2, ACR 201151018032663, 1ª T., Rel. Des. Fed. Antônio Ivan Athié, j. 2.8.17; TRF4, ACR 0012153-35.2009.404.7200, Rel. Des. Leandro Paulsen, 8ª T., j. 14.10.15; TRF-4, AP 0009148-76.2007.404.7102, Rel. Des. João Pedro Gebran Neto, 8ª T., j. 8.4.15; *HC* 86.467-8/RS, Rel. Min. Marco Aurélio, STF [pleno], DJU de 22.6.07; STJ, *HC* 115.634/PA, Rel. Jorge Mussi, 5ª T., DJe de 28.6.10; TRF/1ªR, ACR 1992.38.00.010765-2/MG,

Já faz alguns anos, despontou outra concepção, mediante a qual o estelionato previdenciário reiterado, consistente no recebimento de parcelas mensais, implicaria hipótese de concurso formal, porquanto "o recebimento reiterado de parcelas indevidas produz vários resultados jurídicos (vários recebimentos ilícitos), porém, decorrentes não da realização de diversas condutas autônomas *ex ante* dotadas de periculosidade, senão de uma só. Com uma conduta só, o agente produz vários resultados jurídicos. Isso é o que chamamos de concurso formal de crimes (Código Penal, artigo 70). Impossível vislumbrar-se, na hipótese, o crime continuado, justamente porque sua primeira exigência é a pluralidade de condutas (Código Penal, artigo 71), que não está presente no recebimento continuado de benefícios previdenciários".[605] Finalmente, percebe-se certa oscilação jurisprudencial na hipótese de haver condutas fraudulentas que, em decorrência da demissão (com simulada ausência de justa causa), visam tanto à indevida liberação do saldo do FGTS como à percepção do seguro-desemprego.[606]

4.1.3.2. Do crime de poluição – artigo 54 da Lei 9.605/98

O comando legal em análise é concebido como uma norma em branco homogênea, na medida em que "o conceito de poluição é dado por outra lei federal, o artigo 3°, III, da Lei 6.938/81, que trata da Política Nacional do Meio Ambiente".[607] A poluição, aqui, pode ser amplamente considerada, ou seja, de qualquer natureza (tanto do solo, hídrica, atmosférica, térmica, radioativa, sonora etc.), protegendo-se, pois, o ambiente e a saúde pública; sem embargo, a fim de que se aperfeiçoe a tipicidade, é *conditio sine qua non* que a poluição "se exteriorize em níveis tais, que provoque danos ou exponha a perigo concreto a saúde humana, ou cause a mortandade de animais ou a destruição significativa (de grande monta) de espécimes da flora".[608]

A conduta poluidora é possível de ser praticada tanto por meio de uma ação como de uma omissão (a ausência de reparos em equipamentos ou a falta de instalação de estruturas adequadas, entre outras condutas semelhantes,[609] pode implicar a existência do crime); e mais: a consequência típica (isto é, a poluição relevante – que resulta ou possa resultar em dano à saúde das pessoas, na mortandade de animais ou destruição significativa da flora) é suscetível de ser alcançada por intermédio de uma única conduta

Rel. Tourinho Neto, 3ª T., un., e-DJF1 de 7.12.08; TRF1, RSE 0010657-58.2009.4.01.3900/PA, Relª. Assusete Magalhães, 3ª T., j. 1.3.11; TRF2, ACR 8210, proc. 2009.50.01.006383-2, Rel. Des. Aluisio Mendes, 1ª TE, j. 12.1.11; TRF2, RSE 2219, proc. 2001.51.01.538126-4, Rel. Des. Guilherme Pereira, 2ª TE, j. 8.2.11; TRF3, RSE 4941, proc. 2000.61.81.006242-3/SP, Rel. Des. Johonsom di Salvo, 1ª T., j. 30.11.10; e TRF4, ACR 0007400-83.2005.404.7003, Rel. Des. Luiz Wowk Penteado, 8ª T., j. 6.4.11.

[604] TRF5, AC 11761/AL, Rel. Des. Élio de Siqueira Filho, 1ª T., j. 14.7.16.

[605] GOMES, Luiz Flávio; BORSIO, Marcelo Fernando, 2104, p. 115.

[606] Assim, reconhecendo, *in casu*, a regra do crime continuado: TRF4, ACR 6950 PR 2004.70.03.006950-2, 7ª T., Rel. Néfi Cordeiro, j. 30.3.10; TRF4, ACR 2005.70.03.000121-3, 7ª T., Rel. Néfi Cordeiro, j. 26.1.10; e TRF1, ACR 21375620024013900, 4ª T., Rel. Des. Fed. Olindo Menezes, j. 7.1.14. Do contrário, negando a presença dessa modalidade de concurso de crimes e afirmando a existência de um crime único: TRF5, APR 200782010015272, 3ª T., Rel. Des. Fed. Rubens Canuto, j. 23.1.14.

[607] BARBOSA, Daniel Marchionatti, 2010, p. 357. Entendendo que o art. 3°, III, "a" a "e" da Lei 6.938/81 não pode ser aplicado como norma complementar da elementar "poluição" ao art. 54 da Lei 9.605/98, GOMES, Luiz Flávio, MAZZUOLI, Valerio; AYALA, Patryck, 2011, p. 229.

[608] CONSTANTINO, Carlos Ernani, 2001, p. 177.

[609] PRADO, Alessandra Rapassi Mascarenhas, 2010, p. 180.

(por exemplo: "um único derramamento de substâncias nocivas em um corpo d'água pode ser suficiente para alterar suas condições"),[610] ou, de outra maneira, ser verificada a partir de uma "produção constante, reiterada de atos, que isoladamente se revelariam insignificantes",[611] mas que "em determinado momento passa a caracterizar a realização do resultado".[612] Ainda, a hipótese do lançamento de resíduos por tempo prolongado e ininterrupto também se mostra capaz de concretizar o tipo. A consumação do crime, portanto, sobrevém da poluição e, pelo menos, do perigo à saúde humana;[613] ou, ainda, de forma mais abrangente: atinge-se a consumação quando houver poluição em níveis tais que resultem ou possam resultar em danos à saúde humana, ou que provoquem a morte de animais ou a destruição significativa da flora.

Por conseguinte, o momento consumativo do delito em questão é compatível de ser verificado tanto em um determinado instante como em um prolongamento temporal.[614] Nas palavras de Alessandra Prado, a poluição admite "prolongar-se no tempo diante da omissão do agente"; e comporta "cessar com uma ação do agente".[615]

Em face dessas constatações e das categorias antes enfocadas, questiona-se qual seria a melhor classificação para a hipótese de crime de poluição por lançamento constante e reiterado de resíduos: instantâneo, permanente ou instantâneo de efeitos permanentes, pois – além das demais consequências (concurso de crimes, sucessão temporal de leis, prescrição penal e composição dosimétrica da pena) – a consideração desse crime como permanente haveria de determinar, ainda, a incidência da pena de suspensão parcial ou total das atividades (artigo 11 da Lei 9.605/98).

Revela notar, portanto, que a *consumatio* delitiva tanto é factível de ocorrer em um instante apenas ou, ainda, de se protrair temporalmente; neste último sentido, por exemplo, "a poluição é um resultado que pode prolongar-se no tempo diante da omissão do agente (não interrupção do lançamento, do depósito, da emissão) e que pode cessar com uma ação do agente (retirada do lixo do local, remoção de parte do solo, recuperação das águas do rio, interrupção da emissão de ruídos etc.)."[616]

Postas as coisas deste modo, o crime em análise – ao engendrar "a contaminação da água, do ar ou do solo, por lançamento de efluentes ou gases, sem interrupção ou pela não instalação de filtros, e a alteração do solo ou da água causada pela contínua disposição de resíduos"[617] – encontra, na categoria permanente, a sua melhor localização.

Então, uma vez atingido o resultado, os demais atos do agente causador da poluição apenas viriam a reforçar a permanência consumativa, a qual comportaria ser, a qualquer instante, por circunstâncias próprias ou alheias à sua vontade, interrompida (o que baliza, em termos conceituais, como visto, um dos aspectos caracterizadores do crime permanente).

---

610 PRADO, Alessandra Rapassi Mascarenhas, p. 180.

611 PRADO, Alessandra Rapassi Mascarenhas, p. 180.

612 PRADO, Alessandra Rapassi Mascarenhas, p. 180.

613 Como destaca Luiz Regis Prado (2011b, p. 264), "também o estado de perigo exigido (*possam resultar*) deve ser grave, intenso e hábil para resultar em lesão à saúde humana".

614 "O crime poderá ser de consumação instantânea, ou permanente, protraindo-se no tempo a sua consumação" (DELMANTO, Roberto; e outros, 2014, p. 634).

615 PRADO, Alessandra Rapassi Mascarenhas, p. 181.

616 PRADO, Alessandra Rapassi Mascarenhas, p. 181.

617 PRADO, Alessandra Rapassi Mascarenhas, p. 181.

Nesse andar, entre os atos poluidores é possível existir certo distanciamento temporal, que, entretanto, em consonância com a regularidade com que devem ocorrer, não implicam interrupção; de tal sorte que "a cadeia de atos sucessivos deve ser considerada de acordo com a natureza da atividade – emissões e disposições de poluentes são compostos de atos que se sucedem na realização de determinada atividade, o que pode ocorrer, porém, com ou sem interrupção do lapso temporal".[618] Deve, desde já, reconhecer-se que, em certas hipóteses, se classifica o crime de poluição como uma figura delituosa permanente, cuja consumação se alonga no tempo, até a interrupção pelo próprio agente ou por circunstâncias alheias à sua vontade; e isso particularmente em se tratando de situações concretas de uma mesma atividade poluidora prolongada que atinge uma mesma área.[619]

Nesse sentido, a jurisprudência tem afastado a possibilidade de contínuas condutas poluentes caracterizarem concurso material de crimes ou, inclusive, crime continuado, mas, sim, portanto, crime permanente.[620]

O Superior Tribunal de Justiça também já reconheceu a característica de permanência do crime em comento, em cuja decisão destacou que, apesar de o crime ter iniciado antes da vigência da Lei 9.605/98, comportaria ser alcançado por sua disciplina, uma vez que as atividades poluidoras somente se encerraram seis anos depois, implicando, sob tal aspecto, o crime permanente.[621]

Em outros termos, a encampação desse crime como categoria permanente afasta, por óbvio, a possibilidade de condutas poluidoras reiteradas serem havidas como hipótese de concurso material ou, mesmo, de crime continuado; e isso, repita-se, especialmente nos casos que houver atos de poluição de forma fragmentada, "reforçando a consumação a cada sequência de novos atos".[622]

A escolha desse crime especificamente se deveu à escassa preocupação doutrinária em adensar a discussão aqui proposta; assim, é importante destacar-se, ainda uma vez, que a poluição é um fenômeno altamente complexo e relevante para a humanidade,[623] e o seu tratamento merece, sob quaisquer aspectos, um extremo cuidado. Em síntese, a poluição é possível de produzir-se mediante uma multiplicidade de formas e causas, ou seja, pode verificar-se tanto por conta de um único ato (que, instantaneamente, produz a lesão ambiental) ou pode alongar-se no tempo, ou, ainda, pode realizar-se

---

[618] PRADO, Alessandra Rapassi Mascarenhas, p. 181.

[619] PRADO, Alessandra Rapassi Mascarenhas, p. 181. A autora ainda sustenta que se poderia cogitar, *in casu*, da figura do 'crime eventualmente permanente', ou seja, aquele que, sendo tipicamente instantâneo, tem, em certas circunstâncias, a sua consumação protraída indefinidamente; contudo, o agente conseguiria obstaculizar o curso do estado consumativo, por cujo critério se diferenciaria essa categoria do crime instantâneo de efeitos permanentes, na medida em que, neste, os efeitos que permanecem não dependem da vontade do agente.

[620] TJSP, ACR 0001353-73.2009.8.26.0224, 1ª CC, Rel. Des. Márcio Bártoli, j. 14.5.12; TJSC, ACR 2008.040976-9, 3ª CC, Rel. Des. Torres Marques, j. 31.10.08; eTJRS, ACR 70004815205, 4ª CC, Rel. Des. Constantino de Azevedo, j. 3.10.02.

[621] STJ, *HC* 89.386/RJ, 5ª T., Rel. Min. Napoleão Maia Filho, j. 18.9.08.

[622] PRADO, Alessandra Rapassi Mascarenhas, p. 181.

[623] Como assinala Plauto Faraco de Azevedo (2008, p. 30), "o equilíbrio ecológico é, hoje, questão de vida ou morte, dadas as alterações que têm sido imprudentemente introduzidas no meio ambiente. Há necessidade permanente de uma 'ética de sobrevivência', na qual o antropocentrismo, que vem orientando a civilização ocidental há séculos, deve ceder o passo à compreensão de que 'a natureza precede ao próprio ser humano'".

por intermédio da reiteração de atos poluidores; e, em virtude dessas possibilidades, a *consumatio* delituosa "pode prolongar-se no tempo em razão da conduta do agente, que pode, a qualquer instante, obstá-la com um ato contrário ao anteriormente realizado, o que caracteriza o fato, nesse caso, como um crime (eventualmente) permanente".[624]

4.1.3.3. Do crime de reingresso de estrangeiro expulso (artigo 338 do Código Penal)

A modalidade típica em foco traduz a conduta do estrangeiro que, após ter sido – mediante decretação regular[625] – expulso,[626] reingressa no território nacional.[627] (A materialização típica se estabelece com o reingresso do estrangeiro expulso no território nacional; dessa maneira, não se perfectibiliza o tipo na hipótese de o estrangeiro, após o decreto de expulsão, permanecer no território nacional.)[628]

De modo muito amplo, colocam-se os termos da questão: esse delito deve ser classificado como instantâneo (constituindo-se, nesse caso, o reingresso em termo inicial do prazo prescricional, e sendo a competência verificada pelo local onde se efetivou o reingresso do estrangeiro expulso), instantâneo de efeitos permanentes ou, ainda, permanente (sendo a competência determinada pelo lugar em que se produziu a prisão do estrangeiro – dado que, enquanto permanecer em território nacional, o delito mantém o estado de flagrância – e, além disso, não tendo fluência o prazo prescricional – a qual se daria apenas em virtude da cessação da permanência)?

Antes de tudo, convém o registro segundo o qual todas essas orientações são incorporadas pela doutrina e jurisprudência.[629]

Deve dizer-se, porém, que o melhor enquadramento retrata esse delito como instantâneo, porquanto a simples permanência, posto que irregular, não se apresenta como fato típico; ora, se a simples permanência não é típica, "mas tão só o reingresso, não há que se cogitar da ilicitude desta, ainda que o bem jurídico protegido possa estar sendo ainda vulnerado".[630] Com efeito, o reingresso não pressupõe a permanência, "assim como o exame da ilicitude não pode anteceder ou atropelar a estrita correspondência

---

[624] PRADO, Alessandra Rapassi Mascarenhas, p. 183.

[625] "O tipo pressupõe que o estrangeiro tenha sido expulso legalmente, nos termos dos arts. 65 a 75 do EE (Lei 6.815)" (JESUS, Damásio de, 2015, p. 1275).

[626] "Expulsão é a retirada compulsória de um estrangeiro do território nacional. Em geral, ocorre em função da prática de delito, depois da decisão condenatória transitada em julgado, mas também por uma deliberadamente obscura conduta incompatível com os interesses nacionais" (BUSATO, Paulo César, 2016, p. 705).

[627] "Cuida-se de o estrangeiro reingressar em nosso território jurídico, alcançado pela nossa soberania, não abrangendo o chamado território por extensão (CP, art. 5º, § 1º). Por isso, não constitui delito penetrar o estrangeiro expulso em navios ou aeronaves brasileiros de natureza militar ou navios particulares em alto-mar" (JESUS, Damásio de, 2015, p. 1275). Em sentido contrário, MAGALHÃES NORONHA, Edgard, 1986, p. 349.

[628] "O crime se dá com o reingresso no território nacional, que não deve ser confundido com a permanência do estrangeiro no território nacional, ainda que irregular, após o decreto de sua expulsão não cumprido" (BALTAZAR JUNIOR, José Paulo, 2017, p. 410). Para Heleno Fragoso (1981, p. 506), "não haverá o crime se o estrangeiro se limita a desobedecer ao decreto de expulsão, permanecendo no Brasil. Solução diversa foi adotada pelo código suíço".

[629] TRF-3, CJ 3769 SP 2009.03.00.003769-3, Rel. Des. Baptista Pereira, 1ª Seção, j. 16.7.09.

[630] AMARAL FILHO, Adilson, 2005, p. 355.

da conduta praticada ao que descreve o tipo penal".[631] A seu turno, Paulo César Busato informa que existiu alguma discussão jurisprudencial sobre a consumação desse delito, em função de sua classificação jurídica (isto é, houve precedentes no sentido de que se cuidaria de delito permanente); contudo, transparece "que a pretensão era simplesmente a de criar um artifício para evitar a prescrição, porque a classificação correta do delito é como instantâneo de efeitos permanentes".[632]

4.2. DOS DELITOS MATERIAIS, FORMAIS E DE MERA ATIVIDADE

A classificação proposta[633] (que leva em linha de conta o critério do resultado material, ou melhor, a combinação que pode estabelecer-se entre a conduta e o resultado na construção abstrata dos tipos penais)[634] quer, em poucos traços, indicar se, em relação a essas categorias, existiria, eventualmente, algum obstáculo à configuração da continuidade delitiva; de tal sorte, além de um breve conceito sobre cada uma dessas modalidades, vai-se responder àquela questão.

(É certo que, em especial, a divisão entre os crimes materiais e formais tem relevância na demarcação da *consumatio* delitiva como, igualmente, o reconhecimento do caráter formal de um determinado crime se mostra bastante importante na fase de aplicação da pena.)[635]

4.2.1. Dos delitos materiais

Nessa categoria, apresentam-se os crimes que, para a sua estruturação objetiva, requerem, além da conduta, um resultado naturalístico, que se apresenta de modo destacado da própria conduta e é, dela, dependente, o qual se encontra inserto na descrição típica do comportamento punível.[636] O crime material é aquele em cujo tipo se des-

---

[631] AMARAL FILHO, Adilson, p. 356.

[632] BUSATO, Paulo César, 2016, p. 712.

[633] Essa classificação não ostenta consenso doutrinário: assim, alguns autores a estabelecem entre crimes de resultado e crimes de mera conduta (CARVALHO, Américo A. Taipa de, 2004, p. 96; MARINUCCI, Giorgio; DOLCINI, Emilio, p. 185; POLAINO NAVARRETE, Miguel, 2000, p. 437); outros, entre materiais e formais (MESTIERI, João, p. 242; FRAGOSO, Heleno, 1961, p. 74; FERRI, Enrico, p. 537; MAGGIORE, Giuseppe, 1954, p. 294; MAGALHÃES NORONHA, Edgard, 1999, p. 110); e, ainda, os que a adotam (QUEIROZ, Paulo, p. 210-1; BARROS, Flávio Augusto Monteiro de, p. 163). Walter Coelho (p. 99), expressamente, reclama a equiparação entre os crimes formais e os de mera conduta, na medida em que, em ambos, não se deve "indagar sobre possíveis efeitos naturais destacáveis da conduta, ao contrário dos crimes materiais, que são crimes de ação e resultado".

[634] Inegavelmente, a classificação em causa se vincula a uma opção político-criminal do legislador na modelação dos tipos penais, visto que poderia haver alterações de estruturas (determinados crimes materiais poderiam converter-se em formais, da mesma forma que crimes de mera conduta, em materiais) construtivas típicas. Nesse sentido, "é a redação de cada tipo penal, especialmente o verbo usado na oração, que permitirá inferir se estamos diante de um crime material, formal ou de mera conduta", pois "quando o legislador considera que a ação ou omissão já é em si mesma grave antecipa desde logo a consumação da infração; caso contrário, condiciona a consumação à produção de um dado resultado, razão pela qual, se este não se realizar, haverá, em princípio, crime tentado" (QUEIROZ, Paulo, p. 209).

[635] FRAGOSO, Heleno, 1961, p. 76.

[636] COELHO, Walter, p. 95. Os crimes materiais – também denominados de crimes de resultado – são aqueles "em que o tipo penal descreve um comportamento cuja consumação – entendida como completa

crevem a ação e o evento,[637] exigindo, logicamente, a presença deste para a sua plena configuração delitiva. Nesse delito, deve perquirir-se sobre a existência da relação de causalidade entre a conduta e o resultado típico.[638]

Delito material (ou causal ou de resultado – *Erfolgsdelikt*), pois, é aquele que somente se consuma quando se verifica o resultado material; do contrário, o crime será tentado. Percebem-se, nessa categoria, os seguintes elementos: (i.) a conduta; (ii.) o resultado; e (iii.) o nexo causal. Entre a conduta e o resultado – que se unem pelo nexo causal – pode haver (não necessariamente existe; certas situações apresentam simultaneidade, sem qualquer *distacco temporale*)[639] separação temporal,[640] suposto que a "ação se encontra destacada, temporariamente, de sua consequência no plano natural. E quando esse resultado, além do intervalo temporal, também se desdobra em termos espaciais, surgem os 'crimes à distância'".[641]

4.2.2. Dos delitos formais

Trata-se de delitos que se concretizam com a mera atividade ou conduta (do agente) e que, apesar de estabelecerem – na moldura típica objetiva – um resultado naturalístico, não o exigem para sua consumação. Como esclarece Walter Coelho, esses crimes "têm sua estrutura típica restrita ao cometimento da ação humana e, por tal motivo, não comportam qualquer indagação sobre vínculo de causalidade objetiva".[642]

Nessa senda, os crimes formais (*reine-sachliche Handlungsdelikte* ou, ainda, de consumação antecipada) são aqueles cuja *consumatio* se verifica com a ocorrência da ação, independentemente de seu sucesso – o resultado, "que constitui, em consequência, mero exaurimento de um crime já perfeitamente consumado".[643] Crimes formais, portanto, consumam-se juridicamente pela simples existência da ação, sem que sejam necessárias quaisquer consequências jurídicas para torná-los perfeitos.[644]

---

realização dos elementos do tipo – somente ocorre com a produção do resultado nele previsto" (QUEIROZ, Paulo, p. 208).

637 MAGALHÃES NORONHA, Edgard, 1999, p. 110.

638 ASSIS TOLEDO, Francisco de, 2000, p. 114.

639 Pense-se na hipótese de quem desfere um violento golpe de faca em uma criança de poucos dias de vida, causando-lhe, instantaneamente, a morte. Everardo da Cunha Luna (1976, p. 92) aponta, neste sentido, que nem sempre existe uma separação temporal, na medida em que "resultado e ação podem coincidir cronologicamente".

640 Como aponta Miguel Polaino Navarrete (2000, p. 437), "la producción del resultado material puede diferirse en el tiempo: es conceptualmente separable de la realización de la conducta, de modo que el resultado no tiene por qué producirse en el momento en que se ejecuta la acción, sino en un ulterior o subsiguiente momento, que se muestra como consecuencia de la acción, no siendo necesariamente simultánea a la conducta".

641 COELHO, Walter, p. 96. (Com mais detalhes sobre os crimes a distância, ver o ponto 5.5.1.4.3.)

642 COELHO, Walter, p. 96.

643 QUEIROZ, Paulo, 208.

644 FERRI, Enrico, 1996, p. 537. (O STJ, por meio da Súmula 500, reconheceu o crime de corrupção de menores como delito formal. Com a aprovação da Súmula, consolidou-se o entendimento segundo o qual, no que tange à perfectibilização do delito, basta que se comprove a participação do menor, em companhia do maior, na realização do crime. Coube à Minª. Laurita Vaz encaminhar o projeto de Súmula, cuja redação final restou estabelecida nos seguintes termos: "a configuração do crime previsto no art. 244-B do ECA independe da prova da efetiva corrupção do menor, por se tratar de delito formal". Havia precedentes de ambas as turmas do STJ, por meio dos quais ficava patente que, à estruturação do crime, era desinfluente

(Exemplificativamente, tem caráter formal o crime de inserção de dados falsos em sistema de informações [artigo 313-A do Código Penal].)[645]

4.2.3. Dos delitos de mera atividade

Os delitos de mera atividade se contrapõem aos de resultado, na medida em que, naqueles, não se produzem consequências causais, por considerar a conduta, *de per si*, suficientemente apta a produzir a perfectibilização delitiva, ao passo que, nestes, se exige, para a consumação, a verificação de um determinado efeito, distinto da ação (ou da omissão).[646] Cuida-se, assim, de delitos nos quais, na sua estrutura típica objetiva, existe apenas a definição da conduta, não havendo a indicação de qualquer resultado naturalístico, cujos exemplos mais significativos são os delitos de reingresso de estrangeiro expulso (Código Penal, artigo 388) e de ato obsceno (Código Penal, artigo 233); e, a mais disso, quase todas as contravenções.[647]

Apesar de bastante sutil, assinala-se a diferença entre os crimes formais e os de mera conduta: naqueles, existe, na estrutura típica objetiva, a indicação de um resultado naturalístico, cuja ocorrência é desnecessária à consumação delitiva (e, se sobrevier, produzirá efeitos apenas na composição da pena – exaurimento –, sem repercussões no plano da tipicidade); a seu turno, os crimes de mera atividade são aqueles que não apresentam, na estrutura típica objetiva, a indicação do resultado naturalístico, ou seja, dentro do tipo objetivo não existe resultado natural causado pela ação e unido a ela por intermédio da relação (inexistente) de causalidade.[648]

4.2.4. Da compatibilidade do crime continuado com essas categoriais

Os crimes materiais são os mais numerosos entre os que integram o catálogo punitivo de nosso ordenamento; e os formais e de mera conduta, as exceções.

Quanto aos primeiros, nada existe que possa obstaculizar a formação de uma cadeia continuada de crimes materiais (salvo, por óbvio, disposição em contrário, como a que se apresenta no novel parágrafo da definição legal do crime continuado [Projeto 236/12], que impede, destacadamente, a formação dos ditames da continuidade delitiva

o fato de o menor ter sofrido a imposição de uma medida socioeducativa, isto é, não se fazia necessária a comprovação da possibilidade de corrupção do menor. Neste passo, a mera participação do menor em ilícito penal já seria suficiente para a *consumatio*, não sendo importante aferir o seu grau anterior de corrupção, na medida em que, ao participar de novas condutas criminosas, houve contribuição para elevar sua degradação. Sob todos os títulos, ao se considerar como formal esse delito, quer-se impedir que o maior induza ou facilite a inserção ou a manutenção do menor na esfera da delituosidade; portanto, pouca valia têm, *in casu*, os eventuais antecedentes infracionais do menor que, de modo inegável, merece maior proteção jurídico-penal.) Na jurisprudência: STJ, *HC* 150849, Rel. Min. Sebastião Reis Júnior, 6ª T., j. 16.8.11; e STJ, AGRRE 308224, Relª. Minª. Regina Costa, 5ª T., j. 19.9.13. Ainda outro exemplo: *HC* 105.478, voto do rel. min. Gilmar Mendes, 2ª T., DJE de 23-3-2011 (decisão citada na Coletânea temática de jurisprudência, p. 307).

645 TRF3, AC 47741-0006915-59.2003.4.03.6105, 11ª T., Rel. Des. Fed. Nino Toldo, j. 25.7.17.

646 Distinguindo os delitos de mera atividade e de resultado, Santiago Mir Puig (2009, p. 221) sustenta: "tipo requiere o no que la acción vaya seguida de la causación de un resultado *separable* espacio-temporalmente de la conducta. En los delitos de mera actividad no es necesario".

647 BARROS, Flávio Augusto Monteiro de, p. 163.

648 ACALE SÁNCHEZ, María, 2000, p. 319.

em se tratando de crimes contra a vida e de estupro – que são hipóteses materiais *par excellence*).

Quanto às exceções, isto é, crimes formais continuados e crimes de mera conduta continuados, da mesma forma não há qualquer impedimento lógico ou jurídico, desde que cumpram os requisitos mediante os quais se estrutura a unificação punitiva. Manoel Pedro Pimentel agrega que, "sem recorrermos a exemplos de laboratório, podemos afirmar que os crimes de mera conduta admitem a forma continuada, v.g., (...) na invasão de domicílio, na prática de ato obsceno. Não possibilitarão esse reconhecimento os crimes de mera conduta de caráter permanente, tais como o reingresso de estrangeiro expulso e o abandono de função pública".[649]

4.3. DO DELITO HABITUAL

Como linha diretriz, o delito habitual (também classificado como crime de conduta plural) pode ser entendido como a prática reiterada de idênticas ações em conexão objetiva, graças às quais se revela um estilo de vida do agente.

Nessa categoria delitiva, cada ato *per se* não se apresenta como típico, exigindo, para a concreção do delito, a comissão reiterada das condutas, isto é, somente o concurso de atos (cada um dos quais atípico, se considerado isoladamente), que traz a marca da habitualidade, implica a existência desse delito.[650]

Requer-se, portanto, não somente a multiplicidade de condutas, "sino también la manifestación de ellas en una forma que indique un hábito de cometerlas, lo que exigirá una repetición con cierta frecuencia o proximidad en el tiempo".[651] Em aditamento, Jacques Leroy diferencia o "délit d'occasion' do "délit d'habitude", pois, para o primeiro, "un seul acte délictueux constitue l'infraction", ao passo que, quanto ao segundo, ao contrario, "n'est constitué que par la commission de plusieurs actes"; e ainda agrega: "toutefois, deux actes suffisent pour constituir l'habitude", os quais "doivent être semblables", mas "chacun, pris isolément, peut ne pas être punissable: c'est l'ensemble, la répétition, qui constitue l'infraction".[652]

---

649 PIMENTEL, Manoel Pedro, 1968, p. 137-8.

650 Como esclarece João Mestieri (p. 244-5), "no tipo dos delitos habituais é exigida, como elemento constitutivo, a *habitual reiteração dos fatos*, os quais, singularmente considerados, não constituiriam delito, ou constituiriam delito diverso". No mesmo sentido, Nélson Hungria e Heleno Fragoso (p. 45) acrescentam que: "*crime habitual* consiste na reiteração da mesma ação, de modo a constituir um hábito de vida que incide sob a reprovação penal (ex.: o *curandeirismo*). Se o agente procede *lucri faciendi causa*, fala-se em crime *profissional* (ex.: o *rufianismo*). Ao contrário do crime continuado, as ações repetidas, aqui, consideradas isoladamente, não constituem crime (somente a reiteração é que faz surgir o crime)". Ainda completa Emmanuel Dreyer (2012, p. 440-1) que "les infractions d'habitude sont des infractions qui supposent, elles, plusieurs faits identiques accomplis par la même personne. Il ne s'agit pas de plusieurs faits distincts qui s'articulent les uns avec les autres pour produire un résultat déterminé, mais d'un même comportement qui est répété. Ce comportement ne tombe sous le coup de la loi pénale qu'à raison de son renouvellement. En effet, il arrive que la loi tolère, exceptionnellment, un acte dangereux: lorsqu'il apparaît utile ou généreux. Mais, lorsqu'un tel acte se reproduit, dénotant ainsi un véritable 'penchant', la loi fulmine alors une sanction pour éviter sa banalisation".

651 YUSEFF SOTOMAYOR, Gonzalo, 2009, p. 94.

652 LEROY, Jacques, p. 209.

Desse modo, no tipo objetivo do crime habitual, existem várias condutas idênticas e (isoladamente) atípicas que são reiteradas e se encontram entrelaçadas por dados objetivos (tempo, intensidade, maneira de execução);[653] e, no tipo subjetivo, além do dolo,[654] deve existir uma "tendência interna intensificada",[655] por meio da qual se pode

---

[653] Esses traços são postos em relevo por Carlos Fontán Balestra (p. 62): "en el delito habitual, lo mismo que en el continuado, se unifica jurídicamente una pluralidad de conductas similares separadas por intervalos de tiempo".

[654] MACHADO, Luiz Alberto, p. 172. O reconhecimento da dolosidade não requer um 'dolo unitário' ou de 'conjunto', como acentua Ferrando Mantovani (p. 490-1): "quanto *all'elemento soggettivo*, non può accogliersi la tesi che, al fine di fondare anche il reato abituale su una unità ontologica, richiede un *dolo unitario*, costituito dalla rappresentazione e deliberazione iniziali, anticipate, del complesso di condotte da realizzare".

[655] Aqui se apresenta a doutrina dos elementos subjetivos do injusto [típico], que parte da ideia segundo a qual, posto que o dolo representa a espinha dorsal do aspecto subjetivo do tipo, podem ser encontrados, nas construções típicas – explícita ou implicitamente –, determinados conteúdos de índole subjetiva que a ele não se equiparam ou se confundem. Trata-se de especiais motivações ou tendências que, particularmente, orientam e conduzem à realização da conduta dolosa lesiva ou perigosa. Por sua vez, Santiago Mir Puig (2009, p. 278) afirma: "puede decirse que elementos subjetivos del tipo (o del injusto) son *todos aquellos requisitos de carácter subjetivo distintos al dolo* que el tipo exige, además de éste, para su realización". A criação dessa teoria se deve especialmente a Hans Albrecht Fischer, August Hegler, Max Ernst Mayer e Edmundo Mezger. Em sua evolução histórica, como destacam Jose Maria Rodriguez Devesa e Alfonso Serrano Gomez (1995, p. 408-9): "la teoría de los elementos subjetivos del injusto nace también en el Derecho civil. Fischer em 1911 llamó la atención, a propósito del *abuso del derecho*, sobre que hay casos en los que 'los fines reprobables del que actúa convierten en antijurídica una acción en sí jurídicamente aprobada'. La primera investigación en el área del Derecho penal se debe a Hegler en 1914. Paralelamente, Max Ernst Mayer, 'al parecer sin conocimiento del trabajo de Hegler', sostuvo también la necesidad de reconocer que, por excepción, hay que acudir a elementos subjetivos, internos, para determinar si una conducta es antijurídica o no. El impulso más importante procede de Mezger. La teoría encontró una rápida difusión en Alemania". Para Edmundo Mezger (1949, p. 337), "una conducta que exteriormente es la misma puede una vez ser conforme al Derecho y otra antijurídica, según el sentido que el autor atribuya a su acto, según la situación o disposición anímica en que se ejecute la acción. El sutil y complicado juego de los intereses de los hombres no se desarrolla tan tosca e exteriormente que pueda decirse que en la delimitación entre injusto e Derecho no importen en absoluto aquellos factores anímicos". Os elementos subjetivos do injusto têm sido classificados por meio de diferentes e variados critérios (assim, a título meramente exemplificativo: Miguel Polaino Navarrete, 2000, p. 533-549; Günter Stratenwerth, p. 112-7; Fernando Velásques, p. 412-3; Luiz Luisi, 1987, p. 69-71); do ponto de vista prático, se mostram mais significativos quando apresentam a separação entre delitos de intenção (*Absichtsdelikte*) e delitos de tendência (*Tendenzdelikte*). Nos delitos de intenção, o agente realizaria a conduta típica como meio para alcançar uma outra finalidade específica, como, por exemplo, aquela que se refere ao *animus rem sibi habendi* – nos crimes de furto ou roubo – ou ao *animus iniuriandi* – nos crimes contra a honra. Nessa categoria [delitos de intenção], podem ser localizados os delitos mutilados de dois atos (*verkümmerte zweiaktige Delikte*) e os delitos de resultado cortado (*kupierte Erfolgsdelikte*). Nos primeiros, o agente realiza uma conduta dolosa (conduta básica) como meio executivo para uma posterior atuação do próprio autor, que é o fim subjetivo que se pretende alcançar, cujo exemplo seria o crime de quadrilha ou bando (art. 288 do CP). Nos delitos de resultado cortado, o agente realiza uma conduta a fim de produzir um determinado resultado posterior que não contará com a sua intervenção, cujo exemplo seria o crime de corrupção ativa (art. 333 do CP). Miguel Polaino Navarrete (p. 536) estabelece a separação entre essas categorias quando destaca: "mientras en los delitos 'mutilados de dos actos' un acto posterior del propio sujeto integra la intención pretendida finalmente, en los delitos intencionales de 'resultado cortado' el fin a que se aspira no constituye un nuevo acto del sujeto, sino solo una meta u objetivo que el autor pretende conseguir mediante la realización de la conducta inspirada en tal finalidad". Nos delitos de tendência, a conduta do agente deve fazer-se orientar por uma particular tendência subjetiva, como, por exemplo, a voluptuosa nos crimes de caráter sexual (delitos de tendência propriamente ditos), nos quais a ação expressa uma disposição interna que não pode ser reconhecida apenas pelos fatores exteriores (somente essa tendência interna poderia distinguir uma ação típica de um simples exame ginecológico). Também fazem parte dessa categoria os 'delitos de hábito', que evidenciam uma arraigada tendência no agente, pois, nos crimes habituais, o "tipo exige la realización de varios actos de los cuales se haya

identificar que as ações se encontram sujeitadas à especial direção da vontade tendencial do agente, a habitualidade,[656] que é o que lhe confere seu caráter particular.[657] Nesta linha de compreensão, nos delitos habituais (*Gewohnheitsmässigkeitdelikte*), haverá a reiteração assemelhada de condutas em um mesmo contexto temporal e espacial, que se faz acompanhar por certa homogeneidade subjetiva, em conformidade com a qual se pode identificar um mesmo propósito criminoso.

Posto que haja pluralidade de condutas, o crime habitual mantém uma unicidade delituosa; como explica Giuseppe Bettiol, "encontramo-nos, (...), diante de uma pluralidade de eventos, naturalisticamente entendidos, dos quais porém nenhum, isoladamente tomado, pode determinar uma lesão jurídica. É só do seu complexo que a lesão se verifica. Lesão única e portanto crime único".[658]

Em face de seu conteúdo, os delitos podem ser simples (estruturam-se a partir de um ato único) ou habituais (constituem-se à razão de diversos atos, cuja realização,

---

derivado un hábito en el sujeto" (José Cerezo Mir, 1996, p. 117). Para Miguel Polaino Navarrete (p. 539), "los delitos de 'hábito' se caracterizan por un *impulso tendencial cíclico* de repetición, esto es, un especial disposición subjetiva que le lleva a la *práctica repetitiva* de una misma conducta criminal, profundamente arraigada en la personalidad del sujeto. La habitualidad constituye un factor tendencial, que impulsa hacia la ejecución de un concreto comportamiento delictivo, caracterizado por la concurrencia de determinados momentos crónicos, objetivos y subjetivos, que dan lugar a una singular configuración subjetiva del tipo de injusto. El momento anímico de la *habitualidad conductual* repercute en una suerte de *pulsión criminógena* que inclina al autor a la repetición cíclica de determinadas conductas por el autor". Sob a perspectiva da teoria dos elementos subjetivos do injusto, o crime habitual, portanto, deve ser classificado como uma das modalidades dos delitos de tendência; visto que a habitualidade é o elemento subjetivo (implícito) do injusto exigido para o pleno preenchimento da tessitura psicológica do tipo subjetivo, uma vez que se apresenta como o propósito especial ou a particular tendência subjetiva de atuação do agente. Essa exigência de que haja, além dos elementos objetivos, a presença plena da tipicidade subjetiva pode elevar o nível de certeza na configuração típica dessa categoria delituosa, limitando, assim, o espaço de imprecisão e, com isso, possivelmente, o arbítrio punitivo.

[656] Valdir Sznick (1996, p. 61) explica que ao indicar os elementos constitutivos dessa categoria delituosa "ao hábito precisa-se pois reconhecer um valor juridicamente apreciável pois que dele se determina a existência do delito". No preciso conceito, para Germano Marques Bitencourt da Silva (p. 32): "O crime habitual é aquele que exige uma multiplicidade de actos, de modo a revelarem uma certa habituação por parte do agente, sem que, porém, nenhum deles constitua o crime habitual, pois este é constituído precisamente pela reiteração desses actos, pela persistência na actuação criminosa, reiteração que revela uma tendência ou hábito da vontade".

[657] JESCHECK, Hans-Heinrich; WEIGEND, Thomas, p. 343.

[658] BETTIOL, Giuseppe, p. 307-8. A pluralidade de fatos que são reunidos sob a mesma figura típica unitária já foi denominada de 'concurso ideal ao contrário', em cujo gênero localizar-se-ia o crime habitual. Assim, para Miguel Arce Aggeo (1996, p. 184-5), "de lo expuesto se desprende que, tomando como base las figuras penales, observaremos las siguientes modalidades: a) pluralidad de 'acciones' sólo determinables como conducta única por medio de la intervención del tipo legal; b) pluralidad de conductas o hechos que son receptados por una única figura típica, supuesto éste de concurso ideal a la inversa. Dicha modalidad estará directamente condicionada a la capacidad de absorción que la figura en cuestión revista individualmente, tomando el término 'absorción' no como modalidad abarcativa entre figuras (supuesto de concurso aparente), sino como modalidad abarcativa de la propia figura con respecto a varios hechos o acciones que son óntica e fácticamente independientes. Es decir que se puede llegar a la unidad de tipo a pesar de existir más de una conducta o hecho por medio de dos caminos, a saber: 1) por efectivizarse algunas de las relaciones existentes entre los tipos, con lo cual un tipo absorbe a otro con el que aparentemente concurre: hipótesis de concursos aparentes de tipos, o 2) por darse el supuesto en que, aun mediando varios hechos o conductas, éstos sean absorbidos por un solo tipo (hipótesis de concurso ideal a la inversa) o que existan varias acciones integrantes de un solo hecho o conducta, pero sólo determinable por medio de la interacción del tipo penal".

isoladamente, de um ato, não se mostra punível. A delituosidade se apresenta em virtude da repetição habitual desses atos).[659]

Parte da doutrina acredita que os delitos habituais podem ser divididos em crimes acidentalmente habituais[660] e necessariamente habituais. Nos primeiros, uma ação apenas será suficiente para corporificar o delito, mas a sua reiteração não implicará concurso de infrações ou mesmo continuidade delitiva[661] (exemplos: o tipo de injusto do artigo 22 da Lei 7.170, de 14 de dezembro de 1983 [delitos contra a segurança nacional], "porquanto basta uma só ação para configurá-lo: todavia, reiterada a conduta inicial, o crime continua um só";[662] ou, ainda, o de gestão fraudulenta [artigo 4º da Lei 7.492/86], dado que, em conformidade com o [pacífico] entendimento do Superior Tribnal de Justiça, "é incabível o reconhecimento da ficção jurídica da continuidade delitiva no crime de gestão fraudulenta, sendo uniforme a jurisprudência desta Corte no sentido de que, tratando-se de crime habitual impróprio, uma só ação basta para configurar o delito de gestão fraudulenta [...]. Assim, a sequência de atos de gestão fraudulenta praticados já integra o próprio tipo penal, de maneira que não se pode falar na ocorrência de crime continuado").[663] Nos segundos, somente a reiteração habitual das condutas permite a configuração típica, cujo exemplo seria o delito de curandeirismo (artigo 284 do Código Penal).

Além disso, não se exige, para a configuração do crime habitual, um número determinado de atividades; nesta perspectiva, como lembra João Mestieri: "o número de ações necessárias para se evidenciar a habitualidade não pode ser precisado de maneira abstrata e genérica, mas, sim, apenas em relação a uma dada *fattispecie*".[664]

Vários são os aspectos por meio dos quais se diferenciam os crimes habitual e continuado.[665]

A necessidade de perpetração de várias condutas homogêneas – que, como antes se destacou, separadamente, não se revestem de delituosidade – é o dado de aproximação do delito habitual ao continuado; e a separação se estabelece porque, enquanto, neste, cada uma das condutas integrantes da cadeia é típica, naquele se trata de simples atos irrelevantes.[666]

---

[659] GÓMEZ, Eusébio, p. 417. A distinção é bem apanhada por Jean-Claude Soyer (p. 49), quando remarca: "l'infraction simple consiste en un fait matériel unique (ainsi le vol), alors que, par contraste, l'infraction d'habitude suppose plusieurs faits semblables, dont chacun isolément ne serait pas punissable (ainsi, l'exercice illégal de la médecine)".

[660] A doutrina criminal especializada costuma criticar essa categoria, havendo-a por "più ambigua, fraintesa, contestata e, al tempo stesso, di più difficile sistemazione dommatica" (PETRONE, Marino, 1999, p. 47).

[661] STF, *HC* 89364, Rel. Min. Joaquim Barbosa, 2ª T., j. 23.10.07. A mesma hipótese (gestão fraudulenta) delitiva foi classificada de modo diverso nesta outra decisão: TRF3, ACR 0006023-58.1999.4.03.6181, Rel. Des. Antonio Cedenho, 2ª T., j. 7.7.15.

[662] MARQUES, José Frederico, 1997, p. 478. Walter Coelho (p. 123) contrapõe-se, com evidente dose de acerto, a essa categoria, ao afirmar que "os chamados crimes habituais impróprios nada têm de habituais; são crimes instantâneos, em que a reiteração pode ser circunstância agravante do crime, ou, quando não, implicar em continuidade delitiva. Isto é, um crime continuado, que nada tem a ver com crime habitual".

[663] TRF5, ED 13744/01/CE, 4ª T., Rel. Des. Fed. Ivan Lira de Carvalho, j. 18.7.17.

[664] MESTIERI, João, p. 245.

[665] TJRS, AG 70011719382, 4ª CC, Rel. Des. Gaspar Batista, j. 9.6.05; e TJSE, ACR 2000303674, Rel. Des. Gilson Soares, 1ª CC, j. 18.7.06.

[666] Como descreve Angelos Tsarpalas (p. 48), "par opposition à l'infraction continuée qui est constituée de plusieurs actions identiques, dont chacune constitue une infraction, l'infraction d'habitude est constituée de plusieurs actes identiques, dont chacun, pris isolément, n'est pas punissable; seule leur réunion constitue l'infraction d'habitue". No mesmo sentido, Luis Cousiño Mac Iver (p. 311), ao afirmar que "la diferencia

Distinguem-se, ademais, os delitos continuado e habitual, como enfatizou José Frederico Marques, na medida em que este "é um só crime para todos os efeitos, ao reverso do que sucede com o delito continuado que constitui unidade jurídica *quoad poenam*".[667]

Ainda no que diz respeito à separação entre os crimes continuado e habitual, indica Paulo José da Costa Júnior que "enquanto o primeiro integra a Parte Geral do Código Penal, podendo ser concebida a continuidade delitiva nos vários tipos penais da Parte Especial, o crime habitual não se aplica a todas as figuras penais, mas somente àqueles específicos: artigos 229 (casa de prostituição) e 230 (rufianismo)".[668]

Também se pode diferenciá-los porque, no crime habitual, se exige, para sua perfectibilização, além do dolo, uma tendência interna do agente, que precipuamente matiza a realização subjetiva dessa modalidade criminosa. No crime continuado, não se requer qualquer coeficiente subjetivo para a sua estratificação, construindo-se por meio de dados objetivos, insulados de qualquer carga subjetiva ou especial tendência anímica.

De qualquer maneira, pode compatibilizar-se a continuidade delitiva com a categoria dogmática do crime habitual, admitido que tanto pode haver condutas habituais simultâneas em continuidade (por exemplo: o rufião tira proveito de várias prostitutas em condições de lugar diferentes) ou condutas habituais sequenciadas em continuidade (por ilustração: a morte da única prostituta explorada faz cessar a habitualidade; não obstante, passadas algumas semanas, o rufião volta, nas condições de cenário e *modus* que havia, a tirar proveito da prostituição de outra pessoa); afora tais hipóteses, não se confundem, à evidência, os delitos continuados com os repetidos, com o que, o reconhecimento destes – que se traduzem em unicidade delituosa –, obstaculiza que majore a pena em virtude daqueles.[669] De outro rumo, não se pode entrançar o criminoso habitual[670] [671] com o crime habitual.[672] Trata-se de categorias que se diferem essencialmente,

---

fundamental entre el delito habitual y el delito continuado reside en la naturaleza delictual o no delictual de cada acto – de los varios que los constituyen – observados individualmente: en el primer caso, ellos no son punibles; en el segundo, sí lo son".

667 MARQUES, José Frederico, 1997, p. 477.

668 COSTA JÚNIOR, Paulo José da, 2010, p. 271. (Os exemplos utilizados pelo autor – arts. 229 e 230 do CP – sofreram alteração redacional determinada pela Lei 12.015/09.)

669 TRF4, ACR 5000651-80.2015.404.7207, 7ª T., Relª. Desª. Cláudia Cristina Cristofani, j. 6.6.17.

670 Aduz Alcides Munhoz Netto (1974, p. 20) que parece ser pacífico que a introdução em Códigos Penais de dispositivos específicos para os criminosos habituais ou por tendência decorre da necessidade de combate mais eficaz a essas espécies de criminalidade crônica e endurecida.

671 Enrico Ferri (p. 256) descreve as principais características do criminoso habitual: "esse, no seu tipo mais frequente, é um indivíduo que – nascido e crescido num ambiente de miséria material e moral, especialmente nos meios urbanos e, portanto, também com taras hereditárias, somáticas e psíquicas – começa, de rapaz, com leves faltas (mendicidade, vagabundagem, furto simples, etc.); depois – pela deletéria influência das prisões, e pelo futuro da pena com a má companhia dos delinquentes, e a dificuldade de encontrar trabalho regular e, muitas vezes, pela improvidente ação da polícia empírica – recai obstinadamente no crime, não raro chegando a um número de condenações em montante de dez e vinte, que é a mais grotesca documentação de uma justiça penal condenada à impotência e exautorada por efeito dessa 'técnica jurídica' que até no fenômeno eloquente da recidiva, limitando-se à objetividade jurídica, não vê e não tem em linha de conta o homem reincidente. Pelo contrário, tem sido a Escola Positiva que, com o subsídio da antropologia criminal, tem estudado e resolvido o problema da delinquência habitual, distinguindo-a da própria recidiva simples – que pode também ser efeito mais de desgraçadas contingências que de tendências pessoais – e especificando-lhe os tipos diferenciais, completando o índice legal (condenação subsequente a outra condenação) com o índice psicológico (execução de mais crimes e, sobretudo, habitualidade)". Também Luís Jiménez de Asúa (1945, p. 682) apresenta os traços mais característicos do criminoso habitual: "el *hábito*

pois, no crime habitual, a multiplicidade de condutas homogêneas é um elemento da tipicidade objetiva, apresentando-se, de tal modo, como uma característica do próprio fato delituoso, porquanto, no criminoso habitual, a reiteração é uma característica própria do agente, que, por meio da prática reiterada de fatos delitivos, veio a adquirir um hábito delinquencial. A primeira categoria (criminoso habitual) apresenta-se, então, como "uma qualificação jurídica subjetiva pretendida pelo legislador por motivos atinentes à prevenção, enquanto o crime habitual diz respeito à estrutura objetiva do fato delituoso".[673]

O traço em comum – a habitualidade – das duas hipóteses se mostra, no crime habitual, como a repetição de atos que estruturam e corporificam o crime; e, no criminoso habitual, como a repetição de crimes, vinculando-se, normalmente, ao fenômeno da multirreincidência.[674]

---

criminal es costumbre adquirida por la repetición de actos delictivos, y la facilidad para realizarlos, como consecuencia de la práctica en este ejercicio, implica ordinariamente la comisión de pluralidad de infracciones, aunque puede existir en los delitos continuados y colectivos que están constituidos por pluralidad de hechos, sin necesidad de más de una infracción. Es más y menos que la reincidencia. Más, porque no basta con la repetición de infracciones; es preciso que esta insistencia constituya costumbre y se incorpore al modo de ser o de obrar del sujeto. Es posible caer más de una vez en el delito, sin que este deje de ser ocasional por la renovación de las circunstancias externas que produjeron el estímulo. Menos, porque no hace falta para reconocer habitualidad que se haya dado la hipótesis de reincidencia o sea la condena ejecutoria, sino que aquélla puede demostrarse por un conjunto de infracciones que constituyen el concurso de delitos. El *profesional* es especie del delincuente habitual. Aquí la costumbre va unida al lucro y constituye un modo de vida, un oficio que se ejerce previo aprendizaje: falsificadores, timadores, carteristas, ladrones de varia graduación social, desde el tomador callejero al elegante ladrón de hotel, peristas, proxenetas, chantajistas, usureros, explotadores del juego, contrabandistas, etc. Son profesiones regularmente desempeñadas contra las cuales ha sido impotente hasta ahora la ley penal". As inúmeras classificações criminológicas dos delinquentes, que têm à base critérios os mais diversos, dão conta de uma linha de investigação (antropológica bastante relevante) que, tendo conhecido o seu apogeu, entrou em franco descrédito. Com efeito, enfocar o crime sob um prisma puramente naturalista, ou, sobretudo, desvincular a punição (culpa) do fato, e pretender estabelecê-la a partir de critérios relacionados a condições pessoais do agente, conduz ao enfraquecimento da certeza jurídica e entrechoca-se com o princípio central (e democrático, pois é uma ferramenta protetiva do indivíduo em face do Estado) da culpabilidade, cuja essência não se localiza – como explica Enrique Bacigalupo (1999, p. 169) – nem no caráter do autor, nem na conduta de sua vida, mas, sim, na possibilidade de ter atuado de outra maneira no caso concreto (culpabilidade pelo fato). Aqui, pode ser relembrada a categoria *Lebensführungsschuld* (culpabilidade pela condução da vida), de Edumundo Mezger – ou a variante *Lebensentscheidungsschuld* (culpabilidade pela decisão da vida), de Paul Bockelmann –, através da qual são lançadas expressões como *Gewöhnung an den verdebten Lebenswandel* (adicção a costumes corruptos) ou *Persönlichkeitsverfall* (depravação da personalidade do autor), fortemente carregadas de um caráter moralista, desvinculadas, portanto, da noção da culpabilidade pelo fato. Historicamente, tanto a teoria da culpabilidade pela condução da vida como a da culpabilidade por decisão da vida visaram a permitir a responsabilização por fatos (antissociais) anteriores; no presente, não se lhes reconhece qualquer importância, na medida em que a afirmação do juízo de culpabilidade deve assentar-se em um injusto criminal, e como não existe "un injusto de la conducción de la vida, (...), no existe por consiguiente, tampoco culpabilidade por estos aspectos; el problema fundamental hay que plantearlo enel terreno de la legitimación para tomar en cuenta tales aspectos en un Estado de Derecho, en el que el principio de separación entre el Derecho y la Moral es un principio clave del entendimiento del Derecho Penal, ya que no se castiga por el modo de ser, ni por lo que se es, o se ha hecho en el pasado, sino por un hecho concreto, con la finalidad de proteger bienes jurídicos" (CRESPO, Eduardo Demetrio, 1999, p. 227-8).

[672] A evolução histórica desse tema, no Brasil, pode ser encontrada em Alcides Munhoz Netto, p. 18-33.

[673] BETTIOL, Giuseppe, p. 306.

[674] COELHO, Walter, p. 117. Também não se deve confundir o delinquente habitual com o reincidente, na medida em que, do ponto de vista criminológico, "delincuente habitual es aquel en el que por la comisión reiterada de hechos delictivos se ha creado un hábito de delinquir. El delincuente habitual se distingue así

Para além disso, a categoria (do criminoso habitual) visava, preponderantemente, à prevenção delitiva, dado que o seu reconhecimento tinha em mira a defesa social em face da periculosidade do agente.[675]

Realmente, enquanto o crime habitual "é instituto jurídico que se insere na estrutura típica de determinadas condutas puníveis, criminoso habitual é matéria relativa à resposta penal, espelhando graus de reprovabilidade, desajuste ou perigosidade social",[676] ou seja, o criminoso habitual é o fator de representação subjetiva de que se servem determinados ordenamentos criminais para estabelecer o grau de impactação repressiva sobre o comportamento do agente.

Feitos esses apontamentos, não há confundir-se o crime continuado com a habitualidade criminosa;[677] nesse rumo, como destaca Luiz Vicente Cernicchiaro: "a habitualidade é incompatível com a continuidade. A primeira recrudesce, a segunda ameniza o tratamento penal. Ou, em outras palavras, a culpabilidade (no sentido de reprovabilidade) é mais intensa na habitualidade do que na continuidade".[678] Em uma *blague*, estabelece a jurisprudência a diferença entre a reiteração criminosa e o delito continuado: "é mister não embaralhar os conceitos de reiteração criminosa e crime continuado; neste, a ocasião faz o ladrão, naquela, o ladrão vai ao encontro da ocasião".[679]

---

claramente del reincidente, que es siempre un concepto jurídico, ya que para la habitualidad no se precisa condena alguna, lo importante es el hábito de delinquir" (CEREZO MIR, José, 2005, p. 1091).

[675] MARTINS, José Salgado, p. 366.

[676] COELHO, Walter, p. 117.

[677] A diferença entre o crime continuado e a habitualidade criminosa foi, inclusive, abordada na EM da nova PG do CP (Lei 7.209/84). Nesse sentido, dispõe o art. 59: "o critério da teoria puramente objetiva não revelou na prática maiores inconvenientes, a despeito das objeções formuladas pelos partidários da teoria objetivo-subjetiva. O Projeto optou pelo critério que mais adequadamente se opõe ao crescimento da criminalidade profissional, organizada e violenta, cujas ações se repetem contra vítimas diferentes, em condições de tempo, lugar, modos de execução e circunstâncias outras, marcadas por evidente semelhança. Estender-lhe o conceito de crime continuado importa em beneficiá-la, pois o delinquente profissional tornar-se-ia passível de tratamento penal menos grave que o dispensado a criminosos ocasionais. (...)".

[678] CERNICCHIARO, Luiz Vicente, 1998, p. 115. Também no julgamento do RESP 54834/SP, 6ª T., de relatoria do Min. Luiz Cernicchiaro, j. 26.10.92 (RBCC, ano 1, nº 3, jul./set., 1993) delineou-se a diferença entre habitualidade criminosa e crime continuado: "(...) jurídico-penalmente são situações distintas. Não podem, outrossim, conduzir ao mesmo tratamento. O crime continuado favorece o delinquente. A habitualidade impõe reprovação maior, de que a pena é expressão, finalidade (CP, art. 59 *in fine*) estabelecida segundo seja necessária e suficiente para reprovação e prevenção do crime. Na continuidade, há sucessão circunstancial de crimes. Na habitualidade, sucessão planejada, indiciária do *modus vivendi* do agente. Seria contraditório, instituto que recomenda pena menor ser aplicada à hipótese que reclama sanção mais severa. Conclusão coerente com interpretação sistemática das normas do CP". Em igual senda, pondera René Ariel Dotti (1969, p. 187): "a exigência de maior punibilidade para os criminosos habituais, além de romper com a regra do juízo da culpabilidade em função do fato isolado para acolher a culpabilidade em razão de um estilo de vida rebelde, demonstra também que a manutenção do crime continuado é paradoxal, sabido que tal ficção jurídica é, geralmente, equacionada em favor de delinquentes que habitualmente reiteram no ilícito. Basta recorrer à estatística para se comprovar que a continuidade é fenômeno ordinário nos delitos contra o patrimônio, pondo em relevo um tipo de autor que é objeto de maior censurabilidade".

[679] RTJTACSP, 40:23-466, 1998, p. 392. É que, no delito continuado, conforme se expressa a jurisprudência antes citada, "o agente é seduzido pela permanência das favoráveis circunstâncias; na reiteração criminosa, o agente persevera, sejam ou não propícias as condições, porque esta é sua maneira de ser e de viver". *Reiteração criminosa.* "A mera reiteração no crime – que se não confunde e nem se reduz, por si só, à noção de delito continuado – traduz eloquente atestação do elevado grau de temibilidade social daquele que a pratica" (STF, 1ª T., *HC* 68.124-7/DF, Rel. desig. Celso de Mello, j. 18.12.90) (decisão citada por AMARO, Mohamed, 2007, p. 391). No mesmo sentido: STJ, *HC* 9.880/SP, Rel. Min. Félix Fischer, 5ª T., j. 3.8.99 (decisão citada por AMARO, Mohamed, p. 391).

Em outro quadrante, debate a jurisprudência acerca da convivência entre a relapsia criminosa e o crime continuado; majoritariamente,[680] não se admite, em terreno jurisprudencial, tal compatibilidade,[681] de modo singular se o tribunal de origem tenha concluído pela ausência de unidade de desígnios entre as condutas,[682] embora, por óbvio, haja decisões em sentido contrário.[683]

Sustenta-se que o criminoso habitual (*perseverantia in crimine* ou *perseverantia sceleris*) tem, na prática do delito, um verdadeiro *modus vivendi*, não merecendo, por tal razão e por apresentar culpabilidade mais acentuada, o abrandamento proposto pela *fictio juris* da continuidade delitiva.[684] A ficção jurídica do delito continuado caracteriza-se, essencialmente, a partir de uma forma de "prosseguimento ou desdobramento da mesma conduta delituosa", sendo, é claro, desse modo, diferente de se praticar uma série de crimes de semelhante espécie, "com manifesto propósito de reiterar na senda do crime, e não simplesmente desdobrar ou ampliar a conduta inicial, em razão de circunstâncias propiciadas ao agente quando de sua prática".[685] Consequentemente, ao profissional do delito[686] não seriam impostas condenações unificadas (que impliquem menor reprimenda), em desprestígio ao caráter retributivo da sanção penal.[687]

Em sentido oposto, defende outro setor da jurisprudência a perfeita compatibilidade dos institutos, notadamente pela inexistência de qualquer vedação legal que pudesse obstaculizar a sua comunhão, não se perdendo o norte do significado benéfico que

---

[680] Esta é a orientação da Suprema Corte: STF, R*HC* 118460/SP, 2ª T., Rel. Min. Celso de Mello, j. 22.10.13; STF, *HC* 115261/SP, Rel. Ricardo Lewandowski, 2ª T., j. 24.4.13; STF, *HC* 98647/RS, Rel. Min. Carlos Britto, 1ª T., j. 13.10.09; e STF, R*HC* 93144/SP, Rel. Min. Menezes Direito, 1ª T., j. 18.3.08. Semelhantemente, no STJ: STJ, *HC* 224592/SP, 6ª T., Rel. Min. Sebastião Reis Júnior, j. em 8.10.13; STJ, *HC* 167.884/DF, Rel. Min. Og Fernandes, 6ª T., j. 21.8.12; STJ, *HC* 192.555/SP, Relª. Minª. Laurita Vaz, 5ª T., j. 21.6.12; e STJ, *HC* 172.445/SP, Rel. Min. Gilson Dipp, 5ª T., j. 4.8.11.

[681] TJSC, RAG 2014.087169-1, Rel. Des. Rui Fortes, 3ª CC, j. 2.6.15; TJDFT, RAG 20150020112202, Rel. Des. Silvânio Barbosa dos Santos, 2ª TC, j. 21.5.15; TJDFT, RAG 20140020095149/DF, Relª. Desª. Sandra de Santis, 1ª TC, j. 11.6.14; TJDFT, RAG 20140020111708/DF, Relª. Desª. Nilsoni de Freitas, 3ª TC, j. 5.6.14; TJDFT, RAG 20140020079728/DF, Rel. Des. Jesuino Rissato, Rel. desig. Des. Humberto Ulhôa, 3ª TC, j. 5.6.14; TJMG, ACR 1.0518.12.017966-9/001, Rel. Des. Cássio Salomé, 7ª CC, j. 10.7.14; TJDFT, RAG 20140020107514/DF, Rel. Des. Silvânio Santos, 2ª TC, j. 10.7.14; TJDFT, RAG 20140020082759/DF, Rel. Des. Romão Oliveira, 1ª TC, j. 25.6.14; TJRS, AG 70055282958, 2ª CC, Relª. Desª. Lizete Sebben, j. 10.10.13; e TJDFT, RAG 20130020126780, Rel. Des. Silvânio Santos, 2ª TC, j. 11.7.13.

[682] STJ, *HC* 286.784/RS, Rel. Min. Reynaldo Soares da Fonseca, 5ª T., j. 1.9.15.

[683] TJRS, AGE 70073618233, Rel. Carlos Alberto Etcheverry, 7ª CC, j. 22.6.17; TJRS, AGE 70055016810, Rel. Des. Francesco Conti, 5ª CC, j. 4.9.13; e STJ, RESP 448668/PB, Rel. Min. Hamilton Carvalhido, 6ª T., j. 25.11.08.

[684] TJSC, AGE 1000056-17.2016.8.24.0000, Rel. Des. Paulo Roberto Sartorato, 1ª CC, j. 1.4.16.

[685] RJTACSP, nº 7, p. 31.

[686] Na legislação suíça, por exemplo, sob a rubrica "caractéristiques personnelles" (*persönliche Merkmale*), no art. 27 do CP, existe, implicitamente, referência à "circonstance aggravante du métier", ou seja, à que "constitue une circonstance personnelle, dont la réalisation implique une activité à caractère professionnel. L'auteur agit de manière professionnelle, lorsqu'en raison du temps et des moyens consacrés à son activité délictueuse, ainsi que de la fréquence des actes pendant une période donnée et des revenus espérés ou obtenus, il ressort qu'il exerce son activité délictueuse à la manière d'une profession, et en retire effectivement des revenus relativement réguliers contribuant de façon non négligeable à la satisfaction de ses besoins" (FAVRE, Christian; PELLET, Marc; STOUDMANN, Patrick, p. 109-10).

[687] Ao interpretar o art. 71, já decidiu a Suprema Corte: "parece-me que tem o STF querido evitar que se passe a dar a esse dispositivo uma interpretação que permita, ao profissional do crime, uma certa economia de penas" (STF, *HC* 68.890-0-SP, 2ª T., Rel. Min. Carlos Velloso, p/a, j. 3.12.91).

orienta a estruturação do delito continuado.[688] Sintetizando esse particular, houve por bem em decidir o Ministro Marco Aurélio: "não reconheço e não posso reconhecer a profissão de criminoso e, deixando de fazê-lo, é-me impossível potencializá-la a ponto de abandonar o que está no artigo 71".[689]

Tornar-se indispensável observar que a jurisprudência, muitas vezes, recorre a categorias criminológicas (habitualidade[690] ou profissionalidade no delito;[691] delinquente especializado;[692] contumácia delitiva;[693] tendência para delinquir; entre outras)[694] ou dogmáticas (crime repetido)[695] para obstaculizar a concessão de tratamento punitivo com

---

[688] No plano doutrinário, também há manifestações favoráveis à compatibilidade da habitualidade criminosa com a continuidade: "menos ainda é lícito, *data venia*, frustrar os benefícios a que o réu tenha direito a pretexto de ser ele 'criminoso habitual'. Ora, hábito é reiteração de conduta. De modo que, se o legislador – certo ou errado, não importa – estabelece um benefício em favor de quem reitera a conduta, não é possível negá-lo a pretexto de que ele tem o hábito de agir daquela forma, porque isso corresponderia a cassar o benefício pelas razões mesmas que motivaram a sua concessão. Ele só pôde criar o hábito – vale dizer: só se curvou reiteradamente ao mesmo impulso criminógeno – porque isso foi possível. Tivessem os órgãos de proteção social agido a contento e ele teria sido preso logo após os primeiros delitos e, quem sabe, se exauriria o impulso para o crime" (REGO, Hermenegildo de Souza, 1987, p. 405).

[689] RJTACSP, SP, 29:29-469, 1996, p. 34. No mesmo sentido: TACSP, 10ª C, RA 806.095/2, j. 24.11.93, v.u., Rel. Sérgio Pitombo (decisão citada por FRANCO, Alberto Silva, 1999, p. 3461).

[690] TJRS, AEX 70074212820, 7ª CC, Rel. Des. José Antônio Daltoe Cezar, j. 27.7.17.

[691] TJRS, AGE 70069874584, Rel. Des. Dálvio Leite Dias Teixeira, 8ª CC, j. 27.7.16; e TJMG, AGE 1.0079.04.142766-1/002, Rel. Des. Adilson Lamounier, 5ª CC, j. 26.1.16.

[692] TJSP, AGE 7013167-52.2015.8.26.0482, Rel. Des. Bandeira Lins, 2ª CC, j. 18.1.16.

[693] STF, *HC* 131205, Relª. Minª. Cármen Lúcia, 2ª T., j. 6.9.16.

[694] Com mais detalhes: BATTAGLINI, Giulio, p. 589-600. Na própria EM do Min. Francisco Campos, do CP de 1940, pode-se ler, no setor relacionado à aplicação da pena: "o projeto não faz classificação especial de criminosos. Na sua sistemática, apenas distingue, para diverso tratamento penal, entre o criminoso *primário* e o criminoso *reincidente* (genérico ou específico). O projeto Alcântara dividia os delinquentes em quatro categorias: *ocasionais, por tendência, reincidentes* e *habituais*. Ora, para a identificação dos 'tipos' das duas primeiras categorias, não há seguros critérios objetivos. Não existem características constantes ou indícios infalíveis para diferençar entre criminosos que o sejam *per accidens* e os que o sejam por *tendência*. Quanto aos criminosos *por tendência*, nem mesmo se pode asseverar, incontestavelmente, que existam, isto é, não se pode afirmar que haja uma inclinação especial ou fatalística para o crime; mas, ainda que se pudesse admitir isso, não seria lógico que um código penal fundamentalmente informado na liberdade volitiva, incluísse entre os *imputáveis* o delinquente que o é por irresistível tendência. Quanto aos criminosos *habituais*, não há razão para destacá-los da *família* dos reincidentes, uma vez que a estes seja aplicado, como no sistema do projeto, um tratamento especialmente rigoroso. Para a individualização da pena, não se faz mister uma prévia catalogação, mais ou menos teórica, de espécies de criminosos, desde que ao juiz se confira um amplo arbítrio na aplicação concreta das sanções legais. Neste particular, o projeto assume um sentido marcadamente *individualizador*. O juiz, ao fixar a pena, não deve ter em conta somente o fato criminoso, mas suas circunstâncias objetivas e consequências, mas também o delinquente, a sua *personalidade*, seus antecedentes, a intensidade do dolo ou da culpa, e, motivos determinantes (art. 42). O réu terá de ser apreciado através de todos os fatores, endógenos e exógenos, de sua individualidade moral e da maior ou menor intensidade da sua *mens rea* ou da sua maior ou menor desatenção à disciplina social. Ao juiz incumbirá investigar, tanto quanto possível, os elementos que possam contribuir para o exato conhecimento do temperamento ou índole do réu, – o que importa dizer que serão pesquisados o seu *curriculum vitae*, as suas condições de vida individual, familiar e social, a sua conduta contemporânea ou subsequente ao crime, a sua maior ou menor *periculosidade* (probabilidade de vir ou tornar o agente a praticar fato previsto como crime). Esta, em certos casos, é presumida, pela lei, para o efeito da aplicação obrigatória de medida de segurança; mas, fora desses casos, fica ao prudente arbítrio do juiz o seu reconhecimento (art. 77)".

[695] TJDFT, RAG 20170020140198, 1ª TC, Relª. Desª. Ana Maria Amarante, j. 24.8.17; TJDFT, RAG 20170020044579, 1ª TC, Relª. Desª. Ana Maria Amarante, j. 13.7.17; e TJDFT, RAG 20160020139488, Relª. Desª. Sandra de Santis, 1ª TC, j. 2.6.16.

menor impactação repressiva,[696] em flagrante desrespeito ao princípio constitucional da reserva legal, que não estabelece (ao menos, em nosso ordenamento jurídico) qualquer comando relacionado àquelas categorias.[697] (Ainda nessa linha, chega-se até mesmo – como se se tratasse de um *fait accompli* – a estabelecer uma polarização entre as categorias do criminoso habitual [ou contumaz] e do criminoso eventual.)[698]

Nesse norte, sustenta-se que a criação (ou a utilização) de categorias não inscritas, explícita ou implicitamente, na norma penal, não se mostra aceitável, visto que o instituto em foco se traduz em direito público subjetivo do apenado, tendo aplicação obrigatória – se presentes, obviamente, todos os requisitos (*in casu*, todos de feição objetiva) que condicionam a sua existência –; não podendo, por isso, sofrer reduções que impliquem afetação de garantias por meio de alargamento interpretativo não autorizado pelo sistema constitucional (tampouco pelo subsistema penal). Sob outros aspectos, a configuração do modelo legal do crime continuado comum – que se inscreve por meio de elementares objetivas (idêntico método executório dos tipos penais homogêneos, semelhantes dados geográficos e com certa periodicidade) – independe de quaisquer considerações sobre a vida *ante acta* do condenado, ou seja, pouco importa que haja (maus) antecedentes criminais, dado que a ficção legal deverá ser reconhecida tal como prevista no direito positivo.[699] Observa-se, ainda nessa linha, que não podem ser adotadas noções ou categorias estranhas ao preceito, de modo particular quando terminem por limitar o seu alcance, em evidente prejuízo do imputado.[700]

4.4. DO DELITO COMPLEXO

A relação de proximidade conceitual do crime continuado se apresenta, de igual modo, com o delito complexo[701] (da mesma forma que com o habitual), na medida

[696] Luiz Viel (1999, p. 80) enfatiza: "mas considerando que a repetição dos atos revelava reiteração, propósito, persistência criminosa e temibilidade, não cabendo, por conseguinte, a amenização punitiva, muitas decisões foram proferidas (...)".

[697] É, pois, de rigor o registro do comentário de Luiz Viel (p. 84-5), quando descreve: "no crime contra o patrimônio continuado há, em regra, uma certa profissionalidade. O grande criminoso, nos gabinetes, que aplica o golpe financeiro, ou o administrador que recebe uma parte do sobrepreço da obra ou da compra que contrata o poder público, cada qual bom leitor de Machado de Assis, suja-se gordo, uma vez só ou poucas, com pequenos riscos e muito proveito. Mas o cliente do crime continuado é o que pratica muitos fatos, esvaindo-se logo o lucro, e tem de delinquir sempre, criando a expectativa estatística da prisão, cedo ou tarde, e então gasta o que a vida delitiva lhe deu. É aqui que, digamos, mora o crime continuado. (...). Negar, então, o crime continuado porque há reiteração de fatos, uma certa profissionalidade, e por não ser um lance de estrita continuação do anterior, na elaboração mental dos delitos, é praticamente varrer o crime continuado da vida real. Tem de haver mais de um fato para que haja continuidade: logo, a reiteração é inerente. Quem rouba cada dia alguém, ou mais vezes no mesmo dia, ou com pequeno intervalo, faz disso um modo de vida. (...). Se existe, está disciplinado e descrito acabadamente, não é correto o uso de requisitos outros para impedir-lhe a incidência – mesmo que o propósito de restringir o instituto, diante do alargamento conceitual equivocado da lei nova, seja compreensível". A jurisprudência também faz coro com esse entendimento: TJRS, AC 70063216378, Rel. Des. Carlos Alberto Etcheverry, 7ª CC, j. 31.3.16; Julgados do TACSP 59/57, 71/48, 26/218, 29/118. AGE 523.057/3, 5ª C. do TACP, Pres. e Rel. [vencido em parte] Walter Swensson.

[698] TJMG, AGE 10433051624289001, Rel. Des. Alexandre Carvalho, 5ª CC, j. 15.1.13.

[699] Todavia, a noção que repele a figura do crime continuado em face do crime habitual se mostra prevalente: TJDFT, RA 20160020053378, Rel. Des. Romao Cicero de Oliveira, 1ª TC, j. 6.5.16.

[700] Nesse sentido: FRAGOSO, Christiano, 2015, p. 4-5.

[701] Na lição de Silvio Ranieri (2006, p. 268), "o concurso de crimes é de se excluir quando mais crimes singulares se fundem, para consideração da lei, num crime complexo, justamente por constituírem um

em que deve haver uma pluralidade de atos que serão, após, aglutinados em um único crime.

Como bem percebe Luis Rodríguez Ramos, está em consideração um concurso real de delitos expressamente tipificado pelo legislador para determinar uma pena conjunta específica;[702] neste sentido, em face desta modalidade criminal, é bastante lógico que se exclua o concurso material de delitos, visto que a lei valorou, em uma incriminação unitária, todos os momentos da empresa criminosa constituída por vários fatos; logo, não existe apenas uma conexão, mas, sim, uma unificação.[703] Sob estas circunstâncias, avalia Nuria Castelló Nicás que o delito complexo é, efetivamente, um concurso de delitos, "aunque por la configuración técnico-legislativa de los preceptos del Código, se nos sitúe en la tesitura de decidir entre castigar, bien separadamente por cada uno de los delitos que concurren, bien por la figura compleja, que finalmente habrá de prevalecer, por ser más específica, al establecer una valoración conjunta de los hechos concurrentes".[704]

De ver-se que o *reato complesso* – denominado, pelos autores alemães, de delito composto (*zusammengesetztes Delikt*) – envolve a fusão de dois ou mais crimes autônomos em uma unicidade legal (na qual um delito será elemento constitutivo ou circunstância agravante de outro), que os torna amalgamados (e insubsistentes *per se*) em virtude do aparecimento desse novo e unitário contexto legal (mais abrangente). O crime complexo, no fundo, implica uma unidade jurídica, muito embora haja, em sua estrutura normativa, pluralidade de infrações criminais.

Para Valdir Sznick, [o crime complexo é] "o que resulta de vários delitos, previstos cada um como crime, unidos no nexo causal, unidade de motivo e resultado final e considerado, pela lei, como um só crime".[705] Explica Silvio Ranieri: "existe crime complexo quando mais crimes, previstos singularmente por outras e diferentes normas penais, se manifestam dentro de um único contexto, com elo de causa entre eles e unicidade de motivos e de resultado final, e compõem, por consideração da lei, um crime só, ou como seus elementos constitutivos ou alguns deles como elemento constitutivo e outros como circunstância agravante".[706]

Decerto, tem-se verdadeira fusão de diferentes ilícitos que fornece o aparecimento de uma nova hipótese criminosa, na qual existe a "reunião de mais de uma figura delitiva, constituindo uma unidade jurídica e legal, ou seja, um só crime".[707]

---

crime único". É curioso observar que se discute, entre certos autores estrangeiros, ser ou não necessária, para a configuração do delito complexo, a reunião de dois ou mais tipos simples, ou bastaria que a figura projetasse dois ou mais interesses. Como anota José Cirilo de Vargas (2014, p. 150), em virtude do art. 103 do CP, "cessa qualquer dúvida: o tipo só será complexo se tiver, como elementos constitutivos, fatos que por si mesmos constituem crimes".

[702] RODRÍGUEZ RAMOS, Luis, 2010, p. 215.

[703] MANZINI, Vicenzo, 1949, p. 388. Em outras palavras, "los hechos pierden independencia por esa unitaria consideración legal, a diferencia de lo que ocurre en el concurso real, en que se trata de hechos independientes, tanto fáctica como normativamente, por ser desvalorados autónomamente en distintos tipos legales" (CARAMUTI, Carlos S., p. 242).

[704] CASTELLÓ NICÁS, Nuria, 2000, p. 52.

[705] SZNICK, Valdir, 1996, p. 114. Conforme Ricardo Antunes Andreucci (1973, p. 81), existem dois momentos no crime complexo: "o elemento psicológico peculiar de cada crime-membro e a unidade de escopo, que os funde em momento de síntese e de coordenação".

[706] RANIERI, Silvio, p. 49.

[707] COELHO, Walter, p. 128.

Difere, desse modo, do crime continuado, visto que, neste, a unidade é simplesmente fantasiosa, para atender a determinadas motivações jurídico-penais. De outro passo, a diversidade de espécie delitiva "y el darse por lo regular contemporánea o inmediatamente"[708] também constituem aspectos de separação entre o crime complexo e o continuado.

Os crimes complexos "são constituídos pela *unidade* de dois ou mais tipos delitivos (um meio e outro fim); o crime-meio integrando a figura penal somente intermediando a situação para cometer a figura principal, que é o tipo delitivo *fim*".[709] O exemplo doutrinário mais frequente é o crime de latrocínio (artigo 157, parágrafo 3º, *in fine*, do Código Penal), que decorre da combinação dos crimes de roubo e homicídio.[710]

Pode afirmar-se que se apresenta nítida a vinculação conceitual entre o crime continuado e o crime complexo, uma vez que ambos se traduzem em reunião de mais de uma figura jurídica em um só crime; todavia, enquanto a unificação da cadeia de ações ilícitas – no que tange ao crime continuado – exige uma série de requisitos e se destina, de modo primordial, ao tratamento punitivo, a unificação, em se tratando do crime complexo, é incorporada no plano abstrato da tipicidade, a partir da combinação de diferentes tipos penais em novo modelo punitivo. Além disso, nas palavras de Ricardo Antunes Andreucci, "no crime complexo, os delitos não são da mesma natureza e não existe a violação repetida no mesmo dispositivo legal, (...) ainda que se possa pretender vislumbrar um dado comum nas circunstâncias de ambos subtraírem-se às regras do concurso de crimes. Isso, porém, que é até mesmo a razão de ser do crime continuado, em relação ao crime complexo é apenas um efeito que advém de sua própria natureza".[711]

Não se atribui acerto, por esse motivo, àqueles que pretendem incluir o delito continuado na qualificação jurídica do delito complexo, uma vez que "o crime continuado somente se integra com infrações da mesma espécie, ao passo que o crime complexo exige a presença de duas ou mais infrações de naturezas diversas".[712]

O delito complexo, apesar de trazer, em sua descrição típica, elementos constitutivos que, por si mesmos, constituem crimes, se traduz em unidade de ação e de tipo, para a qual o legislador produziu um modelo legal autônomo. Nesta perspectiva, a lição de Giulio Battaglini, quando diferencia o delito complexo (ou composto) do concurso de delitos: "os vários fatos, constituindo cada um por si um delito, perdem, no delito complexo, a própria individualidade, e se fundem, dando vida a uma nova e única figura criminosa; no concurso de delitos, ao invés, cada um dos delitos conserva a própria

[708] ONECA, José Antón, 2000, p. 172.

[709] COSTA, Carlos Adalmyr Condeixa da, 1989, p. 52.

[710] *HC* 71.174, Rel. Min. Celso de Mello, 1ª T., DJ de 20.4.95; e *HC* 109.539, Rel. Min. Gilmar Mendes, 2ª T., DJE de 31.5.13.

[711] ANDREUCCI, Ricardo Antunes, 1973, p. 62-3. Jorge Alberto Romeiro (1979, p. 542) ainda diferencia o crime complexo do concurso material de crimes e da reincidência, pois "os dois últimos institutos exigem uma pluralidade de crimes autônomos e independentemente configurados na lei, enquanto no crime complexo há uma só e única figura legal de crimes".

[712] PIMENTEL, Manoel Pedro, 1969, p. 159. Ademais, como pontifica Massimo Punzo (167), "nel reato complesso l'azione non può considerarsi plurima anche se risulta composta di più atti, mentre la pluralità delle azioni, sai pure saldate dal nesso psicologico, è elemento caratteristico del reato continuato. Noi crediamo che si possa ravvisare, piuttosto, nel reato complesso, una particolare ipotesi di concorso formale di reati che non assimilare il reato complesso a quello continuato che è sempre una particolare e tipica ipotesi di concorso materiale".

autonomia, e formam junto uma pluralidade de delitos, que é a soma aritmética das figuras concorrentes".[713] A mais disso, no crime complexo, as ações devem ser simultâneas, ao passo que, no delito continuado, se requer um certo distanciamento temporal para a sucessiva prática das condutas.[714]

(Aliás, convém, ainda, a propósito das relações que se podem apresentar entre o crime continuado e os delitos permanente, habitual e complexo, afirmar que estes se materializam em modalidades típicas especiais, enquanto aquele é uma forma geral com aplicação ao conjunto dos tipos penais.)

4.5. DO DELITO PROGRESSIVO. DA PROGRESSÃO CRIMINOSA

Assemelhado ao crime complexo (e, assim, ao continuado) se apresenta o crime progressivo (ou de passagem), em que a conduta delituosa percorre diferentes etapas, em grau ascendente de gravidade contra um mesmo bem jurídico. De acordo com José Frederico Marques, ocorre o crime progressivo quando, "numa figura delituosa, a conduta indicada pelo núcleo do tipo é o resultado de atos que se desenvolvem através da passagem de um tipo fundamental menos grave para outro de maior gravidade".[715]

Por sob tudo isto, pondera, Miguel Reale Júnior que "no tipo penal progressivo está compreendido o tipo de um delito menos grave, de tal modo que este se não é senão um momento a ser ultrapassado, obrigatoriamente, ao se efetuar um crime progressivo. O crime menos grave é elemento constitutivo do mais grave, uma passagem obrigatória para se alcançar a realização deste último".[716]

Nota característica do crime progressivo (e nisto, exatamente, distintiva do continuado) é a singularidade da conduta, que decorre da própria descrição típica (em cujo modelo legal existe uma figura "mais grave em que se inclui outra menos grave: o crime menos grave está contido no de maior gravidade"),[717] em uma relação de conteúdo e continente,[718] de *minus ad majus*. Como se expressa Manoel Pedro Pimentel, "a característica diferencial, portanto, está em que no crime progressivo ficam absorvidas as infrações anteriores, remanescendo apenas a final e mais grave, enquanto que no crime continuado restam íntegras todas as infrações concorrentes".[719] Os elementos do delito progressivo são – como anota Valdir Sznick – os seguintes: "a) uma única conduta; b) mais de um evento; c) único ato de vontade. O evento menos grave é preparatório do mais grave".[720]

---

[713] BATTAGLINI, Giulio, p. 566. Como aponta Antonio Pagliaro (p. 614), "il regime penale del reato complesso è sempre quello del reato unico. Non si applicano, dunque, le norme sulla pluralità di reati, neppure quando esse risultino più favorevoli al reo. Ciò deriva dal fatto che il significato criminoso, nel reato complesso, è nuovo ed autonomo rispetto al significato criminoso dei reati che lo costituiscono".

[714] CANTARERO BANDRÉS, Rocío, p. 52. No mesmo rumo, aponta Germano Marques Bitencourt da Silva (p. 318) que "no crime complexo as acções devem ser simultâneas ou pelo menos contemporâneas enquanto no crime continuado há um interregno temporal entre as sucessivas acções".

[715] MARQUES, José Frederico, 1997, p. 472.

[716] REALE JÚNIOR, Miguel, 1979, p. 140.

[717] MARQUES, José Frederico, 1997, p. 473.

[718] COELHO, Walter, p. 149.

[719] PIMENTEL, Manoel Pedro, 1969, p. 162.

[720] SZNICK, Valdir, 1996, p. 115.

Distingue-se, ainda, do crime progressivo a progressão criminosa, que se relaciona, diretamente, com a questão do concurso de normas.[721] Na progressão criminosa, existem várias ações – perfectibilizadoras de vários tipos – que se desenvolvem, em um certo contexto fático, de forma continuativa (no que, a toda evidência, se aproximam do crime continuado). Diz Walter Coelho: "na 'progressão criminosa' há, pois, pluralidade de condutas delitivas, encadeadas por uma sequência causal e certa unidade de contexto. Da mesma forma desdobra-se o elemento psicológico, com dolos distintos em momentos diversos".[722]

A diferença entre o delito progressivo e a progressão criminosa está calcada, exatamente, no elemento psicológico com o qual se houve o agente na realização das condutas ilícito-típicas. No primeiro, atuou o agente com intenção, *ab initio*, de perfectibilizar o delito mais grave; no segundo, a determinação subjetiva dirigia-se, ao início da concreção do tipo, para a realização do delito menor, e "só sucessivamente é que o agente, se bem que no mesmo contexto da conduta, delibera praticar o delito mais grave".[723]

É de rigor afirmar-se, contudo, que a consequência que a ordem jurídica se lhes destina é, exatamente, a mesma, ou seja, "tanto no crime progressivo como na progressão criminosa o agente do delito só responderá pela infração mais grave",[724] por força do princípio da consunção. A *progressione criminosa* – afirmam Francesco Antolisei e Luigi Conti – pode ser reconhecida "nelle ipotesi nelle quali alla commissione di un reato segue con immediatezza, per effetto di una nuova risoluzione criminosa, un reato lesivo de un interesse maggiore".[725]

Acerca da diferença entre a progressão criminosa e o crime continuado, pode dizer-se que este é resolvido no plano genérico da aplicação da pena (como também o são os concursos material e formal), ao passo que aquela é solucionada a partir dos princípios que informam o concurso de normas (logo, relacionada, de modo direto, à adequação típica).

---

[721] Não se pode enredar o instituto da progressão criminosa com o tema do *antefactum* e *postfactum* não puníveis. Muito embora todos esses institutos se traduzam a partir da pluralidade de ações abrangidas por uma norma penal apenas, existem elementos subjetivos absolutamente distintos por meio dos quais se pode, sem sombra de dúvida, diferenciá-los. Nesse sentido, razão assiste a Walter Coelho (p. 154) quando remarca: "os primeiros (*postfactum* e *antefactum*) são bem mais abrangentes, surgindo a 'progressão criminosa' como um exemplo específico daqueles fatos ditos impuníveis. Em outras palavras: a questão do antefato e do pós-fato é genérica, ao passo que a progressão delituosa se apresenta como espécie daquelas ações anteriores ou posteriores que ficam absorvidas pelo fato principal".

[722] COELHO, Walter, p. 152. Comentam Luiz Flávio Gomes e Antonio García-Pablos de Molina (p. 528): "a progressão criminosa necessariamente desdobra-se em dois atos (em dois momentos). Primeiro o agente quer praticar o crime menor e o pratica; só depois resolve consumar a ofensa jurídica mais gravosa, que está na mesma linha de desdobramentos da ofensa anterior. Exemplo: no princípio o sujeito quer apenas ferir (causar lesões contra) a vítima. Uma vez consumado esse delito, delibera matá-la e mata".

[723] MARQUES, José Frederico, 1997, p. 475. Bem reforça a diferença entre os institutos Paulo Queiroz (p. 128), quando enfatiza que, na progressão criminosa, "(...) há uma mutação no elemento subjetivo do tipo (dolo), ocasionada por uma sucessão de impulsos volitivos diversos. Já no crime progressivo, existe unidade de desígnios, tendo em vista que a intenção do autor é única desde o início do *iter criminis*, qual seja, praticar o fato mais grave, ainda que para isso tenha que cometer delitos de menor gravidade".

[724] COELHO, Walter, p. 153.

[725] ANTOLISEI, Francesco; CONTI, Luigi, p. 287.

4.6. DOS CRIMES DE AÇÃO MÚLTIPLA (OU DE CONTEÚDO VARIÁVEL)

No que diz respeito à construção (técnica) tipológica, classificam-se os tipos em simples – nos quais o legislador formula o modelo legal abstrato com apenas um verbo nuclear, "ou apenas uma conduta expressa por um único verbo",[726] como no caso, por exemplo, dos crimes de homicídio (artigo 121 do Código Penal) ou injúria (artigo 140 do Código Penal) –, e mistos (*Mischgesetze*) ou compostos – nos quais haverá a indicação de mais de uma espécie de conduta. Nestes, podem ser distinguidos os tipos alternativos e os cumulativos (cumuladores).[727] Os tipos mistos alternativos "correspondem a casos em que o legislador incrimina da mesma forma, alternativamente, hipóteses diversas do mesmo fato, todas atingindo o mesmo bem ou interesse, a todas atribuindo o mesmo desvalor".[728] Seriam exemplos os artigos 122 (induzir, instigar ou auxiliar), 160 (exigir ou receber) e 161 (suprimir ou deslocar).[729] Quanto aos tipos compostos cumulativos, cumpre que o sujeito ativo realize mais de uma conduta para atingir a perfectibilização típica, como, por ilustração, no artigo 242 do Código Penal: "ocultar recém-nascido... suprimindo; substituir o recém-nascido (...) alterando";[730] e, ainda, no artigo 243: "deixar em asilo (...) ocultando (...) ou atribuindo".[731]

Sob tais considerações, não há confundir-se os conceitos do crime continuado com o de ação múltipla (ou de conteúdo variável – *Mischtatbestand*), pois, neste, as diferentes ações "constituem etapas de um só e mesmo crime",[732] com o que (o tipo composto) "descreve não uma, mas várias hipóteses de realização do mesmo fato delituoso. O característico destes tipos é que as várias modalidades são fungíveis, e a realização de mais de uma não altera a unidade do delito".[733] À luz do que fica exposto, nessa moda-

---

[726] VARGAS, José Cirilo de, 2014, p. 146.

[727] Luís Jiménez de Asúa (1977, p. 479) aponta que se trata de "delitos *con resultados casuísticos alternativos* o *acumulativos*, como cuando la ley describe el tipo en forma casuística, enumerando el núcleo de los tipos en forma alternativa (bastando que se verifique uno de los que se enuncian) o de manera acumulativa (cuando se exige, para que el delito se perpetre, la consumación de las actividades descritas)".

[728] FRAGOSO, Heleno, 1961, p. 205. Como bem descreve o autor (1961, 205-6), "a alternatividade pode dar-se em relação à *conduta* (ex. art. 211: 'destruir, subtrair ou ocultar'); em relação ao *modo de execução* (ex. art. 121, § 2º, nº IV: 'à traição, de emboscada, ou mediante dissimulação ou outro recurso que dificulte ou torne impossível a defesa da vítima'); em relação ao objeto material (ex. art. 234: 'escrito, desenho, pintura, estampa ou qualquer objeto obsceno'); em relação aos *meios de execução* (ex. art. 136: 'quer privando-a de alimentação, ou cuidados indispensáveis, quer sujeitando-a a trabalho excessivo ou inadequado, quer abusando de meios de correção ou disciplina'); em relação ao resultado material da ação (ex. art. 129, § 2º, n. III: 'perda ou inutilização'); em relação a *circunstâncias de tempo* (ex. art. 123: 'durante o parto ou logo após'); em relação a *circunstâncias de lugar* (ex. art. 233: 'lugar público, ou aberto ou exposto ao público'); em relação à *condição do agente* (ex. art. 177, § 1º, n. I: 'o diretor, o gerente ou o fiscal'); em relação à *condição do sujeito passivo* (ex. art. 175: 'adquirente ou consumidor'); em relação a quaisquer outras circunstâncias do fato (ex. art. 168: 'posse ou detenção'; art. 160: 'contra a vítima ou contra terceiro', etc.)".

[729] VARGAS, José Cirilo de, 2014, p. 147.

[730] VARGAS, José Cirilo de, 2014, p. 147.

[731] VARGAS, José Cirilo de, 2014, p. 147.

[732] HUNGRIA, Nélson; FRAGOSO, Heleno, p. 47.

[733] FRAGOSO, Heleno, 1961, p. 206. Damásio de Jesus (2010b, p. 114-5) indica, na legislação antidrogas (Lei 11.343/06), a existência de crime de conteúdo típico alternativo na construção do art. 33, ao remarcar: "a norma descreve diversas condutas alternativas separadas pela disjuntiva 'ou': 'importar, exportar, entregar a consumo ou fornecer' (*caput*), 'importa, exporta', 'expõe à venda, oferece', 'traz consigo ou guarda'

lidade não se apresenta um dado indispensável para o surgimento da figura do crime continuado, que é o da pluralidade de injustos.[734]

(inciso I), 'semeia, cultiva ou faz a colheita' (inciso II), 'induzir, instigar ou auxiliar' (§ 2°). Aplica-se o princípio da alternatividade, segundo o qual a norma que prevê diversas condutas como formas de um mesmo crime só é aplicável uma vez, ainda quando realizadas pelo mesmo autor sucessivamente num só contexto de fato (Sílvio Raineri, *Diritto penale*; parte generale, 1945, p. 357). Disso resulta a unidade de crime. Nesse sentido: STF, *HC* 70.035, 2ª T., Rel. Min. Marco Aurélio, RTJ, 152:516; e TJSP, ACR 308.671, 2ª CC., Rel. Des. Silva Pinto, JTJ, 236:311, jan. 2001. Como diz Luiz Alberto Machado, quando os comportamentos devam ser considerados 'atos de uma só ação, o crime é apenas um' (...). Nesse sentido: TJPR, ACrim 44, RT, 620:324. A realização de mais de um comportamento descrito nos tipos, seja do *caput*, seja dos parágrafos, desde que se integrem no mesmo contexto de fato, havendo entre eles nexo de causalidade ou relação de meio executório e fim, configura delito único e não concurso de crimes. No sentido de que não há concurso material, não se somando as penas: TJPR, ACrim 44, RT, 620:325. Assim, p. ex., se o sujeito cultiva maconha (art. 33, § 1°, II) e depois a tem em depósito (*caput*), só responde por um delito (RT, 527:367 e 690:325): o de cultivo. Da mesma forma, se a tem em depósito e depois a fornece (RJTJSP, 120:531 e 533; JTJ, 136:487) ou tenta vendê-la (JTJ, 152:304, RT, 745:633), ou a vende (RT, 773:678); se a cultiva e a vende; se a tem em depósito, transporta-a ou a traz consigo (JTACSP, 43:45; JTJ, 152:304); se a guarda, traz consigo e a vende (STF, *HC* 70.035, 2ª T., Rel. Min. Marco Aurélio, RTJ, 152:516). Em razão disso, surpreendido na realização de uma das ações, seja inicial, seja intermediária ou final, responde por um só delito. Nesse sentido: JTACSP, 32:263. E há sempre o primeiro crime cometido, sendo absorvidos os posteriores. Fundamento: finalidade única do agente, o tráfico de drogas (TJPR, ACR 44, RT, 620:325). Nesses casos, não há falar-se em crime continuado (TJSP, ACR 154.479, JTJ, 152:304)". Entretanto, o mesmo autor (2010b, p. 115), ao se referir às condutas desvinculadas no espaço e no tempo, afirma: "não se aplica o princípio da alternatividade quando os comportamentos não são realizados no mesmo contexto de fato. Nesse caso, há concurso de crimes. Nesse sentido, tratando de 'vender' e 'trazer consigo' drogas em momentos e lugares diversos: TJSP, ACrim 168.800, 3ª CC, rel. Des. Gonçalves Nogueira, j. 21-11-1994, *Boletim de jurisprudência do IBCC*, abr. 1995, p. 94". No mesmo sentido: "moeda falsa. Art. 289, § 1°, do CP. (...). Continuidade delitiva. (...). O crime capitulado no art. 289 do CP é de ação múltipla e, por isso, o agente que pratica mais de um dos verbos nele incriminados pratica um só delito. Esta Turma já decidiu que não se pune duplamente o agente pela guarda e pela introdução na circulação, pois a primeira é pressuposto da segunda. Afastada a aplicação da majorante do art. 71 do CP" (TRF4, ACR 2006.72.06.002609-9, 8ª T., Rel. Des. Paulo Afonso Brum Vaz, D.E. 3.9.08). Mais: TRF4, ACR 2007.70.01.007054-8, 8ª T., Rel. Des. Luiz Fernando Wowk Penteado, D.E. 10.6.09; e TJRS, ACR 70029552429, 1ª CC, Rel. Des. Manuel Lucas, j. 24.6.09. Nélson Hungria (1959, p. 485) também indica, em outro exemplo de ilícito penal (art. 342 do CP), que "se o agente depõe falsamente em fases sucessivas, inclusive a pré-judicial, do mesmo processo (ex.: no inquérito policial, na instrução criminal e em plenário), há unidade de crime, e não concurso material ou crime continuado". Rogério Sanches Cunha (2006, p. 181) chama ainda a atenção para o delito do art. 343 do CP: "Estamos diante de um crime de ação múltipla (ou conteúdo variado), comportando as seguintes condutas: *dar* (ceder), *oferecer* (apresentar) ou *prometer* (anunciar) dinheiro ou qualquer outra vantagem (ainda que diversa da econômica) à testemunha, perito (não oficial), contador, tradutor ou intérprete".

[734] Massimo Punzo (p. 83) aporta as mesmas conclusões a partir de noções diferenciadas: "da tutto quanto detto è ormai facile trarre le conclusioni in materia di reati continuato. Abbiamo visto, infatti, che, a nostro avviso, le ipotesi di più fattispecie congiuntamente previste possono raggrupparsi in due distinte categorie: fattispecie rappresentanti varie modalità di violazione della stessa norma (norme a fattispecie congiunte) e fattispecie costituenti ciascuna una violazione di una distinta norma (norme congiunte e fattispecie congiunte). Queste ultime a loro volta sono previste in maniera alternativa (*alternative Mischgesetz*) o in maniera cumulativa (*kumulative Mischgesetze*). Orbene, date tali premesse e data la nozione di stessa disposizione de legge da noi esposta, risulta evidente che: 1°) La continuazione è possibile fra fattispecie congiunte rappresentanti violazioni della stessa norma, sempre che, s'intende, la realizzazione delle singole fattispecie sai conseguenza di una distinta azione e non di uno o più atti della stessa azione, perchè in tal caso il reato è unico. 2°) La continuazione non è possibile rispetto alle *alternative Mischgesetze* perchè la realizzazione delle più fattispecie in tal caso dà vita ad un unico reato. S'intende che è possibile un reato continuato composto de più *Mischtatbestände* commessi in esecuzione di un medesimo disegno criminoso. 3°) La continuazione non è possibile fra le più fattispecie di una *kumulative Mischgesetze*, perchè la reali-

4.7. DA *ABERRATIO ICTUS* PLURILESIVA

Por meio da expressão *aberratio ictus*, denomina-se aquela hipótese na qual o agente, por erro (objetivo) no uso dos meios de execução, ofende uma vítima diferente da inicialmente visada; cuida-se, nesse andar, de modalidade de erro de execução. Naturalmente, a atividade dolosa exige – entre outras condicionantes existenciais – uma prévia representação do desenvolvimento e do alcance da conduta que se pretende realizar, uma vez que, à falta dessa representatividade, não se configuraria a dolosidade do comportamento. Casos haverá nos quais o desenvolvimento dos acontecimentos se distanciará do curso hipotética e originalmente representado pelo sujeito; sem embargo, a ação ensejará, ainda, um resultado igual ou equivalente, ou seja, o desvio entre o curso hipoteticamente representado (pela ação em sua origem) e o curso real da ação concretiza uma variante do sujeito passivo. Com isso, o desequilíbrio entre a representação e a realidade objetiva (isto é, entre o querido e o obtido pelo agente; ou, ainda, em outras palavras, entre a ação proposta e o resultado produzido) se assenta sobre elemento essencial (e equivalente) à composição típica visada.

Fundamentalmente, existem duas modalidades de *aberratio ictus*: (i.) a monolesiva;[735] e (ii.) a plurilesiva. A hipótese inicial, retratada na primeira parte do artigo 73 do Código Penal, implica resultado único, escapando, por conseguinte, de interesse no confronto do concurso de crimes;[736] a segunda modalidade, inscrita na segunda parte do artigo 73 do Código Penal, ao contrário, permitirá o cotejamento, na medida em que importa na produção de dois ou mais crimes (cujas hipóteses são denominadas do seguinte modo pela doutrina italiana: [i.] *aberratio ictus* bioffensiva, compresa la

---

zzazione di ciascuna di esse rappresenta la violazione di un diverso precetto primario, ossia di una diversa disposizione di legge".

735 Santiago Mir Puig (1987, p. 204) conceituou a *aberratio ictus* ("simples"): "en la *aberratio ictus* existe una desviación *material* en el curso del ataque imaginado (en lugar de dar en A, al que se apuntaba, la bala da en B, que estaba a su lado)". Em casos tais, o agente irá responder como se tivesse praticado o crime contra aquela pessoa que efetivamente pretendia atingir. O autor (1987, p. 204) ainda tece ponderáveis críticas a esse tratamento, avaliando a situação sob a ótica que se conceba o bem jurídico: "Si se entiende como valor *abstracto* (como 'la' vida o 'la' salud, en abstracto), es lógico mantener la subsistencia del dolo en la *aberratio ictus*; aunque la muerte o la lesión corporal recaiga en persona distinta a la que se apuntaba, lo cierto es que se quería lesionar el valor vida o el valor salud y que ello se ha conseguido. Pero tal concepción abstracta del bien jurídico no parece satisfactoria en un Estado social e democrático de Derecho en que se trata de proteger las vidas *concretas* y la salud *concreta* de cada ciudadano, y no valores abstractos en sí mismos". Como descreve, ainda, Antonio Pagliaro (p. 606), "nell'*aberratio ictus* si verifica una discordanza tra il voluto e il realizzato. Questa può essere dovuta a un errore nell'uso dei mezzi di esecuzione del reato oppure a uma qualsiasi altra causa; può dipendere anche da un caso fortuito (es.: improvvisa caduta della vittima designata). Deve inerire, però, al processo di realizzazione della volontà, e non al suo processo di formazione (come sarebbe ad esempio, nel caso di Tizio che spari contro Caio, scambiandolo per Sempronio): in questa ultima ipotesi si applicherebbero, anziché le norme sull'*aberratio*, quelle sull'errore di fatto (art. 47, 59 c.p.)".

736 A solução do resultado único (ou da unidade substancial) – adotada pelo Código – encontra oposição por parte daqueles que vislumbram, na *aberratio ictus*, a concorrência sucessiva de dois delitos em grau diverso de realização, propugnando, de tal sorte, pela teoria do resultado duplo, que pressuporia a existência de dois crimes, os quais seriam, em linha de princípio, regidos pela regra do concurso formal. Como comenta Henri Donnedieu de Vabres (1947, p. 84), "Dans tous les cas précédents, la jurisprudence estime qu'une seule infraction est commise, caractérisée du point de vue de la personne que l'agent voulait atteindre. Au cas d'*aberratio ictus*, il serait, croyons-nous, d'une analyse plus exacte, de décomposer l'action et d'y voir deux infractions distinctes: délit manque à l'égard de celui que l'agent voulait atteindre; délit d'imprudence à l'égard de celui qu'il a effectivement atteint".

vittima predestinata; [ii.] *aberratio ictus* plurioffensiva, salva la vittima – "si offendano contemporaneamente due o più persone diverse, senza arrecare offesa anche alla vittima predestinata";[737] e [iii.] *aberratio ictus* plurioffensiva, compresa la vittima – "si offendano contemporaneamente due più persone diverse, oltre alla vittima predestinata").[738]

Desta forma, cumpre, apenas, diferenciar a *aberratio ictus* plurilesiva (ou com unidade complexa)[739] do crime continuado.

O instituto da *aberratio ictus* plurilesiva se perfaz a partir de uma falha proveniente de inabilidade do agente que atinge, por erro na execução objetiva do tipo penal, além da pessoa que pretendia atingir, pessoa diversa, aperfeiçoando-se, pois, o concurso formal (artigo 70 do Código Penal).[740] Aqui, existe, de modo bastante nítido, a unidade de ação (ainda que fracionada em diferentes atos),[741] impedindo, posto que haja multiplicidade de resultados[742] (elemento de aproximação aparente ao crime continuado), que

---

[737] DELPINO, Luigi, 719.

[738] DELPINO, Luigi, 719.

[739] Questão bastante debatida na dogmática criminal é a referente à natureza jurídica dessa forma de *aberratio ictus* (plurilesiva), prevista no art. 73, segunda parte, do CP. Paulo José da Costa Júnior (2007, p. 247) registra: "há os que consideram tratar-se de delito agravado pelo evento, visto que são vários os eventos derivados de uma só ação, embora o resultado agravante seja diverso do resultado constitutivo, nos crimes qualificados pelo resultado. (...). Outros entendem configurar-se uma hipótese de crime complexo, em que o crime menos grave resta absorvido no mais grave. (...). Finalmente, outros sustentam a tese da pluralidade delitiva, após rejeitarem a unidade de crime. Em verdade, na situação prevista pela segunda parte do art. 73 do estatuto penal, existe não só unidade de ação, como pluralidade de eventos, da mesma espécie. Encontram-se aí reunidos os elementos contidos na primeira parte do art. 70, *caput*: 'uma só ação ou omissão', prática de 'dois ou mais crimes'".

[740] Como aduz João José Leal (1998, p. 285), "se ambas forem atingidas, sendo que a segunda de forma involuntária, ocorrerá o concurso formal próprio, com a aplicação de uma só pena aumentada de 1/6 até metade (art. 70, *caput*, 1ª parte, do CP). Se o agente atuou voluntariamente para atingir as duas pessoas, não se pode dizer que se trata de erro na execução, devendo o mesmo responder pelos dois crimes praticados em concurso formal impróprio". Para Fernando Galvão (p. 937), contudo, em se apresentando "previsão e concordância quanto à produção dos múltiplos resultados não haverá desvio do golpe nem concurso formal, devendo as penas serem computadas segundo as regras do concurso material". Em rigor técnico, a hipótese seria – em decorrência dos desígnios autônomos – de concurso formal imperfeito, implicando, *in casu*, a acumulação das penas (art. 70, *in fine*, do CP). Todavia, nesta mesma hipótese, não há falar-se em *aberratio ictus*, na medida em que o agente, com efeito, quis a duplicidade de resultados, não se podendo reconhecer nem erro nem acidente nos meios de execução, afastando-se, assim, a regra do art. 73 do CP e incidindo, apenas, a do art. 70, segunda parte, do CP.

[741] TJRS, ACR 70073526261, 1ª CC, Rel. Des. Jayme Weingartner Neto, j. 16.8.17.

[742] Everardo da Cunha Luna (1985, p. 287) tece importantes considerações sobre o tema: "é chegado o momento de perguntar: a *aberratio ictus* plurilesiva constitui um concurso de crimes, ou somente recebe o tratamento do concurso de crimes para efeitos penais? São coisas diferentes, sem dúvida. Pode-se afirmar, de logo, que o fato de ser, a *aberratio ictus*, plurilesiva, não lhe tira o caráter de *crime único*. Nela, também, uma só ação existe e um só resultado constitutivo do crime. Os demais resultados funcionam como circunstância agravante especial, devendo ser apreciados, na medição da pena, ora qualitativa – lesão corporal, morte – ora quantitativamente – uma ou várias lesões, uma ou várias mortes. Se alguém atira contra Paulo e fere Paulo e mata Pedro, pratica homicídio doloso, do qual a morte é o resultado constitutivo do crime, e a lesão corporal é a circunstância agravante especial, que deve ser aplicada conforme a medida estabelecida no concurso de crimes. Também o elemento subjetivo, constitutivo do crime, é um só – o dolo. Qualquer outra indagação de ordem subjetiva – sobre ausência de culpa, responsabilidade objetiva, culpa presumida, culpa inconsciente, culpa consciente – não tem qualquer sentido ou significação. E, quanto ao sujeito passivo, nenhum problema ou obstáculo, porque é da natureza de alguns crimes a exigência de uma pluralidade de sujeitos passivos. Assim, na violação de correspondência, em que dois são os sujeitos passivos: o emitente e o destinatário. Assim, também, na *aberratio ictus*, em que os sujeitos passivos são titulares de bens jurídicos como a vida, a integridade corporal e a honra. A seguir, diga-se que, no concurso

se estabeleça qualquer aproximação com este, o qual pressupõe a realização de várias ações configuradoras de crimes da mesma espécie, praticadas em um cenário fático-existencial.[743] (Como complementação da matéria, podem ser, inclusive, indicadas

formal, existem dois ou mais resultados, e que os crimes em concurso ou são dolosos ou culposos, segundo o princípio geral. Desse modo, considerar a *aberratio ictus* plurilesiva como um concurso de crimes é admitir, no concurso, a existência de crime que nem é doloso nem culposo, o que não se compadece com o dogma da culpabilidade, por força do qual se deve repudiar a chamada responsabilidade objetiva. Responsabilidade objetiva que não vem a pêlo na apreciação do resultado como circunstância agravante objetiva, porque, do contrário, estar-se-ia a investigar não a culpabilidade no domínio dos fatos empíricos, tarefa do direito penal, mas uma culpabilidade pura, impenetrável e ilusória. Pode-se responder à pergunta acima formulada que, perante a nossa lei penal, a *aberratio ictus* plurilesiva também constitui um crime único, devendo-se ver, na remissão do texto legal para o concurso de crimes, um preceito exclusivamente destinado aos efeitos penais".

[743] Algumas hipóteses podem se verificar: (i.) o agente, com intenção de matar, desfere um tiro contra (a vítima visada) B, matando-a e, ainda, atingindo (a vítima não visada) C, ferindo-a; aqui, haveria homicídio doloso consumado em concurso formal com lesão corporal culposa, incidindo a pena do homicídio com a majoração do concurso formal (a pena seria, em termos reais, *in casu*, aplicada à luz do concurso material benéfico); (ii.) o agente, com intenção de matar, desfere um tiro contra (a vítima visada) B, ferindo-a e, ainda, atingindo (a vítima não visada) C, ferindo-a; aqui, haveria tentativa de homicídio em concurso formal com lesão corporal culposa, incidindo a pena da tentativa de homicídio com a majoração do concurso formal (a pena também seria, em termos reais, concebida à luz do concurso material benéfico); (iii.) o agente, com *animus necandi*, desfere um tiro contra (a vítima visada) B, matando-a e, ainda, atingindo (a vítima não visada) C, matando-a; aqui, haveria homicídio doloso consumado em concurso formal com homicídio culposo, incidindo a pena do homicídio com a majoração do concurso formal (eventualmente, o critério da soma das penas poderia ser mais benéfico que o do concurso formal); (iv.) por outro lado, se o agente apenas fere (a vítima visada) B, e mata (a vítima não visada) C, existem duas soluções possíveis: (a.) o agente responderia por homicídio doloso consumado, como se tivesse matado (a vítima visada) B, em concurso formal com lesão culposa, como se tivesse ferido (a vítima não visada) C; ou (b.) o agente responderia por tentativa de homicídio contra (a vítima visada) B em concurso formal com o delito de homicídio culposo contra (a vítima não visada) C. Esta última solução parece estar mais adequada com a regência da matéria no CP, na medida em que o comando do art. 73, *in fine* ("No caso de ser também atingida a pessoa que o agente pretendia ofender, aplica-se a regra do art. 70 deste Código"), se reporta ao regramento do concurso formal sem, entretanto, se referir (como o faz na primeira parte do comando legal do art. 73 ["Quando, por acidente ou erro no uso dos meios de execução, o agente, ao invés de atingir a pessoa que pretendia ofender, atinge pessoa diversa, responde como se tivesse praticado o crime contra aquela, atendendo-se ao disposto no § 3° do art. 20 deste Código"]) à regra do erro sobre a pessoa ("O erro quanto à pessoa contra a qual o crime é praticado não isenta de pena. Não se consideram, neste caso, as condições ou qualidades da vítima, senão as da pessoa contra quem o agente queria praticar o crime"). Fernando Galvão (p. 930) ainda projeta outras situações, ao comentar sobre a existência simultânea de concurso formal impróprio e concurso formal próprio: "as hipóteses de erro de execução podem desafiar de maneira importante para a compreensão do concurso formal impróprio. Veja-se o exemplo do atirador que pretende matar duas pessoas e, por erro, atinge também uma terceira pessoa. A regra do art. 73 determina que se considere os resultados mais graves como se fossem produzidos nas pessoas das quais o atirador pretendia provocar a morte. Como ocorrem desígnios autônomos em relação a cada uma das duas vítimas, as penas decorrentes dos crimes que lhe são praticados devem ser aplicadas cumulativamente, por tratar-se de concurso formal impróprio. No entanto, o crime culposo praticado contra o terceiro não será apenado distintamente, pois não resulta de desígnio autônomo. Torna-se necessário caracterizar um concurso formal próprio ao lado do impróprio, em consideração sucessiva. Nesse caso, o crime culposo impõe aumentar a pena do crime mais grave envolvido no concurso formal impróprio. As penas decorrentes dos crimes dolosos são aplicadas cumulativamente, sendo que a pena do crime mais grave é aumentada (terceira fase da dosimetria) em decorrência do crime culposo. O mesmo raciocínio deve ser aplicado em exemplo semelhante: o atirador pretende matar duas pessoas e, por erro, atinge também duas outras pessoas. Também, nesse caso, tem-se concurso formal impróprio simultâneo com concurso formal próprio. Os crimes culposos servem para aumentar a pena do crime mais grave envolvido no concurso formal impróprio. Agora, o crime mais grave deverá receber aumento mais significativo, pois há maior número de crimes envolvidos no concurso formal próprio". Em linha de princípio,

outras modalidades de erro acidental que, por ensejarem, em tese, a pluralidade de crimes, se aproximariam da figura do delito continuado.)

4.7.1. Da *aberratio delicti* plurilesiva

Nessa figura legal, apresenta-se o caso do agente que, por erro no uso dos meios de execução delitiva (ou por outra causa), produz um crime diferente do inicialmente pretendido; evidenciando-se, assim, um erro quanto ao resultado. Enquanto que, na hipótese anterior – a que cuida da *aberratio ictus* –, o agente atinge, "em virtude de imperícia, de perturbação nervosa, ou de mau emprego do meio de execução",[744] pessoa diversa da pretendida, nesta modalidade de erro o agente, no lugar de atingir a pessoa visada, atinge uma coisa; ou, ainda, no lugar de atingir uma coisa, atinge uma pessoa.

Trata-se de erro no qual é atingido bem jurídico diverso do pretendido pelo agente, quer dizer, é "a aberração em objetos jurídicos de espécies diversas, também chamada *aberratio delicti* (desvio do crime)".[745]

Dessa forma, pode haver erro de coisa para pessoa, ou de pessoa para coisa: no primeiro, aplica-se a sanção apenas do crime cujo resultado se verificou, isto é, do delito em sua modalidade culposa contra a pessoa; no segundo, aplica-se a pena vinculada ao crime contra a pessoa (homicídio ou lesão corporal, a depender do elemento subjetivo).

Demais a mais, pode apresentar-se também a duplicidade de resultado, ou seja, "se, olter all'evento non voluto, si sai cagionato anche l'evento voluto, il legislatore (...) richiama esplicitamente le norme sul concurso di reati, per cui il soggetto risponderà di un reato doloso e di un reato colposo (se per quest'ultimo ricorre la previsione legislativa)".[746]

Em obediência ao comando legal do artigo 74, *in fine*, do Código Penal, em havendo duplicidade de resultados, isto é, na hipótese de o agente visar à realização de um crime e, por erro na execução, cometer, também, outro, responderá por ambos os delitos em concurso formal,[747] afastando-se, por expressa disposição legal, qualquer (possível) aplicação dos ditames do delito continuado.

No caso de haver desígnios autônomos, isto é, na hipótese de o agente pretender a realização dos diferentes crimes, que ostentam objetividades jurídicas diversas, apresenta-se, ainda uma vez, a regra do concurso formal imperfeito, a qual determina, como visto, a acumulação punitiva.

---

a solução apresentada mostra-se coerente; contudo, se o critério da acumulação (em face do qual seriam somadas as penas que correspondem aos crimes dolosos [pela regra do concurso formal impróprio] com a que corresponde aos crimes culposos [concurso formal próprio]) apresentar-se, *in concreto*, como mais favorável, deveria ser utilizado, ainda uma vez, o princípio do concurso material benéfico.

[744] RÖHNELT, Ladislau, 2011, p. 623.

[745] DELMANTO, Celso; e outros, p. 308.

[746] DELPINO, Luigi, 725.

[747] "(...) se, além de quebrar a janela que pretendia quebrar, o agente fere um transeunte, haverá concurso formal entre o crime de dano e o delito de lesão corporal culposa. Em contrapartida, se pretendia ferir a pessoa, e, além de feri-la, ainda quebra a janela, não haverá concurso formal, diante da inexistência do delito de dano culposo, restando-lhe apenas a punição por lesão dolosa" (BARROS, Flávio Augusto Monteiro de, p. 283).

4.7.2. Da *aberratio causae*

Ainda no plano de erro acidental, tem-se de referir a hipótese de aberração do nexo causal (que seria, a partir de criação doutrinária, a terceira figura da *aberratio* – a *aberratio causae* ou *itineris causarum*), vale indicar, "quando a causalidade física se desenvolve de modo diverso daquele previsto pelo agente, mas, a despeito disso, o resultado querido se verifica".[748]

O dolo deve estender-se em relação à representação do processo causal – estabelecido entre a ação e o resultado, nos delitos materiais. Como lembra Luiz Luisi: "a teoria finalista fazendo do conteúdo da vontade, ou seja, do dolo o elemento essencial da ação, e o situando no tipo, faz do processo causal nos tipos de delitos materiais, um elemento pertinente ao tipo. O dolo, pois, abrange também o nexo causal entre a ação e o resultado".[749]

Ocorre que, do processo causal, no entanto, tem o agente conhecimento, em regra, apenas em termos gerais;[750] desse modo, os desvios não essenciais, que não afetam o desvalor jurídico da ação e que não interrompem o nexo causal, são sempre irrelevantes.[751]

A hipótese deve ser resolvida nos termos da causalidade. Haverá responsabilidade (ou não) conforme se entenda como relevante (ou não) a relação de causalidade subjacente à existência do crime.[752] A dogmática criminal debate o problema do denominado *weberische dolus*, que se verifica "quando o resultado é atingido por ulterior manifestação da vontade do agente, visando a outros fins".[753] Nesse rumo, por exemplo, em uma hipótese de homicídio, alguém, querendo matar a vítima, realiza atos próprios para a execução do delito; e, imaginando morto o sujeito passivo, que estava apenas desfalecido, atira-o em um precipício (para ocultar o cadáver), causando-lhe, agora, a morte.[754] A solução que melhor se apresenta para o caso é a do reconhecimento de um processo causal abrangente, avaliando-se que, por ser o erro de representação quanto ao resultado inessencial ao crime,[755] há, no caso proposto, um crime único, em razão do *dolus generalis* com que se houve o agente.[756] Aqui, o fato se materializa em dois atos

---

748 ASSIS TOLEDO, Francisco de, 1977, p. 60-1. Para Luigi Delpino (p. 726), haveria essa figura quando, "per errore nella fase consumativa, la successione causale si sai svolta in maniera diversa da quella prevista dall'agente".

749 LUISI, Luiz, 1987, p. 115.

750 FRAGOSO, Heleno, 2003, p. 179.

751 FRAGOSO, Heleno, 2003, p. 179.

752 AMERICANO, Odin do Brasil, 1985, p. 250.

753 FRAGOSO, Heleno, 2003, p. 180.

754 Marcelo Sancinetti (2001, p. 24-5) comenta que, em termos jurisprudenciais, existe toda classe de atos parciais: "la víctima, atacada de cualquier modo en el primer acto, puede morir en efecto ahorcada, sumergida, intoxicada, incendiada, etc. La estructura del caso-base se mantiene inalterada en cada hipótesis".

755 LUNA, Everardo da Cunha, 1985, p. 284-5.

756 Para Santiago Mir Puig (2009, p. 276), a solução depende do conceito do bem jurídico utilizado, pois "si por bien jurídico se entiende un valor abstracto (así, 'la' vida, 'la' salud, etc. como valores abstractos), será coherente la solución de estimar irrelevante el error y admitir un delito doloso consumado: porque se quería lesionar ese valor y se há conseguido, aunque sobre un objeto material distinto. Pero si, como parece más correcto, se entiende por bien jurídico un objeto empírico dotado de ciertas características típicas que lo hacen valioso, no será relevante el error sobre características no típicas como la identidad de la víctima a la que se dirige el ataque, a sabiendas de que la misma reúne las condiciones típicas – así la confusión

sucessivos, sobre cuja representação se equivoca o autor, na medida em que imagina ter alcançado o resultado com o primeiro ato quando, na realidade, o resultado vem a produzir-se por meio do segundo, que deveria servir para ocultar o primeiro.[757] Em outras palavras: posto que haja um erro, mantém-se inalterado o nexo causal doloso entre o resultado (morte) e a conduta, não importando, portanto, que o dolo tenha desaparecido no curso do processo causal. Em face disso, parte da doutrina tem identificado,[758] em termos gerais, um acontecimento unitário, no qual o dolo, apesar de vinculado somente ao primeiro ato, englobaria, também, o segundo, importando, assim, na existência de um acontecimento real indivisível, em virtude de um dolo geral que abarca *in integrum* o evento.[759] A teoria do *dolus generalis* – cuja denominação se deve a Heinrich Benedikt von Weber –, em sua fundamentação inicial, sustentava que o dolo, inegavelmente presente no primeiro trecho do fato, seria extensível ao evento final, "de tal modo que aquél sigue teniendo efectos también durante la segunda parte".[760]

Nessa moldura, então, dois seriam os obstáculos a que se afirmasse a possibilidade de demarcação do delito continuado em uma hipótese de erro no processo causal: (i.) os crimes objetivamente realizados ostentam qualidades subjetivas diversas; (ii.) o *dolus*

---

de Juan con Pedro en error *in persona* irrelevante –, pero sí el error sobre la dirección del ataque al objeto al objeto empírico: será relevante que no se alcance el objeto empírico atacado (así la persona a la que se apuntó), sino a otro cercano equivalente (así, otra persona), porque en tal caso la agresión dolosa no se habrá dirigido a este bien jurídico. Desde esta concepción del bien jurídico lo coherente es, pues, la solución de apreciar tentativa respecto del ataque al objeto no alcanzado en eventual concurso con delito, imprudente – si concurre imprudencia y ésta es punible – respecto al objeto lesionado".

[757] JESCHECK, Hans-Heinrich; WEIGEND, Thomas, p. 337.

[758] A tese que se lhe adversa tem propugnado que a melhor solução seria a do reconhecimento de um duplo resultado, ou seja, no exemplo em causa, haveria uma tentativa de homicídio em concurso com homicídio culposo. Nesse estado de coisas, "é certo que o processo causal físico foi iniciado por uma ação dolosa do agente. Mas é certo também que, em dado momento, esse processo causal físico deixou de coincidir com o processo causal psíquico, em virtude de um fato novo, estranho à vontade do agente. Esse fato novo é o erro de fato: o desmaio da vítima levou o agente ao engano de supô-la morta. Com base no erro de fato, o resultado morte não poderia ser punido a título de dolo, porque o agente já não tinha mais a consciência de estar matando. Tal como ocorre no homicídio preterdoloso: o evento mais grave é castigado em razão da culpa, sem importar que a cadeia causal tenha começado no dolo" (RÖHNELT, Ladislau, 2011, p. 624). Hans Welzel (1993, p. 89) entende que a noção do duplo resultado somente poderia aparecer quando a resolução de eliminar o corpo da vítima fosse adotada "con posterioridad a la presunta muerte", em cuja hipótese haveria tentativa de homicídio em concurso real com o delito de homicídio culposo; do contrário, ou seja, quando a vontade do agente estiver "dirigida a matar en forma encubierta, el hecho de ocultar la víctima es sólo un acto parcial", não independente, portanto, da ação em seu conjunto. Marcelo Sancinetti (p. 28-9), a seu turno, indica a polarização entre a "solución de la consumación" e a "solución de la tentativa", em relação às quais existiriam, ao menos, três critérios intermediários; destes, mostra-se bastante significativo o proposto por Claus Roxin, na medida em que "introduce, para resolver si un curso diverso del representado es imputable, la noción de 'realización del plan del autor', como si a la realización del riesgo asumido con dolo, hubiera que añadirle la constatación de si se ha 'realizado el plan'. En caso de *dolus generalis*, se realizaria el plan cuando el autor hubiera obrado al inicio con intención de matar y no hubiese revocado esa intención antes del segundo acto; en caso contrario (si ha actuado con dolo eventual o con dolo directo, o incluso si lo ha hecho con intención, pero luego ha abandonado su intención por actos contrapuestos), no se realizaria 'el plan del autor'; el hecho doloso quedaria frustrado en tentativa y la consumación solo sería imputable por imprudencia" (SANCINETTI, Marcelo A., p. 31-2).

[759] Por conseguinte, no próximo exemplo: "el autor que cree haber matado a su víctima por estrangulamiento simula un suicidio por ahorcamiento da la misma, acto este último por el que el supuesto muerto fallece" (JESCHECK, Hans-Heinrich; WEIGEND, Thomas, p. 763) haverá tão somente um homicídio doloso consumado.

[760] SANCINETTI, Marcelo A., p. 27.

generalis (ou dolo infinito) implica singularidade de crime, comprometendo-se, de tal arte, quer por um ou por outro motivo, a vinculação ao instituto jurídico-legal do crime continuado.

4.7.3. Do erro sobre a pessoa

Não se poderia superar este tópico sem a indicação de outra modalidade de erro – [*error in persona*] o erro quanto à pessoa (parágrafo 3º do artigo 20 do Código Penal), em face do qual se verifica um erro de (falsa) representação, dado que "o agente se equivoca quanto à identidade de sua vítima e, por isso, ofende pessoa diversa";[761] sendo esse o caso, pode assinalar-se que o *error in persona* se distancia da *aberratio ictus*, porquanto, naquele, o agente erra subjetivamente, ao passo que, nesta, erra objetivamente. A consequência jurídico-penal de ambas as hipóteses de erro é a mesma, quer dizer, o agente responde como se tivesse cometido o crime contra a vida virtual, e não a real. A mais disso, como acentua Paulo Queiroz, "o tratamento penal do erro sobre a pessoa tem também implicações de ordem processual penal, a exemplo de firmar a competência da justiça federal (Constituição Federal, artigo 109, IV), se, por exemplo, o agente, pretendendo atingir funcionário público federal no exercício de suas funções, atinge pessoa diversa/comum".[762]

4.7.4. Do resultado diverso do pretendido

Derradeiramente, enfrenta-se a questão da *aberratio delicti* (ou do resultado diverso do pretendido), que se apresenta na hipótese de o resultado (obtido pelo agente), ainda por erro de execução, ser diferente do almejado. Será, portanto, nos termos de artigo 74 do Código Penal, punido como crime culposo, se houver previsão do crime nessa modalidade e, ainda, se tiver agido o agente de forma culposa. Se, ademais, produz o outro fato, se verifica, concretamente, aquilo que fora buscado pelo agente, autorizando-se a formação de um concurso formal (artigo 74, *caput*, *in fine*, do Código Penal). Damásio de Jesus aponta os desdobramentos jurídicos em virturde da exitência de um eventual resultado em duplicidade: "(i.) o agente quer atingir uma coisa e atinge uma pessoa. Responde pelo resultado produzido a título de culpa (homicídio ou lesão corporal culposos); (ii.) o agente pretende atingir uma pessoa e atinge uma coisa. Não responde por crime de dano culposo, uma vez que o Código não prevê a modalidade culposa. Pode responder por tentativa de homicídio ou tentativa de lesão corporal, conforme o elemento subjetivo; (iii.) o gente quer atingir uma pessoa, vindo a atingir esta e uma coisa. Responde pelo resultado produzido na pessoa, não havendo crime de dano (não há dano culposo); (iv.) o agente quer atingir uma coisa, vindo a ofender esta e uma

---

[761] QUEIROZ, Paulo, p. 275.

[762] QUEIROZ, Paulo, p. 278. O autor (p. 278) adverte, contudo, que existe decisão do STJ em sentido contrário, segundo a qual essas modalidades de erro não têm repercussão no âmbito do processo penal, mas, sim, no da aplicação da pena. Todavia, ainda uma vez com razão, o autor (p. 278) afirma que não se cuida "de um simples problema de individuação da pena, mas de uma típica questão de teoria do delito, ligada à estrutura do crime e ao process de imputação que resulta, com consequências, obviamente, também sobre a teoria da pena. Além disso, não faria sentido algum que o direito penal e o processo penal tratassem diversamente esse assunto, ora afirmando uma coisa, ora outra, mesmo porque um e outro foram um *continuum*".

pessoa. Responde por dois crimes: dano (artigo 163) e homicídio ou lesão corporal culposa em concurso formal (concurso entre crime doloso e culposo). Aplica-se a pena do crime mais grave com o acréscimo de um sexto até metade".[763] A mais disso, ainda no quadro da responsabilidade dupla, "pode o sujeito ter agido com dolo direto em relação a um e com dolo eventual no tocante a outro. (...) o agente atira numa pessoa, prevendo que poderá atingir e danificar um objeto. Em face de produção dos dois resultados, responderá por dois crimes: homicídio doloso e dano (dolo direto em relação à morte; dolo eventual em relação ao dano) em concurso material (artigo 70, *caput*, 2ª parte)".[764] Por óbvio, a regra do artigo 74, parte inicial, do Código Penal deverá ser desprezada na hipótese de ser o resultado querido mais grave que o produzido, sob pena de engendrar soluções aberrantes.[765]

4.8. DOS CRIMES QUALIFICADOS COM DUPLICIDADE DE RESULTADOS

Ainda cabe arquitetar a aproximação conceitual do delito continuado com os crimes qualificados com duplicidade de resultados, uma vez que, nestes, pode haver, efetivamente, dois resultados típicos (que, *de per si,* constituiriam dois crimes), sendo o primeiro (resultado) elemento do tipo básico e o segundo, do tipo qualificado.[766]

[763] JESUS, Damásio de, 2016, p. 331-2.

[764] JESUS, Damásio de, 2016, p. 332.

[765] "Tome-se o seguinte exemplo: 'A' atira em 'B', para matá-lo, erra o alvo e, por culpa, acaba destruindo uma planta. Vale lembrar que o art. 49, § único, da Lei 9.605/98, passou a incriminar o dano culposo em plantas de ornamentação de logradouros públicos eu em propriedade privada alheia. Uma interpretação gramatical do art. 74 do CP faria com que o agente respondesse apenas pelo delito do art. 49 da citada lei. Por isso, deve ser interpretado restritivamente, porque disse mais do que quis. Assim, quando o art. 74 do CP enuncia que o agente deve responder tão somente pelo resultado produzido, leia-se: 'desde que o resultado produzido seja um crime mais grave do que o visado pelo agente'. Desnecessário dizer a incoerência de um dano culposo absorver uma tentativa de homicídio. Portanto, no exemplo ministrado, haverá tão somente a tentativa de homicídio. A segunda parte do art. 74 do CP determina que 'se ocorre também o resultado pretendido, aplica-se a regra do art. 74 deste Código'. Assim, se, além de quebrar a janela que pretendia quebrar, o agente fere um transeunte, haverá concurso formal entre o crime de dano e o delito de lesão corporal culposa. Em contrapartida, se pretendia ferir a pessoa, e, além de feri-la, ainda quebra a janela, não haverá concurso formal, diante da inexistência de delito de dano culposo, restando-lhe apenas a punição por lesão dolosa" (BARROS, Flávio Augusto Monteiro de, p. 282-3).

[766] Como conceitua Max Ernst Mayer (p. 152), "por el hecho de que esos tipos legales están construidos de modo que el resultado final opere como una circunstancia agravante de la pena, se los llama *delitos calificados por el resultado*". A doutrina criminal tem pugnado, com diferentes graus de intensidade, pela revisão operacional dos crimes qualificados pelo resultado, especialmente por haver importante quebra da orientação sistemática na designação das margens punitivas dessa categoria delitiva, o que implicaria ofensa aos princípios de proporcionalidade, culpabilidade e isonomia. E essa ruptura ficaria perfeitamente evidenciada na composição dolo-culpa. Assim, por exemplo, os delitos de lesão corporal seguida de morte (art. 129, § 3°, do CP) e de latrocínio (art. 157, § 3°, *in fine*, do CP) têm penas de 04 a 12 anos de reclusão e de 20 a 30 anos de reclusão, respectivamente; se se utilizar a regra de apenamento do concurso formal (com o critério limitativo do art. 70, § único, do CP), haveria as seguintes sanções: 01 ano e 03 meses a 04 anos de reclusão (lesão corporal leve e homicídio culposo) – para a hipótese de lesão corporal seguida de morte; e 02 a 07 anos de reclusão (furto e homicídio culposo) – para a hipótese de latrocínio. Nesse passo, enfatiza Juarez Tavares (2000, p. 198): "já pela disparidade entre as sanções possíveis, apreciadas no máximo de agravação do concurso formal, podemos desde logo afirmar que se está violando o princípio de proporcionalidade, segundo o qual para resultados danosos idênticos deve-se seguir a mesma consequência penal", propondo, ao final, que os crimes qualificados pelo resultado somente deveriam ser "admitidos se constituídos com

Exemplifica Everardo da Cunha Luna: "(...), na lesão corporal seguida de morte, a lesão corporal é o resultado componente do tipo fundamental, e a morte é o resultado do tipo qualificado. (...) no latrocínio, distingue-se a morte, como resultado do tipo qualificado, e a violência, como resultado do tipo básico, que é o roubo".[767]

Ocorre que, nessa hipótese delituosa, apesar de haver aspectos muito próximos aos do delito continuado – como, por ilustração, a pluralidade de resultados típicos –, a bem da verdade – tal qual ocorre em se tratando da *aberratio ictus* com duplicidade de resultado –, se cuida de modelo teórico-penal realizado a partir da unicidade de comportamento, o que obstaculiza embaraçarem-se os conceitos, pois o crime continuado – *per definizione* – pressupõe a reprodutibilidade de ações ilícito-típicas (homogêneas).

À parte disso, nos (crimes qualificados com duplicidade de) resultados, no mais das vezes, não se vislumbra a nota da similitude, o que também contrastaria com as exigências conceituais do delito continuado.

4.9. DO DELITO COLETIVO

A título de ampliação da pesquisa, indica-se, também, a figura do delito coletivo[768] (*sujeto pasivo masa* ou *delito masa*, como o denominam os autores espanhóis), no qual

---

o mesmo conteúdo de injusto dos delitos que resultassem de uma relação de concurso formal" (Juarez Tavares, 2000, p. 199). A seu turno, Günther Jakobs (2009, p. 471), após avaliar que, quanto aos crimes qualificados pelo resultado, "existem dificuldades importantes que estão fundadas na falta de clareza acerca de quando e por que a lei passa do concurso ideal entre um crime-base (doloso ou culposo) e a produção, no mínimo, culposa de outro resultado para uma qualificação do resultado punida, em regra, com uma pena consideravelmente agravada", defende a utilização dessa categoria penal, na medida em que "os crimes qualificados pelo resultado não são uma simples soma do crime-base com a consequência (do contrário, todos os crimes deveriam ser qualificados por uma consequência grave); antes, na produção da consequência, é preciso que se realize um risco especial" (JAKOBS, Günther, p. 472), propondo, finalmente, tão só, uma adequação redutiva de apenamento: "da mesma forma que a culpa pode ser minimizada para uma culpa mais leve, a condenabilidade da realização da consequência também pode ser minimizada. Mesmo quando a lei, nos crimes qualificados pelo resultado, opondo-se à absorção das margens penais aplicáveis em caso de concurso ideal, decide-se por uma exasperação, deve considerar a possibilidade de evitabilidade mínima no limite inferior da pena" (JAKOBS, Günther, p. 476-7). Existem, por conseguinte, graves imperfeições na composição estrutural dos crimes qualificados pelo resultado (de modo muito claro em se tratando da combinação dolo-culpa), notadamente porque a gravidade punitiva é, com efeito, desproporcional em face das penas isoladas do tipo básico e do tipo qualificado, o que importaria, também, ofensa ao princípio da culpabilidade. De qualquer forma, como avalia Paulo Queiroz (p. 260), "enquanto existirem tipos qualificados pelo resultado, convém evitar a aplicação de penas desproporcionais, isto é, penas que excedam àquelas que seriam cabíveis para o concurso de crimes, especialmente o concurso material de crimes".

[767] LUNA, Everardo da Cunha, 1974, p. 286-7. Novamente Max Mayer (p. 154-5) aponta a marca diferencial dessa categoria delitiva ao definir os delitos com duas ações: "es claro que, en esos casos, lo que se requiere son dos *acciones* y no simplemente dos resultados, aunque la ley, manteniéndose fiel a la regla, solamente señale los resultados; el segundo resultado no puede, sin más, derivar del primero (como en los casos de los ['delitos calificados por el resultado']); antes bien, se necesita una nueva actividad para producirlo. En la literatura, casi sin excepción, se alude al referido grupo de delitos en dos actos (el que, por lo demás, no es grande) con la denominación de 'delitos complejos', con lo que se quiere hacer referencia, además, a los tipos que exigen una determinada actuación voluntaria, como el robo o la violación".

[768] Nomenclatura diversa do antigo delito coletivo, ao qual a doutrina indicava o seguinte conceito: "assim se chama a série de ações singulares que, oriundas da mesma orientação prática, a lei reprime com uma só pena. Pertencem a esta categoria: 1) o crime como profissão ou como indústria (*o quasi artem exercece*, dos romanos). Caracteriza-o, de um lado, a resolução do agente tendente à repetição frequente deste crime, e, de outro lado, a sua intenção de obter, pela reiteração, uma fonte de receita, embora não tire dela pro-

se tem unidade de delito nas situações em que existem lesões a um grande e indeterminado número de pessoas, isto é, "uma coletividade de indivíduos prejudicados (estelionatos imobiliários, sociedade de inversão e construção fictícias, venda de alimentos adulterados, etc.)".[769] [770]

A criação – nos anos cinquenta do século passado – do delito coletivo se deveu à jurisprudência espanhola[771] (embora, nos dias que correm, esteja inscrita em sua legislação, artigo 74, parágrafo 2º), a partir de necessidades práticas de punição "al problema del fraude colectivo ante la insatisfactoria solución que ofrecía la doctrina de la continuidad delictiva".[772]

Segundo as exigências ditadas pela jurisprudência tradicional da Espanha, o crime continuado reclamava para sua existência unidade de sujeito passivo.[773] Dessa forma, nos casos em que havia uma quantidade imensa de pessoas lesadas não se podiam aplicar as regras do crime continuado, exatamente pela diversidade de sujeito passivo. Além disso, "el delito masa nace en el ámbito de los fraudes colectivos, pues siendo la cantidad defraudada a cada individuo de escasa cuantía, las diversas estafas daban lugar a una pluralidad de faltas o delitos pequeños. Con ello, la pena a imponer resultaba injustificadamente desproporcionada, por escasa, a la gravedad del delito y a la culpabilidad del delincuente".[774]

Por conseguinte, desenvolveu-se a ideia do delito coletivo, segundo a qual "quando existe nas defraudações uma pluralidade de sujeitos indiferenciados, pessoas anô-

---

ventos de um modo regular ou permanente. 2) o crime como ocupação que compartilha com o profissional a resolução tendente à frequente repetição do crime, mas dele se distingue em que não se faz mister tenha o agente a intenção de obter uma fonte de receita. 3) o crime por hábito se verifica quando pela comissão repetida do fato se revigora a tendência para o crime e diminui a forma de resistência. Habitualidade é consequentemente a tendência provocada pelo cometimento repetido de uma ação determinada à prática da mesma ação" (SIQUEIRA, Galdino, p. 635).

[769] MUÑOZ CONDE, Francisco, 1988, p. 222. Carlos García Valdés e outros (2000, p. 167) o definem da seguinte maneira: "el delito masa concurre si ha habido varias infracciones contra el patrimonio y el hecho tenga una especial gravedad y efecte (acumulativamente) a una pluralidad de personas (art. 74.2 CP)". Também anotou Luiz Viel (p. 83-4): "embora o crime continuado pertença a outros delitos, é no crime patrimonial que ele encontra a sua sede preferida. Tanto que a reforma do CP Espanhol acolhe a construção jurisprudencial e fincou, no artigo 69, bis, a figura do delito massa, para permitir o alargamento punitivo – dado o sistema de penas daquele Código – exatamente na cadeia continuada de delitos patrimoniais prevendo a soma da vantagem/prejuízo quando muitas pessoas são lesadas, cada uma de pouco". Segundo Fernando Velásquez (p. 653-4), o delito "masa" foi criado "para castigar adecuadamente aquellos fraudes colectivos en los cuales aparece un número plural de afectados, en casos de delito continuado".

[770] Informa Antonio García-Pablos de Molina (1999, p. 1034) que a criminalidade "de la 'sociedad de consumo', el delito 'masa', son manifestaciones delictivas objeto de examen preferente en las más modernas investigaciones", e que, obviamente, "la elección de esta temática y el interés que la misma revela, descubre una clara actitud de crítica política hacia el modelo de la sociedad capitalista, y una preocupación muy acentuada en los sectores doctrinales radicales por comprometerse en la transformación de las estructuras sociales".

[771] "El Tribunal Supremo ha considerado que existe una única acción de estafa o de defraudación cuando la acción del autor se dirige a sujetos indeterminados" (BACIGALUPO, Enrique, 1999, p. 589).

[772] CHOCLÁN MONTALVO, José Antonio, p. 368.

[773] Informa José Cerezo Mir (2007, p. 1186) que a construção do delito "masa" se tornou inecessária "cuando el Tribunal Supremo abandonó en los años setenta los requisitos de unidad de sujeto pasivo y de que no se pudiesen individualizar las distintas acciones para apreciar el delito continuado. Aunque subsistía el inconveniente de aplicar el delito continuado en contra o en perjuicio del reo, lo cual suponía en aquél momento una infracción del principio de legalidad de las penas".

[774] VINCENTE MARTÍNEZ, Rosario de, p. 203.

nimas, público em geral, das quais o sujeito ativo extrai diversas quantias de dinheiro, com o propósito único de enriquecimento, deve considerar-se a existência de um só delito, pelo montante global do defraudado".[775] Nessa linha de raciocínio, a figura do delito massa se constrói a partir da necessidade de se alargar a (possibilidade de) punição na cadeia continuada de delitos patrimoniais,[776] "prevendo a soma geral da vantagem/prejuízo quando muitas pessoas são lesadas, cada uma de pouco".[777] Trata-se, em decorrência da regulamentação atual do Código Penal espanhol, logicamente, de uma categoria particular de delito continuado,[778] que deste se diferencia tão só pela possibilidade prevista de elevar-se consideravelmente a pena para os casos de notória gravidade que tenham prejudicado a uma generalidade de pessoas.[779] Por outro lado, "en el caso de que a ninguno de los sujetos pasivos se le defraude una cantidad superior a 400 euros (límite divisorio entre el delito y la falta de estafa), de no existir la construcción del delito masa, lo que procedería es aplicar un concurso real de faltas, cuya pena resulta muy pequeña en relación al monto total de la operación".[780]

Alguns pontos irão diferenciar o delito coletivo do continuado, como, por mera ilustração, o fato de que aquele pode se realizar por meio de *una sola acción*,[781] a exigência de que o sujeito passivo seja, necessariamente, *una masa de personas*,[782] a aplicação exclusiva em se cuidando de delitos patrimoniais[783] e, ainda, segundo a teoria adotada

---

[775] MUÑOZ CONDE, Francisco, 1988, p. 223. Fernando Velásquez (p. 654) propõe os seguintes exemplos como configuradores do delito "masa": "estafas cometidas contra los intereses de grupos de ahorradores; en los eventos de especulación con los precios de alimentos, considerados de primera necesidad, como cuando el dueño de una fábrica de gaseosas o de productos lácteos incrementa por fuera de la reglamentación legal las tarifas de sus productos; en las alteraciones hechas en las máquinas expendedoras de combustible para ponerlas a marcar una cantidad diferente de la realmente suministrada. En fin, piénsese en la actividad de los promotores de urbanizadoras 'piratas' que con el pretexto de suministrar vivienda a los usuarios, luego de exigir las respectivas cuotas iníciales, desaparecen con los dineros recaudados; en las estafas mediante la venta de loterías o juegos de azar inexistentes; en la obtención de emolumentos extras por parte de los empleados oficiales, cuando exigen bonificaciones a los usuarios por la prestación de un determinado servicio público, etc.".

[776] Manuel Cobo del Rosal e Tomás S. Vives Antón (p. 787-8) indicam os requisitos básicos para o aparecimento desta modalidade delitiva: "que se trate de delitos contra el patrimonio; que la conducta, inspirada en un designio criminal único, afecte a una pluralidad de sujetos y, por último, que el hecho revista notoria gravedad".

[777] VIEL, Luiz, p. 84.

[778] GIL GIL, Alicia; e outros, p. 720.

[779] "Por su parte, la STS 464/2003, de 27 de marzo, recuerda que lo importante no es el número de afectados sino el hecho de que éstos fueran sujetos pasivos indeterminados *a priori*, es decir, que no se dirigiera la acción delictiva concretamente contra esas personas en particular: 'la captación de capitales en la forma engañosa descrita se proyectaba y estaba dirigida a una masa inconcreta y abstracta de posibles destinatarios', dice el Alto Tribunal, que aplica la agravación del delito *masa* aunque resultaran afectados finalmente sólo veinte personas" (BERDUGO GÓMEZ DE LA TORRE, Ignacio; e outros, p. 400).

[780] ROLDÁN BARBERO, Horacio, p. 165.

[781] CHOCLÁN MONTALVO, José Antonio, p. 370.

[782] CHOCLÁN MONTALVO, José Antonio, p. 373.

[783] "En relación con las infracciones contra el patrimonio se regula la figura del delito masa. El delito masa es aquel en que el sujeto activo, mediante una sola acción o por varias acciones que, consideradas independientemente, constituirían cada una de ellas un delito o falta, pone en ejecución un designio criminal único encaminado a defraudar a una masa de personas, cuyos componentes individuales, en principio indeterminados, no están unidos entre sí por relevantes vínculos jurídicos. Los requisitos legales que caracterizan el delito son: la existencia de una generalidad de personas perjudicadas (sujeto pasivo masa) y que el hecho revista notoria gravedad (art. 74.2 *in fine*). Para establecer la consecuencia jurídica habrá que determinar

pelo Código Penal brasileiro (que não requer conotação subjetiva a fim de estabelecer o crime continuado), a exigência de um *plan preconcebido, llamado también dolo global o de conjunto.*[784] Como pondera José M. Tomas Tio, sobre a similar natureza, mas diferenciada e independente entre o delito continuado e o *delito masa*, este exige "en el autor la conciencia de afectar a una masa de personas y poderse concretizar a través de una sola acción".[785]

(No ordenamento jurídico brasileiro, a realização do delito coletivo, dependendo da situação concreta, seria tratada em conformidade com os seguintes institutos ou figuras legais: delito patrimonial continuado, lei de economia popular ou Código de Defesa do Consumidor.)[786]

4.10. DA REINCIDÊNCIA

Ainda se concebe a vinculação conceitual entre o crime continuado e a reincidência.[787]

Antes, em breves linhas, deve remarcar-se a reincidência como a prática de novo crime, em face do qual irá sobrevir uma nova condenação, depois do trânsito em julgado de sentença penal condenatória anterior, de cujo reconhecimento decorrem várias consequências, principalmente: a de agravar, de modo preponderante, a pena do (novo) delito; a de obstaculizar inúmeros benefícios legais; a de interromper o curso da prescrição penal etc.[788] A razão da maior punibilidade que se atribui à reincidência seria

---

en primer lugar la pena que corresponde atendiendo al perjuicio total causado, que se elevará en uno o dos grados en función de la gravedad y de la generalidad de personas perjudicadas" (ESCUCHURI AISA, Estrella, 2013, p. 320).

[784] CHOCLÁN MONTALVO, José Antonio, p. 370.

[785] TOMAS TIO, José M., p. 136.

[786] Luiz Flávio Gomes e Antonio García-Pablos de Molina (p. 535) afirmam que o crime massificado "é o cometido contra uma generalidade de pessoas. Entram nessa categoria alguns crimes contra a economia popular – venda casada de bens –, crimes econômicos (*dumping*, combinação de preços entre concorrentes), crimes contra os consumidores (vender produto com peso irregular, com tamanho equivocado, delito de publicidade enganosa etc.)". Assenta Alonso Raúl Peña Cabrera Freyre (p. 652-3) que "los autores de esta clase de configuración típica, son por lo general, empresarios de corporaciones financieras, que brindan como atractivo, la oferta al público consumidor de otorgar altas tasas de interés pasiva en relación con el índice de interés bancario, prevaliéndose de la grave situación económica que atraviesa el país, donde la población busca por todos los medios obtener mayores ingresos dinerarios. Las acciones antijurídicas vienen conectadas por una unidad de resolución criminal, es decir, el dolo del autor debe abarcar el propósito unitario de lesionar varios bienes jurídicos, pertenecientes a una pluralidad de personas, acciones típicas que deben estimarse como un solo delito en base al importe total defraudado".

[787] Nosso CP abandonou diversos conceitos análogos ao da reincidência, como a habitualidade, a profissionalidade e a multirreincidência.

[788] Salo de Carvalho (2013, p. 394) indica os demais efeitos supletivos do reconhecimento da recidiva: "embora a consequência imediata da reincidência seja a de aumentar a quantidade de pena provisória, existem inúmeros efeitos subsidiários no CP: (a) definição de regime de cumprimento de pena mais severo (art. 33); (b) restrição da substituição da pena privativa de liberdade por restritiva de direitos (art. 44, II); (c) vedação da substituição da pena privativa de liberdade pela multa (art. 60, § 2º); (d) obstrução do *sursis*, em caso de crime doloso (art. 77, I); (e) aumento do lapso do cumprimento da pena para obtenção do livramento condicional (art. 83, II); (f) aumento da interrupção do prazo prescricional (arts. 110 e 117, VI); (g) revogação do *sursis* (art. 81), do livramento condicional, (art. 87) e da reabilitação (art. 95); e, em delitos específicos dispostos na PE, (h) obstrução da diminuição da pena (art. 155, § 2º, arts. 170 e 171, § 1º)".

determinada, segundo noção criminológica clássica, não só pelo princípio da defesa da sociedade, mas também por demonstrar o agente uma maior capacidade delinquencial; desse modo, a reincidência seria entendida como ferramenta jurídica de enfrentamento da criminalidade, permitindo à coletividade se defender de forma mais enérgica.[789]

[789] Tem-se debatido a necessidade de a reincidência ensejar um tratamento punitivo de maior impactação. Historicamente, desde os primeiros tempos, despontou a reincidência como uma circunstância agravante da responsabilidade; contudo, essa orientação nunca foi absoluta. Sobre os efeitos da reincidência, formaram-se, basicamente, três orientações: a primeira (majoritária) afirmava que o legislador via, no reincidente, um caso de 'culpabilidade especial', pois o delinquente, ao repetir as ações criminosas, mostraria o menosprezo à ordem jurídica, implicando, com isso, um fator de aumento de pena (relacionado à maior periculosidade). Outra corrente sustentava que seria ilegítima a agravação por força da reincidência, por esta não se traduzir em aumento do dano material ou político do delito, sendo que, ademais, se castigar mais gravemente a um condenado em razão de um delito anterior, cuja pena já fora cumprida, "constituiría una grave injusticia, un quebrantamiento de la máxima *non bis in idem*" (JIMÉNEZ DE ASÚA, Luís, 1945, p. 675). Finalmente, outro entendimento, ao avançar em relação ao anterior, sustentava que a repetição do delito implicaria uma fácil tendência ao crime, e uma menor liberdade de decisão; por isso, haveria, no agente, uma menor imputabilidade, que deveria conduzir, com efeito, à atenuação da pena. Um de seus defensores, Kleinschrod, "acusa a la sociedad como culpable del aumento de la reincidencia, por creer que el ambiente social y familiar de vicio y corrupción, escasez de trabajo, mala distribución de la riqueza y, sobre todo, la defectuosísima organización penal y penitenciaria, son los culpables de que aquellos reiterados delincuentes, víctimas de las circunstancias que les rodean, se encuentren en situación propicia para recaer en el delito" (JIMÉNEZ DE ASÚA, Luís, 1945, p. 675). Esse pequeno quadro histórico bem permite avaliar a eterna tensão existente entre o direito do delinquente – em ter preservado um conjunto de garantias, notadamente a de ser tratado de forma digna e humanitária e a de poder reinserir-se socialmente após o cumprimento da pena – e o direito da sociedade de proteger-se. Nesse ponto, é urgente observar que a complexidade do problema permanece. Como apontam, sob a perspectiva criminológica, Winfried Hassemer e Francisco Muñoz Conde (2001, p. 293), "el miedo a que el delincuente, una vez liberado, vuelva a cometer el mismo u otros delitos no es, desde luego, infundado. El peligro de reincidencia es especialmente elevado en el caso de delincuentes sexuales, en los que la estancia en la cárcel durante varios años deteriora aún más su ya mui deteriorada sexualidad. Y lo mismo puede decirse de delincuentes que han atentado ya varias veces contra la vida humana, que se han criado en medios especialmente violentos (como guerras) y que se muestran totalmente insensibles ante el sufrimiento ajeno, siendo capaces de matar por motivos fútiles, o por dinero, todas las veces que haga falta, sobre todo si obtienen de ello algún beneficio personal o económico". E, buscando uma solução de compromisso, arrematam Winfried Hassemer e Francisco Muñoz Conde (p. 296): "dar la razón 'a priori' a una de las partes del conflicto (al individuo, que quiere seguir, o en todo caso sigue siendo parte de la sociedad, y volver a recuperar su libertad lo antes posible; o a la sociedad, que tiene una evidente preocupación por que sus mandatos fundamentales no sean vulnerados impunemente), parece una tarea vana e insoluble, cuando no un auténtico 'círculo vicioso', en el que siempre se regresa al mismo punto sin haber logrado solucionar ninguno de los problemas existentes. Sin embargo, por más que la existencia del conflicto entre ambas formas de entender la pena de prisión sea inevitable e incluso inmanente al propio sistema debe buscarse algún tipo de compromiso entre ellas. Ésta es la tarea que debe cumplir especialmente la Criminología penitenciaria". Pode, ainda, recordar-se que a 5ª CC do TJRS, sendo relator o Des. Amilton Bueno de Carvalho, houve por bem considerar inconstitucional a agravante da reincidência (RJTJRS, 699291050, de 11.8.99). No mesmo sentido: Paulo Queiroz (p. 470), para quem: "apesar de consagrada pela maioria dos Códigos, a reincidência, que encerra uma presunção absoluta de maior perigosidade do réu, é dificilmente compatível com os princípios penais, especialmente *ne bis idem*. (...) nem sempre o réu reincidente é mais perigoso do que o não reincidente. Afinal, o agente pode ser primário, não obstante ter praticado diversos delitos, assim como pode ser reincidente, mas em crimes de menor potencial ofensivo". A mais disso, a reincidência conduz a um duplo apenamento pelo mesmo comportamento punível, o que contraria a regra do *ne bis in idem*. Ainda Carlos Scheid (2009, p. 159) agrega que a reincidência "é antigarantista e inconstitucional, pois, além de estar vinculada ao 'ser' do réu, punindo-o por seu histórico 'amoral', espelha uma nítida penalidade em dobro, ferindo, assim, o princípio do *ne bis in idem*". Como afirma Juarez Cirino dos Santos (2017, p. 536-7), "a reincidência (ficta ou real) significa *dupla punição* do crime anterior: a primeira punição é a pena aplicada ao crime anterior; a segunda punição é o *quantum* de acréscimo obrigatório da pena do crime posterior, por força da reincidência". Este último autor propõe que

(Modernamente, em uma perspectiva criminológica crítica, a reincidência opera aquilo que o cientista social norte-americano Howard S. Becker denominou de profecia autorrealizadora, ou seja, "ela põe em movimento vários mecanismos que conspiram para moldar a pessoa segundo a imagem que os outros têm dela".[790] Nesse caminho, "a previsão legal da reincidência fundamenta, e seus efeitos nocivos previstos corroboram, a ilação de periculosidade do criminoso reincidente e seu estereótipo no *second code*. Essa alimentação perversa, que se traduz numa isenção moral com base numa pretensa neutra aplicação da lei, induz o juiz, na verdade, a rotular o indivíduo como mal social a ser combatido, lançando mão de uma realidade construída pelos seus pares. [...] possuir uma condenação criminal confere ao indivíduo um rótulo que cria nas agências de controle formal uma identidade pessoal unilateral, isto é, reconhece-se no indivíduo o papel social de criminoso, com todas as consequências negativas da criação de expectativas normativas em relação ao seu comportamento social – passa-se a acreditar que a pessoa sempre se comportará como criminoso – tornando-se um legítimo inimigo da lei".[791])

A recidiva requer, basicamente, a combinação de dois requisitos, a saber: (i.) trânsito em julgado de sentença penal condenatória por crime anterior; (ii.) cometimento de novo crime em virtude do qual se irá estruturar um *decisum* condenatório. Em face disso, "não basta o cometimento de novo crime; é necessário que esse novo crime tenha sido cometido após transitar em julgado a sentença que, no Brasil ou no estrangeiro, o tenha condenado por crime anterior. Também não é suficiente que tenha havido uma sentença condenatória, se esta, ainda pendente de recurso, não tiver transitado em julgado. Ademais, é irrelevante se o agente cumpriu ou não a condenação anterior que gerou a reincidência (reincidência ficta)".[792] Por outro lado, a reincidência não desponta, verdadeiramente, como uma circunstância, dado que não se relaciona com o delito concretizado, mas, sim, com seu autor.[793] Releva notar ainda que, na esteira de Salo de

---

a reincidência real deveria ser circunstância atenuante e a reincidência ficta, um indiferente penal (2006, p. 570). A seu turno, Paulo Queiroz (p. 471) sustenta, com muita propriedade e a partir de uma noção pragmática, que, em sendo a reincidência tolerada, como o é, o acréscimo dela resultante "não poderá acarretar aumento igual ou superior, mas sempre inferior (proporcionalmente), à pena (ou penas) aplicada na sentença anterior que gerou, sob pena de o acréscimo exceder à própria pena antes imposta, desproporcionalmente". Por outro lado, sobre os efeitos (amplos) da reincidência, lembra Francisco Bissoli Filho (1998, p. 216): "os estigmas dos antecedentes e da reincidência criminal manifestam-se também após o cumprimento da pena, isto porque o indivíduo estigmatizado será tratado, formal e informalmente, de maneira diferenciada dos demais. Essa diferenciação é formal, à medida que a própria norma determina e aceita os efeitos da estigmatização anterior, o que, para fins de reincidência, perdura durante cinco anos e, para fins de antecedentes, por tempo indeterminado. (...) A diferenciação é informal, quando se transfere para a vida social do indivíduo. A organização de banco de dados de informações criminais amplia e prorroga os efeitos da estigmatização, fazendo com que os fatos passados continuem sendo valorizados nas relações sociais. O preconceito social e familiar não se extingue com o cumprimento da pena, nem a normalidade se restabelece, ao contrário, são reduzidas as oportunidades de sobrevivência". Maria Lúcia Karam (2010, p. 683) assinala que nenhuma das razões por meio das quais se visa à legitimação da reincidência "consegue esconder sua irracionalidade, seu comprometimento com o autoritarismo, sua incompatibilidade com princípios inerentes a um Estado de Direito". Não obstante tais considerações, a matéria da inconstitucionalidade da reincidência, como circunstância agravante, foi enfrentada pelo STF, cujo Plenário decidiu, à unanimidade, ser constitucional a aplicação do instituto da recidiva como fator de agravamento da pena em processos criminais (art. 61, I, do CP) (STF, RE 453.000/RS, Rel. Min. Marco Aurélio, TP, j. 4.4.13).

[790] BECKER, Howard S., 2008, p. 44.

[791] BERLA, Gabriel Vieira, 2010, p. 400.

[792] QUEIROZ, Paulo, p. 468.

[793] GALVÃO, Fernando, p. 838.

Carvalho, "a lei penal brasileira operou uma verdadeira relativização do instituto da reincidência",[794] em função de a Lei 9.714/98 ter alterado, entre outros aspectos, os requisitos subjetivos, entre os quais o da reincidência. Com efeito, referida lei estabeleceu duas hipóteses de substituição (da pena privativa de liberdade por restritivas de direitos) em casos de reincidência; assim, como se trata de norma penal posterior mais benigna, seria possível encampar a noção segundo a qual se estabeleceu "uma relativização na aplicação geral do instituto, não limitada apenas à substituição de pena de prisão por pena alternativa. Isto porque uma alteração significativa em um instituto produz efeitos em todo o sistema jurídico, sobretudo quando se trata de lei mais favorável (*lex mitior*). (...) Significa dizer, portanto, na hipótese de ser o instituto constitucional, que a regra geral é a da aplicação exclusiva da agravante da reincidência nos crimes dolosos – nos crimes culposos seria inaplicável em decorrência da interpretação extensiva do artigo 44, II, do Código Penal, alterado pela Lei 9.714/98."[795] Semelhantemente, à luz do parágrafo 3º do artigo 44 do Código Penal, ao magistrado seria factível "deixar de aplicar os efeitos da reincidência, mesmo nos delitos dolosos, se entendesse que a medida (não agravação da pena) é socialmente recomendável".[796]

Torna-se indispensável observar que a doutrina prossegue na busca por soluções por meio das quais se possa obstaculizar o grave e evidente *bis in idem* que advém do reconhecimento da reincidência (pois tal agravante [de caráter preponderante] deflui de outro crime, cuja sanção foi cumprida pelo condenado). Sob este ângulo, pondera Paulo César Busato que "a única solução adequada seria analisar o aspecto de voltar a delinquir no âmbito das circunstâncias judiciais, que podem pesar positiva ou negativamente, sob o epíteto dos antecedentes. Essa é a única proposta hermenêutica capaz de poupar o condenado de injustiças. Aliás, pouco importa o nome que se dê ao instituto, se reincidência ou antecedente. O importante é a transferência da análise para a sede das circunstâncias judiciais excluindo-as das circunstâncias legais. Isso porque parece que somente ali poderá ser feita a correta análise da repetição recente da prática criminosa segundo um perfil consentâneo com o princípio da culpabilidade". Nessa linha, "é possível considerar que a situação de reincidência pode referir-se não só ao sujeito, mas aos fatos e às circunstancias que o cercam, podendo avaliar concretamente o grau de reprovabilidade derivado dessa reincidência, que não necessariamente pode conduzir a um aspecto negativo. É perfeitamente possível que o juiz se depare com uma pessoa conduzida à prática da conduta cuja pena se trata de fixar-lhe, por força das limitações socialmente impostas à sua liberdade de escolha, e a reincidência pode estar evidenciando a incapacidade do sistema de controle em promover a reinserção social desse sujeito. Em casos tais, do mesmo modo com que se analisa a coculpabilidade, a reincidência pode militar em favor de uma redução do índice de reprovabilidade da conduta e, consequentemente, do valor da pena base. Isso porque é necessário reconhecer que se o sujeito passou pelo sistema penal e voltou a delinquir, aquele sistema certamente deixou a desejar em seu papel de reinserção social do sujeito, posto que o levou a reincidir. Quem há de negar a dessocialização como efeito da passagem pelo cárcere? A ideia, quiçá nova em termos de proposição hermenêutica (no sentido de considerar a reincidência no âmbito das circunstâncias judiciais do artigo 59, computada em favor ou contra o réu), possui virtude

[794] CARVALHO, Salo de, 2015, p. 401.
[795] CARVALHO, Salo de, 2015, p. 402.
[796] CARVALHO, Salo de, 2015, p. 402.

de reconhecer que, em sendo a reincidência associada à maior ou menor capacidade de escolha do sujeito entre a atitude de cometimento do crime ou não a reprovabilidade de sua conduta – e, nesse sentido, a culpabilidade – estará determinada pela possibilidade ou pela limitação das possibilidades de escolha que o sujeito teve. Essas opções pessoais estarão vinculadas indissoluvelmente à atuação do Estado, tanto na medida em que este ofereceu possibilidades de desenvolvimento pessoal ao sujeito, quanto na medida em que se lhe as tolheu". Por conta disso, "é somente no elenco das circunstâncias judiciais que pode a reincidência ser submetida à sensibilidade do juiz para dar-lhe a conotação adequada. Assim, a proposta aqui lançada pretende avançar no sentido da aproximação entre os princípios limitadores e o próprio sistema penal".[797]

Para concluir este tópico, restam as elucidações sobre as diferenças entre os institutos em causa.

Nesse sentido, em traços largos, enquanto o delito continuado se mostra como modalidade específica do concurso de delitos (a partir da prática de crimes da mesma espécie, de forma que a lei penal lhe destinará o tratamento punitivo do concurso material com punição mitigada – *poena major cum exasperatione*), a recidiva se apresenta como instrumento legal de punição mais rigoroso (que tem lugar na atividade judiciária no momento da entrega da prestação jurisdicional em uma sentença criminal condenatória, como agravante de caráter preponderante) que surge com a prática de novo ilícito criminal depois de uma condenação anterior.

Giulio Battaglini explica que a reincidência "é a recaída no delito, de parte de alguém que já fora condenado por anterior delito",[798] devendo ser diferenciada do concurso de crimes (no qual se insere o delito continuado) porquanto naquela se exige a presença de uma condenação anterior, "independentemente de ter sido ou não cumprida a respectiva pena";[799] e, neste, tal exigência não se apresenta para a formação da cadeia continuada.[800]

4.11. DO CONCURSO APARENTE DE NORMAS PENAIS

Assunto correlacionado ao crime continuado é o do concurso aparente de normas penais.[801]

Essa modalidade de concurso se verifica quando duas ou mais normas penais, que têm vigência simultânea e pertencem ao mesmo ordenamento jurídico, disputarem, de modo aparente, a incidência (enquadramento típico) sobre um único fato natural.

[797] BUSATO, Paulo César, 2015, p. 891-2.

[798] BATTAGLINI, Giulio, p. 583.

[799] BATTAGLINI, Giulio, p. 585.

[800] A propósito, "não se confunde o concurso material com a reincidência, em que também há um só agente e vários fatos puníveis. Mas na reincidência os fatos anteriores, definitivamente julgados, não fazem objeto de novo julgamento, servem apenas de sintonia de maior criminosidade, de uma culpabilidade acrescida e resistente, que vem justificar a agravação da pena a ser aplicada em razão do novo crime" (BRUNO, Aníbal, 1969, p. 161).

[801] Também denominado de "concurso legal", "concurso de leis", "concurso de normas" (*Gesetzeskonkurrenz*, Edmundo Mezger), "concurso legal impuro" (*unechte Gesetzeskonkurrenz*, Max Ernst Mayer), "concurso legal aparente" (*scheinbare Gesetzeskonkurrenz*, Franz von Liszt), "concurso aparente" (*schein Gesetzeskonkurrenz*, Wachenfeld); "conflicto aparente de disposiciones penales". Segundo Rosa Maria dos Reis Parise (1986, p. 37), "foi Merkel, por volta de 1912, quem primeiro distinguiu o concurso de crimes da concorrência de leis".

Reputa-se “aparente”, porque, em um ordenamento jurídico, não pode existir tal disfuncionalibilidade sistêmica expressa na previsão, *in abstracto*, de uma dupla punição para um só comportamento. Por outras palavras, em certas situações torna-se possível uma conduta apenas configurar mais de um fato punível, ensejando, por conseguinte, a aplicação de mais de uma *sanctio juris*.

Exige-se que o “concurso aparente” se apresente em relação ao mesmo ordenamento jurídico vigente (no tempo e no espaço), exatamente para diferenciá-lo da hipótese em que o mesmo fato se enquadra em vários ordenamentos jurídicos (direito penal internacional), ou da que se produz em um câmbio de leis penais (sucessão de leis) no tempo,[802] cuja solução implicará a adoção de outros princípios solucionadores.

Em modelo gráfico, representa-se o instituto do concurso aparente de normas da seguinte forma:

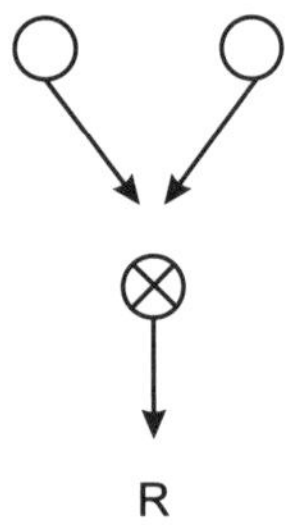

○ = Norma ⊗ = Conduta R = Resultado

Nesse caso, por conseguinte, ocorrente em algumas ocasiões específicas, em que a existência de dois ou mais tipos penais permite, de forma aparente, a integração da matéria, é que se encontra o denominado concurso aparente de normas.[803]

---

[802] GRISPIGNI, Filippo, 1949, p. 478.

[803] Há muito tempo se tem debatido, exaustivamente, o problema da consideração dos dispositivos penais aplicáveis à mesma hipótese fática, que a doutrina denomina de concurso, ou conflito, aparente de normas penais. Comentando o assunto, destacou Everardo Luna (1971, p. 75) que “urge trazer a matéria para o Código porque a necessidade prática que apresenta é tão grande quanto a dificuldade doutrinária que suscita”. Partindo-se da ideia nuclear segundo a qual o direito é um todo harmônico e unitário que não tolera em seu seio antagonismos e contradições, é que se vai entender o porquê da existência de determinados princípios que buscam, justamente, solucionar a falsa impressão que acomete o intérprete de poder contar, ao mesmo tempo, perante o mesmo fato natural, com dois ou mais dispositivos penais para reger as hipóteses. O conflito de normas penais é diferente do concurso de crimes, real ou ideal: nestes, deve-se saber quantas normas, ou quantas vezes, foram ofendidas por uma só ou por várias ações; naquele, qual a norma a que deve ser subsumida determinada conduta. Tem-se, portanto, nesse caso, tarefa de adequação típica, para descobrir se a conduta perfectibilizou tal, ou qual, tipo penal. A doutrina, a par das incontáveis divergências, aponta, de modo geral, três princípios solucionadores da concorrência aparente de tipos penais: o princípio da especialidade, da *consunção* (ou absorção) e da subsidiariedade. 1. Em primeiro lugar, desponta o princípio da especialidade, que se mostra como o único a contar com quase a unanimidade de aceitação dos doutrinadores. Esse critério se assenta na parêmia *lex specialis derogat legi generali* e em máximas romanas tais como, *semper specialia generalibus insunt* e *generi per speciem derogantur*. Segundo a doutrina tradicional, o que importa, realmente, é a correlação entre o tipo geral e o tipo especial, que possui todos os elementos do tipo geral e, ainda, outros, os especializantes, de natureza objetiva ou subjetiva, que o diferenciam daquele, apresentando um *minus* ou um *plus* de severidade, ou, como descreve Marcelo Fortes Barbosa (1976, p. 85): “pouco importa ainda que o delito especial (*typus specialis*) ao neutralizar o delito genérico (*typus generalis*) acarrete a imposição de uma pena menor ao agente, como acontece no infanticídio em relação ao homicídio, ou uma pena maior, como ocorre no parricídio, punido em certas legislações, em relação ao mesmo delito

contra vida". Há uma explicação racional para a existência do princípio da especialidade: "As leis procedem por abstracção ao modelar em conceitos a realidade. Em face de uma norma comum pode verificar-se a conveniência de especificar sectores da realidade, contidos no âmbito dessa norma, que passam a ser regulados por uma norma especial. A norma comum abrange sempre todo o conteúdo de normas que, relativamente a ela, são normas especiais. Em consequência, a revogação de uma norma especial faz necessariamente cair no âmbito da regulamentação da norma comum o que dela fora retirado durante a vigência da norma especial" (FERREIRA, Manuel Cavaleiro de, 1982, p. 164). Pode haver o concurso, tanto entre artigos de leis, como entre leis que entraram em vigor ao mesmo tempo ou em momentos diversos, sendo, apenas, inafastável a contemporaneidade na relação gênero-espécie (que se mostra como essencial ao princípio, uma vez que o delito especial estará contido no delito geral), bastando que a relação (entre a lei genérica e a especial) se estabeleça, em conhecida imagem, como a de dois círculos, em que um menor está compreendido dentro do maior. Trata-se, portanto, de um princípio lógico de grande aplicação, que deve ser acolhido e reconhecido, cuja compreensão não envolve dificuldades, sendo, por tal razão, o princípio da especialidade aceito sem maiores discussões ou reservas pela doutrina. 2. Do princípio da consunção. Outro princípio aceito pela doutrina é o da consunção, que foi enunciado pelos práticos italianos: *lex consumens derogat legi consumptae*. Pode-se conceituá-lo como sendo a absorção da norma menos grave pela mais grave, sempre que aquela, na relação concreta que as envolve, se apresentar como normal fase de concretização de outro crime, ou mesmo se apresentar como normal passagem para a realização de outro crime. Assim, a norma menos grave se deixa absorver, consumir, por essa norma mais grave, cedendo-lhe o lugar. Se, no princípio da especialidade, a relação existente era a *genus ad especiem*, aqui, ao contrário, a relação que se estabelece é a de *minus* a *plus*, de todo à parte, de conteúdo a continente, de fração a inteiro, de meio a fim. O princípio da consunção, portanto, compreende aquela situação jurídica em que, muitas vezes, um determinado tipo pode se afigurar em uma fase obrigatória de execução de outro, sem a qual é impossível consumá-lo. Aplicando-se dessa forma o critério da consunção, segundo o qual a norma consuntiva derroga a norma consumida, chega-se à conclusão lógica de que o sujeito ativo responderá tão somente (de forma exclusiva) por aquela, uma vez que a norma-meio (consumida) resta, inapelavelmente, absorvida. A jurisprudência reconheceu a relação consuntiva entre os crimes de roubo próprio e porte ilegal de arma, uma vez que este delito seria o meio de execução daquele (RT, 791/644-5). Também tem entendido o STF pelo reconhecimento do princípio da consunção em se tratando de delitos de trânsito (homicídio e/ou lesão corporal culposos), nos quais o motorista não tenha habilitação: *HC* 80.436. 2ª T., Rel. Nelson Jobim, *RTJ* 175/1083; *HC* 82.006-9/MG, 2ª T., Rel. Maurício Correa, j. 17.9.09; Inq 3.108, Rel. Min. Dias Toffoli, P, DJE de 22.3.12 (decisão citada na Coletânea temática de jurisprudência, p. 114) e R*HC* 104.246, Rel. Min. Luiz Fux, 1ª T., DJE de 11.10.11 (decisão citada na Coletânea temática de jurisprudência, p. 115). O critério orientador da consunção muito se relaciona, em grau direto de aproximação, ao crime progressivo, no qual o agente ativo passa de um delito menos grave a outro mais grave, mas, desde o início da realização do delito, o agente já se encontrava movido pela intenção manifesta de realizar aquele delito mais grave. Como registrou Oscar Stevenson (1962, p. 42): "só a consunção fundamenta, de modo cabal, o problema da aplicabilidade de normas em tema do crime progressivo". É de se ressaltar, ainda dentro do estudo do princípio da consunção, que a exclusão de um determinado tipo por outro pode existir no caso em que não haja unidade de fato ou um só contexto de ação (pressuposto específico do concurso aparente de normas). Esse pode ser apontado como um dos mais interessantes aspectos do princípio da consunção: existe um evidente caso de impunibilidade de certas condutas delituosas que pressupõe uma imputação anterior, já levada em linha de conta pelo desiderato do agente. É o caso de condutas antecedentes ou subsequentes que se entendem, implícita ou explicitamente, como necessárias – "ou aquilo que dentro do sentido de uma figura constitua o que normalmente acontece ('*quod plerumque accidit*')" (FRAGOSO, Heleno, 2003, p. 454) – para a existência ou esgotamento (exaurimento) de determinados crimes. É que um fato, embora configure crime, pode deixar de ser punível quando anterior ou posterior (*straflose Vor und Nachtat*) a outro crime mais grave, pressuposta a unidade de agente. A isso se denomina do *antefato ou pós-fato não punível*, assunto que produz acalorada discussão na doutrina e na jurisprudência. Com efeito, como se expressa Aníbal Bruno (1959, p. 263), "um fato anterior ou posterior, que não ofende novo bem jurídico, é muitas vezes absorvido pelo fato principal, e não tem outra punição além da punição deste (*mitbestrafte*)". Como exemplo, cabe lançar mão das seguintes decisões do STJ, que, respectivamente, tratam do antefato e do pós-fato não punível: STJ, *HC* 11799/SP, Rel. Min. Vicente Leal, 6ª T., j. 16.5.00; STJ, RESP 112509/SP, Rel. Min. Vicente Leal. 6ª T., j. 12.5.98; e *HC* 84.533, Rel. Min. Celso de Mello, 2ª T., DJ de 30.6.09 (esta última decisão citada na Coletânea temática de jurisprudência, p. 295). Não há confundir, entretanto, casos tais com as situações concretas do concurso aparente de normas, pois: "neles há sempre uma pluralidade de ações em sentido naturalista, como já observara Honig, embora só ofendam o mesmo bem jurídico e obedeçam, geralmente, a um só motivo, que orienta a linha dos fatos

Para se evitar o *bis in idem*, com dupla punição pelo mesmo fato, lança-se mão dos princípios que solucionam a concorrência aparente de tipos penais, pois, como remarca Oscar Stevenson, "o conflito de preceitos legais se revolve na unicidade de delito pela aplicação de uma só norma".[804]

A nota de aproximação entre o crime continuado e o concurso aparente de tipos encontra-se na unidade de apenamento, em razão da unidade de norma, e se diferenciam a partir da unidade e da pluralidade de ações. Como também destaca Nuria Castelló Nicás: "en el concurso de normas, lo que convergen, siempre y en todo caso, son las

---

que se sucedem, tendo por núcleo o fato principal" (BRUNO, Aníbal, 2003, p. 169-70). Também é certo que, isoladamente, cada uma dessas diferentes ações poderia reclamar censura de forma exclusiva, mas, a bem da verdade, nada mais representa do que antecedentes ou subsequentes da conduta reitora principal e se deixam absorver na punição desta apenas. Francisco de Assis Toledo (2000, p. 54), no que tange ao pós-fato impunível, aduz que este "se ajusta, sem dúvida, ao princípio da consunção. Ocorre, em geral, com atos de exaurimento do crime consumado, os quais estão previstos também como crimes autônomos. A punição do primeiro absorve a dos últimos". A ideia que preside a solução desse intrincado tema é inspirada, inegavelmente, na doutrina da Política Criminal. O STJ exarou uma súmula que adota o princípio da consunção, na situação específica da compatibilidade dos delitos de falso com o estelionato. A referida súmula estatui: "quando o falso se exaure no estelionato, sem mais potencialidade lesiva, é por este absorvido". Assim, houve, pelo princípio da consunção, a consagração da corrente jurisprudencial mais aceita, sendo tal princípio em verdade um princípio de justiça e de Política Criminal que melhor se ajusta à nossa realidade social e ao sistema punitivo, como um todo. 3. Do princípio da subsidiariedade. Pelo princípio da subsidiariedade, outro com o qual se soluciona o concurso aparente de normas, deve observar-se a regra segundo a qual a norma primária prefere a subsidiária, ou a norma principal exclui a aplicação da subsidiária: *lex primaria derogat legi subsidiariae*. Diz-se que uma lei tem caráter subsidiário em relação à outra, principal, quando ambas descrevem graus (ou fases) diversos da violação do mesmo bem jurídico, de modo que o descrito pela disposição subsidiária, por ser menos grave que o descrito pela principal, fica absorvido por esta. Aqui, a relação que se estabelece entre as diferentes normas que disputam a primazia da incidência sobre a hipótese fática concreta, diversamente da ocorrente nos dois princípios, anteriormente estudados, é determinada em função das gradações na violação "de um mesmo interesse jurídico, em que a infração definida pela norma subsidiária, de menos gravidade, é absorvida pela norma primária, que representa maior lesividade, efetiva ou potencial, ao bem ou interesse protegido" (COELHO, Walter, p. 111). Em outras palavras, a norma será principal quando previr hipótese mais grave do que outra (secundária, subsidiária), ou grau mais intenso de ofensa ao mesmo bem jurídico. Por isso, menciona-se que, em se tratando do princípio da subsidiariedade, a relação existente que se configura é de norma principal à secundária, em que a principal será preponderante. Concretamente, apresenta-se a relação da subsidiariedade desta forma: em certas situações, uma conduta é prevista em uma norma como crime independente, em outras, frente ao mesmo ordenamento jurídico, aparece esse crime independente estruturado em outra norma, quer como elemento, quer como fator de elevação do grau de censura. E, em tais circunstâncias, será chamado o princípio: *ubi major, minor cessat*, ou seja: "a norma principal ou primária (sempre mais grave que a do tipo subsidiário) prevalece sobre a norma secundária ou subsidiária, que é, em gradação defensiva, um 'soldado de reserva'" (COELHO, Walter, p. 111). 4. Do princípio da alternatividade. A adoção de tal princípio é bastante discutida em doutrina. Para alguns, a exclusão pela alternatividade não interessa ao concurso de leis. Segundo o critério da alternatividade, como descreve Odin Americano (1985, p. 449), "quando duas normas se repelem ao descrever o mesmo fato", em que a aplicação de uma norma a um fato exclui a aplicabilidade de outra (por exemplo: a conjunção carnal que se tipifica na sedução impede a adequação ao estupro ou à posse sexual mediante fraude). Ocorre relação de alternatividade quando duas disposições se repelem, ante o mesmo fato, ou seja, a aplicação de uma norma a um fato exclui a aplicabilidade de outra que também o prevê como delito. Para Luiz Alberto Machado (p. 59): "alternatividade ocorre no chamado crime de conteúdo variável, de que é exemplo o tráfico de entorpecentes: o agente pode praticar uma ou várias ações (importar, exportar, ter em depósito etc.); quando forem atos de uma só ação, o crime é apenas um". Nesses casos, não se pode falar em concurso ou conflito aparente de normas, uma vez que as condutas descritas pelos vários núcleos se encontram em um só preceito primário, ou seja, existe uma só infração "porque a norma é una e descreve um só crime através de várias dições, logo, a rigor, não se trata de concurso aparente porque o crime é sempre único" (AMERICANO, Odin do Brasil, 1985, p. 450).

[804] STEVENSON, Oscar, p. 28.

normas a aplicar, pues todas refieren un solo delito – un único injusto criminal –, a diferencia del concurso de delitos, en el que cada una de las normas refiere un delito diferente que ataca a un bien jurídico también distinto, o al mismo bien jurídico que se vulnera varias veces”.[805]

O concurso aparente de normas penais coexistentes encerra uma vinculação mais estreita com o concurso ideal, no qual se poderia perceber a unidade de ação com várias violações jurídicas. Sem embargo, a ofensa – no concurso aparente – é única, em verdade, ao passo que, no concurso ideal, existe violação concreta de várias normas, “configurando-se vários crimes causados por uma só conduta”.[806]

De qualquer sorte, também se aproxima o concurso aparente do crime continuado, admitido que ambos os institutos apresentam castigo penal unitário.

A reforma penal pretende trazer um quadro de profundas modificações neste setor, não só incorporando à legislação um regramento específico – sob a rubrica “conflito de normas”, artigo 12 do Código Penal –, mas, igualmente, detalhando os princípios que devem ser observados na solução do concurso aparente, consignando, ainda, de modo expresso, que se preservam os ditames relacionados ao concurso de crimes, a evidenciar, ainda uma vez, que se cuida de temáticas aparentadas, entretanto, fortemente, diferenciadas. A incorporação ao Código dessa matéria era, há muito, reivindicada pela doutrina; e, assim, avalia-se como salutar o detalhamento dos princípios que, por sua maior aceitabilidade (especialidade, consunção, *post-factum* impunível) doutrinária e jurisprudencial, disciplinam o conflito.

(Digno de nota é também a encampação, pela proposta da reforma, da regra dos delitos de conteúdo variado [mistos alternativos], buscando, por óbvio, uma pacificação de entendimentos sobre o tema.)

4.12. DO PRINCÍPIO DO (*NON*) *BIS IN IDEM*

Pela importância cada vez mais acentuada que assume este princípio em um arco bastante amplo de (solução de) casos – não apenas como fundamento da aplicação de uma só das normas penais, mas, também, como meio de obstaculizar penas excessivamente elevadas –, convém que sejam apresentados, ainda que em breves termos, seus traços essenciais.

4.12.1. Aspectos gerais

Decerto, o princípio em causa ostenta uma aplicabilidade geral em relação a todos os âmbitos do Direito.[807]

[805] CASTELLÓ NICÁS, Nuria, p. 37. A mais disso, “ao se pesquisar problemas de concurso real e formal, na constatação dos mesmos, precisa-se ter presente que os fatos infringentes das figuras penais devem ter o poder capaz de coexistir, sem serem absorvidos. Assim, no enfoque da matéria, é de se distinguir os fatos que integram um concurso real ou formal daqueles que representam simples momento constitutivo de outro delito. É o que acontece no caso em que o agente, contrariando a vontade do morador do prédio, penetra na moradia para subtrair coisa alheia móvel. Na hipótese, o fato violação de domicílio será simples momento constitutivo do delito furto, que o absorve” (LEIRIA, Antônio José Fabrício, 1973, p. 30).

[806] PIMENTEL, Manoel Pedro, 1969, p. 22.

[807] Como reforça Helena Regina Lobo da Costa (2013, p. 181), “a proibição do *bis in idem* no direito penal tem uma vigência bastante ampla, havendo quem afirme que se trate de regra indubitavelmente universal.

Em sua evolução histórica, a qual remonta ao direito romano, desponta a regra do *non bis in idem* atrelada à sacralidade da coisa julgada; não obstante, se foi expandindo e, dessa vertente marcadamente processual, passou a incorporar uma outra, de cunho material.[808] Em termos gerais, o instituto do *non bis in idem*, portanto, tanto pode apresentar uma dimensão material como processual.[809] Para Estrella Escuchuri Aisa, "el *non bis in idem* material se traduce en la prohibición de sancionar o castigar dos veces por el mismo hecho, y, en su vertiente procesal, el principio supone que nadie puede ser juzgado dos veces por los mismos hechos (no dos procesos con el mismo objeto)".[810] Referido regramento justifica-se, por um plano, pela "elementare esigenza razionale ed equitativa"[811] – isto é, por se constituir em um obstáculo da arbitrariedade dos poderes públicos –, como, por outro, não só pela (noção de) proporcionalidade, como, ainda, pela (postura de) segurança jurídica.[812]

Tal princípio é de aplicação direta e imediata, não dependendo de desenvolvimento legislativo, dado que se encontra vinculado ao da legalidade; cabe lembrar, ainda, nesta ordem de consideração, que o princípio do *non bis in idem* tem, substancialmente, um caráter político-jurídico de segurança pessoal, e requer, para a sua plena configurabilidade, uma tríplice identidade: *eadem personam* (somente se projete a mesma pessoa que está sendo perseguida [excluindo-se, portanto, os eventuais coautores ou partícipes ainda não perseguidos]); *eadem re* (leva-se em consideração o fato em sua essência material, sem atender para o seu significado jurídico); e, finalmente, *eadem causa petendi* (o poder de ação exercitado que, novamente, se pretende manejar com idêntico objeto ou imputado).[813] Em uma fórmula sintética, trata-se da coexistência da pessoa, do objeto e da causa de persecução.

De outro curso, Wolfgang Naucke acresce que a proibição da dupla punição se insere no quadro (da Parte Geral) do "direito penal negativo", quer dizer, "negador do poder, e que, sob a forma de direito vigente, garante a liberdade do indivíduo".[814]

Nesse sentido, a proibição (representada pelo *non bis in idem*) se traduz em "un criterio concursal básico que veda la pluralidad de sanciones a una idéntica infracción, esto es, si se aprecia identidad de sujeto, de hecho y de fundamento".[815]

De fato, cuida-se de norma que aparece tanto em sistemas de *civil law* quanto de *common law*, assim como no direito internacional público e no direito comunitário".

808 ESCUCHURI AISA, Estrella, 2004, p. 121.

809 Nesse curso, Antonio García-Pablos de Molina (2012a, p. 114) confirma que o princípio em causa ostenta uma "doble implicación, material e procesal", apesar de não se encontrar consagrado, explicitamente, na Constituição; contudo, o TCE "lo entiende implícito en los principios de legalidad y tipicidad plasmados en el artículo 25" daquele texto.

810 ESCUCHURI AISA, Estrella, 2004, p. 121.

811 MANTOVANI, Ferrando, p. 461.

812 ESCUCHURI AISA, Estrella, 2004, p. 126.

813 CASAS NÓBLEGA, Carlos, 2000, p. 48.

814 NAUCKE, Wolfgang, 2012, p. 480-1. O autor (p. 473) esclarece que a "expressão 'direito penal negativo' é reproduzida de uma passagem kantiana da 'Crítica da razão pura'. A passagem discute 'a disciplina' que o uso da razão deve observar, para não incorrer em 'excesso e erro'. Ele parte do pressuposto de que a razão, apesar de suas limitadas possibilidades de conhecimento, busca 'continuamente' expandir-se, apesar de, com isso, estar sujeita a 'enganos e ilusões' e a tomar como verdadeiro 'o infundado e arbitrário'. Isso só pode ser impedido por uma 'teoria negativa cautelar', por um 'sistema de atenção', por uma sujeição da razão, por uma 'legislação negativa'. Essa exigência de se disciplinar a razão é aplicável a qualquer forma de sua utilização".

Sob todos os respeitos, o fundamento geral do princípio do *non bis in idem* vincula-se, de igual modo, à consideração de uma unidade do ordenamento jurídico, aproximando-se, aqui, das regras que disciplinam o concurso aparente de tipos penais coexistentes, ou seja, o ordenamento jurídico é um sistema harmônico, refratário a contradições; assim, na densidade de seus termos, pode dizer-se que dois são os princípios fundamentais para se decidir sobre qual norma penal deve ser aplicada na hipótese de concurso: (i.) o da vigência – pelo qual se requer que a norma a ser aplicada leve em linha de consideração todas as propriedades da ação que o legislador considerou como relevante;[816] e (ii.) o do *non bis in idem* – pelo qual se proíbe que se apliquem duas ou mais normas quando descrevem a mesma propriedade da ação considerada.[817]

4.12.2. Aspectos específicos

O regramento em causa pode ser definido como um princípio constitucional implícito,[818] atrelado – não só (como visto) ao tema do concurso aparente de tipos penais coexistentes, como, ainda, – aos princípios da proporcionalidade e racionalidade punitivas.[819]

Em termos jurisprudenciais – como aduz Helena Regina Lobo da Costa –, "a regra é frequentemente utilizada para afastar a consideração de um mesmo elemento por mais de uma vez, seja como componente típico, agravante ou causa de aumento de pena".[820]

Nesse andar, deve realçar-se a conexão do princípio do *non bis in idem* com o da proporcionalidade, uma vez que "la imposición de dos sanciones (...) constituye también una quiebra de la necesaria proporcionalidad entre la gravedad del hecho y su consecuencia jurídica en los términos expresamente decididos por el legislador, pues la segunda sanción añade siempre un exceso punitivo que ya no guarda proporción con la gravedad del hecho".[821]

---

[815] GARCÍA-PABLOS DE MOLINA, Antonio, 2012a, p. 113. Para o autor (2012a, p. 113-4), "la vulneración del *non bis in* idem presupone una situación de 'coincidencia fáctica' o – segun fórmula comúnmente aceptada – 'identidad de sujeto, hecho y fundamento' (así: *art. 133* LRJPAC y Sentencia 2/1981, del 30 de enero del TCE) semejante a lo dispuesto en el *artículo 1*.252 CC para la *cosa juzgada* y que suele hacerse extensiva a la *litispendencia*. En cuanto a la identidad *objetiva o fáctica* (los mismos hechos), la coincidencia ha de darse en los *hechos constitutivos de la infracción* penal o administrativa susceptible de sanción, debiendo ponderarse con arreglo a pautas jurídicas, no naturalisticas. La sentencia del TCE de 23 de mayo de 1986 sugiere una regla práctica que descartaria la identidad *fáctica* u *objetiva*: que la existência de uno no traiga consigo necesariamente la del outro (en referencia a los hechos constitutivos de cada tipo o infracción). La identidad *causa o fundamento* hace referencia a los bienes jurídicos en las respectivas infracciones, es decir, a la homogeneidad o heterogeneidad de los intereses en juego. Para determinar si los tipos em conflicto son idénticos o cocéntricos, procede examinar el contenido de ilicitud de los mismos, con lo que cabe extrapolar al Derecho Público sancionador los criterios de solución del concurso de leyes (vig. Sentencia del TCE 159/1985, del 27 de noviembre)".

[816] ESCUCHURI AISA, Estrella, 2009, p. 61.

[817] ESCUCHURI AISA, Estrella, 2009, p. 61. Em termos jurisprudenciais: AP 470-EDj-décimos quintos, Rel. Min. Joaquim Barbosa, P, DJE de 10.10.13 (decisão citada na Coletânea temática de jurisprudência, p. 190).

[818] FAYET JÚNIOR, Ney, 2008c, p. 265 e segs.

[819] FAYET JÚNIOR, Ney, 2005, p. 296 e segs.

[820] COSTA, Helena Regina Lobo da, p. 182.

[821] ESCUCHURI AISA, Estrella, 2009, p. 95.

Em suma, tanto o princípio do *non bis in idem* como o instituto do crime continuado têm, sob certo trecho, uma identidade de propósito, pois ambos visam à unidade de apenamento e ao resguardo do princípio da proporcionalidade. Ambos, ademais, têm compromisso com a preservação de uma racionalidade punitiva, isto é, buscam, sob enfoques diferentes, obstaculizar a existência de penas excessivamente alargadas, de modo muito particular porque o *bis in idem* pode ser entendido como um delimitador concreto do direito penal no espectro do Estado social e democrático de Direito.[822]

4.13. DAS CATEGORIAS DIVERSAS

Neste tópico, cumpre examinar as vinculações que se estabelecem entre a continuidade delitiva e certas categorias diversas (de menor densidade e complexidade que as anteriores), contribuindo para, em alguma medida, melhor proceder ao exame categorial-classificatório (da construção teórico-legal) do delito continuado.

4.13.1. Do delito impossível

À caracterização do delito impossível se exige a ineficácia absoluta do meio (ou seja, o meio se mostra totalmente ineficaz para o objetivo traçado pelo criminoso) ou a impropriedade absoluta do objeto (isto é, o objeto do delito não se mostra apto a permitir que a ação do agente se consume). Em linha de princípio, não se obstaculiza a configuração do crime impossível continuado; assim, por ilustração, o agente, no lugar do veneno, ministra açúcar à vítima; diante da inidoneidade absoluta do meio, a vítima nada vem a sofrer; contudo, o agente, por desconhecer esse fato, repete, nas mesmas condições objetivas e assemelhadas, várias vezes, a tentativa (inidônea) de homicídio.

4.13.2. Do delito putativo

No delito putativo, o agente acredita que seu comportamento contrasta com o *Tatbestand* legal, quando, na verdade, o fato não é previsto em lei. Comparativamente, no delito putativo, "o agente acredita ser delituosa a ação que pratica, conquanto esta não seja incriminada",[823] ao passo que, no delito impossível, se tem "uma ação irrealizável, pela inidoneidade dos meios ou do objeto".[824] Dessa maneira, haveria delito continuado putativo na conduta do agente que, por diversas vezes, mantivesse relações sexuais *extra matrimonium* na crença (errônea) de que estaria a praticar crimes.

4.13.3. Do exercício regular de direito

No que toca a esta causa de justificação, o autor faz valer um poder ou uma faculdade legal que tornam legítima a ação realizada de modo regular. Sendo esse o caso, na prática esportiva (em lutas de boxe, por exemplo), pode haver a sequência de

[822] CASTELLÓ NICÁS, Nuria, p. 49.
[823] SEMER, Marcelo, 2002, p. 89.
[824] SEMER, Marcelo, p. 89.

ações regulares (exercício de direito); todavia, a cessação dessa causa de justificação (exercício irregular de direito) implica o surgimento da continuidade nas ações subsequentes.[825] Igualmente, haverá continuidade, ainda, se se tratar de lesões produzidas, em diferentes dias e locais, durantes lutas clandestinas ou ilegais.[826]

4.13.4. Do erro e da ignorância

Distingue-se o erro da ignorância, porquanto esta pode ser traduzida como uma situação de ausência completa de conhecimento, ou seja, é um estado negativo da consciência; já aquele inicialmente também pode ser entendido como uma falsa ideia ou um falso conhecimento de um determinado fato ou de uma determinada norma jurídica, mas apresenta uma faceta positiva, pois quem erra, muito embora ignore o que existe, pensa existir alguma coisa. Pode diferenciar-se, ainda, a ignorância da simples dúvida, na medida em que esta se materializa em uma multiplicidade de representações, das quais uma, ao menos, é perfeita. Cabe, no mesmo sentido, acentuar que a distinção estabelecida entre o erro e a ignorância, mesmo que se lhe reconheça a relativa importância (sobretudo: didática), não tem, rigorosamente, maior implicação de ordem prática. Sabem todos que os ordenamentos jurídicos, em praticamente todas as legislações mundiais, sempre destinaram tratamento igual àqueles que realizam os comportamentos estribados em situação de ignorância ou atuam motivados e inspirados em situação de erro. Nesse diapasão, remarca-se que os dois conceitos se equiparam no plano da relevância jurídica. De qualquer sorte, o erro é o episódio mais importante e frequente, sendo, inclusive, entendido como gênero do que é espécie a ignorância, tendo, portanto, um conteúdo mais amplo.

O erro – quer de representação (falsa consciência da realidade ou do conteúdo jurídico-social da realidade) ou de execução (perfeita consciência da realidade ou do conteúdo jurídico-social da realidade) – pode compatibilizar-se como o delito continuado; desse modo, por ilustração, um turista, no Brasil, em diferentes dias, fornece bebida alcoólica a índios não integrados, desconhecendo a norma penal (*in casu*, o inciso III do artigo 58 da Lei 6.001/73).

4.13.5. Do delito próprio e de mão própria

Classificam-se, doutrinariamente, os delitos próprios (ou de capacidade específica ou de sujeito qualificado) como aqueles que somente podem ser realizados por um número reduzido de agentes, dado que os autores devem apresentar uma qualidade (pessoal, funcional, profissional, biológica) diferenciada; logo, nos delitos próprios, em sua definição legal, exige-se, de modo expresso ou implícito, para a sua perfectibilização, um determinado sujeito ativo (qualificado).[827] Não se desenha qualquer dificuldade para a existência do crime próprio continuado. Seria o caso de um médico (qualidade profissional diferenciada) que se abstivesse, por diversas vezes, de comunicar, à autoridade pública competente, a ocorrência de doença cuja notificação é compulsória (artigo 269 do Código Penal).[828]

---

[825] SZNICK, Valdir, 1994, p. 167.

[826] QUEIROZ, Paulo, p. 356.

[827] COELHO, Walter, p. 156.

[828] SZNICK, Valdir, 1994, p. 164.

A seu turno, os delitos de mão própria (ou de atuação pessoal ou de conduta infungível – *eigenhandigen Delikte*) devem ser cometidos, pessoalmente, pelo agente consignado no tipo penal. Por esse modo, a qualidade jurídica (testemunha) exigida pela figura legal (do artigo 342 do Código Penal) torna este crime de atuação pessoal, porquanto só este agente, taxativamente indicado no tipo, pode realizá-lo; se, por hipótese, houver a reiteração de afirmações falsas, em diferentes processos e sobre diferentes fatos, irá se configurar a continuidade de crime de mão própria.[829]

Aproximam-se tais categorias delitivas, porquanto somente as pessoas tipicamente indicadas podem ser autores; entretanto, embora a participação seja possível tanto nos crimes próprios como nos de mão própria (nestes, ressalvadas exceções), a autoria mediata não é possível em se tratando dos crimes de mão própria,[830] dado que a ilicitude, aqui, se relaciona à execução pessoal da conduta punível (assim, por exemplo, o crime de reingresso de estrangeiro expulso [artigo 338 do Código Penal]).[831] Em virtude da "condição de figura derivada dos crimes próprios (...), é inquestionável que todo delito de mão própria insere-se no rol dos delitos próprios (...), embora, à evidência, a recíproca não seja verdadeira".[832] Com isso, pode haver delitos, simultaneamente, próprios e de mão própria (falso testemunho [artigo 342 do Código Penal] ou abandono ou exposição de infante, *causa honoris*, [artigo 134 do Código Penal]),[833] que também admitem a continuação.

4.13.6. Do crime continuado circunstanciado

Segundo a doutrina, configura-se o crime continuado circunstanciado quando todos os crimes parcelares – perfectibilizadores (e vinculados por meio) do nexo de continuidade – se fizerem acompanhar das mesmas circunstâncias; de outro plano, o fato de haver, na composição orgânica da vinculação continuada, crimes parcelares em relação aos quais a lei estabelece distinta gravidade não obstaculiza, em absoluto, a presença do crime continuado, na medida em que tanto as circunstâncias, em princípio, não alteram a continuação delituosa como é da sua feição, em geral, a existência de crimes parcelares de diferentes níveis de gravidade.[834]

[829] "Concurso de crimes: Se o agente depôs duas vezes sobre o mesmo fato, uma no juízo cível e outra no criminal, há crime único e não continuado, mas incidindo o § 1º do art. 342, em razão do depoimento prestado no processo penal (...)" (DELMANTO, Celso; e outros, p. 1048).

[830] "De ahí que sólo pueda ser autor el que efectúa corporalmente ese acto, la perpetración mediata del hecho queda aquí excluida" (WELZEL, Hans, 1993, p. 128).

[831] PEDROSO, Fernando de Almeida, p. 139.

[832] PEDROSO, Fernando de Almeida, p. 140.

[833] MESTIERI, João, p. 245.

[834] SZNICK, Valdir, 1994, p. 132.

5. Dos elementos estruturantes do crime continuado

A conexão continuada corporifica-se a partir de vários pressupostos existenciais, sendo que alguns assumem papel essencial e outros, não. Cuida-se, por conseguinte, de elementos – binariamente agrupados, isto é, classificados em: objetivos e subjetivos; fundamentais e secundários;[835] essenciais e inessenciais; clássicos e acidentais; entre outros[836] – que validam o reconhecimento do crime continuado e cuja finalidade precípua é permitir uma perfeita compreensão (didática) dos dados por meio dos quais se desenha a figura em causa.

Existe, de outro plano, forte divergência doutrinária, quando não jurisprudencial, em relação aos elementos que, verdadeiramente, corporificariam o delito continuado. De há muito já doutrinava Edmundo Mezger: "ciertamente aparece muy controvertida la determinación de los presupuestos con arreglo a los que, en el caso particular, debe ser reconocida tal conexión continuada".[837]

Torna-se importante, a seguir, analisar todos os pressupostos (ou requisitos) que condicionam o aparecimento jurídico da figura do crime continuado.

---

[835] Como acentua María Teresa Castiñeira Palou (p. 29), "elementos objetivos y subjetivos. La doctrina más generalizada exige para estimar un delito continuado varios elementos de carácter objetivo y uno subjetivo. Elementos fundamentales y secundarios. Son fundamentales aquellos sin cuya concurrencia no puede apreciarse la continuidad delictiva, y secundarios los que pueden facilitar, o aclarar, la admisión del delito continuado, pero cuya inexistencia no impide la estimación de aquél. Los elementos secundarios no son propiamente elementos del delito continuado, aparecen con frecuencia estrechamente ligados a alguno de los principales y actúan como prueba o indicio de su concurrencia".

[836] Por seu turno, inova Hermenegildo de Souza Rego (p. 401), quando sugere uma separação entre duas espécies de crimes continuados: "nenhuma dessas condições é essencial, interessando, na verdade, o conjunto da situação. Quando se trata de crimes da primeira espécie mencionada (que poderíamos chamar, para clareza de raciocínio, 'continuados propriamente ditos'), ora são irrelevantes as condições de tempo (o caseiro, p. ex., que pratica atos libidinosos com a menor em todos os períodos de férias escolares pratica um crime continuado, pouco importando que as férias ocorram a cada seis meses, ou a cada ano); ora são irrelevantes as condições de lugar (o caixeiro que vai de cidade em cidade praticando determinada fraude comercial percorre o Estado inteiro, o País inteiro, o seu crime será continuado); quase sempre avulta a similitude das formas de execução (conquanto também estas possam variar; tivemos ensejo o caso de um encarregado de exportações que se apropriava indebitamente de quantias do patrão e para fazê-lo iludia de variadas formas os importadores, clientes daquele. Variava o *modus operandi*, sem que o crime deixasse de ser continuado). Quando se trata de crimes da segunda espécie (que só por pura ficção se dizem continuados), as circunstâncias de tempo e lugar assumem grande relevância, porque mostram a permanência ou não do impulso criminógeno – única justificativa, nesses casos, para o reconhecido ou não da continuidade delitiva".

[837] MEZGER, Edmundo, 1949, p. 354-5.

5.1. DA PLURALIDADE DE AÇÕES E UNIDADE DE DELITOS

À configuração do delito continuado se requer a existência de várias ações típicas assemelhadas – tal qual se verifica nos domínios do concurso material homogêneo –, as quais, entretanto, em obediência ao regramento especial benéfico, receberão apenamento de menor impactação repressiva em virtude da (fictícia) unicidade delitiva; desta forma, a pluralidade de ações se mostra não só essencial à existência do instituto em análise, mas também como o primeiro grande traço de sua representação.

É de rigor, à vista disso, bem compreender a acepção jurídica de ação, na medida em que se deve estabelecer, de maneira precisa, quando se apresenta o caráter unitário de ação (quando a ação é única) ou quando se afirma a dualidade ou a pluralidade de ações.[838] Muito bem lembrado por Eugenio Raúl Zaffaroni e Nilo Batista que, no tocante ao direito penal do fato, a unicidade ou a diversidade de crimes é decisiva para o apenamento; contudo, diante do direito penal do autor, "no qual o feito típico exprimiria um sintoma do autor, a qualquer número de crimes praticados corresponderá uma única sanção adequada à personalidade neles evidenciada",[839] configurando o princípio da unidade de pena. Como ponderou Antonio Pagliaro, "la questione della unità o pluralità di reati è uno degli argomenti più impegnativi della dottrina del diritto penale";[840] ora, nesse ponto, está-se "no coração da dogmática penal";[841] e Hans-Heinrich Jescheck e Thomas Weigend arremataram, de modo certeiro, que o ponto de partida da teoria do concurso é exatamente a distinção entre a unidade de ação e a pluralidade de ações.[842] Em linguagem bastante simplificada, cuida-se da busca (da dogmática jurídico-penal) de critérios adequados para determinar a presença da unicidade, dualidade ou pluralidade de ações e, com isso, do compromisso para que se estruture a imputação criminal correspondente (aliás, por vezes se afirma que a importância da aferição do concurso de delitos se mostraria, fundamentalmente, no momento próprio da entrega da prestação jurisdicional-penal – em virtude da sentença condenatória –; não obstante, e pretende-se ampliar essa discussão ao longo deste estudo, se houvesse critérios adequados, *ab initio*, para essa contabilidade dos crimes [Horacio A. Carranza Tagle sugere "conteo de delitos";[843] e Sebastián Soler indica que "contar los delitos"[844] é o objetivo da teoria acerca da unidade e pluralidade de delitos], várias questões, tanto de direito material como processual, seriam resolvidas à partida da relação processual-penal, implicando, sob tal aspecto, não apenas um aprimoramento técnico-jurídico [em um campo muito necessi-

---

[838] Com efeito, "en un sector tan importante del Derecho como es el Derecho Penal, el concepto de acción cumple una doble función: por un lado, una función negativa – que se manifiesta en la dogmática jurídica continental en la definición de delito como *acción* típica, antijurídica y culpable, y en el Derecho anglosajón en el principio del *actus reus* –, consistente en excluir del ámbito de la regulación del Derecho Penal todo aquello que no sean acciones (como los pensamientos o la personalidad); por otro lado, una función coordinadora, consistente en dotar a los códigos penales de una estructura que permita dar respuestas genéricas a problemas como el de las modalidades de comisión de un delito, el concurso de acciones, la localización espacial y temporal de los delitos, etc., lo que evita tener que dar una respuesta para cada tipo de acción" (GONZÁLEZ LAGIER, Daniel, 2006, p. 111-2).

[839] ZAFFARONI, Eugenio Raúl; BATISTA, Nilo, 2017, p. 577.

[840] PAGLIARO, Antonio, p. 576.

[841] BETTIOL, Giuseppe, p. 292.

[842] JESCHECK, Hans-Heinrich; WEIGEND, Thomas, p. 763.

[843] CARRANZA TAGLE, Horacio A., 2011, p. 16.

[844] SOLER, Sebastián, 1992, p. 291.

tado de uma constante elaboração dogmática] mas, da mesma forma, um incremento no nível [do princípio] da segurança jurídica, ao permitir que se possa prever a pena a ser aplicada frente ao concurso de delitos)[845] de maneira fidedigna àquilo que foi executado pelo sujeito ativo. (Dado isso, haveria, por ilustração, o encadeamento de atos e, assim, a imposição do reconhecimento de uma unicidade de comportamento [em detrimento ao do crime continuado, que exigiria a dualidade ou pluralidade de condutas ilícitas, homogêneas e seriadas], na hipótese de o agente, no mesmo cenário de tempo e modo executório, insistir na peita [artigo 333 do Código Penal], inclusive elevando o valor da vantagem indevida, a fim de corromper o funcionário público.)

Tal determinação – acerca da unidade ou (dualidade ou) pluralidade de ações penalmente relevantes – se relaciona, às inteiras, não somente com a teoria do concurso delitivo, porém, de modo fundamental, com a teoria geral do delito,[846] dado que a esta competiria estabelecer, como pressuposto lógico, o caráter unitário ou pluralístico da ação, cujo desfecho, eventualmente, poderia repercutir no plano concursal delitivo. Por esse modo, como afirma Helmut Frister, "la teoría del concurso es concebida, con razón, como punto de unión entre la teoría del hecho punible y la teoría de la medición de la pena";[847] por óbvio, tanto a dogmática penal quanto outros ramos da ciência jurídica (tais como, por mera ilustração, a filosofia do direito ou a psicologia jurídica) têm se empenhado na procura de critérios seguros graças aos quais se poderia melhor identificar o fenômeno do concurso de delitos.

(A lei penal brasileira, como também o fazem outros Códigos, todavia, disciplina a matéria relativa ao concurso de delitos no título relativo às penas,[848] muito embora, e se insiste no argumento, a questão já deva ter sido solucionada, em um primeiro momento, à luz da teoria [geral] do crime, uma vez que a esta incumbiria demarcar, a partir de seus postulados, a existência da unidade ou pluralidade de ações. O tema é havido como um dos mais intrincados no seio da dogmática criminal; e a legislação brasileira, como se disse, dele não cuidou.)[849]

---

[845] CARRANZA TAGLE, Horacio A., 2011, p. 9.

[846] Para Giuseppe Bettiol (p. 291-2), "a questão do concurso de crimes não apresenta ùnicamente um interesse prático relativo à sanção: ela se acha em contato íntimo com as mais relevantes questões dogmáticas que interessam à nossa disciplina. Basta pensar que a teoria da ação se reflete na referida questão, sendo necessário determinar a unidade ou a pluralidade das próprias ações; basta meditar sobre os nexos que intercorrem entre o problema do concurso de crimes e o concurso de normas para concluir que o concurso de crimes não pode ser relegado à teoria da pena mas deve ser tratado em íntimo contato com a teoria geral da lei penal e do crime".

[847] FRISTER, Helmut, p. 664. E o autor em causa ainda indica outras importantes consequências que a distinção entre unidade de ação ou pluralidade de ações cumpre em outros contextos: "así, la cuestión de si el autor aún puede desistir con efecto excusante de la tentativa de un delito, puede depender de si los esfuerzos futuros tenido en miras por él para producir el resultado deben ser valorados aún como continuación de la acción de tentativa realizada infructuosamente hasta ese momento (...). A este respecto, para la definición del posible alcance de una acción unitaria se hace referencia a los criterios del concepto de acción de las reglas sobre concurso. Y aun para la imputación de aportes al hecho realizado por otros en el marco de la coautoría, se requiere que ellos puedan ser considerados como parte de la acción común constitutiva de la coautoría" (FRISTER, Helmut, p. 664).

[848] REALE JÚNIOR, Miguel; e outros, 1987, p. 189.

[849] Assim, observa Paulo José da Costa Júnior (2007, p. 226) que "o tema da unidade e da pluralidade delitiva, dos mais intrincados do direito penal, não foi sequer cogitado pelo legislador brasileiro, que se recusou a dar uma solução mais sistemática à matéria".

Destaca-se que o conceito de ação (inscrito na lei penal) pode corresponder a vários atos[850] (crimes plurissubsistentes)[851] que, de qualquer sorte, irão manter a unicidade do comportamento.[852] Para Luiz Alberto Machado, "a ação (mundo jurídico) não se confunde com o ato (mundo fático); por isso, a ação pode ser unissubsistente (ação com um só ato) ou plurissubsistente (ação com vários atos). Sempre é uma valoração jurídica".[853]

De modo bastante exato, Johannes Wessels aprofunda a definição da conduta, ao asseverar: "a conduta penalmente relevante compõe-se geralmente de uma cadeia de atos físicos singulares, que constituem uma unidade social sensível. Esta conexão sensível jurídico-social decide acerca de quais atos singulares exteriormente separáveis de um acontecimento devem ser vistos como unidade de ação ou como pluralidade de ações".[854] Na linguagem jurídica (do concurso de crimes), o delito de lesões corporais (artigo 129 do Código Penal) oferece, vantajosamente, um amplo espectro de compreensão; por exemplo: a conduta típica pode dar-se mediante uma ou diversas agressões; neste caso, posto que haja, *sous le coup d'une émotion exceptionnelle*, muitos golpes e, consequentemente, lesões, não se estabelece a desarticulação da unidade essencial da conduta típica. Diante disso, a eventual multiplicidade de ofensas não implica pluralidade delitiva, porém, repercute, em linha de princípio, na primeira etapa da dosimetria penal. O concurso de delitos desenhar-se-ia nas seguintes hipóteses: uma conduta apenas produz lesão em duas ou mais pessoas (concurso formal); várias agressões produzidas pelo mesmo agente em um contexto de desassociação modal, temporal e geográfico (concurso material); e, ainda, agressões reiteradas (contra o mesmo ou diversos sujeitos passivos) conglutinadas pelo nexo da continuidade (crime continuado).

Identificando o cerne do problema da conceituação da unidade ou pluralidade de ação com relevo jurídico-criminal, aponta Eduardo Henriques da Silva Correia: "a unidade naturalística da conduta é (...) o fulcro à volta do qual a corrente (...) faz gira toda a teoria do concurso de infracções. À luz desta orientação, não se põe um problema, não

---

[850] "Deve trattarsi di più 'azioni', da intendersi come pluralità di *condotte 'autonome'* che sfociano in più episodi criminosi e non, quindi, più atti unificabili in un'unica azione" (DELPINO, Luigi, p. 876).

[851] Nesses delitos, o processo de execução é composto de vários atos ou fases que se sucedem no tempo ou no espaço, nos quais se observa, nitidamente, "a possibilidade do fracionamento da atividade empregada pelo agente, a qual pode ser cindida em várias fases, admitindo, por conseguinte, a tentativa" (BARROS, Orlando Mara de, 1998, p. 42).

[852] Nesse mesmo sentido, leciona José Cerezo Mir (2007, p. 1171) que "las acciones humanas en general, y entre ellas las delictivas, no son meros procesos naturalísticos. Las acciones humanas constituyen una unidad de sentido desde el punto de vista social. Es erróneo, por ello, pensar que cada movimiento corporal constituye una acción. Una acción humana puede estar compuesta por un solo movimiento corporal o por varios. El problema consiste en determinar el criterio que nos indique cuándo existe una unidad de acción y cuándo, por el contrario, estamos ante varias acciones. En definitiva, se trata de identificar los elementos constitutivos de la unidad de acción".

[853] MACHADO, Luiz Alberto, p. 168. Por outro lado, também pode existir unicidade de ação com resultados duradouros. Não há, em tal caso, falar-se em crime continuado, pela inexistência da pluralidade de condutas (requisito objetivo do instituto). Assim, a jurisprudência: RJTACSP, 33:21-475, 1997, p. 59; RJTACSP, 29: 29-469, 1996, p. 103; AC 814.709, 11ª Câm., Rel. Wilson Barreira, j. 25.4.94; e STJ, RESP 858542/SE, Rel. Min. Gilson Dipp, 5ª T., j. 10.5.07.

[854] WESSELS, Johannes, p. 173. Odin do Brasil Americano (1956, p. 40) complementa que, em doutrina, se usa "a nomenclatura de ação para o conjunto de fragmentos que constituam a idéia contida no verbo, e de ato para cada um dos elos da cadeia". Para Vladimiro Zagrebelsky (p. 81), "quando si osservi la condotta dell'agente da un punto di vista meramente naturalistico si nota che l'azione a cui consegue il risultato perseguito si scinde talora in una molteplicità di momenti, che assumono significato solo se considerati nel loro complesso. A tali momenti si dà il nome di atti ed al loro complesso il nome de azione".

se busca uma solução sem ter sempre bem presente a fundamental correspondência que previamente se estabelece entre a unidade do delito e a da respectiva conduta".[855]

Em realidade, existem grandes dificuldades conceituais para se estabelecer, nas situações concretas, a presença de uma só, de duas ou de várias condutas. De um modo amplo, a dogmática criminal não concebeu um princípio reitor que presidiria a solução dos casos; contudo, demarcou, de maneira sistemática, alguns critérios com os quais pretende resolver (e, sobretudo, definir) a questão da unidade, dualidade ou pluralidade de condutas.

Nessa perspectiva, na evolução doutrinária da construção de um critério seguro, primeiramente se idealizou que o decisivo era o número de intervenções musculares (unidade de ação fisiológica), o que se mostrou carente de qualquer sentido, pois conduziria ao curioso resultado de considerar que quem viesse a matar um desafeto com vinte facadas, por ilustração, realizaria igual número de "ações". Esse conceito, próprio do positivismo naturalista do final do século XIX, não oferece mais qualquer interesse, precipuamente se se estimar "que la mayoría de los hechos punibles requieren el despliegue de una actividad muscular compleja".[856] Em outros termos, afirma Enrique Gimbernat Ordeig: "una concepción que vincule el calificativo de acción a cada movimiento corporal está irremediablemente condenada al fracaso. Pues ya podemos tomar el movimiento corporal que queramos: siempre podremos dividirlo en dos movimientos corporales aún más breves; y así sucesivamente *ad infinitum*: la nueva subdivisión nos hará ver, cada vez, que aún no habíamos alcanzado la unidad de acción independiente buscada".[857] Obviamente, o comportamento humano não pode ser seccionado em pequenas unidades fisiológicas, em obediência à maior ou menor quantidade de intervenções musculares.[858]

De qualquer maneira, cabe reconhecer-se que a ação no sentido natural (*Handlung im natürlichen Sinne*) ou ação natural (*natürliche Handlung*) é a base a partir da qual se estrutura a teoria do concurso; assim, de conformidade com esta doutrina, existe uma ação "quando uma definição da vontade (*Willensentschluss*) é transformada num movimento corporal. O decisivo é se no sentido natural somente ocorreu uma manifestação da vontade (*Willensbetätigung*) e, em geral, considera-se irrelevante se através desse movimento corporal aconteceram vários resultados típicos ou se foram lesados vários bens jurídicos personalíssimos".[859]

Em seguimento, sustentou-se o critério do número de resultados, segundo o qual haveria um fator equivalente entre o número de resultados e o de ações jurídico-penais; desse modo, se da unicidade de comportamento sobreviessem vários resultados, estimar-se-ia que houve, em verdade, várias ações. Sem qualquer prestígio tal enfoque, visto que uma pluralidade de resultados, "incluso aunque menoscaben bienes jurídicos personalísimos, pueden ser provocados por una única actuación de la voluntad y, en ese caso, sólo es aceptable una acción".[860]

---

855 CORREIA, Eduardo Henriques da Silva, p. 27-8.

856 VELÁSQUEZ, Fernando, p. 647.

857 GIMBERNAT ORDEIG, Enrique, 1990, p. 270.

858 ZAFFARONI, Eugenio Raúl; BATISTA, Nilo, 2017, p. 584.

859 ESCUCHURI AISA, Estrella, 2006, p. 103-4.

860 JESCHECK, Hans-Heinrich; WEIGEND, Thomas, p. 764. Esclarece Odin Americano (1956, p. 39) que, "no direito penal, por questão de técnica e com o fim de prevenir dúvidas, a ação relevante e particularizadora de um crime nem sempre é descrita, sendo por vezes indicada tão só mediante a descrição do evento ou então através da referência a mais de um resultado".

Ainda se desenvolveu o critério do número de tipos realizados, o qual se mostrou totalmente impreciso, uma vez que se podem cometer vários tipos penais por meio de uma só ação, tal qual o concurso ideal põe de manifesto; a equiparação pretendida, por conseguinte, não teve qualquer relevância. Como descrevem Eugenio Raúl Zaffaroni, Alejandro Alagia e Alejandro Slokar, "para afirmar que un disparo de fusil que mata a dos personas da lugar a dos hechos es necesario partir de una tesis totalmente idealista, para la cual el delito no sería una acción sino una tipicidad, lo que entra en contradicción insalvable con un punto de partida heredado de Liszt, que pretende afirmarse en un concepto naturalista de la acción".[861] Além disso, tornar-se-ia, por essa regra, impossível diferenciar o concurso ideal do real.

Também a literatura jurídico-criminal conheceu a teoria da unidade natural da ação (*natürliche Handlungseinheit*), segundo a qual os diversos atos constituem uma só ação quando obedecem à mesma resolução de vontade; por certo, essa concepção emergiu no contexto científico em que era hegemônico o pensamento causal-mecanicista da ação humana.[862] "Existe unidad natural de la acción cuando la base de la misma la constituye un único acto de voluntad."[863] A insuficiência desse conceito puramente natural (haja vista não existir, na natureza – desprovida de qualquer dado axiológico-normativo –, uma unidade, dualidade ou pluralidade de ações) conduziu ao seu franco esvaziamento.

Posteriormente, na Alemanha, um importante setor da doutrina passou a sustentar uma variante da teoria da unidade natural da ação, representada pelo critério da concepção natural da vida, de acordo ao qual a avaliação de quando vários movimentos corporais constituiriam uma só ação ficaria "confiada al punto de vista de la sociedad, según los usos normales",[864] isto é, a unicidade de ação existiria quando a reunião dos atos parcelares de uma decisão fosse percebida, como uma unidade, por um observador estranho. Como comentam Hans-Heinrich Jescheck e Thomas Weigend, "una multidud de componentes del curso de un acontecimiento que sean separables externamente deben configurar de este modo una unidad de acción, cuando los distintos actos parciales se apoyan sobre una resolución unitaria de la voluntad y se encuentran en una relación temporal y espacial tan estrecha que son percebidos como unidad por un observador

[861] ZAFFARONI, Eugenio Raúl; ALAGIA, Alejandro; SLOKAR, Alejandro, p. 820.

[862] CARRANZA TAGLE, Horacio A., 2011, p. 29.

[863] MEZGER, Edmundo, 1949, p. 345.

[864] MIR PUIG, Santiago, 2009, p. 661-2. Como detalha Estrella Escuchuri Aisa (p. 2006, 105-6), "num primeiro momento as resoluções do RG destacavam o aspecto exterior do evento, de modo que o decisivo era que os diferentes atos, desde uma perspectiva natural, aparecessem como uma unidade para um terceiro. Mais tarde estendeu-se a fórmula do BGH, que exigia uma resolução unitária (*einheitliches Tatenschlusses*), de tal maneira que se entende que há uma unidade natural da ação quando o autor põe em prática sua vontade unitária dirigida a alcançar um resultado no mundo exterior através de uma pluralidade de atos homogêneos e estes atos, em razão da sua conexão espacial e temporal, são unidos de tal maneira que de acordo com a concepção da vida dão forma a uma ação. (...). Todos esses atos são valorados como uma unidade da ação e, além disso, essa ação única significa que o autor realizou o tipo *uma vez*. Desta forma, a função que cumpre aqui a unidade da ação natural é não somente a de unir diversas ações em sentido natural numa ação, mas também numa infração legal, excluindo com isso as regras do concurso de crimes". Além disso, o critério da unidade natural da ação pode ser utilizado "para unir diversos atos que realizam diversos tipos dentro de uma única ação e desta maneira poder fundamentar o concurso ideal de crimes" (ESCUCHURI AISA, Estrella, 2006, p. 106).

ajeno".[865] Dessa maneira, a unidade, dualidade ou pluralidade de ações teria limites que "são apontados pelos ensinamentos da experiência da vida diária, pela própria compreensão da vida. A unidade naturalística da conduta exigiria, em remate, uma conexão tal, que um terceiro também a pudesse reconhecer".[866] A insegurança desse conceito fez com que a jurisprudência alemã emprestasse a ele inúmeros sentidos, que o tornaram, também, absolutamente, inútil.[867]

Por conta disso, para salvar esta desnaturalização artificial de unidade de contexto da conduta delitiva, a dogmática jurídico-penal desenvolveu critérios corretivos, os quais implicaram, sem dúvida, o abandono do ponto da concepção inaugural;[868] assim, a doutrina penal se foi endereçando para outras direções (tais quais, por mera ilustração: a teoria da unidade de fim delitivo [haveria um poder unificador do fim almejado pelo autor de uma, de duas ou de várias ações]; a teoria da unidade de meio a fim [pela qual existiria um delito apenas se um fato tenha servido de meio para cometer outro delito]; a teoria da unidade de efeito [resultado material] de von Buri [de acordo com a qual várias lesões jurídicas exigem várias causalidades distintas, sendo que cada uma dessas várias lesões jurídicas {homogêneas ou heterogêneas} requer uma particular resolução,[869] isto é, cabe estabelecer a quantidade de modificações que se produziram no mundo exterior]; teoria da unidade de efeito real de Giovan Battista Impallomeni [segundo a qual a unidade delitiva é consequência da unidade do elemento subjetivo do crime {culpabilidade do autor} em face da unidade de efeito real]; entre outras); contudo, a ciência dogmática-penal tem adotado, de um modo geral, o conceito da unidade de ação a partir da conjugação de dois fatores: o normativo (universo jurídico, não simplesmente naturalístico-mecanicista) e o da própria vontade final do agente (ou seja, cuida-se da teoria da unidade dos fatores final e normativo de Hans Welzel).[870] Nesta ordem de consideração, Eugenio Raúl Zaffaroni e José Henrique Pierangeli comentam a doutrina em causa: "para que (...) vários movimentos sejam uma conduta, é necessário que haja um *fator final* que dê sentido a eles (o plano unitário), mas também requer a existência de um *fator normativo* que a converta em uma unidade de desvalor. Este fator normativo é extraído da consideração típica por via de interpretação. Os movimentos que seguem um plano comum (*fator final*) necessitam ser abarcados por um sentido unitário, para

---

865 JESCHECK, Hans-Heinrich; WEIGEND, Thomas, p. 765. Enrique Bacigalupo (1999, p. 582) ensina que, de acordo com a concepção em foco, "habrá una única acción cuando el hecho se presenta objetivamente como plural pero, desde un punto de vista valorativo, resulta ser una única acción a los ojos del autor".

866 CORREIA, Eduardo Henriques da Silva, p. 31.

867 Eugenio Raúl Zaffaroni (1988, p. 529) compreende a fórmula da unidade pela natural concepção da vida como uma fórmula "hueca, que quedó vacía de contenido porque la jurisprudencia alemana no la usó en un sentido único, sino en varios sentidos distintos". É o que informa, ainda, Günter Stratenwerth (p. 352): "también aquí se carece de toda fundamentación de porqué lo que precisamente debe ser decisivo es la 'contemplación natural' si es que no se trata simplemente de que se utiliza esta fórmula por su flexibilidad para proporcionar el resultado deseado. En la teoría se ha hecho notar repetidamente que la unidad de acción se extiende, ante todo, para evitar la construcción de una pena única. En la teoría continúan apareciendo quienes rechazan o critican la 'unidad natural de acción' como categoría independiente, capaz de ir más allá de la unidad de acción dada por el supuesto de hecho típico (...); en realidad, esta teoría no logra reconocimiento alguno".

868 CARRANZA TAGLE, Horacio A., 2011, p. 32.

869 CARRANZA TAGLE, Horacio A., 2011, p. 34.

870 WELZEL, Hans, 1993, p. 265-6.

os efeitos da proibição (*fator normativo*), o que só pode ser dado pelo tipo penal".[871] Em outras palavras: o fator final (que corresponde à vontade última do agente de unificar a pluralidade de atos físicos isolados para atender a um determinado propósito)[872] servirá de base para a perfectibilização que se lhe empresta o plano normativo (expressa nos tipos legais), de forma que, como descreve Hans Welzel, "la unidad de acción jurídico--penal se establece, así, por dos factores (al igual que urdimbre y trama): por la proposición de un fin voluntario y por el enjuiciamiento normativo social jurídico en razón de los tipos".[873] Diante disso, o delito – como toda ação – não se traduz em um mero acontecimento físico, mas, sim, em uma objetificação da vontade humana (uma unidade social de sentido); assim, não tem relevância a quantificação tempo-espacial dos movimentos corporais, na medida em que o objeto específico do desvalor penal é a ação, cuja unidade não dependerá jamais do número de resultados. Exemplificativamente, se uma mesma atuação da vontade mata 20 pessoas, existe somente uma ação; ainda, haverá

---

871 ZAFFARONI, Eugenio Raúl; PIERANGELI, José Henrique, p. 643. Juan José Avila (2010, p. 640-1) descreve, com propriedade, este aspecto: "en las acciones dolosas la voluntad finalista de la meta propuesta por el autor, tiene por efecto dar a una pluralidad de actos individuales la necesaria integración en una unidad orgánica, 'en la que todo acto ocupa un lugar fijo, determinado por la voluntad que se propone la meta' ('Así por ejemplo, en un homicidio: hurta el arma, averiguar, acechar, apuntar y matar, son todos movimientos, actos dispuestos en ese orden, que forman parte de un conjunto por decir así 'orgánico' de la acción'). La consideración en el plano de la acción contenido del querer y del objetivo a cuya concreción tiende la voluntad, esto es, la proposición finalista de la meta, permite dar a la teoría de la unidad y pluralidad de delitos, una base única para su total estructuración, que resulta coherente con la totalidad de la construción y que permite su fundamentación no solamente desde un punto de vista normativo. El factor finalista (...) es uno de los que integran la estructuración jurídica de la unidad de acción. Dicho factor recibe la complementación necesaria a través de los tipos penales, que descomponem el suceso unitario para la finalidad del autor (factor finalista), en una pluralidad de procesos distintos dotados de relevancia penal. Así, en el ejemplo antes transcripto del sujeto que hurta una pistola y mata a otro, la voluntad de concreción de la acción en la forma elegida por el autor, la hace unitaria para la finalidad propuesta, pero los tipo penales fracturan las acciones típicas contenidas en ese proceso unitario, y lo valoran como un hurto y un homicidio, como unidades de injusto independientes entre sí. Pero cuando por lo menos una parte de la acción unitaria contribuya a la formación del tipo de dos o más delitos, se crea una situación de yuxtaposición de las acciones constitutivas de los tipos, y la función disociadora, de descomposición del suceso unitario atribuida a los tipos no puede operar debido precisamente a la unidad típica del proceso de concreción. Es el fenómeno que Mezger llama 'unidad típica de acción' y Nuñez 'resultado material que viola más de una disposición penal porque alguna circunstancia suya multiplica sus repercusiones delictivas que conduce a más de una calificación jurídica'. Pero estos autores, que no toman en cuenta el desvalor del acto, tienen que renunciar a una base única de solución para el total problema. En los delitos culposos, por su parte, la unidad resultará de la unidad de evitabilidad potencial de las lesiones jurídicas".

872 Ensina Patricia Mothé Glioche Béze (p. 38): "o que faz diferença entre o mero ato componente de uma conduta e a própria conduta, é a vontade do agente, ou seja, seu desígnio. Se a vontade é única, podem ser várias as violações ao bem jurídico, porque a ação é uma só e, portanto, é único o crime. Nos crimes dolosos, em que o agente é punido pelo que busca com a sua conduta, é possível concluir facilmente sobre a pluralidade e unidade de condutas que produzem uma ou mais violações, basta para isso observar a sua finalidade".

873 WELZEL, Hans, 1993, p. 266. Francisco Muñoz Conde e Mercedes García Arán (p. 513) também se referem ao fator final e ao normativo como contribuidores para a fixação do conceito de unidade de ação: "el primero de ellos es el *factor final*, es decir, la voluntad que rige y da sentido a una pluralidad de actos físicos aislados (...). El segundo *factor* es el *normativo*, es decir, la estructura del tipo delictivo en cada caso particular. Así, aunque el factor final que rige un proceso causal sea el mismo (matar a alguien), alguno de los actos particulares realizados puede tener, aisladamente, relevancia para distintos tipos delictivos (...). Y, a la inversa, actos aislados, cada uno regido por un factor final distinto, pueden tener relevancia típica sólo cuando se dan conjuntamente (...) o tener una relevancia típica distinta em función de la regulación del hecho em el correspondiente tipo penal (...)".

também unidade na participação, ou seja, se uma só expressão incita a várias pessoas, apesar disso, existe uma só instigação.

Várias são, neste horizonte, as situações nas quais se pode verificar a existência da unidade de conduta,[874] a saber: (i.) concurso formal (no qual haveria unidade de vontade com pluralidade de resultados);[875] (ii.) crime permanente;[876] (iii.) delito omissivo próprio ou impróprio;[877] (iv.) crime plurissubsistente; (v.) crime complexo; (vi.) crime progressivo; e, ainda, (vii.) crime continuado (que se apresenta – na lição de Johannes Wessels – como "uma forma especial de aparecimento da unidade jurídica de ação",[878] isto é, como uma forma artificial).

O conceito jurídico de ação espelha, sob outra perspectiva, o fazer e o omitir puníveis – acordando-se, previamente, que se aceita a possibilidade valorativa de se unificar os conceitos (de ação e de omissão) em uma categoria superior. Com precisão, Everardo Luna argumenta: "o ensinamento de que podem e se devem unir, numa superior categoria, a ação e a omissão, vem dos penalistas antigos, entre os quais Romagnosi, para quem o ato é não somente *exercício real de uma força*, mas também *omissão de um ato que se deve realizar*. Assim, quando dizemos *ação*, compreendemos a ação

---

[874] Eugenio Raúl Zaffaroni e José Henrique Pierangeli (p. 644-5) apresentam da seguinte forma as situações configuradoras da unicidade da conduta: "a) há unidade de conduta nos casos de movimentos voluntários que correspondem a um plano comum (fator final), e *que são típicos de um tipo que admite uma pluralidade eventual de movimentos* (...); b) Com muito mais razão, haverá uma unidade de conduta quando o tipo requer expressamente a pluralidade de movimentos (...); c) *quando a realização de outro delito aparece como elemento subjetivo do tipo do primeiro*, isto significa que a lei desvalora uma conduta subjetivamente encaminhada a consumar ambos, e que não passa da etapa preparatória do segundo (...); d) *quando o segundo tipo se realiza como uma forma de exaurimento do primeiro* (...); e) nos *delitos permanentes*, todos os atos que têm por objeto manter o estado consumativo apresentam unidade de conduta (...); f) quando se trata de tipos que admitem ou exigem o cumprimento por um meio simbólico, todos os movimentos que têm unidade simbólica devem ser considerados como uma conduta; g) outro caso de unidade de conduta é o verdadeiro delito continuado".

[875] Johannes Wessels (p. 173-4) define que "existe uma ação em sentido natural, quando uma resolução de agir se realiza em 'uma' manifestação de vontade (BGHSt 1, 21; 6, 81). Uma tal ação natural será sempre, também juridicamente, 'uma' ação. Quem, por exemplo, lança uma bomba em uma sala de reunião, pratica 'uma' ação, embora isto possa conduzir também a várias consequências do injusto e preencher vários tipos penais (= homicídio, lesão de pessoas, dano a coisas: §§ 211/212, 223 e ss., 303, 311). Mesmo a natureza altamente personalíssima dos bens jurídicos lesados não altera em nada, neste caso, a existência de uma unidade de ação (BGHSt 1, 21; 2, 247; 6, 81)".

[876] Aponta Franz von Liszt (p. 148) que "sólo encierra también un acto, en razón de la unidad del resultado, el llamado delito permanente (delito continuo), es decir, la realización no interrumpida del hecho delictivo; como un secuestro prolongado durante semanas o meses, o el cambio continuo del estado civil. Y lo mismo ocurre, si bien por otros motivos, en el llamado delito que crea un estado (*Zustandverbrechen*), en el cual, como en la bigamia o en la lesión corporal que origina una consunción latente, el estado, producido por el acto una vez terminado, aun cuando continuamente contrario al derecho, no se toma después en consideración por el Derecho penal". No mesmo sentido, o exemplo proposto por Giorgio Marinucci e Emilio Dolcini (p. 399): "ancora, possono essere integrati con più atti i reati permanenti: ad es., vi è un unico reato di *sequestro di persona* (art. 605 c.p.) anche se la privazione di libertà viene realizzata e mantenuta in vita attraverso una serie di attività dell'agente (dopo l'iniziale trasporto coatto della vittima in una casa di campagna, l'agente la preleva e la sposta, magari più volte, in altre 'prigioni')".

[877] Eugenio Raúl Zaffaroni e Nilo Batista (2017, p. 590) lembram que, "se o garantidor omitir várias condutas que poderia exercer de forma sucessiva, teremos pluralidade de condutas" [as quais poderiam, acrescento, em linha de princípio, ser entrelaçadas pelo nexo de continuidade]; "perante alternativas simultâneas, teremos unidade".

[878] WESSELS, Johannes, p. 175.

propriamente dita e a omissão".[879] Correlatamente, a distinção entre ação e omissão pode, às vezes, afigurar-se simples no campo empírico; não obstante, no campo jurídico, o quadro assume contornos bem mais complexos, implicando a necessidade de que se estruturem mais solidamente os critérios por meio dos quais se devem solucionar casos penais concretos. Eberhard Struensee, a propósito, acentua que "en el nivel inferior se trata de la distinción conceptual entre acción y omisión, una distinción para la que se utilizan criterios captables empíricamente, y, en parte, también normativos. En el nivel superior se halla la contraposición conceptual entre tipo penal de comisión y tipo penal de omisión. Se refiere a la cuestión de si ya la descriptión abstracta de la ley penal divide la conducta típica en acciones y omisiones. Este planteamiento de la cuestión está de acuerdo con la distinción entre prohibición y mandato. En el medio se halla otro sector, en el que aparecen las cuestiones del cumprimiento del tipo legal respectivo. En este punto, primero se debe aclarar si un delito de comisión puede ser realizado no sólo por acción, sino también por omisión – ya sea sola o en relación con un actuar. Por otro lado, se debe comprobar si un delito de omisión también es realizable mediante un actuar activo – solo o junto a un omitir. Esto corresponde con la discusión acerca de si una prohibición puede ser lesionada mediante omisión, y un mandato mediante acción. Además, en una situación de hecho 'compleja', puede plantearse que estén dados los presupuestos de un delito de comisión tanto como los de uno de omisión. Entonces, se llega a un concurso de hechos punibles que debe ser resuelto mediante reglas que aún no han sido definitivamente aclaradas".[880]

Como reforço, quando o Código Penal, em seu artigo 71, se refere a mais de uma ação ou omissão, não sobrepairam dúvidas sobre a compatibilidade da continuação em se tratando de crimes omissivos.[881] [882]

Em linha de conclusão, mostra-se de todo inarredável à estratificação do delito continuado a existência de várias ações, perfectibilizadoras *per se* de delitos homogêneos, e que serão realizadas pelo agente em condições objetivamente assemelhadas, permitindo que se aperfeiçoe uma violação contínua de normas penais incriminadoras.[883]

---

[879] LUNA, Everardo da Cunha, 1993, p. 74-5.

[880] STRUENSEE, Eberhard, 1996, p. 12.

[881] LYRA, Roberto, p. 382.

[882] Com mais detalhes, ver o ponto 5.3.3.

[883] Nesse rumo, deixando de reconhecer a continuidade delitiva exatamente pela ausência da multiplicidade de ações, a seguinte decisão jurisprudencial (que envolve os delitos de lavagem de dinheiro e de corrupção [ativa e passiva]): "(...). No entanto, ao invés da decisão apelada, não vislumbro a ocorrência dos delitos na sua forma continuada (dezesseis vezes), pois entendo que ocorreu um delito de corrupção ativa, um de corrupção passiva e um de lavagem de dinheiro. É que o apelante José ofereceu os valores ao recorrente Ubirajara, que os aceitou. A circunstância de ser a importância recebida dividida em várias parcelas não configura práticas delituosas diversas, mas desdobramento de uma mesma atividade ilícita. José e Ubirajara não realizavam mensalmente ajuste sobre os valores a serem entregues e recebidos, mas tal ajuste ocorreu apenas em uma oportunidade. Assim, ambos os delitos, corrupção ativa e passiva, ocorreram numa única oportunidade, sendo delitos únicos, embora o desdobramento dos valores a serem pagos e recebidos. Da mesma forma, o delito de lavagem de dinheiro é único. É que o valor recebido era utilizado no pagamento de imóvel adquirido por Ubirajara em nome de terceiro. Embora também ocorrente o desdobramento de depósitos, não se pode considerar cada um deles como configurador de um crime autônomo" (TJRS, ACR 70043977719, 4ª CC, Rel. Des. Marco Ribeiro de Oliveira, j. 28.6.12).

5.2. DO ELEMENTO SUBJETIVO UNIFICANTE. TEORIAS

Indubitavelmente, o ponto que encerra a mais acentuada divergência (doutrinal e jurisprudencial) diz respeito à necessidade de um elemento subjetivo unitário do agente (ou elemento subjetivo unificado) a estruturar o instituto do delito continuado.[884]

Sobre essa questão, existem, basicamente, duas teorias que devem ser enfrentadas, a saber: (i.) a teoria objetivo-subjetiva; e (ii.) a teoria objetiva ou puramente objetiva (embora parte da doutrina mencione uma terceira, [iii.] de índole exclusivamente subjetiva).[885]

5.2.1. Da teoria objetivo-subjetiva

Para a teoria objetivo-subjetiva,[886] o crime continuado se estrutura em uma realidade de conotação subjetiva e objetiva, na qual a unidade de resolução criminosa se alia aos demais elementos de vocação objetiva, apresentando-se a *fictio juris* quando se verificar a conexidade objetiva (ou a homogeneidade exterior) das ações sucessivas, em uma afirmação do sequenciamento da manifestação psicológica de um mesmo desígnio.[887] Deste jeito, o agente deverá perpetrar os delitos com a vontade de realizar um único crime.[888]

---

[884] Na EM do CP de 1940, já se consignava a questão: "duas são as teorias que se disputam a solução do problema: a objetivo-subjetiva e a puramente objetiva. Segundo a primeira, o crime continuado exige, para a sua identificação, além de determinados elementos de natureza objetiva, outro de índole subjetiva, que é expresso de modos diferentes: *unidade de dolo*, *unidade de resolução*, *unidade de desígnio*. A teoria objetiva, entretanto, dispensa a *unidade de ideação* (que, como observa Mezger, não passa de uma *ficção*) e deduz o conceito de ação continuada dos elementos constitutivos exteriores da homogeneidade. É a teoria que hoje prevalece e foi a adotada pelo projeto, que assim preceitua sobre o crime continuado: 'quando o agente, mediante mais de uma ação ou omissão, pratica dois ou mais crimes da mesma espécie e, pelas condições, tempo, lugar, maneira de execução e outras semelhantes, devem os subsequentes ser havidos como continuação do primeiro, impõe-se-lhe, a pena de um só dos crimes, se todas são idênticas, ou a mais grave, se diversas, aumentada, em qualquer caso de um sexto a dois terços'. Em face desta fórmula, não padece dúvida a possibilidade de *continuação* até mesmo em crime culposo, como no exemplo, sempre citado do motorista que, com o seu veículo, em excessiva velocidade, atropela um transeunte e prosseguindo na carreira desenfreada atropela outro". Para Eduardo Novoa Monreal (1964, p. 145), as discrepâncias sobre a necessidade ou não de um elemento subjetivo unificante são explicadas pelos desacordos acerca da natureza jurídica do crime continuado e de sua consideração como conceito real ou fictício.

[885] Alguns doutrinadores, certamente inspirados por um intuito didático, oferecem três teorias, identificando, assim, uma puramente subjetiva (conferir: BITENCOURT, Cezar Roberto, p. 684-5). Em igual sentido, PIMENTEL, Manoel Pedro, 1969, p. 93-6. Damásio de Jesus (2010a, p. 649) é enfático ao assentar: "há duas teorias a respeito da conceituação do crime continuado: a) teoria objetivo-subjetiva; b) teoria puramente objetiva".

[886] Informa Valdir Sznick (1994, p. 76) que essa doutrina, nos dias que correm, é preponderante, sendo os seus elementos: "unidade de preceito violado, pluralidade de ações e unidade de resolução criminosa. Admite elementos de caráter secundário como unidade de tempo, meio, lugar. (...) É a doutrina que mais condiz com o delito continuado".

[887] FIGUEIREDO, Ariovaldo de, 1985, p. 190. Observa Eduardo Novoa Monreal (1964, p. 141-2) que existem inúmeras discrepâncias sobre o que seria exatamente esse elemento subjetivo (fator unificante das diversas condutas). Desenvolvendo seu raciocínio, assim disserta: "para el *Reichsgericht*, el delito continuado supone un dolo unitario o conjunto, que debe haber abarcado de antemano el resultado total que se obtendrá mediante la pluralidad de acciones. De este modo, el sujeto ha de proponerse desde un principio el resultado total que logrará a través de varios hechos punibles que fraccionadamente se lo irán proporcionando. Este dolo unitario ha de cubrir el total de los echos según su objeto, tiempo, lugar, etc., al menos en

Adepto de tal teoria, exemplifica Basileu Garcia a necessidade da presença de um elemento subjetivo a presidir a continuidade delitiva: "quando o juiz, em determinado caso, apesar dos elementos de verificação objetiva que o propendam a aceitar a continuidade, se convencer de que o delinquente procedeu obedecendo a resoluções independentes, dificilmente se animará a admitir a continuidade do delito. Isso significa que o exame de tais condições tem valor enquanto contribui para o conhecimento do elemento subjetivo, único que, na realidade, assinala o delito continuado, na sua diferenciação com o concurso material".[889] A doutrina mista entende que, em verdade, cada um dos delitos – componentes da cadeia delituosa continuada – possui coeficientes subjetivo e objetivo; entretanto – como sustenta Carlos Fontán Balestra –, "resulta claro que en el delito continuado se presenta un elemento más y distinto de los que resultan de la suma de los que constituyen los delitos que en él se agrupan. Tal elemento es la unidad de propósito o de plan delictuoso".[890] Corrobora tal linha de raciocínio Edgard Magalhães Noronha, quando enfatiza: "(...) diante da dificuldade de se distinguir, no caso, entre um crime continuado e o concurso material, não se poderia desprezar o elemento subjetivo do desígnio".[891] Filiado também à teoria objetivo-subjetiva, Ariovaldo Alves de Figueiredo oferece interessante conceito do instituto em causa quando afirma: "delito continuado é aquele que é produzido por um plano único, ideado *in concreto* e desenvolvido por etapas. Não foi abolido o elemento subjetivo".[892] Não discrepa dos posicionamentos anteriores Aníbal Bruno, quando discorre: "a teoria mista, subjetivo-objetiva, toma em consideração as várias ações que se repetem, independente cada uma delas, mas que as circunstâncias particulares em que se realizam reúnem por um vínculo de continuidade, que as transforma em momentos sucessivos de um processo unitário. Mas, por outro lado, exige que esse conjunto unificado se apóie em um elemento subjetivo que abranja a sucessão dos fatos e que é geralmente representado pela unidade de desíg-

---

todas las relaciones esenciales, aunque no con todos los detalles de la ejecución. (...). Para un delito continuado no sería bastante una resolución genérica de voluntad, por ejemplo, de cometer cierto delito cada vez que se presente una ocasión propicia. (...). Carrara, partidario de exigir la unidad de designio, consideró, sin embargo, que ella no debía ser entendida con rigor lógico y que estaría presente no sólo en el sujeto que con resolución única robara, por ejemplo, varias veces, pequeñas cantidades de dinero del arca de su patrón, sino que también habría de considerarse existente en el que repitiera actos de esa especie sólo en virtud de una resolución genérica de robar de aquel arca cuantas veces tuviere deseo u ocasión. (...). Por su parte, Maggiore se extiende en las dificultades que entraña el concepto de 'designio criminoso'. Empieza por criticar los trabajos preparatorios del código italiano, que intentan ver en él solamente elementos intelectivos y no volitivos, por estimar que el designio es más que un puro pensamiento e incluso más que un proyecto, porque implica la representación de un fin y un ordenamiento meditado de medios. Luego establece que tal designio no tiene nada que ver con el dolo, ni con el fin, ni con el móvil ni con la pasión. A su juicio, la identidad de designio criminoso no es otra cosa que la unificación de las diversas acciones por un mismo pensamiento, dirigido a alcanzar un fin con los mismos medios determinados. Puede observarse, desde luego, cómo los partidarios de la posición subjetiva señalan con denominaciones muy diversas el elemento subjetivo único que debe concurrir en el delito continuado. Algunos hablan de designio, otros de propósito, aquéllos de resolución y éstos de dolo".

[888] Nesse sentido, Octavio Murgel Rezende (1935, p. 150) sustenta que "o agente deve ter a representação mental total da sua ação, como um todo orgânico, necessariamente fragmentada na execução. Só há delito continuado quando o agente atingiu mentalmente o último ato necessário à consecução do seu desígnio, e para ele tende desde o início".

[889] GARCIA, Basileu, 1956, p. 516-7.

[890] FONTÁN BALESTRA, Carlos, p. 198.

[891] MAGALHÃES NORONHA, Edgard, 1999, p. 275.

[892] FIGUEIREDO, Ariovaldo Alves de, p. 190.

nio criminoso".[893] Reforça o entendimento anterior Fernando de Almeida Pedroso, para quem a continuidade criminosa "não se satisfaz com a unidade simplesmente objetiva, com a mera presença das circunstâncias externas da conexão. Exige mais: pressupõe uma unidade também subjetiva, *id est*, uma ideação ou escopo delituoso abrangendo, *ab initio*, todo o processo da empreitada delituosa. (...). O aspecto intelectivo, aliás, deve ser o fator predominante para compor a continuidade. Essa necessariamente há de estar construída sobre um plano delituoso, um propósito ou programa que o agente idealizou para a transgressão sucessiva da lei penal".[894] De acordo com o ensinamento de Octavio Murgel de Rezende, o critério para a verificação da existência da unidade de resolução será o de averiguar se, "na mente do criminoso, se fez a representação exacta, individualizada, do objeto ou da pessoa sobre que vai recair sua ação. Não basta, (...), a resolução de assaltar, indistinta e aleatoriamente, a quem passa por uma estrada, por que, para cada vítima que aponta, surge uma nova resolução. Havendo indeterminação, eventualidade, não se poderá dizer que a execução do crime tenha ficado a meio caminho, como no caso do salteador que, tendo assaltado um viajante, não sabe se outro lhe cairá nas mãos. O delito continuado exclui (...) a eventualidade".[895]

Bem de ver que, no passado, o Tribunal do *Reich*, segundo informa Edmundo Mezger, exigia, para a configuração da série continuada, "acciones homogéneas (homogeneidad del bien jurídico lesionado y de los diversos actos que lo lesionan) y conexión en virtud de un dolo unitario".[896] E, no aprofundamento desse conceito, prosseguia o *Reichsgericht* determinando que o dolo unitário deveria "de antemano haber abarcado en sí el resultado conjunto y estar dirigido a la realización, en distintos momentos, de dicho resultado mediante varias acciones aisladas, pero no independientes, cada una de las cuales realiza el tipo".[897] Em outra passagem, destaca Edmundo Mezger, ainda citando a mais alta Corte de Justiça de seu país, que exigia, de modo enfático, um "dolo de conjunto"[898] ou que o "dolo abarque o resultado conjunto",[899] para a caracterização do delito

---

[893] BRUNO, Aníbal, 1976, p. 163-4.

[894] PEDROSO, Fernando de Almeida, p. 582-3.

[895] REZENDE, Octavio Murgel, p. 147.

[896] MEZGER, Edmundo, 1949, p. 355.

[897] MEZGER, Edmundo, 1949, p. 355. Reinhart Maurach, Karl Heinz Gössel e Heinz Zipf (p. 538-9) expressam, a partir da jurisprudência, o denominado "dolo de conjunto", como elemento subjetivo e dirigente dos atos parcelares que perfazem a ação continuada, nos seguintes termos: "sin perjuicio de la continuidad objetiva y de la equivalencia de los actos particulares, se presupone entonces que el dolo del autor se extiende, desde un principio y anticipadamente, al menos desde antes de la conclusión del primer acto parcial (...), abarcando los diversos hechos punibles planificados 'en los rasgos esenciales de su configuración futura'. (...) El autor debe tener en vista un resultado global, de manera tal que los actos individuales sólo se manifiesten como actos individuales sucesivos y progresivos que realizan este resultado global. (...). No es necesario que el dolo conjunto abarque el número preciso de los actos particulares, ni tampoco el instante final del hecho global (...); incluso, según la jurisprudencia constante, sería posible que el autor extienda este dolo conjunto a otros actos parciales, antes de la conclusión del hecho global".

[898] O dolo de conjunto pressupõe um resultado de conjunto, de forma que as ações integrantes e parciais "formem partes sucessivas e progressivamente do resultado global" (COSTA, Álvaro Mayrink da, 1994, p. 153).

[899] Essa é fonte na qual se foi abeberar a jurisprudência, mesmo a do Brasil, quando requer, à configuração da conexão continuada, a presença de um elemento subjetivo. Veja-se a jurisprudência: STF, *HC* 95753/RJ, Rel. Min. Carlos Britto, 1ª T., j. 11.11.08; STJ, RESP 61962/SP, Rel. Min. Assis Toledo, 5ª T., j. 17.5.95; TJDFT, *HC* 20130020173142, 2ª TC, Rel. Des. João de Oliveira, j. 8.8.13; e AGE 483.853/1, 11ª C. do TACSP, Rel. Des. Gonçalves Nogueira.

continuado. Trazendo à baila a fonte alemã, Álvaro Mayrink da Costa disserta: "para a delimitação do crime continuado é fundamental a unidade de dolo (*Einheitlichkeit des Vorsatzes*) que Jescheck chama de 'unidade do injusto pessoal da ação' (*Einheit des personalen Handlungsunrechts*). Sabemos que os alemães requerem um próprio dolo global (*Gesamtvorsatz*) que engloba o resultado total do fato, considerados o lugar, o tempo, a pessoa da vítima, a forma de comissão, de maneira que os atos parciais não representem mais do que uma realização sucessiva da totalidade querida unitariamente pelo autor em seu último ato parcial".[900] Importa referir, ademais, que essa concepção sofreu importante crítica de parte da doutrina; neste sentido, bem demonstram as palavras de Nélson Hungria e Heleno Fragoso: "o elemento psicológico reclamado pela teoria objetivo-subjetiva, longe de justificar esse abrandamento da pena, faz dele a paradoxal recompensa a um *plus* de dolo ou de capacidade de delinquir. É de toda evidência que muito mais carecedor de pena é aquele que *ab initio* se propõe repetir o crime agindo segundo um plano, do que aquele que se determina, de caso em caso, à repetição estimulada pela anterior impunidade, que lhe afrouxa os motivos da consciência, e seduzido pela permanência ou reiteração de uma oportunidade particularmente favorável".[901]

Em conclusão, para os defensores da teoria objetivo-subjetiva, é imprescindível, para a existência da cadeia continuada, a presença de um elemento subjetivo, a presidir a realização das condutas iterativas.

Não são suficientes apenas os dados objetivos e externos dos comportamentos; exige-se, por conseguinte, um *plus*, representado por "un medesimo disegno criminoso", que comandará a produção, planejada subjetivamente, da sequência de ações criminosas.

Sob esse prisma, o delito continuado é a reunião dos elementos objetivo e subjetivo, ambos com força de unificar as condutas puníveis.

Para aqueles que defendem essa doutrina, à estruturação do crime continuado se exige a unidade de dolo (ou de desígnio criminoso), a par dos demais dados objetivos configuradores do instituto.

A referência ao aspecto intelectivo mostrar-se-ia indeclinável para a configuração do delito continuado, sendo representado pela unidade de desígnios[902] (ou de resolução); ou vínculo subjetivo entre os eventos;[903] ou pelo aproveitamento das mesmas relações e oportunidades;[904] ou com a utilização de ocasiões nascidas da primeira

---

[900] COSTA, Álvaro Mayrink da, 1994, p. 153.

[901] HUNGRIA, Nélson; FRAGOSO, Heleno, p. 54.

[902] TJDFT, AGE 20150020134652, Rel. Des. Esdras Neves, 1ª TC, j. 18.6.15; e TJSP, AGE 0297836-09.2011.8.26.0000, Rel. Des. Péricles Piza, 1ª CC, j. 9.6.14.

[903] STJ, *HC* 111.190/RJ, Rel. Min. Nefi Cordeiro, 6ª T., j. 7.5.15; e STJ, ARR*HC* 39593/DF, Rel. Min. Jorge Mussi, 5ª T., j. 10.6.14.

[904] Damásio de Jesus (2010a, p. 650) sustenta que essa orientação, no sentido de exigir a presença de um "aproveitamento das mesmas relações e oportunidades" para o reconhecimento do delito continuado, no Brasil, teve berço na jurisprudência paulista, que procurou destinar um tratamento mais rigoroso à jurisprudência liberal que havia quanto ao crime continuado (especialmente quanto à unificação da pena). E aponta os aspectos essenciais dessa 'nova' orientação: "tendo a legislação penal vigente adotado a teoria objetiva dos penalistas alemães, é insuficiente, para o reconhecimento de continuidade, serem as infrações da mesma espécie, obedecerem ao mesmo *modus operandi* e serem próximas no tempo e no espaço. Para o reconhecimento da continuidade é indispensável que os delitos sejam perpetrados mediante o aproveitamento das mesmas relações e oportunidades ou com a utilização de ocasiões nascidas da primitiva situação. Em suma: é imprescindível que o infrator tenha agido num único contexto ou em situações que se repetem ao

situação;[905] ou em face de um planejamento unitário para a prática dos crimes;[906] ou em decorrência de um plano de ação comum ou de um projeto único;[907] ou no mesmo projeto ou arquitetura criminosa;[908] ou com relação de desdobramento entre as condutas perpetradas;[909] ou em virtude de um nexo de continuidade;[910] por outro rumo, quando se quer enfatizar a ausência do aspecto subjetivo: por haver motivação autônoma quanto a cada crime, e os delitos subsequentes não decorrerem do delito antecedente e com ele não guardarem relação de dependência, nem revelarem uma sucessão circunstancial de atos, mas ações distintas e plenamente identificáveis, descaracterizando-se, desse modo, a continuidade delitiva;[911] ou sem unidade de desígnios;[912] ou "desígnios autônomos entre os delitos praticados pelo acusado";[913] ou "liames subjetivos diferentes"; ou, ainda, ante a ausência de liame subjetivo entre as condutas, uma vez que não se constatou que, por parte do agente, tenha ocorrido um planejamento unitário para a prática dos crimes, de modo a evidenciar que um tenha sido continuação do outro.[914]

Nesse panorama, a unidade de resolução criminosa[915] deveria caminhar *pari passu* com o desenvolvimento sequencial da cadeia de delitos objetivamente assemelhados. (Trata-se, no presente, de posição prevalente em ambas as turmas do Supremo Tribunal Federal[916] e nas do Superior Tribunal de Justiça.[917]) Observa-se, consequentemente, que a teoria objetivo-subjetiva se perfaz à base de fatos sucessivos e descontínuos, porém dependentes, porque ordenados por uma unidade psicológica. Por conta disso, existe "uma série de fatos descontínuos presidida por uma mesma ideação criminosa, onde as circunstâncias revelam que o fato subsequente é uma continuação do antecedente",[918] sendo, nessa dimensão, o delito continuado, "uma unidade intelectiva com descontinuidade fática".[919] Desse modo, a construção teórico-penal do delito continuado, posto que

---

longo de uma relação que se prolongue no tempo. Nisto reside a essência da continuidade da qual são sintomas, e nada mais que sintomas, as conexões espacial e temporal, e a homogeneidade do *modus operandi*".

905 TJSP, AGE 0018839-88.2014.8.26.0000, Rel. Des. Laerte Marrone, 2ª CC, j. 16.6.14.

906 TJDFT, RAG 20170020093597, 2ª T., Rel. Des. Silvânio Barbosa dos Santos, j. 1.6.17; TJDFT, RA 20160020069803, Rel. Des. Silvânio Barbosa Santos, 2ª TC, j. 5.5.16; e TJDFT, RAG 20150020112202, Rel. Des. Silvânio Barbosa dos Santos, 2ª TC, j. 21.5.15.

907 TJDFT, RA 20160020028717, Rel. Des. João Teixeira, 3ª TC, j. 10.3.16.

908 TJSP, AEX 0024519-57.2016.8.26.0041, 2ª CC, Rel. Sérgio Mazina Martins, j. 26.6.17.

909 TJES, AC 48130072720, Rel. Des. Willian Silva, 1ª CC, j. 16.9.15; e TJSP, AGE 0005773-41.2014.8.26.0000, Rel. Des. Otávio Toledo, 16ª CC, j. 10.6.14.

910 TJDFT, RAG 20170020118473, 1ª TC, Rel. Des. Romão C. Oliveira, j. 6.7.17.

911 TJDFT, RAG 20170020128232, 2ª TC, Relª. Desª. Maria Ivatônia, j. 6.7.17.

912 TJDFT, RAG 20170020128103, 2ª TC, Rel. Des. Jair Soares, j. 6.7.17.

913 TJMG, ACR 1.0079.12.067393-8/004, 1ª CC, Rel. Des. Flávio Leite, j. 4.7.17.

914 TJDFT, RAG 20170020093200, 2ª TC, Rel. Des. Silvânio Barbosa dos Santos, j. 6.7.17.

915 Assim, na Suprema Corte: STF, *HC* 105.743/ RS, Rel. Min. Gilmar Mendes, 2ª T., j. 29.3.11; e STF, *HC* 101049/RS, Relª. Minª. Ellen Gracie, 2ª T., j. 4.5.10. No STJ: STJ, *HC* 228197/RS, Relª. Minª. Alderita de Oliveira, 6ª T., j. 4.9.12; STJ, *HC* 203695/SP, Rel. Min. Sebastião Reis Júnior, 6ª T., j. 28.8.12; e STJ, *HC* 180436/SC, Rel. Min. Adilson Macabu, 5ª T., j. 16.8.12.

916 STF, *HC* 110002, Rel. Min. Teori Zavascki, 2ª T., j. 9.12.14; STF, *HC* 108.012, Rel. Min. Roberto Barroso, 1ª T., j. 19. 8.14; STF, *HC* 114725/SP, Rel. Min. Ricardo Lewandowski, 2ª T., j. 4.6.13; e STF, *HC* 108221/RJ, Rel. Min. Luiz Fux, 1ª T., j. 16.4.13.

917 STJ, RE 1535243/DF, 6ª T., Rel. Min. Nefi Cordeiro, j. 6.6.17; STJ, RE 1454566/DF, 6ª T., Rel. Min. Nefi Cordeiro, j. 6.6.17; STJ, *HC* 377.270/RS, 5ª T., Rel. Min. Ribeiro Dantas, j. 1.6.17.

918 LEIRIA, Antônio José Fabrício, 1973, p. 30.

919 LEIRIA, Antônio José Fabrício, 1973, p. 30.

descontínua na execução, ostentaria continuidade na intelecção e resolução criminosas de seu agente;[920] e, em última análise, exatamente nessa unidade de propósito estaria a essência da categoria em causa.[921]

A doutrina moderna – que requer a perspectiva subjetiva para a configuração do modelo legal do crime continuado – tem, progressivamente, vinculado-se à teoria da alternação, segundo a qual a reunião das diversas condutas típicas homogêneas em um nexo de continuidade – além dos demais traços de dimensão objetiva – exigiria que o autor renovasse a mesma resolução delitiva (ou uma similar) sob a influência do efeito motivador de circunstâncias equivalentes ou, ao menos, essencialmente equivalentes. A esta renovação da vontade delitiva, não se opõe que o autor tenha incorporado em sua representação, de forma genérica, antes do começo da realização da sequência continuada, a pluralidade de ações que vai realizar, uma vez que é fundamental que o ato particular se materialize como a expressão de uma vontade renovada, tantas vezes quantas forem as condutas singulares, não sendo, pois, relevante, então, que haja a reprodução de um dolo de conjunto.[922]

5.2.2. Da teoria objetiva

De outro plano, a teoria objetiva[923] (ou teoria objetiva pura) – adotada em nosso direito positivo,[924] que se inspirou no direito penal germânico (cujos adeptos principais foram Edmundo Mezger,[925] Max Ernst Mayer[926] e Alexander Graf zu Dohna)[927] –

[920] LEIRIA, Antônio José Fabrício, 1973, p. 31.

[921] TJDFT, RAG 20170020115578, 2ª T., Rel. Roberval Casemiro Belinati, j. 1.6.17.

[922] Como informam Reinhart Maurach, Karl Heinz Gössel e Heinz Zipf (p. 541-2), "una decisión que satisfaga a todas las partes sólo es alcanzable con la ayuda de la alternación: renuncia al requisito del dolo conjunto y su reemplazo por medio del principio de la continuación o renovación equivalente de la resolución a la acción (dolo de continuidad). (...) La concepción alternativa es la única que se encuentra en condiciones de reconocer el privilegio del hecho continuado, allí donde materialmente cabe la indulgencia frente a la debilidad humana, y, al mismo tiempo, de eliminarla cuando su admisión signifique una recompensa por una energía criminal especialmente marcada (dolo conjunto), con lo cual se produce una inversión de la finalidad de la acción continuada".

[923] Aduz Carlos Fontán Balestra (p. 73) que "esta doctrina que puede decirse nace com Anselm v. Feuerbach, es sostenida por autores modernos. Su nota más característica está dada por la prescindencia de la unidad de designio criminoso para determinar la continuidad, dando significado únicamente a circunstancias objetivas. La posición objetiva que podemos llamar pura, es defendida por Edmund Mezger, para quien ha de exigirse 'unidad del tipo básico', unidad del bien jurídico lesionado, homogeneidad de la ejecución y una conexión temporal adecuada; en los ataques personales, requiere, además, identidad de la persona ofendida. Participan del criterio objetivo entre otros, Liszt-Schimidt, von Hippel, Jiménez de Asúa, Antón Oneca".

[924] Importante o registro de Galdino Siqueira (p. 632-3) quando avalia que "o nosso código de 1890, art. 66, § 2º, corrigido pelo decr. nº 4.780, de 27 de dezembro de 1923, art. 39, adotava esta concepção subjetiva, inspirando-se no anterior código italiano, art. 79 (668)". (...). "O nosso código atual [refere-se ao de 1940] veio trazer inovação profunda, mas profícua, adotando a teoria objetiva, para caracterizar o crime continuado".

[925] Edmundo Mezger (1949, p. 357) afirma que "este punto de vista objetivo puro es, en realidad, el único correcto".

[926] Max Ernst Mayer (p. 211) argumenta que "el inculpado muy probablemente no se preocupó en absoluto de su futura conducta, de suerte que el establecimiento de un dolo unitario deriva, en mayor o menor grado, de una ficción". No mesmo sentido, avalia José Antón Oneca (2000, p. 193) que "lo que caracteriza la mayor parte de los casos ofrecidos por la práctica no es la voluntad abarcando desde el primer momento la totalidad del resultado, sino más bien la caída en la misma tentación cuando se repite ocasión análoga.

excluiu da configuração do delito continuado a necessidade de um fator subjetivo unificante.[928] À sua estruturação, bastariam, portanto, os fatores objetivos e externos, que informariam o nexo de continuidade a reunir, em determinadas circunstâncias, todas as condutas sequencialmente realizadas.

O Código Penal brasileiro "adotou a chamada teoria puramente objetiva, que exclui do conceito elementos subjetivos";[929] dessa forma, não se exige qualquer dolo de conjunto ou propósito deliberado de praticar as condutas perfectibilizadoras do crime continuado. O vínculo de continuidade é extraído a partir de dados essencialmente objetivos. Como obtempera Edmundo Mezger: "el carácter unitario del dolo que exige el Tribunal del Reich, rechazando al mismo tiempo la mera resolución unitaria, es casi siempre una ficción. Por otra parte, dicha exigencia es, materialmente, errónea: aunque la necesidad de una pena más benigna no constituya el único motivo del reconocimiento de la acción continuada, lo cierto es que la consecuencia efectiva de tal reconocimiento es una penalidad fundamentalmente menos grave que la que resultaría de admitir varias acciones independientes según el § 74 del Código".[930]

A teoria puramente objetiva "dispensa a unidade de ideação e deduz o conceito de condutas continuadas dos elementos exteriores da homogeneidade",[931] sendo, pois, desimportantes, para a estruturação do delito continuado, quaisquer indagações se houve multiplicidade e autonomia de intenções delituosas, mas, sim, se, pelo *modus* de perpetração da cadeia delinquencial homogênea, devem os crimes posteriores ser entendidos como prosseguimento do primeiro.[932]

Incluso se ha negado la posibilidad del dolo único para una serie de acciones, porque cada acción implica una resolución de voluntad, y siendo el dolo la voluntad que actúa, habrá siempre tantos dolos como acciones".

927 Alexander Graf zu Dohna (p. 104) destaca: "debe exigirse la misma naturaleza en los delitos y en su modo de comisión y por ello, también cierta relación en el tiempo entre los actos particulares. En cambio, revela desconocimiento de sus características la exigencia de la unidad de dolo para el delito continuado, como lo quiere el TS (...); esa unidad falta, precisamente, en cada uno de los casos que debe abarcar la continuidad".

928 Enrique Cury Urzúa (1959, p. 112) critica a teoria objetiva, afirmando que "en el fondo, los partidarios de las teorías objetivas presumen, apoyados en la concurrencia de las aludidas circunstancias, la presencia de un elemento subjetivo, cuya descripción y análisis eluden, pero que suponen subyacente entre las distintas acciones. El elemento objetivo de conexión no es, por lo tanto, tal, sino un mero indicio o proyección en el mundo fenoménico de la existencia de un verdadero nexo que permanece en el plano subjetivo; la teoría, en suma, no ofrece una solución diversa, sino que se limita a proponer un criterio indiciario para la determinación del nexo, criterio que, por estar sustentado en un juego de presunciones es, desde luego, sospechoso".

929 FRAGOSO, Heleno, 2003, p. 443. No mesmo sentido, Edmundo Oliveira (p. 406), para quem "a lei brasileira adotou uma postura objetiva. Em outras legislações se exige também um fator subjetivo: a persistência do desígnio criminoso, que deve ser o mesmo em todas as ações (ou omissões). É o caso, por exemplo, do Código italiano, art. 82, segunda alínea, que requer 'un medesimo disegno criminoso', ou seja, um mesmo desígnio criminoso". Também Aníbal Bruno (1976, p. 167-8), quando afirma que "o nosso Direito positivo vigente adota uma posição objetiva, dispensando, assim, a participação de qualquer elemento subjetivo unitário, na conceituação do crime continuado, abrangedor dos vários fatos que se sucedem".

930 MEZGER, Edmundo, 1949, p. 357.

931 JESUS, Damásio de, 2010a, p. 649.

932 Marcelo Barbosa (1993, p. 122), dissertando acerca das formas de conexão previstas no direito penal pátrio, concluiu: "acresce-se ainda que, por sermos adepto da teoria objetiva adotada pelo CP vigente, incluímos na nossa classificação a conexão continuativa entre as espécies de conexão objetiva, tendo em vista que para a configuração do delito continuado bastam a ocorrência das condições de tempo, lugar e maneira de execução e outras semelhantes de crimes da mesma espécie". Em termos jurisprudenciais: TJDFT, RA 20130020171434, Rel. Des. Jesuino Rissato, 3ª TC, j. 8.8.13.

A matéria – no que diz respeito ao conjunto dos tribunais brasileiros – não se mostra pacífica, muito embora, como visto, o Supremo Tribunal Federal (por meio de suas duas turmas) orientar-se pela doutrina mista. Com efeito, o entendimento do Supremo Tribunal Federal, conquanto já tenha decidido no sentido de ser dispensável ao reconhecimento do delito continuado qualquer elemento subjetivo,[933] sendo, nesse andar, impróprio indagar o objetivo, em si, "do agente criminoso, ou seja, o que se alude como desígnio",[934] tem, no presente, como indicado, optando pelos ditames da teoria objetivo-subjetiva.[935]

O Superior Tribunal de Justiça, em conhecida (e já longínqua) decisão, capitaneada pelo Ministro Francisco de Assis Toledo, posicionou-se no sentido da imprescindibilidade de um elemento subjetivo à configuração do delito continuado;[936] orientação que, na densidade de seus termos, se tem preservado.[937]

De tal arte que – e nisto se pode insistir – a discussão acerca dos pressupostos configuradores do delito continuado se mantém, realmente, acesa.

Para alguns segmentos jurisprudenciais, os elementos caracterizadores do crime continuado são afirmados por meio do processo de exclusão de qualquer dado de conotação subjetiva, verificando-se o nexo de continuidade a partir de fatores intrinsecamente objetivos.[938] Neste particular, geralmente, as decisões jurisprudenciais se têm pautado por um argumento legalista[939] ou mesmo em virtude de o nosso Código Penal ter adotado a teoria puramente objetiva (nos termos de sua Exposição de Motivos).[940]

Ainda para esse segmento jurisprudencial, em tendo sido consagrada a doutrina objetiva em nosso estatuto punitivo, à determinação da *fictio juris* em questão, importância não se empresta a qualquer elemento subjetivo (desígnios, dolo, dolo de continuação, dolo de conjunto, dolo geral, dolo unitário, unidade de resolução criminosa, plano de ação comum, projeto único, planejamento unitário, dolo único ou algo que os valha), uma vez que para o reconhecimento da ação continuada se faz necessária, apenas, "a prática sucessiva de ações criminosas da mesma espécie que guardem entre si, conexões no tocante ao tempo, ao lugar e ao modo de execução, de modo a revelar homogeneidade de condutas típicas, evidenciando serem as últimas ações pura continuação da primeira".[941]

---

[933] STF, *HC* 68.661-3, Rel. Min. Sepúlveda Pertence; e STF, *HC* 74.183-5, Rel. Min. Marco Aurélio, DJU de 21.2.97 (decisões citadas por FRANCO, Alberto Silva, e outros, 1997, p. 1113-5).

[934] *HC* 77786-9/RJ, Rel. Min. Marco Aurélio, 2ª T., j. 27.10.98.

[935] STF, *HC* 95753/RJ, Rel. Min. Carlos Britto, 1ª T., j. 11.11.08; e STF, R*HC* 85577/RJ, Relª. Minª. Ellen Gracie, 2ª T., j. 16.8.05.

[936] STJ, 5ª T., RESP 507-SP, Rel. Min. Assis Toledo, j. 20.11.89.

[937] STJ, *HC* 203695/SP, 6ª T., Rel. Min. Sebastião Reis Júnior, j. 28.8.12; STJ, *HC* 221.211/MG, Rel. Min. Gilson Dipp, 5ª T., j. 12.6.12; STJ, *HC* 174.430/PE, Rel. Min. Jorge Mussi, 5ª T., j. 27.3.12; e STJ, *HC* 224296/SP, 6ª T., Rel. Min. Og Fernandes, j. 22.3.12.

[938] TACSP, RJD 17/41, citado por FRANCO, Alberto Silva, e outros, 1997, p. 1115.

[939] TJDFT, AGEX 20140020127139/DF, Rel. Des. João Teixeira, 3ª TC, j. 27.6.14; e TJSP, AGE 0012844-94.2014.8.26.0000, Rel. Des. Péricles Piza, 1ª CC, j. 9.6.14.

[940] TJDFT, RAG 20170020128216, 3ª TC, Rel. Des. Demetrius Gomes Cavalcanti, j. 24.8.17; TJDFT, AEX 20160020395350, 3ª TC, Rel. Des. João Batista Teixeira, j. 17.8.17; TJDFT, AEX 20170020130775, 3ª TC, Rel. Des. Nilsoni de Freitas Custodio, j. 3.8.17; TJDFT, AEX 20170020133902, 3ª TC, Rel. Des. João Batista Teixeira, j. 3.8.17; TJDFT, AEX 20160020385004, 3ª TC, Rel. Des. João Batista Teixeira, j. 3.8.17; e TJDFT, RAG 20170020131100, 3ª TC, Rel. Des. Jesuino Rissato, j. 6.7.17.

[941] STJ, RESP 252405, Rel. Min. Vicente Leal, 6ª T., j. 23.10.00.

5.2.3. Da teoria subjetiva

Para a doutrina subjetiva, o aspecto preponderante a ensejar a configuração do delito continuado seria a unidade de fim, sendo pouco o valor conferido aos dados exteriores das condutas.

Como se expressa Manoel Pedro Pimentel: "esta teoria, aceitando a motivação da benignidade do tratamento penal, caracteriza o crime continuado como várias infrações coligadas por um mesmo elemento subjetivo, consistente na unidade de intenção ou de desígnio, pouco importando, ou importando menos, os aspectos exteriores das ações".[942]

A teoria puramente subjetiva entende corporificado, por conseguinte, o crime continuado a partir de dados essencialmente subjetivos (unidade de propósito ou de desígnio), não atribuindo valor aos elementos de conotação objetiva que informam a presença do instituto.

A doutrina costuma remarcar a insuficiência da teoria subjetiva no sentido de dimensionar os elementos configuradores do instituto, pois "é inegável a insegurança e a fluidez da conceituação deste elemento psicológico", que não se expressa, na literatura jurídico-criminal, de maneira clara e precisa, podendo, mesmo, ser qualificada a teoria em causa como um "absurdo lógico e dogmático", por ser de "difícil compreensão e aplicação".[943] Levando esse quadro em linha de conta, talvez com algum exagero, avaliou Manoel Pedro Pimentel: "este critério conduz ao absurdo de entregar ao criminoso a chave da cadeia, porque dependeria da sua afirmação de intenção unitária o reconhecimento da continuação delituosa, mesmo relativamente a crimes tenebrosos. Ao revés, o réu arrependido, que não tivesse sucumbido diversas vezes senão ao impulso da mesma oportunidade ou ocasião, e que confessasse haver firmado o propósito de não reincidir, não poderia ser beneficiado".[944]

Deve reconhecer-se que a teoria em foco não concede qualquer nota de significação aos fatores objetivos que configuram o delito continuado, prestigiando, tão somente, a carga subjetiva que inspirou o agente a produzir a cadeia criminosa. (Nos dias que correm, essa teoria encontra-se completamente abandonada.)

5.2.4. A posição brasileira

Parece certo que o nosso Código Penal adotou a concepção puramente objetiva do crime continuado,[945] para a qual a unificação das diferentes condutas se realiza por inter-

[942] PIMENTEL, Manoel Pedro, 1969, p. 93.

[943] PIMENTEL, Manoel Pedro, 1969, p. 94.

[944] PIMENTEL, Manoel Pedro, 1969, p. 96. Nesse mesmo sentido coloca José Antón Oneca (2000, p. 195): "exigiendo la resolución anterior comprensiva de todas las acciones, y dada la dificultad de probarla, como no sea por la confección del procesado, la estimación del delito continuado ha quedado abandonada al arbitrio de los propios delincuentes, quienes afirman o niegan la unidad de propósito según creen les es más favorable. Muchas veces se equivocan por pensar que la persistencia en la misma resolución ha de ser más grave que la recaída en la misma tentación".

[945] A própria definição apresentada pelo Código não oferece margem a qualquer dúvida no sentido de que – como pontifica Luiz Vicente Cernicchiaro (1974, p. 112) – "encampou a teoria objetiva (leva em consideração a forma de praticar a ação)". Caso realmente fosse exigida por nossa legislação a unidade de desígnios, questão que se mostraria suscetível de indagações seria a da possibilidade de continuidade em se

médio de elementos e circunstâncias de índole essencialmente objetiva; como remarca José Frederico Marques: "o *modus faciendi* dos atos executórios do agente, ao cometer os diversos delitos, é condição de capital relevo, porque nela se traduz um dos nexos mais importantes entre os diversos crimes".[946]

O delito continuado se perfaz, em rigor, a partir de condutas homogêneas que são realizadas de modo subsequente, às quais a norma penal estabelece, ao invés da soma das penas, a unificação das penalidades, existindo "a absorção na pena de um só dos crimes, com exasperação: *poena major cum exasperatione*".[947] Ainda nessa linha, o ordenamento jurídico do Brasil silenciou em relação à necessidade de um elemento subjetivo unificante, a presidir a configuração da continuidade delitiva, diante do que a homogeneização das ações se materializa em dados inteiramente objetivos.[948]

Em sentido diverso, há quem entenda que o preceito normativo que descreve o delito continuado alberga a previsão desse coeficiente subjetivo (unidade de desígnios), representado na expressão: "e outras semelhantes", que seriam as condições por meio das quais o magistrado poderia haver as condutas práticas sob o comando de uma unidade de desígnios.[949] Contudo, imagina-se que a ampliação interpretativa autorizada pela norma se deva encaminhar à luz dos outros dados corporificadores do instituto (do crime continuado), cuja natureza é exclusivamente objetiva, com o que seria patente que a referência normativa, ao conceituar o instituto em causa, a "outras circunstâncias semelhantes" àquelas que enumerou – "de tempo, lugar e modo de execução" – somente compreende as que, como as últimas, sejam igualmente de caráter puramente objetivo, não se estendendo àquelas que, de índole subjetiva, jamais se poderiam avaliar "semelhantes aos elementos exteriores dos fatos, privilegiados na definição legal do instituto".[950]

(O Projeto de Lei 3.473/00, ao atribuir nova redação ao delito continuado,[951] poria fim às especulações sobre a necessidade do elemento subjetivo unificante no direito brasileiro. *De facto*, "a principal preocupação do Projeto foi a de sepultar, definitivamente,

---

tratando de delitos culposos. A título de complementação, interessante observar que, nessa análise hipotética, seria possível o reconhecimento da continuidade quando se tratasse de delitos culposos por erro de tipo vencível (isso porque, nesses casos, a conduta é inicialmente dolosa, mas a punição se dá a título de culpa). Nesse contexto, ilustra Edgard Magalhães Noronha (p. 276): "se uma pessoa, por erro vencível, todos os dias, em vez de um medicamento, ministra um tóxico a outra, causando-lhe dano à saúde".

946 MARQUES, José Frederico, 1997, p. 463.

947 MARQUES, José Frederico, 1997, p. 466.

948 Nesse sentido, a seguinte manifestação jurisprudencial: RJTACSP, 29:29-469, 1996, p. 34.

949 Paulo José da Costa Júnior (2007, p. 235) entende que se poderia exigir – para algumas espécies fáticas – a presença dessa unidade ideativa: "mesmo porque, exemplificando o preceito normativo as condições objetivas das quais será deduzida a continuidade criminosa, enunciou aquelas 'de tempo, lugar, maneira de execução e outras semelhantes', podendo nestas estar abrangidas as condições de natureza subjetiva como a unidade de resolução".

950 STF, *HC* 68.661-3, Rel. Min. Sepúlveda Pertence, 1991.

951 Assim restaria redigido o art. 71, com as alterações do Projeto: "há crime continuado quando o agente, com ou sem unidade de desígnio, mediante mais de uma ação ou omissão, pratica dois ou mais crimes que ofendam o mesmo bem jurídico, e pelas condições de tempo, ou de lugar, ou de maneira de execução, ou de outras circunstâncias objetivas semelhantes, devem os subsequentes ser havidos como continuação do primeiro, aplica-se-lhe a pena de um só dos crimes, se idênticas, ou a mais grave, se diversas, aumentada, em qualquer caso, de um sexto a dois terços, considerando o disposto no art. 59, bem como o número de infrações praticadas". § único: "Nos crimes dolosos, contra vítimas diferentes, cometidos com violência ou grave ameaça à pessoa, deverá o juiz, considerando a culpabilidade, os antecedentes e a unidade de desíg-

as posições doutrinárias e jurisprudenciais que insistiam em vislumbrar, na redação do atual Código Penal, a presença de um elemento subjetivo unificante como requisito da continuidade delituosa".)[952]

5.2.5. Considerações críticas

Por sob tudo isto, a polêmica sobre a necessidade de um elemento subjetivo unificante – a presidir a configuração da ficção jurídica do crime continuado – mantém-se, no presente, mais acalorada nos domínios doutrinários que nos jurisprudenciais, visto que, nestes, muito destacadamente em virtude do entendimento dos tribunais superiores, pouco a pouco se foi consolidando a prevalência da doutrina mista.

Antes da reforma penal da Parte Geral de 1984, o Código Penal adotava a teoria puramente objetiva,[953] pois a norma que descrevia o crime continuado não previa a necessidade de qualquer coeficiente de índole subjetiva; entretanto, parte da jurisprudência reivindicava a unidade de desígnios para o reconhecimento da cadeia continuada de ilícitos penais. Após a reforma, o Código manteve-se perfilhado à doutrina objetivista, e grande parte das decisões jurisprudenciais continuou a reclamar a presença de um elemento subjetivo que unisse as diferentes ações perfectibilizadoras da unidade continuada. Percebe-se, com isso, que certos segmentos jurisprudenciais sempre se mantiveram arredios ao comando legal, optando por uma vertente consagradora da exigência de um elemento de inspiração subjetiva, na medida em que isso se lhes transparecia um componente inafastável para a estratificação e unificação dos ilícitos assemelhados sequenciados.

Inegavelmente, a construção de um instituto penal insulado de qualquer dado ou coeficiente subjetivo – fator primordial de realização do comportamento humano com interesse jurídico, e cuja avaliação importa, de forma indeclinável, ao estabelecimento do grau de censurabilidade – se coloca na contramão do desenvolvimento histórico da dogmática criminal. Toda a evolução do direito penal foi conduzida a partir do aprimoramento da verificação da carga subjetiva que inspirava o agente na produção dos comportamentos puníveis. Manuel de Rivacoba y Rivacoba, com maestria, define o princípio de subjetividade: "porque el Derecho regula ciertos sectores del comportamiento humano y por la índole o condición del hombre como ser de razón y de valoraciones, el Derecho penal tiene que requerir que los actos que haya de condenar, además de ofender siempre un bien jurídico, sean obra, no únicamente en lo físico, sino también en lo anímico, del sujeto, o, manifestándolo con mayor exactitud, que el sujeto tenga dominio de ellos como tal, como ser de conocimiento y de voluntad, y también de valoraciones, que conoce o puede conocer y quiere o acepta el acto en su entidad objetiva y

nio, bem como os motivos e as circunstâncias, aumentar a pena de um só dos crimes, se idênticas, ou a mais grave, se diversas, até o triplo, observadas as regras do § único do art. 70 e do art. 75".

952 FONSECA NETO, Alcides da, p. 72.

953 Sustentando, com bastante dose de acerto, que, nos delitos culposos, esta discussão perde substância, Juarez Tavares (2016, p. 520): "embora o CP tenha adotado a teoria objetiva, isto é irrelevante para os delitos culposos. Ainda que se adotasse a teoria subjetiva, os delitos culposos poderiam integrar o âmbito do crime continuado, em virtude da própria estrutura de sua constituição como unidade jurídica de ação. Uma vez que nos delitos culposos a resolução para o agir é indiferente, pois, caso contrário, se trataria de delitos dolosos e não culposos, não caberia aqui qualquer indagação de ordem subjetiva, como elemento determinante da continuidade".

en su significación antijuridica, y que puede hacer del deber jurídico motivo de su obrar y obrar así conforme a Derecho. O en resumen: el Derecho punitivo no puede prescindir de la dimensión subjetiva que inspire las actuaciones a que se refere, dirigida hacia el autor; pensamiento y exigencia, constitutivos y limitadores del ámbito de lo penal, que son lo que caracteriza el principio de subjetividad".[954]

Adquire, portanto, enorme importância o direito penal da culpa, no qual a preocupação de maior vulto, na disposição analítica do crime, se projeta para o elemento subjetivo com que se houve o criminoso na realização das condutas desvaliosas; na base disso, é por intermédio do fator intencional que se estratifica plenamente o comportamento típico (quer com o dolo ou com os demais elementos subjetivos do tipo); se afirma a presença de dados subjetivos de exclusão do injusto; e, sobretudo, se destaca o papel da culpabilidade.

Desse modo, se se levar em linha de consideração o avanço histórico da dogmática criminal, para a qual a determinação do elemento subjetivo assume papel preponderante na edificação dos institutos criminais, não se ofereceriam maiores dificuldades em também se exigir, para a configuração da figura jurídica do crime continuado, a presença de um comando unificante subjetivo, que iria presidir a realização da cadeia criminosa continuada.[955] E, se se quiser, para além disso, ficar atento à necessidade da indicação, nos domínios dos comandos jurídicos, ainda que implicitamente, desses elementos, ha-

---

[954] RIVACOBA Y RIVACOBA, Manuel de, p. 431-2.

[955] Agrega-se, ainda, a opção majoritária que a dogmática criminal, ao menos, no Brasil, dedica à orientação finalista, cuja estruturação exige, inafastavelmente, a análise do conteúdo da vontade, do fim colimado pelo agente, na concreção da conduta típica. Como disserta Luiz Luisi (1987, p. 39-40), "ao apreender a essência dos atos do querer e do conhecimento do homem – postos como objetivas realidades, na posição de objetos do conhecimento – verifica-se que o conhecer e o querer humanos se voltavam sempre para uma meta; visam um objetivo. O conhecimento é conhecimento de algo, posto ante o sujeito. O querer é querer algo posto como fim pelo sujeito. A característica ontológica, portanto, do conhecer e do querer humanos está nesta 'intencionalidade', isto é, nesta 'finalidade', que é sempre, por força da normação ôntica, visada pelo agente. A ação, portanto, como decorrência desta estrutura ontológica, é sempre, enquanto autenticamente humana, 'exercício de atividade final'. Portanto, a vontade do agente que age, segundo concebe a teoria finalista, se insere, como bem acentuou Dario Santamaria, no processo causal, 'não apenas como fator que modifica a realidade, mas sobretudo como fator que, conscientemente, a forma. O fim querido pelo agente – por força da estrutura mental do homem que lhe possibilita prever, dentro de certos limites, as consequências do seu agir – o orienta no sentido de ordenar o processo causal para a concreção do objetivo colimado. A finalidade, por ser 'vidente', sustém e dirige, portanto, a 'cega' causalidade de modo a que a sucessão do acontecer dos fatos seja concatenada e ordenada no sentido do fim proposto. A ação humana, pois, é ontologicamente finalista". Juarez Cirino dos Santos (2017, p. 410), por seu turno, sustenta que "a equivalência de *tipo subjetivo* é indicada, necessariamente, por um *dolo unitário* abrangente do conjunto das ações típicas em *continuação*, com suas características comuns de tempo, lugar, modo de execução e outras semelhantes, indispensável para integrar a *pluralidade* das ações típicas na *unidade* do *crime continuado*, definido pela literatura como unidade de *injusto pessoal*. Dificuldades de configuração de um *dolo geral* conduziram à formulação de um *dolo de continuação* em sentido criminológico, como alternativa para representar a mesma falha psíquica do autor na mesma situação de fato: haveria *dolo de continuação* no programa de realizar uma série mais ou menos determinável de estelionatos – não, porém, no programa de realizar o *maior número possível* de estelionatos de determinado modo; contudo, haveria *dolo de continuação* em programar o furto do maior número possível de bicicletas no estacionamento de uma fábrica, por exemplo – não, porém, no plano de furtar várias bicicletas em circunstancias *desconhecidas* de tempo, lugar, modo de execução etc. A necessidade de um dolo *geral* ou de *continuação* é determinada pela própria natureza do *crime continuado*: a relação de *continuação* só pode existir no contexto de um *programa* ou *projeto* de realizar determinadas ações típicas em condições *comuns* de tempo, lugar, modo de realização etc. A tese de que a relação de *continuação* supõe um *projeto* anterior – que é, evidentemente, representado pelo *dolo* – implica excluir a *imprudência* da área do *crime continuado*: se a relação de *continuação* supõe

veria diversas classes de argumentos: em primeiro lugar, no preceito normativo que configura o crime continuado, além das condições objetivas, por meio das quais será deduzida a continuidade criminosa, previu a lei "outras semelhantes", podendo nessas estar inserida a carga subjetiva da unidade de resolução criminosa. Em segundo lugar, cabe citar outro instituto que não indica, expressamente, no comando legal, a necessidade de qualquer coeficiente subjetivo (como o da legítima defesa), mas que, de qualquer sorte, não impede a avaliação (e a exigência), por parte da dogmática, do *animus defendi*,[956] ou seja, da vontade de defender-se (*Verteidigungswillen*).[957] Demais a mais, em ter-

---

um *projeto* anterior, então a *imprudência* é, conceitualmente, incompatível com a categoria do *crime continuado* – apesar de algumas opiniões importantes em contrário".

[956] A temática enfocada encontra-se vinculada com a questão bastante debatida dos elementos subjetivos de justificação; com efeito, vários e significativos segmentos dogmáticos destacam que, para ser possível a identificação de um fator justificante da conduta, se exige não só que a ação realizada ostente todos os condicionantes objetivos como, igualmente, que o agente se tenha pautado com consciência e vontade lícitas. Em outras palavras: "afirma-se hoje em uma parte da doutrina jurídico-penal, sobretudo na Alemanha, que o reconhecimento de uma causa de exclusão do ilícito exige, além das condições objetivas da situação descriminante, a consciência e vontade do agente no sentido da justificativa. Que deve haver um elemento subjetivo na licitude excepcional, como pode haver elementos subjetivos na ilicitude" (BRUNO, Aníbal, 2003, p. 239). No mesmo sentido, Heleno Fragoso (1976, p. 54): "desde que se admite que o juízo de antijuridicidade recai sobre a conduta típica e que esta compreende os aspectos objetivos (tipo objetivo) e subjetivos (tipo subjetivo) da ação, não há como deixar de admitir que as causas de exclusão da antijuridicidade exigem sempre o concurso de elemento subjetivo. Assim, não haverá legítima defesa sem a vontade de defender-se. É indispensável, em todos os casos, vontade e consciência dos pressupostos da justificação. Em sentido contrário manifesta-se a doutrina, entre nós, com raras discrepâncias. A opinião comum é a de que a antijuridicidade é característica puramente objetiva (no sentido de que abstrai os aspectos subjetivos do comportamento) e que se exclui pela simples verificação objetiva das causas de exclusão, independentemente da vontade e consciência do agente. Nada impede, no entanto, que se interprete a lei no sentido do entendimento que sustentamos. Ao contrário, as fórmulas legislativas que nosso CP adota o favorece". Existem, por outro lado, autores que ainda negam a necessidade de um dado subjetivo a presidir a ação defensiva. Nesse passo, Celso Delmanto e outros (p. 176): "para a doutrina finalista, inspiradora da reforma de 1984, a legítima defesa não prescinde da vontade de defender-se. Todavia, ao contrário do que se dá no art. 24, esse requisito subjetivo não vem expresso nas demais descriminantes. Assim, parece-nos que o *princípio da legalidade* impede a rejeição da descriminante, a pretexto da falta de um elemento subjetivo não pedido, expressamente, pela lei". Semelhantemente, Alberto Rufino Rosa Rodrigues de Sousa (1979, p. 74-5) aduz: "estipular, como princípio geral, aplicável a todas as hipóteses de justificação, a presença dos correspondentes elementos subjetivos, significaria, em termos práticos, alargar os limites da ilicitude penal. Ações que a um critério estritamente objetivo apareceriam como lícitas, poderiam conservar seu caráter contrário ao direito se – à constatação de presença, nelas, dos requisitos exteriores de uma justificativa – fosse associado, como preconiza a orientação subjetiva, o exame relativo à atitude interna do autor diante do fato praticado. Se não se apercebeu este de que concorriam, no seu agir, circunstâncias que o tornavam ajustado ao Direito; se, consequentemente, não procedeu com vontade harmonizada com os intentos e fins do ordenamento, a ação será ilícita, embora, objetivamente, haja promovido a consecução de um resultado valioso. Ora, tal ampliação da esfera do crime não se poderá simplesmente fundar nem na aplicação, a casos não expressamente previstos, daqueles paradigmas da lei, onde, de modo explícito, o reconhecimento de uma justificativa esteja posto na dependência de que concorram determinadas condições subjetivas (analogia incriminadora), nem por dedução conceitualística, obtida a partir de determinadas ideias basilares (v.g., estrutura final da ação; dolo como coeficiente subjetivo do tipo etc.), como quer o sistema finalista. Vedam tais procedimentos os inabaláveis postulados do *nullum crimen* e do *in dubio pro reo*. Só a análise de cada uma das justificativas, detidamente considerados os termos com que as define a lei e o exame adequado da razão de ser da relevância delas, permitirá concluir pela exigência ou não da presença de um propósito correspondente aos requisitos externos".

[957] Alicia Gil Gil (2006, p. 18) assinala que, no presente, "la discusión fundamental se centra en si el elemento subjetivo de justificación es el mismo para todas las causas de justificación y consistente en la conciencia –y según la concepción de dolo que se maneje, también la voluntad– de que concurren los

ceiro lugar, a nova Parte Geral do Código Penal, no parágrafo único do artigo 71, teria feito aberta concessão, na disciplina do delito continuado, à consideração de elementos subjetivos – "a culpabilidade, os antecedentes, a conduta social e a personalidade do agente, bem como aos motivos" –, permitindo-se afirmar que a lei passou a demandar, para o reconhecimento do instituto benéfico, também um coeficiente de índole subjetiva.[958] (Além disso, ainda se poderia agregar a adoção, pela Parte Geral do Código Penal, do sistema finalista como paradigma.)[959]

Todavia, em tema exegético bussolado pelo (princípio do) *favor rei*, cumpre, sempre, extrair a carga de maior indulgência para o condenado, com o que a melhor e mais apurada construção técnica deve ceder em face dos objetivos traçados para a sedimentação da categoria do delito continuado. Segue-se imediatamente daí que a imposição – à luz do moderno direito penal da culpa e, também, da doutrina finalista da ação – de um comando unificante subjetivo se apresentaria adequada à estratificação do instituto jurídico do crime continuado; entretanto, esse requisito (de ordem subjetiva) apenas iria dificultar a unificação das diferentes reprimendas, admitido que aportaria um dado de incerteza (e, sobretudo, de dificílima configurabilidade) na identificação dos elementos perfectibilizadores do benefício legal.[960]

---

elementos objetivos, o si a este elemento común puede añadirse en algunas causas de justificación otro elemento adicional, que no sería ya el paralelo del dolo sino de los elementos subjetivos de lo injusto distintos de aquél".

958 Sobre esse último aspecto, deve consignar-se que se não trata, a bem da verdade, de elementos utilizáveis para o reconhecimento ou não do instituto, mas, sim, para, "não obstante objetivamente reconhecida, a continuidade dos fatos, autorizar o juiz a dar-lhes tratamento penal mais rigoroso, quando se cuide de 'crimes dolosos contra vítimas diferentes, cometidos com violência ou grave ameaça à pessoa'. Essa, a solução, juridicamente incensurável, que a decisão impugnada poderia ter dado à espécie, para atender às circunstâncias pessoais a que emprestou relevo: não, porém, a de fundar--se nelas para negar a existência da continuidade, não obstante a concorrência, que declarou, dos elementos objetivos que legalmente a caracterizam" (STF, *HC* 68.661-3, Rel. Min. Sepúlveda Pertence, 1991).

959 Para Juarez Cirino dos Santos (2011, p. 230-1), "a estrutura das ações típicas *continuadas* – como, aliás, a estrutura de qualquer ação típica, inclusive das ações típicas em concorrência *material* e *formal* – é constituída de elementos objetivos e subjetivos, cujo exame é *necessário* para determinar não só a existência de *crimes da mesma espécie*, mas também para verificar a existência da relação de *continuação* da ação típica anterior *através* das ações típicas posteriores. Em conclusão: o novo *modelo* de fato punível e, portanto, o novo paradigma *objetivo-subjetivo* de construção e de interpretação da lei penal, requer uma nova *leitura* dos critérios legais, capaz de integrar as dimensões objetiva e subjetiva do fato punível no conceito de *fato punível continuado* – independente da opinião do Legislador, em interpretação *paralela* obviamente equivocada, sobre ausência de *maiores inconvenientes* da teoria objetiva do crime continuado".

960 Nas palavras de Miguel Reale Júnior (2004b, p. 241-3), "com o crescimento da criminalidade violenta, em especial os crimes de roubo, roubo à mão armada e latrocínio, medidas legislativas foram adotadas, seja com a possibilidade de aumento da pena em até o triplo, na hipótese de continuação delituosa nos delitos praticados mediante violência ou grave ameaça, bem como com a edição da lei dos crimes hediondos. De outra parte, a jurisprudência revestiu-se de extremo rigor, de que se pode dar exemplo na adoção da analogia ao assemelhar a arma de brinquedo com arma na caracterização do roubo à mão armada; com a exigência da prova da unidade de desígnio para reconhecimento da continuidade delituosa, prova impossível, o que torna inaplicável o benefício do crime continuado". E, em nota de rodapé (p. 243), prossegue o autor: "com referência à exigência de unidade de desígnio considerei que a situação de crescente criminalidade violenta, caracterizada pela reiteração de roubos à mão armada conduz a que se tenha maior rigor, atendendo-se, neste passo, a uma diretriz de política criminal. Não se justifica, todavia, exigir unidade de desígnio, pois o legislador criou a possibilidade do aumento da pena de acordo com o art. 71 par. ún., sendo certo que não é passível de prova a denominada unidade de desígnio, exigida como forma para se inaplicar a continuação delituosa". Sobre o tema, aponta Carlos Pérez del Valle (1999, p. 21-2): "por lo general, la prueba de la concurrencia en un delito de los elementos subjetivos necesarios para imponer una sanción

A regra básica do crime continuado visa a impedir a aplicação do cúmulo material sancionatório, ofertando, portanto, a sua quota contributiva à formação de um sistema penal mais humanística e racionalmente concebido. Ora, quando estiver em jogo a liberdade dos seres humanos, as doutrinas, as grandes construções técnicas, e as filosofias jurídico-criminais devem permanecer em segundo plano, e se devem elasticizar as interpretações e concepções que se mostram mais consentâneas e favoráveis ao criminoso. (Esse processo de interpretação da lei que tenta extrair a carga máxima de benefício ao réu também, é claro, pode ser utilizado [às avessas] com o objetivo de prejudicá-lo, a partir de uma visão menos liberal do direito. Ora, isso é a utilização do mesmo processo que se está a defender, apenas em campos opostos.) Já se teve oportunidade de referir que a jurisprudência sobre o tema sói ser extremamente vacilante, cambiante, sofrendo a influência de diferentes visões criminológicas que se embatem em nosso meio jurídico. Devem cerrar-se, pois, fileiras ao lado dos que lutam por um direito penal liberalizante, cuja preocupação fundamental seja a da garantia do cidadão contra o punitivismo irracional, muito em voga em certas modernas tendências político-criminais antigarantistas.

Em suma, é evidente que a essa compreensão do delito continuado (multiplicidade de ações típicas homogêneas, que se traduzem em unicidade criminal, sem qualquer necessidade de um comando subjetivo unificador) se ajunta, obviamente, a própria natureza jurídica da figura, cuja criação se deve, no plano legislativo, ao princípio do *favor rei*. Desse modo, cabe também sustentar que a exigência dessa carga subjetiva (não contida, expressamente, na lei penal) é, sob todos os títulos, inaceitável, por afronta direta ao princípio da reserva legal, porquanto se colocaria um dado subjetivo – não previsto em lei, repita-se – como *conditio sine qua non* para o apenado receber o benefício legal de um tratamento punitivo menos rigoroso. E nunca se torna demasiado lembrar que se trata, o crime continuado, uma vez presentes seus requisitos, de direito público subjetivo do acusado, por se traduzir, em termos punitivos, em hipótese sensivelmente mais branda. Em rigor de sistemática, dever-se-ia exigir, *ab origine*, [ao menos] a paridade absoluta com o tratamento do concurso formal imperfeito, dado que – nessa espécie punível – se encontra estatuída, consagrada e expressamente, a referência aos "desígnios autônomos" (artigo 70, *caput*, *in fine*, do Código Penal), os quais, presentes, autorizam o agravamento sancionatório, fazendo incidir o sistema do cúmulo material. Ora, a exigência – sequer implícita e, por óbvio, sem apoio legal – ao aspecto subjetivo para a configuração do delito continuado contrasta, sob todos os aspectos, com a construção racional e garantista do sistema punitivo.

Essas considerações constituem os alicerces sobre os quais se propõe a edificação conceitual do crime continuado, isto é, muito além da resolução estritamente dogmática do instituto, sustenta-se que toda a sua construção teórica se deve inspirar, de modo

penal se desenvuelve en la jurisprudencia en un ámbito necesariamente vinculado a la prueba indiciaria. El objeto de la convicción del tribunal es, en estos casos, un aspecto que parece reservado al individuo en el que se produce, de modo que para su averiguación o para su confirmación –en el caso de que el acusado lo confesara explícitamente– se requiere una inferencia a partir de datos exteriores. Sobre estas consideraciones, es indudable que la particularidad de dicha prueba ha de corresponderse con unas reglas específicas de razonamiento, a las que repetidamente ha aludido la jurisprudencia del Tribunal Supremo, y que incluso pueden ser diferentes según el tipo de elemento que se pone en cuestión en el caso concreto. No se trata, sin embargo, de establecer normas generales de valoración, a lo que se presta mal la inabarcable variedad de los indicios, sino de señalar reglas lógicas que se refieren a la prueba de los mismos, en tanto puedan estar vinculados a la existencia de un error".

pragmático, pela perspectiva político-criminal democrática, na medida em que uma resolução abstrata de uma questão jurídica de nada valeria se não se apresentasse aceitável do ponto de vista da Política Criminal;[961] evidentemente, essas indicações, acima sumariadas, implicam a necessidade de evitar abordagens técnico-jurídicas dissociadas das garantias dos acusados (não nos esqueçamos, aliás, de que o ativismo judicial se tem fortalecido, alimentado, é claro, por desejos sinceros de incremento da *défense sociale*), muito particularmente as que se encontram em nossa Constituição.

5.3. DOS CRIMES DA MESMA ESPÉCIE

Outro dado condicionante do reconhecimento da continuidade delitiva é a produção de tipicidades homogêneas, ou seja, os diferentes tipos penais realizados pelo agente devem corresponder a crimes de mesma espécie. Difícil se apresenta a conceituação desse aspecto.[962] Está-se, e nisso não há qualquer dúvida, em terreno atinente à exegese, no qual tem curso toda sorte de interpretações.

Odin do Brasil Americano informa que existem quatro teorias conceituadoras da identidade específica delituosa, quais sejam: (i.) a teoria do objeto jurídico; (ii.) a teoria do título do crime; (iii.) a teoria de Marsico; e (iv.) a teoria de Manzini.

De acordo com a primeira (teoria do objeto jurídico), seriam delitos da mesma espécie todos aqueles que ofendessem o mesmo interesse jurídico (objeto tutelado pela lei penal). Conforme à segunda concepção (teoria do título do crime), crimes da mesma espécie significariam crimes do mesmo título. E constituiria o título de um crime "a posição e o tipo que tem o delito na lei definidora, a abranger a objetividade jurídica específica da incriminação, as circunstâncias qualitativas que integram a espécie e a

---

[961] Para Claus Roxin (2002, p. 36-7), "(...) si las cuestiones político-criminales no pueden ni deben penetrar en ella, la deducción exacta del sistema puede garantizar ciertamente resultados inequívocos y uniformes, pero no materialmente justos. ¿Para qué sirve la solución de un problema jurídico que, a pesar de su hermosa claridad y uniformidad, es desde el punto de vista político-criminal erróneo? ¿Debe ser preferible realmente a una decisión satisfactoria del caso concreto, que no es integrable en el sistema? Es evidente que debe responderse negativamente a esta cuestión y que hay que admitir las quiebras, motivadas político-criminalmente, de la regla estricta. Pero, de este modo, se relativiza naturalmente todavía más la significación de los conceptos sistemáticos generales y de las abstracciones dogmáticas". Tendencialmente, a Política Criminal tem, pouco a pouco, assumido uma posição de domínio em face da dogmática criminal, como observa Jorge de Figueiredo Dias (2001, p. 23), na medida em que "as categorias e os conceitos básicos da dogmática jurídico-penal devem agora ser não simplesmente 'penetrados' ou 'influenciados' por considerações político-criminais: eles devem ser *determinados* e *cunhados* a partir de proposições político-criminais e da função que por estas lhes é assinalada no sistema. Quando, para dar um só exemplo, a dogmática jurídico-penal estuda os conceitos integrantes da noção de infracção penal – a acção, a tipicidade, a ilicitude, a culpa, a punibilidade –, não os deve ela tomar em si e por si mesmos, ou os fazer derivar, como todavia é ainda de uso ou pelo menos frequente, de considerações lógicas, filosóficas ou mesmo metafísicas. Ela deve sim construí-los como unidades funcionalizadas à consecução dos propósitos, das finalidades, do *thelos* político-criminal que o sistema jurídico-penal lhes assinala". A bem da verdade, a Política Criminal – mais que nunca – se apresenta inserta em todo o sistema (de direito) penal, tanto o nacional como o internacional, orientando a construção de estratégias e programas político-criminais de contenção do fenômeno criminal contemporâneo.

[962] Assim, Jair Leonardo Lopes (2005, p. 224), quando afirma que "o conceito de 'crimes da mesma espécie' é bastante controvertido, quer na doutrina, quer na jurisprudência". Segundo Odin do Brasil Americano (1956, p. 51), "o conceito de identidade de delitos é um tanto fluido e o assunto não tem sido tratado com a clareza desejável".

sanção".[963] De acordo com a terceira teoria (teoria de Marsico), crimes da mesma espécie "devem considerar-se constituindo uma única disposição de lei os vários artigos concernentes às violações de um mesmo bem ou interesse, com identidade dos elementos essenciais e psíquicos, ainda que, se por circunstâncias diversas ou por variado grau de atuação do evento, ocorra diversificação".[964] Por fim, a quarta concepção (teoria de Manzini) entende que "a homogeneidade dos crimes é dada pela identidade das normas incriminadoras principais, a compreender todas as normas gerais ou especiais que, a respeito das primeiras, são complementares ou integrantes, de modo que não seja possível a violação das últimas sem as primeiras".[965]

Segundo se percebe, existem, moderna e basicamente, duas grandes linhas de compreensão desse elemento: (i.) uma orientação mais liberal; e (ii.) uma mais conservadora; pode afirmar-se, ainda, que a primeira tem maior prestígio doutrinário, e a segunda, jurisprudencial.

A primeira, de índole menos repressiva, convive com a interpretação de que os crimes da mesma espécie seriam tanto aqueles que estão previstos no mesmo artigo da lei penal, como também aqueles que, lesando o mesmo bem jurídico, apresentam caracteres objetivos e subjetivos comuns. Registra-se a opinião de Fernando de Almeida Pedroso, para quem: "crimes da mesma espécie, sem embargo de julgados e manifestações doutrinárias em contrário, não são somente os que se abrigam sob o mesmo dispositivo legal violado, *id est*, os que afrontam um mesmo tipo legal delitivo. Quisesse a lei restringir a continuidade apenas a esta situação, empregaria a locução crimes *idênticos*, no lugar de crimes da *mesma espécie*, e não faria alusão à possível *heterogeneidade* ao determinar que, *não sendo iguais ou idênticas* as sanções, se aplique a mais grave com a exasperação cabível (artigo 71 do Código Penal)".[966] Sem discrepar desse entendimento, esclarece Paulo José da Costa Júnior: "A expressão do Código 'crimes da mesma espécie' corresponde à locução *stessa disposizione di legge* (mesma disposição de lei) do Código peninsular. (...). Por crimes da mesma espécie deverão ser entendidos não só aqueles previstos no mesmo dispositivo, como o conjunto de preceitos concernentes à lesão do mesmo bem jurídico. Assim, poder-se-á verificar a continuidade criminosa entre crimes da mesma espécie, em sua forma simples e qualificada; entre formas qualificadas diversas; entre a modalidade consumada e tentada, ainda que se tratem de infrações simples e qualificadas; na autoria simples e na co-autoria; entre crimes culposos; ou entre crimes culposos e dolosos".[967]

No mesmo sentido, fornecendo, no entanto, argumento novo, acentua Ney Moura Teles: "são crimes da mesma espécie aqueles cujos tipos tiverem o mesmo objeto jurídico. A ideia de espécie pressupõe a existência de gênero. Não se pode falar em gênero de furto, do qual seriam espécies o furto simples e o qualificado, mas em gênero de crimes contra o patrimônio, do qual são espécies o furto, simples e qualificado, o roubo, próprio e impróprio, a extorsão, o estelionato, a receptação, dolosa e culposa etc.".[968] E, no desenvolvimento de seu raciocínio, exemplifica o mesmo autor: "poderá haver

[963] AMERICANO, Odin do Brasil, 1956, p. 59.
[964] AMERICANO, Odin do Brasil, 1956, p. 60.
[965] AMERICANO, Odin do Brasil, 1956, p. 60.
[966] PEDROSO, Fernando de Almeida, p. 580.
[967] COSTA JÚNIOR, Paulo José da, 2007, p. 235-6.
[968] TELES, Ney Moura, 2004, p. 444.

continuidade entre quaisquer crimes contra o patrimônio, ou entre mais de um dos crimes contra a pessoa, ou entre os vários crimes contra a administração pública, enfim, poderá haver continuação entre todos os crimes que tiverem como objeto o mesmo bem jurídico, desde que os demais pressupostos sejam realizados. Logo, será possível continuidade entre estupro e atentado violento ao pudor, ou entre roubo e estelionato".[969]

Em síntese, como reforça Juarez Cirino dos Santos, ao analisar a regra perfectibilizadora da continuidade delitiva: "o critério permissivo da *unificação* das várias ações típicas continuadas em *um só tipo continuado* é o seguinte: a) as várias ações típicas devem realizar *tipos iguais* (tentados ou consumados, normais ou qualificados); b) as várias ações típicas devem realizar tipos *semelhantes* (injúria/difamação; furto/apropriação indébita/roubo, etc.), infringentes do *mesmo bem jurídico*, ainda que a norma contenha vários objetos de proteção".[970] Apesar de esse entendimento, como se disse, ser predominante no plano doutrinário, no sentido de ampliar o conceito do que se compreende por delitos da mesma espécie, é certo, de outro lado, que grande parte da jurisprudência não se mostra a ele receptiva, ao encampar orientação mais cerrada segundo a qual se deve considerar crime da mesma espécie "a violação do mesmo artigo da lei penal. É necessária a identidade do conteúdo específico de cada crime, ou, como dizem os autores alemães, a *Einheit des Tatbestands* (...)",[971] vale dizer, "se faz mister é que seja idêntico o *tipo fundamental* (*Grundtatbestand*) ou que seja violada, (...), a 'norma incriminadora principal'".[972] No tocante às modalidades típicas semelhantes, essa orientação jurisprudencial – notadamente em nossos tribunais superiores – apresenta-se como hostil à existência da continuidade delitiva, de modo fundamental em se cuidando do concurso entre crimes de roubo e furto[973] (especificamente: roubo majorado e furto qualificado,[974] roubo duplamente majorado [artigo 157, parágrafo 2º, incisos I e II, do Código Penal] e furto simples,[975] roubo majorado e furto simples[976] e roubo tentado e furto consumado);[977] latrocínio e roubo,[978] [979] roubo majorado e latrocínio (tentado),[980]

---

969 TELES, Ney Moura, p. 444.

970 SANTOS, Juarez Cirino dos, 1985, p. 141. Complementa Odin do Brasil Americano (1956, p. 55) que "os crimes da mesma natureza se identificam por seus caracteres fundamentais comuns ou pela natureza dos fatos que os constituem (elementos objetivos) ou pelos motivos determinantes (elemento subjetivo). (...) Basta o exame sucinto da questão para concluir-se que as fórmulas, crimes da mesma natureza e crimes da mesma espécie, não se confundem nem se sinonimizam".

971 HUNGRIA, Nélson, 1958, p. 172.

972 HUNGRIA, Nélson, 1958, p. 172.

973 TJMG, AC 1002415203210-8/001, Relª. Desª. Beatriz Pinheiro Caires, 2ª CC, j. 21.7.16; STJ, *HC* 214157/RS, 5ª T., Relª. Minª. Laurita Vaz, j. 17.10.13; STJ, *HC* 162672, Relª. Minª. Maria Thereza Moura, 6ª T., j. 28.5.13; STJ, RESP 1208110/MG, Rel. Min. Gilson Dipp, 5ª T., j. 17.4.12; STJ, *HC* 224395/MG, Rel. Min. Marco Aurélio Bellizze, 5ª T., j. 15.12.11; STJ, *HC* 117.037/DF, 6ª T., Relª. Minª. Maria Thereza Moura j. 3.3.11; STF, *HC* 96984/RS, 2ª T., Rel. Min. Ayres Britto, j. 5.10.10; e TJRS, ACR 70056015928, Relª. Desª. Bernadete Friedrich, 6ª CC, j. 5.9.13.

974 TJMG, AC 1.0261.15.001586-3/001, 2ª CC, Rel. Des. Catta Preta, j. 6.7.17.

975 TJPR, AC 1651537-4, 4ª CC, Rel. Des. Celso Jair Mainardi, j. 6.7.17.

976 TJMG, AC 1.0702.16.018883-6/001, 5ª CC, Rel. Des. Eduardo Machado, j. 12.7.17.

977 ACR 603.203/5, 2ª C., TACSP, Rel. Haroldo Luz.

978 TJMG, ACR 1.0024.15.185420-5/001, 7ª CC, Rel. Des. Paulo Calmon Nogueira da Gama, j. 2.8.17; TJDFT, 20160110685032APR, 3ª T., Rel. Waldir Leôncio Lopes Júnior, j. 8.6.17; STJ, *HC* 240.630, Relª. Minª. Laurita Vaz, j. 4.2.14; e STJ, *HC* 223711, Relª. Minª. Marilza Maynard, 5ª T., j. 23.4.13. Em sentido contrário: TJSP, RA j. 16.4.90, Rel. Ferreira Leite, RJTJSP 126/509. Doutrinariamente, sustentando a compatibilidade – à luz do nexo de continuação – entre os delitos de roubo e latrocínio, SALVADOR NETTO, Alamiro Velludo, 2014, p. 1760-1.

roubo qualificado e latrocínio,[981] roubo e extorsão,[982] roubo majorado e extorsão;[983] roubo e extorsão mediante sequestro,[984] roubo duplamente majorado e extorsão mediante sequestro,[985] roubo triplamente majorado e extorsão mediante restrição da liberdade da vítima,[986] roubo e corrupção de menor,[987] roubo majorado e corrupção de menor,[988] roubo e estupro[989] e, ainda, roubo e formação de quadrilha; peculato e falso[990] e peculato e

---

[979] Com entendimento intermediário, Guilherme de Souza Nucci (2017, p. 851) sustenta: "a tendência majoritária da jurisprudência sempre foi no sentido de negar a possibilidade de continuidade delitiva entre ambos, em especial, sustentando serem delitos de espécies diferenciadas. Pensamos que o meio-termo é o caminho adequado para refletir sobre tal hipótese. Em primeiro lugar, roubo e latrocínio (roubo seguido de morte) são da mesma espécie, pois previstos no mesmo tipo penal (art. 157, CP, pouco importando se no *caput* ou em qualquer parágrafo). Porém, o fator elementar a ser discutido, em nosso ponto de vista, é o meio da execução. Caso haja um primeiro roubo (dolo) e, posteriormente, um roubo (dolo), seguido de morte da vítima (dolo), pensamos ser inviável a continuidade delitiva. Os meios de execução foram propositadamente diversos. Na primeira situação, o agente somente se voltou contra o patrimônio da vítima; na segunda, dolosamente, atingiu dois bens jurídicos diversos (patrimônio e vida). Entretanto, se houver um primeiro roubo (dolo) para, depois, acontecer outro (dolo), com resultado morte da vítima, decorrente de culpa (resultado mais grave involuntário, pois), parece-nos razoável aplicar o crime continuado, desde que as demais condições do art. 71 do CP estejam presentes. Consulte-se: TJSP: 'roubo consumado e latrocínio. Ocorrência. Delitos da mesma natureza, definidos no mesmo artigo do CP, que se distinguem por um só aspecto, o resultado morte. Entendimento de que o objetivo dos apelantes era o de apoderarem-se dos automóveis, e o fizeram de forma igual, sempre os dois, com a mesma arma, procurando sempre um veículo (...), no mesmo espaço territorial, separados por lapso temporal muito curto, havendo no segundo evento, desvio na execução do crime (o que só circunstancialmente não houve no primeiro), não sendo suficiente, na hipótese, para desqualificar a continuidade. Recurso parcialmente promovido' (ACR 995.612-3/6-SP, 12ª C, Rel. Eduardo Pereira, 28.03.2007, v. u.)".

[980] TJRS, ACR 70074159732, 6ª CC, Rel. Des. Aymoré Roque Pottes de Mello, j. 30.8.17; TJDFT, ACR 20150910243324, 3ª TC, Rel. Des. Nilsoni de Freitas Custodio, j. 3.8.17; e TJRJ, AC 1664708-93.2011.8.19.0004, 4ª CC, Relª. Desª. Gizelda Leitão Teixeira, j. 1.8.17.

[981] STF, R*HC* 91552/RJ, 2ª T., Rel. Min. Cezar Peluso, j. 9.3.10.

[982] TJDFT, ACR 20160310138124, 2ª TC, Rel. Des. Roberval Casemiro Belinati, j. 24.8.17; TJPR, AC 1656548-7, 4ª CC, Rel. Des. Fernando Wolff Bodziak, j. 20.7.17; STJ, *HC* 77467, Rel. Min. Nefi Cordeiro, 6ª T., j. 2.10.14; STJ, *HC* 222128/MS, 6ª T., Relª. Minª. Maria Thereza Moura, j. 8.10.13; STJ, *HC* 207875/RJ, Relª. Minª. Laurita Vaz, 5ª T., j. 25.6.13; STJ, *HC* 134960/SP, Relª. Minª. Maria Thereza Moura, 6ª T., j. 18.9.12; STJ, *HC* 162.862/SP, Relª. Minª. Laurita Vaz, 5ª T., j. 8.5.12; e STF, *HC* 102577/SP, 2ª T., Rel. Min. Ayres Britto, j. 31.8.10. Em sentido contrário: TJRJ, ACR 00018961420088190028, Relª. Desª. Denise Paes, 5ª CC, j. 15.8.13; STJ, RESP 1031683/SP, Relª. Minª. Jane Silva, 6ª T., j. 6.11.08; e STJ, *HC* 145.253/RJ, Relª. Minª. Laurita Vaz, 5ª T., j. 28.2.12.

[983] TJSP, AC 0088879-71.2016.8.26.0050, 9ª CC, Rel. Des. Sérgio Coelho, j. 27.7.17. Em sentido contrário: TJSP, AC 0060128-45.2014.8.26.0050, 5ª CC, Rel. Des. Juvenal Duarte, j. 3.8.17.

[984] STF, *HC* 112081/SP, Rel. Min. Joaquim Barbosa, 1ª T., j. 7.2.12; STJ, *HC* 71696/PR, Rel. Min. Og Fernandes, 6ª T., j. 13.3.12; TJSP, RVC 0259175-29.2009.8.26.0000, 1º GDC, Rel. Des. Marco Nahaum, j. 21.3.11; TJSP, ACR 990092386964, 5ª CC, Rel. Des. Sérgio Rui, j. 2.12.10; e TRF3, RVC 200503000367997, Rel. Des. Cotrim Guimarães, 1ª Seção, j. 3.9.09.

[985] TJSP, RC 0003287-83.2014.8.26.0000, 4ª GC, Rel. Des. Otavio Rocha, j. 6.7.17.

[986] TJSP, RC 0048582-12.2015.8.26.0000, 8ª GC, Rel. Des. Leme Garcia, j. 27.7.17.

[987] TJMG, ACR 1.0079.16.009546-3/001, 6ª CC, Rel. Des. Furtado de Mendonça, j. 11.7.17.

[988] TJSP, ACR 0006624-52.2014.8.26.0462, 5ª CC, Rel. Des. Tristão Ribeiro, j. 27.7.17.

[989] TJDFT, ACR 20151010058742, 3ª TC, Rel. Des. Nilsoni de Freitas Custodio, j. 3.8.17 (nesta decisão ficou consignado, além disso, a impossibilidade de afirmação do concurso formal entre os crimes de roubo e estupro, muito embora tenham sido praticados os delitos em uma mesma empreitada delitiva, dado que se trata de delitos de espécies diferentes, praticados mediante ações distintas e com desígnios autônomos, devendo incidir, portanto, a regra do concurso material, por meio da qual as penas apuradas são somadas [art. 69 do CP]).

[990] STJ, *HC* 53566/RJ, Rel. Gilson Dipp, 5ª T., j. 14.3.06; e TJMG, ACR 16.794, Rel. Aníbal Pacheco.

prevaricação;[991] furto e estupro,[992] furto e lesão corporal[993] e furto e receptação;[994] lesão corporal e ameaça[995] e lesão corporal e ameaça no contexto de violência doméstica;[996] receptação e adulteração,[997] estelionato e apropriação indébita,[998] apropriação indébita previdenciária e sonegação fiscal,[999] desacato e resistência,[1000] descaminho e importação clandestina de medicamentos;[1001] posse irregular de arma de fogo de uso permitido e posse ilegal de munição de uso restrito (artigos 12 e 16 da Lei 10.826/2003).[1002] (Contrariamente, tem sido admitido o reconhecimento de crime continuado entre delitos de apropriação indébita previdenciária e de sonegação de contribuição previdência, à base da teoria objetiva,[1003] como também entre os delitos de lesão corporal e ameaça, em razão de constarem do mesmo título do Código Penal.)[1004]

Na legislação especial, não se tem reconhecida a continuidade delitiva entre os delitos de tráfico e de associação para o tráfico de drogas;[1005] por outro lado, tem sido admitida entre processos que envolvam ambos os crimes.

Quanto aos delitos de estupro e de atentado violento ao pudor (os quais foram aglutinados em um único tipo penal), cristalizou-se, a partir da entrada em vigor da Lei 12.015/09,[1006] a noção da configurabilidade do crime continuado entre esses tipos,[1007] apesar de ter, à época, havido certa resistência a essa nova orientação;[1008] além disso,

---

[991] TJRJ, ACR 836, Rel. Oduvaldo Abritta. j. 20.6.77.

[992] TJRS, EIN 70020203287, 3º GCC, Rel. Des. Aymoré Mello, j. 17.8.07.

[993] TJRS, ACR 70063466023, Relª. Desª. Isabel Lucas, 8ª CC, j. 27.1.16.

[994] STJ, RESP 319839/SP, 5ª T., Rel. Min. Arnaldo da Fonseca, j. 17.12.02.

[995] TJPR, ACR 1613211-1, 1ª CC, Rel. Naor R. de Macedo Neto, j. 8.6.17.

[996] TJDFT, ACR 20150410118214, 3ª TC, Rel. Des. Demetrius Gomes Cavalcanti, j. 20.7.17.

[997] STJ, RESP 899003/SP, 5ª T., Rel. Min. Gilson Dipp, j. 9.5.07.

[998] STJ, RESP 932796/RS, 5ª T., Rel. Min. Félix Fischer, j. 7.11.07.

[999] TRF4, EXP 7100RS 50146994520134047100, Rel. Des. Luiz Fernando Penteado, 8ª T., j. 24.4.13.

[1000] TJPR, ACR 4729848, 2ª CC, Relª. Lilian Romero, j. 11.9.08.

[1001] TRF4, AGE 5002877-42.2016.404.7104, Rel. Des. Rodrigo Kravetz, 7ª T., j. 26.7.16.

[1002] TJSP, AC 0000025-76.2016.8.26.0608, 4ª CC, Rel. Luis Soares de Mello, j. 13.6.17.

[1003] TRF-3, ACR 6270, Rel. Des. Cotrim Guimarães, 2ª T., j. 25.11.14; e TRF-4, ACR 1736120094047016 Rel. Des. Sebastião Muniz, 7ª T., j. 4.11.14.

[1004] TJMG, ACR 10223120143605001, Rel. Des. Doorgal Andrada, 4ª CC, j. 12.6.13.

[1005] TRF2, ACR 201151018088085, Rel. Marcelo da Silva, 2ª T., Esp., j. 23.11.12; e STJ, *HC* 83739, Rel. Min. Jorge Mussi, 5ª T., j. 18.6.09.

[1006] Obviamente que, "aglutinando aqueles dois crimes em um único dispositivo, certamente se terá como repercussão prática a mudança do entendimento quase pacífico no âmbito dos Tribunais Superiores, não reconhecendo a existência de crime continuado entre o antigo estupro e o atentado violento ao pudor, afora as hipóteses de *praeludia coiti*, sob o argumento de que não seriam crimes da mesma espécie, ainda que praticados nas mesmas condições de tempo, lugar e maneira de execução. Afinal, doravante, o óbice intransponível apontando por esta corrente – tratar-se de crimes antevistos em tipos diferentes – deixou de existir, pois as duas condutas, antes autônomas, estão agora tratadas na mesma figura penal" (PUPO, Matheus Silveira, 2009, p. 13).

[1007] STF, *HC* 108181/RS, 1ª T., Rel. Min. Luiz Fux, j. 21.8.12; STF, *HC* 114921/GO, Rel. Min. Celso de Mello, j. 4.9.12; e STJ, *HC* 239778/SP, 6ª T., Rel. Min. Og Fernandes, j. 11.9.12.

[1008] Roberval Ferreira Filho (2011, p. 320) comenta decisão do STJ: "trata-se, entre outras questões, de saber se, com o advento da Lei 12.015/09, há continuidade delitiva entre os atos previstos antes separadamente nos tipos de estupro (art. 213 do CP) e atentado violento ao pudor (art. 214 do mesmo *Codex*), agora reunidos em uma única figura típica (arts. 231 e 217-A daquele código). Assim, entendeu o min. rel. que primeiramente se deveria distinguir a natureza do novo tipo penal, se ele seria um tipo misto alternativo ou um tipo misto cumulativo. Asseverou que, na espécie, estaria caracterizado um tipo misto cumulativo

a prática de conjunção carnal e ato libidinoso diverso pode traduzir-se em unicidade delitiva – na hipótese de a vítima e o contexto fático serem os mesmos – ou em crime continuado – se houver reprodutividade da ação punível.[1009]

Nessa mesma linha de concepção, em se tratando do concurso entre os delitos de rapto e estupro,[1010] ou rapto e atentado violento ao pudor, era impositiva a aplicação[1011] do concurso material, frente ao que disciplina o Código Penal, pois "o rapto em nenhuma hipótese pode ser absorvido pelo delito sexual que venha a ser praticado com a vítima após a sua consumação. A efetiva prática deste implica sempre em concurso material com aquele, nos exatos termos do artigo 222 do Código Penal".[1012] A propósito, convém o registro de que – a exemplo da hipótese anteriormente indicada – se apresentam, no Código Penal, alguns crimes em relação aos quais, de modo expresso, o legislador estatuiu que a violência empregada pelo sujeito ativo a fim de concretizar o delito não pode ser absorvida (à luz do princípio da consunção), porquanto, em virtude da descrição normativa encampada, se percebe a imposição da regra do concurso material, ainda que, no contexto fático-real, se tenha desenvolvido uma única ação criminosa.[1013]

---

quanto aos atos de penetração, ou seja, dois tipos legais estão contidos em uma única descrição típica. Logo, constranger alguém à conjunção carnal não será o mesmo que constranger à prática de outro ato libidinoso de penetração (sexo oral ou anal, por exemplo). Seria inadmissível reconhecer a fungibilidade (característica dos tipos mistos alternativos) entre diversas formas de penetração. A fungibilidade poderá ocorrer entre os demais atos libidinosos que não a penetração, a depender do caso concreto. Afirmou ainda que, conforme a nova redação do tipo, o agente poderá praticar a conjunção carnal ou outros atos libidinosos. Dessa forma, se praticar, por mais de uma vez, cópula vaginal, a depender do preenchimento dos requisitos do art. 71 ou do art. 71, § único, do CP, poderá, eventualmente, configurar-se continuidade. Ou então, se constranger vítima a mais de uma penetração (por exemplo, sexo anal duas vezes), de igual modo, poderá ser beneficiado com a pena do crime continuado. Contudo, se pratica uma penetração vaginal e outra anal, nesse caso, jamais será possível a caracterização de continuidade, assim como sucedia com o regramento anterior. É que a execução de uma forma nunca será similar à de outra, são condutas distintas. Com esse entendimento, a Turma, ao prosseguir o julgamento, por maioria, afastou a possibilidade de continuidade delitiva entre o delito de estupro em relação ao atentado violento ao pudor. *HC* 104.724, Rel. p/ac. Min. Felix Fischer, j. 22.6.10, 5ª T".

1009 STJ, RESP 1091392/SP, Rel. Min. Nefi Cordeiro, 6ª T., j. 1.3.16.

1010 Convém observar-se que o crime de rapto (em qualquer de suas modalidades) foi revogado pela Lei 11.106/05; entretanto, foram mantidas as indicações a esse crime em virtude de possível questão de direito intertemporal: STJ, CC 4675/SP, 3ª Seção, Rel. Luiz Cernicchiaro, DJU 30.8.93; e TJSC, ACR 25.488, Rel. Des. Nauro Collaço, DJ 5.11.90.

1011 Observa-se que houve mudanças tanto no que se refere ao delito de rapto (revogado pela Lei 11.106/05), quanto ao de atentado violento ao pudor, que foi unificado ao de estupro, os quais passaram a ter a descrição da conduta típica sob o mesmo artigo (Lei 12.015/09); contudo, foram preservadas as indicações em face de possível problema atinente ao direito intertemporal: STJ, RESP 41982/SP, Rel. Adhemar Maciel, 6ª T., j. 17.6.06; e TJ/RJ, 1ª CC, Rel. Décio Góes.

1012 RT, 433/379.

1013 André Estefam e Victor Gonçalves (2012, p. 570), após indicarem algumas hipóteses legais em que se adota essa regra – art. 140, § 2°; art. 146, § 2°; art. 329, § 2° –, afirmam: "a redação dos dispositivos dá a clara noção de que as penas devem ser somadas, pois dizem que uma pena será aplicada além da outra ou sem prejuízo da outra". Os mesmos autores ainda fornecem outros exemplos de adoção dessa regra: "dano qualificado pelo emprego de violência (art. 163, § único, II), atentado contra a liberdade de trabalho (art. 197), coação no curso do processo (art. 344), exercício arbitrário das próprias razões (art. 345), evasão mediante violência contra pessoa (art. 352), arrebatamento de preso (art. 353), motim de presos (art. 345) etc." Nélson Hungria (1958, p. 149), ao comentar o § 2º do art. 146 do CP, destaca: "se a ação ou omissão imposta constitui, por sua vez, crime, e não se verifique a hipótese de crime complexo (roubo, extorsão, etc.), haverá concurso material de crimes. Igualmente haverá concurso material no caso

De outro plano, não se apresenta qualquer dificuldade de ser reconhecida a figura do delito continuado nas hipóteses de vários crimes de estupro[1014] praticados contra a mesma vítima,[1015] ainda que com a própria filha,[1016] ou filhas,[1017] sobrinha-neta,[1018] ou cunhada;[1019] ou, ainda, nas de atentados violentos ao pudor (ou de estupros[1020] – em decorrência da reclassificação das condutas) praticados contra enteadas[1021] ou filhas;[1022] na mesma linha, em se tratando do delito de estupro de vulnerável[1023] (ainda que os crimes se tenham produzidos em contexto de violência doméstica);[1024] ou (vários) crimes de estupro de vulnerável praticados pelo avô,[1025] pelo pai,[1026] pelo pai contra ofendido portador de deficiência física,[1027] pelo irmão "de criação" da vítima,[1028] pelo irmão (por parte de mãe),[1029]

---

em que da violência resulte lesão corporal ou sobrevenha a morte da vítima (...). Se, para obter uma mesma e única ação ou omissão, o agente emprega reiteradamente meios coativos, não haverá crime continuado, mas essencialmente único, ou unidade natural de crime. Só se poderá identificar crime continuado, se à reiteração do emprego de meios coativos corresponderem ações ou omissões sucessivas, e desde que haja homogeneidade objetiva entre os vários fatos de constrangimento". Ainda se indica a seguinte decisão: TJSP, *RT* 765/576.

1014 TJDFT, ACR 20150110498220, Rel. Des. Silvânio Barbosa dos Santos, 2ª TC, j. 21.1.16.

1015 (Jurisprudência anterior à Lei 12.015/09.) STF, *HC* 75414/MG, 2ª T., Rel. Min. Maurício Corrêa, DJU 22.8.97; STJ, RESP 306308/RO, Relª. Minª. Laurita Vaz, 5ª T., j. 13.5.03.

1016 TJDFT, ACR 20121310024338, 3ª T., Rel. João Batista Teixeira, j. 1.6.17; TJRS, ACR 70058478280, Rel. Des. José Antônio Daltoe Cezar, 7ª CC, j. 20.3.14; e TJRS, ACR 70051859858, 5ª CC, Rel. Des. Ivan Bruxel, j. 6.11.13. (Jurisprudência anterior à Lei 12.015/09:) STJ, RESP 840, Rel. Min. William Patterson, DJ 3.9.90.

1017 STJ, *HC* 147813/SP, Relª. Laurita Vaz, 5ª T., j. 16.11.10.

1018 TJRS, ACR 70073055964, 5ª CC, Rel. João Batista Marques Tovo, j. 23.6.17.

1019 TJRS, ACR 70073269722, 8ª CC, Rel. Des. Dálvio Leite Dias Teixeira, j. 26.7.17.

1020 TJRS, ACR 70055537492, Rel. Des. Ícaro Osório, 6ª CC, j. 22.8.13.

1021 TJRS, ACR 70070161476, 6ª CC, Relª. Desª. Bernadete Coutinho Friedrich, j. 13.7.17; e TJRS, ACR 70055065742, 7ª CC, Rel. José de Souza, j. 24.10.13.

1022 TJPR, ACR 1584478-9, 3ª CC, Rel. Des. Gamaliel Seme Scaff, j. 20.7.17.

1023 STJ, *HC* 391.138/MG, 5ª T., Rel. Min. Reynaldo Soares da Fonseca, j. 1.6.17; TJRS, AC 70073562332, 5ª CC, Relª. Cristina Pereira Gonzales, j. 23.6.17; TJSC, AC 0000185-94.2016.8.24.0014, 1ª CC, Relª. Desª. Cinthia Beatriz da Silva Bittencourt Schaefer, j. 22.6.17; TJDFT, AC 20150310198919, 2ª T., Rel. Jair Soares, j. 8.6.17; TJRS, AC 70073344020, 5ª CC, Relª. Cristina Pereira Gonzales, j. 7.6.17; TJDFT, AC 20161210024474, 2ª T., Rel. Jair Soares, j. 1.6.17; TJDFT, ACR 20130310123695, Rel. Des. José Guilherme, 3ª T., j. 27.11.14; e TJDFT, ACR 20131210040446, Rel. Des. Mario Machado, 1ª T., j. 5.6.14.

1024 TJDFT, ACR 20130710237615, Rel. Des. Humberto Adjuto Ulhôa, 3ª TC, j. 17.3.16.

1025 TJRS, ACR 70073269839, 6ª CC, Rel. Des. Aymoré Roque Pottes de Mello, j. 30.8.17; TJRJ, ACR 0005374-50.2015.8.19.0039, 2ª CC, Relª. Desª. Kátia Maria Amaral Jangutta, j. 11.7.17; e TJSC, AC 0001794-26.2015.8.24.0054, 3ª CC, Rel. Des. Moacyr de Moraes Lima Filho, j. 27.6.17.

1026 TJRS, ACR 70072281777, 7ª CC, Relª. Desª. Vanderlei Teresinha Tremeia Kubiak, j. 30.8.17; TJRJ, ACR 0023816-19.2015.8.19.0054, 2ª CC, Rel. Des. Antonio José Ferreira Carvalho, j. 29.8.17; TJRS, ACR 70073768830, 7ª CC, Rel. Des. José Conrado Kurtz de Souza, j. 17.8.17; TJSC, ACR 0000802-26.2016.8.24.0088, 3ª CC, Rel. Des. Rui Fortes, j. 15.8.17; TJSC, *HC* 4015323-41.2017.8.24.0000, 1ª CC, Rel. Des. Nelson Maia Peixoto, j. 3.8.17; TJSP, ACR 0002937-15.2013.8.26.0038, 8ª CC, Rel. Des. Euvaldo Chaib, j. 1.8.17; TJSC, AC 0001659-11.2014.8.24.0034, 2ª CC, Rel. Des. Volnei Celso Tomazini, j. 25.7.17; TJPR, AC 1656548-7, 4ª CC, Rel. Des. Fernando Wolff Bodziak, j. 20.7.17; TJRJ, AC 0000156-90.2015.8.19.0055, 3ª CC, Rel. Des. Carlos Eduardo Freire Roboredo, j. 20.7.17; e TJSC, ACR 0042678-53.2012.8.24.0038, 3ª CC, Rel. Des. Moacyr de Moraes Lima Filho, j. 18.7.17.

1027 TJRS, ACR 70072424310, 7ª CC, Rel. Des. José Conrado Kurtz de Souza, j. 27.7.17.

1028 TJRS, ACR 70066712274, 8ª CC, Rel. Des. Dálvio Leite Dias Teixeira, j. 26.7.17.

1029 TJRS, ACR 70074260035, 5ª CC, Relª. Desª. Lizete Andreis Sebben, j. 30.8.17.

pelo padrasto,[1030] pelo padrinho,[1031] pelo tio[1032] (sendo a vítima filha da irmã de sua companheira),[1033] pelo tio e padrinho,[1034] pelo tio (relação de parentesco por afinidade),[1035] pelo primo (em primeiro grau),[1036] pelo cunhado da mãe (relação de parentesco por afinidade)[1037] – com a seguinte variante: pelo irmão do companheiro da mãe da vítima (aliás, neste caso, em tendo sido comprovado que o réu era irmão do companheiro da mãe da vítima, a equiparação da sua condição à de tio configuria hipótese de analogia *in malam partem*, devendo, portanto, ser repelido esse fator de aumento punitivo específico);[1038] ou ainda pelo pastor da igreja[1039] ou pelo pastor evangélico;[1040] ou pelo tutor;[1041] ou pelo guia de excursão escolar;[1042] ou de estupro (artigo 213, parágrafo 1º, do Código Penal) e estupro de vulnerável (artigo 217-A do Código Penal)[1043] ou (estes últimos tipos penais) praticados pelo pai adotivo;[1044] ou também entre o estupro de vulnerável (artigo 217-A do Código Penal) e o estupro qualificado (artigo 213, parágrafo 2º, do Código Penal), quando praticados contra a mesma vítima, com idêntico propósito de satisfação da lascívia, em iguais condições de tempo, lugar, maneira de execução;[1045] mais: estupro de vulnetável (artigo 217-A do Código Penal) e estupro contra vítima menor de18 e maior de 14 (artigo 213, parágrafo primeiro, do Código Penal), ambos combinado com o artigo 226, inciso II, do Código Penal (crime praticado por ascendente), na forma da

---

[1030] TJSC, APR 0000218-12.2011.8.24.0030, 1ª CC, Rel. Des. Paulo Roberto Sartorato, j. 17.8.17; TJRS, ACR 70069480523, 8ª CC, Relª. Desª. Naele Ochoa Piazzeta, j. 16.8.17; TJRJ, ACR 0022874-23.2015.8.19.0042, 3ª CC, Rel. Des. Carlos Eduardo Freire Roboredo, j. 15.8.17; TJDFT, ACR 20161210035349, 3ª TC, Rel. Des. Nilsoni de Freitas Custodio, j. 10.8.17; TJDFT, AC 20150310269250, 3ª TC, Rel. Des. Waldir Leôncio Lopes Júnior, j. 3.8.17; TJRJ, AC 0024456-22.2015.8.19.0054, 3ª CC, Relª. Desª. Suimei Meira Cavalieri, j. 1.8.17; TJSC, AC 0000211-02.2016.8.24.0044, 2ª CC, Rel. Des. Volnei Celso Tomazini, j. 25.7.17; TJSC, AC 0000601-90.2016.8.24.0037, 1ª CC, Rel. Des. Paulo Roberto Sartorato, j. 6.7.17; e TJRJ, ACR 0433986-47.2015.8.19.0001, 1ª CC, Rel. Des. Antônio Jayme Boente, j. 11.7.17.

[1031] TJRS, ACR 70074113374, 6ª CC, Rel. Des. Aymoré Roque Pottes de Mello, j. 30.8.17; e TJSC, ACR 0000831-07.2016.8.24.0014, 3ª CC, Rel. Des. Leopoldo Augusto Brüggemann, j. 4.7.17.

[1032] TJSC, ACR 0001146-97.2015.8.24.0037, 1ª CC, Rel. Des. Nelson Maia Peixoto, j. 17.8.17; TJRS, ACR 70073369928, 5ª CC, Relª. Desª. Lizete Andreis Sebben, j. 16.8.17; TJDFT, ACR 20111110039703, 3ª TC, Rel. Des. João Batista Teixeira, j. 3.8.17.

[1033] TJRS, ACR 70069681658, 8ª CC, Relª. Desª. Isabel de Borba Lucas, j. 26.7.17.

[1034] TJDFT, ACR 20161210025686, 2ª TC, Rel. Des. Jair Soares, j. 27.7.17.

[1035] TJDFT, ACR 20150210040676, 2ª TC, Relª. Desª. Maria Ivatônia, j. 24.8.17.

[1036] TJSC, ACR 0000161-67.2016.8.24.0143, 1ª CC, Rel. Des. Paulo Roberto Sartorato, j. 27.7.17.

[1037] TJSC, ACR 0010799-28.2012.8.24.0038, 2ª CC, Rel. Des. Volnei Celso Tomazini, j. 25.7.17.

[1038] TJSC, ACR 0003564-28.2011.8.24.0011, 1ª CC, Relª. Desª. Cinthia Beatriz da Silva Bittencourt Schaefer, j. 3.8.17.

[1039] TJRJ, ACR 0005177-81.2014.8.19.0055, 2ª CC, Relª. Desª. Kátia Maria Amaral Jangutta, j. 11.7.17.

[1040] TJRJ, ACR 0056800-92.2015.8.19.0042, 4ª CC, Relª. Desª. Márcia Perrini Bodart, j. 1.8.17.

[1041] TJRS, ACR 70069805216, 8ª CC, Relª. Desª. Isabel de Borba Lucas, j. 16.8.17.

[1042] TJRS, AC 70069947976, 8ª CC, Relª. Desª. Naele Ochoa Piazzeta, j. 16.8.17.

[1043] TJSC, ACR 0000906-80.2011.8.24.0027, 4ª CC, Rel. Des. Jorge Schaefer Martins, j. 13.07.17; TJRJ, ACR 0004937-67.2016.8.19.0073, 8ª CC, Rel. Des. Claudio Tavares de Oliveira Junior, j. 12.7.17; TJRJ, ACR 0313310-75.2012.8.19.0001, 8ª CC, Relª. Desª. Adriana Lopes Moutinho, j. 12.7.17; TJSP, ACR 0003511-84.2014.8.26.0270, 8ª CC, Rel. Des. César Augusto Andrade de Castro, j. 6.7.17; TJRS, AC 70072704406, 5ª CC, Relª. Desª. Lizete Andreis Sebben, j. 5.7.17; TJSC, ACR 0002761-28.2015.8.24.0036, 3ª CC, Rel. Des. Moacyr de Moraes Lima Filho, j. 4.7.17; e TJSC, AC 0001637-36.2016.8.24.0016, 4ª CC, Rel. Des. Roberto Lucas Pacheco, j. 29.6.17.

[1044] TJSC, ACR 0001283-26.2012.8.24.0218, 2ª CC, Rel. Des. Sérgio Antônio Rizelo, j. 25.7.17.

[1045] TJSC, ACR 0001111-40.2014.8.24.0113, 2ª CC, Rel. Des. Getúlio Corrêa, j. 13.6.17.

Lei 11.340/2006 (Lei Maria da Penha), na modalidade continuada;[1046] estupro de vulnerável com causa especial de aumento diante do intenso convívio e da condição de adulto pertencente à família da ofendida (parte final do inciso II do artigo 226 do Código Penal);[1047] ou crimes de estupro de vulnerável praticados em continuidade delitiva antes e durante a entrada em vigor da Lei 11.464/07;[1048] estupro de vulnerável na forma tentada e estupro de vulnerável na forma consumada sob o manto da continuidade delitiva;[1049] estupros continuados (artigo 213, parágrafo 1º, do Código Penal) contra filha no contexto das relações domésticas.[1050] (Sob outro prisma jurisprudencial, a mera reiteração no crime de estupro impediria a formação da cadeia continuada.)[1051]

Discute-se, em outra senda, a possibilidade da configuração da continuidade delitiva nas formas simples e qualificadas do mesmo crime,[1052] ou de crimes com diversidade de circunstâncias qualificadoras, ou do mesmo crime diferentes com circunstâncias atenuantes ou agravantes,[1053] ou em crime bagatelar,[1054] ou, ainda, nas formas simples, qualificada e privilegiada.[1055]

A controvérsia projeta-se, igualmente, em relação à concorrência entre o *caput* e o(s) parágrafo(s) de um mesmo delito,[1056] ou entre incisos diferentes.[1057]

A mais disso, concebe-se o desenho da continuidade delitiva na situação de "condutas acontecidas ainda ao tempo da lei anterior e outras, semelhantes, ocorridas já sob o império da nova lei";[1058] ou que se trate de condutas ilícitas praticadas de forma

---

[1046] TJDFT, ACR 20141210052852, 2ª T. C, Rel. Des. Roberval Casemiro Belinati, j. 6.7.17.

[1047] TJRJ, ACR 0008708-97.2016.8.19.0026, 8ª CC, Relª. Desª. Suely Lopes Magalhães, j. 12.7.17; TJRS, RE 70073406571, 2ª VP, Relª. Desª. Maria Isabel de Azevedo Souza, j. 9.7.17; TJRS, ACR 70073661936, 5ª CC, Rel. Des. João Batista Marques Tovo, j. 5.7.17; TJRS, ACR 70072391782, 5ª CC, Relª. Desª. Lizete Andreis Sebben, j. 5.7.17; e TJSC, ACR 0001518-78.2014.8.24.0070, 3ª CC, Rel. Des. Moacyr de Moraes Lima Filho, j. 4.7.17.

[1048] TJPR, RAG 1641185-7, 4ª CC, Rel. Des. Antônio Carlos Ribeiro Martins, j. 6.7.17.

[1049] TJRS, ACR 70070718226, 6ª CC, Relª. Desª. Bernadete Coutinho Friedrich, j. 13.7.17.

[1050] TJRS, ACR 70069325751, 8ª CC, Relª. Desª. Isabel de Borba Lucas, j. 26.7.17.

[1051] TJDFT, RAG 20150020110390, 1ª TC, Rel. Des. George Leite, j. 9.7.15.

[1052] Como descreve Hans Welzel (1993, p. 269), também "existe la misma infracción jurídica en casos de calificación distinta del hecho; por ello es posible la relación de continuidad entre hurto simple y hurto grave (...), lesiones simples y graves, rigiendo la agravación para todo el hecho". Em termos jurisprudenciais: STF, *HC* 107616/PE, 1ª T., Rel. Dias Toffoli, j. 18.10.11. Por outro lado, "nada impede que haja continuidade entre as formas simples e qualificadas de um crime" (TACSP, Julgados, 66/229), citado por DELMANTO, Celso, e outros (p. 322). No mesmo sentido: TACSP, RC, Rel. Juiz Manoel Pedro, RT 434/407 (citado por GIUSTINA, Vasco Della, 1981, p. 38).

[1053] ONECA, José Antón, 2000, p. 199.

[1054] Sobre esse ponto específico, ver o item 6.14.

[1055] "O mesmo quando (...) se verifiquem os vários factos típicos nas suas formas de crime simples, qualificado e privilegiado, dado que a unidade de interesse lesado se mantém, nascendo apenas formas de tratamento diversas dadas pela lei, que para tal atende a circunstâncias exteriores à natureza do interesse" (MESQUITELA, Gonçalo de, p. 262).

[1056] AZEVEDO, Patrícia Boni de, 1998, p. 10. Em outro sentido: TACSP, RC 51.195, Rel. Geraldo Gomes, 23/62 (citado por GIUSTINA, Vasco Della, p. 38-9).

[1057] "Não importa se uma conduta se enquadra no inciso I e outra no inciso II, desde que o bem jurídico seja o mesmo, ou seja, (...) a divergência não descaracteriza a continuidade delitiva" (LOVATTO, Alécio Adão, 2003, p. 137). Também: TJPR, REC 8958729, Rel. Des. Luiz Cezar Nicolau, 4ª CC, j. 8.11.12; TJPR, REC 820.793-2, Rel. Des. Luiz Cezar Nicolau, 4ª CC, j. 27.9.12; e TJBA, ACR 0016809-61.2007.8.05.0113, Relª. Desª. Vilma Costa Veiga, 1ª CC, j. 18.9.12.

[1058] DECOMAIN, Pedro, 1997, p. 71.

ativa e omissivamente.[1059] Ainda, é inessencial que "los preceptos concretos aplicables a cada una de las acciones se encuentren en el mismo lugar (sección, capítulo o título del Código), e incluso debe admitirse que estén situados en distintas leyes".[1060]

Para Hans Welzel, a identidade de infração jurídica pode derivar da lesão de vários tipos "emparentados entre sí",[1061] os quais ficariam compreendidos no conceito comum superior de delito ("el superior más cercano"),[1062] o que permitiria, nessa ordem de consideração, reunir, sob o manto da continuidade delitiva, os delitos de injúria e difamação; apropriação, furto e roubo; ou furto e apropriação indébita, entre outros.

Por fim, também se apresenta a relação entre o delito continuado e as leis normais e especiais, entendendo parte da doutrina que não se aperfeiçoa a continuação uma vez que se trata de bens jurídicos diversos,[1063] mas podendo prevalecer a unificação apenas se se cuidar de leis especiais;[1064] neste sentido, já se sustentou, doutrinariamente, no direito português, a possível unificação de diversos crimes de fraude fiscal e de fraude contra Segurança Social em um único crime continuado,[1065] até porque os crimes tributários, em geral, "têm uma tendência quase que 'natural' para serem repetidos",[1066] e, desse modo, não se tornará difícil que essas "condutas repetitivas sejam passíveis de cumprir os requisitos, constantes no Código Penal, para a unificação num crime tributário continuado, eventualmente composto por mais que um tipo de crime".[1067]

1059 TRF4, ACR 1999.70.00.011331-0/PR, 8ª T., Relª. Cláudia Cristofani, j. 21.1.09.

1060 ONECA, José Antón, 2000, p. 199.

1061 WELZEL, Hans, 1993, p. 269.

1062 WELZEL, Hans, 1993, p. 269.

1063 Nesse sentido, Vincenzo Manzini (1949, p. 433-4), para quem: "pero no podrá tenerse nunca delito continuado cuando las normas incriminadoras violadas, aun cuando reprimen el mismo hecho, se encuentren en leyes diversas (ejemplo, dos hurtos, el uno punible a tenor del Código penal común, y el otro a tenor del Código penal militar), porque en tal caso se tiene diversidad no sólo de disposición, y de ley, sino también de objetividad jurídica, en cuanto la ley especial tutela, en más, un interés particular, que no es considerado por la ley general (en el caso, el interés relativo al ordenamiento militar)". Em termos jurisprudenciais, entretanto, já se reconheceu o cabimento do instituto (envolvendo os crimes definidos nos arts. 1°, inc. I, do Dec.-lei 201, de 1967, e 312, do CP, na medida em que ambos objetivariam a apropriação, pelo funcionário público, de dinheiro, valor, ou qualquer outro bem): RA 13/89, TJPR, Rel. Des. Hildebrando Moro, j. 22.6.89 (decisão retirada de Jurisprudência brasileira criminal, 1992, p. 174). Semelhantemente, Fernando Galvão (p. 933) afirma que, em se tratando de crimes previstos em legislação extravagante, "é necessário observar que a previsão em separado dos crimes na legislação especial já indica uma classificação distinta em relação ao CP e que, na previsão específica, também poderá ocorrer outra classificação para sistematizar as possibilidades de agressão ao bem jurídico"; por exemplo, os delitos "previstos na Lei 11.343/06, que se relacionam à saúde pública, constituem subdivisão diversa daquela estabelecida no Capítulo III do Título VIII do CP. Dessa forma, será possível reconhecer a continuidade delitiva entre os crimes previstos nos arts. 28 e 22 da lei especial, mas não se poderá reconhecer continuidade entre o uso de drogas (art. 28 da Lei 11.343/06) e a epidemia (art. 267 do CP). Por outro lado, a Lei 9.605/98 (...) apresenta uma classificação própria. Se o gênero puder ser identificado no Capítulo dos Crimes contra o Meio Ambiente, a classificação em Seções evidenciará que todos os crimes contra a fauna pertencem a uma mesma espécie" (GALVÃO, Fernando, p. 933-4). Obviamente, nenhum óbice existe na configuração da continuidade delitiva em relação a tipos penais especiais; assim, por ilustração: TRF3, ACR 200761810120740, Rel. Des. José Marcos Lunardelli, 1ª T., j. 6.8.13.

1064 Francesco Antolisei (1988, p. 378) sustenta que a continuação é configurável também "(...) en las infracciones contempladas en leyes especiales".

1065 SOUSA, Luís dos Milagres e, 2010, p. 105.

1066 SOUSA, Luís dos Milagres e, p. 108.

1067 SOUSA, Luís dos Milagres e, p. 108.

5.3.1. Da continuidade delitiva entre as formas consumadas e as tentadas do crime (e entre crimes exclusivamente tentados)

A jurisprudência e a doutrina, de um modo geral, não colocam quaisquer óbices à configuração da continuidade delitiva nas seguintes situações: (i.) crimes consumado e tentado[1068] (mesmo na hipótese do parágrafo único do artigo 71 do Código Penal);[1069] (ii.) crimes tentados[1070] (mesmo se se tratar da continuidade específica);[1071] [1072] ou, ainda, (iii.) crimes tentados seguidos de delito consumado.[1073] Deste jeito, quando presentes os pressupostos objetivos que materializam o nexo de continuidade, torna-se absolutamente admissível a continuidade entre as formas consumada e tentada de determinado tipo penal, na medida em que a tentativa nada mais é do que uma espécie de "subcrime" a que diz respeito.[1074] Realmente, podem configurar o modelo legal do crime continuado "as violações de vários artigos em que o preceito base se desdobra, mesmo que numa se trate de crime consumado, noutra de uma tentativa e numa terceira de crime frustrado, dado que continuam representando violações do mesmo tipo básico".[1075] No ponto, cabe destacar: "na hipótese de concorrer tentativa e consumação, deve entender-se consumado o crime continuado (...). Nesse caso, a consumação absorve as ações em grau de

[1068] Ao indicar a estruturação do crime continuado, Hans Welzel (1993, p. 269) afirma que os atos particulares infringem a mesma disposição jurídica, especialmente quando realizam o idêntico tipo de injusto ("indiferentemente de si en estado de tentativa o consumación"). Em termos jurisprudenciais: TJRJ, ACR 0006343-73.2015.8.19.0004, 4ª CC, Rel. Des. Francisco José de Asevedo, j. 1.8.17; TJRS, ACR 70074177502, 7ª CC, Relª. Desª. Jucelana Lurdes Pereira dos Santos, j. 27.7.17; TJRS, ACR 70069991669, 8ª CC, Rel. Des. Dálvio Leite Dias Teixeira, j. 26.7.17; TJDFT, ACR 20160410101395, 2ª TC, Rel. Des. Roberval Casemiro Belinati, j. 20.7.17; STF, *HC* 141871 AgR, 1ª T., Rel. Min. Luiz Fux, j. 2.6.17; TJSC, ACR 0001765-71.2016.8.24.0011, 3ª CC, Rel. Des. Rui Fortes, j. 6.6.17; TRF5, ACR 00006486920144058000, 3ª T., Rel. Des. Fed. José Vidal Silva Neto, j. 1.6.17; TJSC, AC 0005837-25.2013.8.24.0038, 1ª CC, Rel. Des. Paulo Roberto Sartorato, j. 1.6.17; TRF5, ACR12523/RN, Rel. Des. Cesar Carvalho (conv.), 4ª T., j. 21.7.15; STF, *HC* 83575, Rel. Min. Marco Aurélio, 1ª T., j. 18.11.13; STJ, *HC* 192539, Relª. Minª. Maria Thereza Moura, 6ª T., j. 24.9.13; STJ, *HC* 157313/RJ, 5ª T., Rel. Min. Jorge Mussi, j. 24.4.12; STJ, *HC* 191444/PB, 6ª T., Rel. Min. Og Fernandes, j. 6.9.11; e TJSP, ACR 990101362422, 1ª CC, Rel. Des. Marco Nahum, j. 8.11.10.

[1069] TJSP, ACR 0002791-97.2003.8.26.0466, 12ª CC, Rel. Paulo Rossi, j. 21.6.17; TJPR, AC 1330866-4, Rel. Des. José Cichocki Neto, 3ª CC, j. 9.7.15; TJRS, ACR 70053311619, Rel. Des. Francesco Conti, 5ª CC, j. 19.6.13; STJ, *HC* 248541, Relª. Minª. Laurita Vaz, 5ª T., j. 12.11.13; e TJRS, ACR 70045025921, Rel. Des. Marcel Hoppe, 1ª CC, j. 14.12.11.

[1070] TRF5, AC 12081/RN, Des. Manuel Maia (conv.), 1ª T., j. 17.3.16; e TJRS, ACR 70044540201, Rel. Des. Danúbio Edon Franco, 8ª CC, j. 9.5.12.

[1071] STF, *HC* 92819/RJ, 2ª T., Relª. Minª. Ellen Gracie, j. 24.6.08.

[1072] TJRS, ACR 70065511339, Rel. Des. Victor Lima, 2ª CC, j. 26.11.15; STJ, *HC* 240176, Rel. Min. Newton Trisotto, 5ª T., j. 21.5.15; ACR 70001279884, 3ª CC, Rel. Des. Saulo Leal; e TARS, ACR 289063869, Rel. Des. Ranolfo Vieira, 2ª CC, j. 16.11.89 (*in* Julgados do TARGS nº 73). Por outro lado, reconhecendo, no lugar do crime continuado, o concurso formal impróprio: TJRS, AC 70066892779, Rel. Des. João Tovo, 3ª CC, j. 25.2.16.

[1073] Manoel Pedro Pimentel (1969, p. 172), ao comentar a configuração do delito continuado em se cuidando de tentativas seguidas de delito consumado, adverte, com plena carga de acerto, com apoio de César Hernández, que se deve distinguir "entre as hipóteses de se integrarem as formas tentadas no último crime consumado, ou não. Se se integrarem, como produtoras do resultado, haverá crime único. Se não se integrarem, a hipótese é de continuação".

[1074] TACMG, ACR 13.960, Rel. Costa Rios, j. 4.12.86.

[1075] MESQUITELA, Gonçalo de, p. 261-2. Mais: TJMG, ACR 10024120538657001, Rel. Des. Nelson de Morais, 2ª CC, j. 11.4.13.

tentativa conforme a regra de que o caráter de fato total se definirá segundo a ação parcial mais grave (...). Por outro lado, se nenhuma das ações isoladas atingir o estágio consumativo, de modo a tê-las autonomamente imputáveis como consumadas, a definição de tentativa será mantida para o todo unitário, pois não poderá a estrutura unitária adquirir os contornos da consumação se isso não ocorreu em qualquer das frações. A realização de parte das ações (resultado parcial) que deviam construir o delito – (...) – deverá tratar-se como tentativa (...). De qualquer sorte, além dessas considerações dogmáticas, é bem de ver que vigora para o crime continuado o princípio da proibição de reconhecê-lo em desfavor do réu; o qual princípio obrigará a desintegrar os fatos em pluralidade de infrações em multitude de casos para evitar a consequência prejudicial (...)".[1076] Veja-se, a propósito, o que sustentava Vincenzo Manzini: "por consecuencia, se tienen 'varias violaciones de la misma disposición de ley' tanto si los varios delitos de especie idéntica son todos ellos intentados o todos consumados, cuanto si son en parte consumados y en parte intentados, siempre que naturalmente se pueda comprobar en concreto la identidad del propósito delictuoso. En el caso de concurso de delitos de idéntica especie consumados e intentados, la consumación prevalece naturalmente sobre la tentativa, la cual es absorbida por la primera".[1077]

Ainda é de se referir, em última análise, que a doutrina brasileira não admite a figura do "crime continuado tentado",[1078] exatamente porque não se cuida de um evento complexo em sentido natural, ou seja, "em se tratando de um concurso de crimes, derrogado apenas para os efeitos da punição, cada um dos crimes conserva a sua integridade, e os respectivos eventos são mantidos individualizados";[1079] de outro ponto, não se pode, igualmente, reconhecer uma consumação única, visto que haverá tantos momentos consumativos quantas forem as ações plenamente perfectibilizadas em continuidade.

5.3.2. Da continuidade delitiva entre crimes culposos e dolosos (e entre crimes exclusivamente culposos)

No tocante à possibilidade de continuação entre crimes culposos e dolosos, é possível afirmar-se que a jurisprudência não admite a sua existência por entender que haveria realidades delitivas distintas (esbarrando no requisito "crimes da mesma

[1076] SANGUINÉ, Odone, 1988, p. 31.

[1077] MANZINI, Vincenzo, 1949, p. 431. Não discrepa a jurisprudência, quando decide sobre a punição em se tratando de delitos consumados e tentados, em concurso: STJ, *HC* 10562/PR, Rel. Min. Gilson Dipp, j. 15.2.00, 5ª T; e *HC* 72833/RS, Rel. Min. Maurício Corrêa, 2ª T., j. 22.9.95; ACR 698229507, Rel. Des. Montaury Martins, 8ª CC; e ACR 697233575, Rel. Des. Fernando Mottola, 3ª CC.

[1078] SANGUINÉ, Odone, p. 27-32. Segundo o autor, "se tem fundado a negativa na falta de um resultado e um momento consumativo próprios (Antón Antón Oneca, 1975, 462). Leone (1933, 338) escreveu: '*Non è esatto parlare di una commissione dei singoli reati. E'ovvio avvertire che, no avendo costituzione autonoma, non è concepibile un reato continuato tentato. Può essere, invece, tentato uno solo (o più tutti) dei reati dedotti nella continuazione*'. Seguiu idêntico posicionamento, César Camargo Hernández (1951, 88-9), ao vislumbrar a existência de tantos resultados como ações, com tantas consumações quantos sejam os delitos unidos pelo nexo de continuação. Se o delito continuado carece de um resultado único – arremata –, mal poderá ter uma só consumação; e em segundo lugar porque o delito continuado está integrado por uma série de delitos produzidos sucessivamente" (SANGUINÉ, Odone, p. 28).

[1079] PIMENTEL, Manoel Pedro, 1969, p. 169-70.

espécie");[1080] contudo, de outro plano, entende-a como possível em se tratando de delitos culposos tão somente.[1081]

Interessante observar-se, quanto à continuidade delitiva entre crimes culposos, a opinião de Virgílio Campos: "claro que admitimos a *continuação em crimes culposos*, mas desde que os eventos danosos só venham a ser do conhecimento do agente depois que houver sido praticado o último fato da corrente delituosa. Se toma conhecimento do resultado lesivo e persiste na mesma conduta danosa, não há que se falar em *culpa* mas em *dolo eventual*".[1082] Dessa forma, no caso do motorista que, em velocidade excessiva, atropela transeunte e, prosseguindo com a mesma atitude, atropela outro, "assentando-se a culpa *stricto sensu* na previsibilidade do resultado, uma vez realizado o evento previsível não vemos como considerar culposa a conduta de quem persiste no mesmo comportamento danoso".[1083] Apesar de bem construído o argumento, avalia-se que não se poder negar a estruturação da continuidade nessa hipótese, exatamente porque não basta apenas a previsibilidade do resultado para a visualização do dolo eventual: deve haver, ademais, certo grau de indiferença do agente em relação à sua produção; traço que se mostra, em princípio, ausente no exemplo proposto. Guillermo Sauer, ao também entender cabível um "delito continuado culposo", oferece, como hipótese, a "venta de alimentos en malas condiciones".[1084]

Finalmente, deve referir-se que a compatibilidade da continuação culposa se mostra bastante harmônica com a teoria objetiva adotada em nossa legislação, visto que não se exige qualquer análise atinente a um mesmo desígnio ou a uma ideação delituosa abrangente (plano delituoso).[1085]

[1080] Enrique Bacigalupo (1999, p. 588), após realçar que se, em geral, se rechaça a possibilidade de um delito culposo continuado, uma vez não se apresentaria um 'dolo de continuação' nesta hipótese, agrega que, também, "se rechaza la continuación entre hechos dolosos y culposos".

[1081] Damásio de Jesus (2000, p. 97) indica decisão do TJSP, segundo a qual se permite o reconhecimento do crime continuado "no fato de o motorista, sucessivamente, atropelar e matar diversas pessoas (Acrim 156.995, rel. Des. Celso Limongi, *JTJ*, 167:312 e 316). O fato, conforme as circunstâncias, amolda-se ao concurso formal de crimes, o que foi anotado pelo Des. Cunha Camargo em seu voto vencido (*JTJ*, 167: 318)". Também: TACSP, AC, Rel. Geraldo Gomes, JUTAC 42/134; e TACSP, AC, Rel. Cardoso Rolim, RT 362/286). (Decisões citadas por FRANCO, Alberto Silva e outros, 1997, p. 1519.)

[1082] CAMPOS, Virgílio, p. 207-8.

[1083] CAMPOS, Virgílio, p. 208.

[1084] SAUER, Guillermo, p. 348. Em termos jurisprudenciais: TJRS, AP/PO 70047641493, Rel. Des. Mauro Vieira de Borba, 4ª CC, j. 7.7.16.

[1085] Pondera Alcides Munhoz Netto (1969, p. 146-7) sobre a possibilidade de continuação em crimes culposos sob a perspectiva da teoria adotada (relativamente à necessidade ou não do elemento subjetivo unificante). Nessa análise, segundo doutrina, os adeptos da teoria subjetiva "em geral (...) não admitem a continuação em matéria de culpa, pois, enquanto o desígnio criminoso pressupõe que o resultado seja previsto, e, sucessivamente querido, na culpa o resultado não é sequer previsto, e, se previsto, não é querido. Para evitar a iniquidade de se negar o benefício precisamente aos delinquentes culposos, que a ele tem mais direito, argumenta-se que, no desígnio criminoso, há previsão apenas da conduta que o agente pretende desenvolver para alcançar determinado bem, não entrando em conta os resultados possíveis no curso da atividade. (...) A pacífica admissibilidade de uma continuação culposa, perante a teoria subjetiva, só é possível quando se decomponha o conceito de crime continuado, a exemplo do que faz Basileu Garcia, incluindo a unidade de desígnio nos crimes dolosos e dispensando-a nos crimes culposos". Também leciona nesse sentido Alcides da Fonseca Neto (p. 70), para quem "a teoria objetiva pura é a única adequada ao reconhecimento da continuidade delituosa no que concerne ao delito negligente. Também aqui fica delineada toda a fragilidade da teoria objetivo-subjetiva, uma vez que, exigindo ela a unidade de desígnio para a conceituação do crime continuado, a referida teoria não consegue explicar como pode ser possível

5.3.3. Da continuidade delitiva entre crimes omissivos (e entre crimes comissivos e omissivos)

Atente-se, primeiro que tudo, em que não se desenham quaisquer dificuldades para a existência do concurso de crimes (concurso material, concurso formal e crime continuado) omissivos – tanto em relação aos omissivos próprios como aos impróprios.[1086]

Como circunstanciadamente se indicou, a definição (jurídica do modelo legal) do crime continuado refere-se, de modo expresso, a mais de uma ação ou omissão; assim considerando, da mesma forma que deve distinguir-se entre a unidade ou pluralidade de ações, deve estabelecer-se a diferença entre a unidade ou pluralidade de omissões.[1087] Antes, não obstante, algumas aclarações se fazem necessárias.

5.3.3.1. Noções elementares dos delitos de omissão

Os tipos penais descrevem, majoritariamente, comportamentos positivos, que se materializaram por meio de uma ação (de um comportamento positivo).[1088] Excepcionalmente, no entanto, inscrevem-se descrições típicas de condutas negativas, que se perfectibilizam graças a uma inatividade (de um não fazer). Cabe lançar, neste contexto, referência que a proteção dos bens jurídicos tanto pode dar-se por intermédio de proibições de ações como pela exigência concreta de certos deveres que têm por objetivo evitar a ocorrência de resultados lesivos, configurando-se, daí, em modalidade de injustos. Indubitavelmente, na omissão – explica Juarez Tavares –, "a proteção pode ser exercida de duas espécies, ou mediante a imposição de ações possíveis, que devem ser executadas por todos justamente para impedir a concretização dessa lesão, ou por quem tenha, em face da assunção de posturas pessoais, um dever de impedir tal resultado".[1089]

---

o aparecimento de um planejamento único nos crimes culposos". De um modo geral, a doutrina italiana não admite a continuação culposa, uma vez que o instituto reclama um *medesimo disegno criminoso*, em referência expressa à intenção, o que seria incompatível em se cuidando de crimes culposos (ANTOLISEI, Francesco; CONTI, Luigi, p. 284). Também pela impossibilidade da continuação nos delitos culposos: MAGGIORE, Giuseppe, 1954, p. 174. Como informa Tullio Padovani (p. 386), "la necessità che la serie di episodi criminosi sia riconducibile ad un único disegno criminoso esclude peraltro – secondo l'opinione nettamente dominante in dottrina e totalitaria in giurisprudenza – che possa ammettersi la continuazione fra reati colposi e fra reati dolosi o reati colposi".

1086 Como descreve Sheila Bierrenbach (2002, p. 59-60), "a doutrina classifica os delitos, com base na conduta do agente, em comissivos e omissivos. Os primeiros nascem de conduta positiva, ação em sentido estrito; os omissivos, gerados de conduta negativa, omissão, portanto. Os crimes omissivos, por sua vez, subdividem-se em próprios e impróprios ou comissivos por omissão. Aqueles, os próprios, oriundos de omissões tipificadas pela lei, consumam-se no exato momento da conduta omissiva, independentemente da superveniência de qualquer resultado. Crimes de mera conduta ou de mera inatividade, portanto. Os crimes comissivos por omissão resultam de omissões que possibilitam a superveniência do evento descrito no tipo penal, o que coincide com a consumação; crimes de resultado, em consequência. Consiste, assim, o crime omissivo impróprio na não-evitação do resultado típico por parte de quem tem o dever legal de agir em defesa do bem em perigo, tentando, ao menos, impedir sua conversão em dano. Partindo do conceito analítico de delito, pode-se definir o crime omissivo impróprio como conduta omissiva típica, antijurídica e culpável".

1087 TAVARES, Juarez, 2012, p. 414.

1088 BIERRENBACH, Sheila, p. 23.

1089 TAVARES, Juarez, 1996, p. 36. "Un aspecto muy importante para la mejor comprensión del delito impróprio de omisión se encuentra en que éste surgió históricamente por necesidades jurídicas no satisfechas debidamente por la ley positiva. Fue la insuficiência de los tipos penales para recoger ciertas actitudes

Cuida-se, em síntese, dos delitos próprios e impróprios de omissão, sendo que, em ambos, o omitente se abstém de realizar uma ação devida (isto é, adequada a evitar a lesão ou o perigo de lesão a bens jurídico-penais); entretanto, nos omissivos próprios, o omitente contrasta um dever genérico de agir – que se lhe é imposto, em termos amplos, pelo ordenamento jurídico –, enquanto que, nos impróprios, se impõe, ao garantidor,[1090] o dever específico de agir no sentido da proteção de determinado bem jurídico posto sob seu cuidado; ou, por outros termos, "el deber de actuar emanado de una norma general de mandato alcanza a todos los sujetos previstos en el tipo (si se trata de delito propio de omisión), mientras que la obligación de salvar bienes jurídicos tiene una fortísima restricción, la cual se determina por reglas o doctrinales (si se trata de delito impropio de omisión)".[1091] Além disso, os crimes omissivos próprios apresentam-se sempre tipificados de modo expresso, ao passo que, nos impróprios (ou comissivos por omissão), a tipização se perfaz sobre a base de uma construção normativa em face de um tipo configurado como de ação,[1092] isto é, "se inserem na tipificação comum dos crimes de resultado".[1093]

---

pasivas de sujetos obligados a impedir algunas lesiones a los bienes jurídicos, vulnerantes de la prohibición de lesionarlos, sumada a una conciencia general de que tales actitudes debían ser sancionadas en forma equivalente o casi equivalente a los delitos de acción correspondientes, lo que llevó a la doctrina y a la jurisprudencia a ocuparse de fundamentar una solución para que ellas pudieran ser reprimidas también penalmente. Por su propria naturaleza el delito impropio de omisión fue siempre un hecho punible carente de tipificación expresa. Pero toda esa fundamentacióny toda la complicada elaboración teórica originada a su respecto, dejarían de tener interés alguno si la pasiva en cada caso y de señalar, de modo igualmente expreso, a los omitentes que están obligados a actuar en cada uno de ellos. De ocurrir tal cosa, todo volvería a restituírse a las ideas básicas esenciales que sólo distinguen entre delitos de acción y omisión, y estos tan peculiares delitos impropios de omisión se convertirían en otros tantos delitos proprios de omisión. Todos los problemas que en tal caso se suscitarían habrían de ser resueltos mediante interpretación de los nuevos preceptos legales y de los claros y sencillos principios generales supletorios" (NOVOA MONREAL, Eduardo, 1984, p. 127-8).

[1090] A imputação do resultado somente pode ocorrer se o omitente tinha – além da possibilidade concreta de agir e, com isso, evitar o resultado – o dever legal de agir, isto é, estar enquadrado nos termos do § 2º do art. 13 do CP: (i.) quem tenha por lei obrigação de cuidado, proteção ou vigilância; (ii.) quem, de outra forma, assumiu a responsabilidade de impedir o resultado; e (iii.) quem, com seu comportamento anterior, criou o risco da ocorrência do resultado. Se não houver correspondência a essas hipóteses, o omitente não responderá pelo resultado; entretanto, poderá, em tese, ser responsabilizado por crime omisso próprio.

[1091] NOVOA MONREAL, Eduardo, 1984, p. 212-3.

[1092] Em virtude desta composição típica ampliada, discute-se, no que tange aos delitos omissivos impróprios, [a existência de] eventual ataque ao princípio da legalidade (*rectius*, ao da taxatividade), consignando, parte da doutrina criminal, que a única maneira de salvaguardar esse princípio seria a adoção, em cada tipo penal comissivo, da possibilidade, expressa, de realização da modalidade omissiva. Desta forma, para esta linha de concepção, seria estabelecido um *numerus clausus* de delitos omissivos. Contudo, como esclarecem Juan José Bustos Ramírez e Hernán Hormazábal Malarée (2004, p. 106), "la opinión ampliamente dominante en la doctrina y la legislación es establecer una cláusula general de remisión a los delitos de acción que contiene fórmulas generales de homologación o equiparación que permitan al juez la construcción del correspondiente tipo de omisión a partir del correspondiente tipo de acción. Al contrario que la anterior, esta técnica legislativa da lugar a un *numerus apertus* de delitos de omisión".

[1093] ASSIS TOLEDO, Francisco de, 2000, p. 116. "Más numerosos son, en cambio, los elementos diferenciales: (i.) en el delito impropio de omisión el delincuente viola con su no actuar una norma prohibitiva, en cuanto permite que sea lesionado un bien jurídico protegido; en cambio, en el delito proprio de omisión el delincuente viola siempre una norma de mandato; (ii.) el delito proprio de omisión está siempre tipificado en forma expresa; en cambio, el delito impropio de omisión no cuenta con tipo proprio sino que debe recurrir a un tipo de acción, destinado a dar protección al mismo bien jurídico lesionado; (iii.) en el delito proprio de omisión es considerado autor todo aquel que el tipo no excluye; en cambio, en el delito

5.3.3.2. *Omissão imprópria continuada*

Na omissão imprópria, inscreve-se o fenômeno da equiparação (normativa) da omissão à ação, devendo, deste modo, o omitente responder como se tivesse produzido o resultado, sendo de rigor indicar: a "omissão terá o mesmo valor penalístico da ação quando o omitente se colocar, por força de um dever jurídico (artigo 13, parágrafo 2º.), na posição de garantidor da não ocorrência do resultado".[1094] Eis, aqui, uma chave da compreensão do problema, porquanto, nessa modalidade típica, o resultado é um meio importante para diferenciar a unidade ou pluralidade de omissões; dessa maneira, na medida em que "não há um processo causal que possa servir de orientação da conduta, o critério mais evidente será mesmo aquele que se baseia na unidade ou pluralidade de resultados".[1095] Por isso, existirá "unidade de omissão, quando se verificar apenas um resultado, independentemente do número de vezes em que as chances de salvamento forem desperdiçadas, ou seja, em que fora infringido o dever de impedi-lo".[1096] Por óbvio, este critério (do número de resultado) não pode ser adotado de modo literal; como enfatiza Juarez Tavares, "o fato, porém, de terem ocorrido vários resultados não induz à conclusão de que haverá pluralidade de omissões".[1097]

Haveria, por outro lado, exemplificativamente, omissão imprópria continuada na hipótese de um professor de natação que, em decorrência da falta de cautela, em situações diferenciadas, na escola à qual estivesse vinculado, não impedisse a morte de dois alunos por afogamento.[1098]

Como pondera Johannes Wessels, "se nos *delitos omissivos impróprios* o resultado típico só se verificar uma vez, considerar-se-á somente 'uma' omissão em sentido

---

impropio de omisión no puede serlo todo aquel que señala el tipo que se aplica, pues sólo lo puede ser el que asuma posición de garante; (iv.) en el delito propio de omisión el tipo se basta a sí mismo; en cambio, en el delito impropio de omisión, elaborado con aplicación de un tipo de acción paralelo, es preciso que la ley penal señale o permita deducir, fuera del tipo, elementos complementarios que precisen a quienes asumen posición de garante y están obligados a actuar; (v.) el delito propio de omisión no exige un resultado, pues casi siempre se consuma por la pura inactividad del sujeto; en cambio, el delito impropio de omisión requiere, ineludiblemente, de un resultado (transformación física en el mundo exterior); (vi.) la evitación de un resultado lesivo para el bien jurídico es requisito del delito impropio de omisión; en cambio, esa situación no corresponde, normalmente, al deber jurídico de actuar que quebranta quien incurre en delito propio de omisión." (NOVOA MONREAL, Eduardo, 1984, p. 211-2.)

[1094] ASSIS TOLEDO, Francisco de, 2000, p. 116-7.

[1095] TAVARES, Juarez, 2012, p. 417.

[1096] TAVARES, Juarez, 2012, p. 417.

[1097] TAVARES, Juarez, 2012, p. 417.

[1098] Carlos Caramuti (p. 285-6) figura outra construção exemplificativa, ao sustentar: "(...) en el delito de incumplimiento de los deberes de asistencia familiar. Al respecto dice Nino que la asistencia familiar no se consuma por una acción localizable en un momento temporal, sino por una continua actividad que se extiende en el tiempo. Aun cuando por razones de conveniencia se establecen cuotas alimentarias periódicas, esto implica una actividad continua. Correlativamente, el incumplimiento de dichos deberes tampoco consiste en una omisión localizable en un momento temporal, sino en un comportamiento pasivo que se extiende a lo largo de lapsos variables. En este caso el incumplimiento de cada cuota alimentaria fijada judicialmente constituye una omisión homogénea respecto de las demás, que lesiona el mismo bien jurídico, encuadrando en idéntico tipo penal (art. 1º, ley 13.944, con sus modificaciones), y, aun cuando cada omisión sea especialmente querida, todas responden a un designio inicial único, de modo que cada omisión es continuación de las anteriores. Se trata también de hechos dependientes subsumibles en el mismo tipo penal, el que racionalmente interpretado admite un desvalor jurídico penal unitario para todos ellos, por lo que no resulta aplicable el art. 55 del CP".

jurídico, apesar do abandono de várias possibilidades de salvamento. Se o garantidor, em contrapartida, se omitiu do afastamento de vários resultados, é de se orientar, se ele só teria podido impedir todos os resultados conjuntamente (isto é, através de 'um' fazer determinado) ou, independentemente uns dos outros, através da execução de 'várias ações'. No primeiro caso haveria 'uma' omissão (assim, por exemplo, quando um trem expresso atropela vários trabalhadores em turma, porque o guarda-linhas omitiu-se em dar o sinal de advertência). No segundo caso existem 'várias' omissões".[1099] Na hipótese de omissão e, em decorrência disso, da imputação de vários resultados, é essencial – para estabelecer a unidade ou pluralidade de omissões – "se proceder a uma avaliação quanto à relação entre os resultados e a ação devida para evitá-los. Caso os resultados pudessem ter sido evitados apenas com uma ação, haverá unidade de omissão; se, porém, os resultados só pudessem ter sido impedidos com a execução de várias ações, haverá pluralidade de omissões. Mesmo orientando-se pelo número de resultados, a doutrina continua a sediar sua argumentação em torno do número de ações devidas, o que vem mostrar que o conceito de ação em sentido natural, ainda que hipoteticamente configurada, continua a viger, como critério preponderante, para a determinação da pluralidade de omissões. (...), se o médico se omite de evitar várias lesões ao paciente, resultantes do esquecimento de uma pinça em seu abdômen, as quais poderiam ter sido evitadas com apenas um melhor controle da instrumentação no momento do ato cirúrgico, haverá apenas uma omissão; se, ao contrário, as lesões fossem de tal ordem, que tivessem de ser contidas por vários procedimentos, não executados por ele, por exemplo, uma lesão no peritônio e outra no coração, resultantes do esquecimento de uma pinça e do deficiente controle da anestesia, de modo que cada um implicasse a infração de um dever específico, haverá pluralidade de omissões".[1100]

Por outros termos, a definição da unidade ou pluralidade de omissões guia-se, *prima facie*, pelo critério do número de resultados, mas, em contrapartida, ancora-se, ainda, nas regras pelas quais se estabelece a separação da unidade ou pluralidade de ações;[1101] além disso, as dificuldades jurídico-práticas serão, sempre e necessariamente, resolvidas *favor rei*.

[1099] WESSELS, Johannes, p. 174. Em sentido contrário, entendendo que, em qualquer desses casos, haveria, em princípio, concurso efetivo, FIGUEIREDO DIAS, Jorge de, 2007, p. 1011.

[1100] TAVARES, Juarez, 2012, p. 417-8.

[1101] Juarez Tavares (2012, p. 418-9) avança ainda mais na busca de um critério sólido de demarcação entre a unidade e pluralidade de omissões: "a solução pelo número de resultados, associado ao critério da ação em sentido natural, pode ser atraente, porque estende, analogicamente, à omissão os mesmos fundamentos dos delitos comissivos no tocante ao concurso de crimes e procura uma solução prática para a determinação de sua unidade ou pluralidade. Parece, todavia, que será possível desenvolver uma definição melhor da unidade e pluralidade de omissões, partindo do conceito perlocucionário de omissão e não de uma ação em sentido natural. Nos delitos omissivos, será relevante para a questão do concurso de crimes, além da infração aos deveres de agir ou de impedir o resultado, o modo como a norma mandamental exerce sua função de orientação de conduta. Nos delitos omissivos impróprios, a norma mandamental está associada à norma proibitiva e só terá significado se a omissão guardar uma equivalência com a ação. Para que isso ocorra será preciso que o impedimento do resultado nos limites da certeza se situe em uma relação imediata com a ação devida, de tal sorte que sua não execução levará à concretização do resultado, sem que o afetado possa intervir para a sua não produção. O bem jurídico do afetado está, aqui, sob a disposição do omitente. O papel do sujeito, nesse contexto, é essencial para evitar a lesão de bem jurídico. A atuação do sujeito, então, está vinculada diretamente ao preceito proibitivo, que traça os parâmetros de referência para essa atuação. Se o pai, por exemplo, tem, diante de si, dois filhos para salvar de um incêndio e se omite de fazê-lo, a definição acerca da unidade ou pluralidade de omissões dependerá de como a norma mandamental

5.3.3.3. *Omissão própria continuada*

Como visto, os crimes omissivos próprios são aqueles cuja realização se traduz na simples omissão da ação descrita no tipo penal; e, a mais disso, integram a categoria dos delitos formais ou de mera conduta, com o que se mostra irrelevante, à sua perfectibilização típica, a produção de eventual resultado.[1102]

Entretanto, o mesmo critério demarcatório (para estabelecer a separação entre a unidade ou pluralidade de omissões impróprias) pode ser utilizado para o correspondente processo em se tratando dos crimes omissivos próprios, na hipótese de serem lesados vários deveres de atuação.[1103] Como efeito, "já no que toca aos delitos omissivos próprios, que não se estruturam em função do resultado, mas, basicamente, pelo dever de agir, a determinação da unidade ou da pluralidade de omissões irá depender do número de vezes em que se infringiu a norma mandamental: se houver vários deveres descumpridos, haverá pluralidade de omissões; se apenas um dever não foi atendido, haverá unidade de omissão. Essa será a regra geral. Em todos esses casos, contudo, é fundamental que se proceda a uma análise da ação omitida e de sua relação com a situação típica de perigo, da qual se extrai a infração à norma mandamental. Não importa, aqui, o número de resultados ou de vítimas, mas unicamente o modo e a forma com que a omissão se manifesta no tipo. Em todos os tipos omissivos próprios, a matéria mandamental não se esgota na simples inatividade, mas depende de todos aqueles elementos que imprimem sentido à ação mandada. Se, por exemplo, as vítimas, por se encontrarem em um mesmo contexto de perigo, pudessem ter sido socorridas mediante uma só ação, haverá unidade de omissão; se, pela forma com que o acidente se dera, cada vítima só pudesse ser socorrida mediante um atendimento especial e o sujeito se omitir em relação a todos esses procedimentos, haverá pluralidade de omissões".[1104] Na jurisprudência, são abundantes os exemplos relacionados aos crimes de apropriação indébita

---

orienta sua conduta. Caso os filhos possam ser socorridos de uma só vez, a orientação mandamental se fixa na unidade de deveres e, portanto, um delito de homicídio em concurso formal. De outra forma, se os filhos se situassem distantes, um do outro, e o pai tivesse que empreender duas ações salvadoras diversas, a norma mandamental se sustentaria na diversidade de atuação e, pois, na diversidade de deveres; se o pai cometeria dois delitos de homicídio por omissão, em concurso material. Normalmente, as soluções para esses casos são idênticas àquelas formuladas pela doutrina. Algumas vezes, porém, o critério da orientação da conduta pode implicar unidade de omissão, enquanto o critério dos resultados pode conduzir à pluralidade. Se a mãe tem dois filhos para amamentar e se não dependerá propriamente do número de ações necessárias à sua nutrição ou dos resultados, mas da relação entre sua atuação necessária e o salvamento. Se a omissão se der no mesmo contexto, sem que a mãe necessite, diante de cada ação devida, atualizar sua relação para com a norma mandamental, ainda que a nutrição se tenha que fazer mediante várias ações, haverá unidade de omissão. Em sentido contrário, se a mãe tiver que proceder diversamente, porque o contexto já não congrega os mesmos objetos de orientação (um dos filhos, além de necessitar da nutrição, precisa ser medicado), isso implicará uma atualização de sua relação para com a norma mandamental em face de cada filho; haverá, então, uma pluralidade de omissões".

[1102] CARVALHO, Américo A. Taipa de, 2004, p. 416. O autor (p. 416-7) ainda acentua que: "a afirmação (correta) de que é irrelevante a ocorrência, ou não, do resultado não significa que a consideração deste seja absolutamente irrelevante. Significa, (...), que ele é irrelevante para efeitos da consumação do tipo de ilícito (que se verifica com a simples omissão da acção) e da pena aplicável, que é, em qualquer hipótese, a prevista no respectivo tipo legal. Mas a consideração do resultado é relevante para outros efeitos: desde logo, para a decisão da tipicidade e ilicitude da omissão (para a afirmação do tipo de ilícito omissivo), e para a determinação da pena concreta".

[1103] WESSELS, Johannes, p. 174.

[1104] TAVARES, Juarez, 2012, p. 418.

previdenciária;[1105] ou contra a ordem tributária.[1106] (Além disso, por simples ilustração, haveria omissão própria continuada na hipótese de um motorista que, em dias espaçados, deixasse, podendo fazê-lo, de prestar socorro a vítimas de acidentes de trânsito.)

5.3.3.4. Ação e omissão continuadas

Ainda se pode reconhecer como absolutamente possível a configuração delitiva continuada entre comportamentos omissivos e comissivos, destacadamente quando se tratar de formas diversas (a ação e a omissão da ação constituem valorações jurídicas da conduta)[1107] de perfectibilização do mesmo injusto penal.[1108]

5.3.3.5. Termos conclusivos

Correlatamente a todas as situações até aqui arroladas, apresenta-se, como de rigor, a configurabilidade do regramento do concurso de delitos em se tratando dos crimes omissivos. Como descreve Juarez Tavares, "descortinadas as questões relativas à unidade de pluralidade de omissões, será possível estender aos delitos omissivos todos os preceitos acerca do concurso de crimes previstos no Código Penal. Comportam, portanto, os delitos omissivos concurso material, concurso formal e crime continuado. Igualmente lhes são aplicáveis os critérios que disciplinam a unidade de delito: especialidade, consunção e subsidiariedade. Também haverá unidade de delito e, portanto, apenas uma omissão punível naquelas hipóteses em que tipo legal descreva várias modalidades de omissão, e o sujeito, no mesmo contexto, se tenha omitido várias vezes, simultânea ou sequencialmente. Por exemplo, se o funcionário retarda ato de ofício e, depois, se omite de praticá-lo, responderá apenas por um delito de prevaricação".[1109]

5.3.4. Das categorias típicas esparsas

Eventualmente, podem transparecer, *prima facie*, inaplicáveis, por diferentes ordens de consideração, os ditames da continuidade delitiva em face de certas figuras típicas singulares; sob tal enfoque, apenas em complementação à pesquisa que se de-

---

[1105] TRF3, ACR 51596-0001156-41.2007.4.03.6181, 1ª T., Rel. Des. Fed. Wilson Zauhy, j. 25.7.17; TRF1, ACR 0000751-88.2012.4.01.3819/MG, 4ª T., Rel. Des. Fed. Olindo Menezes, j. 24.7.17; TRF1, ACR 200538010032269, Rel. Des. Hilton Queiroz, 4ª TC, j. 2.7.13; STJ, *HC* 129641/SC, 6ª T., Rel. Min. Sebastião Reis Júnior, j. 4.9.12; STJ, AGRAI 1122035/PR, 5ª T., Rel. Min. Félix Fischer, j. 2.9.10; TRF4, ACR 0000415-54.2008.404.7113/RS, 7ª T., Rel. Des. Néfi Cordeiro, j. 8.2.11; e TRF3, ACR 2000.61.81.004836-0/SP, 2ª T., Relª. Desª. Cecília Mello, j. 29.3.11. No sentido de que, em tais crimes, posto que reiterados, não se podem aplicar os ditames da continuidade delitiva, mas, sim, apenas o reconhecimento de unicidade delitiva: TRF4, ACR 2002.71.00.050697-8/RS, Rel. Des. Amaury Athayde, 7ª T., j. 12.8.08.

[1106] TRF4, ENUL 2005.71.07.002138-9/RS, Rel. Des. Tadaaqui Hirose, j. 19.3.09. Por outro lado, a supressão de mais de tributo – mediante a unicidade de comportamento – não implicaria o concurso de crimes: STJ, RESP 1294687, Relª. Minª. Maria Thereza Moura, 6ª T., j. 15.10.13; TRF2, AC 200750010114259, Relª. Nizete Rodrigues, 2ª TE, j. 6.12.11; TJRS, ACR 70055076194, 4ª CC, Rel. Des. Gaspar Batista, j. 28.11.13; TJRS, ACR 70054905864, 4ª CC, Rel. Des. Gaspar Batista, j. 24.10.13; e TJRS, ACR 70053671996, 4ª CC, Rel. Des. Gaspar Batista, j. 3.10.13.

[1107] FRAGOSO, Heleno, 1961, p. 32.

[1108] TRF5, ACR 0017807-42.2007.4.05.8300, 4ª T., Rel. Des. Lazaro Guimarães, j. 28.4.09.

[1109] TAVARES, Juarez, 2012, p. 419.

senvolve, cabe indicar esses modelos típicos (bem como as decisões que os têm reconhecido à luz da disciplina do instituto do crime continuado). Não há, portanto, no terreno jurisprudencial, obstáculo à formação da continuidade no tocante às seguintes figuras típicas: lesões corporais praticadas no contexto de violência doméstica e familiar contra mulher,[1110] companheira,[1111] filhos,[1112] ou contra mãe e irmã;[1113] ameaças praticadas no contexto da Lei Maria de Penha contra ex-esposa,[1114] ex-companheira,[1115] ex-namorada[1116] ou mulher;[1117] manifestações preconceituosas (artigo 20, parágrafo 2º, da Lei 7.716/1989 c/c artigo 71 do Código Penal; *in casu*, ofensas contra a população nordestina brasileira em rede social);[1118] as condutas de introduzir em circulação moeda falsa (artigo 289, parágrafo 1º, do Código Penal) em diferentes contextos fáticos, nos quais houve mais de uma ação, contra vítimas diferentes, nas mesmas condições de tempo, lugar e modo de execução autorizam o seu reconhecimento ;[1119] crimes de incêncio circunstanciado consumado e tentado (artigo, 250, parágrafo 1º, inciso II, alínea "c", e artigo, 250, parágrafo 1º, inciso II, alínea "c", c/c artigo 14, inciso II, ambos do Código Penal);[1120] roubo com emprego de arma branca (inciso I do parágrafo 2º do artigo 157 do Código Penal)[1121] ou simulação do porte de arma nos atos executórios dos delitos;[1122] furto (consumado e tentado) privilegiado continuado (parágrafo 2º do artigo 155 do Código Penal);[1123] desvio de recursos públicos (artigo 1º, inciso I, do Decreto-Lei 201/67)[1124] ou aplicação indevida de verbas públicas (artigo 1º, inciso III, do Decreto-Lei 201/67)[1125] ou, ainda, deixar de prestar contas anuais da administração financeira do Município à Câmara dos Vereadores, ou ao órgão que a Constituição do Estado indicar (artigo 1º, inciso IV, do Decreto-Lei 201/67);[1126] injúria qualificada (artigo 140, parágrafo 3º, c/c artigo 141, inciso III, do Código Penal)[1127]

[1110] TJDFT, ACR 20141310041504, 3ª T., Rel. Waldir Leôncio Lopes Júnior, j. 8.6.17.

[1111] TJSP, ACR 0002504-38.2014.8.26.0438, 5ª CC, Relª. Desª. Cláudia Lúcia Fonseca Fanucchi, j. 27.7.17; e TJDFT, ACR 20150410054417, 2ª TC, Rel. Des. Silvânio Barbosa dos Santos, j. 20.7.17.

[1112] TJSP, ACR 0039168-89.2012.8.26.0001, 10ª CC, Rel. Des. Nelson Fonseca Júnior, j. 27.7.17.

[1113] TJSP, ACR 0001073-10.2014.8.26.0198, 16ª CC, Rel. Des. Leme Garcia, j. 18.7.17.

[1114] TJDFT, ACR 20150111294940, 1ª T., Relª. Desª. Sandra de Santis, j. 22.6.17.

[1115] TJDFT, ACR 20150910150816, 2ª T., Rel. Des. Roberval Casemiro Belinati, j. 17.8.17; TJDFT, ACR 20140110015084, 2ª CT, Rel. Des. Silvânio Barbosa dos Santos, j. 20.7.17; TJMG, AC 1.0209.15.006032-2/001, 4ª CC, Rel. Des. Eduardo Brum, j. 12.7.17; e TJSC, ACR 0000352-83.2013.8.24.0025, 3ª CC, Rel. Des. Ernani Guetten de Almeida, j. 11.7.17.

[1116] TJSP, ACR 0000813-63.2016.8.26.0132, 4ª CC, Rel. Des. Euvaldo Chaib, j. 25.7.17.

[1117] TJRJ, ACR 0012349-83.2014.8.19.0052, 5ª CC, Rel. Des. Luciano Silva Barreto, j. 13.7.17; TJSP, ACR 0003178-69.2016.8.26.0624, 3ª CC, Relª. Desª. Claudia Lucia Fonseca Fanucchi, j. 11.7.17; e TJPR, ACR 1594270-6, 1ª CC, Rel. Antonio Loyola Vieira, j. 1.6.17.

[1118] TRF3, ACR 58834/SP, 5ª T., Rel. Des. Fed. Paulo Fontes, j. 12.6.17.

[1119] TRF4, ACR 5000159-44.2017.404.7005, 7ª T, Rel. Gilson Luiz Inácio, j. 6.6.17; e TRF3, ACR 49201-0000045-47.2007.4.03.6108, 1ª T., Rel. Des. Fed. Hélio Nogueira, j. 11.7.17.

[1120] TJSC, ACR 0005837-25.2013.8.24.0038, 1ª CC, Rel. Des. Paulo Roberto Sartorato, j. 1.6.17.

[1121] TJMG, ACR 1.0702.16.040639-4/001, 4ª CC, Rel. Des. Corrêa Camargo, j. 3.7.17.

[1122] TJMG, ACR 1.0701.16.000726-9/001, 6ª CC, Rel. Des. Jaubert Carneiro Jaques, j. 4.7.17.

[1123] TJMG, ACR 1.0040.13.008126-4/001, 3ª CC, Relª. Desª. Maria Luíza de Marilac, j. 4.7.17.

[1124] TJSC, RCV 4015395-62.2016.8.24.0000, SC, Relª. Desª. Salete Silva Sommariva, j. 9.8.17; e TRF1, ACR 0008720-64.2010.4.01.3807/MG, 3ª T, Relª. Desª. Fed. Monica Sifuentes, j. 4.7.17.

[1125] TJMG, APO 1.0000.14.049107-7/000, 7ª CC, Rel. Des. Marcílio Eustáquio Santos, j. 6.7.17.

[1126] TRF1, *HC* 0011552-98.2017.4.01.0000/BA, 3ª T., Relª. Desª. Fed. Mônica Sifuentes, Relª.convª. j. 18.7.17.

[1127] TJSP, ACR 0058511-79.2016.8.26.0050, 14ª CC, Rel. Des. Laerte Marrone, j. 6.7.17.

ou injúria qualificada continuada (referente à religião judaica);[1128] furto qualificado consumado (rompimento de obstáculo) e furto simples tentado;[1129] furto qualificado pelo abuso de confiança (artigo 155, parágrafo 4º, inciso II, do Código Penal),[1130] furto qualificado pela fraude (artigo 155, parágrafo 4º, inciso II, do Código Penal)[1131] ou furto qualificado pelo rompimento de obstáculo (artigo 155, parágrafo 4º, inciso I, do Código Penal);[1132] furtos qualificados pelo concurso de agentes e pelo rompimento de obstáculos (artigo 155, parágrafo 4º, incisos I e IV, do Código Penal);[1133] furto qualificado pelo concurso de agentes (artigo 155, parágrafo 4º, inciso IV, do Código Penal) e furto qualificado pelo rompimento de obstáculos e pelo concurso de agentes (artigo 155, parágrafo 4º, incisos I e IV, do Código Penal);[1134] roubo duplamente majorado; roubo majorado e roubo simples;[1135] roubo simples e roubo duplamente majorado;[1136] roubos majorados consumados e roubos tentados;[1137] roubo simples consumado e roubo simples tentado;[1138] extorsão na forma continuada;[1139] extorsão simples e extorsão majorada pelo emprego de arma e concurso de agentes;[1140] peculato (artigo 312, *caput*, do Código Penal)[1141] ou peculato-furto (artigo 312, parágrafo 1º, do Código Penal);[1142] duplicata simulada (artigo 172, *caput*, do Código Penal);[1143] contrabando ([de cigarros] artigo 334, parágrafo 1º, alínea "d', do Código Penal);[1144] inserção de dados falsos em sistema de informações (artigo 313-A do Código Penal);[1145] dano qualificado (parágrafo único do artigo 163 do Código Penal);[1146] crime de quebra da ordem cronológica dos pagamentos com dinheiro público (artigo 92 da Lei 8.666/93);[1147] apropriação indébita de rendimentos do idoso em continuidade delitiva[1148] (artigo 102 da Lei 10.741/03,

---

[1128] TJSP, ACR 0089543-39.2015.8.26.0050, 10ª CC, Rel. Des. Francisco Bruno, j. 10.8.17.

[1129] TJSP, ACR 0025491-34.2015.8.26.0050, 3ª CC, Rel. Des. Airton Vieira, j. 11.7.17.

[1130] TJSP, ACR 3001844-12.2013.8.26.0637, 3ª CC, Rel. Des. Airton Vieira, j. 25.7.17; e TJPR, ACR 1564222-1, 5ª CC, Rel. Des. Jorge Wagih Massad, j. 13.7.17.

[1131] TJRJ, ACR 0039556-89.2014.8.19.0203, 3ª CC, Rel. Des. Antônio Carlos Nascimento Amado, j. 11.7.17.

[1132] TJSP, ACR 0018054-21.2016.8.26.0562, 14ª CC, Rel. Des. Laerte Marrone, j. 3.8.17.

[1133] TJRS, ACR 70073348963, 7ª CC, Rel. Des. José Antônio Daltoe Cezar, j. 27.7.17.

[1134] TJSC, ACR 0002310-23.2016.8.24.0018, 1ª CC, Rel. Des. Paulo Roberto Sartorato, j. 27.7.17.

[1135] TJRS, ACR 70073955171, 7ª CC, Rel. Des. José Antônio Daltoe Cezar, j. 27.7.17; e TJRS, AC 70074081969, 6ª CC, Rel. Des. Aymoré Roque Pottes de Mello, j. 13.7.17.

[1136] TJRS, ACR 70073825457, 8ª CC, Rel. Des. Dálvio Leite Dias Teixeira, j. 26.7.17.

[1137] TJMG, ACR 1.0024.15.094461-9/001, 6ª CC, Rel. Des. Rubens Gabriel Soares, j. 18.7.17.

[1138] TJRJ, ACR 0011463-05.2015.8.19.0067, 8ª CC, Relª. Desª. Adriana Lopes Moutinho, j. 26.7.17.

[1139] TJRS, ACR 70074095704, 5ª CC, Relª. Desª.Cristina Pereira Gonzales, j. 30.8.17.

[1140] TJRS, ACR 70073570350, 8ª CC, Relª. Desª. Isabel de Borba Lucas, j. 26.7.17.

[1141] TJRS, ACR 70072528912, 4ª CC, Rel. Des. Sandro Luz Portal, j. 20.7.17.

[1142] TRF5, ACR 14737/PB, 3ª T., Rel. Des. Fed. Sérgio Murilo Wanderley Queiroga, j. 20.7.17; e TJMG, AC 1.0024.11.190467-8/001, 2ª CC, Relª. Desª. Beatriz Pinheiro Caires, j. 13.7.17.

[1143] TJRS, AC 70074047523, 7ª CC, Rel. Des. José Antônio Daltoe Cezar, j. 27.7.17; e TJSP, AC 0022061-19.2013.8.26.0576, 14ª CC, Rel. Des. Laerte Marrone, j. 20.7.17.

[1144] TRF1, ACR 0052699-29.2012.4.01.3800, 4ª CC, Rel. Des. Fed. Néviton Guedes, j. 18.7.17.

[1145] TJSP, ACR 0001341-42.2015.8.26.0097, 5ª CC, Rel. Des. Juvenal Duarte, j. 31.8.17; TRF3, ACR 47741-0006915-59.2003.4.03.6105, 11ª T., Rel. Des. Fed. Nino Toldo, j. 25.7.17; e TRF3, ACR 57353-0017375-27.2011.4.03.6105, 1ª T., Rel. Des. Fed. Wilson Zauhy, j. 11.7.17.

[1146] TJMG, ACR 1.0120.15.001794-1/001, 4ª CC, Rel. Des. Doorgal Andrada, j. 19.7.17.

[1147] TJRS, ACR 70057463176, 4ª CC, Rel. Des. Ivan Leomar Bruxel, j. 27.7.17.

[1148] TJSP, ACR 0007984-68.2013.8.26.0361, 3ª CC, Relª. Desª. Cláudia Lúcia Fonseca Fanucchi, j. 1.8.17; e TJRS, ACR 70073877250, 8ª CC, Relª. Desª. Isabel de Borba Lucas, j. 3.7.17.

para cuja perfectibilização é imperioso que o agente se aproveite também do fato específico de a vítima ser, no mínimo, sexagenária); crime de disponibilização de material com conteúdo pedófilo (artigo 241-A do Estatuto da Criança e do Adolescente) na modalidade continuada;[1149] crime ambiental (inserção de dados falsos em estudos arqueológicos – artigo 69-A, parágrafo 1º, da Lei 9.605/98);[1150] crime de sonegação de contribuição previdenciária (artigo 337-A, inciso III, do Código Penal) na forma continuada;[1151] crime de atentado contra a segurança de transporte fluvial (artigo 261, *caput* e parágrafo 2º, do Código Penal) na modalidade continuada;[1152] favorecimento de prostituição ou outra forma de exploração sexual de adolescentes (artigo 218-B, parágrafos 1º e 2º, inciso II, do Código Penal) na forma continuada;[1153] revenda continuada de combustível derivado de petróleo em desconformidade legal (artigo 1º, inciso I, da Lei 8.176/91);[1154] entre outras.

5.3.5. Observações finais

Esse quadro demonstra, sem qualquer nota destoante, as extremadas polêmicas conceituais que se estabelecem no reconhecimento do delito continuado. De qualquer sorte, recorda-se que a razão de ser da continuidade delitiva está visceralmente relacionada a uma questão de Política Criminal, tendo sido o instituto criado exatamente para beneficiar o delinquente.

Parece certo, nessa dimensão, que o melhor entendimento exegético sobre essas expressões definidoras do crime continuado é aquele amplo, que requer que os crimes apresentem idêntica estrutura jurídica, não se exigindo identidade absoluta (não devendo, portanto, necessariamente, enquadrar-se em um mesmo dispositivo legal). Essa é a definição que melhor traduz a própria essência da continuidade delituosa, construída "a partir de inspiração benigna, que deve dominar a compreensão do instituto. Viola a ideia do crime continuado uma interpretação demasiadamente restritiva, no sentido, por exemplo, de que da mesma espécie são apenas as infrações ao mesmo artigo de lei".[1155] No que tange a este último aspecto, aliás, Fernando Galvão observa que "a referência legal à espécie demonstra a preocupação do legislador em relacionar o instituto do crime

---

[1149] TRF5, ACR 14893/RN, 4ª T., Rel. Des. Fed. Rubens de Mendonça Canuto, j. 1.8.17.

[1150] TRF1, ACR 0041334-75.2012.4.01.3800/MG, 3ª T., Rel. Des. Fed. Ney Bello, j. 9.8.17.

[1151] TRF1, ACR 0005820-23.2009.4.01.3200/AM, 3ª T., Rel. Des. Fed. Ney Bello, j. 9.8.17.

[1152] TRF1, ACR 0007471-22.2011.4.01.3200/AM, 3ª T., Rel. Des. Fed. Ney Bello, j. 8.8.17.

[1153] TJSC, ACR 0005596-32.2011.8.24.0067, 2ª CC, Relª. Desª. Salete Silva Sommariva, j. 15.8.17.

[1154] TJSP, ACR 0085245-50.2004.8.26.0224, 4ª CC, Rel. Des. Luís Soares de Mello, j. 29.8.17.

[1155] Comentários de Jurisprudência, 1980, p. 133. Como bem remarca René Ariel Dotti (1969, p. 183), ainda essa fórmula menos abrangente "cai em crise, apesar da aparente estabilidade, quando se defronta com os casos de erro acidental. Suponha-se a hipótese do agente que, após ter consumado o estelionato contra Mevius, usando o expediente de vender um bilhete de loteria supostamente premiado, por importância grandemente elevada, alegando impossibilidade de viajar para o local onde seria pago o prêmio e argumentando com a necessidade premente de receber parte do que lhe cabia em razão do sorteio, repete, horas após e no mesmo local, (estação rodoviária, por exemplo) o processo executivo contra Tercius, alcançando êxito na reiteração da fraude, porém desconhecendo que a segunda vítima é menor de 18 anos, resultando daí que o crime agora passe a ser o abuso de incapaz. Não se poderia negar, em tal caso, a 'injustiça' da solução judicial em afirmar o concurso material, fundado na diversidade de crimes quanto às espécies típicas, embora os demais requisitos objetivos e também a unidade de resolução, estivessem presentes, depondo em favor da continuação".

continuado à determinada classificação de crimes",[1156] por cuja noção, por óbvio, somente seria admitido o crime continuado entre delitos da mesma espécie, e não do mesmo gênero. Apesar disso, mesma espécie não implica mesmo tipo, porquanto o legislador, ao se referir à espécie, tornou nítido que "pretendeu incluir crimes diversos em uma mesma espécie. Portanto, deve-se entender por crimes da mesma espécie todos aqueles constantes do mesmo Capítulo do Código Penal, sendo que o Título constitui a classificação genérica dos crimes que visam a proteger um mesmo bem jurídico".[1157]

Não há, assim, nesse aspecto, plausibilidade em se dificultar a aplicação da regra do crime continuado a partir de restritivo alcance interpretativo aos seus elementos configuradores. Ainda uma vez, apresenta-se questão exegética, na qual a análise da intenção do legislador (método teleológico) se coloca como fundamental para a descoberta do real sentido da norma, sendo que "a consideração do escopo da lei, como elemento da *ratio legis*, constitui inteiro seguro para iluminar o sentido da norma, dando-lhe o conteúdo valorativo, que é a essência da interpretação".[1158] A própria criação do instituto se justifica (como "medida de política criminal, de equidade, que, todavia, se compadece com o Direito Penal da culpa, uma vez que os elementos objetivos que o caracterizam indicam uma culpabilidade diminuída",[1159] visto que "os crimes concorrentes colocam-se em uma sequência na qual o crime que se praticou facilita a renovação da conduta delituosa")[1160] e se expressa a partir da intenção benéfica que deve, em última instância, dominar a sua compreensão.

Importante destacar que o Projeto de Lei 3.473/00 estabeleceu a substituição da expressão "crimes da mesma espécie" por "crimes que ofendam o mesmo bem jurídico". Essa mudança, com certeza, afastaria o antigo entendimento de que "crimes da mesma espécie" significam delitos idênticos; no entanto, ainda deixaria a desejar, porque existem situações em que se mostra presente a continuidade delitiva em crimes que não ofendem o mesmo bem jurídico. De qualquer sorte, não há como se deixar de reconhecer que a mudança legislativa representaria um avanço do instituto, no sentido de aportar maior clareza técnico-legislativa à categoria em análise.

Em termos gerais, em face da consideração de que se cuida de um crime tão somente em prosseguimento contínuo, os diferentes fatos puníveis que se reiteram e se incorporam na cadeia continuada têm ampla combinação (tais como: consumados ou tentados; comissivos ou omissivos; dolosos, culposos ou preterdolos; materiais, formais ou de simples atividade; entre outras), não se lhes impondo quaisquer obstáculos *a priori*.

5.4. DA CONEXÃO TEMPORAL

Outro dado configurador[1161] do crime continuado que se mostra, às inteiras, de difícil conceituação – notadamente se se ativer à jurisprudência – é o da conexão

[1156] GALVÃO, Fernando, p. 933.
[1157] GALVÃO, Fernando, p. 933.
[1158] FRAGOSO, Heleno, 1982, p. 131.
[1159] REALE JÚNIOR, Miguel; e outros, p. 194.
[1160] REALE JÚNIOR, Miguel; e outros, p. 196-7.
[1161] São dados configurantes aqueles indicados ao magistrado para determinar a presença (ou não) da continuação delituosa. Trata-se de dados objetivos (tempo, lugar, forma de execução e outros semelhantes).

temporal.[1162] (Discute-se, para além disso, se esse dado é essencial à configuração do delito continuado;[1163] com efeito, a ensamblagem de delitos homogêneos sucessivos praticados *ex intervallo*, à luz do vínculo de continuação, pode prescindir, para a sua plenificação, eventualmente, de certos elementos [por óbvio, os acidentais ou secundários], entre os quais o da conexão [ou da sucessividade] temporal, cuja ausência, em geral, não é de molde a obstaculizar o reconhecimento da disciplina da continuidade delitiva.)

A imprecisão conceitual apresentada pela doutrina também importa em impossibilidade de se estabelecer uma definição segura desse aspecto modal configurante da continuação criminosa.[1164] Como exemplo disso, aponta-se a formulação (carente de objetividade e precisão) ofertada por Aníbal Bruno, quando sustenta: "não se impõe unidade de tempo ou de lugar, mas a distância entre os fatos ou a diversidade de lugares não deve ser tal que exclua a ideia da realização continuada de um só crime".[1165]

Resume essa dificuldade conceitual a doutrina, quando destaca: "os crimes que serão considerados continuação do primeiro devem ter ocorrido dentro de algum tempo depois. Como mensurar essa quantidade de tempo, com base em quais critérios? Este é um problema de difícil solução";[1166] e, a seguir, responde o autor em causa, em definição que alude ao aspecto subjetivo da atuação do agente, sustentando: "não se pode realizar análise meramente aritmética, mas entre os crimes deve mediar tempo que indique a persistência de certo liame psíquico que sugira uma sequência entre os dois fatos".[1167]

Aqui, tem-se o que se pode denominar de – como diz Edgard Magalhães Noronho (p. 275) – "analogia *intra legem*: a lei faculta a investigação de circunstâncias que se assemelham às enunciadas e que podem revelar o delito continuado".

[1162] Nélson Hungria (1958, p. 165) esclarece que, segundo a doutrina alemã, se denomina de "conexão temporal adequada". Em termos jurisprudenciais: STF, *HC* 110250/MS, 2ª T., Rel. Min. Joaquim Barbosa, j. 26.6.12; e STF, 106173/PR, 1ª T., Relª. Minª. Rosa Weber, j. 19.6.12.

[1163] É o que também informa Thomaz Shintati (p. 293): "há os que afirmam que as condições de tempo não são essenciais à existência da continuidade, desde que outras circunstâncias indiquem a sua existência (RT, 404/113, 465/330; JTACrSP, Lex, 44/31, 50/400). Mas há, também, os que afirmam que a ausência de conexão temporal entre os delitos da mesma espécie impedem o reconhecimento do crime continuado (RT, 388/306; RJTJSP, Lex, 50/372, 55/314, 57/387, 62/346; JTACrSP, Lex, 9/62, 29/65, 43/154, 63/163, 68/56)". Na jurisprudência: TJRS, AG 70040936346, 7ª CC, Rel. Des. Sylvio Baptista Neto, j. 10.2.11. Ainda: TACSP, Rel. Gonçalves Sobrinho, JUTAC 18/31.

[1164] Não é recente a discussão sobre esse aspecto do delito continuado nos domínios da dogmática criminal. Francesco Carrara (p. 451-2, § 535) ofereceu a ideia da descontinuidade, no sentido de que entre os vários fatos deveria haver intervalos suficientes para romper a unidade de ação, quando doutrinava: "la *unità di tempo* non è una unità *assoluta* umanamente possibile. Sicchè il criterio della *continuazione*, con un'apparente anfibologia, bisognerà desumerlo dalla *discontinuazione*. Guardare cioè se vi fu *intromissione* di *atti*. Se gli atti saranno *continuati materialmente*, com più facilità si dirà che non furono *continuati giuridicamente*; che costituiscono diversi momenti di *una sola azione* criminosa; e che abbiamo il delitto *unico*. Se saranno *discontinuati materialmente*, sicchè si abbia un intervallo rappresentante interrompimento *dell'azione* criminosa, si potrà com più facilita accettare la idea non solo di *più atti*, ma bene di *più azioni* distinte; e così escludere affatto il delitto *unico* per ravvisare i *più delitti*; quando vi furono diverse risoluzioni; o il delitto *continuato* se vi fu la unità di determinazione". Por outra banda, Vincenzo Manzini (1949, p. 428), ao refutar a tese de Carrara, afirmava: "pero el decir que la continuidad debe deducirse de la discontinuidad no es otra cosa que un juego de palabras, a propósito para producir confusión en lugar de claridad".

[1165] BRUNO, Aníbal, 1976, p. 170.

[1166] TELES, Ney Moura, p. 445.

[1167] TELES, Ney Moura, p. 445.

A inexistência de um critério geral objetivo tem contribuído para que vicejem interpretações judiciais (passíveis de serem qualificadas como) aberrantes; nesse rumo, concluem Cezar Roberto Bitencourt e Luiz Regis Prado: "na ausência de critérios, tem-se cometido os maiores absurdos jurídicos na jurisprudência pátria, chegando alguns acórdãos, descriteriosamente, a admitir a continuidade de crimes com intervalos de seis, dez e até 12 meses. Cabe indagar: sobraria o que para o concurso material?".[1168] Os tribunais superiores, seguramente pretendendo dar uma precisão maior ao conceito, estabelecem que não se configura a *fictio juris* quando existir, entre as condutas, lapso superior a trinta dias;[1169] e essa noção tem sido, de um modo geral, adotada pelos tribunais inferiores, ainda que o intervalo de um dos crimes parcelares tenha ultrapassado apenas um dia àquela orientação, sob pena de banalização do instituto do crime continuado e de concessão de tratamento mais benigno indevido ao condenado.[1170] Não obstante, a elasticização interpretativa desse elemento também tem sido reconhecida pela jurisprudência.[1171]

No fundo, o fator temporal – como elemento ensejador do instituto – envolve as condutas sequenciais e delinquenciais que se estabelecem a partir do crime inicial (ou de referência) do delito continuado; tais comportamentos ilícitos, por imposição lógica, se devem realizar de modo temporalmente espaçado, não só do crime de referência, mas entre todas as demais que houver. Com isso, posto que não haja um critério rigidamente estabelecido, "a razoabilidade no encadeamento temporal das ações serve para dizer – em cotejo com os outros elementos delineadores do crime em continuação – se o caso é de crime continuado ou se é de outra espécie de concurso de delitos",[1172] ou seja, não se considera, realmente, o requisito temporal de modo rígido, matemático, senão em obediência às peculiaridades dos casos concretos, em cujo cenário se poderá ter, com mais amplitude, a dimensão do nexo de continuidade; de qualquer forma, se houver dúvida, e a regra da continuidade se mostrar, com efeito, mais benéfica ao agente, ela deverá prevalecer, haja vista o princípio do *in dubio pro reo.*

[1168] BITENCOURT, Cezar Roberto; PRADO, Luiz Regis, 1999, p. 273.

[1169] STJ, RESP 1196358/SP, Rel. Min. Néfi Cordeiro, 6ª T., j. 2.6.15; STJ, 139488/ RS, 5ª T., Rel. Adilson Macabu, j. 5.6.12; STJ, R*HC* 24125/SC, 5ª T., Rel. Min. Marco Aurélio Bellizze, j. 1.12.11; STJ, 206227/ RS, 5ª T., Rel. Min. Gilson Dipp, j. 6.10.11; STF, *HC* 106173, Relª. Minª. Rosa Weber, 1ª T., j. 19.6.12; TJRS, ACR 70054501473, 1ª CC, Rel. Julio Finger, j. 13.11.13; TJRS, AG 70055409916, 3ª CC, Rel. Des. Jayme Weingartner Neto, j. 7.11.13; e TJRS, ACR 70056134687, 6ª CC, Rel. Des. Ícaro Osório, j. 25.10.13.

[1170] TJPR, RA 1452198-7, Rel. Des. Renato Barcellos, 4ª CC, j. 31.3.16.

[1171] TRF1, AEX 0009712-43.2015.4.01.4100/RO, 4ª T., Rel. Des. Fed. Olindo Menezes, j. 24.7.17; TRF3, ACR 0006948-97.2013.4.03.6105, Rel. Des. Paulo Fontes, 5ª T., j. 24.8.15; TRF4, ACR 5002312-12.2010.404.7000, 8ª T., Rel. Des. Paulo Brum Vaz, j. 23.10.13; TJRS, AG 70055217616, 3ª CC, Rel. Des. Diógenes Ribeiro, j. 17.10.13; TRF4, ACR 0009228-15.2008.404.7002, 8ª T., Rel. Des. Paulo Brum Vaz, j. 21.8.12; TRF2, ACR 2007.51.01.806906-3, 1ª TE, Rel. Aluísio Mendes, j. 22.4.09; TACSP, 16ª C, ACR, v. u., Rel. Eduardo Pereira; Bol. IBCCrim 28/95. (Jurisprudência citada por FRANCO, Alberto Silva, e outros, 1999, p. 3462.) José Paulo Baltazar Junior (2000, p. 170) também interpreta, de modo abrangente, esse elemento corporificador do delito continuado, ao afirmar que "o intervalo de um ou dois meses não será suficiente para descaracterizar a cadeia de continuidade pelo fator temporal". De qualquer sorte, a posição jurisprudencial mais rígida continua prevalente: TJRS, EIN 70053362042, 2º GCC, Rel. Des. Gaspar Batista, j. 9.8.13.

[1172] CARVALHO, Ivan, p. 495. Em termos jurisprudenciais: TRF4, *HC* 5022707-63.2016.404.0000, Relª. Desª. Cláudia Cristofani, 7ª T., j. 14.6.16; TRF4, AC 5021030-86.2012.404.7000, Rel. p/a Des. Leandro Paulsen, 8ª T., j. 9.3.16; e TRF3, ACR 0011195-84.2011.4.03.6140, Rel. Des. Paulo Fontes, 5ª T., j. 20.7.15.

Em sentido diverso – e originária e integralmente desaderente àquele que se formou ao longo dos anos nos terrenos doutrinário e jurisprudencial –, registra-se o entendimento segundo o qual "quando a lei fala em condições de tempo não está querendo limitar no tempo os delitos, essência mesmo de continuidade, mas, sim, quer que seja verificado o tempo no sentido de horário, por exemplo, crimes cometidos sempre à noite, ou nos horários de maior movimento do comércio. E também significando fenômenos da natureza, *v. g.*, crimes cometidos sempre que estivesse chovendo, devido a uma particular facilidade apresentada ao agente. E até mesmo significando estações do ano, como aqueles em que são vítimas os turistas, veranistas em determinadas épocas ou estações e, também, por hipótese, quando o agente, fora das temporadas, entre estas ou anualmente, arromba casas de recreio de determinada cidade".[1173]

5.4.1. Da conexão temporal e do crime de sonegação fiscal

Questão interessante e de absoluta pertinência a esse tema da conexão temporal se apresenta a relacionada ao reconhecimento do delito continuado em se tratando de crimes de sonegação fiscal.[1174] [1175] *Ad exemplum*, o agente omitiu dados nas declarações de Imposto de Renda Pessoa Física relativas aos anos-calendário de 1990, 1991, 1992, 1993 e 1994, exercícios de 1991 a 1995, vindo a responder criminalmente por tais fatos. Na sentença condenatória, o magistrado afastou a regra do delito continuado, ao decidir: "o espaço temporal entre um fato e outro, afasta qualquer possibilidade de ser admitida a continuidade delitiva, na forma do artigo 71, do Código Penal",[1176] uma vez que o lapso decorrido é "próximo de um ano, portanto, muito superior a trinta dias, que é o tempo máximo, às vezes, aceito pelos tribunais",[1177] aplicando-se-lhe, a seguir, a regra do concurso material de crimes.

Deve, entretanto, argumentar-se que, ao se buscar o reconhecimento da ação continuada nessa modalidade típica, o crime de sonegação de imposto de renda somente pode ser perpetrado uma vez por ano. Desse modo, quem prestou declaração falsa ou omitiu, total ou parcialmente, informação devida à Receita Federal, com a intenção de eximir-se do pagamento do imposto de renda, durante cinco anos consecutivos, cometeu,

---

[1173] PINHEIRO, José Rodrigues, 1985, p. 94-5.

[1174] Pedro Decomain (p. 70-1) disserta que existe a possibilidade de ocorrência de crime continuado nos delitos previstos no art. 1º da Lei 8.137/90: "tributos há que são recolhidos em períodos de tempo relativamente próximos, geralmente de forma mensal. É o que ocorre, por exemplo, com o ICMS e com o IPI. Também as contribuições devidas à Previdência Social são recolhidas mensalmente. Nesses casos, se a cada mês o contribuinte envida qualquer das práticas previstas pelos incisos do art. 1º, ou mesmo várias delas ao mesmo tempo, para reduzir ou suprimir tributo, ocorrerá nítido caso de crime continuado. Estarão presentes vários crimes, realizados através de ações ou omissões todas semelhantes, com nítida proximidade temporal". Em termos jurisprudenciais: STF, AI 768149/RJ, Rel. Min. Cezar Peluso, j. 16.8.12; TRF4, ACR 0000891-04.2008.404.7207, 7ª T., Rel. Des. Élcio Castro, j. 8.8.12; e TRF4, ACR 0002074-70.2004.404.7103, 8ª T., Rel. Des. Luiz Penteado, j. 1.8.12.

[1175] Relativamente às conexões entre o crime continuado e o delito de sonegação de contribuição previdenciária, interessante a seguinte decisão: TRF4, ACR 2002.04.01.021399-2, Rel. Des. Paulo Vaz, 8ª T., j. 12.11.03.

[1176] Sentença condenatória prolatada na ação penal 96.00.04981-5 (SC).

[1177] Sentença condenatória prolatada na ação penal 96.00.04981-5 (SC).

a bem da verdade, esses crimes de forma continuada,[1178] cuja incidência se apoiaria na seguinte linha de raciocínio: de um lado, o fator temporal é inessencial, e, de outro, os tribunais examinam a ocorrência do instituto do crime continuado caso a caso, de modo que, sem maiores dificuldades, se tem admitido a presença dessa figura jurídica em lapsos bem mais alongados, até mesmo de um ano.[1179]

De qualquer sorte, apesar de a burla na declaração, em se cuidando de sonegação do imposto de renda, se produzir, tão só, uma vez ao ano, os fatos geradores, com efeito, ocorrem mensalmente, o que torna recomendável, sob todos os títulos, também por esse motivo, a unificação das condutas à luz do crime continuado.[1180] Pode aventar-se, ainda, a construção jurisprudencial segundo a qual a sonegação de tributos precisa ser observada *en bloc*, na medida que o bem jurídico tutelado, *in casu*, é a ordem jurídica tributária com um todo;[1181] com isso, avança-se na consideração da existência de um crime único *tout court*, desprezando-se o aumento da pena representada pelo crime continuado. Da mesma forma, a orientação jurisprudencial em conformidade com a qual se deve afastar a regra da continuidade delitiva e, assim, afirmar a presença de um delito único *stricto sensu*, porquanto a intenção do agente de lesar o Fisco é única, apesar de executada por meio de diversas ações.[1182] De outro prisma, posto que haja um inegável propósito benéfico endereçado ao condenado, tais construções jurisprudenciais não espelham, segundo se entende, a melhor compreensão sobre a estrutura do delito continuado: por um lado, o fato de haver a unicidade do bem jurídico não autoriza, *ipso facto*, a configuração do crime único. Imagine-se, por exemplo, a hipótese em que o mesmo agente administrasse duas empresas, com atividades distintas, e em ambas houvesse omissões tributárias; nesta hipótese, o mesmo agente causa ataque ao mesmo bem jurídico ("como um todo"), mas, por óbvio, seriam identificados, ao menos, dois crimes (relacionados às duas empresas); logo, não é o bem jurídico que define a presença de um crime único; por outro lado, o elemento subjetivo não tem relevância, sob todos os títulos, para a configuração do crime continuado.

[1178] A tese foi sustentada pelo advogado Ney Fayet em razões de apelação (ação penal 96.00.04981-5 [SC]) ao TRF4, ACR 2000.04.01.036932-6. Caso bastante assemelhado pode ser encontrado no RESP 172375/RS, Rel. Min. Arnaldo da Fonseca, 5ª T., do STJ. "Crime contra a ordem tributária. Lei 8.137/90, Art. 1º, Inc. I. (...). Continuidade delitiva, art. 71 do CP. (...). 5. Se o crime consiste em omitir tributos e prestar declarações falsas à autoridade fazendária com vistas a suprimir ou reduzir o pagamento, é possível considerá-lo continuado para fins de cálculo da pena, mesmo que entre as declarações tenha se passado um ano, pois é exatamente este o prazo para a prática de tal ato" (TRF4, ACR 2000.04.01.024979-5, Rel. Des. Vladimir Freitas, 7ª T., j. 3.6.03).

[1179] TRF4, AC 5000924-28.2011.404.7004, Rel. Des. Francisco Donizete Gomes, 7ª T., j. 26.1.16; TRF4, ACR 5001145-51.2011.404.7120, Rel. p/a Victor Laus, 8ª T., j. 12.8.15; TRF4, ACR 0000933-75.2007.404.7211, 7ª T., Rel. Des. Luiz Canalli, j. 15.5.12; TRF5, ACR 0000329-15.2007.4.05.8302, 3ª T., Rel. Paulo Lima, j. 28.5.09; e TRF4, ACR 1999.04.01.071196-6/SC, Rel. Des. João Gebran Neto, 2ª T., j. 21.9.00.

[1180] TRF4, ACR 2008.71.20.000442-9, 8ª T., Rel. Leandro Paulsen, j. 14.6.17; TRF4, AC 5025047-67.2014.404.7107, Rel. Des. p/a José Gimenes, 7ª T, j. 24.5.16; e ACR 2000.04.01.16467-4/SC, Rel. Des. Fábio Rosa, da 7ª T., TRF4, DJU 3.10.01.

[1181] TJRS, EINUL 70068995331, Rel. Des. João Tovo, 2ª GCC, j. 10.6.16; TJRS, AC 70066563271, Rel. Des. Newton Leão, 4ª CC, j. 14.4.16; TJRS, AC 70063718662, Rel. Des. Newton Leão, 4ª CC, j. 17.3.16; e TRJS, EINUL 70066308933, 2º GCC, Rel. Des. Sérgio Blattes, j. 13.11.15.

[1182] TJRS, AC 70066006537, 4ª CC, Rel. Des. Rogério Leal, j. 5.11.15; e TJRS, AC 70063808711, 4ª CC, Rel. Des. Ivan Bruxel, j. 20.8.15.

5.4.2. Da postura que se adota

Antes de mais, é importante deixar claro que esse elemento configurador da continuidade delitiva é, sem espaço para dúvida, inessencial, ou seja, a sua (eventual) ausência não se apresenta como obstáculo à reunião dos diferentes crimes assemelhados à luz da disciplina do instituto em causa.

Por outro lado, como se tem sustentado ao longo deste trabalho, o crime continuado tem nítida vocação benéfica, e destina-se, precipuamente, à individualização da reprimenda, ao se apoiar em princípios de Política Criminal que visam ao perfeito ajustamento da pena às condições do condenado. Dessa forma, pode concluir-se, em relação a esse dado de materialização do instituto, que não se deve adotar um critério cerrado, inflexível ou invariável em sua interpretação, senão um que se mostre consentâneo aos motivos pelos quais a legislação incorporou a figura do crime continuado: permitir um apenamento justo (à luz de uma orientação político-criminal) e humanitário (à luz dos modernos postulados de um direito penal liberal e dos direitos humanos).[1183]

Sucede, então, que intervalos temporais excessivamente alargados podem implicar uma modificação expressiva da situação objetiva, desfazendo, por conseguinte, a unidade de ocasião sobre a qual se constrói a figura jurídica em comento; sem embargo, esse fato deverá ser examinado em um contexto de avaliação ampla, tendo um protagonismo absolutamente secundário, pois, em última análise, se cuida de uma unificação artificial de comportamentos ilícitos (e, por via de consequência, de punições), inspirada (e aplicada) em benefício do agente.[1184] A seu turno, René Ariel Dotti reforça, finalmente, que é "arbitrário e sem nenhuma correspondência com a natureza política do delito continuado a fixação de um prazo entre as condutas sucessivas para o seu reconhecimento".[1185]

5.5. DA SEMELHANÇA DE LUGAR

Aqui, apresenta-se o requisito geográfico (também denominado de "unidade de lugar") para a existência do delito continuado.

Ainda uma vez, as locuções abertas lançadas (que se mostram imprecisas e variáveis) pelo Código Penal para configurar a continuidade delitiva ("condições de lugar", artigo 71, *caput*) deram curso para que a jurisprudência se desenvolvesse extraordinariamente, abrindo-se um leque bastante amplo de interpretações acerca desse ponto. Para Nélson Hungria, "a condição de lugar é a unidade concreta do *ubi* do crime".[1186]

Insiste-se que, como a lei penal não definiu quais são as condições de lugar, a jurisprudência chamou a si tal tarefa, desenvolvendo, às inteiras, a sua criatividade (em

---

1183 TACSP, Rec. 56.483, Rel. Valentim Silva, j. 31.10.72.

1184 Como adverte José Antón Oneca (2000, p. 203) sobre a difícil determinabilidade dos elementos configuradores do instituto do crime continuado, "cierta es la dificuldad, pero no lo es menos que los Tribunales se ven precisados a vencerlas cotidianamente por ineludibles necesidades prácticas. La superación de aquellos obstáculos sólo puede realizarse mediante una cierta amplitud del arbitrio judicial, como en rigor se viene haciendo con mayor o menor tino, pues el delito continuado no permite el patrón fijo, sino que es la resultante de una impresión de conjunto".

1185 DOTTI, René Ariel, 2013b, p. 2.

1186 HUNGRIA, Nélson, 1977, p. 339.

cujo exercício grassam as incertezas). A mais disso, em relação específica a esse elemento configurador do crime continuado, há quem o entenda como inessencial para que se desenhe a figura da criminalidade continuada;[1187] chegando mesmo a afirmar-se que a realização de condutas em diferentes lugares seria um problema de processo penal e, por conseguinte, estranho à figura do delito continuado.[1188] Em suma, revela notar que se trata de uma espécie de conexidade especial a entrelaçar os diversos crimes parcelares, cuja interpretação não deve ser empreendida de modo estreito, a ponto de obstaculizar o reconhecimento da figura legal do crime continuado em face de situações em que o distanciamento – entre os delitos componentes – se apresente mais ou menos significativo.[1189]

Nessa quadra, entende-se como semelhantes condições de lugar entre crimes praticados em cidades diversas da "mesma região metropolitana";[1190] na "mesma região socioeconômica" ou em "cidades próximas";[1191] também entre "comarcas vizinhas";[1192] "comarcas limítrofes ou próximas";[1193] "localidades vizinhas";[1194] "cidades diversas, desde que integrados na mesma região sociogeográfica e com facilidade de acesso";[1195] "bairros e localidades próximas integrados à comarca";[1196] "locais próximos um do outro";[1197] "comarcas contíguas";[1198] "mesma comunidade";[1199] entre outras.[1200]

Por outro lado, negando a existência da *fictio juris*, por não estar preenchido esse requisito objetivo, a jurisprudência aponta: "cidades diferentes, pertencentes a territó-

---

[1187] Destaca, de outro giro, Ladislau Röhnelt (2011, p. 674) que "a circunstância de lugar também, por si só, não configura nem impede que se configure o crime continuado. (...). Tudo dependerá, entretanto, das circunstâncias do caso concreto". A seu turno, Thomaz Shintati (p. 293) informa: "há os que afirmam não ser essencial (...) as condições de lugar, desde que outras circunstâncias indiquem a sua configuração (JTACrSP, Lex, 24/52, 43/141). Mas há, também, os que afirmam que a ausência da conexão espacial impede o reconhecimento do crime continuado (RT, 551/370; JTCrSP, Lex, 42/80, 47/348)". No sentido da essencialidade: STJ, *HC* 174900/SP, 6ª T., Rel. Min. Sebastião Reis Júnior, j. 13.12.11. Manoel Pedro Pimentel (1969, p. 146), a sua vez, bem disserta sobre a inessencialidade do elemento 'semelhança de lugar': "a circunstância do lugar, também, por si só, não define e não obsta o reconhecimento da continuação. No mesmo exemplo do caixeiro viajante, pode haver continuação delituosa dos crimes de apropriação indébita, praticados em várias cidades do seu itinerário". Ainda: TACSP, REV 106.718, Rel. Barros Monteiro, j. 2.9.81 (decisão retirada de Jurisprudência brasileira criminal, 28, 1992, p. 209).

[1188] CASTIÑEIRA PALOU, María Teresa, p. 171.

[1189] CARVALHO, Ivan, p. 495.

[1190] TRF2, ACR 2007.51.01.806906-3, 1ª TE, Rel. Aluisio Mendes, j. 22.4.09.

[1191] DELMANTO, Celso; e outros, p. 304.

[1192] TACSP, RECR 36.675, Rel. Juiz Ricardo Couto, 3ª C., j. 25.11.71, un. (decisão citada por AMARO, Mohamed, p. 399).

[1193] STJ, *HC* 206227/RS, 5ª T., Rel. Min. Gilson Dipp, j. 6.10.11.

[1194] TRF1, CC 2008.01.00.020209-1, Rel. Des. Hilton Queiroz, 2ª S., j. 14.5.08.

[1195] MIRABETE, Julio Fabbrini; FABBRINI, Renato, 2016, p. 311.

[1196] *HC* 77786/RJ, 2ª T., j. 27.10.98, Rel. Min. Marco Aurélio, DJU 2.2.01.

[1197] TJRS, AG 70002485076, 6ª CC, Rel. Des. Sylvio Baptista Neto; e TJSP, ACR 993060056107, 4ª CC, Rel. Des. Willian Campos, j. 4.5.10.

[1198] STJ, *HC* 174.612/RS, Relª. Minª. Laurita Vaz, 5ª T., j. 31.5.11.

[1199] TJRS, AGE 70056531155, 1ª CC, Rel. Des. Sylvio Baptista Neto, j. 30.10.13.

[1200] "Veja-se como a jurisprudência é tolerante: 'é inacolhível a arguição de descontinuidade delitiva se, homogêneos os crimes em seus modus operandi e presente conexidade temporal, foram eles praticados em bairros diversos da mesma cidade. Inadmissível recolhimento de ausência de conexidade espacial perante alegação de diversidade de detalhes de vivência das respectivas populações'" (CARVALHO, Ivan Lira de, p. 495).

rios municipais que nem ao menos são contíguos",[1201] "localidades distintas", "vários municípios", "cidades diversas, distantes entre si",[1202] "razoável distância entre as cidades",[1203] "distância quilométrica considerável",[1204] "cidades diversas"[1205] – e os exemplos podem ser ampliados *ad nauseam*.

A dificuldade em se estabelecer, a partir da jurisprudência, os elementos por meio dos quais se desenha a continuidade delinquencial se mostra bastante viva nesse ponto. Existe, verdadeiramente, uma anarquia de conceitos e interpretações; nem ao menos se pode estabelecer, com mínima segurança, a existência de um segmento majoritário, com possível força atrativa. Ao que transparece, as diferentes posições são, constantemente, alimentadas com novas decisões (muitas vezes valendo-se a jurisprudência de expressões inéditas: "linha reta entre as cidades", "ligação direta entre as cidades", "cidades geograficamente próximas", "mesma região geográfica", "ligadas as cidades por rodovias de cômodo, fácil e rápido acesso", entre outras), que tornam movediço e inseguro o terreno da interpretação jurisprudencial.

O papel criador da jurisprudência será, em breves linhas, em capítulo próprio,[1206] analisado, mas, desde já, se faz o registro de que tais categorizações enfraquecem a função de garantia da norma penal, por esvaziarem-lhe o conteúdo (legal, positivo) de proteção que às leis cumpre observar. Essa impressionante amplitude das categorias legais, inegavelmente, conduz a uma violação indireta do princípio da reserva legal (de modo singular se se leva em linha de conta o princípio da taxatividade). A construção aberta da jurisprudência pode implicar arbítrio judicial. Se as expressões ofertadas pela lei se apresentam como insuficientes em sua tarefa de descrever, taxativamente, as condutas proibidas, desponta, com força, a função judicial integradora. Nessa perspectiva, as garantias dos cidadãos podem ser atingidas (tal qual o são em se tratando de tipologias abertas,[1207] de elementos de difícil determinação, de elementos normativos,[1208] de elementos morais ou éticos, entre outros) à mesma proporção que crescem os poderes discricionários do magistrado.

1201 RJTACSP, 5, p. 258.

1202 STJ, *HC* 154024/RS, 6ª T., Rel. Celso Limongi, j. 31.8.10.

1203 FRANCO, Alberto Silva, e outros, 1997, p. 1135-6.

1204 TACSP, ACR 1.054.413/6, Rel. Des. Márcio Bártoli, 10ª C, j. 23.4.97.

1205 TACSP, REV 172.294, Rel. Sidnei Beneti, 6º GCs, j. 19.9.88 (decisão citada por AMARO, Mohamed, p. 403).

1206 Ver o capítulo 8.

1207 Os tipos abertos constituem-se em uma exceção "al principio de determinabilidad legal de la punibilidad, por cuanto la materia de prohibición no se define (tipifica) de forma completa y exhaustiva en la instancia normativa, en el tipo legal, sino incompleta, parcial, requiriendo su necesaria complementación por la vía jurisdiccional. La ley sólo describe una parte de las características del injusto: la concreción de éste corresponde al juez" (GARCÍA-PABLOS DE MOLINA, Antonio, 2012a, p. 516).

1208 "A noção de elementos normativos alargou-se com a obra de Gruenhut e Mezger, entre outros. Gruenhut entendia que elementos normativos são todos os que exigem por parte do juiz um juízo de valor (*Werturteil*), não sendo apenas características de fato que descrevem uma ação. Exigem uma pura atividade intelectual (e não simples enquadramento no modelo), pois não são descritivas, dando lugar, portanto, a uma livre estimação (*freiem Ermessen*) por parte do juiz, em face de sua elasticidade. (...). Os elementos normativos do tipo, especialmente, os de valoração cultural, contribuem, sem dúvida, para a indeterminação e insegurança do tipo, comprometendo o princípio da reserva legal. Daí observar Bettiol, com muita propriedade, que a presença de tais elementos constitui não apenas um problema de técnica legislativa, mas também de política, já que eles vêm alargar de muito os poderes discricionários do juiz, tornando 'elásticas' as figuras de delito" (FRAGOSO, Heleno, 1961, p. 149).

5.5.1. Crimes internacionais e conexão espacial

Ainda relacionado ao requisito "semelhança de lugar", tem assento a aproximação que se estabelece entre o delito continuado e o conflito de leis no espaço.[1209] Vejam-se algumas hipóteses que podem ser verificadas:

5.5.1.1. Crimes realizados, em continuação, em território estrangeiro e em território nacional

A hipótese arranca da premissa segundo a qual parte dos crimes (objetivamente assemelhados) foi praticada no território brasileiro e parte, no estrangeiro. Se a lei brasileira, em obediência ao princípio da proteção (e por força de acordos ou tratados), tiver a possibilidade de incidência sobre a série praticada no estrangeiro, a unificação a esta também se estenderá.[1210] Entretanto, e em vista do princípio da territorialidade,[1211] na hipótese de a lei brasileira não ser aplicável, o agente somente será punido pelos crimes realizados no Brasil (ou pelos que, iniciados no exterior, se tenham aqui consumado),[1212] "e a mudança de país, então, romperá o nexo".[1213]

José Antonio Choclán Montalvo entende que não deveria haver maiores obstáculos à ampla unificação das condutas pelo crime continuado, ainda que se apresentasse conflito com o princípio da territorialidade, na medida em que se cuida de caso de delito único, "y tal consideración merece el delito continuado aunque las plurales acciones tengan lugar en distintos territorios".[1214]

[1209] Como se tem por certo, quatro princípios comandam as teorias existentes a respeito da eficácia da lei penal no espaço, a saber: (i.) o princípio da territorialidade, segundo o qual a lei a ser aplicada é a do território onde o delito é praticado. Em o sendo perpetrado fora dos limites territoriais de um país, não se vê alcançado por sua lei penal; (ii.) o princípio da nacionalidade, segundo o qual o conflito de leis no espaço é solucionado levando em conta a nacionalidade do sujeito, ou seja, ainda que tenha o delito sido cometido fora do Estado, fica aquele agente obediente às leis de sua pátria. Essas normas penais têm, portanto, aplicação aos crimes praticados pelo agente fora de seu território nacional; (iii.) o princípio da proteção, segundo o qual o critério para solucionar o conflito de leis no espaço será o da nacionalidade do bem jurídico ofendido. Sendo o bem jurídico nacional, deve-se aplicar a lei que corresponde à nação. Assim, se algum bem jurídico do Brasil é atingido fora de seu território, a lei brasileira apresentar-se-ia como competente para processar o fato; e (iv.) o princípio da extraterritorialidade absoluta, segundo o qual a lei a ser aplicada, a partir da existência de um conflito de leis no espaço, será aquela do país onde venha a ser preso o delinquente. Nenhum país pode, de maneira absoluta e exclusiva, adotar apenas um desses princípios solucionadores do conflito de leis no espaço. Como regra básica, desponta o princípio da territorialidade, com as exceções que se lhe seguem; daí por que se diz que a lei brasileira adotou a teoria da territorialidade temperada. (Ver, ainda, o ponto 5.5.1.4.1.)

[1210] PIMENTEL, Manoel Pedro, 1969, p. 189.

[1211] "O princípio da territorialidade, aparentemente de aplicação muito simples, pode oferecer dificuldades inesperadas nos delitos permanentes e continuados que, em certas circunstâncias, se consideram praticados em mais de um país. Assim ocorre, frequentemente, com as quadrilhas internacionais de tráfico de drogas, hipótese em que o princípio da territorialidade e o da universalidade entram em questão" (ASSIS TOLEDO, Francisco de, 2000, p. 47).

[1212] PIMENTEL, Manoel Pedro, 1969, p. 189.

[1213] SZNICK, Valdir, 1994, p. 84.

[1214] CHOCLÁN MONTALVO, José Antonio, p. 409. No mesmo sentido, Damásio de Jesus (2014, p. 43), quando opina sobre a determinação do lugar em que o crime deve ser considerado praticado (crime continuado ou permanente): "é aplicável a lei nacional quando algum dos fatos constitutivos tenha sido praticado em nosso território, porque, na doutrina jurídica, em qualquer dessas formas criminosas, trata-se de delito unitário".

5.5.1.2. *Crimes realizados, em continuação, por brasileiro, em diversos territórios estrangeiros*

Uma vez que se observem os ditames dos tratados e das convenções, pode o agente brasileiro, mesmo tendo realizado os delitos em territórios estrangeiros, ser processado e punido pela lei nacional (particularmente em virtude do princípio da nacionalidade).

Nessa hipótese, ainda que os crimes tenham sido praticados em territórios onde não exista lei reconhecendo a figura do crime continuado, é possível operar a unificação, de acordo com a legislação brasileira.[1215]

5.5.1.3. *Crimes internacionais continuados*

Tais delitos estão previstos no artigo 7º, incisos I, alínea "d", e II, alínea "a", do Código Penal, e se caracterizam, essencialmente, por ser praticados além das fronteiras nacionais (genocídio, tráfico internacional de drogas, danificação de cabo submarino, tráfico internacional de pessoa para fim de exploração sexual, entre outros).[1216]

Nesses casos, tanto aos brasileiros quanto aos estrangeiros, que tenham praticado crimes internacionais, indiferentemente que os tenham realizado em território nacional, será competente (também) a lei brasileira, por se tratar de crimes que o Brasil se comprometeu, internacionalmente, a reprimir; e, em tais situações, em se apresentando a continuidade delitiva, será reconhecida a unificação de apenamentos, "ainda que o agente criminoso seja natural de país que não reconheça a figura do crime continuado".[1217] Esgotando a questão, ainda informa Manoel Pedro Pimentel: "cabendo ao Brasil processar e julgar os crimes, poderá ser reconhecida a continuação delituosa, na conformidade da lei brasileira. Idêntico direito, entretanto, não terá o brasileiro que, nas mesmas condições, tiver de ser julgado em país estrangeiro que não contemple em sua legislação penal a figura do crime continuado".[1218]

Aqui, tem assento a noção da soberania do Estado, como expressão do princípio da igualdade soberana de todos os membros da comunidade internacional (artigo 2°, parágrafo 1°, da Carta da Organização das Nações Unidas (ONU), segundo a qual se legitima o "exercício de todas as competências sobre os fatos puníveis realizados no

---

1215 PIMENTEL, Manoel Pedro, 1969, p. 190.

1216 Emmanuel Dreyer (p. 1119) descreve, em grandes traços, a partir da legislação de seu país, o fenômeno: "la question du périmètre d'application de la loi pénale française dans l'espace se pose de plus en plus souvent. En effet, le nombre d'infractions présentant un élément d'extranéité, c'est-à-dire un lien de rattachement possible avec un ordre juridique étranger, ne fait que s'accroître. Ce phénomène d'internationalisation tient bien entendu au développement des possibilités de transport et de communication. Il ne faut plus attendre les guerres entre États pour voir apparaître ce type d'infraction. Aujoud'hui, le développement du tourisme de masse, de l'emploi transfrontalier, des échanges cultures s'accompagne également d'un développement de la délinquance à l'échelle européene et internationale. L'essor du commerce international et des techniques de communication sans frontières, telles que l'Internet, favorise égalament l'apparition de nouvelles forms de délinquance ou donne aux anciennes forms de délinquance une portée inédite: fraude informatique, pédopornagraphie, contrefaçon, etc. Les delinquants se sont très vite aperçus de ces opportunités et la criminalité organisée a su se jouer des frontières en multipliant les occasions de trafic: trafic de stupéfiants, trafic d'armes, d'oeuvres d'art, traite des êtres humains et prostitution, etc. Le terrorisme a lui-même acquis une dimension international".

1217 PIMENTEL, Manoel Pedro, 1969, p. 190.

1218 PIMENTEL, Manoel Pedro, 1969, p. 190.

território respectivo".[1219] Não obstante, excetuam-se, da consagração do princípio da territorialidade, os casos assujeitados ao princípio da extraterritorialidade absoluta (jurisdição penal mundial), permitindo que a justiça brasileira se apresente como competente para julgar crimes realizados no estrangeiro, sendo, nesse modelo, possível operar-se a unificação das diversas ações sob o manto do crime continuado.

5.5.1.4. Dos crimes (continuados) a distância

Quer ainda destacar-se a importância de uma categoria criminal que não tem, como seria de rigor, recebido, por parte da doutrina, a atenção devida, dado que poucas são as abordagens que se dedicam, de forma exclusiva, ao enfrentamento do tema.

Trata-se dos crimes a distância (*Distanzverbrechen*) – que, *grosso modo*, podem ser definidos como aqueles cujo *iter criminis* se desenvolve em mais de um país –, os quais vêm, de forma tendencialmente crescente, adquirindo relevância, no cenário internacional, em conformidade com o fenômeno da globalização.

Merece realce, além disso, ainda um importante aspecto, que é exatamente a diferença entre os crimes a distância e os crimes internacionais: quanto a estes, por definição, o Estado se compromete, por meio de tratado ou convenção, perante a comunidade internacional, a reprimir, ao passo que, naqueles, a conduta se exteriora em determinado território nacional e o resultado típico, em outro. (Não cabe detalhar as dessemelhanças entre as categorias, porquanto se quer focar tão somente em um aspecto específico: a possibilidade de existência de crimes a distância continuados. Antes, contudo, algumas considerações conceituais devem ser lançadas.)

5.5.1.4.1. A aplicação da lei penal no espaço

Fundamentalmente, a regra (geral) de aplicação do direito é a da territorialidade,[1220] visto que a esfera de exercício do *jus puniendi* deve coincidir com os limites territoriais de um país: o delito deve ser punido no lugar em que foi praticado. Cumpre, por conseguinte, estabelecer a extensão territorial do *jus puniendi* estatal, determinando-se-lhe suas fronteiras de incidência, ou seja, a regulação do âmbito de vigência espacial de um *corpus* legal dado.

Nos artigos 5º *usque* 9º do Código Penal, são indicadas as diretrizes primordiais que estatuem a fixação jurisdicional pátria em diversas situações. Cuida-se de normas de aplicação do direito penal nacional,[1221] mediante as quais se estabelecem as hipóteses em que os autores de fatos puníveis se devem assujeitar àquela lei, para cuja verificação

---

[1219] SANTOS, Juarez Cirino dos, 2017, p. 37.

[1220] "A lei penal é territorial. Dogma que jamais sofreu restrições no curso dos séculos" (DUARTE, José, 1942, p. 311).

[1221] Não obstante parte da doutrina se referir a essas normas como 'direito penal internacional', entende-se não ser essa a nomenclatura mais correta, porquanto tratam de delimitar a jurisdição estatal nos casos de conflito de leis penais no espaço. Nesse sentido, pontificou Luis Jiménez de Asúa (1964, p. 719-20): "por lo mismo que el 'Derecho penal internacional' alude, como vemos, a reglas del Derecho interno, ha sido criticada por numerosos tratadistas esta denominación. Binding afirma que es mala y que la emplea 'tan solo con el fin de abreviar' (...). F. von Liszt encuentra la expresión 'completamente inapropiada' (...). Garraud dice que esta frase está 'falta de precisión' (...). Más que impropiedad, los aludidos escritores hallan evidente divorcio entre epígrafe y contenido. (...). Creemos impropio, en efecto, llamar Derecho

se tem de conjugar dois aspectos essenciais: (i.) o lugar da comissão do crime;[1222] e (ii.) a nacionalidade do autor.[1223] Mesmo não tendo a nossa legislação penal adotado o princípio da territorialidade de maneira absoluta, havendo hipóteses de exceção em que a lei brasileira se aplica a crimes cometidos fora do país (extraterritorialidade), bem como casos em que a lei estrangeira pode ser aplicada aos crimes praticados no Brasil (intraterritorialidade), esse princípio é, sob todos os aspectos, o axioma basilar na aplicabilidade da lei penal no espaço. Com vistas a sanar os eventuais conflitos espaciais de leis que podem decorrer da insuficiência de uma análise isolada do princípio da territorialidade, também outros cinco princípios bussolam a matéria, quais sejam: (i.) o princípio da personalidade, que leva em consideração apenas a nacionalidade do agente para efeitos de aplicação da lei penal, subdividindo-se em personalidade ativa (artigo 7º, I, *d*, e II, *b*, do Código Penal. [Independentemente da nacionalidade da vítima, pune-se o agente de acordo com a lei do seu país de origem.]) e passiva (artigo 7º, parágrafo 3º, do Código Penal. [Caso em que o agente, mesmo sendo estrangeiro, se sujeita à lei brasileira, em decorrência da nacionalidade da vítima.]); (ii.) o princípio do domicílio, presente no artigo 7º, I, *d*, do Código Penal, que toma em conta, exclusivamente, o país no qual o agente está domiciliado (*v.g.* crime de genocídio praticado por estrangeiro domiciliado no Brasil); (iii.) o princípio da defesa, real ou da proteção (artigo 7º, I, *a*, *b*, e *c*, do Código Penal), que leva em consideração o Estado ao qual o bem jurídico lesado ou exposto a perigo pertence, não importando a nacionalidade do agente ou o local onde o delito foi cometido; (iv.) o princípio da justiça (penal) universal (artigo 7º, II, *a*, do Código Penal), baseado na solidariedade entre os povos quanto ao interesse de reprimir determinados crimes, bastando que o agente se encontre em solo nacional para que a lei pátria possa ser a ele aplicada; e (v.) o princípio da representação, que diz respeito à incidência da lei penal do Estado do qual provém o meio de transporte privado onde o crime foi cometido; – por isso, também chamado de princípio do pavilhão ou da bandeira –, como se extrai do artigo 7º, II, *c*, do Código Penal.

Passe-se, então, ao ponto que costeia a matéria da aplicação da lei penal no espaço: a definição do lugar do crime; questão que mantém intrínseco liame dogmático com o princípio da territorialidade e com os delitos a distância.

*5.5.1.4.2. Do lugar do crime (*locus delicti*)*

Deve ter-se presente que a definição do lugar da realização do crime é essencial para estabelecer se um determinado Estado poderá aplicar, à luz do princípio da territorialidade, o seu *corpus* legal.[1224] Tampouco faria sentido falar em territorialidade sem ter em vista os ditames de fixação do lugar onde se deu a conduta criminosa.

penal internacional al estudio de las cuestiones suscitadas por conflictos entre leyes nacionales de distintos Estados y por las relativas posibilidades de extraterritorialidad de algunos de sus preceptos".

[1222] É de rigor assinalar que "cometer um crime significa praticar qualquer ato de execução ou de participação na ação delituosa. É o ato de execução aquele que inicia a violação da norma, com o ataque ao bem jurídico tutelado. Cometer um crime não significa consumá-lo" (FRAGOSO, Heleno, 2003, p. 117).

[1223] Sobre o conceito de nacionalidade (cuja abordagem não se poderá encaminhar aqui em virtude da limitação de espaço), consultar o seguinte texto: FAYET JÚNIOR, Ney; FERREIRA, Martha; ADAMY, Pedro, 2008, p. 585-604.

[1224] A questão que envolve a validade da lei penal brasileira no espaço não pode confundir-se com a que se relaciona à definição da competência (matéria de natureza processual). Dessa forma, uma vez estabelecida

Neste sentido, o artigo 6º do Código Penal preceitua: "Considera-se praticado o crime no lugar em que ocorreu a ação ou omissão, no todo ou em parte, bem como onde se produziu ou deveria produzir-se o resultado".[1225] Tal dispositivo visa a sanar as eventuais dúvidas que podem advir quando da análise dos (assim denominados) crimes a distância, por apresentarem fragmentação espacial entre o momento de sua perpetração e o do resultado.[1226]

A doutrina traz, basicamente, três teorias quanto à definição do *locus delicti*:[1227] (i.) a teoria da ação ou da atividade, segundo a qual se considera o lugar do crime aquele onde a conduta foi praticada, ou seja, onde houve "o movimento do agente dirigido ao resultado de dano ou de perigo";[1228] (ii.) a teoria do resultado ou da consumação, que entende ser o local do cometimento do delito aquele no qual ocorreu o resultado típico buscado pelo autor; e, ainda, (iii.) a teoria da ubiquidade, mista ou da unidade, que se atém a qualquer fração da marcha delitiva para definir o *locus* do crime, não importando – para essa corrente – se apenas uma parcela dos atos executórios se dê em determinado país, ou que o resultado não seja alcançado em sua totalidade, bastando que o bem jurídico atingido se encontre em território nacional. Em outras palavras, nos termos do dispositivo penal em foco, excetuando-se os atos meramente preparatórios e os posteriores à *consumatio* (exaurimento), é suficiente que "uma parte da conduta incriminada se dê no Brasil, ou que o resultado aqui se tenha produzido, ou deveria ter-se produzido".[1229] É essa última a teoria encampada por nosso Código e pela maioria das legislações estrangeiras, por ser a que mais se coaduna com os interesses de defesa dos Estados e com a repressão da criminalidade transnacional. Importa referir que a teoria pura da ubiquidade evita o conflito negativo de competência, hipótese na qual o agente executaria o crime em determinado Estado – adepto da teoria do resultado –, mas o evento danoso viria a acontecer em outro – filiado à teoria da ação –, o que poderia implicar a impunidade do autor.[1230]

---

a jurisdição do Brasil para o julgamento de determinado crime a distância, deve-se, em um outro plano, estabelecer o foro que será competente para o seu julgamento.

1225 Destaca Paulo Queiroz (p. 147) que o CPM (art. 6º) ostenta uma definição mais ampla e completa quanto ao lugar do crime.

1226 René Ariel Dotti (2013, p. 487) indica, precisamente, que a classificação dos crimes a distância interessa para definir o lugar do crime.

1227 Flávio Augusto Monteiro de Barros (p. 112-3) aponta, além dessas, outras quatro teorias: (a.) teoria da intenção, de acordo com a qual se deve observar o lugar onde o agente pretendia que o resultado ocorresse; (b.) teoria do efeito intermediário ou do efeito mais próximo, que busca a apuração de onde a energia movimentada pelo agente veio a atingir a vítima ou o bem jurídico; (c.) teoria da ação à distância ou da longa mão, que considera o lugar do crime aquele onde ocorreu o ato executivo; (d.) teoria limitada da ubiquidade, para a qual o *locus delicti* é tanto onde houve a ação como onde produziu-se o resultado. O que diferencia essa última vertente daquela agasalhada pelo nosso Código é o fato de não levar em consideração o local de afetação do bem jurídico.

1228 BRUNO, Aníbal, 1959, p. 225.

1229 VARGAS, José Cirilo de, 1997, p. 127. A mais disso, o dispositivo também prevê o tratamento à tentativa.

1230 Víctor Gabriel Rodríguez (p. 107) esclarece: "não aparecem grandes problemas práticos em que se considere como local do delito aquele em que ocorreu qualquer de suas frações. Claro está que a redação visa a evitar impunidade, mais do que considerar que, teoricamente, qualquer fragmento do crime constituiu o injusto – já que, no delito, tanto ação quanto resultado são desvalorados. E vários institutos do CP visarão a impedir que mais de um julgamento preveja (ou ao menos aplique) consequências penais para o mesmo delito".

D'altro canto, o eventual problema do *bis in idem*, verificável nos casos em que em ambos os países vigora a teoria da ubiquidade, podendo ensejar a dupla punição do fato, é solucionado pelo artigo 8º do Código Penal, ao dispor que a pena cumprida no estrangeiro deve atenuar a imposta no Brasil pelo mesmo crime, quando diversas; ou ser, nela, computada, quando idênticas. Feitas essas demarcações conceituais, passa-se à definição propriamente dita do objeto de estudo.

5.5.1.4.3. Do conceito de crimes a distância

Nos crimes a distância (igualmente denominados de crimes de espaço máximo ou plurinacionais), existe um fracionamento espaço-temporal do crime, na medida em que a conduta (ação ou omissão) ocorre em um determinado país, e o resultado, em outro.[1231]

Algumas categorias mostram-se conceitualmente próximas aos crimes a distância: (i.) delitos de ação e resultado conjuntos no tempo e espaço (também denominados de crimes de espaço mínimo), nos quais a ação e o resultado se seguem em um mesmo contexto de tempo e de lugar, sem qualquer descontinuidade[1232] (pode apontar-se que os crimes a distância se constituem em uma exceção; e os de ação e resultado conjuntos no tempo e espaço, a regra); (ii.) delitos plurilocais – nos quais o fracionamento se estabelece entre duas ou mais comarcas de um mesmo país;[1233] e, ainda, (iii.) os crimes em trânsito (*Transitverbrechen*) – nos quais, à semelhança dos crimes a distância e dos plurilocais, o *iter criminis* apresenta segmentação espacial, havendo, entretanto, um terceiro país (intermediário), no qual o acontecimento punível se desenvolve transitoriamente.[1234]

Nos crimes a distância, a competência da autoridade brasileira será fixada pelos parágrafos 1° e 2° do artigo 70 do Código de Processo Penal.[1235]

[1231] O § 2º do art. 1º da Lei 12.850/13 (organização criminosa) estatuiu a extensibilidade deste comando legal às hipóteses de infrações penais previstas em tratado ou convenção internacional desde que se trate de crimes a distância, ou seja, "que a infração se revista do caráter de internacionalidade, com o início da sua execução no país, e o resultado ocorrendo ou devendo ter ocorrido no estrangeiro, ou reciprocamente" (LIMA, Renato Brasileiro de, 2014, p. 480).

[1232] MAGGIORE, Giuseppe, p. 302-3.

[1233] Geraldo Batista de Siqueira (1988, p. 71) afirma que, nos crimes plurilocais, "a diversidade de lugar se verifica, mas, execução e evento se realizando nos limites do território nacional, ainda que em mais de uma unidade da Federação". Como ademais descreve Lasdilau Röhnelt (2011, p. 276), "o lugar da infração plurilocal é determinado pelo direito interno de cada país. No Brasil, a matéria é regulada pelo CPP, o qual (...) adota a teoria do resultado, ou evento, ao dispor, no art. 70, que a competência do juiz é estabelecida pelo lugar onde o crime se consuma. (...) no caso de tentativa, o lugar do crime é onde for praticado o último ato de execução. (...) Caso o crime seja daqueles em que o resultado pode dar-se no território de duas ou mais comarcas, como no crime continuado, a competência firma-se, então, pela prevenção (art. 71 do CPP), vale dizer, competente é o juiz que primeiro conhecer do processo e nele praticar algum ato".

[1234] Interessante questão a respeito dos crimes em trânsito é aquela que se apresenta quanto à possibilidade de interferência do país intermediário para a punição dos fatos ocorridos em seu território. Autores como Max Ernst Mayer e Karl Binding sustentam não ser possível a incidência da lei nacional do país onde o(s) instrumento(s) criminoso(s) passa(m) apenas em trânsito, não chegando a ameaçar ou ferir sua ordem jurídica. Por outro lado, defendendo a tese segundo a qual mesmo o breve desenvolvimento da conduta punível em um terceiro país ensejaria a intervenção deste Estado, encontram-se Edmund Mezger, Vicenzo Manzini e Gustav Schoch.

[1235] JESUS, Damásio de, 2016, p. 42.

Vai debater-se, agora, o cabimento dos crimes a distância em face de um possível nexo de continuidade.

5.5.1.4.4. Da configurabilidade dos crimes (continuados) a distância

Como visto, a questão de um fato punível que transpassa fronteiras se encontra, sem maiores dificuldades, solucionada, de um lado, por meio da orientação da ubiquidade ("basta que uma fração da atividade executiva do agente tenha sido praticada no território nacional, ou tenha ocorrido aí qualquer um dos efeitos cuja totalidade constitui o resultado típico, embora o processo executivo se tenha realizado no estrangeiro")[1236] e, de outro, pelo afastamento da duplicidade de punição, dado que se leva em conta a pena cumprida no estrangeiro, mitigando a que seja imposta em nosso país, se diferente, ou computando-a nesta, se idêntica.

Nesse curso, o delito a distância é tanto aquele no qual a ação se comete no território nacional, como, ainda, aquele cujo resultado se produz no território nacional;[1237] e, em virtude disso, merece destaque a hipótese da continuidade delitiva em crimes a distância: em relação aos crimes continuados, deve entender-se realizado em todos os lugares em que se cometeu, ainda quando se trate de um só fato singular,[1238] suposto que se apresenta um tipo unitário.[1239] Em outras palavras: se qualquer dos atos constitutivos parcelares (da configuração da cadeia continuada) se der no território nacional, tem, *in casu*, aplicação a lei nacional, visto que se trata de um tipo unitário e, com isso, o *locus delicti* se determina "onde se tenha realizado um de seus elementos integrantes";[1240] assim, por exemplo, um determinado empregado de uma instituição bancária – com agências em vários países – que realiza, periodicamente, subtrações tanto em um dado território como em outro, comete ações puníveis continuadas (a distância) em ambos os territórios.[1241]

5.5.2. Da conexão espacial relacionada à existência de um grupo econômico

O presente ponto visa a debater a possibilidade de reconhecimento desse requisito do crime continuado (conexão espacial) em se tratando de crimes praticados em diferentes empresas de um mesmo grupo econômico, ainda que localizadas em cidades diferentes.[1242]

Sem dúvida alguma, o instituto do crime continuado alberga, de forma expressiva, um espaço muito grande de influência na criação jurisprudencial, haja vista o fato de a

[1236] BRUNO, Aníbal, 1959, p. 226.

[1237] MAURACH, Reinhart; ZIPF, Heinz, p. 179.

[1238] MAURACH, Reinhart; ZIPF, Heinz, p. 179.

[1239] COSTA, Álvaro Mayrink da, 2013, p. 28.

[1240] COSTA, Álvaro Mayrink da, 2013, p. 28.

[1241] VELÁSQUES, Fernando, p. 163. O mesmo autor (p. 163) ainda aclara que "el acto punible se considera llevado a cabo en cada uno de los lugares donde se haya efectuado una parte de la acción, conformadora de una unidad delictiva".

[1242] Trata-se, especificamente, da seguinte situação: vários delitos (de omissão no recolhimento de contribuições previdenciárias, por exemplo) são praticados em diferentes lugares, no âmbito de diversas empresas, as quais, entretanto, são simplesmente partes de um mesmo grupo econômico.

sua figura se construir a partir de várias locuções (pressupostos constitutivos) legais que devem, isoladamente, ser interpretadas e explicadas.

Esse aspecto, que envolve o estudo do requisito "condição de lugar", merece ser desafiado da seguinte forma: poderá ser reconhecido o instituto em estudo na hipótese de haver vários delitos, que tenham sido praticados no âmbito de distintas unidades empresariais, as quais, entretanto, são submetidas ao mesmo controle gerencial de um mesmo grupo econômico, ainda que localizadas em comarcas distintas?

Parece que não se colocam quaisquer empecilhos à identificação da figura legal do crime continuado; e existem vários motivos para se chegar a essa inferência.

Em traços amplos, a conexão espacial não pode, *per se*, obstaculizar a reunião dos diferentes ilícitos na unicidade delitiva representada pelo crime continuado, e isso porque, além de inessencial, não existe qualquer exigência no sentido de que haja identidade plena de *locus*. Desse modo, pode haver a reunião dos diversos delitos, apesar de praticados em diferentes localidades, desde que entre eles se apresente um vínculo de continuidade. Como esclarecem Roberto Lyra Filho e Luiz Cernicchiaro, "a conexão espacial não impede que as infrações (componentes) sejam consumadas em locais diferentes. Desde que entre elas se identifique o elo de continuidade esse requisito legal estará suprido. Seria o caso do agente que em várias cidades praticasse estelionatos, havendo entre eles a continuidade ressaltada".[1243] No mesmo sentido, Manoel Pedro Pimentel, quando definiu: "a circunstância do lugar, também, por si só, não define e não obsta o reconhecimento da continuação. No mesmo exemplo do caixeiro viajante, pode haver continuação delituosa dos crimes de apropriação indébita, praticados em várias cidades do seu itinerário".[1244]

Também merece referência a hipótese trazida por José Paulo Baltazar Junior quanto à interpretação do elemento espacial, sustentando a existência do delito continuado "no caso de uma empresa com vários estabelecimentos localizados em cidades diversas, uma vez que as decisões serão tomadas na sede".[1245] Diante desse enfoque, concebe-se, de forma alargada, a existência do elo de continuação entre os delitos que foram praticados em diferentes unidades empresariais, embora localizadas em cidades diferentes, desde que se encontrem submetidas a um mesmo quadro gerencial em obediência a um grupo econômico unitário.[1246] Está em jogo, a bem da verdade, a gestação de um princípio que pode contribuir, eficazmente, para o aprimoramento de mecanismos de imputação na

---

[1243] LYRA FILHO, Roberto; CERNICCHIARO, Luiz Vicente, 1973, p. 222.

[1244] PIMENTEL, Manoel Pedro, 1969, p. 146.

[1245] BALTAZAR JUNIOR, José Paulo, 2000, p. 170.

[1246] Além de tudo, trata-se de princípio por meio do qual se pode melhor estabelecer a responsabilidade penal dos componentes de uma empresa. Como esclarece Maria González (2000, p. 121-2), "en la empresa nos hallamos ante una estructura organizada. Se trata de una organización basada en el principio de decisión del trabajo y en el principio de jerarquía. Dada una estructura así, se comprende que la conducta puramente ejecutiva – la del sujeto subordinado que por sí solo o en conjunto con otros produce el hecho delictivo – no siempre es la más relevante. Por este motivo, con la sanción exclusiva de éstos no se alcanzan las finalidades político-criminales perseguidas. Más importante es, generalmente, el papel de quienes están situados jerárquicamente por encima (en grados ascendentes de la organización) hasta alcanzar a quienes detentan el control del ente colectivo. Es decir, quien es responsable del ámbito de organización por ser el legitimado para configurarlo con exclusión de otras personas o, desde otra perspectiva, porque detenten el dominio sobre la causa del resultado".

criminalidade empresarial,[1247] por meio do qual se buscaria estabelecer, a partir da análise da estrutura organizacional societária, a função concreta de cada membro (e o real e particular funcionamento interno) do grupo econômico.[1248] É nessa linha de pensamento que se torna possível a argumentação segundo a qual, nos casos em que se verificarem determinados fatos delituosos (gerados em razão do não recolhimento de contribuições previdenciárias, por exemplo), em núcleos componentes de um grupo econômico, mesmo que coexistentes em lugares distintos – mas sob uma idêntica gerência de decisões –, não se poderá empecer a configuração da cadeia continuada de delitos. Ressalta-se esse tópico porque, além de ser considerado por grande parte da doutrina como um elemento não determinante à consolidação da cadeia delitual, a ordem para o cometimento dos delitos – no caso de unidades pertencentes a um mesmo grupo econômico – seria regida por um conselho gestor unitário, sempre a partir de uma ideia de política empresarial diretiva, não podendo, portanto, subsistir mais de uma ação penal contra os gestores do grupo societário, mas apenas uma única ação, em continuidade delitiva, impedindo-se, de tal sorte, o acúmulo arbitrário de processos penais (afastando-se, desde logo, o risco da sobreposição desnecessária de penas).

A matéria já foi enfrentada pelo Tribunal Regional Federal da 4ª Região, especialmente no julgamento do recurso de agravo em execução nº 2003.71.07.002931-8/RS, tendo sido reconhecida a cadeia continuada de delitos, bem como a manifestação expressa pela existência da tese do grupo econômico, em decisão fundamentada nos seguintes moldes: "(...), em que pese os delitos terem sido praticados no âmbito de empresas diversas (...), tenho que, no caso dos autos, configurado está que tais empreendimentos fazem parte de um mesmo grupo econômico, não havendo óbice ao reconhecimento da continuidade delitiva".[1249] Daí ser possível a identificação do requisito geográfico ("condições de lugar") do (instituto benéfico do) crime continuado nos casos em que existir um grupo societário na gerência de várias empresas (mesmo que estabelecidas em lugares diferentes), uma vez que o comando para a realização dos atos parte sempre de um mesmo corpo deliberativo, o qual estabelece a decisão e a política empresariais a serem adotadas, evitando-se, por conta disso, a desnecessária e rigorosa imputação de diversas ações penais (com o perigo real e efetivo da sobreposição de penas). Além de tecnicamente correta, a decisão se bussola ainda no aperfeiçoamento dos mecanismos de persecução penal por meio dos quais, em face de um direito penal empresarial, se estabelece a responsabilidade criminal a partir do funcionamento interno e orgânico do grupo societário, clarificando as regras sobre a imputação delitiva.

A tese ainda se apoia no fato de se tratar de interpretação *favor rei*, cuja dinâmica visa, antes de uma realidade estratificada em preceitos rígidos, à concessão, ao acusado,

---

[1247] Como assenta Percy García Cavero (1999, p. 24), "la principal tarea del Derecho penal de la empresa es proporcionar mecanismos que sirvan para la determinación de la titularidad y contenido de las competencias atribuidas a los miembros de la empresa y sobre las que se pueda fundamentar su responsabilidad. Para esto, es necesario determinar, en primer lugar, la perspectiva desde la cual el Derecho penal observa a la unidad empresarial".

[1248] Para Percy García Cavero (p. 75), "el órgano administrador de la empresa si no es el más importante desde el punto de vista funcional, desde el punto de vista penal es el más reconocido. En los denominados delitos societarios el administrador de le empresa es prácticamente el sujeto idóneo para llevar a cabo todas las conductas descritas en estos tipos penales".

[1249] TRF4, 7ª T., Rel. José Silva, DJ de 1º.10.03, p. 703, Boletim 116/03; RSE 2002.71.07.016351-1, 7ª T., Relª. Desª. Maria Labarrère, DJU 4.2.04; TRF4, AGE 2005.71.07.003386-0, 8ª T., Rel. Des. Élcio Castro, j. 7.12.05; STJ, RESP 1212911/RS, 6ª T., Rel. Min. Sebastião Reis Júnior, j. 20.3.12.

de uma carga benéfica que, em última análise, se apresenta como a sua própria razão de ser.

Derradeiramente, o crime continuado se coloca como apenas um dos tantos artifícios (de ordem legal ou jurisprudencial) por intermédio dos quais a *praxis* jurídica sedimenta obstáculos à existência de sanções penais elevadas, orientando essa postura em princípios de Política Criminal que têm como propósito impedir condenações exacerbadamente graves, assegurando sejam as punições tão somente necessárias e suficientes (artigo 59, *caput*, do Código Penal). Ainda uma vez apresenta-se questão exegética, na qual a análise da vontade do legislador (método teleológico) se coloca como fundamental na descoberta do real sentido da norma. Deste jeito, a melhor interpretação exegética (sobre as expressões definidoras do crime continuado) deve ser ampla, em obséquio à própria noção do instituto. Viola a ideia do crime continuado uma interpretação demasiadamente restritiva. Insiste-se que a própria criação do instituto se justifica em virtude da intenção benéfica que deve, em última instância, dominá-lo em toda sua compreensão.

A interpretação, portanto, sobre esse termo ("conexão espacial") definidor do crime continuado deve ser feita em sentido amplo, tornando-a de mais fácil identificação. É nessa perspectiva que se sustenta como possível o reconhecimento da continuidade de delitos nos casos em que existe uma diversidade de núcleos empresariais, estabelecidos em espaços geográficos distintos, mas sob o comando de um mesmo grupo econômico, nas hipóteses de as decisões políticas e gerenciais do negócio partirem de uma mesma base gestora, evitando-se, assim, o acúmulo de ações penais e o perigo da sobreposição arbitrária de sanções de índole penal.

5.6. DA MANEIRA DE EXECUÇÃO

A homogeneização executória da dinâmica dos comportamentos delituosos – isto é, a semelhança na maneira pela qual se desenvolvem e se corporificam as condutas – constitui um outro pressuposto objetivo expresso para a afirmação do instituto em causa.[1250] Por essa razão, no tocante à interpretação do *modus operandi* – dado estruturador[1251] (segundo alguns, inessencial)[1252] da ficção jurídica do crime continuado –, não é possível impor que as condutas se apresentem de maneira absolutamente idêntica; em outras palavras, "exigir identidade perfeita da maneira de execução, ou do *modus operandi*, é pretender fazer com que os crimes posteriores sejam uma cópia xerográfica do antecedente".[1253]

A semelhança requerida não implica, por conseguinte, identidade absoluta;[1254] nesse horizonte, a homogeneidade nos meios executórios se traduz em uma semelhança *grosso modo*, em uma similitude que permite identificar-se, *prima facie*, nas ações em cotejo, uma certa identidade executória que as particulariza no curso dos

1250 TJRS, AEX 70072398670, 7ª CC, Rel. Des. José Conrado Kurtz de Souza, j. 27.7.17.

1251 TJDFT, ACR 20161210012958, 2ª TC, Rel. Des. João Timóteo de Oliveira, j. 10.8.17.

1252 SHINTATI, Thomaz, p. 292.

1253 RJTACSP, 29:29-469, 1996, p. 34.

1254 TJRS, AG 70047004353, 2ª CC, Relª. Osnilda Pisa, j. 27.5.14; e TJRS, AG 70054689682, 5ª CC, Relª. Desª. Genacéia Alberton, j. 23.10.13.

acontecimentos. Poder-se-ia cogitar de uma espécie de ressonância de padrão executório, ou seja, o *modus* como determinados acontecimentos (e suas circunstâncias) nos permitem relembrar de outros, na medida em que estabelecem – em um grau bastante elevado – e, sobretudo, transmitem uma forte semelhança estrutural; e essa – repita-se, encontrar padrões executórios signiticativos e relacionar uns com os outros – tem sido uma tarefa palpitante tanto em termos doutrinários como jurisprudenciais, muito particularmente em crimes dolosos violentos. (No terreno da criminalística, é histórica a preocupação com a clareza e ampliação dos registros do *modus operandi* de determinados crimes [particularmente os violentos], permitindo, no campo da investigação policial, a comparação de um crime com os dados armazenados nos sistemas de controle; nos Estados Unidos da América, por exemplo, existe o Centro Nacional de Informações Criminais,[1255] que possui informações sobre indivíduos-chave [quer estejam mortos ou vivos]; além disso, a INTERPOL também possui um banco de dados.[1256] A própria elaboração de perfis criminais – que tem, pouco a pouco, se consolidado

[1255] O *National Crime Information Center* (Centro Nacional de Informações Criminais) foi lançado em 27 de janeiro de 1967, com 5 arquivos principais e 356.784 registros. No final do ano de 2015, o Centro contava com 12 milhões de registros, bem como um total de 21 arquivos principais. As agências de justiça criminal possuem acesso aos registros NCIC; tais registros são acessíveis às agências de aplicação da lei em todo o país. Por exemplo, um policial pode pesquisar no NCIC durante uma parada de trânsito para determinar se o veículo em questão é roubado ou se o motorista é procurado pela justiça, pois o sistema responde instantaneamente. No entanto, uma resposta positiva do NCIC não é uma causa provável para que um oficial tome medidas. A política do NCIC exige que a agência inquiridora entre em contato com o Centro para verificar se a informação está correta e, sobretudo, atualizada. Uma vez que o registro é confirmado, a agência investigadora pode tomar as medidas para capturar um fugitivo, devolver uma pessoa desaparecida, cobrar um assunto com violação de uma ordem de proteção ou recuperar bens roubados. O FBI fornece um computador central e linhas de telecomunicações para um único ponto de contato em cada um dos 50 estados, o Distrito de Columbia, Porto Rico, as Ilhas Virgens dos EUA, Guam e Canadá, bem como as agências federais de justiça criminal. Essas jurisdições, por sua vez, operam seus próprios sistemas informáticos, proporcionando acesso a quase todas as agências locais de justiça criminal e a agências autorizadas de justiça não criminal em todo o país. A entrada, modificação e remoção de registros são de responsabilidade da agência que os inseriu. (Disponível em <https://www.fbi.gov/services/cjis/ncic> Acesso em 06 de agosto de 2017.)

[1256] O sucesso das investigações policiais internacionais depende, em muitos casos, da disponibilidade de dados globais atualizados. Na INTERPOL, são oferecidos aos países membros acesso imediato e direto a várias bases de dados criminais, os quais contêm milhões de registros, abastecidos por países de todo o mundo. Todos os bancos de dados, exceto IBIN (INTERPOL *Ballistic Information Network*), são acessíveis em tempo real por meio da rede I-24/7, a qual vincula todas as NCBs (*National Central Bureaus*) da INTERPOL. O sistema de comunicações denomina-se I-24/7, e serve para conectar os agentes da lei em todos os países membros. Permite, ainda, aos usuários autorizados, ininterruptamente, compartilhar informações policiais sensíveis e urgentes com seus homólogos em todo o mundo. A rede I-24/7 permite que os investigadores acessem a gama de bancos de dados criminais da INTERPOL. Os usuários autorizados podem pesquisar e verificar os dados em questão de segundos, com acesso direto a bancos de dados em criminosos suspeitos ou agentes procurados, documentos de viagem roubados e perdidos, veículos motorizados roubados, impressões digitais, perfis de DNA, documentos administrativos roubados e obras de arte roubadas. A rede I-24/7 sustenta toda a atividade operacional da INTERPOL. Desde controles de rotina nos cruzamentos de fronteira até operações direcionadas contra diferentes áreas criminosas e da implantação de equipes de resposta especializadas para a busca de fugitivos internacionais, a I-24/7 é a base do intercâmbio de informações entre a polícia mundial. Todos os dias, policiais em países membros em todo o mundo trocam milhares de mensagens, muitas vezes urgentes, usando I-24/7. O gerenciamento efetivo dessas mensagens é vital. Internamente à rede acima mencionada, foi desenvolvido o I-link; este é um sistema operacional único e dinâmico que centraliza e melhora continuamente os recursos da base de dados. Também ajuda a estabelecer conexões entre investigações aparentemente não relacionadas, identificando tópicos comuns. Oficiais das NCBs (*National Central Bureaus*) e outros usuários autorizados podem acessar o

como uma ferramenta importante de persecução penal [principalmente em se tratando de criminosos em série] – se assenta sobre tais dados e informações.)

Não há, portanto, indicação de que os diferentes delitos praticados se revistam de imutável maneira de execução. Como teve ocasião de referir Vincenzo Manzini, "la diversidad de los medios usados para cometer los varios delitos idénticos no excluye por sí sola la posibilidad de la figura jurídica de la continuación. El medio se adapta a las contingencias concretas, y su elección y su uso, cuando no indiquen diversidad de proyecto criminoso o no concreten la violación de otras disposiciones de ley, son elementos jurídicamente indiferentes. Por otra parte, la identidad del medio empleado para delinquir no es suficiente para suplir la falta de los otros requisitos del delito continuado".[1257]

Da análise desse dado configurador do delito continuado, ainda uma vez é de rigor o registro de que não se tem, com a devida e imprescindível clareza, à luz da doutrina e da jurisprudência, a sua exata conceituação, o que impede a existência de um critério (mais ou menos) seguro de interpretação com o qual possa contar o operador jurídico-criminal.[1258] Ainda nessa linha, deve assentar-se, entretanto, que não se pode valorar, negativamente, a culpabilidade dos agentes em razão do número de delitos praticados, em uma cadeia continuada, com o idêntico *modus operandi*, sob pena de se caracterizar *bis in idem*, admitido que se trata de circunstância configuradora da continuidade delitiva.[1259]

5.6.1. Do crime continuado e do concurso de agentes

Merecem destaque, ainda, relativamente à maneira de execução, as relações entre a continuidade delitiva e o concurso de agentes,[1260] ou, no dizer de Esther de Figueiredo

---

I-link por meio da rede I-24/7. (Disponível em <https://www.interpol.int/INTERPOL-expertise/Databases>. Acesso em 06 de agosto de 2017.)

1257 MANZINI, Vincenzo, 1949, p. 428.

1258 STF, *HC* 103288, Rel. Min. Luiz Fux, 1ª T., j. 13.12.11.

1259 TJPR, AC 1340878-7, Relª. Desª. Sônia Castro, 3ª CC, j. 6.8.15.

1260 A doutrina criminal comumente destaca que a problemática do concurso de agentes é muito vasta e complexa, como destaca Antonio Pagliaro (p. 529): "in primo luogo, ci si chiede in base a quale fattispecie vengano chiamati a rispondere penalmente i compartecipi e, in particolare, chi tra di loro non ha posto l'elemento materiale del reato. Sorgono, poi, problemi inerenti alla struttura del reato in concorso. Infine, bisogna studiare la disciplina giuridica che si applica, una volta configurata la situazione di concorso". É importante, pois, apenas como pano de fundo, esboçar os principais conceitos que dão viva ao instituto do concurso de pessoas. Tradicionalmente, distinguem-se várias categoriais de concorrentes, em face da natureza ou do grau (maior ou menor) de participação criminosa, como, por exemplo, entre autor (material ou intelectual; direto e indireto; de determinação; de escritório), coautor (coautor sucessivo) e partícipe (instigador ou cúmplice [principal secundário ou acessório]; *socius delicti*, facilitador, participação sucessiva; de menos importância) etc. Na construção doutrinária do tema, contudo, duas categorias assumem um papel fundamental: autoria e participação. Para Angelo Raffaele Latagliata (1967, p. 17-8), "dentro de la categoría general del *Urheberschaft* se delinea, pues, la diferencia de las nociones técnico-jurídicas de la participación y de la autoría (en sentido estricto). Pero la distinción entre estos conceptos no consiste en una diversidad real de estructura, material o psicológica, entre las acciones que son calificadas como de mera participación y aquellas que pertenecen, en cambio, al ámbito de la autoría. Tanto el autor como el simple partícipe entran, en efecto, en la noción de *Urheberschaft*, acuñada por la doctrina penalista bajo la influencia del derecho común ('es *Urheber* aquel en cuya persona o en cuya acción se encuentra unido tanto el particular *Tatbestand* subjetivo como el objetivo del delito cometido de que se trata'), en cuanto ambos ponen, con su conducta, una causa para la verificación del resultado delictivo y, así obrando, prevén y desean la objetivación de dicho suceso, como consecuencia de su acción u omisión. No se puede negar,

Ferraz, se o crime continuado "comporta ou não o concurso de agentes e, no caso positivo, se o agente que participa de um dos atos integrativos da série delitiva deve ou não responder por todo o conjunto, até mesmo pelos atos anteriores ou posteriores à sua intervenção".[1261]

Não há maiores problemas em se admitir as hipóteses de coparticipação nos crimes que compõem a cadeia delitiva.[1262] No entanto, "a participação fica limitada aos atos em relação aos quais se possa afirmar que o copartícipe atuou de maneira eficaz, não se estendendo aos demais".[1263] Isso porque, "não pode ser considerado partícipe de todo um conjunto de infrações quem haja contribuído, apenas, para a realização de um ou alguns dos atos que o integram. A ficção legal a que se reduz em última análise o crime continuado, ficção elaborada com o objetivo de favorecer o sujeito ativo, não pode redundar em prejuízo daquele cuja intervenção foi limitada no tempo".[1264]

Dessa forma, quando houver intervenção de vários agentes diferentes em diversas ações, somente se aplicará a continuidade delitiva àquele que tiver participado de todas elas, ou, ao menos, em um número de delitos tal que se possa reconhecer, para esse indivíduo, a continuação delituosa.[1265]

---

en verdad que tanto aquel que instiga al homicidio cuanto aquel que materialmente inflige a la víctima el golpe mortal, cumplen los actos causales con respecto a la producción del resultado muerte, y obran con dolo en relación a la causación de tal resultado. Ha sido exactamente subrayado que aun el partícipe 'sabe que su cooperación, no distinguible en su significado objetivo de la del autor, causará el acontecimiento íntegro, parigual que el obrar del autor. Él, así, quiere producir el suceso total y es, por tanto, igualmente un autor'". Em outras palavras, "a autoria é, assim, o cometimento direto, mediato ou comunitário de um fato punível próprio; a participação é a colaboração (...) em um fato alheio" (WESSELS, Johannes, p. 117). Além disso, mostram-se indispensáveis, para que se perfectibilize juridicamente o instituto em análise, os seguintes requisitos: (i.) a pluralidade de agentes; (ii.) a relevância causal da conduta; (iii.) o nexo subjetivo; e (iv.) a unidade de infração penal.

1261 FERRAZ, Esther, 1976, p. 150-1.

1262 FERRAZ, Esther, p. 151. Manoel Pedro Pimentel (1969, p. 168) também salienta que, "segundo o direito positivo brasileiro, não cabem restrições. Basta que os crimes sejam da mesma natureza, satisfeitos os demais requisitos, para que se reconheça a continuação em relação aos agentes que tenham participado de dois ou mais delitos da série".

1263 FERRAZ, Esther, p. 151. Nilo Batista (2005, p. 161), ao salientar que a participação se pode apresentar até o momento em que cesse a continuação, avalia que "o caráter objetivamente continuado dos atos do autor direto é tudo quanto se exige do partícipe, não cabendo, nos termos da lei brasileira, cogitar-se de um 'dolo de continuação'. Poderá a participação incidir apenas sobre um dos crimes que compõem a série continuada, quando só este seja alcançado pelo dolo do partícipe; caso, porém, conheça anteriormente a continuação, a participação numa série já iniciada o responsabilizará pela totalidade". A melhor indicação, sobre este último aspecto, talvez se vinculasse ao momento de adesão do partícipe à série continuada, que se constituiria em um marco em relação ao (e a partir do) qual se afirmaria a sua responsabilização criminal; evitando-se, assim, uma extensão retroativa, de caráter punitivo, a fatos cujo conhecimento se veio a adquirir *a posteriori*.

1264 FERRAZ, Esther, p. 151. Nilo Batista (2005, p. 117-8) ainda tece importantes considerações no que tange às relações entre o crime continuado e a coautoria sucessiva (a qual se dá quando o acordo de vontades – expresso ou tácito – ocorre depois do início da execução): "Suponha-se a prática de uma sucessão de furtos, ou de cárcere privado (art. 148 CP) ou de exercício ilegal de medicina (art. 282 CP); até que momento poder-se-ia admitir o surgimento de coautoria sucessiva? (...). A resposta é bastante singela: pode haver coautoria sucessiva até o momento em que cesse a continuação, a permanência ou a habitualidade. É como se posiciona a doutrina brasileira".

1265 José M. Tomas Tio (p. 126) leciona: "cuando intervengan varios individuos diferentes en acciones a su vez diferentes, el delito continuado únicamente se aplicará a quienes intervengan en todas ellas. Por último, en el supuesto de que intervengan varias personas en acciones diferentes, con participación diferente en cada una de ellas, faltará la identidad objetiva, es decir, la infracción del mismo o semejante precepto penal para poder entender aplicable el delito continuado como tal, el que, por tanto, será irrelevante".

A jurisprudência também não empresta maiores dificuldades para reconhecer o desenho do delito continuado em se tratando de mesmos coautores, e entre autoria e coautoria.[1266]

5.6.2. Da variação de comparsaria

Ainda no contexto do crime continuado e da codelinquência, revela-se a polêmica sobre a possibilidade, no que tange ao *modus faciendi*, de variação de comparsaria.[1267]

José Cerezo Mir entende que "no es obstáculo a la apreciación del delito continuado el que el autor haya contado en cada acción u omisión con la cooperación, necesaria o complicidad, de personas diferentes. Cabe apreciar "la continuidad no solo respecto del autor, sino también respecto a los partícipes que hayan intervenido en todas las acciones".[1268] Na jurisprudência, o ponto comporta acalorada discussão, que polariza os entendimentos,[1269] com absoluta preponderância, enfaticamente no Superior Tribunal de Justiça, da corrente que nega o reconhecimento do crime continuado.[1270]

O desfecho mais correto parece ser a admissibilidade de variação de comparsas nos crimes componentes da cadeia continuada, porquanto tal dado não desconfigura nenhum dos requisitos do delito continuado, ou seja, ainda que, em cada oportunidade, o agente se tenha unido com diferentes sujeitos ativos,[1271] isso não vem a quebrar, por si só, o requisito da maneira de execução,[1272] até porque é reconhecível a continuação entre as formas simples, qualificadas e agravadas do tipo penal.[1273]

[1266] STF, RVC 4751/SP, Rel. Min. Paulo Brossard, TP, j. 13.10.94; e STF, *HC* 52254/SP, Rel. Min. Bilac Pinto, 2ª T., j. 16.6.74.

[1267] Dizem Celso Delmanto e outros (p. 304) que existem duas posições acerca da necessidade de serem os mesmos coautores para a configuração do delito continuado: "1. Podem ser diferentes (TACSP, RJDTACSP 17/30, Julgados, 69/195). 2. Não podem ser diferentes (TJSP, RJTJSP, 164/307; TACSP, RJTACSP 20/35, RT 695/340)". Mais: TACSP, AGE 531.073, Alberto Marino, 4ª C, j. 24.8.88, un. (decisão citada por AMARO, Mohamed, p. 403-4); e TACSP, AGE 541.881, Rel. Gonçalves Nogueira. 11ª C, j. 7.11.88, un. (decisão citada por AMARO, Mohamed, p. 404).

[1268] CEREZO MIR, José, 2007, p. 1179. Manoel Pedro Pimentel (1969, p. 167) refere que "perante o direito positivo italiano, que exige a unidade de desígnio para o reconhecimento do crime continuado, somente poderá existir a continuação delituosa no caso de estarem todos os sujeitos ativos imbuídos do mesmo propósito criminoso. Assim, se houver um prévio acordo para a prática de sucessivas infrações da mesma natureza, embora haja pluralidade de sujeitos ativos, a continuação pode ser reconhecida. Ao contrário, se houver variação de comparsas, sem a mesma ideação conjunta, quebrada ficará a corrente da continuação delituosa, por faltar elemento subjetivo comum. É que, ausente a unidade de propósito delituoso, não se configuraria, segundo a doutrina italiana, o crime continuado. Haveria, no entanto, a possibilidade de aceitar-se a continuação somente em relação aos agentes que houvessem participado de todos os crimes, desde que estivessem imbuídos do mesmo desígnio, pouco importando que os comparsas mudem neste ou naquele cometimento".

[1269] Não admitindo a continuidade: TJSP, AGE 525.995/2, 3ª C., TACSP, Rel. Gomes de Amorim; AGE 531.073-8, 4ª C., TACSP, Rel. Alberto Marino; e AGE 525.163-1, 3ª C., TACSP, Pres. e Rel. Roberto de Almeida. Por outro lado, admitindo a continuidade: TACRSP: RJTACSP 17/30.

[1270] STJ, RE 1465136/RS, 6ª T., Rel. Min. Nefi Cordeiro, j. 6.6.17; STJ, AGRRE 1204938, Rel. Min. Og Fernandes, 6ª T., j. 18.6.13; STJ, RESP 421.246/SP, 6ª T., Rel. Og Fernandes, j. 15.12.09; STJ, RESP 759991/RS, 5ª T., Rel. Min. Arnaldo Esteves, j. 19.6.08; STJ, *HC* 83530/SP, 5ª T., Relª. Minª. Jane Silva, j. 6.9.07; e TJRS, ACR 70047614292, 8ª CC, Rel. Des. José dos Santos, j. 16.10.13.

[1271] TJRS, AGE 70032274987, Rel. Des. José Tedesco, 4ª CC, j. 29.10.09.

[1272] TJRS, AGE 70064386378, 3ª CC, Rel. Des. Diogenes Ribeiro, j. 23.7.15.

[1273] No aspecto, salientou Manoel Pedro Pimentel (1969, p. 168): "também não impede, a nosso ver, o reconhecimento da continuação delituosa, a circunstância do agente praticar um delito sozinho e outro, ou

5.7. DAS DEMAIS CONDIÇÕES MARCADAS PELA SEMELHANÇA

Tais condições, que também perfazem a definição legal do crime continuado, devem ser interpretadas à luz das outras que, de maneira expressa, houve por bem o legislador registrar (tempo, lugar e modo de execução), isto é, devem ser avaliadas em uma dimensão objetiva[1274] – em *obsequium* à consagração da teoria puramente objetiva do crime continuado –, não se reconhecendo ampliações conceituais a elementos intelectivos. Trata-se, portanto, de outros requisitos de oportunidade e de situação ensejadoras do delito,[1275] que podem influir na avaliação da existência da continuidade.[1276]

Contudo, outros veem nessa interpretação analógica a (possível) previsão legal da exigência do elemento subjetivo;[1277] como se destaca Paulo José da Costa Júnior, a continuidade delitiva é informada a partir das circunstâncias de tempo, lugar, maneira de execução e "outras semelhantes, podendo nestas estar abrangidas as condições de natureza subjetiva como a unidade de resolução".[1278]

---

outros, em concurso de agentes, pois a doutrina admite a continuação entre as formas simples e as qualificadas, ou agravadas do crime. O importante é que os crimes sejam sempre da mesma espécie".

1274 Nélson Hungria (1977, p. 340-1), ao esclarecer sobre o *modus operandi*, enfatiza que a interpretação se deve conduzir em relação a qualquer outra condição de caráter objetivo: "A condição referente à maneira de execução é a que se traduz na semelhança do modo ou forma de praticar o crime. *In exemplis*: o estelionatário emprega idêntica *mise-en-scène* para enganar, várias vezes, uma firma comercial; o falsário usa do mesmo documento falso contra várias pessoas, sucessivamente; o automobilista, na mesma vertiginosa carreira (isto é, com a mesma imprudência), atropela, sucessivamente, vários transeuntes. A cláusula 'e outras semelhantes' refere-se a qualquer outra condição objetiva que possa indicar a homogeneidade das ações. Assim, entre outras, o aproveitamento da mesma ocasião (das mesmas circunstâncias), ou de persistente ocasião favorável, ou o aproveitamento da mesma relação permanente. Exemplos: o doméstico subtrai diariamente charutos ao patrão; o morador da casa frauda, por vezes sucessivas, o medidor da luz elétrica; o coletor de rendas apropria-se, por várias vezes, do dinheiro do Estado. Cumpre notar que, via de regra, nenhuma das citadas condições, consideradas isoladamente, possui decisivo relevo sintomático. O caso comum é o da diagnose fundada em mais de uma dela. Não se podem prefixar todas as possíveis condições objetivas indiciárias do crime continuado. Ao prudente arbítrio do juiz, guiado pela fórmula genética da lei, pela lição doutrinária e pelo entendimento comum, é que caberá, necessariamente, identificar, de caso em caso, a homogeneidade objetiva das ações apreciadas em conjunto. Repita-se que, para a existência da continuação, pouco importa que o agente tenha procedido segundo um plano pré-determinado. Sem dúvida, há casos em que a resolução coletiva é manifesta. Haja vista o caso citado por von Liszt, do indivíduo que emite pouco a pouco o dinheiro falso que obteve. Não se pode deixar de reconhecer, aqui, que o agente se propôs, *ab initio*, a execução parcelada de um só objetivo. Na impossibilidade de passar, de uma só vez, todo o *stock* de dinheiro falso resolveu, velhacamente, introduzi-lo a prestações. Mas, em casos como este, é ainda a coesão objetiva das ações que decide sozinha, as ações sucessivas, apreciadas a posteriori, se apresentam como etapas de um mesmo iter. Se não existisse essa coesão reconhecível *ab externo* não haveria crime continuado, ainda que de outro modo se pudesse inferir o desígnio unitário. Este somente servirá como circunstância indicativa de intensidade do dolo, para que a pena complexa aplicável (pena-base unificada mais aumento especial decorrente da continuação) se incline na direção do máximo".

1275 CARVALHO, Ivan Lira de, p. 496.

1276 "Advirta-se que o fato de ter o legislador optado por uma fórmula mais plástica para a configuração dos crimes continuados (sintetizada na expressão 'outras semelhantes'), não implica uma total renúncia aos critérios objetivos acima estudados. Todos esses, analisados *per se* e em conjunto, servem a convencer o operador jurídico se a espécie é de crime continuado ou de alguma outra modalidade de concurso de crimes" (CARVALHO, Ivan Lira de, p. 496).

1277 TACSP, AGE 1.093.623/3, Rel. Figueiredo Gonçalves, 4ª C., j. 7.4.98, un. (decisão citada por AMARO, Mohamed, p. 393).

1278 COSTA JÚNIOR, Paulo José da, 2007, p. 235.

Em outro momento, houve a oportunidade de afirmar que a exigência, à configuração de algum instituto legal, de qualquer carga (*in casu*, de conotação subjetiva) não expressamente descrita em lei, embora não se apresentando como assistemática (e, até certo ponto, sendo a solução plausível à luz das modernas teorias que inspiram a construção da dogmática criminal), é ilegal; e, no caso específico, contrasta com a própria finalidade benéfica que levou o legislador a instituir, *favor rei*, a figura jurídica do delito continuado. Não pode, em face desse simples argumento, prosperar uma compreensão interpretativa que identifique, nesses elementos configuradores, condições de natureza subjetiva.

Nesse ângulo, anda bem o Projeto de Lei 3.473/00, ao substituir, no tangente aos requisitos do crime continuado, a expressão "e outras semelhantes" por "ou de outras circunstâncias objetivas semelhantes". Com isso, a nova redação, além de utilizar a conjunção alternativa "ou", em vez da aditiva "e", entre as circunstâncias exigidas para a configuração do instituto – o que significa que esses dados passam a ser não essenciais –, prevê, expressamente, que as outras condições semelhantes são somente de cunho objetivo.[1279] Com isso, afasta o entendimento que vislumbrava, nessa expressão ("e outras semelhantes"), uma alternativa para sustentar a necessidade do elemento subjetivo para a configuração da continuidade delitiva.

5.8. O CRIME CONTINUADO E OS BENS PERSONALÍSSIMOS

Ponto que se mostra verdadeiro alojamento de dissensões doutrinárias é o que pertine à admissibilidade da continuação delitiva em se tratando de condutas puníveis que ofendem bens personalíssimos.[1280]

Parte da doutrina distinguia dois grupos de delitos: os que ofendiam bens jurídicos de caráter impessoal (como os patrimoniais, por exemplo) e os que ofendiam bens altamente pessoais (como a vida, a liberdade, a integridade física etc.). Para os primeiros, seria suficiente que o ataque, em cada caso, se dirigisse ao mesmo bem jurídico, não se exigindo identidade de sujeito passivo (a subtração de várias pessoas em um idêntico contexto fático). Quanto ao outro grupo, exigia-se não somente que o ataque se projetasse para o mesmo bem jurídico como também que existisse identidade de ofendido. Tal como sublinhou Günther Stratenwerth, "es posible hablar de delito continuado en el

---

[1279] Para Ricardo Antonio Andreucci (2001, p. 79), "(...) a reforma também inovou, na medida em que admitiu a possibilidade de se aferir a continuidade através de apenas um dos elementos objetivos semelhantes dos crimes, utilizando a conjunção alternativa '*ou*' ao invés da conjunção aditiva '*e*'. Assim, o crime será continuado quando o agente praticar, através de mais de uma ação ou omissão, dois ou mais crimes que ofendam o *mesmo bem jurídico*, valendo-se de semelhantes condições de tempo, *ou* de lugar, *ou* de maneira de execução, *ou* de outras circunstâncias *objetivas* semelhantes".

[1280] Antigamente, não havia maiores dificuldades para se reunir, sob o manto do delito continuado, vários crimes de estupro ou vários crimes de atentado violento ao pudor, como se pode ler em Chrisolito de Gusmão (1954, p. 311-2): "tanto no delito de estupro lembra Manzini, da mesma forma que no atentado violento ao pudor, acrescentamos nós, pode surgir perfeitamente a hipótese do delito continuado. Nesse caso pode se apresentar uma interessante hipótese, recorda, ainda, o douto Manzini, qual a de, na sucessão dos fatos, serem alguns praticados quando hajam cessado os motivos que invalidam o consentimento, como ter, por exemplo, o menor, vítima do delito, completado, já, os 16 anos e nesse caso, apesar do posterior consentimento, os atos anteriores não se tornam, certamente, impunes, por mais que, à primeira vista, isso possa chocar o mal compreendido senso moral daqueles que prefiram se nortear pela falível e sempre contraproducente lógica do sentimento, ao invés de se calcarem na lógica puramente jurídica, menos maleável, mas, bem certo, mais eficiente e frutificadora, porque atentadora de necessidades sociais históricas e de finalidades mais elevadas e socialmente utilitárias".

abuso sexual repetido con la misma persona sometida a la guarda o cuidado, pero no si el abuso sexual afecta a diversos sujetos pasivos".[1281]

A exigência de identidade de sujeito passivo quando se tratasse de lesão a bens jurídicos de caráter pessoal decorria do entendimento de que todo bem jurídico que não pode ser atingido, da mesma forma, mais de uma vez (aqueles indivisíveis), estaria fora do alcance das regras do delito continuado, porque esse instituto pressupõe, conceitualmente, a repetição de ações contra o mesmo bem jurídico (assim, não seriam suscetíveis de continuação, por ilustração, o homicídio consumado e a [hoje atípica ação de] sedução consumada).[1282] Além disso, como se trata de delitos (geralmente) graves, não se poderia destinar-lhes qualquer tratamento benéfico.

A reforma da Parte Geral do Código Penal (introduzida a partir da Lei 7.209/84) albergou a continuidade delitiva sobre bens personalíssimos (prevista no parágrafo único do artigo 71).[1283] [1284]

Deve remarcar-se que essa posição ortodoxa era predominante na jurisprudência (mesmo no Supremo Tribunal Federal) nacional. Em síntese, argumentava-se, tendo-se por norte essa doutrina, que, em terreno de ofensas a bens personalíssimos, não se poderia conceber a nova ofensa, contra outra pessoa, como prolongamento do primitivo ataque; somente existindo a continuação se fosse a mesma pessoa a ofendida.[1285] Quanto à corrente liberal, sustentava-se que o texto normativo que concebera o instituto do crime continuado não estabelecia essa proibição, no sentido de impedir a configuração da ficção jurídica em se tratando de bens personalíssimos.

[1281] STRATENWERTH, Günther, p. 353.

[1282] BÉZE, Patricia Mothé Glioche, p. 178-9. Segundo a autora, a resistência ao reconhecimento do delito continuado quando atingidos bens personalíssimos ocorre principalmente no âmbito dos doutrinadores que exigem a existência do elemento subjetivo para a configuração do instituto. Isso porque exatamente "não haveria possibilidade de – com um único planejamento, uma única ideação – se pretender atingir vários bens que são inadmissíveis de divisão ou fracionamento". Em sentido contrário, Virgílio Campos (p. 206) entende que a exigência de identidade de pessoa no delito continuado "ocorre porque, na verdade, os objetivistas consideram o problema de um puro ângulo de *política criminal* e não de *direito penal* propriamente dito, ou seja, da *dogmática do crime*".

[1283] Em suma, sobre a continuidade criminosa, tratando-se de bens jurídicos personalíssimos, anota Paulo José da Costa Júnior (2010, p. 272): "discutia-se sobre a aplicabilidade do crime continuado a bens jurídicos personalíssimos. O dissenso desapareceu graças ao § único do art. 71. Novos requisitos passaram a integrar o novo mandamento legal, além dos constantes do *caput*: a pluralidade delitiva de natureza dolosa e a ofensa a vítimas diferentes, com emprego de violência ou grave ameaça à pessoa".

[1284] Como sustenta José Henrique Pierangeli (1999, p. 171-2): "é perfeitamente admissível a continuidade delitiva em crimes de estupro contra vítimas diversas, em face da nova PG do CP. A última questão suscitada pelo estudo envolve a possibilidade de se reconhecer a continuidade delitiva, quando se tratar de estupros cometidos com vítimas diversas. A questão, durante a vigência da legislação anterior, foi bastante discutida, tendo a jurisprudência se bifurcado em duas orientações: uma que admita ao crime continuado em todas as hipóteses, ou seja, quando o crime sexual viesse a ser praticado com a mesma vítima ou com vítimas diversas; outra, que só admita o critério quando se tratasse da mesma ofendida, parecendo-nos que a jurisprudência majoritária se inclinava pela primeira orientação (...). Agora, na vigência da nova PG, a resposta só pode ser pela admissibilidade. Após repetir a disposição da legislação anterior, agora no *caput* do art. 71, o novo Código, no § único desse artigo, diz: 'nos crimes dolosos, contra vítimas diferentes, cometidos com violência ou grave ameaça à pessoa, poderá o juiz, considerando a culpabilidade, os antecedentes, a conduta.' (...) 'aumentar a pena de um só dos crimes, se idênticas, ou a mais grave, se diversa...'".

[1285] Como afirma Roberto Lyra (p. 381): "pela doutrina objetiva alemã (von Hippel, Meyer, Alfeld, Mezger), em relação aos bens jurídicos pessoais (*Höchtspersönlichen*), só há continuação se é a mesma a pessoa ofendida. Proclama-se mesmo que, a rigor, não existem crimes continuados, mas bens que só podem ser violados de modo descontínuo".

Após a reforma penal,[1286] existe a possibilidade expressa da continuidade delitiva

[1286] Interessante observar que a doutrina saudava, em grande medida, o sentido individualizador da pena que, em face do anteprojeto de 1981, pretendia apoiar-se, inovadoramente, não apenas no fato criminoso, mas, de igual modo, em todo um conjunto de dados característicos do autor desse fato punível, permitindo ao juiz, com isso, ajustar a censura jurídico-penal não a uma imagem abstrata de criminoso, mas, sim, a um agente concreto. Neste sentido, "o agente do crime sofre a censura que merece por uma ação ou omissão que não se desliga de uma certa conduta de vida" (ASSIS TOLEDO, Francisco de, 1982, p. 26). Em face disso, não se pode "examinar o anteprojeto de 1981 em suas partes isoladas, sob pena de não se atingir o novo significado que nele adquirem normas que só na aparência permaneceram idênticas às do estatuto de 1940. Uma demonstração disso pode ser obtida através do exame do tratamento dado ao crime continuado. [...] O art. 51, § 2º, do Código de 40 foi reproduzido integralmente no art. 71 do anteprojeto. A novidade está no § único deste último, redigido como segue: 'Não se reconhece crime continuado na hipótese dos delitos previstos nos arts. 121, 157, 159, seus parágrafos e 213'. O objetivo dessa ressalva foi excluir o benefício da pena única, decorrente do reconhecimento da continuidade delitiva, em certos crimes cometidos com grave ameaça ou violência à pessoa, que infestam [...] os centros urbanos. Mitigam, todavia, esse preceito as normas dos arts. 75, §§, e 83. Tal providência tornou-se necessária diante da extinção da medida de segurança para o imputável e de outras inovações adotadas pela reforma. Dentre os que têm endereçado críticas a essa inovação, uns concordam, em princípio, com a orientação do anteprojeto, mas sugerem que, em vez do casuísmo adotado, se excluam genericamente os crimes que ofendam 'bens personalíssimos'. Outros, mais radicais, preferem o Código de 40, sugerindo, pura e simplesmente, a supressão do parágrafo em exame. Reconhecemos que a redação do parágrafo do art. 71 pode não estar perfeita, principalmente no que diz respeito ao rol de crimes nele inserido. É muito provável que a Comissão, na revisão final, venha, com meu apoio, a reformular esse rol, além de permitir a continuidade quando a vítima for a mesma. Não obstante, defendemos, em princípio, a orientação do anteprojeto, quanto à inclusão dessa ressalva, por duas razões de ordem prática. *Primeira.* O conceito de 'bem jurídico personalíssimo', adotado pela doutrina e jurisprudência alemãs, não nos parece satisfatório, diante da experiência brasileira. Alcançaria, por exemplo, os crimes contra a honra (injúria, difamação e calúnia) e deixaria de abranger o crime de roubo, conforme tem admitido nossa jurisprudência. Se a continuidade delitiva visa evitar as consequências indesejáveis da soma de penas, no caso de várias ações criminosas, não vemos razão para que isso se faça com o roubo à mão armada e não no caso de uma série de ofensas à honra contra vítimas diferentes. A ser assim, uma dúzia de palavras impensadas poderão acarretar condenação mais elevada do que uma série de roubos gravíssimos. Será isso razoavelmente aceitável? Por outro lado, trata-se de uma expressão pouco precisa e discutível, pois, conforme notou Welzel, na lesão de bens jurídicos personalíssimos há sempre e ao mesmo tempo uma lesão à coletividade [...], o que lhes retira o caráter de 'personalíssimos'. *Segunda.* A supressão do parágrafo do anteprojeto, com a consequente manutenção do texto do Código de 40, não resolve o problema que já existe, de fato e de direito, em nossa jurisprudência, apesar do texto do Código de 40. É muito conhecida a celeuma que se estabelece [...] a respeito da continuidade delitiva em crimes de homicídios, lesões corporais, estupro, roubo e outros. Predomina [...] na jurisprudência do Supremo Tribunal a seguinte orientação ou tendência: a) não se admite crime continuado em delitos de homicídio [...]; b) *idem*, em delitos de lesões corporais contra vítimas diferentes [...]; c) *idem*, em delitos de estupro e atentado violento ao pudor, *idem* [...]; d) admite-se crime continuado em delitos de roubo [...] contra vítimas diferentes. Sendo o roubo um delito complexo, que envolve lesões corporais ou grave ameaça à vida ou à integridade física da vítima (bens personalíssimos), não vemos como se possa construir alguma doutrina sobre a orientação jurisprudencial que aí está e se erigiu precisamente sobre o texto do Código vigente. A orientação adotada no anteprojeto só implicará, em relação ao que já existe, na exclusão também do crime de roubo, do que resultará poder-se afirmar – se isso ocorrer – que, no direito brasileiro, não será admitida a ficção da continuidade delitiva para certos crimes, expressos em lei, cometidos com violência ou grave ameaça à pessoa, salvo quando se trate da mesma vítima. A fundamentação dessa nova orientação pode ser encontrada na mesma de Política Criminal que deu origem à criação do crime continuado. Com efeito, a figura do crime continuado é uma ficção elaborada pelos práticos da Idade Média para evitar o exagero da pena de morte a quem tivesse cometido três furtos, ainda que de pequeno valor. [...] No Brasil, a extensão da continuidade delitiva ao crime de roubo encontraria explicação [...] no esforço para evitar uma espécie ilegal de condenação à prisão perpétua, pois a isso conduzem, indiretamente, as inúmeras condenações, seguidas de medidas de segurança, aplicadas ao ladrão profissional, apesar da proibição de prisão perpétua contida no art. 153, § 11, da Constituição. O anteprojeto, porém, corrige essa anomalia do sistema, por outra via, através de medidas mais simples e diretas, a saber: a) extingue a medida de segurança para o

em se tratando de bens personalíssimos;[1287] nesse rumo, por exemplo, não há qualquer obstáculo ao reconhecimento do crime continuado em se cuidando de vários crimes de homicídio,[1288] atentado violento ao pudor,[1289] estupro,[1290] roubo[1291] ou lesão corporal 'gravíssima'.[1292] De outro modo, entende-se inadmissível, *sans phrase*, que haja crime culposo continuado e específico.[1293]

---

imputável; b) unifica em, no máximo, trinta anos todas as penas aplicadas ao mesmo agente (art. 75 e §§); c) admite o livramento condicional, após cumprimento de metade da pena unificada (art. 83, II); d) submete a execução da pena a regimes progressivos (fechado, semiaberto e aberto), a serem percorridos pelo condenado, em função de seu próprio mérito. Diante de tais benefícios, que dão efetividade à proibição constitucional de prisão perpétua e que permitem ao condenado a pena máxima, se fizer jus, adquirir a liberdade em quinze anos, a mesma razão prática de Política Criminal que pesou para a construção da continuidade delitiva, atua, agora em sentido inverso, para a parcial abolição dessa ficção, com o propósito de evitar que perigosos delinquentes, autores de vários roubos à mão armada, sejam automaticamente postos em liberdade, sem estarem aptos para tanto, com pouco mais de três anos de prisão. O que é, também, um exagero. Examine-se o seguinte exemplo: Tício comete dez crimes de roubo à mão armada, no espaço de três dias, na cidade de São Paulo (fato muito comum), contra três vítimas diferentes, empregando sempre o mesmo *modus operandi*. No sistema do Código de 40 e de acordo com a jurisprudência dominante, poderá sofrer por todos esses delitos gravíssimos a pena de, no mínimo, 6 anos, 2 meses e 20 dias de reclusão (4 anos, mais um terço, mais um sexto). Como, entretanto, é previsível, na hipótese, a imposição de medida de segurança detentiva de, no mínimo, dois anos, a privação de liberdade de Tício, embora estabelecida em oito anos e alguns meses, poderá perpetuar-se, se os exames de cessação de periculosidade apresentarem resultados desfavoráveis. Tício poderá ficar preso durante 9, 12, 15 anos, ou até indefinidamente. No sistema no anteprojeto, nesse mesmo exemplo, a pena unificada de Tício será de, no máximo, trinta anos, com possibilidade de livramento condicional depois de quinze anos. E não se perpetuará jamais, dada a inexistência de medida de segurança. Se, todavia, extirparmos do anteprojeto o § único do art. 71, Tício, mesmo condenado por dez assaltos à mão armada, poderá adquirir a liberdade com pouco mais de três anos ou, automaticamente, depois de cumprir seis anos, dois meses e vinte dias. O que nos parece desaconselhável para um profissional do crime violento, provavelmente irrecuperável ou de difícil recuperação. A Política Criminal opera, agora, não mais para evitar a força após o terceiro furto ou para evitar a prisão perpétua depois de uma série de roubos – coisas já solucionadas – mas, em evidente sentido inverso, para impedir que um delinquente profissional retorne prematuramente para a comunidade dos homens livres a fim de cometer novos crimes, quiçá ainda mais graves. O que foi dito demonstra que, no anteprojeto de 1981, o crime continuado não pode ser visto de modo isolado, com abstração das demais inovações que sobre ele repercutem diretamente, como se estivéssemos acrescentando, pura e simplesmente, um § (o do art. 71) ao dispositivo do art. 51 do Código de 40. É necessário – repita-se – examinar as inovações do anteprojeto, bem como os artigos do Código de 40 nele reproduzidos, com uma nova ótica, isto é, como algo novo que, em um sistema totalmente diferente, só pode adquirir significado muito diverso daquele que tinha no Código reformado. Do contrário, correr-se-á o risco de surpresas e de perplexidades na aplicação da prática da nova lei penal, se a reforma em estudo vier a merecer a esperada aprovação do Executivo e do Legislativo. A tarefa de reforma de um código exige esse esforço imaginativo, para evitar tais surpresas e perplexidades futuras" (ASSIS TOLEDO, Francisco de, 1982, p. 26-30).

1287 É de referir-se que, com a reforma, por expressa determinação da redação do crime continuado específico, foi banida a Súmula nº 605 do STF ("Não se admite continuidade delitiva nos crimes contra a vida").

1288 STJ, *HC* 32092/PR, 6ª T., Relª. Minª. Alderita Oliveira, j. 9.8.12; STJ, *HC* 153641/RJ, 5ª T., Rel. Min. Jorge Mussi, j. 3.5.12; STJ, *HC* 92068/SP, 6ª T., Relª. Minª. Maria Thereza Moura, j. 27.4.10; STJ, *HC* 130742/MG, 5ª T., Rel. Min. Jorge Mussi, j. 22.6.10; STJ, *HC* 109738/RJ, 5ª T., Relª. Minª. Laurita Vaz, j. 6.4.10; e STJ, RESP 178529/MG, Rel. Min. Jorge Scartezzini, 5ª T., j. 16.9.09.

1289 Esse é o posicionamento de CARVALHO, Ivan, p. 497, e de COSTA, Álvaro da, 2013, p. 227.

1290 (Jurisprudência anterior à Lei 12.015/09:) TJRJ, ACR 1.014/97, 2ª CC, Relª. Desª. Telma Diuana.

1291 STF, R*HC* 90724/SE, Rel. Min. Joaquim Barbosa, 2ª T., j. 9.9.08.

1292 TJPR, RVC 0306170-7, 3ª CC, Rel. Rogério Coelho, j. 15.5.08; TRF4, ACR 2002.71.00.037702-9, Rel. Des. Élcio Castro, 8ª T., DJ 21.7.04; e STJ, *HC* 114620/MS, Rel. Min. Arnaldo Lima, 5ª T., j. 15.10.09.

1293 TJMG, ACR 1.0112.10.003858-0/001, Rel. Des. Eduardo Brum, 4ª CC, j. 2.7.14.

Em outro quadrante, há os que sustentam que não se cuida de admissibilidade incondicionada da ficção jurídica em causa, haja vista a vinculação legal trazida no parágrafo único do artigo 71 do Código Penal, quando se condiciona a unificação a elementos relacionados à culpabilidade do agente.[1294] Ao que parece, não há falar-se em unificação condicionada à culpabilidade diminuída, cláusula não constante na descrição normativa do instituto. Quando o texto legal descreve o crime continuado específico, tem como escopo, exclusivamente, orientar, na entrega da prestação jurisdicional penal, o magistrado a graduar a causa de aumento inscrita na lei (até o triplo, observadas as regras do parágrafo único do artigo 70 e do artigo 75 desse Código). Outro não é o sentir de Damásio de Jesus, quando afirma: "nos termos do parágrafo único do artigo 71, a circunstância de os delitos componentes atingirem bens jurídicos pessoais não impede a continuação. Admite a reforma penal de 1984 nexo de continuidade entre homicídios, lesões corporais ou roubos contra vítimas diversas, podendo o juiz, de acordo com as circunstâncias judiciais do artigo 59, *caput*, aumentar a pena de um dos delitos até o triplo".[1295]

Sob outros aspectos, a jurisprudência moderna não oferece obstáculo à consolidação do crime continuado em se tratando de bens jurídicos personalíssimos, ainda que haja "repercussão do delito no meio social".[1296]

No que diz respeito à aplicação da pena, em se tratando do delito continuado específico, é de rigor registrar que esta não poderá exceder àquela aplicada na hipótese do concurso material de crimes, e o seu cumprimento não será superior a trinta anos.

Ainda sobre o delito continuado especial, observa-se que a lei não especificou, na cominação abstrata, o mínimo de aumento da pena, havendo quem sustente, de um lado,

---

[1294] É o que sustenta David de Azevedo (1998, p. 130): "ambiguamente e a princípio, em nosso Direito, o crime continuado vai lançar raízes objetivamente na similitude de bens jurídicos e contexto objetivo da ação delituosa, independentemente do elemento anímico informador da conduta: esta a regra. Por exceção, quanto a bens personalíssimos, além do fundamento objetivo, requer-se um especial coeficiente subjetivo, uma culpabilidade diminuída, uma menor censurabilidade da ação, dada a circunstancialidade própria dos fatos e do compasso existencial do agente". É também a opinião de Jair Leonardo Lopes (p. 226) quando afirma: "(...) o Juiz pode negar-se a fazer uso da faculdade, que lhe é conferida no § único, ao considerar as circunstâncias do art. 59, reproduzidas, em parte, neste dispositivo".

[1295] JESUS, Damásio de, 2016, p. 324. Nesse sentido, a jurisprudência: ACR 932/98, 3ª CC do TJRJ, Rel. José Malcher (citado em VALVERDE, Iracema Almeida; SAMPAIO, Carlos, 2001, p. 9-10).

[1296] Veja-se, por exemplo, o caso da "Chacina de Vigário Geral": *HC* 77786-RJ. 2ª T., j. 27.10.98, Rel. Min. Marco Aurélio. *DJU* 2.2.01. "Crime continuado. Caracterização. Homicídio. Pena. 'Chacina de Vigário Geral'. Crimes da mesma espécie, praticados nas mesmas condições de tempo, lugar, maneira de execução e outras circunstâncias próximas. Repercussão do delito no meio social que não compõe o arcabouço normativo regedor da matéria, muito menos a ponto de obstaculizar a aplicação do preceito pertinente. Inteligência do art. 71 do CP. Ementa Oficial: Ante os pressupostos objetivos do art. 71 do CP – prática de dois ou mais crimes da mesma espécie, condições de tempo, lugar, maneira de execução e outras circunstâncias próximas – impõe-se a unificação das penas mediante o instituto da continuidade delitiva. Repercussão do crime no meio social – de que é exemplo o caso da denominada 'Chacina de Vigário Geral' – não compõe o arcabouço normativo regedor da matéria, muito menos a ponto de obstaculizar a aplicação do preceito pertinente". E esse *decisum* se assenta em duas vertentes, como se pode perceber no corpo da jurisprudência antes indicada: "(...) os precedentes desta Corte são no sentido da adequação da continuidade delitiva, em se tratando de crimes dolosos contra a vida. (...). Em segundo lugar, atente-se para a irrelevância da gravidade dos crimes cometidos. Aliás, a gradação maior apenas conduz a rigor na aplicação das normas de regência, não autorizando o órgão investido do ofício judicante a substituir-se ao legislador" (RT, 788/516).

que seria lançado pelo juiz, a partir de seu poder discricionário;[1297] e, de outro lado, a jurisprudência que se sedimentou no sentido de que a pena, também, não pode ser fixada "aquém do que seria cabível pelo concurso formal".[1298]

Assim, no que tange à aplicação da pena do crime continuado, podem-se ofertar as seguintes regras: "a) se o crime é cometido contra a mesma vítima, com ou sem violência ou grave ameaça, aplicar-se-á apenas uma pena, se idênticas, ou a mais grave, se diversas, aumentada, em qualquer caso, de um sexto a dois terços; b) se os crimes são dolosos, contra vítimas diferentes, cometidos com violência ou grave ameaça, aplicar-se-á apenas uma das penas, se idênticas, ou a mais grave, se diversas, aumentada, em qualquer caso, até o triplo, com atenção à culpabilidade, antecedentes, conduta social, personalidade, motivos e circunstâncias do crime".[1299]

Ademais, tendo o Código Penal agasalhado a teoria objetiva pura, não pode exigir-se, para a perfectibilização do crime continuado específico, qualquer unicidade de desígnios,[1300] possibilitando-se o reconhecimento da continuidade delitiva em se cuidando de delitos dolosos homogêneos, praticados com violência ou grave ameaça a pessoas diversas, sem necessidade de se incursionar sobre o aspecto anímico – aqui, traduzido em um dolo geral ou de conjunto – que tenha movido o agente na realização das condutas desvaliosas intensamente lesivas.

É salutar, ainda uma vez, a referência ao Projeto de Lei 3.473/00, o qual traz também modificações no âmbito do crime continuado específico. O parágrafo único do artigo 71, se aprovadas as alterações pretendidas, restará, como antes se indicou, com a seguinte redação: "nos crimes dolosos, contra vítimas diferentes, cometidos com violência ou grave ameaça à pessoa, deverá o juiz, considerando a culpabilidade, os antecedentes e a unidade de desígnio, bem como os motivos e as circunstâncias, aumentar a pena de um só dos crimes, se idênticas, ou a mais grave, se diversas, até o triplo, observadas as regras do parágrafo único do artigo 70 e do artigo 75". Vê-se, desse modo, que a reforma prevê a substituição da expressão "poderá o juiz" por "deverá o juiz", tornando obrigatório o aumento de pena relativo à continuidade delitiva específica (quando preenchidos, logicamente, os requisitos da lei). De outra sorte, o legislador modifica os critérios norteadores do aumento da reprimenda, vale indicar: atualmente, nessa avaliação, o magistrado (segundo o parágrafo único do artigo 71) deverá levar em consideração a culpabilidade, os antecedentes, a conduta social, a personalidade do agente, os motivos e as circunstâncias do crime, e, pela previsão do Projeto, deverá ser orientado pela culpabilidade, pelos antecedentes, pela unidade de desígnio, bem como pelos motivos e pelas circunstâncias (ou seja, retiram-se os critérios da conduta social e da personalidade e acrescenta-se o da unidade de desígnio). A adição do critério da unidade de desígnios, caso o Projeto realmente venha a ser aprovado, trará, ao certo, grande polêmica doutrinária e jurisprudencial, na medida em que contrasta, frontalmente, com a orientação objetiva dominante em sede de configurabilidade do instituto do crime continuado.[1301]

1297 OLIVEIRA, Edmundo, p. 407.

1298 STJ, RESP 33.012, Rel. Min. Assis Toledo, 5ª T., DJU 28.2.94.

1299 TELES, Ney Moura, p. 448.

1300 TJRS, AGR (art. 197, LEP) 70001101674, Rel. Des. Walter Jobim Neto, 2ª CC.

1301 Como assinala Ricardo Antonio Andreucci (2001, p. 80), "na nova redação do §, deverá haver *unidade de desígnio* para que o juiz aumente a pena, exigência que inexistia na sistemática anterior. Portanto, desconsidera a Reforma, nesse passo, a teoria objetiva pura do crime continuado".

Por derradeiro, o Projeto de reforma do Código Penal consigna, expressamente, no parágrafo 2°, a imperfectibilidade da regra da continuação delituosa em se tratando de crimes dolosos que afetem a vida (bens altamente personalíssimos),[1302] bem como em caso de estupro, para cujas hipóteses serão aplicadas, de modo cumulativo, as penas.

Como se destacou no tópico relacionado à comparação de ordenamentos jurídicos, vários são as legislações que obstaculizam a incidência da doutrina do crime continuado diante de delitos que ofendam bens acentuadamente pessoais (aliás, o Código Penal militar brasileiro, no parágrafo único do seu artigo 80, contém proibição semelhante; e, ainda, tal qual se desenvolveu nesse ponto, a jurisprudência e a doutrina brasileiras se mostram discordantes acerca desse tema específico da matéria); de tal arte, não pode dizer-se que houve qualquer inovação significativa na figura em causa. Todavia, deve avaliar-se se existe, em termos de legitimidade e eficácia, um avanço ou um retrocesso em virtude da (re)incorporação dessa regra de inaceitabilidade do crime continuado (e, com isso, da exasperação punitiva) em face de certos crimes dolosos violentos.

No plano intrassistêmico, ainda que relativizado segundo coordenadas históricas e geográficas, a ampliação dos instrumentos punitivos se mostra claramente contraprodutiva, não aportando, assim, qualquer (possibilidade de) aumento de eficácia que possa justificar as medidas, pois não se criam, na agenda histórica, alternativas hegemônicas que – combinando políticas públicas e sociais – possam fazer face à caótica questão do sistema penal contemporâneo.

Revela notar que a opção pelo punitivismo se mostra em franco desacordo com vários princípios penais liberalizantes e correntes de pensamento criminológico crítico que têm destacado não só a eficácia invertida do sistema criminal, mas igualmente o fortalecimento "do direito penal simbólico e sua perene emergência";[1303] sendo certo, para além disso, que essas abordagens que investem na ampliação do poder punitivo colapsaram perante a realidade concreta do sistema, na medida em que apenas impulsionaram a criminalização da pobreza – criando o encarceramento *en masse* – e permitiram a consolidação do modelo de dominação neoliberal. Como descreve Vera Malaguti Batista, "o mais assustador é que quanto mais inseguros nos sentimos, mais apostamos em uma visão ahistórica e apolítica do poder punitivo. As sucessivas 'crises' e 'emergências' não conduzem a uma qualificação da discussão sobre a questão criminal; servem apenas para retificar os dispositivos da nova ordem econômica".[1304]

Em suma, o discurso jurídico-penal (muito enfaticamente o) reformista deve ostentar uma concepção transpositivista do direito, implicando, por via própria de consequência, uma compreensão totalizadora da realidade jurídica, que articula, de modo complementar, a interação entre os planos dogmático, axiológico e sociológico. Deve rejeitar-se, portanto, "o discurso jurídico fechado, dissociado do social, caracterizado pela erudição pequena, tão recheado de empáfia quanto falta de inventividade",[1305] porquanto não se pode construir leis sem a avaliação da dramaticidade das condições

[1302] De acordo com o critério da natureza pessoal, ou não, dos bens jurídicos, haverá crimes eminentemente pessoais e não eminentemente pessoais; "nos primeiros, o respectivo tipo legal protege, directamente, os bens jurídicos que se reconduzem aos chamados 'direitos da personalidade' (vida, integridade física, liberdade, honra, etc.)", ao passo que, os segundos, "protegem uma diversidade de bens jurídicos: patrimoniais (...); comunitários (...); estaduais (...); e universais" (CARVALHO, Américo A. Taipa de, 2004, p. 102).

[1303] BATISTA, Vera Malaguti, 2011, p. 104.

[1304] BATISTA, Vera Malaguti, 2006, p. 41.

[1305] AZEVEDO, Plauto Faraco de, 2008, p. 15.

históricas e objetivas do sistema (penal) para o qual aquelas se destinam. No universo jurídico, a dimensão crítico-valorativa encerra as condições de possibilidade de superação do modelo analítico-descritivo, especialmente em se tratando de matéria jurídica vinculada à liberdade, pois o direito penal – desde a concepção clássica – não é um *passe-partout* para resolver questões sociais.

5.9. OBSERVAÇÕES FINAIS

As circunstâncias por meio das quais se desenha a figura jurídica do crime continuado devem ser verificadas de modo isolado; no entanto, devem ser valoradas de modo abrangente, em uma dimensão maior, de conjunto, de tal forma que a eventual ausência de qualquer delas, *per se*, não pode desconfigurar o nexo de continuidade; em outras palavras, cada pressuposto existencial não pode, necessária e obrigatoriamente, obstaculizar a figura legal em causa se o cenário geral assinalar, de modo nítido, que os comportamentos típicos se encadeiam na ensamblagem concebida pela norma criminal. Assim, vantajosamente, nas leis como na doutrina, o vínculo de continuação se pode apresentar, *grosso modo*, em face de delitos da mesma espécie, desde que se mostrem unidos por uma expressão espaço-temporal próxima e/ou por um padrão executório assemelhado. Daí por que a ausência de um pressuposto (de caráter inessencial) configurador do delito continuado não tem o condão, por si só, de desfigurar esse instituto jurídico, que deve ter como norte, sempre, antes de uma realidade estratificada em preceitos rígidos, a concessão de uma carga benéfica que visa, em última análise, a impedir a existência do concurso material de crimes. Disso resulta que, no reconhecimento da ficção jurídica do crime continuado (impeditivo da aplicação da regra do concurso material de crimes), "entra mais o princípio de política criminal, segundo o qual o cumprimento de penas excessivamente longas traz sérios inconvenientes, pelo remoto a que remetida a liberdade do que realmente a preocupação com a fidelidade a critérios objetivos".[1306]

Dessa forma, em síntese, à configuração da ficção jurídica do crime continuado, considerando-se que a legislação brasileira agasalhou a teoria puramente objetiva, são necessários os seguintes pressupostos, como doutrina Paulo José da Costa Júnior: "1º) *Crimes da mesma espécie* – Deverão ser entendidos não só aqueles previstos no mesmo dispositivo, como o conjunto de preceitos concernentes à lesão do mesmo bem jurídico. Haverá crimes da mesma espécie na forma simples e qualificada do delito; entre formas qualificadas diversas; entre a modalidade consumada e a tentada; na autoria simples e na coautoria; entre crimes culposos, ou entre crimes culposos e dolosos. (...) 2º) *Pluralidade de condutas* – o crime continuado exige 'mais de uma ação ou omissão'. 3º) *Interligação das condutas por circunstâncias de tempo, lugar, modo de execução e outras semelhantes* – O conjunto dessas circunstâncias exteriores comuns, que são aparentes, perceptíveis, objetivas, é que configura a continuidade criminosa. Isoladamente, nenhuma circunstância é decisiva".[1307]

Afasta-se – e o argumento é ainda uma vez esgrimido –, então, a necessidade da convivência do crime continuado (ficção jurídica unitária, sem existência ontológica,

[1306] TACSP, Rev., Rel. Adauto Suannes, RT 575/397 (citado por FRANCO, Alberto Silva, e outros, 1997, p. 1114).

[1307] COSTA JÚNIOR, Paulo José da, 2010, p. 271.

que se traduz a partir da realização de tipicidades homogêneas nas mesmas condições de índole objetiva) com condições ou nexos subjetivos, que deveriam entrelaçar a unidade criminosa.

Derradeiramente, o crime continuado se coloca como apenas um dos tantos artifícios (legais ou jurisprudenciais) por que a *praxis* jurídica coloca obstáculos à existência de sanções penais elevadas (ou concretamente injustas ou desnecessárias;[1308] aliás, Henri Robert já pontificou que, às vezes, a Justiça produz decisões ilógicas, "quando lhe falta a certeza absoluta da culpa e ela transforma a pequena dúvida em grande indulgência, sem querer, porém, chegar à absolvição".[1309] Por evidente, a comunicação jurídica não é um simples reflexo dos fatos e das suas decorrências normativas; trata-se, sobretudo, de "uma construção de um complexo decisional",[1310] dado que "o fenômeno jurídico está atravessado pelas situações existenciais e pelo poder, estruturado porformas sociais e pela ideologia"),[1311] suposto que essa criação se inspira em noções de Política Criminal racional,[1312] [1313] cujo compromisso precípuo é o de impedir condenações exacerbadamente graves,[1314] de modo muito amplo em virtude das críticas acerbas que se destinam ao sistema penal, em geral, e à pena criminal, em particular.[1315]

1308 TJRS, ACR 70053574067, Rel. Des. Jayme Weingartner Neto, 3ª CC, j. 27.6.13.

1309 ROBERT, Henri, 1997, p. 143.

1310 MASCARO, Alysson Leandro, 2015, p. 183.

1311 MASCARO, Alysson Leandro, p. 184.

1312 "La noción de racionalidad expresa la adecuación de las ideas, argumentos y decisiones a la forma en que se auto comprende la persona humana. En la medida que nos reconocemos como seres racionales, la forma 'natural' de legitimar aquello que planteamos como verdad, decisión o explicación debe guardar correlato con la razón. Si por el contrario nos entendiéramos a nosotros mismos como seres violentos y la fuerza como lo distintivo de nuestra conformación, la justificación de lo que pensamos, proponemos o realizamos sería la fuerza bruta y la capacidad de agresión. Racionalizar en la consideración del saber penal entonces es tomar distancia de las explicaciones pasionales, emotivas o de puro y desnudo ejercicio del poder. Dicho de otro modo, exigirle al Derecho penal una legitimación que vaya más allá de la imposición fática. (...). La historia de la ciencia penal es la búsqueda de esa racionalidad" (YACOBUCCI, Guillermo, 2015, p. 247).

1313 TJRS, AGE 70058398967, Rel. Des. Diógenes Ribeiro, 3ª CC, j. 3.4.14.

1314 A matéria, como se tem destacado, não se apresenta pacífica nos domínios da jurisprudência. Veja-se, a título de ilustração, *decisum* que exige, à configuração do crime continuado, a presença de um comando subjetivo unificador, negando-o, ademais, aos delinquentes profissionais: AGE 541.881/1, 11ª C de SP, Rel. Gonçalves Nogueira.

1315 Para mais detalhes, ver o artigo de SCHEERER, Sebastian, 2010, p. 965 e segs.

6. Crime continuado e questões exclusiva ou preponderantemente materiais

Nesta trajetória, cumpre enfocar agora, em diferentes temas (que se vinculam direta ou indiretamente à questão material), a aplicação concreta do instituto do crime continuado, a fim de demonstrar, ainda uma vez, a complexidade interpretativa que o envolve. Muitas das matérias que serão apresentadas têm evidente interesse prático, porquanto implicam a resolução (ou, ao menos, a diretriz resolutiva e) objetiva de casos penais.

Sobre esta base, não somente o cabimento de institutos despenalizadores, mas também os critérios de fixação das penas (privativa de liberdade e pecuniária) em face do crime continuado precisam ser compreendidos em todo o seu significado e extensão. Para além disso, é importante observar que vários outros temas também mereceram o devido destaque, bem como os que se relacionam à extinção da punibilidade, à sucessão de leis no tempo, à atipia material, à possibilidade de incidência em se tratando de contravenções penais, entre outros; enfim, a todos quantos têm vinculação com o tema de fundo desta obra.

Atente-se, antes de tudo, que se cuida de matérias relacionadas diretamente ao cotidiano forense, daí a importância a elas concedida. (Optou-se, agora, por agrupar os tópicos por afinidade temática, com o escopo de permitir maior sistematicidade e, por conseguinte, praticidade.)

Ênfase, aqui, repita-se, será concedida aos institutos que mais verdadeiramente guardam relação de pertinência (ou de predominância) aos aspectos materiais.

6.1. DA ANÁLISE ISOLADA E MOTIVADA, NA SENTENÇA PENAL CONDENATÓRIA, PARA CADA UM DOS CRIMES IMPLICADOS NA RELAÇÃO CONTINUADA

Neste ponto, quer debater-se a melhor forma técnica para a estruturação da sentença penal condenatória que envolva o modelo legal do crime continuado.

Na entrega da prestação jurisdicional penal, o magistrado tem a incumbência de fixar a pena para cada crime componente da cadeia delituosa com a finalidade de, a seguir, aplicar a exasperação sobre a reprimenda de um só dos crimes, se idênticas, ou sobre a mais grave, se diversas. Isso significa que, "no momento da individualização da pena – em se tratando do crime continuado –, deve o juiz sentenciar, isoladamente, todos os ilícitos componentes da cadeia continuada, a fim de que se possa observar, em cada um, a ocorrência concreta da prescrição, bem como para que se possa avaliar se o aumento de pena (determinado pela incidência do fator de majoração trazido pelo delito continuado) não implicou apenamento superior àquele que seria obtido pela regra do cúmulo material, não sendo possível a utilização, exclusivamente, da pena mais grave dos crimes ligados pela continuidade delitiva. Com isso, na construção operacional da sentença que reconhecer o crime continuado, devem ser observados dois momentos: no primeiro, aplica-se a pena, de forma isolada, a cada um dos delitos parcelares componentes do concurso; no segundo, aplica-se a regra específica de apenamento do crime continuado".[1316] Como esclarecem Ada Pellegrini Grinover, Antonio Scarence Fernandes e Antônio Magalhães Gomes Filho, "havendo concurso formal, crime continuado ou *aberratio ictus*, o aumento deve operar depois de fixada a pena para cada crime concorrente, como se não houvesse o concurso. Isso permite verificar se a pena acrescida pelo crime continuado ou concurso formal não excede a soma das penas dos crimes-membros. Possibilita, ainda, em face da atual redação do artigo 119, verificar se não houve prescrição em relação aos diversos crimes ligados pelo nexo da continuidade ou unidos pelo concurso formal".[1317] Além disso, é necessária a especificação da quantidade de delitos componentes da cadeia,[1318] pois isso influenciará na medida da exasperação. Da mesma forma, o magistrado tem o encargo de aferir a culpabilidade de cada um dos delitos componentes da cadeia continuada, porque tão somente assim terá condições de reconhecer, no caso concreto, a pena mais grave.[1319] Por conta disso, a elevação punitiva defluente da continuidade delitiva somente pode existir subsequentemente à estipulação individualizada da pena (de cada crime parcelar componente da cadeia delitiva); e é imprescindível a aferição de cada pena isolada para fins de se verificar tanto a ocorrência da prescrição como de eventual excesso em sua aplicação, uma vez que a expressão punitiva final não pode exceder o cúmulo material. A não observância dessa lógica implica, por conseguinte, nulidade insanável do *decisum* condenatório, quer por desconsiderar o princípio da individualização da pena, quer por violação do critério trifásico, podendo ser declarada, até mesmo, em preliminar de ofício;[1320] com isso, na hipótese de delito continuado, será nula a sentença penal condenatória se o magistrado deixar de aplicar a pena de cada delito, singularmente, para, ao depois, aportar, ao cálculo punitivo, o *quantum* de elevação trazido pelo sistema exasperatório.[1321]

[1316] FAYET JÚNIOR, Ney; FAYET, Marcela; BRACK, Karina, 2007, p. 34-5. Nesse sentido: TJRS, ACR 7000549238, Rel. Des. Marco Ribeiro de Oliveira, 8ª CC. Ainda: TJMG, AC 1.0024.15.045786-9/001, Rel. Des. Octavio Boccalini, 3ª CC, j. 26.1.16; e TJDFT, ACR 20120410115806, Rel. Des. Humberto Ulhôa, 3ª TC, j. 11.7.13.

[1317] GRINOVER, Ada Pellegrini; MAGALHÃES FILHO, Antonio; FERNANDES, Antonio Scarance, 2011a, p. 205. Veja-se a esse propósito as seguintes decisões: TJRS, ACR 699307989, 8ª CC, Rel. Des. Marco Oliveira, j. 17.11.99; TJRS, Recurso 296039266, 4ª CC., Rel. Des. Danúbio Franco; TARS, ACR, 4ª CC, Rel. Des. Luiz Leite; ACR 70000549238, 8ª CC do TJRS, Rel. Des. Marco Oliveira; e TJRS, RCRIM 70010133635, 2° GCC, Rel. Des. Danúbio Franco, j. 11.3.05.

[1318] Guillermo Sauer (p. 349) pontifica que "el delito continuado se ha de determinar en la sentencia lo más exactamente posible según el número y la naturaleza de los actos aislados. Vale como un hecho, cuyo comienzo es la primera acción ejecutiva y cuya conclusión es la consumación de la última acción típica".

[1319] GALVÃO, Fernando, 934.

[1320] TJMG, ACR 1.0105.16.037361-6/001, 6ª CC, Rel. Des. Furtado de Mendonça, j. 11.7.17; TJMG, AC 1.0024.15.045786-9/001, Rel. Des. Octavio Augusto de Nigris Boccalini, p. 26.2.16; e TJMG, AC 1.0024.12.039551-2/001, Rel. Des. Agostinho Gomes de Azevedo, j. 7.11.14.

[1321] TJMG, AC 1.0024.12.039551-2/001, Rel. Des. Agostinho Gomes de Azevedo, j. 7.11.14.

Dessa sorte, a individualização das penas faz-se indispensável para que o condenado, de um lado, entenda os motivos pelos quais se lhe foi imposto o *quantum* de exacerbação de pena representado pelo crime continuado; e, de outro, para que, a partir da necessária fixação da pena para cada crime da cadeia delitiva, constate a incidência tópica do instituto da prescrição penal (artigo 119 do Código Penal),[1322] "bem como para verificar se a pena, acrescida pela ficção ditada pelo instituto, não excede a soma das sanções dos crimes-membros".[1323]

Sobre esse aspecto, a doutrina manifesta-se no sentido de que "merece destaque o tema relativo à aplicação da pena no concurso de crimes. Na sentença que reconhecer o concurso de crimes, em qualquer das três hipóteses até aqui analisadas – concurso material, concurso formal e crime continuado – deverá o juiz aplicar isoladamente, a pena correspondente a cada infração penal praticada. Após, segue-se a aplicação das regras correspondentes aos aludidos concursos".[1324]

Acerca da necessidade de individualização da pena para cada delito componente da continuidade delitiva, tem-se pronunciado a jurisprudência.[1325] Aliás, na hipótese de haver condenação pela prática de delitos que apresentam sanções distintas, torna-se inafastável a quantificação punitiva também ao delito cuja pena se mostra, *in casu*, menos grave; desse modo, não poderia limitar-se o magistrado ao cálculo da pena relativa ao delito cuja pena é mais severa, dado que se impõe a individualização da que corresponde ao de menor reprimenda; do contrário, estar-se-ia inviabilizando, ao condenado, não só o exercício do contraditório, mas também se lhe obstando que procedesse, concretamente, à aferição da eventual ocorrência da prescrição da pretensão punitiva atinente ao crime de menor expressão sancionatória.[1326] No entanto, o Superior Tribunal de Justiça teve oportunidade de se manifestar em sentido contrário, sobretudo em hipóteses nas quais se trata de delitos idênticos, praticados nas mesmas circunstâncias, e que, por isso, receberiam a mesma quantidade de pena.[1327] Em igual sentido, a decisão do Supremo Tribunal Federal que entendeu desnecessária a repetição, em se cuidando do apenamento do crime continuado, da dosimetria relativa a cada uma das condutas componentes dessa figura jurídico-penal, ao avaliar que, "se as penas impostas aos crimes forem idênticas, basta aplicar a de um deles, com o aumento legalmente previsto";[1328] ou, ainda, em virtude da não ocorrência de prejuízo ao acusado.[1329]

[1322] TJSC, AC 0002471-91.2016.8.24.0031, 2ª CC, Rel. Des. Sérgio Antônio Rizelo, j. 27.6.17.

[1323] TAMG, ACR 416.963-7, j. 12.11.03, *Bol. IBCcr* 138/800, decisão citada por DELMANTO, Celso; e outros, p. 304. Mais: TJSC, ACR 2008.076418-4, 2ª CC, Rel. Des. Túlio Pinheiro, j. 24.3.09.

[1324] GRECO, Rogério, 2009, p. 614.

[1325] TJDFT, ACR 20120110519953, Rel. Des. Jesuino Rissato, 3ª TC, j. 22.8.13; STJ, RESP 1196299/SP, Min. Marco Bellizze, 5ª T., j. 2.5.13; TRF4, ACR 0002635-18.2009.404.7104, 8ª T., Rel. Des. Paulo Vaz, j. 7.12.11; TJMG, ACR 100240444597170011, 5ª CC, Relª. Desª. Maria Porto, j. 23.3.10; TJMG, ACR 10332050126652001l, Rel. Des. Alexandre de Carvalho, j. 10.3.09; TJPR, ACR 0449156-3, 5ª CC, Rel. Des. Lauro de Melo, j. 12.6.08; ACR 296039266, 4ª CC do TARS, Rel. Des. Danúbio Franco, j. 18.12.96 (*In* FAYET JÚNIOR, Ney; FAYET, Marcela; BRACK, Karina, 2007, p. 34); e TJRS, ACR 70004453650, 8ª CC, Rel. Des. Tupinambá Azevedo, j. 20.8.03.

[1326] TJSC, AC 0015993-87.2013.8.24.0033, 1ª CC, Rel. Des. Júlio César M. Ferreira de Melo, j. 22.6.17.

[1327] STJ, R*HC* 23.017/RS, Rel. Félix Fischer, j. 3.4.08; e TJSC, ACR 2010.004277-9, 2ª CC, Rel. Des. Túlio Pinheiro, j. 22.6.10.

[1328] STF, *HC* 95.245/RS, Rel. Min. Joaquim Barbosa, 2ª T., j. 16.11.10.

[1329] R*HC* 107.381, rel. min. Cármen Lúcia, 1ª T., DJE de 14-6-11. (Decisão citada na Coletânea temática de jurisprudência, p. 192.) Retratando perfeitamente o estágio da discussão, as seguintes decisões: TJSC,

Essa linha de entendimento – encampada nas decisões em causa – enfraquece, consideravelmente, a garantia do cidadão à individualização punitiva, de modo especial diante de sentenças que reconhecem a figura jurídica do crime continuado[1330] sem demonstrar, com exatidão, os dados fático-temporais sobre os quais se construiu o raciocínio judicial do apenamento; além disso, poderá atenuar (ou, em certos casos, inviabilizar) o aferimento concreto do instituto da prescrição penal ou do concurso material benéfico.[1331]

Deve, no entanto, acentuar-se que, no presente, em termos jurisprudenciais amplos, o eventual reconhecimento da nulidade da sentença (por sua estruturação em bloco na hipótese de configuração da cadeia continuada) se projetaria, tão somente, à dosimetria da pena (nulidade tópica,[1332] em face da compreensão segundo a qual os vícios decorrentes da individualização da pena acarretam apenas a nulidade parcial da sentença, não afetando o juízo condenatório);[1333] em outras palavras, tratar-se-ia de anulação parcial da *decisum*, o que não afetaria nem a validade do conteúdo condenatório nem tornaria inócua a causa de interrupção do lapso prescricional vinculado à publicação da sentença; mais: é imperioso que se demonstre o efetivo prejuízo ao condenado – causado pela estruturação não particularizada da sentença penal condenatória –, sob pena de se remitir o fator de comprometimento parcial da decisão que se desenhara.

6.2. DOS CRITÉRIOS DE AUMENTO DA PENA

Compete agora sublinhar que a causa geral de aumento de pena (representada pelo crime continuado) importa em elevação de um sexto a dois terços para o crime continuado comum (*caput* do artigo 71 do Código Penal) e até o triplo para o crime continuado específico (parágrafo único do artigo 71 do Código Penal); em decorrência disso, podem ser feitas algumas considerações sobre cada um desses fatores de elevação punitiva.

6.2.1. Do aumento de pena indicado no *caput* do artigo 71 do Código Penal

Existe certo consenso na doutrina e na jurisprudência acerca do critério por meio do qual se orientaria a estipulação do percentual variável de aumento em se apresentando a punição a título de delito continuado: deve levar-se em consideração, preponderan-

---

AC 2012.053364-7, 4ª CC, Rel. Des. Rodrigo Collaço, j. 9.8.13; e TJSC, AC 2012.053364-7, 4ª CC, Rel. Des. Rodrigo Collaço, j. 9.8.13.

1330 Aliás, o STF já decidiu que a continuidade delitva é instrumento de consagração da garantia constitucional da individualização da pena, de conformidade: *HC* 95.536, Rel. Min. Ayres Britto, 1ª T., DJE de 7.8.09 = *HC* 98.831, Relª. Minª. Cármen Lúcia, 1ª T., DJE de 28.5.10 (decisões citadas na Coletânea temática de jurisprudência, 2013, p. 193).

1331 Nesse sentido, afirma José Paganella Boschi (2014, p. 267) que "a necessidade de individualizar em separado as penas de cada crime, no concurso de crimes, além de resguardar o princípio do concurso material mais benéfico, propicia maior controle das partes sobre a prescrição retroativa da pretensão punitiva dentro dos correspondentes marcos legais interruptivos".

1332 TJMG, AC 1.0105.16.037361-6/001, 6ª CC, Rel. Des. Furtado de Mendonça, j. 11.7.17.

1333 STF, *HC* 85226/SP, Rel. Min. Carlos Velloso, j. 10.6.05.

temente, o critério objetivo, quer dizer, o maior ou o menor número de crimes[1334] (ou de contravenções) perpetrados, na materialização da figura legal da continuação delitiva, pelo sujeito ativo.[1335] Dessa sorte, a quantificação punitiva da unidade legal de imputação (representada pela disciplina da continuidade delitiva) condiz com regramento, em linha de princípio, objetiva e matematicamente construído em função do número de fatos puníveis; e essa construção, doutrinária e jurisprudencialmente hegemônica, alicerçou-se, é fácil perceber, nos princípios da razoabilidade e da proporcionalidade.

Sob tal ângulo, esse critério cristalizou-se em uma formulação segundo a qual "para dois crimes, o menor aumento: um sexto;[1336] para três crimes, um quinto; para quatro crimes, um quarto;[1337] cinco crimes, um terço; seis crimes, a metade; sete ou mais, o máximo, ou seja, dois terços".[1338] Essa regra é, em grande medida, encampada na jurisprudência, *maxime* para os crimes praticados sem violência física;[1339] incumbe também indicar (a existência de) variantes desse regramento (ou seja, variações específicas relacionadas, substancialmente, à natureza dos ilícitos em continuação).[1340]

[1334] STJ, *HC* 223286/SP, 6ª T., Relª. Minª. Maria Thereza Moura, j. 17.10.13; STJ, *HC* 186353/TO, 5ª T., Rel. Min. Marco Bellizze, j. 11.9.12; STJ, *HC* 141884/RS, 6ª T., Rel. Min. Sebastião Reis Júnior, j. 21.8.12; STJ, *HC* 183.636/PR, Relª. Minª. Laurita Vaz, 5ª T., j. 16.8.12; STJ, RESP 1303748/AC, Rel. Min. Sebastião Reis Júnior, 6ª T., j. 25.6.12; STJ, *HC* 155.777/SP, Rel. Min. Jorge Mussi, 5ª T., j. 3.5.12; STJ, *HC* 134.701/SP, Relª. Minª. Laurita Vaz, 5ª T., j. 15.12.11; TRF4, ACR 0000459-25.2007.404.7108, 7ª T., Rel. Luiz Canalli, j. 29.10.13; TRF4, ACR 5001237-55.2012.404.7100, 7ª T., Rel. Des. Marcelo Nardi, j. 2.10.13; TRF4, ACR 5002434-10.2010.404.7005, Rel. Des. Élcio Castro, 7ª T., j. 8.8.12; TRF1, ACR 0018579-38.2004.4.01.3800/MG, Rel. Des. Mário Ribeiro, 4ª T., j. 19.3.12; TRF2, ACR 9060, Rel. Des. Marcello Granado, 1ª T., j. 18.1.12; STJ, *HC* 200401/RS, 6ª T., Rel. Min. Og Fernandes, j. 16.8.12; STJ, *HC* 183636/PR, 5ª T., Relª. Minª. Laurita Vaz, j. 16.8.12; e STF, *HC* 105558/PR, 1ª T., Relª. Minª. Rosa Weber, j. 22.5.12.

[1335] TJPR, RVC 9919117, Rel. Des. Marcus Costa, 5ª CC, j. 13.6.13.

[1336] No STF, este critério também se aplica ao concurso formal: *HC* 102.510, Relª. Minª. Ellen Gracie, 2ª T., DJE de 8.2.11 = *HC* 77.210, Rel. Min, Carlos Velloso, 2ª T., DJ de 7.5.91 (decisões citadas na Coletânea temática de jurisprudência, p. 188).

[1337] STJ, *HC* 257995, Relª. Minª. Maria Thereza Moura, 6ª T., j. 4.2.14.

[1338] FERREIRA, Gilberto, p. 154. Exemplificando as diferentes situações, Flávio Augusto Monteiro de Barros (p. 550-1) sustenta que, "no crime continuado simples, as penas dos diversos delitos são idênticas (p. ex.: três furtos simples). Nesse caso, o juiz aplica a pena de um só, aumentando-a de um sexto a dois terços. O critério de aumento é o número de crimes. (...). No crime continuado qualificado, as penas são diversas (ex.: dois furtos simples e um qualificado). O juiz aplica a pena do crime mais grave, aumentando-a de um sexto a dois terços, conforme o número de crimes".

[1339] TJRS, ACR 698150042, Rel. Des. José Boschi.

[1340] É o que ocorre, por exemplo, no crime de apropriação indébita previdenciária (art. 168-A do CP), na medida em que, de um lado, muito provavelmente, haverá vários meses sequenciais em que se deixará de repassar à previdência as contribuições recolhidas dos contribuintes e, de outro, cada mês equivale a um fato, implicando, por via própria de consequência, uma expressiva quantidade de crimes integrantes de uma cadeia continuada. Em face disso, o TRF 4ª Região, ao considerar, portanto, a repetição delitiva uma constante nessa modalidade típica, bem como ao fato de a pena ser bastante elevada, houve por bem entender que "o aumento decorrente da continuidade não precisa obedecer, necessariamente, critério objetivo ou matemático, em função do número de fatos" (TRF4, AC 96.04.58814-1/RS, Rel. Des. Amir Sarti, 1ª T., DJ 27.1.99). Como informa José Paulo Baltazar Junior (2017, p. 164), "nesse julgado, o Tribunal, corretamente, afastou o critério puramente matemático, pelo qual a prática de dois delitos determina aumento de um sexto; três delitos, aumento de um quinto, e assim sucessivamente. (...). O TRF veio, então, a construir um critério, relativamente elástico, 'que leva em conta tanto o número de omissões como a pena-base, fornecedor assim de um padrão de apenação adequado à conduta e compatível com a natureza repetitiva do delito, convindo estabelecer-se que: até 9 meses de omissão se reconhecerá 1/6 da majorante pela continuidade; de 9 m a 18 m – entre 1/5 e 1/4; de 18 m a 24 m – entre 1/4 e 1/3; de 24 m a 30 m – entre 1/3 e 1/2; de

É indispensável ainda reconhecer-se que a escolha (de fração de aumento punitivo superior ao mínimo previsto) necessita ser fundamentada, sob pena de redução àquele patamar;[1341] nessa quadra, está em consideração o pleno dever de motivação das decisões, e a eventual dúvida acerca da contabilidade dos fatos puníveis será resolvida *favor rei*, em obediência ao princípio do *in dubio pro reo*.[1342]

6.2.2. Considerações críticas

Sob outra linha de entendimento, não transparece, às inteiras, imune a críticas esse critério (composto em atenção à quantidade de fatos puníveis),[1343] sobretudo nas situa-

---

30 m a 33 m – entre 1/2 e 2/3 e, acima de 33 meses a majorante de 2/3' (TRF4, EIAC 2000401140654-9 e 2000401140655-0, Castilho, 4ª S, u., 19.2.03). A seu turno, a 2ª T. do TRF3 adotou o seguinte critério, um pouco mais favorável que aquele exposto no parágrafo acima: 'de dois meses a um ano de omissão no recolhimento das contribuições previdenciárias, o acréscimo é de 1/6 (um sexto); de um a dois anos de omissão, aumenta-se 1/5 (um quinto); de dois a três anos de omissão, 1/4 (um quarto); de três a quatro anos de omissão, 1/3 (um terço); de quatro a cinco anos de omissão, 1/2 (um meio); e acima de cinco anos de omissão, 2/3 (dois terços) de aumento' (TRF3, AC 20006181001643-7/SP, Toniasso, 2ª T., u., 28.6.06)". Mais: "4. É entendimento consagrado (...) que a aplicação da causa especial de aumento da continuidade delitiva deve levar em conta o número de fatos criminosos praticados, preferencialmente de acordo com os parâmetros já consagrados nessa egrégia Corte para os casos de apropriação indébita previdenciária: até 9 fatos, 1/6; de 9 a 18 fatos, entre 1/5 e 1/4; de 18 a 24 fatos, entre 1/4 e 1/3; de 24 a 30 fatos, entre 1/3 e 1/2; de 30 a 33 fatos, entre 1/2 e 2/3; acima de 33 fatos, 2/3 (TRF4, AC 5005403-67.2016.404.7205, 7ª T., Rel. Sebastião Ogê Muniz, j. 4.7.17). Em ações penais que envolviam operações de câmbio e remessa internacional de valores praticadas por intermédio de instituição financeira não autorizada (tratando-se de desdobramentos da investigação policial denominada "Ouro Verde"), a Justiça Federal, em Porto Alegre, adotou o seguinte critério de apenamento para a continuidade delitiva, levando em consideração o número de operações praticadas: até 5, o aumento de 1/6; de 6 a 25, o aumento de 1/3; de 26 a 50, o aumento de 1/2; e, finalmente, 51 e acima, o aumento de 2/3. Recentemente, TRF 4ª Região decidiu: "Omissão no recolhimento de contribuições previdenciárias. Art. 168-A, § 1º, I, do CP. 5. A aplicação da causa especial de aumento da continuidade delitiva deve levar em conta o número de fatos criminosos praticados, preferencialmente de acordo com os parâmetros já consagrados nessa egrégia Corte para os casos de apropriação indébita previdenciária: até 9 fatos, 1/6; de 9 a 18 fatos, entre 1/5 e 1/4; de 18 a 24 fatos, entre 1/4 e 1/3; de 24 a 30 fatos, entre 1/3 e 1/2; de 30 a 33 fatos, entre 1/2 e 2/3; acima de 33 fatos, 2/3 (EINUL/ACRs 2000.04.010140654-9 e 2000.04.01.140655-0, 4ª Seção, Rel. Wolkmer de Castilho, DJU 12-3-2003)" (TRF4, ACR 2005.70.06.001080-0, Rel. Victor Laus, 8ª T., j. 28.6.12). "1. Comete o delito tipificado no art. 168-A, do CP o agente que deixa de recolher, no prazo legal, contribuição ou outra importância destinada à previdência social que tenha sido descontada de pagamento efetuado a segurados empregados. (...). 4. É entendimento consagrado nesta Corte que a aplicação da causa especial de aumento da continuidade delitiva deve levar em conta o número de fatos criminosos praticados, preferencialmente de acordo com os parâmetros já consagrados nessa egrégia Corte para os casos de apropriação indébita previdenciária: até 9 fatos, 1/6; de 9 a 18 fatos, entre 1/5 e 1/4; de 18 a 24 fatos, entre 1/4 e 1/3; de 24 a 30 fatos, entre 1/3 e 1/2; de 30 a 33 fatos, entre 1/2 e 2/3; acima de 33 fatos, 2/3. (...). 6. Apelação criminal desprovida. Concedida, de ofício, ordem de *habeas corpus*, para reduzir a pena corporal aplicada e reconhecer, consequentemente, a prescrição de parte das competências denunciadas" (TRF4, ACR 0015648-33.2008.404.7100, Rel. Des. João Gebran Neto, 8ª T., j. 9.9.15). Também no STF: AP 470, Rel. Min. Joaquim Barbosa, P, DJE de 10.10.13 (decisão citada na Coletânea temática de jurisprudência, p. 191). Recentemete: TRF3, AC 60824, 11ª T., Relª. Desª. Fed. Cecilia Mello, j. 13.6.17.

[1341] TJMG, ACR 1.0702.09.555674-3/002, Rel. Des. Nelson Morais, 2ª CC, j. 10.6.14.

[1342] TJDFT, AC 20141110017684, 3ª T., Rel. Des. Nilsoni de Freitas Custodio, j. 22.6.17.

[1343] José Antonio Paganella Boschi (2000, p. 345-6) comunga do mesmo entendimento, tecendo a seguinte ponderação: "embora reconheçamos a grande utilidade prática dessas recomendações pretorianas, parece-nos, todavia, que a importância a elas conferida como critérios autônomos, como dissemos, também precisa ser revista, em nome das exigências relacionadas com o moderno direito da culpabilidade. A não

ções concretas que envolvam delitos culposos (abrangidos pela continuidade delitiva), quando se irá, inegavelmente, confundir o grau de responsabilidade penal como o de lesividade do resultado.

A intensidade de lesão ao bem jurídico não pode oferecer critério seguro para se estabelecer o grau de censurabilidade jurídico-criminal das condutas – à luz de um direito penal da culpabilidade, em que "o dogma do autor reclama o privilégio das atenções, simplesmente porque o Direito não se construiu de abstrações mas atendendo à imperiosa necessidade de examinar o comportamento humano, como capaz do *jus libertatis* ou do sofrimento da *poena*".[1344] Porventura se devesse exigir uma aproximação desse critério a uma avaliação da responsabilidade subjetiva (intensidade do dolo, grau mais elevado da negligência etc.), ou mesmo ao padrão das demais causas de aumento (ou das agravantes), que se relaciona à maior ou menor exigibilidade de conduta diversa.[1345] Alude a esse aspecto Gilberto Ferreira quando observa: "seria aconselhável que ao lado do critério do número de infrações se levassem em consideração também as circunstâncias do artigo 59, como, aliás, sugere o próprio parágrafo único deste mesmo artigo 71".[1346] Nesse mesmo sentido, José Paganella Boschi refere: "na dosimetria de quaisquer minorantes ou majorantes de quantidades variáveis – da Parte Geral ou da Parte Especial – e não só da tentativa, do concurso formal ou do crime continuado, o juiz, é claro, considerará a razão íntima da circunstância ou as razões de política criminal, mas

---

ser assim, haverá sempre a probabilidade de cometimento de injustiça por excesso ou insuficiência de pena, comprometendo o sentido da proporcionalidade. (...). Conquanto o número de crimes e o número de vítimas possam e devam influir na dosimetria da pena, (...) também devem influir na mensuração da majorante o conteúdo do injusto e o grau de culpabilidade determinado por ocasião do apenamento básico. Do contrário, correr-se-á o risco de se individualizar *pena-base proporcional* à culpabilidade e *pena final* em descompasso com esse princípio reitor".

1344 DOTTI, René Ariel, 1969, p. 187.

1345 Como explicam Fernando Galvão e Rogério Greco (1999, p. 493), "as agravantes e as causas de aumento, podendo majorar a pena fixada no primeiro momento, devem ser entendidas como critérios estabelecidos pelo legislador para graduar a culpabilidade e, por consequência, a pena a ser aplicada ao autor do fato punível. As agravantes e as causas de aumento importam variação do juízo de censura da culpabilidade, na medida em que se verifique maior ou menor exigibilidade de conduta diversa. Nessa perspectiva, vale observar que os institutos do concurso formal e do crime continuado constituem as únicas causas de aumento de pena que não estão vinculadas ao princípio geral da exigibilidade de conduta diversa. Nesses casos, a majoração da pena decorre de opção político-criminal que visa beneficiar o agente, com a desconsideração da ocorrência de outras figuras criminosas. O aumento de pena prevista nos arts. 70 e 71 do CP materializa mitigada repreensão pela prática de outros crimes, que são desconsiderados na construção teórica *in bonam partem*".

1346 FERREIRA, Gilberto, p. 154. Com a mesma preocupação, Weber Batista (p. 179-80) anota: "a dúvida que persiste diz respeito aos elementos de que deve lançar mão o juiz para estabelecer a proporção de tal aumento, ou seja, quando este deve ser feito no mínimo, em grau médio, ou no máximo. (...). Sobram as circunstâncias da própria continuidade delitiva, ou do concurso formal. Com base nelas, portanto, (...), é que se deve fazer o aumento de pena no caso de concurso de crimes, sendo este o entendimento da grande maioria dos tribunais. (...), o aumento de pena em razão do concurso formal – e o mesmo se diga do crime continuado – deve ser feito na mesma proporção para todos os réus e ter em vista, não seus bons ou maus antecedentes, mas tão somente o número e a gravidade das infrações cometidas. No mesmo sentido, inúmeras decisões já publicadas. Não é preciso ressaltar que tais elementos servem como critério a ser seguido pelos juízes, pois é evidente que a situação especial de cada caso poderá fazer os aumentos um pouco maiores ou menores do que os recomendados. O que não pode fazer o julgador – e é preciso cuidado para evitar o problema – é considerar mais de uma vez, em momentos diferentes, a mesma circunstância". Ampliando os dados sobre os quais se deve estabelecer o aumento pela continuidade delitiva, a seguinte decisão: TRF1, ACR 0001072-52.2004.4.01.3901/PA, Des. Rel. Fernando Tourinho Neto, 3ª T., j. 30.6.11.

não poderá desprezar, como critério concorrente, o grau da culpabilidade do acusado por ele aferido quando do apenamento básico".[1347]

Ainda calha referir-se a dinâmica sancionatória em se tratando de crimes culposos em continuidade, em cujo processo se devem levar em linha de consideração não apenas o "número de infrações às normas de cuidado e ao número de tipos realizados, mas também à relação do agente para com essas violações, se com culpa consciente e inconsciente, procedendo-se ao mínimo da exasperação quando se tratar de culpa inconsciente".[1348] No quadro desta perspectiva, poderia haver, a toda a evidência, um indevido incremento punitivo, se, na totalidade dos casos, se adotasse apenas o critério objetivo; porém, isso poderia ser contornado mediante a eleição de uma regra especial, segundo a qual, em certas situações (nas quais a quantidade maior de fatos puníveis pouco ou nenhem relevo indicaria acerca do índice de reprovabilidade do agente; assim, por simples ilustração, nas hipóteses de culpa inconsciente ou nas de dolo com circunstâncias concomitantes altamente favoráveis ao sujeito [imagine-se que, em um considerável período de tempo, haja, intermitentemente, várias amotinações no interior de um estabelecimento carcerário, e de todas tenha participado um determinado preso, o qual, agora, responde pelos motins {artigo 354 do Código Penal na forma do artigo 71, *caput*, do mesmo *Codex*}, não sendo *le meneur* nem tendo um efetivo protagonismo]), a inseparabalidade dos critérios (matemático e do relacionado ao índice de reprovabilidade jurídico-penal das condutas) tenderia a escapar de uma estruturação punitiva rígida e desprovida de razão.

6.2.3. Do aumento da pena indicado no parágrafo único do artigo 71 do Código Penal

No tocante ao parágrafo único do artigo 71 do Código Penal (crime continuado específico ou qualificado, no qual existem crimes dolosos contra vítimas diferentes, cometidos com violência ou grave ameaça à pessoa), consignou-se que o critério de aumento não se limita tão só ao número de crimes, mas também à análise da culpabilidade, dos antecedentes, da conduta social, da personalidade do agente, dos motivos e das circunstâncias do crime,[1349] o que engendra (e talvez se trate do único caso em que ocorre) a aplicação da pena em duas fases, uma vez que os mesmos indicadores irão repercutir na composição da pena-base e da majoração;[1350] com efeito, cumpre observar que todas

---

[1347] BOSCHI, José Paganella, 2000, p 347. Na nova edição de sua obra, José Paganella Boschi (2014, p. 270) reafirma que a "mensuração das causas especiais de aumento ou de diminuição deve dar-se em atenção ao conteúdo do injusto ou das razões de política criminal, que pode ser maior ou menor, com base no real significado do delito para a ordem jurídica violada, mas, principalmente, ao grau da culpabilidade determinado no momento da individualização da pena-base". Neste sentido, adotando um critério objetivo cumulado com a análise das circunstâncias judiciais do art. 59 do CP: TRF2, ACR 8671/RJ, Rel. Des. Marcello Granado, 1ª T., j. 14.2.12. Ou, ainda, adotando um critério objetivo cumulado com o índice de reprovabilidade: TRF2, ACR 9389/RJ, Rel. Des. Messod Azulay Neto, 2ª T., j. 4.6.12. Ou mesmo um critério objetivo cumulado com a gravidade e efeitos dos crimes: TRF5, ACR 7378/RN, Rel. Des. Frederico Dantas, 4ª T., j. 17.5.11.

[1348] TAVARES, Juarez, 2016, p. 522.

[1349] STJ, *HC* 277283/SP, Relª. Minª. Maria Thereza Moura, 6ª T., j. 5/6/14; STJ, *HC* 260625, Relª. Minª. Laurita Vaz, 5ª T., j. 4.2.14; STJ, *HC* 176.541/RJ, Relª. Minª. Laurita Vaz, 5ª T., j. 15.5.12; STJ, *HC* 153.641/RJ, Rel. Min. Jorge Mussi, 5ª T., j. 3.5.12; STF, *HC* 92819, Relª. Minª. Ellen Gracie, 2ª T., j. 24.6.08; STJ, *HC* 145807/RJ, 5ª T., Rel. Min. Felix Fischer, j. 18.5.10; e STJ, *HC* 97181/GO, Rel. Min. Arnaldo Esteves, 5ª T., j. 29.6.09.

[1350] ZAFFARONI, Eugenio Raúl; BATISTA, Nilo, 2017, p. 604.

essas circunstâncias também estão previstas no artigo 59 do Código Penal (o qual ainda contém, afora essas, as consequências do crime e o comportamento da vítima); logo, já serão valoradas para a fixação da pena-base.[1351]

Diante desse quadro, exsurge a questão de como interpretar o disposto nesses dois artigos sem desrespeitar os princípios do *non bis in idem* e de que na lei não há palavras inúteis. Segundo Francisco Araújo, "mostra-se intuitivo que o juiz possa valorar algumas das circunstâncias ali inseridas, em relação aos delitos que não serviram para a fixação da pena-base, para justificar um aumento maior ou menor, embora já as tenha levado em consideração para formar a pena-base no delito que foi detectado como sendo o mais grave. Isso pode ser afirmado no tocante à *culpabilidade*, aos *motivos* e às *circunstâncias* de cada crime (fatores que variam de crime para crime). Contudo, no concernente aos *antecedentes*, à *conduta social* e à *personalidade do agente* já não se pode dizer a mesma coisa, pois, ao analisar tais circunstâncias para a formação da pena-base, o juiz já as considera como um todo e para todos os delitos cometidos pelo agente, razão pela qual não devem ser duplamente valoradas, sob pena de caracterizar inadmissível *bis in idem*".[1352] [1353] Toda interpretação, por evidente, transita no movediço terreno que se estabelece entre a letra e o espírito de um comando legal, isto é, a interpretação se impõe porquanto a correspondência entre a palavra e o espírito do texto não é, sob todos os títulos, claro. À vista disso, pode reconhecer-se que, na hipótese da continuidade delitiva específica, se alistam dois fatores de (possível) elevação da pena: (i.) o número de infrações cometidas pelo agente; e (ii.) a análise das circunstâncias judiciais (artigo 59 do Código Penal).[1354] Assim, para configurar-se um critério como discernível, pode afirmar-se que, quando não houver circunstâncias judiciais negativas (ou, ainda, quando não houver avaliações marcadamente negativas), o *quantum* de aumento punitivo deverá observar, de modo objetivo e exclusivo, o número de infrações cometidas;[1355] com isso, pragmaticamente, se contornariam os desafios mais evidentes na interpretação desse comando legal, isto é, o de um critério subjetivo (e, por via de consequências, bastante incerto) e o de um possível *bis in idem*.

Resta acrescentar que, nessa hipótese do crime continuado específico, o magistrado aplicará a pena de um só dos crimes, se idênticas (crime continuado homogêneo),

---

[1351] Explica Duarte Bernardo Gomes (1997, p. 113) que, "para os crimes continuados específicos, (...) analisados os motivos e circunstâncias dos delitos (caso a caso), desconsiderados os fatores influenciadores da pena-base, poderá o julgador, (...) aplicar o acréscimo de um terço dos valores punitivos para o caso de dois crimes (RT 605/267)". Em outro sentido: TJRS, ACR 70033297862, 2ª CC, Relª. Desª. Osnilda Pisa, j. 29.10.13; TJRS, ACR 70054573811, 3ª CC, Des. Rel. Jayme Weingartner Neto, j. 15.8.13; e STJ, *HC* 53886/MG, Relª. Minª. Laurita Vaz, j. 19.11.07, 5ª T.

[1352] Apesar dessas considerações, opina Francisco Araújo (p. 254) ser ainda o caminho mais correto "a adoção de critério de natureza objetiva (...)". Assim, "o critério para bem aferir o aumento ou diminuição pela continuidade delitiva pode ser o mesmo já adotado pelos tribunais para o crime continuado comum, ou seja, o número de infrações cometidas, observada, naturalmente, escala de apenação mais grave, conforme disposto no próprio parágrafo apontado".

[1353] ARAÚJO, Francisco, p. 254. O autor sugere, inclusive, uma *tabela* para se estabelecer o aumento: "duas infrações, aumento de 1/3; três, a metade; quatro, 2/3; cinco, o dobro; seis, o dobro mais 1/3; sete, o dobro mais 1/2; oito, o dobro mais 2/3. A partir de nove infrações, inclusive, o triplo. A tabela sugerida começa com o dobro do aumento mínimo previsto no *caput* do art. 71 (1/3 é o dobro de 1/6), pois trata-se de crime mais grave; e termina exatamente com o triplo do aumento máximo de 2/3 do referido dispositivo legal".

[1354] TJMG, ACR 1.0209.15.005826-8/001, 7ª CC, Rel. Des. Agostinho Gomes de Azevedo, j. 30.8.17.

[1355] TJDFT, AEX 20170020135957, 3ª TC, Rel. Des. Nilsoni de Freitas Custodio, j. 10.8.17.

ou a mais grave (crime continuado heterogêneo), se diversas, aumentando-a até o triplo.[1356] [1357]

Não há referência ao limite mínimo de apenamento, sendo, de modo geral, entendido como de um sexto,[1358] ou seja, o mesmo que corresponde ao crime continuado básico; em sentido contrário, sustenta-se não ser "adequado que o intérprete restrinja um âmbito de liberdade que a lei não limitou; além disso, a tendência a que as escalas penais confiem os patamares mínimos aos juízes, abstendo-se de enuncia-los o legislador, é crescente e muito fecunda".[1359] Todavia, apesar de muito sedutora (e, sobretudo, imaginada *favor rei*), essa solução não se mostra, em termos concretos, totalmente infensa a críticas, pois não se vincula a qualquer padrão de proporcionalidade (quer dizer, para um modelo menos grave de configuração do crime continuado [o do *caput*], o aumento mínimo da majorante seria de um sexto; agora, para um modelo mais grave [o do parágrafo único], o aumento mínimo poderia ser menor? Quando se indica o limite em um sexto, quer-se, na verdade, impedir que haja um tratamento punitivo mais gravoso no que toca ao crime continuado qualificado, dado que o magistrado não contaria, *a priori*, com qualquer marco [mínimo] de referência punitiva).

De outro curso, na situação de "crimes dolosos contra a mesma vítima, praticados em continuidade delitiva, mediante violência ou grave ameaça, não se pode aplicar, sob pena de analogia *in malam partem*, o parágrafo único do artigo 71 do Código Penal, prevalecendo a incidência do *caput* do artigo 71, incidindo a pena do delito mais grave, com aumento de um sexto a dois terços".[1360]

A elevação da pena por força da incidência da regra da continuidade delitiva nunca se prestará a agravar a situação do apenado, implicando pena superior à do acúmulo material (de conformidade ao parágrafo único do artigo 70 – segundo o qual "não poderá a pena exceder a que seria cabível pela regra do artigo 69 deste Código" –, referido no parágrafo único do artigo 71 do Código Penal).[1361]

Ademais, a majoração pelo reconhecimento da continuidade delitiva deverá ser, expressamente, motivada na sentença, sob pena de nulidade por cerceio de defesa e falta de fundamentação da decisão;[1362] por oportuno, sempre que for atendido o pedido unificatório das penas à luz do regramento da continuidade delitiva, o "juiz estabelecerá o regime de cumprimento e mandará retificar a guia de recolhimento".[1363]

Finalmente, ainda que se cuide de vítimas diferentes e de lesão a bens personalíssimos, não se utiliza esse comando legal referente a delitos culposos.[1364]

[1356] STJ, AGRRE 1294129, Rel. Min. Jorge Mussi, 5ª T., j. 5.2.13.

[1357] Nesta decisão, em virtude do reconhecimento do crime continuado, foi justificado o aumento da pena mais grave no triplo, dado o número de delitos cometidos com violência à pessoa (sete homicídios, um consumado e seis tentados, todos duplamente qualificados): TJRS, AC 70060954914, 2ª CC, Rel. Des. José Ricardo Coutinho Silva, j. 20.7.17.

[1358] TJRS, AGR 70012495511, 6ª CC, Rel. Des. Marco Scapini, j. 27.10.05. Mais: "embora não indicado o limite mínimo desse aumento, entende-se que deve ser obedecido o consignado pelo *caput* (um sexto)" (PRADO, Luiz Regis, 2017a, p. 328).

[1359] ZAFFARONI, Eugenio Raúl; BATISTA, Nilo, 2017, p. 604.

[1360] BARROS, Flávio Augusto Monteiro de, p. 551.

[1361] STJ, *HC* 251628, Relª. Minª. Maria Thereza Moura, 6ª T., j. 12.11.13.

[1362] STJ, *HC* 240.176/SP, Rel. Min. Newton Trisotto (Des. conv. do TJ/SC), 5ª T., j. 21.5.15). STJ, R*HC*, Rel. Vicente Leal, RT 728/507 (citado em FRANCO, Alberto Silva, e outros, 1997, p. 1169).

[1363] SCAPINI, Marco Antonio Bandeira, 2009, p. 71.

[1364] TAVARES, Juarez, 2016, p. 522.

6.2.4. Considerações críticas

Na relação de continuidade específica, a encampação de uma regra de exasperação punitiva de natureza exclusivamente objetiva (ancorada ao número de infrações) deve, com mais ênfase, ser preterida em decorrência do critério que sustenta que o aumento da pena deverá se pautar por aspectos objetivos – número de infrações praticadas – e subjetivos – culpabilidade, antecedentes, conduta social, personalidade do agente, assim como os motivos e circunstâncias do crime (trazidos pelo parágrafo único do artigo 71 do Código Penal) –, na medida em que a força punitiva, aqui, é ainda maior, razão pela qual deve haver espaço para que o juiz incorpore, na sentença, concomitantemente a outras avaliações, noções de Política Criminal que permitam conceder à resposta penal a inextinguível dimensão de justiça.

Esse critério objetivo-subjetivo,[1365] por outro prisma, não poderá ultrapassar o limite punitivo que seria alcançado pelo cúmulo material;[1366] nem se desvincular do dever de motivação;[1367] tampouco se afastar da necessária proporcionalidade. Nesta quadra, por hipótese, se todas as circunstâncias judiciais forem consideradas favoráveis (ou, ao menos, neutras) ao condenado – implicando, com isso, a imposição da pena-base no mínimo legal cominado –, para a fixação do *quantum* de aumento da pena somente se poderia levar em consideração o critério objetivo, isto é, o do número de infrações.

Cumpre observar, todavia, que a jurisprudência se tem pronunciado no sentido da necessidade de haver, por parte do magistrado, bastante rigor tanto no que diz respeito ao próprio reconhecimento do crime continuado específico como, ainda, em seu apenamento.[1368]

6.2.5. Do eventual limite punitivo em face do parágrafo único do artigo 71 do Código Penal

Não se poderia superar este ponto sem destacar um aspecto que, em alguma medida, encerra certa margem de indeterminabilidade: trata-se de definir a extensão máxima de punibilidade (no caso do parágrafo único do artigo 71, o qual faz menção expressa às "(...) regras do parágrafo único do artigo 70 e do artigo 75 deste Código"), ou seja, se – em virtude do reconhecimento do crime continuado – a majoração da pena deveria obedecer ao limite de trinta anos[1369] ou se poderia exceder a esse *quantum.*

De um plano, sustenta-se que não se confundem as unificações de penas previstas nos artigos 71 e 75, parágrafo 1°, do Código Penal; e uma não interferiria na outra. Nesse rumo, basicamente, para a estipulação do aumento (no crime continuado específico), haveria dois critérios: (i.) a pena não poderia ser superior à que seria imposta se o caso fosse de concurso material (artigo 70, parágrafo único, c/c o artigo 69); e (ii.) o

[1365] STJ, AGRRE 1201487/SC, 5ª T., Rel. Min. Jorge Mussi, j. 16.8.11; STJ, *HC* 173727/RJ, 5ª T., Relª. Minª. Laurita Vaz, j. 17.2.11; e TJDFT, ACR 0006846-14.2007.807.0003, 2ª TC, Silvânio dos Santos, j. 31.3.11.

[1366] STJ, *HC* 130742/MG, 5ª T., Rel. Min. Jorge Mussi, j. 22.6.10.

[1367] STJ, *HC* 137273/RJ, 5ª T., Rel. Min. Félix Fischer, j. 15.9.09.

[1368] *HC* 109.730, rel. min. Rosa Weber, 1ª T., DJE de 29-10-12 (decisão citada na Coletânea temática de jurisprudência, p. 191).

[1369] STJ, *HC* 153641/RJ, 5ª T., Rel. Min. Jorge Mussi, j. 3.5.12; e STJ, *HC* 157313/RJ, 5ª T., Rel. Min. Jorge Mussi, j. 24.4.12.

seu cumprimento não poderia ser superior a trinta anos. Por esta linha de compreensão, o limite (parágrafo único do artigo 75) refere-se apenas ao cumprimento da pena, e não à sua fixação.[1370] (Existiria, ainda, uma terceira regra, segundo a qual [iii.] a pena também não poderia ser fixada aquém da que seria imposta ao concurso formal [STJ, RESP 33.012, 5ª T., *DJU*, 28 fev. 1994, p. 2907].)[1371]

De outro plano, assinala-se que, diante da referência expressa feita pelo parágrafo único do artigo 71 ao artigo 75 desse Código, a unificação seria, desde logo, obrigatória, impedindo que o total da pena aplicada fosse superior a trinta anos.[1372] Dessa forma, se as diferentes condenações foram aglutinadas em uma única, logicamente deveriam ser observadas tanto a limitação máxima de trinta anos como, ainda, de outro curso, a concessão dos benefícios (como o livramento condicional ou o regime mais favorável de execução) dever-se-ia estabelecer em virtude da pena unificada, admitido que não se apresentaria mais uma variedade de reprimendas, mas tão somente uma (unificada).

Com efeito, há de reconhecer-se que a matéria é controvertida doutrinária e jurisprudencialmente; não obstante, a posição francamente majoritária é no sentido de que o limite máximo de trinta anos se deve observar apenas em relação ao efetivo cumprimento da pena, não se estendendo aos demais benefícios previstos na lei, os quais permanecem disciplinados pelo total da pena imposta antes de operada a unificação. A Súmula 715 do Supremo Tribunal Federal ("A pena unificada para atender ao limite de 30 [trinta] anos de cumprimento, determinada pelo artigo 75 do Código Penal, não é considerada para a concessão de outros benefícios, como o livramento condicional ou regime mais favorável de execução") consagra a posição predominante.

No Projeto de reforma do Código Penal, constam alterações relacionadas a este comando legal específico do crime continuado; dessa forma, o parágrafo 1º do artigo 76, *in fine*, no lugar das locuções "(...) observadas as regras do parágrafo único do artigo 70 e do artigo 75 deste Código", utilizou as seguintes: "(...) observadas as regras do concurso formal de crimes". Transparece, de tal sorte, que se pretende, de um lado, consagrar o entendimento de que a pena não poderia ser fixada aquém da que seria aplicada em face do concurso formal, nem além da que seria obtida pelo concurso material, aclarando, ainda, por outro lado, (ao se eliminar a referência ao artigo 75) que a unificação (em trinta anos) diz respeito apenas ao cumprimento da sanção. Acresce a este propósito, portanto, que a escolha da reforma penal segue a corrente de maior punitivismo, acolhendo a inaplicabilidade da unificação das penas para fins condenatórios (somente para os executórios), em consonância, aliás, com o conteúdo da Súmula.

6.2.6. Da incidência da exasperação punitiva (do crime continuado) na composição da pena criminal

Neste ponto, é importante anotar, em breve abordagem, o momento adequado, no que respeita à estruturação da pena criminal, para a incidência da exasperação punitiva às situações nas quais houver a configuração do crime continuado; sim, pois – quaisquer que sejam os critérios por meio dos quais se faz a quantificação desta causa geral

[1370] STJ, *HC* 27.832/SP, Rel. Min. Félix Fischer, 5ª T., j. 7.8.03.

[1371] JESUS, Damásio de, 2016, p. 324.

[1372] STJ, *HC* 69.779/SP, Rel. Min. Gilson Dipp, 5ª T., j. 10.6.07; e STJ, *HC* 36.413/RJ, Rel. Min. Gilson Dipp, 5ª T., j. 14.12.04.

(variável) de aumento de pena – ainda se torna necessário determinar, exatamente, em que momento deve incidir esse fator de elevação punitiva.

Antes, apenas algumas notas sobre a composição orgânica da pena criminal devem ser materializadas.

6.2.6.1. Da composição orgânica da pena (privativa de liberdade) criminal

Na entrega da prestação jurisdicional criminal, uma vez provadas tanto a autoria quanto a materialidade, e sendo o acusado responsável (a responsabilidade é aqui entendida como o dever jurídico de o imputável culpável responder pelo resultado), deverá o magistrado condená-lo, aplicando-se-lhe a pena definitiva, em conformidade com a sistemática operativa determinada no Código Penal,[1373] que envolve o critério (ou método) das "três fases" (trifásico).

Face ao injusto culpável, por conseguinte, é de rigor a imposição da pena, a qual precisará ser quantificada em obediência às circunstâncias colhidas ao processo, em cujo procedimento será utilizada uma regra individualizadora de certa elasticidade (princípio da livre decisão motivada[1374] [ou da persuasão racional], por meio do qual o magistrado, no pleno exercício de sua função, não se encontra vinculado, *a priori*, a qualquer regra de aferição ou de valoração das provas que foram incorporadas à realidade do processo penal); daí porque a dosimetria punitiva apresenta, com efeito, certa discricionariedade judicial, e o Código Penal não estabelece esquemas (ou fórmulas) matemáticos fechados, competindo, em sendo o caso, aos tribunais, "o controle da legalidade e da constitucionalidade dos critérios empregados, com a correção apenas de eventuais discrepâncias".[1375] Vale lembrar, a propósito, que a construção das sentenças se deve impregnar, em suas etapas, da imprescindível motivação; aliás, na lição de Piero Calamandrei, "la motivazione, nella massima parte dei casi, rispecchia, più che uno studio antecedente compiuto dal giudice per avviarsi a ben giudicare, un esame di coscienza successivo, compiuto dal giudice per persuadersi di avere ben giudicato. La motivazione è una riprova logica, per controllare, al lume della ragione, la bontà di una decisione scaturita dal sentimento: è la 'razionalizzazione' del senso di giustizia; è la dimostrazione, che il giudice vuol dare a sè stesso prima che alle parti, della *ratio scripta* che convalida la scoperta nata dalla sua intuizione".[1376]

A individualização judicial[1377] envolve a graduação da pena dentro das margens de apenamento – *quantum* (mínimo e máximo) punitivo previsto, *in abstracto*, por um determinado tipo penal. Como define Juarez Cirino dos Santos, "a aplicação da pena criminal é ato judicial de determinação das consequências jurídicas do fato punível,

---

[1373] FAYET, Ney, 1987, p. 153.

[1374] Para Ruy Rosado de Aguiar Júnior (p. 12), "a individualização judicial é uma garantia do réu e deve ser sempre fundamentada, não de forma vazia, com a repetição dos dizeres da lei e termos abstratos, mas com a indicação precisa dos fatos provados nos autos. A boa individualização judicial depende de o juiz ter-se preocupado, durante a instrução do feito, com a colheita e o registro dos elementos que serão necessários para a posterior definição da pena e seu regime de cumprimento".

[1375] TJDFT, AC 20170710018008, 2ª TC, Rel. Des. Silvânio Barbosa dos Santos, j. 3.8.17.

[1376] CALAMANDREI, Piero, 1954, p. 102-3.

[1377] Sobre a garantia constitucional da individualização punitiva, José Paulo Baltazar Junior (2007, p. 123-4) afirma tratar-se de "uma manifestação do preceito da proporcionalidade, no sentido de que a pena deve ser adequada, em justa relação com o ato e a culpa do agente, sem excesso".

compreendendo a escolha da pena aplicável, a quantificação da pena escolhida e (em caso de pena privativa de liberdade) a decisão sobre regime inicial de execução (artigo 59, Códogo Penal), ou, alternativamente, a suspensão condicional da execução da pena aplicada";[1378] bem como, ainda, sobre a substituição da pena: (i.) por penas restritivas de direitos; ou (ii.) por medida de segurança, na hipótese de o réu ser semi-imputável e necessitar de especial tratamento curativo (artigo 98 do Código Penal).

Em outras palavras, a dosimetria é uma operação lógica, formalmente estruturada, de acordo com o princípio da individualização da pena;[1379] dessa maneira, de início, cumpre ser estabelecida a pena-base – que nada mais é do que a sanção previamente fixada, cuja estipulação se atinge a partir da análise das circunstâncias judiciais inscritas no artigo 59 do Código Penal –, sobre a qual, em sendo o caso,[1380] irão assentar-se os demais fatores de composição de apenamento. Após a estipulação da pena-base, passa-se à pena provisória, para cuja análise se levam em consideração as eventuais circunstâncias legais agraventes e/ou atenuantes (artigos 61 *usque* 66 do Código Penal).[1381] Finalmente, sobre essa pena provisória incidem as causas (gerais ou especiais) de aumento ou de diminuição de pena, permitindo que se estabeleça o apenamento definitivo. Haveria, tão somente em termos didáticos, uma quarta etapa de composição da pena, que seria a fase em que o magistrado avalia a possibilidade de a pena definitiva ser substituída por possíveis penas restritivas de direitos.[1382] Todo o procedimento metodológico de cálculo da pena (privativa de liberdade) envolve a descoberta da pena necessária e da suficiência da pena necessária, isto é, a necessidade da pena se encontra associada à natureza da pena aplicada; e a suficiência, à extensão (a sua maior ou menor duração [pena privativa de liberdade] – com ou sem substituição por uma pena restritiva de direitos –, e o valor [pena pecuniária]).[1383]

6.2.6.2. Do momento adequado para a incidência do fator de elevação punitivo (do crime continuado)

De um modo geral, costuma a doutrina criminal advogar que a individualização da pena, no que se refere ao concurso de crimes, deve obedecer aos seguintes critérios: (i.) na hipótese de concurso material ou concurso formal imperfeito, deve haver a soma das diferentes penas (cúmulo material de penas), vale indicar, cada crime mantém a sua singularidade e as penas que lhes correspondem são somadas;[1384] (ii.) na hipótese

---

1378 SANTOS, Juarez Cirino dos, 2005, p. 104.

1379 STJ, *HC* 380.586/BA, 6ª T., Relª. Minª. Maria Thereza de Assis Moura, j. 3.8.17.

1380 Se não houver fatores de aumento ou de diminuição, a pena-base tornar-se-á a pena definitiva; nesse caso, portanto, a estruturação da pena seria monofásica. Além disso, a estipulação da pena-base não pode romper as margens (mínima e máxima) de apenamento *in abstracto*.

1381 A pena (provisória) então estipulada tornar-se-á definitiva em não havendo causas (gerais ou especiais) de aumento ou de diminuição; nessa hipótese, por óbvio, haveria apenas duas fases de composição da condenação. Ainda uma vez, essa etapa do apenamento não pode romper os limites de apenamento *in abstracto*. (Súmula 231 do STJ: a incidência da circunstância atenuante não pode conduzir à redução da pena abaixo do mínimo legal.) Em aditamente, se não houver circunstâncias agravantes ou atenuantes, mas houver causas de aumento ou de diminuição, estas irão repercutir, de imediato, sobre a pena-base, podendo, aqui, existir o rompimento das margens de apenamento.

1382 Ver, com mais detalhes, o ponto 6.15.

1383 SANTOS, Juarez Cirino dos, 2005, p. 105.

1384 Quanto ao momento adequado para realizar o somatório das penas, cumpre destacar que o concurso material "não integra o modelo trifásico e tampouco representa uma nova (quarta) etapa da dosimetria da

de crime continuado ou de concurso formal, em obediência ao sistema de exasperação, sobre a pena mais grave incidirá o fator de aumento punitivo.[1385] Neste último caso, "essas causas de aumento serão aplicadas depois de calculada integralmente a pena correspondente ao fato mais grave do concurso ou da continuação. Assim, estabelecido qual dentre os diversos crimes é o mais grave, a pena referente a ele será calculada de acordo com todas as fases previstas no artigo 68 do Código Penal, com pena-base, pela provisória com agravantes e atenuantes, causas de aumento ou de diminuição porventura existentes para aquele crime. Após será aplicado o aumento pelo concurso formal ou pela continuidade (STJ, *HC* 145.873/SP, Quinta Turma, ac. de 15.6.10)".[1386] Em outras palavras, depois de concluída a operação dosimétrica (análise das circunstâncias judiciais, das circunstâncias legais e das causas de aumento ou de diminuição) de apenamento, deverá ser, então, incorporado o aumento (variável) decorrente da continuidade delitiva.[1387] Não pode, pois, causar surpresa a afirmação segundo a qual o aumento punitivo do crime continuado não integra o sistema trifásico de aplicação da pena,[1388] daí porque deverá incidir por último (não influenciando, dessa maneira, na aferição do prazo prescricional).[1389] Ora, o sistema dosimétrico trifásico se encerra com a estipulação definitiva da pena para cada um dos crimes parcelares integrantes da cadeia continuada; por esse motivo, o *quantum* de acréscimo – defluente do crime continuado – somente será utilizado após a realização daquelas operações dosimétricas singulares, como modo de alcançar a pena final do condenado.[1390] Por conta disso, pode ser entendido [o crime continuado] como uma causa inautêntica de aumento de pena, dado que, ao fim e ao cabo, se traduz em um benefício ao apenado, e não propriamente em um fator de elevação punitivo. Cuida-se, como se expressa Guilherme de Souza Nucci, "de uma causa de aumento imprópria, pois não eleva em verdade a pena, ao contrário, o crime continuado favorece o agente, causando a *diminuição* real da sanção penal".[1391]

---

pena. (...) cumpre ao julgador dosar isoladamente as respectivas penas; contudo, antes de proceder ao somatório de todas em que haja incorrido o agente, para cada delito perpetrado, deverá fixar o regime prisional e verificar a possibilidade de substituição por outra espécie de pena. Apenas dessa forma todas as regras do art. 69 e seus parágrafos ganham razão de coexistência harmoniosa" (MARTINELLI, João Paulo Orsini; BEM, Leonardo Schmitt de, 2017, p. 790). De outro plano, também no concurso formal imperfeito, as penas deverão ser somadas à luz do sistema acumulatório após individualizadas em relação a cada crime.

1385 STJ, RESP 1.196.299, Rel. Min. Marco Bellizze, 5ª T., j. 2.5.13.

1386 AGUIAR JÚNIOR, Ruy Rosado de, p. 106.

1387 *HC* 70.787, Rel. Min. Celso de Mello, 1ª T., DJE de 23.10.09 (decisão citada na Coletânea temática de jurisprudência, p. 170). R*HC* 86.080, Rel. Min. Cezar Peluso, 1ª T., DJ de 30.6.06 (decisão citada na Coletânea temática de jurisprudência, p. 189).

1388 SCHMITT, Ricardo Augusto, p. 270. No mesmo sentido: "(...) cumpre primeiro fazer incidir as majorantes e minorantes da PE do CP e, por último, a PG do mesmo *Codex*. Observe-se também que a majorante do concurso formal perfeito ou crime continuado só é aplicada após a incidência das demais majorantes e minorantes" (BARROS, Flávio Augusto Monteiro de, p. 533).

1389 QUEIROZ, Paulo, p. 437.

1390 Para mais detalhes, ver o ponto 6.1.

1391 NUCCI, Guilherme de Souza, 2016, p. 262. Em sentido contrário, Ruy Rosado de Aguiar Júnior (p. 107), ao afirmar que basta o cálculo integral do fato mais grave do concurso formal ou da continuação; e, ainda, no crime continuado, "quando a pena aplicável é idêntica, dispensável a repetição da dosimetria relativa a cada uma delas (...). Se evidente qual o crime mais grave, somente a pena deste será calculada e sofrerá o aumento do art. 71. Se houver dúvida, o juiz deve explicar as razões pelas quais considera um mais grave do que o outro, e calcular a pena deste, aumentada pela continuação. Convém insistir: depois de encerrado o trabalho com as circunstâncias judiciais, agravantes e atenuantes e outras causas de aumento

Por sob tudo isto, se, no crime continuado, houver prejuízo ao condenado em consequência (da utilização) do sistema exasperatório, cumprirá ser encampado o cumulatório, na medida em que aquele existe para favorecer o réu; e, portanto, deverá ser desprezado se não vier a cumprir este compromisso (situação de dificílima configuração).[1392]

Além disso, não pode cogitar-se de eventual compensação entre o fator de aumento punitivo representado pela continuidade delitiva e o de diminuição indicado pela confissão espontânea, dado que isso implicaria subversão do regramento dosimétrico (trifásico) de composição das penas privativas de liberdade (artigo 68 do Código Penal);[1393] tampouco é possível utilizar-se, por evidente caso de *bis in idem*, na primeira fase de composição da pena criminal (como circunstância judicial desfavorável [artigo 59 do Código Penal]), o fator da quantidade de infrações realizadas, se, na terceira, se incrementou a punição em virtude do crime continuado;[1394] ou se a circunstância judicial (havida por) desfavorável relacionar-se ao alongado período tempo – dentro do qual as condutas seriadas (redução e supressão tributárias, por exemplo) foram praticadas – e, ainda, elevar-se a pena em decorrência da continuidade delitiva.[1395]

Mais: se, em uma determinada sentença condenatória (vinculada a delitos de furto na modalidade continuada), a pena-base de cada delito parcelar tiver recebido um aumento porque – de acordo com a lógica sentencial – teria havido uma culpabilidade intensificada em face do elevado valor total subtraído (tratava-se das economias) da vítima, incorrer-se-ia em equívoco, dado que se utilizaria um elemento próprio da terceira fase (prejuízo total, que emergiu tão somente em decorrência da linha de comportamento do condenado, que se traduz como um conjuto unificado) para repercutir na primeira fase de estruturação punitiva. Ora, se se reconhece a prática de diversos crimes parcelares – com um claro nível de homegeneidade e de executividade intensificado – que, em sua universalidade e em decorrência da continuidade, implicam o elevado prejuízo causado ao ofendido, porém, singularmente considerados não têm essa relevante expressão econômica, não se pode considerar o prejuízo global – alcançado pelos crimes seriados – como um fator de maior reprovabilidade da conduta para, desse modo, estabelecer uma pena fundamental mais elevada. Nessa hipótese, o prejuízo total somente poderá ser levado em consideração quando da terceira fase de composição dosimétrica de apenamento (à luz da disciplina do crime continuado), haja vista que, na análise das circunstâncias judiciais (artigo 59 do Código Penal), se tem o momento adequado para a avaliação da culpabilidade (ou das consequências, também por exemplo) de cada um dos crimes entrelaçados pelo nexo de continuidade.

Em suma, o prejuízo global de toda a série será fruto de análise do próprio concurso (basicamente, em virtude do número de infrações existentes), quer seja material

---

ou diminuição, será então feito o aumento decorrente da continuação, ou do concurso formal, obediente ao sistema de exasperação da pena adotado pelo Código (...). Assim, no caso de dois furtos noturnos tentados, em continuação, será aplicada a causa de aumento de um terço (art. 155, § 1º), a diminuição de um a dois terços, pela tentativa, e finalmente a causa de aumento pela continuação".

[1392] SCHMITT, Ricardo Augusto, p. 279. "No concurso formal ou no crime continuado, resultando prejuízo para o réu em consequência da aplicação do sistema da exasperação, utiliza-se o sistema do cúmulo material de penas, com a soma das penas" (AGUIAR JÚNIOR, Ruy Rosado de, p. 107).

[1393] TJDFT, AC 20140111792322, 1ª T., Relª. Sandra de Santis, j. 22.6.17.

[1394] TJDFT, AC 20040110905882, 1ª TC, Relª. Desª. Sandra de Santis, j. 6.7.17.

[1395] TRF2, AC 200551015157011, 2ª T, Rel. Des. Fed. Marcello Granado, j. 11.7.17.

ou formal, quer seja em continuidade delitiva.[1396] Se houver vários crimes que, em termos de sua singularidade objetiva, não se revestiram de maior expressão ou significado (quer em termos de culpabilidade ou de consequências), não será exatamente o laço da continuidade – instituto legal cujo norte sempre e necessariamente precisa ser *favor rei* – que, ao ser reconhecido e aplicado, subverterá essa lógica das coisas, ainda que possa haver, em certos casos, desequilíbrios punitivos, tal como o desse exemplo, no qual a vítima veio de sofrer o perdimento do conjunto de suas economias.

6.3. DA FIXAÇÃO DA PENA PECUNIÁRIA

A pena de multa – de acordo com o artigo 32 do Código Penal – é a terceira modalidade de sanções penais (sendo as privativas de liberdade e as restritivas de direitos as outras), e se traduz na imposição da obrigação de pagar determinado valor em dinheiro, calculado por meio do sistema de dias-multa. Interessa, aqui, avaliar a forma de cálculo da pena pecuniária em se tratando do crime continuado. (Aliás, essa modalidade de sanção penal tem sido bastante criticada por sua ineficácia; nesse sentido, por exemplo, Luigi Ferrajoli sustenta a necessidade de abolição das penas pecuniárias, suposto que está em jogo uma pena "impersonal, que puede pagar cualquiera",[1397] ou seja, é uma pena duplamente injusta: "en relación con el reo, que no paga y se sustrae así a la pena; en relación con el tercero, pariente o amigo, que paga y queda así sometido a una pena por un hecho ajeno".[1398] A mais disso, é uma pena desigual, porquanto pode ser fonte de "intolerables discriminaciones en el plano sustancial".[1399])

Antes, porém, algumas observações sobre o sistema dias-multa devem ser lançadas.

6.3.1. Do sistema de dias-multa

Por via de regra, o valor da pena de multa é determinado por meio de duas operações (sistema bifásico), sendo que, na primeira etapa, deve ser estabelecida a quantidade (variável de 10 a 360) de dias, vinculada, especialmente, à gravidade do crime; na segunda etapa, adota-se o valor do dia-multa (cujo parâmetro é o maior salário mínimo vigente à época do fato, que se amoldará aos seguintes limites: um trigésimo [como limite mínimo] a cinco vezes [como limite máximo] daquela referência), tomando-se em conta, preponderantemente, a situação econômica do réu. De outro giro, "no crime de execução continuada, considera-se o salário vigente no término da continuidade delitiva (Supremo Tribunal Federal, AP 516/DF, Tribunal Pleno, ac. de 27.9.10)".[1400]

Excepcionalmente, a pena de multa poderá elevar-se até o triplo da cominação máxima, para permitir que a reprimenda, de modo concreto, ostente eficácia retributiva (artigo 60, parágrafo 1º, do Código Penal).[1401]

[1396] TJSP, ACR 0009778-39.2015.8.26.0302, 2ª CC, Rel. Des. Sérgio Mazina Martins, j. 24.7.17.

[1397] FERRAJOLI, Luigi, p. 416.

[1398] FERRAJOLI, Luigi, p. 416.

[1399] FERRAJOLI, Luigi, p. 416.

[1400] AGUIAR JÚNIOR, Ruy Rosado de, p. 50.

[1401] Para Guilherme de Souza Nucci (2015b, p. 398), o "disposto pelo art. 60, § 1º, do CP pode ser interpretado de duas maneiras: a) aplica-se o aumento de até o triplo da pena de multa no tocante ao total, vale dizer,

Tal sistema apresenta a vantagem de poder fazer face ao desgaste da expressão econômica da moeda, admitido que envolve uma fixação flutuante, o que evita a obrigatoriedade de haver sucessivas normas atualizadoras.[1402]

Luiz Regis Prado pontifica que a noção básica do sistema dos dias-multa é "levar o juiz a se perguntar qual é o montante diário que um condenado pode economizar, ou com o qual pode viver, tendo em conta suas necessidades pessoais, seus encargos e outros fatores econômicos, sem que deva, por isso, cair na miséria ou negligenciar seus deveres familiares. Por consequência, a soma que o condenado puder economizar em cada dia corresponde ao valor pecuniário de um dia-multa".[1403]

6.3.2. Do alcance do comando legal do artigo 72 do Código Penal

Discute-se o alcance do comando legal do artigo 72 do Código Penal, notadamente sobre a incidência nos crimes que se entrelaçam pelo nexo de continuidade, isto é, se as penas de multa – estabelecidas nos diversos tipos penais sequenciais – podem receber o mesmo processo de unificação punitiva que se opera em relação às penas corporais.

Para os que vislumbram, no delito continuado, uma hipótese de concurso de delitos, não há dúvida de que se aplica, às inteiras, o comando legal do artigo 72 do Código Penal;[1404] nesse caso, as penas pecuniárias não sofrem qualquer unificação; assim, *ad exemplum*, se o agente realizar vários delitos patrimoniais em situação de continuidade, as penas de multas ser-lhe-ão impostas integralmente, ainda que tenham sido unificadas as privativas de liberdade.[1405]

Entretanto, para aqueles que advogam a unificação geral (para todos os efeitos) do crime continuado, na qual essa modalidade delitiva se reveste de unicidade, o comando do artigo 72 não se pode fazer valer; desse modo, também as penas de multa serão unificadas (em decorrência da regra exasperatória),[1406] não havendo cumulação, que ficaria reservada às outras modalidades de concurso (material e formal)[1407] em

---

atinge-se o montante de 360 dias-multa, calculado cada dia em cinco salários; b) aplica-se o aumento de até o triplo apenas no tocante ao valor do dia-multa, incidindo sobre o montante de cinco salários mínimos. (...) para que a pena de multa possa ser realmente eficiente, embora aplicada no máximo, cuidando-se de réus muito ricos, parece-nos que se deve considerar as duas faixas igualmente: número de dias-multa e valores do dia-multa. O STF [na individualização da pena na ação penal 470], porém, adotou a posição de somente elevar a pena – em até o triplo – no contexto do valor do dia-multa".

1402 MAGALHÃES NORONHA, Edgard, 1999, p. 248.

1403 PRADO, Luiz Regis, 2017a, p. 383.

1404 TJMG, AC 1002411.212613-1/001, Rel. Des. Octavio Nigris Boccalini, 3ª CC, j. 15.3.16.

1405 Nesse sentido é o entendimento de Weber Batista (p. 191): "acontece que o crime continuado é uma entidade real, que existe não como crime único, mas como uma forma especial de concurso de crimes e assim é tratado no Código. Como, em realidade, é menos grave a série de crimes praticados um em seguida do outro, mas num mesmo contexto, ou aproveitando as mesmas relações e oportunidades, do que o seria a soma do mesmo número de crimes praticados sem nenhuma ligação um com o outro, a lei optou por dar aos fatos, corretamente, um tratamento mais benigno em termos de prisão. Mas, exatamente porque se trata de mais de um crime, de um concurso de crimes, é possível impor ao réu, cumulativamente, as penas de multa de todos os crimes praticados em concurso". Ivan Carvalho (p. 489), do mesmo modo, se filia a esse posicionamento: "nos casos de crime continuado, a pena de multa será aplicada distinta e integralmente, em obediência ao disposto, em geral, para os concursos de crimes, conforme está disposto no art. 72 do CP".

1406 TJMG, AC 1.0521.16.009280-0/001, 6ª CC, Rel. Des. Jaubert Carneiro Jaques, j. 4.7.17.

1407 TJDFT, AC 20151410017085, 3ª TC, Rel. Des. Jesuino Rissato, j. 6.7.17; TJMG, AC 1.0515.12.0011 90-0/001, 1ª CC, Relª. Desª. Kárin Emmerich, j. 4.7.17; TJMG, AC 1.0701.16.000726-9/001, 6ª CC, Rel.

sentido estrito.[1408] Por conta disso, a unidade (posto que artificial) do instituto legal do crime continuado se estenderá também às penas de multa, e não somente às privativas de liberdade, suposto que a regra do artigo 72 do Código Penal se endereça, restritiva e adequadamente, às situações de concurso (material e formal) de crimes.[1409] Indica-se, à luz desta última orientação, a lição de Paulo José da Costa Júnior: "com relação ao crime continuado, embora alguns julgados entendam que as multas serão aplicadas cumulativamente, sustentamos de modo diverso, por ser o artigo 72 inaplicável à espécie. No crime continuado, não há concurso de crimes, mas um crime único. (...), em paralelismo com a pena privativa de liberdade, a unificação deve também atingir a pena pecuniária. Pouco importa que a unidade do crime continuado seja fictícia ou real, diante do preceito normativo que entende os fatos criminosos subsequentes como continuação do primeiro. Reconhecida a existência de um crime único, a pena haverá de ser uma, seja ela corporal ou pecuniária".[1410]

Na jurisprudência do Superior Tribunal de Justiça, é francamente majoritário o entendimento no sentido de se afastar o cúmulo das penas de multa no caso de continuidade delitiva.[1411]

A rigor, a partir da compreensão do delito continuado como sendo uma ficção jurídica que permite a unificação dos diferentes comportamentos delituosos, cujos efeitos se projetam aos campos material e processual penal, e na qual, como principal aspecto – além da unidade delitiva –, se apresenta a aplicação única de uma pena privativa de liberdade (com causa de aumento), não transparece aplicável, *in casu*, o comando legal do artigo 72, que se destina, com exclusividade, às hipóteses de concurso de delitos (material e formal);[1412] aliás, torna-se, certamente, importante enfatizar a inaplicabilidade do comando legal (do artigo 72) aos episódios de continuidade delitiva, pois, nas

Des. Jaubert Carneiro Jaques, j. 4.7.17; TJDFT, ACR 20130111414622/DF, Rel. Des. João Oliveira, 2ª TC, j. 20.6.14; e TJDFT, ACR 20130310299346/DF, Relª. Desª. Nilsoni de Freitas, 3ª TC, j. 5.6.14.

1408 TJMG, AC 1.0024.08.274789-0/001, Rel. Des. Paulo Gama, 7ª CC, j. 10.12.15.

1409 TJSP, AC 0830249-09.2004.8.26.0050, 9ª CC, Rel. Des. Carlos Monnerat, j. 27.7.17; e TJSP, AC 0007742-71.2016.8.26.0566, 10ª CC, Rel. Des. Nelson Fonseca Junior, j. 27.7.17.

1410 COSTA JÚNIOR, Paulo José da, 2010, p. 273-4.

1411 STJ, *HC* 221.782/RJ, Rel. Vasco Giustina, 6ª T., j. 20.3.12; STJ, RESP 909327/PR, 6ª T., Relª. Minª. Maria Thereza Moura, j. 7.10.10; e STJ, RESP 858741/PR, 5ª T., Relª Minª. Laurita Vaz, j. 10.8.10. Aliás, esse entendimento tem sido, presentemente, adotado pelos tribunais federais: TRF3, ACR 00008222120064036123, 2ª T., Rel. Cotrim Guimarães, DJu 1.10.13; TRF4, ACR 0017302-89.2007.404.7100, 7ª T., Rel. Artur Souza, j. 11.9.12; TRF4, ACR 0007515-75.2008.404.7108, 7ª T., Rel. Des. Néfi Cordeiro, j. 11.7.12; TRF3, ACR 0007672-48.2005.4.03.6181, Rel. José Lunardelli, 1ª T., j. 5.6.12; e TRF3, ACR 0001469-84.2004.4.03.6123, Relª. Raquel Perrini, 1ª T., j. 24.1.12).

1412 Nesse sentido: HIRECHE, Gamil Föppel el (2006, p. 320). Patricia Mothé Glioche Béze (p. 69-70) acrescenta que, "no que se refere, por sua vez, à multa substitutiva, não se aplica o art. 72 do CP, porque a sua natureza é diferente. Ela é substituta da pena privativa de liberdade, em que o juiz já fez a aplicação levando em consideração o concurso de crimes. A não ser que a consequência do concurso seja a soma das penas, não será aplicado o dispositivo legal. Na verdade, ao aplicar a pena privativa de liberdade nos casos de exasperação da pena, já chegou o juiz à aplicação de uma pena privativa de liberdade. Se vier a substituí-la por multa, determinará apenas uma multa e não uma para cada crime". Ainda conforme à autora (p. 72-3), esse entendimento tem sido flexibilizado pela doutrina e pela jurisprudência, uma vez que, eventualmente, poderá acontecer de o benefício da substituição ser negado a quem pratica crimes em continuação delituosa ou em concurso formal, em razão da quantidade da pena, decorrente da exasperação. Com isso, teríamos um paradoxo: quem comete delitos em concurso material, tem direito à substituição; já quem comete esses mesmos delitos em continuidade delitiva ou concurso formal não teria. Por essa razão, há quem aplique mesmo à multa substitutiva o art. 72 do CP: STJ, 5ª T., RESP 519.429-SP, Rel. Min. Arnaldo Lima,

rubricas dos artigos 69 e 70, há, de modo explícito, antes de "material" e "formal", a palavra "concurso".[1413] Com efeito, o crime continuado se apresenta como modalidade (bastante diferenciada) do concurso de crimes, cuja finalidade precípua se relaciona à condenação criminal – com nítido propósito benéfico. Ora, se pode o mais (unificar as penas privativas de liberdade), pode o menos (unir as pecuniárias).[1414] A ideia que preside o instituto da continuidade delitiva é conceder um tratamento punitivo menos rigoroso ao condenado; se, eventualmente, além das penas privativas de liberdade, contiverem os tipos homogêneos sequenciados – e reunidos pelo nexo de continuação – também penas de multa, estas serão unificadas a partir dos mesmos princípios daquelas.[1415] Com mais razão, o mesmo processo deverá incidir na hipótese de crimes continuados para os quais se lhes destinam tão somente penas de multa exclusiva ou alternadamente. Em suma, para o crime continuado, a pena de multa seria uma só, sobre a qual incidiria – à proporção da pena privativa de liberdade[1416] – a mesma fração de acréscimo.[1417] (Por evidente, na hipótese de ser afastada a causa de aumento do crime continuado – e, com isso, reduzida a pena privativa de liberdade –, a sanção pecuniária deverá ser, obrigatória e proporcionalmente, mitigada.)[1418]

6.3.2.1. Do avanço interpretativo

Todavia, pode observar-se, a propósito desse tópico, que, além de se afastar a regra do artigo 72 do Código Penal, se poderia, também, avançar ainda mais, e se desprezar o aumento da pena representado pelo crime continuado, ou seja, haveria apenas a imposição de uma pena de multa sem a incidência exasperatória, na medida em que esse critério – o da exasperação – se aplicaria, verdadeira e apropriadamente, às penas privativas de liberdade.[1419]

Isso decerto corresponde melhor não só à compreensão (cujas linhas mestras se ligam ao princípio do *favor rei*) que se deve destinar ao instituto do crime continuado – compactação sancionatória unitária e exasperatória no que respeita à prisão –, mas igualmente (unificação, pura e simplesmente, no que se relaciona) à pena pecuniária, cuja lógica de estruturação se assenta, em certa medida, em dado estranho ao fato punível: as condições econômicas do acusado.

---

j. 6.9.05; RESP 68.186/DF, Rel. Assis Toledo, *in* DJ 18.12.95; e AGRRE 607.929/PR, Rel. Min. Hamilton Carvalhido, 6ª T., j. 26.4.07.

1413 TJMG, ACR 1.0701.15.036394-6/001, 7ª CC, Rel. Des. Paulo Calmon Nogueira da Gama, j. 9.8.17.

1414 TJDFT, AC 20171410019319, 1ª T., Relª. Sandra de Santis, j. 8.6.17; TJDFT, AC 20110110517749, Rel. Des. Nilsoni Freitas, 3ª TC, j. 18.8.16; TJSC, AC 2014.025462-0, Relª. Desª. Salete Sommariva, 2ª CC, j. 16.6.15; e TRF3, ACR 2006.61.06.003996-9, 5ª T., Relª. Louise Filgueiras, j. 31.1.11).

1415 TRF2, ACR 8260, Relª. Liliane Roriz, 2ª T., j. 23.3.11.

1416 TJSC, AC 0013972-19.2013.8.24.0008, 3ª CC, Rel. Des. Moacyr de Moraes Lima Filho, j. 18.7.17; e TJMG, AC 1.0453.14.003055-3/001, 7ª CC, Rel. Des. Marcílio Eustáquio Santos, j. 6.7.17.

1417 TJRS, AC 7007401800, Rel. Des. Ícaro Carvalho de Bem Osório, 6ª CC, j. 13.7.17; TRF3, AC 52100-0001060-49.2005.4.03.6002, 1ª T., Rel. Des. Fed. Hélio Nogueira, j. 11.7.17; TRF3, AC 43729, 1ª T., Rel. Des. Fed. Hélio Nogueira, j. 13.6.17; TJDFT, AC 20150110631806, 3ª T., Rel. Jesuino Rissato, j. 1.6.17; TJRS, AC 70064529027, Relª. Desª. Vanderlei Kubiak, 6ª CC, j. 28.5.15; TRF2, ACR 9055, Rel. Des. Messod Azulay Neto, 2ª T., j. 19.4.12; e TRF4, ACR 2007.72.05.002779-8, Rel. Des. Luiz Penteado, 8ª T., j. 3.11.11.

1418 TRF4, EDAC 5037477-18.2013.404.7000, Relª. p/a Cláudia Cristofani, 7ª T., j. 19.5.15.

1419 AGUIAR JÚNIOR, Ruy Rosado de, p. 52-3.

6.3.2.2. *Do concurso de crimes e a pena de multa na Lei 11.343/06*

Na hipótese de concurso de crimes, as penas serão aplicadas sempre cumulativamente (parágrafo único do artigo 43 da Lei 11.343/06), podendo ser aumentadas até o décuplo se, em decorrência da excepcional situação econômica do acusado, considerá-las, o juiz, ineficazes, ainda que impostas no limite máximo.

Desse modo, em linha de princípio, não seria importante estabelecer, para o cálculo da pena de multa, o tipo de concurso (material, formal ou crime continuado) de crimes que incidiria no caso concreto, na medida em que, em virtude da regra específica, sempre as penas de multa seriam impostas de maneira cumulativa.[1420] Damásio de Jesus enfatiza que "as multas decorrentes de diversos crimes sempre serão somadas".[1421] Na jurisprudência, a aplicação cumulativa tem forte adesão.[1422]

6.4. O CRIME CONTINUADO E A PRESCRIÇÃO PENAL

Muitos são os pontos de interseção (e, portanto, de interesse jurídico-penal) que se estabelecem entre a prescrição penal e o crime continuado, especialmente sobre as formas de se aferir o cálculo, a possibilidade da prescrição apenas do *quantum* de aumento representado pela majorante do crime continuado, bem como sobre a incidência do artigo 115 do Código Penal na prescrição em se tratando dessa modalidade de *reati di durata*.

Destaca-se, apenas, que a prescrição, em essência, se traduz na extinção da pena (a ser ou já aplicada) pelo transcurso do tempo.[1423] Cuida-se, pois, de uma autolimitação do *jus puniendi* estatal,[1424] levada a efeito por inúmeras razões de ordem político-criminal, cuja mais significativa é a perda de interesse em se punir determinada conduta delituosa.[1425]

1420 TRF4, ACR 5006906-92.2012.404.7002/PR, Rel. Des. José Paulo Baltazar Junior, 7ª T., j. 15.7.14; TRF4, ACR 5006905-10.2012.404.7002/PR, Rel. Des. José Paulo Baltazar Junior, 7ª T., j. 3.6.14; e TRF4, ACR 50273976320114047000, Rel. José Paulo Baltazar Junior, 7ª T., j. 16.7.13.

1421 JESUS, Damásio de, 2010b, p. 236. Ainda: JUNQUEIRA, Gustavo Diniz; FÜLLER, Paulo Henrique Aranda, 2010a, p. 333.

1422 TJDFT, ACR 20120110807977, Rel. Des. João de Oliveira, 2ª T., j. 7.2.13.

1423 Tenha-se por norte o conceito de Giuseppe Maggiore (p. 363): "se llama prescripción la cesación de la potestad punitiva del Estado al transcurrir un período de tiempo fijado por la ley. Esa cesación, según el concepto antes expresado, entra en el concepto de las renuncias. El Estado – ante la fuerza natural del tiempo que cubre de olvido los hechos criminosos, anula el interés represivo, apaga las alarmas sociales y dificulta la consecución de pruebas – abdica el ejercicio de su potestad punitiva y el derecho de aplicar la pena ya infligida".

1424 Como informa Carlos Fontán Balestra (p. 477), por meio da prescrição "el Estado autolimita su soberano poder de castigar".

1425 Sobre a falta de interesse estatal, leia-se a lição de Roberto Lyra Filho e Luiz Cernicchiaro (p. 271): "o Estado não tem interesse em prolongar indefinidamente os litígios. Deseja dirimi-los com brevidade, a fim de restituir a paz, ou impedir perigo para a sociedade. A inatividade para iniciar a ação penal, ou de exigir o cumprimento da sanção imposta geram presunção e desinteresse de ser efetivada a *sanctio iuris*". Ainda existem muitos outros fundamentos e justificativas para a adoção do instituto da prescrição penal, entre os quais se pode, ainda, *ad exemplum*, indicar: "la première justificacion de la prescription est la nécessité d'oublier. À mesure que le temps passe, le souvenir de la condammation s'estompe de même que celui du trouble social causé par l'infraction. Le raviver en ramenant tardivement la peine à executión serait donc davantage un facteur de désordre que d'apaisement. De plus, l'inexécution est souvent la conséquence de

6.4.1. Da contagem do prazo prescricional no crime continuado

A contagem do prazo prescricional,[1426] relacionada ao crime continuado, pode apresentar, basicamente, dois sistemas por meio dos quais se operaria a sua verificação.

O primeiro sistema leva em consideração o último crime da ação continuada como marco inicial da prescrição[1427] ("prescrição plena da ação continuada"[1428]); o outro, parte da avaliação isolada do prazo prescricional de cada um dos crimes que compõem a cadeia continuada ("prescrição parcelar da ação continuada"[1429] ou "sistema do paralelismo").[1430]

A lei brasileira adota o segundo sistema, entendendo, pois, que, dentro da cadeia dos crimes que compõem a continuação, cada um, isoladamente, será objeto do cômputo dessa causa extintiva da punibilidade.

Tal solução não era adotada na legislação penal antes da reforma de 1984. À época, a prescrição era verificada – como anota Aníbal Bruno – do seguinte modo: "nos crimes continuados, aquela sequência de fatos puníveis autônomos que se reúnem na mesma unidade delituosa encerra-se com o último crime, e é a partir deste que corre o prazo da prescrição".[1431] Essa solução, perfilhada anteriormente à reforma, inspirava o

---

la négligence ou de la carence des autorités chargées de l'exécution, dont le condamné ne doit pas subir les conséquences. Enfin, la prescription suppose que, pendant la durée du délai, le condamné se soit dissimulé pour échapper aux poursuites. Cette existence clandestine prolongée constitue déjà en soi une sanction. Tels sont les principaux arguments avancés pour justifier la prescription de la peine" (DESPORTES, Frédéric; LE GUNEHEC, Francis, 2009, p. 1057).

1426 Adverte-se, desde já, que, com o advento da Lei 12.234/10 (datada de 5 de maio e publicada no dia seguinte), não mais pode ser utilizado, para o cálculo da prescrição retroativa, o período anterior ao recebimento da denúncia ou queixa. Com mais detalhes: FAYET JÚNIOR, Ney; PICCOLI, Fernando, 2011, p. 149 e segs.

1427 QUINTERO OLIVARES, Gonzalo, e outros, p. 653. "En cuanto a las previsiones especiales respecto de los delitos continuados y delitos permanentes, el legislador ha consagrado legalmente lo sostenido, de manera unánime, por doctrina y jurisprudencia (...) la prescripción de los delitos continuados comienza con la última acción incluida en los mismos". Trata-se, em essência, da consideração unitária substantiva do delito continuado, que considera a pluralidade de ações, para todas as finalidades, como um só delito, em face de que a prescrição, em se cuidando do delito continuado, começa a fluir do momento em que cessa a situação de ilicitude.

1428 (Nomenclatura que se sugere.) Esse sistema tem a preferência da doutrina internacional, como informa Rocío Cantarero Bandrés (p. 207): "para una gran mayoría de la doctrina comparada el plazo de la prescripción empieza a correr desde la comisión del último eslabón de la continuación". Enrico Mario Ambrosetti (p. 13-4) ainda informa que: "è interessante osservare come la soluzione adottata dal nostro codice penale, relativamente alla prescrizione del reato continuato, corrisponda a quella cui la giurisprudenza tedesca, pur nell'assenza di uno specifico disposto legislativo analogo all'art. 158 c.p., è giunta ormai da um secolo. Infatti, secondo il constante orientamento, dapprima del *Reichsgericht* ed ora del *Bundesgerichtshof*, nell'ipotesi di *fortgesetzte Handlung* il termine di prescrizione decorre da quando viene consumato l'ultimo dei singoli episodi criminosi. L'apparente deroga al principio sancito dal § 78a dello *Strafgesetzbuch* – per il quale il termine decorre dal momento di consumazione del fatto – si giustificherebbe, secondo lê argumentazioni giurisprudenziali, in quanto nell'ipotesi di *fortgesetztes Verbrechen* i singoli episodi criminosi vengono a perdere di autonomia, constituendo cosi un fatto unitario che si perfeziona solamente con la consumazione dell'ultimo dei reati legati dal nesso continuazione".

1429 Nomenclatura que se sugere.

1430 Carlos Fontán Balestra (p. 479) descreve: "la doctrina del *paralelismo* de la prescripción, para la que ésta se opera separadamente para cada uno de los delitos que se imputan al prevenido".

1431 BRUNO, Aníbal, 1984, p. 215. O tema da prescrição no crime continuado também pode ser ponderado levando-se em consideração as diferentes teorias que procuram explicar a natureza do instituto. Sob esse

agente a preferir, no que tange ao cômputo da prescrição, a punição por meio do concurso material de crimes, de forma que cada delito, de *per se*, serviria de base à verificação da ocorrência dessa modalidade extintiva da punibilidade.[1432]

Muitos julgados havia que já indicavam a incongruência de o agente, em determinadas situações concretas, pretender abandonar, por óbvios motivos, o critério que se lhe era destinado, em princípio, a ensejar benefício.[1433] [1434] José Frederico Marques propõe exemplo que bem demonstra essa evidente contradição: "ora, se um réu que foi autor de três delitos continuados, decididos separadamente, sofre, em cada um dos processos, penas que, pelo seu *quantum*, tragam como efeito a extinção da punibilidade por efeito da prescrição, claro está que, em *habeas corpus*, obterá, em relação a cada caso, que se declare extinto o *jus puniendi*. Todavia, se para beneficiá-lo o seu advogado requereu antes a unificação de penas, na forma prevista pelo artigo 82 do Código de Processo Penal, a prescrição não poderá ser obtida, porque houve o acréscimo de "um sexto a dois terços" a impedi-lo? Adotar-se uma orientação discriminatória dessa ordem, seria absurdo dos maiores, que ninguém, de sã consciência, iria apadrinhar ou sufragar".[1435] Por conta disso, em se cuidando de injustos praticados sob o manto da continuidade delitiva, cumpre considerar, para fins de aferição do prazo prescricional, a pena de cada um dos crimes, desconsiderando-se o acréscimo correspondente à continuação (aliás, declarada, ainda que monocraticamente[1436] [ou de ofício][1437] a extinção

---

aspecto, Alcides Munhoz Netto (1969, p. 139) aponta que, tomando-se por base a teoria da unidade real, "para todos os efeitos penais e processuais, não se consideraria, conforme a doutrina dominante na Alemanha, a autonomia dos crimes integrantes. A prescrição, por exemplo, sobre ter o seu termo inicial situado na data em que cessou a continuação, seria calculada, após a sentença, pela pena concretizada, sem se desprezar o acréscimo decorrente da continuidade".

1432 Em linhas gerais, o principal argumento da doutrina que seguia o comando normativo então vigente era o seguinte: "é claro que a prescrição, não sendo concernente a cada ato, por si, corre de quando se tem por extinta aquela continuidade de ação. É o disposto na letra *c* do artigo em exame. O contrário seria contar-se de data anterior àquela em que o delito é havido como efetivado. Os atos são vistos em conjunto, para o efeito principal, que é a penalidade. Por que não o seriam, para um efeito condicionado àquele, como é a prescrição?" (CARVALHO FILHO, Aloysio de; ROMEIRO, J. Alberto, 1979, p. 375).

1433 "(...). No *HC* 43.653, o STF (...) decidiu que o acréscimo que se refere à continuação, (...), não se considera para efeito de prescrição. Decisão unânime. (...). Cf. a respeito, Revista, 8/141; Rev. Trim. Jurispr. 23/259; 38/627. Em sentido contrário já decidiu o TRF no *h.c.* 1432, rel. min. Henrique D'ávila (D.J., 31.10.66, p. 3785)" (citado em "Jurisprudência do STF", *In* RBCDP, 1967, p. 189).

1434 Como anota Manoel Pedro Pimentel (1969, p. 176-7), "em se tratando de uma forma especial do concurso material, não pode o aumento derivado da continuação ser levado em conta para os efeitos prescricionais. Estabelecido o benefício da continuidade em favor do réu, seria preferível para este que se lhe não outorgasse tal favor, no caso da prescrição, porque o *quantum* da pena não seria considerado se se tratasse de simples concurso material. Cada crime prescreveria por sua vez, no mesmo prazo, o que seria mais benéfico do que reconhecer-se a continuação com um aumento capaz de elidir a prescrição. Atentas a tais ponderações, a doutrina e a jurisprudência dominantes consideram que o lapso prescricional será calculado sempre a partir da pena imposta ao crime isoladamente considerado, sem o aumento da continuação. Este entendimento foi, inclusive, assentado pela jurisprudência do STF".

1435 MARQUES, José Frederico, 1966, p. 90-1. Assim: "se a denúncia se refere a crime continuado, sendo que parte dos fatos foi alcançada pela prescrição, cumpre decretar-se a extinção da punibilidade dos que prescreveram, prosseguindo-se a apuração quanto aos demais. O crime continuado é (...) em benefício do réu, daí por que não pode prosperar o argumento de que a prescrição se dá com a prática do último fato, hipótese em que o favor legal acabaria sendo prejudicial ao acusado" (TRF4, 1ª T., Rec., j. 20.6.95, v.u., Rel. Vladimir Freitas, RBCC 13/359).

1436 TJRS, AC 70069894384, 6ª CC, Rel. Des. Ícaro Carvalho de Bem Osório, j. 20.7.17.

1437 TJSP, AC 0035630-92.2010.8.26.0576, 16ª CC, Rel. Des. Leme Garcia, j. 18.7.17.

da punibilidade [pela prescrição], restará prejudicado o exame do mérito do recurso). Além disso, "essa orientação vai de encontro à teoria que trata a continuidade delitiva como crime único", porquanto "a lei preferiu fazer tal exclusão a fim de beneficiar o réu, posto que nos crimes anteriores componentes da continuidade há fluência, desde já, do prazo prescricional, separadamente".[1438] Esse critério, portanto, de verificar-se a prescrição para cada ato individual, com o que se desintegraria a construção unitária do crime continuado, visa a evitar as consequências punitivas para o autor. Naturalmente, a base plural de condutas típicas, sobre a qual se assenta o delito continuado, será desfeita apenas para essa finalidade, e cada componente típico parcial será objeto de apreciação prescricional isolada. Outra solução poderia implicar, em tese, a punibilidade de delitos atingidos pela prescrição, suposto que os iniciais fatos puníveis poderiam, mais facilmente, alcançar a prescrição.[1439] Dessa forma, em última análise, para os efeitos da prescrição, devem-se considerar os limites da fantasia jurídica do crime continuado e entender que cada delito parcial prescreve de forma individual, "no pudiendo construirse un conjunto sobre elementos delictivos que, a efectos penales y procesales, no existen".[1440]

6.4.2. Do não cômputo da majoração do crime continuado para efeitos prescricionais

Por outro lado, a causa de aumento de pena, prevista para o delito continuado, não é computada[1441] para fins prescricionais, conforme orientação jurisprudencial sumulada:

[1438] SCHMIDT, Andrei, 1997, p. 83. A seu turno, Paulo José da Costa Júnior (2007, p. 325) oferece argumento dizendo que "a lei atual não fez menção alguma ao crime continuado, a exemplo da lei anterior (art. 111, inc. III). Consequentemente, cada delito terá o seu prazo prescricional calculado, isoladamente, a partir da consumação de cada um (art. 199)".

[1439] De qualquer sorte, a solução não é pacífica na doutrina, como se pode ler em José Antonio Choclán Montalvo (p. 406-7): "la idea de la unidad jurídico-material que preside la construcción de la acción continuada impide dividir la unidad en tantos hechos individuales como acciones realizadas a los efectos de prescripción, pues no es propósito del legislador permitir una libertad de aplicación de la continuidad y sus efectos, en función de las gravosas consecuencias para el autor". Desse modo, "la solución al problema del cómputo de la prescripción no podrá ser otra que la dispuesta legalmente, la que parte del momento de finalización del último acto parcial, aunque ello suponga, en la práctica, la derogación de los plazos de prescripción, y resulten consecuencias especialmente gravosas pela el autor". No mesmo sentido, entre nós, Edmundo Oliveira (p. 482), para quem: "seguindo a orientação do CP italiano (art. 158, *fine*), nosso Código dizia no art. 11, letra c: 'a prescrição, antes de transitar em julgado a sentença final, começa a correr: nos crimes permanentes ou continuados, do dia em que cessou a permanência ou a continuação'. A Lei 7.209/84 deu nova redação àquela letra c, excluindo dela os crimes continuados e deixando os permanentes. Seguiu então a Lei 7.209 a opinião daqueles que entendem dever existir a prescrição de cada um dos crimes que compõem o crime continuado. A nosso ver, essa maneira de encarar o crime continuado o descaracteriza e o transforma num concurso material de crimes, ao menos para efeitos de prescrição".

[1440] CANTARERO BANDRÉS, Rocío, p. 166.

[1441] Essa posição é antiga na jurisprudência: "no sentido da opinião dominante pronuncia-se (...) Oscar Stevenson (...), com invocação de autorizada doutrina: 'realmente, na estimativa da pena em abstrato não se pode contar o aumento oriundo do crime continuado, embora o art. 157, do Código italiano, mande alterar o prazo se houver agravantes. É que o delito continuado não constitui senão artifício jurídico, sem existência ontológica, mera unidade complexa de delitos *ex vi legis*. Não tem por isso a natureza de circunstâncias agravantes. (...). Por identidade de razões, no cálculo da pena em concreto, para se precisar a prescrição extintiva da pena, faz-se de mister desintegrar a pena resultante do crime continuado e distribuí-la pelos delitos componentes'" (FRAGOSO, Heleno [org.], 1971, p. 120).

"quando se tratar de crime continuado, a prescrição regula-se pela pena imposta na sentença, não se computando o acréscimo decorrente da continuação" (Súmula 497 do Supemo Tribunal Federal).[1442]

Não pode conceber-se solução diversa, haja vista a inclinação benévola que o delito continuado deve observar.[1443] Para Antônio Rodrigues Porto, a prescrição deve ser aferida delito a delito: "o crime continuado, cuja figura foi criada em benefício do agente, não pode redundar em seu prejuízo. Por isso, os delitos-membros devem prescrever separadamente e sem levar-se em conta a majoração na pena".[1444] Em síntese, a prescrição calcular-se-á sempre em função da pena imposta ao crime isoladamente considerado, sem o *quantum* de aumento da reprimenda representado pelo delito continuado.[1445]

6.4.3. Da prescrição isolada do aumento de pena do crime continuado

De outra banda, tem-se negado, no que diz respeito à jurisprudência, a tese segundo a qual se poderia considerar, para fins do cálculo prescricional, somente o *quantum* de acréscimo do crime continuado, como se pena isolada fora,[1446] partindo-se da ideia de que, como pontifica Mauro Otávio Nacif, se o crime continuado "é, então, dissociado em pena-base e exacerbação, para fins prescricionais, nada obsta que o acréscimo seja enxergado isoladamente, em relação aos mesmos objetivos".[1447]

O posicionamento tem, inegavelmente, méritos, de modo especial, por trazer, em determinadas situações concretas, nítida opção *favor rei*, encartando-se, de tal sorte, nos objetivos que inspiraram a estruturação legal do instituto do crime continuado.

Nesse sentido, pode sustentar-se que o crime continuado tenha em seu acréscimo legal um ente com personalidade própria, desvinculado de sua base e devendo, portanto, nessa linha de intelecção, ser avaliado, para fins prescricionais, de forma insulada do bloco ficcional unitário da continuação. Trata-se, é claro, de um alargamento interpretativo, absolutamente admissível, uma vez que *favor rei*, da Súmula 497 do Supremo Tribunal Federal.[1448] A tese conheceu certa projeção doutrinária ("de acordo com o caso concreto, é justo que o acréscimo seja desvinculado para efeito da prescrição da pretensão executória");[1449] entretanto, sem maiores repercussões; e, hoje, está totalmente abandonada.[1450]

1442 TRF4, ACR 0000342-41.2006.404.7214, 7ª T., Rel. Des. Márcio Antônio Rocha, j. 14.2.12; e TRF3, *HC* 11439/SP, 2ª T., Rel. Des. Henrique Herkenhoff, j. 16.6.09.

1443 TJRS, AC 70057977142, Rel. Des. Aristides Albuquerque, 4ª CC, j. 23.1.14.

1444 PORTO, Antônio Rodrigues, 1998, p. 48.

1445 TJRS, ACR 70073856049, 5ª CC, Relª. Desª. Genacéia da Silva Alberton, j. 5.7.17.

1446 TJRS, ACR 698436151, 3ª CC, Rel. Des. José Tedesco. Damásio de Jesus (2009, p. 102) indica decisão do STF: "*HC* 65.734, 2ª T., em 12.2.88, v. un., Rel. Aldir Passarinho, DJU, 25 mar. 1988, p. 6374 3 6375. Ementa: 'não há cabida para a pretensão ajuizada, que visa a obter que a prescrição incida sobre o acréscimo da pena decorrente da continuidade delitiva, considerando-se isoladamente tal acréscimo' (RTJ, 125:1085). No mesmo sentido: STF, *HC* 71.277, 1ª T., DJU, 3 jun. 1994, p. 13855".

1447 NACIF, Mauro Otávio, 1975, p. 131.

1448 Conforme Mauro Otávio Nacif (p. 133), "com a vista possibilidade de fragmentação do crime continuado, mesmo em relação à exacerbação, chegamos a uma conclusão altamente válida: a famosa e discutida Súmula 497, da Suprema Corte, de tão alto saber, teve sua interpretação ampliada".

1449 JESUS, Damásio de, 2012, p. 118.

1450 TJDFT, ACR 20070710003786, 3ª TC, Rel. Des. Jesuino Rissato, j. 27.7.17.

6.4.4. O crime continuado, a prescrição penal e o artigo 115, primeira parte, do Código Penal

Cabe debater o ponto de ligação que se estabelece entre o crime continuado, a prescrição penal e o fator de redução do lapso inscrito no artigo 115, primeira parte, do Código Penal, que trata da menoridade do acusado, nas hipóteses de ser atingida a maioridade durante a realização da cadeia continuada delitiva.

De um plano, em se tratando da menoridade penal relativa, na hipótese de uma série de delitos continuados, qual seria o limite além do qual a cláusula de redução do prazo prescricional não teria eficácia? Se, ao início da realização de uma cadeia continuada, o agente não contava com 21 anos, mas, no seguimento da perpetração dos delitos, vem a atingir essa idade, faria, ainda assim, jus à concessão do benefício legal?

Ao se responder a esse questionamento, poder-se-ia imaginar, em um primeiro instante, que haveria três formas de se interpretar o ponto: (i.) de um lado, restritivamente, advogar-se-ia a não implementação da cláusula de redução, salvo quanto aos crimes que foram praticados pelo agente ao tempo de sua menoridade relativa, na medida em que os demais foram cometidos quando o agente já não teria mais o benefício;[1451] (ii.) ou, de maneira mais restritiva ainda, afirmar-se-ia a não aplicação do artigo 115, primeira parte, do Código Penal; (iii.)[1452] de outro lado, em interpretação mais abrangente, e, sobretudo, levando em linha de conta os objetivos mediante os quais a legislação penal prevê o instituto do crime continuado, poder-se-ia pugnar pela redução, ainda que parte dos crimes – dentro da cadeia continuada – tenha sido praticada depois de o agente ter atingido a maioridade penal.

Fundamentalmente, cumpre considerar que, sob todos os títulos, a ficção legal do crime continuado ostenta, como se tem remarcado, evidente conotação benéfica; e, o que é mais importante, por definição, deve ser entendida como um delito único, o que implica, igualmente, unidade de sanção, a recomendar como possível a interpretação segundo a qual "o benefício legal que reduz o prazo prescricional tem aplicação mesmo na hipótese em que o réu atinge a maioridade no curso da continuidade delitiva".[1453] Nesse mesmo sentido, ponderam Celso Delmanto, Roberto Delmanto, Roberto Delmanto Júnior e Fábio M. de Almeida Delmanto: "dando-lhe a lei tratamento de *crime único*, ele não pode ser dividido. Se o agente iniciou o crime continuado antes dos 21 anos e o completou depois, mesmo assim incidirá a redução pela idade".[1454]

6.4.5. O crime continuado, a prescrição penal e o artigo 115, segunda parte, do Código Penal

Nem se precisaria destacar, por óbvio, a necessidade de deslocamento dessa tese para a hipótese da prescrição e da ancianidade – artigo 115, *in fine*, do Código Penal –,

[1451] STJ, *HC* 52.101/RS, Rel. Min. Og Fernandes, 6ª T., j. 17.9.09; e STF, 1ª T., *HC* 72.690-9/SP, j. 5.9.95, v.u., Rel. Moreira Alves, DJU 15.3.96 (esta última decisão citada por FRANCO, Alberto Silva, e outros, 1999, p. 3468).

[1452] STJ, *HC* 391.580/MG, 6ª T., Relª. Minª. Maria Thereza de Assis Moura, j. 1.6.17.

[1453] R*HC* 10.182/SP, 6ª T., Rel. Min. Vicente Leal, j. 4.9.01, v.u. (*in* Boletim do IBCCRIM, ano 9, nº 110 – jan./2002, p. 577).

[1454] DELMANTO, Celso; e outros, p. 416. Mais: STJ, R*HC* 10182/SP, 6ª T., Rel. Min. Vicente Leal, j. 3.9.01.

porquanto, nessa hipótese, não se leva em consideração o tempo do crime, mas apenas a data da sentença condenatória.

Ora, para o agente ser beneficiado com a disciplina reducional dos prazos prescricionais, basta que tenha atingido a ancianidade antes da sentença penal condenatória. Com isso, pode ter sido realizada a cadeia continuada delitiva, integralmente, sem contar com 70 anos de sua idade; contudo, atingindo-os ao depois (e, repita-se, antes de a sentença condenatória existir; ou mesmo, em uma abordagem mais liberalizante, antes de o acórdão existir),[1455] ser-lhe-ão reduzidos os prazos de cômputo da prescrição de toda a série continuada de delitos.[1456]

6.4.6. Nota conclusiva

Avalia-se que o entendimento interpretativo da prescrição penal se deve deixar contaminar, em todos os pontos de interseção, pelos fundamentos benéficos do instituto do crime continuado. Isso pressupõe, em outras palavras, reconhecer, na dimensão benéfica dessa figura jurídica, o norte em relação ao qual se deve conduzir a solução de casos criminais a ela vinculados.

Está em jogo, por conseguinte, a preservação dos objetivos inspiradores da estratificação do delito continuado, entre os quais se ressalta o do apenamento com menor rigor repressivo, impedindo-se a existência de censuras penais estribadas em elevados graus de privação de liberdade (que contrastam com os modernos postulados de um direito penal humanitário). E isso se torna mais evidente quando acoplado ao instituto da prescrição penal, que tem, em larga medida, óbvia e igualmente, uma acentuada vocação benéfica.

6.5. O CRIME CONTINUADO E A DECADÊNCIA

Compreende-se por decadência a causa de extinção da punibilidade que decorre "da perda do direito de apresentar representação ou ajuizar queixa-crime pelo decurso do prazo. Destarte, unicamente pode ocorrer nos crimes sujeitos à disciplina da ação penal pública condicionada ou privada".[1457] Diferentemente do que se apresenta em relação à prescrição penal, cujo prazo se assujeita a causas interruptivas ou suspensivas, o prazo decadencial tem natureza material, fatal e improrrogável (artigo 10 do Código Penal), não se suspendendo ou interrompendo. Da mesma forma, tal prazo não comporta eventuais prorrogações, com o que, por exemplo, se se expirar em um feriado, não será estendido, como ocorre com os prazos processuais (artigo 798, parágrafo 3°, do Código de Processo Penal).

[1455] Existe, contudo, forte corrente jurisprudencial preconizando que a redução do prazo pela metade somente se aplica em relação ao idoso que tenha completado 70 anos de sua idade antes da prolação da primeira decisão (sentença ou acórdão) condenatória: STJ, *HC* 175.540/RJ, Relª. Minª. Laurita Vaz, 5ª T., j. 3.2.11; e STF, *HC* 96.968/RS, Rel. Min. Ayres Britto, 1ª T., j. 1.12.09.

[1456] Com mais detalhes, especialmente sobre o alcance do fator reducional, conferir: A prescrição penal e a ancianidade: o real alcance do fator de redução dos prazos prescricionais previstos no art. 115, *in fine*, do CP: FAYET JÚNIOR, Ney; FAYET, Marcela; BRACK, Karina, 2007, p. 39 e segs.

[1457] PEDROSO, Fernando de Almeida, p. 708.

Dentro desse paradigma, surge o questionamento, tal como na prescrição, antes examinada, acerca da contagem do lapso decadencial em se tratando de crimes praticados em continuidade delitiva.

A legislação criminal é silente no aspecto, ficando, por conseguinte, a cargo da doutrina e da jurisprudência a resolução desse ponto. Em ambas as searas,[1458] é majoritário o entendimento segundo o qual se deve contar o prazo decadencial de modo isolado para cada fato componente da cadeia delitiva, a partir do dia em que o ofendido (ou seu representante legal) tiver conhecimento da autoria do crime, nos termos do artigo 38 do Código de Processo Penal e do artigo 103 do Código Penal.[1459]

Cuidando-se de crime continuado, "deve-se contar o prazo decadencial individualmente, ou seja, com relação a cada um dos delitos cometidos, sem a visão do conjunto, do mesmo modo que se computa a prescrição, conforme estipula o artigo 119 do Código Penal".[1460] Paulo José da Costa Júnior, em idêntico modo de compreensão, afirma que, "no caso de crime continuado, a decadência só alcança os fatos ocorridos há mais de seis meses (Código de Processo Penal, artigo 38)".[1461] Também não diverge dessa linha de intelecção Manoel Pedro Pimentel, quando assevera: "relativamente ao crime continuado, a decadência se verificará quando o prazo legal for ultrapassado, tomando-se como ponto inicial da sua contagem a data de cada uma das infrações, ressalvada a hipótese em que o ofendido somente mais tarde venha a ter conhecimento do fato, e comprove essa circunstância".[1462]

De igual forma, não destoa desse posicionamento Basileu Garcia, quando, em análise de um caso concreto, externou posição no sentido da impossibilidade de contagem do prazo decadencial de toda a cadeia delitiva a partir do conhecimento pela vítima de uma primeira ofensa:[1463] "o conhecimento que o ofendido tenha da primeira concretização de um crime que adiante se vai repetir não é, ainda, o conhecimento da atividade criminosa no seu complexo de conduta e correlativo resultado. A conduta reitera-se, na sua íntegra (ação mais evento). E se há, novamente e em todos os seus elementos, outras ações criminosas do sujeito ativo, é justo que a vítima possa reagir contra elas através do

---

[1458] Na jurisprudência, é posição amplamente majoritária a contagem da decadência de modo isolado para cada fato que compõe a cadeia delitiva. Nesse sentido: TJMG, PC 10220070068964001, Rel. Vieira de Brito, 2ª CC, j. 11.3.10; STJ, RESP 625949/SP, Rel. Arnaldo da Fonseca, 5ª T., j. 1.3.05; STJ, R*HC* 5135/RS, Rel. Fernando Gonçalves, 6ª T., j. 30.9.96; TJRS, ACR 70001336965, CEC, Rel. Des. Marco Ribeiro de Oliveira, j. 19.10.00. Em sentido contrário: STJ, R*HC* 4702/MG, Rel. Min. Anselmo Santiago, 6ª T., j. 7.5.96; e TJSC, ACR 20110837645, Rel. Des. Jorge Martins, 4ª CC, j. 7.3.13.

[1459] TJDFT, RSE 20140510006237, 2ª TC, Rel. Des. João Oliveira, j. 31.7.14.

[1460] NUCCI, Guilherme de Souza, 2012, p. 209.

[1461] COSTA JÚNIOR, Paulo José da, 2007, p. 307. No mesmo sentido: PEDROSO, Fernando de Almeida, p. 712.

[1462] PIMENTEL, Manoel Pedro, 1969, p. 175. O autor ainda fornece importante dado sobre as relações com a perempção: "a *perempção* é também uma sanção processual cominada ao querelante, nos processos de ação privada, a fim de evitar dilações protelatórias tendentes a prolongar a submissão do querelado ao processo. Se a ação penal versar sobre crime continuado, a perempção acarretará o fim da persequibilidade de todos os delitos da série. Entretanto, se outras infrações estiverem eventualmente sob apuração em outros processos, a perempção logicamente não as alcançará" (PIMENTEL, Manoel Pedro, 1969, p. 176).

[1463] O caso analisado pelo doutrinador consistia em hipótese na qual "dentre as quatro condutas criminosas do réu contra as vítimas, a primeiro ocorreu, como o frisou a petição inicial, mais de seis meses antes de instaurar-se a queixa. Da segunda, porém, as vítimas só tiveram conhecimento com a terceira e a quarta, sendo que mediou entre o oferecimento da queixa e essas duas manifestações derradeiras tão breve lapso de tempo, que não se podia sequer cogitar de decadência" (GARCIA, Basileu, 1962, p. 9).

processo penal. Para que não pudesse fazê-lo, seria necessário que existisse algum texto legal proibitivo. E não existe".[1464] O autor ainda complementa, citando absurdos a que a tese combatida levaria: "um indivíduo frauda execução, alienando um dos bens que poderiam garanti-la (artigo 179 do Código Penal), mas a vítima, por haver outros bens que a garantem razoavelmente, ou porque é avessa a métodos drásticos, deixa passar o prazo de decadência da ação penal. Encorajado, o devedor relapso, a seguir, desvia todo o seu patrimônio. E a vítima não o pode processar pelo novo crime, a despeito de que nenhum texto legal o vede...".[1465]

Como circunstanciadamente se indica, a solução mais adequada é a contagem do prazo decadencial de cada fato da cadeia delitiva isoladamente, iniciando-se o prazo a partir do momento em que o ofendido tiver conhecimento sobre quem é o autor do crime – nos moldes do artigo 103 do Código Penal –, de forma especial se se considerar que a unidade fictícia do crime continuado visa à estruturação da pena, não se afirmando, de modo absoluto, para as demais situações.

Isso tudo impõe que, relativamente à hipótese da contagem do lapso decadencial em se cuidando de crimes seriados, seja obedecida a regra da aferição da decadência – de modo isolado – para cada fato que compõe a cadeia delitiva, admitido que, do contrário, se ia materializar um obstáculo ilegal – ao se limitar seu espectro de atuação – aos interesses do ofendido.

6.6. O CRIME CONTINUADO E A SUCESSÃO DE LEIS

Pode ser apresentado, ao operador jurídico-penal, o arrostamento da aplicabilidade das regras do crime continuado em se tratando da sucessão de leis no tempo.[1466] [1467]

1464 GARCIA, Basileu, 1962, p. 9.

1465 GARCIA, Basileu, 1962, p. 9. Correlatamente ainda aduz o doutrinador (1962, p. 11): "admitir que, após o prazo de decadência por uma primeira ofensa, possa livremente o ofensor reproduzir o seu crime, seria estimular-lhe a conduta anti-social. Figure-se, por exemplo, uma campanha jornalística soez, em que a vítima, dentro dos três primeiros meses, com intenção moderadora, prefira abstrair a ação penal. Mas a campanha continua num crescendo assustador. E cada dia em que o jornal aparece os vilipêndios se reeditam, levando o infeliz ao desespero. Se ele tem o direito a não ser ferido, como recusar-lhe a ação penal que lhe assegura esse direito?"

1466 A sucessão de leis penais apresenta-se como fenômeno constante, na medida em que, como aponta Américo A. Taipa de Carvalho (1990, p. 25), "a celeridade das mutações econômico-sociais e culturais do tempo presente conduz, naturalmente, a uma certa instabilidade das leis, procurando estas adequar-se às novas realidades. Compreensível é, portanto, uma razoável dinâmica legislativa que se traduza na captação normativa dos aspectos novos e relevantes da vida social".

1467 A matéria da sucessão de leis no tempo é solucionada no plano da adequação típica (com a descoberta da norma penal que incidirá sobre o caso particular, isto é, a incidência do *Tatbestand* legal sobre o *Tatbestand* concreto), que se coloca no âmbito da tipicidade. Nesse setor da sucessão de normas, dois institutos podem ser apontados: o concurso aparente de tipos penais contemporâneos e o concurso intertemporal de tipos. Somente após estar solucionado o problema da adequação típica é que se apresentará ao intérprete a questão do concurso de crimes (material – homogêneo e heterogêneo – e formal – próprio e impróprio). Com efeito, muitos autores diferenciam o concurso de leis penais (concurso intertemporal de leis ou aparente de leis) do concurso de delitos (concurso material e formal). Sustentam que se deve solucionar o concurso de leis penais (que seria um problema de interpretação da lei penal aplicável ao caso) e, somente após, o concurso de delitos. Nesse sentido, remarca Enrique Bacigalupo (1999, p. 570) que "en los casos de concursos aparentes se discute sobre la relación de tipos entre sí, en los supuestos de concurso de delitos (ideal o real) se trata de una relación entre varios tipos penales y una o varias acciones'". Examinam-se, pois, *tout court*, as regras e os institutos que informam o concurso de leis penais no tempo. A partir da ocorrência de um fato punível, muitas vezes o intérprete não tem clareza sobre qual a norma penal que deve incidir em relação àquele fato. E essa incerteza pode, primeiramente, se verificar em virtude da sucessão de leis penais no tempo. Durante a realização do fato punível, por exemplo, o arcabouço punitivo contava com uma determinada norma incriminadora (que, por sua vez, trazia ínsita uma determinada pena). Quando da efetiva punição do fato criminoso (no momento processual da entrega da prestação jurisdicional penal), o mesmo sistema jurídico-punitivo não mais contava com aquela disposição legal, substituída por nova lei penal. Essa hipótese é denominada, tecnicamente, de concurso intertemporal de normas penais. Verifica-se, portanto, na sucessão de leis penais no tempo. Desse concurso de leis, podem-se distinguir as seguintes hipóteses: (i.) a *abolitio criminis* (situação concreta do conflito de tipos penais no tempo em que uma determinada lei posterior descriminaliza o fato punível, fazendo cessar o processo ou a execução penal e extinguindo os efeitos penais da condenação); (ii.) a *novatio legis* incriminadora (ao contrário da *abolitio criminis*, a lei posterior estabelece punição para determinado fato antes irrelevante para o universo jurídico--criminal); (iii.) a *novatio legis in pejus* (no câmbio de leis no tempo, a lei posterior, sem modificar a estrutura típica básica da lei anterior, cria nova circunstância ou novo dado que vem a desfavorecer o agente); (iv.) a *novatio legis in melius* (no câmbio de leis no tempo, a lei posterior, sem modificar a estrutura típica básica da lei anterior, cria nova circunstância ou novo dado que vem a favorecer o agente); (v.) a *lex tertia* (o intérprete judicial, em razão de uma fusão de duas – a anterior e a posterior – normas penais, cria uma terceira, que reúne apenas os aspectos mais favoráveis das duas normas e tem, exatamente em função disso, força retroativa benéfica). Como disserta Francisco de Assis Toledo (2000, p. 36), a hipótese jurídica da combinação de leis aparece quando se busca "saber se, na determinação da lei mais benigna aplicável, pode o juiz tomar os preceitos ou os critérios mais favoráveis da lei anterior e, ao mesmo tempo, os da lei posterior, combiná-los e aplicá-los ao caso concreto, de modo a extrair o máximo benefício resultante da aplicação conjunta só dos aspectos mais favoráveis de duas leis"; e (vi.) a alteração do complemento de norma penal em branco (cuida-se da hipótese de normas penais que necessitam de preenchimento, por meio de atos administrativos do Poder Executivo). Discute-se acerca da retroatividade do complemento posterior benéfico. Tem-se de referir o que sustenta Juarez Cirino dos Santos (1985, p. 52): "parece que a questão deve ser posta desta forma: se o tipo penal não existe sem o complemento administrativo, e o Poder Legislativo autoriza, expressamente (pela natureza do tipo penal), o Poder Executivo a complementar a lei penal, então o complemento é elemento do tipo objetivo da conduta proibida, e, na hipótese mais favorável, é retroativo". O ordenamento jurídico conta com alguns princípios que orientam a solução dos conflitos resultantes do concurso intertemporal de tipos. Vai-se estabelecer um rápido panorama sobre cada um desses princípios: (i.) o princípio da reserva legal. Norma fundamental em todos os ordenamentos jurídicos democráticos, o princípio-garantia da reserva legal está previsto em nossa CF (art. 5º, XXXIX: "não há crime sem lei anterior que o defina, nem pena sem prévia cominação legal") e em nosso CP (art. 1º). Trata-se do conhecido enunciado jurídico: *nullum crimen, nulla poena sine praevia lege*, que se traduz como a base fundamental do universo jurídico-criminal. Assevera Nilo Batista (2011, p. 65) que o "princípio da legalidade, base estrutural do próprio estado de direito, é também a pedra angular de todo direito penal que aspire à segurança jurídica, compreendida não apenas na acepção da 'previsibilidade da intervenção do poder punitivo do estado', que lhe confere Roxin, mas também na perspectiva subjetiva do 'sentimento de segurança jurídica' que postula Zaffaroni". Em síntese, não existe a possibilidade de se lançar a algum fato – por mais censurável que se apresente – a nota de delituosidade, se não houver, antecipadamente, a edição de um modelo legal prevendo-o como ação ilícito-típica. Anota Fernando de Almeida Pedroso (p. 35): "Qualquer episódio unicamente terá ensanchas à sua consideração como delito se lei anterior o previu e descreveu com esta natureza. Crime, por conseguinte, somente é o fato que obteve anterior consagração legal". Estende-se o princípio, também, no sentido de impedir a aplicação de qualquer pena que não tenha sido estabelecida anteriormente. Nessa conjuntura, deve-se, em conclusão, dizer que o princípio da reserva legal, que inaugura o CP, tem uma dupla função: de um lado, impede a configuração de delito aos comportamentos que não estiverem, anteriormente, em lei, descritos como tal; e, por outro lado, consagra a impossibilidade jurídica de se estabelecer, aos comportamentos delituosos, penas que não estavam, ao tempo da ação criminosa, previstas na lei. Anota, com precisão, Luiz Luisi (1993, p. 150): "o princípio da Reserva Legal restringe apenas o arbítrio de um dos poderes do Estado, o Poder Judiciário. Como bem observou G. D. Romagnosi, o Estado, respeitada a legalidade dos delitos e das penas, pode macerar a dignidade humana, criando figuras delitivas, violentadoras da essência da pessoa humana, e instituir penas vexatórias à dignidade do homem. O poder de legislar do Estado, em matéria penal, à luz do postulado da Reserva Legal, não sofre qualquer restrição, e pode editar normas incriminadoras que expressam um tratamento desigual dos seres humanos e prevejam penas que ofendem a dignidade da pessoa". O princípio geral da irretroatividade da lei penal não se apresenta como absoluto. Em se tratando da norma penal mais benéfica, esta terá vocação retroativa. (ii.) o princípio da retroatividade da lei penal mais favorável se inscreve como princípio constitucional (art. 5º, XL), e está, igualmente, descrito no CP (art. 2º, § único). Dessa forma, sempre que o conflito intertemporal de normas penais envolver a possibilidade de aplicação de norma penal de caráter mais benéfico, o princípio do *tempus regit actum* cederá ante o princípio da retroatividade da *lex mitior*, em razão, sobretudo, da equidade, aliada aos postulados da Política Criminal, sendo que, então, a lei penal mais favorável disciplinará a matéria. Tal orientação – da retroatividade da lei mais favorável – se encontra presente na maioria das legislações. No sentido de inadmissibilidade da retroatividade da lei penal posterior, quer mais favorável, quer menos favorável, pode-se apontar o direito anglo-americano, como informa Edmundo Oliveira (p.147). Trata-se de princípio visceralmente relacionado ao princípio da reserva legal, que impede a retroatividade da lei penal posterior que se mostra mais grave ao agente. Assinala Luiz Luisi (2003, p. 27-8): "na história constitucional do nosso século, todavia, nem sempre tem sido respeitado o postulado em análise. Alguns Códigos consagraram expressamente a retroatividade. É o caso do art. 3 do CP Soviético de 1922 que previa expressamente a retroatividade, explicável pela exigência do novo Estado em reprimir todos os atos anti-revolucionários que antes de 1922 não estavam previstos como crime. (...). Também na China a retroatividade da lei penal foi norma vigente até o advento do atual CP, em vigor desde 1º de janeiro de 1980, que estabeleceu a irretroatividade em seu art. 9º. No Brasil registrou-se, como 'singularidade odiosa' a irretroatividade da lei penal no Dec.-lei 4.766 de 1º.10.42, que em seu art. 67 dispôs que com relação aos crimes contra a segurança externa se operaria a retroatividade à data da ruptura das relações diplomáticas com a Alemanha, a Itália e o Japão. Também se costuma incluir no elenco das violações dos postulados da reserva e da irretroatividade o ocorrido nos Tribunais de Nuremberg e de Tóquio, que com base em convenções Internacionais ajustadas após os fatos, condenaram à morte e à prisão perpétua líderes políticos das Nações vencidas, Alemanha e Japão". Nessa perspectiva, como consigna Mauricio Antonio Lopes (1994, p. 88), a regra do princípio da irretroatividade da lei penal "é interferência direta da garantia da anterioridade da lei sobre uma nova situação fática. Se a lei há de existir e tiver vigência em sua plenitude anteriormente à prática do fato incriminado, óbvia conclusão de que não poderia ser formulada lei posterior à prática de um fato". Convém se registrar, por derradeiro, o assento constitucional do princípio em análise, por meio do art. 5º, XL ("A lei penal não retroagirá, salvo para beneficiar o réu"), da CF. No conflito de normas penais no tempo, ainda se poderá verificar a presença de leis excepcionais ou temporárias, que, por expressa disposição legal, serão ultra-ativas em relação à cessação de suas vigências. Assim, como se expressa Luiz Cernicchiaro (1990, p. 67) "apesar de expirado o prazo de vigência ou cessadas as circunstâncias especiais, não perdem a validade, relativamente aos fatos ocorridos durante o período de vigência". (iii.) a ultra-atividade se relaciona à necessidade de punição, impedindo-se que os fatos, com o passar do tempo, percam a força repressiva em razão da aplicabilidade da retroatividade da lei penal mais benéfica, "num critério de prestígio à validez imperativa da norma jurídico-penal" (LOPES, Mauricio Antonio, p. 96). Dentre os princípios que se vinculam à matéria do conflito intertemporal de tipos, ainda se podem oferecer dois outros: (iv.) o da taxatividade e (v.) o da tipicidade. O primeiro – também denominado de determinação taxativa – vincula-se ao princípio da legalidade, e tem como destinatários os legisladores, no momento concreto da "produção das tipicidades", quando deverão plasmar a sua atividade no sentido de criar tipos penais que sejam claros, concisos e precisos. O princípio, assim, quer impedir a produção de tipos de forma vaga e imprecisa, e insere-se – como remarca José Cirilo de Vargas (1992, p. 77) – no "quadro político da legalidade democrática e no quadro técnico do desenvolvimento da teoria do tipo legal de crime". Dessa forma, a segurança jurídica que se obtém a partir dos tipos penais não será comprometida em razão de normas penais vagas e imprecisas, "de modo a ensejar diferentes e mesmo contrastantes entendimentos" (LUISI, Luiz, 2003, p. 18), destinando-se, portanto, em princípio, a diminuir o "coeficiente de variabilidade subjetiva na aplicação da lei" (LUISI, Luiz, 2003, p. 19). Como diz Mauricio Antonio Lopes (p. 129): "hoje é indubitável a vinculação que se estabelece entre o princípio da legalidade e o processo de tipificação. A eficácia da reserva legal está condicionada à qualidade da lei, ou à técnica empregada para descrição de condutas proibidas ou ordenadas". Em outro prisma, consigna-se, de idêntica forma, como corolário lógico do princípio da legalidade, o da tipicidade, que decorre, também, do da taxatividade. Por meio da aplicação do princípio da tipicidade, somente se cogitará da existência de um fato punível quando a ação (suporte fático do crime) se enquadrar, de modo perfeito, no modelo legal anteriormente estabelecido em lei. Poder-se-ia afirmar que esse princípio forneceu consubstanciação jurídica a um outro princípio, de natureza e berço políticos, que foi o da legalidade. O princípio da legalidade – como aponta Nilo Batista (2011, p. 63) – "surge historicamente com a revolução burguesa e exprime, em nosso campo, o mais importante estágio do movimento então ocorrido na direção da positividade jurídica e da publicização da reação penal. Por um lado resposta pendular aos abusos do absolutismo e, por outro, afirmação da nova ordem, o

Perfeitamente possível se apresenta a hipótese de, durante a realização da série de comportamentos delituosos que compõem o delito continuado, haver câmbio de dispositivos penais (com modificações periféricas ao modelo legal, tais como: aumento de pena, impossibilidade de suspensão, aumento da pena pecuniária, entre outras hipóteses possíveis).[1468]

A doutrina e a jurisprudência, de um modo geral, sempre se orientaram a partir da noção de aplicabilidade da lei nova em relação a toda a cadeia de delitos, ainda que essa nova disposição penal se mostrasse menos favorável ao acusado.[1469] [1470]

Por ter o agente realizado a conduta ilícito-típica na vigência da nova lei penal (ainda que mais grave), a ordem jurídica se pretendia legitimada a lançar-lhe uma nota de censurabilidade jurídico-penal em relação a todo o período (abrangendo os fatos anteriores e os posteriores), na medida em que, argumentava-se, não haveria ofensas ao princípio da irretroatividade da *lex gravior*, pois, na vigência da nova lei, se concretizara a conduta descrita pelo novo modelo legal (que trouxera um dado ou circunstância desfavorável ao acusado). Nesse sentido, veja-se a lição que oferece Aníbal Bruno, segundo a qual, "no crime continuado, se os fatos já eram incriminados pela lei anterior, a lei nova simplesmente modificadora, ainda que desfavorável, se aplica a toda a linha do comportamento do agente, que se apresenta como um conjunto unificado".[1471]

O Supremo Tribunal Federal e o Superior Tribunal de Justiça já enfrentaram a matéria, e preservaram o entendimento sobre a aplicação da *lex gravior*,[1472] isto é, adotam a compreensão segundo a qual, em se tratando de sucessão de leis penais no tempo e do crime continuado, observa-se a lei em vigor na data dos procedimentos condenáveis mais recentes; sobre isso, inclusive, a Súmula nº 711 da Suprema Corte, publicada em

---

princípio da legalidade a um só tempo garantia o indivíduo perante o poder estatal e demarcava este mesmo poder como o espaço exclusivo da coerção penal". E também se remarca que, nos dias que correm, o princípio da tipicidade (lastreando-se no princípio da determinação taxativa) se apresenta como a verdadeira espinha dorsal das garantias constitucionais contra o arbítrio, muito mais que o próprio princípio da legalidade.

1468 As modificações, necessariamente, têm de ser periféricas ao tipo penal, pois, do contrário, caso se apresente uma nova lei incriminadora (com conteúdo proibido diversificado de modo significativo), os atos anteriores não são levados em linha de conta para se estabelecer a estruturação do crime continuado, na medida em que se trataria de modelos delitivos diferenciados.

1469 STJ, RESP 562.772/MG, Rel. Gilson Dipp, 5ª T., j. 17.6.04; e STF, *HC* 81544, Rel. Min. Moreira Alves, 1ª T., j. 19.2.02.

1470 Há em tramitação, no CN, o PL (7189/10) que visa a alterar o art. 2º do CP, dispondo a respeito da retroatividade da lei penal mais grave nos casos de crime permanente, se a sua vigência for anterior à cessação da permanência (durante a consumação). Assim, estaria excluído dessa previsão o crime continuado, abrandando a Súmula 711 do STF, segundo a qual "a lei penal mais grave aplica-se ao crime continuado ou ao crime permanente, se a sua vigência é anterior à cessação da continuidade ou da permanência". Nesta senda, se aprovado referido projeto, nos casos em que, durante a realização da cadeia continuada de delitos, entrasse em vigor uma *lex gravior*, esta não seria aplicável ao autor da série delitiva. Presentemente, esse PL encontra-se na MDCD (MESA), tendo a última movimentação ocorrido em 6/2/15, com o desarquivamento nos termos do art. 105 do RICD.

1471 BRUNO, Aníbal, 2003, p. 166. Argumenta José Paulo Baltazar Junior (1998, p. 296) que "a posição predominante na doutrina é no sentido da aplicação da lei mais recente, uma vez que o agente continua praticando o fato mesmo após sua entrada em vigor, apesar de advertido do agravamento da sanção. A mais disso, a previsão do art. 71 do CP é a de aplicação da *pena de um só dos crimes, se idênticos, ou a mais grave, se diversas*".

1472 STF, R*HC* 81453/SP, Rel. Min. Nelson Jobim, 2ª T., j. 11.12.01; STF, *HC* 76.680/SP, Rel. Min. Ilmar Galvão, 1ª T., j. 28.4.98; e STJ, *HC* 18605/SP, Rel. Min. Félix Fischer, 5ª T., j. 1.10.02.

9.10.03, dispõe: "a lei penal mais grave aplica-se ao crime continuado ou ao crime permanente, se a sua vigência é anterior à cessação da continuidade ou da permanência".[1473]

No entanto, nos domínios jurisprudenciais, já se decidiu no sentido da outra solução ofertada pela dogmática à concorrência entre o delito continuado e a sucessão de leis penais.

Essa orientação parte da ideia de que o crime continuado, como ficção jurídica de índole essencialmente benéfica, tem – no primeiro crime ensejador da cadeia delitiva – aquele que deve servir de base para a determinação do *tempus* do crime (e, de consequência, da lei a ser aplicada: *tempus regit actum*).

A figura jurídica do crime continuado daria o assento a esse entendimento, suposto que, no comando normativo do artigo 71 do Código Penal, se pode ler: "devem os subsequentes ser havidos como continuação do primeiro"; dessa forma, os demais crimes – conformadores da cadeia delitiva continuada – seriam, simplesmente, mera reiteração do primeiro comportamento punível, independentemente do número e das datas do cometimento dos ilícitos; desde que, a toda a evidência, se encontrem presentes os outros atributos configuradores do instituto em causa.

Cuida-se, portanto, de se conceder ultra-atividade à lei penal mais benigna, prestigiando-se o princípio do *favor libertatis*, não se aplicando a lei posterior mais grave. Utilizava-se, como reforço, o argumento de que essa interpretação não permitiria a restrição do favor legal (vale dizer: direito público penal subjetivo do acusado) inscrito em lei. A jurisprudência alberga inúmeras decisões que caminhavam nesse rumo. O Tribunal de Justiça do Rio Grande do Sul, por seu 2° Grupo Criminal, teve ocasião de decidir: "sonegação fiscal. Cadeia delitiva única, caracterizando a continuação (artigo 71, do Código Penal). (...) Aplicação da *lex mitior* em nome do *favor libertatis*";[1474]

[1473] TJRS, ACR 70072008741, 6ª CC, Relª. Desª. Vanderlei Teresinha Tremeia Kubiak, j. 30.8.17; STJ, RE 1422362/RJ, 6ª T., Rel. Min. Nefi Cordeiro, j. 13.6.17; e TJSC, AGE 0003055-60.2017.8.24.0020, 1ª CC, Rel. Des. Carlos Alberto Civinski, j. 13.7.17.

[1474] TJRS, EIN 695070961, 2° GCC, Rel. Des. Aristides de Albuquerque Neto, j. 15.9.95. Relativamente à sonegação fiscal, Hugo de Brito Machado (1996, p. 29-32) traz interessante exemplo: "decidiu a JF de 1ª Instância no Rio Grande do Sul que ilícitos penais tributários ocorridos na vigência da L. 4.729/65, por terem repercussão no valor do tributo devido em exercício posterior, quando já vigente a L. 8.137/90, sujeitam-se ao tratamento por esta previsto, ainda quando seja este mais severo". Isso porque, segundo a decisão "(...) somente no exercício em que ocorreu a exigibilidade é que se consumou o delito. E como já então vigente estava a L. 8.137/90, seria esta aplicável, não a L. 4.729/65". O autor critica a decisão, baseando-se no seguinte argumento: "a L. 4.729/65, definia o crime de sonegação fiscal como crime formal, ou de mera conduta. O crime assim definido estava consumado independentemente do não pagamento do tributo, e por isto o fato de ser o vencimento do imposto de renda diferido para o exercício seguinte não implicava em que somente no exercício seguinte estivesse consumado o crime. Tem-se, portanto, como induvidosa a conclusão de que, se os fatos ocorreram em 1988 e 1989, e eram capituláveis na L. 4.729/65, naqueles anos restaram consumados os crimes. E se houve continuidade delitiva, esta não é de molde a fazer aplicável a L. 8.137/90. (...). É possível que tenha havido continuidade delitiva nos anos de 1988 e 1989. Todavia, como a L. 4.729/65, não considerava o resultado das condutas nela definidas integrante do tipo penal, o momento em que o imposto de renda se tornou exigível era irrelevante para a consumação do crime. A ocorrência dessa exigibilidade quando já em vigor a L. 8.137/90, não autoriza a aplicação desta aos fatos consumados anteriormente". O TRF da 4ª Região, no julgamento da apelação da decisão de 1° grau comentada no artigo pelo autor, terminou corroborando o seguinte entendimento: "delito de natureza tributária. Lei 4.729/65. Lei 8.137/90. Inaplicável a *lex gravior*. Efeitos fiscais posteriores ao fato da denúncia. Pós-fato impunível. Mantida a r. decisão da origem, acolhendo-se a lei vigente à época dos fatos como base legal. Pena de multa como única aplicada. Art. 1°, § 1°, L 4.729. Decurso de tempo. Prescrição pela pena concretizada. (...). A

e, no corpo do acórdão, destacou o Relator: "trata-se, aqui, de resolver a lei aplicável a fato delituoso continuado que se estendeu primeiro sob o império de lei revogada, projetando-se a atividade delitiva sob vigência de lei nova e mais severa. Também pertinentemente ao delito sob continuidade delitiva têm aplicação ampla os princípios da retroatividade ou ultra-atividade da lei mais benigna que, penso, deve-se sobrepor ao argumento segundo o qual estaria o delinquente advertido do sancionamento maior para a hipótese de 'continuar' a conduta delitiva sob a lei derrogada".

Também o Tribunal Regional Federal da 4ª Região decidiu pelo reconhecimento da ultra-atividade da lei mais benigna em caso de crime continuado, especificamente em função de haver apenas um delito realizado sob a vigência da nova lei penal mais grave.[1475] Américo A. Taipa de Carvalho defende essa mesma solução para a hipótese de a lei nova agravar a responsabilidade penal em face de crime habitual, ou seja, ter entrado em vigor a lei mais grave em um momento em que já haviam sido realizados vários atos, tendo sido, depois do seu início de vigência, praticado apenas um ato,[1476] porquanto, como visto,[1477] a prática de um único ato é um indiferente penal.[1478] Aliás, a solução encampada por Américo A. Taipa de Carvalho a fim de obstaculizar, em certas hipóteses, a irretroatividade da lei penal desfavorável, ancora-se no seguinte: "deve aplicar-se a lei antiga, a não ser que a totalidade dos pressupostos da lei nova se tenham verificado na vigência desta. (...), no caso de furto continuado, o tribunal não poderá aplicar a lei nova mais grave, se, na continuação criminosa de furtos simples (Código Penal, artigo 296°) e de furtos qualificados (Código Penal, artigo 297°), nenhum furto qualificado tiver sido cometido durante a vigência da lei nova que agravou a pena do furto qualificado".[1479]

No Supremo Tribunal Federal, o Ministro Marco Aurélio entendeu que a *lex mitior*, nesses casos, teria, necessariamente, vocação ultra-ativa para impedir a retroatividade de lei penal mais grave.[1480]

A tese minoritária[1481] – que consagra, na sucessão de dispositivos penais, o posicionamento da ultra-atividade da *lex mitior* – reúne aspectos de inegável plausibilidade jurídica, entre os quais se destaca, particularmente, a regra geral da impossibilidade de aplicação, aos comportamentos censuráveis anteriores, da lei penal mais grave.

De modo semelhante se pode insistir que, sendo o crime continuado uma ficção jurídica destinada a conceder tratamento punitivo com maior vocação de benignidade ao agente, não se mostra como aceitável o entendimento de que, exatamente no momento

---

continuidade delitiva recepcionada pelo Juízo da sentença, hábil para atrair a incidência da lei posterior mais severa, não alcança os efeitos fiscais da conduta denunciada, restando como pós-fato impunível, razão pela qual, afasta-se a Lei 8.137/90. (...)" (ACR 96.04.23342-4, 2ª T. do TRF4, Relª. Desª. Tânia Escobar, j. 10.12.98).

1475 TRF4, ACR 95.04.27405-6/RS, Rel. Dória Furquim, 2ª T., j. 30.11.95 (*in* Boletim do IBCCRIM, 40/134).

1476 CARVALHO, Américo de, 1990, p. 61.

1477 Conferir o ponto 4.3.

1478 OLIVEIRA, Ricardo Rachid de, 2011, p. 46.

1479 CARVALHO, Américo A. Taipa de, 1990, p. 61. No mesmo sentido: OLIVEIRA, Ricardo Rachid de, p. 47.

1480 STF, *HC* 76978/RS, Rel. Min. Maurício Corrêa, 2ª T., j. 29.9.98.

1481 A bem da verdade, verifica-se, em sede jurisprudencial, uma terceira solução ao problema do crime continuado em se tratando de sucessão de leis no tempo: STJ, RESP, j. 26.11.96, Rel. Luiz Vicente Cernicchiaro, RT 752/557 (decisão citada por FRANCO, Alberto Silva, e outros, 1999, p. 3467).

da apenação das condutas que se realizaram na sucessão de leis no tempo, se utilize, em evidente desfavor do sentenciado, a cadeia criminal que compõe a *lex gravior*. Perde-se, nessa perspectiva, a própria razão de ser que inspirou a conformação do instituto.

Em outro quadrante, a tese que se lhe adversa, é de rigor o registro, apresenta importante argumento: o agente, quando do cometimento dos comportamentos ilícitos sob o império da lei penal mais grave, já se encontrava informado da maior gravidade da *sanctio juris*; e, mesmo assim, persistiu na concretização dos delitos, podendo, portanto, inegavelmente, sofrer o apenamento mais rigoroso. No mesmo plano, também se argumenta que se o agente, após iniciada a realização da série de delitos, em continuação, tivesse ciência da modificação legislativa, a seu próprio dano, não se intimidaria, pois por ela não seria apenado em razão da irretroatividade da *lex gravior*. Seria a mesma compreensão que fundamenta a ultra-atividade da lei penal em se tratando de leis excepcionais ou temporárias (artigo 3° do Código Penal).[1482]

De qualquer sorte, apesar do peso desse entendimento, a melhor interpretação da matéria é aquela que se vincula aos objetivos inspiradores da estratificação do instituto, que sempre visou à punição menos rigorosa. Igualmente se destaca que a unificação dos diferentes delitos que integram a cadeia delitiva continuada se faz, fundamentalmente, para a aplicação da pena criminal; e os demais crimes devem ser havidos como continuação do primeiro (base sobre a qual haverá de ser lançada a nota de censurabilidade jurídico-penal), e este não pode sofrer o impacto de sanção de índole penal que não estava, ao tempo da realização da conduta, prevista no ordenamento punitivo, sob pena de violação do princípio constitucional da irretroatividade da *lex gravior*.[1483]

Obviamente, se se apresentar uma lei mais favorável a atingir a série continuada, deverá ser aplicada ao delito em seu todo (prestigiando, assim, a unidade, posto que artificial, sobre a qual se assenta a noção do instituto). A lei mais favorável, no confronto das leis penais, deve, sempre, ter preferência em nome do *favor libertatis*.

Propõe-se, ainda, na presente abordagem tópica, a questão da *abolitio criminis*, isto é, em virtude de uma nova lei, certos fatos anteriormente havidos como injustos passam a ser lícitos. Com isso, por óbvio, a lei penal irá retroagir, não se lhe obstaculizando sequer o eventual trânsito em julgado da sentença condenatória. Desse modo, tanto na hipótese em que todos os delitos parcelares se tenham realizado na vigência da lei derrogada – pouco importando tenham ou não sido julgados –, como na em que sigam sendo realizadas condutas posteriormente à entrada em vigência da lei nova, não

---

[1482] As normas penais de vigência temporária (quer de caráter excepcional, quer de caráter temporário) têm vocação ultra-ativa, na medida em que são aplicadas aos fatos ainda que posteriormente à sua autorrevogação.

[1483] No mesmo sentido, Alcides da Fonseca Neto (p. 121-2), quando argumenta: "aliás, afirme-se ainda que a corrente dominante, ao impedir a ultra-atividade da lei mais benigna, com a consequente retroatividade de lei nova – mais severa –, também viola frontalmente um dos corolários do princípio da legalidade, que é a irretroatividade da *novatio legis in pejus*, prevista expressamente no art. 5°, XL, da CF. Na verdade, o fundamento da irretroatividade da *novatio legis in pejus* gravita em torno da segurança, garantia e estabilidade que devem ser asseguradas em nossa ordem jurídica, sem as quais faltaria a condição preliminar de firmeza nas relações sociais, com graves prejuízos para os direitos fundamentais do cidadão. Portanto, o princípio da irretroatividade da lei mais severa se traduz numa consequência natural da proteção outorgada pelo direito objetivo do estado de liberdade, de modo que a conduta individual em hipótese alguma pode sofrer restrições não fixadas pela lei. Da mesma forma, não se pode conceber que o cidadão suporte consequências mais graves do que aquelas que estavam previstas na lei do tempo em que o delito – o primeiro da cadeia delituosa – foi cometido".

se poderá impor qualquer consideração condenatória; no primeiro caso, em decorrência do princípio da retroatividade da *lex mitior*; e, no segundo, porque se trata de condutas atípicas.[1484] Além disso, cumpre considerar duas situações: (i.) uma lei nova introduz a disciplina do crime continuado – neste caso, como o instituto se apresenta como uma benesse legislativa, a sua diretriz será estendida, em obediência à regra da retroatividade benéfica, a toda a cadeia de crimes; e (ii.) uma lei nova derroga a disciplina do crime continuado – neste caso, os crimes parcelares realizados sequencialmente antes da entrada em vigor dessa lei estarão abrangidos pela norma reguladora do crime continuado, em obediência à regra da irretroatividade da *lex gravior*; e se houver o prosseguimento dos crimes parcelares após a entrada em vigor da nova lei, ainda assim, pelo mesmo fundamento, poderá contar com o reconhecimento do crime continuado.[1485]

6.7. O CRIME CONTINUADO E AS CONTRAVENÇÕES PENAIS

Dois aspectos merecem ser feridos nesse binômio crime continuado e contravenção penal: tanto o que se refere à configurabilidade do nexo de continuação entre as contravenções penais, bem como à possibilidade da formação do vínculo continuado entre crime(s) e contravenção(ões).

Inicialmente, contudo, é importante estabelecer a separação classificatória entre os crimes e as contravenções, isto é, a bipartição das condutas puníveis. No que se refere a essa *summa divisio*, deve consignar-se que as contravenções aparecem "como uma figura atenuada do ilícito penal, despida de maior relevância ou gravidade. Infração penal, pois, é o *gênero* (sentido lato), que comporta as *espécies* denominadas de *crime* (sentido estrito) e *contravenção*",[1486] as quais se distinguem, no ordenamento jurídico brasileiro, em virtude (da medida) da pena cominada.[1487]

[1484] SZNICK, Valdir, 1994, p. 128.

[1485] "(...) os atos praticados em continuação antes da sua entrada em vigor estão abrangidos pela norma reguladora do delito continuado, tanto se terminou como se prossegue na sua execução depois da entrada em vigor da nova lei. Em nenhum caso, porém, se aplica lei penal intermédia, ou se aplica ao continuado mais de uma lei" (SZNICK, Valdir, 1994, p. 129).

[1486] COELHO, Walter, p. 68. Como registra Antonio Pagliaro (p. 232-3), "nell'ambito dei reati occorre distinguere due grandi gruppi: i delitti e le contravvenzioni. La contrapposizione ha una giustificazione storica: a partire dal sec. XVIII sono stati portati alla competenza del giudice penale fatti che originariamente costituivano solo un illecito amministrativo. Perciò, in linea de principio, sono delitti quei fatti più gravi che in ogni tempo hanno richiesto la sanzione penale (es., omicidio, furto, alto tradimento ecc.); sono contravvenzioni quegli altri fatti più lievi, che prima costituivano soltanto violazione di norme di diritto amministrativo. Molto spesso si è cercato di tracciare una linea 'ontologica' di demarcazione tra i delitti e le contravvenzioni. Ma i tentativi sono tutti falliti. Si è detto, ad esempio, che i delitti offendono il privato e perciò sarebbero *mala in se*; le contravvenzioni offendono lo sviluppo sociale e perciò sarebbero *mala quia prohibita*. Oppure: i delitti offendono beni primari della società; le contravvenzioni beni secondari. Oppure ancora: i delitti sono fatti dannosi, le contravvenzioni fatti pericolosi. Infine: le contravvenzioni offendono, a differenza dei delitti, l'interesse amministrativo dello Stato oppure costituiscono le offese meno gravi di questo interesse. (...) La verità è che la contrapposizione tra delitti e contravvenzioni dipende soltanto da una scelta di politica criminale operata dal legislatore. Le contravvenzioni sono gli illeciti penali ritenuti più lievi. Perciò, sono sottoposte a un regime penale particolare".

[1487] Art. 1° do Dec.-lei 3.914/41: "considera-se crime a infração penal a que a lei comina pena de reclusão ou de detenção, quer isoladamente, quer alternativa ou cumulativamente com a pena de multa; contravenção, a infração penal a que a lei comina, isoladamente, pena de prisão simples ou de multa, ou ambas, alternativa ou cumulativamente".

6.7.1. Da configurabilidade da continuidade contravencional

Primo, debate-se a configurabilidade da continuação em se tratando de contravenções penais.

De um modo geral, a doutrina aceita a formação da cadeia continuada a partir de contravenções penais.[1488] Muito embora o comando que descreve o delito continuado não indique, de modo expresso, a figura contravencional, lança-se, perfeitamente, mão do artigo 12 do Código Penal, que estatui: "as regras gerais deste Código aplicam-se aos fatos incriminados por lei especial, se esta não dispõe de modo diverso". No mesmo sentido, deve utilizar-se o artigo 1º da Lei das Contravenções Penais, quando disciplina: "Aplicam-se às contravenções as regras gerais do Código Penal, sempre que a presente lei não disponha de modo diverso". Resta, portanto, claro que não se reconhece qualquer obstáculo legal que possa impedir o aperfeiçoamento da continuidade delitiva em se cuidando de contravenções penais continuadas.[1489] Como sustenta Manoel Pedro Pimentel, "hoje não há mais dúvida que a continuação pode ser reconhecida também relativamente às contravenções, uma vez presentes os mesmos requisitos que integram a continuação dos delitos";[1490] [1491] no rastro desse entendimento, a jurisprudência também admite a formação de contravenções continuadas.[1492] Por esse modo, apenas para *effleurer la question*, cumpre acrescentar que a regra da continuidade delitiva específica (parágrafo único do artigo 71 do Código Penal) se estende, sem quaisquer obstáculos, às contravenções penais, desde que estas se revistam das características indescartáveis daquela, ou seja, que se trate de contravenções penais dolosas, praticadas nas mesmas condições de tempo, lugar e modo de execução, com violência e, ainda, contra vítimas distintas (assim, por exemplo, o artigo 21 da Lei das Contravenções Penais na modalidade continuada).[1493]

6.7.2. Da configurabilidade da continuidade entre crimes e contravenções

Secondo, discute-se a questão da compatibilidade entre a continuação em se tratando de crime(s) e contravenção(ões).

[1488] Nesse sentido: BATTAGLINI, Giulio, p. 578; ANTOLISEI, Francesco; CONTI, Luigi, p. 284. Não admitindo: René Ariel Dotti, (2013a, p. 679), quando disserta: "a continuidade não é possível, pois o art. 71 fala em 'dois ou mais *crimes*' como requisito básico do instituto".

[1489] TJSP, ACR 0064080-32.2014.8.26.0050, 7ª CC, Rel. Des. Eduardo Abdalla, j. 16.8.17.

[1490] PIMENTEL, Manoel Pedro, 1969, p. 178. Também comunga desse entendimento: JESUS, Damásio de, 2015, p. 30. Com informa Luigi Delpino (p. 881), a doutrina e a jurisprudência italianas prevalentes não têm a mínima dúvida acerca da compatibilidade entre o instituto da continuidade e as contravenções, "con l'unica, ovvia condizione che si trati di contravvenzioni dolose (solo in caso di dolo è configurabile, infatti, quella 'identità del disegno criminoso' di cui parla la norma)". Entretanto, o autor em causa, avalia que o problema não é tão simples, pois, em matéria contravencional, a pena é estabelecida entre um mínimo e um máximo, sem ter em conta o elemento subjetivo da infração, de tal modo que pode haver consequências paradoxais, "e cioè ad infliggere a chi ha violato numerose volte con colpa una norma contravvenzionale una pena maggiore rispetto a chi lo ha fatto lo stesso numero di volte ma con dolo e, quindi, può invocare la continuazione, per cui, nonostante l'art. 81 usi l'espressione 'reato', sembrerebbe preferibile, anche in armonia col principio di uguaglianza di cui all'art. 3 Cost., limitare la continuazione ai soli delitti".

[1491] Veja-se este precedente jurisprudencial: TJDFT, ACR 3959, 1ª TC, Rel. Des. Duarte Azevedo, j. 18.6.79.

[1492] TJRJ, ACR 0011431-73.2015.8.19.0075, 8ª CC, Relª. Desª. Elizabete Alves de Aguiar, j. 9.8.17; TJRS, AC 70071885107, 8ª CC, Rel. Sandro Luz Portal, j. 14.6.17; e TJDF, AC 20120110957618 DF, 3ª TC, Rel. Humberto Adjuto Ulhôa, j. 29.8.13.

[1493] TJSC, ACR 0005538-40.2016.8.24.0039, 3ª CC, Rel. Des. Ernani Guetten de Almeida, j. 15.8.17.

Sustenta-se, na literatura especializada, que não se pode reconhecer a existência da continuidade entre crime e contravenção, uma vez que não seriam da mesma espécie.[1494] Para esse entendimento, se a construção da continuidade delinquencial se dá por meio de infrações da mesma espécie, não há como se reconhecer, na hipótese de haver crime e contravenção, a figura da continuação delitiva. De qualquer sorte, avalia Manoel Pedro Pimentel que "não se poderia falar em continuação entre crimes e contravenções, porque estas, se da mesma espécie, teoricamente ao menos, seriam sempre absorvidas pela infração mais grave, que é o crime".[1495]

Em verdade, se houver a conjugação, em uma sequência de infrações, entre crimes e contravenções, não se pode, *ab initio*, desprezar a configuração do instituto da continuidade; e isso por duas ordens de raciocínio: em primeiro lugar (e ao longo deste estudo se insiste no argumento), a construção jurídica da continuidade deve ser aplicada com a maior amplitude possível, em homenagem ao princípio do *favor libertatis*; e, em segundo lugar, negar a configurabilidade da continuação entre crimes e contravenções poderia implicar um paradoxo punitivo, ao se permitir um tratamento menos rigoroso a quem tenha praticado fatos mais graves (crimes continuados, que serão regidos pelo critério da exasperação), em descompasso com quem tenha praticado fatos menos graves (crimes e contravenções continuados, que seriam regidos pelo critério da acumulação). Dessa forma, posto que não haja, *in casu*, a "mesma espécie delitiva" – requisito para a configuração do instituto –, a harmonia sistêmica permitiria a unificação em uma só cadeia dos crimes e contravenções continuados.

Não obstante, previamente à estruturação da cadeia continuada entre crime e contravenção, deve avaliar-se a incidência concreta do princípio da consunção, segundo o qual o episódio menos grave se deixaria absorver pelo de maior gravidade, possibilitando a existência de um só fato punível, por ser essa a solução de melhor alcance interpretativo para resolver-se essa concorrência *sui generis*.

6.8. O CRIME CONTINUADO E O DELITO FALIMENTAR

Durante a vigência do Decreto-Lei 7.661/45, no que dizia respeito ao delito falimentar, não podia imaginar-se, em rigor, a representação do crime continuado, mesmo se houvesse várias condutas entendidas como delitos falimentares, uma vez que se dava, sob a égide daquela legislação, a unicidade penal falimentar.[1496]

1494 JESUS, Damásio de, 2016, p. 316. Ainda Walter do Nascimento (2000, p. 87) aponta que "o delito e a contravenção, por exemplo, não se combinam para configurar o crime continuado, pois este, (...), decorre de duas ou mais infrações da mesma espécie, que se mantêm dependentemente vinculadas umas às outras".

1495 PIMENTEL, Manoel Pedro, 1969, p. 177. Em sentido contrário, entendendo pela possibilidade de continuidade entre crime e contravenção, assevera Olavo de Oliveira Neto (1994, p 26): "devemos esclarecer, desde logo, que é possível o concurso entre duas ou mais contravenções, bem como o concurso entre uma contravenção e um crime, embora nesse caso possa ocorrer o fenômeno da absorção". A seu turno, Valdir Sznick (1991, p. 15) assinala: "cabe nas contravenções concurso de uma contravenção com outra. Com o crime – como veremos em cada caso – é difícil eis que o crime por ser mais grave absorve a contravenção pelo princípio *majus absorbet minorem*". Ainda, José Duarte (1944, p. 227) enfatizava: "a pluralidade de disposições violadas pode existir em relação à mesma lei ou a leis diferentes, concernente a diversa categoria de infração, como as leis especiais, a lei de contravenção. Assim, o concurso pode existir entre delito e contravenção, ou entre contravenções, apenas".

1496 Realmente, como leciona Nilo Batista (2006, p. 98-9), "até a lei anterior, a criminalização primária da falência no Brasil servia-se daquele '*sistema casistico tradizionale*' que Conti dizia observar o método de

Como dissertava Manoel Pedro Pimentel, "o crime continuado não pode ser reconhecido nas infrações falimentares, pela razão simples de que o crime falimentar constitui uma *universalidade*, abrangendo em uma só figura todas as condutas delituosas da mesma natureza".[1497] Tratava-se, em verdade, do princípio da unicidade do delito falimentar, que "impede a dupla sanção privativa da liberdade, ainda que várias sejam as incidências delitivas".[1498] Ora, proclamava a jurisprudência: "a pluralidade natural é apenas aparente nesses delitos, que, em verdade, nada mais são do que o complexo unitário de fatos pelos quais se exterioriza um só comportamento".[1499] Nesse sentido, caso estivesse cristalizado, em uma mesma falência, um só evento ofensivo, ainda que desdobrado em várias condutas criminosas, à figura do delito continuado não se podia recorrer, exatamente pela particular estrutura unitária, então existente, do delito falimentar. Entretanto, como aduz Manoel Pedro Pimentel, "se o agente possuir diversas firmas e, por geri-las mal, vierem duas ou mais delas a quebrar quase simultaneamente, não vemos por que deixar de reconhecer em tal hipótese a continuação delituosa".[1500]

Com a entrada em vigor da Lei 11.101/05, esse quadro sofreu importantes alterações, dado que a novel legislação abandonou o sistema da "unicidade" existente no Decreto-Lei 7.661/45.

De fato, a nova Lei de Falência e Recuperação de Empresas não repetiu o método de redação dos artigos 186 e 188 do Decreto-Lei 7.661/45, consistente no uso da expressão "quando concorrer com a falência algum dos seguintes fatos", o que dava sustentação à doutrina da unicidade dos delitos falimentares.[1501] Por essa razão, "expungidos da nova lei os elementos que apontavam para o reconhecimento de uma única conduta e portanto de uma única pena (a mais grave, se concorrentes crimes falimentares, ou a mais grave com a exasperação do artigo 70 Código Penal, se concorrentes um crime falimentar e um crime comum – artigo 192 do Dec.-Lei 7.661/45), a teoria da unicidade ou unidade do crime falimentar perde seus fundamentos".[1502] Arthur Migliari Júnior, concordando com o fim da unicidade falimentar, agrega argumento novo: "primeiro, porque a Lei 11.101/05 mandou aplicar as normas do Código Penal brasileiro, aqui incluídas as regras do concurso de crimes (arts. 69 a 71 do Código Penal). De outro lado, há delitos considerados *antefalenciais* em oposição aos crimes *posfalenciais*.

um '*eccessivo frazionamento delle figure criminose*'. O legislador de 1945, por seu turno, ao arrolar os fatos típicos – inúmeros e minuciosos, transitando entre a vida comercial e a vida privada do falido – valeu-se de uma técnica peculiar: 'será punido o devedor (...) quando concorrer com a falência *algum dos seguintes fatos*' (cf. arts. 186 e 188 do Dec. Lei 7.661, de 21 jun. 45). Além disso, na única regra sobre concurso de crimes que ostentava, a lei anterior previa que se algum daqueles fatos constituísse crime 'por si mesmo, independente da declaração da falência', dever-se-ia aplicar a regra do concurso formal (art. 192, Dec.-Lei 7.661, de 21 jun. 45). Por muitos caminhos fundamentou-se o que viria a chamar-se 'unicidade (ou unidade) dos crimes falimentares'. Entre nós, tal unicidade era dada como 'princípio doutrinário consagrado'". Dessa maneira, "independentemente do número de fatos praticados pelo devedor, aplicava-se tão somente a pena mais grave entre aquelas cominadas aos diversos fatos típicos praticados" (BATISTA, Nilo, 2006, p. 100).

1497 PIMENTEL, Manoel Pedro, 1969, p. 168.

1498 RT 626/284.

1499 RT 575/364.

1500 PIMENTEL, Manoel Pedro, 1969, p. 169.

1501 BATISTA, Nilo, 2006, p. 101. Segundo Nilo Batista (2006, p. 101), a nova lei "não reeditou a regra que remetia ao concurso formal todos os casos nos quais se apresentasse paralelamente ao falimentar um crime comum (art. 192 do Dec.-Lei 7.661/45)".

1502 BATISTA, Nilo, 2006, p. 101.

E, principalmente, ao contrário dos textos anteriores, a Lei de Recuperação de Empresas (LRE) prevê crimes nos processos de recuperação da empresa, coisa que jamais existiu enquanto perdurou o regime das concordatas no Brasil".[1503]

Dada esta situação, o concurso de crimes, na Lei 11.101/05, reger-se-á pelas regras gerais contidas no Código Penal. Com isso, é possível a existência de crime continuado nos delitos falimentares, sempre que, obviamente, estiverem presentes os requisitos do instituto. E, no tocante à condição "crimes da mesma espécie", afirmar-se que, no caso dos delitos falimentares, estará sempre presente, pois todos os crimes – previstos na legislação falimentar – podem ser considerados da mesma espécie.[1504]

6.9. O CRIME CONTINUADO E O DELITO DE ASSOCIAÇÃO CRIMINOSA E O DE CONSTITUIÇÃO DE MILÍCIA PRIVADA

Outra questão que se revela de análise interessante, no contexto do crime continuado, é a sua compatibilidade com o delito de associação criminosa, previsto no artigo 288 do Código Penal, que dispõe: "Associarem-se 3 (três) ou mais pessoas, para o fim específicos de cometer crimes. Pena – reclusão, de 1 (um) a 3 (três) anos. Parágrafo único. A pena aumenta-se até a metade se a associação é armada ou se houver a participação de criança ou adolescente". (Trata-se do antigo crime de "quadrilha ou bando", sendo que tanto o *nomen juris*, o *caput*, assim como o parágrafo único foram definidos pela Lei 12.850/13.)

E a mesma análise pode ser levada a efeito no que tange ao delito de constituição de milícia privada, previsto no artigo 288-A, segundo o qual: "Constituir, organizar, integrar, manter ou custear organização paramilitar, milícia particular, grupo ou esquadrão com a finalidade de praticar qualquer dos crimes previstos neste Código. Pena – reclusão, de 4 (quatro) a 8 (oito) anos". (Esse artigo foi acrescido pelo artigo 4º da Lei 12.720/12). A mais disso, deve ser indicada, em face de sua proximidade conceitual, a figura legal da "organização criminosa" – trazida pela Lei 12.850/13.

6.9.1. Do delito de associação criminosa

Mantém-se, aqui, por uma questão de direito intertemporal, os comentários em relação ao delito de "quadrilha ou bando"; e, ainda, ao depois, haverá uma abordagem própria sobre este novel delito.

[1503] MIGLIARI JÚNIOR, Arthur, 2006, p. 107. Ainda complementa o autor: "não vemos como, diante do novo texto legal, possa persistir a idéia de unicidade dos crimes falenciais, eis que a atuação da persecução penal poderá ser iniciada em qualquer fase do procedimento de recuperação ou da falência, tão logo ocorrer o delito, ou quando entender mais viável à persecução penal, o órgão do MP".

[1504] Ainda segundo o autor (BATISTA, Nilo, 2006, p. 102), "todos os crimes falimentares devem ser considerados hoje 'crimes da mesma espécie'". Dessa sorte, "não existe qualquer objeção teórica ao reconhecimento da continuidade delitiva numa série integrada por crimes antefalimentares e pós-falimentares, distinção muito relativizada pela nova lei, se presentes os requisitos do art. 71 CP" (BATISTA, Nilo, 2006, p. 103-4). E, ainda prossegue o autor, no tocante ao crime continuado entre delitos falimentares e delitos comuns: "ultrapassado o exame do concurso aparente, cabe considerar a possibilidade de continuação entre crimes falimentares e crimes comuns (nomeadamente contra o patrimônio, a fé pública e a administração da justiça), desde que presentes os requisitos do art. 71 CP, corretamente interpretados".

Dentro dos possíveis desdobramentos da necessidade de a agremiação ocorrer para o fim de cometer crimes,[1505] revelava-se a polêmica sobre a possibilidade de reconhecimento do tipo penal de quadrilha na hipótese de haver a prática, pelos membros associados, de um único delito continuado. Esse era o ponto que maior dissenso gerava nas esferas doutrinária e jurisprudencial.[1506]

Majoritariamente, a doutrina não vislumbrava qualquer incompatibilidade entre os institutos,[1507] sob o argumento de que era possível a existência de uma quadrilha organizada para cometer crimes, os quais, pelas circunstâncias de tempo, lugar e modo de execução e outras, seriam entendidos como uma continuidade.[1508] Além disso, o que existiria seria uma pluralidade de delitos que, por ficção e para fins de apenamento, seriam tratados como uma unidade jurídica.[1509] Dessa forma, "os delitos praticados – idênticos – continuam, porém, sendo vários".[1510]

De outro lado, ponderava-se que, como o crime continuado se constituiria em uma unidade jurídica, para a configuração do tipo penal de quadrilha faltaria o requisito da existência de diversos crimes, à vista de que, no delito em continuação, essa pluralidade seria meramente aparente. Celso Delmanto, Roberto Delmanto, Roberto Delmanto Júnior e Fabio M. de Almeida Delmanto aduziam que, "ademais, não se podendo admitir contradição lógica no Direito, é inviável considerar o crime continuado como *crime único* para efeito de aplicação de pena (Código Penal, artigo 71) e não o considerar como tal para efeito deste artigo 288, que exige a intenção de praticar *crimes* (no plural).[1511] Semelhantemente na jurisprudência se encontravam lições no mesmo rumo: "Se o crime continuado, por uma ficção legal, importa o reconhecimento de um só crime que se prolonga, não se pode falar na existência de uma pluralidade de crimes, elemento essencial para a quadrilha".[1512]

Poder-se-ia demarcar, ainda, uma posição intermediária, segundo a qual se houver associação para a prática de crimes determinados, em continuidade delitiva, não seria possível o reconhecimento da quadrilha. No entanto, se houver a reunião para o cometimento de uma série indeterminada de delitos, e, pelas circunstâncias de tempo, lugar e modo de execução, puder ser reconhecido o instituto da continuidade delitiva entre os crimes praticados pela quadrilha, subsistiria o delito do artigo 288 do Código Penal.[1513]

[1505] Com mais detalhes: FAYET JÚNIOR, Ney, 2008a, p. 277 e segs.

[1506] No STJ, há decisões em ambos os sentidos, transparecendo, no entanto, prevalecer a orientação que admite a compatibilidade entre a formação de quadrilha ou bando e a continuidade delitiva. A favor: STJ, *HC* 215954/RJ, 5ª T., Relª. Minª. Laurita Vaz, j. 14.2.12; e STJ, *HC* 50157/SC, Rel. Min. Gilson Dipp, 5ª T., j. 18.12.06. Contra: STJ, *HC* 11.694/RJ, Rel. Min. Vicente Leal, 6ª T., j. 27.3.01.

[1507] Assim se manifestam: FRAGOSO, Heleno (1981, p. 288); CAPEZ, Fernando (2011, p. 550-1); PRADO, Luiz Regis, (2017b, p. 639); COSTA JÚNIOR, Paulo José da, (2007, p. 868); e MAGALHÃES NORONHA, Edgard, (p. 92). Em sentido contrário: JESUS, Damásio de, (2016, p. 1075), para quem "inexiste crime continuado de quadrilha".

[1508] FRAGOSO, Heleno, 1981, p. 288.

[1509] CAPEZ, Fernando, 2011, p. 550-1.

[1510] PRADO, Luiz Regis, 2017b, p. 639.

[1511] DELMANTO, Celso; e outros, p. 849. Filiam-se também a esse posicionamento: DOTTI, René Ariel (2002, p. 16); SZNICK, Valdir (1994, p. 177-9); HUNGRIA, Nélson (1959, p. 178); ROSA, Antonio Feu (1995, p. 776);

[1512] TACSP, Rel. Aguiar Vallim, RJD 11/66 (decisão citada por FRANCO, Alberto Silva, e outros, 2001, p. 1471).

[1513] MIRABETE, Julio Fabbrini, FABBRINI, Renato N., 2011, p. 161.

Embora haja os ponderáveis argumentos das diferentes compreensões do problema, não se pode conceber a ideia da harmonia entre o crime de quadrilha e a continuidade delitiva, na medida em que esta é, tecnicamente, um delito único, não se fazendo possível, portanto, a configuração daquele por estar ausente o requisito "pluralidade de delitos".

Além disso, devem indicar-se as diferenças entre o concurso de agentes no crime continuado[1514] e o delito de quadrilha ou bando com a realização múltipa de infrações penais aparentadas e seriadas. Assim, enquanto que no concurso de agentes no crime continuado o vínculo entre os criminosos é precário e contingente, exaurindo-se tão logo os crimes tenham sido realizados; no crime de quadrilha ou bando, o vínculo tem caráter permanente e programático, visando à realização de uma série indeterminada de crimes. Bem vistas as coisas, pode haver "associazione per delinquere senza che i delitti commessi siano uniti dal vincolo della continuazione";[1515] ou "concorso di persone in reato continuato senza che sussista associazione per delinquere".[1516]

O novo tipo penal de associação criminosa requer a reunião de três ou mais pessoas para a finalidade específica de cometer crimes; cuida-se, por conseguinte, de delito comum, de simples atividade, de perigo abstrato, de concurso necessário e de caráter permanente.[1517]

A associação criminosa requer a realização de vários crimes (indeterminados); excluídos, pela própria natureza da associação, as contravenções penais, os crimes culposos, os crimes preterdolosos e os atos simplesmente imorais.

Deve, porém, perguntar-se se existiria o delito em tela em se cuidando do nexo de continuidade, na medida em que a associação criminosa exige a perpetração de uma indeterminada série de crimes. Ora, em um primeiro olhar, parece que a discussão sobre a compatibilidade entre o delito continuado e o de quadrilha ou bando se mantém acesa, projetando-se para o de associação criminosa, porquanto este tem como objetivo específico a prática de vários crimes indeterminados, tal como se apresentava na hipótese do delito de formação de quadrilha ou bando. Para Luiz Regis Prado, "em se tratando de crime continuado, nada obsta a que haja a incidência do delito do artigo 288. Afinal, o que houve foi apenas uma unificação meramente legal. Os delitos praticados – idênticos – continuam, porém, sendo vários".[1518]

Muito embora sejam bastante sedutores os argumentos acima indicados, mantém-se que não pode haver compatibilização entre a associação criminosa e a continuidade delitiva, visto que esta se apresenta, em termos existenciais, como um delito único (para todos os efeitos; especialmente, se vierem a favorecer o acusado), não sendo possível, assim, a configuração daquela modalidade ilícita por estar ausente o requisito "para o fim específico de cometer *crimes*".

[1514] Ver ponto 5.6.1.

[1515] DELPINO, Luigi, p. 899.

[1516] DELPINO, Luigi, p. 899.

[1517] STJ, R*HC* 48121, Rel. Min. Sebastião Reis Júnior, 6ª T., j. 14.10.14.

[1518] PRADO, Luiz Regis, 2017b, p. 639. No mesmo sentido: JESUS, Damásio de (2016, p. 1072), quando afirma: "o fim dos componentes da associação deve ser o de cometer delitos, da mesma espécie ou não. Inclusive a receptação (...). Há crime ainda que se reúnam para a prática de furtos ligados pelo nexo de continuidade (...). Contra, no tocante ao crime continuado: RJTJSP, 7:503 e 86:422; RT, 533-362; JTACSP, 58:53".

De outro giro, Luiz Regis Prado sustenta ainda que "não se trata de delito único quando o agente faz parte de várias associações ilícitas, simultânea e sucessivamente. São delitos diversos".[1519] Não se percebe, neste novo tipo penal, qualquer limitação *a priori* à configuração da continuidade delitiva; desse modo, se o agente fizer, simultânea e sucessivamente, parte de diferentes associações, haverá, sim, crime continuado (se, por óbvio, presentes as demais condicionantes), pois se trata, de forma inegável, de crimes da mesma espécie, sobre os quais não se desenha, em termos legislativos, quaisquer óbices à reunião unificadora representada pela figura legal benéfica do crime continuado.

6.9.2. Do delito de constituição de milícia privada

O crime de constituição de milícia privada foi instituído pela Lei 12.720/12, que estabeleceu, ainda, uma elevação de pena nas hipóteses dos delitos de homicídio ou de lesões corporais, se o crime vier a ser realizado por milícia privada, sob o pretexto de prestação de serviço de segurança ou por grupo de extermínio.[1520] Contrariamente ao delito de associação criminosa, não existe um número mínimo de componentes para a estruturação da tipicidade objetiva desse delito, o que, sem dúvida, fere o princípio da determinação taxativa dos tipos penais.[1521] Deve reconhecer-se que este crime (de milícia particular) se mostra especial em face do de associação criminosa, adotando-se, aqui, o princípio da especialidade.

Acerca da compatibilidade entre a continuidade delitiva e o crime de constituição de milícia privada, anota-se que a finalidade dos componentes da milícia deve ser a de cometer qualquer (portanto, basta um único delito ou – e escuso-me pelo *jeu de mots* – um delito único, ainda que esta unicidade se materialize por meio de uma ficção legal) dos crimes previstos neste Código (o que abrange, apenas, os delitos descritos no Código Penal),[1522] não se percebendo, *in casu*, qualquer obstáculo àquela compatibilização.

A mais disso, os integrantes "da milícia privada respondem pelo delito independentemente da prática, ou não, pela associação delitiva, de algum crime. Se, entretanto, a associação praticar algum delito, responderão por este os membros que de qualquer forma concorreram para ele, em concurso material com o de milícia".[1523]

6.9.3. Da organização criminosa (Lei 12.850/13)

A legislação em causa veio de definir (a categoria) organização criminosa (além de dispor sobre a investigação criminal, os meios de obtenção de prova, as infrações penais correlacionadas e, ainda, as normas procedimentais), como sendo "a associação de 4 (quatro) ou mais pessoas estruturalmente ordenada e caracterizada pela divisão de tarefas, ainda que informalmente, com objetivo de obter, direta ou indiretamente, vanta-

---

[1519] PRADO, Luiz Regis, 2017b, p. 639.

[1520] PRADO, Luiz Regis, 2017b, p. 642.

[1521] Em sentido contrário, Damásio de Jesus (2016 p. 1082) assinala que, sendo crime de concurso necessário, se exigem, ao menos, quatro coautores.

[1522] "Restringe-se o tipo penal à atuação dos citados grupos para prática dos delitos ínsitos no CP, excluem-se, portanto, os delitos constantes das várias leis penais extravagantes, bem como das contravenções" (PRADO, Luiz Regis, 2017b, p. 643).

[1523] JESUS, Damásio de, 2016, p. 1085.

gem de qualquer natureza, mediante a prática de infrações penais cujas penas máximas sejam superiores a 4 (quatro) anos, ou que sejam de caráter transnacional" (parágrafo 1º do artigo 1º).[1524]

Por conta disso, diferenciam-se, em nossa legislação, "organização criminosa" e "associação criminosa" (artigo 288 do Código Penal).[1525]

A norma em comento aplica-se também às infrações penais previstas em tratado ou convenção internacional ou às organizações terroristas internacionais (parágrafo 2º do artigo 1º) quando se cuidar de delitos a distância.[1526] É importante assinalar a forma pela qual se estabelece, neste diploma legal, o concurso de crimes, isto é, na hipótese de os integrantes da organização criminosa realizarem as infrações para as quais se associaram, haverá, em linha de princípio, a constituição do concurso material (artigo 2º, *caput*),[1527] desde que, é claro, tais infrações tenham ingressado na esfera de dolosidade do integrante, sob pena de materializar-se a responsabilidade penal objetiva.[1528]

[1524] Na hipótese de concurso de crimes, não podem somar-se as penas máximas para que seja obtido o patamar inscrito em lei. Por conta disso, "os preceitos secundários das infrações penais cometidas deverão ser analisados isoladamente, porquanto o conceito previsto no § 1º do art. 1º da Lei 12.850/2013 fala em 'infrações penais' com penas máximas superiores a 4 (quatro) anos e não 'imputações penais'" (MASSON, Cleber; MARÇAL, Vinícius, 2016, p. 33).

[1525] "O critério distintivo essencial entre os tipos de associação criminosa (CP, art. 288) e organização criminosa (LOC, arts. 1º e 2º) não é o número de agentes ou o fato de visar a crimes graves, mas sim o fato de ser a organização estruturalmente ordenada e contar com divisão de tarefas. Sendo assim, é possível que um grupo que tenha mais de três agentes e tenha por finalidade a prática de crimes com pena superior a quatro anos seja tratado como associação criminosa (CP, art. 288), desde que não seja estruturalmente ordenado e não conte com divisão de tarefas. Com isso, temos que o Brasil dá cumprimento pleno ao disposto na Convenção, além de dar resposta proporcionada aos casos mais simples e mais complexos de associações voltadas para o crime" (GONÇALVES, Victor; BALTAZAR JUNIOR, José Paulo, p. 680).

[1526] Ver ponto 5.5.1.4.

[1527] "Deixa-se expressa a adoção do sistema da acumulação material, ou seja, pune-se o integrante da organização criminosa, com base no delito previsto no art. 2º da Lei 12.850/2013, juntamente com todos os demais delitos eventualmente praticados para a obtenção de vantagem ilícita. Somam-se as penas" (NUCCI, Guilherme de Souza, 2015a, p. 23). "Exemplificativamente, pense-se numa organização criminosa formada por fiscais do meio ambiente especializada na prática de concussão (art. 316 do CP). Por meio dessa prática, os agentes públicos exigem de pequenos empresários o pagamento de propina, sob pena de interdição das atividades por eles exercidas; lavratura abusiva de autos de infração etc. Os servidores públicos, na hipótese, deverão responder criminalmente por integrarem a organização criminosa (crime organizado por natureza) e pelos crimes de concussão (crime organizado por extensão), em concurso material, conforme a taxativa previsão constante do preceito secundário do art. 2.º da Lei 12.850/2013 ('sem prejuízo das penas correspondentes às demais infrações penais praticadas')" (MASSON, Cleber; MARÇAL, Vinícius, p. 33).

[1528] Vicente Greco Filho (2014, p. 29-30) anota, com propriedade, algumas situações específicas: "mas pergunta-se: praticadas por todos os membros dentro da organização, em todos os tempos? Na análise do concurso de crimes e concurso aparente de normas é preciso fazer uma distinção: de um lado, os crimes praticados como o fim da organização ou para que mantenha a sua atividade e outros crimes que o acusado tenha praticado por participar da organização. Quanto aos primeiros, a cumulação de crimes e penas somente ocorrerá se o membro da organização for autor ou partícipe especificamente, nos termos da autoria e participação do CP. Aliás, na prática, o que provavelmente ocorrerá é a identificação da autoria ou participação em determinado crime e, depois, aparecerá a prova de que o crime foi praticado no contexto da organização criminoso. O agente responderá por ambos em concurso material. Quanto aos outros, o concurso mais comum provavelmente será com a corrupção ativa ou passiva do funcionário que participa da organização ou a violação do sigilo profissional de membro a organização infiltrado em entidade que trabalhe com informações sigilosas. Outras situações também a realidade demonstrará que podem ocorrer. É impossível, *a priori*, dizer se o caso será de concurso de crimes ou concurso aparente de normas, devendo a solução ser encontrada caso a caso. Aplicar-se-ão as regras do concurso aparente de normas e evitar-se-á a eventualidade de um *bis in idem*" (GRECO FILHO, Vicente, 2014, 29-30).

Nesse sentido, "o agente não poderá ser responsabilizado por um homicídio praticado pelos demais integrantes da organização criminosa à qual se associou caso não soubesse, de antemão, que tal delito seria executado pelo grupo".[1529] Cuida-se, conceitualmente, da distinção entre crime organizado por natureza e crime organizado por extensão: o primeiro conceito vincula-se ao crime de organização criminosa propriamente dito (artigo 2º da Lei 12.850/13); e o segundo, às infrações penais praticadas pela organização.[1530]

De outro giro, em virtude da construção do tipo penal de organização criminosa – ou seja, tratando-se de um tipo penal misto alternativo –, a concreção, pelo agente, de uma ou de duas ou, ainda, de várias ações típicas implica, normalmente, unicidade delitiva.[1531]

6.10. O CRIME CONTINUADO E A IMPUTABILIDADE (PLENA OU DIMINUÍDA) PENAL

Coloca-se também como *quaestio* a ser estudada as relações que se estabelecem entre o crime continuado e as causas de inimputabilidade (e semi-imputabilidade) previstas no Código Penal. Nesse aspecto, devem investigar-se as soluções para os casos nos quais parte da cadeia delitiva se dá perante uma causa que torna o agente inimputável (ou semi-imputável), e o restante, sob ausência de qualquer fator de diminuição da plena capacidade.[1532]

Antes disso, entretanto, faz-se necessário rememorar, *en passant*, quais são as causas de inimputabilidade penal.

[1529] LIMA, Renato Brasileiro de, 2014, p. 485.

[1530] MASSON, Cleber; MARÇAL, Vinícius, p. 33.

[1531] NUCCI, Guilherme de Souza, 2015a, p. 20.

[1532] Se a capacidade penal é a aptidão, em tese, para responder, jurídico-penalmente, pelo comportamento, a imputabilidade é a aptidão, em concreto (e aferida ao tempo do crime), para responder, jurídico-penalmente, pelo comportamento. Como descreve Flávio Augusto Monteiro de Barros (p. 156), "em regra, todo imputável tem capacidade penal, salvo se depois do crime sobrevier-lhe doença mental. Nesse caso, malgrado a imputabilidade, que, como vimos, é apurada ao tempo do crime, permanece suspenso o processo até o seu restabelecimento (art. 152 do CPP). Também não há capacidade penal quando a pessoa ostenta imunidade penal, como é o caso dos parlamentares, nos delitos de opinião (art. 53 da CF), e do cônjuge, ascendente e descendente nos delitos patrimoniais cometidos sem violência ou ameaça (art. 181 do CP) e de favorecimento pessoal (art. 348, § 2°, do CP), sendo que neste último crime a imunidade também se estende ao irmão. Em todos esses casos, é vedada até mesmo a abertura do inquérito policial. Os inimputáveis, salvo os menores de 18 anos, em regra, também têm capacidade penal, pois submetem-se ao processo-crime, que visa à imposição da medida de segurança". Na evolução histórica da legislação específica, como informa Márcia Milhomens Sirotheau Corrêa (1988, p. 155), "o CP de 1969, que não chegou a entrar em vigor, adotando um critério biopsicológico, continha disposição (art. 33) que autorizava a imposição de pena ao indivíduo com idade entre dezesseis e dezoito anos, desde que ele revelasse suficiente desenvolvimento psíquico para entender o caráter ilícito do fato e de determinar-se de acordo com esse entendimento. Esta disposição foi extremamente criticada, sobretudo por aqueles habituados ao cotidiano da justiça menorista e, ainda no período da *vacatio legis* do Código, foi alterada pela Lei 6.016, de 12.12.1973, que situou novamente em dezoito anos o marco etário para imputabilidade penal, considerando as dificuldades para estabelecer por perícia médica a capacidade de entendimento e vontade dos adolescentes. O tratamento da inimputabilidade, até o advento da CF de 1988, era afeito apenas à legislação ordinária (CP e CPM). A Constituição, entretanto, erigiu à categoria de norma constitucional a inimputabilidade do indivíduo menor de dezoito anos de idade, transcrevendo, aliás, em seu art. 228, quase que literalmente, o art. 27 do CP".

O Código Penal trata como inimputável (artigo 26) "o agente que, por doença mental ou desenvolvimento mental incompleto ou retardado, era, ao tempo da ação ou da omissão, inteiramente incapaz de entender o caráter ilícito do fato ou de determinar-se de acordo com esse entendimento". Também são considerados penalmente inimputáveis os menores de dezoito anos (artigo 27 do Código Penal) e o agente que, "por embriaguez completa, proveniente de caso fortuito ou força maior, era, ao tempo da ação ou da omissão, inteiramente incapaz de entender o caráter ilícito do fato ou de determinar-se de acordo com esse entendimento" (artigo 28, parágrafo 1°, do Código Penal).[1533]

Como regra geral, e qualquer que seja a teoria adotada sobre a natureza do crime continuado, este não poderia formar-se a partir de ações não culpáveis (ou atípicas ou, ainda, lícitas), pois o pressuposto da unidade jurídico-material do instituto é o de que haja condutas homogêneas típicas, ilícitas e culpáveis; como afirma José Antón Oneca, "siempre ha de ser requisito del mismo que cada una de las acciones componentes forme por sí un delito si se considera aislada".[1534]

6.10.1. A menoridade penal (artigo 27 do Código Penal)

Em relação a essa causa de inimputabilidade,[1535] pode haver, basicamente, três situações: (i.) todas as condutas são realizadas antes do atingimento da maioridade penal; (ii.) uma parcela de delitos (componentes da cadeia continuada) foi realizada anteriormente à maioridade penal, e outra, depois; e (iii.) apenas um crime foi realizado após o atingimento da maioridade penal.

Evidentemente, (i.) se o indivíduo é menor de dezoito anos, os fatos por ele praticados não serão punidos pelo direito penal, sujeitando-se então ao procedimento e às medidas socioeducativas[1536] estabelecidos no Estatuto da Criança e do Adolescente.[1537]

[1533] Para uma completa apresentação das causas de exclusão da imputabilidade penal, consultar: SILVA, Ângelo Roberto Ilha da, 2015, p. 55-86.

[1534] ONECA, José Antón, 2000, p. 209.

[1535] Para Antônio José Fabrício Leiria (1980, p. 247), "com suporte no critério biológico ou etiológico, nosso legislador estabeleceu a idade de 18 anos, como marco inicial, para que se possa configurar a responsabilidade criminal de alguém. Trata-se de uma ficção jurídica, que baliza a maturidade psíquica em função da idade cronológica, aos efeitos da responsabilização do agente. É uma presunção *juris et de jure*: de direito e por direito, que não admite discussão em contrário".

[1536] Existem diferenças inconciliáveis (estrutura, finalidade, duração, natureza jurídica) entre as medidas socioeducativas e as penas criminais: aquelas visam à reeducação e à socialização dos infantes, e essas, também, à punição dos delinquentes. Com efeito, as medidas socioeducativas têm caráter pedagógico-protetivo, e visam à reintegração do jovem em conflito com a lei, aflorando, portanto, da malha normativa do diploma especial, os objetivos essenciais de reeducar e socializar o jovem infrator; jamais o de punir. Convém por isso notar que a previsão das medidas se ancora na (em tese, ao menos, possível) intervenção nos mecanismos psicodinâmicos do desenvolvimento do adolescente, por intermédio dos quais se poderia atuar na estruturação (e, em um passo seguinte, na consolidação) de sua personalidade. Ostentando, assim, um feitio pedagógico, as medidas socioeducativas não poderiam equiparar-se às penas da legislação penal. Aliás, reforçaria essa argumentação o fato de que, além das medidas socioeducativas, podem ser aplicadas ao autor do ato infracional as medidas de proteção previstas no art. 101 do ECA, mesmo em caso de absolvição.

[1537] A jurisprudência, ademais, nega a compatibilidade entre os institutos da menoridade e do crime continuado: TJRS, APCV. 70042114546, Rel. Luiz Santos, 8ª CCível, j. 28.7.11; TJRS, AGI 70035062652, Rel. André Villarinho, 7ª CCível, j. 10.3.10; e TJDFT, ACR 0004384-56.2008.807.0001, 2ª TC, Rel. Ar-

(ii.) Caso a série continuada seja iniciada antes da maioridade penal, e prossiga após o seu atingimento, serão considerados, para todos os efeitos, somente aqueles fatos praticados depois de completados os dezoito anos;[1538] assim, apenas em relação a estes fatos é que se pode estabelecer a continuação.[1539] Em suma, torna-se impositiva a separação rigorosa dos comportamentos realizados antes e os cometidos depois do marco temporal vinculado à menoridade penal. De outra sorte, (iii.) se apenas um delito for praticado após a conquista da imputabilidade, somente por ele responderá o agente; e, logo, em caso de condenação, não haverá a exasperação pela continuidade delitiva.[1540] José Antón Oneca afirma que se trata de conclusões válidas, qualquer que seja a con-

---

noldo de Assis, j. 22.1.09. Convém, por oportuno, o registro do seguinte caso: no dia 27 de maio de 2015, na cidade de Castelo do Piauí, quatro adolescentes e um adulto estupraram e agrediram, violentamente, quatro jovens – uma com 15, outra com 16 e duas com 17 anos de idade –, tendo uma delas morrido em decorrências dos ferimentos. De acordo com informações do jornal Folha de São Paulo, o juiz Leonardo Brasileiro prolatou decisão condenando os adolescentes a 24 anos de internação, tempo superior ao limite máximo de 3 (três) anos estabelecido pelo § 3º do art. 121 do ECA. De acordo com a decisão, haveria precedentes do STJ segundo os quais essa limitação do ECA deveria ser adotada separadamente para cada ato infracional; o magistrado, então, aplicou-se-lhes medidas socioeducativas de internação para cada um dos atos imputados, somando-as a seguir. Cada adolescente, desse modo, foi sentenciado pelo cometimento de oito atos infracionais, quais sejam: quatro estupros, três tentativas de homicídio e um homicídio consumado, chegando-se ao total de 24 (vinte e quatro) anos de internação. Com efeito, existe precedente do STJ a respeito: STJ, R*HC* 12187, Rel. Min. Felix Fischer, 5ª T., 5.2.02. A tese, contudo, é controversa, diante da taxatividade do art. 121, § 3º, do ECA, e não merece prosperar com o advento da Lei 12.594/2012, que instituiu o Sistema Nacional de Atendimento Socioeducativo (SINASE). Isso porque, em seu art. 45, § 1º, essa norma determina que "é vedado à autoridade judiciária determinar reinício de cumprimento de medida socioeducativa, ou deixar de considerar os prazos máximos, e de liberação compulsória previstos na Lei 8.069, de 13 de julho de 1990 (ECA), excetuada a hipótese de medida aplicada por ato infracional praticado durante a execução". Assim, o entendimento atual do STJ: STJ, *HC* 274565, Rel. Min. Jorge Mussi, 5ª T., j. 12.5.15. Portanto, a única possibilidade legal de haver cumprimento superior ao de 3 (três) anos de medida socioeducativa é com a prática de novo ato infracional no curso da execução de um ato anterior, devendo-se, ainda e finalmente, respeitar o limite etário imposto pelo ECA de 21 anos (art. 121, § 5º).

1538 Como esclarece José Antonio Choclán Montalvo (p. 413), "la obtención de la mayoría de edad antes de concluir la acción continuada no permite recuperar acciones inculpables". Em termos jurisprudenciais: TJSC, ACR 2005.037038-0, 2ª CC, Rel. Sérgio Paladino, j. 17.1.06.

1539 SZNICK, Valdir, 1994, p. 131.

1540 Luiz Flávio Gomes (2003, p. 208-9) acrescenta que, se o sujeito realizar dois furtos quando menor e um terceiro quando maior, de forma continuada, encontraria a seguinte solução legal: "os dois primeiros furtos são regidos pelo ECA, enquanto ao terceiro incide o CP. (...) Há uma cisão da unidade ficta que constitui o crime continuado. Logo, desfaz-se o crime continuado. O sujeito responde penalmente só por um fato. Uma vez cumprida a pena do furto, ainda poderá eventualmente responder pelos atos infracionais, cometidos quando menor, desde que não tenha ultrapassado a idade de vinte e um anos. Leia-se: após os vinte e um anos nada mais cumprirá em relação aos atos infracionais". Com solução diversa, pode-se assinalar: "en el derecho penal de menores son sumamente frecuentes aquellos casos en los cuales un joven autor debe comparecer ante un mismo tribunal por hechos que en parte quedan sometidos al derecho penal de menores y en parte al derecho penal general. En este punto, la ley de menores (§ 32) descansa sobre el principio de estricta exclusividad de ambos sistemas: para todos los hechos a conocer rige unitariamente el derecho penal de menores, cuando el peso principal recaiga sobre hechos punibles que deban ser juzgados conforme el derecho penal aplicable, en el caso inverso es preciso aplicar el derecho penal para adultos. En consecuencia, también la formación de una pena conjunta a partir de la pena juvenil y una pena privativa de libertad del derecho penal general está estrictamente excluida (...). La necesidad resultante de la ejecución sin restricciones de ambos castigos penales, 'distintos en su esencia, pero muy similares en su efecto de privación de libertad' (...) puede conducir en ciertos casos a una inmerecida dureza para el autor, el que por ello perde il privilegio de la agravación previsto por los § 54 y 55. En este sentido, el BGH 14, 287, busca una compensación por medio de la atenuación obligatoria de la pena para adultos (...)" (MAURACH, Reinhart; GÖSSEL, Karl Heinz; ZIPF, Heinz, p. 603).

cepção adotada sobre a natureza jurídica do crime continuado, "pues siempre ha de ser requisito del mismo que cada una de las acciones componentes forme por si un delito si se considera aislada".[1541]

De resto, como circunstancialmente se indica, o fato de se apresentar uma sequência de atos infracionais análogos a um determinado delito (continuado)[1542] não autoriza, *de per si*, a imposição de medida socioeducativa de internação.[1543] Por fim, se todos os crimes – unidos pelo nexo da continuidade – ocorrem ao tempo da menoridade penal relativa (artigo 65, inciso I, primeira parte, do Código Penal), a continuação delitiva é não só plenamente configurável como se deve reconhecer, ainda, na segunda etapa de composição da pena, a atenuante (aliás, de caráter preponderante, até mesmo em relação à [circunstância agravante da] reincidência) legal da menoridade.

6.10.2. O crime continuado e a doença mental (artigo 26, *caput*, do Código Penal)

Já nos casos de insanidade mental,[1544] devem ser diferenciadas três situações.

Inicialmente, tendo o indivíduo praticado todos os crimes da cadeia continuada em estado de completa inimputabilidade, ser-lhe-á destinada, tão somente, medida de segurança.[1545]

Na hipótese de a série ser iniciada pelo indivíduo em situação de completa incapacidade de compreensão, e ser finalizada já em situação de imputabilidade, os delitos praticados na primeira etapa (inimputabilidade) ficarão sem punição, e os cometidos na segunda (imputabilidade) serão castigados em continuação delituosa. Nesse mesmo caso, se houver apenas um delito em situação de plena imputabilidade, responderá o agente sem a exasperação punitiva representada pela continuidade.

A última situação passível de exame é aquela em que o indivíduo inicia a série delitiva com plena imputabilidade e a finaliza em situação de insanidade. Nesse ponto,

---

[1541] ONECA, José Antón, 1976, p. 462. No mesmo sentido opina Valdir Sznick (1994, p. 131): "casos cometidos quando inimputável e continuados após ter capacidade penal: somente em relação a esses últimos delitos é que se pode estabelecer a continuação; por isso, faz-se necessário separar os fatos realizados antes e os cometidos depois. (...). Para o delito continuado, cada uma das ações isoladamente tem de ser um ilícito, o que não se dá por faltar o elemento da imputabilidade". E idêntica solução se estende à figura do crime permanente: "se começou a integrar a quadrilha antes de ter 18 anos, mas continuou após completa-los, só se anula o processo quanto aos atos praticados na menoridade" (DELMANTO, Celso; e outros, p. 164).

[1542] TJDFT, AC 20170130009063, 2ª TC, Rel. Des. Roberval Casemiro Belinati, j. 6.7.17.

[1543] TJMA, APCV 0586322013, Rel. Des. Vicente de Paula Gomes de Castro, 2ª CCível, j. 12.8.14.

[1544] Juarez Cirino dos Santos define (2017, p. 288-9): "a doença mental compreende as hipóteses de patologias constitucionais ou adquiridas do aparelho psíquico, definidas como psicoses exógenas e endógenas: a) as psicoses exógenas compreendem (1) as psicoses produzidas por traumas (lesões) e por tumores ou inflamações do órgão cerebral, (2) a epilepsia e (3) a desagregação da personalidade por arteriosclerose ou atrofia cerebral; b) as psicoses endógenas compreendem, fundamentalmente, a esquizofrenia e a paranóia". Precisa se mostra a definição de Antônio José Fabrício Leiria (1982, p. 240): "a doença mental, para os efeitos da norma jurídica, apresenta-se como um estado morboso da psiquê, capaz de produzir profundas inibições na inteligência ou na vontade, no momento da ação ou da omissão. Por outro ângulo, é de se ter presente que o conceito psiquiátrico de doença mental, embora sirva de base para formulação do conceito jurídico, nem sempre coincide exatamente com este. Igualmente, não é de se confundir a perturbação da saúde mental, com a doença mental propriamente dita. Nas enfermidades psíquicas, há sempre uma perturbação da saúde mental, mas, tais perturbações, nem sempre decorrem de uma doença mental, na concepção científica do termo".

[1545] TJRJ, AP 00046324420128190002, Rel. Des. Luiz Haddad, 5ª CC, j. 15.1.15.

em decorrência da situação mental do sujeito (na segunda série continuada), deverá ser aplicada, apenas, a medida de segurança.[1546] Para Giuseppe Maggiore, diante dos delitos continuados, "el vicio mental puede ser inherente a alguna de las acciones u omisiones y no a las demás, siendo posible que, en el proceso del tiempo, algunos delitos se cometan en estado anormal de la mente y otros en perfecto estado de normalidad";[1547] sem embargo, se se cuida de delitos cometidos conjuntamente, "es inconcebible que la enfermedad parcial de la mente sea reconocida sólo para algunos y negada para otros".[1548]

6.10.3. O crime continuado e a semirresponsabilidade (artigo 26, parágrafo único, do Código Penal)

Quanto à semirresponsabilidade, as hipóteses devem ser equacionadas a partir da mesma linha de compreensão adotada para o caso dos inimputáveis, isto é, deve ter-se presente a avaliação de higidez mental do sujeito quando do encerramento da cadeia continuada. As várias hipóteses são aventadas por Damásio de Jesus: "1ª) imputável na primeira fase; semirresponsável na segunda: aplicação de pena ou de medida de segurança, nos termos do sistema vicariante, considerando a segunda fase; 2ª) semirresponsabilidade antes, imputável na segunda série: aplicação só de pena, sem redução; 3ª) inimputável antes; semirresponsável depois: pena ou medida de segurança, de acordo com os artigos 26, parágrafo único, e 98, ambos do Código Penal; 4ª) semirresponsável na primeira série de crimes; inimputável na segunda: imposição só de medida de segurança".[1549]

6.11. O CRIME CONTINUADO E O CÓDIGO PENAL MILITAR

A continuidade delitiva também vem disciplinada no Código Penal militar,[1550] em seu artigo 80.[1551] Avalia-se que a redação do crime continuado comum no Código Penal

---

1546 Nesse sentido, JESUS, Damásio de, 2016, p. 319.

1547 MAGGIORE, Giuseppe, p. 559.

1548 MAGGIORE, Giuseppe, p. 559.

1549 JESUS, Damásio de, 2016, p. 319. Ensina ainda Manoel Pedro Pimentel (1969, p. 184): "quanto à imputabilidade diminuída, a questão será resolvida, *mutatis mutandis*, pelos mesmos princípios, com a diferença que, neste caso, com a medida de segurança concorrerá sempre a pena diminuída, a qual se aplicará à série de crimes concorrentes durante o período da semi-imputabilidade. Bastará, porém, que um só dos crimes seja praticado pelo réu quando de posse da plena responsabilidade, para que a pena deste crime seja eleita como a base para a incidência do aumento devido pela continuação, acrescentando-se a ela a medida de segurança ditada pela lei".

1550 Adota a doutrina, como critério geral, a diferenciação entre crimes militares próprios (os que são previstos apenas no CPM) e os impróprios (os que têm correspondência nas leis penais comuns). Detalhando a noção de infração militar, afirma Michèle-Laure Rassat (p. 299) que é a "prévue et punie par le Code de justice militaire. Le critère adopté par le Code de justice militaire est réel et non personnel puisque certaines infractions militaires peuvent être commises par de civils (...). Les infractions militaires sont de deux ordres. Certaines, que l'on peut dire spécifiquement ou purement militaires, sont des manquements à l'état (désertion, insoumission, mutilation volontaire), à l'honneur, au devoir (capitulation, trahison, pillage, outrage au drapeau) ou à la discipline (insubordination, abus d'autorité) militaires, les autres sont 'les infractions de toute nature' (donc objectivement de droit commun) mais commises soit dans le service, soit dans les établissements militaires".

1551 "Aplica-se a regra do artigo anterior, quando o agente, mediante mais de uma ação ou omissão, pratica dois ou mais crimes da mesma espécie e, pelas condições de tempo, lugar, maneira de execução e outras

militar é bastante semelhante à do artigo 71 do Código Penal, sendo iguais os requisitos exigidos para a configuração do instituto; aliás, até mesmo quanto à exigência de um elemento subjetivo unificante, a doutrina e a jurisprudência castrenses decidem pela indispensabilidade desse requisito.[1552] (Agrega-se, ainda, quanto ao concurso de crimes, que a solução ofertada pelo Código Penal militar nada tem a ver com a do Código Penal comum, porquanto, naquela, existe um tratamento unitário para ambas as modalidades de concurso [real ou ideal], uma vez que possuem idênticas consequências jurídicas.)[1553]

Nota-se, contudo, de imediato, uma diferenciação no que tange ao crime continuado e aos bens personalíssimos. Como visto, o Código Penal admite a incidência da continuação delituosa aos crimes dolosos, contra vítimas diferentes, cometidos com violência ou grave ameaça à pessoa; enquanto o Código Penal militar somente a admite, caso estejam envolvidas ofensas a bens jurídicos inerentes à pessoa, quando os delitos forem dirigidos contra a mesma vítima.[1554]

O maior afastamento do instituto, no entanto, ocorre no campo do apenamento. Enquanto o Código Penal, no tangente ao crime continuado comum, prevê, na fixação da pena, que será aplicada a sanção de um só dos crimes, se idênticas, ou a mais grave, se diversas, aumentada, em qualquer caso, de um sexto a dois terços, o Código Penal militar dispõe que as penas serão unificadas, mediante o somatório de todas, caso sejam da mesma espécie, ou, a mais grave, com aumento correspondente à metade do tempo das menos graves, se forem de espécie diferente.[1555]

Percebe-se, em realidade, um rigorismo muito maior por parte da legislação castrense, o que tem levado doutrinadores e decisões judiciais, com base no princípio da igualdade e em uma interpretação sistemática de todo o ordenamento jurídico, a aplicar as regras do Código Penal (de continuidade delitiva) àquele direito.[1556] Nesse

---

semelhantes, devem os subsequentes ser considerados como continuação do primeiro. § único. Não há crime continuado quando se trata de fatos ofensivos de bens jurídicos inerentes à pessoa, salvo se as ações ou omissões sucessivas são dirigidas contra a mesma vítima". A norma do artigo anterior (art. 79), referida no dispositivo, assim disciplina: "quando o agente, mediante uma só ou mais de uma ação ou omissão, pratica dois ou mais crimes, idênticos ou não, as penas privativas de liberdade devem ser unificadas. Se as penas são da mesma espécie, a pena única é a soma de todas; se, de espécies diferentes, a pena única e a mais grave, mas com aumento correspondente à metade do tempo das menos graves, ressalvado o disposto no art. 58". O art. 81, § 1º, do CPM vem a complementar a regulamentação da fixação da pena do crime continuado, trazendo uma causa de diminuição, nos seguintes moldes: "A pena unificada pode ser diminuída de um sexto a um quarto, no caso de unidade de ação ou omissão, ou de crime continuado".

[1552] STM, AP 1837920117070007, Rel. Min. Cleonilson Nicácio Silva, j. 25.4.13.

[1553] FERRÉ OLIVÉ, Juan Carlos; e outros, p. 76.

[1554] TJMS, ACR 00144897820138120001, Rel. Des. Luiz Marques, 2ª CC, j. 1.12.14.

[1555] Ressalvado o art. 58 do CPM, que estabelece: "o mínimo da pena de reclusão é de um ano, e o máximo de trinta anos; o mínimo da pena de detenção é de trinta dias, e o máximo de dez anos".

[1556] Desse modo, em face da disparidade entre a legislação comum e a militar quanto à figura legal do crime continuado, a Câmara analisa o PL 7704/14, do Dep. Major Fábio (Pros-PB), que altera a punição da prática de crime continuado no CP militar, para adequá-la ao CP comum. Atualmente, segundo o autor da proposta, existe "uma injustificável discrepância entre a legislação comum e a militar". De acordo com o texto, quando o agente praticar dois ou mais crimes da mesma espécie e os subsequentes forem continuação do primeiro, seja pelas condições de tempo, lugar ou maneira de execução, será aplicada a pena de um só dos crimes, se idênticas, ou a mais grave, se diversas, aumentada, em qualquer caso, de 1/6 a 2/3. Nos crimes dolosos, contra vítimas diferentes, cometidos com violência ou grave ameaça à pessoa, poderá o juiz, considerando a culpabilidade, os antecedentes, a conduta social e a personalidade do agente, bem como os motivos e as circunstâncias, aumentar a pena até o triplo. De acordo com a redação atual do CP militar, quando o agente pratica dois ou mais crimes, idênticos ou não, as penas privativas de liberdade devem ser unificadas. Se

sentido, leciona José Barroso Filho que é "necessária uma apreciação casuísta com vista a uma justa individualização das reprimendas".[1557] Ainda prossegue: "não se trata de criar soluções para cada caso, mas que em cada caso se aplique o direito em toda a sua extensão, operação esta que exige conhecimento apurado, mas, sobretudo, bom-senso e ponderação do intérprete da norma. Assim, quando a lei não atende aos anseios sociais, o intérprete deve buscar nos princípios gerais do Direito a melhor solução para o acomodamento da sociedade. Não nos esqueçamos de que o Direito é um meio e o fim almejado é o bem-estar e a paz pública, dessa forma as normas escritas devem ser objeto de constante observação para aferição de sua adequação às transformações sociais, a fim de que se faça da lei, verdadeiro instrumento de justiça".[1558]

O Superior Tribunal Militar tem decidido, de modo reiterado,[1559] pela aplicabilidade do Código Penal (no que respeita à fixação da pena na continuidade delitiva) aos crimes militares.[1560]

De outra sorte, no tocante ao crime continuado que atente contra bens personalíssimos, muito embora o parágrafo único do artigo 80 do Código Penal militar discipline a impossibilidade de reconhecimento do instituto quando se tratar de fatos ofensivos a bens jurídicos inerentes à pessoa contra vítimas diferentes, o Superior Tribunal Militar tem admitido a possibilidade de sua incidência mediante a utilização da regra do artigo 71 e de seu parágrafo único do Código Penal comum. É o que se pode verificar na seguinte decisão: "apelação. Violência contra inferior. Lesão corporal. (...) A identidade de espécie e de condições de tempo, lugar e maneira de execução permitem o reconhe-

---

as penas são da mesma espécie, a pena única é a soma de todas. "Recentemente, bombeiros do estado da Paraíba foram condenados a penas de mais de 1.500 anos de reclusão por crime de peculato continuado, o que revela uma evidente desproporcionalidade, visto que tal conduta se praticada por civil teria a pena de um só crime aumentada de 1/6 a 2/3", assinalou o Major Fábio, acrescentando que a jurisprudência do STM se tem inclinado "contra tal flagrante injustiça".

[1557] BARROSO FILHO, José, 2003, p. 2.

[1558] BARROSO FILHO, José, p. 2. No mesmo sentido, José Saraiva (2009, p. 175-6), quando sustenta: "de acordo com o disposto neste art. 80, deve ser aplicada a mesma regra prevista no concurso de crimes (art. 79), ou seja, cumulação das penas relativas aos vários crimes (cúmulo material) quando da mesma natureza, ou a aplicação da pena mais grave, acrescida da metade das demais (cúmulo jurídico por exasperação), quando as sanções forem de espécies diversas. Ora, o critério do cúmulo material, isto é, o somatório das penas, contraria frontalmente a essência do instituto, a ficção de que se valeu o legislador, historicamente, para abrandar o tratamento penal à espécie. É providência injustificável e, diga-se, estranha! Portanto, há uma forte tendência em se aproveitar a regra do CP comum nos casos de crime continuado na JM". A essa orientação também se pronuncia Álvaro Mayrink da Costa (2005, p. 419-0): "diante da flagrante disparidade de tratamento entre o CPM e o CP comum, observada a própria natureza do crime continuado com assento no sentimento humanístico das práticas (seria um crime único, evitando a pena de morte, cominado ao furtador pelo terceiro furto cometido), aplica-se o modelo do CP comum".

[1559] "No que tange ao crime continuado, há reiteradas decisões, principalmente do STM, que aplicam a regra do CP comum aos delitos militares" (NEVES, Cícero Robson Coimbra; STREIFINGER, Marcello, 2005, p. 238). Em termos jurisprudenciais recentes, indicando os elementos por meios dos quais se desenha a figura legal do crime continuado: STM, AP 2289620127010401, Rel. Min. Cleonilson Nicácio Silva, j. 6.2.14.

[1560] Com efeito, a jurisprudência do STM tem se mostrado pacífica na hipótese de aplicar, em face da continuidade delitiva, o regramento do CP comum em detrimento ao do CP militar, quer em nome da proporcionalidade, isonomia, razoabilidade ou dignidade da pessoa humana, quer em virtude de política criminal: STM, ACR 433220057010101RJ, Rel. Cleonilson Silva, j. 6.8.13; STM, ACR 0000009-47.2007.7.02.020 2/2009.01.051577-1/SP, Rel. José Santos, j. 29.8.11; STM, AP 0000005-39.2005.7.03.0303/2007.01.050 606-3/RS, Rel. Min. Marcos Leal de Azevedo, j. 30.4.09; STM, ACR 2006.01.050302-1/PE, Rel. Marcus Herndl, j. 5.12.06; e STM, ACR 47.161-1/PA, Rel. Min. Gen. Ex. Antônio Moreira (decisão retirada de BARROSO FILHO, José, p. 2).

cimento da figura do crime continuado, ainda que diversas as vítimas e os bens jurídicos ofendidos sejam inerentes à pessoa. Inteligência do artigo 71 do Código Penal. Apelo provido. Decisão unânime".[1561]

Conquanto essa consistente argumentação, a posição do Supremo Tribunal Federal é no sentido da impossibilidade de aplicação das regras do crime continuado do Código Penal ao direito castrense, sob o argumento de existirem justificativas constitucionalmente aceitas para se conferir tratamento diferenciado em ambas as searas – civil e militar; também porque existem circunstâncias peculiares relativas aos agentes e ao objeto jurídico protegido, e, dessa forma, não se está a ferir o princípio da isonomia: "princípio isonômico – Código Penal e Código Penal militar – O tratamento diferenciado decorrente dos referidos Códigos tem justificativa constitucionalmente aceitável em face das circunstâncias peculiares relativas aos agentes e objetos jurídicos protegidos. A disparidade na disciplina do crime continuado não vulnera o princípio da igualdade".[1562] Da mesma forma, o Supremo Tribunal Federal já decidiu quanto à impossibilidade de se ver reconhecido o delito continuado que atinja bens personalíssimos, praticado contra vítimas diferentes, no direito penal militar: "*Habeas corpus*. Improcedência da alegação de que a fixação da pena não foi devidamente motivada. Em face do disposto no parágrafo único do artigo 80 do Código Penal militar, não há crime continuado quando se trata de fatos ofensivos de bens jurídicos inerentes à pessoa quando as ações ou omissões sucessivas são dirigidas contra vítimas diversas".[1563]

Muito embora o posicionamento do Supremo Tribunal Federal, a solução adotada pelo Superior Tribunal Militar parece ser a mais correta, na medida em que preserva a verdadeira essência do delito continuado, que é proporcionar um tratamento mais benigno aos acusados que tiverem cometido delitos homogêneos em determinadas condições especiais que os permite ser tratados como um crime único. A mais disso, a saída encontrada ainda homenageia o princípio da igualdade,[1564] dando tratamento idêntico a todos os indivíduos que cometerem infrações penais em condições semelhantes.

6.12. O CRIME CONTINUADO E O DIREITO ADMINISTRATIVO

Para que se possa proceder à indispensável adequação da teoria do crime continuado ao direito administrativo, mister se faz, antes de tudo, assentar a premissa de que a configuração do ilícito administrativo, há muito, passa por diferentes concepções

---

[1561] STM, ACR 2005.01.049965-2/PA, j. 17.11.05; STM, ACR 2005.01.050038-3/PE, j. 23.3.06; e ACR 2001.01.048755-7/RS, DP: 5.2.02, vol. 01002-11 Veículo: DJ, Min. Rel. Flávio Bierrenbach.

[1562] RE 115770/RJ, Rel. Min. Aldir Passarinho, 2ª T., j. 29.10.91; STJ, *HC* 40392/SP, Rel. Arnaldo Lima, 5ª T., j. 2.6.05.

[1563] STF, *HC* 69952/RJ, Rel. Min. Moreira Alves, 1ª T., j. 16.2.93.

[1564] Como assinala Riccardo Guastini (2008, p. 91), "la mayor parte de las constituciones contemporáneas incluyen el (alguna formulación del) principio de igualdad". Em sua vinculação com o universo penal, Alice Bianchini e outros (2009, p. 382) definem esse princípio da seguinte forma: "o princípio da igualdade, no Direito penal, tanto cumpre função político-criminal como dogmática. No primeiro plano, obriga o legislador tratar todos os iguais de maneira igual; os desiguais de forma desigual (exemplo: ao imputável se prevê a imposição de pena; ao inimputável está prevista a medida de segurança; os desiguais devem ser tratados desigualmente). O legislador penal não pode fazer diferenciações injustificadas ou abusivas ou discriminatórias. No âmbito dogmático e interpretativo, tanto o intérprete como o juiz devem enfatizar a mesma regra para todos os casos iguais. O juiz deve, de outro lado, tratar desigualmente os desiguais. O inimputável não pode ser tratado com o imputável, *v.g.* Justifica-se, nesse caso, o tratamento diferenciado".

relacionadas tanto à forma de interpretar o subsistema jurídico administrativo (por meio dos princípios que conformam o regime jurídico – *exorbitant du droit commum*), como à de aplicar verdadeiros institutos penais à esfera administrativa (sancionatória).

O direito administrativo[1565] caracteriza-se pela recepção de institutos consolidados em outras searas do Direito; constatação essa externada por Ruy Cirne Lima: "vemos realizada, no Direito Administrativo, a sistematização lógica de um vasto acervo de normas jurídicas, – as mais delas fragmentariamente editadas, sob a inspiração da utilidade pública, para suplementar, ajustando-as às condições e necessidades da administração pública, disposições de Direito Civil, de Direito Processual, de Direito penal".[1566] O problema reside em reconhecer, como faz o publicista norte-americano Bernard Schwartz, que "not to long ago, there appeared to be a strict line between civil and criminal cases. That line has now become a penumbra".[1567]

Logo, não é novo o debate acerca do relacionamento desse subsistema jurídico e o direito penal, levando alguns autores a referirem a existência própria de um "direito administrativo penal" como "secção ou província do direito administrativo";[1568] porém, hoje, é bem verdade, relacionando o estudo muito mais ao (assim denominado) *derecho administrativo sancionador*, no qual parte da doutrina costuma indicar que "o direito penal empresta à administração pública a sanção, que lhe constitui a essência".[1569]

Não remanesce qualquer dúvida sobre uma das primeiras grandes dificuldades para determinar-se de que modo exerce o Estado-Administração a parcela do *ius puniendi* que o sistema jurídico se lhe atribuiu. Em primeiro lugar, nesse passo, o problema está centrado justamente em um esforço natural da doutrina no sentido de estabelecer critérios seguros para a diferenciação entre o ilícito administrativo e o penal. Themístocles Brandão Cavalcanti aponta a numerosa corrente doutrinária que sustenta a existência de substanciais distinções entre os ilícitos penal e administrativo.[1570] O enfrentamento da questão foi desenvolvido, sobretudo, a partir da cisão estabelecida entre dois modos de identificá-la: de um lado, o aspecto distintivo é de índole quantitativa; de outro, autores aduzem existir elementos substantivos capazes de estabelecer essa diferenciação entre os dois modos de enquadramento da ilicitude.

A corrente responsável por distinguir os fenômenos a partir de um critério qualitativo sustenta que o ilícito penal atingiria interesses caros de toda a sociedade; ao passo que as infrações administrativas corresponderiam aos comportamentos que ofenderiam interesses menores, muita vezes confundidos, por exemplo, com o interesse da própria Administração Pública.[1571] Essa posição marca bem o período relacionado à origem do

---

1565 WEIL, Prosper, 2003, p. 127.

1566 CIRNE LIMA, Ruy, 1953, p. 48.

1567 SCHWARTZ, Bernard, 1976, p. 66.

1568 CIRNE LIMA, Ruy (2007, p. 583). Ver, ainda, FLEINER, Fritz, 1933, p. 136. Conhecidas, nesse andar, as ponderações de Antonio Joaquim Ribas (1866, p. 156): "conquanto a aplicação do Direito Penal Comum seja da exclusiva competência do Poder Judicial, não se deve privar a Administração Pública da atribuição de reprimir e prevenir pela punição aqueles atos que embora a consciência da nação algumas vezes os não qualifique como criminosos, opõem tropeços ao desenvolvimento regular da ação administrativa e prejudicam a causa pública".

1569 CIRNE LIMA, Ruy, 1953, p. 51.

1570 CAVALCANTI, Themístocles Brandão, 1960, p. 107.

1571 Com o advento do Estado Social, no início do século XX, com o significativo aumento do intervencionismo estatal, alterou-se a própria concepção de liberdade, pois esta que opunha inicialmente a autonomia

direito penal de polícia, concepção capitaneada por Paul Johann Anselm Ritter von Feuerbach,[1572] no início do século XIX, que, apoiado nos princípios jusnaturalistas, diferenciava os crimes em sentido estrito dos delitos de polícia. Os primeiros corresponderiam a comportamentos ofensivos a direitos subjetivos dos indivíduos, direitos anteriores à própria constituição do Estado, os quais mereceriam plena proteção em todo lugar e tempo,[1573] ou seja, seriam comportamentos naturalmente ilícitos por contrariarem o direito natural. Os delitos de polícia, por sua vez, não seriam comportamentos antijurídicos; seriam, em verdade, ações que nem são contrárias ao sistema jurídico nem imorais (moral e juridicamente indiferentes), "que son por si lícitas, inculpables y no dañosas".[1574] Esses comportamentos deveriam ser considerados ilícitos não por alguma qualidade intrínseca, mas, sim, porque colocariam em risco a segurança do ordenamento jurídico, conforme ao entendimento político do legislador.[1575]

Essa teoria foi suplantada, posteriormente, pela obra de James Goldschmidt, a partir da doutrina do direito penal administrativo, já no início do século XX. O autor partia do pressuposto de que seria indispensável distinguir a posição dos particulares entre indivíduos e membros da sociedade. Como particular, o indivíduo tinha sua esfera de liberdade delimitada pela ordem jurídica, entendida como "la declaración de la voluntad general sobre la extensión a reconocer actualmente de las esferas de poder de los diferentes portadores de voluntad".[1576] Referida esfera de poder dos particulares constituía um bem jurídico, cuja violação deveria ser combatida pelo direito penal.

Ainda de acordo com o autor, como membro da comunidade, o particular possuía a obrigação de colaborar com a Administração Pública, na busca do bem-estar social. Isso porque a Administração, nesse contexto, para alcançar suas finalidades, necessitava do auxílio dos particulares, que, por sua vez, estavam obrigados a colaborar.[1577] Em não atendendo à obrigação, a conduta era enquadrada como "antiadministrativa", e não propriamente "antijurídica": isto é, para ele, a antiadministratividade, que se opõe à antijuridicidade, é a peculiar omissão de apoio à Administração do Estado. Tratando-se de uma conduta "antiadministrativa", a sanção aplicável não deveria ser de natureza penal, antes administrativa (e, pelo mesmo motivo, não deveria ser aplicada pelo Poder Judiciário, senão pela Administração Pública), pertencendo tais infrações não ao campo do direito penal, porém ao do direito penal administrativo.

---

individual às intervenções do governo foi substituída pela vontade de libertação. Ora, essa libertação, reivindicada não apenas contra as opressões políticas, mas, ainda, contra todas as formas de opressão política e social, postulava iniciativas governamentais (BURDEAU, Georges, 1961, p. 17). Pode dizer-se que a principal consequência do intervencionismo estatal foi o aumento da atividade punitiva do Estado, provocando, ao depois, um verdadeiro estado de hipertrofia do Direito Penal. Por decorrência disso, sobretudo na Alemanha e na Itália, observa-se um processo de despenalização, a partir do qual determinados comportamentos deixaram de ser tipificados como crimes e passaram a ser considerados meras infrações administrativas, aplicadas pelo Estado, porém não pelo Poder Judiciário. Nas palavras de Blanca Lozano (1990, p. 30): "la necesidad de eliminar del campo de ilícito penal las infracciones de menor relevancia ético-social llevó a la doctrina alemana de principios del siglo y, por su influencia, a la italiana, a intentar demonstrar la existencia de un ámbito sancionador substancialmente administrativo".

[1572] FEUERBACH, Paul Johann Anselm Ritter von, 1989, p. 64-5.

[1573] MATTES, Heinz, 1979, p. 147.

[1574] MATTES, Heinz, p. 148.

[1575] ZANOBINI, Guido, 1924, p. 13.

[1576] MATTES, Heinz, p. 178.

[1577] MATTES, Heinz, p. 186.

Nota-se, nesse contexto, que o autor dava maior importância às violações de bens jurídicos individuais, combatidas pelo direito penal, que à violação do dever de colaboração com a Administração Pública. Segundo Heinz Mattes: "la imposición de la pena administrativa pertenece a la actividad administrativa, como reacción al apoyo exigido, pero omitido, al ciudadano del Estado como órgano auxiliar de la Administración del Estado, por consiguiente no es administración de justicia, sino acto administrativo, y por ello la consecuencia del injusto del delito administrativo es un fenómeno del derecho administrativo".[1578]

Por conseguinte, autores que seguiam esse entendimento consideravam que os ilícitos penais tinham por conteúdo material um dano concreto a bens jurídicos dos particulares; enquanto os ilícitos administrativos teriam por conteúdo o descumprimento de um dever de obediência na sua relação com a Administração Pública, quer dizer, relação na qual o cidadão possui um dever de obediência aos órgãos administrativos. A teoria qualitativa, em resumo, vê uma diferença substancial entre o ilícito penal e o ilícito administrativo, considerando algumas condutas como sendo próprias (apenas) do direito penal e outras (apenas) pertencentes ao direito administrativo; no primeiro caso, as condutas sancionáveis seriam contrárias aos interesses mais relevantes da sociedade, ao passo que estas seriam contrárias a interesses administrativos, ligados ao bom funcionamento dos serviços públicos. Há, portanto, uma forte tendência à hierarquização de bens jurídicos, a partir da qual o ilícito administrativo e o ilícito penal seriam fenômenos distintos,[1579] e esses teriam posição mais elevada na estrutura normativa.

Conflitando com tal entendimento, a corrente quantitativa sustenta que o ilícito penal e o administrativo consistiriam em um mesmo fenômeno, sendo que o critério de diferenciação residiria em que as condutas mais graves seriam punidas com a sanção penal, e as menos graves, com a sanção administrativa. Essas teorias encontram lugar, notadamente, na Espanha.[1580] Isso se deve ao fato de que, diferentemente do que ocorreu na Itália e na Alemanha, o aumento do intervencionismo fez com que, no sistema jurídico espanhol, crescesse em importância o direito administrativo sancionador, inclusive com a inserção de dispositivos constitucionais específicos. Não por outra razão, naquele sistema, criou-se e difundiu-se essa parte da disciplina administrativa. Em texto clássico, Nélson Hungria, após o enfrentamento das principais teorias a respeito do tema, negando a existência substancial de diferença entre ambos os ilícitos, asseverou: "Se

---

1578 MATTES, Heinz, p. 191.

1579 No Brasil, ainda hoje, é possível identificar autores e entendimento jurisprudencial nesse sentido. Assim, Edilson Pereira Nobre Jr., para quem "estrema-se do Direito Penal comum em função do ilícito a que visa punir. Enquanto este almeja a prevenção e a repressão da delinquência, considerada como conduta violadora dos bens jurídicos em geral (vida, integridade física, patrimônio etc.), a Administração pune, basicamente, comportamentos que infringem deveres de obediência ou de colaboração dos indivíduos para com a atividade dos entes públicos na busca do interesse geral". NOBRE JR., Edilson Pereira, 2000, p. 127-8. No mesmo sentido, Edmir de Araújo Netto (1994, p. 29): "são atos ou omissões que afetam não só a Administração, mas também, de modo genérico, a sociedade. O agente, portanto, na linguagem dos penalistas, será portador de periculosidade externa, além da periculosidade interna que afeta a organização e o funcionamento dos serviços públicos desempenhados pelo Estado". Na jurisprudência, essa tendência de qualificação do ilícito evidencia-se no presente julgado: Recurso em mandado de segurança – Administrativo – Sanções criminal e administrativa – Independência. As sanções criminal e administrativa têm caráter distinto. Enquanto a primeira visa a resguardar interesse essencialmente coletivo, a administrativa tem por finalidade proteger interesse exclusivamente funcional da Administração Pública" (ROMS 8.503-RJ. Rel. Fernando Gonçalves. DJU 6.4.98, p. 164).

1580 LLOBRAGAT, José Garberí, 1989, p. 65.

nada existe de substancialmente diverso entre ilícito administrativo e ilícito penal, é de negar-se igualmente que haja uma pena administrativa essencialmente distinta da pena criminal. Há também uma fundamental identidade entre uma e outra, posto que pena seja, de um lado, o mal infligido por lei como consequência de um ilícito e, por outro lado, um meio de intimidação ou coação psicológica na prevenção contra o ilícito. São *species* do mesmo *genus*. Seria esforço vão procurar distinguir, como coisas essencialmente heterogêneas, e.g., a multa administrativa e a multa de direito penal. Dir-se-á que só esta é conversível em prisão; mas isto representa maior gravidade, não diversidade de fundo. E se há sanções em direito administrativo que o direito penal desconhece (embora nada impediria que as adotasse), nem por isso deixam de ser penas, com o mesmo caráter de contragolpe do ilícito, à semelhança das penas criminais. A única diferença, também aqui, é puramente quantitativa (de maior ou menor intensidade) e formal: as penas administrativas (de direito penal administrativo) são, em geral, menos rigorosas que as criminais e, ao contrário destas, não são aplicadas em via jurisdicional, isto é, não vigora a respeito ao delas o princípio *nulla poena sine judicio* ou *memo danmetur nisi per legale judicum*. É inaceitável o argumento de Battaglini, segundo o qual este critério formal tem valor essencial, dado que não há pena onde não há juízo penal. A rebatida de Rocco inutiliza semelhante raciocínio: não se pode dizer que onde não há juízo penal não há pena: o que se deve dizer é que, em tal caso, não há direito judiciário penal".[1581]

Ambas as teorias carecem de segurança ao estabelecerem a distinção entre ilícito penal e administrativo; contudo, permitem conduzir a análise para se chegar ao ponto principal do presente tópico. Importa referir que parcela do entendimento doutrinário moderno entende ser estéril a distinção, ao sustentar que "as sanções administrativas apresentam configuração similar às de natureza penal, sujeitando-se ao regime jurídico senão idêntico, ao menos semelhante".[1582]

Os principais aspectos que conduzem a tal entendimento estão centrados, por exemplo, no fato de que o ilícito penal corresponde à consequência de punição por meio de sanção imposta pelo Poder Judiciário; ou, ainda, no modo (distinto) de incidência do princípio da legalidade em um ou em outro subsistema jurídico.[1583] Enquanto que para o direito administrativo se traduz na premissa básica de atuação (para o exercício da função administrativa), no Penal ele se restringe à tipificação do modo de agir para que ocorra o fenômeno da incidência, reafirmando a ideia de liberdade dos indivíduos. Dito de outra forma: no direito penal, trazendo a análise para o sistema jurídico brasileiro, em virtude de constituir-se o princípio da reserva legal em garantia fundamental (artigo 5°, XXXIX, Constituição Federal, e artigo 1° do Código Penal), talvez uma das principais funções[1584] do princípio da legalidade seja a definição do ilícito como figura típica. Outro ponto importante reside no fato de que impera a regra de independência entre as

[1581] HUNGRIA, Nélson, 1945, p. 24-31.

[1582] JUSTEN FILHO, Marçal, 2009, p. 506.

[1583] Para Antonio García-Pablos de Molina (2012a, p. 105), "ahora bien, más allá de la distinción teórica – o legal – entre uno y otro ilícito, lo cierto es que la *adscripción* de una determinada infracción al ámbito pena o al administrativo produce ya, por sí sola, importantes *efectos reales, fácticos*. El muy diferente grado de *reproche* que el ciudadano y la opinión pública asocian al injusto penal – y al civil –, y el también distinto impacto o percepción social de las formas, ritos y ceremonial de las respectivas sanciones, explican por procesos y fenómenos que conoce la Psicología Social muy distintas expectativas, actitudes y reacciones de la sociedad ante una u otra sanción".

[1584] FIGUEREDO, Lúcia Valle, 2006, p. 436.

esferas de responsabilização (penal, administrativa e cível), podendo ser cumuláveis, verdadeiramente sobrespostas (e somadas) entre si.[1585] A possibilidade de cumulação de penalidades e sanções revela maior gravidade, ilustrativamente, a partir da sistemática estabelecida pela Lei de Improbidade Administrativa, em que são estabelecidas penalidades de severidade igual ou mesmo mais gravosas do que as penais.[1586] Coexiste com essas penalidades, ainda, a reparação do dano ao erário, a qual, além de não obedecer a prazo prescricional, cumula-se com as demais penalidades aplicáveis ao agente público ímprobo.[1587]

Insta referir, também, a existência de peculiaridades e de uma verdadeira distinção entre as diversas formas de manifestação do (que hoje se denomina) direito administrativo sancionador. Dentro dele, as condições para o sancionamento e a forma com que ele ocorre são as mais variadas. Tem-se, de um lado, o regime punitivo disciplinar, que pode ser conceituado como o conjunto de princípios e regras que disciplinam a relação jurídica existente entre servidores públicos e Estado. Porém, também se insere no mesmo conceito, a diversidade de normas federais, como as que disciplinam condutas e impõem sanções a ser aplicadas pelas agências reguladoras ou pelo Conselho Administrativo de Defesa Econômica (CADE). De idêntica forma, insere-se no mesmo contexto – contudo, diversa sob o ponto de vista de processamento e de aplicação da penalidade (pois ocorre pelo Poder Judiciário) – a Lei de Improbidade Administrativa, que estabelece condutas típicas inerentes ao campo do direito administrativo (trata de condutas decorrentes ou relacionadas aos danos provocados contra o patrimônio público, às violações aos princípios do regime jurídico-administrativo e ao enriquecimento ilícito em face da Administração). Todavia, não há confundir-se referidas normas jurídicas com a existência de previsão legal para práticas de crimes em procedimentos da Administração Pública, como ocorre, por ilustração, na Lei de Licitações e Contratos, porquanto, nesses casos, o que se tem são normas penais propriamente ditas.

Se se tomar como critério para identificação do direito administrativo sancionador o fato (i.) de uma conduta ser tipificada como infração (ou ilícito) na legislação administrativa, (ii.) ser apurada em processo administrativo e (iii.) corresponder à aplicação de penalidade por intermédio de ato administrativo punitivo,[1588] os melhores exemplos decorrem dos regimes disciplinares e regulatório, nos quais, ainda que de forma mitigada, são observadas as garantias da previsibilidade da norma punitiva (ainda que não se trate exatamente de aplicação do princípio da tipicidade) e da ampla defesa. De qualquer

---

[1585] Nesse sentido: os arts. 121 e 125 da Lei 8.112/90. Exceção à regra da incomunicabilidade entre as esferas de responsabilização é o art. 126, da mesma lei, ao estabelecer que "a responsabilidade administrativa do servidor será afastada no caso de absolvição criminal que negue a existência do fato ou sua autoria".

[1586] O art. 12 da LIA estabelece as penalidades de (i.) perda dos bens ou valores acrescidos ilicitamente ao patrimônio; (ii.) ressarcimento integral do dano, quando houver; (iii.) perda da função pública; (iv.) suspensão dos direitos políticos; (v.) pagamento de multa; e (vi.) proibição de contratar com o Poder Público ou receber benefícios ou incentivos fiscais ou creditícios, direta ou indiretamente, ainda que por intermédio de pessoa jurídica da qual seja sócio majoritário. As sanções são as mesmas para os três tipos de atos de improbidade administrativa, alterando apenas sua graduação, que varia de acordo com o ato de improbidade praticado (dano ao erário, enriquecimento ilícito ou violação de princípios).

[1587] Nesse sentido: CURVELO, Alexandre Schubert, 2009, p. 178.

[1588] O ato administrativo, segundo pondera a doutrina especializada, consiste no ato jurídico que expressa o exercício da função administrativa, submetendo-se, portanto, ao regime jurídico-administrativo. Em matéria de direito sancionador, avultam de importância, nesse cenário, os princípios da proporcionalidade e do devido processo legal (CURVELO, Alexandre; RUARO, Regina, 2007, p.103-29).

modo, certo é que, no exercício da competência administrativo-punitiva, a incidência de princípios de direito penal tem sido uma inafastável constante que decorre, antes de tudo, dos direitos e garantias constitucionais.[1589]

O regime punitivo disciplinar apresenta diversas peculiaridades, como, de forma ilustrativa, o fato de que não há o mesmo rigor, como ocorre no direito penal, em relação à extensão, incidência e funcionalidade da figura do tipo, o que, ao fim e ao cabo, denota outro modo de interpretação e aplicação do princípio da legalidade.[1590] Tanto assim o é que alguns autores chegam a sustentar a atipicidade das infrações administrativas: "pode normalmente ser qualificada como infração disciplinar qualquer conduta de um agente que caiba na definição legal: *a infração disciplinar é atípica.* Só em certos casos a lei define as condições de existência da infração, criando então um tipo. As infrações disciplinares não são, pois, típicas: as leis especificam fatos que podem ser considerados infrações, mas nem essa especificação é taxativa, nem constitui a descrição rigorosa do tipo de conduta punível. Os preceitos que referem fatos disciplinarmente puníveis são *indicativos*, meras normas de orientação para servirem de padrão ao intérprete",[1591] o que, no entanto, pode apresentar certos problemas relacionados às garantias constitucionais dos sujeitos, notadamente pela quase pacífica orientação doutrinária no sentido de que é possível a aplicação de sanções administrativas a partir de conceitos jurídicos indeterminados. Parece ser extreme de dúvidas, sem embargo, que a parcela da função administrativa consistente na competência punitiva, correspondente ao exercício do poder-dever vinculado, tanto aos princípios constitucionais de garantia, como a princípios e regras infraconstitucionais do direito penal que correspondam a corolários daquelas.

Na esfera do direito regulatório, as penalidades (de modo geral) são tipificadas em leis específicas, como é o caso da Lei 9.472/97, artigo 173, que prevê a aplicação de sanções administrativas pela Agência Nacional de Telecomunicações (ANATEL), ou a Lei 10.233/01, que prevê a aplicação de penalidades pela Agência Nacional de Transportes Terrestres (ANTT) e pela Agência Nacional de Transportes Aquaviários (ANTAQ), no artigo 78-A, reforçando a argumentação de indispensabilidade do princípio da legalidade para a imposição de restrições à esfera de direitos dos particulares.[1592]

[1589] Nesse sentido, por exemplo, a transposição das teorias a respeito do concurso de infrações para o âmbito administrativo. "Para superar este dilema ha elaborado el Derecho Penal la llamada teoría do concurso de delitos" (NIETO, Alejandro, 2006, p. 519).

[1590] "Alguma discordância se desenvolve, no entanto, a propósito da aplicação do princípio da tipicidade penal. Alguns reputam ser desnecessário a lei adotar um tipo para a infração administrativa ou determinar de modo mais preciso os pressupostos da sanção" (JUSTEN FILHO, Marçal, p. 508).

[1591] CAETANO, Marcelo, 1977, p. 395-6.

[1592] "O STF, antes mesmo do advento da atual Carta Magna, já estendeu às sanções administrativas em geral e às fiscais em particular o princípio da legalidade e a proibição de ato administrativo inferior à lei fixar sanção" (DIAS, Eduardo Rocha, 1997, p. 49). Cumpre recordar que o princípio da legalidade, no sistema jurídico brasileiro, impõe a lei como sendo o ato jurídico de excelência para o estabelecimento e veiculação inovadora de direitos e restrições, "integrando o ato administrativo (apenas) uma normatividade supletiva e de segundo grau" (CURVELO, Alexandre; RUARO, Regina, p. 103-29). Há que ser referido, igualmente, o caráter propriamente histórico relacionado ao princípio da legalidade como instrumento de garantia no contexto punitivo. Segundo Otto Mayer, "en la esfera de influencia del derecho francés, la ley, por principio, no utiliza la facultad de delegar en la ordenanza la fijación de la pena policial. Los abusos a que, antes de la Revolución habían conducido las conminaciones arbitrarias de los reglamentos, dejaron tan profunda impresión que en la época del nuevo ordenamiento del derecho público se hizo valer, en todo o su rigor, el principio de *nulla pœna sine lege*, en el sentido de que la regla de derecho que fija la pena debe

De certo, foi estatuído outro regime administrativo sancionador: a Lei 12.846/13, a qual versa sobre a responsabilização administrativa e civil de pessoas jurídicas pela prática de atos contra a administração pública, nacional ou estrangeira, visando a punir a realização de atos lesivos à Administração. Referida lei, que não afasta a aplicação das sanções decorrentes da incidência da Lei de Improbidade Administrativa e do regime sancionatório-contratual da Lei 8.666/93, estabeleceu regras de *compliance*[1593] para as pessoas jurídicas ao dispor, como critério de ponderação no momento de imposição de suas penalidades, sobre "a existência de mecanismos e procedimentos internos de integridade, auditoria e incentivo à denúncia de irregularidades e a aplicação efetiva de códigos de ética e de conduta no âmbito da pessoa jurídica" (artigo 7º, VIII). A mais disso, o texto legal em causa prevê a ocorrência de infrações continuadas ao, expressamente, referir o modo de contagem da prescrição, a teor do artigo 25, *caput*, cuja redação é a seguinte: "Prescrevem em 5 (cinco) anos as infrações previstas nesta Lei, contados da data da ciência da infração ou, no caso de infração permanente ou continuada, do dia em que tiver cessado". O novo regime administrativo-sancionatório trouxe diversas inovações, tais como: no âmbito administrativo, (i.) a responsabilidade objetiva da pessoa jurídica por atos praticados por seus colabores; (ii.) a desconsideração da personalidade jurídica; e (iii.) o acordo de leniência; e, no âmbito judicial: (iv.) o perdimento de bens; (v.) a suspensão das atividades da pessoa jurídica, parcial ou total; bem como (vi.) a dissolução compulsória da pessoa jurídica, entre outras.

Justamente, aqui, reside outro importante ponto de cotejo a ser realizado entre o direito administrativo e o direito penal: a natureza das penalidades a serem aplicadas. Segundo professava Ruy Cirne Lima, "restringe-se, pois, a matéria penal do Direito

---

emanar siempre de la misma ley constitucional, es decir, de una ley en el sentido formal y material a la vez" (MAYER, Otto, 1982, p. 89).

[1593] Nos cursos dos últimos anos, formou-se uma considerável literatura em torno do conceito do *compliance* – "to be in compliance with the law". Esclarece Thomas Rotsch (2012, p. 2) que "no ha sido hasta los años 90 cuando se ha dado a conocer el concepto genérico de 'Corporate Governance' y el significado de éste. De forma simple, este concepto puede ser traducido por *Unternehmensverfassung* (Gobierno corporativo) y describe por ende el marco regulatorio para la dirección y supervisión de las empresas. Bajo este tópico se discute tanto en Alemania como a nivel internacional acerca de los distintos sistemas generales en tanto que instrumentos de supervisión empresarial. El *Compliance* constituye precisamente uno de estos instrumentos de supervisión empresarial. Se trata en última instancia del evidente principio vigente en cada uno de los ordenamientos jurídicos estables según el cual las empresas y sus órganos deben operar armónicamente con el Derecho vigente". Visto nesta perspectiva, o termo *compliance* poderá ser descrito, pelo menos nos seus contornos essenciais, como o "conjunto de disciplinas introduzidas na empresa para fazer cumprir normas legais e regulamentares, políticas e diretrizes estabelecidas para as suas atividades, bem como ferramenta para evitar, detectar e tratar qualquer desvio ou inconformidade nela existentes" (BENEDETTI, Carla Rahal, 2013, p. 6). Nas relações comerciais internacionais, tornaram-se cada vez mais necessárias a confiabilidade e a transparência dos atores envolvidos, com o que "as organizações concluíram pela necessidade de se adotar um sistema contínuo de verificação e idoneidade de suas condutas para diminuir os riscos em suas operações, evitando, desta forma, incorrer em fraude, corrupção ou qualquer outra situação capaz de depreciar o nome da empresa" (SANTOS, Maurício Januzzi, 2012, p. 1). Na amplitude dos seus termos, a Lei Anticorrupção permite que as empresas sejam punidas ainda que os seus dirigentes não tenham conhecimento das irregularidades praticadas; bem como estabelece novas regras por meio das quais se permite que tanto a União, como Estados e municípios tenham autonomia para instaurar processos contra empresas suspeitas de corromper a administração pública nacional ou internacional; e, ainda, estatui que devam as empresas desenvolver sistemas de controle internos entre seus colaboradores, visando a que todos ostentem uma postura eticamente correta em relação ao poder público. Por sob tudo isto, a nova lei permite o ajuizamento de condutas com o fim de suspender as atividades de uma determinada empresa, interditá-la ou mêsmo dissolvê-la compulsoriamente.

Administrativo às penas administrativas propriamente ditas. Dizem-se penas administrativas as sanções de que se socorre a Administração Pública, em suas leis e regulamentos, para assegurar a observância das prescrições ou provimentos de ordem geral".[1594] O rol de penas administrativas, segundo o mesmo autor, é apresentado nos seguintes termos: (i.) penas privativas de direitos; (ii.) penas disciplinares temporárias; (iii.) penas disciplinares definitivas; (iv.) penas de suspensão temporária; (v.) sanções pela inexecução de contrato com a Administração Pública; (vi.) penas pecuniárias.[1595] No entanto, sem olvidar o contexto histórico das declarações, o fato é que o direito administrativo sancionador, a partir da Lei de Improbidade Administrativa, avançou sensivelmente, ainda que a aplicação da penalidade, nesse caso, possa ocorrer tanto na esfera administrativa como na judicial.[1596]

O ponto essencial à demonstração de proximidade entre ambos os subsistemas jurídicos parece ser a incidência de princípios de Direito Penal ao Direito Administrativo repressivo, porquanto não há diferença ontológica entre a sanção administrativa e a penal.

A questão específica da teoria do delito continuado e sua aplicação no direito administrativo parte da premissa segundo a qual, por se tratar do *ius puniendi* estatal, princípios e regras (de garantia) são aplicáveis indistintamente a um ou outro regime, dado que, em ambos os casos, se cuida do exercício da atividade do Estado tendente à imposição de restrições de direitos aos particulares – essa situação fica mais evidente quando o instituto decorre de princípios comuns a ambos os regimes jurídicos, como é o caso do princípio da legalidade.

É preciso destacar, porém, que não há, no contexto dos regimes disciplinares, a previsão específica da continuidade da conduta infracional, embora haja possibilidade de discussão a respeito da natureza de determinadas condutas, como é o caso do abandono de cargo. Tem-se, nesse tipo administrativo, comum aos regimes disciplinares pátrios, uma conduta que depende do curso do prazo de tempo para configurar-se; no entanto, a conduta do agente é uma só: não mais comparecer ao serviço para o exercício de suas funções, por período certo e determinado.

No direito regulatório, por exemplo, existem dispositivos que preveem a figura do ilícito continuado, como é o caso da Lei dos Portos (8.630/93, artigo 40).[1597]

Ao interpretar as regras da lei que disciplina a repressão às infrações à ordem econômica, a partir da nova sistemática determinada pela Lei 12.529/11 – em substituição à Lei 8.884/94 –, menciona-se o tema da infração continuada, ao se fixar o prazo prescricional para o processo administrativo sancionatório.

[1594] CIRNE LIMA, Ruy, 2007, p. 584.

[1595] CIRNE LIMA, Ruy, 2007, p. 586-8.

[1596] Embora a LIA preveja o enquadramento dos atos de improbidade administrativa e a sua punição na esfera judicial (mediante sentença, portanto), os regimes disciplinares preveem a aplicação de penalidade de demissão como consequência da prática desses atos, qualificação essa independente da esfera judicial de responsabilização.

[1597] Art. 40. Apurando-se, no mesmo processo, a prática de duas ou mais infrações pela mesma pessoa física ou jurídica, aplicam-se, cumulativamente, as penas a elas cominadas, se as infrações não forem idênticas. § 1° Quando se tratar de infração continuada em relação à qual tenham sido lavrados diversos autos ou representações, serão eles reunidos em um só processo, para imposição das penas. § 2° Considerar-se-ão continuadas as infrações quando se tratar de repetição de falta ainda não apurada ou que seja objeto do processo, de cuja instauração o infrator não tenha conhecimento, por meio de intimação.

De acordo com o novo regramento (artigo 46), no caso de infração continuada ou permanente, o *dies a quo* para a contagem do prazo corresponde à data em que tiver cessado a prática do ilícito.

Aludido prazo, é bem verdade, está em sintonia com os demais fixados pelas leis administrativas brasileiras, nomeadamente os regimes jurídico-funcionais e a própria Lei de Improbidade Administrativa.

Antes mesmo de ser (re)organizado pelo novel texto legislativo, o Conselho Administrativo de Defesa Econômica (CADE) já espelhava, em sua jurisprudência, ter acolhido as teses atinentes à continuidade delitiva na aplicação das penalidades administrativas, a partir da leitura do artigo 20 da Lei 8.884/94.[1598]

A Lei Federal 9.873/99, ao versar sobre o exercício da ação punitiva decorrente do Poder de Polícia administrativo, pela Administração Federal, também menciona a infração continuada, ao estabelecer o prazo prescricional de cinco anos (artigo 1º) – inaplicável aos regimes disciplinar e tributário federal por expressa disposição de seu texto.

Em âmbito jurisprudencial, em larga medida, é possível encontrar diversos precedentes por meio dos quais foi afirmada a aplicabilidade da teoria da infração continuada, na mesma extensão em que se verifica no âmbito do direito penal,[1599] o que se reconhece pela doutrina nacional e alienígena.[1600]

Não há como deixar de considerar, por conseguinte, que o regime jurídico administrativo, particularmente no que tange ao direito administrativo sancionador, a partir de uma adequada hermenêutica constitucional, recebe o instituto do crime continuado; e, proporcionalmente, permite sua aplicação, garantindo, ao fim e ao cabo, o adequado exercício desta parcela do *jus puniendi* estatal.[1601]

Deve, ainda, ter-se presente a compatibilidade, em tese, entre a continuidade infracional e a Lei de Improbidade Administrativa.

Com efeito, a Lei de Improbidade Administrativa delimita um novo momento para o direito administrativo (sancionador) brasileiro; demarca, mais fortemente, é certo, uma nova etapa relativamente ao tema do combate à corrupção no país. De indiscutível potencial sancionatório, a Lei de Improbidade Administrativa, entretanto, silenciou sobre o tema da continuidade infracional, de tal sorte que condutas ímprobas[1602] – que, ao mesmo tempo, constituírem crimes, por exemplo – poderão ensejar a incidência da continuidade delitiva na esfera penal; ao passo que, na esfera cível, por improbidade, a aplicação de penalidades é adstrita ao regime legal, isto é, sem cogitar do cabimento

---

1598 Proc. Adm. 08012.002499/2003-13, Cons. Fernando Furlan.

1599 AGREDRE 868479/PE, Rel. Min. Mauro Marques, 2ª T., j. 2.3.10, DJe 27.4.11; STJ, RESP 1.262.832-AL, Rel. Humberto Martins, 2ª T., DJe 2.12.11; STJ, RESP 1.008.115-PE, Mauro Marques, 2ª T., DJe 9.6.09; e RESP 758386/DF, 1ª T., DJ 6.3.06.

1600 "El artículo 4.6 del REPEPOS da carta de naturaleza en el Derecho Administrativo Sancionador a la figura de la 'infracción continuada', que aparece bajo estas modalidades: cuando en su 'comisión persista el infractor de forma continuada' (ap. 1) y la realización de acciones u omisiones que infrinjan el mismo o semejantes preceptos administrativos, en ejecución de un plan concebido o aprovechando idéntica ocasión (ap. 2)" (NIETO, Alejandro, p. 527).

1601 No mesmo sentido: OSÓRIO, Fábio Medina, 2005, p. 339-40.

1602 Importante ressaltar que, quando o tema é improbidade administrativa, "a mera conduta em desacordo com a lei não configura a improbidade administrativa, pois classificar como improbidade administrativa todo e qualquer conduta ilegal seria generalizar, indevidamente, as consequências de preceito constitucional restritivo" (FAYET JÚNIOR, Ney; CURVELO, Alexandre, 2011, p. 261).

do instituto em análise. Na jurisprudência, colhe-se a decisão que identificou o elemento subjetivo doloso (para fins de enquadramento no artigo 11 da Lei de Improbidade Administrativa) e reconheceu a continuidade infracional em face da repetição do ato (contratação sem licitação); no entanto, isso em nada modificou o regime de aplicação das penalidades previstas na lei.[1603]

Assim, muito embora os atos abrangidos pela Lei de Improbidade Administrativa constituam, muitas vezes, também crimes, essa lei não define delitos, mas, sim, impõe sanções de natureza civil ou política, independentemente de sanções penais, civis ou administrativas definidas nas legislações próprias;[1604] e, a despeito de as condutas constituírem crimes e atos de improbidade, com relação a estes inexiste previsão legislativa para que se lhes aplique a tese da continuidade delitiva. Nesse rumo, o autor de condutas enquadradas como, a um só tempo, crime e improbidade administrativa, pode ser beneficiado pela aplicação da tese da continuidade delitiva, na esfera penal, e ter sua pena aumentada, na esfera cível, por improbidade (pela compreensão segundo a qual uma conduta se soma à outra, gerando um novo fato), em virtude de as esferas de responsabilidade serem completamente distintas,[1605] tendo a jurisprudência acolhido essa posição e assentado a impossibilidade de se confundir as esferas penal e cível *lato sensu* de responsabilidade.

Desta forma, ante o caráter não criminal das sanções previstas na referida lei, a persecução dos atos ímprobos encontra-se submetida às regras processuais civis, não se lhes aplicando a disciplina penal. Fábio Osório assevera a pertença dessas sanções ao direito administrativo sancionador – ainda que sua aplicação seja feita exclusivamente pelo Poder Judiciário –, em razão do próprio objeto da lei e seu foco na normativa da função pública, em sua vertente sancionatória.[1606] O autor destaca o tratamento peculiar conferido pela Carta Constitucional e pelo legislador federal a esta categoria de ilícitos, separando-os, bem como as suas consequências, expressamente das demais esferas jurídicas, ainda quando as sanções incidam sobre os mesmos fatos; no artigo 37, parágrafo 4º, o constituinte previu, expressamente, a independência das esferas cível e penal, tendo o legislador federal agregado a separação também das sanções administrativas em sentido estrito, aquelas aplicadas pela própria autoridade administrativa, enfraquecendo-se o princípio do *non bis in idem* em homenagem à preservação de outros valores.[1607]

6.13. O CRIME CONTINUADO, A ANISTIA, A GRAÇA E O INDULTO

O artigo 107, inciso II, do Código Penal estabelece que se extinga a punibilidade pela anistia, graça ou indulto. Trata-se de causas de extinção da punibilidade inspiradas em noção de Política Criminal, "além de processo de individualização da pena, para moderar os rigores implacáveis da lei na aplicação ou execução da pena ou, eventualmente, destinadas a remediar erro judiciário".[1608]

[1603] STJ, RESP 1179144/SP, Rel. Mauro Campbell, 2ª T., DJe 2.12.10.

[1604] NASSAR, Elody, 2009, p. 252.

[1605] BANDEIRA DE MELLO, Celso Antônio, 2011, p. 135; MOREIRA NETO, Diogo de Figueiredo, 1998, p. 290-4; DI PIETRO, Maria Sylvia, 2002, p. 70.

[1606] OSÓRIO, Fábio Medina, p. 177.

[1607] OSÓRIO, Fábio Medina, p. 399-402.

[1608] MIRABETE, Julio; FABBRINI, Renato N., 2016, p. 379.

A anistia é conceituada como "a declaração pelo Poder Público de que determinados fatos se tornam impuníveis por motivo de utilidade social".[1609] A concessão de anistia é atribuição do Congresso Nacional, com a sanção do Presidente da República (artigos 21, inciso XVI, e 48, inciso VIII, da Constituição Federal), e se refere a fatos, não a pessoas.[1610] Posto que extinga todos os efeitos penais relacionados à pratica delituosa, "não alcança os efeitos civis, de forma que subsiste o dever do ressarcimento dos danos causados com a infração penal (artigo 67, II, Código de Processo Penal)".[1611] Muito embora tenha aplicação aos crimes políticos, militares e eleitorais, nada impede que, excepcionalmente, atinja delitos de outra natureza.[1612]

Pode ser concedida antes da condenação definitiva (anistia própria) ou depois da condenação irrecorrível (anistia imprópria). Divide-se, ainda, em plena (que alcança todos os participantes do fato delituoso) e restrita (que favorece tão somente algumas pessoas); bem como em condicionada (que impõe certas condições) e incondicionada (que é concedida sem qualquer condição).[1613]

A graça, por seu turno, constitui-se em "perdão concedido a determinado criminoso, isentando ou abrandando a sua pena".[1614] É "perdão concedido pelo Presidente da República, dentro da sua avaliação discricionária, não sujeita a qualquer recurso, deve ser usada com parcimônia".[1615] A graça pressupõe sentença condenatória com trânsito

---

1609 NUCCI, Guilherme de Souza, 2017, p. 993.

1610 Como sustenta Guillermo J. Fierro (1999, p. 101), anistia "se concede con relación a *hechos* delictuosos cometidos en el pasado sin reparar en quiénes fueron sus concretos autores o partícipes, los cuales por regla general son, en gran medida, desconocidos".

1611 PRADO, Luiz Regis, e outros, 2017, p. 332.

1612 PRADO, Luiz Regis, e outros, p. 332.

1613 Paulo César Busato (2015, p. 609) anota que o foco primordial da anistia tende a ser os crimes políticos, visando tanto à pacificação quanto à cessação das hostilidades entre grupos, tal qual se vivenciou, entre nós, com a suplantação do golpe militar de 1964. Com efeito, a Lei 6.683/79 concedeu anistia a todos quantos, no período compreendido entre 2 de setembro de 1961 e 15 de agosto de 1979, "cometerem crimes políticos ou conexos com estes, crimes eleitorais, e aos que tiveram seus direitos políticos suspensos e aos servidores da Administração Direta e Indireta, de fundações vinculadas ao poder público, aos Servidores dos Poderes Legislativo e Judiciário, aos Militares e aos dirigentes e representantes sindicais, punidos com fundamentos em Atos Institucionais e Complementares. Estabeleceu, ainda, a lei uma definição para os crimes *conexos* como sendo '*os crimes de qualquer natureza relacionados com crimes políticos ou praticados por motivação política*'. A aprovação da Lei da Anistia só foi possível por uma ampla campanha popular, em que se envolveram estudantes, jornalistas e políticos de oposição. O texto amplo da lei, no entanto, claramente afastava a possibilidade de persecução dos torturadores, em função da conexão. Em abril de 2009, o STF reconheceu que a *Lei de Anistia brasileira* beneficia também os torturadores e demais agentes da ditadura, mas o tema ainda é alvo de intensa polêmica, pois remanesce a discussão sobre a recepção da lei pela nova Constituição de 1988, que veda o benefício da anistia para torturadores, contrapondo-se à irretroatividade da lei penal incriminadora. No ano de 2008, a OAB retomou o tema ingressando com a ADPF 153, que visava declarar que a Lei de Anistia não alcançava os atos de tortura dos agentes da ditadura. A ação foi apreciada pelo STF em 29 de abril de 2010, e rejeitada por sete votos a dois, tendo sido após remetida à apreciação da CIDH, que já, no mesmo ano de 2010, havia determinado ao Brasil que julgasse os crimes da ditadura militar".

1614 BARROS, Flávio Augusto Monteiro de, p. 609.

1615 NUCCI, Guilherme de Souza, 2013, p. 587. René Ariel Dotti (2013a, p. 825-6) argumenta que "penalistas antigos e modernos desaprovam a concessão reiterada que possa assumir uma feição perturbadora da ordem jurídica e uma interferência indevida do Executivo no Judiciário. Não se contesta, porém, que a utilização parcimoniosa do instituto atende objetivos de Política Criminal e atenua os gravíssimos problemas resultantes da superpopulação carcerária. É da tradição do indulto a sua concessão motivada por determinados acontecimentos históricos, a exemplo da comemoração do sesquicentenário da Independência

em julgado, e apaga somente os efeitos executórios da condenação. Uma vez concedida a graça, caberá ao Juízo das Execuções Criminais declarar a extinção da pena ou a sua comutação,[1616] caso seja a graça parcial.[1617] Quanto à noção e à justificativa da graça, Bernard Bouloc afirma que "la grâce est une *faveur* en vertu de laquelle un individu reconnu coupable et définitivement condamné se trouve soustrait, en tout ou en partie, à l'application de la sanction. C'est une prérogative traditionnelle du souverain dont a hérité le chef de l'État. Elle a été vivement critiquée par Beccaria, car elle atténue la certitude de la peine, que constitue à ses yeux la meilleure arme de la répression; mais pratiquement elle a toujours existé (sauf pendant quelques années du droit intermédiarie), et elle constitue une soupape de sûreté techniquement indispensable au fonctionnement des institutions répressives pour rémedier à la trop grande rigidité du régime légal. On lui a également reproché de constituer une violation de la séparation des pouvoirs, car le chef du pouvoir exécutif contredit ainsi une décision de justice. La grâce n'aurait pas dû survivre, dit-on, au régime de la 'justice retenue'. La Constitution de 1946 avait atténué la portée de cette objection, car le président de la République exerçait le droit de grâce 'en Conseil supérieur de la Magistrature' et en tant que président de ce Conseil, et non comme chef du pouvoir exécutif. La Constitution du 2 octobre 1958 n'a pas maintenu cette formule; son article 17 se contente d'indiquer: 'Le président de la République a le droit de faire grâce'".[1618]

Já o indulto "é a clemência destinada a um grupo de sentenciados, tendo em vista a duração das penas aplicadas, podendo exigir requisitos subjetivos (...) e objetivos (...)".[1619] Tal como a graça, a sua concessão é atribuição do Presidente da República (artigo 84, inciso XII, da Constituição Federal). Por outro lado, "o indulto difere da graça, não só por ser medida de caráter coletivo mas também por se tratar de ato espontâneo do Presidente da República, que edita, anualmente, os decretos concessivos",[1620] no mais das vezes em dezembro, em cuja oportunidade será beneficiado um grupo de sentenciados. O indulto pode ser dividido em pleno (que implica a extinção da pena) e parcial (que implica diminuição do apenamento).

(Dec. 71.070/75) ou de evento religioso, como o apelo do Papa Paulo VI a todos os governantes para que as celebrações do Ano Santo fossem marcadas por atos de clemência (Dec. 76.550/75). Nas últimas décadas tem sido automática a concessão do benefício no final de cada ano, fazendo com que o chamado *indulto natalino* beneficie um grande número de presidiários. O indulto não restitui ao condenado a condição de primário (RT 466/401)".

[1616] Artur de Brito Gueiros Souza e Carlos Eduardo Adriano Japiassú (p. 550) afirmam que, além da graça e do indulto, "é possível existir, ainda, a comutação da pena, que consiste na redução de parte da pena privativa de liberdade, geralmente em percentual fixo (um terço, um quarto etc.). A comutação apresenta-se como um 'meio-termo' entre a concessão integral do ato de clemência e a sua denegação. Sendo assim, os seus pressupostos são menos rigorosos do que os existentes no indulto coletivo ou individual. Para o apenado que cumpre pena privativa de liberdade de longa duração, a comutação funciona como um estímulo para um abreviado retorno à sociedade, possuindo, portanto, inequívoco valor político-penitenciário".

[1617] Como informam Luiz Regis Prado e outros (p. 235), "a concessão da graça pelo Presidente da República é geralmente provocada por petição do interessado ou por provocação do MP, do Conselho Penitenciário ou da autoridade administrativa penitenciária. No entanto, o art. 734 do CPP permite que o Presidente da República conceda o referido benefício de forma espontânea".

[1618] BOULOC, Bernard, 2013, p. 656-7.

[1619] NUCCI, Guilherme de Souza, 2017, p. 993.

[1620] PRADO, Luiz Regis; e outros, p. 334.

No tocante ao momento de atribuição do indulto, atualmente o entendimento é no sentido da possibilidade antes mesmo do trânsito em julgado da sentença, desde que não caiba mais recurso da acusação.[1621]

Relativamente à anistia, pode afirmar-se que, se os fatos se deram em continuação delituosa, a anistia abrangerá todos os delitos componentes da cadeia continuada, ainda que alguns já tenham sido julgados, e outros, não. De igual sorte, ficarão abrangidos também os que tiverem sido cometidos antes da concessão, mas só descobertos depois desse momento. Já aqueles crimes praticados após ter sido concedida não serão beneficiados pela anistia.[1622]

Quanto à graça, englobará todos os crimes que compuserem a cadeia continuada e que tenham sido objeto da condenação. Do mesmo modo, o benefício será estendido aos crimes integrantes dessa série continuada descobertos posteriormente, mesmo que tenham sido processados em outra ação penal.[1623] No entanto, se novos delitos forem praticados após a concessão da graça, não podem ser por ela abrangidos.

Por fim, no atinente ao indulto, será aplicada a mesma lógica proposta para a graça, ou seja, o benefício abrangerá todos os delitos componentes da série continuada, tenham sido julgados ou não.[1624]

[1621] *HC* 87.801, Rel. Min. Sepúlveda Pertence, 1ª T., DJ de 26.5.06 (decisão citada na Coletânea temática de jurisprudência, p. 246); e *HC* 68.096-MC, voto do Rel. Min. Moreira Alves, 1ª T., DJ de 14.9.90 = *HC* 105.022, Relª. Minª. Cármen Lúcia, 1ª T., DJE de 9.5.11 (decisão citada na Coletânea temática de jurisprudência, p. 247).

[1622] PIMENTEL, Manoel Pedro, 1969, p. 181. Roberta Ristori (p. 111) esclarece que o crime continuato "deve essere sempre scisso nei singoli reati che lo compongono", na medida em que "è costituito da una pluralitá di episodi criminosi che vengono formalmente unificati e considerati come singolo reato ai fini della pena; pertanto, l'applicazione dell'amnistia deve essere esaminata in rapporto a ciascuna azione delittuosa considerata separatamente dalle altre, nel senso che si dovrà dichiarare l'estinzione soltanto di quei reati che rientrino nei limiti previsti dal decreto di amnistia e siano stati commessi prima della data fino alla quale l'amnistia opera". Por isso, "l'amnistia sopravvenuta prima che cessi la continuazione estingue i reati anteriori (a meno che il relativo decreto disponga altrimenti), ma non si applica ai posteriori".

[1623] PIMENTEL, Manoel Pedro, 1969, p. 182.

[1624] SZNICK, Valdir, 1994, p. 143. Giulio Battaglini (p. 582-3) descreve o ponto à luz da doutrina italiana: "outra questão digna de nota é a seguinte: se, *para efeitos de anistia*, devem ser levados em conta os delitos autônomos, componentes do delito continuado, ou se deve ser considerada a resultante, por assim dizer, dos delitos unificados na figura do delito continuado. Em outros termos: se o delito, para efeitos da anistia, se considera como uma só entidade, ou como um conjunto de delitos. Para verificar se é ou não caso de aplicar anistia, *é preciso cindir o delito continuado nos diversos componentes*, e ver se ela é comportável quanto a cada um deles. Isto é, é admissível a chamada *desintegração* do delito continuado. Malgrado a unidade moral torna a surgir o concurso. Já tem havido quem quisesse contestar isso, sustentando que o delito continuado seja uma espécie de *delito complexo*, no qual os fatos autônomos vêm a ser plasmados em uma unidade incindível. Além do mais, porém, é de se observar que não há, no delito continuado, unidade quanto ao momento consumativo. Nesse sentido, é unânime a jurisprudência da Corte Suprema. Assim, por exemplo, enquanto o estelionato continuado, punível até três anos (art. 640, CP italiano), não seria suscetível de anistia, porque a pena, de acordo com o art. 81, do CP italiano, pode ser elevada até o triplo (nove anos), se foi cindido nos vários estelionatos componentes, cada um deles poderá ser anistiado. No caso de *indulto* – que não age sobre o delito, extinguindo-o, mas sobre a pena, quitando-a – não é possível cisão". No ponto, Ivan Carvalho (p. 491) destaca impacto da eventual consagração da teoria da unidade real em face da anistia e do indulto, pois, segundo esta doutrina, "os diversos comportamentos delituosos do agente constituem, em verdade, um só crime, já que são partes de um mesmo todo e representam uma unidade de intenção, refletida na unidade de lesão. Esta teoria tem base nos postulados da teoria objetiva-subjetiva, que exige, além dos requisitos objetivos, uma unidade de vontades, ou seja, uma espécie de programa inicial para a realização encadeada dos atos criminosos. O dolo é, pois, unitário. E os crimes continuados nada mais são do que a mesma unidade real e psicológica. Os efeitos da adoção da teoria da unidade real são tão

6.14. O CRIME CONTINUADO E O PRINCÍPIO DA INSIGNIFICÂNCIA

O princípio da insignificância relaciona-se a comportamentos que apenas afetam minimamente o bem jurídico, sendo chamado "a contribuir a la buena marcha de la administración de justicia penal, la cual no ha sido instituida para perseguir bagatelas o lesiones insignificantes del bien jurídico".[1625]

Tal princípio, como esclarece Claus Roxin, "permite excluir logo de plano lesões de bagatela da maioria dos tipos: maus-tratos são uma lesão grave ao bem-estar corporal, e não qualquer lesão; da mesma forma, é libidinosa no sentido do código penal só uma ação sexual de alguma relevância; e só uma violenta lesão à pretensão de respeito social será criminalmente injuriosa. Por 'violência' não se pode entender uma agressão mínima, mas somente a de certa intensidade, assim como uma ameaça deve ser 'sensível', para adentrar no marco da criminalidade";[1626] e, com muita propriedade, arremata o autor (aliás, idealizador do princípio): "se reorganizássemos o instrumentário de nossa interpretação dos tipos a partir destes princípios, daríamos uma significativa contribuição para diminuir a criminalidade em nosso país".[1627]

Um ponto que se revela de interessante ponderação é o referente à possibilidade de aplicação do princípio da insignificância em se cuidando de delitos que compõem uma cadeia de continuidade delitiva. Nesse contexto, surge o seguinte problema: o fato de haver uma continuação delituosa é um impeditivo para a aplicação do princípio em análise?

A jurisprudência, em linhas gerais, tem considerado o crime continuado, assim como toda espécie de reiteração delituosa, uma causa impeditiva para a aplicação do princípio da insignificância,[1628] por entender que, em casos tais, o desvalor da conduta do agente – que cometeu mais de um crime – não autoriza o reconhecimento da (noção de) bagatela;[1629] e nesse quadro se moldam diretrizes jurisprudenciais menos liberais,[1630] que enfatizam a necessidade da adoção parcimoniosa dessa causa de exclusão do crime.[1631]

De outra sorte, ainda é de se destacar, na avaliação do princípio da insignificância, que as decisões têm considerado a lesão ao bem jurídico como um todo, e não a ocasionada por cada delito isoladamente.[1632]

Na doutrina, Luiz Flávio Gomes e Antonio García-Pablos de Molina também entendem que em se tratando "de condutas ou de resultados insignificantes cumulativos,

significativos que, por exemplo, a anistia, o indulto e a sentença condenatória abrangem os delitos praticados posteriormente à coisa julgada ou às duas causas extintivas de punibilidade aqui lembradas".

1625 VELÁSQUEZ, Fernando, p. 426.

1626 ROXIN, Claus, 2000, p. 47-8.

1627 ROXIN, Claus, 2000, p. 48.

1628 TRF3, AC 0004037-35.2001.4.03.6105/SP, 1ª T., Rel. Juiz conv. Márcio Mesquita, j. 7.5.14.

1629 TJRS, ACR 70014224190, 8ª CC, Rel. Des. Roque Fank, j. 14.6.06; STJ, *HC* 186943/SP, 5ª T., Rel. Min. Marco Bellizze, j. 27.3.12; STJ, AR 1223555/RS, 5ª T., Rel. Min. Marco Bellizze, j. 6.10.11; STJ, AR 1204797/RS, 5ª T., Rel. Min. Jorge Mussi, j. 20.9.11; STJ, *HC* 57502/RS, Rel. Min. Arnaldo Lima, 5ª T., j. 5.10.06; TJRS, ACR 70014364020, 5ª CC, Rel. Des. Luís Moura, j. 26.7.06; TJRS, ACR 70018447987, 4ª CC, Rel. Des. Aristides de Albuquerque Neto, j. 29.3.07; e TJRS, *HC* 70013495239, 6ª CC, Rel. Des. João Tovo, j. 9.3.06.

1630 TJMG, APR 1062912000529900l, Rel. Des. Júlio Lorens, 5ª CC, j. 9.9.14.

1631 TJRJ, AC 00192091020138190061, Rel. Des. Antônio Duarte, 4ª CC, j. 14.4.15.

1632 TJRS, ACR 70002122992, CEC, Relª. Desª. Maria da Graça Mottin, j. 15.5.01.

embora considerados de pouca relevância quando considerados individualmente (furto de dez reais por dia, durante dez meses seguidos), afasta-se a incidência do princípio da insignificância (ou da bagatela). A soma de todas as lesões, nesse caso, não é insignificante (porque se trata do mesmo bem jurídico, assim como da mesma vítima). Por força da teoria da ficção jurídica, para o efeito da pena, considera-se infração única. Para a admissibilidade (ou não) do princípio da insignificância deve levar-se em conta a mesma lógica (como se fosse crime único). A soma (bastante elevada) dos fatos isolados insignificantes elimina a insignificância".[1633]

Contudo, ainda que seja preponderante o posicionamento jurisprudencial no sentido da impossibilidade de incidência do princípio bagatelar nos delitos continuados, encontram-se decisões em sentido contrário, autorizando o seu reconhecimento. Nesse prisma, em hipótese na qual três delitos de furtos foram praticados, em continuação, contra três estabelecimentos comerciais diferentes, o Tribunal de Justiça do Rio Grande do Sul se pronunciou pela atipicidade da conduta.[1634]

No plano doutrinário, também há vozes defendendo a possibilidade de aplicação do princípio aos crimes continuados; desse modo, Mohamad Ale Hasan Mahmoud acentua: "diverge-se do entendimento de que a simples reiteração delitiva frustra o reconhecimento do princípio da insignificância. O princípio da insignificância foi cunhado com o fim de prestigiar o direito penal como *ultima ratio*, tendo como foco não o agente, mas, antes, o bem jurídico, categoria fundamental para a perspectiva material da antijuridicidade. (...) a ideia de que o agente já vinha perpetrando outros crimes – contra vítimas distintas – não conduz ao afastamento do princípio, o qual é de ser aplicado à luz da realidade concreta da afetação do bem jurídico de um mesmo sujeito passivo".[1635] Ainda, arremata o autor: "ao acusador incumbe, sob pena de rejeição da inicial, narrar um comportamento típico, leia-se, com dignidade penal; o que não ocorre quando se pinça, de maneira isolada, uma conduta bagatelar, mesmo que exista, alheio à peça inaugural, uma realidade de continuidade delitiva".[1636]

A continuidade delitiva não pode, *per se*, impedir o reconhecimento do princípio da insignificância (que visa a consagrar a ideia de o direito penal organizar-se como *ultima ratio*). Nesse terreno, encontra-se em jogo [interpretação de] postulado vinculado ao (grau de afetação do) bem jurídico,[1637] que, nas hipóteses em que se revelar mínimo, terá o poder concreto de excluir a conduta (ou, melhor, *in casu*, as condutas reiteradas) do campo criminal, independentemente das condições pessoais do agente ou de circunstâncias externas ao delito.[1638] A utilização do princípio da insignificância, como critério limitador de tipos penais (vinculado a princípios mais abrangentes, como o da propor-

[1633] GOMES, Luiz Flávio; GARCÍA-PABLOS DE MOLINA, Antonio, p. 516.

[1634] TJRS, ACR 70008849150, 6ª CC, Rel. Des. Marco Scapini, j. 12.8.04; TRF4, ACR 0008128-59.2007.404.7002, 7ª T., Rel. Des. Márcio Rocha, j. 5.9.12; e TRF4, RC 5011684-30.2011.404.7200, 8ª T., Rel. Des. Victor Laus, j. 14.3.12.

[1635] MAHMOUD, Mohamad, 2008, p. 14-5.

[1636] MAHMOUD, Mohamad, p. 14-5.

[1637] Ainda uma vez, Claus Roxin (1997, p. 297), para quem "la solución correcta se produce en cada caso mediante una interpretación restrictiva orientada hacia el bien jurídico protegido. (...). Además, sólo una interpretación estrictamente referida al bien jurídico y que atienda al respectivo tipo (clase) de injusto deja claro por qué una parte de las acciones insignificantes son atípicas y a menudo están ya excluidas por el propio tenor legal".

[1638] STF, REX 550761/RS, Rel. Min. Menezes Direito, j. 27.11.07.

cionalidade[1639] e da mínima intervenção), envolve a exclusão da tipicidade objetiva em face da ausência de capacidade lesiva significante para o direito penal, tendo por norte tão somente o grau de afetabilidade do bem jurídico.[1640] Quaisquer outras considerações, desconectadas desse critério, não se legitimam à luz dos princípios reitores da matéria criminal, especialmente o do direito penal do fato.

De outro plano, no caso de vítimas diferentes, não se devem somar as diferentes microlesões para se afirmar uma lesão significativa;[1641] ora, não podem ser reunidas em bloco, porque cada bem jurídico será objeto de avaliação concreta à luz de sua afetação. Nesse estado de coisas, as ações sequenciais insignificantes contra vítimas diferentes mantêm, em razão da inofensividade concreta do bem jurídico (às singelas considerado), a nota de atipicidade material como uma constante, não permitindo a constituição de um bloco (a partir de diferentes afetações particulares) para gerar a capacidade lesiva significante para o sistema punitivo.

Ainda se tem de discutir a hipótese de as ações sequenciais insignificantes atingirem o mesmo titular do bem jurídico. Isoladamente, as ações parcelares insignificantes não representam qualquer afetação ao bem jurídico; entretanto, em conjunto, passam a constituir uma lesão efetiva. Seria o caso de um empregado que se apropriasse, reiteradamente e durante um longo período, de valores mínimos do caixa de uma determinada empresa. Haveria comportamento jurídico-penal relevante?

Aqui, a solução também passa pela consideração do efetivo e concreto ataque (grau de comprometimento ou de afetação) ao bem jurídico, vinculado ao modelo típico de referência. Como esclarece Claus Roxin, "sólo una interpretación estrictamente referida al bien jurídico y que atienda al respectivo tipo (clase) de injusto deja claro por qué una parte de las acciones insignificantes son atípicas y a menudo están ya excluidas por el propio tenor legal, pero en cambio otra parte, como *v. gr.* los hurtos bagatela, encajan indudablemente en el tipo: la propiedad y la posesión también se ven ya vulneradas por el hurto de objetos insignificantes, mientras que en otros casos el bien jurídico sólo es menoscabado si se da una cierta intensidad de la afectación".[1642]

Isso implica dizer que, nessa hipótese, a solução pode ser distinta tipo a tipo, a partir da visualização ampla de uma significativa afetação do bem jurídico concretamente determinado;[1643] e a decisão pela existência de um comportamento digno de sofrer a intervenção jurídico-penal envolve não só a dimensão da lesão do bem jurídico, mas

---

[1639] Como esclarecem Juan José Bustos Ramírez e Hernán Hormazábal Malarée (2004, p. 35), em virtude do princípio da proporcionalidade, "la pena ha de ser proporcional a la gravedad de la afección producida. A efectos de la ponderación de la gravedad entran a jugar la importancia del bien jurídico, la intensidad de su afección – no es lo mismo si sólo hubo un riesgo o una lesión efectiva –, así como aspectos subjetivos referidos a la acción, esto es, dolo o imprudencia, así como los referidos al sujeto mismo".

[1640] STF, *HC* 96.822, Relª. Minª. Cármen Lúcia, 1ª T., j. 19.6.09.

[1641] Assim, por ilustração, se, continuadamente, um garçom propinasse inócuas porções (algumas poucas gotas) de veneno, o qual somente se apresentaria como letal ou mesmo lesivo a partir de uma dosagem elevada, que seriam misturadas às múltiplas refeições por ele servidas, não se poderia cogitar de comportamentos típicos, na medida em que a cumulatividade das várias ações seriadas não significantes (atípicas) jamais implicaria uma tentativa de homicídio qualificado.

[1642] ROXIN, Claus, 1997, p. 297.

[1643] José Luis Guzmán Dalbora (1996, p. 74) amplia essa observação, vinculando-a ao princípio da ofensividade: "esto significa que la cuestión reclama y no puede satisfacerse sin recurrir a la determinación del campo de lo injusto típico en cada caso particular, pero – y aquí se encierra el *quid* del tema – según las exigencias de un principio hoy generalmente admitido, el principio de ofensividad (*nullum crimen sine*

igualmente a do prestígio de certos princípios, tais quais o da proporcionalidade e o da mínima intervenção.

Em qualquer das hipóteses (unicidade ou pluralidade de sujeitos passivos), não se poderá fazer nenhuma aproximação ao delito habitual (cuja estrutura envolve uma série de episódios atípicos que, *en bloc*, passam a reclamar a intervenção penal)[1644] ou aos delitos por acumulação ("nos quais ao comportamento do agente, em si irrelevante, somam-se outros, compondo uma unidade complexa a representar, em sua totalidade, uma significativa afetação ao bem jurídico",[1645] cujos exemplos seriam o de uma pessoa que utiliza o serviço de transporte coletivo sem pagar, vindo a ser imitada por outros, ou o de pequenas e absolutamente desinfluentes lesões ambientais, que, sendo repetidas pelo conjunto da população, poderiam produzir grande impacto ambiental)[1646] por se constituir em uma analogia *in malam partem*. As ações insignificantes (atípicas) seriadas (por não afetarem concretamente o bem jurídico) encontrarão a melhor resposta no terreno do direito civil, em cujo campo poderão ensejar, sendo o caso, a devida reparação.

Além do mais, poder-se-á evitar a inconveniência de se movimentar a máquina judiciária estatal para solucionar lides escassamente relevantes ao direito penal,[1647]

---

iniuria), del cual, bien miradas las cosas, el de insignificancia representa, en parte, un lógico complemento o, si se quiere, una especificación obtenida por empleo del método deductivo".

1644 Sobre as características do crime habitual, podem ser consultadas as observações lançadas no ponto 4.3.

1645 MAHMOUD, Mohamad, p. 14-5. Ainda sobre os delitos por acumulação, afirma Fábio D'Avila (2009, p. 118-21): "os denominados *crimes de acumulação* chamam a atenção para um particular grupo de casos em que, diferentemente dos tradicionais crimes de perigo abstrato, nem sequer uma perigosidade geral ou abstrata estaria associada à conduta punível. Caracterizam-se por condutas consideradas, individualmente, inofensivas em relação ao objeto de tutela da norma, incapazes de gerar qualquer dano ou perigo de dano ao bem jurídico tutelado, mas que, quando tomadas a partir de uma hipótese de acumulação, da hipótese da sua prática por um grande número de pessoas, ou ainda, na expressão de Herzog, 'onde iríamos parar, se todos fizessem o mesmo', se tornam extremamente danosas ao meio ambiente. Logo, condutas cujo conteúdo de significação jurídico-penal, individualmente incapazes de consubstanciar sequer um crime de perigo abstrato, é obtido a partir da consideração hipotética da sua repetição em grande número". E prossegue o autor: "Uma categoria de crimes cuja relevância seria encontrada não em uma geral perigosidade, mas apenas na hipótese de sua acumulatividade. Condutas que se tornam penalmente significativas, porque seria de se calcular que, sem uma proibição sancionatória, elas seriam realizadas em grande número (...)". Esclarece, ainda, o doutrinador que "não é possível conceber uma noção de ofensa que transcenda a particular relação entre a conduta descrita pelo tipo e o bem jurídico tutelado pela norma, em que a ofensa só é percebida fora dos limites relacionais da conduta punível, a partir da consideração de uma hipótese teórica de repetição que, na ausência de proibição, seria de se calcular".

1646 Os "mega-ataques" ao meio ambiente não seriam, regularmente, obra de uma pessoa individual, mas, sim, resultado da confluência de uma multiplicidade de contribuições singulares e *de per si* irrelevantes. Dessa forma, "si los bienes jurídicos colectivos deben ser protegidos de lesiones o afectaciones de tipo catastrófico, entonces deben castigarse los aportes individuales acumulativos antes de que ellos se sumen y constituyan una megalesión. De allí que un legislador orientado a la protección de bienes jurídicos colectivos, en lugar de limitarse al recurso de los delitos de resultado, debe abarcar formas de comportamiento que por sí mismas no lesionan en forma relevante el bien jurídico colectivo afectado, pero que si se tratara de una multiplicación de acciones iguales podría constituir un aporte parcial hacia um 'megaataque'. Por lo tanto, necesariamente quedan comprendidos comportamientos que no lesionan inmediatamente um bien jurídico sino que pueden conducir hacia una lesión que tampoco ocurrirá con seguridad" (SARRABAYROUSE, Eugenio C., 2008, p. 43).

1647 Como muito bem descrevem Reinhart Maurach e Heinz Zipf (1994, p. 218), "un tratamiento adecuado de los delitos de *poca monta* es 'todo menos una bagatela', porque su eliminación permite una mayor dedicación de la persecución penal a hechos punibles de gravedad, que afectan de forma considerable al ordenamiento jurídico". Na jurisprudência: STJ, *HC* 62417/SP, Rel. Min. Gilson Dipp, 5ª T., DJ 19.6.07.

contrastantes, por evidente, com as diretrizes da fragmentariedade e da intervenção mínima do Estado no campo punitivo.[1648]

6.15. O CRIME CONTINUADO E AS PENAS RESTRITIVAS

O sistema das penas restritivas visa a conceder, no leque de opções punitivas, alternativas concretas à pena privativa de liberdade,[1649] dificultando, por conta disso, o encarceramento, pois, em face da falência da prisão, é entendimento (praticamente) consensual que a sua utilização se materialize apenas como o último (e realmente necessário[1650]) recurso; e se destine, de modo preferencial, para criminosos perigosos, para os quais não haja outra solução.[1651]

Neste esquema de coisas, portanto, é que se apresentam as penas restritivas,[1652] que têm o objetivo de substituir a pena de prisão, que passaria a ser reservada para situações-limite, à luz do princípio da *ultima ratio* do ordenamento jurídico.[1653]

Indubitavelmente, referidas sanções têm adquirido espaço no vácuo deixado pela crise das penas privativas de liberdade, cujas causas podem ser indicadas, de modo fundamental, na "reavaliação do significado do tempo no mundo moderno e o custo altíssimo da estrutura prisional fechada".[1654]

À concessão da medida substitutiva, no entanto, são necessários certos requisitos, entre os quais se coloca o fator temporal da pena aplicada, o que, nas hipóteses do crime continuado, tem oferecido diversidade doutrinária de compreensão: essencialmente, se se deve levar em conta, para o cabimento das penas alternativas, o total da pena aplicada (unificada), ou se se deve desprezar o acréscimo (causa geral de aumento) decorrente (da incidência do regramento punitivo) do delito continuado.

Antes de se interpretar essa questão, contudo, devem lançar-se algumas considerações que melhor permitem a exposição do conteúdo e da estrutura das penas substitutivas.

[1648] STJ, *HC* 294433 SP 2014/0110994-0, Relª. Minª. Maria Thereza Moura, 6ª T., j. 2.10.14.

[1649] *HC* 97.256, Rel. Min. Ayres Britto, P. DJE de 16.12.10 (decisão citada na Coletânea temática de jurisprudência, p. 137).

[1650] Santiago Mir Puig (2009, p. 689) realça o entendimento segundo o qual o traço mais significativo da evolução dos sistemas penais atuais "es la previsión en ellos de mecanismos tendentes a evitar la aplicación de penas privativas de libertad no absolutamente necesarias. A consecuencia de la progresiva humanización de las ideas penales, paralela al aumento del nivel económico en los países desarrollados, la privación de libertad aparece ya hoy como una pena que resulta excesiva en muchos casos".

[1651] FRAGOSO, Heleno, 1980b, p. 7.

[1652] Sobre o desenvolvimento histórico das penas restritivas de direitos, ver DOTTI, René Ariel, 1998, p. 369-77.

[1653] Para Miguel Polaino Navarrete e Miguel Polaino-Orts (2004, p. 463-4), "conforme al principio de la *ultima ratio* del Derecho penal, sólo se desencadena la reacción punitiva (esto es, sólo se aplica una pena) cuando la reacción de otras instancias del Ordenamiento jurídico es insatisfactoria o contraproducente a los efectos de cumplir la función (tutelar) y alcanzar los fines (preventivos) que son inherentes a su esencia". Além disso, "la característica de *ultima ratio* que esencialmente configura el Derecho penal entra en conexión con otra nota característica del mismo, cual es la coercitividad, en la medida en que la singular dimensión coactiva que le corresponde ha de hacer posible la aplicación de las sanciones punitivas, con las finalidades de prevención general y de socialización individual, que son peculiares de la propia naturaleza de este sector del Ordenamiento positivo".

[1654] FRANCO, Alberto Silva, 1986, p. 134-5.

6.15.1. Noções gerais sobre o sistema de substituição

A longa experiência histórica da prisão tem sido posta em xeque a partir de diferentes enfoques e disciplinas;[1655] e isso em nível internacional.

De modo mais significativo, notadamente a Criminologia, de inspiração crítica, vem de imprimir as análises mais ácidas ao sistema punitivo, fornecendo, por assim dizer-se, o idioma por meio do qual se expressam as pesadas objeções que se lhe dirigem. A seletividade do sistema punitivo, a prisionalização *en masse*,[1656] a subcultura prisional, a etiquetagem, a estigmatização, o desvio secundário, a instituição total, o populismo punitivo, o direito penal simbólico e tantas outras categorias têm demonstrado que a experiência prisional traz consequências devastadoras aos seres humanos (aos presos e às suas famílias); e os custos (materiais, sociais e individuais) são altíssimos; sem se mencionar, ainda, os elevadíssimos índices de reincidência e as expressivas taxas de ineficiência preventiva.

Em virtude disso, em diferentes instâncias – e se cuida de um movimento mundial de reforma penal que pretende a limitação da pena de prisão – têm sido cada vez mais comum o desenvolvimento de mecanismos, de instrumentos legais e mesmo de programas alternativos que impeçam (ou, ao menos, dificultem) o aprisionamento[1657] – especialmente em relação às penas *di breve durata*.[1658]

[1655] Michel Foucault (p. 226) afirma que "o movimento para reformar as prisões, para controlar seu funcionamento, não é um fenômeno tardio. Não parece sequer ter nascido de um atestado de fracasso devidamente lavrado. A 'reforma' da prisão é mais ou menos contemporânea da própria prisão. Ela é como que seu programa. A prisão se encontrou, desde o início, engajada numa série de mecanismos de acompanhamento, que aparentemente devem corrigi-la, mas que parecem fazer parte de seu próprio funcionamento, de tal modo têm estado ligados à sua existência em todo o decorrer de sua história".

[1656] No Brasil, nas últimas duas décadas, o número de pessoas encarceradas aumentou de, aproximadamente, 90 mil para mais de meio milhão. Isso implicou um crescimento de 450%, ao passo que a população aumentou, no mesmo período, 32%. Também o número de presos provisórios se elevou, consideravelmente: em 1990, contávamos com 18% de presos provisórios; na atualidade, esse número se elevou para 44%, demonstrando que a "liberdade processual deixou de ser regra e que não só encarceramos em massa, como permitimos que centenas de milhares permaneçam presos sem julgamento" (ROLIM, Marcos, 2011, p. 22). De acordo com os dados divulgados pelo Ministério da Justiça, no final de 2012, o número total de presos em penitenciárias e delegacias brasileiras é da ordem de 549.577 pessoas.

[1657] Sobre os substitutivos penais – *lato sensu* –, Juarez Cirino dos Santos (2011, p. 343), após defini-los como "estratégias de política criminal formuladas com objetivo de evitar ou reduzir os efeitos negativos do processo de criminalização ou de execução penal, mediante substituição de mecanismos formais por mecanismos informais de controle social de fatos puníveis de leve ou média gravidade, realizados por autores considerados não perigosos, sob o fundamento de que a intervenção judicial produz maior dano do que utilidade", informa que, além das teorias tradicionais (baseadas em [i.] explicações humanitárias – segundo as quais o fundamento dos substitutivos penais seria o sentimento de piedade do ser humano – e em [ii.] explicações científicas – de acordo com as quais o fundamento dos substitutivos penais se encontraria nas críticas sobre as inconveniências práticas, morais, sociais e jurídicas da execução das penas), haveria, ainda, uma explicação crítica, cuja essência, pautando-se pela moderna teoria jurídica e criminológica do crime e da pena, aponta a razão de ser dos substitutivos penais "em explicações fundadas na superlotação carcerária, em crise fiscal e na ampliação do controle social" (p. 345).

[1658] Como aduz Tullio Padovani (p. 319), "troppo brevi per consentire un trattamento penitenziario efficace, tali pene appaiono sufficientemente lunghe per determinare tutte le possibili conseguenze negative della detenzione: nei confronti del reo condannato, la stigmatizzazione sociale, la rottura di rapporti familiari e di lavoro; nei confronti della società, il 'contagio criminale' destinato ad accrescere il pericolo di recidiva, sì che il reo primario di un reato di modesta o infima gravità, esce dallo stabilimento carcerario pronto a ben maggiori imprese delinquenziali, e ad esse ulteriormente stimolato dalla sua nuova condizione di emarginato".

Nessa realidade, as penas restritivas de direitos são, em verdade, um (entre tantos) desses mecanismos tendentes a evitar a prisão; e a sua existência se encontra tão disseminada, na consciência jurídico-penal moderna, que se pode mesmo indicar o "princípio da pena alternativa", segundo o qual sempre que "o juiz tenha à sua disposição uma pena de prisão e uma pena não detentiva, deve preferir a aplicação desta à daquela",[1659] ao considerar, por óbvio, que a pena não detentiva possa atender, positivamente, aos objetivos da punição.

Concretamente, apresentam-se três momentos para a aplicação das penas restritivas de direitos: (i.) na sentença penal condenatória, quando, após a fixação da pena de prisão, observar o magistrado que, em decorrência da quantidade de pena e do preenchimento dos requisitos subjetivos, se torna recomendável a concessão, ao acusado, da(s) pena(s) alternativa(s); (ii.) em instância recursal, quando o tribunal, em ação originária ou em grau de recurso, aplicará uma pena de prisão, substituindo-a, então, por uma pena alternativa; e, ainda, (iii.) no curso da execução (artigo 180 da Lei de Execuções Penais), na medida em que, "mesmo depois do trânsito em julgado da condenação, poderá haver a substituição da pena de prisão, pelo juízo da execução, caso o sentenciado não a tenha obtido no momento da condenação".[1660] Nesta última hipótese, deve haver a reunião dos seguintes requisitos para operar-se a conversão: (a) que a pena privativa de liberdade não seja superior a dois anos; (b) que o condenado esteja em regime aberto de execução; (c) que tenha cumprido pelo menos um quarto da pena; (d) que os antecedentes e a personalidade do condenado recomendem a substituição.[1661]

Obviamente que, uma vez operada a conversão, a pena restritiva de direitos deverá ter a mesma duração do tempo restante da pena substituída, descontando-se, assim, o tempo de prisão cumprido.

6.15.2. Do conceito, espécies e características

Devem conceber-se as penas restritivas de direitos como uma sanção substitutiva à pena de prisão, que se materializa na restrição de um ou mais direitos do apenado.[1662]

Como define Tullio Padovani, "si tratta di sanzioni la cui funzione ed il cui contenuto già corrispondono, di per sé, all'esigenza di evitare il ricorso alla pena detentiva".[1663] Cuida-se, pois, de penas que se destinam a restringir determinados direitos, como a liberdade ou o patrimônio.[1664] Tais penas não perdem o caráter de retribuição; contudo, obstaculizam, como visto, os males do sistema prisional clássico.[1665]

1659 FIGUEIREDO DIAS, Jorge de, 1993, p. 328.

1660 DELMANTO, Celso; e outros, p. 242.

1661 QUEIROZ, Paulo, p. 509. Como explicam Julio Mirabete e Renato N. Fabbrini (2016, p. 275), "procurou-se dinamizar o quadro da execução da pena de tal maneira que a sanção finalmente cumprida não é, necessariamente, a pena aplicada na sentença, permitindo-se melhor individualização da sanção penal".

1662 As penas restritivas de direitos foram introduzidas pela Resolução 45/110 da Assembleia Geral da ONU, denominada de Regras de Tóquio, na qual constam as normas mínimas para a prevenção do delito e tratamento do delinquente.

1663 PADOVANI, Tullio, p. 324.

1664 DOTTI, René Ariel, 2013a, p. 567.

1665 CAMPOS, Teresinha Borges, 2010, p. 170.

Sob outro enfoque, podem ser convertidas em penas privativas de liberdade na hipótese de o beneficiário deixar de cumprir as obrigações estabelecidas.[1666]

As penas restritivas de direitos encontram-se "inseridas no rol de medidas alternativas à prisão", não havendo, portanto, previsão específica no preceito secundário dos tipos penais.[1667]

De outro plano, cinco são as espécies de penas restritivas de direitos, todas presentes no artigo 43 do Código Penal,[1668] cujo elenco constitui *numerus clausus*, não comportando qualquer ampliação, muito embora haja, além das penas previstas na Parte Geral, diversas outras penas com caráter não privativo da liberdade estabelecidas na legislação extravagante.[1669] [1670]

Além disso, as penas restritivas de direitos se dividem em: (i.) genéricas – tendo aplicação substitutiva em qualquer infração penal; e (ii.) específicas – tendo aplicação substitutiva limitada a determinadas infrações penais realizadas no exercício de certas atividades, mediante violação do dever a elas inerentes, ou a delitos culposos.[1671]

As penas restritivas de direitos têm as seguintes características básicas: (i.) autonomia, isto é, não podem ser aplicadas cumulativamente com as penas privativas de liberdade (posto que haja, na legislação especial, exemplos de combinação de pena restritiva de direito e de prisão, como é a hipótese do artigo 292 do Código de Trânsito Brasileiro); (ii.) substitutividade, ou seja, deve haver duas operações sequenciais: na primeira, o magistrado estabelece a pena privativa de liberdade para, somente após, na segunda, na mesma sentença, substituí-la pela pena restritiva de direitos, cuja duração será idêntica à da pena privativa de liberdade substituída (à exceção da pena de presta-

---

[1666] CAMPOS, Teresinha Borges, p. 170.

[1667] CAMPOS, Teresinha Borges, p. 170

[1668] São as seguintes as penas restritivas de direitos (com a redação da Lei 9.714/98): I – prestação pecuniária; II – perda de bens e valores; III – prestação de serviços à comunidade ou a entidades públicas; IV – interdição temporária de direitos; e V – limitação de fim de semana. Como aduzem Julio Mirabete e Renato Fabbrini (2016, p. 259-60), "previa o projeto, ainda, a pena restritiva de direito de 'recolhimento domiciliar', mas o inc. III, que a instituía, foi vetado pelo Executivo, por se entender que era ela totalmente desprovida da capacidade de prevenir nova prática delituosa, carente do indispensável substrato coercitivo e, portanto, contrária ao interesse público. Pela mesma razão foi vetado dispositivo que previa como pena restritiva de direitos a 'admoestação verbal' ao condenado ou o 'compromisso de frequência a curso ou submissão a tratamento', durante o tempo da pena aplicada. Recentemente, porém, a nova Lei de Tóxicos passou a prever a 'advertência sobre os efeitos das drogas' e a 'medida educativa de comparecimento a programa ou curso educativo' como penas principais a serem aplicadas ao condenado por crime relacionado com o consumo de drogas (art. 28, I e III, da Lei 11.343, de 23-8-06)".

[1669] QUEIROZ, Paulo, p. 509. De modo geral, as penas restritivas de direitos devem ser aplicadas em substituição, isto é, "(...) possuem caráter substitutivo, não podendo coexistir com a pena privativa de liberdade, nem ser aplicadas diretamente, sem antes ser fixada a pena privativa de liberdade, que será por elas substituídas, quando couber" (STF, *HC* 70.3551/MG, 2ª T., Rel. Néri da Silveira); entretanto, na legislação extravagante, (i) podem ser encontrados exemplos de penas restritivas de direitos de caráter não substitutivo, na medida em que são estas estabelecidas diretamente no preceito secundário do tipo penal incriminador ou, mesmo, (ii) de aplicação cumulativa de pena restritiva de direito e prisão (art. 292 da Lei 9503/97).

[1670] Como exemplificam Celso Delmanto e outros (p. 244), "entre as leis especiais, os arts. 8° a 13 e 21 a 24 da Lei 9.605/98 (Meio Ambiente) dispõem de forma específica sobre as penas restritivas de direitos para os delitos nela tipificados. Por sua vez, a Lei 9.613/98 (Lavagem de Dinheiro), em seu art. 1°, § 5°, prevê a possibilidade de substituição da pena privativa de liberdade por pena restritiva de direitos, se o autor, coautor ou partícipe colaborar, espontânea e eficazmente, com as autoridades".

[1671] PRADO, Luiz Regis, 2011a, p. 191.

ção pecuniária e perda de bens e valores, visto que, nestas, o fator 'tempo' não entra em questão), de conformidade ao artigo 55 do Código Penal; e, finalmente, (iii.) generalidade, vale dizer, são suscetíveis de aplicação, independentemente da natureza do injusto ou da sanção, desde que, à exceção dos injustos culposos, a pena aplicada na sentença não ultrapasse o *quantum* de quatro anos.[1672]

6.15.3. Dos requisitos para a substituição

As condições necessárias – para que se implemente a substituição da pena privativa de liberdade por penas restritivas – envolvem a afluência concomitante dos seguintes requisitos (artigo 44 do Código Penal): (i.) pressupostos objetivos – (a) que o sentenciado tenha sido condenado, por crime doloso, a uma pena privativa de liberdade igual ou inferior a quatro anos, com exceção da pena de prestação de serviços à comunidade ou entidades públicas, em que ela só é admitida quando a condenação for superior a seis meses (artigo 46, *caput*); ou se se tratar de condenação por crime culposo, qualquer que seja a quantidade de pena privativa de liberdade; (b) que não se cuide de crime cometido com violência ou grave ameaça à pessoa; (ii.) pressupostos subjetivos – (a) não seja o sentenciado reincidente específico em crime doloso; (b) que exista um quadro favorável ao sentenciado (relacionado à culpabilidade, aos antecedentes, à conduta social e à personalidade, bem como aos motivos e às circunstâncias) indicativo de ser a substituição uma medida adequada e suficiente.

Evidentemente, uma vez atendidos os requisitos legais, o sentenciado tem direito público subjetivo à substituição, reconhecendo-se-lhe, por conseguinte, o direito à substituição da pena privativa de liberdade por pena(s) alternativa(s).

6.15.4. Da diversidade de entendimento

De um modo geral, a doutrina tem se pronunciado no sentido de que, em se tratando do concurso formal, material ou crime continuado, a substituição terá em conta o total das penas aplicadas,[1673] (ou, com uma variante, entendendo que, apenas no crime continuado ou no concurso formal, se analisa a pena total para fins de substituição, na medida em que, no concurso material, o juiz, na sentença, deve fixar a pena de cada crime, isoladamente, avaliando, igualmente de modo separado, o cabimento da substituição para cada um dos delitos),[1674] com o que, na hipótese de concurso de crimes, a substituição somente será possível quando o total das penas não seja superior ao limite de quatro anos, à exceção dos injustos culposos.[1675] Idêntico raciocínio tem sido adotado pela jurisprudência, ao preconizar que a soma das penas, no caso do concurso material,

---

[1672] BOSCHI, José Antonio Paganella, 2014, p. 326.

[1673] QUEIROZ, Paulo, p. 506.

[1674] BARROS, Flávio Augusto Monteiro de, p. 479.

[1675] MIRABETE, Julio Fabbrini; FABBRINI, Renato N., 2016, p. 271. Os autores ainda esclarecem que, no caso de concurso formal ou crime continuado em ilícitos dolosos, "a substituição deve ser feita por uma só pena restritiva de direito ou multa", mas, quando se tratar do concurso material, "a substituição poderá ser efetuada por duas ou mais penas alternativas idênticas (quando os crimes forem idênticos), ou mesmo por penas substitutivas diversas (se não o forem)". No mesmo sentido, Luiz Regis Prado (2017a, p. 373), para quem: "em caso de concurso formal ou de crime continuado, a substituição será feita por uma pena restritiva de direitos".

inviabiliza a substituição quando, diante da soma dos apenamentos concorrentes, o total da punição ultrapassar o *quantum* de quatro anos; ou, no que tange ao concurso formal ou ao crime continuado, quando o fator de exasperação conduzir à superação do limite legal.[1676]

Por outro lado, podem ser encontradas posições contrastantes, que advogam que o acréscimo decorrente da continuação delitiva não irá incidir no limite de quatro anos estabelecido para a substituição da pena privativa de liberdade por restritiva de direitos.[1677]

6.15.5. Da posição que se adota

Há no entanto reconhecer-se que se pode enveredar por caminho destoante, avaliando-se que, na hipótese do crime continuado, o acréscimo punitivo – decorrente da aplicação do instituto – não deveria computabilizar-se (em relação ao limite temporal de quatro anos) para fins de obstaculizar a substituição da pena privativa de liberdade por restritivas de direito.

Essa construção – que talvez não satisfaça certas exigências positivistas – encontra, de início, seu ponto de apoio em uma perspectiva político-criminal (aqui representada pela postura pragmática que visa a afastar do cárcere todo o criminoso que possa, de modo alternativo e adequado, cumprir sua pena desvinculado do sistema duro, ainda que essa postura implique – como vêm, desde há muito tempo, denunciando certos setores sociológicos, com Stanley Cohen à frente – o [assim denominado] fenômeno do "widening the net" ou "thinning the mesh")[1678] que assume plenamente essa consequência como um mal menor. Pode, ainda, defender-se, na busca de aceitação de diretrizes gerais para a resolução de casos, a aplicação das penas alternativas (apesar de o limite ter sido ultrapassado em virtude da incidência do aumento punitivo representado pelo crime continuado), na medida em que se vão utilizar, em analogia *in bonam partem*, tanto o comando legal do artigo 119 do Código Penal como a Súmula 497 do Supremo Tribunal Federal, os quais determinam não seja acrescentado, no cômputo da pena, para a prescrição, o aumento decorrente da continuidade delitiva – permitindo, por esse modo, a adoção de postura perfeitamente adequada e coerente com o sistema (aqui,

---

[1676] TJSC, ACR 2010.000878-4, 2ª CC, Rel. Vilmar da Silva, j. 19.3.10.

[1677] Nesse sentido: PRADO, Luiz Regis, 2011a, p. 195-6; DELMANTO, Celso; e outros, p. 301.

[1678] Nas palavras de Stanley Cohen (1979, p. 346-7): "thinning the Mesh and Widening the Net – On the surface, a major ideological thrust in the move against institutions derives from a desire to limit state intervention. Whether arising from the supposed failures of the treatment model, or the legal argument about the over-reach of the law and the necessity to limit the criminal sanction, or the implicit non-interventionism of labelling theory, or a general disenchantment with paternalism, or simply the pragmatic case for easing the burdens on the system – the eventual message looked the same: the state should do less rather than more. It is ironical then – though surely the irony is too obvious even to be called this – that the major results of the new movements towards 'community' and 'diversion' have been to increase rather than decrease the *amount* of intervention directed at many groups of deviants in the system and, probably, to increase rather than decrease the total *number* who get into the system in the first place. In other words: 'alternatives' become not alternatives at all but new programs which supplement the existing system or else expand it by attracting new populations". Trata-se, em outros termos, de estratégias de criminalização de condutas cotidianas (juizados especiais, penas alternativas, justiça terapêutica) que contribuem – nas palavras de Vera Batista (2011, p. 105) – "para a jurisdicionalização da vida cotidiana e para a maximização das intervenções jurídicas".

autossuficiente de soluções, pois permite, ao juiz, recorrer a princípios ou critérios jurídicos para justificar suas decisões).[1679]

Em suma, as medidas tendentes a impedir o cárcere não devem ser afastadas, *prima facie*, do quadro de possíveis soluções, apenas em razão de um critério objetivo, o qual pode, *in casu*, se mostrar injusto e inadequado em contraste com a avaliação ampla do merecimento do condenado; além disso, a solução dos casos penais, a partir de uma perspectiva moderna, notadamente os de menor impactação, tem de priorizar o emprego, *à tort et à travers*, de instrumentos penais alternativos à prisão, porquanto – como se viu – esta medida repressiva máxima somente pode ter acento na absoluta impossibilidade de cabimento de outras de menor densidade punitiva.

Por outros termos, não se concede às penas restritivas qualquer magistralidade; apenas, entretanto, se reconhece que, pouco a pouco, se foram impondo, lógica e concretamente, como importante fator de contenção ao avanço efetivo da prisão – objeto-símbolo do terror e da segregação (muito particularmente) pan-americanos.

6.16. O CRIME CONTINUADO E A EXTRADIÇÃO

Nesta vinculação temática, deve discutir-se o reconhecimento, ou não, da ficção jurídica do crime continuado, no sentido de se poder exigir, ao nível das relações extradicionais, a subserviência do Estado requerente ao sistema jurídico (*in casu*, no que se relaciona à aplicação das penas) do Governo em face do qual se solicita a postulação extradicional.

Antes, sem embargo, alguns aspectos gerais necessitam ser aclarados, a fim de transmitir mais consistência à construção do tema.

6.16.1. Aspectos gerais. Conceito

No plano das relações internacionais, a extradição desponta como "la più antica e la più vitale forma di cooperazione internazionale nella lotta alla criminalità", envolvendo "numerose convenzioni internazionali, bilaterali o multilaterali".[1680] A cooperação internacional para o enfrentamento da criminalidade tem sido a tônica – em favor da defesa social mundial – adotada e intensificada pelas relações internacionais, sendo aceito, o instituto da extradição, "pela maioria dos países como manifestação da solidariedade e da paz social entre os povos".[1681] A extradição vincula-se à soberania de dois ou mais

[1679] Neste rumo, indica-se decisão significativamente interessante construída pela jurisprudência do TRF/4ª Região, segundo a qual, em hipótese de crime continuado, a unificação de apenamentos não poderia implicar exclusão das penas restritivas aplicadas em cada processo autônomo (ainda que houvesse a superação do limite de 4 anos), na medida em que, com o trânsito em julgado, as penas alternativas se aderem ao acervo jurídico do condenado, não se lhe podendo mais despojar: TRF4, AGE 200571000140651, 8ª T., Rel. Des. Luiz Penteado, j. 23.11.05. Ver, ainda: TRF4, AGE 200471090022255, Rel. Des. Néfi Cordeiro, 7ª T., j. 21.6.05; TRF4, AGE 2004.71.09.002352-1, 7ª T., Rel. Des. Tadaaqui Hirose, j. 29.6.05 ; TJSP, EXP 05251013620108260000, 16ª CC, Rel. Almeida Toledo, j. 22.2.11; TRF4, AGE 0000642-09.2010.404.7102, Rel. Des. Élcio Castro, 7ª T., j. 15.8.12; TRF4, AGE 5003528-77.2016.404.7103, Relª. Desª. Cláudia Cristofani, 7.ª T., j. 24.1.17.

[1680] MARINUCCI, Giorgio; DOLCINI, Emilio, p. 97.

[1681] DEL'OLMO, Florisbal, 2007, p. 13.

Estados, ultrapassando, portanto, os limites de cada ordenamento jurídico interno e projetando-se aos mecanismos de cooperação internacional no combate à criminalidade. É por meio da extradição que se concretiza, na maioria dos casos, o *jus puniendi* de criminosos que pretendem, no estrangeiro, alcançar a impunidade penal.

Conceitualmente, a extradição – aponta Francisco Rezek – "é a entrega, por um Estado a outro, e a pedido deste, de pessoa que em seu território deva responder a processo penal ou cumprir pena";[1682] ou, nas palavras de Florisbal de Souza Del'Olmo, "o processo pelo qual um Estado entrega, mediante solicitação do país interessado, pessoa condenada ou indiciada nesse Estado requerente, cuja legislação é competente para julgá-la pelo crime que lhe é imputado".[1683] Graças a tais definições, torna-se claro que "la demande d'extradition peut concerner, soit un inculpé, soit un condamné",[1684] e cuja função visa ao atendimento do interesse persecutório do Estado requerente, podendo, ainda, reflexamente, atender a interesse do Estado requerido, pois: "à ceux de l'Etat requérant qui, grâce à elle, assurera la répression d'un délit qui l'a directement offensé; à ceux de d'Etat requis, dont elle débarrassera le territoire de la présence d'un indésirable".[1685]

Diante do princípio da *lex loci delicti comissi*, ou seja, em decorrência do princípio da territorialidade é que a extradição se torna possível, porquanto é dever do Estado processar e punir aquele que pratica atos delituosos. A extradição permite que a reprimenda a delinquentes, que buscam evadir-se em outro país após o cometimento de um crime, seja concretizada em âmbito internacional, contribuindo, à vista disso, com o enfrentamento da criminalidade; e acresce a este objetivo a consideração de que os Estados se podem auxiliar, mutuamente, na efetivação da justiça criminal, tendo um importante *point d'appui* além de suas fronteiras para a preservação de seus interesses.

6.16.2. A extradição no nosso ordenamento jurídico

O instituto extradicional está regulado no nosso ordenamento jurídico na Constituição Federal, artigo 5º, incisos LI e LII, e no (assim denominado) Estatuto do Estrangeiro, artigos 76 e seguintes da Lei 6.815/80, bem como o seu regulamento, Dec. 86.715/81. Além disso, o Brasil, presentemente, também possui tratados com diversos Estados (são, em verdade, vinte e sete tratados, bilaterais ou multilaterais, que se encontram em plena vigência), pois a extradição, como um ato de colaboração, em geral, encontra-se vinculada a um tratado existente entre os países, ensejando a entrega do extraditando à nação que o reclama. Podem citar-se, entre os Estados com os quais o nosso país firmou tratados sobre o tema, a Argentina, a Espanha, os Estados Unidos, a Itália e o Reino Unido.

A extradição poderá ocorrer por duas formas: por meio de tratado ou, na falta deste, mediante promessa de reciprocidade,[1686] vale dizer, comprometendo-se o Estado

---

[1682] REZEK, Francisco, 2008, p. 197.

[1683] DEL'OLMO, Florisbal, 2011, p. 191-2.

[1684] DONNEDIEU DE VABRES, Henri, p. 974. Em outros termos: "a pessoa procurada pode ser extraditada para responder a processo criminal (extradição instrutória) ou para cumprir pena (extradição executória)" (ARAS, Vladimir, 2010, p. 323).

[1685] DONNEDIEU DE VABRES, Henri, p. 975.

[1686] FAYET JÚNIOR, Ney; FERREIRA, Martha; ADAMY, Pedro, 2008b, p. 587. Pode indicar-se que "o tratado tem aplicabilidade imediata, ainda que superveniente ao pedido, seja para beneficiar ou prejudicar o

requerente a também entregar indivíduos ao Estado requerido, em casos análogos. Entretanto, a sua aplicação somente será possível cumprindo-se os requisitos exigidos, quais sejam: que o crime tenha sido praticado em território do Estado requerente, ou que ao extraditando se possam aplicar as leis penais desse Estado; e que exista sentença final de privação de liberdade, ou que a prisão do extraditando esteja autorizada por juiz ou autoridade competente para tanto do Estado requerente.[1687] Há de se mencionar que a extradição somente será concedida em casos de dupla incriminação[1688] (dupla tipicidade), ou seja, quando o ato praticado for considerado crime em ambos os Estados, requerente e requerido, independentemente da denominação que tiverem;[1689] e de dupla punibilidade, isto é, não se achar extinta, em decorrência de qualquer causa legal, a punibilidade do extraditando (seja segundo o ordenamento positivo do Brasil ou do Estado requerente).[1690]

A extradição poderá ser ativa ou passiva, dependendo do ângulo de visão de cada Estado; desta forma, quando analisado sob o ponto de vista do Estado requerente, a extradição será considerada ativa; já quando do Estado requerido, será ela passiva. No ordenamento jurídico brasileiro, a primeira encontra-se regulamentada pelo Decreto-Lei 394/38; já a segunda, pelo Dec. 86.715/81 (o Estatuto do Estrangeiro atualizado).[1691]

---

extraditando", quer dizer, "os tratados têm aplicação retroativa (...), não se aplicando o princípio da irretroatividade próprio das leis penais". Por outro lado, "o mecanismo da promessa de reciprocidade, veiculado mediante nota verbal (...), pode ser utilizado também quando, embora existente o tratado, a extradição pretendida tenha por objeto crime não contemplado naquele instrumento (...); quando o Estado requerente pretenda se valer de disposições mais favoráveis a sua pretensão previstas no EE, em detrimento das regras do tratado (...) ou quando, embora já firmado o tratado, ainda não tenha sido incorporado ao direito brasileiro de acordo com o procedimento previsto na CF (...)" (BALTAZAR JÚNIOR, José Paulo, 2010, p. 163-4).

[1687] EE, art. 78: "São condições para a concessão da extradição: I – ter sido o crime cometido do território do Estado requerente ou serem aplicáveis ao extraditando as leis penais desse Estado; e II – existir sentença final de privação de liberdade, ou estar a prisão do extraditando autorizada por Juiz, Tribunal ou autoridade competente do Estado requerente, salvo o disposto no artigo 82".

[1688] EE, art. 77: "Não se concederá a extradição quando: (...). II – o fato que motivar o pedido não for considerado crime no Brasil ou no Estado requerente". Como aduz Víctor Gabriel Rodríguez (2010, p. 116), "pela existência do requisito da dupla tipicidade é que não se pode dizer que a extradição seja um instituto restrito ao Direito internacional, como tampouco é possível afirmar que o julgamento do pedido extradicional refere-se apenas a critérios processuais formais: desenvolve-se um juízo de comparação entre o Direito penal pátrio como um todo e o sistema punitivo estrangeiro. À ausência de pontos de contato entre essas legislações, o STF negará a extradição, ou lhe imporá restrições".

[1689] "Il principio della doppia incriminazione riguarda non i rapporti tra figure astratte di reato, bensì la riconducibilità del fatto concreto sia sotto una norma incriminatrice prevista dalla legge straniera, sia sotto una norma incriminatrice prevista dalla legge italiana: è irrelevante che il fatto abbia una diversa qualificazione giuridica nei due ordinamenti, ovvero che sia punito con pene diverse" (MARINUCCI, Giorgio; DOLCINI, Emilio, p. 98).

[1690] STF, Ext. 1.201, Rel. Celso de Mello, TP, 17.2.11.

[1691] No nosso ordenamento, a extradição passiva é de competência do STF, sendo que "os pedidos oriundos do exterior são recebidos pelo Ministério das Relações Exteriores e encaminhados ao MJ, que, por sua vez, os redireciona ao STF para decisão, podendo decretar a prisão do extraditando" (ARAS, Vladimir, p. 323). Contudo, "a extradição ativa (o Brasil como Estado requerente) pode ser requerida por qualquer juiz ou tribunal brasileiro, federal ou estadual, de ofício ou por provocação do Ministério Público. A autoridade judiciária competente deve remeter o pedido por intermédio do Departamento de Estrangeiros do Ministério da Justiça, que o reenvia ao Ministério das Relações Exteriores, devendo ser atendidos requisitos postos no art. 20 do Dec.-lei 394, de (...) 1938. Para tramitação do pedido, é necessário remeter cópia dos textos da lei brasileira que tipifiquem o crime praticado pelo extraditando, cópia dos textos sobre a pena aplicável e sobre a prescrição, além do relato do fato e dados qualificativos do procurado" (ARAS, Vladimir, p. 323).

É muito importante, nesse tipo de relação envolvendo mais de um Estado e suas próprias leis, que se respeite a soberania de cada um deles. (É o que ocorre, por exemplo, na aplicação do crime continuado; e isso porque nem todos os países os adotam em seus corpos legislativos. Por conta desse ponto de interseção é que surge o interesse na abordagem dos temas da extradição e do crime continuado.)

6.16.3. Da recepção da matéria

Postas as coisas deste modo, podem ser observadas algumas nuances no tocante à matéria (vinculada ao instituto da continuidade delitiva) que envolve a postulação extradicional deduzida por Governo estrangeiro perante o Estado brasileiro.

Com efeito, tradicionalmente se tem destacado a impossibilidade de o Brasil estabelecer, ao país requerente, a aplicação do seu modelo legal de aplicação de penas. Nesse rumo, a aceitação (ou não) do crime continuado não deveria servir de óbice para a concessão do pedido extradicional efetuado pelo país solicitante. Assim sendo, mesmo que, no Brasil, o instituto legal do crime continuado tivesse cabimento *in thesi* às condutas delituosas do extraditando, não significaria que, para a concessão da postulação extradicional, se devesse impor, como condição, ao país requerente, esse regramento punitivo benéfico.

Esse é também o entendimento do Supremo Tribunal Federal,[1692] corte competente para a análise da legalidade dos pedidos extradicionais, uma vez que a avaliação do mérito caberá ao juízo do Estado que efetuou o pedido.[1693]

Por outro lado, posicionamento diverso admite a imposição dos institutos do nosso sistema jurídico, quando do pedido extradicional. Conforme esse entendimento, durante o processo que decidirá se é viável extradição, devem ser observados os procedimentos estabelecidos pelo nosso ordenamento jurídico, independentemente da aceitação estrangeira a respeito da continuidade delitiva. Tal ocorre, por ilustração, na análise da prescrição,[1694] quando da ocorrência do crime continuado: conforme à Súmula 497, do Supremo Tribunal Federal, "quando se tratar de crime continuado, a prescrição regula-se pela pena imposta na sentença, não se computando o acréscimo decorrente da continuação".

Partindo-se desse juízo, necessário se faz o questionamento a respeito da possibilidade de se impor, ao Estado requerente, a aplicação do instituto do crime continuado também quando da concessão extradicional, em termos de aplicação de pena; e não, simplesmente, para efeitos de análise formal do pedido. É, na verdade, o que já ocorre em decorrência da prática de delitos que seriam punidos com pena de morte[1695] ou de ergástulo[1696] no exterior; e que o Brasil, ao conceder a extradição, coercivamente, impede

[1692] STF, Ext. 542, TP, Rel. Celso de Mello, j. 13.2.92.

[1693] STF, Ext. 1038, TP, Rel. Joaquim Barbosa, j. 17.5.07; e STF, Ext. 762, TP, Rel. Moreira Alves, j. 1.3.00.

[1694] STF, Ext. 1070, TP, Rel. Marco Aurélio, j. 4.6.09; STF, Ext. 809, TP, Rel. Sepúlveda Pertence, j. 16.5.01; STF, Ext. 731, TP, Rel. Min. Marco Aurélio, j. 11.2.99; STF, Ext. 689, TP, Rel. Min. Francisco Rezek, j. 19.2.97; e STF, Ext. 587, TP, Rel. Min. Néri da Silveira, j. 24.2.94.

[1695] STF, Ext. 1201, TP, Rel. Min. Celso de Mello, j. 17.2.11.

[1696] STF, Ext. 1201, TP, Rel. Min. Celso de Mello, j. 17.2.11.

a aplicabilidade dessas formas de punição,[1697] bem como determina a necessidade de detração da pena.[1698]

Tratar-se-ia de uma simples interpretação mais alargada, que, por analogia (*in bonam partem*), também caberia nos casos de continuidade delitiva, ou seja, igualmente às situações em que, sob o império das circunstâncias, se desenhasse essa figura legal, seria impositiva a encampação das regras inscritas no ordenamento jurídico-penal brasileiro, exigindo que o Estado requerente se comprometesse em aplicar, em detrimento do sistema do cúmulo material de penas, o da exasperação (desde que, por óbvio, este se mostrasse, *in casu*, mais benéfico), em virtude da adoção compulsória desse regramento punitivo específico.

Conclui-se, então, que, tanto para fins de análise da legalidade do pedido como para a concessão extradicional, se poderá utilizar o modelo jurídico brasileiro de aplicação de penas, como é o caso do crime continuado. Inobstante à soberania dos Estados, a orientação do Brasil de apenas deferir a extradição em face do comprometimento do país requerente de não aplicar a pena de morte ou perpétua, sinaliza, claramente, no sentido da humanização das penas (como expressão constitucional que deve, sob todos os títulos, ser observada, tanto interna como externamente); e à irrecusabilidade dessas penas se poderia inscrever, também, como condição necessária ao deferimento do pedido extradicional, a adoção, pelo país solicitante, da regra punitiva (de índole benéfica) do crime continuado, que encerra, exatamente, em linguagem *honnête*, não apenas uma maior racionalidade, mas, de modo fundamental, uma noção humanista de limitação do poder punitivo estatal.

6.17. O CRIME CONTINUADO E O PERDÃO JUDICIAL

O instituto do perdão judicial implica causa de extinção da punibilidade (artigo 107, inciso IX, do Código Penal) relacionada à falta de interesse estatal em punir determinado réu em razão de fatores especiais vinculados a aspectos pessoais ou relativos ao próprio fato.[1699] (Cuida-se de circunstâncias de caráter pessoal, sendo, portanto, incomunicáveis aos eventuais coautores ou partícipes do crime.)[1700]

O perdão judicial é, em poucas palavras, o ato por que o magistrado deve, em obediência a certos dados de inspiração político-criminal, deixar de aplicar a pena – *absehen von Strafe* –, revelando, por via própria de consequência, a "sabedoria legislativa do Estado"[1701] na construção de soluções de lides penais em obediência a padrões humanitariamente consagrados. Ou, em outros termos, é "o instituto jurídico pelo qual o juiz, reconhecendo a existência de todos os elementos para condenar o acusado, não o faz, declarando-o não passível de pena, atendendo a que, agindo por essa forma, evita um mal injusto, por desnecessário, e o acusado não tornará a delinquir".[1702]

[1697] STF, Ext. 1.176, Rel. Min. Ricardo Lewandowski, TP, j. 10.2.11.
[1698] STF, Ext. 1.150, Relª. Minª. Cármen Lúcia, TP, j. 19.5.11.
[1699] DOTTI, René Ariel, 2013a, p. 843.
[1700] QUEIROZ, Paulo, p. 566.
[1701] DOTTI, René Ariel, 2013a, p. 806.
[1702] ROMEIRO, Jorge Alberto, 1965, p. 73.

(No direito anglo-americano, anota Jorge Alberto Romeiro, o instituto é conhecido como *discharge.*)[1703]

Várias são as hipóteses legais nas quais se inscreve a possibilidade de ser concedido o benefício (cuja melhor compreensão permite o reconhecimento, em verdade, de um direito público subjetivo do acusado[1704]), tanto na Parte Especial como em leis complementares.[1705] Apesar de remanescer certa desinteligência doutrinária sobre a natureza jurídica da sentença concessiva do perdão judicial (se sentença condenatória ou absolutória; ou, ainda, se causa extintiva da punibilidade), em termos práticos, avalia-se que – independentemente da posição adotada (entende-se que não é condenatória nem absolutória, mas somente declaratória da extinção da punibilidade, por cuja razão pode ser reconhecida em qualquer fase da *persecutio criminis*, até mesmo no decreto de arquivamento de inquérito policial)[1706] – essa sentença não importará em futura reincidência (artigo 120 do Código Penal), não gerando, pois, quaisquer outros efeitos condenatórios (Súmula 18 do Superior Tribunal de Justiça).

De modo particular, o instituto do perdão judicial aplica-se aos crimes de homicídio e lesão corporal culposos, sempre que as consequências do ilícito atingirem o próprio agente de forma tão grave que a sanção penal se torne desnecessária (artigos 121, parágrafo 5°, e 129, parágrafo 8°, do Código Penal);[1707] e aqui reside, como se vai demonstrar, o ponto de interesse deste tópico: quer indicar-se a incindibilidade da sentença concessiva de perdão judicial nas hipóteses de concurso formal e, mesmo diante da inocorrência da matéria, de crime continuado.[1708]

6.17.1. A colocação do problema

Na hipótese de delitos de trânsito em concurso formal, poder-se-iam estipular, basicamente, duas situações vinculadas à possível concessão do perdão judicial: (i.) na primeira hipótese, são atingidas e vêm a falecer, em virtude da conduta negligente do réu, duas pessoas, ambas sendo filhos dele; (ii.) na segunda hipótese, igualmente são mortas, em consequência da conduta negligente do réu, duas pessoas, sendo uma filho dele e a outra, um estranho.

No primeiro exemplo, não há dúvida de que o perdão judicial se estenderia à totalidade do resultado obtido por meio da unicidade de ação, admitido que o motivo que o justifica em um caso é idêntico no outro, inexistindo razões (lógicas ou jurídicas)

[1703] ROMEIRO, Jorge Alberto, p. 80.

[1704] Em sentido contrário, sustenta Marcelo Fortes Barbosa (1996, p. 42) que o perdão judicial é uma faculdade que a lei concede ao magistrado, dentro da sistemática constitucional da individualização da pena, e não um direito do acusado, pois, "se o Juiz tem parâmetros legais para aplicar a pena, e se o Perdão Judicial tem prévia fixação hipotética em lei, não há como, a pretexto de arbítrio judicial, tratá-lo como benefício-direito do réu: sua verdadeira característica é a de faculdade do Magistrado".

[1705] DELMANTO, Celso; e outros, p. 385.

[1706] PEDROSO, Fernando de Almeida, p. 724.

[1707] Muito embora haja ainda outras hipóteses, tais quais, por exemplo: art. 140, § 1°, I e II, do CP; art. 176, § único, do CP; art. 180, § 3°, c/c 5°, primeira parte, do CP; art. 249, § 2°, do CP; art. 242, § único, do CP; art. 168-A, § 3°, do CP; art. 337-A, § 2°, do CP; e, ainda, art. 29, § 2°, da Lei 9.605/98 e art. 326, § 1°, I e II, da Lei 4.737/65.

[1708] Não há qualquer dúvida sobre a aplicação do instituto em se tratando de crimes de trânsito; assim, por todos: QUEIROZ, Paulo, p. 566.

para qualquer cindibilidade da decisão. No segundo exemplo, poderia surgir o questionamento sobre a cindibilidade (ou não) do *decisum*, ou seja, se se deveria aplicar a medida somente com relação a um dos delitos e permitir a condenação ao outro, ou, ao contrário, se também nessa hipótese não se deveria cindir a decisão. Qual a melhor postura?

6.17.2. A solução para o concurso formal

No que respeita a essa modalidade de concurso de crimes, a jurisprudência tem proclamado a incindibilidade do benefício, isto é, o instituto do perdão judicial não pode ser concedido em relação a apenas um dos ilícitos,[1709] para cujo entendimento são trazidos, fundamentalmente, dois argumentos: em primeiro lugar, essa causa de extinção da punibilidade deve ser analisada em conjunto com o artigo 51 do Código de Processo Penal, que estatui que "o perdão concedido a um dos querelados aproveitará a todos (...)", permitindo concluir que o benefício deve ser aplicado a todos os efeitos causados por uma única ação delitiva;[1710] em segundo lugar, a interpretação do artigo 70 do Código Penal determina a unificação de penas, quando o agente, mediante uma única ação, praticar dois ou mais crimes, idênticos ou não.[1711] Assim, ao se avaliar que o instituto em causa deve ser aplicado sempre que, em face das consequências advindas do fato, o autor já as tenha sofrido de forma tão grave que a imposição da pena não teria razão de ser,[1712] injustificado se mostra a cisão daquele benefício. Na doutrina, pontifica Fernando de Almeida Pedroso: "acrescente-se, em remate, que, sendo a dor o sentimento que mais íntima e profundamente expressa o sofrimento e a agonia, espírito da lei na instituição da mercê para os crimes culposos, o perdão judicial abrange o episódio delituoso em sua inteireza e cobre não apenas a morte ou lesões graves em parentes do sujeito ativo, mas também as produzidas em estranhos envolvidos no mesmo palco da tragédia. Nessa conjuntura, havendo concurso formal de crimes culposos que permitam a benesse, é inadmissível cisão para a aplicação parcial da medida, que não pode ser concedida a um dos delitos com mantença da condenação em relação ao outro, pois o perdão deve ser estendido à totalidade do resultado alcançado com a ação única do agente".[1713] Logicamente, o sofrimento do condenado não seria diminuído pela ausência ou presença de vítimas que lhe eram estranhas. Tal realidade pode ser denominada de efeito extensivo da concessão do perdão judicial a outro crime culposo em concurso.[1714]

Em suma, principalmente em virtude da unicidade de ação sobre a qual repousa a construção do concurso formal, não pode cindir-se a aplicação do benefício do perdão judicial, devendo, por isso, abranger, *in integrum*, todos os episódios consequenciais produzidos pela única conduta; de forma secundária, poder-se-ia agregar, para o fim de

---

1709 TAMG, AC, Rel. Fábio Chaves, *RJTAMG* 21/417; TJSC, AC, Rel. Gaspar Rubick, *JC* 59/332; TACSP, AC, Rel. Walter Swensson, JUTAC 94/328; e TACSP, AC, Rel. Barreto Fonseca, JUTAC 85/366. Em sentido contrário: STJ, RESP 1009822/RS, Rel. Félix Fischer, 5ª T., j. 26.8.08; e STJ, ARESP: 604337/RJ 2014/0280476-1, Rel. Min. Ericson Maranho (Des. conv. do TJ/SP), DJ 9.11.14.

1710 STJ, *HC* 14.348/SP, 5ª T., j. 3.4.01, Rel. Min. Jorge Scartezzini.

1711 STJ, *HC* 14.348/SP, 5ª T., j. 3.4.01, Rel. Min. Jorge Scartezzini.

1712 STJ, RESP 1455178/DF, Rel. Min. Rogerio Schietti Cruz, 6ª T., DJe 6.6.14.

1713 PEDROSO, Fernando de Almeida, p. 724.

1714 TJSC, ACR 22.990, Rel. Ernani Ribeiro, j. 17.3.88.

fundamentação legal, o comando processual do artigo 51, cuja indicação, *in casu*, dar-se-ia em analogia *in bonam partem*.

6.17.3. A solução para o crime continuado

Aqui, deve considerar-se a escassíssima relevância – em termos quantitativos – da matéria; contudo, levando-se em linha de conta que a unidade legal de imputação (representada pelo crime continuado) se direciona, sem qualquer obstáculo,[1715] também aos delitos culposos, em princípio, mostrar-se-ia possível a configuração do problema posto em debate também na hipótese do crime continuado, para cuja solução seriam adotados os mesmos fundamentos e razões que teriam a força resolutiva em se tratando do concurso formal.

Dessa maneira, a unidade legal de imputação recomendaria que este especial motivo de dispensa de pena (*besonder Strafbefreiungsgrund*) se estendesse ao outro ou, ainda, aos outros episódios sequenciais produzidos em continuidade delitiva.[1716]

6.18. O CRIME CONTINUADO E A REITERAÇÃO DA CONDUTA NA LEI DE "LAVAGEM DE DINHEIRO"

No ordenamento jurídico brasileiro, o primeiro instrumento legal que tratou, singularmente, do delito de lavagem ou ocultação de bens, direitos e valores foi a Lei 9.613/98;[1717] esta disciplina legal sofreu significativas alterações em 2002 – em decorrência da Lei 10.467, que incorporou os crimes praticados por particular contra a administração pública estrangeira como antecedentes –; em 2003 – em virtude da Lei 10.701, que inseriu, entre outros aspectos pontuais, o financiamento do terrorismo como antecedente –; e, também, em 2012 – com as severas modificações trazidas pela Lei 12.683 (como, por exemplo, a supressão da lista exaustiva de delitos antecedentes [e a substituição do termo "crime" por "infração penal",[1718] englobando, assim, as contravenções

---

[1715] Ver o ponto 5.3.2.

[1716] Para Damásio de Jesus (2016, p. 318), em linha de princípio, "o nexo de continuidade entre delitos não afasta o perdão judicial, a não ser que o juiz, diante da repetição do comportamento delituoso, entenda que exatamente por isso o réu não o merece".

[1717] Este diploma, além da criminalização da lavagem de capitais, estatuiu, "também no âmbito do Ministério da Fazenda, o COAF (Conselho de Controle de Atividades Financeiras), com a finalidade de disciplinar, aplicar sanções administrativas, receber, examinar e identificar as ocorrências suspeitas de atividades ilícitas previstas nesta lei, sem prejuízo da competência de outros órgãos e entidades (art. 14)" (PRADO, Luiz Regis, 2016, p. 522).

[1718] De certo, "como a lei não estabelece qualquer restrição, as infrações penais podem ser de qualquer espécie, aí incluídos crimes de natureza comum, eleitoral, militares, contra a ordem tributária, etc." (LIMA, Renato Brasileiro de, 2015, p. 289). A mais disso, existe, em realidade, tão somente, uma condição para que o delito-base se torne o antecedente necessário da lavagem de capitais: a de ser a infração produtora, isto é, "aquela capaz de gerar bens, direitos ou valores passíveis de mascaramento. (...), se da infração antecedente não resulta qualquer proveito econômico, não há bens, direitos ou valores que possam ser objeto de ocultação" (LIMA, Renato Brasileiro de, 2015, p. 289). Por outro lado, cuida-se de relação de acessoriedade objetiva entre as infrações, de modo que a condenação – pela infração produtora – não se traduz em pressuposto à condenação pelo crime de lavagem de capitais. Assim, "a comprovação da ocorrência da infração antecedente afigura-se como uma questão prejudicial homogênea do próprio mérito da ação penal relativa ao crime de lavagem" (LIMA, Renato Brasileiro de, 2015, p. 299-300).

penais], bem como a ampliação do rol de pessoas sujeitas às obrigações da política de prevenção, e, ainda, a admissão, ao lado do dolo direto, da forma eventual,[1719] como modalidades subjetivas de realização do ilícito).[1720]

Conceitualmente, o delito de "lavagem de dinheiro" – que podia ser definido, antes da última alteração legislativa, como o expediente mediante o qual se pretende ocultar a origem ilícita de determinados bens, obtidos a partir de um crime, tendo em mira a sua reinserção no mercado lícito – deve ser entendido, agora, como "o ato ou a sequência de atos praticados para mascarar a natureza, origem, localização, disposição, movimentação ou propriedade de bens, valores e direitos de origem delitiva ou contravencional, com o escopo último de reinseri-los na economia formal com aparência de licitude".[1721] A seu turno, Marco Antonio de Barros, pretendendo ofertar um conceito mais adequado ao consenso internacional, remarca que a lavagem de capitais se caracteriza "por uma operação ou por um conjunto de operações comerciais, bancárias ou financeiras que buscam a incorporação, na economia de cada país, de modo transitório ou permanente, de recursos, bens e valores de origem ilícita para dar-lhe aparência legal".[1722]

Trata-se, em síntese, de um processo por intermédio do qual se visa à reintrodução do dinheiro (qualquer que seja a sua expressão) de origem ilícita, na economia formal, sob a capa de lícito.[1723] Referido processo, como regra, compõe-se de três diferentes etapas: "a da ocultação, em que o criminoso distancia o bem, direito ou valor da origem criminosa; a etapa da dissimulação, por meio da qual o objeto da lavagem assume a aparência de lícito, mediante algum tipo de fraude; e a etapa da reintegração: feita a dissimulação, o bem, direito ou valor reúne condições de voltar à economia legal, ou seja, de ser reintegrado no sistema, como se lícito fosse".[1724] Desde essa altura, torna-se importante assinalar que os procedimentos de lavagem são, em medida considerável, intensa e constantemente diversificados, muito em função das estratégias político-criminais utilizadas no combate a esta atividade ilícita específica, isto é, "os métodos e as técnicas mudam em resposta ao desenvolvimento das medidas de prevenção, à velocidade e às maneiras pelas quais o capital circula".[1725]

[1719] Essa modificação permitirá, muito provavelmente, a adoção da denominada *willful blindness doctrine*, segundo a qual o agente, apesar da consciência da possível origem ilícita dos bens, direitos ou valores, atua de modo indiferente a esse conhecimento.

[1720] Em sentido contrário, entendendo que, apesar da alteração legal, a lavagem de dinheiro se constitui em um processo a que o agente adere dolosamente, ou seja, "se ele souber da origem criminosa, da aparência de ilicitude e, ainda assim, decidir utilizá-lo" (VILARDI, Celso Sanchez, 2012, p. 18).

[1721] BADARÓ, Gustavo; BOTTINI, Pierpaolo, 2017, p. 29.

[1722] BARROS, Marco Antonio, 2012, p. 48.

[1723] Para Carla Veríssimo De Carli (2012, p. 119), "a essência do processo, portanto, é separar o dinheiro de sua fonte (o delito antecedente); movimentá-lo tantas vezes quanto possível, criando camadas de operações (através de interpostas pessoas, físicas e jurídicas) que o distanciam cada vez mais da origem e tornam imensamente difícil recompor as pistas de auditoria; para, ao final, reinvesti-lo em uma atividade inserida na economia legal, de forma que pareça ser inteiramente legítimo".

[1724] VILARDI, Celso Sanchez, p. 17. Nuno Brandão (2002, p. 15) assevera que, geralmente, irão apresentar-se três fases, a saber: "Num primeiro momento, designado por colocação (*placement stage*), procura-se colocar os capitais ilícitos no sistema financeiro ou noutras actividades; para, numa segunda fase, chamada de transformação (*layering stage*), realizar as operações necessárias a ocultar essa proveniência criminosa; e num terceiro momento, o da integração (*integration stage*), introduzir os capitais no circuito económico legal".

[1725] DE CARLI, Carla Veríssimo, p. 121.

Em termos gerais, verifica-se um amplo assentimento internacional[1726] no sentido de se adotar uma resposta punitiva global a esta modalidade de ilícito; e, ademais, vem-se constatando que a lavagem de ativos se apresenta como "o lado negro do processo de globalização, da liberalização das trocas internacionais e dos movimentos de capitais, da abertura dos mercados financeiros, da maciça informatização e do comércio electrónico".[1727] No fundo, o delito de lavagem inscreve-se no "âmbito da cultura da corrupção", comprometendo a estrutura democrática dos países, muito particularmente os que se encontram em vias de desenvolvimento, na medida em que suas "economias ficam assim sob o domínio de organizações mafiosas, que acabam por controlar o poder político, pondo-o ao seu serviço, com danos irreversíveis para as respectivas populações".[1728] A tal acresce, ainda, que como, constantemente, "geram e gerem recursos económicos astronómicos – muitas vezes superiores aos dos PIB's dos próprios países onde sediam as respectivas actividades – as modernas organizações criminosas necessitam de integrar esses recursos nos sistemas económicos e financeiros regulares, com a aparência de terem sido obtidos de forma legítima, o que conduz ao processo de branqueamento de dinheiro e de outros proveitos obtidos de forma criminalmente perseguida".[1729]

À temática objeto deste estudo, interessa, no entanto, tão somente a causa de aumento de pena vinculada à reiteração da conduta criminosa, haja vista compatibilizar-se, ou não, com o fator de elevação punitiva do crime continuado.

6.18.1. Da causa especial de aumento (variável) de pena (na Lei de "lavagem de dinheiro") relacionada à reiteração da conduta criminosa

Neste ponto, é interessante observar a previsão de aumento de pena de um a dois terços, se os crimes definidos nesta lei forem cometidos de forma reiterada (ou por intermédio de organização criminosa [artigo 1°, parágrafo 4°]),[1730] concebendo-se, por esse

[1726] Luiz Regis Prado (2016, p. 513-4) reforça: "Na seara mundial, os instrumentos jurídico-internacionais mais importantes relativos à lavagem de dinheiro são a Convenção das Nações Unidas contra o Tráfico Ilícitos de Entorpecentes e de Substâncias Psicotrópicas (Convenção de Viena), de 19 de dezembro de 1988, cujo escopo primordial é promover a cooperação internacional nas hipóteses de tráfico ilícito de entorpecente e delitos correlatos, sendo a primeira a prever um tipo legal de lavagem de dinheiro (art. 3); a Convenção do Conselho da Europa (Convenção de Strasbourg), de 8 de novembro de 1990, que também estabeleceu um mandato de incriminação (art. 6), e a Diretiva n. 91/308 do Conselho da Comunidade Europeia, de 10 de junho de 1991, que versa sobre a prevenção da utilização do sistema financeiro, recomendando a proibição de tal conduta (art. 2), a Convenção de Palermo (art. 6), de 15 de novembro de 2000, que trata do crime organizado transnacional, dentre outros".

[1727] BRANDÃO, Nuno, 2002, p. 16.

[1728] BRANDÃO, Nuno, 2002, p. 23.

[1729] DUARTE, Jorge Manuel, 2002, p. 188.

[1730] Antes da alteração legislativa trazida pela Lei 12.683/12, essa causa especial de aumento era prevista da seguinte maneira: "a pena será aumentada de um a dois terços, nos casos previstos nos incisos I a VI do *caput* deste artigo, se o crime for cometido de forma habitual ou por intermédio de organização criminosa" (art. 1°, § 4°). Deste modo, em face do regramento anterior no crime de lavagem de dinheiro (Lei 9.613/98), a habitualidade, posto que não se apresentasse como uma condição da tipicidade objetiva, implicaria um estilo comportamental ou uma forma de ser peculiar do agente; agora, em consonância com a modificação legal (Lei 12.683/12), não se torna mais necessária a comprovação da habitualidade das condutas criminosas (o que era, de resto, extremamente difícil no âmbito do processo penal) para a incidência dessa causa de aumento, isto é, "basta verificar se o agente praticou mais de uma lavagem de dinheiro, sem a necessidade de averiguação da habitualidade" (BADARÓ, Gustavo; BOTTINI, Pierpaolo, p. 210).

modo, a eventual compatibilidade dessa causa especial de agravamento punitivo com a (causa geral de aumento de pena) do delito continuado.[1731]

A lei estabelece, portanto, uma figura específica para a reiteração criminosa – isto é, que se pratiquem atos de lavagem de ativos, em contexto objetivo, iterada e persistentemente; muito embora não se exijam circunstâncias aparentadas de tempo, lugar e de modo de realização, deve haver atos diferenciáveis para a incidência da causa de aumento de pena –, a qual se traduziria em uma maior reprovabilidade dos comportamentos ilícitos.[1732]

A reiteração implica, por evidente, a prática de atos criminosos e por determinado espaço temporal; dessa forma, "quanto maior o número de atos ou quanto mais longo o período de tempo, maior deve ser a fração de aumento",[1733] cuja noção se aproximaria à da (em geral) utilizada pelo crime continuado para a escolha dos marcos punitivos.[1734]

6.18.2. Da polêmica sobre a eventual incidência cumulativa de ambas as causas de aumento de pena

No que toca à possível compatibilidade da figura especial de aumento de pena (retratada no parágrafo 4° do artigo 1° da Lei de "lavagem de dinheiro") com a do crime continuado, é possível visualizarem-se algumas orientações que se extremam.

[1731] Sobre o tema, Gustavo Badaró e Pierpaolo Bottini (p. 221) tecem as seguintes considerações: "Poder-se-ia solucionar o conflito aparente da seguinte forma: *a causa de aumento* prevista na lei em comento sobrepõe-se à regra do *crime continuado* porque trata especificamente da *lavagem de dinheiro*, enquanto a regra do art. 71 do CP aplica-se a todos os crimes. Logo, pela *especialidade*, valeria a regra especial da Lei de Lavagem. Não parece ser a orientação mais adequada". Contudo, concluem os autores em sentido diverso (p. 211): "Aplica-se a regra do *crime continuado* para a *reiteração da lavagem com nexo de continuidade* – quando presentes os requisitos do art. 71 do CP – e a *causa de aumento* do § 4° para a *reiteração da lavagem de dinheiro sem nexo de continuidade*". Dessa forma, entendem que (p. 211): "a única interpretação possível seria: nas situações de *reiteração* de lavagem de dinheiro *sem nexo de continuidade*, o agente pratica os delitos de *lavagem* em *concurso material* – somando-se as penas de cada um deles – incidindo sobre o resultado final a *causa de aumento* do § 4°. No entanto, tal operação caracteriza *bis in idem*". Por essa razão, os autores (p. 212) concluem que a causa de aumento prevista na Lei de Lavagem não parece ser aplicável a nenhuma hipótese, pois, nos casos em que houver nexo de continuidade entre os diversos atos de lavagem, aplicar-se-á a regra do crime continuado (art. 71 do CP); e, nos demais – quando não houver o nexo de continuidade –, será reconhecida a acumulação própria do concurso material, sem a aplicação da majorante, em respeito ao *ne bis in idem*.

[1732] "Para a incidência da causa de aumento do § 4°, não se exige uma homogeneidade de circunstâncias de tempo, lugar e *modus operandi*, tal qual se exige para o reconhecimento do crime continuado (...), reservando-se ao criminoso profissional tratamento ainda mais gravoso – aumento de pena de 1 (um) a 2/3 (dois terços)" (LIMA, Renato de, 2015, p. 246).

[1733] MORO, Sergio, 2010, p. 47. Em termos jurisprudenciais: TRF4, ACR 5001138-89.2015.404.7000, 7ª T., Rel. Guilherme Beltrami, j. 29.6.17; e TRF4, ENUL 5083838-59.2014.404.7000, 4ª S., Rel. João Pedro Gebran Neto, j. 1.6.17.

[1734] Nota-se que, segundo a redação anterior ("crime cometido de forma habitual"), se mostraria possível a interpretação segundo a qual, como a habitualidade não é uma elementar do tipo de lavagem, seria vinculada, então, a uma qualidade do agente ("Basta que a lavagem seja cometida de forma habitual pelo agente para que seja justificada a exasperação prevista no art. 1°, § 4°, primeira parte, da Lei 9.613/1998. O *quantum* de aumento em razão da majorante em apreço não deve nortear-se por critérios semelhantes ao da continuidade delitiva, uma vez que não se está a tratar de crime habitual [ou seja, de delito que somente se consuma mediante a reiteração da ação], mas, sim, de criminoso habitual [isto é, de agente que pratica, profissional e reiteradamente, determinada conduta criminosa]") (TRF4ªR, ACR 2007.72.004302-4/SC, Rel. Guilherme Beltrami, 8ª T., j. 13.1.10). Com a nova redação ("forma habitual"), entretanto, a aproximação de critérios se tornaria mais facilitada.

(i.) A que nega a compatibilidade – privilegiando a aplicação exclusiva da regra específica (a causa de aumento do parágrafo 4° do artigo 1° da Lei de "lavagem de dinheiro") em detrimento à do crime continuado.

Para essa orientação, a figura legal da continuidade delitiva não se estenderia àqueles que, de forma reiterada, praticam atos de lavagem de ativos, pois o tratamento mais brando que se concede àquele modelo legal seria incompatível com a reiteração criminosa (categoria que, necessariamente, reclamaria e implicaria uma reprovabilidade mais acentuada). Parte-se, então, da premissa de que essa medida penal mais benéfica, sob todos os títulos, não é razoável com a figura do criminoso habitual, "aquele que faz do crime seu meio de vida".[1735] Em seguida, agrega-se que, no parágrafo 4º do artigo 1° da Lei 9.613/98, haveria figura aproximada à do criminoso habitual, "cuja aplicação afasta a da continuidade delitiva".[1736]

Essa linha de compreensão enseja os seguintes desdobramentos em atenção ao concurso de crimes, isto é, se se reconhece, ou não, entre os atos – cometidos de forma iterada –, a regra do concurso material: (a.) caso se aplique apenas a majorante específica, afastando a geral (do crime continuado), sem o reconhecimento do concurso material, o aumento se desenharia entre um a dois terços (superior, portanto, ao estabelecido – na fração variável mínima – pelo crime continuado); (b.) do contrário, se for determinada a soma das penas – pela realização dos diversos atos – à luz do regramento do concurso material (afastada, por óbvio, a regra do crime continuado), aceitar-se-ia, então, "a plena autonomia de cada um dos crimes de lavagem anteriormente praticados",[1737] que determinaria a soma das penas e a aplicação, sobre o resultado final, dessa causa especial de aumento da pena.

(ii.) A que nega a compatibilidade – privilegiando a aplicação exclusiva do regramento do crime continuado, em detrimento ao da Lei de "lavagem de dinheiro".

Por outro lado, é possível identificar doutrina que advoga o reconhecimento, tão somente, da regra do crime continuado, ou seja, se houver entre os atos (corporificadores do delito de lavagem) o nexo de continuidade, devem aplicar-se as suas consequências punitivas em detrimento das que corresponderiam à (figura da) *reiteratio*, pois, caso contrário, haveria inegável *bis in idem*.

(iii.) A que sustenta a incidência cumulativa das causas (geral e especial) de aumento de pena.

[1735] WELTER, Antônio Carlos, 2013, p. 209. O mesmo autor ainda pondera (p. 209-10): "a lei estabelece figura específica para tratar da reiteração criminosa, que nada mais é do que uma característica do criminoso chamado profissional ou habitual, embora não exija a presença de circunstâncias de tempo, lugar e de modo de execução para que se reconheça uma unidade fictícia ou real de delitos. Este dispositivo, em face de limitação legal expressa, se aplica exclusivamente para as hipóteses previstas nos incisos I a IV do *caput* co art. 1º da Lei n. 9.613/98, não se aplicando, portanto, aos demais tipos previstos nos §§ 1º e 2º do art. 1º, ainda que idêntico o delito antecedente".

[1736] WELTER, Antônio Carlos, p. 209. Em termos jurisprudenciais: TJSP, ACR 9000001-82.2014.8.26.0439, 3ª CC, Relª. Desª. Cláudia Lúcia Fonseca Fanucchi, j. 1.8.17.

[1737] BARROS, Marco Antonio de, p. 172. Luiz Regis Prado (2016, p. 538) faz menção ao concurso aparente de leis entre o disposto no § 4° do art. 1°, primeira parte, e o estabelecido no art. 71 do CP, devendo ser aplicada a regra especial definida na LLD "por força do princípio da especialidade (...), em detrimento da regra geral da continuidade delitiva. Isso se faz necessário em obediência estrita ao princípio constitucional do *ne bis in idem* e ao princípio da valoração integral, visto que há total valoração da conduta realizada (injusto e culpabilidade)".

Para essa corrente, não há falar-se em *bis in idem*, porquanto o legislador previu, além da causa geral de aumento destinada ao crime continuado, uma causa específica para a reiteração criminosa.

Logo, para se estabelecer a incidência cumulativa, deve aplicar-se, primeiramente, o *quantum* de aumento descrito pela regra especial (a causa de aumento do parágrafo 4° do artigo 1° da Lei de "lavagem de dinheiro"), para, em seguida, aplicar a que corresponde ao do crime continuado.

(iv.) A que sustenta a inaplicabilidade do aumento especial quando houver a soma (cúmulo material) das penas.

Para essa linha de compreensão, haveria *bis in idem* apenas quando, em face da aplicação da regra do concurso material (e, por óbvio, afastando-se, então, a do crime continuado), as penas já tivessem sofrido a punição máxima (cúmulo material), que seria calcada, justamente, no mesmo motivo: a reiteração de condutas, implicando, de modo claro, (se se permitisse, ainda, a aplicação da causa especial de aumento) a dupla punição pelos mesmos fatos.

6.18.3. Do posicionamento que se adota

Avalia-se que duas ordens de considerações devem ser feitas: (i.) em primeiro lugar, e no plano estritamente positivo, não se percebe, *prima facie*, a ilegalidade da construção punitiva inscrita no parágrafo 4° do artigo 1° da Lei de "lavagem de dinheiro", suposto que veio de ser respeitado o princípio da legalidade; (ii.) em segundo lugar, e em um plano mais amplo, vislumbra-se a desnecessidade da existência dessa causa de elevação de pena, pois o crime continuado – como causa geral de aumento – resolve, adequadamente, a resposta punitiva; e, quando não se utilizar a sua regra de punição, preferindo-se a do concurso material, o rigor punitivo já se implementou em sua expressão máxima, mostrando-se, ainda uma vez, agora, desproporcional a incidência, sobre o conjunto, dessa causa especial de aumento de pena.[1738]

6.19. O REGIME INICIAL DE CUMPRIMENTO DE PENA E O CONCURSO DE CRIMES

Conforme o disposto no artigo 111, *caput*, da Lei de Execuções Penais (Lei 7.210/1984), quando houver a condenação do acusado por mais de um crime, no mesmo processo ou em processos distintos, a determinação do regime de cumprimento de pena será feita pelo resultado da soma ou unificação das penas, observada, quando for o caso, a detração ou remição. Ademais, "a soma das penas servirá como base para a concessão de livramento condicional, saída temporária etc.".[1739]

[1738] Em sentido bastante aproximado, Renato Brasileiro de Lima (2015, p. 346) sustenta que "quando houver um nexo de continuidade pelas condições de tempo, lugar, maneira de execução e outras semelhantes, aplica-se a regra do crime continuado para a reiteração da lavagem de capitais [e] quando houver a reiteração da lavagem de capitais sem qualquer nexo de continuidade, restando comprovado que o acusado investia na prática delituosa de lavagem de capitais de forma reiterada e frequente, é perfeitamente possível o aumento da reprimenda em razão do art. 1°, § 4°, da Lei 9.613/98".

[1739] CUNHA, Rogério, 2012b, p. 117.

Por sua vez, postula o artigo 59, inciso III, do Código Penal, que compete ao juiz da sentença, observadas as determinações do artigo 33, parágrafos 2º e 3º, do Código Penal, estipular o regime inicial de cumprimento da pena privativa de liberdade. Se o caso sob julgamento envolver concurso de crimes, conforme ensina Norberto Avena, a determinação do regime inicial "deverá levar em consideração o total das penas impostas, somadas (nos casos de concurso material e concurso formal impróprio) ou exasperadas do percentual previsto em lei (hipóteses de concurso formal próprio e crime continuado)".[1740] O eventual recurso contra a decisão que unificou as penas é o agravo em execução (e não o recurso em sentido estrito).[1741]

Nos crimes punidos com pena de reclusão, é possível a imposição de regime inicial de pena fechado, semiaberto ou aberto, a depender da quantidade de pena imposta e dos demais requisitos insculpidos no artigo 33, parágrafo 2º, do Código Penal. Por outro lado, em sendo o caso de crime punido com pena de detenção, o regime inicial imposto não poderá ser o fechado, mas tão só o aberto ou o semiaberto, na medida em que, nessa espécie de reprimenda, a única possibilidade de o condenado cumprir pena em regime fechado se dá por força da regressão de pena (artigo 33, *caput*, Código Penal). Questiona-se, assim, acerca da hipótese de condenação, em concurso material (ou formal impróprio), por crimes apenados com reclusão e detenção. Em situação como a descrita, a pena de reclusão é executada em primeiro lugar, para depois ser cumprida a de detenção imposta (artigo 69, *caput*, Código Penal).

O artigo 111 da Lei de Execuções Penais dispõe também que a detração e a remição[1742] sejam observadas na unificação das penas para fins de determinação do regime inicial pelo juízo das execuções penais. Conforme adverte Norberto Avena, no entanto, com o advento da Lei 12.736/2012, a detração passou a ser considerada pelo próprio juiz que proferir a sentença condenatória.[1743] Além disso, o tempo de prisão provisória, de prisão administrativa ou de internação, no Brasil ou no estrangeiro, será computado para fins de determinação do regime inicial de pena privativa de liberdade (artigo 397, parágrafo 2º, Código de Processo Penal). Dessa forma, com as mudanças legislativas recentemente introduzidas no ordenamento jurídico pátrio, ao proferir a sentença condenatória, cabe ao julgador, após concretizada a dosimetria da pena, realizar a detração, incluindo o tempo em que o condenado esteve recolhido em decorrência de prisão cautelar, no Brasil ou no exterior, de prisão administrativa ou de internação e, com base nesse novo *quantum* de pena obtido, fixar o regime prisional.

Importante advertir que tal mudança legislativa apresenta consequências práticas significativas; por ilustração: alguém condenado por roubo à pena 8 anos e 2 meses

---

[1740] AVENA, Norberto, p. 218. No que toca à individualização da pena no caso de crime continuado, lembra Guilherme de Souza Nucci (2014, p. 254) o seguinte: "cuidando-se de crime continuado (mais de uma ação ou omissão gerando mais de um resultado, respeitados os requisitos do art. 71 do CP), cabe ao julgador aplicar a *unificação* e *exasperação* da pena. Se o autor comete três furtos, em continuidade delitiva, o magistrado deve *individualizar* a pena de cada um deles; na sequência, seleciona a maior delas e aplica o aumento de um sexto a dois terços. É inválido tomar a pena-base de um dos furtos e individualizá-los em conjunto, aplicando, ao término, o aumento do crime continuado".

[1741] MARCÃO, Renato, 2013, p. 175.

[1742] Sobre a remição de pena, Guilherme de Souza Nucci (2014, p. 339) tece as seguintes considerações: "constitui dever do preso exercer atividade laborativa, embora a Lei de Execução Penal incentive o exercício dessa obrigação, concedendo a remição da pena pelo trabalho. A cada três dias de trabalho, perdoa-se um dia de pena. A cada doze horas de estudo, igualmente".

[1743] AVENA, Norberto, p. 220.

de reclusão, teria fixado o regime inicial fechado, como regra, para o cumprimento de pena, com fundamento no artigo 33, parágrafo 2º, alínea 'b', do Código Penal. Nessa situação, a progressão ao regime semiaberto apenas seria possível, em regra, após o cumprimento de 1/6 da pena imposta (artigo 122 da Lei de Execuções Penais).[1744] Na sistemática atual, no entanto, se esse mesmo condenado tivesse sido submetido a três meses de prisão cautelar, por exemplo, o juiz, na sentença, já fixaria o regime semiaberto para o cumprimento da pena, porquanto, após a detração, a pena imposta estaria dentro do patamar referente ao semiaberto. Nesse caso, então, o individuo não esperaria o cumprimento de 1/6 da pena para fazer jus ao regime prisional mais benéfico.

As condenações por mais de um crime podem ocorrer também em processos diversos, e a idêntica solução é dada, do mesmo modo, pelo artigo 111 da Lei de Execuções Penais (ou seja, as penas devem ser somadas para que se encontre o regime prisional adequado).[1745] Lembra Norberto Avena o seguinte: "pode ocorrer, entretanto, que constate o juiz da execução que as várias condenações proferidas em processos de conhecimento diversos referem-se, na verdade, a crimes da mesma espécie, cometidos em condições de tempo, local e forma de execução semelhantes, caracterizando-se a continuidade delitiva entre eles. Nessa hipótese, caberá ao referido magistrado proceder à *unificação das penas*, isto é, fazer incidir sobre uma das penas (se idênticas) ou sobre a mais grave delas (se diferentes) o percentual de um sexto até dois terços previsto no artigo 71 do Código Penal e, a partir do *quantum* obtido, estabelecer o regime prisional. O mesmo raciocínio tem lugar na hipótese de constatar o juiz da execução tratar-se de crimes cometidos em concurso formal próprio (artigo 70, 1ª parte, do Código Penal), muito embora nesse caso o percentual de exasperação seja de um sexto até a metade".[1746]

Por fim, estabelece o parágrafo único do artigo 111 da Lei de Execuções Penais que, sobrevindo condenação no curso da execução, somar-se-á a pena ao restante da que está sendo cumprida, para a determinação do regime. Nesse caso, então, pode ocorrer a regressão de regime, com fundamento no artigo 118, inciso II, da Lei de Execuções Penais, "o qual dispõe que a pena privativa de liberdade ficará sujeita à forma regressiva quando o apenado 'sofrer condenação, por crime anterior, cuja pena, somada ao restante da pena em execução, torne incabível o regime'".[1747]

6.20. O CRIME CONTINUADO E A SUSPENSÃO CONDICIONAL DA (EXECUÇÃO DA) PENA

A suspensão condicional (do início da execução) da pena deverá ser concedida quando estiverem presentes certos requisitos – entre os quais se destaca o da quantidade da pena imposta na sentença penal condenatória,[1748] isto é, a pena aplicada não pode

---

[1744] Sobre a natureza jurídica da progressão de regime, aduz Renato Marcão (2013, p. 267) se tratar de direito subjetivo do acusado, quando preenchidos os requisitos legais.

[1745] Para Ricardo Schmitt (p. 371), o art. 111 da LEP aborda o incidente de unificação de penas, o qual "parte do princípio de que o réu já se encontra condenado, por sentença definitiva transitada em julgado, sendo que no decorrer da execução surge outra condenação, oriunda de processo diverso, que poderá impor a necessidade de revisão do regime prisional a que se encontrava submetido".

[1746] AVENA, Norberto, p. 221.

[1747] AVENA, Norberto, p. 222.

[1748] Como ressalta Paulo Queiroz (p. 541), "no passado, a suspensão condicional gozou de grande prestígio, mas nos dias atuais, em razão das reformas penais mais recentes, sobretudo a ampliação dos casos de admis-

ser superior a 2 (dois) anos ou, excepcionalmente, a 4 (quatro) anos (na hipótese de o condenado ser maior de 70 [setenta] anos de idade ou razões de saúde justificarem a suspensão) –; desse modo, cumpre avaliar se o acréscimo punitivo decorrente da continuidade delitiva pode, ou não, ser desprezado para efeito de aferição dos limites quantitativos da apenamento, ou seja, se a unicidade (artificial) sobre a qual é constituída a relação de continuidade impede que o aumento punitivo dela decorrente seja considerado para o efeito de não concessão do *sursis* da pena

Comme toujours, antes devem ser aclarados alguns aspectos essenciais do instituto em causa.

6.20.1. Aspectos gerais. Conceito

Per definitionem, o *sursis* da pena é um instrumento legal que, diante do preenchimento de certos pressupostos, implica, *pendant* um determinado período (de prova, cujos limites se estabelecem entre 2 [dois] a 4 [quatro] anos, em regra, ou entre 4 [quatro] a 6 [seis] anos, excepcionalmente), o sobrestamento, mediante o cumprimento de certas condições, (do início) da execução da pena privativa de liberdade; se decorrer esse período de prova sem ter havido a revogação, essa pena ficará, de modo definitivo, sem execução e, sobretudo, será declarada extinta.[1749] Está em consideração medida político-criminal destinada a obstaculizar o recolhimento dos condenados à prisão (de curta duração), notadamente os apenados "de escassa ou de nenhuma perigosidade social e que sejam réus de delitos de menor expressão".[1750] Como sublinha Álvaro Mayrink da Costa, "a prisão é promíscua, degradante e estigmatizante, razão pela qual, deve o magistrado, sempre que possível e oportuno, evitá-la".[1751]

Cuida-se de direito público subjetivo do apenado; de tal sorte, preenchidos os requisitos (objetivos e subjetivos) legais, a aplicação do instituto é de rigor;[1752] e deverá o magistrado, necessária e motivadamente, em face da sentença condenatória (que impuser pena privativa de liberdade), pronunciar-se sobre o *sursis* da pena, quer o conceda, quer o denegue (*ut* artigo 157 da Lei de Execução Penal).

O *sursis* da pena apresenta diferentes modalidades: (i.) *sursis* simples (ou comum), em cuja espécie o condenado, no primeiro ano do período de prova, deverá prestar serviços à comunidade ou submeter-se à limitação de fim de semana (artigo 78, parágrafo 1º, do Código Penal); (ii.) *sursis* especial, no qual o apenado, em virtude da reparação do dano e da favorabilidade das circunstâncias judiciais (artigo 59 do Código Penal), poderá ter substituídas as penas restritivas por outras medidas (artigo 78, parágrafo 2º, do Código Penal); (iii.) *sursis* etário, em que o apenado é maior de 70 anos na data da sentença concessiva da suspensão condicional da pena (artigo 77,

---

são de penas alternativas, a introdução dos institutos da suspensão condicional do processo e da transação penal (...), as possibilidades reais de sua aplicação são mínimas, uma vez que frequentemente sua incidência ficará prejudicada pela prévia adoção daqueles substitutivos penais, de maior alcance, inclusive".

[1749] "A preocupação de prevenir o novo crime supera a exigência ético-jurídica da punição e sugere seja ela substituída por uma atitude que estimule o delinquente a coordenar, dentro da liberdade, as normas da sua vida pelas normas do Direito, não voltando, assim, a delinquir" (BRUNO, Aníbal, 1984a, p. 169).

[1750] MESTIERI, João, p. 299.

[1751] COSTA, Álvaro Mayrink, 2016, p. 350-1.

[1752] "Se estiverem preenchidos os requisitos legais, a medida deverá ser concedida na sentença" (ESTEFAM, André, p. 425).

parágrafo 2º, do Código Penal); e, ainda, (iv.) *sursis* humanitário (ou por motivo de saúde), em que, diante de condições de saúde do condenado, se lhe é concedida a suspensão (artigo 77, parágrafo 2º, *in fine*, do Código Penal). Além disso, no campo das contravenções penais, a suspensão da pena de prisão simples será fixada entre os limites legais de 1 (um) a 3 (três) anos; "o regramento da medida, no ponto em que omissa a Lei das Contravenções, observa as normas do Código Penal".[1753]

Não se concede o instituto ao condenado reincidente em crime doloso (artigo 77, inciso I, do Código Penal),[1754] salvo na hipótese de a condenação anterior ter sido a pena de multa (nos termos da súmula 499 do Supremo Tribunal Federal). Sob outro enfoque, o instituto em análise tem sido bastante utilizado em se tratando da violência doméstica, até mesmo *ex officio*.[1755]

6.20.2. Aspectos específicos

Considerados os limites de apenamento – além dos quais (à luz do artigo 77, *caput* e parágrafo 2º, do Código Penal; ou, ainda, do artigo 11 da Lei das Contravenções Penais)[1756] não se permite a suspensão da execução da pena privativa de liberdade –, cabe a indagação sobre o cálculo em decorrência do concurso de crimes. A interpretação comumente admitida parte da concepção segundo a qual, se a quantidade de pena for superior a dois anos (ou a quatro anos) – ainda que isso ocorra em decorrência do concurso de crimes –, não pode ser concedido o instituto do *sursis* da pena.[1757] Assim, não se poderia desprezar, para a avaliação do cabimento da suspensão condicional da pena, nem o acréscimo punitivo do crime continuado ou do concurso formal, nem a soma defluente do concurso material.[1758]

6.20.3. Da posição que se adota

Posto que haja um pacífico entendimento no sentido da inaplicabilidade do *sursis* quando a pena imposta, na sentença penal condenatória, ultrapassar (ainda que por conta das regras de apenamento atinentes ao concurso de crimes) o limite máximo,

---

[1753] ESTEFAM, André, p. 434.

[1754] TJRS, AC 70065427486, 4ª CC, Rel. Rogério Leal, j. 30.7.15; e TJRS, AC 70068035179, 8ª CC, Relª. Desª. Fabianne Baisch, j. 25.5.16.

[1755] TJRS, AC 70067678649, 2ª CC, Relª. Rosaura Borba, j. 19.5.16.

[1756] Quanto aos requisitos para a concessão do *sursis* em se tratando de contravenção penal, tem-se: "(1) a prisão simples imposta na sentença condenatória não pode ser superior a dois anos; (2) deve ser considerada incabível a substituição da prisão simples por pena restritiva de direitos; (3) o condenado não pode ser reincidente em crime doloso; (4) presença de circunstâncias pessoais favoráveis" (JESUS, Damásio de, 2015, p. 59).

[1757] "Para a concessão do *sursis* a pena em causa deve ser privativa de liberdade (reclusão, detenção ou prisão simples). No que respeita à quantidade de pena não deve ela ser superior a dois anos ou, no caso de o beneficiário ser maior de 70 anos por ocasião da entrega da sentença em cartório (...), ou quando 'razões de saúde justifiquem a suspensão', não superior a quatro anos. A regra vale mesmo para o caso de concurso de crimes e de crime continuado" (MESTIERI, João, p. 299).

[1758] "Havendo concurso de crimes, considera-se, para esse fim, o quantum que resulta do cúmulo das sanções impostas (concurso material e formal impróprio) ou da exasperação da sanção (concurso formal próprio e crime continuado), desde que igual ou inferior ao limite legal (dois anos)" (PRADO, Luiz Regis, 2017a, p. 402.

compreende-se que a sua concessão não pode ser, *prima facie*, afastada tão só em virtude de um dado objetivo (ou seja, a majoração punitiva defluente do crime de continuidade), o qual pode implicar critério inadequado na compreensão geral do mérito do condenado; e isso, substancialmente, por inspiração de dois argumentos: (i.) de um lado, não existem barreiras à concessão de *sursis* simultâneos (ou contemporâneos),[1759] isto é, quando o beneficiário, *pendant* o período de prova, é condenado, de modo irrecorrível, por crime culposo ou contravenção, à pena privativa de liberdade não superior a dois anos; nessa hipótese, não se configura a reincidência em crime doloso, e nada impede o prosseguimento do anterior benefício, admitido que, *in casu*, a revogação é meramente facultativa. Ora, se se admite a concessão do duplo *sursis* – em cuja hipótese poderá haver penas que, uma vez somadas, importarão em rompimento ainda mais expressivo do limite máximo permissivo para a suspensão da execução da pena –, não existe, verdadeiramente, um obstáculo cabal, definitivo, ético-jurídico, que impeça a solução do caso penal no marco de um *decisum* menos invasivo. Em termos pragmáticos, poderá o apenado valer-se da disciplina do concurso material benéfico, ou seja, se, no lugar do crime continuado (que lhe impede a obtenção do benefício), lhe fosse aplicado o concurso material, o condenado poderia receber os *sursis* simultâneos, não se lhe pode negar por conta do benefício que a disciplina do delito continuado deve encerrar; (ii.) por outro lado, em obediência à analogia *in bonam partem*, pode conceber-se (*faute de mieux*) a aproximação com o artigo 119 do Código Penal.

6.21. O CRIME CONTINUADO E O LIVRAMENTO CONDICIONAL

6.21.1. Aspectos gerais. Conceito

O livramento condicional exige certos requisitos para a sua implementação, quer os que se relacionam à pena, quer os que se vinculam à pessoa do condenado; assim, entre os primeiros, encontra-se o que se traduz na soma das condenações para a concessão do instituto. Preliminarmente, devem ser destacados alguns pontos fundamentais do livramento condicional; para tanto, lançar-se-ão mais alguns detalhes ao quadro geral para melhor compreensão do tema.

À luz do sistema progressivo, entende-se o livramento condicional como uma etapa (a última) do cumprimento da pena privativa de liberdade, na qual haverá restrição (não privação) da liberdade (pelo "tempo de duração correspondente ao restante da pena ou das penas que está ou estão sendo executadas, ficando elas extintas quando decorrido esse prazo");[1760] nesse sentido, constitui-se em um substitutivo penal benéfico – e, portanto, em um direito penal público subjetivo – do apenado; a mais disso, é uma medida de política criminal endereçada à prevenção especial do crime.[1761]

[1759] "Duplo *sursis*: o fato de já estar sob *sursis* não impede o recebimento de outro *sursis*, pois (...) apenas se exige a não reincidência em crime doloso" (DELMANTO, Celso; e outros, p. 315). No mesmo sentido: JESUS, Damásio de, 2016, p. 339.

[1760] MIRABETE, Julio; FABBRINI, Renato N., 2017, p. 615.

[1761] BRUNO, Aníbal, 1976, p. 192. Em verdade, como se pode aclarar, o livramento condicional "somente é aplicável quando já se cumpriu uma parte da condenação (...) pelo que se consideram alcançados todos os fins preventivos gerais. A partir daqui, e somente levando-se em conta a prevenção especial, se modificará a forma de cumprimento da pena imposta" (FERRÉ OLIVÉ, Juan; e outros, p. 675).

6.21.2. Aspectos específicos

Na hipótese de o condenado ostentar penas fracionadas, em virtude das quais, isoladamente, não poderia obter o benefício, torna-se-lhe possível, a teor do artigo 84 do Código Penal, operar a soma das penas ao escopo de atingir a liberdade de modo antecipado, isto é, desde que o total unificado corresponda à exigência legal.[1762] Esse postulado aplica-se às hipóteses de penas impostas em decorrência do concurso de crimes, em um só processo ou, ainda, em processos diferentes.[1763]

Nesse rumo, se uma dada condenação, *de per si*, não alcançar o patamar mínimo (de dois anos) estabelecido pelo *caput* do artigo 83 do Código Penal,[1764] em havendo outra ou outras, será possível, por intermédio da soma, atingir o limite mínimo inscrito na norma penal e, dessa forma, permitir o livramento.[1765]

Essas condenações que deverão integrar-se para o efeito do livramento são exclusivamente as ainda por cumprir, e não eventualmente outras já cumpridas e declaradas extintas; do contrário, "o condenado, ao cumprir penas, ficaria sempre com um crédito a ser descontado no lapso temporal exigido para a concessão do benefício".[1766]

Aqui, por outro lado, dúvidas não se colocam sobre a impossibilidade de decomposição do crime continuado para o efeito do cabimento do livramento, ou seja, se aquele mínimo (estipulado pelo artigo 83 do Código Penal) veio de ser alcançado apenas pelo aumento correspondente ao crime continuado, estará, de modo pleno, satisfeito esse requisito legal objetivo. Em outras palavras, se as penas não resultarem de crimes autônomos, porém de fatos que se reduzem por continuidade a um crime único, devem ser reunidas e, se a soma implicar o limite mínimo legal, servir de base para o livramento.[1767] De mais a mais, esse marco para a concessão do livramento condicional não pode ser rigidamente exigido, até porque situações haverá em que a não concessão implicaria "grave ofensa aos princípios da proporcionalidade e da razoabilidade".[1768]

[1762] Paulo Queiroz (2015, p. 546) aponta, com propriedade, que essa exigência "é inteiramente despropositada, afinal crimes mais graves terão tratamento mais brando do que crimes menos graves, numa clara violação ao princípio da proporcionalidade; tal limite há de ser ignorado, portanto" – até mesmo em virtude da analogia *in bonam partem*. No mesmo sentido, Flávio Augusto Monteiro de Barros (p. 575) afirma: "se a pena for inferior a dois anos, a lei fecha as portas para o livramento condicional. Essa situação mostra-se injusta para o reincidente em crime doloso, porque ele também não tem direito ao *sursis*, reinando assim a seguinte ilógica: o reincidente em crime doloso, condenado a pena igual ou superior a dois anos, não terá direito ao *sursis*, mas poderá obter o livramento condicional; se, porém, for condenado a pena inferior a dois anos, não terá direito ao *sursis* nem ao livramento. Diante dessa falta de lógica, entendemos que o reincidente em crime doloso, ainda que condenado a pena inferior a dois anos, também poderá obter o livramento condicional".

[1763] JESUS, Damásio de, 2016, p. 360.

[1764] TJMG, AGE 1.0693.14.011344-2/001, Rel. Des. Jaubert Jaques, 6ª CC, j. 7.7.15.

[1765] TJDFT, RA 20150020081143, Rel. Des. Humberto Ulhôa, 3ª TC, j. 23.4.15.

[1766] MIRABETE, Julio; FABBRINI, Renato N., 2017, p. 617.

[1767] BRUNO, Aníbal, 1984b, p. 182.

[1768] MARTINELLI, João Paulo Orsini; BEM, Leonardo Schmitt de, p. 914. Como demonstram os autores (p. 914), "o legislador presumiu que os condenados a pena inferior a dois anos serão contemplados com outros mecanismos e diversificação, como a transação penal ou a suspensão condicional do processo. A concretização dessas medidas, contudo, pode não ocorrer na prática e, assim, embora praticando infrações de potencial reduzido, muitos seriam prejudicados – diante da restrição legal – pela não concessão da liberdade antecipada".

6.21.3. Da elaboração de cálculo diferenciado das sanções aplicadas para fins de verificação dos benefícios penais (concessão de livramento condicional)

Avalia-se, neste ponto, a maneira pela qual os Tribunais têm decidido quanto à possível elaboração de cálculo diferenciado das sanções aplicadas a fim de verificação dos benefícios penais – em especial o (da concessão) do livramento condicional. Realmente, por causa da execução concomitante de condenações por delito comum e hediondo, unificadas pela disciplina do delito continuado, o cálculo (para os benefícios da execução) deveria utilizar a pena (final) unificada ou a diferenciada (parcelar)? Em outras palavras, dever-se-ia proceder à elaboração do cálculo da pena, em virtude da prática de crimes hediondos e não hediondos (em continuidade), sem a devida diferenciação das sanções – pois haveria um crime único, com prevalência do mais grave –, ou, em outro sentido, cumprir-se-ia estabelecer um cálculo diferenciado para a concessão do livramento condicional, avaliando-se, separadamente, os crimes hediondos e não hediondos?

No Superior Tribunal de Justiça, tem sido havida como legítima a pretensão ao cálculo diferenciado para o exame dos benefícios penais.[1769]

Cabe referir, por primeiro, que, em linhas mestras, o crime continuado é uma ficção jurídica – configurada para finalidades precípuas no setor punitivo –, cuja incidência deve implicar necessário *favor rei.* Nesse rumo, a unidade de apenamento – representada pela adoção da figura em causa – sempre há de importar em benefício ao condenado, na medida em que se afasta a (regra da) cumulação punitiva (traduzida pelo concurso material). Contudo, pode haver casos nos quais a adoção da disciplina do crime continuado impõe uma solução mais gravosa que a estabelecida para o acúmulo material; diante disso, cumprirá ser desprezada a unidade de penas (expressa pelo crime continuado), aplicando-se, então, o sistema acumulatório (que se mostra, de modo excepcional, mais benéfico).

Cumpre ao magistrado, por conseguinte, ao confrontar as modalidades de concurso incidentes à hipótese, verificar e determinar, em rigor, qual se alista como a mais benéfica (se a do crime continuado ou se a do concurso material). Os requisitos objetivos condicionantes à concessão de determinados benefícios penais ou institutos jurídicos (entre os quais podem ser indicados: a remição; o indulto; a comutação; e a progressão de regime) são considerados em função da natureza do crime imputado ao condenado; neste horizonte, na imputação coexistente de crimes hediondos e não hediondos, impõem-se a avaliação e o cotejamento das modalidades do concurso de crimes ao escopo de se buscar a que mais benefício encerre. Com efeito, "aos condenados a delitos hediondos exige-se o cumprimento de frações superiores de pena, se comparado aos crimes não hediondos. Os crimes hediondos e equiparados, por exemplo, são insuscetíveis de anistia, graça e indulto. Por sua vez, os delitos comuns, ou não hediondos, sujeitam-se a tratamento mais favorável nas concessões dos benefícios penais. Assim, em alguns casos, embora cumprindo penas privativas de liberdade mais extensas em vista do concurso material, aos condenados a crimes hediondos e comuns, com penas aplicadas separada e acumuladamente, o tempo de permanência em regime

---

[1769] TJRS, AGE 70067670943, Rel. Des. Jayme Weingartner Neto, 1ª CC, j. 16.3.16; e STJ, *HC* 134.868, Rel. Min. Marco Bellizze, 5ª T., j. 15.3.12.

de cumprimento de pena mais rigoroso poderia ser menor".[1770] Daí a distinção, no campo da execução das penas, entre crimes hediondos (e assemelhados) e não hediondos simultaneamente impostos, recomendando-se ao juiz que, ao observar o tratamento legal diferenciado existente, verifique caso a caso o reflexo punitivo (para cuja tarefa deve ser elaborada uma planilha de cálculo discriminado) para fins de livramento condicional e progressão de regime;[1771] e, a seguir, desse cotejamento, se incline pela situação particularmente mais benéfica ao condenado.[1772] Derradeiramente, se houver crimes (comuns e hediondos) abrangidos pela relação de continuidade, cabe manter a autonomia do caráter das sanções tão só para a finalidade da concessão de benefícios; com isso, em face de execução de pena unificada (em decorrência de condenações por crimes comuns e hediondos), aplica-se, de forma individualizada, a fração exigida pela lei, para o cálculo dos benefícios, a cada uma das sanções (ou seja, antes da unificação), de conformidade à sua natureza (crime hediondo ou não), "sem, entretanto, modificar a conta de liquidação quanto ao total da pena estabelecida na sentença condenatória em razão da continuidade delitiva".[1773]

[1770] STJ, *HC* 134.868, Rel. Min. Marco Bellizze, 5ª T., j. 15.3.12.

[1771] STJ, *HC* 134.868, Rel. Min. Marco Aurélio Bellizze, 5ª T., j. 15.3.12; e STJ, *HC* 272.405/RJ, Rel. Min. Moura Ribeiro, 5ª T., j. 20.5.14.

[1772] TJDFT, RAG 20150020154115, Rel. Des. Esdras Neves, 1ª TC, j. 23.7.15.

[1773] TJDFT, RAG 20170020128554, 2ª TC, Rel. Des. Roberval Casemiro Belinati, j. 13.7.17; e TJDFT, AC 20170130009063, 2ª TC, Rel. Des. Roberval Casemiro Belinati, j. 6.7.17. Em sentido oposto, sustentando que esse entendimento "não tem aplicação nas hipóteses de condenação por crime comum (roubo majorado) e hediondo (latrocínio), cometidos em continuidade delitiva, descabendo diferenciado patamar para parcela da pena única (distinguindo a parcela de majoração pela continuidade delitiva por crime comum)" e o "crime hediondo com majoração da pena – única – por crime comum em continuidade delitiva (...) não perde esse caráter de hediondez, nem pode ter destacada parcela da pena para diferenciado tratamento na execução": STJ, RESP 1581049/RS, 6ª T., Rel. Min. Nefi Cordeiro, j. 15.8.17.

7. Crime continuado e questões exclusiva ou preponderantemente processuais

Neste tópico, a abordagem se vinculará aos temas que têm um assento exclusivo ou preponderantemente processual, como forma de estabelecer, na análise do crime continuado, uma melhor organização temática, permitindo, desse modo, ao menos se espera, uma apreensão do conteúdo do instituto de forma mais sistematizada.

7.1. O CRIME CONTINUADO E A LEI 9.099/95

A Lei 9.099/95, sob o viés do interesse jurídico-penal, importou, basicamente, na criação de dois institutos, que se constituem em formas de despenalização: o *sursis* do processo (artigo 89) e a transação penal (artigo 76); além disso, modificou a natureza da ação penal dos crimes de lesão corporal leve e lesão corporal culposa, que passaram a ser de ação penal pública condicionada à representação (artigo 88), bem como estabeleceu a conciliação[1774] como outra forma simplificada de procedimento processual (artigos 72 a 74).

Essas medidas despenalizadoras, quando relacionadas ao delito continuado, implicaram, por vezes, discussões doutrinárias e jurisprudenciais, que, a seguir, serão examinadas.

7.1.1. Do *sursis* do processo penal

Discutia-se, em doutrina, a aplicação do benefício da suspensão condicional do processo penal em se tratando do crime continuado (e, de resto, das demais hipóteses do concurso de crimes).

O *sursis* do processo penal, satisfeitos os seus requisitos (notadamente o relacionado ao limite de pena, isto é, a pena mínima cominada ao crime não pode ser superior a um ano), deve ser entendido como direito público subjetivo do acusado.

Assim definido o instituto, é de se perguntar se ele poderia suspender o processo penal apesar de o limite ser ultrapassado em razão da incidência da causa geral de au-

[1774] A conciliação tem especial cabimento nas ações penais condicionadas à representação ou nas de iniciativa privada, e se traduz em acordo civil que, ao equivaler à renúncia ao direito de queixa ou representação, tem efeito de extinguir a punibilidade. Nas ações públicas incondicionadas, a composição civil pode influenciar na aplicação da pena a ser imposta na transação penal.

mento de pena (que, sendo variável e em se tratando do *sursis* processual – que leva em conta a pena mínima cominada *in abstracto* ao delito –, implicaria também a eleição do fator mínimo de elevação punitiva) representada pelo crime continuado.

A doutrina, inicialmente, encaminhou-se no sentido da admissibilidade do *sursis* processual (ainda que o limite tenha sido ultrapassado em face do aumento de pena), invocando, para tal solução, em analogia *in bonam partem*, o comando do artigos 119 do Código Penal,[1775] [1776] bem como a Súmula 497 do Supremo Tribunal Federal,[1777] os quais determinam não seja acrescentado, no cômputo da pena, para a prescrição, o aumento decorrente da continuidade delitiva, implicando, dessa forma, a possibilidade de suspensão condicional do processo penal. (E, ainda, utilizavam-se dois argumentos favoráveis à suspensão condicional do processo: o princípio da não culpabilidade antecipada, que impede tratar-se o simples acusado como condenado, e a própria razão de ser do instituto, que possui nítida conotação benéfica.)

Parte da doutrina também fazia coro com o que foi articulado, ao indicar que não é a soma das penas que inviabiliza a suspensão condicional do processo, senão os requisitos relacionados com o merecimento do instituto; e, nesse sentido, se o agente reunir as demais condições para receber a carga benéfica contida na lei, a suspensão do processo torna-se direito (penal) público subjetivo do acusado.[1778]

Afirmava-se, portanto, que se deveria interpretar o requisito objetivo (condicionante da medida benéfica prevista no artigo 89 da Lei 9.099/95) à luz dos princípios que orientaram a construção legal do concurso formal e do crime continuado, visto que se trata de "institutos de Política Criminal que beneficiam o acusado. Logo, não se leva em conta, em termos abstratos, a causa de aumento de pena deles decorrente. Cada crime

---

[1775] É o que sustentam Ada Pellegrini Grinover, Antonio Magalhães Filho, Antonio Fernandes e Luiz Flávio Gomes (2005, p. 277), quando remarcam que: "de modo algum podem ser somadas as penas mínimas de cada delito para o efeito de excluir, *ab initio*, a suspensão. Quanto à pena (requisito objetivo) o critério de valoração é o individual (CP, art. 119, e Súmula 497 do STF). Cada crime deve ser considerado isoladamente, com sua sanção mínima abstrata respectiva". No mesmo sentido: "Ora, se para a própria extinção da punibilidade as penas devem ser computadas isoladamente, o mesmo entendimento haveria de se aplicar à suspensão condicional do processo prevista no art. 89 da Lei 9.099/95, que, uma vez cumprida, também leva à extinção da punibilidade" (DELMANTO, Celso; e outros, p. 294-5).

[1776] Há, por outro lado, doutrinadores que já entendiam inaplicável o princípio da analogia com o art. 119 do CP, "uma vez que não há lacuna legal a ser preenchida e os institutos são distintos, apresentando natureza jurídica diversa. Caso fosse o desejo da lei a apreciação isolada dos crimes componentes do concurso para o efeito da suspensão condicional do processo, teria inscrito disposição semelhante àquela que estabelece para a prescrição" (MIRABETE, Julio Fabbrini, 1998, p. 158).

[1777] Súmula 497 do STF: "quando se tratar de crime continuado, a prescrição regula-se pela pena imposta na sentença, não se computando o acréscimo decorrente da continuação".

[1778] Para Damásio de Jesus (1999, p. 2), "no que se refere à quantidade de pena mínima abstrata, não vemos como possam ser somadas as cominações para efeito de impedimento da medida. Cuida-se de instituto despenalizador, criado para beneficiar denunciados que apresentam condições pessoais favoráveis. Além disso, de ver-se o crime continuado: há a Súmula 497 do STF, recomendando a apreciação isolada de cada delito e o desprezo do acréscimo. Não se esqueça o art. 119 do CP, que pode ser aplicado por analogia, uma vez que o término da suspensão condicional do processo sem revogação enseja a extinção da punibilidade, segundo o qual as infrações em concurso merecem apreciação individual. Quanto ao argumento da quantidade de crimes (...), de observar-se que o art. 89, *caput*, da Lei 9.099/95, impõe como condição do *sursis* processual a presença dos requisitos de permissibilidade do *sursis* comum (CP, art. 77), dentre os quais se encontram as 'circunstâncias' da prática do crime, subjetivas e objetivas, inserindo-se nestas a gravidade objetiva do fato, que poderia, pelo número de infrações em concurso, desautorizar a concessão. Nunca, porém, por causa da simples quantidade da soma das penas".

é um crime, no que se relaciona com a pena abstrata. No concurso de crimes, por isso mesmo, as penas mínimas abstratas não devem ser somadas para impedir a aplicação da suspensão do processo".[1779] A jurisprudência também era vacilante.[1780]

Parte da doutrina e da jurisprudência sustentava não haver óbice à suspensão do processo penal (se presentes as demais causas condicionantes do benefício) apenas por ter sido ultrapassado o limite em razão da incidência do aumento de pena (previsto no crime continuado), pois ambas as figuras foram criadas para ensejar tratamento mais benéfico ao agente; ainda, analogicamente, haveria uma aproximação com o artigo 119 do Código Penal, e, por último, o princípio da não culpabilidade antecipada também recomendaria a adoção da medida despenalizadora.

Todavia, nos dias correntes, é entendimento pacífico nos tribunais superiores que não se concederá o *sursis* do processo penal quando, diante do delito continuado, a soma da pena mínima cominada com o aumento da majorante superar o limite legal.[1781] A Súmula 723 do Supremo Tribunal Federal ("não se admite a suspensão condicional do processo por crime continuado, se a soma da pena mínima da infração mais grave com o aumento mínimo de um sexto for superior a um ano") e a 243 do Superior Tribunal de Justiça ("o benefício da suspensão do processo não é aplicável em relação às infrações penais cometidas em concurso material, concurso formal ou continuidade delitiva, quando a pena mínima cominada, seja pelo somatório, seja pela incidência da majorante, ultrapassar o limite de um [01] ano") tornam bastante evidente a opção encampada pelas cortes superiores.[1782]

Segmentos da doutrina já se inclinavam a esse posicionamento, apesar de reconhecerem ter o instituto do crime continuado uma inspiração político-criminal de índole benéfica, afirmando que "tal orientação, porém, não submete o fato punível ao Juizado Especial, mas, sim, ao juízo comum", sempre que "a soma das penas privativas de liberdade cominadas aos ilícitos alcançar, no máximo, o tempo superior a um ano".[1783]

Apesar do entendimento pacífico dos tribunais superiores[1784] no sentido da inviabilidade da suspensão condicional do processo quando a pena mínima majorada (*in casu*,

---

[1779] GRINOVER, Ada; MAGALHÃES FILHO, Antonio; FERNANDES, Antonio Scarance; GOMES, Luiz Flávio, 2005, p. 278.

[1780] "Suspensão condicional do processo. Crime de estelionato. Continuidade delitiva (art. 171 c/c o art. 71, CP). Penas mínimas não podem ser somadas para obstar a suspensão. Aplicação do art. 89 da Lei 9.099/95" (STJ, R*HC* 6.066/SP, Rel. orig.: Flaquer Scartezzini). No mesmo sentido, admitindo a suspensão condicional do processo nos casos de continuidade delitiva, quando, em razão do aumento, a pena mínima ultrapassar um ano, a seguinte decisão: TACRSP: "suspensão. Crime continuado – Fato que, por si só, não impede a suspensão do processo, podendo eventualmente influir negativamente quando da apreciação dos requisitos, também necessários, previstos no art. 77 do CP, julgamento convertido em diligência" (RJE 3/359).

[1781] TJRS, ACR 70073415283, 5ª CC, Relª. Desª. Genacéia da Silva Alberton, j. 30.8.17; TRF-1, *HC* 445554920144010000, Rel. Des. Fed. Mário César Ribeiro, 3ª T., j. 16.9.14; TSE, *HC* 609/MT, 2ª T., Rel. Min. Joaquim Barbosa, j. 9.6.09; STF, *HC* 83163/SP, Rel. Min. Sepúlveda Pertence, Rel. p/a: Min. Joaquim Barbosa, TP, j. 16.4.09; STJ, *HC* 83640/SP, 5ª T., Rel. Min. Arnaldo Lima, j. 15.6.09; e STJ, *HC* 80665/SP, 5ª T., Rel. Min. Napoleão Maia Filho, j. 5.3.09.

[1782] Seguidas pelos demais tribunais; por todos: TJRS, *HC* 70055691349, Rel. Des. Aristides Albuquerque, 4ª CC, j. 23.1.14.

[1783] Ambas as citações em DOTTI, René Ariel, 1997, p. 47.

[1784] STJ, *HC* 179182/RJ, 5ª T., Rel. Min. Gilson Dipp, j. 7.2.12; STJ, *HC* 148987/RJ, 5ª T., Rel. Min. Napoleão Maia Filho, j. 17.3.11; STF, *HC* 89251/SP, Rel. Min. Ricardo Lewandowski, 1ª T., j. 29.9.06; STJ, R*HC* 18328/RS, Rel. Min. Gilson Dipp, 5ª T., j. 8.11.05; e STF *HC* 77242/SP, Rel. Min. Moreira Alves, TP, j. 18.3.99.

pela incidência do fator mínimo de aumento de pena representado pela continuidade delitiva) for superior a um ano, avalia-se que a concessão do benefício (do *sursis* processual) não pode ser obstaculizada tão somente por conta de um dado objetivo, o qual pode revelar critério injusto na apreciação global do merecimento do acusado; para além disso, modernamente, a busca da utilização mínima das ferramentas punitivas clássicas deve ter prioridade na solução de casos penais, precipuamente os de menor gravidade.

7.1.2. Da transação penal e da competência do juizado especial criminal

Ainda no âmbito da Lei 9.099/95, deve ser debatido se o fator de incremento punitivo do crime continuado pode, ou não, interferir no cabimento da transação penal[1785] e na fixação da competência do juizado especial criminal, a cuja competência se assujeitam as infrações de menor expressão e significado.

Consideram-se infrações de menor potencial ofensivo as contravenções penais e os crimes a que a lei comine pena máxima não superior a dois anos,[1786] cumulada ou não com multa, sem ressalva sobre procedimento especial.[1787]

7.1.2.1. Do cabimento da transação penal

Na hipótese de haver infrações de menor potencial ofensivo continuadas, não há qualquer dúvida sobre a aplicação do benefício transacional quando, mesmo acrescido à pena máxima de uma das infrações o fator máximo de aumento da continuidade delitiva, não se verificar a transposição do limite de dois anos;[1788] entretanto, existe desentendimento quanto à hipótese em que a incidência desse fator de aumento extrapole aquela marca, muito embora seja amplamente prevalente a compreensão – de modo especial nos tribunais superiores – de acordo com a qual, para a fixação da competência, será considerada a soma, na hipótese de concurso material, ou a exasperação, nos casos de concurso formal ou crime continuado, das penas máximas cominadas em abstrato aos ilícitos, não importando tratar-se de crimes (de menor potencial ofensivo) de ação penal pública[1789] ou privada.[1790]

[1785] "Transação penal é uma medida despenalizadora que visa a beneficiar o autor do fato, agilizando a resposta estatal ao cometimento das infrações penais de menor potencial ofensivo, cujos requisitos e consequências de sua aplicação estão previstos no art. 76 da Lei 9.099/95" (ZANATTA, Airton, 2001, p. 50). Como esclarece Miguel Reale Júnior (2008, p. 292), "No Brasil, no plano penal, foi na Constituição de 1988 que se formulou a determinação da instituição de JEC para apreciar infrações penais de menor potencial ofensivo, criados pela Lei 9.099/95, em que se estabeleceram formas simplificadas de procedimento processual, com a adoção da conciliação e da transação penal".

[1786] Em relação às contravenções penais, há quem sustente que somente serão consideradas infrações de menor potencial ofensivo aquelas cujas penas máximas não superem dois anos (JUNQUEIRA, Gustavo; FULLER, Paulo, 2010a, p. 470). Em sentido contário, entendendo que não pode haver limites em se tratando de contravenções penais, Cezar Bitencourt (p. 693) afirma que "as contravenções são, por natureza, infrações de pequeno potencial ofensivo. A pequena ofensividade das contravenções penais não está nem na quantidade de pena cominada nem no procedimento penal adotado, mas na sua natureza ontológica". Nesse sentido, Damásio de Jesus (2011a, p. 25-6) entende que as infrações penais de menor potencial ofensivo são todas as contravenções, quer estejam previstas na LCP, quer na legislação especial.

[1787] STJ, RESP 68.6363/ES, 5ª T., Rel. Min. Gilson Dipp, DJU 7.3.05, p. 342.

[1788] TJRS, ACR 70055900666, 8ª CC, Relª. Desª. Naele Piazzeta, j. 2.10.13.

[1789] TJRJ, CJ 0011445-20.2017.8.19.0000, 1ª CC, Rel. Des. Antônio Jayme Boente, j. 4.7.17.

[1790] TJRS, CJ 70073939654, 1ª CC, Rel. Des. Manuel José Martinez Lucas, j. 12.7.17.

Discute-se acerca do cabimento da proposta transacional em virtude de infrações (de menor potencial ofensivo) continuadas sobre as quais o incremento punitivo (máximo) conduzisse a uma pena máxima, *in abstracto*, superior àquele limite. As decisões jurisprudenciais consagraram o entendimento segundo o qual se cuidava de critério objetivo delimitador do campo de incidência do instituto de despenalização, com o que, ultrapassado o limite (pela ação da causa de aumento punitivo do crime continuado), não se poderia aplicar o benefício.[1791]

Essa orientação da jurisprudência, que se apoia tão somente em um limite temporal objetivo para obstaculizar a concessão da medida despenalizadora benéfica, não se mostra a mais consentânea para solucionar os casos que envolvem as infrações de menor ofensividade e a continuidade delitiva, visto que deve haver outros aspectos a serem analisados, de maneira ampla, para a aplicação da carga de benefício transacional, particularmente os que se relacionam ao merecimento do autor do fato, ou, ainda, à ideia de uma justiça consensual à luz do princípio da mínima intervenção do *jus puniendi*.[1792]

Constata-se, ademais, que esse critério temporal se esfumaça em contato com o plano concreto, dado que, na hipótese de uma sentença condenatória, somente em situações excepcionais a pena seria fixada no limite máximo de apenamento; isso permite, então, concluir que, a boas luzes, nenhuma dificuldade se apresenta para se diluir essa limitação obstativa (do benefício), a qual tem por norte um limite artificial que, em termos práticos, dificilmente se vai estruturar. Ora, se esse critério não "existe" em termos reais (pois dificilmente se estruturará a pena em seu limite máximo), ele também não "pode existir" em projeção obstativa de um benefício que tem a força de resolver, de maneira eficiente, os casos penais de menor complexidade.

A Lei 9.099/95 visou à maior eficiência da dinâmica processual, alcançando aos casos penais considerados de menor importância uma solução célebre, para que o autor do fato imediatamente sofresse a reprovação de sua conduta; contudo, "outra das finalidades pretendidas é que o aparato estatal destinado ao combate da criminalidade esteja concentrado nos delitos de maior gravidade, para sua repressão rápida e eficaz".[1793] Também por esses motivos, a concessão da medida despenalizadora deve ser avaliada em um cenário amplo, cujo traço principal repouse no merecimento do agente ao benefício transacional.[1794] Posto que se trata de orientação preferível, na medida em que

---

[1791] TRF1, ACR 0001463-07.2004.4.01.3901/PA, TE, Relª. Minª. Assusete Magalhães, j. 10.8.10; e STJ, *HC* 33212/SP, Rel. Min. Arnaldo da Fonseca, 5ª T., j. 15.6.04.

[1792] Como comenta Janaina Paschoal (2003a, p. 15-6), o "Direito Penal Mínimo é informado por alguns princípios basilares, cuja observância auxilia a não exorbitar do recurso ao Direito Penal. O primeiro deles é o *princípio da subsidiariedade*, segundo o qual, antes de recorrer à tutela penal, o Estado deverá lançar mão de todos ou outros meios de controle disponíveis para proteger um bem caro à sociedade. Percebe-se daí que para se proteger penalmente um bem não basta que se trate de bem relevante a uma dada sociedade, fazendo-se necessário verificar em que medida os outros ramos do direito (civil, administrativo, fiscal etc.) ou mesmo outros instrumentos (negociação, mediação etc.) não seriam suficientemente eficazes para proteger o bem em análise. É em razão do dever de tentar utilizar primeiramente todas as outras armas estatais que se pode falar em subsidiariedade".

[1793] SMANIO, Gianpaolo, 1997, p. 104.

[1794] Avaliando criticamente os efeitos dessa medida, afirma Miguel Reale Júnior (2008, p. 300) que "o propósito de dar à vítima um papel de protagonista principal no processo penal não veio a ocorrer pelos ditames da Lei 9.099/95, ganhando realce, especialmente na prática judicial durante 13 anos a transação penal, que se revelou um instituto aplicado seguidamente pelo MP, pelo Judiciário, com a anuência de advogados, como forma de aliviar a massa de trabalho e atender aos interesses de comodidade na solução rápida, mesmo que injusta, dos processos criminais".

não somente favorece o indivíduo como, ainda, valoriza a opção pelo consenso entre os envolvidos, não logrou consagração no plano jurisprudencial, sendo, em rigor, afastada pelas cortes superiores.[1795] Todavia, como assinala Antonio Scarance Fernandes, "em virtude das disposições da Lei 11.313/2006, reabre-se o debate sobre a possibilidade de transação em casos de concurso. Em seus artigos 1º, *caput* e parágrafo único, e 2º, *caput* e parágrafo único, prevê que os Juizados Especiais terão competência para julgar as infrações de menor potencial, respeitadas a conexão e continência, e que, em caso de reunião de processos, perante o juízo comum ou o tribunal do júri, decorrentes da aplicação das regras de conexão e continência, observar-se-ão os institutos da transação penal e da composição dos danos civis. Ora, com isso, admite a nova lei transação penal ainda quando haja concurso entre uma infração de menor potencial ofensivo e outra que não tenha essa natureza. Com maior razão, seria possível sustentar a transação penal em caso de concurso formal e crime continuado".[1796]

7.1.2.2. Da fixação da competência do juizado especial criminal

Tradicionalmente, tem-se sustentado que o fator máximo de acréscimo punitivo representado pela regra do crime continuado repercute na fixação da competência do juizado especial criminal (a bem da verdade, cristalizou-se, e já faz muitos anos, o entendimento, de modo enfático nos tribunais superiores, em obediência ao qual se deve afastar a competência desse juizado quando, do acúmulo [na hipótese de concurso material] ou da exasperação das penas [nas hipóteses de concurso formal ou crime continuado], resultar pena superior ao limite máximo [de dois anos]), pois a pena considerada para a demarcação da competência levará em conta a exasperação das penas máximas cominadas aos delitos.[1797] Logo, se as penas, abstratamente cominadas, após a exasperação (pelo limite máximo de aumento), ultrapassarem o limite de dois anos, encontrar-se-á *ipso facto* excluída a competência do juizado especial criminal;[1798] e, por causa disso, obstaculizada a viabilidade da transação penal.[1799]

Argumenta-se que o crime continuado deve ser entendido, em rigor técnico, como uma causa geral (e variável) de aumento de pena que tem aplicação obrigatória; e com evidente reflexo também na pena cominada *in abstrato* – que é, exatamente, um dos requisitos positivos para a concessão do benefício transacional. Por outro lado, setores da doutrina – ao encamparem os mesmos raciocínios jurídicos que viabilizam a existência de proposta transacional às infrações (de menor potencial ofensivo) continuadas, na hipótese de extrapolação do limite legal, por desprezarem o aumento de pena decorrente do crime continuado – buscam, ainda uma vez, a aplicação analógica do artigo 119 do Código Penal, ao sustentarem que se a prescrição penal, cuja consequência implica a extinção da punibilidade, considera cada crime isoladamente, a mesma orientação deverá

[1795] FERNANDES, Antonio Scarance, 2012, p. 212.

[1796] FERNANDES, Antonio Scarance, p. 212.

[1797] STJ, *HC* 143.500/PE, Rel. Min. Napoleão Maia Filho, 5ª T., j. 31.5.11; STJ, R*HC* 27068/SP, 6ª T., Rel. Min. Og Fernandes, j. 31.8.10; e STJ, *HC* 119272/SP, Relª. Minª. Maria Thereza Moura, 6ª T., j. 25.11.08.

[1798] TJRS, CJ 70064801350, 4ª CC, Rel. Rogerio Leal, j. 23.7.15; TJRJ, *HC* 00022042720138199000, Rel. Flavio Nicolau, 1ª TRC, dp. 22.7.14; e STJ, *HC* 43500, Rel. Min. Napoleão Maia Filho, 5ª T., j. 31.5.11.

[1799] TJPR, ACR 0005787-25.2014.8.16.0187, 4ª TR, Rel. Des. Aldemar Sternadt, j. 12.7.17.

ser adotada para a imposição dos ditames da Lei 9.099/95, cujo efeito também importa em extinção da punibilidade. Essa linha de compreensão tem sido, também, agasalhada pela jurisprudência,[1800] enfaticamente por considerar que o concurso de crimes não pode alterar a substância (natureza) do delito (de menor potencial), visto que não seria a simples repetição de um determinado delito que o tornaria de maior ou menor potencialidade ofensiva, mas, sim, a sua própria essência.

Essa orientação merece, por conseguinte, prestígio, dado que, com efeito, tanto a competência (dos juizados especiais criminais) quanto o instituto transacional não podem ser contestados tão só por se alcançar, eventualmente, pela repetição de condutas ilícitas homogêneas (de menor significado ofensivo), pena superior à que baliza a incidência dos juizados especiais ou da transação penal. De um lado, cuida-se de competência absoluta; de outro, o incremento punitivo (representado pelo aumento de pena decorrente do crime continuado) não tem o condão de transformar a essência de um injusto, ou seja, de transmudar crimes, *per se*, de menor expressão em de maior significado apenas por conta do aumento punitivo (e vem, ainda, a calhar, a noção de que o crime continuado – ainda que o seja por uma *fictio iuris* – é um crime único).

Finalmente, ainda se pode indicar a orientação (intermediária) segundo a qual o aumento da pena decorrente do crime continuado não afetaria a competência do juizado especial criminal, uma vez que se trata de competência absoluta relacionada à matéria; entretanto, a transação penal seria obstaculizada se o aumento da pena conduzisse à superação do limite legal (de dois anos) na hipótese de infrações (de menor potencial ofensivo) continuadas.

7.2. O CRIME CONTINUADO E A COISA JULGADA

Mostra-se significativamente importante debater as relações que se estabelecem entre o crime continuado e a coisa julgada. Define-se esta, no dizer de José Frederico Marques, como a "qualidade dos efeitos da prestação jurisdicional entregue com o julgamento da *res in judicium deducta*, em virtude da qual esses efeitos se tornam imutáveis entre as partes".[1801]

A coisa julgada, consequentemente, implica a imutabilidade e a indiscutibilidade de uma sentença, cujos efeitos não podem ser, em regra, alterados, nem mesmo por lei posterior (salvo se *favor rei*). E a decisão atinge este patamar de irreversibilidade quando não mais se sujeitar a recurso, "ou porque a lei não o concede, ou porque a parte não fez uso dele no prazo oportuno, ou porque todos os recursos existentes foram esgotados".[1802] Além disso, "a autoridade da coisa julgada é elemento indispensável de ordem pública, e tem o mesmo fundamento que a autoridade da lei e a do Governo, no regime da tripartição dos Poderes".[1803]

[1800] TJRJ, RSE 00161339820128190000, Rel. Des. Marcus Basilio, 1ª CC, j. 22.5.12. Em sentido contrário: TRF-4, *HC* 50212056020144040000, Rel. Des. Márcio Rocha, 7ª T., j. 21.10.14; e TJPR, RA 2010.0008019-2; Rel. Des. Telmo Zainko, 1ª TR, j. 24.9.10.

[1801] MARQUES, José Frederico, 2000b, p. 78. "Chama-se coisa julgada ou caso julgado a decisão judicial de que já não caiba recurso" (§ 3° do art. 6° da LICC).

[1802] VARGAS, José Cirilo de, 2002, p. 313.

[1803] VARGAS, José Cirilo de, 2002, p. 313.

Em matéria processual penal, a força da coisa julgada, contudo, é relativa, admitido que o condenado pode utilizar-se da revisão criminal, que tem como pressuposto exatamente o trânsito em julgado da sentença condenatória.

O problema é bastante complexo, conquanto envolve a discussão acerca do efeito preclusivo da *res judicata* sobre os delitos que podem desencadear a continuidade delitiva. Nessa conjuntura, duas situações basicamente se podem apresentar: (i.) crimes cometidos antes – e que não foram objeto de ação penal – da condenação e descobertos depois; e (ii.) crimes cometidos depois da condenação.[1804]

7.2.1. Crimes cometidos antes da condenação e descobertos após

No primeiro caso, é de rigor bem se delimitar a incidência da controvérsia: trata-se de fatos (cujos elementos integradores permitem a unificação ao contexto de continuidade) que foram descobertos ao depois da existência de uma condenação atingida pela coisa julgada. Nesse quadro, se houver o descobrimento, posteriormente à sentença condenatória, de novos crimes que se mostram, às inteiras, merecedores de se integrarem àquela primitiva série continuada já devidamente alcançada pela condenação, mesmo, como se disse, agasalhada pela *res judicata*, "é possível incluí-los na mesma decisão, consumindo-os na condenação já decretada, sem que tal importe em violação de coisa julgada",[1805] o que poderia ser consignado como crime continuado posterior. Desse modo, "a força jurídica de uma condenação, em razão de um crime cometido em nexo de continuação, estende-se a todos os atos parciais que integram o nexo, inclusive àque-

---

[1804] Em termos bastante amplos, José Antón Oneca (1976, p. 464) indica as principais linhas de pensamento sobre o tema: "si después de notificada la sentencia condenatoria se prosiguen las acciones, éstas no pueden formar un solo delito con las anteriores. La negativa se funda en que el elemento subjetivo, cualquiera que sea la idea que se tenga sobre su naturalize, no es idéntico cuando el sujeto ha sido advertido por la reprobación contenida en la condena, pues a partir de aquel momento su voluntad antijuridica se muestra más resuelta y grave; y también en que la decisión contraria equivaldría a una patente de corso concedida al condenado para que volviera a delinquir impunemente cuantas veces lo tuviera por conveniente. El parecer más general considera que sólo la sentencia interrumpe la continuación. Sin embargo, el segundo argumento tiene también aplicación a partir del juicio, pues de otro modo quedarían sin castigo las acciones realizadas entre aquél y la sentencia firme. Se ha sostenido también la interrupción a partir de la notificación del auto de procesamiento. En cambio, creemos que el Tribunal Supremo español ha ido demasiado lejos al estimar que la querella interrumpe la continuación del adulterio y que las acciones posteriores constituyen un delito nuevo. Opinamos que la sentencia por delito continuado debe cubrir todas las acciones, tanto las probadas en el juicio como las desconocidas; y, por consiguiente, si posteriormente se llega a su descubrimiento, no ha de abrirse nuevo procedimiento sobre ellas. Otra cosa sería ir contra el fin de la institución tan repetidamente expuesto; evitar inútiles complicaciones. Y también hemos apuntado el medio de someter al reo a procesos y condenas sucesivas, sin más que espaciar las denuncias dentro del término para la prescripción. Por este camino vamos acompañados de la opinión más general entre los penalistas alemanes. Por el contrario, la jurisprudencia y los autores italianos han sostenido variadas soluciones, siendo la predominante que el descumbrimiento posterior al juicio de acciones ocurridas con anterioridad debe dar lugar a nuevos procesos. En ellos se llegará a una condena por delito continuado que absorberá la pena impuesta en la primera. La eficacia de la segunda o siguientes se limitará a la agravación de la pena (aumento hasta el triplo) establecida en el artículo 81 del Código de aquél país, o a la mera ratificación de la condena anterior, cuando ésta hubiera ya aplicado todo el aumento de pena autorizado por dicho precepto legal, o cuando el tribunal, conforme a su arbitrio, estime no ser pertinente mayor agravación que la aplicada por el fallo precedente".

[1805] PIMENTEL, Manoel Pedro, 1969, p. 203. Assim, a decisão citada por FRANCO, Alberto Silva, e outros (1999, p. 3464): TJSP, 2ª CC, RA 206.742-3/9, j. 3.6.96, v.u., Rel. Ângelo Gallucci.

les que o tribunal não pôde levar em consideração porque lhe eram desconhecidos".[1806] Essa decisão estaria calcada não só no princípio da *res iudicata*, mas, igualmente, no do *non bis in idem*, os quais obstaculizariam a existência de uma persecução criminal autônoma ulterior de atos parciais que venham a ser descobertos posteriormente; e isso se apresentaria ainda "cuando dichos actos pueden ser objeto de una valoración distinta desde un punto de vista jurídico".[1807]

Tal solução não é aceita na doutrina sem discussões. Forte posicionamento doutrinário adota entendimento diverso, como se pode ver em Giovanni Leone: "admitido que el llamado delito continuado, a despecho de la fingida unificación, no destruye la pluralidad de delitos, el fallo formado sobre algunos delitos no se puede extender a otros que no hayan constituido objeto de tal pronunciamiento. Ningún motivo apto para justificar una tal extensión existe en el caso de que tratamos".[1808] A essa posição também se rende Valdir Sznick, quando afirma: "nos casos que estamos analisando – delitos julgados e outros delitos, da série continuada, conhecidos depois – temos de considerar a aplicação das normas sobre pluralidade de delitos, para não se chegar ao absurdo de o réu ser condenado por violações leves e ficar impune pelas demais que podem ser mais numerosas e mais graves. (...), esses fatos devem ser objeto de novo julgamento".[1809]

No entanto, nada obsta que haja novo julgamento em relação aos crimes – que, em aparência, mantêm relação de continuidade com a primitiva série, a qual já se encontra acobertada pelo manto da *res judicata* – descobertos depois da sentença que produz o caso julgado. Todavia, desse novo julgamento, nada pode haver em desabono à formação de uma cadeia de continuação ampla, que poderia, ao retroceder, unir-se àquela anterior. Para tanto, basta que o juiz, ao julgar a nova série criminosa, vislumbre a possibilidade (ante a presença de todos os dados que condicionam o aparecimento do instituto do delito continuado) de estabelecer a unificação com a cadeia delituosa anterior.[1810] Caso se abalance pela existência de uma série ininterrupta de continuidade

---

[1806] BOCKELMANN, Paul; VOLK, Klaus, 2007, p. 318. Mais: STM, RO 386220077070007, Rel. Álvaro Pinto, j. 1.3.11.

[1807] MAURACH, Reinhart; GÖSSEL, Karl Heinz; ZIPF, Heinz, p. 547.

[1808] LEONE, Giovanni, 1963, p. 360-1.

[1809] SZNICK, Valdir, 1994, p. 147.

[1810] Isso reforça, inclusive, a necessidade da existência, em se tratando de delito continuado, de unidade processual, como bem percebeu Jacinto Nelson de Miranda Coutinho (2001, p. 206-7), quando remarcou: "antes de tudo há de ter-se presente tratar-se, como demonstrado em abundância, de *crime único*, por força da *continuação* e da teoria adotada pelo CP, fundada em *ficção jurídica* mas, à evidência, a melhor construção que poderia fazer. Assim, para *crime único, vige a regra do CPP* e, portanto, há de ter-se *processo único*, razão por que a omissão legislativa sobre a matéria é meramente aparente. Ademais, não é preciso recordar que de várias condutas (unificadas por ficção em um crime só) podem aparecer vários *casos penais* e suas respectivas *questões*. Natural, portanto, que, dado o momento propício, ofereça o legitimado à ação a denúncia ou a queixa, fazendo o órgão jurisdicional competente incidir sobre elas o juízo de admissibilidade e, se positivo, seguirá o processo. Natural, também, a hipótese de vários processos tramitando ao mesmo tempo, embora dizendo respeito, todos eles, ao mesmo crime. Estranhável, isso sim, seria o oposto, isto é, que se não seguissem os vários processos, inclusive porque, não raro, sequer se tem conhecimento da existência de outra conduta – ou condutas – tipificadoras da continuação delituosa. *Insuportável*, não obstante, *é manter-se os vários processos tramitando concomitantes*, pelo grave risco de ter-se *decisões contraditórias* sobre o mesmo crime, algo inimaginável à Jurisdição e, máxime ao seu princípio de unidade. Por isto, e na esteira dos fundamentos determinantes do *simultaneus processus* nos casos das causas de modificação da competência (com a agravante de ser o argumento aqui muito mais forte porque se trata de *crime único*), há de promover-se *a unificação de todos os processos que digam respeito ao crime continuado, necessariamente, salvo nas hipóteses onde já tiver-se decisão transitada em julgado*".

delitiva, unificará as diferentes condutas sob a presidência do crime continuado.[1811] Por outro lado, se não se puder configurar a unificação de todos os crimes (os já devidamente julgados e os por julgar, que foram descobertos depois), haverá a cisão entre as ações, e se poderia imaginar, em princípio, a aplicação dos ditames do concurso material para solucionar os diferentes episódios penais postos em questão. Ainda uma vez não se concebe que se possa negar a aposição da figura jurídica cuja finalidade, em essência, é evitar o cúmulo material de penas.

Dessa forma, em sendo descobertos, depois da estratificação do caso julgado, novos crimes, que foram, entretanto, cometidos anteriormente, não existe obstáculo, em razão da finalidade precípua do artifício legal que é o delito continuado, para se reunificar as novas infrações ao delito único, reconhecido na sentença (já transitada em julgado),[1812] por causa da *res judicata tacite*, a qual deriva do princípio *tantum indicatum quantum disputatum vel quantum disputare debet*, com o qual tem vigência o do *ne bis in idem*.[1813] Nilo Batista e Eugenio Raúl Zaffaroni realçam, neste particular, as virtudes emimentemente práticas do instituto, na medida em que, "transitada em julgado a sentença condenatória de um crime continuado, julgados estarão todos os delitos da série, sem que caiba nova ação penal ainda que posteriormente se descubram outros delitos integráveis à série, o que constitui inegável vantagem prática".[1814]

7.2.2. Crimes cometidos depois da condenação

No segundo caso, no qual os crimes são praticados depois da condenação, não se reconhecem maiores dificuldades em se pugnar pela impossibilidade da aglutinação dos novos delitos, mesmo que impregnados pelo vínculo da continuidade.

[1811] Como descreve Alcides da Fonseca Neto (p. 136), "nesta segunda decisão de mérito o magistrado poderá trilhar por dois caminhos: a) elevar a pena da primeira sentença (que fica absorvida), caso isso seja indicado em razão do aumento do número de crimes ou das peculiaridades do caso concreto; b) absolver o réu, ou por ter a originária sentença estabelecido a pena em grau mínimo e o novo ou novos delitos – a par da situação concreta – não aconselham qualquer aumento; ou ainda por ter o primitivo julgado estabelecido a reprimenda no percentual máximo abstratamente cominado à espécie, e o novo ou novos crimes não forem mais graves do que aquele tomado como base para a anterior exasperação".

[1812] Com efeito, a perseguição penal, na hipótese do crime continuado, abrange todas as condutas que o integram, ainda quando não tenham sido conhecidas ou discutidas no curso do processo penal, pois – como sustenta Juan Antonio Rosas Castañeda (p. 117) – "pretender enjuiciar nuevamente al mismo sujeto por hechos que formaron parte del accionar delictivo en un delito continuado tomado como único implicaría, no solo en relación con el delito continuado sino integral y radicalmente en todas sus manifestaciones, negar a la sentencia penal los requisitos de indiscutibilidad y de firmeza que hoy le son propias, y consentir que venga indefinidamente impuganada, cada vez que surjan nuevos hechos y nuevas pruebas". Em termos jurisprudenciais: "Estelionato. Ofensa à coisa julgada. Inocorrência. Unificação de penas. Inviabilidade de proceder-se a tal exame na via eleita. Competência do juízo de execuções penais. I – Não se cuida de ofensa à coisa julgada a tramitação de processo que apura a prática de crime de estelionato, em tese, praticado pela paciente, contra vítimas diversas das constantes em processo anterior que culminou com sua condenação pelo cometimento do mesmo tipo penal (art. 171 do CP). II – Compete ao juízo da execução proceder à unificação de penas (art. 66, III, a da LEP) acaso constatada a configuração de continuidade delitiva entre delitos apurados em processos distintos (precedentes desta Corte e do Pretório Excelso). Inviável tal exame na via eleita por demandar aprofundado exame de material fático-probatório. Ordem denegada" (STJ, *HC* 81.671/SP, Rel. Min. Felix Fischer, 5ª T., j. 18.11.08).

[1813] MORENO CARRASCO, Francisco; RUEDA GARCÍA, Luis, p. 266.

[1814] ZAFFARONI, Eugenio Raúl; BATISTA, Nilo, 2017, p. 595.

Neste caso, motivos de defesa social estariam a recomendar que não se adotasse postura discordante, porquanto – do contrário, caso se permitisse a unificação a fatos ulteriores à condenação – dar-se-ia ao acusado, como se expressa Manoel Pedro Pimentel, "por antecipação, um *bill* de indenidade para a prática de crimes".[1815]

Logicamente, na situação precedente, a persecução penal se projeta para alcançar crimes (aparentados pelo elo de continuidade) que foram cometidos anteriormente à primeira decisão condenatória; nessa hipótese, haveria crimes realizados posteriormente à existência da primeira sentença. A hipótese, portanto, sofre significativa alteração. De fato, esse ato processual (a sentença)[1816] causa a fragmentação na cadeia continuada, cujo apenamento, agora, se fará, em sendo o caso, a partir dos ditames do concurso material, pois não se pode conceber a imutabilidade do estado de continuidade, implicando verdadeiro estímulo ao desenvolvimento de ações ilícitas que se iam imunizar em face da repressão penal. Cabe ressaltar que a "continuidade delitiva deve ser efêmera, que não pode perdurar *ad perpetuam* como incentivo à própria criminalidade, como meio de agraciar criminosos".[1817]

E deve concluir-se com Manoel Pedro Pimentel: "a sentença transitada em julgado é o marco final, objetivo, da série de crimes em continuação. As infrações praticadas depois desse momento, é claro, poderão constituir nova série continuada, mas independente e estranha à primeira".[1818]

7.3. O MOMENTO DE UNIFICAÇÃO DAS PENAS

No contexto da continuidade delitiva, revela-se como muito importante o estudo sobre o momento de unificação[1819] das penas dos diversos delitos componentes da cadeia continuada.

Na hipótese de os delitos (formadores da continuação) estarem reunidos em um mesmo processo, o magistrado da causa julgará o feito e, no ato sentencial, aplicará os ditames da continuidade delitiva,[1820] aumentando a pena de conformidade às regras de mensuração da causa geral de aumento em análise.[1821]

[1815] PIMENTEL, Manoel Pedro, 1969, p. 209.

[1816] Fernando de Almeida Pedroso (p. 590) avalia como muito elasticizado esse marco delimitador da descontinuidade, pugnando, assim, que seja "a citação consumada, na seara adjetiva, o ato mais apropriado para produzir a interrupção, se, no plano material, conexão de continuidade persistir".

[1817] PEDROSO, Fernando de Almeida, p. 590.

[1818] PIMENTEL, Manoel Pedro, 1969, p. 209.

[1819] Como descreve Sérgio Martins (1997, p. 238), "unificar é o ato ou efeito de acumular juridicamente penas em um todo ontologicamente diferenciado de sua mera soma aritmética. Na simples soma as penas coexistem; na unificação elas se fundem em uma única pena com qualidades próprias que não se emprestam das penas-componentes".

[1820] Sérgio Martins (p. 243) refere: "a lei é expressa, dispondo que a competência para a unificação (assim como para a simples soma), na fase de execução, é do juiz das execuções penais (LEP, art. 66, III, *a*). Assim também o art. 82 do CPP. O que este último ressalva, ainda que por mera aproximação, é a competência do juiz de conhecimento antes do trânsito em julgado da condenação: mais ainda do que competência, o dever de fazê-lo, reclamado para si outros processos dos quais tenha ciência, o que é direito do jurisdicionado e não pode ser recusado ou relegado para a fase de execução, com prejuízo grave do correr do tempo".

[1821] Ver item 6.2.

De outro plano, caso os diversos delitos (componentes da cadeia continuada) estejam sendo processados em mais de uma ação penal,[1822] tendo em vista a conexão entre eles existente (artigo 76, inciso III, do Código de Processo Penal), deverá haver a reunião de todos em um único processo (artigo 79 do Código de Processo Penal). A competência, nesse caso, será determinada pela prevenção, de acordo com o artigo 71 do Código de Processo Penal.[1823] Em casos tais, o juiz prevalente deverá avocar para si a competência e, então, sentenciar os diferentes processos conjuntamente (artigo 82 do Código de Processo Penal). Caberá à defesa, de outra sorte, eventualmente, no prazo da resposta escrita, opor a exceção de incompetência do juízo, requerendo a remessa dos demais processos ao competente (artigo 108 do Código de Processo Penal).

Se, por outro lado, houver sentença de primeiro grau (mesmo que confirmada ou modificada em grau de apelação)[1824] ou mesmo demandas que se encontram em fases processuais distintas (por exemplo, em uma, a instrução está se iniciando ou aguardando a realização de uma audiência de instrução, enquanto que, em outra, o processo está concluso para senteça, nesses casos, muito provavelmente, haveria tumulto da marcha processual),[1825] a unificação do apenamento, então, será realizada pelo juízo da vara de execuções (artigos 82 e 974, parágrafo único, do Código de Processo Penal, 66, inciso III, alínea *a*, e 111, da Lei 7.210/84 – Lei de Execuções Penais).[1826] Dessa forma, mesmo após o trânsito em julgado da decisão, o juiz – lotado na vara de execuções penais – poderá realizar nova unificação, incluindo crime que componha a cadeia delituosa e que tenha sido objeto de outro processo.[1827] Nessa hipótese, caso a sentença condenatória anterior tenha atingido o patamar máximo de aumento punitivo por conta do crime continuado, "não se pode variar na segunda sentença o *quantum* aumentado na sentença anterior, amparada que está pelo caso julgado. Nesse caso, haverá a imposição da

---

[1822] STF, *HC* 70.659-SP, Rel. Min. Celso de Mello, 1ª T (decisão citada por AMADO, Mohamed, p. 387).

[1823] "Tratando-se de um delito continuado, cujas ações se praticaram, sucessivamente, em mais de uma jurisdição, a competência para o processo firma-se pelo princípio legal da prevenção, isto é, competente é o juiz que tiver antecedido aos outros na prática de algum ato do processo" (RT, vol. 167/96, citado por PIMENTEL, Manoel Pedro, 1969, p. 194).

[1824] TRF4, A C 5004352-26.2013.404.7205, Rel. p/a Des. Leandro Paulsen, 8ª T., j. 2.3.16; e STJ, *HC* 43189-SC, 5ª T., Rel. Min. Gilson Dipp, DJU 1º.8.05 (decisão citada por JUNQUEIRA, Gustavo; FULLER, Paulo, 2010a, p. 32).

[1825] TJSC, RECC 4008037-12.2017.8.24.0000, 1ª CC, Relª. Desª. Cinthia Beatriz da Silva Bittencourt Schaefer, j. 22.6.17; R*CH* 44.833/PE, Rel. Min. Gurgel de Faria, 5ª T., j. 24.11.15; e R*CH* 32.393/PR, Relª. Minª. Laurita Vaz, 5ª T., j. 5.8.14.

[1826] FONSECA NETO, Alcides da, p. 132. Mais: TRF1, ACR 0023384-29.2007.4.01.3800/MG, 3ª T., Rel. Des. Fed. Ney Bello, j. 9.8.17; TRF4, ACR 5048884-07.2016.404.7100, 7ª T., Rel. Sebastião Ogê Muniz, j. 21.6.17; TJDFT, AC 20140710407658, Rel. Des. Roberval Belinati, 2ª TC, j. 10.12.15; TJPR, RAG 1347625-4, Rel. Des. Sônia Castro, 3ª CC, j. 12.11.15; TJMG, ACR 10625080842481001, Rel. Agostinho Azevedo, 7ª CC, j. 8.8.13; TJRJ, *HC* 003270595.2013.8.19.0000, Relª. Suimei Cavalieri, 3ª CC, j. 30.7.13; STJ, *HC* 81.671/SP, Rel. Min. Félix Fischer, 5ª T., j. 18.11.08; e TARS, AG 291060598, Rel. Carlos Lengler, 4ª CC, j. 26.6.92 (*in* JTARGS nº 78). Como destaca Marco Scapini (p. 70), "na dinâmica da execução penal, na qual praticamente tudo é modificável, a unificação das penas pode englobar até mesmo crimes em relação aos quais a sentença transitada em julgado entendeu não configurada a continuidade delitiva. Com efeito, aportando outras condenações oriundas de juízos ou processos diversos, muitas vezes 'o requisito', antes tido por ausente, evidencia-se com a aproximações das ações delitivas, de tal modo que, sob a ótica da execução, passa a configurar-se o crime continuado. É possível ainda reconhecer a continuidade delitiva, mesmo que antes tenha sido rejeitada pelo próprio juízo da execução, uma vez modificada a situação fática pelo ingresso de outra condenação".

[1827] FONSECA NETO, Alcides da, p. 132.

sanção, mas sem eficácia impositiva para que não prejudique o acusado. O juiz da execução fará a unificação das penas, sob o aspecto formal, mas sem aumentar o *quantum* final para que não haja prejuízo ao réu".[1828]

Mais: na fase executória, pode dar-se a unificação sobre crimes em relação aos quais a sentença condenatória (transitada em julgado) houve por rechaçar a figura legal da continuidade delitiva; assim, por exemplo, se houver novas decisões condenatórias, provenientes de juízos ou de ações penais distintos, isso pode implicar o preenchimento de requisito (*in casu*, objetivo) antes (entendido como) inexistente, permitindo a reunião de todas as condenações sob o manto da continuidade.[1829]

A unificação das diferentes penas[1830] – que têm a marca da continuidade – poderá ser buscada, na fase de execução, por meio do procedimento disciplinado no artigo 194 da Lei de Execuções Penais, cujo início se pode dar *ex officio*, ou a requerimento do Ministério Público, do interessado, de quem o represente, mediante proposta do Conselho Penitenciário ou, ainda, da autoridade administrativa (artigo 195 da Lei de Execuções Penais). Em qualquer caso, "para o perfeito esclarecimento da matéria o magistrado ordenará a requisição dos processos originários, apensando-os ao pedido, e mandará ouvir o Ministério Público, decidindo então a respeito".[1831] Em suma, a unificação das penas destina-se a transformar os diversos títulos condenatórios – ainda que haja, entre estes, algum já atingido pela coisa julgada – em um único título, por meio da soma das penas (concurso material); ou, ainda, transformar várias penas em uma só, porém exasperada (crime continuado ou concurso formal), quando estes institutos não foram antes reconhecidos, apesar de a sentença ter atingido a marca do trânsito em julgado; ou estabelecer o limite máximo de punição, isto é, trinta anos de eficácia da pena privativa de liberdade (artigo 75 do Código Penal)[1832] ou, ainda, reconhecer eventual *bis in idem*.

Deve, ainda, acrescentar-se que a unificação implica a efetiva individualização judicial da sentença, restringindo-se, agora, este juízo da execução, a harmonizar a reprimenda à luz das regras do concurso de delitos.[1833] Neste contexto, pode dar-se o fenômeno de haver a figura jurídica do crime continuado em distintas séries, como se

---

1828 RANGEL, Paulo, 2012a, p. 210.

1829 Marco Bandeira Scapini (p. 70) arremata que "é possível ainda reconhecer a continuidade delitiva, mesmo que antes tenha sido rejeitada pelo próprio juiz da execução, uma vez modificada a situação fática pelo ingresso de outra condenação", como no caso em que, "se o juiz indeferiu o pedido, sob o argumento de que entre um crime e outro 60 dias se passaram e o máximo admissível seria 30 dias, ingressando condenação por crime da mesma espécie, cometido no tempo que medeia entre dois, restará superado o óbice".

1830 Trata-se, na hipótese, de instrumento jurídico que permite assegurar a aplicação do regramento do delito continuado (bem como do concurso formal) não reconhecido no processo de conhecimento. Desse modo, "com base nas informações constantes da guia de recolhimento (no caso de pena privativa de liberdade) e dos documentos que a instruem, o juiz poderá reconhecer a existência dos requisitos do crime continuado (ou do concurso formal), unificando as penas e aplicando a regra da exasperação constante do art. 71 (ou 70) do CP" (JUNQUEIRA, Gustavo; FULLER, Paulo, 2010a, p. 33). Mais: STJ, RESP 1050214/PE, 6ª T., Relª. Minª. Maria Thereza Moura, j. 7.2.12; e STJ, *HC* 175229/SP, 5ª T., Rel. Min. Jorge Mussi, j. 14.8.12.

1831 PIMENTEL, Manoel Pedro, 1969, p. 196.

1832 TRF1, AEX 0009712-43.2015.4.01.4100/RO, 4ª T., Rel. Des. Fed. Olindo Menezes, j. 24.7.17.

1833 Sobre o *decisum* de unificação, ressalta Manoel Pedro Pimentel (1969, p. 199): "esta decisão não é um simples um despacho. Trata-se de uma sentença, cuja natureza não tem sido definida com uniformidade. Entendem alguns, (...), que se trata de uma decisão interlocutória mista, também denominada *decisão interlocutória, com força de definitiva* (...). Dúvida não há, a nosso ver, de que se trata de decisão simplesmente *interlocutória com força de definitiva*, e não definitiva, pois não se resolve questão pertinente ao mérito, e tem a peculiaridade de dispor a respeito das decisões proferidas por juízes do mesmo grau de jurisdição".

houvesse blocos independentes de condutas continuadas, com o que o juiz unificará, em primeiro, à luz do crime continuado, as diferentes condutas seriadas, para, a seguir, à vista do concurso material, acumular as penas resultantes de cada uma das séries.[1834]

Complementarmente, o recurso cabível da decisão de indeferimento da unificação é o agravo – artigo 197 da Lei 7.210.[1835]

7.4. O CRIME CONTINUADO E O ADITAMENTO À ACUSAÇÃO

Preliminarmente, conceitua-se o aditamento como a ferramenta jurídica por meio da qual o Ministério Público ou o querelante, antes da entrega da prestação jurisdicional criminal, amplia, retifica ou integra a proposta acusatória, cujo objetivo é fazer a "correção de quaisquer omissões da denúncia ou queixa, de tal modo que o autor da ação penal, espontaneamente e antes da sentença, sempre poderá corrigir os erros formais e materiais da peça acusatória. A peça acusatória poderá ser aditada também para se proceder à *emendatio libelli,* prevista no artigo 383 do Código de Processo Penal, quando houver algum equívoco na tipificação do fato. A denúncia ou queixa (esta última nos casos de ação penal privada subsidiária da pública) serão necessariamente aditadas pelo Ministério Público nos casos de ação penal pública, quando se constatar, ao cabo da instrução criminal, que na verdade o fato cometido pelo réu não o fora exatamente conforme descrito na inicial. Trata-se do fenômeno processual da *mutatio libelli*".[1836]

Segundo se imagina, apresentar-se-ão situações concretas nas quais se poderá utilizar o instituto do aditamento a fim de ensejar o agrupamento de diferentes ilícitos, ligados pela continuidade delitiva, em uma só ação penal.

É que, em se tratando de crime continuado, o aditamento à inicial acusatória pode ocorrer para ampliar a acusação primitiva, basicamente, em duas hipóteses: (i.) quando do oferecimento da ação penal a prova era precária e, em decorrência da instrução, veio a público que o réu não teria cometido aqueles crimes apenas, mas vários, da mesma espécie, praticados nas mesmas condições de tempo, lugar e modo; (ii.) e, uma vez oferedida a acusação, o réu persiste com a realização da cadeia delitiva.

Diante dessas hipóteses fáticas, o instrumento legalmente adequado – para viabilizar a ampliação da demanda criminal acusatória – é o aditamento, que será dirigido ao juízo da causa primitiva.

Obviamente, o aditamento, que requererá os mesmos requisitos da denúncia ou queixa (artigo 41 do Código de Processo Penal), uma vez que se agrega(m) outro(s) crime(s), deverá ser recebido, gerando as consequências processuais próprias. Logo, uma vez oferecido o aditamento à acusação, essa peça equipara-se a uma verdadeira denúncia ou queixa, razão pela qual deverá ter procedimento posterior semelhante ao que sucede em tais casos, ou seja, deve ser o réu citado e interrogado sobre esse(s) novo(s) fato(s).[1837]

[1834] SCAPINI, Marco, p. 70.

[1835] Como sustentam Gustavo Junqueira e Paulo Füller (2010a, p. 33), "há entendimento que o *habeas corpus* seria meio inadequado para impugnar decisão que deixa de reconhecer a continuidade delitiva, nesse caso, pois seria necessária análise de prova sobre as condições de tempo, lugar e modo de execução, o que é incompatível com a sumária cognição do *habeas corpus*".

[1836] MACHADO, Antônio Alberto, 2014, p. 215.

[1837] "Quando ocorre aditamento à denúncia, imputando-se um fato novo, a citação é obrigatória, pois o acusado tem o direito de saber de que fato está sendo processado, para poder articular a defesa, pena de

Indiscutivelmente, a questão que se coloca ao operador jurídico-penal é a seguinte: em vez de ser oferecido o aditamento, não se poderia ofertar nova denúncia ou queixa para abarcar os novos crimes praticados em sequência ou os anteriores omitidos na acusação inicial?

Em obediência à compreensão que se destina ao delito continuado, que encerra vocação *favor rei*, a nova denúncia ou queixa somente poderia ser ofertada se se tratasse de crime conexo, não de crime continuado. É que, naquele, a doutrina, de um modo geral, entende que a reunião processual deve ser concretizada, pois oferece maior segurança e economia ao feito, mas nada obsta a propositura de outra ação penal, porque se essa for a medida tomada, o réu não será prejudicado. Nesta trilha entende José Paganella Boschi: "a imputação ao denunciado ou ao querelado de fato novo conexo ou continente com o fato narrado na peça inicial pode dar-se através do aditamento, mas não há óbice que possa também sê-lo por nova denúncia ou queixa (neste caso, subordinado ao prazo decadencial), inaugurando-se, (...), outra relação jurídica dentro da relação jurídica em andamento".[1838]

No tocante ao crime continuado, não se trata de ser ou não aconselhável a reunião processual, mas, sim, de um dever do acusador em aditar à inicial. Isso ocorre porque as ações delitivas continuadas guardam maior relação entre si do que as conexas; tanto é assim que aquelas recebem o tratamento de crime único. Desse modo, devem todos esses fatos criminosos ser processados em uma só ação penal. O aditamento à acusação inicial haverá de ser oferecido até mesmo se a instrução já estiver encerrada; e só não o será, se já prolatada a sentença criminal.

Não se pode conceber a ideia de denúncias ou queixas apartadas para delitos seguramente abrangidos pelo manto da continuidade delitiva. Na verdade, se proposta outra ação penal, em razão da possibilidade de unificação das penas na fase de execução criminal, o réu pode ser, teoricamente, privado de alguns benefícios legais (é diferente ser processado criminalmente em uma única ação do que em várias ações).

E, em que pese parte da doutrina entenda ser possível o reconhecimento do crime continuado (já) em fase de execução (o que levaria a permitir a propositura de outra ação penal no lugar do oferecimento do aditamento), isso não é uma garantia absoluta ao condenado, uma vez que, se, por qualquer motivo, não vier a ser reconhecido o elo de continuidade, haverá a incidência dos ditames do cúmulo material, implicando, com isso, maior rigor punitivo. Com o aditamento, ao menos em tese, o acusado teria, desde o processo de conhecimento (com maior amplitude probatória), maior probabilidade em receber, ao final, o benefício da continuidade delitiva.

7.5. O CRIME CONTINUADO E A REVISÃO CRIMINAL

Tema que também se revela de importante análise é o da possibilidade do reconhecimento da unificação de penas em juízo revisando, ante a existência da continuidade delitiva.

Antes de sua abordagem propriamente dita, contudo, são necessárias algumas definições que, em termos gerais, permitirão uma fluência melhor da matéria.

caracterizar-se cerceamento de defesa e consequente nulidade" (RJTACSP, 5/87) (decisão citada por REIS, Julio Francisco dos, 1999, p. 278).

[1838] BOSCHI, José Paganella, 1997, p. 248.

7.5.1. Do conceito. Das hipóteses de cabimento

A ação de revisão criminal é o meio processual existente, no ordenamento adjetivo, para que se alcance a reforma de uma sentença condenatória já atingida pela coisa julgada.[1839] A revisão somente é admissível contra sentença penal condenatória, daí porque Miguel Fenech consigna que se trata de "recurso excepcional que puede o debe interponerse sin limitación de plazo, encaminhado a obtener un nuevo examen de una sentencia condenatoria firme, cuando se prodecen o se tiene conocimiento de haberse producido los eventos que en calidad de presupuestos de su admisibilidad estabelece la Ley".[1840] A revisão traduz, por conseguinte, o compromisso do nosso ordenamento processual com a verdade material das decisões judiciais, e "permite ao Poder Judiciário reparar erros ou insuficiência cognitiva de seus julgados".[1841] Substancialmente, a decisão penal, por se vincular a um bem de caráter indisponível – a liberdade –, será sempre revisável, diferentemente (e, portanto, sem qualquer equiparação possível) ao que pode ocorrer no campo civil,[1842] haja vista que – como afirma Jorge Romeiro – "a falibilidade, como condição de toda a atividade humana, encontra, sem dúvida, no processo penal, uma de suas melhores telas panorâmicas".[1843] Por óbvio, pode ocorrer, então, que o *decisum* transitado em julgado implique, em essência, um erro judiciário, por não espelhar, aquele, "fruto que é da falível justiça humana, a verdade absoluta, real ou objetiva, mas uma verdade, (...) relativa ou subjetiva, a verdade do juiz, em que, no fundo, se reduz a verdade judicial".[1844] Pode convir-se, sendo esse o caso, que fundamento da revisão criminal é a reparabilidade do (eventual) erro judiciário, permitindo que a jurisdição penal se desenvolva em conformidade com os postulados da justiça;[1845] e, sob seu raio de influência, o reconhecimento da continuidade delitiva, em detrimento do concurso material, pode ser levado a efeito para, na análise da revisão criminal, redimensionar a pena, *maxime* no caso de a modalidade mais severa do concurso de crimes ter sido adotada sem a necessária fundamentação.[1846]

Desse modo, "a coisa julgada representa instituto que obedece a razões políticas, de natureza prática, voltadas a garantir a certeza do direito que assegura a paz social. Exigência essencial à segurança jurídica, a coisa julgada tem, entre nós, assento consti-

---

[1839] Convém o registro de que a revisão criminal, posto que prevista no título dos recursos, é, verdadeiramente, uma ação penal de conhecimento e constitutiva, assemelhando-se, assim, à ação rescisória do processo civil, na medida em que visa à desconstituição de uma sentença penal condenatória atingida pela coisa julgada. Cuida-se, então, "de instrumento exclusivo da defesa, instituído em benefício do réu, já que a lei processual penal não prevê a hipótese de revisão criminal *pro societate*. É, portanto, uma garantia do indivíduo que o sistema processual estabeleceu como forma de preservar a liberdade eventualmente ameaçada por decisões destituídas de fundamento legal ou sem lastro probatório" (MACHADO, Antônio Alberto, p. 780). "'O Estado-acusador, ou seja, o MP, não tem legitimidade para formalizar a revisão criminal, pouco importando haver emprestado ao pedido o rótulo de *habeas corpus*, presente o fato de a sentença já ter transitado em julgado há mais de quatro anos da impetração e a circunstância de haver-se arguido a competência da JF, e não da Justiça estadual, sendo requerente o procurador da República'" (R*HC* 80.796, Rel. Min. Marco Aurélio, 2ª T., j. 10.8.01).

[1840] FENECH, Miguel, 1952, p. 558.

[1841] STF, *HC* 92.435, Rel. Min. Carlos Ayres Britto, 1ª T., DJE 17.10.08.

[1842] SUANNES, Adauto, 2004, p. 171.

[1843] ROMEIRO, Jorge, 1978, p. 3.

[1844] ROMEIRO, Jorge, 1978, p. 4.

[1845] MARQUES, José Frederico, 2009, p. 204.

[1846] TJSP, RVC 0074100-04.2015.8.26.0000, 5ª GC, Rel. Des. Francisco Bruno, j. 10.8.17.

tucional (artigo 5º, XXXVI, Constituição Federal), exatamente porque a relevância da imutabilidade e da indiscutibilidade das sentenças concretiza o anseio de segurança do direito presente nas relações sociais. (...) No balanceamento dos valores em jogo, o legislador previu expressamente, no artigo 621 Código de Processo Penal (e no artigo 966 Código de Processo Civil), os casos de rescindibilidade da sentença passada em julgado".[1847] Neste caminho, "a quebra do princípio da coisa julgada com o reconhecimento dos mencionados erros e a reparação deles pela própria magistratura pareceu valorizá-la melhor, surgindo daí a revisão".[1848]

Apenas como complemento, ressalte-se que, no artigo 621 do Código de Processo Penal, estão detalhadas as quatro primeiras hipóteses de impugnação da sentença já alcançada pela *res judicata*; a quinta hipótese permissiva à interposição da ação de *revisio*, no entanto, encontra-se estatuída no artigo 626 do Código de Processo Penal, a qual autoriza a revisão dos processos maculados por nulidade absoluta. Essa é a única hipótese que não está (ao contrário do que se dá como as demais), expressamente, consignada no artigo 621 do Código de Processo Penal; e que se engendrou por meio de construção doutrinária e jurisprudencial.[1849]

De outra sorte, interessante que se remarque, a revisão criminal, de acordo com o disposto no artigo 622 do Código de Processo Penal, poderá ser requerida a qualquer tempo, antes da extinção da pena ou após. Além disso, em razão do princípio superior do *favor rei*, pode haver repetições de ações revisionais, desde que haja pedido diverso ou se diversa seja a causa de pedir.[1850]

7.5.2. Da possibilidade de revisão criminal na fase de execução do processo

A respeito da possibilidade de interposição da *revisio* na fase de execução processual, fundamentalmente quando se requer a unificação de penas pelo reconhecimento do instituto do crime continuado, deve ser referido, por primeiro, que, como mencionado, o próprio juízo das execuções (artigo 66, inciso III, *a*, da Lei 7.210/84 – Lei de Execuções Penais) é competente para apreciar a unificação das penas.

Por tal motivo, há corrente doutrinária que se posiciona no sentido da impossibilidade do manejo da revisão criminal para o fim de reconhecimento da unificação das penas, pois se trataria de "um incidente da execução, já que por ela se reduz a duração das penas aplicadas nas várias sentenças. (...), somente o juiz da execução é competente para a unificação, sendo meio inadequados para tal fim o *habeas corpus* e a revisão".[1851] Também, em terreno jurisprudencial, encontram-se decisões em tal sentido.[1852]

[1847] GRINOVER, Ada Pellegrini; MAGALHÃES FILHO, Antonio; FERNANDES, Antonio Scarance, 2011b, p. 239.

[1848] ROMEIRO, Jorge, 1978, p. 5.

[1849] Eduardo Espínola Filho (2000, p. 419) faz o seguinte apontamento sobre a matéria: "a questão das nulidades (...) não necessita de qualquer complemento, merece, entretanto, um exame especial, quanto à possibilidade do seu reconhecimento em revisão criminal. É óbvio, deve tratar-se de nulidade, que se não tenha sanado, nos termos do art. 572. Não o havendo sido, o tribunal, na revisão, poderá prevalecer-se do art. 626 para declarar nulo o processo".

[1850] Adauto Suannes (p. 172) figura a hipótese segundo a qual, em uma condenação, "não se discutiu algum aspecto relevante também não trazido quando da revisão criminal, como, por exemplo, a natureza do concurso de crimes ou sua não-consumação. Em nome de que princípio se daria à lei uma interpretação restritiva, impedindo que essa questão nova seja agitada em uma segunda ou uma terceira revisão criminal?".

[1851] MIRABETE, Julio Fabbrini; FABBRINI, Renato N., 2011, p. 190.

Ocorre que, depois de julgado improcedente pelo juízo das execuções criminais o pedido de unificação de penas, em conformidade com o artigo 197 da Lei 7.210/84, cabe o recurso de agravo ("agravo em execução"). Esse recurso, caso persista a decisão denegatória quanto à matéria da unificação de penas, é o último procedimento impugnativo existente na fase de execução penal.[1853]

Ora, tendo em vista consolidar-se o caráter condenatório desse *decisum*, e podendo ser a revisão "requerida em qualquer tempo, antes da extinção da pena ou após", segundo a norma processual, fica plenamente evidenciada a possibilidade de interposição da *revisio* para sanar eventual erro do juízo das execuções, caracterizando – como fundamento do pedido – a "falha da prova ou da apreciação da lei".[1854] De fato, uma gama considerável de doutrinadores admite a ação revisional para a correta avaliação da continuidade delitiva, em quaisquer casos; nesse passo, Fernando da Costa Tourinho Filho sustenta que, "se por uma *fictio juris* o crime continuado forma uma unidade delitual, desde que o agente haja praticado vários fatos na mesma ou em outras comarcas, enlaçados pela continuidade, seria uma iniquidade a não unificação das penas. E tal pedido pode ser formulado com apoio no artigo 621, I, do Código de Processo Penal (ver: RT 305/326). (...). A não unificação das penas, nos casos permissivos, afronta o texto legal, e seria tremenda iniquidade a improcedência da revisão, porquanto, por amor às filigranas da lei, um pobre-diabo passa a receber exageradamente uma pena que o legislador, por meio da ficção da continuidade, quis evitar. A propósito, RT 542/397 e 633/335".[1855] Na mesma linha de pensamento, Ada Pellegrini Grinover, Antonio Magalhães Gomes Filho e Antonio Scarance Fernandes remarcam inserir-se no desrespeito à norma penal a não unificação das penas, nos casos de crime continuado.[1856] Do mesmo modo, Manoel Pedro Pimentel ressalta que, no caso de a decisão penal desfavorecer o interessado a respeito da unificação das penas, e este não intervir dentro do prazo legal mediante recurso, ou, ainda, no caso de recurso tempestivo desprovido em segunda instância, a matéria poderá ser apreciada novamente pelo tribunal, por meio da revisão criminal. Além disso, o autor também relembra o artigo 621 do Código de Processo Penal como fundamento para o ingresso da revisão, afirmando que o recurso pressupõe processos concluídos, e, em se tratando da unificação das penas, a existência de sentença definitiva, "ou decisão do tribunal julgando definitivamente o recurso eventualmente interposto da decisão de primeira instância".[1857] [1858] [1859]

[1852] TJRS, RVC 70027289974, 4º GCC, Rel. Des. Danúbio Franco, j. 22.5.09; e TRF1, RVC 01277536/MT, 2ª Seção, Rel. Des. Eustáquio Silveira, j. 26.8.98.

[1853] Isso porque o recurso previsto no art. 581, XVII, do CPP (recurso em sentido estrito, sobre decisões ou despachos que decidirem sobre unificação de penas), não deve ser aplicado. Assim esclarece a doutrina: "há entendimento isolado no sentido de se permitir, *in casu*, o recurso previsto no art. 581, XVII, do CPP. Não nos parece. O art. 197, da LEP, não comporta dúvidas" (TOURINHO FILHO, Fernando, 2009, p. 538).

[1854] BENETI, Sidnei, 1996, p. 157.

[1855] TOURINHO FILHO, Fernando, 1998, p. 598.

[1856] GRINOVER, Ada Pellegrini; MAGALHÃES FILHO, Antonio; FERNANDES, Antonio Scarance, 2011b, p. 250.

[1857] PIMENTEL, Manoel Pedro, 1969, p. 212. Na jurisprudência, assim decidiu o TJSP: "revisão. Unificação de penas. Cabimento. O condenado busca, com o pedido de unificação de penas, o reconhecimento do crime continuado, o que, em outras palavras, equivale a pretender a desclassificação, ou reclassificação da infração penal, circunstância que, a teor do art. 626, do CPP, torna cabível a revisão criminal" (TACSP, RJD 22/500).

[1858] Com o mesmo entendimento, as seguintes decisões: TJSP, RVC 990090310847, 1º GC, Rel. Des. Marco Nahum, j. 30.8.10; TJPR, RVC 0466866-8, 4ª CC, Rel. Des. Carlos Hoffman, j. 11.9.08; TJRS, RVC

Vê-se, nesse tema específico do reconhecimento da continuidade delitiva após o trânsito em julgado de sentença condenatória, que nem mesmo a impetração de ordem de *habeas corpus* obstaculiza o ingresso posterior de ação revisanda, conforme decidiu o Supremo Tribunal Federal.[1860] Ainda se pode verificar que o Superior Tribunal de Justiça desconstituiu decisão de tribunal que não enfrentou a matéria da continuidade delitiva em sede de revisão criminal.[1861]

Portanto, perfeitamente possível o pedido de unificação de penas pelo reconhecimento do instituto do crime continuado em sede de revisão criminal, (as mais das vezes) para sanar eventual erro do juízo das execuções; ou, mesmo, para consolidar direito que deixou de ser reconhecido até aquele momento processual.[1862]

7.5.3. A revisão criminal e a alteração de entendimento jurisprudencial

Deve comentar-se, ainda, acerca da possibilidade de a modificação de entendimento jurisprudencial (relacionado, na hipótese, ao crime continuado) ensejar a revisão criminal.

Em antiga decisão, o Supremo Tribunal Federal decidiu que a simples mudança de jurisprudência sobre a continuidade em crimes de roubo não justificaria o pedido de revisão criminal, julgando-o, pois, por maioria, improcedente.[1863]

No caso concreto, a Segunda Turma do Supremo Tribunal Federal, em acórdão de 17 de março 1978, decidiu que seria inadmissível o reconhecimento do crime continuado quando o agente praticasse crimes contra vítimas diferentes, ainda que os tivesse cometido em tempo próximo e em condições de lugar e maneira de execução idênticas.

Posteriormente, em 09 de maio de 1978 e 11 de outubro de 1978, o Supremo Tribunal Federal, em sessões plenárias, firmou sua jurisprudência em sentido diametralmente oposto àquele, admitindo a continuidade delitiva em crimes de roubo praticados contra vítimas diferentes, se fosse possível – pelas circunstâncias temporais, espaciais, modais e outras semelhantes – conceber os subsequentes como continuação do primeiro. Por conta disso, foi manejada a ação revisional, que restou, ao final, por maioria, julgada improcedente.

Em nosso ordenamento jurídico, não existe a possibilidade de revisão fundada em divergência de orientações jurisprudenciais, isto é, eventuais controvérsias jurisprudenciais em torno da aplicação da lei não poderiam permitir, em linha de princípio, a revisão criminal.[1864]

Acontece, porém, que, atualmente, setores doutrinários e jurisprudenciais têm, pouco a pouco, em compreensão diferenciada, admitido a (interposição da) revisão cri-

---

70018219956, 2° GC, Rel. Des. Vladimir Giacomuzzi, j. 9.3.07; e TJSP, RVC 239.097-3, Rel. Des. Gentil Leite, 3° GCC, j. 11.2.99.

1859 E, ainda, outra decisão, na qual o Tribunal gaúcho reformulou a aplicabilidade do crime continuado da seguinte forma: TJRS, RVC 70013356027, 3° GCC, Rel. Des. Paulo Vieira, j. 17.2.06.

1860 STF, *HC* 71.166/SP, 2ª T., Rel. Min. Marco Aurélio, j. 6.9.94.

1861 STJ, *HC* 29.017/PB, 6ª T., Rel. Min. Hamilton Carvalhido, DJ de 11.4.05.

1862 TJRS, RVC 70031792310, 2° GCC, Rel. Des. Odone Sanguiné, j. 14.5.10.

1863 STF, RVC 4.592-5/SP, TP, Rel. Min. Soares Muñoz e Rel. p/a Min. Cordeiro Guerra, 12.11.80.

1864 *HC* 75.793, voto do Rel. Min. Sepúlveda Pertence, 1ª T., DJE de 8.5.98 (decisão citada na Coletânea temática de jurisprudência, p. 121).

minal em virtude de alteração (posterior) de entendimento jurisprudencial, de modo particular, se a nova linha decisória se apresentar uniformemente sedimentada nos tribunais.[1865]

Mas, em contrapartida, a tese que se lhe adversa continua a apoiar-se, de um plano, no argumento formal da impossibilidade de se rever a decisão penal se não houver contrariedade ao texto legal expresso (artigo 621 do Código de Processo Penal); e, de outro, no princípio da segurança jurídica, que seria maculado na hipótese de admissibilidade da retroatividade jurisprudencial. Posto que seja essa a posição encampada pelas Cortes Superiores, importa averiguar se, na ampliação de seus termos, não estaria, nesse estado de coisas, a melhor linha interpretativa, na medida em que não mais se concederia primazia à legislação infraconstitucional em detrimento do princípio jurídico-constitucional da igualdade, ou seja, afirmar-se-ia o primado do texto constitucional sobre quaisquer outras considerações.[1866] Para além disso, não se deve desconsiderar a função interpretativa do texto legal exercida pelo juiz, que atua como verdadeiro criador do direito, sem submissão absoluta à norma legal.[1867] Aliás, Winfred Hassemer lembra que a "jurisprudência pode se modificar fundamentalmente, quanto a seu conteúdo, sem que a lei, aplicável ao caso, tivesse sido alterada ou modificada".[1868] Da mesma forma considera Tupinambá Pinto de Azevedo, quando assinala que "a nova interpretação pode, sim, representar uma correção. A nova interpretação nega a leitura anterior da lei, porque errada".[1869] Ainda Odone Sanguiné relata a premência de reconhecer a jurisprudência, principalmente na efetivação das cláusulas gerais, como um legislador complementar.[1870] Por isso mesmo, ao considerar a interpretação, é imprescindível guiar-se pelo princípio do *favor rei*, vale dizer, havendo interpretações antagônicas do texto legal, há "a obrigação de escolher a interpretação mais favorável ao arguido".[1871] A aplicação retroativa da jurisprudência mais favorável concretizaria a consagração do *in dubio pro reo* como princípio interpretativo.

Em relação ao argumento baseado no princípio da segurança jurídica, torna-se necessário ressaltar que a pretensão de uma estabilidade máxima e de uma constância jurídica não condizem com a realidade social, nem podem superar o princípio da igualdade. Tais considerações, sem dúvida, levam a reconhecer que "o Direito, enquanto instrumento regulador da vida em sociedade, deve estar em constante transformação, sob pena de distanciamento de seu objeto".[1872] Consoante o entendimento de Tupinambá Pinto de Azevedo, "entre os valores igualdade (alguns falam em justiça) e segurança jurídica, a ponderação leva ao prevalecimento do primeiro, salvo situações tão

---

[1865] O argumento da prescindibilidade da uniformização do entendimento baseia-se no princípio do livre convencimento motivado do juiz, também conhecido como persuasão racional da prova (BOSCHI, Marcus Vinicius, 2003, p. 215).

[1866] TJRS, EIN 70002052959, Rel. Des. Tupinambá Azevedo, 4º GCrim, j. 22.6.01. Semelhantemente entendeu o TJSP ao julgar a revisão criminal 383.670/08, na qual diminui a pena do imputado em razão de novo posicionamento jurisprudencial mais benéfico: TJSP, RVC 383.670/8, Rel. Des. Marco Nahum (decisão citada por BOSCHI, Marcus Vinicius, p. 215).

[1867] HASSEMER, Winfred, 1985, p. 9.

[1868] HASSEMER, Winfred, 1985, p. 9.

[1869] AZEVEDO, Tupinambá de, 2002, p. 294.

[1870] SANGUINÉ, Odone, 1992, p. 9.

[1871] MÉDICI, Sérgio, 2000, p. 160.

[1872] BOSCHI, Marcus Vinicius, p. 217.

aberrantes que a insegurança levaria de roldão a igualdade buscada".[1873] De outro giro, a segurança jurídica serve à coletividade no intuito limitativo do poder estatal, protegendo os indivíduos contra possíveis arbitrariedades; por isso, aplicar a retroatividade da jurisprudência mais favorável não é uma atitude contrária a este princípio, senão a sua afirmação, admitido que garantir o respeito à coisa julgada objetiva é meio de proteção do indivíduo, não do Estado.[1874]

Diante disso, baseando-se em noções de Política Criminal e visando a garantir o princípio da igualdade, considera-se possível a revisão criminal com base na jurisprudência mais benéfica;[1875] de sorte que resta, de um plano, analisar os instrumentos processuais mais adequados para esse fim; e, de outro, os pressupostos objetivos para a implementação da medida.

7.5.4. A revisão criminal como instrumento jurídico para permitir a retroatividade da jurisprudência mais benéfica

A revisão criminal é uma medida de exceção cabível na necessidade de rescindir a coisa julgada material, em temática penal, em face dos pressupostos elencados no artigo 621 do Código de Processo Penal; ou mesmo em razão da hipótese prevista no artigo 626 do mesmo *Codex*, quando manejada a ação revisional para o reconhecimento da nulidade. Trata-se de uma ação autônoma de impugnação a fim de questionar a decisão condenatória a partir do preenchimento dos requisitos processuais.[1876] Respeitando o princípio da vedação da revisão *pro societate*, o reexame destina-se apenas para os casos de condenação e visa a servir de benefício à defesa, pois, apenas dessa forma, é possível ser atacada a garantia constitucional de proteção à coisa julgada (artigo 5º, inciso XXXVI, da Constituição Federal). Ainda: é por se tratar de uma possibilidade excepcional no ordenamento jurídico que a doutrina considera as condições enumeradas – no artigo 621 do Código de Processo Penal – como taxativas, isto é, somente será possível a revisão criminal nas situações estabelecidas no comando processual.[1877] Logo, por não elencar a hipótese de retroatividade da jurisprudência mais favorável, a norma não admitiria a utilização de revisão criminal para essa finalidade.

Além da possibilidade legislativa da inserção de um novo inciso para contemplar, no comando, o câmbio pretoriano mais benéfico, a doutrina sugere uma "interpretação extensiva em consonância com os princípios e direitos fundamentais constitucionais";[1878] ou, ainda, uma admissão da revisão por analogia à aplicação de lei benigna posterior nos mesmos moldes.[1879] Uma vez que a decisão penal lida com a liberdade individual, e ressaltando-se a importância do juiz como intérprete legal, o Estado deve possibilitar

---

[1873] AZEVEDO, Tupinambá de, p. 302.

[1874] BOSCHI, Marcus, p. 222.

[1875] De fato, a impossibilidade de aplicação retroativa da jurisprudência ensejaria ofenda ao princípio da igualdade. Nos mesmos termos, Renato de Lima (2012, p. 1105): "não fosse admitida a revisão criminal nesse caso, dar-se-ia tratamento desigual àqueles que já haviam sido condenados, bem mais gravoso do que o aplicado aos novos acusados submetidos à jurisprudência mais favorável".

[1876] PACELLI, Eugênio; FISCHER, Douglas, 2012, p. 1224.

[1877] NUCCI, Guilherme de Souza, 2011a, p. 961.

[1878] BOSCHI, Marcus Vinicius, p. 237.

[1879] LIMA, Renato Brasileiro de, 2017, p. 1817.

o questionamento e a revisão da decisão condenatória na alteração do entendimento jurisprudencial favorável.[1880]

Dessa maneira, a revisão criminal mostra-se como um instrumento processual adequado para o reexame das situações nas quais a mudança jurisprudencial incide em favor do condenado.[1881]

Para além da revisão criminal, que se traduz em ação autônoma, é preciso examinar, em seguimento, o papel da vara de execuções criminais como autoridade competente para aplicação da retroatividade da jurisprudência mais benéfica.

7.5.5. A possibilidade de requerimento junto à vara de execuções criminais e do *habeas corpus* para viabilizar a retroação

Discute-se, notadamente na doutrina processual, se – tal qual a aplicação de lei posterior benéfica ao condenado – o juiz da vara de execuções poderia, em sentido amplo, fazer retroagir, mediante requerimento da defesa, a alteração jurisprudencial mais favorável.

Apesar de escassa a doutrina sobre o tema, afirma-se que o requerimento junto à vara de execuções criminais não seria admissível, porquanto seria necessária, nessa conjuntura, a análise da situação de fato, ou seja, um novo exame acerca do mérito do caso concreto, o que "se mostra inviável na estreita sede de execução penal".[1882]

Ainda se pode apontar o *habeas corpus* como remédio para a revisão de *decisum* penal em razão do câmbio pretoriano mais favorável.[1883]

Todavia, esse entendimento só é possível se coadunado com a admissão do debate probatório no julgamento do *habeas corpus*; e é consabida a divergência doutrinária quanto à viabilidade da dilação probatória no campo dessa ação de liberdade, visto tratar-se de procedimento sumariíssimo.

Assim sendo, para a retroação jurisprudencial mais benéfica é "mister que se reconheça a este instituto a possibilidade de enfrentamento da prova";[1884] portanto, a revisão criminal mostra-se como instrumento mais compatível com a solicitação de retroação da jurisprudência mais favorável, uma vez que possibilita, sem maiores divergências, o enfrentamento da situação fática.

[1880] PACELLI, Eugênio; FISCHER, Douglas, p. 1228. Da mesma forma posicionou-se o Des. Tupinambá Azevedo no paradigmático acórdão: TJRS, EIN 70002052959, Rel. Des. Tupinambá Azevedo, 4º GCrim, j. 22.6.01.

[1881] TRF4, RVC 30480, Rel. Tadaaqui Hirose, 4ª Seção, j. 17.2.11; e TRF4, RVC 34692/PR 2009.04.00.034692-8, Rel.Tadaaqui Hirose, 4ª Seção, j. 15.04.10.

[1882] BOSCHI, Marcus Vinicius, p. 242. Dentro da competência prevista ao juiz da vara de execução não há espaço para a avaliação de provas, impedindo-o de atuar na aplicação da retroatividade da jurisprudência mais benéfica (art. 66 da Lei 7.210/84). Esse entendimento é retirado na comparação entre aplicação retroativa de lei posterior mais benigna e a retroatividade do câmbio pretoriano mais favorável: Súmula nº 611 do STF: "transitada em julgado a sentença condenatória, compete ao juízo das execuções a aplicação de lei mais benigna".

[1883] Consoante é o entendimento doutrinário: "não se pode negar que, em decorrência do alargamento das hipóteses de cabimento de *habeas corpus* (criadas pela jurisprudência), o STF hoje realiza verdadeiro controle de todos os dispositivos em matérias penal e processual penal" (PACELLI, Eugênio; FISCHER, Douglas, p. 1233).

[1884] BOSCHI, Marcus Vinicius, p. 250.

7.5.6. Dos pressupostos objetivos para a validade do pedido

É importante se estabelecer quais seriam os critérios de validade da retroação jurisprudencial, ou seja, quando – determinada alteração de entendimento jurisprudencial – já ostentaria condições de possibilidade para produzir uma renovação decisória, sem comprometer a segurança jurídica. Não se trata de questão simples, suposto que, por óbvio, a mutabilidade jurisprudencial – como formação evolutiva do direito – é da essência do funcionamento do sistema jurídico; contudo, certos parâmetros podem ser idealizados como aptos a ensejar a retroação da jurisprudência mais favorável ao acusado: tratar-se-ia das posições jurisprudenciais consolidadas pelos tribunais superiores. Afora esse espaço de relativo consenso (especialmente se se cuidar de matéria sumulada), a doutrina criminal ainda apresenta variantes, de maior ou menor abrangência; assim, por ilustração, Reinhart Maurach e Heinz Zipf mencionam a (necessidade de) jurisprudência unitária dos altos tribunais;[1885] Ignacio Serrano Butragueño requer que a jurisprudência constitua "doctrina legal";[1886] Paulo César Busato, semelhantemente, considera, apenas, os "entendimentos jurisprudenciais consolidados" na jurisprudência, e não sobre qualquer sorte de julgado;[1887] Ney Fayet, por sua vez, em sentido de maior flexibilidade, sustenta que bastariam decisões reiteradas no mesmo sentido, mesmo sem a existência de súmula.[1888]

No presente, é amplamente dominante o entendimento segundo o qual – entre os que admitem a equiparação entre a lei e a interpretação jurisprudencial mais favoráveis para o efeito retroativo – apenas quando se tratar de jurisprudência sólida e consagrada das Cortes Superiores se poderá autorizar a retroação do novo entendimento; do contrário, ainda que haja acentuado dissenso jurisprudencial, não lhe será concedido o alcance retroativo.

À vista disso, exige-se a conformidade pretoriana sobre a nova orientação, rejeitando-se, portanto, o simples desacordo à antiga posição.

Apesar disso, entende-se por suficiente a divergência para a retroatividade da jurisprudência mais benéfica. E esse entendimento se pauta no princípio da igualdade (artigo 5º, *caput*, da Constituição Federal) conjuntamente com o artigo 621, inciso I, do Código de Processo Penal, além do princípio *favor rei*.[1889] Também assessora a posição o princípio do livre convencimento motivado (ou persuasão racional), o qual sustenta a liberdade da formação do convencimento do magistrado na escolha da prova que se lhe transparecer mais convincente, desde que havendo a devida fundamentação ou explicitação.[1890] Ainda, poder-se-ia apontar o inciso III do artigo com relação ao aspecto de

---

[1885] MAURACH, Reinhart; ZIPF, Heinz, p. 199. Johannes Wessels (p. 12), de modo semelhante, indica a "alteração da jurisprudência pacífica dos mais altos tribunais, em consequência de uma mudança na concepção jurídica ou com fundamento em um novo conhecimento, não se submete, de acordo com opinião dominante, a qualquer proibição de retroatividade".

[1886] SERRANO BUTRAGUEÑO, Ignacio, 1999, p. 4.

[1887] BUSATO, Paulo César, 2013, p. 140. Douglas Fischer ainda entende como necessária a pacificação no âmbito dos tribunais superiores (PACELLI, Eugênio; FISCHER, Douglas, p. 1228).

[1888] AZEVEDO, Tupinambá Pinto de, p. 300.

[1889] TJSP, RVC 383.670/8, Rel. Des. Marco Nahum (*in* BOSCHI, Marcus Vinicius, p. 215).

[1890] PACELLI, Eugênio, 2014, p. 331. Nesse mesmo sentido argumenta Leitão de Abreu: "a igualdade perante a lei implica igualdade de aplicação da lei... pelo Judiciário. Logo, se o STF, consoante orientação que nele hoje prepondera, aplica a lei de modo a beneficiar os jurisdicionados, terá necessariamente que conceder as revisões, sob pena de violação ao princípio da igualdade perante a lei, pois daria ao demandante

nova circunstância que determine diminuição especial da pena. Nos dizeres de Paulo Rangel, circunstância é "tudo aquilo que não integra a figura típica. Não está no tipo penal",[1891] como é, substancialmente, o posicionamento jurisprudencial em relação à determinada norma. Nessa dimensão, a mudança do entendimento pretoriano que beneficiasse o condenado com relação a sua pena tratar-se-ia de nova circunstância tal qual apontada no referido inciso.

No entanto, existem relevantes precedentes inadmitindo a revisão criminal nos casos em que a alteração jurisprudencial é meramente controversa, tendo em vista que a redação do artigo 621, inciso I, do Código de Processo Penal, exigiria contrariedade ao texto expresso da lei, situação que, segundo doutrinadores, "não abarca a mudança de orientação jurisprudencial da interpretação de determinado dispositivo legal".[1892] Para tal configuração, é essencial que os magistrados, exercendo o papel que lhes cabe de criadores do direito, signifiquem a norma legal de modo a dar-lhe sentido equânime nas suas decisões.[1893] No mesmo rumo, posiciona-se Odone Sanguiné, admitindo a retroatividade da jurisprudência favorável ao réu e seu consequente instrumento processual, a revisão criminal, destacando, entretanto, ser necessário que "a nova orientação tenha se *consolidado* em sentido diverso da concepção seguida ao tempo do crime ou da condenação, não sendo admissível mera divergência ou oscilação jurisprudencial".[1894] Esse posicionamento reflete a aversão, principalmente em âmbito penal, de uma jurisprudência flutuante e incerta, inapta a definir orientações claras e seguras de aplicação da lei, pois, ao atuar decisivamente na realização do direito, os tribunais dominam a real tutela dos valores protegidos pela ordem jurídica.[1895] Logo, seria necessária a estabilidade do entendimento jurisprudencial mais favorável para haver sua retroação, justamente em virtude do postulado moderno da igualdade, "resguardando, deste modo, o trato igual dos que se colocam em situação de igualdade".[1896] Ressalte-se, ainda uma vez, que alguns doutrinadores se mostram mais rígidos, e exigem a consolidação em sede de tribunais superiores.[1897] Dessa forma, havendo dissídio entre as Cortes, restaria impossibilitada a revisão criminal em razão da retroatividade da jurisprudência mais favorável, porquanto "importaria em verdadeiro revolvimento das questões jurídicas enfrentadas na decisão transitada em julgado", podendo ofender o princípio da segurança jurídica.[1898]

Sendo essa a hipótese, pareceria mais eficaz, em termos doutrinários, assegurar-se com a uniformidade jurisprudencial para ensejar sua retroação, visto que, por ainda não se mostrar pacífica a aceitação da retroatividade da jurisprudência mais benéfica, se deveriam privilegiar os posicionamentos que melhor atendam à segurança jurídica. Todavia, essa postura – de exigir-se a uniformidade jurisprudencial – não se ajusta,

---

tratamento desigual, mais gravoso, do que aquele que vem atribuindo aos réus... em situações idênticas" (ABREU, Leitão de *apud* AZEVEDO, Tupinambá, 2002, p. 302).

1891 RANGEL, Paulo, 2012, p. 1070.

1892 PACELLI, Eugênio; FISCHER, Douglas, p. 1229.

1893 "Se se quer saber o conteúdo *efetivo* de uma lei, se há de estudar os comentários à mesma onde se recolhe a jurisprudência relativa ao preceito legal" (SANGUINÉ, Odone, 2000, p. 158).

1894 SANGUINÉ, Odone, 2000, p. 166.

1895 BRANDÃO, Nuno, 2003, p. 1296.

1896 BOSCHI, Marcus Vinicius, p. 216.

1897 PACELLI, Eugênio, p. 1028.

1898 PACELLI, Eugênio; FISCHER, Douglas, p. 1228.

adequadamente, ao sistema jurídico-penal; com efeito, em termos de valência sistêmica, em se tratando de decisões penais conflitantes, a solução deve tender à que maior carga de benefício conceder ao condenado. Assim, cabe referir que a divergência jurisprudencial já ostentaria condições de possibilidade para – tais quais as leis mais benéficas – retroagir ao caso concreto, harmonizando-se, ainda, com o princípio da igualdade. Sob este ângulo, a nova linha diretriz decisória – apesar de ainda não uniforme; e, por óbvio, talvez sequer consiga atingir este ponto de irrecusabilidade, pois poderá, no curso dos tempos, perder prestígio – já se traduz *de per si* naquele componente de dúvida ou momento de incerteza que, de modo excepcional, autoriza a adoção, pelos magistrados, de outro princípio, não menos importante: o do *in dubio pro reo* ou *in dubiis reus est absolvendus*.

7.6. O CRIME CONTINUADO E O *HABEAS CORPUS*

O *habeas corpus* é uma garantia constitucional destinada exclusivamente à proteção do direito de liberdade de locomoção (ir, vir e ficar), corporificada em remédio jurídico contra a coação, violência, ou sua ameaça, emanada de ilegalidade ou abuso de poder. Trata-se de ação – e não recurso – de conhecimento, com caráter mandamental, cujo objetivo é a obtenção de ordem, dada à autoridade coatora, para que cesse o constrangimento ilegal. O *habeas corpus* é, por conseguinte, remédio jurídico tendente a evitar constrangimentos à liberdade de locomoção, podendo ser utilizado em qualquer caso em que esteja acontecendo uma violação, uma coação ilegal ao direito de liberdade.[1899] José Frederico Marques reforça que se trata, em suma, de "*remedium juris* destinado a tutelar a liberdade de locomoção. Desde que haja ilegalidade ou abuso de poder que atinja a liberdade de ir e vir, o *habeas corpus* constitui o instrumento destinado a remover a coação contra aquele direito subjetivo".[1900] Observa-se, consequentemente, que o *habeas corpus* se apresenta como "instrumento processual de grande extensão e alcance, no que tange à tutela de ir e vir. Ele tornou-se meio e modo de composição de lides penais, dependendo a forma de resolução do litígio, daquilo que se contém, ou se delineia, no pedido do impetrante, para compor a *res in judicium deducta*".[1901]

Nessa linha de compreensão, ponto que comporta certa divergência, no terreno jurisprudencial, é o da possibilidade de manejar-se a ação de *habeas corpus* para o reconhecimento da continuidade delituosa, isto é, a pretensão de ver reconhecida, por meio da ação de liberdade, a falta de justa causa para o prosseguimento da ação penal na forma estruturada na peça vestibular acusatória ou da possibilidade de se modificar a sentença penal condenatória.[1902]

De um lado, afirma-se que a análise dos pressupostos existenciais do nexo de continuidade (identidade de condições de tempo, lugar, modo de execução e outras similares) envolveria a necessidade do exame de dados probatórios do processo, o que não seria permitido, ou conforme a esse primeiro entendimento, na via estreita do *habeas*

[1899] Por todos: PONTES DE MIRANDA, Francisco, 1999, p. 56 e segs.

[1900] MARQUES, José Frederico, 2009, p. 330.

[1901] MARQUES, José Frederico, 2009, p. 331.

[1902] TJMG, *HC* 1.0000.17.037166-0/000, 6ª CC, Rel. Des. Furtado de Mendonça, j. 11.7.17.

corpus[1903] (é a posição adotada no Supremo Tribunal Federal)[1904] ou na do agravo regimental na ação de liberdade.[1905] A mais disso, posto que seja possível, na ação de *habeas corpus*, obter-se o eventual trancamento da ação penal, isso somente poderia ocorrer em hipóteses específicas (extinção da punibilidade ou evidente atipia da conduta, por exemplo). Ora, discutir a modalidade de concurso de crimes (se material, formal ou continuadade delitiva) teria como *locus* adequado o momento da prolação da sentença penal condenatória, precisamente no da dosimetria da pena; do contrário, ultrapar-se-ia uma etapa, sendo, portanto, prematura, na via do *habeas corpus*, a apreciação desse pedido (relacionado, repita-se, à modalide de concurso de crimes), não importando que a marcha processual esteja no início (em cujo caso a ação de liberdade seria encaminhada para reformar a decisão que recebera a denúncia[1906] [ou a queixa], afastando-se, de plano, a causa de aumento de pena) ou com a instrução criminal encerrada e a decisão final, próxima.[1907]

De outro lado, há julgados analisando o pedido de reconhecimento da continuidade delitiva por via desse remédio heroico;[1908] em outros, malgrado o seu não conhecimento, a ordem (para reconhecer a continuidade delitiva e, assim, redimensionar a pena imposta) é concedida *ex officio*.[1909] Isso se torna possível porque os elementos – cuja análise se faz necessária para a averiguação do reconhecimento do instituto – são eminentemente de cunho objetivo, passíveis, portanto, de verificação sem que se adentre em aprofundadas questões de prova.

Deve ter-se presente, ainda, que o debate sobre a configurabilidade do crime continuado, em ação de *habeas corpus*, nas cortes superiores (pela corrente que permite a discussão sobre o tema), tem sido tolerado particularmente nas hipóteses em que as instâncias ordinárias já tiverem apreciado a matéria fático-probatória sobre os pressupostos configurados do instituto em causa; afora essas situações, ainda o debatem quando se apresenta o caso de denegação da ordem.[1910]

Posto que se trate de questão de cunho estritamente técnico, não se pode descurar que os fenômenos criminais continuados implicam relações estáveis e objetivas entre si, cuja identificação não requer quaisquer outras incursões (especialmente as de índole

---

[1903] STJ, *HC* 303.815/DF, Rel. Min. Ribeiro Dantas, 5ª T., j. 1.9.16; STJ, *HC* 311.866/SP, Rel. Min. Leopoldo Raposo [Des. conv. do TJ/PE], 5ª T., j. 1.9.15); TRF4, *HC* 5025520-97.2015.404.0000, Rel. Des. p/a Sebastião Ogê Muniz, 7ª T., j. 28.7.15; STF, *HC* 110250/MS, 2ª T., Rel. Min. Joaquim Barbosa, j. 26.6.12; STJ, *HC* 163300/SP, 5ª T., Rel. Min. Campos Marques, j. 2.10.12; e STJ, *HC* 184371/RJ, 5ª T., Rel. Min. Marco Bellizze, j. 11.9.12.

[1904] STF, *HC* 101.733, Red. p/o acórdão o Min. Edson Fachi, j. 8.9.15; e STF, R*HC* 135.146 Agr, Min. Roberto Barroso, j. 2.6.17.

[1905] STJ, AR*HC* 329.719/SC, Rel. Min. Felix Fischer, 5ª T., j. 3.12.15.

[1906] TRF4, *HC* 5034622-75.2017.404.0000, 7ª T., Rel. Gerson Luiz Rocha, j. 18.7.17.

[1907] TJRJ, *HC* 0026331-24.2017.8.19.0000, 1ª CC, Des. Marcus Henrique Pinto Basílio, j. 6.6.17.

[1908] STF, *HC* 87495/SP; 1ª T., Rel. Min. Eros Grau, Publicação: DJ 28.4.06, p. 23; STF, *HC* 87089/SP, 2ª T., Rel. Min. Cezar Peluso; j. 2.6.09; e STF, R*HC* 90724/SE, 2ª T., Rel. Min. Joaquim Barbosa, j. 9.9.08.

[1909] TRF1, AEX 0009712-43.2015.4.01.4100/RO, 4ª T., Rel. Des. Fed. Olindo Menezes, j. 24.7.17; e TJDFT, AC 20161510040864APR, 1ª TC, Rel. Des. Carlos Pires Soares Neto, j. 13.7.17; STJ, *HC* 323.303/RJ, 6º T., Rel. Min. Antonio Saldanha Palheiro, j. 13.6.17; e STJ, *HC* 199.635/SP, Rel. Min. Joel Ilan Paciornik, 5ª T., j. 20.9.16.

[1910] STF, *HC* 84302/RJ, Rel. Min. Carlos Guedes, 2ª T., j. 2.6.09; STF, *HC* 93694/SP, 1ª T., j. 29.4.08; STJ, *HC* 84270/SP, Rel. Min. Og Fernandes, 6ª T., j. 10.11.09; e STJ, *HC* 82164/SP, Relª. Minª. Laurita Vaz, 5ª T., j. 6.10.09.

subjetiva);[1911] com isso, na grande parte dos casos, nada haverá em termos de maiores requisições sobre dados probatórios: a simples leitura da peça inicial acusatória (ou mesmo de várias denúncias) poderia permitir o reconhecimento da figura da continuidade delitiva, transmitindo ao agente, desde logo, todo o benefício que o instituto encerra.

Derradeiramente, é importante assinalar que a orientação que nega a possibilidade de constatação da figura-legal do crime continuado por intermédio da ação de liberdade é, no presente, predominante nos tribunais superiores.[1912]

7.7. O CRIME CONTINUADO E A FIANÇA

É possível, também, estabelecer-se as relações existentes entre o delito continuado e a fiança, a qual consiste, na definição de Antônio Alberto Machado, em um "instituto jurídico por meio do qual o indiciado ou réu, após o depósito em dinheiro, pedras, objetos, metais preciosos, títulos da dívida pública ou hipoteca, adquire o direito de responder ao processo em liberdade até o trânsito em julgado da sentença final".[1913] A rigor, a fiança, em sendo cabível, será concedida imediatamente após a lavratura da prisão em flagrante; contudo, poderá, ainda, ser concedida no transcurso da ação penal, até o trânsito em julgado da sentença penal, se, por óbvio, apresentar-se, *in casu*, hipótese legal (assim, por ilustração, se o réu estivesse preso em decorrência de crime inafiançável, e, na sentença, o magistrado desclassificasse o delito para outro, agora, afiançável).[1914]

Em função do advento da Lei 12.403/11, foram produzidas significativas modificações no sistema de medidas cautelares.

No que tange ao instituto jurídico da fiança, a nova redação do artigo 310 do Código de Processo Penal estabeleceu que, ao receber o auto de prisão em flagrante, o juiz deverá, fundamentadamente, entre outras possibilidades, conceder liberdade provisória, com ou sem fiança. E, além disso, em virtude das modificações trazidas pela nova lei, a liberdade provisória com fiança não se traduz, apenas, em uma medida de contracautela (artigo 310, inciso III, do Código de Processo penal), pois pode constituir-se, agora, em uma medida cautelar autônoma (artigo 319, inciso VIII, do Código de Processo Penal).

Uma importante alteração decorrente da nova lei processual foi a possibilidade de se conceder fiança, em regra,[1915] a todos os crimes, uma vez que, anteriormente, havia

---

[1911] Evidentemente, a análise do elemento subjetivo (se se aceita a sua existência) não obstaculiza o debate sobre o crime continuado no campo da ação de liberdade: TJRS, *HC* 71004657128, TRC, Rel. Edson Cechet, j. 4.11.13.

[1912] STJ, *HC* 111190, Rel. Min. Néfi Cordeiro, 6ª T., j. 7.5.15; STF, *HC*: 108012 RJ, Rel. Min. Roberto Barroso, 1ª T., j. 19.8.14.

[1913] MACHADO, Antônio Alberto, p. 707. Em termos práticos, na quase totalidade dos casos nos quais se maneja a utilização da fiança, o depósito sempre envolverá dinheiro, haja vista a dificuldade que existe para as demais formas de caução (assim, por exemplo, a demora na avaliação de pedras preciosas ou dos imóveis).

[1914] GRECO FILHO, Vicente, 2015, p. 331.

[1915] Eugênio Pacelli (p. 591) menciona os casos em que não será possível a concessão da fiança. De acordo com o autor, seriam quatro as situações: quando se tratar de crimes aos quais não seja imposta pena privativa de liberdade (art. 283, § 1º); quando cabível a transação penal e houver a consequente (caso aceita) suspensão condicional do processo (art. 76 e art. 89, da Lei 9.099/95); quando se tratar de crimes culposos, exceto quando da possibilidade da aplicação da pena privativa de liberdade no final do processo, em razão

restrição aos que eram punidos com reclusão e cuja pena mínima cominada fosse superior a dois anos.

Em conformidade com o novo regramento, a fiança poderá ser concedida imediatamente pela autoridade policial, quando se tratar de infrações cujas penas privativas de liberdade (em seu patamar máximo) não sejam superiores a quatro anos, conforme dispõe o artigo 322 do Código de Processo Penal.[1916] (Nos demais casos, será requerida ao juiz, que decidirá sobre a sua concessão em até quarenta e oito horas. Importante ressaltar que não há a necessidade de o infrator requerer, ao juiz, a concessão da fiança, porque o artigo 310 do Código de Processo Penal, em sua nova redação, dispõe que o magistrado deverá: ou relaxar a prisão em flagrante, ou convertê-la em prisão preventiva, ou, ainda, conceder liberdade provisória, com ou sem fiança.) Com isso, agora, a autoridade policial pode arbitrar fiança em quaisquer infrações penais com pena máxima (*in abstracto*) não superior a quatro anos, independentemente da espécie de pena privativa de liberdade.[1917]

Para mais, a Lei 12.403/11 trouxe uma ampliação considerável de possibilidades para se obter a liberdade provisória.

Além da ausência da limitação concernente à gravidade da pena, também foram incluídas diversas outras medidas cautelares com a mesma finalidade, no artigo 319 do Código de Processo Penal.[1918] Aliás, entre as novas medidas cautelares que garantem a liberdade do infrator durante o andamento do processo, sob determinadas condições, aparece, ainda uma vez, a fiança. Isso significa que não será apenas no momento seguinte à prisão em flagrante que se colocará a possibilidade de se concedê-la. Com a introdução do novo artigo 319 do Código de Processo Penal, a fiança também poderá aparecer em outras fases processuais, sendo cabível, até mesmo, para se garantir a liberdade provisória depois da sentença, durante a fase recursal. Ademais, poderá ser cumulada com outras medidas acautelatórias. Ocorre que a fiança do artigo 310, inciso III, do Código de Processo Penal possui característica mais clara de contracautela, servindo para evitar a decretação da prisão preventiva e vinculada à concessão da liberdade provisória. Por outro lado, a fiança do artigo 319 do Código de Processo Penal poderá servir, até mesmo, como reforço da tutela cautelar, como fator inibidor durante os atos processuais.[1919]

Pois bem, agora se percebe a possibilidade da concessão de fiança pela autoridade policial, o que, ao menos em termos teóricos, torna o procedimento mais célere e menos burocrático; porém, quanto a essa possibilidade, coloca-se a limitação referente à gravidade do delito e à sua penalização.

É diante desse quadro que surge o questionamento sobre a possibilidade de a autoridade policial conceder fiança quando, em virtude da continuidade delitiva, a exasperação implicar pena superior àquele limite, isto é, se, por hipótese, em um caso de furto simples (artigo 155, *caput*, do Código Penal) em continuidade delitiva, se tomar

---

das condições pessoais do agente; e, por fim, quando se tratar de crimes cuja vedação da fiança é expressa, conforme os arts. 323 e 324.

[1916] Para Hidejalma Muccio (2011, p. 1218), "amplia-se a alçada da autoridade policial para arbitrar a fiança, agora, para as infrações penais afiançáveis com pena privativa de liberdade máxima de até 4 (quatro) anos, quando antes só lhe era permitido naquelas infrações apenadas com prisão simples ou com detenção".

[1917] MACIEL, Silvio, 2012, p. 205-7.

[1918] MACIEL, Silvio, p. 184-5.

[1919] LOPES JR., Aury, 2011, p. 160-2.

por base a pena máxima desse delito patrimonial (quatro anos) e se aplicar o fator de elevação punitiva representado pelo crime continuado (quer o limite mínimo, quer o limite máximo – 1/6 a 2/3), haveria a suplantação do limite de quatro; nessa situação, portanto, ainda haveria a possibilidade de a autoridade policial conceder a fiança, ou somente o juiz o poderia?

Em razão de essas alterações serem relativamente recentes, não se tem, ainda, o posicionamento jurisprudencial e doutrinário consolidado a respeito da temática abordada.

Contudo, por simetria ao entendimento adotado anteriormente – quando havia o impeditivo da fiança aos crimes cujas penas de reclusão mínimas fossem superiores a dois anos –, tinha-se que a doutrina e a jurisprudência, de um modo geral, se posicionavam pela impossibilidade de concessão da fiança.[1920] Para a solução do problema, vinha sendo utilizada a Súmula nº 81 do Superior Tribunal de Justiça, que dispunha: "não se concede fiança quando, em concurso material, a soma das penas mínimas cominadas for superior a dois anos de reclusão". Por inteligência desse dispositivo, o argumento utilizado era de que não seria possível, também no crime continuado, conceder-se a fiança quando, em razão do aumento pela continuidade, a pena mínima superar os dois anos.[1921] Entretanto, também era possível se encontrar posicionamento em sentido contrário, idealizando que, no caso do concurso material (e de consequência no crime continuado,[1922] por ser menos grave e, também, por se aplicar idêntico raciocínio), deveria ser avaliada a possibilidade de concessão de fiança a cada crime individualmente, sem considerar o conjunto, porque o legislador teve por base, na previsão da fiança, a gravidade do delito.[1923] Embora esse entendimento seja referente à legislação anterior, o âmago é o mesmo, isto é, a análise da pena sendo feita delito por delito, na sua gravidade, desconsiderando-se a exasperação da *fictio iuris.*

De fato, a compreensão mais correta transparece ser a análise do cabimento da fiança crime a crime, sem considerar o aumento decorrente da exasperação.

Isso porque o objetivo do legislador parece indicar que a maior complexidade para se concedê-la, ou seja, via Poder Judiciário, e não ainda em sede policial, logo após o flagrante delito, é destinada aos crimes mais graves (considerando em tal exame a elevada pena máxima fixada). A mais disso, se, na contagem da prescrição, se visualiza cada delito isoladamente, nada impede que, diante da ausência de regramento em contrário, se utilize o mesmo raciocínio para a concessão da fiança.

Por derradeiro, com relação ao valor determinado para a obtenção da fiança, tem-se que o mesmo depende da pena privativa de liberdade cominada ao delito determinado.

1920 STF, *HC* 79376/RJ, Rel. Min. Celso de Mello, 2ª T., j. 24.9.02; e STJ, R*HC* 10883/RJ, Rel. Min. Gilson Dipp, 5ª T., j. 1.3.01.

1921 STJ, *HC* 35209/RJ, Rel. Min. Hamilton Carvalhido, 6ª T., j. 17.11.05; STJ, *HC* 40772/RJ, Rel. Min. Gilson Dipp, 5ª T., j. 19.4.05; e STJ, *HC* 29203/RS Rel. Min. Jorge Scartezzini, 5ª T., j 16.3.04).

1922 Tecnicamente, a análise sobre o cabimento da fiança, em se cuidando de crime continuado, leva em linha de consideração, segundo doutrina corrente, a maior pena mínima (no caso de diversidade delitiva), aumentada de dois terços. Tratando-se de crime continuado específico, dever-se-á utilizar, como referência, a pena mínima triplicada. Além disso, tratando-se de concurso formal ou de crime continuado, é possível utilizar-se, também, como orientação, as penas mínimas somadas, se isso implicar maior carga de benefício (art. 70, § único, CP). Nesse sentido: FEITOZA, Denilson, 2009, p. 919.

1923 TOURINHO FILHO, Fernando, 2001, p. 540. No mesmo rumo: NOGUEIRA, Paulo Lúcio, 1987, p. 168.

Sendo esse o caso, quando a pena privativa de liberdade não for superior a 4 (quatro) anos, a fiança será entre 1 e 100 salários mínimos; porém, se a pena máxima cominada exceder os 4 anos, a fiança será arbitrada entre 10 e 200 salários mínimos. Nesse sentido, haverá casos em que se poderá dispensar, reduzir ou aumentar a fiança, dependendo das condições econômicas do réu.[1924] Daí por que, na fixação do valor da fiança, deverá "a autoridade ater-se, especialmente, à situação econômica do indiciado ou acusado".[1925]

Mas o que se deve atentar, aqui, é que, como o valor referente à fiança condiciona-se à pena aplicada a cada delito, nesse caso, também, não deverá levar-se em consideração o *quantum* da exasperação correspondente à continuidade delitiva. O entendimento explanado acima – quando da possibilidade da concessão da fiança e utilizado também com relação à prescrição – seria o mesmo para esse caso.

7.8. O CRIME CONTINUADO E A PRISÃO EM FLAGRANTE

A prisão em flagrante apresenta-se, em verdade, não como uma espécie de medida cautelar, mas, sim, de uma medida pré-cautelar,[1926] que se impõe independentemente do mandado da autoridade judiciária competente (artigo 5°, inciso LXI, da Constituição Federal) em face de realização contemporânea ou recente (*immediatamente dopo*) do delito (expressão que abrange tanto o crime quanto a contravenção).[1927] [1928] Representa, por outro lado, um instrumento de autodefesa social.[1929]

[1924] Art. 325, § 1º Se assim recomendar a situação econômica do preso, a fiança poderá ser: I – dispensada, na forma do art. 350 deste Código; II – reduzida até o máximo de 2/3 (dois terços); ou III – aumentada em até 1.000 (mil) vezes.

[1925] MACIEL, Silvio, p. 219.

[1926] Em doutrina, existe certa polêmica sobre a natureza jurídica da prisão em flagrante, ganhando espaço o entendimento segundo o qual teria natureza administrativa (pré-cautelar), na medida em que não se dirigia a garantir o resultado do processo criminal, mas, sim, colocar o capturado à disposição do magistrado para a adoção, em sendo o caso, de uma verdadeira medida cautelar. Assim, a prisão em flagrante se distinguiria da verdadeira medida cautelar por apresentar absoluta precariedade. Agora, esse entendimento foi fortalecido com a entrada em vigor da Lei 12.403/11, "que passa a prever que, recebido o auto de prisão em flagrante, e verificada sua legalidade, terá o juiz duas opções: converter a prisão em flagrante em preventiva, a qual é espécie de medida cautelar, ou conceder liberdade provisória com ou sem fiança, impondo as medidas cautelares previstas no art. 319 do CPP, observados os critérios do art. 282" (LIMA, Renato Brasileiro de, 2013, p. 867). "Com isso, sepultam-se, de vez, as absolutamente ilegais prisões em flagrante que perduravam por vários dias, muitas vezes até a conclusão do inquérito policial (!), sem a necessária decretação e fundamentação da prisão preventiva" (LOPES JR., Aury, 2011, p. 38). Realmente, em face da nova redação do art. 310 do CPP, parece não haver lugar para dúvidas no sentido da natureza pré-cautelar da prisão em flagrante, pois o juiz, ao ter conhecimento de sua ocorrência, deverá: (i.) relaxar a prisão, quando ilegal; (ii.) convertê-la em prisão preventiva, quando estiverem presentes seus requisitos; (iii.) conceder liberdade provisória (com a imposição de uma ou de várias medidas cautelares alternativas; e, finalmente, (iv.) conceder liberdade provisória sem fiança.

[1927] Em se tratando de infração de menor potencial ofensivo, entretanto, nos termos do § único do art. 69 da Lei 9.099/95, não se procede à lavratura do auto de prisão em flagrante; mas, diretamente, ao termo circunstanciado de ocorrência, na hipótese de o agente assumir o compromisso de comparecer ao juizado ou a ele comparecer imediatamente. Porém, quando o sujeito se recusar a assumir compromisso de ir a juízo, será lavrado o auto de prisão em flagrante.

[1928] "A expressão 'flagrante delito' também abarca o ato infracional do menor (que pode ser capturado em flagrante)" (GOMES, Luiz Flávio, 2011, p. 89).

[1929] LIMA, Renato Brasileiro de, 2017, p. 926.

Tal modalidade de prisão tem, indiscutivelmente, assento constitucional e pode, inclusive, ser efetuada, em qualquer lugar ou período, por qualquer pessoa – ostentando ou não o qualificativo de autoridade (quanto à necessidade de se empreender a prisão em flagrante de quem se encontre em flagrante delito, nos termos do artigo 301 do Código de Processo Penal, podem ser indicadas duas modalidades: (i.) a prisão em flagrante facultativa ["qualquer do povo poderá"]; e (ii.) a prisão em flagrante obrigatória ["as autoridades policiais e seus agentes deverão"]).[1930] Para tanto, deve verificar-se a

---

[1930] "Em princípio, qualquer pessoa pode ser sujeito passivo da prisão em flagrante, como se pode depreender da redação do art. 301 do CPP, que emprega a expressão 'quem quer que seja'. Contudo, tal regra não é absoluta. Algumas pessoas, em razão das funções que desempenham, estão sujeitas a regras próprias para a sua prisão. Trata-se de uma prerrogativa concedida ao indivíduo em razão da relevância da função em que está investido e não um privilégio. Os magistrados e os membros do MP estaduais somente podem ser presos em flagrante por crime inafiançável. Efetuada a captura, eles devem ser apresentados imediatamente, respectivamente, ao Presidente do Tribunal de Justiça (art. 33, II, da LOMN), e ao Procurador-Geral de Justiça (art. 40, III, da Lei 8.625/93). O advogado somente poderá ser preso em flagrante, por motivo de exercício da profissão, se cometer um crime inafiançável (art. 7º, § 3º, do Estatuto da Advocacia). Nessa hipótese, o advogado preso em flagrante ainda tem direito à presença de um representante da OAB, para a lavratura do respectivo auto, sob pena de relaxamento. Se a infração penal cometida for afiançável, não há restrição a sua prisão, mas a captura deve ser comunicada à Secção da OAB (art. 7º, IV, do Estatuto da Advocacia). Os membros do CN (senador e deputado federal), desde a expedição do diploma, não poderão ser presos em flagrante, salvo por crime inafiançável, nos termos do art. 53, § 2º, da CF. Este dispositivo constitucional ainda determina, neste caso, que os autos sejam remetidos, no prazo de 24 horas, à Casa respectiva, para que, pela maioria dos seus membros, resolva sobre a prisão. A Carta Magna lhes dá, também, imunidade processual, isto é, na hipótese de ser oferecida e depois recebida uma denúncia contra o Senador ou Deputado, por crime ocorrido após a diplomação, o STF 'dará ciência à Casa respectiva, que, por iniciativa de partido político nela representado e pelo voto da maioria de seus membros, poderá, até a decisão final, sustar o andamento da ação' (art. 53, § 3º)'. Se o crime for cometido no recinto do Senado ou da Câmara, a teor da Súmula nº 397 do STF, fica o autor do fato sujeito ao poder de polícia do Presidente da Casa respectiva, inclusive quanto a eventual prisão e inquérito, de acordo com o Regimento Interno. Os deputados estaduais gozam da mesma imunidade processual, a teor do art. 27, § 1º, da CF. No Estado de São Paulo, o art. 8º, § 1º, da CE renova a regra constitucional, de que os deputados somente poderão ser presos em flagrante por crime inafiançável. O representante diplomático e o Chefe do Estado estrangeiro, por força dos tratados e convenções internacionais (art. 1º, I, do CPP), gozam da chamada 'imunidade de jurisdição' (...) e, por isso, não podem ser presos em flagrante em nenhuma hipótese. As imunidades do Embaixador estendem-se aos seus familiares, bem como ao pessoal técnico e administrativo da embaixada, salvo se forem naturais do País acreditado ou aqui tiverem residência permanente. Tudo isso decorre da Convenção das Relações Diplomáticas de Viena, ratificada no Brasil pelo Decreto 56.435/65. O cônsul, responsável, como regra, pelas relações comerciais, está sujeito à prisão em flagrante apenas pela prática de crime grave, como dispõe a Convenção sobre Relações Consulares de Viena, de 24 de abril de 1963 (arts. 41 e 42), da qual o Brasil é signatário e foi ratificada pelo Decreto 61.078/67. Contudo, se praticar infração no exercício das suas funções ou nos limites de sua competência funcional, igualmente gozará de imunidade de jurisdição, o que não implica dizer esteja ele imune ao devido processo no seu país de origem (...). O Presidente da República, a teor do art. 86, § 3º, da CF, também não poderá ser sujeito passivo da prisão em flagrante. Ele não estará sujeito a qualquer espécie de prisão, nas infrações comuns, na vigência de seu mandato, enquanto não sobreviver sentença condenatória. O CTB estabelece no art. 301 – renovando igual tratamento da Lei 5.108/66 (antigo CNT) – que ao condutor de veículo, nos casos de acidente de trânsito que resulte vítima, não se imporá a prisão em flagrante, nem se exigirá fiança, se prestar socorro pronto e integral àquela. Os menores de 18 anos também não estão sujeitos à prisão em flagrante propriamente dita. Contudo, a teor dos arts. 106 e 107 do ECA, podem ser privados de sua liberdade no caso de flagrante de ato infracional (conduta descrita como crime ou contravenção, art. 103 do ECA). A apreensão do adolescente e o local onde estiver recolhido deverão ser comunicados, imediatamente, à autoridade judiciária competente, à família do apreendido ou à pessoa por ele indicada. A sua liberação imediata deve ser examinada, desde logo e sob pena de responsabilidade. Como se vê, ao menor de 18 anos são asseguradas as mesmas garantias constitucionais relativas à privação da liberdade de um imputável" (DEMERCIAN, Pedro Henrique; MALULY, Jorge Assaf, p. 192-4).

ocorrência do chamado *fumus commissi delicti*, ou seja, a existência do crime e de fortes indícios de autoria.[1931]

A prisão em flagrante justifica-se, fundamentalmente, para evitar, quando possível, a consumação delitiva, ou para evitar a fuga do criminoso, ou, ainda, para a comprovação do fato.

Em relação ao crime continuado,[1932] a flagrância somente se verifica no momento em que o agente está realizando uma das condutas que o integram,[1933] ou seja, "como existem várias ações independentes, irá incidir, isoladamente, a possibilidade de se efetuar a prisão em flagrante por cada uma delas. É o que se chama de flagrante fracionado".[1934] Dessa maneira, se o agente for surpreendido em qualquer momento dessa continuidade delituosa, será considerado em flagrante delito, isto é, "também se aplicam a essa natureza de crimes os diversos critérios legais do flagrante".[1935] Aqui incidem, portanto, as regras comuns do artigo 302 do Código de Processo Penal. Em suma, a afirmação existencial da figura legal do crime continuado em nada repercutirá no flagrante propriamente dito; sem embargo, poderá, em sendo o caso, render implicações no âmbito da competência jurisdicional (artigo 71 do Código de Processo Penal).[1936]

[1931] "O requisito basilar (essencial, nuclear) para a decretação de qualquer medida cautelar no processo penal é o *fumus commissi delicti*, ou seja, fumaça do cometimento de um fato punível, que se exterioriza na prova da existência do crime (do fato punível) e indícios suficientes de autoria" (GOMES, Luiz Flávio, 2011, p. 34).

[1932] O CPP disciplina, no art. 303, que o crime permanente é flagrante enquanto se verificar o estado de permanência. Com isso, Hélio Tornaghi (1992, p. 55) sustenta a "analogia, para o fim de configuração do flagrante, entre o crime permanente, o continuado e o habitual. É claro que essas espécies de crime diferem umas das outras. O certo, porém, é que, assim como o crime permanente é flagrante enquanto dura a permanência, assim também o crime continuado e o habitual são flagrantes durante a comissão de qualquer das ações que os compõem". Discute-se, ainda, em doutrina, a possibilidade de haver prisão em flagrante em face do crime habitual. Afigura-se mais lógico o entendimento segundo o qual a prisão em flagrante, nessa hipótese, é impossível, na medida em que "a 'certeza visual' do cometimento do delito jamais cobriria o conjunto de atos necessários para caracterização da reiteração de condutas. Haveria, apenas, a percepção de um único ato isolado que, em si, não é crime. No momento da visualização do ato, o que se constata é um indiferente penal" (BADARÓ, Gustavo, 2014, p. 727). Evidentemente, nada impede que, face a visualização de um ato isolado e, sobretudo, "do encontro de outros elementos de informação que indiquem a possível prática dos outros atos em momentos pretéritos (...), se instaure inquérito policial para a investigação do crime" (BADARÓ, Gustavo, p. 727). No mesmo diapasão: MARQUES, José Frederico, 2009, p. 70. Em sentido contrário, admitindo a prisão em flagrante em crime habitual: MARCÃO, Renato, 2017, p. 683-4. Além disso, a jurisprudência não oferece dificuldades para a configurabilidade da prisão em flagrante em se tratando de crime permanente: *HC* 127457, Rel. Min. Dias Toffoli, 2ª T., j. 9.6.15.

[1933] MACHADO, Antônio Alberto, p. 516. Em termos jurisprudenciais: TJSP, ACR 96517020098260445, Rel. Des. Newton Neves, 16ª CC, j. 18.1.11; TJDF, *HC* 80933420108070000, Rel. Des. João de Oliveira, 2ª T., j. 8.7.10; e TJSE, *HC* 2010315064, Rel. Des. Luiz Mendonça, CC, j. 9.11.10.

[1934] TÁVORA, Nestor; ALENCAR, Rosmar, 2015, p. 839. No mesmo sentido: LIMA, Renato Brasileiro de, 2017, p. 941.

[1935] CASTELO BRANCO, Tales, 1986, p. 77-8. Também destaca Hidejalma Muccio (2011, p. 1134), quando aponta que o "flagrante em crime continuado é plenamente possível. No crime continuado as ações que o compõem, por si mesmas, constituem crimes. Exemplo: furto com nexo de continuidade (as várias condutas, tomadas isoladamente, constituem furtos)".

[1936] MARCÃO, Renato, 2017, p. 685.

7.9. O CRIME CONTINUADO E A QUESITAÇÃO DO TRIBUNAL DO JÚRI

Discute-se, no âmbito de competência de julgamento do júri, se a figura legal do crime continuado deveria ser objeto de quesitação aos jurados; ou, ao contrário, se teria, por ser matéria atinente à aplicação da pena, destinação tão somente ao juiz-presidente.

Essa é fundamentalmente a questão a ser, agora, enfocada; antes, entretanto, lançam-se algumas considerações conceituais para melhor estabelecer-se o ponto.

7.9.1. Noções elementares

Excepcionalmente, em caso de crime da competência do júri, haverá a possibilidade de cidadãos comuns participarem da formação de um veredicto capaz de condenar (ou absolver) um acusado. O júri é, portanto, um tribunal, cuja composição apresenta um juiz togado (presidente) e sete juízes leigos (jurados), sendo que, estes últimos, compõem o conselho de sentença.[1937]

Os crimes julgados por este tribunal são os dolosos contra a vida (homicídio; induzimento, instigação ou auxílio ao suicídio; infanticídio; e aborto – tanto na modalidade consumada como na tentada. Ainda se lhe compete o julgamento de crimes conexos, na medida em que a sua competência é prevalente [artig 78, inciso I, do Código de Processo Penal]).[1938]

No procedimento do júri, depois de concluídos os atos de instrução, terão início as sustentações orais (acusação e defesa), findas as quais o juiz-presidente irá indagar aos jurados se estão em condições de proferir o veredicto a respeito do fato.[1939] Dessa maneira, ocorrida a instrução em plenário e após os debates entre as partes, serão lidos os quesitos formulados pelo presidente, que é a parte mais significativa da participação dos jurados. Os quesitos são perguntas dirigidas aos jurados "sobre o fato objeto de julgamento, em especial se o réu deve ser absolvido".[1940]

Como descrevem Ada Pellegrini Grinover, Antonio Magalhães Gomes Filho e Antonio Scarance Fernandes, "no sistema brasileiro, ao contrário do que sucede no modelo inglês, a manifestação dos jurados não se concretiza pela simples resposta à indagação sobre a culpabilidade ou inocência do acusado – *guilty or not guilty* –, mas

---

[1937] TORNAGHI, Hélio, 1992, p. 206.

[1938] Aponta Antônio Alberto Machado (p. 293) que, "no caso de conexão ou continência entre um crime doloso contra a vida e qualquer outra espécie de crime, ocorrerá a prorrogação da competência do Tribunal do Júri para julgar todos os delitos conexos em *simultaneus processus*". Assim, "outros crimes comuns que não os dolosos contra a vida podem ser apreciados pelos jurados, desde que exista conexão (ou continência), e mesmo que a infração conexa seja de menor potencial ofensivo, será atraída ao procedimento escalonado do tribunal popular, assegurando-se, para estas últimas, os institutos despenalizadores da Lei 9.099/95" (TÁVORA, Nestor; ALENCAR, Rosmar, p. 1123).

[1939] Como descreve Fauzi Choukr (2009, p. 152-3), "ao lado dos quesitos submetidos ao conselho de sentença na sala secreta, existe uma indagação pública, ainda em plenária, que deve ser respondida abertamente e para a qual nunca se questionou eventual quebra do sigilo, que é a pergunta sobre a aptidão para votar. Trata-se de mecanismo fundamental na estrutura do julgamento e cujo conteúdo da resposta vincula todo o restante da sessão".

[1940] RANGEL, Paulo, 2008, p. 617.

resulta de uma pluralidade de respostas referentes ao fato imputado e suas circunstâncias, segundo as teses desenvolvidas em plenário pela acusação e pela defesa; os quesitos, cuja totalidade compõe o questionário, representam, portanto, o meio através do qual se conhece o veredicto do tribunal".[1941]

Aos jurados, portanto, não será feita uma única pergunta para indicarem se o réu é culpado ou inocente, mas, sim, diversas perguntas que levarão o Conselho a uma decisão. A forma como se procede, no direito brasileiro, permite que as partes entendam melhor o porquê da decisão final, o que torna mais acessível a utilização, em sendo o caso, da via recursal. Os quesitos serão redigidos em proposições afirmativas, simples e distintas, de modo que um deles possa ser respondido com suficiente clareza e necessária precisão (artigo 482, parágrafo único, do Código de Processo Penal), sendo a ordem de apresentação indicada pelo artigo 483 do Código de Processo Penal.[1942]

Nos quesitos, serão decididos aspectos fundamentais para a consequente condenação (ou absolvição) do acusado; trata-se, nessa ordem de consideração, de perguntas sobre a materialidade e autoria do fato, sobre causas de aumento e diminuição de pena, bem como sobre a absolvição do réu.[1943] Na verdade, esses são os quesitos obrigatórios (aliás, na falta de quesito obrigatório, conforme matéria já sumulada pelo Supremo Tribunal Federal,[1944] haverá nulidade absoluta do julgamento).

Em outros termos, os jurados que compõem o Conselho de Sentença devem responder, de acordo com a sua compreensão, a quesitos referentes aos fatos explanados.

7.9.2. Da controvérsia

Diante disso, surge o ponto com relação à necessidade (ou, mesmo, à possibilidade) de a tese sobre a configurabilidade do crime continuado estar entre os quesitos formulados aos jurados. E, em termos práticos, se haveria, efetivamente, alguma

---

[1941] GRINOVER, Ada; GOMES FILHO, Antonio Magalhães; FERNANDES, Antonio Scarance, 2011a, p. 259. Registra, além disso, Mario Rocha Lopes Filho (2008, p. 17), que, "considerando-se o momento de obtenção do veredicto final, dois sistemas são conhecidos: 1) o inglês, em que os jurados, sem que lhes sejam formulados quesitos, resolvem se o réu é ou não culpado (*guilty or not guilty*) do crime de que o acusam, cabendo ao juiz togado a atribuição de qualificar o fato delituoso e graduar a pena; 2) o francês, em que os jurados, mediante quesitos que lhes são apresentados, decidem acerca do fato criminoso e suas circunstâncias".

[1942] Deve-se lembrar que as deliberações dos jurados são tomadas por maioria simples.

[1943] Como comenta Adel El Tasse (2010, p. 145), "para que haja legitimidade do Júri, no Estado democrático, os jurados não devem ser prisioneiros de questionamentos técnicos, tendo, no que se refere ao veredicto condenatório, limitação absoluta no conjunto probatório dos autos, e para absolver a mais ampla e plena liberdade. O jurado, portanto, quando profere o veredicto absolutório, o faz com base na livre convicção íntima, de maneira plena, enquanto, quando profere o veredicto condenatório, o faz atrelado necessariamente às provas dos autos, que devem ser seguras quanto à existência de injusto culpável, tendo em conta o estado constitucional de inocência assegurado a todo acusado. Assim, quando no art. 483, III, do CPP determinou-se, independentemente da tese de defesa, de quantas e quais sejam, que se faça um único quesito sobre se o acusado deve ser absolvido, foi expressa a afirmação pelo legislador da mudança do sistema de raízes autoritárias, anteriormente aplicado no Brasil, para o modelo herdado do liberalismo inglês e dos movimentos revolucionários republicanos, estabelecendo o apego absoluto às provas dos autos e à lei como limite máximo para a condenação e a absolvição como base em íntima convicção plena, razão precisa pela qual não se pode fazer qualquer formulação de ordem técnica ao jurado, quando é questionado sobre se absolve o acusado".

[1944] STF, Súmula 156: "é absoluta a nulidade do julgamento, pelo júri, por falta de quesito obrigatório".

vantagem estratégica ao acusado em requerer o endereçamento de quesito específico, sobre o crime continuado, ao Conselho de Sentença. Duas orientações se apresentam sobre o tema.

7.9.2.1. Da orientação que nega essa possibilidade

Segundo uma primeira orientação (doutrinária e jurisprudencial), não se mostraria possível essa consulta, na medida em que se cuida de tema afeito, indiscutivelmente, à matéria técnico-jurídica (especificamente relacionada à aplicação da pena), com o que somente o magistrado teria condições de bem interpretá-la e decidi-la; aos jurados, restar-lhes-ia, como consagrado, o exame de questões de ordem fática.

Nesse terreno, para essa concepção, não se trataria de questão factual; porém, de matéria técnico-jurídica, que competiria, em linha de princípio, tão só ao juiz-presidente. Paulo Cláudio Tovo e João Batista Marques Tovo afirmam que "a continuidade delitiva é muito mais uma questão de direito que de fato e os jurados devem ser perguntados sobre questões de fato".[1945] Tal linha de compreensão é predominante em termos jurisprudenciais,[1946] ao se advogar que a matéria (atinente ao crime continuado) está relacionada com a aplicação da pena, de competência do juiz-presidente; e não dos jurados.[1947]

Desta forma, nada impediria, de outro giro, que a configuração do delito continuado seja suscitada, posteriormente, em sede de apelação, conforme o artigo 593, inciso III, alínea "c", do Código de Processo Penal, o qual permite o recurso quando as decisões do tribunal do júri forem injustas no tocante à aplicação da pena, mesmo sem ter sido matéria constante na quesitação dos jurados. Demonstra-se, nesse sentido, a independência entre o Conselho de Sentença, de um plano, e a aplicação da pena e o crime continuado, de outro, que serão de competência do magistrado.

De acordo com Damásio de Jesus, "o juiz não deve questionar os jurados sobre a tese do crime continuado, matéria de aplicação da pena". O autor ressalva, entretanto, que "a defesa, no Plenário, pode sustentar a tese do delito continuado, quando cabível, endereçando-a ao Juiz-Presidente e não aos jurados. O nexo de continuidade pertence ao tema do concurso de penas, de competência do Juiz de Direito".[1948]

7.9.2.2. Da orientação que aceita essa possibilidade

Por outro lado, parte da doutrina tem sustentado que o crime continuado, por ser um benefício ao acusado, poderia fazer parte da tese defensiva; e, consequentemente, mereceria ser questionado, pelo juiz-presidente, aos jurados, os quais teriam efetiva participação na averiguação da existência da continuidade delitiva: "não se concebe a teoria de que é pura matéria de aplicação da pena, devendo ficar inteiramente ao critério

---

[1945] TOVO, Paulo; TOVO, João, 2008, p. 168. No STF, encontram-se as seguintes decisões: STF, *HC* 53175, Rel. Thompson Flores, 2ª T., j. 13.5.75; e STF, RE 177.586-6/DF, 2ª T., Rel. Min. Francisco Rezek, j. 13.2.96.

[1946] TJPR, ACR 6261747, Rel. Roberto Bacellar, 1ª CC, j. 12.5.11; e STJ, *HC* 118608/MS, Rel. Min. Jorge Mussi, 5ª T., j. 5.8.10.

[1947] TJRS, AC 70066892779, Rel. Des. João Tovo, 3ª CC, j. 25.2.16.

[1948] JESUS, Damásio de, 2014a, p. 483.

do magistrado, uma vez que, no Tribunal do Júri, impera a soberania dos veredictos, bem como a plenitude de defesa, e todas as teses admissíveis em direito podem ser invocadas pelas partes. Note-se que o crime continuado é um fato a merecer a avaliação dos jurados: houve ou não uma continuação na prática dos vários homicídios? Ora, em respeito à soberania dos veredictos e à plenitude de defesa, somos da opinião de que o juiz deve incluir o quesito pertinente à continuidade delitiva quando expressamente requerido por qualquer das partes. (...), se ninguém requerer, não havendo deliberação do Conselho de sentença sobre o assunto, fica o magistrado livre para considerá-lo existente ou não".[1949]

7.9.2.3. Da orientação que deve prevalecer

Pareceria, *prima facie*, adequado o posicionamento que permitiria a formulação, aos jurados, de quesito vinculado à existência do crime continuado, devido à importância que possuem aqueles na composição do Conselho de Sentença. Se a formulação do questionário é capaz de condenar um imputado, far-se-ia necessário, também, possibilitar aos jurados, por meio dos quesitos, que se posicionassem a respeito das condições dos crimes que ensejaram a condenação. Pode, desde já, recordar-se que faz parte do sistema brasileiro o detalhamento da decisão, e não apenas a existência de um quesito único sentenciante. Por essa razão, poderia ser objeto de apreciação dos jurados toda tese defensiva (ou acusatória). À vista disso, por se tratar de questão ligada às condições dos delitos (da mesma espécie; praticados com identidade temporal, geográfica e executória – que são os elementos gerais de configuração da continuidade), ou seja, de questões relacionadas também ao cenário fático-jurídico, o crime continuado poderia compor o questionário, quando requerido pela defesa (ou, até mesmo, pela acusação).

Ainda de acordo com os postulados da concepção que aceita o endereçamento do quesito (sobre a continuidade delitiva) aos jurados, embora a aplicação da pena seja de competência do juiz-presidente, seria ele responsável pela mensuração do *quantum* da exasperação devido à continuidade; e não pela sua existência. A deliberação sobre a ocorrência do crime continuado só estaria a cargo do juiz togado no caso de não ter sido aventada a matéria nas teses defensivas (ou, eventualmente, pela própria acusação); do contrário, a sua configurabilidade poderia ser requerida aos jurados, que teriam (desde que se lhes apresentem os contornos técnico-legais de reconhecimento da matéria) plenas condições de decidibilidade também sobre essa matéria.

Apesar de a construção ser bastante lógica, essa linha de orientação poderia, adversa e eventualmente, implicar prejuízo ao acusado, pois, na hipótese de o Conselho de Sentença ser questionado sobre a existência da continuidade delitiva e manifestar-se desfavoravelmente à sua configuração, não assistiria ao réu a possibilidade de lançar mão do recurso de apelação à base da alínea "c" do inciso III do artigo 593 do Código de Processo Penal (apelação contra a sentença do juiz-presidente do tribunal do júri), mas apenas à razão da alínea "d" dos mesmos inciso e artigo (apelação contra o

[1949] NUCCI, Guilherme de Souza, 2012, p. 804-5. Fernando Galvão (p. 934) entende que, sendo de competência do juiz e não dos jurados, com mais razão, em se tratando do tribunal do júri, deverá haver o reconhecimento isolado de cada um dos fatos integrantes da cadeia continuada, pois "submetidos ao Conselho de Sentença os quesitos relativos aos diversos fatos praticados pelo réu, posteriormente, caberá ao juiz identificar a ocorrência do crime continuado e, consequentemente, a pena mais grave e utilizá-la como referencial para o acréscimo decorrente da continuidade".

veredicto dos jurados). Com isso, em obediência ao princípio da soberania dos veredictos, não se ensejaria à instância superior a possibilidade de modificar (ou retificar) a decisão adotada pelos jurados, mas, tão somente, caso entender ser a decisão manifestamente contrária à prova dos autos, determinar que o réu seja submetido a novo julgamento. E ainda mais: a apelação ancorada no argumento de que a decisão dos jurados foi contrária à prova dos autos pode ser manejada uma única vez, independentemente de qual tenha sido a parte que tenha interposto o primeiro recurso.

Esse desdobramento, que se hipotetizou, já recomendaria significativa cautela na encampação dessa tese, visto que a solução poderia, em alguns casos, configurar-se menos favorável aos interesses do acusado, o que contrariaria, de modo frontal, os postulados da própria utilização do conceito legal do crime continuado, que é, além de tudo, matéria fundamentalmente associada ao terreno punitivo, em cujo campo tem o juiz-presidente as melhores condições para a sua interpretação e, em sendo o caso, aplicação.

A orientação que nega o questionamento aos jurados sobre a configurabilidade do crime continuado mostra-se, portanto, uma posição que, em termos gerais, é possível endossar, não se apresentando, ainda, as condições objetivas de sua superação (quer em termos doutrinários, quer em termos jurisprudenciais).

7.10. A AÇÃO PENAL (PÚBLICA E PRIVADA) E O CONCURSO (FORMAL E MATERIAL) DE CRIMES

Em tópico específico,[1950] serão lançadas considerações sobre a necessidade de haver, na proposta acusatória (ou na sentença condenatória), ao se reconhecer um quadro revelador da continuidade delitiva, a indicação dos precisos referenciais fático-temporais sobre os quais se assentaria a majoração punitiva trazida pela regra inscrita no artigo 71 do Código Penal; e, além disso, examinou-se solução jurisprudencial que avançava em termos técnico-punitivos.

Agora, apenas a título de complementação da pesquisa, corporificam-se, em breves linhas, algumas observações sobre a composição de propostas iniciais acusatórias relacionadas às outras modalidades do concurso de crimes (o concurso material e o formal).

Nesse andar, no momento do oferecimento da denúncia, é de extrema importância a identificação do concurso de crimes, na medida em que, havendo conexão, os delitos devem ser julgados em conjunto, para cujo efeito se mostra necessário que sejam denunciados de modo encadeado (evitando-se a posterior unificação dos processos ou, até mesmo, a das penas).[1951]

Em se tratando da regra geral (concurso material), a proposta inicial acusatória deverá, tão só, narrar cada um dos tipos penais realizados, assinalando, expressamente, o quadro acumulativo que os vincula.

Na hipótese do concurso formal, a denúncia deverá descrever a unicidade de ação, indicando, contudo, a incidência da pluralidade de tipos penais; a mais disso, em se cuidando de concurso formal imperfeito – isto é, aquele que se desenvolve a partir de

[1950] Ver item 7.15.

[1951] LIMA, Marcellus, 1997, p. 213.

designios autônomos –, deve registrar-se, especificamente, a sua ocorrência, reclamando, por conseguinte, a possibilidade da soma das diferentes penas à luz do concurso material (artigo 70, *in fine*, do Código Penal).[1952]

Pode apresentar-se – tanto no concurso formal como no material – a conexão ou continência de crimes de ação penal pública e privada, em cuja hipótese não terá cabida a regra estatuída pelo artigo 101 do Código Penal, porquanto não se trata de crimes complexos,[1953] mas, sim, de concurso de crimes, com o que o Ministério Público somente poderá oferecer denúncia em relação ao crime de ação penal pública. Como esclarece José Frederico Marques: "o direito de queixa diz respeito à *legitimatio ad causam*. Não se instaura validamente a instância, quando, em crime de ação privada, o Ministério Público oferece a denúncia, porque este, na espécie, não tem qualidade para agir e não é parte legítima para formular a acusação contra o réu. Falta assim uma das condições do exercício da ação penal, e, por isso, não aprecia o juiz o *meritum causae*, para dizer se procede ou não a pretensão punitiva contida na acusação".[1954] *In casu*, existe carência de ação, decorrente da ausência de qualidade *ad agendum* do *Parquet*, implicando o reconhecimento de que apenas o particular ostenta a necessária legitimação para figurar como sujeito ativo da relação processual penal privada.[1955] O Código de Processo Penal não estatuiu regramento sobre como se deva proceder no caso de concurso de delitos de natureza pública e privada. Para que haja, então, a persecução criminal em relação a ambos os crimes (o de ação pública e o ação privada), tornar-se imperioso – em atendimento à regra da titularidade para a promoção do processo-crime[1956] – que se forme um litisconsórcio ativo entre o ofendido (titular do *jus querelandi*) ou seu representante legal e o promotor, "para que ambos os delitos sejam objeto de acusação e possam ser apreciados conjuntamente na sentença".[1957] Em face desse litisconsórcio ativo entre o promotor e o querelante, ambos se colocam, na relação processual-penal, como acusadores, dentro do mesmo processo, mas cada um imputando um fato criminoso próprio e distinto ao acusado.[1958] Cuida-se, entretanto, de litisconsórcio facultativo, na medida em que – respeitante à ação penal de caráter privado – tem incidência o princípio da disponibilidade, segundo o qual o querelante poderá dispor da ação penal por meio da renúncia à queixa; e, ademais, ainda que aperfeiçoado o litisconsórcio, com a instauração da relação jurídica-processual, pode haver o perdão e a perempção.[1959] Em suma, cada ação penal é promovida por meio de seu titular, constituindo-se um só processo que resultará em uma só decisão judicial (inciso II do artigo 77 do Código de Processo

---

[1952] LIMA, Marcellus, 1997, p. 213.

[1953] Como apontam Celso Delmanto e outros (p. 366), "não se deve confundir o crime complexo (...) com o concurso material ou formal de crimes (...), nem com os crimes processualmente conexos (CPP, art. 76). No concurso de crimes há a prática, pelo agente, de *vários* delitos, que podem ser de ação pública ou privada. Aí não há crime complexo e o MP só pode iniciar a ação quanto aos crimes de ação pública, ficando para o ofendido a iniciativa quanto aos de ação privada. Haverá, então, litisconsórcio facultativo ativo entre o MP e o ofendido, o primeiro oferecendo denúncia e o segundo, queixa no mesmo processo".

[1954] MARQUES, José Frederico, 2000a, p. 413.

[1955] De outro norte, nem mesmo na hipótese de desclassificação (de crime de ação penal pública incondicionada para crime de ação penal privada) existiria *legitimatio ad causam* do MP: RT 786:748-9, ACR 147.904-5, 4ª C., TACPR, j. 26.5.00, Rel. Airvaldo Alves.

[1956] AQUINO, José Carlos de; NALINI, José Renato, 1997, p. 100.

[1957] MARQUES, José Frederico, 2000a, p. 413.

[1958] BARROS, Flávio Augusto Monteiro de, p. 597.

[1959] MOSSIN, Heráclito, 2010, p. 43.

Penal);[1960] e isso tanto no tocante ao concurso formal como ao material. Todavia, em se apresentando divergência de rito, vai prevalecer o que melhor atenda ao exercício da ampla defesa (em conformidade com os princípios constitucionais do processo). Finalmente, "se houver risco de tumulto processual, deve adotar a unidade de juízo e não a de processo, de maneira que estes (os processos) tramitem perante o mesmo juízo, ainda que separadamente".[1961]

7.11. O PROCEDIMENTO PENAL E O CONCURSO DE CRIMES

Em obediência a comando constitucional (artigo 5°, inciso LIV), ninguém poderá ser privado de sua liberdade ou de seus bens sem o devido processo legal. Processo deve ser entendido como o "instrumento por meio do qual se manifesta a jurisdição, devendo, pois, ser encarado sob o prisma de sua finalidade: o provimento judicial final, com a solução da controvérsia e a concretização da atuação do Direito".[1962] Em vista desse conceito, pode entender-se o processo como gênero, do qual são espécies os diferentes procedimentos.[1963]

Os procedimentos se traduzem em uma sequência ordenada de atos, cujo objetivo é propiciar ao Poder Judiciário o conhecimento particularizado de determinado fato punível, ensejando, desse modo, a entrega da prestação jurisdicional penal. Como se mostra inegável, o desatendimento ao rito procedimental poderá implicar nulidade, por afronta ao (princípio do) *due process of law*.

Anteriormente à reforma processual (proporcionada pela Lei 11.719/08), a determinação do rito procedimental levava em consideração a qualidade (reclusão, detenção ou prisão simples) da pena; agora, em decorrência da mudança legislativa, o critério passou a ser o da quantidade de pena máxima cominada *in abstracto* pelo tipo penal (artigo 394 do Código de Processo Penal). Nesse andar, há duas espécies de procedimentos: o comum e o especial (o que autoriza reconhecer-se que o procedimento comum será o manejado, como regra, para a maioria dos ilícitos penais, salvo quando existir, seja em Lei especial, seja no próprio Código, procedimento específico). A primeira divide-se em: (i.) ordinário, que se destina aos crimes cuja pena máxima cominada seja igual ou superior a quatro anos de privação de liberdade (salvo se não se submeter a procedimento de natureza especial); (ii.) sumário, que se destina aos crimes cuja pena máxima estabelecida seja inferior a quatro anos de pena privativa de liberdade (com a mesma ressalva anterior); e (iii.) sumaríssimo, que se destina às infrações de menor potencial ofensivo (Lei 9.099/95), "ainda que haja previsão de procedimento especial".[1964] A segunda diz respeito a todos os procedimentos que ostentarem regramento específico (como, por exemplo, o tribunal do júri, as legislações eleitoral e militar, etc.).

[1960] JESUS, Damásio de, 2011a, p. 379.

[1961] PACELLI, Eugênio, p. 173.

[1962] PACELLI, Eugênio, p. 667.

[1963] Não se desconhece corrente doutrinária que sustenta outra concepção, segundo a qual haveria processo quando, no caminho de formação de um ato, houver contraditório, ou, em outras palavras, o processo se constituiria, assim, em "um esquema mais complexo de procedimento, uma sequência normativa de posições subjetivas (faculdades, deveres e poderes) e de atos [de modo que cada um deles pressupõe o precedente(s) e é pressuposto do seguinte(s)], objetivando a formação de um provimento, realizada em contraditório" (NUNES, Dierle José Coelho, 2006, p. 214).

[1964] CAPEZ, Fernando, 2010, p. 531.

Em se cuidando do procedimento comum, à sua demarcação ainda se pode agregar, além dos parâmetros punitivos, o seguinte: (i.) circunstância qualificadora ou privilegiadora – interfere no rito procedimental, na medida em que modifica os limites abstratos de punição; (ii.) circunstâncias agravantes ou atenuantes – não alteram a determinação do rito processual, visto que não modificam os limites abstratos de punição;[1965] e (iii.) causas (gerais ou especiais) de aumento ou de diminuição da pena – interferem no procedimento, porquanto modificam os marcos abstratos de punição.[1966]

No quadro do concurso de crimes, a aferição do procedimento será feita da seguinte forma: (i.) concurso material – as penas máximas deverão ser somadas, cujo resultado será confrontado nos parâmetros estabelecidos no parágrafo 1° do artigo 394 do Código de Processo Penal; (ii.) concurso formal – elege-se a pena máxima de um dos crimes, se idênticos, ou a do mais grave, se diversos, aumentando-a em 1/2 (fração máxima), e o resultado será confrontado nos parâmetros estabelecidos no parágrafo 1° do artigo 394 do Código de Processo Penal; e (iii.) crime continuado – escolhe-se a pena máxima de um dos crimes, se idênticos, ou a do mais grave, se diversos, elevando-a em 2/3 (fração máxima), cujo resultado será confrontado segundo os parâmetros do mesmo dispositivo.

7.12. O CRIME CONTINUADO E A COMPETÊNCIA PROCESSUAL (ARTIGO 71 DO CÓDIGO DE PROCESSO PENAL)

Em se cuidando de delito cuja perpetração possa ocorrer no território de duas ou mais comarcas, como no caso do crime continuado e do crime permanente, firma-se a competência – de acordo com o disposto no artigo 71 do Código de Processo Penal – pela prevenção ("tratando-se de infração continuada ou permanente, praticada em território de duas ou mais jurisdições, a competência firmar-se-á pela prevenção").[1967] Sendo esse o caso, será competente para julgar a série delitiva o juiz que primeiro praticar algum ato de conteúdo decisório, ainda que em momento pré-processual.[1968]

[1965] As circunstâncias agravantes e atenuantes não são levadas em linha de conta no momento da determinação do procedimento, pois, de um lado, não ostentam critério legal preestabelecido de aumento ou de diminuição da pena em virtude de sua incidência e, de outro, não precisam, tais circunstâncias, segundo entendimento jurisprudencial predominante, constar da peça acusatória (art. 385, *in fine*, do CPP).

[1966] "Em se tratando de causas de aumento e de diminuição de pena, deve-se atentar para o fato de que, nos termos do art. 394, § 1°, do CPP, o procedimento comum ordinário, sumário ou sumaríssimo é determinado com base no máximo da pena cominada ao delito. Logo, como o procedimento é estabelecido com base na pena máxima, em se tratando de causas de aumento de pena, leva-se em consideração o *quantum* que mais aumente a pena; quando se tratar de causa de diminuição de pena, utiliza-se o *quantum* que menos diminua a pena" (LIMA, Renato Brasileiro de, 2017, p. 1295).

[1967] TRF5, CJ 49/PE, Pleno, Rel. Des. Fed. Paulo Roberto de Oliveira Lima, j. 26.7.17; e TRF2, COC 0100031-74.2016.4.02.0000, Rel. Des. Paulo Santo, 1ª TE, j. 10.3.16; e TJDFT, CFLC 20130020144817, Rel. Des. Humberto Ulhôa, CC, j. 22.7.13.

[1968] José Antón Oneca (1976, p. 463) informa que o "código de procedimiento penal italiano dispone que si se trata de delito continuado o permanente, la competencia pertenece al juez del lugar en que cesó la continuación o la permanencia (artículo 39)". Em se cuidando, portanto, de crime permanente, "se o crime for praticado em duas ou mais comarcas, o juiz que primeiro praticar ato do processo ou medida a ele relativa (art. 83, CPP) torna-se competente. (...) A competência, quando se tratar de crime continuado, praticado em diversas comarcas, resolve-se, igualmente, pela prevenção" (DEMERCIAN, Pedro; MALULY, Jorge Assaf, p. 249).

A mais disso, tornará prevento o magistrado "o ato praticado por aquele que, igualmente competente, anteceder a outro ou outros na decretação da prisão preventiva ou mesmo da prisão temporária",[1969] no curso do inquérito policial, por exemplo.[1970]

Está em consideração a espécie de competência territorial e (portanto) relativa.

Dessa forma, imagine-se a hipótese de que um "agente vem praticando uma série continuada de estelionatos em Porto Alegre, São Leopoldo, Novo Hamburgo e Caxias do Sul. A polícia desta última cidade prende o estelionatário, prepara o respectivo inquérito e encaminha-o ao juiz, que lhe decreta a prisão preventiva. Com este despacho de prisão, o juiz de Caxias do Sul preveniu sua competência para o processo e julgamento, e essa competência não é apenas para os fatos acontecidos na comarca de Caxias, estendendo-se aos demais cometidos em Porto Alegre, São Leopoldo e Novo Hamburgo: o crime continuado é uma unidade jurídica e, como tal, não pode ser dividido em tantas partes quantos os delitos nele unificados".[1971] Endereça-se, nessa mesma linha, o entendimento da jurisprudência pátria;[1972] até na hipótese de a cadeia continuada estender por cidades abrangidas por diferentes juízos federais, devendo, assim, considerar-se competente o que primeiro decidiu (artigo 83 do Código de Processo Penal) acerca de medidas cautelares (*in casu*, quebra do sigilo bancário e de dados cadastrais) em inquérito policial.[1973] Mais: em um conflito de jurisdição que envolvia a investigação de crimes formais (falsidade ideológica e uso de documento falso, artigos 299, *caput*, e 304 do Código Penal, respectivamente) na modalidade continuada, firmou-se a competência por meio da prevenção (alínea "c" do inciso II do artigo 78 do Código de Processo Penal) ao se levar em consideração tanto o momento da conduta (ou seja, o momento da consumação dos delitos objeto da investigação, muito embora a obtenção do resultado pretendido pelo agente tenha-se dado apenas posteriormente) como, ainda, o fato de as condutas distintas, praticadas em mais de uma localidade, apresentarem o nexo da continuação, devendo, também por isso, ser fixada a competência à luz das regras da prevenção (artigo 71 do Código de Processo Penal);[1974] do contrário, se não houver, *prima facie*, condições objetivas de visualização do nexo de continuidade, as ações penais deverão tramitar separadamente, sem prejuízo de unificação posterior no campo da execução criminal, após, por óbvio, haver condenação em ambos os processos.[1975]

Derradeiramente, em não sendo observada a regra do artigo 71 do Código de Processo Penal, e, "a despeito do caráter continuado da infração sejam oferecidas 3 (três) peças acusatórias (uma em cada comarca), deve o juiz prevento (aquele que se antecipou aos demais na prática de algum ato decisório, ainda que em momento anterior ao oferecimento da denúncia ou queixa) avocar os processos que corram perante os outros juízes",[1976] salvo se neles já houver sido prolatada sentença definitiva (artigo 82

[1969] PACELLI, Eugênio, p. 271.

[1970] STJ: CC 90700/MG, 3ª S., Rel. Napoleão Nunes Mais Filho, j. 28.3.08 (decisão citada por BONFIM, Edilson Mougenot, 2017, p. 260).

[1971] RÖHNELT, Ladislau, 2011, p. 276.

[1972] STJ, *HC* 170212/RJ, Rel. Min. Og Fernandes, 6ª T., DJ 18.6.12; e STJ, CFLC 112680/SC, Relª Minª. Maria Thereza Moura, 3ª Seção, j. 27.10.10.

[1973] TRF1, CC 0010360-33.2017.4.01.0000/MG, 2ª S., Rel. Juiz Federal Guilherme Mendonça Doehler, j. 7.6.017.

[1974] TRF3, CJ 21474 -0003125-58.2017.4.03.0000, 4ª S., Rel. Des. Fed. Nino Toldo, j. 20.7.17.

[1975] TJSP, CJ 0058924-48.2016.8.26.0000, CAE, Rel. Des. Issa Ahmed, j. 24.07.2017.

[1976] LIMA, Renato Brasileiro de, 2017, p. 527.

do Código de Processo Penal), situação na qual caberia ao juízo da execução proceder à unificação das penas.

7.13. A ESPECIFICIDADE DA (FUTURA) UNIFICAÇÃO DE PUNIÇÕES À LUZ DA RACIONALIDADE DECISÓRIA: O CRIME CONTINUADO E A PENA JUSTA

Não se poderia superar a apresentação desta matéria sem examinar um conjunto de decisões particularmente desafiador, na medida em que se foi cristalizando – em face de um mesmo imputado, que foi submetido a inúmeros processos criminais por conta da realização seriada de um idêntico injusto típico –,[1977] uma gama consideravelmente distinta de decisões; e, desse modo, em se apresentando, no horizonte de variáveis jurídicas, a condição de possibilidade de o instituto do crime continuado ser utilizado para a unificação das punições, surge o seguinte questionamento: qual das penas – pois houve muitas e discrepantes condenações – será adotada para ser a de referência, sobre a qual irá incidir o aumento fracionário variável (proporcional e correspondente à quantidade de ilícitos produzida)?

Um breve relato histórico permitirá compreender melhor o contexto dentro do qual os fatos se desenvolveram; e, também, a forma pela qual a Justiça Criminal os avaliou.

A partir de investigação criminal levada a efeito pelo Ministério Público estadual, um empresário foi denunciado, em diversas comarcas do Estado, pela prática do delito previsto no artigo 273, parágrafo 1º-B, I, do Código Penal (que prevê a pena de 10 a 15 anos de reclusão; sendo, ainda, catalogado como crime hediondo).

A imputação consistia, essencialmente, em que o acusado, por intermédio de suas empresas, teria vendido produtos destinados a fins medicinais e terapêuticos sem o devido registro no órgão de vigilância sanitária competente; como essas empresas comercializavam produtos para diversas cidades do Estado do Rio Grande do Sul – tais como Porto Alegre, Novo Hamburgo, Caxias do Sul, Santa Cruz do Sul, Passo Fundo e Pelotas –, o Ministério Público propôs a demanda criminal em todas as cidades nas quais as empresas, em alguma oportunidade, tivessem vendido produtos em desacordo com a legislação específica. Nesta via, como, nesses municípios, havia mais de um estabelecimento hospitalar e as empresas do acusado possuíam trânsito comercial em vários hospitais, o Ministério Público ofereceu denúncia tendo como ponto de referência cada um dos nosocômios em relações aos quais as empresas tivessem efetuados vendas, ou seja, a ação penal não foi proposta em bloco, mas, sim, separadamente, sendo o corte estabelecido pelo estabelecimento hospital.

Nesse contexto, esse empresário respondeu a mais de 20 ações penais pela prática do mesmo fato: venda de produtos médicos sem o devido registro perante a Agência Nacional de Vigilância Sanitária (ANVISA).

Diante desse cenário, com numerosas ações penais tramitando em diversas comarcas do Estado, o risco de haver decisões contraditórias sobre ilícitos penais idênticos apresentava-se consideravelmente alto; e, *de facto*, isso ocorreu.

[1977] Em mais de vinte processos criminais, em apenas um houve a capitulação conjunta com o crime de formação de quadrilha ou bando (art. 288, CP); quanto aos demais, sempre a imputação era concernente ao mesmo ilícito penal.

Para o efeito, o acusado foi, inicialmente, absolvido perante as comarcas de Caxias do Sul e Pelotas; todavia, foi condenado nas ações penais em tramitação perante as comarcas de Porto Alegre, Novo Hamburgo, Santa Cruz do Sul e Passo Fundo, cujas penas variaram, substancialmente, de processo para processo.

Por outro lado, em que pese o Órgão acusatório bem como a Defesa terem recorrido de todas as decisões e, nesse quadro, uma única Câmara Criminal do Tribunal de Justiça do Rio Grande do Sul se tenha tornado preventa para o julgamento de todas as questões relacionadas ao presente caso, ainda assim, já existem várias e diversas sanções (ressalta-se: aplicadas pela mesma Câmara do Tribunal).

Dessa maneira, para se ter uma ideia, das condenações que se foram produzindo, houve, sob todos os aspectos, uma escala tendencialmente reduzida, nos seguintes moldes: (i.) 16 anos e 8 meses (pena mínima [10 anos] + 2/3 pelo crime continuado); (ii.) 13 anos e 4 meses (pena mínima [10 anos] + 1/3 pelo crime continuado); (iii.) 11 anos e 8 meses (pena mínima [10 anos] + 1/6 pelo crime continuado); (iv.) 4 anos e 6 meses (pena que correspondia à do delito de tráfico de entorpecentes, à época, isto é, 3 anos + 1/2 pelo crime continuado); e, finalmente, (v.) 3 anos (pena que correspondia à do delito de tráfico entorpecentes + a consideração de que o crime fora, a bem da verdade, único; portanto, não se estabeleceu o aumento de pena pela continuidade delitiva), que foi, ainda, substituída por prestação de serviços à comunidade. Essa configuração que se cristalizara, entretanto, veio a sofrer, recentemente, uma nova alteração, dado que a mesma Câmara Criminal adotou diferente linha de entendimento quanto ao patamar punitivo a ser aplicável ao caso, ensejando, por consequência, as seguintes decisões: (i.) 16 anos e 8 meses (pena mínima [10 anos] + 2/3 pelo crime continuado); e (ii.) 12 anos (pena mínima [10 anos] + 1/5 pelo crime continuado). Esse o quadro, por conseguinte, em que se moldam os interessantes componentes do debate jurídico.

No tema em análise, à primeira vista, em consonância com a diversidade de punições, dever-se-ia lançar mão do regramento do crime continuado, quer dizer, encampar, como referência punitiva básica, a pena mais grave ("aplica-se-lhe a pena de um só dos crimes, se idênticas, ou a mais grave, se diversas" – artigo 71 do Código Penal), em relação à qual, ainda, incidirá, *in casu*, o aumento (proporcional ao número de infrações) de 1/6 a 2/3.

Todavia, o presente caso não ostenta uma solução simples, nem muito menos evidente – como se vai destacar.

Em primeiro lugar, não se trata de penas (*in abstracto*) diferentes (por outras palavras: não existem graduações punitivas diferenciadas, como, por exemplo, a que se estabeleceria entre crimes tentado e consumado, ou entre delitos básico e qualificado; entre outras); não, o ilícito é, rigorosamente, o mesmo; logo, com penas (*in abstracto*) idênticas (reclusão, de 10 [dez] a 15 [quinze], e multa).

Em segundo lugar, não há juízos (prolatores de decisões) distintos; não, cuida-se de uma única Câmara Criminal que, em diferentes sessões de julgamento (ao longo de, aproximadamente, dois anos), em recursos de apelação (e, eventualmente, de embargos infringentes), foi alterando, paulatinamente, o rigor punitivo; partindo de um polo de maior intensidade, passando por graduações intermediárias até chegar a um polo de menor densidade punitiva (inclusive, nesta última decisão, reconhecendo a existência de um crime único, obstando, por conseguinte, a majoração de pena que seria devida à continuidade).

Portanto, em atenção à continuidade delitiva, de um lado, e à diversidade de condenações, de outro, questiona-se: qual dessas penas deverá ser utilizada para (em sendo o caso) servir de base referencial ao acréscimo punitivo correspondente ao crime continuado? A mais grave? A menos grave? Ou a intermediária; ou, ainda, a que tenha tido maior adesão por parte dos juízes?

Assim sendo, em razão da pluralidade de decisões sobre o mesmo fato e o mesmo acusado, podem ser, de início, desafiados os seguintes argumentos: (i.) o comando legal do artigo 615, parágrafo 1°, *in fine*, do Código de Processo Penal, já demonstra não ser apropriado utilizar a condenação mais grave (a situação hipotetizada por esse dispositivo processual se refere à diversidade de decisões que comporiam a mesma sentença colegiada, mas pode servir de indicativo, indubitavelmente, na medida em que soluciona – por meio da prevalência da "decisão mais favorável ao réu" – o ponto em caso de "empate de votos no julgamento de recursos"); (ii.) igualmente, em não havendo empate (para cuja hipótese teria incidência a regra do dispositivo processual antes indicado) ou quando nenhum dos votos divergentes obtiver maioria, irá prevalecer o voto intermediário, *id est*, em havendo votos divergentes (entre relator, revisor e vogal), terá prevalência o voto intermediário,[1978] por cuja compreensão também se deveria, *ab initio*, afastar a aplicação da pena mais grave.

Contudo, entende-se que, *in casu*, sequer as condenações intermediárias poderiam ser aventadas – para estarem à base da punição unificada –, visto que se colocaria, com absoluta pertinência, solução de maior amplitude, que se desenharia, para além de tudo, mais lógica e humana; e isso por alguns motivos, todos de significativa expressão.

(i.) Aqui, desponta, com bastante clareza, a discussão sobre a retroatividade (ou ultra-atividade) da jurisprudência mais favorável (ou mais benigna) no exame da significação ou alcance do dispositivo penal.

Não raras vezes, o tipo penal apresenta "um conteúdo impreciso, indeterminado, carente de certeza e que por isso precisa ser clarificado, enchido, tornado certo por uma jurisprudência complementar, integradora, completiva. Quando a norma legal é assim insuficiente, na verdade é a jurisprudência, com autorização tácita do próprio legislador, que marca, afinal, o limite de seu alcance e determina o âmbito de seu comando".[1979] E a mesma imperfectibilidade se pode apresentar, como no caso, no que toca à sanção (evidente e excessivamente desproporcional),[1980] devendo haver mecanismos de equidade e de sensibilidade jurídicos por meio dos quais se possa decidir, com racionalidade, o caso penal. (Ora, são incompatíveis com a Constituição Federal tanto as sanções cruéis como "las que expresan una falta de correspondencia tan inconciliable entre el bien jurídico lesionado por el delito y la intensidad y extensión de la privación de bienes jurídicos del delincuente como consecuencia de la comisión de aquel, que resulta repugnante a la protección de la dignidad de la persona humana, centro sobre el que gira la organización de los derechos fundamentales de nuestro orden constitucional".)[1981]

1978 STF, *HC* 70117/RJ, 2ª T., Rel. Min. Paulo Brossard, j. 19.10.93.

1979 RÖHNELT, Ladislau, 1989, p. 148.

1980 Aliás, no PL 236/2012 já se anuncia a redução da pena (por desproporcional) do tipo penal em questão, com o que os magistrados se avantajam e se antecipam ao próprio legislador. Presentemente, esse PL encontra-se na CCJ, sendo a última movimentação realizada em 15/9/16, em decorrência da qual o Presidente da Comissão, Sen. José Maranhão, designa o Relator (da Reforma do CPB) o Sen. Antonio Anastasia (art. 374, II, do RI do SF).

1981 YACOBUCCI, Guillermo, 2002, p. 349-50.

A justiça – particularmente em se tratando de matéria criminal, que leva em consideração as plenas garantias constitucionais – pode produzir, no processo da compreensão e de apreciação de determinado caso criminal, diferentes avaliações e decisões, mesmo conflitantes (é da essência do ato de julgar a constante mutabilidade); entretanto, a especificidade, aqui, se prende ao fato de ser – a diversidade decisória – fruto da mesma Câmara Criminal (ainda que, eventualmente, haja diversidade de componentes), na apreciação de idênticos casos criminais, que lhes foi concedendo uma solução punitiva tendencionalmente mitigada. Além disso, não se cuida de qualquer jurisprudência; como explica Ladislau Röhnelt, existe "uma jurisprudência de rotina, do dia a dia dos tribunais, que apenas reafirma e reforça o significado da norma, reproduzindo e esclarecendo fielmente o que nela está contido, sem nada lhe acrescentar além do que já consta de sua linguagem. Ao lado dessa, há, porém, uma jurisprudência criadora, pela qual se revela uma mudança de concepção jurídica na compreensão de uma dada norma legal. Essa jurisprudência assume o caráter e a força de um verdadeiro complemento inseparável da própria lei. (...) Essa jurisprudência – criadora, inovadora, completiva, integradora da lei – é que se considera sujeita, até por um imperativo de justiça, às regras constitucionais da retroatividade, se mais favorável ao acusado, ou da irretroatividade, se mais severa, exatamente como se passa com a lei".[1982] Pode, desde já, recordar-se que a jurisprudência (como, de resto, a doutrina) têm considerado a pena do tipo em comento ou inconstitucional ou desproporcional.[1983]

(ii.) Como reforço argumentativo, tão somente, também poder-se-iam invocar tanto o princípio da humanidade – de inteira aplicação aos ditames do crime continuado –, bem como o do *in dubio pro reo*, ou por outra, se se apresentam várias decisões sobre o mesmo fato punível, dadas pelo mesmo Órgão decisório, passa a existir, ao menos, a

---

[1982] RÖHNELT, Ladislau, 1989, p. 149.

[1983] A inconstitucionalidade e/ou a desproporcionalidade desse tipo penal vêm sendo constatada pelo Poder Judiciário que, caso a caso, tem: (i.) realizado o seu controle difuso de constitucionalidade, declarando inconstitucionais determinados trechos do dispositivo; (ii.) desclassificado o delito para a modalidade culposa, que possui pena mais branda e, obviamente, também mais adequada; e, por fim, (iii.) aplicado as penas previstas para o delito de tráfico ilícito de entorpecentes, em razão da visível desproporcionalidade das sanções previstas no art. 273 do CP (solução, aliás, adotada, inicialmente, pelo TRF/4ªR e, agora, por outros Tribunais). Neste ponto é preciso indicar, ainda, que existe, em tramitação, projeto que visa à exclusão, do CP, do crime de venda de remédio falsificado. Com efeito, presentemente, a "CD analisa o PL 8028/14, do dep. Cleber Verde (PRB-MA), que exclui o crime de importação, venda, manutenção em depósito, distribuição ou entrega de produto medicinal ou terapêutico de procedência ignorada do CP (Dec.-lei 2.848/40). Atualmente, a pena prevista para o crime é de reclusão de 10 a 15 anos e multa. Segundo Verde, a pena anteriormente prevista para o crime era de um a três anos, mas o Código foi alterado pela chamada Lei dos Remédios (Lei 9.695/98), que incluiu essa prática no rol de crimes hediondos. Ele lembra que a alteração foi motivada pela descoberta maciça de medicamentos falsos, fabricados e comercializados no país. Porém, para o deputado, há agora uma falta de harmonia entre o delito e a pena, e 'ofensa aos princípios da proporcionalidade e da razoabilidade'. Segundo ele, em muitos casos, o crime é punido com mais rigor do que tráfico de drogas e homicídio. 'Em inúmeros casos, o esporádico e pequeno traficante pode receber a exígua pena privativa de liberdade de um ano e oito meses', afirma. 'Constata-se, também, que a pena mínima cominada ao crime em debate excede em mais de três vezes a pena máxima do homicídio culposo e corresponde a quase o dobro da pena mínima do homicídio doloso simples.' Para apontar a desproporcionalidade entre delito e pena, o parlamentar ressalta ainda que a importação de medicamento não registrado na (...) (ANVISA), considerada criminosa e hedionda pelo CP, pode acarretar mera sanção administrativa de advertência pela Lei 6.437/77, que define as infrações à legislação sanitária. (...) O projeto foi apensado ao PL 4.898/12, que reduz a pena para falsificação de medicamente. As propostas aguardam votação do Plenário" (Agência Câmara de Notícias. www2.camara.leg.br/camaranoticias. Último acesso em 22.11.14).

dúvida – materializada, concretamente, na incerteza quanto à quantidade de pena que se deve atribuir ao crime –, a qual, por óbvio, deverá repercutir em favor do acusado.

No que fica dito estão recenseados os principais argumentos mediantes os quais não se pode eleger, para enquadramento punitivo do comando legal do crime continuado, entre os diferentes graus de reprimendas, nem o mais grave, nem o intermediário, pois o imputado passa a ter o direito público subjetivo a receber o tratamento penal mais justo e benéfico (de modo particular por se tratar de norma penal consagradamente objeto de censuras por parte da jurisprudência nacional); e, ainda, a determinação da pena mais grave – quanto à adoção da pena de referência em se cuidando de crime continuado – se refere à solução de ilícitos penais abstratamente diferenciados, ou seja, e por mera ilustração, entre a pena que corresponde a um crime de furto qualificado e a de um simples, em continuação, deve escolher-se aquela (mais grave) em detrimento desta (menos grave), porquanto o acusado já estaria sendo beneficiado pelo afastamento da regra do concurso material.

Aqui se trata de situação diferente: os crimes e as penas (*in abstracto*) são idênticos; porém, receberam (do mesmo Órgão colegiado decisório) reprimendas diametralmente opostas, que se estruturaram, como visto, do mais para o menos grave (e seria interessante, segundo se pensa, se fosse ao contrário, na medida em que se deveria resolver o problema, então, à luz do princípio da ultra-atividade da decisão mais benéfica).

Segue-se imediatamente daí que a pena – a ser utilizada como base, sobre a qual incidirá, ainda, o aumento pela continuidade – é a última; e a menos grave.

Ao prolatar decisão mais benéfica sobre os mesmos fatos, o Órgão *ad quem* reconheceu, ao menos implicitamente, haver se excedido na inicial quantificação punitiva; logo, ao estabelecer decisão de menor impacto e densidade sancionatórios, está, em última análise, afirmando ser essa a pena justa, quer dizer, a que deveria ter sido utilizada *ab initio* para repercutir sobre o conjunto de imputações. Do contrário, ao imputado restará a certeza de sofrer uma pena (que o próprio Poder Judiciário considera) injusta, uma vez que excessiva. As decisões anteriores, que se foram dulcificando até atingir a de menor rigor punitivo, não mais existem, quer jurídica quer humanitariamente. Apenas desta forma haverá racionalidade punitiva; em outros termos, somente encampando-se – como pena referencial – a de menor impacto repressivo, é que se produzirá uma decisão justa e racionalmente construída. As soluções jurídicas (*maxime*, em matéria criminal) inserem-se em um amplo campo de forças sociais ativas, dentro daquilo que um filósofo italiano denominou de *blocco storico*, cuja consideração não pode faltar a fim de tornar patente a sua função juridicamente ordenada.

Em termos gerais, as normas – que contrastarem com os postulados constitucionais – haverão de ser afastadas ou mitigadas, permitindo que o magistrado, excepcionalmente, assente a sua decisão em sua própria apreciação (dos conflitos postos em jogo), corrigindo, como revela Karl Engish, "uma lei mal concebida (formulada) quando por essa maneira contribua para dar efectividade à verdadeira vontade do legislador – do legislador que pondera e coordena os interesses".[1984]

E, *de facto*, a situação jurídica em apreço revela um cenário tão singular que, há pouco tempo, algumas das penas impostas ao acusado sofreram novas (e significativas) modificações. É que, a partir da interposição de recursos aos Tribunais Superiores – precipuamente no âmbito do Superior Tribunal de Justiça –, determinados apenamentos fo-

[1984] ENGISH, Karl, 1988, p. 370.

ram substancialmente reformados. Isso se deu, basicamente, porque a Corte Especial do Tribunal Superior, em exame de constitucionalidade da atividade legislativa em matéria penal, reconheceu, por maioria de votos, não ter o legislador atendido, quando do arbitramento da pena (para a conduta incriminada em regra posta no artigo 273, parágrafo 1º-B, do Código Penal), ao dever de observância dos princípios da proporcionalidade e da razoabilidade. Decidiu, assim – ao julgar a arguição de inconstitucionalidade no *HC* 239.363/PR, com modulação de efeitos –, invalidar o conteúdo do preceito secundário daquele dispositivo. Nesse diapasão, como, em alguns casos, o Tribunal de Justiça do Rio Grande do Sul deixara de reconhecer a desproporcionalidade do preceito secundário desse tipo penal, essas decisões acabaram por contrariar jurisprudência consolidada da Corte responsável por uniformizar a interpretação da lei federal em todo o território nacional. À base disso, determinou-se que o Tribunal local refizesse a dosimetria da pena cominada ao acusado quanto ao delito previsto no artigo 273, parágrafo 1º-B, do Código Penal, tendo como parâmetro o artigo 12 da Lei 6.368/76. Com efeito, em cumprimento às decisões da Corte Superior, o Tribunal de Justiça do Rio Grande do Sul procedeu, em casos específicos, ao reexame da sanção imposta ao réu. Destarte, as condenações cujo patamar punitivo foi estabelecido em 13 anos e 4 meses (pena mínima [10 anos] + 1/3 pelo crime continuado) de reclusão, após a nova dosimetria, se materializaram em 4 anos (pena que correspondia ao delito de tráfico, à época [3 anos], + 1/3 em decorrência da continuidade delitiva), que foram, ainda, substituídas por penas alternativas. Por sua vez, a sanção fixada em 11 anos e 8 meses (pena mínima [10 anos] + 1/6 pelo crime continuado), a despeito de o Superior Tribunal de Justiça, na linha de seus precedentes, ter determinado que o Tribunal *a quo* corrigisse o exagero e reajustasse a pena cominada à conduta inscrita no artigo 273, parágrafo 1º-B, do Código Penal, o Tribunal de Justiça do Rio Grande do Sul ainda não teve oportunidade de realizar a adequação punitiva. Por sua vez, a reprimenda estruturada em 12 anos (pena mínima [10 anos] + 1/5 pela continuidade delitiva) de reclusão, após seu redimensionamento, se tornou definitiva em 3 anos, a qual foi, ainda, substituída por duas penas restritivas de direitos. Cumpre esclarecer, por oportuno, que o Tribunal de Justiça, ao readequar essa pena, utilizou, como parâmetro, a cominada para o artigo 33 da Lei 11.343/06, estabelecendo a pena-base em 05 anos de reclusão, fazendo incidir, na espécie, a minorante prevista no parágrafo 4º do referido tipo penal especial, com o que reduziu a pena em 1/2, incrementando, finalmente, pelo crime continuado, o aumento de 1/5. Por fim, a sanção fixada em 11 anos e 8 meses (pena mínima [10 anos] + 1/6 pelo crime continuado), após seu reexame, restou definitizada em 3 anos e 6 meses (pena que correspondia ao delito de tráfico, à época [3 anos], + 1/6 em face da regra trazida pelo artigo 71 do Código Penal), sendo, igualmente, substituída por penas alternativas.

7.14. O CRIME CONTINUADO E A PRISÃO PREVENTIVA

7.14.1. Do conceito e da natureza da prisão preventiva

A prisão processual ostenta natureza cautelar, na medida em que se projeta à proteção de bens jurídicos envolvidos no processo.[1985]

[1985] GRECO FILHO, Vicente, 2015, p. 310. Renato Marcão (2011, p. 121) ainda menciona que a natureza cautelar da prisão preventiva visa a garantir "a harmonia da ordem social ou da ordem econômica, o êxito

A prisão preventiva (estabelecida no Livro I, Título IX, Capítulo III, do Código de Processo Penal [artigos 311 a 316]) é uma modalidade de prisão cautelar, que pode ser decretada em qualquer fase da investigação policial ou do processo penal, bem como no momento da pronúncia ou da sentença condenatória, desde que, por óbvio, se encontrem presentes os seus pressupostos legais, cuja função é essencialmente processual e não antecipatória de eventual decreto condenatório; portanto, "destina-se a tutelar o processo (fuga do suspeito ou do imputado; assegurar a presença no processo; garantir a incidência da potestade punitiva, em caso de eventual condenação; assegurar o normal desenvolvimento das atividades das partes e dos sujeitos processuais – depoimentos de vítimas, testemunhas, peritos, por exemplo)".[1986]

A prisão preventiva encontra-se regida pelo princípio da reserva de jurisdição, dado que somente juízes podem decretá-la;[1987] e sua decretação requer a presença do *fumus comissi delicti* (*fumus boni iuris*) e do *periculum libertatis* (*periculum in mora*), bem como que se trate "de crimes dolosos punidos com pena privativa de liberdade máxima superior a quatro anos, se o agente for reincidente em crime doloso, ou se o crime envolver violência doméstica e familiar contra a mulher, criança e adolescente, idoso, enfermo ou pessoa com deficiência, para garantir a execução das medidas protetivas de urgência (Código de Processo Penal, artigo 313, I, II e III, com a redação determinada pela Lei 12.403/11)".[1988] Além disso, reveste-se de caráter excepcional, pois somente poderá ser aplicada quando não for possível a imposição de outras medidas cautela-

---

da produção da prova, bem como a efetiva aplicação da lei penal".

1986 GIACOMOLLI, Nereu, 2013, p. 67.

1987 NICOLITT, André, 2011, p. 66. Esclarece Guilherme de Souza Nucci (2011b, p. 61) que: "a) o juiz somente pode decretá-la, de ofício, durante o processo (não mais pode fazê-lo, como antes, durante a investigação); b) permite-se ao assistente de acusação requerê-la, o que antes não ocorria".

1988 LIMA, Renato Brasileiro de, 2017, p. 833. Nesse sentido, o ensinamento de Eugênio Pacelli (p. 560): "dispõe o art. 313 do CPP que a regra geral é a permissão da prisão preventiva para os crimes *dolosos* e cuja pena máxima, privativa da liberdade, seja superior a quatro anos (I). Afasta-se, então, de plano e como regra, a prisão preventiva *autônoma* para os crimes culposos e para as contravenções penais. Para os demais crimes dolosos, com pena igual ou inferior a quatro anos, a prisão somente será possível se, presentes também as situações do art. 312, for *reincidente* (art. 64, I, CP) o aprisionado, por condenação passada em julgado pela prática de outro crime doloso. Nos casos em que houver dúvida quanto à identidade civil do acusado (ou indiciado), pela ausência de elementos idôneos para o respectivo esclarecimento, a prisão preventiva também poderá ser decretada, para quaisquer crimes dolosos, devendo o preso ser colocado em liberdade tão logo seja esclarecida a questão, sem prejuízo da imposição de alguma outra medida cautelar (art. 313, § único, CPP), que atenda os requisitos do art. 282, I e II, CPP. (...) A Lei nº 11.340/06, que cuida do sistema de proteção à mulher contra a Violência Doméstica e Familiar, já havia incluído nova modalidade de autorização para a preventiva, quando o crime envolvesse violência doméstica e familiar contra a mulher, nos termos da lei específica, para garantir a execução das medidas protetivas de urgência (art. 42). A recente Lei 12.403/11 manteve a aludida modalidade de prisão preventiva, ampliando-a para a proteção da criança, do adolescente e do idoso, enfermo ou pessoa com deficiência, de modo a garantir a execução das medidas protetivas previstas em leis (art. 313, III, CPP). Repetimos: nessas modalidades de prisão preventiva, incisos II e III, do art. 313, e seu § único: a) a preventiva somente será decretada se as demais cautelares não se revelarem suficientes ou adequadas; b) somente será possível a preventiva para crimes *dolosos*; c) não se exigirá a pena máxima superior a quatro anos, mas, sim, que se trate de pena privativa da liberdade (ver art. 283, § 1º, CPP). A exigência de crimes dolosos com pena privativa da liberdade superior a quatro anos para a decretação da preventiva se refere à modalidade *autônoma* desta cautelar, não contemplando as situações do art. 313, II e III, e nem o seu § único. Constitui a regra geral das prisões preventivas. Do mesmo modo, no caso de descumprimento de medidas cautelares anteriormente impostas (art. 282, § 4º, CPP), a decretação da preventiva não exigirá as situações do art. 313, devendo atentar-se apenas para os requisitos do art. 312, consoante se extrai do seu § único. Nesse caso, a preventiva não é *autônoma*, mas *subsidiária*".

res de menor severidade (artigos 282, parágrafo 6º, e 283, parágrafo 1º, do Código de Processo Penal);[1989] por conta desse aspecto, apresenta, também, natureza subsidiária.[1990] A prisão preventiva, tal como dispuseram as leis processuais (11.719/08 e 12.403/11), tornou-se a única a se poder decretar no curso do processo criminal.[1991]

7.14.2. A questão que se coloca

Entre as hipóteses legais de admissibilidade da prisão preventiva, alista-se (artigo 313, inciso I, do Código de Processo Penal) a seguinte: "nos crimes dolosos punidos com pena privativa de liberdade máxima superior a 4 (quatro) anos";[1992] com isso, quer avaliar-se a forma pela qual deve ser interpretado esse dispositivo em se tratando de concurso de crimes, ou seja, se, por ilustração, crimes de furto simples em continuidade admitiriam, ou não, a decretação da prisão preventiva.[1993]

In casu, duas orientações formaram-se, tanto doutrinária como jurisprudencialmente: (i.) o concurso de crimes afetaria o patamar punitivo; e (ii.) as penas deveriam ser consideradas isoladamente para o efeito de obstaculizar a decretação da prisão preventiva.

7.14.2.1. Do critério mais rigoroso

Este critério parte da noção segundo a qual o concurso de crimes não pode ser desprezado para a decretação da prisão preventiva, lançando-se, à espécie, a mesma lógica

---

[1989] MARCÃO, Renato, 2011, p. 121.

[1990] Sobre o tema da prisão preventiva, Eugênio Pacelli (p. 550) tece as seguintes considerações: "a prisão preventiva, então, passa a apresentar duas características bem definidas, a saber, a) ela será *autônoma,* podendo ser decretada independentemente de qualquer outra providência cautelar anterior; e, b) ela será *subsidiária,* a ser decretada *em razão do descumprimento* de medida cautelar anteriormente imposta". Esclarece o autor que há três situações claras em que poderá ser imposta a prisão preventiva: "a) a qualquer momento da fase de investigação ou do processo, de modo autônomo e independente (art. 311, CPP); b) como *conversão* da prisão em flagrante, quando insuficientes ou inadequadas outras medidas cautelares (art. 310, II, CPP), e c) em *substituição* à medida cautelar eventualmente descumprida (art. 282, § 4º, CPP). Nas primeiras hipóteses, *a* e *b*, a prisão preventiva dependerá da presença das circunstâncias fáticas e normativas do art. 312, CPP, bem como daquelas do art. 313, CPP; na última, apontada na alínea *c*, *retro*, não se exigirá a presença das hipóteses do art. 313, CPP. Quanto à possibilidade de decretação da preventiva *fora das hipóteses* apontadas no citado art. 313, CPP, há que se ponderar ser essa a única conclusão possível, sob pena de não se mostrarem efetivas as medidas cautelares diversas da prisão, nos casos em que a pena cominada ao crime *doloso* seja igual ou inferior a quatro anos (o *teto* estabelecido no art. 313, I). A prisão preventiva *para garantir a execução das medidas cautelares*, portanto, não se submete aos limites do art. 313, CPP. De outro lado, não será cabível a preventiva, a) para os crimes *culposos,* com a ressalva que fizemos anteriormente (...), e b) quando não for prevista pena privativa da liberdade para o delito (art. 283, § 1º, CPP)".

[1991] RANGEL, Paulo, 2012b, p. 777.

[1992] Em virtude desse marco máximo da pena em abstrato, apresenta-se uma "limitação à decretação da medida em primeiro plano ou quando da conversão da prisão em flagrante ou de prisão temporária" (CHOUKR, Fauzi Hassan, 2014, p. 656).

[1993] Paulo Rangel (2012b, p. 786) esclarece que "somente caberá prisão preventiva nos crimes dolosos, não sendo admissível prisão preventiva nos crimes culposos nem nas contravenções penais". Com efeito, ainda que estiverem "presentes as motivações fáticas a dar suporte às motivações jurídicas constantes no art. 312 do CPP (conveniência da instrução criminal, por exemplo), há um juízo prévio de proporcionalidade, emitido pelo legislador, pela ausência de adequação e necessidade da prisão preventiva, nas hipóteses de crime culposo ou nas contravenções penais. Portanto, em tais casos, inclusive a prisão em flagrante não poderá ser convertida em prisão preventiva" (GIACOMOLLI, Nereu, p. 68).

que preside tanto a suspensão condicional do processo penal como a da competência do juizado especial criminal, isto é, somando-se as penas (máximas) em obediência ao concurso material ou aplicando-se a majoração punitiva (em seu fator máximo) correspondente ao concurso formal ou ao crime continuado.

Logo, ao se computar quer o cúmulo material, quer a exasperação, e se disso resultar pena superior àquele limite (de quatro anos), poderá ser decretada, de plano, a prisão preventiva.[1994] Em termos doutrinários: "houve lacuna legal também em relação ao cabimento da prisão preventiva quando houver concurso de delitos. (...), se houver concurso entre um delito doloso cuja pena máxima seja de um a três anos e outro (também doloso) cuja pena máxima seja de quatro anos, será possível a prisão preventiva? Por exemplo, o agente que oculta, no interior de sua residência, uma arma de fogo de uso permitido, sem autorização legal, sabendo tratar-se de produto de furto. Isoladamente, nenhum dos dois delitos permite a prisão preventiva, pois a receptação possui pena máxima de quatro anos (artigo 180 do Código Penal), enquanto o crime de posse irregular de arma de fogo de uso permitido possui pena máxima de três anos (artigo 12 da Lei 10.826/2003). Devem as penas ser consideradas isoladamente ou devemos aplicar as regras do concurso de crimes? Embora haja lacuna, não temos dúvidas em asseverar que devem ser observadas as normas relativas ao concurso de crimes, seja somando-as (no concurso material) ou aplicando a majorante no máximo (no caso de crime continuado ou do concurso formal). Em outras palavras, se em razão da aplicação das regras do concurso de crimes resultar pena máxima superior a quatro anos, será plenamente cabível a decretação da prisão preventiva".[1995] [1996] Na mesma linha de compreensão, Fauzi Hassan Choukr avalia que, nas hipóteses de concurso formal, material e crime continuado, as penas em abstrato devem ser somadas, e, se for eventualmente superado o marco legal do inciso I do artigo 313 do Código de Processo Penal, estará afastado "o respectivo impedimento para a decretação, de plano, da prisão preventiva".[1997]

A mais disso, à determinação da pena máxima *in abstracto*, que seria o fator decisivo para a adoção da medida prisional, deveriam ser consideradas as causas de aumento ou de diminuição de pena; e, na hipótese de serem variáveis, levar em consideração a que mais aumenta ou a que menos diminua.[1998]

7.14.2.2. Do critério mais liberalizante

Para esta concepção, no caso de concurso de crimes, a referência à pena máxima privativa de liberdade deverá ser observada de modo isolado, atrelando-se, pois, ao critério da excepcionalidade da prisão preventiva, com o que "o critério de inter-

[1994] TRESC, *HC* 206-22.2012.6.24.0000, Rel. Des. Luiz Portelinha, j. 24.9.12.

[1995] MENDONÇA, Andrey de, 2011, p. 240.

[1996] TJSP, *HC* 00032058620138260000, Rel. Des. Souza Nery, 9ª CC, j. 25.4.13; e TJDFT, *HC* 20110020234831, Rel. Roberval Belinati, 2ª TC, j. 15.12.11.

[1997] CHOUKR, Fauzi Hassan, p. 657. Assim, "se a hipótese evidenciar crime continuado, a pena máxima cominada ao crime mais grave – se diversos – deve ser aumentada de 2/3 (máximo permitido no art. 71, *caput*, do CP). De igual maneira, se ultrapassada a barreira dos 4 (quatro) anos, a autoridade policial não poderá arbitrar fiança" (MARCÃO, Renato, p. 728).

[1998] CUNHA, Rogério, 2012a, p. 162. Para Guilherme Madeira Dezem (2015, p. 644), "trata-se da pena máxima em abstrato (...) e, neste parâmetro de pena, incidem as causas de aumento (pelo valor máximo) e as causas de diminuição de pena (pelo valor mínimo), mas não as agravantes e atenuantes".

pretação/aplicação de nova regra é extraído da presunção de inocência e aponta para a liberdade como *status* preferencial do imputado durante toda a persecução penal".[1999]

Como variante, advoga-se ainda que, apesar de o cabimento da prisão preventiva ser fornecido pela da pena máxima cominada, na hipótese de concurso de crimes, (i.) em face do concurso material, as penas (máximas) deverão ser somadas; e, (ii.) diante do concurso formal ou de crime continuado, a exasperação punitiva levará em consideração a pena máxima, contudo, incidindo o aumento mínimo (1/6), na medida em que a "solução do problema deverá considerar a excepcionalidade da prisão preventiva, sua *ultima ratio*, isto é, somente decretável em casos graves, quando outras alternativas legais não forem suficientes. Portanto, se interpreta na prevalência do *favor libertatis*, com o aumento mínimo e não máximo".[2000] No mesmo sentido, se houver outras causas especiais (e de fatores variáveis) de aumento ou de diminuição da pena aplicáveis ao crime, "deverão incidir sobre apena máxima cominada ao delito, em seu percentual mais favorável à manutenção do *status libertatis*";[2001] e, dessa maneira, se dessa operação resultar pena igual ou inferior a quatro anos, não será possível a incidência da prisão preventiva, ressalvadas as exceções legais.[2002]

7.14.3. Da posição que se adota

Duas ordens de influência se inscrevem como aptas para indicar o melhor modo de se interpretar esse critério quantitativo (do cabimento) da prisão preventiva em face do concurso de crimes: em primeiro lugar, não se pode olvidar que houve uma lacuna legal acerca do cabimento da prisão preventiva em virtude do concurso de crimes; assim, com mais razão, a interpretação será *favor libertatis*, com o que, *a priori*, necessitam ser levados, de modo isolado, os fatores de determinação de medida prisional (a pena [máxima] em si e o aumento decorrente do concurso delitivo), porquanto esse marco temporal visa a obstaculizar, por via de regra, a decretação da prisão preventiva em processos por crimes cujas penas máximas não sejam superiores a quatro anos. De um plano, na hipótese de concurso material, as penas (máximas dos crimes imputados ao acusado) devem ser examinadas separadamente, e o cabimento da medida prisional deverá ser enfocado sobre cada crime, em uma análise ampla da imprescindibilidade da prisão cautelar, invocando-se, *in casu*, inúmeros princípios, entre os quais se listam o da presunção de inocência e o da excepcionalidade da medida cautelar extrema. De outro plano, na hipótese de concurso formal e de crime continuado, a desconsideração (do *quantum* exasperatório) será ainda mais recomendável, porquanto se trata de modalidades de concursos que se destinam, precipuamente, a beneficiar o acusado.

Em segundo lugar, se se quiser seguir posição oposta – ou seja, entendendo que o aumento decorrente do concurso de crimes possibilitaria a decretação da prisão preventiva se elevar a pena para além do limite de quatro anos –, ao menos, que se considere o fator de aumento mínimo tanto do crime continuado como do concurso formal, pois

[1999] PRADO, Geraldo, 2011, p. 146. Em termos jurisprudenciais: TJRJ, *HC* 0047348292011.8190000, Rel. Des. Geraldo Prado, 5ª CC, j. 26.10.11.

[2000] GIACOMOLLI, Nereu, p. 69.

[2001] GIACOMOLLI, Nereu, p. 69.

[2002] GIACOMOLLI, Nereu, p. 69.

ambos levam em consideração a maior ou menor quantidade de crimes praticados pelo agente, e não esta abstração de pena máxima. Em função dos princípios da excepcionalidade, da *ultima ratio* da medida, da inocência, entende-se que esse critério, em termos pragmáticos, se mostraria o mais justo e adequado.

Finalmente, por evidente, se a configuração de cadeia continuada se vincular a injustos cujas penas máximas sejam superiores àquele limite legal (condicionante da aplicação da medida constritiva da liberdade), a prisão preventiva poderá amoldar-se, à perfeição, à figura legal do crime continuado.[2003]

7.15. DA NECESSIDADE DE DEMARCAÇÃO FÁTICO-TEMPORAL PRECISA DOS CRIMES COMPONENTES DA CADEIA CONTINUADA

Discute-se sobre a necessidade de existir, no conteúdo fático-descritivo da proposta inicial acusatória (ou, por outra, no da sentença penal [condenatória]), a indicação temporalmente precisa dos crimes (parcelares), cujo conjunto – em face da homogeneidade de concreção objetiva – implicaria a existência da continuidade delitiva.

A questão oferece interessante campo de análise e de dissecção.

7.15.1. Da perspectiva que se encampa

Imperiosa a necessidade de a proposta acusatória ou de a decisão condenatória se estruturarem, ao se reconhecer a ocorrência da continuidade delitiva, de forma a propiciar a defesa efetiva e abrangente do acusado – transmitindo-se-lhe os reais contornos fático-temporais da imputação criminal – ou, no caso da sentença condenatória, de modo a irradiar, ao condenado, as bases do convencimento decisório – concedendo-se-lhe os precisos referenciais fático-temporais sobre os quais se assentou o *quantum* de majoração punitiva representado pela regra do crime continuado.

7.15.2. Do desenvolvimento do ponto

Trata-se, em última análise, do debate sobre a maneira pela qual os operadores jurídico-criminais vêm resolvendo a situação concreta em que, na denúncia (ou na sentença) criminal, se lançava mão dessa figura legal benéfica sem, no entanto, indicar, com precisão, a ocorrência fático-temporal dos diversos fatos (necessários à configuração desse modelo técnico-legal), limitando-se a uma descrição ampla e genérica, que impede a contraprova e, com isso, em um caso, o pleno exercício do direito de defesa; ou, em outro, a perfeita compreensão dos elementos de convencimento que importaram no aumento de pena.

Tanto a doutrina como a jurisprudência não concedem maior atenção à necessidade de a proposta acusatória (ou de a sentença condenatória) ser construída, no que tange à narração fática do modelo legal do crime continuado, de maneira clara e precisa em

[2003] TJRS, *HC* 70062933171, 5ª CC, Relª. Lizete Sebben, j. 11.2.15.

relação aos elementos fático-temporais[2004] (com a indicação pormenorizada do momento de ocorrência de todos os fatos que dariam ensejo à existência do instituto em causa;[2005] assim, por exemplo, não seria inepta a denúncia – por ausência de individualização das condutas [isto é, não haveria comprometimento do disposto no artigo 41 do Código de Processo Penal] – que, "apesar de não descrever pormenorizadamente todas as condutas imputadas ao acusado, as quais deram ensejo à imputação do crime em continuidade delitiva, delimita o tempo e o lugar onde ocorreram");[2006] e isso porque sempre se

---

[2004] Massimo Punzo (p. 22) informa a sempre grande importância que se concedia a este elemento: "già il Farinacio, che come abbiamo visto è da taluni considerato l'ideatore dell'istituto, dava grande rilievo al tempo in cui i reati erano commessi: *tempore tamen diverso* lasciava scritto nella sua *Praxis et theoricae criminalis*. E tale elemento ebbe sempre grande rilievo fino allá legge 30 agosto 1795 del Granducato di Toscana che all'art. 19 escludeva la continuazione se i vari furti non erano commessi nelle 20 ore".

[2005] Trata-se de situações bastante comuns, nas quais as peças acusatórias – que são, muitas vezes, agasalhadas na sentença – se estruturam de maneira genérica na descrição de um pressuposto essencial ao modelo legal do crime continuado: a quantidade de condutas (ações ou omissões) típicas que, efetivamente, houve. Assim, por exemplo, a denúncia, em um crime de estupro continuado, poderia lançar mão das seguintes expressões: 'durante o ano de 2005, o acusado constrangeu inúmeras vezes a vítima à prática da conjunção carnal'; o que poderia, ao final, ser incorporado à sentença: 'o réu, durante o ano de 2005, constrangeu a vítima inúmeras vezes à prática do ato', etc. Na entrega da prestação jurisdicional penal, o magistrado, segundo se pensa, deverá fixar a pena para cada crime componente da cadeia delituosa para, a seguir, aplicar a exasperação sobre a reprimenda de um só dos crimes, se idênticas, ou sobre a mais grave, se diversas. Isso significa que, "no momento da individualização da pena – em se tratando do crime continuado –, deve o juiz sentenciar, isoladamente, todos os ilícitos componentes da cadeia continuada, a fim de que se possa observar, em cada um, a ocorrência concreta da prescrição, bem como para que se possa avaliar se o aumento de pena (determinado pela incidência do fator de majoração trazido pelo delito continuado) não implicou apenamento superior àquele que seria obtido pela regra do cúmulo material, não sendo possível a utilização, exclusivamente, da pena mais grave dos crimes ligados pela continuidade delitiva. Com isso, na construção operacional da sentença – que reconhecer o crime continuado –, devem ser observados dois momentos: no primeiro, aplica-se a pena, de forma isolada, a cada um dos delitos parcelares componentes do concurso; no segundo, aplica-se a regra específica de apenamento do crime continuado" (FAYET JÚNIOR, Ney; FAYET, Marcela; BRACK, Karina, 2007, p. 34-5). Além disso, deve haver a especificação da quantidade de delitos componentes da cadeia, pois isso influenciará na medida da exasperação. Dessa sorte, a individualização das penas faz-se indispensável para que o condenado, de um lado, entenda os motivos pelos quais lhe foi imposto o *quantum* de exacerbação de pena representado pelo crime continuado; e, de outro, para que, a partir da necessária fixação da pena para cada crime da cadeia delitiva, verifique a incidência tópica do instituto da prescrição penal (art. 119 do CP). Sobre esse aspecto, a doutrina manifesta-se no sentido de que "merece destaque o tema relativo à aplicação da pena no concurso de crimes. Na sentença que reconhecer o concurso de crimes, em qualquer das três hipóteses até aqui analisadas – concurso material, concurso formal e crime continuado – deverá o juiz aplicar isoladamente, a pena correspondente a cada infração penal praticada. Após, segue-se a aplicação das regras correspondentes aos aludidos concursos" (GRECO, Rogério, p. 614). Acerca da necessidade de individualização da pena para cada delito componente da continuidade delitiva já se manifestou a jurisprudência: "havendo continuação delitiva, deverá ser individualizada a pena de cada um dos crimes, o que possibilitará estabelecer a pena concretizada que irá reger a prescrição retroativa e a prescrição intercorrente, além de determinar a pena mais grave sobre a qual irá incidir o aumento pela continuação. Também é indispensável esse procedimento para verificar se a continuação é mais benéfica ao réu do que o concurso material, e, em caso de recurso, absolvido o réu do fato que determinou a pena mais grave, possa o órgão recursal, sem suprimir um grau de jurisdição, determinar a pena que regerá a continuação ou mesmo afastá-la" (ACR 296039266, 4ª CC do TJRS, Rel. Des. Danúbio Franco, j. 18.12.96. *In* FAYET JÚNIOR, Ney; FAYET, Marcela; BRACK, Karina, 2007, p. 34. Ainda: "Apelação. Estelionato. Prova. Fraude penal. Continuidade delitiva. Apenamento. Substituição de pena. (...). Em se tratando de crime continuado, a sentença deve cogitar da pena aplicável a cada fato delituoso, isoladamente, para aferir eventual ocorrência de prescrição, ou malferimento ao art. 71, § único, *in fine*, CP. [...]" [TJRS, ACR 70004453650, 8ª CC, Rel. Des. Tupinambá Azevedo, j. 20.8.03]).

[2006] TJRJ, RSE 0245230-25.2013.8.19.0001, 3ª CC, Rel. Des. Antônio Carlos Nascimento Amado, j. 25.7.17.

imaginou não haver prejuízos ao acusado, pois a continuação delituosa – ainda que imperfeitamente transcrita em sua configuração na peça acusatória (e, depois, incorporada à sentença) – representaria hipótese punitiva muito mais benéfica que a do concurso material.[2007] Consequentemente, ao se reconhecer a figura legal do crime continuado – apesar de não "ser possível precisar a quantidade de atos libidinosos praticados pelo infrator, tio e padrinho da vítima, que durante mais de um ano, abusou da vítima, exaspera-se a pena na fração máxima (2/3)"[2008] –, isto é, elevar-se-ia, sem obstáculos, ao patamar máximo (de 2/3 ou até o triplo, quer se tratasse do crime continuado comum, quer do específico, respectivamente) de punição. A necessidade de se transmitir, especialmente na entrega da prestação jurisdicional penal, uma base mais sólida à decisão, ensejou o desenvolvimento de uma solução pragmática.

7.15.3. Da solução pragmática

Por via de regra, atingia-se a solução pragmática que se movimentava dentro das margens operativas do sistema, segundo a qual – ao se reconhecer a deficiente linha acusatória (em virtude da descrição rarefeita dos fatos que ensejariam a identificação da cadeia continuada) ou sentencial (em face da falta de identificação, no *decisum* condenatório, dos atos corporificadores da ação continuada) – dever-se-ia aplicar o aumento em seu patamar mínimo, isto é, em um sexto;[2009] e isso até mesmo em decorrência do princípio do *in dubio pro reo*.[2010]

Com efeito, sendo o delito continuado – em termos prático-conceituais – uma causa geral de aumento (variável) de punição, que permite a elevação entre um sexto até dois terços (crime continuado comum), ou até o triplo (crime continuado específico), a consequência de se conformar aquela deficiente proposta acusatória ou o inconcluso reconhecimento sentencial dos fatos que estariam de molde a estruturar um padrão continuativo de comportamentos típicos homogêneos, bastaria, para se contornarem eventuais prejuízos, aplicar o fator de aumento no mínimo.

Assim, desenvolver-se-ia o seguinte raciocínio: houve alguns comportamentos dotados de alta semelhança típico-descritiva; embora o padrão narratório (ou decisório) não os haja incorporado (na denúncia ou na sentença) de forma detalhada, indicativa de um ritmo sequenciado de realização dos tipos, o simples fato de haver vários comportamentos já seria suficiente para permitir a incidência da figura delitiva do crime continuado; e, com isso, para autorizar a aplicação do fator de aumento de pena.[2011]

[2007] Em termos jurisprudenciais, a denúncia ministerial não necessita fazer menção expressa à regra do art. 71 do CP: *HC* 95.245, Rel. Min. Joaquim Barbosa, 2ª T., DJE de 1°.2.11 (decisão citada na Coletânea temática de jurisprudência, 2013, p. 192).

[2008] TJDFT, AC 20161210025686, 2ª TC, Rel. Des. Jair Soares, j. 27.7.17.

[2009] TJRS, ACR 70074400425, 6ª CC, Relª. Desª. Vanderlei Teresinha Tremeia Kubiak, j. 30.8.17; TJRS, ACR 70074260035, 5ª CC, Relª. Desª. Lizete Andreis Sebben, j. 30.8.17; TJSC, ACR 0001745-21.2012.8.24.0076, 2ª CC, Rel. Des. Sérgio Antônio Rizelo, j. 22.8.17; TJRS, ACR 70070758255, 8ª CC, Relª. Desª. Naele Ochoa Piazzeta, j. 16.8.17; TJSC, AC 0010799-28.2012.8.24.0038, 2ª CC, Rel. Des. Volnei Celso Tomazini, j. 25.7.17; TJRS, 7ª CC, ACR 70037335411, Rel. Des. João Tovo, j. 18.11.10; e TJPB, RT 855/666 (decisão citada por DELMANTO, Celso, e outros, p. 321).

[2010] TJRS, ACR 70074011362, 8ª CC, Relª. Desª. Naele Ochoa Piazzeta, j. 30.8.17.

[2011] TJRS, ACR 70055477970, 5ª CC, Rel. Des. Francesco Conti, j. 9.10.13.

Além disso, também se poderia dizer: o réu será duplamente beneficiado com essa falha na descrição dos comportamentos: (i.) de um plano, suportaria o aumento mínimo, ou seja, talvez – em conformidade com uma descrição melhor e mais bem detalhada – fosse recomendável a aplicação da causa de aumento no limite máximo (ou, ao menos, superior àquele mínimo que fora estipulado); (ii.) de outro plano, talvez – em razão de uma proposta acusatória que viesse a indicar todos os fatos da cadeia acusatória – ficasse evidenciado que se não tratava do modelo legal em causa, mas, sim, do concurso material. Desse modo, a defesa eventualmente não teria real e efetivo interesse na busca de uma sedimentação ampla da descrição dos fatos que dariam suporte à existência do crime continuado.

Esses seriam, *grosso modo*, os principais argumentos que determinaram a construção interpretativa deste dado até o presente; eis aí, portanto, o avanço que se apresenta a partir deste entendimento que se vai noticiar.

7.15.4. Do avanço interpretativo

Cuida-se da apresentação de posicionamento jurisprudencial que realmente avança em termos da construção de um padrão garantista decisório.

A linha de raciocínio desenvolvida na decisão colegiada que, nesse ponto, restou vencida, parte da seguinte base de compreensão: "no que concerne à continuidade delitiva, entendo de afastá-la. Embora ciente das orientações antagônicas, e revendo posicionamento pessoal acerca do tema, julgo não estar preenchido, neste feito, o essencial requisito temporal para a determinação da figura do crime continuado, por não haver, na denúncia, indicação das datas em que os fatos ocorreram e nem a delimitação da periodicidade delitiva. Como referido acima, da denúncia constou indicação genérica de tempo do crime: '*No decorrer do ano de 2008...*'. Para a configuração do crime continuado, julgo imprescindível a imputação – e a comprovação – do ritmo delitivo, consubstanciado na referência individualizada dos fatos, ou dos períodos de reiteração delitiva, pelo Ministério Público. Esta imperativa apuração – função institucional do órgão ministerial – realizada durante investigação policial, ou mesmo durante a instrução processual – cuja consequência leva, ou deveria levar, ao aditamento da denúncia – é condição *sine qua non* para o reconhecimento da continuidade. (...). Carecendo da indispensável demonstração do ritmo delitivo, sem menção às datas ou mesmo à delimitação de períodos de maior densidade criminosa, entendo não configurado o crime continuado, acarretando em forçoso reconhecimento de crime único. Não é atribuição do magistrado estabelecer o número de condutas delituosas para, depois, arbitrar a fração de majoração da pena. O aumento de pena será mensurado pelo julgador de acordo com a prova colhida no processo, guardando essencial correlação com a denúncia. A discricionária e unilateral majoração da sanção pelo reconhecimento do crime continuado não descrito pela denúncia acarreta em presunção desfavorável ao acusado, fato determinante de ofensa aos princípios constitucionais da presunção de inocência e da correlação entre a sentença e a denúncia. Concluo não ser possível adotar como suporte o princípio da defesa social para justificar condenação de maior gravidade. É preciso se ater a aspectos jurídicos. Por mais sensíveis que sejamos com a situação a que foi submetida a ofendida, entendo necessário, juridicamente, o estabelecimento das datas ou períodos em que os fatos ocorreram, demonstrando, por consequência, o ritmo delitivo.

Sem isso, considero não configurada a continuidade, prevalecendo, no caso, o crime único, por ausência de demonstração cabal da periodicidade delitiva, que induzira o ritmo indispensável à configuração da majorante".[2012]

Refere-se, inegavelmente, à solução que se amolda à avaliação garantista que deve, sob todos os títulos, permear toda a sistemática jurídica; e isso por vários aspectos, todos de grande expressão: (i.) por exigir que haja vinculação entre a imputação e a efetiva comprovação do nexo de continuidade; tarefa indeclinável da acusação pública, que deve ser conduzida em sede de investigação policial ou mesmo no curso do processo penal; (ii.) por se afastar da cômoda solução pragmática que conduzia à aplicação da causa de aumento de pena no mínimo estabelecido para a majorante do crime continuado, e por indicar a solução justa e avançada: a do reconhecimento do crime único; (iii.) por desonerar o magistrado da tarefa de contabilizar o número de condutas delituosas para estabelecer a majoração da pena, pois esse aumento deve se vincular à prova consolidada no processo em sintonia correlacional com a denúncia; (iv.) por tornar impraticável a existência de uma presunção, pelo magistrado, sobre um fator de elevação da pena não descrito na imputação, o que implica violação aos princípios constitucionais da presunção de inocência e da correlação temática entre a sentença e a acusação; e (v.), finalmente, por impedir que se lance mão do princípio da defesa social para justificar condenação de maior impacto, uma vez que está distanciado do direito penal do fato.

Por tais predicados, essa construção interpretativa avança, de fato, para o desfecho de um problema que vinha sendo um pouco negligenciado pela doutrina, que se contentava, no horizonte de possibilidades, a conceber a aplicação do limite mínimo de elevação da pena; agora, abre-se a senda analítica por meio da qual a jurisprudência poderá encontrar a devida solução de causas penais nas quais não haja a perfeita indicação fático-temporal das diferentes condutas que integram a cadeia continuada.

7.15.5. Termos conclusivos

Nesta via, está em jogo um elemento – a pluralidade de condutas em uma sequência de continuidade – de caráter essencial; ora, se não vier descrito de modo a permitir a contraprova (por exemplo, eventuais *alibis*), de forma plena e efetiva, torna-se insubsistente a cabida do crime continuado; contudo, a consequência, em qualquer caso, não pode ser *ipso facto* a da aplicação do concurso material, mas, sim, do reconhecimento do crime único. Eis o núcleo de avanço que essa decisão trouxe para o debate.

O presente tópico se assenta, em larga medida, nos domínios jurisprudenciais, em cujo cenário buscou-se discutir, criticamente, os meios e modos por intermédio dos quais se edifica a construção interpretativa das causas penais que consagram a existência do crime continuado.

Consigna-se, ainda uma vez, que a interpretação somente pode ser legítima se procedida à luz dos princípios e garantias que estão postos na Constituição Federal, ou seja, a dinâmica da interpretação deve ter como norte a recepção dos princípios constitucionais, na medida em que a "criação jurídica dos juízes", sempre que não se apresentar bussolada pela Constituição, seria arbitrária; e, com isso, inconcebível no Estado democrático de Direito.

[2012] TJRS, 6ª CC, ACR 70034825901, Rel. Des. Mario Rocha Lopes Filho, 23.9.10.

Sob tal critério, a inovação proposta atende, concomitantemente, a um duplo compromisso: de um passo, preserva princípios constitucional e processual (como o da presunção de inocência e o da correlação temática entre a sentença e a acusação); e, de outro, avança, de modo significativo, na construção de um padrão garantista no campo do apenamento, na medida em que obstaculiza um aumento de pena que não estiver substancialmente materializado na prova desenvolvida no curso da ação criminal. (Na base disso, não se pode olvidar, por óbvio, do manejo do princípio do *in dubio pro reo*, em face do qual a disciplina da continuidade delitiva deve ser afastada sempre que as ações seriadas não tenham sido suficientemente demonstradas no conjunto da prova (indicando-se, pois, o necessário reconhecimento de um crime único); assim, por exemplo, se, em um determinado caso, existir tão somente um único fato assinalado com precisão [agressão contra a dignidade sexual da vítima], "não se podendo dizer com segurança, a partir do caderno processual, que as demais oportunidades nas quais o infante esteve com o réu tenham envolvido a prática de atos libidinosos diversos da conjunção carnal",[2013] cumpre ser desprezada a regra da continuidade delitiva [reconhecida em sentença], prestando-se *obsequium* àquele princípio.)

Desse modo, o reconhecimento do crime único, em casos tais, é, sem dúvida, a solução técnica e humanitariamente adequada; homenageando-se, ainda, os próprios criadores do instituto do crime continuado, que tinham exatamente esse objetivo em mira (isto é, dar uma resposta punitiva justa e humanitária) quando o arquitetaram.[2014]

7.16. DA CORRELAÇÃO ENTRE ACUSAÇÃO E SENTENÇA: *EMENDATIO LIBELLI* E *MUTATIO LIBELLI* E CRIME CONTINUADO

Em obediência ao princípio da correlação temática à imputação,[2015] o *decisum* judicial deve pautar-se nos termos insertos na proposta instauradora acusatória, a fim de não caracterizar uma decisão *ultra*, *citra* ou *extra petita*. Antes de tudo, trata-se da proibição de julgamento fora da *res deducta in judicio*, consectário coerente, no processo penal, da garantia constitucional da ampla defesa (*quod non est in libelo, non est in mundo*). A mais disso, a pretensão punitiva estatal se baseia e, sobretudo, se delimita na atribuição de fato certo ao acusado, não podendo o magistrado distanciar-se dos limites (que lhe são) traçados na imputação. Parece certo invocar-se, ainda, o princípio da substanciação, segundo o qual o conteúdo material da sentença se vincula aos fatos históricos deduzidos na ação (*narra mihi factum, dabo tibi jus*).[2016] Cumpre dizer-se, porém, que é possível haver situações de diversificação do objeto do processo, desde que, notadamente em certos casos, sejam adotadas as devidas providências legais. Em uma fórmula sintética, no momento da entrega da prestação jurisdicional penal, pode o magistrado entender que se produziu, no curso do processo criminal (de acordo com a prova colhida), alguma variação do quadro acusatório desenhado na imputação originária. Tal alteração poderá vincular-se somente à capitulação jurídica dada ao fato indicado ou,

[2013] TJRS, AC 70072953540, 8ª CC, Relª. Desª. Naele Ochoa Piazzeta, j. 16.8.17.

[2014] Em sentido contrário à posição que se sustenta, a seguinte decisão: STJ, *HC* 147.987/RJ, Rel. Min. Sebastião Reis Júnior, 6ª T., j. 26.6.12.

[2015] STJ, *HC* 311.490/SC, 5ª T., Rel. Min. Jorge Mussi, j. 14.4.15.

[2016] MACHADO, Antônio Alberto, p. 250.

ainda, ao próprio fato imputado.[2017] Diante dessa alteração detectada, é factível dar-se a *ementatio libelli* (que diz respeito apenas ao tipo penal indicado na denúncia ou queixa) ou a *mutatio libelli* (que se vincula ao contexto fático do crime). Neste esquema de coisas, por conseguinte, quer debater-se a eventual ocorrência de um desses institutos na pressuposição de se produzir, na sentença, a conversão do crime continuado (assim descrito e classificado na denúncia) para o concurso material (assim configurado na sentença), bem como as suas consequências jurídicas.

Antes de se avaliar esse ponto, todavia, devem articular-se algumas considerações que melhor explicitam a temática.

7.16.1. Da *emendatio libelli*

De início, a *emendatio libelli* é a correção do enquadramento legal do crime sobre o mesmo fato descrito na imputação originária (tanto a pública como a privada). Nesse caminho, o magistrado, sem modificar a descrição do fato, poderá atribuir definição jurídica diversa, ainda que, em consequência, tenha de aplicar pena mais grave (artigo 383 do Código de Processo Penal); igualmente, poderá a correção ser realizada em segunda instância (artigo 617 do Código de Processo Penal),[2018] em cuja hipótese deverão ser observados os limites da apelação, em conformidade com a proibição da *reformatio in pejus* e do *tantum devolutum quantum appellatum* (desta maneira, se houver recurso da acusação, o tribunal tem o poder de aumentar a pena; do contrário, ou seja, se somente o réu houver apelado da sentença, o tribunal pode corrigir a tipificação legal, mas não pode aumentar a pena). Por derradeiro, a *emendatio libelli* pode ser espontaneamente realizada pelo órgão acusatório, em qualquer fase do processo antes da sentença, de acordo com a regra do artigo 569 do Código de Processo Penal.[2019]

7.16.2. Da *mutatio libelli*

No curso da persecução jurídico-penal, torna-se possível ao magistrado perceber a existência de fato criminoso diverso daquele descrito na proposta inicial acusatória (denúncia ou queixa), ou seja, produzir-se a remodelagem da imputação. Neste sentido, "se, no correr da instrução, surgir fato não contido nem explícita nem implicitamente na denúncia ou queixa, o juiz não pode, por ocasião da sentença, admiti-lo como existente

---

[2017] "Alterações introduzidas pela Lei 11.719/08. 1) O art. 383, com sua nova redação, não mais condiciona a aplicação do art. 383 à fase da sentença. Muito embora o dispositivo encontra-se inserido no Título correspondente à 'sentença', cremos que a nova Lei autoriza o juiz a efetuar a correção do enquadramento típico (*emendatio libelli*), a qualquer momento, inclusive quando do recebimento da denúncia ou queixa. 2) A Lei passou a consagrar expressamente a necessidade de abertura de vista ao MP na hipótese de o juiz, em função da aplicação da *emendatio libelli*, vislumbrar a possibilidade de proposta de suspensão condicional do processo (§ 1º). *Vide* Súmula 337 do STJ: 'É cabível a suspensão condicional do processo na desclassificação do crime e na procedência parcial da pretensão punitiva'. De ver que a regra também se aplica aos casos de *mutatio libelli* (art. 384 deste Código). 3) Quando o juiz verificar, em função da nova classificação jurídica do fato, que se trata de infração da competência de outro juízo, a este serão encaminhados os autos (§ 2º). A regra também é válida para os casos de *mutatio libelli* (art. 384 deste Código)" (JESUS, Damásio de, 2014, p. 341).

[2018] TJMG, ACR 1.0024.14.278899-1/001, 7ª CC, Rel. Des. Paulo Calmon Nogueira da Gama, j. 2.8.17.

[2019] MACHADO, Antônio Alberto, p. 252.

alterando o que foi inicialmente proposto, sem que se dê oportunidade de defesa. Isso porque o acusado se defende dos fatos imputados e deve ter a possibilidade efetiva de contrariá-los".[2020] Deve assentar-se, portanto, que essa segunda hipótese sobre a correlação temática entre a acusação e a sentença se apresenta em virtude de uma metamorfose fática no curso da instrução processual, isto é, a própria *causa petendi* sofrerá alteração, com o que haverá mudança "do próprio fato narrado na inicial acusatória, que implicará nova definição jurídica".[2021] Aquilo que fora articulado na denúncia não se sustentou em face das provas colhidas no curso da instrução criminal; com isso, outro fato veio a ser demonstrado. Se, em razão dessa descoberta, o quadro fático se modifica e, em razão disso, o tipo penal também se altera, o Ministério Público deverá aditar a denúncia (ou a queixa, se se tratar de ação penal subsidiária) para incluir o novo alcance acusatório. Dessa forma, o agente ministerial disporá de 5 (cinco) dias para a realização do aditamento; se, contudo, não o propuser, e o juiz vislumbrar essa possibilidade, aplicar-se-á, então, o procedimento do artigo 28 do Código de Processo Penal.[2022] A nova imputação tanto pode implicar pena mais leve como mais grave.[2023]

Da instrução probatória, descortinaram-se circunstâncias ou elementos novos, os quais, à vista disso, deverão integrar-se à acusação. Como indica Edilson Mougenot Bonfim, "são circunstâncias ou elementos do tipo: a) os elementos que integram a descrição legal do fato; b) as circunstâncias qualificadoras; c) as causas de aumento e de diminuição de pena".[2024]

7.16.3. Da solução jurídica e suas consequências

De posse dessas noções – sem as quais, aliás, não haveria possibilidade de plena compreensão do tópico –, parte-se para a exposição do problema. Seria legítimo à sentença penal condenatória desprezar a definição jurídica do crime continuado – perfeitamente articulada na denúncia – e impor ao condenado, sem a adoção de algum dos institutos antes examinados, o regramento punitivo do concurso material? E, na hipótese de não ser possível, quais seriam as consequências jurídicas disso advindas?

[2020] GRECO FILHO, Vicente, 2015, p. 368.

[2021] BONFIM, Edilson Mougenot, p. 752.

[2022] "Se não proceder nos termos do art. 384 e o juiz proferir sentença, esta jamais poderá reconhecer o crime diferente que a circunstância de fato nova caracteriza. Se essa circunstância aponta para crime menos grave, a sentença só poderá ser absolutória, porque o mais grave não poderá ser reconhecido, já que os dados fáticos da realidade não correspondem ao que estava contido na imputação, e o menos grave também não, pois não houve imputação quanto a ele. Se a circunstância nova não contida na denúncia indica infração mais grave, evidentemente não poderá ser reconhecida sem o procedimento do art. 384, § 1º, e a sentença deverá limitar-se a reconhecer a procedência ou improcedência do estritamente contido na inicial. Assim, por exemplo, se a denúncia foi por furto e, no correr da instrução, se verifica que ocorreu a violência, não havendo o aditamento da denúncia, somente poderá ser reconhecido o furto" (GRECO FILHO, Vicente, 2015, p. 369-70).

[2023] MACHADO, Antônio Alberto, p. 253.

[2024] BONFIM, Edilson Mougenot, p. 752. Em outras palavras, "elementos da infração são aqueles que dão os contornos precisos da conduta típica, ou da ação criminosa, e tanto podem ser elementos descritos/objetivos (fatos, pessoas, objetos, lugar etc.) quanto de ordem normativa (indevidamente, fraudulentamente, sem autorização legal etc.), ou ainda de natureza subjetiva (dolo ou culpa); já as circunstâncias são particularidades que apenas atenuam ou agravam a reprovabilidade da conduta criminosa" (MACHADO, Antônio Alberto, p. 253).

Em um caso concreto, o acusado foi denunciado e processado por dois crimes de latrocínio consumados, em continuidade delitiva qualificada (parágrafo único do artigo 71 do Código Penal); quando da sentença, todavia, se lhe foi aplicada a regra acumulatória, sem que se tenha observado o princípio da correlação temática.[2025] Desse modo, mostrar-se-ia adequada essa decisão (isto é, a conversão do crime continuado [assim descrito e classificado na denúncia] para o concurso material [assim configurado na sentença])?

Diante deste caso específico, a solução dada pelo Terceiro Grupo Criminal do Tribunal de Justiça do Rio Grande do Sul foi no sentido de assinalar a existência de nulidade absoluta parcial da sentença condenatória (*ultra petita*, por violação ao princípio da correlação e às regras da *mutatio libelli*). Reconheceu-se que se produziu, inegavelmente, uma nova classificação penal (inclusive, com maior patamar punitivo), sem que houvesse a adoção do procedimento inscrito no artigo 384 do Código de Processo Penal, a partir da seguinte linha de compreensão: "(...) o réu não poderia ter sido condenado, diretamente, em concurso material de dois latrocínios consumados, sem a prévia observância da procedimentalidade inscrita no corpo do artigo 384 do Código de Processo Penal, (...) sem que, antes, tivesse havido um aditamento à denúncia que legitimasse (...), modo simultâneo, (1) o afastamento, mediante decisão interlocutória, da continuidade delitiva originalmente denunciada, e (2) a – nova – acusação de duplo latrocínio consumado em concurso material de crimes. (...) o afastamento da continuidade delitiva qualificada denunciada somente poderia ter ocorrido mediante a edição de uma decisão interlocutória pelo Juízo *a quo*, na esteira da qual as partes seriam intimadas e o Ministério Público deveria ter vista. No caso, portanto, a condenação direta do réu nas sanções de dois latrocínios consumados, mas em concurso material, configura flagrante violação ao princípio da correlação acusatória e às regras cogentes do *due process of criminal law* aplicáveis à *mutatio libelii* (...), em consequência do que [nome do acusado] também teve violado, no processo-crime em tela, os princípios da ampla defesa e do contraditório aplicáveis à espécie vertente".[2026] Em outras palavras, não se produziu tão somente uma nova classificação penal condenatória (hipótese de configuração de uma corrigenda), senão uma relevante alteração narrativa do quadro factual, cujos efeitos, ainda, implicam elevação punitiva, isto é, "seja por meio das elementares insculpidas, respectivamente, no preceito primário do parágrafo único do artigo 71 ou do *caput* do artigo 69, seja por meio dos efeitos dosimétricos inscritos, respectivamente, em cada uma destas duas normas legais, quando articuladas com o preceito secundário do parágrafo 3º, *in fine*, do artigo 157".[2027] Dessa maneira, "a sentença condenatória *a quo* conferiu nova classificação penal ao libelo vestibular e condenou o réu em crimes evidentemente mais graves (da continuidade qualificada dos dois latrocínios consumados para o concurso material de ambos), todavia sem observar as regras legais imanentes à *mutatio libelli*".[2028] Por conseguinte, "tendo ocorrido, também, violação ao princípio-garantia da correlação entre acusação e sentença, está caracterizada a nulidade absoluta (parcial) da sentença condenatória *ultra petita* editada no Juízo *a quo*, em face de ofensa aos princípios do contraditório e da ampla defesa no devido processo legal aplicável à

[2025] TJRS, EIN 70.065.019.044, Rel. Des. Aymoré Mello, 3ª GCC, j. 19.6.15.

[2026] TJRS, EIN 70.065.019.044, Rel. Des. Aymoré Mello, 3ª GCC, j. 19.6.15.

[2027] TJRS, EIN 70.065.019.044, Rel. Des. Aymoré Mello, 3ª GCC, j. 19.6.15.

[2028] TJRS, EIN 70.065.019.044, Rel. Des. Aymoré Mello, 3ª GCC, j. 19.6.15.

espécie concreta sob exame".[2029] Com isso, "pelo princípio da acessoriedade, todos os demais atos processuais posteriores praticados também resultam nulos de pleno direito, resultando prejudicados os recursos de apelação, e seu respectivo julgamento, e de embargos infringentes, devendo os autos do processo retornar ao Juízo *a quo*, para novo julgamento do 1º e do 2º fatos denunciados".[2030] Parece, realmente, alterado o quadro fático quando se produz a remodelação das circunstâncias sob as quais as condutas sequenciais homogêneas se imprimiram no mundo exterior; ora, se se descrevem condutas ilícitas (objetivamente idênticas) entrelaçadas por um nexo de continuação, não se pode, por outro prisma, entendê-las como despossuídas desse mesmo vínculo sem se modificar a estrutura factual. A esse acordo segue-se que a inegável surpresa à ação defensiva, que não pôde, antes, profligar, adequadamente, contra essa mutação (que, além de tudo, implica punição mais grave). Para contornar-se a surpresa, era de rigor a adoção das providências do artigo 384 do Código de Processo Penal.[2031]

Quanto às consequências processuais, também transparece certo declarar-se a nulificação do processo a partir do encerramento da instrução (ou, ainda, em sendo o caso, da sentença) e determinar-se a volta dos autos para que o magistrado adote as providências adequadas em conformidade com o artigo 384 do Código de Processo Penal. Apesar de vedada a aplicação do instituto da *mutatio libelli* em grau recursal (Súmula 453 do Supremo Tribunal Federal), nada obsta que o juízo *ad quem*, de ofício, nessa hipótese, declare a nulidade da sentença que não o aplicou.[2032]

7.17. DA POSSIBILIDADE DE RECONHECIMENTO (DO CRIME CONTINUADO) EM FACE DOS EMBARGOS DECLARATÓRIOS

Neste ponto, busca avaliar-se se disciplina do crime continuado poderia, eventualmente, ser desafiada em embargos declaratórios e, por via própria de consequência, ao ser reconhecido equívoco material, alterar-se a substância de decisão condenatória, *maxime* nas hipóteses nas quais não foi interposto o recurso de apelação. Ilustrativamente, em uma determinada sentença, após ter consignado o magistrado que os três ilícitos da mesma espécie (cuja pena mínima [*in abstracto*] eram dois anos) se realizaram em um mesmo cenário de tempo, lugar e modo de execução, sem quaisquer outras considerações, aplica-se-lhes a pena mínima (corresponde a cada um dos delitos), somando-as, a seguir (neste caso, teríamos uma sanção de seis anos em regime [inicial de cumprimento de pena] semiaberto); ora, se fosse, na sentença, aplicada a diretriz do crime continuado (que, implícita e essencialmente, foi descrita), teríamos uma

2029 TJRS, EIN 70.065.019.044, Rel. Des. Aymoré Mello, 3ª GCC, j. 19.6.15.

2030 TJRS, EIN 70.065.019.044, Rel. Des. Aymoré Mello, 3ª GCC, j. 19.6.15.

2031 Em sentido contrário: TJRS, ACR 70069947976, 8ª CC, Relª. Desª. Naele Ochoa Piazzeta, j. 16.8.17.

2032 Muitos autores sustentam que, se o tribunal *ad quem* reconhecer, em apelação da defesa ou em revisão, que a definição jurídica correta para o fato criminoso é diversa da imputação original, por não ter havido o aditamento, a solução não é a decretação da nulidade da sentença, se não foi ela arguida pela defesa (Súmula 160 do STF), mas, sim, a absolvição. Desse modo, nas hipóteses nas quais o fato ou a nova circunstância se referir a uma conduta não descrita na peça acusatória, a decisão – a ser encampada pelo tribunal *ad quem* – deverá ser a absolvição. A matéria, contudo, não é pacífica; para uma ampla exposição, consultar FEITOZA, Denilson, p. 980-5. Em termos jurisprudenciais: TJRS, ACR 70071703888, 8ª CC, Relª. Desª. Naele Ochoa Piazzeta, j. 16.8.17.

sanção de dois anos, quatro meses e vinte e quatro dias (pena mínima [dois anos], sobre a qual incidiria o aumento proporcional de um quinto [quatro meses e vinte e quatro dias], diante do que haveria não somente possibilidade de concessão de regime aberto, como, ademais, da própria substituição por penas alternativas). Desse modo, no marco dos embargos declaratórios (excepcionalmente com efeitos infringentes), poderia, em tese, o magistrado, ao reconhecer a contradição ou a omissão, refazer o cálculo punitivo, em consideração ao princípio da economia processual, sem a necessidade de se obter tal desiderato apenas na fase de execução penal (aliás, se se cuidasse de acórdão condenatório, em decorrência do novo entendimento do Supremo Tribunal Federal quanto à possibilidade de imediato cumprimento da pena [nos termos do julgamento do *habeas corpus* 126.292/SP {Tribunal Pleno, DJ 17.2.16}, reafirmado no julgamento da Repercussão Geral no Recurso Extraordinário com Agravo 964.246/SP], uma vez exaurida a jurisdição de segundo grau, a situação assumiria um patamar ainda mais severo, dadas as limitações que se tem endereçado ao cabimento de ação de liberdade para o reconhecimento do nexo de continuidade).

Apesar de haver a impossibilidade sistêmica de modificação de conteúdo de provimento por meio dos embargos de declaração e, sobretudo, a impossibilidade de apreciação de questões de mérito quando da análise desse recurso,[2033] torna-se, possível, em caráter excepcional, até mesmo em razão, repita-se, do princípio da economia processual, possa ser reconhecida a disciplina do delito continuado quando da apreciação do recurso de embargos declaratórios; aliás, o Supremo Tribunal Federal (Inq. 1.769 ED/DF, Rel. Min. Carlos Velloso, 31.8.05) já decidiu pela possibilidade de reconhecimento da prescrição da pretensão punitiva quando da análise dos embargos.[2034]

Por outro lado, se houve erro na fixação do apenamento, os embargos de declaração podem, excepcionalmente, apresentar efeito modificativo, *id est*, caráter infringente, desde que a alteração do *decisum* embargado "decorra da correção da ambiguidade, obscuridade, contradição ou omissão (STJ, RESP 152.606, 6ª Turma, DJU 29.11.99, p. 211 – acórdão em matéria cível)".[2035]

De fato, a atribuição de efeitos infringentes a embargos de declaração se reveste de caráter excepcional, sendo admissível, tão somente, nos casos em que, sanado o defeito sentencial, a modificação do julgado deflua como *id quod plerumque accidit* da correção efetuada. Da jurisprudência, colhe-se decisão em que se atribuiu efeitos infringentes aos embargos de declaração para o fim específico de excluir o acréscimo punitivo relativo à continuidade delitiva do crime de gestão fraudulenta (artigo 4º da Lei 7.492/86), dado tratar-se de crime habitual impróprio,[2036] e, diante disso, incompatível com a figura-legal do crime continuado; ou para modificar a fração de aumento da continuidade delitiva, isto é, 1/5 em vez de 1/4, aclarando, assim, o *decisum* e corrigindo a dosimetria punitiva;[2037] ou, ainda, para afastar, do cálculo punitivo, o *quantum* de majoração decorrente do concurso formal, aplicando, apenas, o do crime continuado, a fim de obstar o *bis in idem*.[2038]

[2033] TJMG, ED 1.0024.13.309519-0/002, 4ª CC, Rel. Des. Doorgal Andrada, j. 12.7.17.

[2034] CHOUKR, Fauzi Hassan, 2014, p. 1150.

[2035] JESUS, Damásio de, 2014, p. 340.

[2036] TRF5, ED 13744/01/CE, 4ª T., Rel. Des. Fed. Ivan Lira De Carvalho, j. 18.7.17.

[2037] TJSP, ED 0011355-45.2014.8.26.0348, 16ª CC, Rel. Des. Otávio de Almeida Toledo, j. 15.8.17.

[2038] TJSC, ED 0008119-31.2016.8.24.0038, 4ª CC, Rel. Des. José Everaldo Silva, j. 3.8.17.

Na hipótese de haver imperfeições, a nova decisão, de maneira excepcional, tem o condão de alterar a anterior, inovando, abrangentemente, ao ponto de conseguir dizer mais que esta; assim, o provimento dos embargos pode, sim, ensejar o aparecimento do efeito infringente, modificando o primeiro julgado, *maxime* quando se tratar, por exemplo, de decisão que declarará a extinção da punibilidade em decorrência da prescrição penal, matéria de direito público (conforme dispõe o artigo 61, *caput*, do Código de Processo Penal), cuja natureza impõe seja reconhecida a qualquer tempo e por meio de qualquer via recursal, até mesmo *ex officio*,[2039] ou, ainda, quando a matéria verse sobre o concurso de crimes.[2040]

Derradeiramente, não se conhece dos embargos declaratórios – por falta de interesse recursal – quando a matéria (relacionada ao reconhecimento do crime continuado no lugar do concurso material) já foi decidida na sentença de piso e, sobretudo, confirmada na instância superior;[2041] por outro lado, são adequados os embargos declaratórios para assinalar correção no dispositivo final, ou seja, somente para constar, no dispositivo, que os delitos foram praticados em concurso formal e não em continuidade delitiva.[2042]

7.18. DA POSSIBILIDADE DE RECONHECIMENTO (DO CRIME CONTINUADO) EM FACE DOS EMBARGOS INFRINGENTES

Nos termos do parágrafo único do artigo 609 do Código de Processo Penal, os embargos infringentes, em caso de divergência parcial, serão restritos à matéria objeto de divergência. Por conta disso, se o conteúdo que albergua a divergência disser respeito à temática do concurso de crimes,[2043] nada obsta que, quando do julgamento do recurso, possa tornar-se prevalente o voto vencido,[2044] desde que, em face da própria essência desse recurso, seja mais favorável ao réu (salvo na legislação militar, nos termos do artigo 538 do Código de Processo Penal Militar).[2045]

No campo jurisprudencial, a título de exemplificação, foram acolhidos embargos infringentes (aliás, neste caso, em face do empate, a decisão foi tomada com base no artigo 615, parágrafo 1º, *in fine*, do Código de Processo Penal, bem como no artigo 21, parágrafo 2º, inciso I, do Regimento Interno do Tribunal de Justiça do Rio Grande do Sul) opostos contra decisão que aplicou o concurso material em detrimento da continuidade delitiva. O voto majoritário decidira pela aplicação do concurso material entre os crimes de lesão corporal; o voto vencido, pelo reconhecimento da continuidade

2039 STJ, EDARRESP 1230099/AM, Relª. Minª. Laurita Vaz, 5ª T., j. 20.81.

2040 TJMG, ED 1.0079.15.027057-1/002, 4ª CC, Rel. Des. Fernando Caldeira Brant, j. 19.7.17; e TJPR, ED 1601614-1/01, 3ª CC, Rel. Des. José Cichocki Neto, j. 6.7.17.

2041 TJSC, ED 0005207-38.2013.8.24.0015, 3ª CC, Rel. Des. Moacyr de Moraes Lima Filho, j. 1.8.17.

2042 TJSP, ED 0000384-37.2014.8.26.0627, 16ª CC, Rel. Des. Osni Pereira, j. 15.8.17.

2043 TRF3, EINUL 47302-0005827-49.2003.4.03.6181, 4ª S., Rel. Des. Fed. Nino Toldo, j. 20.7.17; e TJRS, EIN 70073793762, 1ª GCC, Rel. Des. Jayme Weingartner Neto, j. 7.7.17.

2044 TRF3, EINUL 63037-0006957-59.2012.4.03.6181, 4ª S., Rel. Des. Fed. Nino Toldo, j. 20.7.17.

2045 Na mesma medida, serão cabíveis embargos infringentes quando existir divergência, no que diz respeito à classificação do crime ou à mensuração ou à natureza da pena, ainda que a condenação seja unânime (art. 539, § único, do CPPM). Em termos jurisprudenciais: STM, EIN 0000009-43.2005.7.05.0005, Rel. Marco Antônio de Farias, j. 22.8.17.

delitiva;[2046] ou para afastar a regra do artigo 72 do Código Penal (dado que inaplicável à hipótese de continuidade delitiva);[2047] ou, ainda, para (tão somente) reduzir a fração de aumento punitivo trazida pela regra da continuidade delitiva (em virtude da quantidade de crimes envoltos na cadeia sequenciada).[2048]

[2046] TJRS, EIN 70074512237, 1º GCC, Rel. Des. Luiz Mello Guimarães, j. 4.8.17. No mesmo sentido: TJRS, EIN 70073534364, 3º GCC, Rel. Des. João Batista Marques Tovo, j. 18.8.17.

[2047] TJMG, EIN 1.0024.15.050733-3002, 7ª CC, Rel. Des. Paulo Calmon Nogueira da Gama, j. 2.8.17. Em sentido contrário: TJMG, EIN 1.0024.11.042894-3/002, 5ª CC, Rel. Des. Eduardo Machado, j. 23.8.17.

[2048] TJRJ, EIN 0043907-95.2015.8.19.0001, 1ª CC, Relª. Desª. Katya Maria de Paula Menezes Monnerat, j. 8.8.17.

8. O crime continuado e a jurisprudência

Da perspectiva dogmática[2049] (à qual se está, visceralmente, aferrolhado), pode debater-se, em algumas linhas, aquilo que Luis Alberto Warat denominou de "a atividade criadora dos Juízes"[2050] e Hermes Lima, de a apreciação "construtora";[2051] em outras palavras, as normas se concretizam a partir da interpretação, que se traduz em um proce-

[2049] Como esclarece Tercio Sampaio Ferraz Jr. (2011, p. 285), "o saber dogmático não cuida da decisão em termos de sua descrição como realidade social, mas de regras para a tomada de decisão. Ao fazê-lo, encara o problema da decidibilidade como resultante da incidência contínua do direito na convivência, esta própria vista como sistema de conflitos intermitentes. É nesses termos que se ocupa das condições de possibilidade para a tomada de decisão. A doutrina dogmática, assim, tradicionalmente, preocupa-se com os requisitos técnicos que constituem os instrumentos de que se serve o decididor, aparentemente para adaptar sua ação à natureza mesma dos conflitos, mas, na verdade, para encontrar a decisão que prevalecentemente se imponha e os conforme juridicamente".

[2050] WARAT, Luis Alberto, 1995, p. 375. Destaca Ovídio Baptista da Silva (1997, p. 113) que "a doutrina do Estado Absoluto, proposta por Hobbes, onde as leis são produtos, não da razão, mas da vontade do soberano, de modo que estes mandatos sejam os exclusivos critérios do justo e do injusto, foi a primeira condição para que a função judicial se conservasse limitada à pura declaração e aplicação das leis, sem que aos magistrados fosse reconhecido, sequer, o poder de interpretá-las, como depois ocorreu, no início do século XIX, na França", e, desse modo, "se é o soberano que julga, sendo o *juiz subordinado* seu oráculo, ocorre, na doutrina de Hobbes, uma antevisão da concepção posterior de Montesquieu, para quem o juiz nada mais haveria de fazer senão aplicar a lei, sob pena de tornar-se legislador, com grave risco para a liberdade dos cidadãos, se lhe fosse dado expressar, nos julgamentos, suas opiniões particulares". Por outro lado, indicando a origem histórica e a causa desse fenômeno da criação judicial, descreve Mauro Cappelletti (1993, p. 18) que a expansão, no mundo moderno, do direito judiciário, ou jurisprudencial e, assim, do papel criativo dos juízes se deve, em grande medida, à própria expansão, tanto nos países de *Common Law* quanto nos de *Civil Law*, do direito legislativo.

[2051] "Podemos afirmar que o direito é a lei aplicada mais o que ela recebeu do órgão – juiz ou tribunal – que a executou. A ambiência que cerca a espécie *sub iudice*, ambiência econômica, social e política, reflete-se necessariamente na obra do magistrado. Certo, ele tem seus pontos objetivos de referência, ele se conduz em função de certos princípios gerais estabelecidos, porém o ajustamento da lei ao caso em questão está condicionado a uma estimativa de natureza pessoal e a uma apreciação, que não chamarei de criadora, porém certamente construtura" (LIMA, Hermes, 1983, p. 172-3). Encontram-se, portanto, obviamente, superadas as tradicionais concepções – originadas na escola da exegese francesa e na jurisprudência de conceitos alemã – atinentes à atividade judicial, segundo as quais a tarefa dos juízes se traduziria na simples aplicação mecânica de certas regras a determinados casos, sem que se lhes assistisse a possibilidade (ou melhor: o poder) de proceder a uma reelaboração dessas regras. José Puig Brutau (1977, p. 177) acrescenta: "e daí – seja que a norma geral com pretensões de regra estrita, isto é, de predicar uma consequência precisa de um antecedente também preciso, tenha nascido com um suposto fático não mais que um reflexo estilizado do que na realidade pode ocorrer, seja que, ao evoluírem os fatos, venha a norma a perder a precisão que se supunha possuir em absoluto – o certo é que a aplicação do direito por parte dos juízes e, em geral, dos juristas profissionais, é impossível que se confine à mecânica subsunção sobre a qual tanto se tem discorrido".

dimento compreensivo por meio do qual, tendo-se por base determinadas formulações linguísticas presentes nos ditames legais (textos, enunciados, preceitos ou disposições), se atinge o significado de um dado conteúdo normativo. Como aponta Eros Roberto Grau, em tal processo, "O intérprete desvencilha a norma do seu invólucro (o texto); neste sentido, ele 'produz a norma'".[2052] (Diferentemente da lei escrita, a jurisprudência não pode ser havida como fonte formal do direito penal; contudo, as decisões judiciárias constituem uma atividade de criação do Direito. Aliás, com a introdução da Súmula de Efeito Vinculante [artigo 103-A da Constituição Federal], a matéria da jurisprudência como fonte do Direito adquiriu inegável expressão.)[2053]

Como se percebeu, ao longo da apresentação da parte orgânica deste trabalho, as correntes jurisprudenciais têm direta relação na construção do instituto do crime continuado (ora tornando-o de mais fácil identificação, ora, ao contrário, dificultando-lhe o reconhecimento, em virtude da interpretação dogmática do Direito). A aplicação das normas penais se traduz na passagem do plano abstrato (da normatividade) ao plano concreto (da realidade social) por meio de métodos interpretativos do Direito que estabelecem regras orientadoras da atividade judicial, de modo a obstaculizar (ou, em termos de condições reais de possibilidade, a diminuir) a ocorrência de decisões arbitrárias (arbitrariedade subjetiva). Acresce, nesse ponto, a circunstância que, em qualquer ordem social altamente desenvolvida e complexa, a decisão somente se reveste de uniformidade, igualdade e previsibilidade quando se estabelece em modelos (ou padrões) autorizados de resolução e, sobretudo, em técnica autorizada de derivação dos fundamentos do julgamento. Demais disso, como se expressa Roscoe Pound, "é expectativa fundamental da vida em sociedade civilizada que a vontade de um homem não se submete à vontade arbitrária de outro".[2054]

O sistema jurídico, inegavelmente, convive, de um lado, com a criação judicial;[2055] e, de outro, com a afirmação da "plena vigência do valor segurança através de um sistema jurídico onde não se poderia introduzir nenhuma solução que não fosse logicamente calculável a partir das normas gerais do sistema de direito vigente".[2056] As

---

2052 GRAU, Eros Roberto, 2005, p. 27.

2053 DOTTI, René Ariel, 2013a, p. 371. Emmanuel Dreyer (p. 355) arremata que "la signification d'un texte répressif est confirmée par le juge. En effet, le juge est également destinataire des textes qu'il lui appartient d'appliquer. À ce titre, son rôle s'avère crucial; l'incrimination n'existe pas sans lui. D'abord, il en revele le sens profond en interprétant le texte qui la contient. En suite, le juge fait apparaîte la violation de l'interdit dans les faits bruts qui lui sont soumis en les qualifiant, c'est-à-dire en constatant qu'ils correspondent au modèle de comportement prohibé sous la menace d'une peine".

2054 POUND, Roscoe, 1976, p. 36. Nessa lógica das coisas, "o que se chamou de ministração da justiça nos Estados totalitários, nos últimos tempos, mostrou vivamente como o papel desempenhado pela lei vai mais além da ordem social e econômica. Estende-se ao interesse social na vida do indivíduo" (POUND, Roscoe, p. 36).

2055 Como define Mauro Cappelletti (1989, p. 86), "o papel criativo dos juízes na evolução e modernização do direito constitui agora um dado geralmente aceito".

2056 WARAT, Luis Alberto, 1995a, p. 375. Como comenta Carlos S. Nino (2010, p. 50-1), "nos países do denominado 'direito continental europeu', França, Alemanha, Itália, Espanha etc., e na maior parte da América Latina, predomina entre os juristas um acentuado formalismo perante as normas. O fato de esses países contarem com uma ampla codificação do direito fez com que os juristas atribuíssem a esses sistemas, e às normas que os constituem, uma série de propriedades formais que nem sempre eles têm: precisão, univocidade, coerência, completude etc. A atribuição dessas propriedades, em um grau maior do que a realidade permite, é ocasionada, em parte, por certas hipóteses sobre as supostas qualidades racionais do legislador, implícitas na dogmática continental". Reforça essa ideia José Puig Brutau (p. 179), quando

normas jurídicas, construídas em linguagem natural, nada mais são do que um conjunto de preceitos valorativos que fornecem certezas àqueles que a elas se subordinam; e são recepcionadas, no plano jurídico, por intermédio da função interpretativa.[2057] Na plena compreensão de Luis Alberto Warat, "o senso comum teórico produzido no campo do direito ensejou distintas concepções em relação ao tema da interpretação da lei e da função judicial".[2058] Os métodos de interpretação – ainda como apoio em Luis Alberto Warat – "podem ser considerados o álibi teórico para a emergência das crenças que orientam a aplicação do direito",[2059] que, em última análise, cumprem a missão de legitimá-lo. Sob este ângulo, através do método interpretativo, que – produzido no sistema jurídico – procura redefinir as expressões legais, a "criação" do Direito é produzida de maneira (que se pretende absolutamente) legitimada. Nesse andar, em linha de princípio, o Direito, como uma realidade social, se estabelece ao nomear e, de modo especial, ao qualificar os fenômenos sociais (ao interagir concretamente nas relações entre indivíduos e os grupos), pois se trata de arte de linguagem; é, sobretudo, palavra. Como descreve Louis Assier-Andrieu, "designando o particular, ele induz o geral, o princípio de classificação cujo papel é evitar a confusão entre aquilo que ele tem como tarefa distinguir. Artesão dos limites, inventor das fronteiras. Ele encarna primordialmente o poder de nomear e de classificar".[2060]

Tome-se, a título de exemplo deste debate, como pano de fundo, o tema do delito continuado.[2061]

---

avalia a enorme dificuldade de o legislador estabelecer, com um mínimo de precisão, os supostos fáticos contidos nas normas, na medida em que inúmeras hipóteses – que, para além disso, são bastante variáveis na vida real – deverão "encaixar-se nos termos abstratos da norma (concebidos apressadamente por esse grande estenógrafo que é o legislador)". Com isso, prossegue o autor (p. 179-80), "ao ter que generalizar, impôs-se ao legislador abreviar, esquematizar a realidade refletida no suposto fático contido nas normas. Donde se generalizar é omitir e legislar é generalizar, julgar é tornar a acrescentar alguma coisa, ao menos, do omitido. E isto é mais exato que se contentar com a falácia do verbo *anknüpfen*, na qual se costuma incorrer quando se diz que, para a eficácia da lei, é suficiente que os fatos ocorridos na realidade se 'subsumam' no suposto fático previsto pela norma – ao qual esta aderiu (*angeknüpft*) determinada consequência. Semelhante subsunção é as mais das vezes, não nos iludadmos, verdadeira intervenção criadora dos chamados intérpretes".

2057 Sobre o fenômeno da interpretação, deve-se distinguir entre: "a) la interpretación 'en abstracto', que consiste en identificar el contenido de significado –es decir, el contenido normativo (la norma o normas)– expresado por, y/o lógicamente implícito en, un texto normativo (una fuente del derecho) sin referencia a algún supuesto de hecho concreto; y b) la interpretación 'en concreto', que consiste en subsumir un supuesto de hecho concreto en el campo de aplicación de una norma previamente identificada 'en abstracto'. Los dos tipos de interpretación responden a dos tipos de indeterminación: el derecho, en efecto, es doblemente indeterminado" (GUASTINI, Riccardo, 2008, p. 30).

2058 WARAT, Luis Alberto, 1979, p. 45.

2059 WARAT, Luis Alberto, 1979, p. 65.

2060 ASSIER-ANDRIEU, Louis, 2000, p. 314-5.

2061 Tema que se mostra particularmente apropriado nesse tópico, uma vez que a origem do crime continuado se deve, verdadeiramente, à criação jurisprudencial. Como explica Francisco Muñoz Conde (1975, p. 164): "también la jurisprudencia ha creado por su parte teorías al margen de la ley o incluso en contra de ella. Entre las primeras se encuentra la teoría del delito continuado, según la cual se considera como un solo delito una pluralidad de acciones siempre que exista unidad de sujetos, de propósito lesivo, de ley violada, de tiempo y de ocasión, amén de la indeterminación procesal de tales acciones. De este modo se puede subsumir en este concepto y ser tratados como un solo delito una pluralidad de hurtos, de estafas o de apropiaciones indebidas que, en principio deberían ser individualizadas y castigadas conforme a las reglas del concurso de delitos".

Em sua definição legal,[2062] ante os preceitos que o informam em linguagem natural,[2063] as palavras empregadas não estão previamente definidas.[2064] Compete, por conseguinte, ao intérprete judicial, no momento próprio (*en règle*, na entrega da prestação jurisdicional criminal), definir o conteúdo, o significado dos elementos configurados, "dizendo quais são suas características, esclarecendo em que sentido estão empregados",[2065] constituindo-se esse processo (atividade estimativa) na criação judicial do Direito.[2066] [2067]

Desse modo, "dependendo do maior ou menor número de conotações que der a uma palavra, esta terá maior ou menor abrangência";[2068] e, na interpretação da matéria, poderá o juiz, "restringindo a denotação do termo, excluir condutas, ou ampliando-a, incluir comportamentos na incidência de aplicação da lei".[2069] Isso se mostra, por ilustração, com clareza, notadamente, na definição das semelhantes condições de lugar, para a configuração do crime continuado. Para a definição desse elemento, quando se quer reconhecer a presença do delito continuado, amplia-se o sentido (alcance) do preceito normativo, entendendo-se como semelhantes condições de lugar "entre crimes praticados em cidades diversas da mesma região metropolitana"; na "mesma região socioeconômica"; ou em "cidades próximas"; também entre "comarcas vizinhas"; ou "comarcas diversas, 'porém' interligadas"; entre outras. Por outro lado, caso se quisesse negar a existência da *fictio juris*, entendendo-se não estar preenchido esse requisito objetivo, a jurisprudência recorreria a interpretações deste jaez: "cidades diferentes, pertencentes a territórios municipais que nem ao menos são contíguos"; "localidades distintas";

[2062] "*La vaguedad de toda norma*. En segundo lugar, toda norma vigente es indeterminada en el sentido de que – por causa de la vaguedad de cualquier lenguaje natural – no se sabe cuáles supuestos de hecho recaen en su campo de aplicación. Dada una norma cualquiera existen casos a los cuales es ciertamente aplicable, casos en los que obviamente no puede ser aplicada y finalmente casos 'dudosos' o difíciles (*hard cases*) en los que la aplicabilidad de la norma es discutible. Por ejemplo: una compra-venta realizada al precio medio de mercado es sin duda una compra-venta; una supuesta 'compra-venta' a un precio irrisorio es una donación" (GUASTINI, Riccardo, p. 34).

[2063] "A linguagem da teoria jurídica tradicional é vista por seus produtores como uma linguagem técnica que, sem formalizações concretas, fala de uma linguagem (ideologicamente) vista como formal: a linguagem da lei. Contudo, a linguagem da teoria jurídica é também outra variedade de linguagem natural que, além de cumprir importantes funções políticas e ideológicas, opera com um nível de significação prescritiva encoberto nos próprios textos legais. Na verdade, a linguagem da lei e da teoria jurídica são a mesma linguagem, apenas falada por emissores diferentes" (WARAT, Luis Alberto, 1995b, p. 54-5).

[2064] "Es necesario subrayar que lo equívoco de los textos normativos no depende solamente de ciertos defectos objetivos en su formulación, sino también –mejor dicho: sobre todo– de otras cuestiones: en particular, la multiplicidad de métodos interpretativos y la dogmática jurídica (a lo que se podría agregar: los juicios de valor de los intérpretes, sus sentimientos de justicia" (GUASTINI, Riccardo, p. 32-3).

[2065] FAYET, Ney, p. 30.

[2066] Obviamente, toda construção dogmática pode condicionar a interpretação, quer ao propor uma determinada linha de compreensão analítica (muitas vezes por meio [da "descoberta"] de teorias), quer ao descartar certas decisões interpretativas (por "ultrapassadas", "equivocadas") de modo sistemático.

[2067] No espectro de maior abrangência da criminologia, também se pode reconhecer que o sistema normativo de uma sociedade não consiste em um corpo de regras para ser obedecido sob quaisquer (e todas as) circunstâncias, sendo marcado, portanto, por uma flexibilidade, na medida em que as regras sociais não são equivalentes de imperativos categóricos, mas, sim, guias qualificados para agir, sendo condicionados, em sua aplicabilidade, por condições histórico-sociais dadas. A ordem moral (e a ordem legal) não se aplica(m) ao homicídio praticado contra o inimigo no curso de uma guerra. Assim, a flexibilidade é – como apontam Gresham M. Sykes e David Matza (2008, p. 194) – uma parte integral do direito penal.

[2068] FAYET, Ney, p. 30.

[2069] FAYET, Ney, p. 30.

"vários municípios"; "municípios diversos"; "cidades diversas"; "comarcas diversas e distantes, com diversidade de vítimas e de comparsas"; "razoável distância entre as cidades", "lugares variados"; "municípios diferentes e distantes entre si"; "circunstâncias e locais distintos"; "circunstâncias diversas"; e os exemplos poderiam ser ampliados (e o mesmo exercício, a bem da verdade, poderia ser levado a cabo tendo-se por base qualquer outro elemento configurador do instituto do crime continuado). Como se afirmou, a dificuldade de se estabelecer, a partir da fonte jurisprudencial (*stylus curiae*), os elementos – por meio dos quais se desenha a continuidade delinquencial – se mostra bastante viva nesse ponto. Existe, incontestavelmente, uma anarquia em relação a conceitos e interpretações, que se modificam *de fond en comble*; e a criação judicial continua com igual intensidade – muitas vezes valendo-se de expressões inéditas: "linha reta entre as cidades"; "ligação direta entre as cidades"; "cidades geograficamente próximas"; "mesma região geográfica"; "ligadas às cidades por rodovias de cômodo, fácil e rápido acesso" – a se desenvolver.

Mais problemática, entretanto, transparece ser a refutação, (muito particularmente) pelos tribunais superiores, de uma construção teórica (a teoria objetiva) que foi, de modo expresso, adotada na reforma do Código Penal de 1940 e que continua vigente;[2070] mais problemática porque a teoria objetivo-subjetiva quedou-se preterida pela Comissão revisora, tendo, pois, sido prevalente a que veio a figurar no Código.[2071] Demais a mais, a teoria objetivo-subjetiva, sob todos os títulos, torna mais difícil a aplicação da regra (benéfica) do crime continuado, implicando, com isso, o quase esvaziamento dessa figura legal;[2072] e, não raro, essa corrente jurisprudencial – que sufraga o entendimento da teoria híbrida ou objetivo-subjetiva – encampa elementos mais bem adequados à criminologia, cuja eventual inserção nos textos legais sempre se apresentou, no mínimo, como problemática (assim, por exemplo, as referências aos "criminosos habituais

---

2070 Ver ponto 1.2.

2071 Como esclarece Nélson Hungria (1977, p. 324-5): "preferindo a solução da teoria objetiva, a Comissão revisora não fez mais do que ceder à irrepreensibilidade de sua lógica e à evidência de seu acerto. Desde que se reconhece a necessidade de manter a construção jurídica do *delictum continuatum*, cumpre afeiçoá-lo a um critério realístico, prescindindo-se de um elemento psicológico especial, que na grande maioria dos casos resulta puramente fictício ou convencional, a não ser que se restrinja de tal modo a identificação do crime continuado, que se tornaria quase praticamente inútil a sua permanência no sistema jurídico-penal. É força reconhecer que a *continuação* não deixa de existir ainda quando as sucessivas ações não se apresentem ligadas por um nexo subjetivo formado *ab initio*, chama-se a este 'dolo unitário', 'resolução coletiva' ou mesmo 'desígnio'".

2072 Ainda uma vez Nélson Hungria (1977, p. 329-32) destaca: "deixemos, porém, de parte o trabalho de Sísifo a que se entregam os subjetivistas, na pesquisa de um *momento* psicológico que, antecedendo à volição, sirva de *alma* ao crime continuado. (...) é inteiramente dispensável para a existência do *delictum continuatum* a averiguação de um elo subjetivo entre as várias ações. Como se poderia reconhecer esse *quid* psicológico senão deduzindo-o da homogeneidade objetiva das sucessivas ações? (...). O principal argumento, porém, contra a exigência de um elemento subjetivo unitário no conceito do crime continuado é o de que ela redunda num flagrante contra-senso, um evidente ilogismo. Sabe-se que o crime continuado, fundamentalmente, atende a um objetivo de eqüidade, importando uma exceção à regra do 'concurso material', no sentido de uma penalidade mitigada. É um benefício que se instituiu em favor do inculpado, para conjurar, em certos casos, um excesso de pena. (...). Pois bem: o elemento psicológico reclamado pela teoria objetivo-subjetiva, longe de justificar esse abrandamento da pena, faz dele a paradoxal recompensa a um *plus* de dolo ou de capacidade de delinqüir. É de toda evidência que muito mais merecedor de pena é aquele que *ab initio* se propõe repetir o crime, agindo segundo um plano, do que aquele que se determina, de caso em caso, à repetição estimulada pela anterior impunidade, que lhe afrouxa os motivos da consciência, e seduzido pela permanência ou reiteração de uma oportunidade particularmente favorável".

ou profissionais" [com as variantes: "criminosos contumazes";[2073] "agente contumaz na prática de delitos contra o patrimônio, demonstrado que faz do crime um meio de vida";[2074] "além de que haja entre elas um nexo de continuidade, sob pena de se favorecer criminosos contumazes";[2075] "inviável a unificação das penas, pelo reconhecimento da continuidade delitiva, quando restar comprovada a habitualidade na prática criminosa, uma vez que a contumácia do agravante na prática de crimes é tida como reiteração criminosa e não continuidade delitiva";[2076] multirreincidente específico;[2077] envolvimento reiterado em práticas delitivas, fazendo do crime o seu meio de vida;[2078] "a habitualidade ou profissionalismo na prática de delitos merece um tratamento penal mais rigoroso em virtude do maior grau de reprovação, impedindo o reconhecimento da continuidade delitiva";[2079] "a continuidade delitiva e adequação das penas nos moldes do artigo 71 do Código Penal é obstada se, a despeito de certa sobreposição entre circunstâncias de tempo, lugar e modo de execução dos crimes, estes decorrem de desígnios autônomos e tornam visível a habitualidade e dedicação profissionalizada aos delitos";[2080] "consideradas as peculiaridades, as circunstâncias e o elemento subjetivo dos crimes, aliadas às normas e ao entendimento jurisprudencial referentes à matéria, não há como visualizar a continuidade delitiva, mas a reiteração na prática de crimes";[2081] entre outras]; sustentando-se, com isso, que a doutrina do crime continuado seria aplicável apenas para o "criminoso eventual"[2082] [também como variantes: "está mais para criminoso habitual do que para delinquente ocasional em prática de continuidade delitiva";[2083] reiteração criminosa;[2084] reiteradas práticas delitivas;[2085] entre outras] ou para os delitos praticados sem "desígnios autônomos e habitualidade criminosa"[2086] [com variantes: "não demonstrada a unidade de desígnios, isto é, o nexo de continuidade entre as infrações penais";[2087] "ausência de unidade de desígnios";[2088] ausência de vínculo subjetivo "e evidenciada a habitualidade, a hipótese é de reiteração criminosa e não de continuidade delitiva";[2089] "não foi demonstrado o requisito subjetivo relacionado à unidade de desígnios, tendo em vista que as condutas foram praticadas de forma autônoma, configurando, apenas, reiteração criminosa";[2090] "se a motivação quanto a cada um dos crimes foi autônoma e os delitos subsequentes não decorreram da execução dos delitos antecedentes e com

[2073] TJDFT, RAG 20170020128747, 1ª TC, Rel. Des. Romão C. Oliveira, j. 13.7.17.
[2074] TJMG, AGE 1.0016.09.097985-3/001, 3ª CC, Rel. Des. Antônio Carlos Cruvinel, j. 4.7.17.
[2075] TJDFT, RAG 20170020130679, 1ª TC, Rel. Des. Romão C. Oliveira, j. 10.8.17.
[2076] TJDFT, RAG 20170020123990, 2ª TC, Rel. Des. João Timóteo de Oliveira, j. 6.7.17.
[2077] TJRS, AEX 70073842874, 6ª CC, Rel. Des. Ícaro Carvalho de Bem Osório, j. 13.7.17.
[2078] TJRS, AEX 70073681439, 2ª CC, Rel. Des. Victor Luiz Barcellos Lima, j. 13.7.17.
[2079] TJRS, AGE 70073824245, 8ª CC, Rel. Des. Dálvio Leite Dias Teixeira, j. 26.7.17.
[2080] TJSP, AEX 7002522-57.2016.8.26.0344, 1ª CC, Rel. Des. Diniz Fernando, j. 31.7.17.
[2081] TJDFT, RAG 20170020128956, 2ª TC, Rel. Des. João Timóteo de Oliveira, j. 20.7.17.
[2082] TJMG, AEX 1.0231.07.091913-0/001, 5ª CC, Rel. Des. Alexandre Victor de Carvalho, j. 25.7.17.
[2083] TJPR, RAG 1635428-0, 4ª CC, Rel. Des. Dilmari Helena Kessler, j. 13.7.17.
[2084] TJSP, AEX 9000142-61.2016.8.26.0268, 2ª CC, Rel. Des. Luiz Fernando Vaggione, j. 24.7.17; e TJDFT, RAG 20170020126580, 2ª TC, Rel. Des. Roberval Casemiro Belinati, j. 13.7.17.
[2085] TJRS, AEX 70072906597, 2ª CC, Rel. Des. José Ricardo Coutinho Silva, j. 20.7.17.
[2086] TJSP, AEX 9000570-81.2017.8.26.0050, 13ª CC, Rel. Des. De Paula Santos, j. 20.7.17.
[2087] TJMG, ACR 1.0396.16.000693-0/001, 2ª CC, Rel. Des. Renato Martins Jacob, j. 6.7.17.
[2088] TJDFT, EIR 20160020103469, CC, Rel. Des. Silvanio Barbosa dos Santos, j. 10.7.17.
[2089] TJDFT, RAG 20170020129469, 3ª TC, Rel. Des. Nilsoni De Freitas Custodio, j. 13.7.17.
[2090] TJDFT, RAG 20170020131712, 2ª TC, Rel. Des. Roberval Casemiro Belinati, j. 20.7.17.

eles não guardam relação de dependência, nem revelam uma sucessão circunstancial de atos, mas ações distintas e plenamente identificáveis, descaracterizada está a continuidade delitiva";[2091] "conexão subjetiva entre os delitos";[2092] "não demonstrado o vínculo subjetivo entre as condutas praticadas";[2093] "não há como reconhecer a continuidade ante a ausência de liame subjetivo entre as condutas, uma vez que não se constatou que, por parte do agravante, tenha ocorrido um planejamento unitário para a prática dos crimes, de modo a evidenciar que um tenha sido continuação do outro";[2094] "liames subjetivos diferentes";[2095] "não havendo liame volitivo a integrar a primeira conduta às subsequentes";[2096] "a continuidade delitiva é ficção legal que visa buscar a justa punição para aquele que através de vários atos delituosos objetiva um fim único, com unidade de tempo, lugar e *modus operandi*. O presente caso caracteriza mera reiteração criminosa, posto que as condições de tempo, lugar e vítimas são diferentes, não havendo se falar em mesmo projeto criminoso, ausente o liame subjetivo entre os eventos";[2097] "inexistência de liame volitivo entre as condutas. Histórico criminal que demonstra a habitualidade delitiva do apenado, sendo a semelhança de tempo, local e *modus operandi*, mero reflexo de seu profissionalismo e especialização em delitos patrimoniais";[2098] "continuidade delitiva não configurada, eis que os delitos ocorrem com dinâmicas diversas, sem unidade de desígnios";[2099] "a motivação quanto a cada um dos crimes foi autônoma e os delitos subsequentes não decorrem do delito antecedente e com ele não guardam relação de dependência, nem revelam uma sucessão circunstancial de atos, mas ações distintas e plenamente identificáveis, descaracterizando a continuidade delitiva";[2100] entras outras]; ou expressões inovadoras [tais como: "crimes repetidos"][2101] ou que aliam dois dados objetivos ["os delitos foram cometidos em diversas cidades, ausente proximidade suficiente para incidência do instituto em questão. {...}. restou evidenciado que se trata de criminoso habitual, ostentando lista de antecedentes criminais com reiteradas condenações, fato que também impossibilita o reconhecimento da continuidade delitiva"]),[2102] para justificar, enfaticamente, o afastamento do nexo de continuidade;[2103] ou

---

2091 TJDFT, RAG 20170020123895, 2ª TC, Rel. Des. João Timóteo de Oliveira, j. 20.7.17.

2092 TJDFT, RAG 20170020137616, 3ª TC, Rel. Des. Waldir Leôncio Lopes Júnior, j. 10.8.17.

2093 TJSP, AEX 7003775-20.2016.8.26.0073, 3ª CC, Rel. Des. Cesar Augusto Andrade de Castro, j. 15.8.17.

2094 TJDFT, RAG 20170020122224, 2ª TC, Rel. Des. Silvânio Barbosa dos Santos, j. 20.7.17.

2095 TJDFT, RAG 20170020118826, 2ª TC, Rel. Des. Silvânio Barbosa dos Santos, j. 20.7.17.

2096 TJDFT, RAG 20170020129106, 1ª TC, Rel. Des. Romão C. Oliveira, j. 10.8.17.

2097 TJSP, AEX 9000341-48.2016.8.26.0506, 5ª CC, Rel. Des. José Damião Pinheiro Machado Cogan, j. 10.8.17.

2098 TJPR, RAG 1684506-0, 4ª CC, Rel. Des. Celso Jair Mainardi, j. 10.8.17.

2099 TJSP, ACR 0003518-05.2016.8.26.0562, 8ª CC, Rel. Des. Carlos Monnerat, j. 1.8.17.

2100 TJDFT, RAG 20170020132797, 2ª TC, Relª. Desª. Maria Ivatônia, j. 3.8.17.

2101 TJDFT, RAG 20170020123292, 1ª TC, Relª. Desª. Ana Maria Amarante, j. 6.7.17.

2102 TJRS, AGE 70074067950, 3ª CC, Rel. Des. Ingo Wolfgang Sarlet, j. 23.8.17.

2103 De certa maneira, a repulsa à vinculação da disciplina do crime continuado ao criminoso habitual, geralmente, se prende à seguinte linha de compreensão: a continuidade delitiva se apresenta, sob todos os títulos, como um *favor libertatis* ao acusado, ao passo que a delinquência habitual se traduz em uma maior perigosidade social. Ora, se o agente é havido por socialmente perigoso em decorrência de sua reiteração na senda criminosa, não poderia, à base dos mesmos fatos, ser reconhecido o nexo de continuidade, ou seja, a sua menor perigosidade a ponto de merecer o *favor rei*; em outras palavras, a continuidade delitiva não se endereçaria aos criminosos habituais. Cabe lembrar, contudo, nesta ordem de considerações, que a figura do delinquente habitual (ou por tendência ou, ainda, profissional; sobre essas categorias, ver o ponto 4.3. desta obra) não foi incorporada à lei, tornando, desse modo, impossível que se a utilize, *maxime* quando *in malam partem*, isto é, para obstar a concessão de benesses legais. Aliás, na EM do CP de 1984, a justificativa do legislador previu, expressamente, a aplicação da disciplina do delito continuado (*in casu*, a específica) ao delinquente profissional (ou seja, o habitual que lucra com a prática dos crimes): "(...) o projeto optou pelo critério que mais adequadamente se opõe ao crescimento da criminalidade profissional, organizada e violenta, cujas ações se repetem contra vítimas diferentes, em condições de tempo, lugar, modos de execução e circunstâncias outras, marcadas por evidente semelhança. Estender-lhe o conceito de crime continuado importa em beneficiá-la, pois o delinquente profissional tornar-se-ia passível de tratamento penal menos grave que o dispensado a criminosos ocasionais. De resto, com a extinção, no Projeto, da medida de segurança para o imputável, urge reforçar o sistema, destinando penas mais longas aos que estariam sujeitos à imposição de medida de segurança detentiva e que serão beneficiados pela abolição da medida. A Política Criminal atua, neste passo, em sentido inverso, a fim de evitar a libertação prematura de determinadas categorias de agentes, dotados de acentuada periculosidade". Não pode, pois, causar surpresa a aparente restrição da incidência da disciplina do crime continuado à criminalidade profissional ("estender-lhe o conceito de crime continuado importa em beneficiá-la, pois o delinquente profissional tornar-se-ia passível de tratamento penal menos grave que o dispensado a criminosos ocasionais"); com efeito, deve assentar-se, como premissa, que essa justificativa do legislador se endereçava à única figura legal do crime continuado então existente, ou seja, à do parágrafo 2º do art. 51 do CP (que, diga-se, *en passant*, não sofreu alteração significativa com a reforma de 1984; a principal modificação se deu na incorporação do novo § único). Assim, para fazer face à criminalidade violenta, urbana e crescente (neste ponto, os objetivos do legislador, em verdade, atinham-se, fundamentalmente, aos crimes de roubo, dado se tratar, à época, de crimes cometidos com grave ameaça ou violência à pessoa, cujos índices se elevavam exponencialmente nos centros urbanos), a reforma do CP de 1984 proibiu que se alcançasse, a esse criminoso, o tratamento punitivo benéfico da continuidade delitiva comum, mas, por outro lado, autorizou, expressamente, que se lhe destinasse a consequência punitiva mais severa da continuidade delitiva específica – então incorporada à reforma. Estabelecer como possível outra linha interpretação – qual seja: a de que a reforma do CP de 1984 não permitiu a extensibilidade da disciplina da continuidade delitiva aos criminosos profissionais (*ex vi* da própria justificativa do legislador) – implicaria reconhecer que se houve o legislador em uma absurda contradição performativa, na medida em que criou uma regra legal para, no mesmo lanço, impedir a sua aplicação. A noção, aqui, arranca no sentido de que se buscava um ponto de equilíbrio (acerca do crime continuado) entre, de um lado, evitar penas excessivamente elevadas e, de outro, não fazer do instituto um *bill of indemnity*, com penas muito benignas para crimes violentos. Daí a solução de compromisso, segundo a qual, em atenção a crimes reiterativos, dolosos e violentos (em geral praticados por criminosos profissionais), haveria um incremento punitivo. Fora disso, existem decisões – muitas das quais extremamente inteligentes e criativas – que, entretanto, não encontram ressonância na lei, enfaticamente porque se traduzem em interpretações em desfavor dos acusados. Como já destacado (no ponto inicial desta obra), Enrico Ferri (p. 537), ao se opor à ficção jurídica do crime continuado, sustentava que esse instituto, essencialmente, se constituiria em um "favor ao delinquente habitual ou de mister", não sendo, assim, admissível, dado que o crime continuável seria claro sintoma de "uma maior periculosidade criminal". Mais: "o Projeto Rocco (1927) punia 'aquele que, com mais ações ou omissões, executor de um mesmo projeto criminoso, comete, mas em tempos diversos, mais violações de uma mesma disposição de lei' (art. 79) com as regras do concurso de crimes e de penas; mas torna facultativa uma diminuição 'em medida não inferior a um terço, da pena resultante do concurso de crimes, tendo em atenção as circunstâncias do art. 134" (gravidade do crime, intensidade do dolo, motivos para delinquir, vida precedente, etc.). Mas esta diminuição não se aplica se o condenado for declarado delinquente ou contraventor habitual ou profissional ou delinquente por tendência" (FERRI, Enrico, p. 537). Essa portanto era a situação – o estado da arte dogmático-legal – naquele momento histórico, no qual os delitos que revelessam a *consuetudo delinquendi* – para as consequências da habitualidade e da profissionalidade criminais – se deviam tornar incompatíveis com o instituto em causa. Todavia, a interpretação se deve amoldar à filosofia liberalizante da reforma e, com isso, reconhecer e aceitar as suas diretrizes, por força de cujas cláusulas a disciplina legal do crime continuado se aplica tanto aos criminosos ocasionais como aos habituais ou aos profissionais; além disso, os pressupostos existenciais do crime continuado (quer o genérico, quer o específico) são de caráter objetivo, prescindindo, por conseguinte, de qualquer indagação sobre um projeto ou um intento criminoso ou sobre um dolo total (*Gesamtvorsatz*) – de modo que os atos isolados representem a realização sucessiva do conjunto desejado ou espelhem o mesmo pensamento dirigido à obtenção de um fim –, admitido que se trata de elemento estranho à configuração do nexo de continuidade. (No sentido da configuração da continuidade delitiva específica à base elementos exclusivamente objetivos: TJDFT, RAG 20170020128216, 3ª TC, Rel. Des. Demetrius Gomes Cavalcanti, j. 24.8.17.)

mesmo utilizar-se, ainda que *en passant*, o fato de o réu ser reincidente para reforçar a negativa de reconhecimento do vínculo de continuidade.[2104] Sempre se pode recordar do *jeu de mots* segundo o qual uma coisa é cometer um delito continuado e outra, continuar cometendo delitos;[2105] para o primerio se requer uma unidade de determinação criminal. Ora, posto que haja um aparente significado nessa construção, em termos concretos tal unidade de determinação criminal é bastante fluída ("a denominada unidade de desígnios ou vínculo subjetivo entre os eventos criminosos, a exigir a demonstração do entrelaçamento entre as condutas delituosas, ou seja, evidências no sentido de que a ação posterior é um desdobramento da anterior";[2106] "reclama-se também a unidade de desígnios, isto é, um liame, de tal modo que os vários crimes resultam de plano previamente elaborado pelo agente";[2107] ou "a unidade de desígnios, ou seja, o liame volitivo entre os delitos, a demonstrar que os atos criminosos se apresentam entrelaçados. Ou seja, a conduta posterior deve constituir um desdobramento da anterior"),[2108] e acaba por enfraquecer as possibilidades de reconhecimento da disciplina do delito continuado (aliás, os próprios exemplos que visam a ilustrar essa exigência [de um plano delitivo genérico ou único] são artificiais e desimportantes, tais como o da empregada doméstica que, em dias sequenciados e em obediência a um mesmo desiderato delituoso, subtrai pérolas, uma a uma, de um colar de sua patroa ou o do empregado que se apropria do valor total do cofre da empresa aos poucos, em pequenas retiradas diárias. A adoção, pela jurisprudência, da teria objetivo-subjetiva tem implicado que, somente em face das figuras típicas concretas – e não em decorrência de uma teoria geral e comum a todas as figuras típicas abstratas – seja identificado o modelo legal do crime continuado) que, apesar de albergar inconsistências e incertezas, consegue, em muitos casos, funcionar como um verdadeiro dique de contenção ao punitivismo irracional, permitindo que se afaste o sistema rígido, peremptório, do acúmulo material.

Dado isso, torna-se, certamente, relevante apontar, ainda, que a exigência da unidade de resolução criminosa (ou qualquer outro nome que se lhe queira dar) afastaria, inquestionavelmente, a disciplina legal da continuação delituosa dos ilícitos culposos;[2109] além disso, em muitos casos, nos quais – de maneira muito nítida – o agente, ao realizar a primeira conduta, não teve sequer a possibilidade de imaginar a sua renovação futura, exigir-se uma unidade de causa ou interesse importaria em um processo de desidratação da realidade, ou seja, transformaria essa figura legal – contra todos os motivos de justiça, de segurança jurídica e, sobretudo, de economia processual – em um instituto meramente decorativo (ou em um *caprice*), cujo reconhecimento obedeceria, com demasiada frequência, a uma lógica incerta e oscilante.

Mais: deve, também, assinalar-se que existe parcela da jurisprudência decidindo, contra toda a construção sistemática penal, que a consideração do crime continuado não seria obrigatória, mas se inscreveria no poder discricionário do magistrado.[2110] Pode

---

2104 TJDFT, RAG 20170020123348, 2ª TC, Rel. Des. João Timóteo de Oliveira, j. 6.7.17.

2105 SOLER, Sebastián, 1992, p. 309.

2106 STJ, RESP 1196358/SP, Rel. Min Nefi Cordeiro, 6ª T., j 2.6.15.

2107 STJ, *HC* 264649/PR, Rel. Min. Walter de Almeida Guilherme (Des. conv. do TJ/SP), 5ª T., j. 20.11.14.

2108 STJ, *HC* 245630/SP, Relª. Minª. Laurita Vaz, 5ª T., j 20.3.14.

2109 CORREIA, Eduardo Henriques da Silva, p. 188.

2110 TJRS, AC 70056166184, 3ª CC, Rel. Des. Jayme Weingartner Neto, j. 19.12.13. A noção aqui descrita assenta-se, em um panorama mais amplo, possivelmente nos deveres de proteção e proporcionalidade no

lembrar-se, especificamente, a advertência de Miguel Reale Júnior, segundo a qual existe, pois, "ao lado de um papel criador por parte da atividade judicial, um correspondente risco de abuso e de extrapolação, quando as circunstâncias do momento e os valores que causam insegurança ou mudanças na sociedade passam a ditar as decisões, com fratura seja da realidade submetida a julgamento, seja das concepções dogmáticas".[2111] A seu turno, Dietrich Oehler definiu que "la ley es una palabra muerta a la que hay que infundirle un espíritu. Por ello, el juez no es un autómata, sino que tiene que interpretar la ley al aplicarla".[2112] Logo, o pensamento dogmático-jurídico tem como ponto de partida essencial a regra positiva, como um dado concreto, em volta da qual realiza a sua atividade fundamental que é a interpretação,[2113] como via de acesso ao significado da regra (com vista à descoberta e aplicação do direito ao caso concreto, isto é, "na árdua e permanente tarefa de adequar a abstração das normas às peculiaridades dos casos e necessidades da vida"),[2114] para cuja tarefa pesquisa-lhe as fontes, procura estabelecer "o sentido e o alcance que lhe pretenderam dar seus autores, verificando as interpretações por que passou, tanto através da doutrina (comentadores) como da prática dos tribunais (jurisprudência). Capacitado da função regulamentadora *atual* da regra, o jurista dogmático procura incluí-la num sistema tanto quanto possível coerente, a fim de torná-la utilizável na solução de casos concretos".[2115] Todavia, notadamente na aplicação

---

campo jurídico-penal; e, nesse sentido, Ingo Sarlet (2010, p. 146), ao estabelecer algumas reflexões com base na análise de determinados casos concretos, consignou: "estamos a falar de caso ocorrido no interior do RS, onde autor de atentado violento ao pudor praticado contra duas crianças foi também condenado por outro atentado violento ao pudor e homicídio tentado (a criança violada teve sua garganta cortada para não denunciar o crime, mas logrou sobreviver), já tendo sido condenado e cumprido pena por outro atentado violento ao pudor igualmente praticado contra criança. Em todos os processos (três), havia sido instaurado incidente de insanidade e os laudos foram uníssonos em afirmar a alta periculosidade do agente, a certeza da reincidência específica (pelo quadro do distúrbio apresentado), além de recomendarem a não redução da pena. A sentença – que havia condenado o autor em ambos os processos (atentado duplo ao pudor e atentado ao pudor e homicídio tentado) – aplicou o concurso material, reconheceu a agravante e deixou de reduzir a pena, com base nas circunstâncias apontadas no laudo, valendo-se da opção outorgada ao julgador pela lei, nos casos de semi-imputabilidade. Por ocasião do julgamento da apelação, a sentença foi confirmada quanto à autoria e materialidade em todos os fatos, mas – em 'homenagem à Constituição' – houve reconhecimento de continuidade delitiva e redução de pena, interpretada como obrigatória. Que, a despeito da legitimidade dos argumentos que questionem o sistema penal no que diz com o tratamento dos distúrbios de personalidade e, de modo especial, a questão dos manicômios judiciários (o que não ocorreu no caso concreto, já que se tratou de aplicação de pena e não de medida de segurança), a decisão do TJRS, neste caso, violou diretamente o princípio da proporcionalidade (já que também as sentenças judiciais e não apenas os atos do legislador devem obediência ao princípio) e que pelo menos a exigência constitucional da redução da pena carece de qualquer fundamento razoável, ainda mais em face das circunstâncias concretas, nos parece ser de difícil contestação e definitivamente não representa a melhor leitura de um garantismo afinado com o Estado Democrático de Direito".

[2111] REALE JÚNIOR, Miguel, 2004b, p. 239.

[2112] OEHLER, Dietrich, 1970, p. 41.

[2113] Como argumenta Plauto Faraco de Azevedo (1989, p. 14), "de certo modo tudo no direito se refere à interpretação. Elaboram-se leis para serem aplicadas à vida social e não há aplicação sem prévia interpretação. E a interpretação, que não é só das leis em sentido amplo, mas também dos fatos, sofre decisiva influência dos pressupostos em que se apóia". Ainda Eduardo García Máynez (2008, p. 380) lembra que "la ley penal debe aplicarse exactamente; pero ello no quiere decir, por supuesto, que no sea posible interpretarla. La ley es siempre una forma de expresión del derecho, lo cual demuestra que, en todo caso, exige ser interpretada".

[2114] AZEVEDO, Plauto Faraco de, 1989, p. 28.

[2115] MATA MACHADO, Edgar, 1995, p. 133.

do direito, a faculdade judicial de "dizer o direito", em se considerando a imprecisão dos preceitos normativos, em cujo processo se lhe é permitido "alterar as propriedades definitórias de uma palavra ou de uma expressão de lei, redefinindo-as, é o mesmo que legislar",[2116] implicando, com isso, um elevado (e real) poder que se insere na dinâmica das relações sociais, "influenciando e sofrendo a influência de todos os fatores em jogo no quadro histórico";[2117] [2118] além de, obviamente, repercutir na segurança jurídica.[2119]

A discussão, portanto, deveria estar pautada na legitimidade constitucional da criação jurisprudencial. Quais os limites e as tolerâncias lhe são permitidos? Esse é exatamente o ponto a ser debatido; como destaca Mauro Cappelletti, "o verdadeiro problema, portanto, não é o da clara oposição, na realidade inexistente, entre os conceitos de interpretação e criação do direito. O verdadeiro problema é outro, ou seja, o do *grau de criatividade* e dos *modos*, *limites* e *aceitabilidade* da criação do direito por obra dos tribunais judiciários";[2120] e – *poussant cette idée jusqu'au bout* – ter-se-ia, ademais, de

---

[2116] FAYET, Ney, p. 30. Não se trata aqui – até porque de matéria criminal se cuida – do fenômeno da integração (descrito por Eduardo García Máynez [2008, p. 366]: "cuando el juez llamado a resolver una controversia descubre que las reglas interpretativas son impotentes para ofrecerle la pauta de solución que busca, tiene, para cumplir su misión específica, que formular la norma aplicable al caso o, lo que es lo mismo, debe dejar de ser intérprete para asumir un papel muy semejante al del legislador"), mas, sim, da interpretação e da aplicação das normas jurídicas.

[2117] AZEVEDO, Plauto Faraco de, 1989, p. 26.

[2118] Em reforço a essa ideia, a questão de se atribuir efeito vinculante às súmulas e à jurisprudência dos tribunais superiores, que, inquestionavelmente, concederia, à luz do sistema jurídico brasileiro, ao Poder Judiciário, a possibilidade *real* de produção de normas jurídicas. Como se expressa Lenio Luiz Streck (1998, p. 252): "desnecessário referir que a tentativa de *establishment* de, via emenda constitucional, atribuir efeito vinculante às súmulas e à jurisprudência do STF e STJ, faz parte de um amplo projeto centralizador de poder político, inserido no contexto da revisão constitucional (fracassada) de 1993 e das múltiplas mudanças que o governo pretende realizar através da reforma constitucional em andamento no Congresso Nacional. Destarte, através das decisões centralizadas/centralizadoras emanadas dos Tribunais Superiores, será possível controlar, com maior eficácia ainda, as instâncias inferiores da justiça brasileira".

[2119] Como sustenta Dietrich Oehler (p. 48), "la seguridad jurídica es un principio fundamental del Estado de derecho, junto al de la legalidad del derecho penal y al de la justicia. Seguridad jurídica significa garantía de la libertad personal dentro de la paz jurídica. (...) Concretamente, la seguridad jurídica exige que el ámbito en el cual el hombre, autor responsable, estructura su vida, ha de ser delimitado claramente: las intervenciones admisibles del Estado, deben ser precisamente determinadas (esfera de libertad); los efectos jurídicos de los actos propios, como de los ajenos y los del Estado deben ser determinables y previsibles (calculabilidad del derecho); debe ser garantizada la evolución no turbada y permanente del derecho (paz jurídica) y, por último, protegida la confianza en el desarrollo normal del procedimiento jurídico (protección de la confianza)".

[2120] CAPPELLETTI, Mauro, 1993, p. 21. A decisão judicial, que deve (e necessita) aspirar à aceitação da comunidade (jurídica), constrói-se a partir de instrumentos tópico-retóricos que têm por finalidade garantir à atividade judicial índices de legitimidade e de racionalidade, concedendo, desse modo, em tese, maior possibilidade de a decisão impor-se à (aprovação da) sociedade. Para tanto, haverá mecanismos retóricos que visam a dotar o discurso jurisdicional com uma relativa imunização contra as críticas, tanto as da comunidade, em geral (imprensa, órgãos de classe, políticos, etc.), como as da comunidade jurídica, em particular. Sobre o tema, Nilo de Brum (1980, p. 86) oferece interessante abordagem: "ora, atender a sua consciência e, simultaneamente, às desencontradas aspirações da comunidade jurídica constitui tarefa somente exequível na dimensão retórica do direito. Primeiro, segundo critérios muito complexos e variáveis, o juiz formula para si as soluções possíveis para o caso em exame e acaba se decidindo por uma delas depois de convencer-se de que é a que melhor atende a seu foro íntimo de justiça. Depois, reúne e articula os argumentos que possam convencer – e persuadir – a comunidade jurídica de que sua decisão é legítima e objetivamente justa e, consequentemente, irreformável. Esses argumentos são fornecidos pela lei, pela chamada ciência do direito, mormente pelas diversas teorias da interpretação da lei e da avaliação das provas, e, ainda, pelas falácias acreditadas, tais como as 'falácias de autoridade', as 'falácias *ad populum*', as

assinalar que, no âmbito criminal, os limites à criação judicial devem ser estabelecidos com maior severidade, em decorrência do rigor das penas e da relevância dos bens jurídicos em causa.[2121]

Em síntese, o poder de criação judicial não poderia jamais se afastar das garantias fundamentais do cidadão,[2122] dado que tais garantias são o norte em relação ao qual a atividade judicial deveria orientar-se (muito precipuamente em se tratando de matéria criminal).[2123] Fora dessa perspectiva, a atividade de interpretação se transforma em arbítrio intolerável[2124] (ou, em outros termos, mais que a criação judicial do direito existe, evidentemente, o *judicial activism*);[2125] esse raciocínio se harmoniza com a interpretação que busca extrair do instituto do crime continuado,[2126] ou de qualquer outro

'falácias de ênfase' e tantas outras. No universo retórico, buscará o julgador argumentos que atendam às diversas linhas ideológicas que compõem o pensamento da comunidade jurídica em um espaço (aqui) e no momento histórico (agora) determinados".

2121 MÉDICI, Sérgio, 1994, p. 129.

2122 Partindo da ideia básica segundo a qual os limites à intervenção penal são decorrentes da teoria constitucionalista estrita do bem jurídico (também denominada de teoria constitucionalista de limitação positiva), que se ancora nos direitos fundamentais, pois, como descreve Jorge de Figueiredo Dias (1999, p. 67), "é por esta via – e só por ela em definitivo – que os bens jurídicos se 'transformam' em bens jurídicos dignos de tutela penal ou com dignidade jurídico-penal", cuja consequência é – como aponta Janaina Paschoal (2003b, p. 67) – que "apenas o que é reconhecido pela Constituição como direito fundamental pode ser protegido pelo Direito Penal", pode-se exigir, partindo-se de uma mesma perspectiva, que também o intérprete adote, como padrão referencial decisório, os mesmos postulados, ou seja, a decisão (*rectius*, a criação) judicial não poderia distanciar-se da preservação dos direitos fundamentais – sendo esse, verdadeiramente, o seu limite, além do qual a decisão perderia densidade de legitimação. Em outra senda, "a existência da criminalização positivada na CF não é fator suficiente para que seja propugnada a legitimidade do direito penal na proteção de bens jurídicos e, muito menos, para se compactuar com as novas estratégias de sua punição. Porquanto este entendimento, em face do inevitável surgimento de novos bens jurídicos, com a tentativa do Estado de contemplá-los, dá sentido à desmedida ampliação penal, invertendo-se a função limitativa do direito penal", quer dizer, "a utilização dos fundamentos constitucionais para explicar aumentos de atuação do sistema penal e respectiva modificação de parâmetros limitativos constitui inversão ideológica das garantias. Seu discurso, na prática jurisdicional, debilita a perseguição do modelo garantista com a abertura de caminhos que redundam na permissividade com a expansão punitiva" (BIZZOTTO, Alexandre, 2009, p. 142-4).

2123 Como argumenta Sergio Moccia (2003, p. 05), "la búsqueda de un confiable conjunto de reglas y el privilegio de perspectivas subjetivas en la definición del título de responsabilidad – en una palabra, el ordenamiento garantista que distingue, o debería distinguir, al sistema penal – representan una consecuencia directa de la adopción de la pena criminal como instrumento de intervención estatal en ese sector".

2124 Como descreve Sérgio Médici (1994, p. 130), "tais limitações, portanto, longe de impedir a criação judicial impõem ao julgador um cuidado redobrado, a fim de que a criatividade seja adequada à melhor realização da Justiça e não se transforme em instrumento de arbítrio e de violação das garantias instituídas pela CF".

2125 "Por ativismo judicial (...) deve-se entender o exercício da função jurisdicional para além dos limites impostos pelo próprio ordenamento jurídico, que, institucionalmente, incumbe ao Poder Judiciário fazer atuar, resolvendo tanto litígios de feições subjetivas (conflitos de interesses) quanto controvérsias jurídicas de natureza objetiva (conflitos normativos); (...) essa expressão está associada à ideia de exorbitância de competência por parte do Poder Judiciário, razão por que (...) chamar-se de ativista um tribunal implica atribuir-lhe algo de negativo na sua conduta institucional" (COELHO, Inocêncio Mártires, 2015, p. 11). Por outro lado, "diversamente do ativismo judicial, que desrespeitaria esses limites, a criação judicial do Direito seria o exercício regular do poder-dever, que incumbe aos juízes, de transformar o direito legislado em direito interpretado/aplicado, caminhando do geral e abstrato da lei ao singular e concreto da prestação jurisdicional, a fim de realizar a justiça em sentido material, que outra coisa não é senão dar cada um o que é seu, tratando igualmente os iguais e desigualmente dos desiguais, na medida da sua desigualdade" (COELHO, Inocêncio Mártires, p. 12).

2126 "A deficiência da regulamentação jurídica do crime continuado, do qual a praxe processual demonstrou a utilidade, se não a necessidade, deixa largamente à jurisprudência uma função integrativa da lei. É,

que se insira no âmbito de interesse jurídico, a sua índole benéfica, de resto, atinente à sua própria constituição histórica. São essas (elasticizar as garantias constitucionalmente asseguradas ao cidadão, a partir do processo de interpretação das leis, bem como estabelecer a crítica permanente do próprio sistema jurídico) as condições de possibilidade que se oferecem intrassistemicamente. Revela, nesse sentido, considerar, *pari passu* com o pensamento (dogmático) crítico,[2127] [2128] a importância da consideração do contexto histórico-social em que se insere o processo interpretativo, pois isso "é indispensável para perceber-se (e eventualmente para modificar-se) o substrato teórico a orientar o raciocínio na aplicação das normas jurídicas, o papel ideológico da formação jurídica e os efeitos satisfatórios ou insatisfatórios desse processo".[2129] Como se pode extrair da lição de Michel Miaille, "um pensamento crítico já não pode contentar-se em descrever dado acontecimento social, tal e qual ele se oferece à observação: ele não pode deixar de o reinserir na totalidade do passado e do futuro da sociedade que o produziu. Desenvolvido assim, em todas as suas dimensões, esse acontecimento perde o carácter chão, unidimensional, que a mera descrição lhe conferia: torna-se prenhe de todas as determinações que o produziram e de todas as transformações possíveis que podem afectá-lo".[2130]

Não é permitido prescindir da jurisprudência;[2131] tampouco aceitá-la sem qualquer restrição.[2132] (Sob certo critério, pode convir-se que, atualmente, nas faculdades de

porém, necessário que essa criatividade não afecte o princípio da legalidade e por isso não resulte dela uma majoração da penalidade relativamente à acumulação de crimes, quando todos os factos constitutivos do crime continuado não sejam eles unificados pela unidade de intenção criminosa, caso em que, no entanto, já não se trata de crime continuado, mas de unificação de várias acções e eventos em razão da unidade da resolução criminosa" (FERREIRA, Manuel, p. 271).

2127 Como define Manuel Jaén Vallejo (1999, p. 102), "ahora bien, esta dimensión crítica de la dogmática solo es posible si se la entiende dentro del paradigma de las ciencias del espíritu. La dogmática es una ciencia hermenéutica que tiene por objeto la comprensión del derecho penal; debe servir para explicar, mediante interpretación, los textos del derecho penal vigente, a efectos de su aplicación de la resolución de casos, pues solo con aquellos textos no es posible resolverlos. Por esta razón, precisamente, el sistema dogmático proporciona unas estructuras universales, permanentes, luego es aplicable con independencia del Código Penal que esté vigente, y es básicamente similar en los países de nuestro entorno cultural e incluso en otros extraños al mismo; no solo en Alemania, Austria, España, Holanda, Italia, Grecia, Portugal, Iberoamérica, Escandinavia, etc., sino también en Japón y Corea, etc., se utiliza, básicamente, un mismo sistema de categorías dogmáticas, que facilitan, racionalizándola la aplicación de la ley penal. Ello se debe a que la vinculación ejercida por el derecho positivo no es tan intensa como para impedir la elaboración de un sistema, con sus correspondientes categorías y conceptos".

2128 Deve-se levar em consideração que "a crítica construtiva não se confunde com a contestação pouco responsável (do ponto de vista democrático) e destrutiva das instituições judiciais, frequentemente destituída de base racional, que pretende, em geral, benefícios políticos de conteúdo demagógico. Em tal contexto, o pensamento acadêmico pode desempenhar um papel precioso, na medida que representa uma manifestação técnica e qualificada, através da qual a sociedade pode instrumentalizar suas críticas ao conteúdo das decisões judiciais" (VARGAS, Luiz Alberto de; FRAGA, Ricardo, 2011, p. 162).

2129 AZEVEDO, Plauto Faraco de, 1989, p. 15-6. Para Miguel Reale Júnior (2004b, p. 135), "cumpre, destacadamente, analisar a submissão à lei, mas em referência aos valores constitucionais, que informam a opção política da Constituição, bem como os valores presentes no momento histórico-cultural da produção legislativa e do instante da realização do direito na análise que faz o juízo defronte ao fato concreto, atuando o juiz como um mediador".

2130 MIAILLE, Michel, 1979, p. 19.

2131 Com certo romantismo, referiu-se à jurisprudência Karl Engish (p. 18), ao assinalar: "como toda a empresa e actuação do homem, também a Jurisprudência nos aparece assinalada por defeitos e expostas a

direito do Brasil, "a pesquisa de jurisprudência começa a se sobrepor à doutrinária",[2133] o que implica a transposição da "centralidade da lei para a da jurisdição";[2134] com isso, o tema da "justificação das decisões jurídicas ganha uma importância inédita",[2135] uma vez que "o fundamento das decisões tem tido mais importância que a própria lei", até porque, com o avanço tecnológico, se abre o risco para padronizações decisórias, graças às quais a análise consistente e individualizada dos casos [muito particularmente os penais] vem de ser substituída pelo simples gerenciamento de informações preestabelecidas.)[2136]

Aqui, não se pretende qualquer interferência (*rectius*, inserção) em seu *ressort*, mas, sim, a consagração de certos parâmetros (fundamentos praxiológicos) em relação aos quais a atividade jurisprudencial se deve – em face da garantia de objetividade que implica a confiança jurídica – conduzir: (i.) a elasticização (flexibilização) interpretativa para a objetificação das garantias constitucionalmente asseguradas aos cidadãos; (ii.) e a intensificação interpretativa preservadora – como uma espécie de dique de contenção ao poder punitivo – das liberdades públicas, especialmente em virtude do fenômeno da globalização.[2137]

---

riscos. Mas é lícito presumir que ela, a quem tantos homens excelentes têm dedicado o seu esforço, não se acha abandonada por todos os bons espíritos".

2132 Especialmente em se considerando o sistema continental europeu, na medida em que, em comparação com o 'raciocínio mediante exemplos', do sistema do *common law*, "o raciocínio em relação aos precedentes é menos cuidadoso e complexo, visto que a regra *stare decisis* se aplica quase exclusivamente ao que foi resolvido pelo mesmo tribunal em outros casos ou por tribunais superiores, e ainda assim se procede com notórias franquias. Os juízes não se sentem tão obrigados a formular uma regra que explique as decisões dos outros juízes, juntamente com a própria, se sua decisão pode se fundamentar com uma razoável interpretação dos textos legais" (NINO, Carlos S., p. 349).

2133 FERRAZ Jr., Tercio Sampaio, 2014, p. 3.

2134 FERRAZ Jr., Tercio Sampaio, 2014, p. 3.

2135 FERRAZ Jr., Tercio Sampaio, 2014, p. 3.

2136 "Evidentemente que tal posição (juristas negativistas) não nos parece inteiramente verdadeira, nem (...) aquela outra (juristas favoráveis à jurisprudência) que concede, excepcionalmente, ao juiz, a tarefa da criação do Direito. Estes últimos advogam incisivamente esta competência à jurisprudência, mesmo em face de sua exclusão pela legislação, pois, por uma dedução lógica, atribui-se, ao magistrado, um poder similar ao do legislador, qual seja, 'o de deduzir um preceito particular, aplicável ao caso *sub judice*'. Entendemos que, independente da prescrição legislativa ou de uma natural prescrição benévola, que atribui ao magistrado poder legiferante, qualificado por sua atividade criadora e soberana, compete ao juiz, além da funcionalidade do exercício interpretativo-dedutivo, a revelação de certa forma de poder mais elaborado, perfeito e independente, que não só marca profundamente os diversos parâmetros do ordenamento jurídico, como também atinge as diferentes manifestações e representações da vida social" (WOLKMER, Antonio C., 1985, p. 35).

2137 Já se têm afadigado os autores em dizer, com elevada dose de acerto, que o fenômeno da globalização se traduz – entre tantos outros aspectos significativamente densos e relevantes – em uma etapa do desenvolvimento histórico de Humanidade na qual, de um lado, adquirem prioridade os apelos à segurança e, de outro, perdem prestígio as políticas de consolidação (e avanço) dos direitos do homem, na medida em que a ampliação do controle estatal implica o correspondente enfraquecimento do espaço de liberdade dos indivíduos. Na dimensão jurídico-penal, isso se materializa, de modo muito emblemático, em se tratando das tensões que se estabelecem entre a busca pela eficácia punitiva e a concretização das garantias constitucionalmente alcançadas ao conjunto da população no quadro dos Estados democráticos de Direito – isto é, cuida-se, em uma divisão bastante abrangente, da antinomia entre a prevenção e garantias –, especialmente no cenário da criminalidade moderna organizada e empresarial, cuja estrutura se tem mostrado blindada às técnicas (para muitos, obsoletas) de abordagem investigativa. Eis a senda através da qual transpassa um conjunto de concepções que visa dotar o aparato repressivo do Estado com técnicas alternativas de investigação cuja marca seja a eficiência; muitas dessas vêm de ser incorporadas à legislação ainda que sejam

O futuro da ciência jurídica talvez esteja relacionado, às inteiras, com a efetiva observância das normas garantistas de direitos, as quais se traduzem, inquestionavelmente, em um limitador do (absoluto) poder discricionário de o juiz dizer o direito.

A efetivação das garantias constitucionais (que deverão projetar-se, tendencialmente, para as interpretações judiciais) será, à altura de novos tempos, a plataforma segura na qual os cientistas do Direito haverão de estabelecer como base de sua atividade, tornando-o, verdadeiramente, mais igualitário. E, nos dias que correm, naquilo que guarda relação de pertinência com a matéria criminal, na busca de uma paz social justa que ampare os direitos fundamentais do homem, ganham força os esforços de todos quantos se mantêm atentos à efetivação das garantias, dos princípios (cuja origem mais remota deita raízes nos ideais da Revolução Francesa e do Iluminismo) que devem ser, por sua importância, em todas as relações jurídicas, observados, como o princípio da intervenção mínima e o princípio da intervenção legalizada do poder punitivo do Estado.

Nessa medida, o papel da jurisprudência, ligada aos valores garantistas, como conclui Salo de Carvalho, "deve ser compreendido como defesa intransigente dos direitos fundamentais, *topos* hermenêutico de avaliação da validade substancial das leis. O vínculo do julgador à legalidade não deve ser outro que ao da legalidade constitucionalmente válida, sendo imperante sua tarefa de superador das incompletudes, incoerências e contradições do ordenamento inferior em respeito ao estatuto maior. A denúncia crítica da invalidade (constitucional) das leis permite sua exclusão do sistema, não gerando nada além do que a otimização do próprio princípio da legalidade e não, como querem alguns afoitos doutrinadores, sua negação".[2138] Sob todos os títulos, a análise crítica não pode desvincular-se da radicalidade (sob pena de não mais albergar um fundamento de legitimação), daí porque – como assinala Clèmerson Merlin Clève –, "se o direito dominante contemporâneo é o direito do Estado, ou seja, o que o Estado reconhece como tal, os direitos no plural são uma arma política que serve de bandeira de luta para os partidos, os juristas participantes e as classes populares reivindicarem sua transformação. Com essa percepção cabe propor a produção de um saber jurídico participante, inserido na historicidade, resultado de uma relação de conhecimento do jurista com o mundo e, voltando-se para o futuro, apto a formular conceitos teórico-práticos para mudá-lo. Um saber que, conhecendo o direito positivo, saiba explicá-lo teoricamente, a sua lógica e o seu funcionamento real, ao mesmo tempo em que, captando-o como resultado de relações de força, promova e reclame a afirmação dos direitos necessários à promoção da dignidade humana. Saber que reclama, ademais, a manifestação clara de um compromisso ético com a opção democrática (compreendida no mais amplo sentido). E, além de tudo, um saber que saiba justificar a luta instituinte promovida desde o ângulo da

---

produto de emergência, fato que muito bem ilustra o quanto é relevante e urgente discuti-las. Com efeito, verifica-se, de forma bastante nítida, que se deflagrou, em nome da eficácia do sistema punitivo, um incremento de um Direito Penal de cunho intervencionista, o qual despreza os parâmetros e contenções ao poder punitivo que a era do constitucionalismo contemporâneo quis estabelecer, com bem intencionado exagero que conduziu à crise do sistema de garantias e permitiu o abandono de conquistas históricas da sociedade no campo das liberdades públicas. E essa política é filha de seu tempo, vale dizer, da modernidade tardia, pois, à luz da concepção *weberiana*, modernização significa, fundamentalmente, aumento de eficácia (da administração pública, das instituições políticas, dos partidos etc.); modernizar, portanto, no segmento penal, consiste em melhorar o sistema punitivo, tornando-o mais eficaz às metas e aos objetivos que lhe foram destinados pelo Estado e pelas relações produtivas.

[2138] CARVALHO, Salo de, 2001, p. 108.

política, assim como instrumentalizar a luta democratizante cotidiana promovida desde a dimensão da técnica ou da práxis jurídicas".[2139]

Em suma, esse trabalho, antes de tudo, que se desenvolveria a partir de um sistemático processo de investigação crítica do universo (legal, doutrinário e jurisprudencial) do Direito, deveria assomar-se com todos os setores técnico-jurídicos comprometidos com os avanços da democratização da Justiça, em que seriam incorporadas as posturas realmente vinculadas à legalidade constitucional.

Na abordagem do tema, sempre se procurou preservar a (antiga) noção segundo a qual o direito penal se deve, fundamentalmente, traduzir como autolimitação da força punitiva (*Strafgewalt*), e sua utilização se justifica e, sobretudo, se legitima apenas como *ultima ratio*.

Paradoxalmente, voltar atrás implica seguir em frente (*reculer pour mieux sauter*): retornar a uma vertente limitadora da intervenção punitiva – nos moldes propostos pelos iluministas[2140] – é hoje uma forma racional de enfrentar a questão penal; voltar à concepção do bem jurídico individual (ainda que se reconheça a existência de bens jurídicos coletivos), em cujo centro encontra-se o ser humano, é a forma racional de se conceber essa teorização, na qual a vinculação da ideia de ofensa a um bem jurídico se traduz em uma das funções de autolimitação material da intervenção punitiva; voltar a uma concepção de pena que tenha, em essência, uma preocupação preventiva, é hoje a maneira mais adequada e racional de se conceber a punição, afastando-se de concepções simplesmente utilitárias ou sistêmicas. Nesta perspectiva, Sergio Moccia, ao avaliar que, no atual momento histórico, o sistema penal parece singularizado, tanto no plano da atividade legislativa como no da práxis judiciária, por um *habitus* de tipo emergencial, assinala: "o risco, portanto, concerne sobretudo às garantias individuais que, como limites postos para a defesa do homem contra os abusos estatais, representam a expressão mais significativa daquele longo e atormentado processo evolutivo que caracterizou o desenvolvimento da civilização jurídica contemporânea. Não é admissível, portanto, que numa estrutura ordenamental de democracia avançada se adotem, ainda que com a finalidade de remediar gravíssimas perturbações do complexo socioestatal, remédios normativos e práticas jurisprudenciais que acabam por fazer com que a estrutura ordenamental deslize na direção de preocupantes formas de arbítrio que têm sempre caracterizado os momentos mais difíceis para os direitos do indivíduo".[2141]

Nesse caminho, a dogmática penal[2142] – em seu sentido *lato* – haverá de permanentemente primar por sua vertente crítica, cotejando a construção normativa com todos os

---

[2139] CLÈVE, Clèmerson Merlin, 2001, p. 200-1.

[2140] Nieves Sanz Mulas (2003, p. 26) afirma que "quizás debamos resucitar el pensamiento de Beccaria, cubriendo sus lagunas y corrigiendo algunas de sus premisas, de acuerdo con los conocimientos adquiridos desde la experiencia y las transformaciones sociales acontecidas. Probablemente en la actualidad resulte difícil compartir aquella confianza en el triunfo de las ideas sobre la irracionalidad y el despotismo, tras las amargas experiencias históricas y algunas recientes, que muestran dramáticamente la dificultad y complejidad del avance de la humanidad y la fragilidad de las libertades. Pero precisamente es después de esos súbitos retornos de barbarie que de cuando en cuando estallan en la historia de la civilización cuando nos damos cuenta que Cesare Beccaria no ha comenzado todavía a ser un antiguo y que su voz resuena con renovada actualidad".

[2141] MOCCIA, Sergio, 2011, p. 234.

[2142] Muito a propósito disso, Enrique Bacigalupo (2012, p. 18-9) demonstra que, na jurisprudência, os conceitos sobre os quais se baseiam os fundamentos das sentenças são provenientes (ou se elaboram por meio dos princípios) da dogmática, ou seja, "también la jurisprudencia es dogmática". Evidentemente, existe

princípios que, em última análise, se vinculam à legitimação garantista do sistema (muito apropriadamente o da legalidade em sua acepção moderna),[2143] tendo, a mais disso, sempre presente a necessidade de preservação da democracia,[2144] como valor inegável na perspectiva de uma sociedade solidária, pluralista[2145] e participativa.

"buena y errónea dogmática y que la jurisprudencia con frecuencia se aparta de las categorías dogmáticas para lograr lo que estima una solución 'justa' (...). Pero, en todo caso, la jurisprudencia tiene una pretensión dogmática y procura legitimarse en conceptos de la dogmática científica".

2143 Jesús María Silva Sánchez (2009, p. 22-3) define esta nova feição que assume o princípio da legalidade: "con la exigencia de legalidad penal se alude, básicamente, a la pretensión de lograr una interacción entre el Poder Legislativo y el Judicial que redunde en la producción de interpretaciones judiciales legítimas y estables: interpretaciones previsibles. Así entendida, la legalidad penal exige del legislador, por un lado, una dimensión de legitimidad: la democracia; y, por otro, una dimensión favorecedora de la estabilidad en las interpretaciones: la máxima taxatividad posible. Pero, a su vez, la dimensión de democracia muestra dos vertientes esenciales: por un lado, una vertiente de representación y deliberación pública que se expresa en la producción de mayorías sobre las que se construyen las leyes (democracia deliberativa); y, por otro, una vertiente de adecuación a principios y derechos fundamentales (democracia constitucional). En cuanto al juez, la legalidad penal requiere de él una vinculación a la letra de la ley, así como una adecuación a los cánones axiológicos constitucionales, aspectos clave en la legitimación democrática de las sentencias. Pero también una adecuación a los métodos de interpretación y aplicación propios de la ciencia jurídica, que también contribuyen a la estabilidad aplicativa".

2144 Aqui, entendida, como uma democracia justa, isto é, vinculada a uma ordem política calcada numa democracia econômica; e "uma democracia econômica não é uma tolerância fundada no *laissez faire*, mas a participação real das maiorias nas riquezas e no poder de dado Estado" (AGUIR, Roberto de, 1982, p. 114).

2145 Como descreve Werner Maihofer (2008, p. 163), "también por el lado de la superestructura espiritual de la sociedad, una situación de máxima e igual libertad de todos, con la 'más exacta definición y aseguramiento de los límites de esa libertad' – lo que solemos circunscribir con el nombre de *sociedad pluralista* –, es el único medio para poner en marcha y mantener, asimismo, el desarollo espiritual, esto es, estético y cultural, de una sociedad, o sea, mediante el *idealismo dialéctico*, la rival competencia de ideas e ideales políticos y religiosos, de descubrimientos y conocimientos científicos".

Conclusões tópicas

Houve, durante o desenvolvimento da presente obra, várias conclusões que foram apresentadas quando da abordagem dos tópicos que informam a configuração da figura legal do delito continuado. De qualquer sorte, é de rigor se proceder ao registro daquelas que se afiguram como as mais relevantes, ampliando-se-lhes, em alguns casos, as anteriores exposições e, assim, oportunizando o acesso rápido à essência da discussão travada. (Antes, entretanto, é importante destacar – acerca do modelo teórico-doutrinal referenciado – que, apesar de certos setores dogmáticos pretenderem uma futura e gradual eliminação desta figura, seu reconhecimento, no marco legislativo, representa uma longa tradição [tanto no plano legal como no jurisprudencial], por meio da qual se estabelece, na preservação desta figura, uma importante barreira de contenção a uma determinada concepção político-criminal que se traduz em um discurso autoritário que engendra, de um plano, a expansão punitiva e, de outro, pressupõe a utilização do arsenal repressivo como instrumento político de *prima ratio*. Logo, o acolhimento deste instituto se torna um objetivo político-criminal democrático; e esse objetivo *va de pair avec* a consagração dos princípios da humanidade e da redução da pena de prisão.)

1.1. Rigorosamente, foram os práticos italianos da Idade Média que modelaram o instituto do crime continuado, ao desenvolverem tratamento punitivo menos rigoroso para algumas modalidades criminosas. Inspiraram-se nas construções dogmáticas de seus antecessores. Portanto, a doutrina do crime continuado remonta aos glosadores e aos pós-glosadores, sendo que a sistematização do instituto se deve, principalmente, a Claro e Farináceo.

1.2. O instituto se destinava, desde o princípio, ao delito de furto (em qualquer de suas modalidades); mas se foi estendendo, paulatinamente, a outras infrações penais.

1.3. Somente no século 19 o modelo dogmático-legal se cristalizou nos Códigos Penais (Baviera, 1813; Baden, 1845; Toscana, 1853; Itália, 1889, por Zanardeli; Uruguai, 1889; Brasil, 1890; entre outros) das diferentes legislações mundiais.

1.4. O escopo que inspirou a criação histórica do instituto, quando se desenvolveu o abrandamento do rigor penal por meio da unificação dos delitos, era, verdadeiramente, o *favor rei*, para permitir àqueles delinquentes que tivessem praticado o terceiro delito de furto que escapassem da pena capital.

1.5. Em nossa legislação, o principal aspecto que se pode destacar, a partir da construção legal do Código de 1940 (cujas bases são as mesmas do nosso atual Código), é o abandono do critério subjetivo, perfilhando-se a nossa legislação à teoria objetiva, que dispensa a unidade de ideação dos elementos que estratificam o crime continuado.

1.6. A grande maioria dos sistemas jurídico-penais alberga, entre as suas instituições jurídicas, quer em sede legal, quer em sede jurisprudencial, o modelo teórico-penal do crime continuado. Em verdade, poucas são as legislações que o consagram nos textos legais propriamente ditos, sendo remetida à jurisprudência, no mais das vezes, a partir da construção doutrinária, a tarefa de considerá-lo.

2.1. A construção teórico-legal do delito continuado deve ser entendida como modalidade *sui generis* de concurso de crimes, notadamente de concurso material, com menor rigor repressivo, que se destina à aplicação da pena, partindo da ideia básica de que, em havendo delito único, haverá, tão somente, uma pena (de qualquer sorte, aumentada). Ora, destaca-se a aproximação do crime continuado ao concurso material homogêneo, sendo que a diferença se estabelece em virtude de adquirir a ação continuada uma certa intensidade de realização, ao passo que, na pluralidade homogênea de fatos, decisiva é a característica da autonomia das ações sucessivas. Nessa perspectiva, a pluralidade das ações se distingue, em relação ao vínculo de continuidade, pelo fato de carecer de elementos que reúnam os atos parciais em uma unidade. À vista disso, não seria demasiado afirmar-se que se apresenta, nessa relação, uma espécie de "conflito aparente de concurso de crimes", no qual o concurso material homogêneo seria a regra geral, e o crime continuado, a especial (adoção do princípio da especialidade). É possível, em alguns casos, que se desenhe, abstratamente, a aplicação conjunta de ambos os institutos (concurso material homogêneo e crime continuado) para resolver a forma de apenamento; entretanto, como não poderia existir uma dupla punição, a escolha da espécie de concurso de crimes obedeceria à mesma lógica que preside o concurso aparente de normas penais. Desse modo, em havendo uma pluralidade de tipos penais homogêneos, em linha de princípio, ter-se-ia o concurso material homogêneo; contudo, se essa pluralidade homogênea de tipos contivesse elementos especializantes (tais como: lugar, modo, tempo, entre outros), incidiriam *in casu* os ditames do crime continuado, como espécie que prefere ao gênero. A unicidade delitiva – que se constrói a partir da estrutura do crime continuado – é essencialmente artificial, sem assento no plano da realidade, obedecendo a regras de inspiração benéfica, que visam a evitar a acumulação das penas, vale dizer, o crime continuado – como *fictio juris* – constitui exceção à regra do concurso material, segundo a qual *quot delicta tot poenae*.

2.2. Sendo o crime continuado uma unidade, não pode desmembrar-se a unicidade sobre a qual ele é construído, a fim de proceder ao aumento da pena resultante do concurso formal (na situação concreta de haver alguns crimes em concurso formal que se relacionam, por meio da continuação, a outros, sem essa causa de majoração de pena). A mais disso, acerca da possibilidade de dupla valoração das causas de aumento de pena (a do concurso formal e a do crime continuado), inscrevem-se tanto a analogia *in bonam partem* como o critério do *bis in idem* para impedir essa acumulação de fatores de elevação punitiva. Por outro lado, coloca-se a possibilidade de vinculação entre o concurso material (homogêneo) e o crime continuado. Não se apresentam, quer doutrinária quer jurisprudencialmente, quaisquer obstáculos à combinabilidade punitiva entre os institutos do concurso material e do crime continuado, nem mesmo entre – especificamente – o concurso material homogêneo e o crime continuado. Desse modo, se houver a realização de uma sequência de crimes, estruturada, por exemplo, (i.) em ilícitos penais homogêneos (vários crimes de roubo) e heterogêneos (estelionato, estupro e injúria), sendo que aqueles se deram em condições assemelhadas (em que se apresenta o nexo de continuidade), pode reconhecer-se que a punição se construirá com o apenamento correspondente ao crime continuado mais os dos ilícitos penais heterogêneos, somando-se essas penas à luz do critério da acumulação material; da mesma forma, se houver (ii.) sequências distintas de ilícitos penais homogêneos, em que se poderá aplicar, em uma primeira etapa, o aumento de pena relativo à continuidade para cada série delitiva e, em uma segunda etapa, somar as penas dessas condenações à luz do sistema do cúmulo material.

2.3. O instituto do crime continuado se traduz como uma pluralidade de ações assemelhadas sob ponto de vista objetivo, que sofrem uma valoração jurídica unitária. Trata-se de modalidade jurídica que se caracteriza a partir da existência de dois ou mais comportamentos puníveis (que perfectibilizam tipos penais homogêneos), realizados pelo agente em determinadas condições de tempo, lugar e modo, e ainda outras que se apresentem como assemelhadas. Esses são os dados configuradores que autorizam a reunião, a partir de uma ficção legal e de uma avaliação objetiva desses mesmos dados, dos diferentes crimes em um delito único, a fim de ensejar tratamento punitivo de menor rigor repressivo.

2.4. O crime continuado apresenta-se como modalidade do concurso de crimes e, como tal, também se coloca, em rigor, como passagem entre a teoria (geral) do crime e a teoria (geral) da pena. De um lado, tem pontos específicos de ligação com a teoria do crime (*in casu*, com a doutrina do tipo penal), pois a unidade ou pluralidade de condutas e a realização repetida de um tipo penal homogêneo têm relação direta com a tipicidade objetiva; e a existência de um dolo de continuação – para aqueles que o exigem –, com a tipicidade subjetiva. De outro lado, a questão específica do marco penal que se lança à continuidade delitiva é um problema de determinação da pena, isto é, das consequências jurídicas do delito – teoria (geral) de punibilidade. Nesse trecho de passagem, por conseguinte, é que se deve inserir também a matéria referente ao crime continuado, em virtude de estabelecer, concretamente, uma ligação indissociável entre os pressupostos existenciais do crime (determinação típica) e suas consequências jurídicas (setor de apenamento).

2.5. O crime continuado se aperfeiçoa mesmo em se tratando de ataques a bens jurídicos personalíssimos, conforme, expressamente, estabelece o parágrafo único do artigo 71 do Código Penal (crime continuado específico).

2.6. No que tange ao concurso de crimes, a legislação brasileira adota dois sistemas de composição de pena: (i.) o do cúmulo material (para o concurso material e para o concurso formal impróprio); e (ii.) o da exasperação (para o concurso formal próprio e para o crime continuado). Em outros termos, desponta a figura do concurso material benéfico – parágrafo único do artigo 70 do Código Penal –, por cuja regra a pena não deve ser superior à que seria aplicada em face da incidência do concurso material de crimes.

2.7. Os caminhos para a racionalização do sistema punitivo, estratégica e inicialmente, se articulam segundo um método crítico, que procura elasticizar, de um lado, os compromissos garantidores das liberdades civis, e reduzir, de outro, os drásticos e deletérios efeitos do cárcere.

2.8. O sistema penal estabelece limites das penas tanto no que se refere aos crimes (artigo 75 do Código Penal) como às contravenções penais (artigo 10 da Lei das Contravenções Penais). De posse dessas noções, destaca-se a essência da racionalidade *in nuce* nos marcos (máximos) punitivos, na medida em que, no primeiro, se quer obstar o *ergàstolo* e, no segundo, reprimendas alongadas para ilícitos penais de pouca representatividade lesiva.

3.1. A legislação penal brasileira, atenta à Política Criminal que inspirou a construção teórico-penal do crime continuado, albergou a teoria da ficção jurídica, para fins exclusivos de aplicação da pena, visando a atenuar a sanção penal. Dessa forma, o delito continuado é uma ficção legal que, inspirada em razão de Política Criminal, determina a unificação de várias condutas puníveis, praticadas nas mesmas condições de tempo, modo, lugar e outras assemelhadas, para repercutir na aplicação de sanção penal com menor impacto repressivo. Assim, a sucessão de crimes é havida como um delito único; e os vários crimes perpetrados perfectibilizam um só. Nítida, pois, se mostra a intenção do legislador brasileiro quando se inclinou a essa teoria, optando, em toda evidência, por via político-criminal que tem por escopo impedir que haja sanções criminais de expressão quantitativa, o que contrasta com as diretrizes finais da própria razão de ser da pena, que é a ressocialização do apenado.

3.2. De tal arte, é de rigor o reconhecimento do crime continuado como uma unidade jurídica que desponta a partir de um artifício legal, sem, contudo, possuir existência no plano ontológico. E, como também visto, os diferentes fatos que integram a cadeia continuada são, *de per si*, delitos – independentes e isolados –, mas que, a partir da unificação que se lhes dá a ficção jurídica do delito continuado, passam a constituir, para todos os efeitos e notadamente para a aplicação da sanção jurídico-criminal, uma unidade. Tal unidade, criada e desenvolvida pela ordem jurídica, não pode, por outro lado, constituir-se em verdadeira unidade real, em unidade natural. É, portanto, uma unidade configurada a partir de um artifício jurídico, sem existência natural, e possui vários elementos estruturadores que apresentam, uma vez operada a unidade, a característica da incindibilidade de seus componentes. Dessa sorte, no delito continuado, encontram-se diversos atos criminosos, os quais a lei, todavia, declara como elementos configuradores de um só evento, ou seja, um só crime, e continuado.

3.3. O motivo do tratamento benigno ao autor de uma série continuada de delitos é o mesmo que inspirou a criação do instituto pelos práticos italianos, vale dizer, destinar uma punição de menor impactação repressiva, com vistas a impedir que houvesse, a partir da aplicação da regra do cúmulo material de delitos, penas excessivamente elevadas. Essa é a razão que deita raízes, evidentemente, em uma orientação humanitária de Política Criminal. Sem dúvida, a adoção da teoria do delito continuado oferece vantagens de natureza processual, mas estas são antes consequência do que propriamente causa.

3.4. A especulação doutrinária busca novas construções teóricas que possam justificar a existência do modelo dogmático-legal do crime continuado. Nessa linha, a explicação do instituto encontraria determinantes razões na necessidade da sanção diante de novas formas de realização de condutas puníveis, muito precipuamente em virtude de a fenomenologia criminal ter variado como consequência do câmbio informático global (a denominada *cibercriminalidade*, cujos exemplos mais expressivos seriam: fraude informática com repercussões econômicas; falsificação massiva de documentos eletrônicos; falsificação de energia, telecomunicações; entre outros), permitindo uma resposta punitiva adequada a essa moderna expressão da criminalidade.

4.1. A doutrina (do crime continuado) deve sempre ter presente as principais diferenças que se apresentam entre o instituto em causa e outras formas delitivas, na medida em que são muitas as categorias (criminais ou criminológicas) que têm aspectos ou características extremamente aparentados aos do delito continuado. Nesse passo, o exame categorial-classificatório dos crimes tem uma importância chave no desenvolvimento da teoria e do próprio princípio da continuidade delitiva, permitindo que o aperfeiçoamento técnico-conceitual conduza à melhor identificação desse modelo dogmático-legal nos casos concretos. No mesmo sentido, (a) resta claro que, no delito permanente, a norma penal incriminadora é atingida uma vez apenas, ao passo que, no delito continuado, as normas penais serão atingidas tantas vezes quantas forem as condutas realizadas. Como a noção do crime continuado se estratifica a partir da realização de várias ações ou omissões, não se cogita sua existência quando a violação da lei se realizar por meio de uma só atividade criminosa ininterrupta, e alongada no tempo; (b) os crimes materiais, formais e de mera conduta admitem, à perfeição, a forma continuada; (c) o crime continuado, inspirado em razão de Política Criminal, tem incidência até mesmo em se tratando de delinquência habitual e profissional, por não haver, na legislação, qualquer óbice à sua aplicabilidade em casos tais; (d) existe vinculação conceitual entre o crime continuado e o crime complexo, uma vez que ambos se traduzem em reunião de mais de uma figura jurídica em um só crime; sem embargo, enquanto a unificação da cadeia de ações ilícitas – no que tange ao crime continuado – exige uma série de requisitos e se destina, de modo primordial, ao tratamento punitivo, a unificação, em se tratando do crime complexo, é incorporada no plano abstrato da tipicidade, a partir da combinação de diferentes tipos penais em novo modelo punitivo. A mais disso, no crime complexo, as ações devem ser simultâneas, ao passo que, no delito continuado, se requer um certo distanciamento temporal para a sucessiva prática das condutas. (Aliás, convém, ainda, a propósito das relações que se podem apresentar entre o crime continuado e os delitos permanente, habitual e complexo, afirmar que estes se materializam em modalidades típicas especiais, enquanto aquele é uma forma geral com aplicação ao conjunto dos tipos penais); (e) quanto à diferença entre a progressão criminosa e o crime continuado, pode-se dizer que este é resolvido no plano genérico da aplicação da pena (como também o são os concursos material e formal), ao passo que aquela é solucionada a partir dos princípios que informam o concurso de normas (relacionada, assim, de modo direto, à adequação típica); (f) não há confundir-se os conceitos do crime continuado com o de ação múltipla, pois neste as diferentes ações "constituem etapas de um só e mesmo crime", com o que (o tipo composto) "descreve não uma, mas várias hipóteses de realização do mesmo fato delituoso. O característico destes tipos é que as várias modalidades são fungíveis, e a realização de mais de uma não altera a unidade do delito". Nessa modalidade, não se apresenta um dado indispensável para o surgimento da figura do crime continuado, que é o da pluralidade de injustos; (g) o instituto da *aberratio ictus* plurilesiva se perfaz a partir de uma falha proveniente de inabilidade do agente que atinge, por erro na execução objetiva do tipo penal, além da pessoa que pretendia atingir, pessoa diversa, aperfeiçoando-se, pois, o concurso formal (artigo 70 do Código Penal). Aqui, existe a unidade de ação, impedindo, posto que haja multiplicidade de resultados (elemento de aproximação aparente ao crime continuado), que se estabeleça qualquer aproximação com este, o qual pressupõe a realização de várias ações configuradoras de crimes da mesma espécie, praticadas em um cenário fático-existencial; (h) nos crimes qualificados com duplicidade de resultados, cuida-se de modelo teórico-penal realizado a partir da unicidade de comportamento, o que obstaculiza embaraçarem-se os conceitos, pois o crime continuado pressupõe a reprodutibilidade de ações ilícito-típicas (homogêneas); (i) enquanto o delito continuado se mostra como modalidade específica do concurso de delitos (a partir da prática de crimes da mesma espécie, de forma que a lei penal lhe destinará o tratamento punitivo do concurso material com punição mitigada), a recidiva se apresenta como instrumento legal de punição mais rigoroso (que tem lugar na atividade judiciária no momento da entrega da prestação jurisdicional em uma sentença criminal condenatória, como agravante de caráter preponderante) que surge com a prática de novo ilícito criminal depois de uma condenação anterior; (j) o concurso aparente de normas penais coexistentes encerra uma vinculação mais estreita com o concurso ideal, no qual se poderia perceber a unidade de ação com várias violações jurídicas. De qualquer sorte, também se aproxima o concurso aparente do crime continuado, na medida em que ambos os institutos apresentam castigo penal unitário; (k) tanto o princípio do *non bis in idem* como o instituto do crime continuado têm, sob certo trecho, uma identidade de propósito, porquanto ambos visam à unidade de apenamento e ao resguardo do princípio da proporcionalidade. Ambos têm compromisso com a preservação de uma racionalidade punitiva, isto é, buscam, sob enfoques diferentes, obstaculizar a existência de penas excessivamente alargadas, de modo muito particular porque o *bis in idem* pode ser entendido como um delimitador concreto do direito penal no espectro do Estado social e democrático de Direito; e, ainda, (l) na combinação que se pode estabelece entre a continuidade delitiva e certas categorias de crimes ou de institutos jurídico-penais (crime impossível ou putativo; causa de justificação [exercício regular de direito]; crime próprio e de mão própria; e crime circunstanciado), não existe qualquer obstáculo (teórico ou legal) para que se forme e se reconheça o nexo de continuidade, apesar de, em certos casos, ser de dificílima configuração em termos reais.

5.1. A exigência de um requisito de ordem subjetiva apenas iria dificultar a unificação dos diferentes apenamentos, que visa, precipuamente, a impedir a aplicação dos ditames do concurso material de delitos (no qual as penas são cumuladas). É que, quando estivermos em sede de liberdade humana, as doutrinas, as técnicas, as filosofias jurídico-criminais devem permanecer em segundo plano, e se devem elasticizar as interpretações que se mostram mais favoráveis ao delinquente – em *obsequium* ao princípio da liberdade. Em suma, é evidente que a essa compreensão do delito continuado (multiplicidade de ações típicas homogêneas, que se traduzem em unicidade criminal, sem qualquer necessidade de um comando subjetivo unificador) se ajunta, obviamente, a própria natureza jurídica da figura, cuja criação se deve, no plano legislativo, ao princípio do *favor rei*. Desse modo, cabe também sustentar que a exigência dessa carga subjetiva (não contida, expressamente, na lei penal) é, sob todos os títulos, inaceitável, por afronta direta ao princípio da reserva legal, pois se colocaria um dado subjetivo – não previsto em lei, repita-se – como *conditio sine qua non* para o apenado receber o benefício legal de um tratamento punitivo menos rigoroso. E nunca se torna demasiado lembrar que se trata, o crime continuado, uma vez presentes seus requisitos, de direito público subjetivo do acusado, por se traduzir, em termos punitivos e em regra, em hipótese sensivelmente mais branda. Essas considerações constituem os alicerces sobre os quais se propõe a edificação conceitual do crime continuado, isto é, muito além da resolução estritamente dogmática do instituto, sustenta-se que toda a sua construção teórica se deve inspirar, de modo pragmático, pela perspectiva político-criminal democrática, na medida em que uma resolução abstrata de uma questão jurídica de nada valeria se não se apresentasse aceitável do ponto de vista da Política Criminal.

5.2. A interpretação exegética sobre as expressões definidoras do crime continuado deve ser feita em sentido amplo, tornando-o de mais fácil identificação. Desse modo, no que tange à conceituação do que venham a ser delitos da mesma espécie, devem-se entender os crimes que apresentam idêntica estrutura jurídica, não se exigindo identidade absoluta (não devendo, portanto, necessariamente, enquadrar-se em um mesmo dispositivo legal). Essa é a definição que melhor traduz a própria razão de ser da continuidade delituosa, que se constrói a partir de inspiração benigna, que deve dominar a compreensão do modelo dogmático-legal.

5.3. As circunstâncias por meio das quais se desenha a figura jurídica do crime continuado cumprem ser verificadas de modo isolado; entretanto, devem ser valoradas de modo abrangente, em uma dimensão maior, de conjunto, de tal forma que a eventual ausência de qualquer delas, *per se*, não pode desconfigurar o nexo de continuidade. Daí por que a ausência de um pressuposto (de caráter inessencial) configurador do delito continuado não tem o condão, por si só, de desfigurar esse instituto jurídico, que deve ter como norte, sempre, antes de uma realidade estratificada em preceitos rígidos, a concessão de uma carga benéfica que visa, em última análise, a impedir a existência do concurso material de crimes. Afasta-se, então, a necessidade da convivência do crime continuado (ficção jurídica unitária, sem existência ontológica, que se traduz a partir da realização de tipicidades homogêneas nas mesmas condições de índole objetiva) com nexos subjetivos, que deveriam entrelaçar a unidade criminosa. O instituto em causa se coloca como apenas um dos tantos artifícios (legais ou jurisprudenciais) por que a *praxis* jurídica coloca obstáculos à existência de sanções penais elevadas, na medida em que essa criação se inspira em noções de Política Criminal, cujo compromisso precípuo é o de impedir condenações exacerbadamente graves.

A mais disso, tanto os crimes comissivos como os omissivos comportam a incidência do regramento do concurso de crimes (concurso material, concurso formal e crime continuado) estabelecido no Código Penal.

5.4. No fundo, o fator temporal – como elemento ensejador do instituto – envolve as condutas sequenciais e delinquenciais que se estabelecem a partir do crime inicial (ou de referência) do delito continuado; tais comportamento ilícitos, por imposição lógica, se devem realizar de modo temporalmente espaçado, não só do crime de referência, mas entre todas as demais que houver. Com isso, posto que não haja um critério rigidamente estabelecido, "a razoabilidade no encadeamento temporal das ações serve para dizer – em cotejo com os outros elementos delineadores do crime em continuação – se o caso é de crime continuado ou se é de outra espécie de concurso de delitos". Dessa forma, pode-se concluir, em relação a esse dado de materialização do instituto, que não se deve adotar um critério cerrado, inflexível ou invariável em sua interpretação, senão um que se mostre consentâneo aos motivos pelos quais a legislação incorporou a figura do crime continuado: permitir um apenamento justo (à luz de uma orientação político--criminal) e humanitário (à luz dos modernos postulados de um direito penal liberal e dos direitos humanos).

5.5. Ainda uma vez, as locuções abertas lançadas (que se mostram imprecisas e variáveis) pelo Código Penal para configurar a continuidade delitiva ("condições de lugar", "tempo" ou "modo", artigo 71, *caput*) deram curso para que a jurisprudência se desenvolvesse extraordinariamente, abrindo-se um leque bastante amplo de interpretações acerca desse ponto.

5.6. A homogeneização executória da dinâmica dos comportamentos delituosos – isto é, a semelhança na maneira pela qual se desenvolvem e se corporificam as condutas – constitui um outro pressuposto objetivo expresso para a afirmação do instituto em causa. Por essa razão, no que tange à interpretação do *modus operandi* – dado estruturador (segundo alguns, inessencial) da ficção jurídica do crime continuado –, costuma-se dizer que não se pode impor que as condutas se apresentem de maneira absolutamente idêntica.

5.7. A exigência, à configuração de algum instituto legal, de qualquer carga (*in casu*, de conotação subjetiva) não expressamente descrita em lei, embora não se apresentando como assistemática (e, até certo ponto, sendo a solução plausível à luz das modernas teorias que inspiram a construção da dogmática criminal), é ilegal; e, no caso específico, contrasta com a própria finalidade benéfica que levou o legislador a instituir, *favor rei*, a figura jurídica do delito continuado. Não pode, em face desse simples argumento, prosperar uma compreensão interpretativa que identifique, nesses elementos configuradores, condições de natureza subjetiva.

5.8. Além disso, tendo o Código Penal agasalhado a teoria objetiva pura, não pode exigir-se, para a perfectibilização do crime continuado específico, qualquer unicidade de desígnios, possibilitando-se o reconhecimento da continuidade delitiva em se cuidando de delitos dolosos homogêneos, praticados com violência ou grave ameaça a pessoas diversas, sem necessidade de se incursionar sobre o aspecto anímico – aqui, traduzido em um dolo geral ou de conjunto – que tenha movido o agente na realização das condutas desvaliosas intensamente lesivas.

6.1. Na entrega da prestação jurisdicional penal, o magistrado deverá fixar a pena para cada crime componente da cadeia delituosa para, a seguir, aplicar a exasperação sobre a reprimenda de um só dos crimes, se idênticas, ou sobre a mais grave, se diversas. Deve, no entanto, reconhecer-se que, no presente, em termos jurisprudenciais amplos, o eventual reconhecimento da nulidade da sentença (por sua estruturação em bloco na hipótese de configuração da cadeia continuada) se projetaria, tão somente, à dosimetria da pena (nulidade tópica), ou seja, tratar-se-ia de anulação parcial da decisão, o que não afetaria nem a validade do conteúdo condenatório nem tornaria inócua a causa de interrupção do lapso prescricional vinculado à publicação da sentença. E mais: é imperioso que se demonstre o efetivo prejuízo ao condenado – causado pela estruturação não particularizada da sentença penal condenatória.

6.2. Existe certo consenso na doutrina e na jurisprudência acerca do critério por meio do qual se orientaria a estipulação do percentual variável de aumento em se apresentando a punição a título de delito continuado: deve-se levar em consideração o maior ou o menor número de crimes. Contudo, não transparece imune a críticas esse sistema, sobretudo nas situações concretas que envolvam delitos culposos (abrangidos pela continuidade delitiva), quando se irá, inegavelmente, confundir o grau de responsabilidade penal com o de lesividade do resultado. Talvez se devesse exigir uma aproximação desse critério a uma avaliação da responsabilidade subjetiva (intensidade do dolo ou grau mais elevado da negligência). Acerca do crime continuado específico, não há falar-se em unificação condicionada à culpabilidade diminuída, cláusula não constante na descrição normativa do instituto. Quando o texto legal descreve o crime continuado específico, tem como escopo, exclusivamente, orientar, na entrega da prestação jurisdicional penal, o magistrado a graduar a causa de aumento inscrita na lei ("até o triplo, observadas as regras do parágrafo único do artigo 71 e do artigo 75 deste Código"). No que diz respeito à aplicação da pena, em se tratando do delito continuado específico, é de rigor registrar-se que a pena não poderá exceder àquela aplicada na hipótese do concurso material de crimes, e o seu cumprimento não poderá exceder a trinta anos. Nessa hipótese do crime continuado específico, o magistrado aplicará a pena de um só dos crimes, se idênticas (crime continuado homogêneo), ou a mais grave (crime continuado heterogêneo), se diversas, aumentando-a até o triplo (não há referência ao limite mínimo de apenamento, sendo, de modo geral, entendido como de um sexto). (Na hipótese de "crimes dolosos contra a mesma vítima, praticados em continuidade delitiva, mediante violência ou grave ameaça, não se pode aplicar, sob pena de analogia *in malam partem*, o parágrafo único do artigo 71 do Código Penal, prevalecendo a incidência do *caput* do artigo 71, incidindo a pena do delito mais grave, com aumento de um sexto a dois terços".) A elevação da pena por força da incidência da regra da continuidade delitiva nunca se prestará a agravar a situação do apenado, implicando pena superior à do acúmulo material (de conformidade ao parágrafo único do artigo 70 – segundo o qual "não poderá a pena exceder a que seria cabível pela regra do artigo 69 deste Código" –, referido no parágrafo único do artigo 71 do Código Penal). Ainda: a majoração pelo reconhecimento da continuidade delitiva deverá ser motivada na sentença, sob pena de nulidade por cerceio de defesa e falta de fundamentação da decisão. A mais disso, ainda que se cuide de vítimas diferentes e de lesão a bens personalíssimos, não se utiliza esse comando legal em se tratando de delitos culposos.

6.3. Sobre a fixação da pena pecuniária, a partir da compreensão do delito continuado como sendo uma ficção jurídica que permite a unificação dos diferentes comportamentos delituosos, cujos efeitos se projetam aos campos material e processual penal, e na qual, como principal aspecto – além da unidade delitiva –, se apresenta a aplicação única de uma pena privativa de liberdade (com causa de aumento), não transparece aplicável, *in casu*, o comando legal do artigo 72 do Código Penal, que se destina, com exclusividade, às hipóteses de concurso de delitos (material e formal). Todavia, pode observar-se que, além de se afastar a regra do artigo 72 do Código Penal, se poderia, também, avançar ainda mais, e se desprezar o aumento da pena representado pelo crime continuado, ou seja, haveria apenas a imposição de uma pena de multa sem a incidência exasperatória, na medida em que esse critério se aplicaria às penas privativas de liberdade.

6.4. Sobre a prescrição penal e o crime continuado, a lei brasileira adota o sistema segundo o qual, dentro da cadeia dos crimes que compõem a continuação, cada um, isoladamente, será objeto do cômputo dessa causa extintiva da punibilidade (Súmula 497 do Supremo Tribunal Federal). Quanto ao crime continuado, a prescrição penal e o artigo 115, primeira parte, do Código penal, deve-se considerar que a ficção legal do crime continuado ostenta evidente conotação benéfica, e deve ser entendida como um delito único, o que implica, igualmente, unidade de sanção, a recomendar como possível a interpretação segundo a qual a redução do prazo prescricional terá aplicação mesmo na hipótese de o agente ter atingido a maioridade no curso da continuidade delitiva. Quanto ao crime continuado, a prescrição penal e o artigo 115, segunda parte, do Código Penal, para o agente ser beneficiado com a disciplina reducional dos prazos prescricionais, basta que tenha atingido a ancianidade antes da sentença penal condenatória. Com isso, pode ter sido realizada a cadeia continuada delitiva, integralmente, sem contar com 70 anos de sua idade; atingindo-os ao depois e antes de a sentença condenatória existir, ser-lhe-ão reduzidos os prazos de cômputo da prescrição de toda a série continuada de delitos.

6.5. No que se vincula ao crime continuado e à decadência, a solução mais adequada é a contagem do prazo decadencial de cada fato da cadeia delitiva isoladamente, iniciando-se o prazo a partir do momento em que o ofendido (ou seu representante legal) tiver conhecimento sobre quem é o autor do crime – nos moldes do artigo 103 do Código Penal, de forma especial se se considerar que a unidade fictícia do crime continuado visa à estruturação da pena, não se afirmando, de modo absoluto, para as demais situações. Isso tudo impõe que, relativamente à hipótese da contagem do lapso decadencial em se cuidando de crimes seriados, seja obedecida a regra da aferição da decadência – de modo isolado – para cada fato que compõe a cadeia delitiva, na medida em que, do contrário, se ia materializar um obstáculo ilegal – ao se limitar seu espectro de atuação – aos interesses do ofendido.

6.6. Na combinação do delito continuado e a sucessão de leis, a melhor colocação da matéria é aquela que se vincula aos objetivos inspiradores da estratificação do instituto, entre os quais se ressalta o do apenamento com menor rigor repressivo, impedindo-se a existência de censuras penais estribadas em elevadíssimos graus de privação da liberdade (as quais contrastam com os modernos postulados de um direito penal humanitário). Destaca-se, ainda, que a unificação dos diferentes delitos – integrantes da cadeia delitiva continuada – se faz, fundamentalmente, para a aplicação da pena criminal, sendo que os demais crimes devem ser havidos como continuação do primeiro (base sobre a qual haverá de ser lançada a nota de censurabilidade jurídico-penal), e esse não pode sofrer a impactação de sanção de índole penal que não estava, ao tempo da realização da conduta, prevista no ordenamento punitivo, sob pena de violação do princípio constitucional da irretroatividade da *lex gravior*. Por óbvio, se se apresentar uma lei mais favorável a atingir a série continuada, deverá ser aplicada ao delito em seu todo (prestigiando, nessa dimensão, a unidade, posto que artificial, sobre a qual se assenta a noção do instituto). A lei mais favorável, no confronto das leis penais, deve, sempre, ter preferência em nome do *favor libertatis*.

6.7. Em relação à configurabilidade do crime continuado e das contravenções penais, importa referir que, de um lado, se aceita a formação da cadeia continuada a partir de contravenções penais; e, de outro, se aceita o nexo de continuidade entre crime(s) e contravenção(ões), advertindo-se que, antes, se deve avaliar a possibilidade de incidência do princípio da consunção.

6.8. No que tange ao crime continuado e ao delito falimentar, afirma-se que o concurso de crimes, na Lei 11.101/05, será regido pelas regras gerais contidas no Código Penal. Com isso, é possível a existência de crime continuado nos delitos falimentares, sempre que, obviamente, estiverem presentes os requisitos do instituto; e, no tocante à condição "crimes da mesma espécie", argumenta-se que, no caso dos delitos falimentares, estará sempre presente, pois todos os crimes, previstos na legislação falimentar, podem ser considerados da mesma espécie.

6.9. Diante dos tipos penais de associação criminosa e de constituição de milícia privada – previstos nos artigos 288 e 288-A do Código Penal, respectivamente –, avalia-se que, quanto ao primeiro, não pode haver compatibilização com a continuidade delitiva, na medida em que esta se apresenta como um delito único, não sendo possível, assim, a configuração daquela modalidade ilícita por estar ausente o requisito "para o fim específico de cometer crimes". Quanto ao crime de constituição de milícia privada, anota-se que a finalidade dos componentes da milícia deve ser a de cometer qualquer (portanto, basta um único delito) dos crimes previstos neste Código, não se percebendo qualquer obstáculo à compatibilização.

6.10. Coloca-se também como *quaestio* a ser estudada as relações que se estabelecem entre o crime continuado e as causas de inimputabilidade (e semi-imputabilidade) previstas no Código Penal. Nesse aspecto, devem-se investigar as soluções para os casos nos quais parte da cadeia delitiva se dá perante uma causa que torna o agente inimputável (ou semi-imputável), e o restante sob ausência de qualquer razão de diminuição da plena capacidade. (i.) Quanto à menoridade, (a) se o indivíduo é menor de dezoito anos, os fatos por ele praticados não serão punidos pelo direito penal, sujeitando-se então ao procedimento e às medidas socioeducativas estabelecidas no Estatuto da Criança e do Adolescente. (b) Caso a série continuada seja iniciada antes da maioridade penal, e prossiga após o seu atingimento, serão considerados, para todos os efeitos, somente aqueles fatos praticados depois de completados os dezoito anos. De outra sorte, (c) se apenas um delito for praticado após a conquista da imputabilidade, somente por ele responderá o agente; e, logo, em caso de condenação, não haverá a exasperação pela continuidade delitiva. (ii.) Quanto à doença mental, (a) tendo o indivíduo praticado todos os crimes da cadeia continuada em estado de completa inimputabilidade, ser-lhe-á destinada, tão somente, medida de segurança. (b) Na hipótese de a série ser iniciada pelo indivíduo em situação de completa incapacidade de compreensão, e ser finalizada em situação de imputabilidade, os delitos praticados na primeira etapa (inimputabilidade) ficarão sem punição, e os cometidos na segunda (imputabilidade) serão castigados em continuação delituosa. Nesse mesmo caso, se houver apenas um delito em situação de plena imputabilidade, responderá o agente sem a exasperação pela continuidade. (c) Por fim, a última situação passível de exame é aquela em que o indivíduo inicia a série delitiva com plena imputabilidade e a finaliza em situação de insanidade. Nesse caso, em face da situação mental do sujeito (na segunda série continuada), deverá ser aplicada, apenas, a medida de segurança. (iii.) Quanto à semirresponsabilidade, as hipóteses devem ser equacionadas a partir da mesma linha de compreensão adotada para o caso dos inimputáveis, isto é, deve-se ter presente a avaliação de higidez mental do sujeito quando do encerramento da cadeia continuada.

6.11. A aplicação dos ditames do Código Penal comum ao Código Penal militar – no que se refere ao crime continuado – homenageia o princípio da igualdade, dando tratamento idêntico a todos os indivíduos que cometerem infrações penais em condições semelhantes.

6.12. Não há como se deixar de considerar que o regime jurídico-administrativo, no que tange ao direito administrativo sancionador, a partir de uma adequada hermenêutica constitucional, recebe a figura legal do crime continuado; e, proporcionalmente, permite sua aplicação, garantindo o adequado exercício dessa parcela do *jus puniendi* estatal.

6.13. O artigo 107, inciso III, do Código Penal estabelece que se extingue a punibilidade por anistia, graça ou indulto. Relativamente à anistia, pode-se afirmar que se os fatos se deram sobre continuação delituosa, a anistia abrangerá todos os delitos componentes da cadeia continuada, ainda que alguns já tenham sido julgados, e outros, não.

De igual sorte, ficarão abrangidos também os que tiverem sido cometidos antes da concessão, mas só descobertos depois desse momento. Já aqueles crimes praticados após a concessão não serão beneficiados pela anistia. No tocante à graça, englobará todos os crimes que compõem a cadeia continuada e que foram objeto da condenação. Assim, o beneficio será estendido aos crimes integrantes da cadeia continuada descobertos posteriormente, mesmo que tenham sido processados em outra ação penal. No entanto, se novos delitos forem praticados após a concessão da graça, não serão por ela abrangidos. Por fim, no atinente ao indulto, será aplicada a mesma lógica proposta para a graça, ou seja, o benefício abrangerá todos os delitos componentes da série continuada, tenham sido julgados ou não.

6.14. A continuidade delitiva não pode, *per se*, impedir o reconhecimento do princípio da insignificância (que visa a consagrar a ideia de o direito penal organizar-se como *ultima ratio*). As ações insignificantes (atípicas) seriadas (por não afetarem concretamente o bem jurídico) encontrarão a melhor resposta no terreno do direito civil, em cujo campo poderão ensejar, sendo o caso, a devida reparação. Além do mais, poder-se-á evitar a inconveniência de se movimentar a máquina judiciária estatal para solucionar lides escassamente relevantes ao direito penal.

6.15. As penas restritivas têm o objetivo de substituir a pena de prisão, que passaria a ser reservada para situações-limite, à luz do princípio da *ultima ratio* do ordenamento jurídico. São, em verdade, um (entre tantos) dos mecanismos tendentes a evitar a prisão; e a sua existência se encontra tão disseminada, na consciência jurídico-penal moderna, que se pode mesmo indicar o "princípio da pena alternativa", segundo o qual sempre que o juiz puder aplicá-la em detrimento de uma pena de prisão, deve assim fazê-lo. Para sua aplicação, todavia, existem certos requisitos concomitantes que definirão sua implementação (artigo 44 do Código Penal): (i.) pressupostos objetivos: sentenciado tenha sido condenado por crime doloso a uma pena privativa de liberdade igual ou inferior a 4 anos, ou por crime culposo, qualquer seja sua pena, bem como o crime não tenha sido praticado com violência ou grave ameaça à vítima; (ii.) pressupostos subjetivos: sentenciado não pode ser reincidente em crime doloso e deve possuir quadro favorável à substituição. Apesar da doutrina em geral se pronunciar no sentido de que, em se tratando do concurso formal, material ou crime continuado, a substituição terá em conta o total das penas aplicadas, adota-se a corrente na qual não deveria computabilizar-se o aumento de pena (em relação ao limite temporal de quatro anos) para fins de obstaculizar a substituição da pena privativa de liberdade por restritivas de direito. Em síntese, as medidas tendentes a impedir o cárcere não devem ser afastadas, *prima facie*, do quadro de possíveis soluções.

6.16. Na hipótese de extradição, tanto para fins de análise da legalidade do pedido como para a sua concessão, poder-se-á utilizar o modelo jurídico brasileiro de aplicação de penas, como é o caso do crime continuado.

6.17. Levando-se em linha de conta que a unidade legal de imputação (representada pelo crime continuado) se direciona, sem qualquer obstáculo, também aos delitos culposos, mostrar-se-ia possível que o perdão judicial se estendesse ao outro ou, ainda, aos outros episódios sequenciais produzidos em continuidade delitiva.

6.18. Sobre a causa especial de aumento (variável) de pena (na Lei de "lavagem de dinheiro") relacionada à reiteração da conduta criminosa, percebe-se a desnecessidade da sua previsão, pois o crime continuado – como causa geral de aumento da pena – resolve, adequadamente, a punição; e, quando não se utilizar a sua regra de castigo, preferindo-se a do concurso material, o rigor punitivo já se implementou em sua expressão máxima, mostrando-se, ainda uma vez, assim, desproporcional a incidência, sobre o conjunto, dessa causa especial de elevação de pena.

6.19. O artigo 111 da Lei de Execuções Penais dispõe também que a detração e a remição sejam observadas na unificação das penas para fins de determinação do regime inicial pelo juízo das execuções penais. No entanto, com o advento da Lei 12.736/2012, a detração passou a ser considerada pelo próprio juiz que proferir a sentença condenatória. Além disso, o tempo de prisão provisória, de prisão administrativa ou de internação, no Brasil ou no estrangeiro, será computado para fins de determinação do regime inicial de pena privativa de liberdade (artigo 397, parágrafo 2º, do Código de Processo Penal). Dessa forma, com as mudanças legislativas recentemente introduzidas no ordenamento jurídico pátrio, ao proferir a sentença condenatória, cabe ao julgador, após concretizada a dosimetria da pena, realizar a detração, incluindo o tempo em que o condenado esteve recolhido em decorrência de prisão cautelar, no Brasil ou no exterior, de prisão administrativa ou de internação; e, com base nesse novo *quantum* de pena obtido, fixar o regime prisional.

6.20. Não se percebem obstáculos ético-jurídicos relevantes à concessão do *sursis* tão somente por ser a quantidade de pena, em decorrência do crime continuado, superior ao limite máximo permissivo da suspensão da pena. Desse modo, despreza-se o acréscimo punitivo (do crime continuado) para efeito de consideração do limite quantitativo da pena; e isso tanto pela admissibilidade do duplo *sursis* como pela analogia *in bonam partem* com o artigo119 do Código Penal.

6.21. Dúvidas não se colocam sobre a impossibilidade de decomposição do crime continuado para o efeito do cabimento do livramento, ou seja, se aquele mínimo (estipulado pelo artigo 83 do Código Penal) veio de ser alcançado apenas pelo aumento correspondente ao crime continuado, estará satisfeito esse requisito legal objetivo. Em outras palavras, se as penas não resultarem de crimes autônomos, porém de fatos que se reduzem por continuidade a um crime único, devem ser reunidas e, se a soma implicar o limite mínimo legal, servir de base para o livramento.

6.2.3. Por outro lado, em virtude da distinção, no campo da execução das penas, entre crimes hediondos (e assemelhados) e não hediondos simultaneamente impostos, recomendando-se ao juiz que, ao observar o tratamento legal diferenciado existente, verifique, separadamente, o reflexo punitivo para a (eventual) concessão dos benefícios da execução (para cuja tarefa deve elaborar uma planilha de cálculo diferenciado); e, a seguir, desse cotejamento, decida pela situação mais benéfica ao condenado.

7.1. Em se tratando de crime continuado, não se pode negar a aplicação da suspensão do processo (se presentes as demais causas condicionantes do benefício) apenas por ter sido ultrapassado o limite legal em razão da incidência da causa de aumento de pena (prevista no crime), pois, em primeiro lugar, a figura da continuidade delitiva foi criada, especificamente, para ensejar tratamento penal mais benéfico ao agente (a partir de uma ficção legal); em segundo lugar, analogicamente, pode indicar-se um *approach* com o artigo 119 do Código Penal; e, por último, o princípio da não culpabilidade antecipada também recomendaria a adoção da medida despenalizadora inscrita na Lei 9.099/95. Ainda se revela, no âmbito da Lei 9.099/95, a questão da possibilidade de oferecimento da transação penal às infrações de menor potencial ofensivo quando presente a continuidade delitiva. A concessão da medida despenalizadora deve ser avaliada em um cenário amplo, cujo traço principal repouse no merecimento do agente ao benefício transacional. Essa orientação deve prevalecer, na medida em que, com efeito, tanto a competência (dos juizados especiais criminais) quanto o instituto transacional não podem ser contestados tão só por se alcançar, eventualmente, pela repetição de condutas ilícitas homogêneas (de menor significado ofensivo), pena superior à que baliza a incidência dos juizados especiais ou da transação penal. De um lado, cuida-se de competência absoluta; de outro, o incremento punitivo (representado pelo aumento de pena decorrente do crime continuado) não tem o condão de transformar a essência de um injusto, ou seja, de transmudar crimes, *per se*, de menor expressão em de maior significado apenas por conta do aumento punitivo (e vem, ainda, a calhar, a noção de que o crime continuado – ainda que o seja por uma *fictio iuris* – um crime único).

7.2. Na relação de pertinência que se estabelece entre o crime continuado e a coisa julgada, em sendo descobertos novos crimes, e que foram cometidos anteriormente, depois da estratificação do caso julgado, não existe obstáculo, em razão da finalidade fundamental desse artifício legal que é o delito continuado, para se reunificar as novas infrações ao delito único, reconhecido na sentença (que já está transitada em julgado). Em outro caso, no qual os crimes são praticados depois da condenação, não reconhecemos maiores dificuldades em se pugnar pela impossibilidade da unificação. É que, nesse caso, motivos de defesa social estariam a recomendar que não se adotasse postura diversa, pois – do contrário, se se permitisse a unificação a fatos ulteriores à condenação – dar-se-ia ao réu uma espécie de salvo-conduto de crimes.

7.3. Sobre o momento da unificação das penas (dos diversos delitos componentes da cadeia continuada), avalia-se que, na hipótese de os delitos (formadores da continuação) estarem reunidos em um mesmo processo, o magistrado da causa julgará o feito e, no ato sentencial, aplicará os ditames da continuidade delitiva, aumentando a pena de conformidade com as regras de mensuração da causa geral de aumento em análise. De outro plano, caso os diversos delitos (componentes da cadeia continuada) estejam sendo processados em mais de uma ação penal, tendo em vista a conexão entre eles existente (artigo 76, inciso III, do Código de Processo Penal), deverá haver a reunião de todos em um único processo (artigo 79 do Código de Processo Penal). A competência, nesse caso, será determinada pela prevenção, de acordo com o artigo 71 do Código de Processo Penal. Em casos tais, o juiz prevalente deverá avocar para si a competência e, então, sentenciar os diferentes processos conjuntamente (artigo 82 do Código de Processo Penal).

7.4. Haverá situações concretas nas quais se poderá utilizar o instituto do aditamento a fim de ensejar o agrupamento de diferentes ilícitos, ligados pela continuidade delitiva, em uma só ação penal. É que, em se tratando de crime continuado, o aditamento à inicial acusatória poderá ocorrer para ampliar a acusação primitiva, basicamente, em duas hipóteses: a) quando do oferecimento da ação penal a prova era precária e, em decorrência da instrução, veio a público que o réu não teria cometido aqueles crimes apenas, mas vários, da mesma espécie, praticados nas mesmas condições de tempo, lugar e modo; b) uma vez oferecida a acusação, o réu persiste com a realização da cadeia delitiva.

7.5. Tema que também se revela de interessante análise é a possibilidade do reconhecimento da unificação de penas em juízo revisando, em face da existência da continuidade delitiva. É possível o pedido de unificação de penas pelo reconhecimento do instituto do crime continuado em sede de revisão criminal, para sanar eventual erro do juízo das execuções ou mesmo para consolidar direito que deixou de ser reconhecido até aquele momento processual. Diante disso, baseando-se em noções de Política Criminal e visando a garantir o princípio da igualdade, considera-se possível a revisão criminal com base na jurisprudência mais benéfica; de sorte que resta, de um plano, analisar os instrumentos processuais mais adequados para esse fim; e, de outro, os pressupostos objetivos para a implementação da medida. Logo, a revisão criminal mostra-se como um instrumento processual adequado para o reexame das situações nas quais a mudança jurisprudencial incide em favor do condenado. Assim, para a retroação jurisprudencial mais benéfica é "mister que se reconheça a este instituto a possibilidade de enfrentamento da prova"; portanto, a revisão criminal mostra-se como instrumento mais compatível com a solicitação de retroação da jurisprudência mais favorável, uma vez que possibilita, sem maiores divergências, o enfrentamento da situação fática. Sendo essa a hipótese, pareceria mais eficaz, em termos doutrinários, assegurar-se com a uniformidade jurisprudencial para ensejar sua retroação, visto que, por ainda não se mostrar pacífica a aceitação da retroatividade da jurisprudência mais benéfica, se deveriam privilegiar os posicionamentos que melhor atendam à segurança jurídica. Todavia, essa postura – de exigir-se a uniformidade jurisprudencial – não se ajusta, adequadamente, ao sistema jurídico-penal; com efeito, em termos de valência sistêmica, em se tratando de decisões penais conflitantes, a solução deve tender à que maior carga de benefício conceder ao condenado. Dessa maneira, cabe referir que a divergência jurisprudencial já ostentaria condições de possibilidade para – tais quais as leis mais benéficas – retroagir ao caso concreto, harmonizando-se, ainda, com o princípio da igualdade. Sob este ângulo, a nova linha diretriz decisória – apesar de ainda não uniforme; e, por óbvio, talvez sequer consiga atingir este ponto de irrecusabilidade, pois poderá, no curso dos tempos, perder prestígio – já se traduz *de per si* naquele componente de dúvida ou momento de incerteza que, de modo excepcional, autoriza a adoção, pelos magistrados, de outro princípio, não menos importante: o do *in dubio pro reo*.

7.6. Tem cabimento a ação de *habeas corpus* para a determinação jurídica do crime continuado na medida em que os elementos – por cuja análise se faz necessária para a averiguação do reconhecimento do instituto – são eminentemente de cunho objetivo, passíveis, portanto, de verificação sem que se adentre em aprofundadas questões de prova.

7.7. Não obstante a Súmula nº 81 do Superior Tribunal de Justiça, bem como o entendimento quase pacífico da jurisprudência, a compreensão mais correta, de fato, parece ser a análise do cabimento da fiança crime a crime, sem considerar o aumento decorrente da exasperação do crime continuado. Isso porque a intenção do legislador parece indicar que a inafiançabilidade é destinada aos crimes mais graves (considerando em tal exame a elevada pena mínima fixada).

7.8. Em relação ao crime continuado, a flagrância somente se verifica no momento em que o agente está realizando uma das condutas que o integram.

7.9. No que toca ao tribunal do júri, a matéria atinente ao crime continuado está relacionada com a aplicação da pena, de competência do juiz-presidente; e não dos jurados. Dessa forma, configura-se a independência entre o Conselho de Sentença e a aplicação da pena e do crime continuado, que será de competência do juiz.

7.10. O Código de Processo Penal não estatuiu regramento sobre como se deva proceder, no que tange à proposta acusatória, no caso de concurso de delitos de natureza pública e privada. Para que haja, então, a persecução criminal em relação a ambos os crimes (o de ação pública e o de ação privada), tornar-se imperioso – em atendimento à regra da titularidade para a promoção do processo-crime – que se forme um litisconsórcio ativo entre o ofendido (titular do *jus querelandi*) ou seu representante legal e o promotor, a fim de que os delitos sejam objeto de imputação e possam ser decididos conjuntamente no momento da sentença.

7.11. No quadro do concurso de crimes, a descoberta do procedimento deve ser encaminhada da seguinte forma: (i.) concurso material – as penas máximas deverão ser somadas, cujo resultado será confrontado nos parâmetros estabelecidos no parágrafo 1° do artigo 394 do Código de Processo Penal; (ii.) concurso formal – elege-se a pena máxima de um dos crimes, se idênticos, ou a do mais grave, se diversos, aumentando-a em 1/2 (fração máxima), e o resultado será confrontado nos parâmetros estabelecidos no parágrafo 1° do artigo 394 do Código de Processo Penal; e (iii.) crime continuado – escolhe-se a pena máxima de um dos crimes, se idênticos, ou a do mais grave, se diversos, elevando-a em 2/3 (fração máxima), cujo resultado será confrontado segundo os parâmetros do mesmo dispositivo.

7.12. Em se cuidando de delito cuja perpetração possa ocorrer no território de duas ou mais comarcas, como no caso do crime continuado e do crime permanente, firma-se a competência – de acordo com o disposto no artigo 71 do Código de Processo Penal – pela prevenção. Assim, será competente para julgar a série delitiva o juiz que primeiro praticar algum ato de conteúdo decisório, ainda que em momento pré-processual.

7.13. Na hipótese de haver – em função de um mesmo imputado, que foi submetido a inúmeros processos criminais por conta da realização seriada de um mesmo injusto típico – uma gama consideravelmente distinta de decisões provenientes de um mesmo órgão decisório, e, ainda, em se apresentando a condição de possibilidade de o crime continuado ser utilizado para a unificação das punições, deverá ser utilizada a retroatividade da jurisprudência mais favorável bem como o princípio da humanidade para a eleição da pena de referência, sobre a qual irá incidir o aumento fracionário variável.

7.14. Duas ordens de influência se inscrevem como aptas para indicar o melhor modo de se interpretar esse critério quantitativo (do cabimento) da prisão preventiva em face do concurso de crimes: em primeiro lugar, não se pode olvidar que houve uma lacuna legal acerca do cabimento da prisão preventiva diante do concurso de crimes; assim, com mais razão, a interpretação será *favor libertatis*, com o que, *a priori*, necessitam ser levados, de modo isolado, os fatores de determinação de medida prisional (a pena [máxima] em si e o aumento decorrente do concurso delitivo), porquanto esse marco temporal visa a obstaculizar, por via de regra, a decretação da prisão preventiva em processos por crimes cujas penas máximas não sejam superiores a quatro anos. De um plano, na hipótese de concurso material, as penas (máximas dos crimes imputados ao acusado) devem ser examinadas separadamente, e o cabimento da medida prisional deverá ser enfocado sobre cada crime, em uma análise ampla da imprescindibilidade da prisão cautelar, invocando-se, *in casu*, inúmeros princípios, entre os quais se listam o da presunção de inocência e o da excepcionalidade da medida cautelar extrema. De outro plano, na hipótese de concurso formal e de crime continuado, a desconsideração (do *quantum* exasperatório) será ainda mais recomendável, pois se trata de modalidades de concursos que se destinam, precipuamente, a beneficiar o acusado. Em segundo lugar, se se quiser seguir posição oposta – ou seja, entendendo que o aumento decorrente do concurso de crimes possibilitaria a decretação da prisão preventiva se elevar a pena para além do limite de quatro anos –, ao menos, que se considere o fator de aumento mínimo tanto do crime continuado como do concurso formal, pois ambos levam em consideração a maior ou menor quantidade de crimes praticados pelo agente, e não esta abstração de pena máxima. Em obediência aos princípios da excepcionalidade, da *ultima ratio* da medida, da inocência, entende-se que esse critério, em termos pragmáticos, se mostraria o mais justo.

7.15. A necessidade de demarcação fático-temporal precisa dos crimes componentes da cadeia continuada existe para, ao se reconhecer a ocorrência da continuidade delitiva, propiciar a defesa efetiva e abrangente do acusado – transmitindo-se os reais contornos fático-temporais da imputação criminal – ou, no caso da sentença condenatória, de modo a irradiar ao condenado as bases do convencimento decisório.

7.16. Não se mostra tecnicamente adequada a sentença penal condenatória (sendo, portanto, passível de nulidade) que desprezar a definição jurídica do crime continuado – perfeitamente articulada e classificada na denúncia – e impuser ao condenado, sem a adoção do instituto da *mutatio libelli* (artigo 384 do Código de Processo Penal), o regramento punitivo do concurso material.

7.17. Apesar de haver a impossibilidade sistêmica de modificação de conteúdo de provimento por meio dos embargos de declaração e, sobretudo, a impossibilidade de apreciação de questões de mérito quando da apreciação desse recurso, torna-se, possível, em caráter excepcional, até mesmo em razão do princípio da economia processual, possa ser reconhecida a disciplina do delito continuado quando da apreciação do recurso de embargos declaratórios.Com efeito, a atribuição de efeitos infringentes a embargos de declaração se reveste de caráter excepcional, sendo admissível, tão somente, nos casos em que, sanado o defeito sentencial, a modificação do julgado deflua como consequencia natural da correção efetuada. Na hipótese de haver imperfeições, a nova decisão deverá, de maneira excepcional, alterar a anterior, inovando, abrangentemente, ao ponto de poder dizer mais que esta; assim, o provimento dos embargos pode, sim, ensejar o aparecimento do efeito infringente, modificando o primeiro julgado, *maxime* quando se tratar de decisão que, em termos concretos, obstará efeitos punitivos severos.

7.18. Diante do previsto no parágrafo único do artigo 609 do Código de Processo Penal, os embargos infringentes, em caso de divergência parcial, deverão restringir-se à matéria objeto de divergência. Por conta disso, se a divergência disser respeito à temática do concurso de crimes, nada obsta que, quando do julgamento do recurso, possa tornar-se prevalente o voto vencido.

8. O poder de criação judicial não poderia jamais se afastar das garantias fundamentais do cidadão. Tais garantias são o norte em relação ao qual a atividade judicial deveria orientar-se. Fora dessa perspectiva, a atividade de interpretação se transforma em arbítrio intolerável; esse raciocínio se harmoniza com a interpretação que busca extrair do instituto do crime continuado, ou de qualquer outro que se insira no âmbito de interesse jurídico, a sua índole benéfica, de resto, atinente à sua própria constituição histórica. A efetivação das garantias constitucionais (que deverão projetar-se, tendencialmente, para as interpretações judiciais) será, à altura de novos tempos, a plataforma segura na qual os cientistas do Direito haverão de estabelecer como base de sua atividade, tornando-o, verdadeiramente, mais igualitário. E, nos dias que correm, naquilo que

guarda relação de pertinência com a matéria criminal, na busca de uma paz social justa que ampare os direitos fundamentais do homem, ganham força os esforços de todos quantos se mantêm atentos à efetivação das garantias, dos princípios (cuja origem mais remota deita raízes nos ideais da Revolução Francesa e do Iluminismo) que devem ser, por sua importância, em todas as relações jurídicas, observados, como o princípio da intervenção mínima e o princípio da intervenção legalizada do poder punitivo do Estado.

Essas são, em suma, as conclusões tópicas subjacentes à construção teórica desenvolvida. Destacar (e, sobretudo, avaliar) as muitas e expressivas controvérsias geradas pela aplicação prática do instituto da continuidade delitiva – tanto a respeito das variegadas concepções jurídicas quanto dos enfoques político-criminais antagônicos delas obtidas – constituiu-se em um objetivo desta pesquisa de envolta com a atualização das decisões jurisprudenciais.

Referências bibliográficas

ACALE SÁNCHEZ, María. *El tipo injusto en los delitos de mera actividad*. Granada: Comares, 2000.

AGUIAR, Roberto A. R. de. *O que é justiça*: uma abordagem dialética. São Paulo: Alfa-Omega, 1982.

AGUIAR JÚNIOR, Ruy Rosado de. *Aplicação da pena*. 5ª ed. Porto Alegre: Livraria do Advogado: AJURIS, 2013.

ALMEIDA, Carlos Ferreira. *Introdução ao direito comparado*. Coimbra: Almedina, 1998.

AMARAL FILHO, Adilson Paulo Prudente do. "O reingresso de estrangeiro – crime instantâneo ou permanente?". *In Revista Brasileira de Ciências Criminais*. São Paulo: Revista dos Tribunais, nov./dez. (ano 13) 2005.

AMARO, Mohamed. *Código Penal na expressão dos tribunais*. São Paulo: Saraiva, 2007.

AMBROSETTI, Enrico Mario. *Problemi attuali in tema di reato continuato*. Padua: Cedam, 1991.

AMERICANO, Odin. *Manual de direito penal*: parte geral. São Paulo: Saraiva, 1985.

——. *Do crime continuado*. Belo Horizonte: [s/e], 1956.

ANCEL, Marc. "Reflexiones sobre estudios de derecho penal comparado." *In Problemas actuales de las ciencias penales y la filosofía del derecho en homenaje al profesor Luis Jiménez de Asúa*. Buenos Aires: Pannedille, 1970.

ANDREUCCI, Ricardo Antonio. *Legislação penal especial*. 12ª ed. São Paulo: Saraiva, 2017.

——. *Comentários ao projeto de Código Penal*: parte geral. São Paulo: J. de Oliveira, 2001.

ANDREUCCI, Ricardo Antunes. *Direito penal e criação judicial*. São Paulo: RT, 1989.

——. *Estudos e pareceres de direito penal*. São Paulo: RT, 1982.

——. "Apontamentos sobre o crime complexo". *In Ciência Penal*. São Paulo: José Bushatsky, 1973. vol. 1.

ANTOLISEI, Francesco; CONTI, Luigi. *Istituzioni di diritto penale*. Milano: Giuffrè, 2000.

——. *Manual de derecho penal*: parte general. Colombia: Editorial Temis, 1988.

AQUINO, José Carlos G. Xavier de; NALINI, José Renato. *Manual de processo penal*. São Paulo: Saraiva, 1997.

ARANGO DURLING, Virginia. *Consecuencias jurídicas del delito*. Panamá: Ediciones Panamá Viejo, 2003.

ARAS, Vladimir. "O sistema de cooperação penal Brasil/Estados Unidos." *In Cooperação jurídica internacional em materia penal*. BALTAZAR JÚNIOR, José Paulo; LIMA, Luciano Flores de (orgs.). Porto Alegre: Verbo Jurídico, 2010.

ARAÚJO, Francisco. "Da aplicação da pena em crime continuado ante a reforma de 1984". *In Revista dos Tribunais*. São Paulo: RT, 1987, vol. 615.

ARCE AGGEO, Miguel Ángel. *Sistema del delito*: una visión del derecho penal desde la teoría de los sistemas y la ontología del lenguaje. Buenos Aires: Editorial Universidad, 2006.

——. *Concurso de delitos en materia penal*. Buenos Aires: Editorial Universidad, 1996.

ARGIBAY MOLINA, Jose; DAMIANOVICH, Laura T. A.; MORAS MOM, Jorge R.; VERGARA, Esteban R. *Derecho penal*: parte general. Buenos Aires: EDIAR, 1972. vol. 1, (1972a) e vol. 2 (1972b).

ARRUDA, Samuel Miranda. *Drogas*: aspectos penais e processuais penais. São Paulo: Método, 2007.

ASHWORTH, Andrew. *Sentencing and Criminal Justice*, 4th edn. Oxford: Cambridge University Press, 2006.

ASSIER-ANDRIEU, Louis. *O direito nas sociedades humanas*. Tradução de Maria Ermantina Galvão. São Paulo: Martins Fontes, 2000.

ASSIS TOLEDO, Francisco de. *Princípios básicos de direito penal*. 5ª ed. São Paulo: Saraiva, 2000.

——. *O erro no direito penal*. São Paulo: Saraiva, 1977.

——. "Aspectos da aplicação da pena no Anteprojeto de reforma do Código Penal." *In Ciência Penal:* doutrina, jurisprudência, legislação. Ano VII, nº 1. Rio de Janeiro: Forense, 1982.

ATIENZA, Manuel. *El sentido del Derecho*. Barcelona: Planeta, 2012.

AVENA, Norberto. *Execução penal*. São Paulo: Método, 2014.

AVILA, Juan José. "Algunas ideas sobre el problema del concurso ideal". *In Revista Jurídica Argentina La Ley*: Derecho Penal: Doctrinas esenciales (1936-2010). Edgardo A. Donna (director). Tomo II. Buenos Aires: La Ley, 2010.

AZEVEDO, David Teixeira de. *Dosimetria da pena*: causas de aumento e diminuição. São Paulo: Malheiros, 1998.

AZEVEDO, Patrícia Boni de (Org.). *Falsidade documental*, Série Jurisprudência. Rio de Janeiro: Esplanada, 1998.

AZEVEDO, Plauto Faraco de. *Ecocivilização*: ambiente e direito no limiar da vida. 2ª ed. São Paulo: Revista dos Tribunais, 2008.

——. *Crítica à dogmática e hermenêutica jurídica*. 4ª reimpressão. Porto Alegre: Fabris, 1989.

AZEVEDO, Tupinambá Pinto de. "Retroatividade *erga omnes* da decisão penal benigna". *In Escritos de direito e processo penal em homenagem ao professor Paulo Cláudio Tovo*. Rio de Janeiro: Lumen Juris, 2002.

BACIGALUPO, Enrique. "¿Qué importancia tiene la discusión dogmática actual respecto de la jurisprudencia?" *In Direito penal como crítica da pena*: estudos em homenagem a Juarez Tavares por seu 70° aniversário em 2 de setembro de 2012. Luís Greco e Antonio Martins (orgs.). Madrid: Marcial Pons, 2012.

——. *Derecho penal*: parte general. 2ª ed. Buenos Aires: Hammurabi, 1999.

——. *Principios de derecho penal*: parte general. 2ª ed. Madrid: Akal, 1994.

——. *Lineamientos de la teoría del delito*. 2ª ed. Buenos Aires: Hammurabi, 1989.

BADARÓ, Gustavo Henrique. *Processo penal*. 2ª ed. Rio de Janeiro: Elsevier, 2014.

——; BOTTINI, Pierpaolo Cruz. *Lavagem de dinheiro*: aspectos penais e processuais penais: comentarios à Lei 9.613/1998, com as alterações da Lei 12.683/2012. 3ª ed. São Paulo: RT, 2017.

BALTAZAR JUNIOR, José Paulo. *Crimes federais*. 11ª ed. São Paulo: Saraiva, 2017.

——. "Extradição passiva na jurisprudência do STF." *In Cooperação jurídica internacional em materia penal*. BALTAZAR JÚNIOR, José Paulo; LIMA, Luciano Flores de (orgs.). Porto Alegre: Verbo Jurídico, 2010.

——. *Sentença penal*. 3ª ed. Porto Alegre: Verbo Jurídico, 2007.

——. *O crime de omissão no recolhimento de contribuições sociais arrecadadas*: Lei 8.212/91, art. 95, *d*. Porto Alegre: Livraria do Advogado, 2000.

——. *Direito previdenciário*: aspectos materiais, processuais e penais. Coord. Vladimir Passos de Freitas. Porto Alegre: Livraria do Advogado, 1998.

BANDEIRA DE MELLO, Celso Antônio. *Curso de direito administrativo*. 28ª ed. São Paulo: Malheiros, 2011.

BARBOSA, Daniel Marchionatti. "Da poluição e outros crimes ambientais". *In Crimes ambientais*: estudos em homenagem ao Des. Vladimir Passos de Freitas. José Paulo Baltazar Júnior (org.). Porto Alegre: Verbo Jurídico, 2010.

BARBOSA, Marcelo Fortes. *Direito penal atual (estudos)*. São Paulo: Malheiros, 1996.

——. *Latrocínio*. São Paulo: Malheiros, 1994.

——. "A conexão penal". *In Revista Brasileira de Ciências Criminais*. Ano I, nº 3, jul./set. 1993.

——. *Concurso de normas penais*. São Paulo: RT, 1976.

——. "Do crime continuado". *In Justitia*, ano XXXV, 4º Trimestre de 1973, v. 83.

BARRIOS GONZÁLEZ, Boris. *Estudio de derecho procesal penal panameño*. Tomo 1. 5ª ed. Panamá: Jurídica Ancón, 2011.

BARROS, Flávio Augusto Monteiro de. *Direito penal*: parte geral. 9ª ed. São Paulo: Saraiva, 2011, vol. 1.

BARROS, Marco Antonio. *Lavagem de capitais e obrigações civis correlatas*: com comentários, artigo por artigo, à Lei 9.613/1998. 3ª ed. São Paulo: RT, 2012.

BARROS, Orlando Mara de. *Dicionário de classificação de crimes*. 8ª ed. Rio de Janeiro: Liber Juris, 1998.

BARROSO, Luís Roberto. "A razão sem voto: o Supremo Tribunal Federal e o governo da maioria". *In Brasileira de Políticas Públicas* / Programa de Mestrado e Doutorado em Direito do UniCEUB. – vol. 5, número especial. Brasília: UniCEUB, 2015.

BARROSO FILHO, José. *Crime continuado no Código Penal Militar*: uma análise constitucional. Disponível na internet: www.ibccrim.org.br, 05.05.2003.

BATISTA, Nilo. *Introdução crítica ao direito penal brasileiro*. 12ª ed. Rio de Janeiro: Revan, 2011.

——. *Lições de direito penal falimentar*. Rio de Janeiro: Revan, 2006.

——. *Concurso de agentes*: uma investigação sobre os problemas da autoria e da participação no direito penal brasileiro. 3ª ed. Rio de Janeiro: Lumen Juris, 2005.

BATISTA, Vera Malaguti. *Introdução crítica à criminologia brasileira*. Rio de Janeiro: Revan, 2011.

——. "A questão criminal no Brasil contemporâneo." *In Margem Esquerda* – ensaios marxistas. n° 8. São Paulo: Boitempo Editorial, 2006.

BATISTA, Weber Martins. *Direito penal e direito processual penal*. Rio de Janeiro: Forense, 1997.

BATISTA GONZÁLEZ, Maria Paz. "La responsabilidad penal de los órganos de la empresa." *In Derecho penal económico*. BACIGALUPO, Enrique (Org.). Buenos Aires: Hammurabi, 2000.

BATTAGLINI, Giulio. *Direito penal*: parte geral. Tradução de Paulo José da Costa Jr. e Armida Bergamini Miotto. São Paulo: Saraiva, Editora da Universidade de São Paulo, 1973. vol. 2.

BAYARDO BENGOA, Fernando. *Derecho penal uruguayo*. T. II. 2ª ed. Montevideo: Centro Estudiantes de Derecho, 1970.

BECKER, Howard S. *Outsiders: estudos de sociologia do desvio*. Tradução Maria Luiza X. de Borges e revisão técnica de Karina Kuschnir. Rio de Janeiro: Zahar, 2008.

BENEDETTI, Carla Rahal. "*Criminal Compliance*: instrumento de prevenção criminal corporativa e transferência de responsabilidade criminal." *In Revista de Direito Bancário e do Mercado de Capitais*. São Paulo, v. 59, jan./mar. 2013.

BENETI, Sidnei Agostinho. *Execução penal*. São Paulo: Saraiva, 1996.

BENTHAM, Jeremías. *El panóptico*. Madrid: Las Ediciones de la Piqueta, 1989.

BERDUGO GÓMEZ DE LA TORRE, Ignacio; ARROYO ZAPATERO, Luis; FERRÉ OLIVÉ, Juan Carlos; GARCÍA RIVAS, Nicolás; SERRANO PIEDECASAS, José Ramón; TERRADILLOS BASOCO, Juan. *Curso de derecho penal*: parte general. Barcelona: Ediciones Experiencia, 2004.

BERLA, Gabriel Vieira. "Reincidência: uma perspectiva crítica de um instituto criminógeno". *In Direito penal*, v. 4. Alberto Silva Franco e Guilherme de Souza Nucci (organizadores). São Paulo: Revista dos Tribunais, 2010.

BETANCOURT, Eduardo. *Introducción al derecho penal*. Séptima edición corrigida e aumentada. México: Editorial Porruá, 1999.

BETTIOL, Giuseppe. *Direito penal*. Tradução brasileira e anotações dos Professores Paulo José da Costa e Alberto Silva Franco. Notas do Professor Everardo da Cunha Luna. São Paulo: Revista dos Tribunais, 1971. vol. 2.

——; BETTIOL, Rodolfo. *Istituzioni di diritto e procedura penale*. 7ª ed. Padova: Cedam, 2000.

BÉZE, Patricia Mothé Glioche. *Novas tendências do concurso formal e crime continuado*. Rio de Janeiro: Renovar, 2015.

BIANCHINI, Alice; GOMES, Luiz Flávio; CUNHA; Rogério Sanches; OLIVEIRA; William Terra. *Lei de Drogas comentada*: artigo por artigo: Lei 11.343, de 23.08.2006. São Paulo: RT, 2013.

——; GARCIA-PABLOS DE MOLINA, Antonio; GOMES, Luiz Flávio. *Direito penal*: introdução e princípios fundamentais. 2ª ed., rev. atual. e ampl. São Paulo: RT, 2009.

——. *Pressupostos materiais mínimos da tutela penal*: São Paulo: Revista dos Tribunais, 2002.

BIERRENBACH, Sheila. *Crimes omissivos impróprios*: uma análise à luz do Código Penal brasileiro. 2ª ed. rev. e atual. Belo Horizonte: Del Rey, 2002.

BISSOLI FILHO, Francisco. *Estigmas da criminalização*: dos antecedentes à reincidência criminal. Florianópolis: Obra Jurídica, 1998.

BITENCOURT, Cezar Roberto. *Tratado de direito penal*: parte geral. 17ª ed. São Paulo: Saraiva, 2012.

——; PRADO, Luiz Regis. *Código Penal anotado e legislação complementar*. São Paulo: RT, 1999.

BIZZOTTO, Alexandre. *A inversão ideológica do discurso garantista*: a subversão da finalidade das normas constitucionais de conteúdo limitativo para a ampliação do sistema penal. Rio de Janeiro: Lumen Juris, 2009.

BLIECK, Luck A. *Algemene wet inzak rijksbelastingen*. Kluwer: Deleventer, 2009.

BOCKELMANN, Paul; VOLK, Klaus. *Direito penal*: parte geral. Tradução de Gercélia Batista de Oliveira Mendes. Belo Horizonte: Del Rey, 2007.

BONFIM, Edilson Mougenot. *Código de Processo Penal anotado*. 6ª ed. São Paulo: Saraiva, 2017.

BOSCHI, José Paganella. *Das penas e seus critérios de aplicação*. 7ª ed. Porto Alegre: Livraria do Advogado, 2014.

——. *Das penas e seus critérios de aplicação*. Porto Alegre: Livraria do Advogado, 2000.

——. *Ação penal*: denúncia, queixa e aditamento. Rio de Janeiro: Aidê, 1997.

BOSCHI, Marcus Vinicius. *Da retroatividade da jurisprudência penal mais benigna*. Dissertação (Mestrado em Ciências Criminais) – Faculdade de Direito, Pontifícia Universidade Católica do Rio Grande do Sul, Porto Alegre, 2003.

BOULOC, Bernard. *Droit pénal général*. 23 édition. Paris: Dalloz, 2013.

BRANDÃO, Cláudio. *Teoria jurídica do crime*. Rio de Janeiro: Forense, 2001.

BRANDÃO, Nuno. "Contrastes jurisprudenciais: problemas e respostas processuais penais". *In* Liber discipulorum *para Jorge de Figueiredo Dias*. ANDRADE, Manuel da Costa. Coimbra: Coimbra Editora, 2003.

——. *Branqueamento de capitais*: o sistema comunitário de prevenção. Coimbra: Coimbra, 2002.

BRUM, Nilo Bairros de. *Requisitos retóricos da sentença penal*. São Paulo: Revista dos Tribunais, 1980.

BRUNO, Aníbal. *Direito penal*: parte geral. São Paulo: Forense, 2003. t. 1.

——. *Direito penal*: parte geral. Rio de Janeiro: Forense. t. 1 (1959), t. 2 (1984a) e t. 3 (1984b).

——. *Das penas*. Rio de Janeiro: Rio, 1976.

——. *Comentários ao Código Penal*. Arts. 28 a 74. Rio de Janeiro: Forense, 1969.

BRUTAU, José Puig. *A jurisprudencia como fonte do direito*. Tradução de Lenine Nequete. Coleção AJURIS/5: Porto Alegre, 1977.

BURDEAU, Georges. *O poder executivo na França*. Tradução de João Cláudio Dantas Campos. Belo Horizonte: Revista de Estudos Políticos, 1961.

BUSATO, Paulo César. *Direito penal*: parte especial (artigos 235 a 361 do CP). 3. São Paulo: Atlas, 2016.

——. *Direito penal*: parte geral. São Paulo: Atlas, 2015.

——. *Fundamentos para um direito penal democrático*. 4ª ed. São Paulo: Atlas, 2013.

BUSTOS RAMÍREZ, Juan José. *Introducción al derecho penal*. 2ª ed. Santa Fé de Bogotá: Temis S.A., 1994.

——; HORMAZÁBAL MALARÉE, Hernán. *Nuevo sistema de derecho penal*. Madrid: Trotta, 2004.

CAETANO, Marcelo. *Princípios fundamentais do direito administrativo*. Rio de Janeiro: Forense, 1989.

CAIROLI MARTINEZ, Milton. *Curso de derecho penal uruguayo*. Montevideo: Fundación de Cultura Universitária, 1988. t. 2.

CALAMANDREI, Piero. *Processo e democrazia*. Conferenze tenute ala Falcoltà di Diritto dell'Università Nazionale del Messico. Padova: Cedam, 1954.

CÂMARA, Luiz Antônio. *Concurso formal e material*. Curitiba: Juruá, 1999.

CAMPOS, Alberto. *Introduccion a la teoria del delito*. Buenos Aires: Abeledo-Perrot, 1978.

CAMPOS, Teresinha Borges. *Das penas privativas de liberdade às penas alternativas*. Coimbra: Almedina, 2010.

CAMPOS, Virgílio. "Crime continuado." *In Revista do Ministério Público*. Porto Alegre, n° 7/8, 1°/2° sem., 1976.

CANÊDO, Carlos. *O genocídio como crime internacional*. Belo Horizonte: Del Rey, 1999.

CANTARERO BANDRÉS, Rocío. *Problemas penales y procesales del delito continuado*. Barcelona: PPU, 1990.

CAPEZ, Fernando. *Curso de direito penal*: parte geral. 15ª ed. São Paulo: Saraiva, 2011. vol. 1.

——. *Curso de processo penal*. 17ª ed. São Paulo: Saraiva, 2010.

CAPPELLETTI, Mauro. *Juízes legisladores?* Porto Alegre: Fabris, 1993.

——. *Juízes irresponsáveis?* Porto Alegre: Fabris, 1989.

CARAMUTI, Carlos S. *Concurso de delitos*. Buenos Aires: Hammurabi, 2005.

CARBASSE, Jean-Marie. *Histoire du droit pénal et de la justice criminelle*. Paris: Presses Universitaires de France, 2000.

CARNELUTTI, Francesco. *Teoría general del delito*. Madrid: Revista de Derecho Privado, 1952.

CARRANCÁ Y TRUJILLO, Raúl; CARRANCÁ Y RIBAS, Raúl. *Derecho penal mexicano*: parte general. 20° edición. México: Porrúa, 1999.

CARRANZA TAGLE, Horacio A. *Introducción al concurso de delitos*: criterios sobre unidad y pluralidad delictiva. Buenos Aires: Bdef, 2011.

——. "Concurso de delitos. Caracterización. Diferencias con el concurso aparente de leyes." *In Temas de derecho penal*. José Antonio Buteler (org.). Córdoba: Advocatus, 1999.

CARRARA, Francesco. *Programa del corso di diritto criminale*. Parte Generale. Florença: Fratelli Cammelli, 1924. vol. 1.

CARVALHO, Américo A. Taipa de. *Direito penal*: parte geral. Vol. II. Teoria geral do crime. Porto: Publicações Universidade Católica, 2004.

——. *Sucessão de leis penais*. Coimbra: Coimbra Editora, 1990.

CARVALHO, Ivan Lira de. "Notas sobre o crime continuado." *In Revista dos Tribunais*, ano 88, março de 1999. vol. 76.

CARVALHO, Salo de. *Penas e medidas de segurança no direito penal brasileiro*. 2ª ed. São Paulo: Saraiva, 2015.

——. *Penas e garantias*: uma leitura do garantismo de Luigi Ferrajoli no Brasil. Rio de Janeiro: Lumen Juris, 2001.

CARVALHO FILHO, Aloysio de; ROMEIRO, J. Alberto. *Comentários ao Código Penal*. Rio de Janeiro: Forense, 1979. vol. 4.

CARVALHO FILHO, Luís Francisco. *A prisão*. São Paulo: Publifolha, 2002.

CASAS NÓBLEGA, Carlos. *Algunos temas penales en la posmodernidad*. Córdoba: Advocatus, 2000.

CASTELLÓ NICÁS, Nuria. *El concurso de normas penales*. Granada: Calmares, 2000.

CASTELO BRANCO, Tales. *Da prisão em flagrante*. 3ª ed. São Paulo: Saraiva, 1986.

CASTILLO, Francisco. *El concurso de delitos en el derecho penal costarricense*. San José, Litografía Lil S.A., 1981.

CASTIÑEIRA, Maria T. *El delito continuado*. Barcelona: Bosch, 1977.

CAVALCANTI, Themístocles Brandão. *Tratado de direito administrativo*. 4ª ed. Rio de Janeiro: Freitas Bastos, 1960. vol. 1.

CEREZO MIR, José. *Derecho penal*: parte general. São Paulo: Revista dos Tribunais; Lima: ARA Editores, 2007.

——. "El tratamiento penal de los delincuentes habituales". *In Revista de Derecho Penal y Processual Penal*. Buenos Aires, 2005, n. 12.

——. *Curso de derecho penal español*: parte general. 5ª ed. Madrid: Editorial Tecnos, 1996. vol. 2.

CERNICCHIARO, Luiz Vicente. *Questões penais*. Belo Horizonte: Del Rey, 1998.

——. "Código Penal – Concurso de Pessoas. Crime Continuado. Penas – Aplicação e Execução". *In Revista Brasileira de Ciências Criminais*. São Paulo, out./dez. 1994.

——. *Direito penal na Constituição*. São Paulo: Revista dos Tribunais, 1990.

——. *Estrutura do direito penal*. 2.ª ed. São Paulo: Bushatsky, 1976.

——. *Dicionário de direito penal*. São Paulo: Bushatsky, 1974.

CHOCLÁN MONTALVO, José Antonio. *El delito continuado*. Madrid: Marcial Pons, 1997.

CHOUKR, Fauzi Hassan. *Júri*: reformas, continuísmos e perspectivas práticas. Rio de Janeiro: Lumen Juris, 2009.

——. *Código de Processo Penal*: comentários consolidados e crítica jurisprudencial. 6ª ed. São Paulo: Saraiva, 2014.

CIRNE LIMA, Ruy (atualização de PASQUALINI, Paulo). *Princípios de direito administrativo*. São Paulo: Malheiros, 2007.

——. *Sistema de direito administrativo brasileiro*. Porto Alegre: Gráfica Editora Santa Maria, 1953.

CLÈVE, Clèmerson Merlin. *O direito e os direitos*: elementos para uma crítica do direito contemporâneo. São Paulo: Max Limonad, 2001.

COBO DEL ROSAL, Manuel; VIVES ANTÓN, Tomás S.. *Derecho penal*: parte general. 5ª ed. Valencia: Tirant lo Blanch, 1999.

COELHO, Inocêncio Mártires. "Apontamentos para um debate sobreo ativismo judicial". *In Brasileira de Políticas Públicas* / Programa de Mestrado e Doutorado em Direito do UniCEUB. – vol. 5, número especial. Brasília: UniCEUB, 2015.

COELHO, Walter. *Teoria geral do crime*. 2ª ed., revista. Porto Alegre: Fabris e FESMPRS, 1998. vol. 1.

COHEN, Stanley. "The Punitive City: Notes on the Dispersal of social control". *In Contemporary Crises 3*. Amsterdam: Elsevier Scientific Publishing Company, 1979.

Coletânea temática de jurisprudência: Direito Penal e Processual Penal / Supremo Tribunal Federal – Brasília: Secretaria de Documentação, Supremo Tribunal Federal, 2013.

CONDÉ, Bertho. *Revista de Direito Penal* – Órgão Oficial da Sociedade Brasileira de Criminologia – debates. Doutrina, decisões. Rio de Janeiro: Livraria Jacinto, 1933. vol. 2, Fasc. III.

CONSTANTINO, Carlos Ernani. *Delitos ecológicos*: a lei ambiental comentada artigo por artigo: aspectos penais e processuais penais. São Paulo: Atlas, 2001.

CORRÊA, Márcia. *Caráter fundamental da inimputabilidade na Constituição*. Porto Alegre: Fabris, 1988.

CORREA, Pedro. *El delito continuado*. Buenos Aires: Abeledo-Perrot, 1959.

CORREIA, Eduardo Henriques da Silva. *A teoria do concurso em direito criminal*. Coimbra: Livraria Almedina, 1963.

COSTA, Álvaro Mayrink da. *Execução penal*. Rio de Janeiro: GZ Editora, 2016.

——. *Direito penal*: parte geral. 1ª ed. Rio de Janeiro: GZ, 2015.

——. *Código Penal comentado*. Parte geral; Parte especial. Rio de Janeiro: LMJ Mundo Jurídico, 2013.

——. *Crime militar*. 2ª ed. Rio de Janeiro: Lumen Juris, 2005.

——. *Casos em matéria criminal*. Rio de Janeiro: Forense, 1994.

COSTA, Carlos Adalmyr Condeixa da. *Dolo no tipo*. Teoria da ação finalista no direito penal. Rio de Janeiro: Liber Juris, 1989.

COSTA, Helena Regina Lobo da. *Direito penal econômico e direito administrativo sancionador*: *ne bis in idem* como medida de política sancionadora integrada. São Paulo: Tese (Livre Docência). Faculdade de Direito Penal/USP, 2013.

COSTA, Leonardo Luiz de Figueiredo. *Curso básico de direito penal*: parte especial. Arts. 121 a 183 do Código Penal. Rio de Janeiro: Lumen Juris, 2005. t. 1.

COSTA E SILVA, Antônio José da. *Código Penal brasileiro*. Arts. 1-74. São Paulo: Companhia Editora Nacional, 1943. vol. 1.

COSTA JÚNIOR, Paulo José da. *Curso de direito penal*. São Paulo: Saraiva, 2009.

——. *Código Penal comentado*. 9ª ed. São Paulo: DPJ Editora, 2007.

——. *Direito penal*: curso completo. 8ª ed. rev. e consolidada em um único volume. São Paulo: Saraiva, 2000.

——. "Crime permanente". *In Justitia*. São Paulo: Ministério Público de São Paulo. Ano XXVII, 4º Trimestre de 1965. vol. 51.

——. "O concurso de crimes no anteprojeto". *In Revista Brasileira de Criminologia e Direito Penal*. Ano I [nova fase], jan./mar. 1964.

COUSIÑO MAC IVER, Luis. *Derecho penal chileno*: parte general. T. I. Santiago de Chile: Jurídica de Chile, 1975.

COUTINHO, Jacinto Nelson de Miranda. "Crime continuado e unidade processual." *In Estudos criminais em homenagem a Evandro Lins e Silva*. São Paulo: Método, 2001.

CUELLO, Eugenio. *Derecho penal*: parte general. Barcelona: Bosch, 1943. t. 1.

CUELLO CONTRERAS, Joaquín. *La frontera entre el concurso de leyes y el concurso ideal de delitos*: la función de la normativa concursal. Anuario de derecho penal e ciencias penales. Serie 1, n.º 3, jan./abr. 1984.

CUERDA RIEZU, Antonio. "El concurso de delitos en el borrador de anteproyecto de Código Penal de 1990." *In Anuario de Derecho Penal y Ciencias Penales*. Madrid, 1991. t. XLIV, Fasc. 1.

CUNHA, Maria Ferreira da. "Questões actuais em torno de uma 'vexata quaestio': o crime continuado." *In Estudos em homenagem ao Prof. Doutor Jorge de Figueiredo Dias*. Volume II. COSTA ANDRADE, Manuel; ANTUNES, Maria João; SOUSA, Susana Aires de (organizadores). Coimbra: Coimbra Editora, 2009.

——. *Constituição e crime*: uma perspectiva da criminalização e da descriminalização. Porto: Universidade Católica Portuguesa, 1995.

CUNHA, Paulo Ferreira da. *Constituição, direito e utopia*: do jurídico-constitucional nas utopias políticas. Coimbra: Universidade de Coimbra – Boletim da Faculdade de Direito, 1996.

CUNHA, Rogério Sanches. *Direito penal VI*. Parte especial. Dos crimes contra a administração pública (arts. 312 a 359-H). São Paulo: Revista dos Tribunais: LFG, 2006. vol. 10.

——. "Comentários aos arts. 311, 312, 313, 314 e 315 do CPP." *In Prisão e medidas cautelares*: comentários à Lei 12.403, de 4 de maio de 2011. 3ª ed. Luiz Flávio Gomes e Ivan Luís Marques (orgs.). São Paulo: Revista dos Tribunais, 2012a.

——. *Execução penal para concursos*. Salvador: Editora Jus Podivm, 2012b.

CURVELO, Alexandre Schubert. "O paradoxo da regra de prescrição no direito administrativo: a questão da imprescritibilidade da ação de re ressarcimento por dano ao erário." *In Prescrição penal*: temas atuais e controvertidos. FAYET JUNIOR, Ney (org.). Livraria do Advogado: Porto Alegre, 2009. vol. 2.

——; RUARO, Regina Linden. "O poder regulamentar (autônomo) e o Conselho Nacional de Justiça – Algumas anotações sobre o poder regulamentar autônomo no Brasil." *In RT*. Ano 96, abril, 2007. vol. 858.

CURY URZÚA, Enrique. *Derecho penal*: parte general. 8ª ed. Santiago: Ediciones Universidad Católica de Chile, 2005.

——. "El delito continuado." *In Revista de Ciencias Penales*, mai./ago. de 1959. vol. 18, fasc. 2.

CRESPO, Eduardo Demetrio. *Prevención general e individualización judicial de la pena*. Salamanca: Ediciones Universidad de Salamanca, 1999.

CREUS, Carlos. *Esquema de derecho penal*: parte general. Buenos Aires: Editorial Astrea, 1993.

D'ALESSIO, Andrés; DIVITO, Mauro A. *Código Penal comentado y anotado*. 2ª edición actualizada y ampliada. Buenos Aires: La Ley, 2009.

D'ALMEIDA, Luís. *O 'concurso de normas' em direito penal*. Coimbra: Livraria Almedina, 2004.

D'ÁVILA, Fábio Roberto. *Ofensividade em direito penal*: escritos sobre a teoria do crime como ofensa a bens jurídicos. Porto Alegre: Livraria do Advogado, 2009.

DAVID, René. *Os grandes sistemas do direito contemporâneo*. Tradução Hermínio A. Carvalho. São Paulo: Martins Fontes, 1993.

DE CARLI, Carla Veríssimo. *Lavagem de dinheiro*: ideologia da criminalização e análise do discurso. 2ª ed. Porto Alegre: Verbo Jurídico, 2012.

DECOMAIN, Pedro. *Código Penal alemão*. Tradução, comparação e notas. Porto Alegre: Núria Fabris, 2014.

——. *Crimes contra a ordem tributária*. 3ª ed. revista, atualizada e ampliada. Florianópolis: Obra Jurídica, 1997.

DELMANTO, Celso; DELMANTO, Roberto; DELMANTO JÚNIOR, Roberto; DELMANTO, Fabio M. Almeida. *Código Penal comentado*. 9ª ed. Rio de Janeiro: Saraiva, 2016.

DELMANTO, Roberto; DELMANTO JÚNIOR, Roberto; DELMANTO, Fabio M. Almeida. *Leis penais especiais comentadas*. 2ª ed. São Paulo: Saraiva, 2014.

DEL'OLMO, Florisbal de Souza. *Curso de direito internacional público*. 5ª ed. Rio de Janeiro: Forense, 2011.

——. *A extradição no alvorecer do século XXI*. Rio de Janeiro: Renovar, 2007.

DELPINO, Luigi. *Diritto penale*: parte generale. Napoli: Esselibri, 2009.

DEMERCIAN, Pedro Henrique; MALULY, Jorge Assaf. *Curso de processo penal*. 9ª ed. Rio de Janeiro: Forense, 2014.

DESPORTES, Frédéric; LE GUNEHEC, Francis. *Droit pénal général*. Paris: Economica, 2009.

DEZEM, Guilherme Madeira. *Curso de processo penal*. São Paulo: Revista dos Tribunais, 2015.

DI PIETRO, Maria Sylvia. *Direito administrativo*. 14ª ed. São Paulo: Atlas, 2002.

DIAS, Eduardo Rocha. *Sanções administrativas aplicáveis a licitantes e contratados*. São Paulo: Dialética, 1997.

DÍEZ RIPOLLÉS, José Luis. "La política legislativa penal iberoamericana a principios del siglo XXI." *In La política legislativa penal iberoamericana en cambio de siglo*. Una perspectiva comparada (2000-2006). José Luis Díez Ripollés y Octavio García Pérez (coordinadores). Madrid: EDISOFER, 2008.

——. *La racionalidad de las leyes penales*. Práctica y teoría. Madrid: Trotta, 2003.

DOHNA, Alexander Graf zu. *La estructura de la teoría del delito*. Tradución de la cuarta edición alemana por Carlos Fontán Balestra con la colaboración de Eduardo Friker. Buenos Aires: Abeledo-Perrot, 1958.

DONNEDIEU DE VABRES, Henri. *Traité de droit criminel et de legislation penale comparee*. 3ª édition – complétée et mise à jour. Paris: Libraire du Recueil Sirey, 1947.

DONOFRIO, Anthony J. "The Double Jeopardy Clause of the Fifth Amendment: The Supreme Court's Cursory Treatment of Underlying Conduct in Successive Prosecutions." *In Journal of Criminal Law and Criminology*, 83, [4], 1993, p. 773–803.

DOTTI, René Ariel. *Curso de direito penal*: parte geral. 5ª ed. rev. e ampl. com a colaboração de Alexandre Knopfholz e Gustavo Britta Scandelari. São Paulo: Revista dos Tribunais, 2013a.

——. "Algumas notas sobre o crime continuado." *In Boletim IBCCrim*, nº 246, ano 21, maio de 2013b.

——. "Duas questões relevantes: quadrilha (ou bando) e crime continuado." *In Boletim do IBCCrim*, ano 10, edição especial, outubro de 2002.

——. *Bases e alternativas para o sistema de penas*. 2ª ed. São Paulo: Revista dos Tribunais, 1998.

——. "Conceitos e distorções da Lei nº 9.099/95 – temas de direito e processo penal." *In Juizados especiais criminais*: interpretação e crítica. PITOMBO, Antônio Sérgio de Moraes (org.). São Paulo: Malheiros, 1997.

——. "O novo sistema de penas." *In Reforma penal*. ASSIS TOLEDO, Francisco de; e outros. São Paulo: Saraiva, 1985.

——. "Revisão do crime continuado." *In Separata da Revista da Faculdade de Direito da Universidade Federal do Paraná*. Curitiba: Faculdade de Direito da UFPR, 1969. vol. 12.

DREYER, Emmanuel. *Droit pénal général*. 2 édition. Paris: LexisNexis, 2012.

DUARTE, Jorge Dias. "Crime de lenocínio: unidade ou pluralidade de infracção." *In Sub Judice*: Justiça e Sociedade. Coimbra, nº 26, p. 31-35, out./dez., 2003.

DUARTE, Jorge Manuel Vaz Monteiro Dias. *Branqueamento de capitais*: o regime do D. L. 15/93, de 22 de janeiro, e a normativa internacional. Porto: Publicações Universidade Católica, 2002.

DUARTE, José. *Comentários à lei das contravenções penais*. Rio de Janeiro: Forense, 1944.

——. "Lugar do crime: art. 4° do Código Penal." *In Revista Forense*, Rio de Janeiro, ano XXXIX, agos./1942.

ELBERT, Carlos Alberto. *Novo manual básico de criminologia*. Tradução de Ney Fayet Júnior. Porto Alegre: Livraria do Advogado, 2009.

ENGISH, Karl. *Introdução ao pensamento jurídico*. 6ª ed. Lisboa: Fundação Calouste Gulbenkian, 1988.

ESCUCHURI AISA, Estrella. "Los principios de *non bis in idem* y de íntegra valoración del hecho en el marco del concurso de leyes." *In Ciências Penais* [Revista da Associação Brasileira de Professores de Ciências Penais], ano 6, v. 10, jan./jun. São Paulo: RT, 2009.

——. "Unidade de ação e pluralidade delitiva." Tradução de Robervani Pierin do Padro. *In Ciências Penais* [Revista da Associação Brasileira de Professores de Ciências Penais], ano 3, v. 5, jul./dez. São Paulo: RT, 2006.

——. *Teoría del concurso de leyes y de delitos*. Bases para una revisión crítica. Granada: Comares, 2004.

——. "El concurso de leyes y de delitos." *In Derecho penal*: parte general (introducción; teoría jurídica del delito). Carlos María Romeo Casabona, Esteban Sola Reche y Miguel Ángel Boldova Pasamar (Coordinadores). Granada: Comares, 2013.

ESPÍNOLA FILHO, Eduardo. *Código de Processo Penal brasileiro anotado*. Campinas: Bookseller, 2000. t. 6.

ESTEFAM, André. *Direito penal*: parte geral (arts. 1º a 120). 5ª ed. São Paulo: Saraiva, 2016.

——; GONÇALVES, Victor. *Direito penal esquematizado*: parte geral. São Paulo: Saraiva, 2012.

FALCÓN Y TELLA, María José; FALCÓN Y TELLA, Fernando. *Fundamento e finalidade da sanção. Existe um direito de castigar?* Tradução Cláudia de Miranda Avena. Revisão Luiz Flávio Gomes. São Paulo: Revista dos Tribunais, 2008.

FARIA, Antônio Bento de. *Annotações theorico-práticas ao Código Penal do Brazil*: de accordo com a doutrina, a legislação e a jurisprudencia, nacionaes e estrangeiras. Rio de Janerio: Francisco Alves, 1913.

FAVRE, Christian; PELLET, Marc; STOUDMANN, Patrick. *Code Pénal annoté*. Code annoté de la jurisprudence fédéral et cantonale. Lausanne: Editions Bis et Ter, 2011.

FAYET, Ney. *A sentença criminal e suas nulidades*: lei, doutrina e jurisprudência. Rio de Janeiro: Síntese, 1987.

FAYET JÚNIOR, Ney. *Prescrição penal*: temais atuais e controvertidos: doutrina e jurisprudência. Volume 4. Porto Alegre: Livraria do Advogado, 2013.

——. "Jurisprudência anotada." *In Boletim do IBCCRIM*. n° 234, ano 20, maio de 2012.

——; PICCOLI, Fernando. "Da prescrição penal retroativa: análise crítica das alterações trazidas pela Lei 12.234 de 2010." *In Prescrição penal*: temais atuais e controvertidos: doutrina e jurisprudência. Volume 3. FAYET JÚNIOR, Ney (Coord.). Porto Alegre: Livraria do Advogado, 2011.

——; CURVELO, Alexandre. "Da análise das condutas nas licitações públicas a partir de critérios substanciais – entre a discricionariedade, a ilegalidade e infração penal." *In Ciências penais*: perspectivas e tendências da contemporaneidade. FAYET JÚNIOR, Ney; MAYA, André Machado (orgs.). Curitiba, Juruá, 2011.

——. "Da (in)combinabilidade do tipo legal de quadrilha (ou bando) e delitos societários." *In Ciências penais e sociedade complexa*. FAYET JÚNIOR, Ney; MAYA, André Machado (Orgs.). Porto Alegre: Núria Fabris, 2008a.

——; FERREIRA, Martha da Costa; ADAMY, Pedro Augustin. "O requerimento de extradição de nacional brasileiro com dupla (ou múltipla) nacionalidade: enfoque à luz da jurisprudência do Supremo Tribunal Federal." *In Direito penal no terceiro milênio*: estudos em homenagem ao professor Francisco Muñoz Conde. BITENCOURT, Cezar Roberto (coord.). Rio de Janeiro: Lumen Juris, 2008b.

——. "O bem jurídico e a tutela penal: uma abordagem à luz de alguns princípios constitucionais implícitos." *In Direitos fundamentais na Constituição de 1988*. ALENCAR, Rosmar Antonni Rodrigues Cavalcanti de (org.). Porto Alegre: Núria Fabris, 2008c.

——; FAYET, Marcela; BRACK, Karina. *Prescrição penal*: temais atuais e controvertidos: doutrina e jurisprudência. Porto Alegre: Livraria do Advogado, 2007.

——. *Da racionalização do sistema punitivo*: sentido e limites do direito penal nos domínios da criminalidade econômica frente ao paradigma do Estado democrático (e social) de Direito. São Leopoldo: Tese (doutorado). Faculdade de Direito/UNISINOS, 2005.

FEITOZA, Denilson. *Direito processual penal*: teoria, crítica e práxis. 6ª ed. rev. ampl. e atual. com a "Reforma Processual Penal" (Leis 11.689/2008, 11.690/2008 e 11.719/2008) e Videoconferência (Lei 11.900/2009). Niterói, RJ: Impetus, 2009.

FENECH, Miguel. *Derecho procesal penal.* 2ª ed. Barcelona: Labor, 1952. vol. 2.

FERNANDES, Antonio Scarance. *Processo penal constitucional.* 7ª ed. São Paulo: Revista dos Tribunais, 2012.

FERRAJOLI, Luigi. *Derecho y razón*: teoría del garantismo penal. Madrid: Editorial Trotta, 1997.

FERRAZ, Esther de Figueiredo. *A co-delinqüência no direito penal brasileiro.* São Paulo: Bushatsky, 1976.

FERRAZ Jr., Tercio Sampaio. *Julgar ou gerenciar.* Folha de São Paulo. 29.9.2014.

——. *Introdução ao estudo do direito*: técnica, decisão, dominação. 6ª ed. São Paulo: Atlas, 2011.

——. *A ciência do direito.* 2ª ed. São Paulo: Atlas, 1980.

FERRÉ OLIVÉ, Juan Carlos; NÚÑEZ PAZ, Miguel Ángel; OLIVEIRA, William Terra de; BRITO, Alexis Couto de. *Direito penal brasileiro*: parte geral. Princípios fundamentais e sistema. 2ª ed. São Paulo: Saraiva, 2017.

FERREIRA, Gilberto. *Aplicação da pena.* Rio de Janeiro: Forense, 1995.

FERREIRA, Manuel. *Direito penal português:* parte geral. Lisboa: Verbo, 1982.

FERREIRA FILHO, Roberval Rocha (org.). *Principais julgamentos*: Superior Tribunal de Justiça. Salvador: *Jus* Podivm, 2011.

FERRI, Enrico. *Princípios de direito criminal*: o criminoso e o crime. Tradução Paolo Capitanio. Campinas: Bookseller, 1996.

FEUERBACH, Paul Johann Anselm Ritter von. *Tratado de derecho penal común vigente en Alemania*. Traducción al castellano por Eugenio R. Zaffaroni e Irma Hagemeier. Buenos Aires: Hammurabi, 1989.

FIANDACA, Giovanni; MUSCO, Enzo. *Diritto penale*: parte generale. Bologna: Zanichelli, 2007.

FIERRO, Guillermo J. *Amnistía, indulto y conmutación de penas*. Buenos Aires: Hammurabi, 1999.

——. *Teoría de la participación criminal*. Buenos Aires: Ediar, 1964.

FIGUEIREDO, Ariovaldo Alves de. *Comentários ao Código Penal*. São Paulo: Saraiva, 1985. vol. 1.

FIGUEIREDO DIAS, Jorge de. *Direito penal*: parte geral: tomo I: questões fundamentais: a doutrina geral do crime. São Paulo: Revista dos Tribunais; Portugual: Coimbra Editora, 2007.

——. *Temas básicos da doutrina penal*. Coimbra: Coimbra Editores, 2001.

——. *Questões fundamentais do direito penal revisitadas*. São Paulo: Revista dos Tribunais, 1999.

——. *Direito penal português*. Parte geral II. As consequências jurídicas do crime. Lisboa: Aequitas, 1993.

FIGUEREDO, Lúcia Valle. *Curso de direito administrativo*. 8ª ed. São Paulo: Malheiros, 2006.

FINZI, Conrado. *La estafa y otros fraudes*. Buenos Aires: Depalma, 1961.

FLACH, Norberto. *Prisão procesual penal*: discussão à luz dos principios constitucionais da proporcionalidade e da segurança jurídica. Rio de Janeiro: Forense, 2000.

FLEINER, Fritz. *Les príncipes généraux du droit administratif allemand*. Paris: Librairie Delagrave, 1933.

FONSECA NETO, Alcides da. *O crime continuado*. Rio de Janeiro: Lumen Juris, 2004.

FONTÁN BALESTRA, Carlos. *Tratado de derecho penal*. Buenos Aires: Abeledo-Perrot, 1970. t. 3.

——. *El elemento subjetivo del delito*. Buenos Aires: Depalma, 1957.

FOUCAULT, Michel. *Vigiar e punir*: nascimento da prisão. 42ª ed. Tradução de Raquel Ramalhete. Petrópolis: Vozes, 2014.

FRAGOSO, Christiano. "Subjetivizações judiciais do crime continuado: poder punitivo autoritário." *In Boletim IBCCRIM*, ano 23, nº 276, nov./2015.

FRAGOSO, Fernando. "Estelionato previdenciário." *In Anais do VII Seminário de Direito Militar*. Coord.: Maria Elizabeth Guimarães Teixeira Rocha; Zilah Maria Callado Fadul Petersen. Organização: Alessandra Ferreira Couto de Carvalho [e outros]. Brasília: Superior Tribunal Militar, 2009.

FRAGOSO, Heleno. *Lições de direito penal*: parte geral. Rio de Janeiro: Forense, 2003.

——. *Lições de direito penal*: parte especial (arts. 231 a 395 CP). 3ª ed. Rio de Janeiro: Forense, 1981.

——. *Jurisprudência criminal*. Rio de Janeiro: Forense, 1980a.

——. "Alternativas da pena privativa de liberdade." *In Revista de Direito Penal*, nº 29, jan./jun., 1980b.

——. "Elementos subjetivos do tipo." *In Ciência Penal: doutrina, jurisprudência, legislação*. Ano III, nº 4, Rio de Janeiro: Convívio, 1976.

——. (Org.). *Revista de Direito Penal*. Rio de Janeiro: Borsoi, 2: 120, abr./jun., 1971.

——. *Conduta punível*. São Paulo: José Bushatsky, 1961.

FRANCO, Alberto Silva. "Anotações sobre o crime permanente." *In Perspectivas das ciências criminais*: coletânea em homenagem aos 55 anos de atuação profissional do Prof. Dr. René Ariel Dotti. Rio de Janeiro: GZ, 2016.

——; STOCO, Rui; NINNO; Jefferson; SILVA Jr., José; BETANHO, Luiz Carlos; MORAES, Maurício Zanoide; PODVAL, Roberto; FELTRIN, Sebastião Oscar. *Leis penais especiais e sua interpretação jurisprudencial*. São Paulo: Revista dos Tribunais, 2001.

——; VICO MAÑAS, Carlos; CINTRA Jr., Dyrceu Aguiar Dias; NINNO, Jefferson; SILVA Jr., José; BETANHO, Luiz Carlos; RODOVALHO, Maria Fernanda de Toledo; MOURA, Maria Thereza Rocha de Assis; MORAES, Maurício Zanoide; PODVAL, Roberto; STOCO, Rui; FELTRIN, Sebastião Oscar; MARTINS, Sérgio Mazina; BICUDO, Tatiana Viggiani. *Código de Processo Penal e sua interpretação jurisprudencial*. São Paulo: Revista dos Tribunais, 1999. vol. 1 e vol. 2.

——; STOCO, Rui; PANZERI, André de Almeida; DEZEM, Guilherme Madeira; DIAS, Jefferson Aparecido; NINNO, Jefferson; SILVA Jr., José; BELLOQUE, Juliana Garcia; BETANHO, Luiz Carlos; BARTOLI, Marcio Orlando; ZILLI, Marcos Alexandre Coelho; MOURA, Maria Thereza Rocha de Assis; GIMENES, Marta Cristina Cury Saad; KURIKI, Patrícia Cristina; FELTRIN, Sebastião Oscar; SILVA, Tadeu Antonio Dix; STOCO, Tatiana de Oliveira. *Código Penal e sua interpretação jurisprudencial*. São Paulo: Revista dos Tribunais, 1997.

——. *Temas de direito penal.* (Breves anotações sobre a Lei n. 7.209/84.) São Paulo: Saraiva, 1986.

FRANK, Reinhard. *Sobre la estructura del concepto de culpabilidad.* Buenos Aires: Bdef, 2000.

FRISTER, Helmut. *Derecho penal*: parte general. Traducción de la 4ª edición alemana de Marcelo A. Sancinetti. Buenos Aires: Hammurabi, 2011.

GADAMER, Hans-Georg. *Verdade e método.* Traços fundamentais de uma hermenêutica filosófica. 3ª ed. Tradução de Flávio Paulo Meurer. Revisão da tradução de Ênio Paulo Gianchini. Petrópolis/RJ: Vozes, 1999.

GALVÃO, Fernando. *Direito penal*: parte geral. 8ª ed. São Paulo: Saraiva, 2017.

——; GRECO, Rogério. *Estrutura jurídica do crime.* Belo Horizonte: Del Rey, 1999.

GARCIA, Basileu. "Decadência no crime permanente e no crime continuado." São Paulo: *In RT*, ano 51, dez. de 1962, vol. 326.

——. *Instituições de direito penal.* São Paulo: Max Limonad, 1956. t. 2, vol. 1.

GARCÍA CAVERO, Percy. *La responsabilidad penal del administrador de hecho de la empresa*: criterios de imputación. Barcelona: Bosch, 1999.

GARCÍA MÁYNEZ, Eduardo. *Introducción al estudio del derecho.* México: Porrua, 2008.

GARCÍA-PABLOS DE MOLINA, Antonio. *Introducción al derecho penal.* Instituciones, fundamentos y tendencias del Derecho penal. 5ª edición. Madrid: Editorial Centro de Estudios Ramón Areces, 2012a. Volumen I.

——. *Introducción al derecho penal.* Instituciones, fundamentos y tendencias del Derecho penal. 5ª edición. Madrid: Editorial Centro de Estudios Ramón Areces, 2012b. Volumen II.

——. *Derecho penal.* Introducción. Madrid: Servicio publicaciones facultad derecho universidad complutense Madrid, 2000.

——. *Tratado de criminología* (Introducción. Modelos teóricos explicativos de la criminalidad. Prevención del delito. Sistemas de respuesta al crimen). 2ª ed. Valencia: Tirant lo Blanch, 1999.

GARCÍA VALDÉS, Carlos (Dir.) e outros. *Diccionario de ciencias penales.* Madrid: Edisofer, 2000.

GARCINDO FILHO, Alfredo de Oliveira (org.). *Jurisprudência criminal do Supremo Tribunal Federal e do Superior Tribunal de Justiça.* Curitiba: do Autor, 2001.

GATTI, Luiz Brandão. *Jurisprudência criminal compilada do informativo do Supremo Tribunal Federal.* Rio de Janeiro: Lumen Juris, 2001.

GIACOMOLLI, Nereu José. *Prisão, liberdade e as cautelares alternativas ao cárcere.* São Paulo: Marcial Pons, 2013.

GIL GIL, Alicia. *La ausencia del elemento subjetivo de justificación.* Buenos Aires: Rubinzal Culzoni, 2006.

——; LACRUZ LÓPEZ, Juan Manuel; MELENDRO PARDOS, Mariano. NÚÑEZ FERNÁNDEZ, José. *Curso de derecho penal*: parte general. Madrid: Dykinson, 2011.

GILISSEN, John. *Introdução histórica ao Direito.* 2ª ed. Tradução de A. M. Hespanha e L. M. Macaísta Malheiros. Lisboa: Calouste Gulbenkian, 1995.

GIMBERNAT ORDEIG, Enrique. *Conceito e método da ciência do direito penal.* Tradução de José Carlos Gobbis Pagliuca. São Paulo: RT, 2002.

——. *Estudios de derecho penal.* 3ª ed. Madrid: Tecnos, 1990.

GIUSTINA, Vasco Della. *O crime continuado*: doutrina e jurisprudência. Porto Alegre: Síntese, 1981.

GOMES, Duarte Bernardo. "Comentários sobre a aplicação da pena em crime continuado." *In Revista Jurídica do Ministério Público do Estado de Minas Gerais*, abr. 1997. vol. 1.

GOMES, Luiz Flávio; BORSIO, Marcelo Fernando. *Crimes previdenciários.* 2ª ed. São Paulo: Revista dos Tribunais, 2014.

——. "Prisão em flagrante." *In Prisão e medidas cautelares*: comentários à Lei 12.403, de 4 de maio de 2011. Coordenação Luiz Flávio Gomes e Ivan Luís Marques. São Paulo: Revista dos Tribunais, 2011.

——; MAZZUOLI, Valerio de Oliveira; AYALA, Patryck de Araújo. *Crimes ambientais*: comentários à Lei 9.605/98 (arts. 1° a 69-A e 77 a 82). São Paulo: Revista dos Tribunais, 2011.

——; GARCÍA-PABLOS DE MOLINA, Antonio. *Direito penal*: parte geral. 2ª tiragem. São Paulo: Revista dos Tribunais, 2007. vol. 2.

——. *Direito penal*: parte geral, introdução, vol. 1. São Paulo: Revista dos Tribunais, 2003.

GÓMEZ, Eusébio. *Tratado de derecho penal.* Buenos Aires: Compañía Argentina, 1939. t. 1.

GONÇALVEZ, Victor; BALTAZAR JÚNIOR, José Paulo. *Legislação penal especial*. São Paulo: Saraiva, 2015.

GONZÁLEZ LAGIER, Daniel. "Derecho y acción." *In Estudios de filosofía del derecho penal*. DÍAZ Y GARCÍA CONLLEDO, Miguel; GARCÍA AMADO, Juan Antonio [editores]. Colombia: Universidad Externado de Colombia, 2006.

GOYENA, José Irueta. *Código Penal de la República Oriental del Uruguay*: anotado y concordado por Adela Reta y Ofelia Grezzi. Montevideo: Fundación de Cultura Universitaria, 1996.

GRAU, Eros Roberto. *Ensaio e discurso sobre a interpretação/aplicação do direito*. 3ª ed. São Paulo: Malheiros, 2005.

GRECO, Rogério. *Curso de direito penal*. 11ª edição. Rio de Janeiro: Impetus, 2009.

GRECO FILHO, Vicente. *Comentários à Lei de Organização Criminosa*: Lei 12.850/13. São Paulo: Saraiva, 2014.

——. *Manual de processo penal*. 11ª ed. São Paulo: Saraiva, 2015.

——; RASSI, João Daniel. *Lei de Drogas anotada*: Lei 11.343/2006. São Paulo: Saraiva, 2009.

GRINOVER, Ada Pellegrini; FILHO, Antonio Magalhães; FERNANDES, Antonio Scarance. *As nulidades do processo penal*. 12ª ed. São Paulo: Revista dos Tribunais, 2011a.

——; ——; ——. *Recursos no processo penal*. 7ª ed. São Paulo: Revista dos Tribunais, 2011b.

——; ——; ——; GOMES, Luiz Flávio. *Juizado especial criminal*. São Paulo: Revista dos Tribunais, 2005.

GRISPIGNI, Filippo. *Derecho penal italiano*. Traducido de la 2ª edición original italiana y anotado con la legislación y doctrina de los países latinoamericanos, por Isidoro de Benedetti. Buenos Aires: Depalma, 1948. vol. 1.

GROSSI, Paolo. *Primeira lição sobre direito*. Tradutor Ricardo Marcelo Fonseca. Rio de Janeiro: Forense, 2006.

GUASTINI, Riccardo. *Teoría e ideología de la interpretación constitucional*. Traducción de Miguel Carbonell y Pedro Salazar. Madrid: Editorial Trotta, 2008.

GUSMÃO, Chrisolito de. *Dos crimes sexuais*. São Paulo: Freitas Bastos, 1954.

GUZMÁN DALBORA, José Luis. "La insignificancia: especificación y reducción valorativas en el ámbito de lo injusto típico." *In Revista Brasileira de Ciências Criminais*. Ano 4, n° 14, abr./jun. 1996.

HASSEMER, Winfried; MUÑOZ CONDE, Francisco. *Introducción a la criminología*. Valencia: Tirant lo blanch, 2001.

——. "O sistema do direito e a codificação: a vinculação do juiz à lei." *In Direito & Justiça*. Porto Alegre, v. 9, ano VII, p. 7-30, 1985.

——. *Fundamentos del derecho penal*. Barcelona: Bosch, 1984.

HENDLER, Edmundo S. *Derecho penal y procesual penal de los Estados Unidos*. Buenos Aires: Ad-Hoc, 1996.

HERINGER JÚNIOR, Bruno. "*Aberratio ictus*: crítica à regulamentação legal brasileira." *In Perspectivas das ciências criminais*: coletânea em homenagem aos 55 anos de atuação profissional do Prof. Dr. René Ariel Dotti. Rio de Janeiro: GZ, 2016.

HIRECHE, Gamil Föppel El. "Teoria geral do concurso de crimes." *In Ciências Penais*. Revista da Associação Brasileira de Professores de Ciências Penais. São Paulo: Revista dos Tribunais, jul./dez. 2006. vol. 5.

HIRSCH, Andrew von. *Censuar y castigar*. Traducción de Elena Larrauri. Madrid: Trotta, 1998.

HUNGRIA, Nélson; FRAGOSO, Heleno. *Comentários ao Código Penal*, arts. 11 a 27. 5ª ed. Rio de Janeiro: Forense, 1978. t. 2, vol. 1.

——. *Comentários ao Código Penal*. arts. 1° a 10. 5ª ed. Rio de Janeiro: Forense, 1977. t. 1, vol. 1.

——. *Comentários ao Código Penal*. 2ª ed. Rio de Janeiro: Forense, 1959. vol. 9.

——. *Comentários ao Código Penal*. 4ª ed. Rio de Janeiro: Forense, 1958. vol. 6.

——. "Ilícito administrativo e ilícito penal." *In Revista de Direito Administrativo*. São Paulo: Atlas, 1945.

IMPALLOMENI, Giovan Battista. *Istituzioni di diritto penale*. Prima ristampa dell'edizione póstuma, curata da Vincenzo Lanza – Torino: Unione Tipografico-Editrice torinense, 1911.

JAÉN VALLEJO, Manuel. *Cuestiones básicas del derecho penal*. Buenos Aires: Ábaco de Rodolfo Depalma, 1999.

JARDIM, Afrânio Silva. *Direito processual penal.* 11ª ed. Rio de Janeiro: Forense, 2005.

——; AMORIN, Pierre Souto Maior Coutinho de. *Direito processual penal.* 12ª ed. Rio de Janeiro: Lumen Juris, 2013.

JESCHECK, Hans-Heinrich; WEIGEND, Thomas. *Tratado de derecho penal*: parte general. 5ª ed. renovada y ampliada. Traducción de Miguel Olmedo Cardenete. Granada: Comares, 2002.

JESUS, Damásio de. *Código Penal anotado.* 23ª ed. São Paulo: Saraiva, 2016.

——. *Lei das Contravenções Penais anotada*: Dec.-lei 3.688, de 3-10-1941. 13ª ed. São Paulo: Saraiva, 2015.

——. *Código de Processo Penal anotado.* 26ª ed. São Paulo: Saraiva, 2014.

——. *Lei dos juizados especiais criminais anotada.* 12ª ed., 2ª tir. São Paulo: Saraiva, 2011a.

——. *Prescrição penal.* 20ª ed. São Paulo: Saraiva, 2011b.

——. *Direito penal*: parte geral. São Paulo: Saraiva, 2010a. vol. 1.

——. *Lei antidrogas anotada.* 10ª ed. São Paulo: Saraiva, 2010b.

——. *Crimes de trânsito*: anotações à parte criminal do Código de Trânsito (Lei n. 9.503, de 23 de setembro de 1997). 4ª ed. São Paulo: Saraiva, 2000.

——. "Suspensão condicional do processo e concurso de crimes." *In Boletim IBCCrim*, nº 85, ano 7, dez. de 1999.

——. *Comentários ao Código Penal*: parte geral. São Paulo: Saraiva, 1986. v.2.

JIMÉNEZ DE ASÚA, Luís. *Lecciones de derecho penal.* México: Pedagógica Iberoamericana, 1995.

——. *Tratado de derecho penal.* El delito. 4ª ed. actualizada. Buenos Aires: Losada, 1977. t. 3.

——. *Tratado de derecho penal.* t. II. 4ª ed. Buenos Aires: Losada, 1964.

——. *La ley y el delito*: curso de dogmatica penal. Caracas: Editorial Andrés Bello, 1945.

JUNQUEIRA, Gustavo Octaviano Diniz; FULLER, Paulo Henrique Aranda. *Legislação penal especial.* 6ª ed. São Paulo: Saraiva, 2010a. vol. 1.

——. *Legislação penal especial.* 3ª ed. São Paulo: Saraiva, 2010b. vol. 2.

JUSTEN FILHO, Marçal. *Curso de direito administrativo.* 4ª ed. São Paulo: Saraiva, 2009.

KARAM, Maria Lúcia. "Aplicação da pena: por uma nova atuação da justiça criminal." *In Direito penal*, v. 4. Alberto Silva Franco e Guilherme de Souza Nucci (organizadores). São Paulo: Revista dos Tribunais, 2010.

KREBS, Pedro. *Teoria jurídica do delito.* Noções introdutórias: tipicidade objetiva e subjetiva. Barueri, São Paulo: Manole, 2004.

KUEHNE, Maurício. *Teoria e prática da aplicação da pena.* Curitiba: Juruá, 2005.

LABATUT GLENA, Gustavo. *Derecho penal*: parte general. T. I. 6ª ed. Santiago de Chile: Jurídica de Chile, 1972.

LANDROVE DÍAZ, Gerardo. *Las consecuencias jurídicas del delito.* Madrid: Tecnos, 1996.

LATAGLIATA, Angelo Raffaele. *El concurso de personas en el delito.* Buenos Aires: Depalma, 1967.

LATORRE, Ángel. *Introducción al derecho.* Barcelona: Planeta, 2012.

LEAL, João José. *Direito penal objetivo.* São Paulo: Atlas, 1998.

LEAL DE IBARRA, Francisco. *Estudios de derecho penal.* 2ª edición. Granada: López Guevara, 1904.

LEIRIA, Antônio José Fabrício. *Fundamentos da responsabilidade penal.* Rio de Janeiro: Forense, 1980.

——. "Cinco estudos de direito penal." *In Estudos Jurídicos. Revista da Escola de Direito da Universidade do Vale do Rio dos Sinos.* São Leopoldo. Vol. III, nº 7, 1973.

LEONE, Giovanni. *Tratado de derecho procesal penal.* Buenos Aires: EJEA, 1963. vol. 3.

LEROY, Jacques. *Droit pénal général.* 4 édition. Paris: Lextenso-éditions, 2012.

LIMA, Hermes. *Introdução à ciência do direito.* 27ª ed. Rio de Janeiro: Freitas Bastos, 1983.

LIMA, Marcellus. *Da prisão e da liberdade provisória* (e demais medidas cautelares substitutivas da prisão) na reforma de 2011 do Código de Processo Penal. Rio de Janeiro: Lumen Juris, 2011.

——. *Ministério Público e persecução criminal.* Rio de Janeiro: Lumen Juris, 1997.

LIMA, Renato Brasileiro de. *Manual de processo penal.* 5ª ed. Salvador: JusPodivm, 2017.

——. *Legislação criminal especial comentada.* 3ª ed. Salvador: JusPodivm, 2015.

LISZT, Franz von. *Tratado de derecho penal.* Madrid: Reus, 1999. t. 3.

LLOBRAGAT, José Garberí. *La aplicación de los derechos ya garantías constitucionales a la potestad y al procedimiento administrativo sancionador*. Madrid: Trivium, 1989.

LOPES, Jair Leonardo. *Curso de direito penal*: parte geral. 4ª ed. São Paulo: Revista dos Tribunais, 2005.

LOPES, Mauricio Antonio. "Prolegômenos para uma taxionomia eficiente das infrações penais." *In Revista dos Tribunais*, ano 88, agosto de 1999, vol. 766.

——. *Princípio da legalidade penal*: projeções contemporâneas. São Paulo: Revista dos Tribunais, 1994.

LOPES FILHO, Mario Rocha. *O tribunal do júri e algumas variáveis potenciais de influência*. Porto Alegre: Núria Fabris, 2008.

LOPES JR., Aury. *O novo regime jurídico da prisão processual, liberdade provisória e medidas cautelares diversas*. 2ª ed. Rio de Janeiro: Lumen Juris, 2011.

LÓPEZ BARJA DE QUIROGA, Jacobo. *Tratado de derecho penal*: parte general. Navarra: Aranzadi, 2010.

——. *Teoría de la pena*. Madrid: Akal, 1991.

LOVATTO, Alécio. *Crimes tributários*: aspectos criminais e processuais. Porto Alegre: Livraria do Advogado, 2003.

LOZANO, Blanca. *La extinción de las sanciones administrativas y tributarias*. Madrid: Marcial Pons, 1990.

LUISI, Luiz. *Os princípios constitucionais penais*. Porto Alegre: Fabris, 2003.

——. *Filosofia do Direito*. Porto Alegre: Fabris, 1993.

——. *O tipo penal, a teoria finalista e a nova legislação penal*. Porto Alegre: Fabris, 1987.

LUNA, Everardo da Cunha. *Estrutura jurídica do crime*. São Paulo: Saraiva, 1993.

——. *Capítulos de direito penal*: parte geral – com observações à nova Parte Geral do Código Penal. São Paulo: Saraiva, 1985.

——. *O resultado no direito penal*. São Paulo: José Bushatsky, 1976.

——. "Os crimes qualificados pelo resultado." *In Ciência Penal*. São Paulo: Bushatsky, 1974. vol. 3.

——. *Trabalhos de direito penal*. Recife: UFP, 1971.

LYRA, Roberto. *Comentários ao Código Penal*. Rio de Janeiro: Forense, 1942. vol. 7.

LYRA FILHO, Roberto; CERNICCHIARO, Luiz Vicente. *Compêndio de direito penal*: parte geral. São Paulo: José Bushasky, 1973.

MACHADO, Antônio Alberto. *Curso de processo penal*. 6ª ed. São Paulo: Atlas, 2014.

MACHADO, Hugo de Brito. "Crime continuado e lei nova mais severa na sonegação fiscal." *In Revista Jurídica*. Ano XLIV, nº 222, abril de 1996.

MACHADO, Luiz Alberto. *Direito criminal*: parte geral. São Paulo: RT, 1987.

MACIEL, Silvio. "Da prisão domiciliar." *In Prisão e medidas cautelares*: comentários à Lei 12.403, de 4 de maio de 2011. 3ª ed. GOMES, Luiz Flávio; MARQUES, Ivan Luís (orgs.). São Paulo: Revista dos Tribunais, 2012.

MAGALHÃES NORONHA, Edgard. *Direito penal*. São Paulo: Saraiva, 1999. vol. 1.

——. *Direito penal*. São Paulo: Saraiva, 1986. vol. 4.

MAGGIORE, Giuseppe. *Derecho penal*. Traduzido por José J. Ortega Torres. Bogotá: Temis, 1954. vol. 2.

MAHMOUD, Mohamad Ale Hasan. "O princípio da insignificância e o crime continuado, sob uma angulação processual." *In Boletim IBCCRIM*, n° 182, ano 15, jan. 2008.

MAIHOFER, Werner. *Estado de derecho y dignidad humana*. Traducción José Luis Guzmán Dalbora. Buenos Aires: BdeF, 2008.

MANNHEIM, Hermann. *Criminologia comparada*. Tradução de J. F. Faria Costa e M. Costa Andrade. Lisboa: Fundação Calouste Gulbenkian, 1984. I vol.

MANTOVANI, Ferrando. *Diritto penale*: parte generale. 5ª ed. Milani: Cedam, 2007.

MANZINI, Vincenzo. *Tratado de derecho penal*. Tradução de Santiago Sentís Melendo. Buenos Aires: Ediar, 1949. t. 3.

——. *Trattato di diritto penale italiano* Torino: Editrice Torinese, 1948. vol. 2.

——. *Tratado de derecho penal*. Primera parte: teorías generales. Tradução por Santiago Sentís Melendo. Buenos Aires: EDIAR, 1948. t. 5, vol. 5.

MARCÃO, Renato. *Curso de processo penal*. 3ª ed. São Paulo: Saraiva, 2017.

——. *Lei de execução penal anotada*. São Paulo: Saraiva, 2013.

——. *Prisões cautelares, liberdade provisória e medidas cautelares restritivas*: de acordo com a Lei n. 12.403, de 4-5-2011. São Paulo: Saraiva, 2011.

MARINUCCI, Giogio; DOLCINI, Emilio. *Manuale de diritto penale*: parte generale. Seconda edizione. Milano: Dott A. Giuffrè Ediore, 2006.

MARQUES, José Frederico. *Elementos de direito processual penal*. 3ª ed. revista e atualizada por Eduardo Reale Ferreri e Guilherme Madeira Dezem. Campinas/SP: Millennium, 2009. vol. 4.

——. *Elementos de direito processual penal*. 2ª ed. Campinas: Bookseller, 2000a (vol. 1) e 2000b (vol. 3).

——. *Tratado de direito penal*. Campinas: Bookseller, 1997. vol. 2.

——. "Prescrição e crime continuado." *In Revista Brasileira de Criminologia e Direito Penal*. Ano IV, nº 13. Rio de Janeiro: Instituto de Criminologia da Universidade do Estado da Guanabara, abr./jun., 1966.

MARQUES NETO, Agostinho Ramalho. *A ciência do direito*: conceito, objeto, método. 2ª ed. Rio de Janeiro: Renovar, 2001.

MARTINELLI, João Paulo Orsini; BEM, Leonardo Schmitt de. *Lições fundamentais de direito penal*: parte geral. 2ª ed. São Paulo: Saraiva, 2017.

MARTINS, Ana Rita Baptista. *O crime continuado*. [Dissertação de Mestrado. Faculdade de Direito da Universidade Católica Portuguesa.] Lisboa, 2012.

MARTINS, José Salgado. *Direito penal*: parte geral. São Paulo: Saraiva, 1974.

MARTINS, Sérgio. Unificação de penas pela continuidade delitiva. *In Revista Brasileira de Ciências Criminais*. Ano 5, n° 18, abr./jun. 1997.

MASSON, Cleber; MARÇAL, Vinícius. *Crime organizado*. 2ª ed. São Paulo: Método, 2016.

MATA MACHADO, Edgar da. *Elementos de teoria geral do direito*: introdução ao direito. 4ª ed. rev. Belo Horizonte: Editora UFMG, 1995.

MATTES, Heinz. *Problemas de derecho penal administrativo*: história y derecho comparado. Trad. de José María Rodrigues Devesa. Madrid: Edersa, 1979.

MATTHEWS, Roger. "Prisons." *In Criminology. Second Edition*. HALE, Chris; HAYWARD, Keith; WAHIDIN, Azrini; WINCUP, Emma. Great Britian: Oxford University Press, 2009.

MAURACH, Reinhart; GÖSSEL, Karl Heinz; ZIPF, Heinz. *Derecho penal*: parte general. 2. Buenos Aires: Editorial Astrea, 1995.

——; ZIPF, Heinz. *Derecho penal*: parte general. 1. Buenos Aires: Editorial Astrea, 1994.

MAYER, Max Ernst. *Derecho penal*: parte general. Traducción directa del alemán por Sergio Politoff Lifschitz. Buenos Aires: Bdef, 2007.

MAYER, Otto. *Derecho administrativo alemán*. 2ª ed. Buenos Aires: Depalma, 1982.

MÉDICI, Sérgio. *Revisão criminal*. 2ª ed. São Paulo: Revista dos Tribunais, 2000.

——. "A função criadora da sentença criminal." *In Revista Brasileira de Ciências Criminais*, ano 2, n° 5, jan./mar., 1994.

MELLO, Sebástian. *O conceito material de culpabilidade*: o fundamento da imposição da pena a um indivíduo concreto em face da dignidade da pessoa humana. Salvador: JusPodivm, 2010.

MENDONÇA, Andrey Borges. *Prisão e outras medidas cautelares pessoais*. São Paulo: Método, 2011.

MENDRONI, Marcelo Batlouni. *Crime organizado*: aspectos gerais e mecanismos legais. 5ª ed. São Paulo: Atlas, 2015.

MESQUITELA, Gonçalo de. "Os elementos e a noção do crime continuado." *In Revista da Ordem dos Advogados*, ano 9º, nº 3 e 4, 3º e 4º trimestres de 1949.

MESTIERI, João. *Manual de direito penal*: parte geral. Rio de Janeiro: Forense, 1999. vol. 1.

MEZGER, Edmundo. *Tratado de derecho penal*. Segunda edición, revisada y puesta al día por Jose Arturo Rodríguez Muñoz. Madrid: Revista de Derecho Privado, 1949. t. 2.

——. *Tratado de derecho penal*. Segunda edición, revisada y puesta al día por Jose Arturo Rodríguez Muñoz. Madrid: Revista de Derecho Privado, 1946. t. 1.

MIAILLE, Michel. *Uma introdução crítica ao Direito*. Lisboa: Moraes, 1979.

MIGLIARI JÚNIOR, Arthur. *Crimes de recuperação de empresas e de falências*. De acordo com a Lei 11.101/2005. São Paulo: Quartier Latin do Brasil, 2006.

MILARÉ, Édis; COSTA JÚNIOR, Paulo José da; COSTA, Fernando José da. *Direito penal ambiental*. 2ª edição, revista, atualizada e ampliada. São Paulo: Revista dos Tribunais, 2013.

MIR PUIG, Santiago. *Derecho penal*: parte general. 8ª ed. Buenos Aires: Bdef, 2009.

——. "Comentarios a la jurisprudencia del Tribunal Supremo: sobre el tipo subjetivo de concurso de delitos." *In Anuario de derecho penal e ciencias penales*. jan./abr. 1987. t. 15, fasc. 1.

MIRABETE, Julio Fabbrini; FABBRINI, Renato N. *Execução penal*. 13ª ed. São Paulo: Atlas, 2017.

——; ——. *Manual de direito penal*: parte geral (arts. 1° a 120 do CP). 32ª ed. São Paulo: Atlas, 2016.

——; ——. *Manual de direito penal*: parte especial (arts. 235 a 361 do CP). 25ª ed. São Paulo: Atlas, 2011.

——. *Juizados especiais criminais*. São Paulo: Atlas, 1998.

MOCCIA, Sergio. "Emergência e defesa dos direitos fundamentais." *In Edições Especiais*: Revista dos Tribunais 100 anos. Doutrinas Essenciais. Direito Penal. Volume I. Alberto Silva Franco e Guilherme de Souza Nucci (organizadores). São Paulo: Revista dos Tribunais, 2011.

——. *El derecho penal entre ser y valor*: función de la pena y sistemática teleológica. Buenos Aires: Bdef, 2003.

MONTEIRO, Cristina Líbano. "Crime continuado e bens pessoalíssimos: a concepção de Eduardo Correia e a Revisão de 2007 do Código Penal." *In Estudos em Homenagem ao Prof. Doutor Jorge de Figueiredo Dias*. Volume II. COSTA ANDRADE, Manuel; ANTUNES, Maria João; SOUSA, Susana Aires de (organizadores). Coimbra: Coimbra Editora, 2009.

MOREIRA ALVES, José Carlos. *Direito romano*. 14ª ed. Rio de Janeiro: Forense, 2010.

MOREIRA NETO, Diogo de Figueiredo. *Curso de direito administrativo*. 11ª ed. Rio de Janeiro: Forense, 1998.

MORENO CARRASCO, Francisco; RUEDA GARCÍA, Luis. *Código Penal de El Salvador comentado*. Artículos 1 al 164. Actualización y anotación jurisprudencial por Carlos Ernesto Sánchez Escobar, Sergio Luis Rivera Márquez, Délmer Edmundo Rodríguez y Marco Tulio Diáz Castillo. San Salvador: Consejo Nacional de la Judicatura, 2002.

MORO, Aldo. *Unità e pluralità di reati*: principi. 2ª ed. Padova: Cedam, 1959.

MORO, Sergio. *Crime de lavagem de dinheiro*. São Paulo: Saraiva, 2010.

MOSSIN, Heráclito Antônio. *Compêndio de processo penal*: curso completo. São Paulo: Manole, 2010.

MUCCIO, Hidejalma. *Curso de processo penal*. 2ª ed. São Paulo: Método, 2011.

MUÑOZ CONDE, Francisco; GARCÍA ARÁN, Mercedes. *Derecho penal*: parte general. Valencia: Tirant lo Blanch, 1998.

——. *Teoria geral do delito*. Porto Alegre: Fabris, 1988.

——. *Introducción al derecho penal*. Barcelona: Bosch, 1975.

——. "Aspectos do crime continuado." *In Revista da Faculdade de Direito de Curitiba*, nº 12, 1969. vol. 12.

NACIF, Mauro Otávio. "Dois estudos de direito penal: da prescrição somente do acréscimo no crime continuado." *In Revista da Ajuris*. Ano 2, n° 5, Porto Alegre, nov. 1975.

NASCIMENTO, Tupinambá Miguel Castro do. "Eficácia da lei penal." *In Revista dos Tribunais*, ano 62, mar. de 1973, vol. 449, São Paulo, p. 320-343.

NASCIMENTO, Walter Vieira do. *A embriaguez e outras questões penais*. 4ª ed. Rio de Janeiro: Forense, 2000.

NASSAR, Elody. *Prescrição na administração pública*: as interseções do tempo, do princípio da segurança jurídica e da prescrição nas relações do direito administrativo. 2ª ed. São Paulo: Saraiva, 2009.

NAUCKE, Wolfgang. "Direito penal negativo." *In Direito penal como crítica da pena*: estudos em homenagem a Juarez Tavares por seu 70° aniversário em 2 de setembro de 2012. Luís Greco e Antonio Martins (orgs.). Madrid: Marcial Pons, 2012.

NETTO, Alcides Munhoz. "Criminosos habituais e por tendência." *In Revista de Direito Penal*. Diretor Heleno Fragoso. São Paulo: RT, n° 15, jul./dez. 1974.

——. "Aspectos do crime continuado." *In Revista da Faculdade de Direito de Curitiba*. Dez., 1969. vol. 12.

NETTO, Edmir Araújo. *O lícito administrativo e o seu processo*. São Paulo: Revista dos Tribunais, 1994, p. 29.

NEUMAN, Elías. *Evolución de la pena privativa de libertad y regímenes penitenciarios*. Buenos Aires: Ediciones Pannedille, 1971.

NEVES, Cícero Robson Coimbra; STREIFINGER, Marcello. *Apontamentos de direito penal militar*. São Paulo: Saraiva, 2005. vol. 1.

NICOLITT, André. *Lei 12.403/2011*: o novo processo penal cautelar, a prisão e as demais medidas cautelares. Rio de Janeiro: Elsevier, 2011.

NIETO, Alejandro. *Derecho administrativo sancionador*. 4ª ed. Madrid: Tecnos, 2006.

NINO, Carlos Santiago. *Introdução à análise do direito*. São Paulo: Martins Fontes, 2010.

NOBRE JR., Edilson. "Sanções administrativas e princípios de direito penal." *In Revista de Direito Administrativo*, n° 219. Rio de Janeiro. Jan.-mar. 2000.

NOGUEIRA, Paulo Lúcio. *Questões penais controvertidas*: doutrina e jurisprudência. São Paulo: LEUD, 1994.

——. *Curso completo de processo penal*. 11ª. ed. São Paulo: Saraiva. 1987. vol. 3.

NOVOA MONREAL, Eduardo. *Fundamentos de los delitos de omisión*. Buenos Aires: Depalma, 1984.

——. "El delito continuado en Chile: un fetiche jurídico." *In Revista de Ciencias Penales*. Santiago de Chile. Enero-abril, 1964.

NUCCI, Guilherme de Souza. *Curso de direito penal*: parte geral: arts. 1º a 120 do CP. v.1. Rio de Janeiro: Forense, 2017.

——. *Organização criminosa*. 2ª ed. Forense: Rio de Janeiro, 2015a.

——. *Individualização da pena*. 7ª ed. São Paulo: Revista dos Tribunais, 2015b.

——. *Código Penal comentado*. 13ª. ed. rev., atual e ampl. São Paulo: Revista dos Tribunais, 2013.

——. *Manual de processo penal e execução penal*. 7ª ed. rev., atual. e ampl. São Paulo: Revista dos Tribunais, 2012.

——. *Código de Processo Penal comentado*. 10ª. ed. rev., atual e ampl. São Paulo: Revista dos Tribunais, 2011a.

——. *Prisão e liberdade*: as reformas processuais penais introduzidas pela Lei 12.403, de 4 de maio de 2011. São Paulo: Revista dos Tribunais, 2011b.

NUNER, Dierle José Coelho. "Da teoria fazzalariana do processo – o processo como espécie de procedimento realizado em contrário e a difusão dos módulos processuais como mecanismo de controle da função estatal." *In Revista IOB*. Direito Civil e Processual Civil. São Paulo: IOB, 2006.

OEHLER, Dietrich. "La función del poder judicial en el estado democrático." *In Problemas actuales de las ciencias penales y la filosofía del derecho* (en homenaje al profesor Luis Jiménez de Asúa). Buenos Aires: Ediciones Pannedille, 1970.

OLIVEIRA, Edmundo. *Comentários ao Código Penal*: parte geral. Rio de Janeiro: Forense, 1994.

OLIVEIRA, Ricardo Rachid de. *Introdução à aplicação da norma penal no tempo*: especial ênfase à denominada combinação de leis penais. Rio de Janeiro: Lumen Juris, 2011.

OLIVEIRA NETO, Olavo de. *Comentários à lei das contravenções penais*. São Paulo: Revista dos Tribunais, 1994.

ONECA, José Antón. *Obras*: colección autores de derecho penal. Org. Edgardo Alberto Donna. Buenos Aires: Rubinzal Culzoni Editores, 2000. t. 1

——. *Nueva enciclopedia jurídica*. Barcelona: Francisco Seix, 1976. t. 5.

OSÓRIO, Fábio. *Direito administrativo sancionador*. 2ª ed. São Paulo: Malheiros, 2005.

PACELLI, Eugênio. *Curso de processo penal*. 18ª ed. Rio de Janeiro: Lumen Juris, 2014.

——. FISCHER, Douglas; *Comentários ao Código de Processo Penal e sua jurisprudência*. 4ª ed. São Paulo: Atlas, 2012.

PADOVANI, Tullio. *Diritto penale*. VIII Edizione. Milano: Giuffrè Editore, 2006.

PAGLIARO, Antonio. *Principi di diritto penale*: parte generale. Milano: Giuffrè Editore, 1980.

PALMA HERRERA, José Manuel. *Los actos copenados*. Madrid: Dykinson, 2004.

PARISE, Rosa Maria dos Reis. "Concurso aparente de normas. Antefato e pós-fato não puníveis." *In Temas atuais de direito*. Rio de Janeiro: Liber Juris Ltda., 1986.

PASCHOAL, Janaina. *Direito penal*: parte geral. Barueri, SP: Manole, 2003a.

——. *Constituição, criminalização e direito penal mínimo*. São Paulo: Revista dos Tribunais, 2003b.

PAVARINI, Massimo. "El grotesco de la penología contemporánea." *In Direito penal*, v. 4. Alberto Silva Franco e Guilherme de Souza Nucci (organizadores). São Paulo: Revista dos Tribunais, 2010.

PEDROSO, Fernando de Almeida. *Direito penal*: parte geral: doutrina e jurisprudência. 5ª ed. Leme: J. H. Mizuno, 2017.

PEÑA CABRERA FREYRE, Alonso Raúl. *Derecho penal*: parte general. Lima: Rodhas, 2009.

PÉREZ DEL VALLE, Carlos. *Teoría de la prueba y derecho penal*. Madrid: Dykinson, 1999.

PESSINA, Enrique. *Elementos de derecho penal*. Traducción del italiano por Hilarion Gonzalez del Castillo. 4ª ed. Madrid: Reus, 1936.

PESSOA, Nelson. *Concurso de delitos*: teoría de la unidad y pluralidad delictiva. Buenos Aires: Hummurabi, 1996.

PETRONE, Marino. *Reato abituale*. Padova: Cedam, 1999.

PIERANGELI, José Henrique. *Escritos jurídico-penais*. São Paulo: Revista dos Tribunais, 1999.

PIMENTEL, Manoel Pedro. *O crime e a pena na atualidade*. São Paulo: Revista dos Tribunais, 1983.

——. *Do crime continuado*. São Paulo: Revista dos Tribunais, 1969.

——. *Crimes de mera conduta*. 2ª ed. São Paulo: Revista dos Tribunais, 1968.

PINHEIRO, José Rodrigues. *Comentários à nova parte geral do Código Penal* (Lei 7.209, de 11-7-1984). São Paulo: Saraiva, 1985.

POLAINO NAVARRETE, Miguel. *Derecho penal*: parte general. Teoría jurídica del delito. Barcelona: Bosch, 2000. t. 2, vol. 1.

——; POLAINO-ORTS, Miguel. *Derecho penal*: modernas bases dogmáticas. Lima: Editora Jurídica Grijley, 2004.

POLITOFF, Sergio; MATUS, Jean Pierre; RAMÍREZ, María Cecilia. *Lecciones de derecho penal chileno*: parte general. 2ª ed. Santiago: Editorial Juridica de Chile, 2014.

PONTES DE MIRANDA, Francisco. *História e prática do* habeas corpus. Campinas: Bookseller, 1999. vol. 1.

PORTO, Antônio Rodrigues. *Da prescrição penal*. São Paulo: Revista dos Tribunais, 1998.

POSADA MAYA, Ricardo. *Aspectos fundamentais del delito continuado*. Granada: Comares, 2012.

——. *El delito continuado*. Universidad de Salamanca. Facultad de Derecho. Departamento de Derecho Público General. Área de derecho penal. Tesis para optar por el título de doctor en derecho penal, 2010.

POUND, Roscoe. *Justiça conforme a lei*. 2ª ed. Tradução de E. Jacy Monteiro. São Paulo: IBRASA, 1976.

PRADO, Alessandra. *Crime de poluição*: uma resposta do direito penal aos novos riscos. Curitiba: Juruá, 2010.

PRADO, Geraldo. "Excepcionalidade da prisão provisória: comentários aos artigos 311 a 318 do CPP, na redação da Lei 12.403/11." *In Medidas cautelares no processo penal*: prisões e suas alternativas: comentários à Lei 12.403, de 04.05.2011. Og Fernandes (org.). São Paulo: Revista dos Tribunais, 2011.

PRADO, Luiz Regis. *Curso de direito penal brasileiro*: vol. I: parte geral. 15ª ed. São Paulo: Revista dos Tribunais, 2017a.

——. *Curso de direito penal brasileiro*: vol. II: parte especial. 15ª ed. São Paulo: Revista dos Tribunais, 2017b.

——. HAMMERSCHIMIDT, Denise; MARANHÃO, Douglas Bonaldi; COIMBRA, Mário. *Direito de execução penal*. 4ª ed. São Paulo: Revista dos Tribunais, 2017.

——. *Direito penal econômico*. 7ª ed. São Paulo: Revista dos Tribunais, 2016.

——. *Comentários ao Código Penal*. 6ª ed. São Paulo: Revista dos Tribunais, 2011a.

——. *Direito penal do ambiente*. 3ª ed. São Paulo: Revista dos Tribunais, 2011b.

——. "Do sistema de cominação da multa no Código Penal brasileiro." *In Direito Penal*, v. 4. Alberto Silva Franco e Guilherme de Souza Nucci (organizadores). São Paulo: Revista dos Tribunais, 2010.

PUNZO, Massimo. *Reato continuato*. Padova: Cedam, 1951.

PUPO, Matheus Silveira. "O novo artigo 213 do Código Penal, uma verdadeira *novatio legis in mellius*." *In Bolletim IBCCRIM*, ano 17, nº 205, dez. de 2009.

PÜSCHEL, Flavia Portella. *Teoria da responsabilidade no estado democrático de direito*: textos de Klaus Günther. Flávia Portella Püschel e Marta Rodriguez de Assis Machado. São Paulo: Saraiva, 2009.

QUEIROZ, Paulo. *Direito penal*. Parte geral. v. 1. 11ª ed. rev., amp. e atual. Salvador: *JusPodivm*, 2015.

QUINTERO OLIVARES, Gonzalo (Dir.); MORALES PRATS, Fermín (Coord.). *Comentarios al nuevo Código Penal*. Navarra: Editorial Aranzadi, 2001.

RADBRUCH, Gustav. *Introducción a la filosofía del derecho*. México: Editorial Jakez, 1951.

RANGEL, Paulo. *A coisa julgada no processo penal brasileiro como instrumento de garantia*. São Paulo: Atlas, 2012a.

——. *Direito processual penal*. 20ª ed. São Paulo: Atlas, 2012b.
——. *Direito processual penal*. 15ª ed. Rio de Janeiro: Lumen Juris, 2008.
RANIERI, Silvio. *O crime complexo*. Trad. Laercio Laurelli. São Paulo: Quartier Latin do Brasil, 2006.
RASSAT, Michèle-Laure. *Droit pénal général*. 3ª édition. Paris: Ellipses, 2014.
REALE JÚNIOR, Miguel. "Simplificação processual e desprezo ao direito penal." *In Ciências Penais*. Revista da Associação Brasileira de Professores de Ciências Penais. São Paulo: RT, jul./dez. 2008.
——. *Instituições de direito penal*: parte geral. 2ª ed. Rio de Janeiro: Forense, 2004a. vol. 1.
——. "Razão e subjetividade no direito penal." *In Ciências Penais*. Revista da Associação Brasileira de Professores de Ciências Penais. V. 0. Ano 1. São Paulo: RT, 2004b.
——; DOTTI, René Ariel; ANDREUCCI, Ricardo Antunes; PITOMBO, Antônio Sérigo de Moraes. *Penas e medidas de segurança no novo Código*. 2ª ed. Rio de Janeiro: Forense, 1987.
——. "Crime progressivo." *In Ciência Penal*. Rio de Janeiro: Forense, 1979. vol. 2.
REGO, Hermenegildo de Souza. "Crime continuado, unificação de penas e Lei 7.209/84." *In Revista dos Tribunais*, São Paulo, nº 622, agosto de 1987.
REIS, Julio Francisco dos. *Denúncia e queixa crime*: doutrina, jurisprudência, nulidades e modelos, São Paulo: Edição do Autor, 1999. Revista dos Juizados Especiais. São Paulo: Fiúza, 3 (8), abr./jun., 1988.
Revista Trimestral Informatizada. *Concurso formal e material*. Curitiba: Juruá, 1999. (Jurisprudência Brasileira Criminal, 38. Série).
——. *Nulidade*. Curitiba: Juruá, 1996. (Jurisprudência Brasileira Criminal, 36. Série).
——. *Crime continuado*. Curitiba: Juruá, 1992. (Jurisprudência Brasileira Criminal, 28. Série).
——. *Peculato*. Curitiba: Juruá, 1985. (Jurisprudência Brasileira Criminal, 13. Série).
REZEK, Francisco. *Direito internacional público*: curso elementar. 11ª ed. – rev. e atul. – São Paulo: Saraiva, 2008.
REZENDE, Octavio Murgel. "As complicações do crime continuado e a doutrina do Ministro Arthur Ribeiro." *In Revista de Jurisprudência Brasileira*. julho de 1935. vol. 28, fasc. 82.
RIBAS, Antonio Joaquim. *Direito administrativo brasileiro*. Rio de Janeiro: L. F. Pinto, 1866.
RISTORI, Roberta. *Il reato continuato*. Padova: Cedam, 1988.
RIVACOBA Y RIVACOBA, Manuel de. "Introducción al estudio de los principios cardinales del derecho penal." *In Edições Especiais*: Revista dos Tribunais 100 anos. Doutrinas Essenciais. Direito Penal. Volume I. Alberto Silva Franco e Guilherme de Souza Nucci (organizadores). São Paulo: Editora Revista dos Tribunais, 2011.
ROBERT, Henri. *O advogado*. Tradução Rosemary Costhek Abílio; revisão Eduardo Brandão. São Paulo: Martins Fontes, 1997.
RODRIGUES, Anabela Miranda. *O direito penal europeu emergente*. Coimbra: Coimbra Editora, 2008.
RODRÍGUEZ, Víctor Gabriel. *Fundamentos de direito penal brasileiro*: lei penal e teoria geral do crime. São Paulo: Atlas, 2010.
RODRÍGUEZ DEVESA, Jose Maria; SERRANO GOMEZ, Alfonso. *Derecho penal español*: parte general. Decimoctava edición revisada y puesta al día. Madrid: Dikinson, 1995.
RODRÍGUEZ MANZANERA, Luis. *Criminología*. 14ª ed. México: Porrúa, 1999.
RODRÍGUEZ RAMOS, Luis. *Compendio de derecho penal*: parte general. 2ª edición (con la colaboración de Gabriel Rodríguez-Ramos Ladaria). Madrid: Dykinson, 2010.
RÖHNELT, Ladislau. *Apontamentos de direito penal*. Zuleika Pinto Costa Vargas (organizadora). Porto Alegre: Tribunal de Justiça do Estado do Rio Grande do Sul, Departamento de Artes Gráficas, 2011.
——. "O direito penal na Constituição." *In Estudos Jurídicos*. Universidade do Vale do Rio dos Sinos, vol. 22, nº 56, set./dez. de 1989, São Leopoldo.
ROIG, Rodrigo Duque Estrada. *Execução penal*: teoria crítica. 3ª ed. São Paulo: Saraiva, 2017.
ROLDÁN BARBERO, Horacio. *Manual de derecho penal*: parte general. Granada: Comares, 2012.
ROLIM, Marcos. "Prisão para quem precisa." ZH. 30.01.2011, p. 22.
ROMEIRO, Jorge Alberto. *Comentários ao Código Penal*: decreto-lei 2.848, de 7 de dezembro de 1940: v. IV, arts. 102 a 120. 5ª ed. Rio de Janeiro: Forense, 1979.
——. *Elementos de direito penal e processo penal*. São Paulo: Saraiva, 1978.
——. "Perdão judicial." *In Revista Brasileira de Criminologia e Direito Penal*. Ano III, nº 10, jul./set. 1965. Rio de Janeiro.

ROSA, Antonio José Miguel Feu. *Direito penal*: parte especial. São Paulo: RT, 1995.

ROSAS CASTAÑEDA, Juan Antonio. "La excepción de cosa juzgada en el delito continuado." *In Actualidad Jurídica*, n° 159, Lima: Peru. Gaceta Jurídica, Febrero, 2007.

ROTSCH, Thomas. "*Criminal Compliance*". *In DRET – Revista para el análisis del Derecho*. Barcelona, jan./2012.

ROXIN, Claus. *Política criminal y sistema del derecho penal*. 2ª ed. 1ª reimpr. Buenos Aires: Hammurabi, 2002.

——. *Política criminal e sistema jurídico-penal*. Tradução Luís Greco. Rio de Janeiro: Renovar, 2000.

——. *Derecho penal*: parte general. Fundamentos. La estructura de la teoria del delito. Tradução e notas de Diego-Manuel Luzón Peña, Miguel Díaz y Garcia Conlledo y Javier de Vicente Remesal. Madrid: Civitas, 1997. t. 1.

RUSCHE, Georg; KIRCHHEIMER, Otto. *Punição e estrutura social*. Tradução, revisão técnica e nota introdutória por Gizlene Neder. Rio de Janeiro: Freitas Bastos, 1999. (Pensamento criminológico, 3.)

SALVADOR NETTO, Alamiro Velludo. "Jurisprudência anotada." *In Boletim do IBCCRIM*. nº 259, ano 22, junho de 2014.

SANCINETTI, Marcelo A. "*Dolus generalis* y suerte penal." *In Nuevas formulaciones en las ciencias penales*. Córdoba: Marcos Lerner, 2001.

SANGUINÉ, Odone. "Irretroatividade e retroatividade das alterações da jurisprudência penal." *In Revista brasileira de Ciências Criminais*, São Paulo, n. 31, p. 144-169, jul./set. 2000.

——. "Irretroatividade e retroatividade das alterações da jurisprudência penal." *In Fascículos de Ciências Penais*, Porto Alegre, vol. 5, n. 1, p. 3-16, jan./mar. 1992.

——. "Tentativa em crime continuado?" *In Fascículos de Ciências Penais*. Ano 1, n° 2, abril, 1988. vol. 1.

SANTOS, Gérson P. dos. *Inovações do Código Penal*: parte geral: de acordo com a Lei 7.209. São Paulo: Saraiva, 1988.

SANTOS, Juarez Cirino dos. *Direito penal*: parte geral.7ª ed. Florianópolis: Empório do Direito, 2017.

——. *Manual de direito penal*: parte geral. São Paulo: Conceito Editorial, 2011.

——. *Teoria da pena*: fundamentos políticos e aplicação judicial. Curitiba: ICPC; Lumen Juris, 2005.

——. *Direito penal*: a nova parte geral. Rio de Janeiro: Forense, 1985.

SANTOS, Maurício Januzzi. "*Criminal Compliance*: o direito penal aplicado em seu viés preventivo." *In Revista do Instituto dos Advogados de São Paulo*, São Paulo, v. 15, n. 29, jan./jun. 2012.

SANZ MULAS, Nieves. "La validez del sistema penal actual frente a los retos de la nueva sociedad." *In El sistema penal frente a los retos de la nueva sociedade*. DÍAZ-SANTOS, Maria Rosario; FABIÁN CAPARRÓS, Eduardo (coord.). Salamanca: Colex, 2003.

SARAIVA, Alexandre de Barros Leal. *Código Penal Militar comentando*: parte geral. 2ª ed. São Paulo: Saraiva, 2005.

SARLET, Ingo Wolfgang. "Constituição e proporcionalidade: o direito penal e os direitos fundamentais entre proibição de excesso e de insuficiência." *In Direito Penal*, v. 1 / Alberto Silva Franco, Guilherme de Souza Nucci (organizadores). São Paulo: Revista dos Tribunais, 2010.

SARRABAYROUSE, Eugenio C. *Medio ambiente y derecho penal*. Buenos Aires: Ad-Hoc, 2008.

——. "La evolución histórica del principio *in dubio pro reo* en Alemania. Consecuencias para la determinación de su ámbito de aplicación." *In Nuevas formulaciones en las ciencias penales*: homenaje al Profesor Claus Roxin. Córdoba: Lerner, 2001.

SAUER, Guillermo. *Derecho penal* (parte general). Traducción directa del alemán por Juan del Rosal y José Cerezo. Barcelona: Bosch, 1956.

SCAPINI, Marco. *Prática de execução das penas privativas de liberdade*. Porto Alegre: Livraria do Advogado, 2009.

SCHEID, Carlos. *A motivação das decisões penais a partir da teoria garantista*. Porto Alegre: Livraria do Advogado, 2009.

SCHEERER, Sebastian. ¿"La pena criminal como herencia cultural de la humanidad?" *In Direito penal*, v. 4. Alberto Silva Franco e Guilherme de Souza Nucci (organizadores). São Paulo: Revista dos Tribunais, 2010.

SCHMIDT, Andrei. *Da prescrição penal*. Porto Alegre: Livraria do Advogado, 1997.

SCHMITT, Ricardo Augusto. *Sentença penal condenatória*: teoria e prática. 8ª ed. Salvador: Jus Podivm, 2013.

SCHWARTZ, Bernard. *Administrative Law*. Boston/Toronto: Little, Brown and Company, 1976.

SEELIG, Ernst. *Manual de criminologia*. 2º volume. Tradução de Guilherme de Oliveira. Revisão de Eduardo Correia. Coimbra: Arménio Amado, 1959.

SEMER, Marcelo. *Crime impossível e a proteção aos bens jurídicos*. São Paulo: Malheiros, 2002.

SERRANO BUTRAGUEÑO, Ignacio. "El recurso de revision penal por cambio de doctrina jurisprudencial." *In La Ley: Revista Jurídica Española de Doctrina, Jurisprudencia y Bibliografía*, Madrid. Año XX, n. 4768, abr./1999.

SHINTATI, Thomaz. *Curso de direito penal*: parte geral. Rio de Janeiro: Forense, 1999.

SILVA, Ângelo Roberto Ilha da. *Da inimputabilidade penal em face do atual desenvolvimento da psicopatologia e da antropologia*. 2ª ed. Porto Alegre: Livraria do Advogado, 2015.

SILVA, Germano Marques Bitencourt da. *Direito penal português*. Lisboa: Verbo, 1998. t. 2.

SILVA, Ovídio Baptista da. *Jurisdição e execução na tradição romano-canônica*. São Paulo: Revista dos Tribunais, 1997.

SILVA SÁNCHEZ, Jesús María. *Tiempos de derecho penal*. Montevideo: Bdef., 2009.

SIQUEIRA, Galdino. *Tratado de direito penal*: parte geral. Rio de Janeiro: José Konfino, 1947. t. 2.

SIQUEIRA, Geraldo Batista de. 'Da competência pelo lugar da infração – crimes plurilocais e crimes à distância." *In Justitia*. São Paulo, 50(144), out./dez., 1988.

SMANIO, Gianpaolo; FABRETTI, Barrionuevo. *Introdução ao direito penal*. Criminologia, princípios e cidadania. 4ª ed. São Paulo: Atlas, 2016.

——. *Criminologia e juizado especial criminal*. São Paulo, Atlas, 1997.

SOAVE, Antonio Carlos. *Direito penal e processo penal nos tribunais*. Campinas: Bookseller, 1996.

SOLER, Sebastian. Crime continuado. *In Revista Síntese de Direito Penal e Processual Penal*. nº 28, out./nov. 2004.

——. *Derecho penal argentino*. Buenos Aires: TEA, 1992. t. 2.

SOUSA, Alberto Rufino Rosa Rodrigues de. "Bases axiológicas da reforma penal brasileira." *In O direito penal e o novo Código Penal brasileiro*. Vladimir Giacomuzzi (org.) Porto Alegre: Fabris, AMPRGS e ESMPRGS, 1985.

——. *Estado de necessidade*: um conceito novo de aplicações mais amplas. Rio de Janeiro: Forense, 1979.

SOUSA, Luís dos Milagres e. *Fraudes tributárias e o crime tributário continuado*. Coimbra: Almedina, 2010.

SOUZA, Artur de Brito Gueiros; JAPIASSÚ, Carlos Eduardo Adriano. *Curso de direito penal*: parte geral. Rio de Janeiro: Elsevier, 2012.

SOUZA, Luciano Anderson de; FERREIRA, Regina Cirino Alves. "*Criminal Compliance* e as novas feições do direito penal econômico." *In Revista de Direito Bancário e do Mercado de Capitais*, São Paulo, v. 59, jan./mar. 2013.

SOYER, Jean-Claude. *Droit pénal et procédure pénale*. 15ª ed. Paris: LGDJ, 2000.

SPOTA, Alberto G. *O juiz, o advogado e a formação do Direito através da jurisprudência*. Tradução, prefácio e notas por Jorge Trindade. Porto Alegre: Fabris, 1985.

STEVENSON, Oscar. "Concurso aparente de normas penais." *In Estudos de direito e processo penal em homenagem a Nélson Hungria*. Rio de Janeiro/São Paulo: Forense, 1962.

STRATENWERTH, Günter. *Derecho penal*: parte general, el hecho punible. Traducción de la 2ª edición alemana de Gladys Romero. Madrid: EDERSA, 1982. t. 1.

STRECK, Lenio Luiz. *Súmulas no Direito brasileiro*: eficácia, poder e função. Porto Alegre: Livraria do Advogado, 1998.

STRUENSEE, Eberhard. *Actuar y omitir*: delitos de comisión y de omisión. Traducción de Patricia S. Ziffer. Bogotá: Universidad Externado de Colombia, 1996.

SUANNES, Adauto. *Fundamentos éticos do devido processo penal*. 2ª ed. São Paulo: RT, 2004.

SYKES, Gresham M.; MATZA, David. "Técnicas de neutralización: una teoría acerca de la delincuencia." *In Estudios de criminología*. Montevideo: Carlos Alvarez Editor, 2008.

SZNICK, Valdir. *Manual de direito penal*: parte geral. São Paulo: Leud, 2002.

——. *Delito habitual*. 4ª ed. São Paulo: Lejus, 1996.

——. *Delito continuado*. São Paulo: Lejus, 1994.

——. "Falso e estelionato e o conflito aparente de normas." *In Ciência Penal*, Rio de Janeiro: Forense, 1979. vol. 1.

TASSE, Adel El. "Procedimento especial do Tribunal do Júri: aspectos polêmicos." *In Ciências Penais: Revista da Associação Brasileira de Professores de Ciências Penais*. Ano 7, n° 13, jul.-dez./2010, p. 134-156.

TAVARES, Juarez. *Teoria do crime culposo*. 4ª ed. (inteiramente revista). Florianópolis: Empório do Direito, 2016.

——. *Teoria dos crimes omissivos*. Madrid: Marcial Pons, 2012.

——. *As controvérsias em torno dos crimes omissivos*. Rio de janeiro: Instituto latino-americano de cooperação penal, 1996.

TÁVORA, Nestor; ALENCAR, Rosmar Rodrigues. *Curso de direito procesual penal*. 10ª ed. rev., ampl. e atual. Salvador: *JusPodivm*, 2015.

TELES, Ney. *Direito penal*: parte geral. Arts. 1° a 120 do Código Penal. São Paulo: Atlas, 2004. vol. 1.

TIEGHI, Osvaldo N. *Tratado de criminología*. 3ª ed. Buenos Aires: Editorial Universidad, 2004.

TOMAS TIO, José M. *El delito continuado en el Código Penal (Art. 69 bis)*. Cuadernos de política criminal. Madrid: 1987.

TORNAGHI, Hélio. *Curso de processo penal*. 8ª ed. São Paulo: Saraiva, 1992.

TOURINHO FILHO, Fernando. *Processo penal*. 31ª ed. São Paulo: Saraiva, 2009.

——. *Manual de processo penal*. 15ª ed. São Paulo: Saraiva, 2012.

——. *Processo penal*. 20ª ed. São Paulo: Saraiva, 1998.

TOVO, Paulo Cláudio; TOVO, João Batista Marques. *Nulidades no processo penal brasileiro*: novo enfoque e comentários. Rio de Janeiro: Lumen Juris, 2008.

TRIFFTERER, Otto. *Österreichisches Strafrecht* – Allgemeine Teile. 2ª ed, Viena, Nova York: Springer, 1994.

TSARPALAS, Angelos. *Le moment et la durée des infractions pénales*. Paris: Librairie Generale de Droit et de Jurisprudence, 1967.

TUBENCHLAK, James. *Teoria do crime*: o estudo do crime através de suas divisões. Rio de Janeiro: Forense, 1978.

URQUIZO OLAECHEA, José. "La reciente política legislativa penal en el Perú." *In La política legislativa penal iberoamericana en el cambio de siglo*. José Luis Díez Ripollés e Octavio García Pérez (Orgs.). Buenos Aires: Bdef, 2008.

VALVERDE, Iracema Almeida; SAMPAIO, Carlos (Orgs.). *Pena*. Rio de Janeiro: Esplanada, 2001.

VARGAS, Luiz Alberto de; FRAGA, Ricardo Carvalho. Juízes e professores. *In Novos avanços do direito do trabalho*. VARGAS, Luiz Alberto de; FRAGA, Ricardo Carvalho (Coord.). São Paulo: Ltr, 2011.

VARGAS, José Cirilo de. *Direitos e garantias individuais no processo penal*. Rio de Janeiro: Forense, 2002.

——. *Do tipo penal*. 4ª ed. São Paulo: Atlas, 2014.

——. *Instituições de direito penal*: parte geral. Rio de Janeiro: Forense, 1998. t. 2.

——. *Instituições de direito penal*: parte geral. Belo Horizonte: Del Rey, 1997. t. 1.

——. *Processo penal e direitos fundamentais*. Belo Horizonte: Del Rey, 1992.

VARRASO, Gianluca. *Il reato continuato*. Tra processo ed esecuzione penale. Padova: Cedam, 2003.

VELÁSQUES VELÁSQUES, Fernando. *Derecho penal*: parte general. 4ª ed. Santa Fe de Bogotá: Comlibros, 2009.

VELO, Joe Tennyson. *O juízo de censura penal* (o princípio da inexigibilidade de conduta diversa e algumas tendências). Porto Alegre: Fabris, 1993.

VICENTE MARTÍNEZ, Rosario de. "El delito continuado. Especial referencia al tratamiento penológico en las infracciones contra el patrimonio continuadas." *In El nuevo derecho penal español*. Estudios penales en memoria del Profesor José Manuel Valle Muniz. QUINTERO OLIVARES, Gonzalo e MORALES PRATS, Fermín (orgs.). Pamplona: Aranzi Editorial, 2001.

VIEL, Luiz. *Temas polêmicos*: estudos e acórdãos em matéria criminal. Curitiba: JM, 1999.

VILARDI, Celso Sanchez. "A ciência da infração anterior e a utilização do objeto da lavagem." *In Boletim IBCCRIM*, ano 20, n° 237, agos. 2012.

VOCOS, María Teresa. "Delito continuado." *In Temas de derecho penal*. José Antonio Buteler (org.). Córdoba: Advocatus, 1999.

WARAT, Luis Alberto. *Introdução geral ao Direito*: a epistemologia jurídica da modernidade. Porto Alegre: Fabris, 1995a. vol. 2.

——. *O Direito e sua linguagem*. 2ª versão. 2ª edição aumentada. Porto Alegre: Fabris, 1995b.

——. *Mitos e teorias na interpretação da Lei*. Porto Alegre: Síntese, 1979.

WEIL, Prosper. *Le droit administratif*. 20ª ed. Paris: Presses Universitaires de France, 2003.

WELTER, Antônio Carlos. "O controle penal da lavagem de dinheiro." *In Lavagem de dinheiro*: prevenção e controle penal. DE CARLI, Carla Veríssimo (org.). Porto Alegre: Verbo Jurídico, 2013.

WELZEL, Hans. *Estudios de filosofía del derecho y derecho penal*. Buenos Aires: Bdef, 2004.

——. *Derecho penal alemán*. 4ª ed. Traducción del alemán por los profesores Juan Bustos Ramírez y Sergio Yáñez Pérez. Santiago: Jurídica de Chile, 1993.

WESSELS, Johannes. *Direito penal*: parte geral (aspectos fundamentais). Tradução do original alemão e notas por Juarez Tavares. Porto Alegre: Fabris, 1976.

WOLKMER, Antonio C. "A jurisprudência no Brasil." *In Estudos jurídicos*. São Leopoldo: Universidade do Vale do Rio dos Sinos, 1985, ano XVIII, nº 42.

YACOBUCCI, Guillermo J. *El sentido de los principios penales*: su naturaleza y funciones en la argumentación penal. Buenos Aires: Depalma, 2002.

——. "Limites racionales al derecho penal." *In Ciências criminais em debate*: perspectivas interdisciplinares. SOUZA, Bernardo de Azevedo e; SOTO, Rafael Eduardo de Andrade (organizadores). Rio de Janeiro: Lumen Juris, 2015.

YUSEFF SOTOMAYOR, Gonzalo. *La prescripción penal*. 3ª ed. Santiago: Editorial Jurídica de Chile, 2009.

ZAFFARONI, Eugenio Raúl; BATISTA, Nilo. *Direito penal brasileiro*: segundo volume, tomo II. Rio de Janeiro: Revan, 2017.

——. PIERANGELI, José Henrique. *Manual de direito penal brasileiro*: parte geral. 11ª ed. São Paulo: RT, 2015.

——. *Crímenes de masa*. 2ª ed. Buenos Aires: Ediciones Madres de Plaza de Mayo, 2012.

——; ALAGIA, Alejandro; SLOKAR, Alejandro. *Manual de derecho penal*: parte general. 2ª ed. Buenos Aires: Ediar, 2014.

——. "Una experiencia notable. El nuevo derecho penal austriaco". *In Revista Brasileira de Ciências Criminais*. Ano 3, n° 10, abr./jun., 1995.

——. *Tratado de derecho penal*: parte general. Buenos Aires: Ediar, t. 1 (1987) e t. 4 (1988).

ZAGREBELSKY, Vladimiro. *Reato continuato*. Milano: Giuffrè Editore, 1970.

ZANATTA, Airton. *A transação penal e o poder discricionário do Ministério Público*: doutrina, jurisprudência e a legislação do juizado especial criminal atualizada. Porto Alegre: Fabris, 2001.

ZANOBINI, Guido. *Le zanzioni amministrative*. Turim: Fratelli Bocca, 1924.

ZUGALDÍA ESPINAR, José Miguel. *Fundamentos de derecho penal*: parte general: las teorías de la pena y de la ley penal (introducción teórico-práctica a sus problemas básicos). Valencia: Tirant lo Blanch, 1993.

Outras obras do autor

LIVROS PUBLICADOS/ORGANIZADOS

A ação (penal) privada subsidiária da pública: das vantagens ou desvantagens da participação do ofendido na atividade jurídico-penal. 4. ed. Porto Alegre: Livraria do Advogado, 2017.

A castração (química) de delinquentes sexuais: uma abordagem à luz de diretrizes político-criminais racionais. 2. ed. Porto Alegre: Elegantia Juris, 2017.

Das gangues centro-americanas: *maras* – origem e expansividade do fenômeno. 3. ed. Porto Alegre: Elegantia Juris, 2017.

Dos acidentes de trabalho: (sociedade de) risco, proteção dos trabalhadores e direito criminal. 2ª ed. Porto Alegre: Livraria do Advogado, 2017.

Maracaibo 1974: uma outra criminologia (se tornou) possível. Porto Alegre: Elegantia Juris, 2016.

Prescrição penal: temas atuais e controvertidos: doutrina e jurisprudência. Porto Alegre: Livraria do Advogado, 2015. 180p. v. 5.

Dos acidentes de trabalho: questões penais e extrapenais: uma abordagem ampla no contexto da sociedade de risco. 5. ed. Porto Alegre: Elegantia Juris, 2015.

Perspectivas em ciências penais. Porto Alegre: Elegantia Juris, 2014.

Prescrição penal: temas atuais e controvertidos: doutrina e jurisprudência. Porto Alegre: Livraria do Advogado, 2013. 175p. v. 4.

Ciências penais: perspectivas e tendências da contemporaneidade. Curitiba: Juruá, 2011. 400p.

Prescrição penal: temas atuais e controvertidos: doutrina e jurisprudência. Porto Alegre: Livraria do Advogado, 2011. 220p. v. 3.

Ciências penais e sociedade complexa II. Porto Alegre: Núria Fabris, 2009. 407p.

Prescrição penal: temas atuais e controvertidos: doutrina e jurisprudência. Porto Alegre: Livraria do Advogado, 2009. 179p. v. 2.

Ciências penais e sociedade complexa. Porto Alegre: Núria Fabris, 2008. 357p.

Prescrição penal: temas atuais e controvertidos: doutrina e jurisprudência. Porto Alegre: Livraria do Advogado, 2007. 192p. v. 1.

Ensaios penais em homenagem ao professor Alberto Rufino Rodrigues de Sousa. Porto Alegre: Editora Lenz, 2003.

A sociedade, o crime e o direito penal. Porto Alegre: Livraria do Advogado, 2000. 224p.

ARTIGOS PUBLICADOS EM PERIÓDICOS

A pena criminal na democracia: o compromisso da dogmática com a racionalidade. Revista de Estudos Criminais. Ano XVI, nº 65. Porto Alegre: Síntese, 2017.

O valor processual do depoimento (testemunhal ou vitimário) infantil. [Coleção] Justiça, Democracia e Sustentabilidade. Vol. IV. DIAS, Felipe da Veiga (Org.). Porto Alegre: Editora Fi, 2017.

Do desaparecimento do caráter sempiterno das medidas de segurança no sistema sancionatório brasileiro: das consequências jurídicas em face da limitação temporal da intervenção terapêutico-penal. Revista Magister de Direito Penal e Processo Penal. Ano XII, nº 74. Porto Alegre: Magister, out.-nov. de 2016.

A castração (física ou química) em condenados por delitos sexuais: os desafios éticos da ciência em face do Estado constitucional democrático. Ney Fayet Júnior e Draiton Gonzaga de Souza. Controvérsias constitucionais atuais, n. 2. Porto Alegre: Livraria do Advogado, 2015. FAYET, Paulo; JOBIM, Geraldo; JOBIM, Marco Félix [orgs.].

Do efeito da revogação da suspensão condicional do processo penal na contagem do prazo prescricional. Ney Fayet Júnior e Amanda Gualtieri Varela. Prescrição penal: temas atuais e controvertidos. Vol. V. Porto Alegre: Livraria do Advogado, 2015. FAYET JÚNIOR, Ney [org.].

Da categoria jurídico-penal dos delitos a distância e sua relevância em face da lei de organizações criminosas (Lei 12.850/13). Ney Fayet Júnior e Carlos P. Thompson Flores. Ciências criminais em debate. Rio de Janeiro: Lumen Juris, 2015. SOUZA, Bernardo de Azevedo e; ANDRADE SOTO, Rafael Eduardo de [orgs.].

Chaveiros da liberdade. Ney Fayet Júnior. Cárcere em imagem e texto. Porto Alegre: Livraria do Advogado, 2015, v. 1. RIGON, Bruno Silveira; SILVEIRA, Felipe Lazzari da; MARQUES, Jader [Orgs.].

O valor processual do depoimento (testemunhal ou vitimário) infantil. Revista Jurídica Consulex, v. XVII, p. 36-43, 2013.

Um dia na vida de um trabalhador: verdade e consequências jurídicas do processo produtivo no contexto da sociedade de risco. Juris Plenum Ouro, v. 30, p. 35-51, 2013.

Jurisprudência anotada. Boletim IBCCRIM, v. 234, p. 1556-1557, 2012.

Da contribuição do neorrealismo de esquerda ao pensamento criminológico: um passo em frente, dois passos atrás. Discursos sediciosos: crime, direito e sociedade, v. 17, p. 345-365, 2012.

Do avanço interpretativo na compreensão do instituto do delito continuado: da necessidade de demarcação fático-temporal precisa dos crimes componentes da cadeia continuada. Revista Jurídica, Brasília, v. 98, p. 1-22, 2011.

Do realismo de esquerda. Revista Ibero-Americana de Ciências Penais, v. 11, p. 232-248, 2011.

Maras: gangues juvenis centro-americanas. Jus Societas, v. 5, p. 12-26, 2011.

Complexidade, insegurança e globalização: repercussões no sistema penal contemporâneo. Sistema Penal & Violência (*On line*), v. 1, p. 84-100, 2009.

Direitos fundamentais fragmentados: a construção tipológica (da categoria) do crime organizado na legislação brasileira em face do princípio da legalidade substancial. Revista Jurídica Empresarial, v. 06, p. 51-67, 2009.

A criminalidade econômica e a política criminal: desafios da contemporaneidade. Revista de Estudos Criminais, v. 30, p. 137-155, 2008.

Criminalidade econômica e princípio da racionalidade: coordenadas para a construção de uma política criminal racional. Âmbito Jurídico, v. 54, p. 1-14, 2008.

Sobre a crise do direito (penal) a partir da modelação da sociedade globalizada. Revista Brasileira de Direito, Passo Fundo, v. 2, p. 155-178, 2007.

A união estável e a extinção da punibilidade. Revista da Faculdade de Direito da Universidade Federal do Rio Grande do Sul, Porto Alegre, n. 20, p. 287-291, 2001.

A prova testemunhal infantil. Revista da Faculdade de Direito da Universidade Federal do Rio Grande do Sul, Porto Alegre, n. 16, p. 131-137, 2000.

CAPÍTULOS DE LIVROS PUBLICADOS

Penas e punição. *In* LIMA, Renato Sérgio de; RATTON, José Luiz; AZEVEDO, Rodrigo Ghiringhelli de (orgs.). Crime, polícia e justíça no Brasil. São Paulo: Contexto, 2014. p. 369-375.

A castração (física ou química) em condenados por delitos sexuais: os desafios éticos da ciência em face do Estado constitucional democrático. *In* FAYET, Paulo; JOBIM, Geraldo e; JOBIM, Marco Félix (organizadores). Controvérsias constitucionais atuais: n. 2. Porto Alegre: Livraria do Advogado, 2015, p. 315-333.

A imunidade parlamentar e a prescrição penal. *In* FAYET JÚNIOR, Ney (org.). Prescrição penal: temas atuais e controvertidos: doutrina e jurisprudência. 4. ed. Porto Alegre: Livraria do Advogado, 2013. p. 91-117.

As imunidades. *In* BUSATO, Paulo César (org.). Fundamentos de Direito penal. Curitiba: Juruá, 2013. p. 213-228.

Chaveiros da liberdade. *In* RIGON, Bruno Silveira. Cárcere em imagens e texto. Porto Alegre: Livraria do Advogado, 2015.

Da categoria jurídico-penal dos delitos a distância e sua relevância na contemporaneidade. *In* SANTOS, André Leonardo Copetti; DEL'OLMO, Florisbal de Souza (coords.). Direito penal contemporâneo no cenário internacional, 2013. p. 74-86.

Da categoria jurídico-penal dos delitos a distância e sua relevância em face da Lei de Organizações Criminosas (Lei 12.850/13). *In* SOUZA, Bernardo de Azevedo e; SOTO, Rafael Eduardo de Andrade (organizadores). Ciências criminais em debate: perspectivas interdisciplinares. Rio de Janeiro: Lumen Juris, 2015, p. 117-137.

Da extradição e da prescrição penal. *In* FAYET JÚNIOR, Ney (org.). Prescrição penal: temas atuais e controvertidos: doutrina e jurisprudência. 4. ed. Porto Alegre: Livraria do Advogado, 2013. p. 143-163.

Da possibilidade de reconhecimento, em medida liminar de revisão criminal, da prescrição penal. *In* FAYET JÚNIOR, Ney (org.). Prescrição penal: temas atuais e controvertidos: doutrina e jurisprudência. 4. ed. Porto Alegre: Livraria do Advogado, 2013. p. 165-175.

Relações entre os saberes penais: dogmática, criminologia e política criminal. *In* BUSATO, Paulo César (org.). Fundamentos de direito penal. Curitiba: Juruá, 2013. p. 11-26.

Sobre a ilegal vedação judicial de acesso ao duplo grau de jurisdição em face da extinção da punibilidade pelo advento da prescrição penal em suas subespécies retroativa e intercorrente. *In* FAYET JÚNIOR, Ney (org.). Prescrição penal: temas atuais e controvertidos: doutrina e jurisprudência. 4. ed. Porto Alegre: Livraria do Advogado, 2013. p. 119-141.

Criminalidade econômica e princípio da racionalidade: coordenadas para a construção de uma política criminal racional. *In* GAUER, Ruth Maria Chittó (org.). Criminologia e sistemas jurídico-penais contemporâneos. 2. ed. Porto Alegre: EDIPUCRS, 2012. p. 173-195.

Do realismo de esquerda. *In* POZZEBON, Fabrício Dreyer de Ávila; ÁVILA, Gustavo Noronha de (orgs.). Crime e interdisciplinaridade: estudos em homenagem à Ruth M. Chittó Gauer. Porto Alegre: EDIPUCRS, 2012. p. 315-328.

Comentários à Lei (italiana) 251/2005: os novos prazos prescricionais direcionados ao delito de associação para delinquir de tipo mafioso. *In* FAYET JÚNIOR, Ney (org.). Prescrição penal: temas atuais e controvertidos: doutrina e jurisprudência. Porto Alegre: Livraria do Advogado, 2011. p. 187-193. v. 3.

Da análise das condutas nas licitações públicas a partir de critérios substanciais – entre a discricionariedade, a ilegalidade e a infração penal. *In* FAYET JÚNIOR, Ney; MAYA, André Machado (orgs.). Ciências penais: perspectivas e tendências da contemporaneidade. Curitiba: Juruá, 2011. p. 261-300.

Da imprescritibilidade. *In* FAYET JÚNIOR, Ney (org.). Prescrição penal: temas atuais e controvertidos: doutrina e jurisprudência. Porto Alegre: Livraria do Advogado, 2011. p. 47-90. v. 3.

Da prescrição penal retroativa: análise crítica das alterações trazidas pela Lei 12.234 de 2010. *In* FAYET JÚNIOR, Ney (org.). Prescrição penal: temas atuais e controvertidos: doutrina e jurisprudência. Porto Alegre: Livraria do Advogado, 2011. p. 149-165. v. 3.

Da configurabilidade do princípio da insignificância em face da continuidade delitiva. *In* GAUER, Ruth Maria Chittó (org.). Criminologia e sistemas jurídico-penais contemporâneos. 2. ed. Porto Alegre: EDIPUCRS, 2011. p. 306-331.

Da configurabilidade do princípio da insignificância em face da continuidade delitiva. *In* GAUER, Ruth Maria Chittó (org.). Criminologia e sistemas jurídico-penais contemporâneos II. Porto Alegre: EDIPUCRS, 2010. p. 295-321. v. II.

Complexidade, insegurança e globalização: repercussões no sistema penal contemporâneo. *In* FAYET JÚNIOR, Ney; MAYA, André Machado (orgs.). Ciências penais e sociedade complexa II. Porto Alegre: Núria Fabris, 2009. p. 293-326. v. II.

O aditamento da denúncia e a sua repercussão na prescrição da pretensão punitiva. *In* WUNDERLICH, Alexandre (org.). Política criminal contemporânea: criminologia, direito penal e direito processual penal. Livraria do Advogado: Porto Alegre, 2008. p. 1-10. v. 1.

O bem jurídico e a tutela penal: uma abordagem à luz de alguns princípios constitucionais implícitos. *In* ALENCAR, Rosmar Antonni Rodrigues Cavalcanti de (org.). Direitos Fundamentais na Constituição de 1988 – Estudos comemorativos aos seus vinte anos –. Porto Alegre: Núria Fabris, 2008. p. 244-279. v. 1.

O requerimento de extradição de nacional brasileiro como dupla (ou múltipla) nacionalidade: enfoque à luz da jurisprudência do Supremo Tribunal Federal. *In* BITENCOURT, Cezar Roberto (org.). Direito penal no terceiro milênio: estudos em homenagem ao prof. Francisco Muñoz Conde. Rio de Janeiro: Lumen Juris, 2008. p. 585-604. v. 1.

Criminalidade econômica e princípio da racionalidade: coordenadas para a construção de uma política criminal racional. *In* GAUER, Ruth Maria Chittó (org.). Criminologia e sistemas jurídico-penais contemporâneos. Porto Alegre: EDIPUCRS, 2008. p. 377-408.

Da (in)compatibilidade do tipo legal de quadrilha (ou bando) e delitos societários. *In* FAYET JÚNIOR, Ney; MAYA, André Machado (orgs.). Ciências penais e sociedade complexa. Porto Alegre: Núria Fabris, 2008. p. 277-309.

Do delito continuado: uma abordagem conceitual mais ampla sobre seus elementos estruturais (conexão espacial relacionada à existência de grupo econômico). *In* GAUER, Ruth Maria Chittó (org.). Sistema penal e violência. Rio de Janeiro: Lumen Juris, 2006. p. 141-156. v. 1.

A prescrição penal e a ancianidade: o real alcance do fator de redução dos prazos prescricionais previsto no artigo 115, *in fine*, do Código Penal. *In* FAYET JÚNIOR, Ney; WEDY, Miguel Tedesco (orgs.). Estudos críticos de Direito e Processo Penal em homenagem ao Des. Garibaldi Almeida Wedy. Porto Alegre: Livraria do Advogado, 2004. p. 189-199. v. 1.

A prostituição: considerações sociojurídicas. *In* FAYET JÚNIOR, Ney (org.). Ensaios penais em homenagem ao Professor Alberto Rufino Rodrigues de Sousa. Porto Alegre: Editora Lenz, 2003. p. 621-631. v. 1.

Considerações sobre a criminologia crítica. *In* FAYET JÚNIOR, Ney (org.).A sociedade, a violência e o direito penal. Porto Alegre: Livraria do Advogado, 2000, p. 187-199.

A evolução histórica da pena criminal. *In* BITENCOURT, Cezar Roberto (org.). Crime e sociedade. Curitiba: Juruá, 1998. p. 229-253. v. 1.

TRADUÇÕES

Tradução do seguinte artigo: "Considerazioni sulle prove per induzione." TARUFFO, Michele. *In Ensaios sobre o processo civil*: escritos sobre processo e justiça civil. Organizador e revisor das traduções: Darci Guimarães Ribeiro. Porto Alegre: Livraria do Advogado, 2017.

Tradução e revisão do seguinte livro: "A universidade nos cárceres argentinos." ELBERT, Carlos Alberto. Porto Alegre: Editora Fi, 2015.

Tradução e revisão do seguinte artigo: "A prescrição penal no ordenamento italinao." VALLINI, Antonio. *In Prescrição penal*: temas atuais e controvertidos. Vol. V. Porto Alegre: Livraria do Advogado, 2015. FAYET JÚNIOR, Ney [org.].

A criminologia na pós-modernidade. ELBERT, Carlos Alberto. Porto Alegre: Revista Ibero-Americana de Ciências Penais, 2011.

A prescrição penal no ordenamento italiano [artigo]. Antonio Vallini. *In* Prescrição penal: temas atuais e controvertidos: doutrina e jurisprudência. Porto Alegre: Livraria do Advogado, 2015. 133-169p. v. 5.

Criminologia latino-americana (teoria e propostas sobre o controle social do terceiro milênio). Tomo II. ELBERT, Carlos Alberto. São Paulo: LTR, 2002.

Criminologia latino-americana (teoria e propostas sobre o controle social do terceiro milênio). Tomo I. ELBERT, Carlos Alberto. São Paulo: LTR, 2000.

Criminologia, ciência e mudança social. ELBERT, Carlos Alberto. Porto Alegre: Núria Fabris, 2012.

Manual básico de criminologia. ELBERT, Carlos Alberto. Porto Alegre: LENZ, 2003.

Novo manual básico de criminologia. ELBERT, Carlos Alberto. Porto Alegre: Livraria do Advogado, 2009.

TRADUÇÕES [REVISÃO TÉCNICA]

The anatomy of violence: the biological roots of crime [livro]. Adrian Raine. *In* A anatomia da violência: as raízes biológicas da criminalidade. Porto Alegre: Artmed, 2015, 474p.

Impressão e acabamento
Rotermund
Fone (51) 3589 5111
comercial@rotermund.com.br